Aus dem Vorwort zur ersten Auflage

Die Reichsversicherungsordnung hatte in der Rechtsprechung und der Rechtsübung noch nicht völlig gesicherte Grundlagen gefunden, als die Ereignisse des Krieges und die überaus schwierige Nachkriegszeit in die Entwicklung eingriffen. Insbesondere machte die schnell fortschreitende Geldentwertung auf allen Gebieten des öffentlichen Versicherungsrechts fortgesetzt mannigfache Änderungen nötig, die häufig nur für kurze Zeit wirksam wurden, um dann wieder weiteren Neuerungen Platz zu machen. Dabei erwies sich vielfach der Weg der ordentlichen Gesetzgebung als zu schwierig oder zu weitläufig, so daß die dringend gebotenen Neuregelungen im Wege der einfachen Verordnung, zu deren Erlaß die Reichsregierung oder der Reichsarbeitsminister ermächtigt worden war, erfolgen mußten. So trat ein wenig befriedigendes Ergebnis ein; auf einem Gebiete, das für weite Volkskreise persönlich, wirtschaftlich und politisch von großer Bedeutung war, entstanden Zweifel über den Umfang des geltenden Rechts, das verstreut in einzelnen Gesetzen und Verordnungen nicht mehr klar und deutlich offen lag. Aus diesem Grunde war der Reichsarbeitsminister bereits durch Artikel LXIII des Gesetzes über Änderungen der Reichsversicherungsordnung vom 19. VI. 1923 (RGBl. I S. 686) ermächtigt worden, die Reichsversicherungsordnung in der jetzt geltenden Fassung neu herauszugeben. Nach umfangreichen Vorarbeiten ist die Reichsversicherungsordnung in der damals geltenden Fassung unter dem 15. XII. 1924 (RGBl. I S. 779) bekanntgegeben worden. Aber auch diese Bekanntmachung ist zum großen Teile bereits überholt. Am 9. Januar 1926 ist auf Grund des Zweiten Gesetzes über Änderungen in der Unfallversicherung vom 14. VII. 1925 (RGBl. I S. 97) das Dritte, Fünfte und Sechste Buch der Reichsversicherungsordnung in der jetzt geltenden Fassung neu bekanntgegeben worden (RGBl. I S. 9). Die völlige Zusammenfassung des Versicherungsrechts ist damit aber auch noch nicht erreicht, so wertvoll die neue Herausgabe der Reichsversicherungsordnung auch ist. Die gesetzlichen Vorschriften sind teilweise durch Verordnungen ergänzt, auf welche die Reichsversicherungsordnung ausdrücklich verweist, ferner blieben wichtige Gebiete, so die Zulagen der Unfallversicherung, selbständig durch besondere Gesetze und Verordnungen geregelt, die noch von Bedeutung sind. Ganz einfach ist danach das Gesamtgebiet auch jetzt noch nicht zu übersehen, abgesehen davon, daß die Vorschriften vielfach erst durch die Rechtsübung Leben und Inhalt gewinnen. Die Verlagsbuchhandlung Julius Springer ist deshalb an Mitglieder des Reichsversicherungsamts mit der Anregung herangetreten, die Entscheidungen, die von Versicherungsbehörden oder Gerichten zu den einzelnen Vorschriften der Reichsversicherungsordnung und der sie ergänzenden Gesetze ergangen waren, in gedrängter Form zusammenzustellen, um auf diese Weise den allgemeinen Überblick über die gesamte Rechtslage zu erleichtern. Dieser Anregung ist in der Hoffnung entsprochen worden, damit den Zielen des öffentlichen Versicherungsrechts einen Dienst zu erweisen. Die Zusammenstellung verfolgt vorzugsweise praktische Zwecke, um die Beteiligten, die Versicherten und ihre Vertretungen, die Versicherungsträger, die Ärzte, die Gerichte und allgemein die Behörden über den gegenwärtigen Stand der Rechtsprechung und der Rechtsübung auf dem Gebiete der Sozialversicherung zu unterrichten und ihnen dadurch die Rechtsverfolgung oder die Erfüllung ihrer Aufgaben zu erleichtern. Die Rücksicht auf diese praktischen Zwecke gebot es auf der anderen Seite, von jeder Kritik oder sonstigen Stellungnahme zu einzelnen wissenschaftlichen Streitfragen abzusehen.

Vorwort zur zweiten Auflage

Mit dem Erscheinen des Bandes I ist das gesamte Werk in neu bearbeiteter zweiter Auflage zum Abschluß gebracht. Auch in diesem Bande sind die zahlreichen Änderungen der Reichsversicherungsordnung durch die neuere Gesetzgebung in den Gesetzestext eingefügt und die Anmerkungen entsprechend der Weiterentwicklung der Rechtsprechung und Verwaltungsübung umgearbeitet und ergänzt worden. Die neuen Gesetze, Verordnungen, Erlasse, Entscheidungen und Beschlüsse sind bis etwa Ende Juni 1930 berücksichtigt.

In einem **Nachtrag** sind die Änderungen der Vorschriften des Ersten und Sechsten Buches durch die — nach Drucklegung dieses Bandes erschienene — Verordnung des Reichspräsidenten zur Behebung finanzieller, wirtschaftlicher und sozialer Notstände vom 26. Juli 1930 zusammengestellt.

Die zweite Auflage ist von dem Direktor im Reichsversicherungsamt, Universitätsprofessor Dr. Dersch, den Senatspräsidenten Dr. Kieffer und Knackstedt, dem Oberregierungsrat Dr. Knoll sowie dem Senatspräsidenten Dr. Lippmann bearbeitet.

Berlin, den 28. Juli 1930.

Die Herausgeber.

Reichs-Versicherungsordnung

mit Anmerkungen

Herausgegeben von
Mitgliedern des Reichsversicherungsamts

Band I

Gemeinsame Vorschriften, Beziehungen der Versicherungsträger usw., Verfahren

(Erstes, fünftes und sechstes Buch der RVO.)

unter Berücksichtigung der Verordnung vom 26. Juli 1930
in einem Nachtrag

Zweite, neubearbeitete Auflage

Springer-Verlag Berlin Heidelberg GmbH

ISBN 978-3-642-98919-3 ISBN 978-3-642-99734-1 (eBook)
DOI 10.1007/978-3-642-99734-1

Softcover reprint of the hardcover 2nd edition 1930

Inhaltsverzeichnis

Erstes Buch: **Gemeinsame Vorschriften**

Fünftes Buch: **Beziehungen der Versicherungsträger zueinander und zu anderen Verpflichteten**

Sechstes Buch: **Verfahren**

A. Feststellungen der Leistungen

Anhang

Abkürzungen

AN. = Amtliche Nachrichten des Reichsversicherungsamts, von 1928 ab Amtliche Nachrichten für Reichsversicherung.
Arb.Vers. = Die Arbeiter-Versorgung. Zeitschrift für die gesamte Sozialversicherung im Deutschen Reiche.
AV. = Angestelltenversicherung.
AVAV. = Arbeitslosenversicherung.
AVG. = Angestelltenversicherungsgesetz.
AVAVG. = Gesetz über Arbeitsvermittlung und Arbeitslosenversicherung in der Fassung der Bekanntmachung vom 12. Oktober 1929 (RGBl. I S. 162).
Bay.LVAmt = Mitteilungen des Bayerischen Landesversicherungsamts.
Begr. = Begründung.
Bek. = Bekanntmachung.
BG. = Berufsgenossenschaft und die gleichnamige Zeitschrift.
BRG. = Betriebsrätegesetz.
Breith. = Breithaupt, Sammlung der Entscheidungen des Reichsversicherungsamts, der Landesversicherungsämter, der Oberversicherungsämter und anderer Entscheidungen aus dem Gebiete der Arbeiterversicherung (nach dem Bande angeführt).
DB. = Dienstbeschädigung.
EuM. = Entscheidungen und Mitteilungen des Reichsversicherungsamtes.
FMBl. = Finanz-Ministerialblatt.
G. = Gesetz.
GVBl. = (Bayer.) Gesetz- und Verordnungsblatt.
Gruch. = Beiträge zur Erläuterung des Deutschen Rechts. Begründet von Gruchot.
GrS. = Großer Senat.
HbdUV. = Handbuch der Unfallversicherung.
HMBl. = Ministerialblatt der (Preuß.) Handels- und Gewerbeverwaltung.
JMBl. = Justiz-Ministerial-Blatt.
JV. = Invalidenversicherung.
J. u. AV. = Invaliden- und Altersversicherung.
JuHV. = Invaliden- und Hinterbliebenenversicherung.
KG. = Kammergericht.
Komm.Ber. = Kommissionsbericht.
Komp. = Der Kompaß, Organ der Knappschafts-Berufsgenossenschaft.
Komp.E. = Entscheidungen des Reichsversicherungsamts und der Landesversicherungsämter in Unfallversicherungsstreitigkeiten. Anlage zu „Der Kompaß“.

KrK.	= Krankenkasse.
KV.	= Krankenversicherung.
KnV.	= Knappschaftsversicherung.
LG.	= Landgericht.
LVAmt	= Landesversicherungsamt.
LVAnst.	= Landesversicherungsanstalt.
MfV.	= Minister für Volkswohlfahrt.
Monatsschr.	= Monatsschrift für Arbeiter- und Angestellten-Versicherung.
MVG.	= Mannschaftsversorgungsgesetz vom 31. Mai 1916.
OLG.	= Oberlandesgericht.
OPG.	= Offizierpensionsgesetz vom 31. Mai 1906.
OVA.	= Oberversicherungsamt.
OVAO.	= Verordnung über Geschäftsgang und Verfahren der Oberversicherungsämter vom 24. Dezember 1911.
OVG.	= Oberverwaltungsgericht.
Pr.Verw.Bl.	= Preußisches Verwaltungsblatt (Band).
RArbG.	= Reichsarbeitsgericht.
RAM.	= Reichsarbeitsminister, Reichsarbeitsministerium.
Reger	= Reger, Sammlung der Entscheidungen usw.
RG.	= Reichsgericht.
RGSt.	= Entscheidungen des Reichsgerichts in Strafsachen.
RGZ.	= Entscheidungen des Reichsgerichts in Zivilsachen.
RKG.	= Reichsknappschaftsgesetz in der Fassung der Bekanntmachung vom 1. Juli 1926 (RGBl. I S. 369).
RPA.	= Reichs-Postamt.
RPM.	= Reichspostministerium.
RVA.	= Reichsversicherungsamt.
RVAO.	= Verordnung über Geschäftsgang und Verfahren des Reichsversicherungsamts vom 24. Dezember 1911.
RVAnst. f. A.	= Reichsversicherungsanstalt für Angestellte.
Rverf.	= Reichsverfassung.
RVG.	= Reichsversorgungsgesetz.
RVGer.	= Reichsversorgungsgericht und Entscheidungen des Reichsversorgungsgerichts.
RVM.	= Reichsverkehrsministerium.
RVO.	= Reichsversicherungsordnung.
RVPr.	= Reichsversicherungspraxis.
Sächs.LVAmt	= Grundsätzliche Entscheidungen des Sächsischen Landesversicherungsamts.
Soergel	= Soergel, Jahrbuch des Reichsversicherungs- und Reichsversorgungsrechts.
UV.	= Unfallversicherung.
UVV.	= Unfallverhütungsvorschriften.
V.	= Verordnung.
VA.	= Versicherungsamt.
VAO.	= Verordnung über Geschäftsgang und Verfahren der Versicherungsämter vom 24. Dezember 1911.
VerfGes.	= Gesetz über das Verfahren in Versorgungssachen in der Fassung vom 20. März 1928 (RGBl. I S. 71).
VersTr.	= Versicherungsträger.
VMBl.	= Volkswohlfahrt (Amtsblatt des Preuß. Ministeriums für Volkswohlfahrt).
ZBl.	= Zentralblatt für das Deutsche Reich (Reichsministerialblatt).

Erstes Buch

Gemeinsame Vorschriften

Erster Abschnitt

Umfang der Reichsversicherung

§ 1. Die Reichsversicherung umfaßt
die Krankenversicherung,
die Unfallversicherung,
die Invalidenversicherung.

Bek. vom 15. XII. 24 (RGBl. I S. 779).

§ 2. Es gelten die besonderen Vorschriften
der §§ 165 bis 536 für die Krankenversicherung,
der §§ 537 bis 1225 für die Unfallversicherung,
und zwar der §§ 537 bis 914 für die gewerbliche, der §§ 915 bis 1045 für die landwirtschaftliche und der §§ 1046 bis 1225 für die See-Unfallversicherung,
der §§ 1226 bis 1500 für die Invalidenversicherung.

Bek. vom 15. XII. 24 (RGBl. I S. 779).

Zweiter Abschnitt

Träger der Reichsversicherung

I. Bezeichnung

§ 3. Träger der Reichsversicherung sind, soweit dieses Gesetz nichts anderes vorschreibt,
für die Krankenversicherung die Krankenkassen,
für die Unfallversicherung die Berufsgenossenschaften,
für die Invalidenversicherung die Versicherungsanstalten.

Für diese Versicherungsträger[1] gelten die Vorschriften der §§ 4 bis 34.

Bek. vom 15. XII. 24 (RGBl. I S. 779).

1. Für die anderen VersTr.: die Ersatzkassen (§§ 503ff.), das Reich, die Deutsche Reichsbahn-Gesellschaft, die Länder, die für leistungsfähig erklärten Gemeinden, Gemeindeverbände und Körperschaften (§§ 624—628b, 957, 1119), die Sonder-

anstalten (§§ 1360, 1375) gelten die Vorschriften der §§ 4—34 nur insoweit, als es ausdrücklich vorgeschrieben ist, Begr. zur RVO. S. 35. S. auch § 1037. Für Preußen gilt das G. über die landwirtschaftliche UV. v. 23. VII. 12 (GS. S. 207) in der Fassung des G. vom 9. IX. 22 (GS. S. 283).

II. Rechtsfähigkeit

§ 4. Die Träger der Versicherung sind rechtsfähig[1].

1. Die KrKn. sind Körperschaften des öffentlichen Rechts, aber nicht organisch in die Verfassung des Staats eingegliedert und nicht zur Erfüllung staatlicher Aufgaben berufen; OVG. **20** 38, RGSt. **38** 17, **41** 121, **60** 139, **62** 24 (auch EuM. **22** 509), RGZ. **42** 358, **99** 265. Sie sind keine kommunalen Verbände im Sinne des § 24 Abs. 1c des Pr. Kommunalabgabeng. v. 14. VII. 23 (GS. S. 152) und des Pr. G. über die Erhebung einer vorläufigen Steuer vom Grundvermögen v. 14. II. 23 (GS. S. 29) i. d. F. des G. v. 22. IV. 27 (GS. S. 60) und des G. v. 28. III. 28 (GS. S. 51); OVG. **80** 15, wohl aber öffentliche Körperschaften im Sinne der Pr. Hauszinssteuer V. i. d. F. v. 2. VII. 26 (GS. S. 213) und des G. v. 27. IV. 27 (GS. S. 611); Deutsche KrK. **29** Sp. 304 (OVG.). Die Vorstände der KrKn. haben nicht die Eigenschaft öffentlicher Behörden; RGSt. **62** 24. Die Kassenangestellten sind keine Beamten im staatsrechtlichen Sinne, auch wenn ihnen die Rechte und Pflichten der Staats- oder Gemeindebeamten verliehen waren (§§ 8, 9 des G. v. 28. VI. 19, RGBl. S. 615); RGSt. **62** 24, RGZ. **99** 265. Beamteneigenschaft im Sinne des § 359 StGB. haben sie nur, soweit sie auf Grund des § 404 Abs. 4 RVO. als Vollstreckungs- und Vollziehungsbeamte bestellt sind, aber auch nur für die in dieser Eigenschaft vorgenommenen Verrichtungen; RGStr. **62** 27.

Die BGen. sind keine dem Staat organisch eingegliederte Kollegien, wohl aber öffentliche Genossenschaften; OVG. **20** 38, Breith. **15** 507 (RG.). Die Vorstände haben, vorbehaltlich § 1037, nicht die Eigenschaft öffentlicher Behörden; RGSt. **34** 367, OVG. **20** 38, AN. **13** 550. Die Genossenschaftsbeamten sind keine Beamten im staatsrechtlichen Sinne; RGZ. **71** 236, **112** 63, **114** 22, Breith. **15** 506 (RG.), PrVBl. XXXIII 561 (OVG.), AN. **24** 20.

Die LVAnsten. sind zwar an den Staat oder Gemeindeverband angegliedert, die Geschäfte des Verbandes werden durch Staats- oder Gemeindebeamte wahrgenommen und dem Vorstand ist die Eigenschaft einer öffentlichen Behörde verliehen (§§ 1326, 1342). Sie bilden aber keinen Zweig der Staats- oder Gemeindeverwaltung, sondern sind lediglich Körperschaften der Selbstverwaltung, Anstalten des öffentlichen Rechts; RGSt. **62** 24 (auch EuM. **22** 509). Die im § 1348 bezeichneten Beamten haben die Rechte und Pflichten der staatlichen oder gemeindlichen Beamten; eigentliche Staats- oder Gemeindebeamte sind sie nicht; RGZ. **99** 265.

Rechtsfähig sind auch die Kassenverbände; § 408 Abs. 2, AN. **16** 756. Aufgelöste und geschlossene Kassen bleiben, bis die Geschäfte abgewickelt sind, rechtsfähig, soweit es der Zweck der Abwickelung erfordert; § 301, AN. **15** 374. Nicht rechtsfähig sind die Kassenvereinigungen als solche; § 414, AN. **25** 329, die Sektionen der KrKn.; §§ 415, 415a, die Sektionen der BGen.; AN. **22** 361, OVG. **47** 367. Auch die Zweiganstalten sind nicht rechtsfähig, Träger der Versicherung sind die BGen., AN. **13** 640. Da ihre Einnahmen und Ausgaben besonders zu verrechnen, ihre Bestände besonders zu verwahren und besondere Rücklagen für sie anzusammeln sind (§ 787), sie auch eine eigene Satzung (§ 793) und gegebenenfalls nach dieser besondere Organe haben (§ 794), pflegt sie das RVA. im Unfallentschädigungsverfahren als selbständige Partei zu behandeln; HdbUV. **2** 252, vgl. Anm. 6 zu § 629 im III. Band.

Für den Verkehr mit der Reichsschuldenverwaltung s. AN. **13** 550.

III. Organe

§ 5[1]. Jeder Versicherungsträger hat einen Vorstand[2]. Dieser vertritt ihn gerichtlich und außergerichtlich. Er hat die Stellung eines gesetzlichen Vertreters.

Beschränkungen des Umfanges[3] der Vertretungsmacht, die sich nicht aus dem Gesetz ergeben, kann mit Wirkung gegen Dritte die Satzung bestimmen. Sie kann es nur, soweit dieses Gesetz es zuläßt.

Die Satzung kann bestimmen, daß auch einzelne Vorstandsmitglieder[4] den Versicherungsträger vertreten können.

1. § 5 betrifft lediglich die Vertretung der VersTr. nach außen, während für das Verhältnis nach innen die besonderen Vorschriften im Gesetz und die einzelnen Vorschriften der Satzung maßgebend sind; AN. **16** 437, 815, **23** 205, EuM. **25** 483.

2. Der Vorstand darf seine Aufgaben als solche nicht anderen übertragen. Gewisse untergeordnete Geschäfte, z. B. Entgegennahme von Meldungen, können durch Beschluß des Vorstandes der KrK. dem Geschäftsführer übertragen werden; ArbVers. **09** 346 (Sächs. OVG.), nicht aber die Bestellung der der Dienstordnung unterstehenden Angestellten und die Ausstellung von Dienstzeugnissen für die Angestellten; AN. **18** 183. Unter der ihm nach § 342 obliegenden eigenen Verantwortung kann der Vorstand den Geschäftsführer mit der Unterzeichnung von Zahlungsanweisungen, nicht mit der Vornahme von Kassenprüfungen beauftragen; EuM. **15** 282. Der Auftrag kann jederzeit zurückgenommen werden; Orts-KrK. **24** 442. Der Geschäftsführer darf aber mit der Unterzeichnung der Zahlungsanweisungen nicht beauftragt werden, wenn er gleichzeitig die Kassengeschäfte wahrnimmt, ein besonderer Kassierer also nicht bestellt ist; AN. **28** 197. Zulässig Postvollmacht; AN. **85** 353, sowie Prozeßvollmacht, aber nicht Generalvollmacht an den Geschäftsführer der BG. zur Einlegung von Rekursen, HdbUV. **1** 410. Vgl. für die BGen. §§ 703, 978, 1149 und die Bestimmungen des RVA. über die Übertragung von Aufgaben auf die Geschäftsführer der BGen. v. 4. II. 13 in der Fassung vom 16. IV. 24, abgedruckt im Band III Anhang IX.

Die Sektionen der BGen. sind lediglich örtlich abgegrenzte Bezirke der BG. derart, daß sie nach Maßgabe der Satzung an der Erfüllung der der BG. obliegenden Aufgaben mitzuwirken haben und daß von den ihnen zugehörigen BG.-Mitgliedern gewisse Teile der Jahreslasten im voraus zu tragen sind. Sie sind Verwaltungseinrichtungen der BG. ohne selbständige Rechtspersönlichkeit; AN. **22** 361, 362, **27** 356 (Runderl. des RVA. v. 15. VI. 27). Die BG. allein wird nach außen hin durch die von den Sektionsvorständen abgeschlossenen Geschäfte berechtigt und verpflichtet, vorausgesetzt, daß die Vorstände hierbei innerhalb der Grenzen der gesetzlichen und satzungsmäßigen Vollmacht handeln; HdbUV. **3** 95. Die Frage, wer berechtigt ist, im einzelnen Falle Verträge mit Rechtsverbindlichkeit für die BG. abzuschließen, betrifft lediglich das Innenverhältnis der BG. In dieser Beziehung sind durch Gesetz und Satzung die Befugnisse zwischen dem Genossenschafts- und Sektionsvorstand geteilt. Aus der Bestimmung der Satzung, daß die Sektionen die Kosten ihrer Verwaltung selbst tragen, ergibt sich übrigens auch, daß tatsächlich und im Innenverhältnis zwischen Sektion und Genossenschaft ein Vertrag, den der Sektionsvorstand innerhalb seiner Befugnisse über eigene Verwaltungsangelegenheiten der Sektion abschließt, auch nur die Sektion selbst belastet; AN. **12** 1138. Der Geschäftsführer einer Sektion einer BG. kann sich zur Geltendmachung eines Gehaltsanspruchs nicht auf eine Willenserklärung des Sektionsvorstandes berufen, wenn die Beschlußfassung über die Gehaltsregelung satzungsgemäß der Sektionsversammlung vorbehalten ist, und diese einen Beschluß nicht gefaßt hat; EuM. **23** 432.

Der Vorsitzende des Vorstandes einer KrK. ist als solcher nicht berechtigt, für die übrigen Vorstandsmitglieder Strafantrag nach § 196 StGB. zu stellen, doch kann er als ihr Vertreter handeln; Monatsschr. **26** 587 (Bay. OberstLG.).

3. Die Vertretungsmacht des Vorstandes ist regelmäßig unbeschränkt; sie ist ausnahmsweise durch das Gesetz selbst beschränkt, indem z. B. bei Geschäften über unbewegliche Sachen der Vorstand und ein anderes Organ zusammenwirken müssen. Darüber hinaus kann sie nur insoweit beschränkt werden, als das Gesetz die Ermächtigung dazu gibt; im Interesse der Verkehrssicherheit muß dann die Beschränkung durch die Satzung ausgesprochen werden, deren Inhalt für jedermann zugänglich ist; Begr. zur RVO. S. 36, Monatsschr. **13** 306. Rechte und Pflichten des Vorstandes, die in der Satzung geregelt sind, können nur durch eine Satzungsänderung geändert werden; AN. **15** 376.

Eine Gruppe von Vertretern im Ausschuß einer KrK. ist nicht befugt, an Stelle des Vorstandes die Genehmigung einer Satzungsänderung zu beantragen; Breith. **18** 250.

Ein vom Vorstand ohne die im § 346 Abs. 1 vorgeschriebene Mitwirkung des Ausschusses abgeschlossenes Rechtsgeschäft ist nichtig; AN. **16** 375. Unzulässig ist eine Satzungsbestimmung, daß in den Fällen des § 346 Abs. 1 der Vorstand nur, wenn seine Beschlußfassung nicht einstimmig gewesen ist, einen Beschluß des Ausschusses einzuholen hat; AN. **16** 375. Unzulässig auch eine Satzungsbestimmung, daß zur Vertretung des Ausschusses im Willen beim Erwerb usw. von Grundstücken (§ 346 Abs. 1) der Ausschuß seinen Vorsitzenden bestimmt oder aus seiner Mitte Vertreter besonders wählt. Der nach § 321 Nr. 5 (wie § 1338 Nr. 4) bestellte Vertreter ist nicht berechtigt, bei den bezeichneten Rechtsgeschäften den Ausschuß im Willen zu vertreten, sondern nur berufen, die zur Ausführung eines Beschlusses des Ausschusses erforderlichen Erklärungen vor dem Grundbuchrichter abzugeben; AN. **16** 375.

Beschlüsse des Vorstandes, die lediglich der Zustimmung des Ausschusses bedürfen, § 346 Abs. 2, sind ohne diese Zustimmung nicht rechtsunwirksam; es besteht aber gegebenenfalls eine Ersatzpflicht des Vorstandes gegenüber dem Ausschuß und der KrK.; AN. **16** 375.

Der Antrag auf Genehmigung einer vom Kassenausschuß beschlossenen Satzungsänderung kann nicht von Vertretern der Versicherten im Ausschuß, sondern nur vom Vorstand gestellt werden; Breith. **18** 250.

4. Überträgt die Satzung einer KrK. dem Vorsitzenden die gerichtliche und außergerichtliche Vertretung, so ist darunter nur die Vertretung nach außen zu verstehen. Das Verhältnis nach innen, die Beziehungen zwischen Vorstand und Mitgliedern werden dadurch nicht berührt. Eine solche Übertragung ermächtigt den Vorstand noch nicht, Strafen nach § 529 zu verhängen. Wohl aber kann ihm die Befugnis dazu durch die Satzung eingeräumt werden; AN. **16** 437, **16** 815. Auch schließt das Recht des Vorstandes, die laufende Verwaltung zu führen, die Befugnis in sich, die Geschäfte unter den einzelnen Vorstandsmitgliedern zu verteilen und ihnen das Recht selbständiger Entscheidungen zu gewähren, soweit die Satzung nicht entgegensteht; AN. **23** 205. Soweit die Satzung dem Stellvertreter des Vorsitzenden keine weiteren Rechte einräumt, beschränken sich mit dem in AN. **23** 205 bezeichneten Vorbehalt seine Befugnisse auf die im Bedarfsfall erforderliche Vertretung; AN. **22** 185, HdbUV. **3** 126. Überträgt die Satzung die Vertretung einem Vorstandsmitglied, so reicht dessen Vertretungsbefugnis, soweit die Satzung keine Einschränkung enthält, ebensoweit, wie ohne die Satzungsbestimmung der Vorstand selbst zur Vertretung befugt wäre. Erteilung einer Generalprozeßvollmacht an dieses Mitglied danach zulässig; AN. **08** 694.

Rundschreiben des RVA. an die Vorstände der ihm unterstellten gewerblichen BGen. über die Vertretung der BGen. im Geldverkehr mit der Reichsbank; AN. **13** 543.

Schreiben des RAM. wegen Darlehnsaufnahme durch KrKn. v. 1. II. 30 (Befugnis des Vorstandes, zur Deckung eines unvorhergesehenen vorübergehenden Fehlbetrags Darlehen aufzunehmen); AN. **30** 121, vgl. auch EuM. **25** 207.

§ 6. Der Vorstand hat das Ergebnis jeder Wahl und jede Änderung in seiner Zusammensetzung binnen einer Woche seiner Aufsichtsbehörde anzuzeigen.

Soweit der Vorstand eines Ausweises[1] bedarf, genügt eine Bescheinigung seiner Aufsichtsbehörde über seine Zusammensetzung und den Umfang seiner Vertretungsmacht.

1. Die Vorstände der VAnsten., welche die Eigenschaft einer öffentlichen Behörde haben (§ 1343), werden eines Ausweises nur ausnahmsweise bedürfen; AN. **12** 948.

Der Ausweis ist gebühren- und stempelfrei; § 138.

§ 7. Der Vorstand[1] kann in eiligen Fällen[2] schriftlich abstimmen.

1. Der Vorstand (Sektionsvorstand; AN. **94** 344) der BG., der KrK., der LVAnst. Nach § 688a kann das RVA. auf Antrag des Vorstandes der BG. genehmigen, daß die Genossenschaftsversammlung oder Sektionsversammlung schriftlich abstimmt. Der Ausschuß der KrK. und der LVAnst. darf nicht schriftlich abstimmen; AN. **13** 608.

2. Ob ein eiliger Fall vorliegt, entscheidet der Vorstand nach pflichtmäßigem Ermessen; AN. **94** 344. Durch die Einschränkung der schriftlichen Abstimmung auf eilige Fälle soll einem zu ausgedehnten Gebrauch dieser Möglichkeit vorgebeugt und verhindert werden, daß sie allgemein zur Regel werde; KommBer. zur RVO. **1** 7.

§ 8. Verstoßen Beschlüsse[1] der Organe des Versicherungsträgers gegen Gesetz[2] oder Satzung, so hat sie der Vorsitzende des Vorstandes[3] durch Beschwerde an die Aufsichtsbehörde zu beanstanden[4] [5].

Die Beschwerde bewirkt Aufschub.

1. Nur Beschlüsse, die noch nicht ausgeführt worden sind, aber ausgeführt werden können, einen positiven Inhalt haben und unangefochten Wirkungen äußern, deren Beseitigung aus gesetzlichen Gründen (Zweckmäßigkeitserwägungen scheiden aus) erforderlich ist, nicht bloße Meinungsäußerungen unterliegen der Beanstandung; OVG. **6** 68, **27** 87, AN. **04** 253. Beschlüsse, die zu ihrer Gültigkeit der Genehmigung der Aufsichtsbehörde bedürfen, können, da sie ohne die Genehmigung keine Wirkung haben, nicht beanstandet werden; OVG. **24** 18. Gleiches gilt, wenn die Genehmigung erteilt oder versagt ist; OVG. **27** 87. Ein ausgeführter Beschluß kann nicht mehr beanstandet werden; AN. **14** 737. Zu beanstanden sind auch auf ungesetzlichem Wege zustande gekommene Beschlüsse; OVG. **41** 408.

2. Gesetz sind nicht nur die RVO. und die Ausführungsverordnungen und -bestimmungen, sondern auch andere Gesetze; AN. **25** 254. Gesetz sind nicht nur die Vorschriften über die Pflichtaufgaben, sondern auch die Vorschriften über Maßnahmen, die zu treffen die VersTr. befugt sind, sofern der Umfang und die Art der Befugnis gesetzlich geregelt ist; AN. **03** 250.

Vgl. auch Anm. 2 zu § 357 im II. Bande, 2. Aufl., §§ 701 Abs. 1, § 1355.

3. Der Vorsitzende hat sie zu beanstanden. Er kann dazu nach § 31 Abs. 3 angehalten werden; AN. **15** 512. Der Gebrauch des Wortes „beanstanden" ist nicht notwendig; AN. **19** 425.

4. Die Beschwerde ist kein Rechtsmittel, sondern die unbefristete Aufsichtsbeschwerde. Eine gemäß § 1791 mit der Beschwerde anfechtbare Entscheidung eines VersTr. liegt nicht vor; AN. **15** 512. Die Geltendmachung der Beschwerde darf durch die Satzung nicht zeitlich begrenzt werden; AN **14** 376.

5. Die Entscheidung des RVA. (LVAmt) als Aufsichtsbehörde der VAnsten. und der BGen. ist endgültig; §§ 84, 105 Abs. 2. Gegen die Entscheidung des VA., der Aufsichtsbehörde der KrK. und der K.Verbände, kann der Vorsitzende, dessen Beschwerde zurückgewiesen worden ist, oder das Organ, dessen Beschluß aufgehoben worden ist, Beschwerde beim OVA. einlegen. Weitere Beschwerde an das RVA. (LVAmt) AN. **15** 512. Das VA. kann die Entscheidung des OVA., durch die seine Entscheidung aufgehoben worden ist, nicht durch weitere Beschwerde anfechten; AN. **14** 582, **21** 345.

Ist im Aufsichtsverfahren nach §§ 8, 30, 377 RVO. über die Versicherungspflicht einer Person entschieden worden — was unzulässig ist —, so ist der beteiligte Arbeitnehmer berechtigt, gegen die im Aufsichtswege ergangene Entsch. des OVA. die weitere Beschwerde an das RVA. einzulegen; EuM. **25** 487.

§ 9. In den Organen hat auch ihr Vorsitzender Stimmrecht; bei Stimmengleichheit gibt seine Stimme den Ausschlag[1].

1. Der zweite Halbsatz gilt nicht bei getrennter Abstimmung der Gruppen in den Organen der KrK., auch nicht bei geheimen Abstimmungen, insbesondere geheimen Wahlen; AN. **21** 415. Sind Mehrheitsbeschlüsse beider Gruppen nicht zu erzielen, so gilt die Vorlage als abgelehnt; AN. **13** 839.

§ 9 regelt die Frage, ob geheim oder öffentlich abzustimmen ist, überhaupt nicht. Geheime Abstimmungen können auch in anderen als den im § 15 bezeichneten Fällen durch die Satzung oder die Geschäftsordnung vorgeschrieben werden; AN. **26** 13.

Der RJM. (EuM. **23** 262) nimmt an, daß die Vorschrift im § 197 Satz 2 AVAVG., wonach bei Stimmengleichheit die Stimme des Vorsitzenden den Ausschlag gibt, auch bei geheimen Abstimmungen gelte; es sei dem Vorsitzenden freizustellen, ob er bei Stimmengleichheit nach geheimer Abstimmung erklären wolle, wie er abgestimmt habe.

§ 10. Für die Mitglieder sind Stellvertreter[1] in der erforderlichen Zahl zu bestellen.

1. Stellvertreter im Sinne des § 10 sind im allgemeinen Personen, die nicht nur beim Ausscheiden oder bei der Amtsenthebung, sondern auch bei vorübergehender Behinderung (z. B. durch Krankheit; EuM. **24** 21) des zunächst Berufenen tätig werden sollen; AN. **14** 768. Das Einrücken der Ersatzmänner bestimmt sich nach der Reihenfolge ihrer Benennung im Wahlvorschlage; EuM. **7** 1. Eine Satzungsbestimmung, die nur zum Verhüten der Beschlußunfähigkeit des Vorstandes die Einberufung von Stellvertretern vorsieht, ist unzulässig; AN. **14** 768.

Der Stellvertreter ist ohne Einschränkung zur Vertretung des verhinderten Mitglieds berufen; EuM. **24** 21. Eine erneute Wahl ordentlicher Vertreter eines Kassenvorstandes ist ausgeschlossen, solange Ersatzmänner vorhanden sind; Monatsschr. **28** 114 (Sächs. LVAmt).

§ 11. Die Sitzungen sind nicht öffentlich[1].

1. Die Entsendung von Vertretern der Aufsichtsbehörde ist nicht ausgeschlossen; Begr. zur RVO. S. 37. Die Organe sind nicht gehindert, zu den Sitzungen andere Personen z. B. Ärzte, Unternehmer, Sachverständige, Angestellte als Auskunftspersonen zuzuziehen, wenn ihr Erscheinen im Interesse der Sache gewünscht wird; KommBer. zur RVO. **1** 10. Der Betriebsrat kann nicht verlangen, das Organ nicht beschließen, die Satzung nicht bestimmen, daß er zu allen Sitzungen zugezogen werde; AN. **22** 184. Vorstandsmitglieder einer KrK. können ihre Zuziehung zu den Ausschußsitzungen nicht verlangen, wenn weder die Satzung ihre Zuziehung bestimmt, noch der Ausschuß sie beschlossen hat; AN. **16** 809. Ein Privatangestellter des Vorsitzenden

darf nicht zur Aufnahme der Verhandlungen zugezogen werden; EuM. **6** 1 (Bay. LVAmt), wohl aber zur Unterstützung des Schriftführers ein Angestellter des VersTr.; AN. **22** 185. Die Zuziehung von Vertretern der Presse ist unzulässig, HMBl. **08** 8 (OVG.). Wird im Einzelfalle das Recht oder die Pflicht, die Teilnahme des Mitglieds eines anderen Organs zu gestatten, bestritten, so ist nach § 33 zu verfahren; AN. **16** 809.

Schweigepflicht für die Teilnahme an den nicht öffentlichen Sitzungen nur nach §§ 141—145 begründet; StenBer. zur RVO. S. 6382. Vgl. § 24. Sie kann aber auch begründet sein, wenn sie den Teilnehmern durch besonderen Beschluß des Organs ausdrücklich auferlegt oder wenn der Gegenstand der Verhandlungen und Beschlüsse die Geheimhaltung im Interesse des VersTr. verlangt; Reichsversicherung **27** 89 (RAM.). Über die §§ 141—145 hinaus kann Schweigepflicht nur begründet werden, wenn sie für den Einzelfall ausdrücklich durch besonderen Beschluß des Organs auferlegt ist oder wenn die Natur der Verhandlungen und Beschlüsse eine Geheimhaltung verlangt; Breith. **15** 289 (RVA.). Eine grobe Verletzung der Amtspflicht kann unter Umständen darin erblickt werden, daß Mitteilungen aus den nicht öffentlichen Sitzungen über Beratung und Abstimmung in die Öffentlichkeit gebracht werden; HbdUV. **1** 416, Breith. **15** 289 (RVA.).

IV. Ehrenämter

§ 12. Wählbar[1] [2] zu den Organen der Versicherungsträger sind nur volljährige Deutsche[3].

Nicht wählbar ist,

1. wer infolge strafgerichtlicher Verurteilung die Fähigkeit zur Bekleidung öffentlicher Ämter verloren hat oder wegen eines Verbrechens oder Vergehens, das den Verlust dieser Fähigkeit zur Folge haben kann, verfolgt wird, falls gegen ihn das Hauptverfahren eröffnet ist[4],

2. wer infolge gerichtlicher Anordnung in der Verfügung über sein Vermögen beschränkt ist[5].

1. Die gesetzlichen Vorschriften über die Wählbarkeit: §§ 12—14, 327, 328, 331, 333, 339—341, 457, 687, 859, 975, 1030, 1031, 1146, 1346, 1351 dürfen durch die Satzung nicht geändert werden. Die Satzung darf die Wählbarkeit nicht weiter einschränken, als die RVO. es zuläßt; AN. **13** 836. Unzulässig ist daher die Bestimmung einer Kassensatzung, daß als Vertreter der Versicherten in den Vorstand nur Mitglieder wählbar sind, die zur Zeit der Wahl mindestens 3 Jahre der Kasse angehört haben; AN. **13** 836, EuM. **1** 8 (Sächs. LVAmt). S. aber § 687 Abs. 2 (EuM. **22** 235). Die Satzung kann die Wählbarkeit beschränken nach § 337, § 341 Abs. 1. Einer ausdrücklichen Annahme des Amtes bedarf es nicht; AN. **88** 86.

2. Das Amt erlischt durch Amtsenthebung (§ 24) beim Fehlen oder Wegfall der Wählbarkeit. Bei Wiedererlangung der Wählbarkeit lebt es nicht wieder auf; OVG. **52** 395. Doch wird die Freisprechung des Mitglieds eines Kassenorgans, gegen das wegen eines Vergehens im Sinne des § 12 Abs. 2 Nr. 1 das Hauptverfahren eröffnet und das deshalb nach § 24 Abs. 1 seines Amtes enthoben worden ist, im Beschwerdeverfahren vom OVA. zu berücksichtigen sein und, wenn keine Tatsachen vorliegen, welche die Vertrauenswürdigkeit für die Geschäftsführung ausschließen, zur Aufhebung des Enthebungsbeschlusses führen können; AN. **15** 369.

Eine Amtsniederlegung wird jedenfalls mit Zustimmung des Wahlorgans zulässig sein; AN. **92** 306. Wenn Vorstandsmitglieder der Genossenschaft oder Vertreter zur Genossenschaftsversammlung an der Ausübung ihres Amtes dauernd behindert sind, können sie im Einverständnis mit dem Vorstand das Amt niederlegen; EuM. **23** 374.

3. Die Wahl eines Ausländers kann nicht mehr für ungültig erklärt werden, wenn der Gewählte inzwischen die Reichsangehörigkeit erworben hat; Monatsschr. **13** 306.

4. Vgl. §§ 31, 33—35 StGB., § 201 StPO.

5. Vgl. §§ 6, 1906 BGB., §§ 645, 680 ZPO., §§ 6, 106 KonkO.

§ 13. Wählbar als Vertreter der Unternehmer oder anderen Arbeitgeber[1] ist, wer regelmäßig mindestens einen Versicherungspflichtigen beschäftigt, der bei dem Versicherungsträger versichert ist[2].

Den Unternehmern oder anderen Arbeitgebern stehen bevollmächtigte Betriebsleiter[3], den Arbeitgebern bei den Wahlen zu den Organen der Krankenkassen auch Geschäftsführer und Betriebsbeamte[4] der beteiligten Arbeitgeber (§ 332 Abs. 2), den Unternehmern bei den Wahlen zu den Organen der Berufsgenossenschaften auch die gesetzlichen Vertreter der Genossenschaftsmitglieder gleich[5].

Nicht wählbar sind Mitglieder[6] einer Behörde, die Aufsichtsbefugnisse über einen Versicherungsträger hat.

1. Wird ein Arbeitnehmer in einem Betriebe beschäftigt, so ist in der Regel der Unternehmer im Sinne der UV. zugleich der Arbeitgeber im Sinne der KV. und JV.; AN. **27** 584. Wegen des Begriffs Unternehmer s. Anm. 1a–1i zu § 633 im III. Bande, wegen des Begriffs Arbeitgeber s. Anm. 2 zu § 317 im II. Bande und Anm. 1 zu § 1426 im IV. Bande. Bei juristischen Personen des öffentlichen und bürgerlichen Rechts sind nach § 13 deren vertretungsberechtigte Organe, bei Gemeinden also der Ortsvorsteher wählbar; Monatsschr. **14** 191 (Württ. OVA.). Gehören zum Amtsbereiche eines vertretungsberechtigten Gemeindeorgans (z. B. eines Beigeordneten) Betriebe der Gemeinde, so ist dieses berechtigt, die Arbeitgeberrechte für diese Betriebe wahrzunehmen und demgemäß das Wahlrecht für die Gemeinde auszuüben; EuM. **23** 39. Für die im gemeinsamen Haushalt der Eheleute beschäftigten Hausgehilfen kann nur der Ehemann als Arbeitgeber gelten; AN. **23** 206.

Die Reichsanstalt für Arbeitsvermittlung und Arbeitslosenversicherung hat auf Grund der KV. der Arbeitslosen (§ 117 AVAVG.) kein aktives oder passives Wahlrecht; RAM., Schreiben v. 28. IV. 28 (RABl. S. 164).

2. Unternehmer oder Arbeitgeber, die nicht regelmäßig mindestens einen bei dem VersTr. Versicherten beschäftigen, können vorbehaltlich § 687 Abs. 2 nicht gewählt werden; AN. **13** 589.

3. Als bevollmächtigte Betriebsleiter sind Personen anzusehen, die dem Unternehmer wirtschaftlich und rechtlich gleichstehen, kraft ihrer rechtlichen Stellung den Unternehmer nach außen vertreten und einen bestimmenden Einfluß auf den Gang des Unternehmens haben; AN. **12** 929 (Betriebsdirektor eines vom Kreisausschuß vertretenen Eisenbahnunternehmens nicht bevollmächtigter Betriebsleiter, sondern Betriebsbeamter); Monatsschr. **25** 364. Bevollmächtigte Betriebsleiter sind nicht nur die alleinigen und obersten Betriebsleiter, sondern auch die Leiter von Abteilungen größerer Betriebe, diese allerdings nur dann, wenn sie das Unternehmen bei ihren Aufgaben auch nach außen vertreten und wenn sie entweder mit anderen an der oberen Geschäfts- oder Betriebsleitung teilnehmen oder wenigstens einen Einfluß darauf haben; AN. **15** 533, EuM. **17** 232, EuM. **14** 407 (RG.).

4. Geschäftsführer sind Personen, die lediglich die nach außen wirkenden Rechtshandlungen des Unternehmers vorbereiten und den inneren Geschäftsgang des Unternehmens beaufsichtigen; EuM. **17** 232. Als Betriebsbeamte gelten Personen.

die in einem Betriebe mit einer leitenden oder beaufsichtigenden, die Tätigkeit eines Arbeiters überragenden Tätigkeit betraut sind, bei denen der Schwerpunkt der Beschäftigung nicht in dem persönlichen Eingreifen bei der Arbeitstätigkeit, sondern in einer Beteiligung bei der Betriebsleitung und in einer Aufsichtsstellung gegenüber den Arbeitern liegt, und an die in der Regel höhere Anforderungen hinsichtlich ihrer fachlichen Ausbildung und Kenntnisse sowie ihres selbständigen Urteilsvermögens gestellt zu werden pflegen, als an einen Arbeiter; HbdUV. **1** 62, Anl. d. RVA. Ziff. 41, AN. **14** 540, ferner Anm. 7 zu § 544 im III. Bande.

Die Gleichstellung der Geschäftsführer und Betriebsbeamten mit den Arbeitgebern bedeutet, daß sie nur als Arbeitgeber gewählt werden können, auch wenn sie selbst versichert sind; AN. **15** 368, zu vgl. auch AN. **16** 377, 378.

5. Nur die Wahl einer Person als Arbeitgebervertreter und als Versichertenvertreter bei einer und derselben KrK. ist nicht möglich. Gehört aber ein bei einer Kasse beteiligter Arbeitgeber einer anderen Kasse als versichertes Mitglied an, so kann er bei jener Kasse als Arbeitgebervertreter, bei dieser als Versichertenvertreter gewählt werden; er hat dann ein doppeltes Wahlrecht; EuM. **23** 39.

6. Unter Mitgliedern im Sinne des Abs. 3 sind nur die beamteten Mitglieder zu verstehen; EuM. **3** 1 (Sächs. LVAmt), Erl. d. PrHM. v. 6. III. 14 (HMBl. S. 124).

§ 14. Wählbar als Vertreter der Versicherten ist nur, wer bei dem Versicherungsträger versichert ist[1].

Bei der Kranken- und Invalidenversicherung werden Versicherte für die Bildung der Organe den Arbeitgebern zugerechnet, wenn sie regelmäßig mehr als zwei Versicherungspflichtige beschäftigen[2]. Bei der Unfallversicherung werden versicherte Mitglieder der Berufsgenossenschaften den Unternehmern zugerechnet, wenn sie regelmäßig mindestens einen Versicherungspflichtigen beschäftigen.

1. Versicherte sind auch die freiwillig Versicherten; AN. (JuAV.) **94** 30; vgl. § 340.

Wählbar sind auch die gegen Krankheit versicherten Arbeitslosen; § 117 Abs. 2 AVAVG., RABl. I **28** 164 (RAM.).

Eine besondere Bestimmung hinsichtlich der Zeitdauer des Versichertseins besteht nicht, kann auch durch die Satzung nicht eingeführt werden; EuM. **1** 8 (Sächs. LVAmt).

2. Versicherte, die regelmäßig mehr als zwei Versicherungspflichtige beschäftigen, können nur als Arbeitgeber, nicht als Versicherte gewählt werden; AN. **15** 368.

Maßgebend ist nicht die augenblickliche Zahl der Beschäftigten, sondern ihr regelmäßiger Bestand; KommBer. zur RVO. **1** 124.

§ 15. Die Vertreter der Unternehmer oder anderen Arbeitgeber und der Versicherten werden auf Grund von Vorschlagslisten wirtschaftlicher Vereinigungen von Arbeitgebern oder von Arbeitnehmern oder von Verbänden solcher Vereinigungen[1] nach den Grundsätzen der Verhältniswahl[2] gewählt. Diesen Vorschlagslisten stehen gleich[3]

bei der Wahl zum Ausschuß und Vorstand der Krankenkassen (§§ 333, 335, 339, 341 Abs. 1) solche Vorschlagslisten von Arbeitgebern oder von Versicherten, welche die in der Satzung festgelegte Zahl von Unterschriften tragen; die Festsetzung bedarf der Zustimmung der für die Genehmigung von Satzungsänderungen zuständigen Versicherungsbehörde, bei der Wahl zum Vorstand der Krankenkassen auch Vorschlagslisten mit mindestens zwei Unterschriften von Vertretern der Arbeitgeber oder der Versicherten im Ausschuß,

bei der Wahl zu Vertretern in der Genossenschaftsversammlung und zum Vorstand der Berufsgenossenschaften (§§ 678, 687, 975, 976, 1144, 1146) Vorschlagslisten der Vorstände.

Die Satzung bestimmt, bis wann die Vorschlagslisten einzureichen sind; die Wahl ist geheim[4].

G. v. 8. IV. 27 (RGBl. I S. 95).

1. Unter wirtschaftlichen Vereinigungen sind tariffähige Vereinigungen zu verstehen; Reichsversicherung **27** 24 (RAM.), EuM. **25** 312, dagegen EuM. **26** 71 (Bad. LVAmt), sowie AN. **30** 234; in dieser letzten, grundsätzl. E. legt das RVA. kein entscheidendes Gewicht auf die Tariffähigkeit, sondern fordert nur, daß wirtschaftliche Vereinigungen von Arbeitnehmern im Sinne des § 15 in sich geschlossene reine Arbeitnehmervereinigungen sein müssen, die der Arbeitgeberseite völlig unabhängig und selbständig gegenüberstehen. Vereinigungen, die aus Arbeitgebern und Arbeitnehmern bestehen, gehören nicht dazu; AN. **28** 311. Ein in Form einer G. m. b. H. errichteter Verband sozialer Baubetriebe, dessen Gesellschafter freigewerkschaftliche, also Arbeitnehmerorganisationen sind, kann nicht als wirtschaftliche Vereinigung von Arbeitgebern oder als Verband solcher Vereinigungen angesehen werden; EuM. **22** 97. Ebensowenig ein Verband, bei dem der Gegenstand des Unternehmens die Gründung und Förderung gemeinwirtschaftlicher Baubetriebe ist; Breith. **18** 353. Auch nicht ein Verband, der zwar aus wirtschaftlich selbständigen Unternehmern besteht, wobei aber die Beschäftigung oder Nichtbeschäftigung von Arbeitnehmern für die Verbandsmitglieder ohne Bedeutung ist; EuM. **23** 161. Ebensowenig eine Handwerkskammer, da sie eine bloße Standesvertretung darstellt; EuM. **22** 128 oder ein Handwerksamt; AN. **29** 212.

Wirtschaftliche Vereinigungen der Arbeitnehmer sind von den Arbeitgebern unabhängige, auf die Dauer bestimmte korporativ organisierte Vereinigungen von Arbeitnehmern, die den ausgesprochenen hauptsächlichsten Zweck der Erlangung und Erhaltung günstiger Arbeits- und Lohnbedingungen verfolgen (vgl. auch Anm. 1 zu § 45). Dazu gehört nicht der Deutsche Industrieverband, dessen satzungsmäßiger Zweck die Ablösung der kapitalistischen Wirtschafts- und Gesellschaftsordnung durch allgemeine Gemeinwirtschaft ist, da er ein ausgesprochen politisches Ziel hat, bei dem die wirtschaftlichen Belange nicht das wesentlichste sind; EuM. **24** 149 (Sächs. LVAmt). Ein Beamtenbund ist keine wirtschaftliche, tariffähige Vereinigung, wenn ihm weder ein Mitwirkungs- noch ein Mitbestimmungsrecht bei der Regelung der Besoldungs- und Arbeitsverhältnisse seiner Mitglieder zusteht; EuM. **25** 312. Dagegen: Ein ins Vereinsregister eingetragener Verein städtischer Beamter, dessen Mitglieder bei der städtischen Betriebs-KrK. teils pflichtversichert, teils freiwillig versichert waren und dessen Zweck satzungsgemäß dahin ging, die im Dienste der Stadt stehenden Beamten und Angestellten zur Förderung ihrer gemeinsamen beruflichen und wirtschaftlichen Belange zusammenzufassen und diese auch gegenüber der Stadtverwaltung sowie gegenüber der Öffentlichkeit und gleichgearteten Organisationen zu vertreten, wurde als berechtigt erachtet, als wirtschaftliche Vereinigung — auch ohne Tariffähigkeit — Vorschlagslisten zu der Wahl der Versichertenvertreter im Ausschuß der städtischen Betriebs-KrK. einzureichen; EuM. **26** 71 (Bad. LVAmt).

Bei den Wahlen zu den Organen eines VersTr. sind zur Einreichung von Vorschlagslisten nur solche wirtschaftlichen Vereinigungen von Arbeitgebern oder Arbeitnehmern berechtigt, deren satzungsmäßiger — örtlicher und fachlicher — Wirkungskreis sich auf die Vertretung der wirtschaftlichen Interessen von Personen erstreckt, die bei dem VersTr. versichert sind oder die Arbeitgeber solcher Versicherten sind. Weitergehende Beschränkungen des Vorschlagsrechts durch Satzung oder Wahlordnung des VersTr. sind unzulässig. Namentlich darf das Vorschlagsrecht nicht davon abhängig gemacht werden, daß die Vereinigung mit der überwiegenden Zahl ihrer Mitglieder bei dem VersTr. beteiligt ist; AN. **29** 141.

Bei allen nach dem Inkrafttreten des G. v. 8. IV. 27 vorzunehmenden Wahlen muß in dem Wahlausschreiben auf das Recht wirtschaftlicher Vereinigungen von Arbeitgebern oder von Arbeitnehmern oder von Verbänden solcher Vereinigungen zur Einreichung von Wahlvorschlägen hingewiesen werden; EuM. **21** 353.

2. Durch die Verhältniswahl soll auch den Minderheiten in den Wahlkörpern nach Möglichkeit eine ihrer Stärke entsprechende Vertretung in den Organen gesichert werden; AN. **14** 729, **15** 448.

Musterwahlordnungen für die KrKn. s. Erl. d. RAM. v. 29. VII. 27, Beilage zum RABl. Nr. 22 I.

Musterwahlordnung nach den Grundsätzen der Verhältniswahl für berufsgenossenschaftliche Ehrenämter; AN. **27** 360.

Musterwahlordnung für die Wahl der Vertreter der Versicherten für die Unfallverhütung bei den BGen. (§§ 860, 891 Abs. 1, § 1030 Abs. 1, §§ 724, 986) v. 7. XII. 27; AN. **27** 554.

Wahlordnung für die Wahl der Mitglieder der Ausschüsse der LVAnsten. (§§ 1351ff.) v. 8. XII. 27; AN. **27** 569.

Wahlordnung für die nichtbeamteten Mitglieder des Vorstandes der der Aufsicht des RVA. unterstellten LVAnsten. außer der LVAnst. Württemberg (§ 1346 Abs. 1) v. 8. V. 28; AN. **28** 138.

a) Nach den Musterwahlordnungen der KrKn. und BGen. hat das Wahlausschreiben auch den Ort zu bezeichnen, wo die Wählerlisten einzusehen sind. Die zur Einsichtnahme Berechtigten haben keinen Anspruch darauf, daß ihnen eine Abschrift der Liste erteilt oder es ihnen gestattet wird, selbst Abschrift davon zu nehmen; OVG. **27** 17. Einem Genossenschaftsmitgliede darf die Vorlage der Wählerliste zur Einsicht in weiterem Umfang, als sie seinen Betrieb betrifft, versagt werden; AN. **14** 488. Erfolgt die Mitteilung des Wahlausschreibens durch Bekanntgabe in einer Zeitung, so gilt für die Berechnung von Fristen als Tag der Veröffentlichung nicht der Tag, dessen Datum die Zeitung trägt, sondern der Tag, an dem die Zeitung ausgetragen worden ist; OVG. **63** 6. Wird das Wahlausschreiben durch einen Brief den einzelnen Wahlberechtigten mitgeteilt, so gilt als Tag der Mitteilung der Tag, an dem der Brief der Post zur Beförderung übergeben worden ist; RGZ. **60** 144. Für die Berechnung der Fristen gelten §§ 124—127. Verstöße gegen wesentliche Bestimmungen über den Inhalt des Wahlausschreibens, gegen die Art seiner Veröffentlichung sowie gegen die Bestimmungen über Mindestfristen zwischen Wahlausschreiben und Wahl und für die Einreichung von Wahlvorschlägen haben regelmäßig die Ungültigkeit der ganzen Wahl zur Folge, es sei denn, daß auch bei Beachtung jener Bestimmungen das Wahlergebnis nicht anders gewesen wäre; Monatsschr. **14** 641. Die Verkürzung der in der Wahlordnung vorgesehenen Frist zwischen der Ausschreibung der Wahl und der Wahl selbst durch den Wahlvorstand bildet keinen wesentlichen Mangel, wenn feststeht, daß das eingeschlagene Wahlverfahren dem Willen der Wähler entspricht; EuM. **23** 209.

b) Es ist zulässig, ein Verfahren mit Vorschlagslisten oder ein solches ohne Vorschlagslisten einzuführen; AN. **14** 729.

Die Wahlvorschläge müssen mit der in der Satzung oder der WO. vorgeschriebenen Zahl von Unterschriften versehen sein. Sie müssen von den Wahlberechtigten persönlich unterzeichnet werden; AN. **29** 363. Der Unterzeichner eines Wahlvorschlags muß am Tage der Einreichung des Vorschlags volljährig sein; AN. **29** 143. Die Namensunterschriften müssen so auf der Liste stehen, daß sie ihren Inhalt, die Aufzählung der Bewerber decken. Namensschriften, die auf einem besonderen Blatte, einem Begleitschreiben stehen, gelten nicht als Unterschriften; AN. **14** 488, **29** 117. Der mit dem Wahlvorschlag durch eine Schnur aktenmäßig zusammengeheftete Unterschriftsbogen bringt die Unterschriften zu dem Wahlvorschlag in einen hinreichenden äußeren und inneren Zusammenhang; die auf diesem Bogen enthaltenen Unterschriften sind gültig und decken den Vorschlag; EuM. **24** 16. Wird eine bei der Wahl zum Ausschuß einer KrK. eingereichte Vorschlagsliste beanstandet, weil sie nicht unterschrieben ist, so können die Unterschriften auch auf einer mit der Vorschlagsliste, die beim Vorstand der KrK. verblieben ist, übereinstimmenden Abschrift erfolgen; EuM. **24** 15, s. auch Breith. **18** 244. Die auf einem Wahlvorschlage fehlende Unterschrift eines Wahlberechtigten wird nicht ohne weiteres dadurch ersetzt, daß ein Wahlberechtigter den Vorschlag einreicht; AN. **14** 728. In die Vorschlagslisten wirtschaftlicher Vereinigungen (s. o. Anm. 1) dürfen auch Personen aufgenommen werden, die der Vereinigung oder einer zum Verband gehörigen Vereinigung nicht als Mitglieder angehören; AN. **29** 142, s. auch Breith. **18** 177. Andererseits steht der Umstand, daß ein Verband von Arbeitgebern nicht mit der überwiegenden Zahl seiner Mitglieder bei der Kasse beteiligt ist, dem Rechte des Verbandes zur Einreichung einer Vorschlagsliste nicht entgegen; Breith. **18** 243. Ein Wahlvorschlag ist nicht deshalb ungültig, weil er von nicht wahlberechtigten Personen unterzeichnet ist, sofern diese Personen in die Wählerliste eingetragen waren und die Eintragung nicht rechtzeitig angefochten ist. Einwendungen gegen die Richtigkeit der Wählerliste können nur in dem in der Satzung oder WO. vorgesehenen besonderen Verfahren geltend gemacht werden; AN. **14** 524, **26** 9, vgl. auch Anm. k. Die vorgeschriebene Zahl der Unterschriften darf nicht so groß sein, daß dadurch die Minderheit an der Ausübung des Wahlrechts verhindert wird. Gehören z. B. dem Ausschuß einer KrK. 6 Vertreter der Versicherten an und sind zum Vorstand 4 Vertreter zu wählen, so kann die Satzung oder die WO. nicht bestimmen, daß die Vorschlagslisten von 3 Wahlberechtigten zu unterzeichnen sind. Dadurch würde es einer Minderheit von 2 Ausschußmitgliedern, die als der dritte Teil aller Versichertenvertreter gegenüber der Mehrheit von 4 mindestens einen Sitz im Vorstande beanspruchen können, unmöglich gemacht, im Vorstande vertreten zu sein. In diesem Falle genügen zwei Unterschriften. Der Umstand, daß die Satzung mit der WO. vom OVA. genehmigt worden ist, ändert daran nichts; AN. **15** 448. Die Zahl der Unterschriften unter einem Wahlvorschlag darf grundsätzlich nicht größer sein, als die Zahl der Wähler, auf die bei Beteiligung aller Wahlberechtigten ein Gewählter entfallen würde; EuM. **22** 129. Die Unterschrift eines einzigen Wahlberechtigten genügt dann, wenn der Unterzeichner über so viel Stimmen verfügt, daß auf seinen Wahlvorschlag mindestens eine der zu besetzenden Stellen entfallen kann; EuM. **4** 2.

Das Fehlen der erforderlichen Zahl von Unterschriften ist ein nachträglich nicht zu beseitigender Mangel nur dann, wenn die WO. eine dahingehende Bestimmung enthält; EuM. **14** 7. Nach der Einreichung eines Wahlvorschlags ist ein Unterzeichner zur Zurückziehung seiner Unterschrift ohne Zustimmung der anderen Mitunterzeichner nicht mehr berechtigt; AN. **29** 143.

Für die Vorschlagslisten der Vorstände bei der Wahl zu Vertretern in der Genossenschaftsversammlung und zum Vorstand der BGen. (§§ 678, 687, 975, 976, 1144, 1146) bedarf es nur eines ordnungsmäßigen Vorstandsbeschlusses; vgl. EuM. **15** 267, AN. **23** 207.

Ist eine bei der Wahl zum Vorstand einer KrK. eingereichte Vorschlagsliste wegen Fehlens von Unterschriften mangelhaft, so kann sie nur durch Unterschriften aus der Gruppe der bisherigen Unterzeichner ergänzt werden. Die nachträgliche

Unterzeichnung einer von Ausschußmitgliedern eingereichten Vorschlagsliste durch eine wirtschaftliche Vereinigung ist unzulässig; EuM. **25** 178.

Die Wahlvorschläge brauchen nicht so viele Bewerber zu benennen, als Personen zu wählen sind, insbesondere wird durch eine solche Beschränkung des Wahlvorschlags die Stimmkraft der auf ihn abgegebenen Stimmen grundsätzlich nicht beeinträchtigt; AN. **14** 523.

Die Wahlvorschläge müssen innerhalb der durch die Satzung oder WO. bestimmten Frist eingereicht werden. Ordnet die WO. z. B. an, daß die Vorschläge spätestens 4 Wochen vor dem Wahltage einzureichen sind, so wird eine solche Bestimmung regelmäßig dahin auszulegen sein, daß zwischen dem letzten Tage, an dem noch die Wahlvorschläge eingereicht werden können, und dem Wahltage 4 volle Wochen liegen müssen. Ist z. B. die Wahl auf Dienstag, den 20. Mai, angesetzt, so können nur die spätestens am Montag, dem 21. April, eingegangenen Vorschläge berücksichtigt werden; AN. **15** 409. Fällt der letzte Tag der Wahlfrist auf einen Sonntag, so gilt dafür der darauffolgende Werktag als letzter Fristtag, und zwar auch dann, wenn die Stelle, der gegenüber die Frist einzuhalten ist, etwa besondere Vorkehrungen getroffen hat, die eine Abgabe mündlicher oder eine Zustellung schriftlicher Erklärungen auch am Sonntag ermöglichen; Breith. **18** 419. Die Frist gilt als gewahrt, wenn der Vorschlag innerhalb der Frist bei der zuständigen Stelle eingegangen ist; Monatsschr. **14** 817. Ein nur zur Leitung der Wahlhandlung bestellter Bevollmächtigter ist zur Entgegennahme von Wahlvorschlägen nicht befugt; AN. **14** 734. Der Wahlleiter muß dafür sorgen, daß ihn bis zum Ablauf der Frist Postbestellungen erreichen; AN. **16** 372. Der Bestimmung einer WO., daß Wahlvorschläge innerhalb der vorgesehenen Frist bei dem unterzeichneten Vorstand einzureichen sind, ist genügt, wenn ein Wahlvorschlag einem Vorstandsmitgliede, das die Bekanntmachung unterschrieben hat, am letzten Fristtage in seiner Privatwohnung vorgelegt und von ihm angenommen worden ist; AN. **21** 179. Die Frist wird nicht dadurch gewahrt, daß ein Wahlvorschlag noch innerhalb der Frist einem Vorstandsmitglied oder einem Geschäftsführer der Kasse außerhalb ihrer Geschäftsstelle übergeben wird, wenn diese Personen nach der Satzung, der Wahl- und Geschäftsordnung der Kasse sowie der Wahlbekanntmachung zur Entgegennahme der Wahlvorschläge nicht ermächtigt sind; AN. **29** 213. In Ermanglung einer unzweideutigen Bestimmung des Wahlausschreibens über Ort und Zeit der Einreichung der Wahlvorschlagsliste ist der Vorsitzende des Wahlvorstandes verpflichtet, die ihm angebotene Liste bis 24 Uhr auch außerhalb der Dienststelle entgegenzunehmen, es sei denn, daß sie ihm zu einer mit der Verkehrssitte unvereinbaren Stunde und an einem ebensolchen Orte angeboten wird; EuM. **26** 128 (Reichsarbeitsgericht).

Nach Ablauf der Frist zur Einreichung der Vorschlagslisten ist eine inhaltliche Änderung durch den wahlberechtigten Verband nicht mehr möglich. Die Änderung kommt der Vorlage einer neuen Vorschlagsliste gleich, die, als verspätet eingereicht, nicht zugelassen werden darf; AN. **29** 117.

Verspätet eingereichte Wahlvorschläge sind ohne weiteres als ungültig zu behandeln; Monatsschr. **15** 81 (Bay. LVAmt). Im übrigen muß der Wahlvorstand die Vorschläge prüfen und gegebenenfalls zur Beseitigung von Anständen zurückgeben. Er hat die Pflicht, alle vermeintlichen Anstände umgehend dem Listenvertreter mitzuteilen; er darf insoweit nicht zwischen Formmängeln und solchen Mängeln, die nicht beseitigt werden können, unterscheiden; EuM. **24** 16. Dies gilt auch für die Wahl zum Vorstand der OrtsKrK.; AN. **14** 728, dagegen Sächs. LVAmt (EuM. **3** 32). Für die Beseitigung der Mängel ist in den WO. regelmäßig eine äußerste Frist gesetzt. Es genügt, wenn der Listenvertreter über die Mängel so rechtzeitig aufgeklärt wird, daß er innerhalb dieser Frist einen ordnungsmäßigen Wahlvorschlag einreichen kann; AN. **14** 488. Ohne Zustimmung der Mitunterzeichner darf der

Vertreter eines Wahlvorschlags ihn nicht zurücknehmen; Monatsschr. **15** 81 (Bay. LVAmt). Die Zurücknahme eines Wahlvorschlags unter gleichzeitiger Einreichung eines neuen, jedoch dann wegen Verspätung als ungültig erklärten Wahlvorschlags läßt die Annahme zu, daß die Zurücknahme der ersten rechtzeitig eingegangenen Vorschlagsliste nur unter der selbstverständlichen, auch für den Wahlleiter erkennbaren Voraussetzung der Gültigkeit der zweiten Vorschlagsliste wirksam sein sollte; EuM. **26** 69 (Bay. LVAmt). Die nicht rechtzeitige Beseitigung der gerügten Mängel hat die Ungültigkeit des ganzen Wahlvorschlags zur Folge, wenn die erforderliche Zahl von Unterschriften fehlt oder wenn die Bewerber in nicht erkennbarer Reihenfolge aufgeführt sind. Unterläßt es der Wahlleiter, den Listenvertreter zur Ergänzung der Benennung eines nicht vorschriftsmäßig bezeichneten Bewerbers aufzufordern, so liegt ein Mangel des Wahlverfahrens vor, der nur dann nicht die Ungültigkeit der Wahl zur Folge hat, wenn er nachweisbar auf das Ergebnis der Wahl ohne Einfluß geblieben ist; AN. **14** 598.

Die Streichung eines Vorgeschlagenen in einem Wahlvorschlag hat nicht gleichzeitig auch seine Streichung als Unterzeichner dieses Vorschlags zur Folge; AN. **29** 143.

Werden ungültige Listen zur Abstimmung zugelassen, so ist die Wahl ungültig, wenn dadurch das Wahlergebnis beeinflußt sein kann; AN. **14** 598.

Kosten, die dadurch entstehen, daß zwecks Aufstellung von Vorschlagslisten vom Ausschuß einer KrK. Versammlungen der Kassenmitglieder oder der beteiligten Arbeitgeber einberufen werden, sind keine Verwaltungskosten und können daher der Kasse nicht zur Last gelegt werden; AN. **25** 328.

c) Ist nur eine gültige Vorschlagsliste zugelassen oder sind auf mehreren gültigen Vorschlagslisten im ganzen nur so viele oder weniger Bewerber benannt, als Ausschuß-, Vorstandsmitglieder usw. zu wählen sind, so ist für eine Wahl mit Stimmabgabe kein Raum. Erfolgt trotzdem eine solche, so ist nicht etwa das ganze Wahlverfahren aufzuheben, sondern nur das Wahlergebnis anderweit festzustellen; AN. **14** 599.

Stimmabgabestellen können stets eingerichtet werden, damit Wahlberechtigte, die vom eigentlichen Wahlort weit entfernt wohnen, ohne erheblichen Aufwand von Zeit und Kosten ihr Wahlrecht in Person ausüben können; AN. **13** 835, **14** 521. Wahlbezirke und Wählergruppen, in denen eine ihrer Größe entsprechende Zahl von Bewerbern zu wählen ist, dürfen nur gebildet werden, wo Gesetz oder Satzung oder die WO. es zuläßt. Für die Wahl zum Ausschuß der OrtsKrK. s. § 334 Abs. 2. Auch für BetriebsKrKn. ist eine Satzungsbestimmung, daß der Ausschuß nach Bezirken oder Berufsgruppen gewählt wird, grundsätzlich zulässig; AN. **14** 730. Für die Wahl zum Vorstand der KrK. gilt § 334 Abs. 2 nicht; AN. **14** 836.

d) Das Wahlrecht zu den Organen der VersTr. kann, abgesehen von § 688; AN. **14** 547, nur in Person ausgeübt werden; AN. **13** 835, **15** 531. Es darf nicht in unzulässiger Weise beeinflußt werden. Zur Annahme einer unzulässigen Beeinflussung bedarf es des Nachweises, daß der Wähler durch bestimmte Vorgänge in der Freiheit seiner Entschließung beschränkt wurde oder beschränkt werden konnte. Eine solche Wahlbeeinflussung hat aber nur dann die Ungültigkeit der ganzen Wahl zur Folge, wenn sie sich auf eine für den Ausfall der Wahl maßgebende Zahl von Wählern erstreckt; Zeitschr. für bad. Verwaltung **15** 53, 153 (Bad. VGH.). Entfernt Wohnenden kann die Teilnahme an der Wahl insbesondere durch Einrichtung besonderer Stimmabgabestellen erleichtert werden, auch wenn die WO. solche nicht ausdrücklich vorsieht; AN. **13** 835, **14** 521. Die Ausübung des Wahlrechts darf weder durch die WO. noch durch Anordnungen der Wahlleitung unmöglich gemacht oder unbillig erschwert werden. Dies gilt namentlich hinsichtlich des Wahltages, der Wahlzeit und des Wahlortes. Ob und wann unzulässige Bestimmungen oder Anordnungen vorliegen, kann nicht allgemein, sondern nur nach Lage des Einzelfalls entschieden werden. Gewisse Unbequemlichkeiten müssen mit in den Kauf genommen werden; AN. **14** 521. Bestimmungen der WO. oder der Wahlleitung über den Ausweis dürfen nicht zur Beschränkung des Wahlrechts führen. Wahlberechtigte, die sich in anderer als der geforderten Weise ausweisen, können von der Wahl nicht ausgeschlossen werden; OVG. **55** 371. Sind die Ausweise über die Wahlberechtigung einer erheblichen Anzahl von Wahlberechtigten nicht oder nicht rechtzeitig ausgehändigt worden, so ist die Wahl ungültig; EuM. **23** 45. Durch die Satzung (Wahlordnung) kann den Arbeitgebern die Verpflichtung zur Ausstellung von Wahlausweisen auch dann nicht auferlegt werden, wenn infolge von Vereinbarungen, die die Kasse gemäß § 317 Abs. 3 RVO. getroffen hat, Meldungen der Versicherten bei ihr nicht stattfinden; AN. **29** 213. Werden Wahlberechtigte durch Naturereignisse oder andere unabwendbare Zufälle gehindert, an der Wahl teilzunehmen, so hat die Wahl trotzdem stattzufinden, es sei denn, daß der Wahlleiter schon bei Anberaumung des Termins wissen mußte, eine Reihe von Wahlberechtigten werde wegen unabwendbarer Zufälle an der Wahl nicht teilnehmen können, oder daß der Wahlkörper nicht mehr angemessen zusammengesetzt ist. Dabei ist zu berücksichtigen, daß der Vorstand einer Krankenkasse nicht vom Ausschuß, sondern von den Ausschußmitgliedern gewählt wird und daß daher die Wahl erfolgen kann, auch wenn weniger Ausschußmitglieder erschienen sind, als zur Beschlußfähigkeit des Ausschusses erforderlich ist; AN. **14** 601.

e) Als **Wahlort** darf kein Raum bestimmt werden, der wenn auch nur einen Teil der Wähler an der Ausübung des Wahlrechts hindert, z. B. wegen Unerreichbarkeit oder Gesundheitsgefährlichkeit des Raumes. Ausscheiden müssen auch Räume, deren Betreten das Ehrgefühl oder sonstige sittliche Empfinden der Wähler verletzen kann. Dazu gehören Räume einer bestimmten politischen Partei nicht; OVG. **55** 376; vgl. auch AN. **14** 736. Die Räume müssen so groß sein, daß die auf Abgabe ihrer Stimmen bedachten Wähler ihr Stimmrecht ausüben können. Ist durch die Beschränktheit des Raumes eine für das Wahlergebnis erhebliche Zahl von Wählern an der Ausübung des Wahlrechts verhindert worden, so ist die Wahl ungültig; AN. **15** 531. Eine solche Verhinderung wurde nicht angenommen in einem Falle, in dem der Andrang zur Wahl in den Nachmittagsstunden des Wahlsonntags ein derart großer war, daß die Wahlberechtigten nicht nur das Wahllokal bis auf den letzten Platz füllten, sondern sich vor ihm aufstellen mußten, um nach langem Warten ihr Wahlrecht auszuüben; RVA. E. vom 11. V. 26 — II K 102/25 —. Die Wahlhandlung muß grundsätzlich in einem und demselben Raum stattfinden; EuM. 3 25 (Sächs. LVAmt). Befand sich bei einer Wahl eine verhältnismäßig große, nicht näher festgestellte Zahl von Wählern gleichzeitig in der Wahlzelle, so ist die Wahl ungültig; AN. **14** 522.

f) Als **Wahltermin** kann auch ein Sonntag bestimmt werden. In Preußen sind die Regierungspräsidenten durch Erl. v. 13. XII. 22 (VMBl. **23** 23) ersucht worden, dahin zu wirken, daß die Wahlen zu den Ausschüssen der Krankenkassen möglichst auf einen Sonntag gelegt werden, soweit nicht örtliche Verhältnisse eine Ausnahme bedingen. Ist eine Wahl entgegen der Wahlordnung nicht auf einen nach Anfang und Ende begrenzten Zeitraum (**Fristwahl**), sondern als **Terminswahl** auf einen bestimmten Zeitpunkt festgesetzt, so ist die Wahl gleichwohl gültig, wenn alle Wähler bis auf einen für das Wahlergebnis unerheblichen Teil abgestimmt haben; AN. **14** 600. Die Wahlhandlung kann über die für die Stimmabgabe festgesetzte Frist hinaus fortgesetzt werden, wenn diese Frist nach der WO. lediglich eine Mindestfrist ist. Bevor die Wahl nicht geschlossen ist, dürfen Wähler, die sich bei Ablauf der für die Abstimmung vorgesehenen Stunde noch im Wahlraum befinden, nicht zurückgewiesen werden; AN. **15** 531. Ist die Wahlurne zur Feststellung des Wahlergebnisses umgeschüttet worden, so dürfen Wahlberechtigte zur Stimmabgabe nicht mehr zugelassen werden. Geschieht dies, so ist die Wahl ungültig, wenn durch diese Stimmen das Wahlergebnis beeinflußt sein kann; AN. **14** 600. Ein solcher Mangel kann dadurch geheilt werden, daß die ausgeschütteten Umschläge nebst den Stimmzetteln unter Hinzuziehung der von den Nachzüglern abgegebenen Umschläge mit den Stimmzetteln wieder in die Urne gelegt und nochmals durcheinander geschüttelt werden; AN. **14** 600.

g) Die Stimmzettel müssen, um als gültig anerkannt werden zu können, grundsätzlich den Bestimmungen der Wahlordnung oder des Wahlvorstandes entsprechen. Sie dürfen keine Handhabe bieten, festzustellen, wer sie abgegeben hat. Sie müssen daher, was Farbe, Stärke des Papiers, Größe (AN. **15** 585), Inhalt (AN. **14** 734) und Umschlag anlangt, grundsätzlich den Bestimmungen der Wahlordnung oder des Wahlvorstandes entsprechen. Jedenfalls dürfen die Stimmzettel und ihre Umschläge kein Merkmal enthalten, das die Absicht einer Kennzeichnung wahrscheinlich macht; AN. **14** 734, kein Zeichen, das bestimmt und geeignet ist, bei der Auszählung der Stimmen auf die Person des Wählers oder doch auf einen engeren Personenkreis, dem er angehört, hinzuweisen, also ein Merkmal für die Herkunft des Wahlzettels bildet; vgl. auch PrVBl. XLVI 442 (OVG.). Indessen nicht jeder Zusatz macht die Stimmzettel ungültig. Vielmehr fallen Zusätze nur dann ins Gewicht, wenn sich dadurch die Stimmzettel von anderen für den gleichen Wahlvorschlag abgegebenen Stimmzetteln unterscheiden. Nur solche Stimmzettel sind unzulässig, die derart von dem Wahlvorschlag abweichen, daß es zweifelhaft sein kann, ob der Wähler dem Wahlvorschlag seine Stimme geben will. Wörtliche Übereinstimmung zwischen dem Wahlvorschlag und dem Stimmzettel wird nicht verlangt; Breith. **16** 289. Ungültigkeit von Stimmzetteln, die nur den Namen des Listenführers des Wahlvorschlags enthalten; Breith. **15** 111. Die Unterstreichung oder sonstige Hervorhebung einzelner Namen der Bewerber machen den Stimmzettel nicht ungültig, wenn anzunehmen ist, daß eine Kennzeichnung nicht beabsichtigt war; Pr.VBl. XLVI 442 (OVG.). Stimmzettel mit dem Aufdruck „Vorschlagsliste I Sozialer Ausschuß christlich-sozialer Arbeitnehmer" sind daher an sich selbst dann nicht zu beanstanden, wenn die Wahlordnung bestimmt, daß der Stimmzettel nur die Ordnungsnummer des Wahlvorschlages enthalten darf; AN. **14** 734. Der Bestimmung einer Wahlordnung, daß der Stimmzettel erkennen lassen muß, welcher Liste der Wähler seine Stimme geben will, ist bei Einheitsstimmzetteln, die alle Listen enthalten — was zulässig ist — durch Ankreuzen einer Liste auf den Stimmzetteln genügt; RABl. **27** I 418 (RAM.). Als Stimmzettel kann auch die Vorschlagsliste benutzt werden; EuM. **3** 37 (Sächs.LVAmt). Die Versendung und Verteilung angekreuzter Stimmzettel an die Wähler ist keine unzulässige Wahlbeeinflussung; AN. **29** 144.

Lassen sich ungültige Stimmzettel nicht mehr aussondern, so ist die ganze Wahl ungültig, wenn durch sie das Wahlergebnis beeinflußt sein kann. Sind gültige Stimmzettel bei Feststellung des Wahlergebnisses nicht berücksichtigt worden, so bedarf es keiner erneuten Abstimmung, sondern nur einer anderweiten Feststellung des Wahlergebnisses; AN. **14** 734.

h) Bei der Stimmabgabe muß der Wahlvorstand ordnungsmäßig besetzt sein. Die Wahl ist ungültig, wenn die Stimmen, die während der nichtordnungsmäßigen Besetzung abgegeben worden sind, das Wahlergebnis beeinflußt haben können; AN. **15** 450. Der Wahlleiter hat das Recht, bei Erledigung gewisser besonders zeitraubender Arbeiten des Wahlgeschäfts (z. B. Aufstellung der Wählerlisten, Prüfung der Vollmachten in den Fällen des § 688, Feststellung des Wahlergebnisses), geeignete Hilfskräfte heranzuziehen. Zur Entgegennahme der Stimmzettel ist nur der Wahlleiter oder ein von ihm beauftragtes Mitglied des Wahlvorstandes befugt; AN. **14** 734, **15** 531. Der Wahlvorstand hat die Pflicht, alle vermeintlichen Anstände hinsichtlich der Vorschlagslisten umgehend dem Listenvertreter mitzuteilen; er darf dabei nicht zwischen „Formmängeln" und „solchen Mängeln, die nicht beseitigt werden können" unterscheiden; EuM. **24** 16, **25** 181, vgl. auch Breith. **18** 177. Handlungen des Wahlvorstandes innerhalb des Wahlverfahrens, insbesondere seine Entscheidungen über die Zulassung der Vorschlagslisten sind nicht selbständig anfechtbar; Breith. **18** 241.

i) Die Feststellung des Wahlergebnisses erfolgt bei den streng und den einfach gebundenen Listen durch Zusammenzählung der für jede Liste abgegebenen gültigen Stimmen; Monatsschr. **14** 196 (Württ. OVA.). Mängel bei der Feststellung des Wahlergebnisses ziehen die Ungültigkeit der Wahl nach sich, wenn dadurch die Gewähr für die Zuverlässigkeit der Feststellung in Frage gestellt und eine zweifelsfreie Feststellung nicht mehr möglich ist. Dies wurde angenommen in einem Falle, in dem die Stimmzettel zwischen der ersten als unrichtig erkannten und der erneuten Auszählung in einem unverschlossenen, auch Dritten zugänglichen und daher fremdem Einfluß nicht unbedingt entzogenen Raum gelegen hatten; AN. **14** 526.

Bei der Feststellung des Wahlergebnisses sind nichtwählbare Bewerber auszuscheiden. Sieht die WO. davon ab, bei Feststellung des Wahlergebnisses bestimmte Bewerber als gewählte Ersatzmänner bezeichnen zu lassen, so ist über die Wählbarkeit von Ersatzmännern erst dann zu entscheiden, wenn die Ersatzmänner zum Ersatz oder zur Stellvertretung herangezogen werden; AN. **15** 533. Der Wille der Wähler wird regelmäßig dahin gehen, in erster Linie diejenigen als gewählt anzusehen, deren Namen an die Spitze des Wahlvorschlags gestellt worden sind. Entfallen auf den Wahlvorschlag nicht soviel Stimmen, daß die Genannten sämtlich berufen werden, so werden die den Gewählten Folgenden als Ersatzmänner in Frage kommen; EuM. **7** 1, s. auch Monatsschr. **14** 559. Sind Stimmen bei der Feststellung des Wahlergebnisses zu Unrecht nicht berücksichtigt, so bedarf es nur der erneuten Feststellung des Wahlergebnisses; Monatsschr. **14** 694. Scheidet von den in einem Wahlvorschlage bezeichneten ordentlichen Vertretern einer als nicht wahlberechtigt und daher als nicht gewählt aus, so findet keine Neuwahl statt, sondern der erste Ersatzmann rückt als ordentlicher Vertreter ein; Breith. **16** 337 (Sächs. LVAmt). Das in der Wahlordnung für die Ermittlung des Wahlergebnisses vorgesehene Verfahren ist bindend; EuM. **14** 70. Auch mit Zustimmung aller Beteiligten, insbesondere der wirtschaftlichen Vereinigungen und Verbände, auf Grund deren Vorschlagslisten die Wahl erfolgt ist, ist ein späterer Austausch von gewählten Vertretern gegen Ersatzmänner nicht zulässig; EuM. **23** 203, 374.

k) Annahme einer Wahl kann grundsätzlich nur endgültig und ohne Einschränkung abgelehnt werden; EuM. **25** 419.

l) Aufhebung der Wahl. Die der Feststellung des Wahlergebnisses vorausgehenden Maßnahmen, Anordnungen und Entscheidungen des Wahlvorstandes oder Wahlleiters (z. B. Zurückweisung einer Vorschlagsliste) sind grundsätzlich einer selbständigen Anfechtung entzogen. Es könnte nur im Wege der Aufsichtsbeschwerde an die der Wahlleitung dienstlich vorgesetzte Stelle auf Beseitigung des Mangels vor Beendigung des Wahlverfahrens hingewirkt werden. Wohl aber darf auf die bezeichneten Maßnahmen, Anordnungen und Entscheidungen die Anfechtung der Wahl selbst gestützt werden; AN. **14** 732, **15** 532, **29** 142, auch wenn sie vor Abhaltung der Wahl von den dazu Berechtigten nicht beanstandet worden waren; Breith. **15** 354. Besonders gilt nach den MusterWOen. für OrtsKrKen. und BGen. hinsichtlich der Wählerlisten. Gegen sie ist Einspruch zulässig. Wird er für begründet erachtet, so ist die Wählerliste zu berichtigen. Die Entscheidung kann nur mit einer Anfechtung der Wahl im ganzen angefochten werden. Wird die Wählerliste nicht rechtzeitig angefochten, so steht die Gültigkeit des im übrigen ordnungsmäßigen Wahlvorschlags fest. Alle Einwendungen, die sich auf die Wählerliste, insbesondere die Wahlberechtigung der darin genannten Personen, beziehen und im Listenberichtigungsverfahren zu erledigen sind, scheiden aus dem Wahlanfechtungsverfahren aus; AN. **14** 524. Die nicht rechtzeitig angefochtene Eintragung in die Wählerliste berechtigt ohne Rücksicht auf ihre materielle Richtigkeit oder Unrichtigkeit zur Ausübung des Wahlrechts; AN. **26** 9. Die nicht rechtzeitig angefochtene Wählerliste bildet ohne Rücksicht auf ihre sachliche Richtigkeit im allgemeinen die rechtliche Grundlage für die Wahl; Breith. **18** 244. Der Ausschluß einer ganzen Gruppe von Wahlberechtigten ist aber stets ein Mangel; AN. **26** 11. Die Frage der Wählbarkeit wird durch die Eintragung in die Wählerliste nicht berührt; AN. **14** 524. Weitergehende Rechte, als das Recht zur Stimmabgabe werden durch die nicht rechtzeitig angefochtene Eintragung in die Wählerliste nicht begründet; PrVBl. XLVII 176 (OVG.). Mängel des Wahlverfahrens führen nur dann zur Aufhebung der Wahl, wenn es sich um wesentliche, nicht zu beseitigende Mängel handelt und dadurch das Wahlergebnis beeinflußt sein kann; AN. **14** 488, **14** 598, **14** 600, **26** 9, EuM. **3** 28 (Sächs. LVAmt), z.B. nicht rechtzeitige Aushändigung der Wahlausweise; EuM. **23** 45, unzulässige Wahlbeeinflussung durch Strafandrohung im Falle der Nichteinsendung der Stimmkarten; Breith. **17** 481, Mitwahl einer erheblichen Anzahl von Arbeitern, die der Kasse nach deren Satzung nicht anzugehören haben; EuM. **3** 34 (Sächs. LVAmt). Ob beim Vorliegen eines solchen Mangels die ganze Wahl oder nur der mangelhafte Teil aufzuheben ist, kann nur von Fall zu Fall entschieden werden. Oft wird eine Ergänzung des Verfahrens, wie sie zahlreiche Wahlordnungen vorsehen, genügen. Ist aber seit der Wahl längere Zeit verstrichen und damit die Möglichkeit gegeben, daß ein gewählter Bewerber für eine neue Wahl nicht mehr in Frage kommt, so wird es der Wiederholung des ganzen Wahlverfahrens bedürfen; AN. **14** 522. Auch schon vor der Bekanntmachung des Wahlergebnisses kann eine Wahl angefochten werden; EuM. **3** 28 (Sächs. LVAmt), aber nicht vor Vornahme der Wahl; Monatsschr. **14** 696.

Anfechten kann eine Wahl, wer an ihrem Ausfall ein rechtliches Interesse hat, nicht jeder Dritte; Monatsschr. **14** 696, nicht der Vorsitzende des Wahlvorstandes als solcher; Breith. **18** 366. Eine wirtschaftliche Vereinigung von Arbeitgebern oder von Arbeitnehmern im Sinne des § 15 ist zur Anfechtung einer Wahl jedenfalls dann berechtigt, wenn ihre Vorschlagsliste zurückgewiesen worden ist; AN. **29** 141. Sie kann, wenn sie zur Einreichung von Vorschlagslisten berufen ist, die Wahl auch wegen solcher Mängel anfechten, die zwar einen anderen Wahlvorschlag betreffen, durch die aber die von ihr benannten Bewerber benachteiligt werden; AN. **29** 144. Ist der Wahlvorschlag einer solchen wirtschaftlichen Vereinigung von dem Kassenvorstand zurückgewiesen worden, so ist eine andere solche wirtschaftliche Vereinigung nicht berechtigt, gegen eine die Zurückweisung des Wahlvorschlags und damit die Feststellung des Wahlergebnisses billigende Entscheidung des VA. die Rechtsbeschwerde einzulegen; AN. **29** 213. Ein Handwerksamt ist zur Anfechtung der Wahl der Arbeitgebervertreter zum Ausschuß einer KrK. nur berechtigt, wenn es selbst als Arbeitgeber an der Kasse beteiligt ist; AN. **29** 212. Nicht anfechtungsberechtigt ist ein Berufsverband als solcher; Breith. **13** 184. Die Wahlen der Arbeitgebervertreter zum Ausschuß einer KrK. können von jedem bei der Kasse beteiligten Arbeitgeber, die Wahlen der Versichertenvertreter zum Ausschuß einer KrK. von jedem bei der Kasse Versicherten, die Wahlen zum Vorstand von jedem der betreffenden Gruppe angehörenden Mitgliede des Ausschusses, nicht von jedem bei der KrK. beteiligten Arbeitgeber oder jedem bei ihr Versicherten angefochten werden; AN. **16** 431, EuM. **23** 45, Breith. **15** 485 (Sächs. LVAmt). Die Wahl des Vorstandsvorsitzenden kann von jedem zu seiner Wahl berechtigten Vorstandsmitglied angefochten werden; AN. **21** 415. Da für die Anfechtung einer Wahl im Gesetz keine Frist vorgeschrieben ist, kann eine Anfechtung nicht als verspätet zurückgewiesen werden; DeutscheKrK. **28** 1033 (RVA.). Das VA. entscheidet auf Grund des § 33, und zwar ohne Versicherungsvertreter. Die Beschwerde dagegen an das OVA. steht jedem durch die Entscheidung unmittelbar Betroffenen zu; AN.

16 431, EuM. **23** 45, sofern er nicht inzwischen durch Verlust der Wahlberechtigung seine Beziehungen zur KrK. gelöst hat. Ist die Wahl einer KrK. für ungültig erklärt, so ist in jedem Falle der Kassenvorstand beschwerdeberechtigt; AN. **14** 526. Die Beschwerde bewirkt, vorbehaltlich § 1794, keinen Aufschub. Ist während des Beschwerdeverfahrens eine zweite Wahl gültig zustandegekommen, so wird es gegenstandslos; das ordnungsmäßige Ergebnis der zweiten Wahl kann nicht wieder aus der Welt geschafft werden; EuM. **3** 28 (Sächs. LVAmt). Zur Entscheidung über die Beschwerde wird regelmäßig die Beschlußkammer berufen sein; § 377 Abs. 2 s. aber § 1781 Abs. 3. Weitere Beschwerde an das RVA. (LVAmt). Der Beschlußsenat entscheidet unter den Voraussetzungen des § 1781 Abs. 2. Das VA. ist nicht berechtigt, gegen die seine Entscheidung aufhebende Entscheidung des OVA. weitere Beschwerde einzulegen; AN. **14** 582, **21** 345, Monatsschr. **27** 648 (RAM.), **28** 435. Über die Gültigkeit von Wahlen zu den Organen der BGen. und LVAnsten. entscheidet vorbehaltlich § 1352 Abs. 3 das RVA. (LVAmt); § 1781 Abs. 2, § 33.

Die Anfechtung einer Wahl hat zunächst keine Änderung in der Besetzung des Organs zur Folge, erst nach der Ungültigkeitserklärung der Wahl tritt an die Stelle des neugewählten Organs das frühere wieder; EuM. **22** 23, **23** 44. Eine Wahl ist so lange als gültig anzusehen, bis sie rechtskräftig für ungültig erklärt worden ist; AN. **16** 339, ArbVers. **05** 168 (Sächs. Min. des J.), Reichsoberhandelsgericht **20** 207.

Kraft ihres Aufsichtsrechts kann die Aufsichtsbehörde gemäß § 30 (§ 377) auch über die Gültigkeit einer nicht angefochtenen Wahl entscheiden; AN. **16** 431, **28** 311. Ist eine Wahl rechtskräftig für ungültig erklärt worden, so müssen auch die weiteren auf ihr beruhenden Wahlen für ungültig erklärt werden; Breith. **17** 482.

3. Diese Vorschlagslisten stehen einander ohne Einschränkung gleich; EuM. **24** 147 (Bay. LVAmt).

4. Geheim. Es muß Vorsorge dafür getroffen werden, daß der Inhalt des Stimmzettels bei Abgabe der Stimmen weder von dem Wahlvorstande noch von den sonst im Wahlraum Anwesenden eingesehen werden kann; AN. **13** 835, **15** 531. Die Wähler müssen den Stimmzettel unbeobachtet in den Umschlag legen können. Das ist nicht der Fall, wenn sich gleichzeitig mehrere Personen in der Wahlzelle befinden; AN. **14** 522. Jedes Nachforschen nach der Abstimmung ist verboten; OVG. **43** 315. Als Verstoß gegen den Grundsatz der geheimen Wahl gilt nicht das Einreichen von Vorschlagslisten, wodurch allerdings eine Anzahl Wahlberechtigter kundgibt, auf wen sie die Wahl gelenkt wissen will; Begr. zur RVO. S. 204. Unzulässig, Stimmzettel erst dann abzugeben, wenn die Wahlurne bereits zur Feststellung des Wahlergebnisses umgeschüttet war; Breith. **3** 461.

Geheime Abstimmung kann auch in anderen, als den im § 15 vorgesehenen Fällen durch die Satzung des VersTr. oder die Geschäftsordnung seiner Organe vorgeschrieben werden; AN. **26** 13.

§ 16. Die Wahlzeit dauert fünf Jahre. Sie endet ohne Rücksicht auf den Zeitpunkt der Durchführung der Wahl jeweils mit dem Schlusse des fünften Kalenderjahrs [1].

Die Gewählten bleiben nach Ablauf dieser Zeit im Amt, bis ihre Nachfolger eintreten [2].

Wer ausscheidet, kann wiedergewählt werden.

G. v. 8. IV. 27 (RGBl. I S. 95).

1. Fünf Jahre, nach 16 Abs. 1 (a. F.) vier Jahre. Bisher brauchte die Wahlzeit nicht mit dem Ablauf eines Kalenderjahres zu beginnen; EuM. **2** 123. Infolgedessen war der Lauf der Wahlzeit bei den einzelnen VersTr. verschieden. Es fehlte jede Übersicht über Beginn und Ende der Wahlzeit. Diesem Mangel soll abgeholfen werden.

Es ist ferner bei dem stockwerkartigen Aufbau der Wahlen erwünscht, daß neugewählte Vertreter alsbald die Neuwahl derjenigen Stellen vornehmen, für die sie als Wahlkörper dienen. Dies erscheint auch deshalb geboten, weil vielfach derselbe Wahlkörper verschiedene Wahlen vorzunehmen hat. Durch die Zusammenfassung solcher Wahlen kann eine erhebliche Kosten- und Arbeitsersparnis erzielt werden. Endlich ist es erstrebenswert, daß sämtliche Wahlen zu den Ehrenämtern der Reichsversicherung auf einen möglichst kurzen Zeitraum zusammengedrängt werden. Der Entw. trägt dem Rechnung. Es soll erreicht werden, daß sämtliche Wahlen möglichst gleichzeitig und, soweit sie sich aufeinander aufbauen, in unmittelbarer Folge stattfinden. Das Interesse für die sozialen Wahlen wird dadurch gesteigert, und die Kosten der Wahlen werden vermindert werden. Im Interesse der Ausnutzung der Erfahrung der Vertreter und der Verbilligung der Wahlen würde es liegen, die Wahlzeit möglichst lange zu bemessen. Da aber die Teilnahme der Vertreter bei allzu langer Wahlzeit nachläßt und infolge Ausscheidens der ordentlichen Mitglieder im Übermaß Ersatzmänner eintreten, es schließlich auch an diesen fehlt, ist die Dauer der Wahlzeit auf fünf Jahre festgesetzt; dabei soll sie nicht von der Wahl ab laufen, sondern stets an das Kalenderjahr gebunden sein; Begr. z. G. v. 8. IV. 27 Reichstag III Wahlperiode 1924/26, Drucksache Nr. 2599, S. 9. Durch den 2. Satz des § 16 Abs. 1 soll sichergestellt werden, daß auch in Zukunft die Wahlzeit jeweils mit dem Schlusse des auf die Beendigung der früheren Wahlzeit folgenden fünften Kalenderjahres abläuft, auch wenn die Neuwahl sich infolge Verzögerung in das folgende Kalenderjahr hineinziehen sollte; Begr. S. 11.

2. Pflicht des Kassenvorstandes, rechtzeitig für Vornahme der Neuwahl zu sorgen; Breith. **15** 481 (Sächs. LVAmt.).

§ 16a[1]. Die Wahl der Mitglieder im Ausschuß der Krankenkassen (§§ 333, 339, § 341 Abs. 1) und der Vertreter in der Genossenschaftsversammlung der Berufsgenossenschaften (§§ 678, 976, 1144) sowie des Vorstandes solcher Berufsgenossenschaften, bei denen die Genossenschaftsversammlung nicht aus Vertretern besteht, ist vor dem Schlusse der laufenden Wahlzeit durchzuführen.

Die Wahlen zu den übrigen Ehrenämtern sind nach Beendigung der Wahlzeit unverzüglich vorzunehmen.

G. v. 8. IV. 27 (RGBl. I S. 95).

1. Die mittelbaren Wahlen, insbesondere die Wahlen zum Vorstand der KrKn., zum Vorstand solcher BGen., bei denen die Genossenschaftsversammlung aus Vertretern besteht, zu Vertretern der Versicherten für die Unfallverhütung, zu Vertrauensmännern, zum Ausschuß und zu den nichtbeamteten Vorstandsmitgliedern der VAnsten. sind erst, nachdem die unmittelbar Gewählten ihr Amt angetreten haben, also erst nach Beginn ihrer Wahlzeit vorzunehmen, und zwar unverzüglich, d. h. mit möglichster Beschleunigung. Die Wahlzeit berechnet sich auch hier, obgleich die Wahlen tatsächlich später erfolgen, bereits vom Beginn des Kalenderjahrs ab. Diese Regelung ist unbedenklich, da nach § 16 Abs. 2 die Inhaber der Ehrenämter nach Ablauf ihrer Wahlzeit im Amte bleiben, bis ihre Nachfolger eintreten, so daß eine Lücke nicht entstehen kann. Zwar verringert sich dadurch die Wahlzeit der in mittelbarer Wahl Gewählten um die Zeitspanne, die ihre Neuwahl in Anspruch nimmt. Dies ist jedoch tragbar, da sie sich am Ende ihrer Wahlzeit tatsächlich um etwa dieselbe Zeit, nämlich bis zur Beendigung der Neuwahl, verlängert; Begr. z. G. v. 8. IV. 27 S. 9, 10.

Selbstverständlich dürfen nicht die bisherigen Inhaber der Ehrenämter noch vor Schluß ihrer Wahlzeit die neuen Vertreter wählen; Begr. S. 9. Vorschlagslisten, die sie einreichen, sind ungültig; Reichsversicherung **27** 316 (RAM.).

§ 16b. Soweit die Wahl der Vertreter nicht zustande kommt, beruft die Aufsichtsbehörde die Vertreter aus der Zahl der Wählbaren. Eingereichte Vorschlagslisten sind zugrunde zu legen.

Für Vertreter[1], die vor Ablauf der Wahlzeit ausscheiden, rücken die Stellvertreter in der Reihenfolge ihrer Wahl ein[2]. Für diese rücken die auf der Liste des ausgeschiedenen Vertreters gültig vorgeschlagenen, noch nicht gewählten Bewerber in der Reihenfolge nach, in der sie in der Liste aufgeführt sind. Satz 2 gilt entsprechend beim Ausscheiden eines Stellvertreters vor Ablauf der Wahlzeit.

Reicht die Zahl der gewählten Vertreter und Stellvertreter nicht mehr aus und ist eine Vorschlagsliste erschöpft, so hat die Aufsichtsbehörde unter Bestimmung einer Frist von der Stelle, welche die Liste eingereicht hat, eine Ergänzung einzufordern. Nach fruchtlosem Ablauf der Frist beruft sie die Vertreter aus der Zahl der Wählbaren.

Soweit die Gewählten die Dienste verweigern, beruft die Aufsichtsbehörde die Vertreter auf Grund der eingereichten Vorschlagslisten. Abs. 3 gilt entsprechend.

G. v. 8. IV. 27 (RGBl. I S. 95).

1. Ein Austausch von Mitgliedern des Genossenschaftsvorstandes, von Vertretern zur Genossenschaftsversammlung und von Mitgliedern des Sektionsvorstandes ist nicht zulässig, auch nicht im Falle der Vereinbarung der Gewählten oder der Zustimmung aller Beteiligten, insbesondere der wirtschaftlichen Vereinigungen und Verbände, auf Grund deren Vorschlagslisten die Wahl erfolgt ist; EuM. **23** 203, 374.

2. Die Vorschrift ist zwingend. Sie kann nicht dadurch umgangen werden, daß die in erster Reihe zum Nachrücken berufenen Ersatzmänner zugunsten eines hinter ihnen folgenden Ersatzmannes, dessen Einrücken außer der Reihe in den Ausschuß (der LVAnst.) gewünscht wird, für diesen Berufungsfall ihren Eintritt als Ausschußmitglieder ablehnen. Eine solche Ablehnung für einen bestimmten Berufungsfall ist gesetzlich unzulässig und unwirksam; EuM. 25 419.

Für die Übergangszeit sieht Abschn. D des G. v. 8. IV. 27 (RGBl. I S. 95) folgende Vorschriften vor:

Art. 1. Die Amtsdauer der jetzigen Inhaber der Ehrenämter der Reichsversicherungsordnung, des Angestelltenversicherungsgesetzes läuft bis zum Schlusse des Jahres 1927. Die Wahlzeit der erstmals nach diesem Gesetze neu zu wählenden Vertreter endet mit dem Schlusse des Jahres 1932[1].

1. Bestimmte einheitliche Termine für die Durchführung der Wahlen waren bisher nicht vorgesehen. Art. VIII des G. über Änderung der Wahlen nach der RVO. vom 13. IV. 22 (RGBl. I 455) schrieb zwar vor, daß die Wahlen zu den Versicherungsbehörden, zu den Vertretern der Versicherten für die Unfallverhütung und zu den Vorständen der VAnsten. alsbald vorzunehmen oder zu erneuern seien, und daß die neue Wahlzeit bei diesen Wahlen mit der Vollziehung der im Jahre 1926 vorzunehmenden Wahlen ablaufen solle. Die Wahlen zu den Ehrenämtern der KrKn. und der BGen. wurden aber durch dieses Gesetz nicht berührt. Infolgedessen liefen insbesondere bei den KrKn. je verschiedene Wahlzeiten, was um so unerwünschter war, als sich auf diesen Wahlen die weiteren Wahlen aufbauten. Für die LandKrKn. wurde durch Art. LVIII des G. über Änderung der RVO. vom 19. VII. 23 (RGBl. I 686) die Amtsdauer der gewählten Vorstands- und Ausschußmitglieder bis längstens zum 31. XII. 25 verlängert. Die Neuwahlen, die auf Grund

des G. v. 13. IV. 22 stattfinden sollten, sind wie alle anderen Wahlen zu den Ehrenämtern der Reichsversicherung infolge der besonderen Verhältnisse, die im Rheinland, im Ruhrgebiet (Einbruch der Franzosen und Belgier) und in anderen Landesteilen, namentlich Oberschlesien herrschten, durch die VO. v. 8. III. 22 (RGBl. I 164) und die V. v. 21. IX. 23 (RGBl. I 904) bis Ende März 1924 aufgeschoben worden. Neuwahlen haben dann vielfach stattgefunden. Vgl. Begr. z. G. v. 8. IV. 27, S. 9. Um Zweifel über den Lauf der Wahlperiode auszuschließen, ist ausdrücklich hervorgehoben, daß die Wahlzeit der erstmals nach diesem G. neu zu wählenden Vertreter mit dem Schlusse des Jahres 1932 endet; Begr. S. 11.

Art. 2. Unmittelbare Wahlen, die mit Wirkung vom 1. Januar 1926 oder die seit diesem Tage stattgefunden haben, brauchen nicht wiederholt zu werden. Das gleiche gilt für mittelbare Wahlen, die im Anschluß an solche unmittelbare Wahlen durchgeführt sind. Die Wahlzeit endet mit dem Schlusse des Jahres 1932[1].

1. Bei einigen VersTrn., insbesondere KrKn., haben in den Jahren 1925/26 Neuwahlen stattgefunden. Mit Rücksicht auf die mit den Wahlen verbundenen erheblichen Aufwendungen an Arbeit und Kosten sollen diese Wahlen, soweit es mit dem Zweck dieses G., der Vereinheitlichung der Wahlzeiten, vereinbar ist, nicht wiederholt werden. Der Entw. wollte die unmittelbaren Wahlen, die seit dem 1. I. 25 stattgefunden hatten, und die im Anschluß an sie durchgeführten mittelbaren Wahlen gelten lassen; Begr. z. G. v. 8. IV. 27, S. 11. Entsprechend dem Beschluß des 9. Ausschusses (Drucksache Nr. 3018) ist der Stichtag auf den 1. I. 26 festgesetzt und auch noch die Gültigkeit derjenigen unmittelbaren Wahlen anerkannt, die vor dem 1. I. 26 mit Wirkung vom 1. I. 26 ab stattgefunden haben.

Unmittelbare Wahlen, die mit Wirkung von einem späteren Tage als dem 1. I. 26 stattgefunden haben, brauchen nicht wiederholt zu werden; EuM. 21 1. Wiederholt werden können auch unmittelbare Wahlen, die mit Wirkung vom 1. I. 26 oder die seit diesem Tage stattgefunden haben. Die Worte „brauchen nicht wiederholt zu werden" sind nicht dahin auszulegen, daß Neuwahlen in solchen Fällen verboten sind; LandKrK. 27 513 (RAM.).

Art. 3. Artikel VIII Abs. 2 des Gesetzes über Änderungen der Wahlen nach der Reichsversicherungsordnung vom 13. April 1922 (RGBl. I S. 455) tritt außer Kraft[1].

1. Die Vorschrift des Art. VIII Abs. 2 des G. über Änderung der Wahlen nach der RVO. vom 13. IV. 22 (RGBl. I 455), wonach die Wahlzeit der Beisitzer bei den Versicherungsbehörden, der Vertreter der Versicherten für die Unfallverhütung und der Mitglieder der Ausschüsse und Vorstände der VAnsten. mit der Vollziehung der im Jahre 1926 vorzunehmenden Neuwahlen abläuft, mußte mit Rücksicht auf die neue Regelung der Wahlzeit außer Kraft gesetzt werden; Begr. z. G. v. 8. IV. 27, S. 11.

§ 17. Wer als Unternehmer oder anderer Arbeitgeber[1] wählbar ist, kann die Wahl nur ablehnen, wenn er

1. das sechzigste Lebensjahr vollendet hat,
2. mehr als vier minderjährige eheliche Kinder hat; Kinder, die ein anderer an Kindes Statt angenommen hat, werden dabei nicht gerechnet,
3. durch Krankheit oder Gebrechen verhindert ist, das Amt ordnungsmäßig zu führen,
4. mehr als eine Vormundschaft oder Pflegschaft führt. Die Vormundschaft oder Pflegschaft über mehrere Geschwister gilt nur als eine; zwei Gegen-

vormundschaften stehen einer Vormundschaft, ein Ehrenamt der Reichsversicherung[2] einer Gegenvormundschaft gleich,

5. nur Hausgehilfen beschäftigt.

Nach mindestens zweijähriger Amtsführung kann eine Wiederwahl für die nächste Wahlzeit abgelehnt werden.

Die Satzung kann noch andere Ablehnungsgründe zulassen.

1. Der Versicherte kann jede Wahl ohne Angabe von Gründen ablehnen; Komm.-Ber. zur RVO. **1** 14, EuM. **23** 198, 199, der Arbeitgeber nur, wenn ihm ein gesetzlicher Ablehnungsgrund zur Seite steht; EuM. **25** 419, 420.

Ein Verzicht auf die Vertretung in den Organen ist unzulässig; Begr. zur RVO. S. 39.

2. Vgl. § 113 Abs. 1 Nr. 4 des AVG., § 16 Nr. 4 des VerfG.

§ 18. Ein Unternehmer oder anderer Arbeitgeber, der die Wahl ohne zulässigen Grund ablehnt, kann vom Vorsitzenden des Vorstandes mit Ordnungsstrafe in Geld[1] bestraft werden.

1. Ordnungsstrafe von 1—1000 RM., Art. II der VO. v. 6. II. 24 (RGBl. I S. 44), § 2 Abs. 2 der V. v. 12. XII. 24 (RGBl. I S. 775).

Beschwerde s. § 20.

§ 19. Der Vorsitzende kann gegen ein Mitglied des Vorstandes, das sich der Erfüllung seiner Pflichten entzieht[1], eine Ordnungsstrafe in Geld[2] verhängen. Er hat die Strafe zurückzunehmen, wenn nachträglich eine genügende Entschuldigung nachgewiesen wird.

Bek. v. 15. VII. 24 (RGBl. I S. 779).

1. Wegen bloßer Verspätung ohne genügende Entschuldigung darf keine Strafe verhängt werden; KommBer. zur RVO. **1** 16.

2. Ordnungsstrafe von 1—1000 RM., Art. II der V. v. 6. II. 24 (RGBl. I S. 44), § 2 Abs. 2 der VO. v. 12. XII. 24 (RGBl. I S. 775).

Beschwerde s. § 20.

§ 20. In den Fällen der §§ 18, 19 entscheidet auf Beschwerde die Aufsichtsbehörde[1] endgültig.

1. Bei den KrKn. und Kassenverbänden das VA. ohne Versicherungsvertreter; KommBer. zur RVO. **1** 16.

§ 21. Die Gewählten[1] verwalten ihr Amt unentgeltlich als Ehrenamt. Der Versicherungsträger erstattet ihnen ihre baren Auslagen[2] und gewährt den Vertretern der Versicherten Ersatz für entgangenen Arbeitsverdienst[3] oder statt dessen einen Pauschbetrag für Zeitverlust[4]. Einen solchen Pauschbetrag kann die Satzung auch den Vertretern der Unternehmer oder anderen Arbeitgeber[5] zubilligen.

Die Festsetzung der Pauschbeträge bedarf der Zustimmung[6] der Behörde, welche die Satzung genehmigt.

Die ehrenamtlichen Mitglieder des Vorstandes dürfen nicht zugleich besoldete Beamte[7] des Versicherungsträgers sein.

1. Für die Wahlmänner, welche die Vertreter zum Ausschuß der KrK. wählen, und für die Genossenschaftsmitglieder, welche die Vertreter für die Genossenschafts-(Sektions-)versammlung wählen, gilt § 21 nicht; AN. **12** 1139. Auch der Arbeitgeber

und sein Vertreter im Vorstand der BetriebsKrK. haben keinen Anspruch auf Vergütung nach § 21, sie kann ihnen auch durch die Satzung nicht zugebilligt werden; AN. **16** 377, **16** 753.

2. Für bare Auslagen darf kein Pauschbetrag festgesetzt werden. Dies schließt die Gewährung fester Sätze für Reise- und Zehrungskosten nicht aus; AN. **15** 646. Sie setzt regelmäßig eine Leistung für den VersTr. voraus; Monatsschr. **17** 183. Es ist nicht zulässig, durch die Satzung für Strecken ohne Eisenbahnverbindung einen festen Satz für jedes zurückgelegte Kilometer zu gewähren, da den Gewählten ihre baren Auslagen zu erstatten, also falls nachweislich und begründeter Weise höhere Aufwendungen entstehen, diese zu ersetzen sind; Monatsschr. **14** 192. Eine Satzungsbestimmung, daß den Mitgliedern des Kassenvorstandes für ihre Aufwendungen bei Dienstreisen Tagegelder nach Stufe IV der ReisekostenV. für die Reichsbeamten v. 14. X. 21 (RGBl. S. 1345) zu gewähren sind, ist für unzulässig erklärt worden; Tagegelder, wie sie den Ministerialräten, Botschaftern usw. zustehen, gehen über den Rahmen des Erforderlichen hinaus; EuM. **21** 42.

3. Der Anspruch auf Ersatz für entgangenen Arbeitsverdienst hängt davon ab, ob ein Arbeitsverdienst tatsächlich entgangen ist. Wie der Vorstand sich die Überzeugung davon verschafft, bleibt seinem Ermessen überlassen; AN. (JuAV.) **95** 232.

4. Die Höhe des Pauschbetrags für Zeitverlust ist nach dem Umfang der Tätigkeit zu bestimmen; OVG. (PrVBl. XXIX 149). Sie braucht nicht für alle Beteiligten gleich zu sein; OVG. **40** 345. Auch zur Zeit arbeitslosen Versicherten kann der Pauschbetrag gewährt werden; Monatsschr. **17** 183, KommBer. zur RVO. **1** 19.

Wird den Vertretern der Versicherten kein Pauschbetrag für Zeitverlust gewährt, so muß ihnen außer ihren baren Auslagen der entgangene Arbeitsverdienst ersetzt werden, eine entsprechend höhere Festsetzung des Betrags der zu erstattenden baren Auslagen bietet keinen Ersatz dafür; AN. **13** 839.

Die Festsetzung eines bare Auslagen und Entschädigung für Zeitverlust zusammenfassenden Pauschbetrags ist unzulässig. Die Bestimmung eines einheitlichen Betrags muß erkennen lassen, wieviel davon auf bare Auslagen entfällt; Monatsschr. **17** 183.

Der den Vertretern in den Organen der VersTr. gewährte Pauschbetrag für Zeitverlust ist, vom steuerrechtlichen Standpunkt aus betrachtet, als Arbeitslohn im Sinne des Art. 1 § 16 der II. SteuernotV. und des § 36 des Einkommensteuerges. anzusehen und unterliegt daher dem Steuerabzug vom Arbeitslohn; AN. **28** 177 (Reichsfinanzhof). Übersteigt die den Ausschußmitgliedern der KrKn. für die Teilnahme an den Kassensitzungen gewährte Vergütung nicht 40 RM. im Monat, so unterliegt sie nicht dem Steuerabzug; Monatsschr. **29** 544 (RFM.)

5. Dem Inhaber eines genossenschaftlichen Ehrenamts, dem ein Pauschbetrag für Zeitverlust zugebilligt ist, ist in der Regel eine weitere Entschädigung für Zeitverlust am Wohnort nicht zu zahlen; EuM. **4** 5.

6. Die Zustimmung kann auch aus Zweckmäßigkeitsgründen versagt werden; KommBer. zur RVO. **2** 108. Dabei darf aber nicht die Festsetzung des Pauschbetrags überhaupt, sondern nur seine Höhe beanstandet werden. Es empfiehlt sich, den für angemessen erachteten Betrag anzugeben; AN. **16** 640. Beschwerde gegen die Versagung der Zustimmung ausgeschlossen; AN. **13** 832. Abgabe an das RVA. nach § 1799 unzulässig; AN. **21** 315. Wird die Gewährung eines Pauschbetrags überhaupt bemängelt, so ist Beschwerde zulässig; AN. **16** 640.

Die Zustimmung ist unwiderruflich. Das OVA. kann auch nicht auf Grund des § 326 die Änderung einer Satzungsbestimmung, der es zugestimmt hat, anordnen; AN. **14** 571.

7. Zu den besoldeten Beamten gehören alle gegen Entgelt Angestellten; AN. **18** 302. Für die vom Arbeitgeber zur Führung der Geschäfte der Betriebs-KrK. Bestellten gilt § 21 Abs. 4 nicht. Der mit der Kassenverwaltung betraute Betriebsbeamte kann vom Arbeitgeber als sein Vertreter im Vorstand der BetriebsKrK. bestellt werden; AN. **16** 377.

Die Bekleidung einer besoldeten Beamtenstellung bei einer KrK. durch ein ehrenamtliches Vorstandsmitglied ist keine die Wählbarkeit ausschließende Tatsache im Sinne des § 24 Abs. 1. Die gleichzeitige Ausübung beider Ämter ist jedoch nach § 21 Abs. 4 unzulässig. Lehnt der Gewählte die Niederlegung eines der beiden Ämter ab, so hat das VA. ihn zur Aufgabe der Beamtenstellung nach §§ 30, 377 anzuhalten; AN. **18** 302.

§ 22. Die Vertreter der Versicherten haben ihrem Arbeitgeber jede Einberufung zu den Organen anzuzeigen. Tun sie es rechtzeitig, so gibt das Fernbleiben von der Arbeit dem Arbeitgeber keinen wichtigen Grund, das Arbeitsverhältnis ohne Einhalten einer Kündigungsfrist zu lösen[1].

1. Die Vorschrift des § 22 will denen, die dazu berufen sind, die Interessen der Versicherten zu vertreten, die ungehinderte Wahrnehmung ihrer Obliegenheiten gewährleisten. Die im ersten Satz vorgeschriebene Anzeige will es nur den Arbeitgebern ermöglichen, rechtzeitig für Ersatz zu sorgen. Unterbleibt die Anzeige, so ist dies nicht unter Strafe gestellt; es kann aber für den Versicherten insofern nachteilig sein, als ihm dann die Schutzbestimmung des 2. Satzes dieses § nicht zur Seite steht. Der Begriff des wichtigen Grundes ist, wie überall in der RVO., der gleiche wie im BGB. Die Versicherten sind übrigens noch durch §§ 139, 140 geschützt; Begr. zur RVO. S. 41.

§ 23. Die Mitglieder der Organe[1] haften dem Versicherungsträger für getreue Geschäftsverwaltung wie Vormünder[2] ihren Mündeln. Der Versicherungsträger kann auf Ansprüche aus der Haftung nur mit Genehmigung der Aufsichtsbehörde verzichten. Diese kann die Haftung an Stelle und auf Kosten des Versicherungsträgers geltend machen[3].

Ein Mitglied, das vorsätzlich zum Nachteil des Versicherungsträgers handelt, wird mit Gefängnis bestraft. Daneben kann auf Verlust der bürgerlichen Ehrenrechte erkannt werden. Hat das Mitglied die Handlung begangen, um sich oder einem anderen einen Vermögensvorteil zu verschaffen, so kann neben der Gefängnisstrafe auf Geldstrafe erkannt werden.

Bei Beratung über solche Gegenstände, welche das Privatinteresse eines Mitglieds oder seiner Angehörigen berühren, muß sich das Mitglied der Teilnahme an der Beratung und Abstimmung enthalten, auch sich während der Beratung aus dem Sitzungszimmer entfernen[4].

1. § 23 gilt auch für die Mitglieder des Vorstandes einer aufgelösten oder geschlossenen Kasse, während er die Kassengeschäfte abwickelt (§ 301); RGSt. **14** 401, Begr. zur RVO. S. 194, AN. **15** 374.

2. Durch diese Vorschrift, die sich auf die Mitglieder der Organe bezieht, ist die ganze Geschäftsführung der Organe denjenigen wirtschaftlichen Grundsätzen unterworfen, deren Beobachtung von einem getreuen Vormund verlangt werden kann; AN. **03** 250. § 1833 Abs. 1, § 276 Abs. 1, § 664, § 1833 Abs. 2, § 421 BGB.

Ansprüche aus der Haftung sind im ordentlichen Rechtswege zu verfolgen; § 345 Nr. 3, § 677 Nr. 7, § 1338 Nr. 6, vgl. AN. **18** 307.

Ist auf Beschluß des Kassenvorstandes eine unzulässige Verwendung von Kassenmitteln erfolgt, so kann über die Ersatzpflicht der an dem Beschluß beteiligten Vorstandsmitglieder nicht durch eine Anordnung der Aufsichtsbehörde auf Grund der §§ 30, 377 entschieden werden. Die Anordnung kann nur dahin gehen, daß der Vorstand verpflichtet ist, die Erstattung herbeizuführen. Dem Vorstand muß es überlassen bleiben, entweder auf Grund des § 134 BGB. die Erstattung durch den Empfänger zu betreiben, oder diejenigen Vorstandsmitglieder, die für die Bewilligung gestimmt haben, nach § 23 RVO. für den Schaden verantwortlich zu machen; einen etwaigen Streit hierüber hätte der Vorstand, der Ausschuß oder unter Umständen die Aufsichtsbehörde im ordentlichen Rechtswege zum Austrag zu bringen; EuM. **23** 66.

Für Schadensersatzansprüche, die sich auf die Unterlassung der Anzeige beitragsfreier Personen durch die KrK. an den Vorsitzenden des öffentlichen Arbeitsnachweises gründen, sind die Spruchbehörden der RVO. nicht zuständig; Breith. **17** 493 (Bad. LVAmt).

Legt der Vorstand Vermögen des VersTr. nicht vorschriftsmäßig an, so haften das beteiligte Mitglied oder die beteiligten Mitglieder nach § 23. Der Anspruch des VersTr. gegen sie ist nach § 345 Nr. 3, § 677 Nr. 7, § 1338 Nr. 6 geltend zu machen. Der VersTr. kann nicht etwa die vorschriftswidrige Anlage zurückweisen und von dem beteiligten Mitgliede oder den beteiligten Mitgliedern Herausgabe des angelegten Geldes fordern; RGZ. **11** 307. Es kann Rückgängigmachung der Anlage und anderweite Anlegung des Geldes verlangt werden; RGZ. **16** 205. Die Beteiligten müssen gegebenenfalls für den Ausfall eintreten, den eine Hypothek bei der Zwangsversteigerung erleidet; RGZ. **16** 205. Sie sind nur dann befreit, wenn sie nachweisen, daß die Anlage bei gehöriger Wertschätzung sich als sicher erwiesen hätte, daß also der Ausfall nur auf nachträglich eingetretene ungünstige Konjunkturen zurückzuführen ist; RGZ. **11** 307.

Haftung des Vorstandes einer KrK. für die unzulässige Verwendung von Kassenmitteln zur Verschickung von KrK.-Mitgliedern nach ausländischen Kurorten; EuM. **24** 355, 356.

Der Kostenersatz kann dem VersTr. im Aufsichtswege aufgegeben werden; Arb.-Vers. **09** 640 (OVG.).

3. Die Aufsichtsbehörde ist nicht befugt, über Ansprüche aus der Haftung im Beschlußverfahren nach der RVO. zu entscheiden. Vielmehr ist darüber von den ordentlichen Gerichten zu erkennen; AN. **18** 307.

4. Unzulässig ist danach die Teilnahme eines Vorstandsmitglieds, das als Kassenarzt zu der Kasse in einem Vertragsverhältnis steht, an der Beratung usw. über Arzthonorarfragen; AN. **24** 14.

Die RVO. enthält zwar keine Vorschrift darüber, bis zu welchem Grade der Verwandtschaft oder Schwägerschaft sich der Kreis der Angehörigen erstreckt, immerhin aber hat der Gesetzgeber im § 1641 (beim Ausschluß von Mitgliedern des Spruchausschusses) die Schwägerschaft des zweiten Grades der Seitenlinie den näheren Graden der Verwandtschaft und Schwägerschaft gleichgestellt. In diesen Fällen schien eine sachliche Stellungnahme des Richters gefährdet. Auf den gleichen Erwägungen beruht das Verbot des § 23 Abs. 3. Der Schwager zählt daher zu den Angehörigen; AN. **27** 404.

§ 24. Werden von einem Gewählten[1] Tatsachen[2] bekannt, die seine Wählbarkeit oder seine Vertrauenswürdigkeit für die Geschäftsführung ausschließen, so hat ihn der Vorstand[3], wenn es sich jedoch um eine Krankenkasse handelt, die Aufsichtsbehörde[4] seines Amtes durch Beschluß zu entheben[5].

Vor der Beschlußfassung ist ihm Gelegenheit zur Äußerung zu geben.

Gegen den Beschluß ist die Beschwerde[6] beim Reichsversicherungsamte (Beschlußsenat)[7], wenn es sich jedoch um eine Krankenkasse handelt, beim Oberversicherungsamte (Beschlußkammer)[8] zulässig.

Ein Gewählter wird auf seinen Antrag durch Beschluß des Vorstandes des Amtes enthoben, wenn bei ihm während der Wahlzeit einer der Ablehnungsgründe nach § 17 Abs. 1 Nr. 2 bis 5 eintritt[9].

1. Gewählter zu den Organen der VersTr. ist der Vertreter der Unternehmer (Arbeitgeber) wie der Vertreter der Versicherten, nicht der Betriebsunternehmer einer BetriebsKrK. Wohl aber gilt § 24 entsprechend gemäß § 362 Abs. 1 für die bei der BetriebsKrK. gemäß § 362 Abs. 1 Bestellten. Wer nach der Vorschlagsliste später als Ersatzmann einrücken kann, gilt noch nicht als Gewählter, er hat noch kein Amt. Ein Amt hat aber der als Stellvertreter gewählte Ersatzmann; AN. **15** 533.

2. Tatsachen. Bloße Vermutungen genügen nicht. Nur grobe Verletzungen der Amtspflicht schließen die Vertrauenswürdigkeit aus; AN. **17** 550. Als Tatsachen im Sinne des Abs. können auch Charaktereigenschaften in Betracht kommen, die in ihren Wirkungen nach außen dem Mitglied die Vertrauenswürdigkeit genommen haben. Die Vertrauenswürdigkeit bemißt sich nach den Geschäften des Amts, dessen der Gewählte enthoben werden soll; EuM. **7** 3 (Bay. LVAmt). Die Vertrauenswürdigkeit büßt der Kassenvorsitzende ein, der Unterschlagungen in der Verwaltung den übrigen Vorstandsmitgliedern und der Aufsichtsbehörde verheimlicht; ArbVers. **09** 794 (Sächs. OVG.). Ebenso ein Vorstandsmitglied einer LVAnst., das den Vorstand durch objektiv unwahre, subjektiv zum mindesten auf Fahrlässigkeit beruhende Äußerungen vor der Öffentlichkeit unter ausdrücklicher Bezugnahme auf seine Eigenschaft als Vorstandsmitglied herabgesetzt hat; Breith. **15** 529. Auch außerdienstliche Verfehlungen sind zu berücksichtigen; RGSt. **29** 171. Die Tatsachen, welche die Wählbarkeit oder die Vertrauenswürdigkeit ausschließen, brauchen dem Vorstand oder der Aufsichtsbehörde nicht erst nach der Wahl bekannt geworden zu sein; EuM. **3** 8 (OVA. Stuttgart). Die Bekleidung einer besoldeten Beamtenstellung bei einer KrK. durch ein ehrenamtliches Vorstandsmitglied ist keine die Wählbarkeit ausschließende Tatsache; AN. **18** 302, vgl. auch Anm. 6 zu § 21. Stillegungen von Betrieben werden dann keinen Anlaß geben, die Frage der Wählbarkeit der zu den Organen einer BetriebsKrK. gewählten Personen nachzuprüfen, wenn, wie es regelmäßig der Fall ist, die Stillegung nur vorübergehender Natur und in absehbarer Zeit mit der Wiedereröffnung des Betriebs zu rechnen ist; EuM. **24** 295. Der Wegzug eines einer KrK. als freiwilliges Mitglied angehörigen Vorstandsmitgliedes aus dem Bezirke der KrK. bildet keinen Grund für seine Enthebung vom Amt, ebenso nicht das Erlöschen der Mitgliedschaft des Vorstandsmitgliedes in einer wirtschaftlichen Vereinigung von Arbeitgebern oder von Arbeitnehmern, auf Grund deren Vorschlagsliste das Vorstandsmitglied gewählt worden ist; EuM. **26** 221. Durch Tatsachen, die an sich geeignet sind, die Vertrauenswürdigkeit eines Gewählten für die Geschäftsführung nach § 24 Abs. 1 RVO. auszuschließen, wird die Amtsenthebung des Gewählten unter Umständen dann nicht gerechtfertigt, wenn sie längere Zeit zurückliegen. In solchen Fällen ist auch das spätere Verhalten des Gewählten mit zu berücksichtigen und zu prüfen, ob danach nicht seine Vertrauenswürdigkeit wiederhergestellt erscheint; Breith. **17** 49, **19** 177.

3. Vorstand, auch der Sektionsvorstand einer BG., Handb. **1** 416.

4. Aufsichtsbehörde der KrK. und des Kassenverbandes ist das VA. Es entscheidet ohne Versicherungsvertreter; EuM. **23** 204.

5. Fällt die Wählbarkeit eines zu einem Ehrenamt Gewählten weg, so endet das Amt nicht von selbst oder ohne weiteres, vielmehr bedarf es eines die Amtsenthebung aussprechenden Beschlusses des Vorstandes. Erst dieser Ausspruch bewirkt das Erlöschen des Amts; EuM. **24** 343. In dem Verfahren über die Amtsenthebung eines zu einem Organ einer KrK. Gewählten kann über das Versicherungsverhältnis (ob der Gewählte noch zu den versicherten Personen gehört) jedenfalls dann mit entschieden werden, wenn noch kein Verfahren nach § 405 Abs. 2 RVO. schwebt; EuM. **25** 489.

Der Enthebungsbeschluß hat rechtsbegründende Wirkung; er wirkt für die Zukunft, und zwar von der Zustellung an; EuM. **24** 343. Von der Amtsenthebung darf abgesehen werden, wenn damit zu rechnen ist, daß der Gewählte binnen kurzem wieder wählbar werden wird; EuM. **24** 295.

Um eine Amtsenthebung handelt es sich nicht, wenn infolge Änderung der Verfassung einer InnungsKrK. ihr Vorstand oder Ausschuß eine andere Zusammensetzung durch Neuwahl erhalten müssen, ebensowenig wie in dem Falle, daß sich zwei Kassen vereinigen und von der Möglichkeit des § 297 kein Gebrauch gemacht wird; Monatsschr. **24** 368 (Sächs. LVAmt).

6. Die Beschwerdefrist beträgt einen Monat, § 128; die Beschwerde hat vorbehaltlich § 1794 keine aufschiebende Wirkung. Im Verfahren über die Amtsenthebung eines zu einem Kassenorgan Gewählten ist die KrK. beteiligt und daher beschwerdeberechtigt. Sie wird dabei durch ihren Vorstand vertreten; AN. **25** 246. Von anderen Vorstandsmitgliedern oder dritten Personen kann der die Amtsenthebung eines Vorstandsmitglieds einer KrK. ablehnende Bescheid des VA. nicht angefochten werden; AN. **15** 514.

Die Freisprechung des Mitglieds eines Kassenorgans, das auf Grund des § 12 Abs. 2 Nr. 1 vom VA. seines Amtes enthoben war, wird im Beschwerdeverfahren vom OVA. zu berücksichtigen sein und zur Aufhebung des Enthebungsbeschlusses führen können; AN. **15** 369.

7. Beschlußsenat s. § 100. Mündliche Verhandlung, wenn der Senat es beschließt oder ein Beteiligter es beantragt, § 39 Abs. 1 RVAO.

8. Beschlußkammer s. § 78. Mündliche Verhandlung nach § 42 Abs. 3 OVAO. S. auch § 1781 Abs. 3.

9. Es fehlt § 17 Abs. 1 Nr. 1: Vollendung des sechzigsten Lebensjahres während der Wahlzeit; Begr. z. RVO. S. 42.

V. Vermögen

§ 25. Die Mittel der Versicherungsträger dürfen nur für die gesetzlich vorgeschriebenen oder zugelassenen Zwecke verwendet werden[3].

Die Einnahmen und Ausgaben sind gesondert zu verrechnen, die Bestände gesondert zu verwahren[1].

Die Versicherungsträger dürfen nur die Geschäfte übernehmen, die ihnen das Gesetz überträgt[2].

1. Die Abführung von Einnahmen einer BetriebsKrK. an den Betriebsunternehmer ist unzulässig. Die sich aus dem Überschuß der Einnahmen über die Ausgaben ergebenden Bestände sind bei der Kasse selbst gesondert zu verrechnen oder vorschriftsmäßig anzulegen; AN. **15** 812. Wohl aber darf die einer BetriebsKrK. nach § 1455 Abs. 2 für Ausstellung und Umtausch von Quittungskarten gezahlte Vergütung dem Betriebsunternehmer überwiesen werden, der nach § 362 Abs. 1 die für diese Geschäfte erforderliche Person auf seine Kosten bestellt hat; AN. **17** 400. In Preußen wird eine solche Vergütung den BetriebsKrKn. nicht gewährt; Erl. des Pr. MfV. v. 24. **IV.** 22 (VMBl. **22** 254).

2. Zu vgl. §§ 843—845, 1029, 1198, §§ 1447, 1450, 1455, §§ 8 ff. RVG., §§ 85, 86, 145 ff. AVAVG.

§ 1 Abs. 1 Nr. 2 der V. v. 30. X. 23 (RGBl. I S. 1063).

Geschäfte, die den VersTr. nicht gesetzlich übertragen sind, dürfen sie nicht übernehmen. Außerhalb der gesetzlichen Aufgaben liegende Ziele dürfen nicht mit der Verwaltung des VersTr. verquickt werden. Insbesondere dürfen nicht mit Hilfe des berufsgenossenschaftlichen Vermögens wirtschaftspolitische Bestrebungen, die lediglich den Interessen der Unternehmer dienen, verwirklicht werden; AN. **25** 68, EuM. **14** 392. Die KrKn. sind nicht berechtigt, in ihren Zahnkliniken Personen behandeln zu lassen, die nicht Kassenmitglieder sind; Monatsschr. **26** 645 (OVA. Mannheim).

Unzulässigkeit der Verwendung von Kassenmitteln zur Verschickung von KrK.-Mitgliedern nach auswärtigen Kurorten; EuM. 23 156, 24 355. Wegen Haltens von Zeitschriften s. EuM. 27 276.

§ 26. Das Vermögen[1] muß verzinslich und, soweit Anlagemöglichkeit vorhanden ist, auch wertbeständig angelegt werden. Die Anlegung kann erfolgen:

1. in verbrieften Forderungen gegen das Reich oder ein Land oder gegen eine Kreditanstalt des Reichs oder eines Landes sowie in Forderungen, die in das Schuldbuch des Reichs oder eines Landes eingetragen sind,
2. in verbrieften Forderungen, deren Verzinsung vom Reiche oder von einem Lande oder von einer Kreditanstalt des Reichs oder eines Landes gewährleistet ist,
3. in Forderungen, für die eine sichere Hypothek an einem inländischen Grundstück besteht, oder in sicheren Grundschulden oder Rentenschulden an inländischen Grundstücken,
4. in Wertpapieren, insbesondere Pfandbriefen, sowie in verbrieften Forderungen jeder Art gegen eine inländische Körperschaft des öffentlichen Rechtes oder die Kreditanstalt einer solchen Körperschaft, sofern die Wertpapiere oder die Forderungen vom Reichsrat zur Anlegung von Mündelgeld für geeignet erklärt sind[2],
5. in Wertpapieren, die landesgesetzlich zur Anlegung von Mündelgeld zugelassen sind,
6. in solchen auf den Inhaber lautenden Pfandbriefen deutscher Hypotheken-Aktienbanken, welche die Reichsbank in Klasse I beleiht,
7. in verbrieften Forderungen unter Verpfändung solcher Wertpapiere oder Hypotheken, in denen eine Anlegung nach Nr. 1 bis 5 zulässig ist, nach den Grundsätzen der Darlehenskassen des Reichs oder der Reichsbank[3],
8. bei einer inländischen öffentlichen Sparkasse, wenn sie von der zuständigen Behörde des Landes, in welchem sie ihren Sitz hat, zur Anlegung von Mündelgeld für geeignet erklärt ist[4],
9. bei der Reichsbank, bei einer Staatsbank oder bei einer anderen durch Gesetz dazu für geeignet erklärten inländischen Bank, soweit die Anlegung nicht bereits nach Nr. 1 und 4 zulässig ist[5],
10. in verbrieften Forderungen gegen inländische Körperschaften des öffentlichen Rechtes, soweit sie nicht unter Nr. 4 fallen, sowie gegen Schul- und Kirchengemeinden, sofern diese Forderungen entweder von seiten des Gläubigers kündbar sind oder einer regelmäßigen Tilgung unterliegen,
11. in verbrieften Forderungen, für die eine nach Nr. 4 in Frage kommende Körperschaft des öffentlichen Rechtes oder die Kreditanstalt einer solchen Körperschaft oder eine öffentliche Sparkasse der in Nr. 8 bezeichneten Art oder eine der in Nr. 9 genannten Banken die selbstschuldnerische Bürgschaft übernimmt[6],
12. in verbrieften kurzfristigen Forderungen, für die eine ausreichende Sicherheit besteht[7].

Außerdem kann das Vermögen angelegt werden in inländischen Grundstücken[8], in Darlehen für gemeinnützige Zwecke oder in Beteiligung an Unternehmen für solche Zwecke. Als gemeinnützige Unternehmen sind auch Genossenschaften und ihre Zentralen anzusehen, deren Tätigkeit satzungsmäßig ausschließlich oder vorwiegend den Versicherten der Invaliden- und Angestelltenversicherung zugute kommt[9].

Der Reichsarbeitsminister kann widerruflich gestatten, daß zeitweilig verfügbare Bestände in anderer Weise angelegt werden.

Art. III Nr. 1 des G. v. 13. VII. 23 (RGBl. I S. 636).

1. Grundsätze für die Bewertung und Darstellung der berufsgenossenschaftlichen Vermögensbestände v. 23. II. 26 (AN. **26** 180), mitgeteilt durch Runderl. v. 23. II. 26 (AN. **26** 180). Ferner Runderl. v. 2. I. 28, betr. Bewertung und Darstellung der berufsgenossenschaftlichen Vermögensbestände, — I R 1202/27 —.

Grundsätze für die Bewertung und Darstellung des Vermögens der Träger der JV. am 1. I. 24 und seine Fortschreibung v. 22. II. 26 (AN. **26** 197), mitgeteilt durch Runderl. v. 22. II. 26 (AN. **26** 197). Ergänzt durch Runderl. v. 15. XII. 26 (AN. **27** 15) und durch Runderl. v. 27. IX. 27 (AN. **27** 458).

Runderl. an die der Aufsicht des RVA. unterstellten VAnsten. v. 11. VII. 27 über den Kreditverkehr — Gewährung von Darlehen durch die VAnsten. —; AN. **27** 395.

Die zur Bestreitung des laufenden Bedarfs notwendigen Mittel fallen nicht unter den Begriff des Vermögens im Sinne des § 26. Über die Aufbewahrung dieser Mittel entscheiden die Organe der VersTr. nach eigenem pflichtmäßigen Ermessen. Die VersTr. können die Bestände bar bereit halten oder sie dem Kontokorrent zuführen, zu dessen Eingehung eine Genehmigung der Aufsichtsbehörde grundsätzlich nicht erforderlich ist. Unberührt ist aber das Recht der Aufsichtsbehörden, zu prüfen, ob die Bank, bei der der Kontokorrentverkehr eröffnet wird, die nötige Sicherheit bietet, oder ob es mit Rücksicht auf § 23 Abs. 1 einer besonderen Sicherheitsleistung der Bank bedarf; EuM. **23** 156 (RAM.).

Die im Reichsschuldbuch eingetragene Verfügungsbeschränkung zugunsten des VA. aus Schuldbuchforderungen der KrKn. findet in der RVO. keine Stütze; Reichsversicherung **27** 316 (RAM.).

2. Die unter 1—4 genannten Anlagemöglichkeiten sind dieselben, wie sie das BGB. im § 1807 Nr. 1—4 anführt, nur sind bei 1 und 2 auch verbriefte Forderungen gegen Kreditanstalten des Reichs und der Länder zugelassen worden; Begr. zum G. v. 13. VII. 23, S. 9, 10, Reichstag 1. Wahlperiode 1920/23 Nr. 5774.

3. Die Möglichkeit, Vermögensbestände gegen Verpfändungen zur Anlegung zugelassener Wertpapiere und Hypotheken anzulegen, war den privaten Versicherungsunternehmungen im § 59 Nr. 2 des G. v. 12. V. 01 (RGBl. S. 139) gegeben. Bedenken, diese Anlage auch für die VersTr. zuzulassen, liegen nicht vor; Begr. a. a. O.

4. Die Anlegung bei Sparkassen ist im § 1807 Nr. 5 BGB. vorgesehen; Begr. a. a. O.

5. Die unter Nr. 9 aufgeführte Vorschrift entspricht dem § 1808 BGB., wird allerdings hier für Banken aus praktischen Erwägungen nicht auf vorübergehend anzulegende Bestände beschränkt; Begr. a. a. O.

6. Die Zulassung der Anlegung in verbrieften Forderungen im Sinne der Nr. 11 entspricht dem hervorgetretenen Bedürfnis. Solche Anlagen sind aber genehmigungspflichtig; § 27c, Begr. a. a. O.

7. Die unter Nr. 12 vorgesehene Anlegungsmöglichkeit ist neu. Vielfach war der Wunsch hervorgetreten, Aktien und verbriefte Forderungen gegen inländische kaufmännische, industrielle oder landwirtschaftliche Unternehmungen zuzulassen. Es mag zutreffen, daß die Aktien und Obligationen gutgeleiteter leistungsfähiger Unterneh-

mungen die gleiche Sicherheit bieten, wie die Anleihe von Reich und Ländern; allein es steht fest, daß diese Werte außerordentlichen Kursschwankungen unterliegen, wodurch die VersTr. der Gefahr erheblicher Verluste ausgesetzt sein würden. Der Entwurf sieht deshalb davon ab, eine Anlegung des Vermögens in Aktien, Industrieobligationen und ähnlichen Werten zuzulassen und beschränkt sich darauf, nur die Anlegung in kurzfristigen, durch Sicherheitsleistung gesicherten Geldforderungen (z. B. durch Pfandbestellung) zu gestatten. Als Pfänder kommen Edelmetall oder Primawechsel, die das Giro einer sicheren Bank tragen, in Betracht. Da die Genehmigung zur Anlegung durch die Aufsichtsbehörde nachgesucht werden muß (§ 27c), die in der Lage ist, durch Anhören von Sachverständigen den Antrag der VersTr. daraufhin zu prüfen, daß ihre Belange nicht geschädigt werden, dürfte die Vorschrift zu Bedenken keine Veranlassung geben; Begr. a. a. O. S. 10.

8. Als eine Anlegung in Grundstücken ist jeder Grundstückserwerb anzusehen, der mit eigenen Mitteln des VersTr. erfolgt, ohne Rücksicht auf den mit dem Erwerbe verfolgten Zweck, also auch der Erwerb zur Errichtung eines Verwaltungsgebäudes; EuM. **19** 296 (KG.), vgl. auch AN. **25** 68.

9. Das Wort „gemeinnützig" ist dahin aufzufassen, daß auch Darlehen an Baugenossenschaften und einzelne Personen darunter fallen. Die bisher in § 719 Abs. 1 Nr. 2 RVO. a. F. zugelassene Möglichkeit der Anlegung für Unternehmungen, die bestimmt sind, den genossenschaftlichen Personalkredit der Mitglieder der BG. zu fördern, ist nunmehr nach Nr. 14 gegeben; Begr. a. a. O.

Ein Spar-, Kredit- und Bezugsverein, der es unternimmt, mittels gemeinschaftlichen Geschäftsbetriebes die Wirtschaft seiner Mitglieder dadurch zu fördern, daß ihnen Bedarfsartikel zum Betriebe ihrer Landwirtschaft abgelassen, ihre landw. Erzeugnisse abgenommen und gemeinschaftlich verkauft, sowie zu ihrem Geschäfts- und Wirtschaftsbetriebe die nötigen Geldmittel in verzinslichen Darlehen gewährt werden, ist nicht als gemeinnütziges Unternehmen im Sinne des § 26 Abs. 2 anzusehen; Monatsschr. **30** 98 (Sächs. LVAmt).

Beteiligung an einer Siedelungsgesellschaft mit einer Einlage mit Genehmigung der Aufsichtsbehörde (§ 27c) zulässig; AN. **19** 155, unzulässig die Beteiligung an einer Genossenschaft mit unbeschränkter Haftpflicht; EuM. **17** 1.

Verwendung der den LVAnsten. überwiesenen Zollmittel u. a. zur Kreditbefriedigung des gemeinnützigen Baumarktes und zur Förderung des ländlichen Siedlungswesens- und der landwirtschaftlichen Meliorationen; EuM. **23** 541 (RAM.), Gewährung von Darlehen aus den Mitteln der LVAnsten. zur Schaffung von Klein- und Mittelwohnungen für die invalidenversicherte Bevölkerung; EuM. **25** 274. Sicherstellung der Darlehen der LVAnsten. für den Wohnungsbau durch Gemeindebürgschaften; EuM. **23** 389. Verzinsung solcher Darlehen; EuM. **24** 296.

§ 27. Die Sicherheit einer Hypothek, einer Grundschuld oder Rentenschuld darf angenommen werden, wenn die Beleihung die ersten zwei Drittel des Wertes des Grundstücks nicht übersteigt.

Die Beleihung ist in der Regel nur zur ersten Stelle zulässig.

Art. III Nr. 2 des G. v. 13. VII. 23 (RGBl. I S. 636).

§ 27a. Beleihungen von Bauplätzen und solchen Neubauten, die noch nicht vollendet und ertragsfähig sind, sowie von Grundstücken, die einen dauernden Ertrag nicht gewähren, insbesondere von Gruben, Brüchen und Bergwerken, sind unzulässig. Die oberste Verwaltungsbehörde[1] kann für besondere Fälle Ausnahmen zulassen.

Art. III Nr. 2 des G. v. 13. VII. 23 (RGBl. I S. 636).

1. In Preußen ist durch Erl. v. 2. VII. 25 (VMBl. S. 298) die Entscheidung auf Anträge wegen Zulassung solcher Ausnahmen den Regierungspräsidenten (dem Oberpräsidenten in Charlottenburg) übertragen.

§ 27b. Der bei der Beleihung angenommene Wert des Grundstücks darf den durch sorgfältige Ermittlung festgestellten gemeinen Wert nicht übersteigen. Bei der Feststellung dieses Wertes sind nur die dauernden Eigenschaften des Grundstücks und der Ertrag zu berücksichtigen, den das Grundstück bei ordnungsmäßiger Wirtschaft jedem Besitzer nachhaltig gewähren kann.

Art. III Nr. 2 des G. v. 13. VII. 23 (RGBl. I S. 636).

§ 27c. Vermögensanlegungen der im § 26 Abs. 1 Nr. 11, 12 und Abs. 2 genannten Art bedürfen der Genehmigung der Aufsichtsbehörde[1]. Der Reichsarbeitsminister kann allgemeine Anordnungen für diese Vermögensanlegungen treffen, insbesondere Höchstbeträge für die Gesamtanlagen festsetzen.

Art. III Nr. 2 des G. v. 13. VII. 23 (RGBl. I S. 636).

1. Die Genehmigung der Aufsichtsbehörde bildet bei einem als Vermögensanlage erfolgten Grundstückserwerb die Voraussetzung für die Wirksamkeit des Erwerbes und ist deshalb dem Grundbuchrichter nachzuweisen; EuM. **19** 296 (KG.), AN. **25** 153, **29** 259, 260 (Runderlasse des RVA.). Die Genehmigung des RVA. gemäß §§ 27c, 27d, 27e RVO. kann noch nicht dadurch als erteilt gelten, daß das RVA. den Voranschlag, in dem etwa die genehmigungspflichtigen Anlagen aufgeführt sind, bei der Prüfung nach § 1355 RVO. nicht beanstandet hat, vielmehr ist jeweils ein besonderer Antrag auf Erteilung der aufsichtlichen Genehmigung erforderlich, damit das RVA. über diese ausdrücklich entscheidet; Runderl. des RVA. an die seiner Aufsicht unterstellten Träger der JV. v. 16. XII. 29 (AN. **30** 24).

Darlehen, für welche eine Gemeinde die selbstschuldnerische Bürgschaft übernimmt, bedürfen keiner Genehmigung der Aufsichtsbehörde. Es bleibt dem pflichtmäßigen Ermessen des einzelnen VersTrs. überlassen, ob und gegebenenfalls welche Sicherheiten er für Vermögensanlagen, soweit sie keiner Genehmigung der Aufsichtsbehörde bedürfen, neben der gesetzlich vorgeschriebenen Sicherheit fordern will; EuM. **23** 389.

§ 27d. Die Erwerbung von Grundstücken über einen vom Reichsarbeitsminister festgesetzten Kaufpreis hinaus bedarf der Genehmigung der Aufsichtsbehörde[1].

Art. III Nr. 2 des G. v. 13. VII. 23 (RGBl. I S. 636).

1. Solange eine Festsetzung nach § 27d und § 27e nicht getroffen ist, ist in jedem Falle die Genehmigung der Aufsichtsbehörde erforderlich; AN. **25** 68, **25** 153. Vgl. auch die Runderl. des RVA. v. 31. X. 28 und 31. V. 29 (AN. **29** 259), ferner Anm. 1 zu § 27c.

§ 27e. Die Errichtung von Gebäuden über einen vom Reichsarbeitsminister festgesetzten Kostenbetrag hinaus bedarf der Genehmigung der Aufsichtsbehörde[1].

Art. III Nr. 2 des G. v. 13. VII. 23 (RGBl. I S. 636).

1. S. Anm. 1 zu § 27d, auch Anm. 1 zu § 27c.

§ 27f. Die Reichsregierung bestimmt[1] den Betrag, bis zu welchem das Vermögen in den im § 26 Abs. 1 Nr. 1 genannten Forderungen anzulegen ist; dieser Betrag darf jedoch fünfundzwanzig vom Hundert des Vermögens nicht übersteigen.

Art. III Nr. 2 des G. v. 13. VII. 23 (RGBl. I S. 636).

1. Bek. v. 14. VII. 23 (RGBl. I S. 646):

„Das Vermögen ist bis zu einem Viertel in verbrieften Forderungen gegen das Reich oder ein Land oder gegen eine Kreditanstalt des Reichs oder eines Landes sowie in Forderungen, die in das Schuldbuch des Reichs oder eines Landes eingetragen sind, anzulegen.

Solange die Versicherungsträger noch nicht ein Viertel ihres Vermögens nach Abs. 1 angelegt haben, müssen sie alljährlich mindestens 10 vom Hundert ihres Vermögenszuwachses in dieser Weise anlegen. Dabei ist darauf Bedacht zu nehmen, daß, soweit Anlagemöglichkeit vorhanden ist, wertbeständige Anlagen gewählt werden."

Bei der Berechnung des Viertels von dem Vermögen, das nach der Bek. v. 14. VII. 23 in Reichsanleihen usw. angelegt werden muß, ist das Reinvermögen des VersTr. zugrunde zu legen; EuM. **26** 116.

§ 28. Rückstände [1] [2] werden, unbeschadet des § 754a, wie Gemeindeabgaben beigetrieben [3]. Nach den landesgesetzlichen Vorschriften regelt sich auch die aufschiebende Wirkung der Einwendungen gegen die Zahlungspflicht.

Soweit es nicht bereits landesgesetzlich vorgeschrieben ist, kann die Satzung des Versicherungsträgers bestimmen, daß dem Beitreibungsverfahren ein Mahnverfahren [4] vorangeht, und daß dafür eine Mahngebühr erhoben wird. Diese wird wie die Rückstände beigetrieben. Die Festsetzung ihres Betrags bedarf der Genehmigung der Aufsichtsbehörde [5].

Rückstände haben das Vorzugsrecht des § 61 Nr. 1 der Konkursordnung [6].

§ 6A der V. v. 22. XII. 23 (RGBl I S. 1245).

1. Rückständig werden Beiträge, wenn der Fälligkeitstag ohne Zahlungsleistung verstrichen ist; AN. **14** 732. Der Begriff Beiträge ist im weitesten Sinne zu verstehen. Er umfaßt auch die Beihilfen des Gemeindeverbandes (§ 389 Abs. 2, § 390) der Innung (§ 390) und der Betriebsunternehmer (§ 390); AN. **18** 442, die Beiträge des Gemeindeverbandes für unständig Beschäftigte (§ 453); AN. **16** 380, die Vorschüsse nach §§ 738, 1011, 1164; EuM. **16** 341. Für die Zahlung der Beiträge zur Arbeitslosenversicherung gelten die §§ 28, 29 entsprechend; § 145 Abs. 3 AVAVG. Kein Beitrag ist der Betrag, für den der Gemeindeverband nach § 305 aufzukommen hat; AN. **25** 41.

2. Zinsen von Rückständen (bei Verzug oder Rechtshängigkeit) dürfen nicht gefordert werden, vorbehaltlich §§ 397a, 762a, 818a, 827 Abs. 3, § 1026 Abs. 2, § 1027 Abs. 2, §§ 1184a, 1195b; HbdUV. **1** 577, 262, AN. **95** 223, **96** 172, **14** 819, **18** 441.

3. Für Preußen kommen in Betracht V. v. 15. XI. 99 (GS. S. 545), abgeändert durch. V. v. 18. III. 04 (GS. S. 36), V. v. 28. III. 15 (GS. S. 127), V. v. 27. VIII. 17 (GS. S. 87), V. v. 11. II. 18 (GS. S. 8), V. v. 1. X. 19 (GS. S. 159), V. v. 29. IV. 21 (GS. S. 381), V. v. 11. V. 22 (GS. S. 226), V. v. 28. VIII. 22 (GS. S. 284), V. v. 30. I. 23 (GS. S. 37), V. v. 16. V. 23 (GS. S. 271), V. v. 12. IV. 24 (GS. S. 209), V. v. 28. XI. 24 (GS. S. 741), V. v. 31. X. 25 (GS. S. 153), V. v. 16. III. 26 (GS. S. 103); Ausf. Anw. v. 27. XI. 99 (Zentralbl. für die Abgabenverwaltung **00** 44) abgeändert durch Erl. v. 4. VII. 04 (HMBl. S. 438), Erl. v. 20. VI. 12 (HMBl. S. 506), Erl. v. 22. X. 21 (FinMinBl. **22** 255), v. 26. V. 23 (FinMinBl. **23** 322).

Offenbarungseidverfahren s. AN. **98** 310 (KG. u. RG.), BG. **27** 328 (LG. Berlin).

Die Zwangsbeitreibung der nach § 1543d vom VA. verhängten Ordnungsstrafen hat nicht das VA., sondern der VersTr. zu veranlassen. Dieser kann gegebenenfalls im Aufsichtswege dazu angehalten werden; EuM. **26** 373 (Bek. des MfV. v. 11. I. 30 — VMBl. Sp. 114).

Ob Beitreibung im Verwaltungszwangsverfahren auch gegen die Erben zulässig, entscheidet sich nach Landesrecht. In Preußen zulässig. Sonst muß vor den ordentlichen Gerichten Klage auf Zahlung erhoben werden; RGZ. **93** 201, EuM. **15** 243.

Von einem Geschäftsnachfolger des Schuldners können Rückstände im Verwaltungszwangsverfahren nur beigetrieben werden, wenn er seine Haftung für die Geschäftsschulden anerkennt; andernfalls muß die Haftung erst im Rechtswege festgestellt werden; HddUV. **1** 579. Zahlung an den Vollstreckungsbeamten befreit, auch wenn er die Beiträge unterschlägt; AN. **13** 800.

Gegen ausländische Schuldner ist, falls Zwangsvollstreckung in inländisches Vermögen nicht möglich, vor den ausländischen Gerichten Klage zu erheben; AN. **87** 122, **88** 208.

Gegenüber den Ansprüchen auf geschuldete Beiträge können Gegenforderungen nicht aufgerechnet werden, sofern nach den landesgesetzlichen Vorschriften über die Beitreibung von Gemeindeabgaben eine solche Aufrechnung nicht zulässig ist; RGSt. **29** 86.

Die Vollstreckungsbehörde kann nicht den Nachweis verlangen, daß die Forderung richtig berechnet und rechtskräftig festgesetzt ist. Widersprüche gegen die Zulässigkeit der Pfändung und des Verkaufs bestimmter Sachen sind bei der Vollstreckungsbehörde oder der ihr vorgesetzten Behörde zu erheben; AN. **98** 170.

In Preußen wird die Beitreibung dadurch nicht gehindert, daß der in Anspruch Genommene seine Beitragspflicht bestritten und eine Entscheidung nach § 405 Abs. 2, § 1459 beantragt hat. Die Beitreibung setzt nicht eine unstreitige oder rechtskräftig festgestellte Forderung voraus; AN. **25** 312. Wird im Laufe eines gemäß § 28 eingeleiteten Beitreibungsverfahrens die Arbeitgebereigenschaft bestritten, so wird hierüber von den Instanzen der RVO. (§ 405 Abs. 2, § 1459), nicht in dem für Widersprüche gegen die Zwangsvollstreckung landesgesetzlich vorgesehenen Verfahren entschieden; EuM. **19** 313.

Nach dem Erl. des Pr. MfV. v. 12. III. 26 (VMBl. S. 543) treten, wenn das VA. auf Grund des § 404 Abs. 4 Angestellte der KrK. als Vollstreckungs- und Vollziehungsbeamte bestellt, diese Angestellten völlig an die Stelle der sonstigen Vollstreckungs- und Vollziehungsbeamten, so daß die Zuständigkeit dieser Stellen damit fortfällt. Der Geltungsbereich des Erlasses ist auf den Ort beschränkt, an dem sich der Sitz der Gemeindebehörde und der Sitz der KrK. befinden; Erl. v. 27. VII. 26 (VMBl. S. 819). Wenn nicht die geschäftsleitenden Angestellten als Vollstreckungsbeamte und sonstige Angestellte der Kasse als Vollziehungsbeamte bestellt sind, liegt die Beitreibung rückständiger Kassenbeiträge den Gemeindebehörden ob. Andere Behörden können, selbst wenn sie dazu bereit sind, die Beitreibung nicht übernehmen; Erl. des Pr. MfV. v. 26. III. 27 (VMBl. Sp. 423).

Die Kosten der zwangsweisen Beitreibung sind von dem säumigen Schuldner zu tragen, mit der Hauptforderung einzutreiben und aus den eingezogenen Geldern vorweg zu decken; HddUV. **1** 578.

4. In Preußen darf die Satzung der KrK. ein gebührenpflichtiges Mahnverfahren einführen; AN. **16** 642. Ebenso in Bayern; EuM. **8** 13 (Bay. LVAmt).

Eine gemäß § 28 Abs. 2 vorgesehene Satzungsbestimmung über ein besonderes Mahnverfahren wird nicht dadurch hinfällig, daß auf Grund des § 404 Abs. 4 Vollstreckungs- bzw. Vollziehungsbeamte bestellt werden; Erl. des Pr. MfV. v. 5. XII. 25 (VMBl. S. 473).

5. Die Festsetzung des Betrags der Mahngebühr erfolgt außerhalb der Satzung. Für die Genehmigung der Festsetzung ist bei den KrKn. ausschließlich das VA. als Aufsichtsbehörde zuständig. Diese Genehmigung wird durch eine gemäß § 324 erfolgte Genehmigung der eine Festsetzung des Betrags der Mahngebühr enthaltenden Satzung nicht ersetzt. Die Änderung einer derartigen Festsetzung kann in dem Verfahren nach § 326 nicht angeordnet werden; AN. **26** 261.

Die Mahngebühr soll lediglich den Zweck haben, die Kasse für die Kosten des durch die Säumigkeit des Zahlungspflichtigen veranlaßten Mahnverfahrens schadlos zu halten; AN. **26** 261.

In Preußen sind durch Erl. d. MfV. v. 17. X. 27 (VMBl. Sp. 1017) für die Mahngebühren folgende Höchstsätze festgesetzt: bei Rückständen bis 3 RM. einschließlich 15 RPf., über 3 bis 15 RM. einschließlich 20 RPf., über 15 bis 150 RM. einschließlich 40 RPf., über 150 bis 500 RM. einschließlich 75 RPf., über 500 RM. 100 RPf.

6. Darüber haben die ordentlichen Gerichte zu entscheiden; AN. **13** 801. Das Vorzugsrecht ist beschränkt auf die Rückstände aus dem letzten Jahr, vom Tage der Konkurseröffnung zurückgerechnet, maßgebend ist der Tag der Entstehung, nicht der Fälligkeit der Forderung; EuM. **14** 381 (RG.).

Die mit dem Vorzugsrecht ausgestatteten Forderungen der VG. werden durch einen Zwangsvergleich nicht berührt; AN. **05** 217.

Für Beiträge zur JV., die infolge Beschäftigung versicherungspflichtiger Personen durch den Konkursverwalter zu entrichten sind, kann dieser nicht persönlich vor den Instanzen der RVO. haftbar gemacht werden. Persönlich haftet er nur nach Maßgabe des § 82 KonkO.; AN. **15** 599.

Über die Benachrichtigungen, die bei Zwangsversteigerungen der im Schiffsregister eingetragenen Schiffe die Vollstreckungsgerichte den beteiligten Versicherungsträgern zugehen lassen müssen, s. AN. **13** 416.

In der Allg.Vf. des Pr.JM. v. 11. X. 27 (JMBl. S. 319) wird den Konkursgerichten empfohlen, nach Möglichkeit dafür zu sorgen, daß die VGen. die im § 111 Abs. 3 der KonkO. bezeichnete Zustellung erhalten. In einer weiteren Allg.Vf. v. 12. XI. 27 (JMBl. S. 344) empfiehlt der Pr.JM. den Konkursgerichten, nach Möglichkeit dafür zu sorgen, daß auch die übrigen VersTr., insbesondere die KrKn. und die Träger der JV. im Rahmen des § 111 Abs. 3 von der Konkurseröffnung Nachricht erhalten.

Rückstände von Beiträgen zur UV. gehören nicht zu den öffentlichen Lasten eines Grundstücks im Sinn des § 10 Abs. 1 Nr. 3 des G. über die Zwangsversteigerung und Zwangsverwaltung v. 20. V. 98 (RGBl. S. 713) und haben nicht deren Vorzugsrecht bei der Zwangsversteigerung, sondern nur im Konkursverfahren das Vorzugsrecht des § 61 Nr. 1 der KonkO.; EuM. **20** 241. Vgl. auch § 143 Abs. 3 RKG.

§ 29. Der Anspruch auf Rückstände verjährt[1], soweit sie nicht absichtlich hinterzogen worden sind, in zwei Jahren nach Ablauf des Kalenderjahrs der Fälligkeit[2].

Der Anspruch auf Rückerstattung von Beiträgen[3] verjährt in sechs Monaten nach Ablauf des Kalenderjahrs, in dem sie entrichtet worden sind, vorbehaltlich des **§ 1446 Abs. 2** und der **§§ 1462, 1464**.

Der Anspruch auf Leistungen der Versicherungsträger[4] verjährt in vier Jahren nach der Fälligkeit, soweit dieses Gesetz nichts anderes vorschreibt[5].

1. Verjährt. Die Frist des § 29 Abs. 1 ist von Amts wegen zu berücksichtigen. Die Beitreibung verjährter Rückstände darf nicht veranlaßt werden; Begr. zum JVG. S. 336, AN. **00** 828, **02** 392, **07** 440, **17** 514, **19** 281, **21** 331, RGZ. **84** 265. Über Rückstände von Beiträgen s. Anm. 1 u. 2 zu § 28.

Auf Ausschlußfristen (z. B. §§ 1253, 1442, 1443, 1507 Abs. 3, §§ 1546, 1548 RVO.)

finden die Vorschriften über Hemmung und Unterbrechung der Verjährung keine Anwendung; AN. **16** 747, 748.

Der Umstand, daß der Aufenthalt des Schuldners unbekannt ist, hemmt den Lauf der Verjährung nicht; HbdUV. **1** 581.

Darüber, ob der Anspruch auf Rückstände verjährt ist, ist gegebenenfalls nach § 405 Abs. 2, §§ 757, 1459 zu entscheiden; AN. **16** 413.

Das OVA. kann im Feststellungsverfahren einen VersTr. nicht verpflichten, rückständige Pflichtbeiträge zwangsweise beizutreiben; Bay. LVAmt **22** 48, **23** 23 (Monatsschr. **23** 229, 454).

Unterbrochen wird die Verjährung durch dieselben Tatsachen wie bei Gemeindeabgaben; AN. **00** 828. Für Preußen kommt das Kommunalabgabengesetz v. 14. VII. 93 (GS. S. 152) in Betracht. Nach § 88 Abs. 2 a. a. O. wird die Verjährung bei Gemeindeabgaben durch eine an den Pflichtigen gerichtete Zahlungsaufforderung, durch Verfügung der Zwangsvollstreckung oder durch Stundung unterbrochen. Die gleiche Wirkung hat also bei Rückständen die Zahlungsaufforderung des VersTr.; AN. **00** 828, des Kontrollbeamten; AN. **01** 544, **10** 457 (mündliche Aufforderung genügt), der Einzugsstelle sowie überhaupt jede Zwangsvollstreckungshandlung, jede auf Beitreibung abzielende Handlung der zuständigen Stelle; AN. **03** 476, Zustellung eines Auszugs aus der Heberolle, der den Zahlungspflichtigen in den Stand setzt, die Beitragsberechnung zu prüfen, selbst wenn der Auszug den Hinweis enthält, daß vor Einholung des Betrags die Prüfung und Bestätigung durch den Genossenschaftsvorstand erfolgen werde; AN. **11** 565, Aufforderung des VA. gemäß einem Ersuchen der LVAnst., des Kontrollbeamten oder der Einzugsstelle; AN. **02** 685. Entsprechendes gilt auch in Bayern. Insbesondere wird die Verjährung von Eigenbauprämien durch die Erinnerung des säumigen Unternehmers an die Einreichung des Lohnnachweises wie auch durch das Ersuchen an die Gemeindebehörde um amtliche Feststellung des Nachweises, den entsprechenden Beschluß der Gemeindebehörde und die Zustellung des Heberollenauszuges unterbrochen; EuM. **6** 5 (Bay. LVAmt).

Bloße Mahnungen und Vorhaltungen unterbrechen, vorbehaltlich § 1444, die Verjährung nicht; OVG. **31** 343. Ebensowenig wird die Verjährung dadurch unterbrochen, daß der Schuldner weitere Lohnnachweise einreicht; EuM. **4** 239 (Bay. LVAmt).

Die bloße Aufforderung des Versicherten an den Arbeitgeber zur Verwendung von Beitragsmarken unterbricht die Verjährung nicht; AN. **02** 392. Vgl. ferner § 1444 Abs. 3.

Von der Unterbrechung an läuft eine neue Verjährungsfrist von zwei Jahren; AN. **03** 476, **16** 413, Monatsschr. **17** 572. Der Verjährung unterliegen im Bereiche der Unfallversicherung nicht nur die Beiträge, die noch nicht festgesetzt sind, sondern auch solche, die zwar festgesetzt, aber noch nicht gezahlt worden sind; AN. **03** 476.

Bauherr und Zwischenunternehmer haften nach §§ 765, 819 für rückständige Beiträge zahlungsunfähiger gewerbsmäßiger Bauunternehmer und Unternehmer nicht gewerbsmäßiger Bauarbeiten während eines Jahres nach endgültiger Feststellung der Beiträge. Hier handelt es sich um eine Ausschlußfrist. Der Anspruch kann nicht geltend gemacht werden, wenn der Anspruch auf Rückstände nach § 29 Abs. 1 verjährt ist; AN. **10** 449.

2. Ist der Beitrag zur UV. für das Geschäftsjahr 1924 erst im Jahre 1925 fällig, so verjährt er erst am 31. XII. 1927; EuM. **21** 14.

Über das Verhältnis des § 29 Abs. 1 zu § 1442 vgl. Anm. 1 zu § 1442, insbesondere die dort angeführten Entscheidungen AN. **12** 829, **13** 818.

3. Rückerstattung von Beiträgen. Dabei handelt es sich entweder um Beiträge, die zu Unrecht entrichtet, oder um Beiträge, die zuviel gezahlt worden sind; Begr. zur RVO. S. 44. Zinsen können nicht gefordert werden; AN. **94** 344

(keine Zinsen bei Erstattung überhobener Umlagebeiträge), **18** 441 (keine Zinsen für zu Unrecht beigetriebene Krankenkassenbeiträge). Der Erstattungsanspruch der Gemeinde nach § 1027 unterliegt nicht der kurzen Verjährung; AN. **09** 445.

In Ermangelung abweichender Vorschriften sind in den Fällen des § 29 Abs. 2 die Vorschriften des BGB. über Hemmung, Unterbrechung und Wirkung der Verjährung (§§ 202 ff.) sinngemäß anzuwenden. Unterbrochen wird also die Verjährung eines Anspruchs auf Rückerstattung von Kassenbeiträgen nicht schon durch die an die KrK. gerichtete Zahlungsaufforderung oder Mahnung, sondern bei Streit über die Rückzahlung erst durch den beim VA. gestellten Antrag auf Entscheidung nach § 405 Abs. 2; AN. **17** 514.

Die Verjährung nach § 29 Abs. 2 darf nur auf Einrede berücksichtigt werden.

Der Verjährungseinwand greift auch dann durch, wenn der Versicherte die Ungültigkeit der Beiträge erst nach Ablauf der sechsmonatigen Verjährungsfrist erfahren hat. Der Zusatz „vorbehaltlich des § 1446 Abs. 2 und der §§ 1462, 1464" bezieht sich lediglich auf Beiträge, die in der irrtümlichen Annahme der Versicherungspflicht entrichtet worden sind; AN. **15** 442, vgl. die Anm. zu diesen §§ im IV. Bande. Für die Rückerstattung der in einer zu niedrigen Lohnklasse entrichteten JV.-Beiträge greift die kurze Verjährungsfrist des § 29 Abs. 2, nicht die des § 1446 Platz; AN. **27** 463.

Gegen den Anspruch auf Rückerstattung von Beiträgen kann der Einwand des Wegfalls der Bereicherung (§ 818 Abs. 3 BGB.) nicht erhoben werden; AN. **18** 346.

4. Nicht der Anspruch auf Versicherungsleistungen als solcher verjährt nach § 29 Abs. 3, sondern nur der Anspruch auf die einzelnen Leistungen; EuM. **4** 9 (Bay. LVAmt.).

Zinsen von rückständigen Entschädigungsbeträgen, Renten usw. darf der Entschädigungsberechtigte, Rentenberechtigte usw. nicht beanspruchen; AN. **10** 448, 14 819.

Kein Rechtsanspruch auf Aufwertung der Barleistungen der VersTr. bei unverschuldeter Verzögerung der Zahlung nach der Fälligkeit im Falle der Geldentwertung; AN. **24** 73, EuM. **15** 281. Wegen der Kassenleistungen vgl. AN. **23** 303 (RAM.).

§ 29 Abs. 3 gilt auch für Ansprüche aus der JV.; AN. **21** 172.

Verjährung des Anspruchs einer wegen Wiederverheiratung gemäß § 588 Abs. 2 RVO. abgefundenen Witwe — deren neue Ehe für nichtig erklärt worden ist — auf Nachzahlung der Rente in 4 Jahren nach Nichtigkeitserklärung der Ehe; AN. **16** 456.

Zur Entscheidung über Ansprüche von KrKn. auf Rückgewähr von Leistungen aus der KV. sind die Spruchbehörden der RVO. zuständig, sofern die Behauptung, daß eine Pflicht zur Leistung nach der RVO. nicht bestanden habe, den Grund der Rückforderung bildet; AN. **20** 169 (GrS.). Über die etwaige Verjährung festgestellter Beiträge zur UV. ist im Beschlußverfahren der RVO. zu entscheiden; AN. **16** 413. Dem Anspruch auf Rückgewähr gegenüber ist die Einrede des Wegfalls der Bereicherung nicht zulässig; RGZ. **81** 351, **83** 163, AN. **21** 405.

Angemeldete Ansprüche auf Rentenbeträge unterliegen der vierjährigen Verjährung, mögen sie festgestellt sein oder nicht; AN. **10** 644, **13** 546. Ein noch nicht angemeldeter Anspruch kann dagegen nicht verjähren; Breith. **13** 251.

Für Geschäftsunfähige oder in der Geschäftsfähigkeit Beschränkte gilt, wenn sie keinen gesetzlichen Vertreter haben, § 206 BGB.; AN. **21** 331 (GrS.), **21** 172. Auch im übrigen werden in den Fällen des Abs. 3 in Ermanglung besonderer Vorschriften der RVO. die Vorschriften des BGB. über Hemmung, Unterbrechung und Wirkung der Verjährung (§§ 202 ff.) sinngemäß gelten müssen; AN. **10** 644 (ErwS.). Unterbrochen wird daher die Verjährung eines Anspruchs auf Kassenleistungen erst durch den beim VA. nach § 1636 gestellten Antrag auf Entscheidung; AN. **16** 358, **19** 281.

Die Verjährung des Anspruchs auf Leistungen darf nur auf Einrede berücksichtigt werden; AN. **19** 281, **21** 331.

5. S. § 223 Abs. 1, §§ 411, 907.

VI. Aufsicht

§ 30. Das Aufsichtsrecht der Aufsichtsbehörde[1] erstreckt sich darauf, daß Gesetz und Satzung[2] so beobachtet werden[3], wie es der Zweck der Versicherung erfordert. Das gilt nicht, soweit die Versicherungsträger nach ihrem Ermessen zu verfügen berechtigt sind.

Die Aufsichtsbehörden sind, soweit sie Landesbehörden sind, an allgemeine Weisungen der obersten Verwaltungsbehörden ihres Landes, soweit sie Reichsbehörden sind, an allgemeine Weisungen des zuständigen Reichsministers gebunden. Der Reichsarbeitsminister kann für die Ausübung des Aufsichtsrechts Richtlinien erlassen[4].

Art. I Nr. 1 der V. v. 30. X. 23 (RGBl. I S. 1057),

Art. I Nr. 1 des G. v. 14. VII. 25 (RGBl. I S. 97).

1. Aufsichtsbehörden sind für die KrKn. und Kassenverbände das VA. (§ 377, § 413 Abs. 1), für die BGen. das RVA. (LVAmt) (§§ 722, 723, 985, 1158), für die LVAnsten. das RVA. (LVAmt) (§§ 1381, 1382), von den Sonderanstalten ist nur die Sonderanstalt der See-BG. der Aufsicht des RVA. unterstellt; das OVA. übt, abgesehen von §§ 372—375, Aufsichtsrechte gegenüber KrKn. und Kassenverbänden nur in der Beschwerdeinstanz aus; AN. **16** 431, **24** 130, EuM. **14** 77 (Bay. LVAmt).

Als Abgabestellen von Arzneimitteln unterliegen die KrKn außer der allgemeinen Aufsicht des VA. auch der landesgesetzlich geregelten medizinalpolitischen Nachprüfung — im Freistaat Sachsen durch die Bezirksärzte und die Apothekerprüfer; EuM. **21** 459 (Sächs. LVAmt).

Eine aufgelöste oder geschlossene Kasse gilt, bis die Geschäfte abgewickelt sind, als fortbestehend, soweit es der Zweck der Abwicklung erfordert (§ 301). Ihr fortbestehender Vorstand unterliegt den Vorschriften der §§ 30ff.; AN. **15** 374.

2. Unter Gesetz in diesem Sinne sind nicht nur die eigentlichen Gesetze, sondern auch sonstige Rechtsnormen zu verstehen; AN. **25** 254, EuM. **20** 165, 166. Es fallen darunter alle auf Grund der RVO. ergangenen Verordnungen, Bundesrats-, Reichsratsbeschlüsse, Erlasse und Ausführungsbestimmungen, soweit sie sich als eine im Gesetz selbst vorgesehene Ergänzung des Gesetzes darstellen, ferner nach ausdrücklicher Vorschrift die Dienst- und Krankenordnungen der KrKn. und Kassenverbände (§§ 377, 413), die Dienstordnungen der BGen. (vgl. §§ 701, 978, 1147, auch Breith. **18** 657). Zu den Rechtsnormen gehören auch die von dem zuständigen Minister genehmigten grundsätzlichen Bestimmungen einer LVAnst. über die dienstlichen Verhältnisse ihrer Bureau-, Kanzlei- und Unterbeamten; EuM. **20** 165, 166.

Gesetz in diesem Sinne sind nicht nur die Vorschriften, die den VersTr. ausdrücklich bestimmte Verpflichtungen auferlegen, sondern auch solche, die ihnen gewisse Befugnisse geben, sofern nur Art und Umfang der Befugnis gesetzlich geregelt ist; AN. **03** 250. Wo freiwillige Leistungen in Frage kommen, hat die Aufsichtsbehörde darüber zu wachen, daß der VersTr. über entsprechende Anträge nicht nach Willkür, sondern nach pflichtmäßigem Ermessen entscheidet; AN. **20** 285.

Gesetz in diesem Sinne ist auch jedes andere den VersTr. betreffende Gesetz;

OVG. **50** 400. Gleiches gilt von den Anstellungsgrundsätzen (Grundsätze für die Anstellung der Inhaber eines Versorgungsscheins) i. d. F. v. 31. VII. 26 (RGBl. I S. 435) und deren Ergänzung v. 18. VII. 27 (RGBl. I S. 222); RGZ. **48** 84.

Gesetz in diesem Sinne sind auch die rechtskräftigen Entscheidungen, durch die ein VersTr. zu einer Leistung verurteilt worden ist. Ihre Vollstreckung erfolgt nicht im Wege der Rechtshilfe nach § 115, sondern ausschließlich gemäß § 30 (§ 377) durch Ersuchen der Aufsichtsbehörde, die erforderlichenfalls Zwangsmaßnahmen nach § 31 Abs. 3 (§§ 379, 689, 1359) ergreifen kann; AN. **27** 274. Auch die nach § 368r Abs. 1 bindenden Entscheidungen der Schiedsinstanzen sind als Gesetz in diesem Sinne anzusehen; AN. **25** 254; ebenso die Kollektivverträge, die auf Grund der §§ 368, 368k bis o RVO. durch Einigung oder Schiedsspruch zustande gekommen sind; AN. **26** 469.

Verträge sind weder Gesetz noch Satzung. Die KrKn. konnten daher erst, nachdem das Berliner Abkommen Gesetzeskraft erhalten hatte, § 18 Abs. 2 der V. v. 30. X. 23 (RGBl. I S. 1051), zu seiner Befolgung angehalten werden; AN. **17** 594, **24** 130. Ansprüche von Krankenhäusern gegen einen VersTr. auf Bezahlung der Kosten für die Aufnahme von Versicherten können nicht im Aufsichtswege festgestellt, sondern nur vor den bürgerlichen Gerichten verfolgt werden; EuM. **13** 9.

Das Aufsichtsrecht erstreckt sich auf die Befolgung der gesetzlichen und Satzungsvorschriften; EuM. **20** 165; dabei brauchen die Handlungen und Unterlassungen, gegen die sich die Aufsichtsmaßnahmen richten, nicht ausdrücklichen Vorschriften des Gesetzes oder der Satzung zuwider zu laufen, es genügt, wenn sie mit dem Ziele und Zwecke der Versicherung und den danach den Organen der VersTr. obliegenden Aufgaben unvereinbar sind; EuM. **22** 132, 133. Es steht den VersTrn. auf keinen Fall zu, die Versicherung in Formen oder unter örtlichen Umständen durchzuführen, die den Aufsichtsbehörden die Ausübung ihres Aufsichtsrechtes tatsächlich unmöglich machen. Dies ist der Fall, wenn Versicherte in ausländische Kurorte verschickt werden; EuM. **23** 156, 158, **24** 355. Fragen der Zweckmäßigkeit werden lediglich nach dem freien, pflichtmäßigen Ermessen der VersTr. entschieden, es sei denn, daß das Gesetz der Aufsichtsbehörde eine Entscheidung nach Zweckmäßigkeitserwägungen ausdrücklich überträgt (vgl. § 722 Abs. 2), oder die Entscheidung selbst die Berücksichtigung solcher voraussetzt; HMBl. **08** 8, ArbVers. **10** 94 (OVG.), Begr. zum JVG. S. 306, Begr. zur RVO. S. 44. Eine beratende und vermittelnde Tätigkeit der Aufsichtsbehörde wird durch § 30 nicht ausgeschlossen; AN. **22** 187, **23** 156, EuM. **17** 7 (Bay. LVAmt).

Das Aufsichtsrecht darf durch die Satzung weder erweitert noch beschränkt werden. Unzulässig ist also die Bestimmung einer Kassensatzung, wodurch der Aufsichtsbehörde die Genehmigung von Beschlüssen der Kassenorgane in Fällen übertragen wird, in denen die Genehmigung gesetzlich nicht vorgesehen ist; OVG. **49** 330. Ungesetzlich ist ferner die Bestimmung einer Kassensatzung, daß die Aufsichtsbehörde zu entscheiden habe, falls übereinstimmende Beschlüsse der Vertreter der Arbeitgeber und der Versicherten im Ausschuß erforderlich, aber nicht zu erzielen sind; AN. **13** 839. Unzulässig ist es auch, dem VA. die Ernennung des Vorsitzenden des Ausschusses der KrK. zu übertragen; AN. **14** 517. Soweit die Aufsichtsbehörde zuständig ist, ist der Rechtsweg ausgeschlossen; RGZ. **70** 177.

Erlasse des Württembergischen Wirtschaftsministeriums v. 8. VI. 27 und des Württembergischen OVA. Stuttgart v. 4. VI. 27 über die Grundsätze und Bestimmungen, die für die Beaufsichtigung und die Verwaltung der KrKn. maßgebend sind; EuM. **21** 502.

Eine Verletzung gesetzlicher Vorschriften liegt nicht nur dann vor, wenn dem Wortlaut, sondern auch, wenn dem Sinne und der Absicht des Gesetzes zuwider gehandelt wird. Das RVA. (LVAmt) kann daher bei Feststellung der Lohnnachweisung für ein BG.Mitglied die festgestellte Lohnsumme im Aufsichtswege jedenfalls dann herabsetzen, wenn der anrechnungsfähige Betrag des Entgelts um mehr als 100 v. H. überschätzt war; AN. 89 194. Entsprechendes gilt für Herabsetzung zu hoher Veranlagung zum Gefahrtarife; EuM. 26 56. Vgl. auch III. Bd. Anm. 5 zu § 758.

Weitere Fälle:

a) Auf Grund des allgemeinen Aufsichtsrechts kann die Aufsichtsbehörde verlangen, daß der VersTr. für einen ordnungsmäßigen Geschäftsverkehr sorgt. Er darf daher an einem gewöhnlichen Geschäftstage, einem Tage, der nicht allgemeiner Feiertag ist (1. Mai), weder die Geschäftsräume schließen, noch das Personal so zeitig entlassen, daß eine regelmäßige Abwicklung der Geschäfte ausgeschlossen ist; ArbVers. 95 171 (OVG.), AN. 23 156. Das VA. kann nicht verlangen, daß die KrK. Eingaben und Anträge, die an höhere Behörden gerichtet sind, bei ihm zur Weitergabe einreicht; AN. 21 338, Breith. 19 188. Es kann auch nicht verlangen, daß die KrK. ihre Akten geheftet einreicht; AN. 22 187.

Eine KrK. ist nicht befugt, in ihrem Dienstsiegel ein Staatshoheitszeichen (Landeswappen) zu führen; EuM. 22 132.

b) Ob das VA. anordnen kann, daß die KrK. ihm eine Einladung zu den Sitzungen der Kassenorgane unter Beifügung der Tagesordnung rechtzeitig zu übersenden habe, ist bestritten. Das Bay. LVAmt (EuM. 17 7) hat dies jedenfalls dann für unzulässig erklärt, wenn der Kasse keine Verstöße gegen Gesetz, Satzung, Dienst- oder Krankenordnung zur Last gelegt werden können, welche eine solche Anordnung zur Erzwingung einer ordentlichen Geschäftsführung der Kasse rechtfertigen.

c) Das VA. ist zwecks Durchführung einer aus gegebenem Anlaß gebotenen Kontrolle berechtigt, von den Kassen seines Bezirks allmonatliche Einreichung einer Abschrift des Tagebuchs- und des Kassenabschlusses zu verlangen; AN. 26 381. Es ist auch grundsätzlich befugt, sich die Niederschriften über die Sitzungen des Vorstandes und des Ausschusses der KrK. vorlegen zu lassen; EuM. 22 410.

d) Ist zu einer Maßnahme des Vorstandes die Mitwirkung oder Genehmigung des Ausschusses oder der Genossenschaftsversammlung erforderlich, diese aber in mangelhafter Form erteilt, so kann die Aufsichtsbehörde auf die Beseitigung des Mangels hinwirken, nicht aber sogleich die Außerkraftsetzung der Maßnahme erzwingen; OVG. 54 412.

e) Ein Verstoß gegen Gesetz oder Satzung ist nicht in der Aufnahme der mit der Beitragsleistung rückständigen Arbeitgeber in die Jahresberichte der KrKn. zu erblicken; OVG. 59 389. Auch das RVA. hat es gebilligt, daß der Sektionsvorstand der BG. den Mitgliedern der Sektion ein Verzeichnis der Beitragsschuldner mitteilt; HbdUV. 1 617.

f) Die Aufsichtsbehörde kann zwar verlangen, daß der VersTr. zu den Anträgen auf Versicherungsleistungen Stellung nimmt, aber nicht die Gewährung von Versicherungsleistungen, die nicht durch Bescheid der BG. oder der LVAnst. oder im Spruchverfahren durch die Versicherungsbehörden festgestellt sind, im Aufsichtsweg erzwingen; AN. 16 647. Dagegen kann das VA., wenn eine Kasse auf Grund einer Satzungsbestimmung für größere Heilmittel einen Zuschuß gewähren darf, im Aufsichtswege den Vorsitzenden des Kassenvorstandes zur Mitteilung der Gründe anhalten, die für die Stellungnahme des Vorstandes zu einem Antrage im Einzelfalle maßgebend waren; AN. 20 285.

g) Befugnis des VA. zur Anordnung der Prüfung der Tätigkeit der Zahnklinik einer OrtsKrK., auch wenn den Anlaß dazu die Beschwerde eines Dentistenverbandes gegeben hat; AN. 22 131.

h) Das VA. kann anordnen, daß in einer Kassenanstalt beschäftigte, im Ausland approbierte Ärzte sofort zu entlassen sind; EuM. 22 132.

i) Zulässigkeit einer Verfügung des VA. als Aufsichtsbehörde, durch welche dem Vorstand einer KrK. aufgegeben wird, die durch die Verschickung von Kassenmitgliedern in das Ausland verausgabten Kassenmittel dem Kassenvermögen wieder zuzuführen; EuM. **24** 355.

k) Anordnung einer Vorstandssitzung zur Aufstellung des Voranschlags (§ 345 RVO.) zulässig; AN. **25** 284. Verbot, eine Ausschußsitzung im Hause einer politischen Partei abzuhalten, zulässig; EuM. **2** 134 (Sächs. LVAmt).

l) Die Aufsichtsbehörde kann den VersTr. zur Durchführung vollstreckbarer Entscheidungen und zur Durchführung von Anordnungen, die von einer anderen zuständigen Stelle erlassen worden sind, anhalten; AN. **24** 190, **25** 254, OVG. **48** 346. Die Vollstreckung von Entscheidungen, durch die ein VersTr. zu einer Leistung verurteilt worden ist, erfolgt nicht im Wege der Rechtshilfe nach § 115, sondern ausschließlich gemäß § 30 (§ 377) durch Ersuchen der Aufsichtsbehörde, die erforderlichenfalls Zwangsmaßnahmen nach § 31 Abs. 3 (§§ 379, 689, 1359) ergreifen kann; AN. **27** 274.

m) Die Aufsichtsbehörde kann den Kassenvorstand zur Erhebung der satzungsmäßigen Beiträge anhalten und verhindern, daß durch Verweigerung der Annahme der Beiträge die freiwillige Versicherung vereitelt wird; ArbVers. **13** 657 (OVG.).

n) Die KrKn. können nicht im Aufsichtswege angehalten werden, eine besondere Nachweisung über die von der Arbeitslosenversicherung Befreiten zu führen; Deutsche KrK. **28** Sp. 538.

o) Das VA. hat ein mit einer besoldeten Beamtenstellung bei einer KrK. betrautes Vorstandsmitglied dieser Kasse, das die Niederlegung eines der beiden Ämter (§ 21 Abs. 4 RVO.) ablehnt, im Aufsichtswege zur Aufgabe der Beamtenstellung anzuhalten; AN. **18** 302.

p) Die Aufsichtsbehörde hat das Recht und die Pflicht, darüber zu wachen, daß die KrKn. alljährlich den in § 364 Abs. 1 Satz 2 vorgeschriebenen Betrag von $^1/_{20}$ der Kassenbeiträge an die nach Satz 1 anzusammelnde Rücklage abführen. Darüber hinaus ist sie jedoch nicht berechtigt, die Kasse zur Abführung weiterer vorhandener Barmittel an die noch nicht bis zur vollen Endhöhe angesammelte Rücklage zu zwingen; AN. **30** 74.

3. Anordnungen. Zur Durchführung des Aufsichtsrechts kann die Aufsichtsbehörde von Amts wegen oder auf Anrufen Anordnungen erlassen, um auf die Befolgung von Gesetz oder Satzung hinzuwirken. Sie können mit der Androhung einer Zwangsstrafe nach § 31 Abs. 3 verbunden, brauchen es aber nicht zu sein. Auch die Anordnungen sind Entscheidungen, und zwar erstinstanzliche Entscheidungen, die im Beschlußverfahren ergehen (§ 83, § 105 Abs. 2, §§ 1780, 1792); Begr. z. RVO. S. 517 und S. 45, KommBer. zur RVO. **6** 210, AN. **15** 517, **16** 381, **24** 130, EuM. **7** 9 (Sächs. LVAmt).

Die Anordnungen müssen bestimmt gehalten sein; OVG. **54** 413. Sie müssen auch begründet sein, ArbVers. **12** 208 (OVG.). Das VA., die Aufsichtsbehörde der KrKn., erläßt die Anordnungen ohne Versicherungsvertreter; KommBer. zur RVO. **1** 129. Sie können mit der Beschwerde beim OVA. angefochten werden, auch wenn mit der Anordnung keine Strafandrohung verbunden ist; OVG. **50** 400.

Auch jeder Unbeteiligte kann die Aufsichtsbehörde auf vermeintliche Mißstände aufmerksam machen und den Erlaß einer Anordnung anregen; EuM. **22** 131. Eine Rechtsbeschwerde gegen die Entscheidung des VA., der Aufsichtsbehörde der KrKn., steht aber nur den unmittelbar Beteiligten zu. Unmittelbar betroffen ist nur derjenige, in dessen Rechte unmittelbar eingegriffen wird, nicht jeder, auf den der Ausgang der Sache ungünstig einwirkt; AN. **16** 431, **21** 416, EuM. **14** 77 (Bay. LVAmt), EuM. **23** 45, auch AN. **25** 284, 285 und **15** 378. Wird z. B. der Antrag einer Hebamme auf Erlaß einer Anordnung, die der KrK. die Verwendung von Kassenmitteln für die Ausbildung einer Hebamme verbieten soll, vom VA. abgelehnt, so steht weder der antragstellenden Hebamme noch dem Hebammenverein die Rechtsbeschwerde zu; AN. **21** 416. Eine Vereinigung von Zahnärzten, die ein Einschreiten des VA. gegen die Errichtung einer Zahnklinik bei einer KrK. verlangt hat, kann, wenn dies Verlangen durch Entscheidung zurückgewiesen wird, keine Rechtsbeschwerde einlegen, RVA., E. v. 2. III. 26 — II K 94, 96/25. Ebenso mußte einem Badeanstaltsbesitzer-Verband, der beim VA. den Erlaß einer Anordnung dahin beantragt hatte, daß den Familienangehörigen der Kassenmitglieder die Benutzung einer Badeanstalt der Kasse nicht erlaubt sei, die Rechtsbeschwerde gegen die den Antrag aus sachlichen Gründen ablehnende Entscheidung des VA. versagt werden; EuM. **15** 284. Gleiches gilt, wenn dem Antrag des nicht unmittelbar Beteiligten auf Erlaß einer Anordnung nur zum Teil stattgegeben worden ist; EuM. **15** 284.

Die an den Vorsitzenden des Vorstandes gerichtete Verfügung kann nur dieser anfechten; OVG. **48** 333. Die gegen den Kassenvorstand oder die Kasse als solche gerichtete Anordnung kann nur vom Vorstande oder vom Vorsitzenden, nicht von einzelnen Vorstandsmitgliedern (AN. **14** 737), auch nicht vom Ausschuß oder von seinem Vorsitzenden angefochten werden; AN. **14** 527. Die an ein einzelnes Mitglied des Vorstandes oder des Ausschusses gerichtete Anordnung kann nur das Mitglied, nicht auch der Vorstand oder der Ausschuß anfechten. Gegen die an den Ausschuß gerichtete Anordnung steht dem Ausschuß wie auch seinem Vorsitzenden das Beschwerderecht zu; AN. **15** 378.

Eine Anordnung kann nicht von demjenigen angefochten werden, der ihr freiwillig Folge geleistet hat; AN. **14** 736, **14** 737.

Das VA. kann, wenn seine Anordnung auf Beschwerde vom OVA. aufgehoben worden ist, diese Entscheidung nicht durch weitere Beschwerde anfechten; AN. **14** 582, **21** 345.

Die Anordnungen der Aufsichtsbehörde können nur im Beschwerdeverfahren nach der RVO. angefochten werden, und zwar lediglich durch die Beteiligten; AN. **16** 431, **21** 416, EuM. **23** 45. Damit ist nicht nur für die Anfechtung der Anordnungen gegenüber der Aufsichtsbehörde der ordentliche Rechtsweg ausgeschlossen, sondern allgemein den ordentlichen Gerichten die Prüfung der Anordnungen entzogen; RGZ. **72** 278, **81** 206.

Anderseits ist zum Erlaß von Anordnungen im allgemeinen kein Raum, wo Streit besteht oder entstehen kann, für den ein instanzielles Verfahren, sei es vor den bürgerlichen Gerichten, sei es vor Sondergerichten, insbesondere den Instanzen der RVO. das Spruch- oder Beschluß- oder schiedsamtliche (§§ 368 m ff.) Verfahren vorgesehen ist; AN. **19** 447, AN. **24** 130, AN. **25** 254, EuM. **4** 421, EuM. **7** 129, **25** 487, **26** 539, EuM. **7** 9 (Sächs. LVAmt). In solchen Fällen kann die Aufsichtsbehörde den VersTr. nicht zur Befriedigung des streitigen Anspruchs anhalten, sondern nur ihm aufgeben, eine Entscheidung der zuständigen Instanzen über den Anspruch binnen bestimmter Frist herbeizuführen. So darf einem VersTr. die Befriedigung des streitigen Anspruchs eines Krankenhauses auf Bezahlung der Kosten für die Verpflegung eines Versicherten nicht im Aufsichtsweg verboten oder aufgegeben werden; EuM. **7** 129, **13** 9. Demgemäß ist das VA. nicht berechtigt, auf Grund der von der obersten Verwaltungsbehörde gemäß § 376 a erfolgten allgemeinen Gebührenfestsetzung eine einzelne KrK. anzuhalten, daß sie die von einer Hebamme an sie gestellte Gebührenforderung befriedige; EuM. **26** 539. Ebenso mußte einem Arbeitgeber, der das Verlangen der KrK., Meldungen zur Kasse nur unter Benutzung eines gegen Bezahlung verabfolgten Vordrucks zu erstatten, für nicht berechtigt hielt und daher beim VA. den Erlaß einer dies verbietenden Anordnung beantragte, das Beschwerderecht gegen die darauf ergangene Entscheidung versagt werden, weil die Frage, ob Meldungen auch in anderer Form zulässig seien, im Verfahren nach § 530 entschieden werden kann; EuM. **15** 284. Wo der Instanzenzug nach § 358 vorgeschrieben ist, darf nicht im Wege aufsichtsbehördlicher Einwirkung dazu Stellung genommen werden; Monatsschr. **24** 301. Im Aufsichtsverfahren nach §§ 30, 8, 377 RVO. darf nicht über die Versicherungspflicht einer Person entschieden werden. Ist dies trotzdem geschehen, so ist der beteiligte Arbeitnehmer berechtigt, gegen die im Aufsichtswege ergangene Entsch. des OVA. weitere Beschwerde an das RVA. einzulegen; EuM. **25** 487. Der Vorsitzende des Kassenvorstandes kann nur im Aufsichtswege angehalten werden, ein Streitverfahren nach § 358 einzuleiten oder gemäß § 357 Abs. 1 zu verfahren und eine gegen die Dienstordnung verstoßende Entscheidung des Beschlußausschusses mit der Beschwerde anzufechten; EuM. **22** 40. Ist in dem Regulativ über die dienstlichen Verhältnisse der Kassenbeamten für Defekte ein besonderes Verfahren vorgesehen, so muß es den Beteiligten überlassen bleiben, ihre Ansprüche in diesem Verfahren geltend zu machen. Das VA. kann dann kraft seines Aufsichtsrechts auf die Kasse nur einwirken, das Defektenverfahren einzuleiten, darf aber nicht eine Anordnung dahin erlassen, daß das zurückbehaltene Gehalt auszuzahlen sei; Deutsche KrK. **28** Sp. 392.

Die Regel, daß Anordnungen nicht erlassen werden dürfen zur Beseitigung eines im instanziellen Verfahren zu erledigenden Streits, erleidet nur dann eine Ausnahme, wenn auch ein erhebliches öffentliches Interesse in Frage steht, z. B. wenn es sich handelt um die Sicherung der den Versicherten als wichtigste Kassenleistung zustehenden kostenlosen Versorgung mit ärztlicher Hilfe (Streit zwischen Kassen und Ärzten). In solchen Fällen kann die Aufsichtsbehörde in den Streit eingreifen und Anordnungen erlassen, um im Interesse der Versicherten auf eine möglichst schnelle Beendigung eines vertraglosen Zustandes (§ 368) hinzuwirken; AN. **24** 130.

Lehnt das VA. auf Anrufen eine Stellungnahme überhaupt ab, so kann nur seine Aufsichtsbehörde angegangen werden, die es gegebenenfalls zur Stellungnahme anhält; AN. **16** 381.

Die Instanzen der RVO. sind grundsätzlich an die von ihnen im Beschlußverfahren erlassenen Entscheidungen gebunden. Für die Rücknahme einer einmal erlassenen Entscheidung und eine nochmalige Entscheidung in der Sache ist daher, solange nicht etwa die frühere Entscheidung im Rechtsmittelzuge aufgehoben ist, kein Raum. Eine Ausnahme ist nur dann begründet, wenn es sich um eine vom VA. als Aufsichtsbehörde der KrK. erlassene Anordnung handelt; AN. **26** 262.

Das RVA. kann als Aufsichtsbehörde trotz rechtskräftiger Veranlagung zum Gefahrtarif diese herabsetzen, wenn die angewendeten Gefahrziffern sich auf die Berechnung der Beiträge dahin auswirken, daß die Beiträge mehr als das Doppelte der der BG. bei richtiger Anwendung des Gefahrtarif zustehenden betragen; EuM. **26** 56, ebenso kann es bei zu hoher Feststellung der Lohnsumme — Überschätzung um mehr als 100 v. H. — diese herabsetzen; AN. **89** 194.

Auch bei Aufsichtsbeschwerden kann die Aufsichtsbehörde die einstweilige Einstellung der Zwangsvollstreckung anordnen; EuM. **26** 56.

4. Die Rechtmäßigkeit der Anordnung des VA. unterliegt der Nachprüfung im Beschwerdeverfahren auch dann, wenn die Anordnung Richtlinien im Sinne des § 30 Abs. 2 Satz 2 entspricht; AN. **24** 130.

§ 31[1]. Die Aufsichtsbehörde kann jederzeit die Geschäfts- und Rechnungsführung des Versicherungsträgers prüfen[2].

Die Mitglieder seiner Organe, seine Vertrauensmänner, Beamten und Angestellten[3] haben der Aufsichtsbehörde oder ihren Beauftragten auf Verlangen alle Bücher, Rechnungen, Belege und Verhandlungen sowie die von ihnen verwahrten Urkunden[4], Wertpapiere und Bestände vorzulegen[5] und alles mitzuteilen[6], was zur Ausübung des Aufsichtsrechts gefordert wird.

Die Aufsichtsbehörde kann die im Abs. 2 Bezeichneten, vorbehaltlich des § 985 Abs. 2, durch Zwangsstrafen in Geld[7] anhalten, das Gesetz und die Satzung zu befolgen.

1. Eine erschöpfende Aufzählung der Aufsichtsbefugnisse ist im § 31 nicht enthalten. Der Umstand, daß die Verpflichtung der KrKn. zur Herstellung und Einsendung von Buchauszügen auf Verlangen des VA. im § 31 nicht besonders erwähnt ist, läßt nicht den Schluß zu, daß ein solches Verlangen ausgeschlossen sein soll; AN. **26** 381; vgl. Anm. 2c zu § 30.

2. Nach dem Erl. des Pr.MfV. v. 30. X. 26 (VMBl. Sp. 1044) haben die VAer. die Prüfung der Geschäfts- und Rechnungsführung der KrKn. regelmäßig einmal jährlich vorzunehmen. Dies schließt nicht aus, daß sie jederzeit eine Prüfung vornehmen, wenn sich dazu ein Bedürfnis ergibt; Erl. d. PrMfV. v. 27. XI. 27 (VMBl Sp. 1140). Die Kosten einer solchen Prüfung hat das VA. als amtliche Kosten der Aufsichtführung selbst zu tragen; AN. **30** 7.

3. Beamten und Angestellten. „Die Aufsichtsbehörde wird, wenn sie Vorlegungen oder Mitteilungen von den Angestellten der VersTr. fordert, ihre Organe nicht übergehen, sondern sich regelmäßig ihrer Vermittlung bedienen. Das ist eine Frage des geschäftlichen Taktes, die das Gesetz nicht besonders zu regeln braucht"; Begr. zur RVO. S. 45.

4. Urkunden, auch Pfand- und Hypothekenbriefe; Begr. zur RVO. S. 44.

5. Vorlegung auch in den Geschäftsräumen der Aufsichtsbehörde. Nur darf der Geschäftsgang des VersTr. nicht gestört oder erheblich erschwert werden; HMBl. **08** 8 (OVG.), Erl. des HM. v. 30. XII. 11 (HMBl. **12** 7), EuM. **22** 410 (412). Zu anderen Zwecken als zur Ausübung des Aufsichtsrechts, insbesondere zu statistischen Zwecken darf die Vorlegung nicht verlangt werden, OVG. **57** 450.

6. Bei Leistungen, die der Vorstand nach pflichtmäßigem Ermessen gewähren darf, kann der Vorsitzende veranlaßt werden, die Gründe für die Ablehnung eines Antrags auf solche Leistungen mitzuteilen; AN. **20** 285.

Die Mitteilungspflicht ist erweitert durch §§ 84a, 367, 721, 1358.

7. Zwangsstrafen von 1—1000 RM., Art. II der V. v. 6. II. 24 (RGBl. I S. 44), § 2 Abs. 2 der V. v. 12. XII. 24 (RGBl. I S. 775). Es handelt sich um Zwangsstrafen, durch welche die im Abs. 2 Bezeichneten zur Erfüllung ihrer Pflichten angehalten, nicht um Ordnungs- oder Disziplinarstrafen, mit denen sie nachträglich bestraft werden sollen; KommBer. zur RVO. **1** 8, 9; AN. **16** 644. Die Strafe muß vorher angedroht werden unter genauer Bezeichnung der Handlung oder Unterlassung, die verlangt wird, und unter Begründung der Anordnung. Die Begrenzung der Höhe bezieht sich nur auf den einzelnen Strafakt; OVG. **7** 388. Bei der Androhung kann die Geldstrafe in ihrem Höchstbetrag angegeben werden. Es genügt ein Hinweis auf den Rahmen der in Betracht kommenden Strafart; AN. **20** 183. Die Strafe kann nur für einzelne Zuwiderhandlungen angedroht werden. Eine mehrere Tage hindurch fortgesetzte Unterlassung kann nicht als wiederholte Zuwiderhandlung angesehen und nicht mit einer Strafe für jeden Tag des Ungehorsams bedroht werden; OVG. **42** 240. Kann die Handlung, die erzwungen werden soll, nicht mehr geleistet werden oder ist sie, wenn auch nach Ablauf der gesetzlichen Frist, bereits geleistet, so ist eine Festsetzung der angedrohten Strafe unzulässig; OVG. **2** 382, **7** 344.

Die Zulässigkeit einer Wiederholung von Androhung und Festsetzung der Strafe ist nicht davon abhängig, daß die Frist zur Anfechtung der ersten Strafverfügung abgelaufen oder bei rechtzeitiger Anfechtung über das Rechtsmittel rechtskräftig entschieden ist; OVG. **7** 388.

Die Strafe kann gegen die im Abs. 2 Bezeichneten nur während der Amtsdauer angedroht und festgesetzt werden; HdbUV. **1** 618.

Auch in den Fällen des § 368r Abs. 2 können Zwangsstrafen angedroht und festgesetzt werden; AN. **25** 254.

Eine Zwangsstrafe kann nicht festgesetzt werden, wenn die Auflage, deren Nichterfüllung mit Strafe bedroht ist, nicht genau bezeichnet war. Eine Auflage, wegen

Aufhebung eines Kaufvertrags das Erforderliche zu veranlassen, genügt dem Erfordernis der genauen Bezeichnung nicht; OVG. **54** 412.

Beschwerde gegen die Anordnung des VA., durch die eine Zwangsstrafe angedroht oder festgesetzt wird, an das OVA.; § 1792, weitere Beschwerde an das RVA. (LV-Amt); § 1797.

Die Geldstrafen werden wie Gemeindeabgaben beigetrieben und fließen in die Kasse des VersTr.; §§ 28, 146. Keine Umwandlung in Haftstrafe; AN. **19** 299.

§ 32. Die Aufsichtsbehörde kann verlangen, daß die Organe zu Sitzungen einberufen werden[1]; wird dem nicht entsprochen, so kann sie die Sitzungen selbst anberaumen und die Verhandlungen leiten[2].

1. Wenn die Organe der VersTr. dem Verlangen der Aufsichtsbehörde ohne weiteres entsprechen und die gewünschten Sitzungen einberufen, liegt keine Veranlassung vor, daß die Aufsichtsbehörde in solchen Sitzungen den Vorsitz führt; KommBer. zur RVO. **1** 30.

2. Auch in den von ihr anberaumten Sitzungen braucht die Aufsichtsbehörde nicht den Vorsitz zu übernehmen; KommBer. zur RVO. **1** 30.

Von der Befugnis des Satzes 2 wird die Aufsichtsbehörde dann Gebrauch machen, wenn ein zwingender Grund zur Anberaumung einer außerordentlichen Sitzung vorliegt und bei der Weigerung des Vorsitzenden, einem darauf gerichteten Antrag stattzugeben, die nach der Satzung für den Antrag erforderliche Mehrheit der Mitglieder sich nicht findet; AN. **14** 374.

§ 33. Sie entscheidet[1], unbeschadet der Rechte Dritter und soweit das Gesetz nichts anderes vorschreibt[2], bei Streit über Rechte und Pflichten der Organe und ihrer Mitglieder[3], über die Auslegung der Satzung[4] und über die Gültigkeit der Wahlen[5].

1. In der KV. entscheidet das VA. (ohne Versicherungsvertreter) in erster Instanz. Dagegen Beschwerde an das OVA., § 1792, weitere Beschwerde an das RVA. (LVAmt), § 1797; AN. **18** 182. Nur den Beteiligten — d. s. solche, deren rechtliches Interesse durch die Entscheidung betroffen, in deren Rechte unmittelbar eingegriffen wird; AN. **16** 341 — steht das Beschwerderecht zu; EuM. **23** 45. Bei der Wahl der Versicherungsvertreter zum Ausschuß einer KrK. steht den bei der KrK. Versicherten das Recht der Beschwerde gegen die vom Versicherungsamt auf Grund des § 33 erlassene Entscheidung zu; EuM. **23** 45.

2. S. § 985 Abs. 2, § 1345.

3. Im Verfahren nach § 33 wird entschieden, wenn Streit darüber entsteht, welche Rechte der stellvertretende Vorsitzende des Vorstandes als solcher hat; AN. **22** 185, wenn Vorstand und Ausschuß einer KrK. darüber streiten, ob der Ausschuß die Jahresrechnung abzunehmen und Entlastung zu erteilen hat; AN. **18** 182, ob der Ausschuß den Kassenbestand prüfen darf; AN. **18** 182 — die Frage ist verneint —, ob der Rechnungsprüfer die Übersendung der Belege fordern darf; AN. **19** 172 — die Frage ist verneint —, oder wenn Streit darüber entsteht, ob der Vorstand oder der Vorsitzende des Ausschusses berechtigt ist, außerhalb des Organs Stehende zu den Sitzungen des Organs zuzuziehen; AN. **16** 809.

4. z. B. bei Streit über die durch die Satzung geregelte Vertretung des VersTr.; AN. **87** 11. Eine lediglich theoretische Auslegung der Satzung darf nicht durchgefochten werden; Monatsschr. **16** 123.

5. Die der Feststellung des Wahlergebnisses vorausgegangenen Anordnungen und Maßnahmen unterliegen grundsätzlich keiner selbständigen Anfechtung. Es kann aber darauf die Anfechtung der Wahl gestützt werden; AN. **14** 732, **15** 532. Auch wenn eine Wahl nicht angefochten ist, kann die Aufsichtsbehörde kraft ihres Aufsichtsrechts (§§ 30, 377) von Amts wegen über ihre Gültigkeit entscheiden; AN. **16** 431, RVA., E. v. 6. X. 26—IIK 3/26, AN. **28** 311. Vgl. über Anfechtung und Aufhebung der Wahl Anm. 11 zu § 15.

§ 34. Der Aufsicht unterstehen auch die vom Versicherungsträger errichteten oder unterhaltenen[1] Genesungsheime, Heil- und Pflegeanstalten und Einrichtungen für Berufsfürsorge.

Die Aufsichtsbehörde kann zu ihren Besichtigungen Vertreter der Arbeitgeber und der Versicherten zuziehen.

Art. I Nr. 3 des G. v. 14. VII. 25 (RGBl. I S. 97).

1. Zu den Genesungsheimen usw. im Sinne des Abs. 1 gehören auch solche, die zwar nicht im Eigentum oder in der eigenen Verwaltung des VersTr. stehen, die aber ausschließlich oder fast ausschließlich mit der Behandlung von Versicherten, die ihnen vom VersTr. überwiesen werden, sich befassen; HbdUV. **1** 616.

Wenn auch der VersTr. in der Auswahl an sich geeigneter Anstalten die Freiheit der Entschließung hat, darf er doch nicht solche Anstalten in Anspruch nehmen, die für die Ausübung des gesetzlichen Aufsichtsrechts nicht erreichbar sind (Verschickung nach dem Kaukasus und der Krim); EuM. **23** 156 (RAM.), **24** 355.

Der VersTr. ist nicht verpflichtet, bei der Besichtigung einer Zahnklinik durch die Aufsichtsbehörde die Teilnahme Dritter, insbesondere eines Dentistenverbandes zu dulden; EuM. **22** 131.

S. auch Erl. des Pr.MfV. v. 12. I. 29, betr. Beaufsichtigung der Genesungsheime der KrKn. (VMBl. Sp. 111): Besichtigung im Wege der Rechtshilfe, sofern nicht nach Lage der Falles die Vornahme durch das VA. angebracht erscheint.

Dritter Abschnitt

Versicherungsbehörden

I. Allgemeines

§ 35. Die öffentlichen Behörden der Reichsversicherung sind
die Versicherungsämter (§§ 36 bis 60),
die Oberversicherungsämter (§§ 61 bis 81),
das Reichsversicherungsamt und die Landesversicherungsämter (§§ 83 bis 109).

Soweit nicht dieses Gesetz den Geschäftsgang und das Verfahren der Versicherungsbehörden ordnet, geschieht es, vorbehaltlich des § 109 Abs. 1, durch Verordnung des Reichspräsidenten mit Zustimmung des Reichsrats[1].

1. S. die in den Anhängen II, III und IV abgedruckten drei Ven. über Geschäftsgang und Verfahren der Versicherungsbehörden.

II. Versicherungsämter

1. Errichtung

§ 36. Bei jeder unteren Verwaltungsbehörde[1] wird eine Abteilung für Reichsversicherung (Versicherungsamt) errichtet. Die oberste Verwaltungsbehörde kann bestimmen, daß für die Bezirke mehrerer unterer Verwaltungsbehörden bei einer dieser Behörden ein gemeinsames Versicherungsamt errichtet wird.

Die Regierungen mehrerer Länder können für ihre Gebiete oder Teile davon die Errichtung eines gemeinsamen Versicherungsamts bei einer unteren Verwaltungsbehörde vereinbaren.

Bek. v. 15. XII. 24 (RGBl. I S. 779).

1. In Preußen sind untere Verwaltungsbehörden der Landrat (in Hohenzollern der Oberamtmann), in Stadtkreisen und den von den obersten Verwaltungsbehörden besonders bestimmten Gemeinden der Gemeindevorstand; Erl. v. 7. XII. 11 (HMBl. S. 477).

Die bei den staatlichen unteren Verwaltungsbehörden errichteten VAer. sind staatliche, die bei den gemeindlichen unteren Verwaltungsbehörden errichteten VAer. gemeindliche Behörden; Erl. v. 8. VII. 12 Ziff. 1 (HMBl. S. 393).

Verzeichnis der VAer. AN. **27** 1, 381, **28** 95, **29** 140. Verzeichnisse der Ausschüsse für AB. bei den VAern. AN. **27** 8. S. auch die Ben. des RAM. über Geschäftsberichte der VAer. und OVAer. v. 17. XI. 28 (RGBl. I S. 391, AN. **28** 368) und v. 31. I. 30 (RGBl. I S. 26, AN. **30** 70).

§ 37. Die Versicherungsämter nehmen nach den Vorschriften dieses Gesetzes die Geschäfte der Reichsversicherung wahr und erteilen in Angelegenheiten der Reichsversicherung Auskunft[1].

Sie können nach den Vorschriften dieses Gesetzes die Versicherungsträger in deren Angelegenheiten unterstützen[2].

Der Reichsarbeitsminister kann mit Zustimmung der obersten Verwaltungsbehörde den Versicherungsämtern nach Anhören des Reichsknappschaftsvereins[3] Aufgaben aus der knappschaftlichen Versicherung übertragen[4].

Art. 51 Nr. 1 des G. v. 23. VI. 23 (RGBl. I S. 454).

1. Auf dem Gebiete der Arbeitslosenversicherung ist die Zuständigkeit des VA. zur Auskunftserteilung insoweit gegeben, als Vorschriften der RVO. auf diese Anwendung finden, oder die VAer. und OVAer. über Fragen der Arbeitslosenversicherung zu entscheiden haben; EuM. **22** 509 (RAM.).

§ 37 Abs. 1 ist lediglich auf Auskünfte zu beziehen, die für die sachliche Wahrnehmung von Rechten, die sich aus der Reichsversicherung herleiten, erforderlich oder dienlich sind. Will ein Dritter Auskunft über die Zusammensetzung des Vorstandes eines VersTr. erhalten, um Ersatzansprüche begründen zu können, so muß er sich gegebenenfalls an die Aufsichtsbehörde des VersTr. wenden; EuM. **4** 25.

Unrichtige Belehrung durch das VA. kann Wiedereinsetzung in den vorigen Stand begründen; AN. **10** 654, **16** 372, EuM. **15** 13, nicht aber den Verlust der Anwartschaft (§§ 1280, 1281) hindern; AN. **11** 494, 495.

Ein objektives Fehlgehen kann dem die Auskunft erteilenden Beamten nicht ohne weiteres als Verschulden angerechnet werden. Eine andere Frage ist es allerdings, ob der Beamte nicht gegebenenfalls auf die Zweifelhaftigkeit der Rechtslage und auf die Möglichkeit, sie im Verfahren nach § 405 Abs. 2, § 1459 zu klären, hätte hinweisen müssen; RGZ. **112** 340.

Weitere Aufgaben des VA.: §§ 131 ff., 214 ff. AVG., §§ 8, 17 RVG., § 105 Abs. 4 RKG., §§ 145, 261 AVAVG.

2. Die Vorschrift des Abs. 2 wird durch die besonderen Vorschriften für die einzelnen Zweige der Versicherung § 347 Abs. 4, § 404 Abs. 3, §§ 888, 1030, 1217, 1465, 1470 ergänzt; KommBer. zur RVO. **1** 85, 86.

3. Jetzt Reichsknappschaft; § 7 RKG.
4. Bisher nicht geschehen.

§ 38. In Ländern, in denen die Einrichtung der Landesbehörden die Errichtung der Versicherungsämter bei den unteren Verwaltungsbehörden nicht zuläßt[1] und nur ein Oberversicherungsamt besteht, können die Versicherungsämter auch als selbständige Behörden errichtet werden. Das Nähere bestimmt die oberste Verwaltungsbehörde.

1. Z. B. Hamburg; KommBer. zur RVO. 1 96.

2. Zusammensetzung

§ 39. Der Leiter der unteren Verwaltungsbehörde ist der Vorsitzende des Versicherungsamts. Es werden ein oder mehrere ständige Stellvertreter[1] des Vorsitzenden bestellt. Zum Stellvertreter kann bestellt werden, wer durch Vorbildung und Erfahrung auf dem Gebiete der Reichsversicherung geeignet ist.

Die Bestellung bedarf der Zustimmung des Oberversicherungsamts, soweit nicht die ständigen Stellvertreter nach Landesrecht wie die höheren Verwaltungsbeamten bestellt werden.

Ist das Versicherungsamt bei einer gemeindlichen Behörde errichtet, so bestellt die Stellvertreter des Vorsitzenden der Gemeindeverband, dessen Bezirk den des Versicherungsamts umfaßt. Wo das Landesgesetz für die Wahl höherer gemeindlicher Beamten eine Bestätigung vorschreibt, gilt es auch für die Bestellung der Stellvertreter des Vorsitzenden des Versicherungsamts.

1. Nach dem Erl. d. Pr.MdJ. v. 24. VII. 21 (MBl. S. 250) ist auch der Kreissekretär oder der Kreisversicherungsobersekretär, sofern er zum ständigen Stellvertreter des Vorsitzenden bestellt ist — was regelmäßig geschehen soll, wenn ein solcher vorhanden — auch zur Verhandlungsleitung im Spruch- und Beschlußausschusse befugt. Der Landrat soll in besonders wichtigen Fällen den Vorsitz führen. Ausnahmsweise darf mit Genehmigung des Min. dem zum ständigen Stellvertreter bestellten Kreisamtssekretär die Befugnis zur Verhandlungsleitung erteilt werden. Regierungssupernumerare und Beamte der Kreiskommunalverwaltung sind vom Vorsitz auszuschließen.

§ 40. In den vom Gesetze bestimmten Fällen[1] sind als Beisitzer des Versicherungsamts Versicherungsvertreter beizuziehen.

Sie werden je zur Hälfte aus Arbeitgebern und aus Versicherten entnommen.

1. Die Bestimmung ist dadurch erfolgt, daß dem VA. in Klammern das Wort „(Beschlußausschuß)" oder „(Spruchausschuß)" hinzugefügt ist. Sonst ist unter „VA." nur der Vorsitzende allein zu verstehen; KommBer. zur RVO. 1 105, 106. Vgl. § 1781 Abs. 3.

§ 41. Ihre Zahl beträgt zusammen mindestens zwölf; sie kann vom Versicherungsamte mit Genehmigung des Oberversicherungsamts sowie von diesem nach Anhören des Versicherungsamts erhöht werden.

Ein Versicherungsvertreter darf nicht zugleich besoldeter[1] Beamter des Versicherungsamts oder Versicherungsvertreter bei einem anderen Versicherungsamt[2] oder Beisitzer bei einem Oberversicherungsamt oder nichtständiges Mitglied des Reichs- oder eines Landesversicherungsamts[3] sein.

1. Wird ein besoldeter Beamter des VA. zum Versicherungsvertreter gewählt, so muß er entweder die Wahl ablehnen oder das besoldete Amt niederlegen. Im Weigerungsfall ist im Disziplinarwege einzuschreiten; AN. **18** 302.

2. Es gilt der Grundsatz, daß dieselbe Person nur bei einem VA. Versicherungsvertreter sein kann; KommBer. zur RVO. **1** 123. Wird ein Versicherungsvertreter bei einem VA. als Versicherungsvertreter bei einem anderen VA. gewählt, so muß er entweder die Wahl ablehnen oder das Amt, das er bisher bekleidet hat, niederlegen; Begr. zur RVO. S. 51.

3. Ein Laienmitglied einer Versicherungsbehörde darf nicht gleichzeitig Laienmitglied einer anderen Versicherungsbehörde sein, die der ersteren übergeordnet oder untergeordnet ist. Wird ein Laienmitglied einer solchen Versicherungsbehörde in eine andere gewählt, so muß es entweder die Wahl zur zweiten ablehnen, oder sein Amt bei der ersten niederlegen; Begr. S. 50, 51. Wohl aber kann das Mitglied des Organs eines VersTr. Versicherungsvertreter bei einem VA. sein; Anm. 6 zu § 13. Gegen etwa mögliche Mißbräuche schützen § 1621, § 1641 Nr. 7 und § 1789; Begr. zur RVO. S. 50, 51.

§ 42. Die Versicherungsvertreter werden von den Ausschußmitgliedern der Krankenkassen und den Vorstandsmitgliedern der Ersatzkassen[2] gewählt[1], die im Bezirke des Versicherungsamts mindestens fünfzig Mitglieder haben. Die Ersatzkassen und die Kassen mit dem Sitze außerhalb des Bezirkes des Versicherungsamts nehmen an der Wahl nur teil, wenn sie ihre Beteiligung dem Wahlleiter rechtzeitig anmelden und die Zahl ihrer Mitglieder in diesem Bezirke nachweisen[3].

Bei den Ersatzkassen, die örtliche Verwaltungsstellen haben, wählen an Stelle der Vertreter der Versicherten im Vorstande die Geschäftsleiter der für den Bezirk des Versicherungsamts zuständigen örtlichen Verwaltungsstellen.

G. v. 16. XII. 27 (RGBl. I S. 337).

1. Die Wähler haben gegen das Land oder die Gemeinde keinen Anspruch auf Entschädigung. Etwa geforderte Vergütungen gehören zu den Verwaltungskosten der Kassen. Den Beisitzern im Wahlvorstande werden aus Billigkeitsgründen die Bezüge der Versicherungsvertreter (§ 54) gewährt. Die sächlichen Kosten der Wahl trägt das Land oder die Gemeinde; Erl. d. Pr. HM. v. 28. IV. 13 (HMBl. S. 330), v. 11. VI. 13 (HMBl. S. 449).

2. Ersatzkassen s. §§ 503 ff.

3. Die Ersatzkassen und die Kassen, die außerhalb des Bezirkes des VA. ihren Sitz haben, hat der Wahlleiter rechtzeitig durch Veröffentlichung in den für die amtlichen Bekanntmachungen des VA. bestimmten Blatte aufzufordern. Wie der Nachweis zu führen ist, entscheidet der Wahlleiter; Begr. zur RVO. S. 52.

§ 43. Die Stimmenzahl einer Kasse richtet sich nach ihrer Mitgliederzahl im Bezirke des Versicherungsamts und wird von ihm vor jeder Wahl festgesetzt[1]. Diese Stimmenzahl wird auf die Wahlberechtigten jeder Kasse gleichmäßig verteilt.

G. v. 8. IV. 27 (RGBl. I S. 95).

1. Das Stimmgewicht des einzelnen wahlberechtigten Ausschußmitglieds ist nach der Zahl der beteiligten Kassenmitglieder im Verhältnis zur Zahl der Ausschußmitglieder zu bezeichnen; KommBer. zur RVO. **1** 113. Die gleichmäßige Verteilung der Stimmzahl ist so zu verstehen, daß die Stimmzahl einer Kasse ganz sowohl auf die

Arbeitgebermitglieder wie auf die Versichertenmitglieder zu verteilen ist; Monatsschr. **14** 348 (Württ. OVA.).

Für sich allein ist die Festsetzung nur bis zum Abschluß des Verfahrens und nur im Wege der Aufsichtsbeschwerde anfechtbar. Wird darauf die Anfechtung der Wahl gestützt, so ist nach § 45 Abs. 3 zu entscheiden; AN. **15** 532.

§ 44. In den Ausschüssen und Vorständen nehmen die Mitglieder aus den Arbeitgebern nur an der Wahl der Arbeitgebervertreter, die Mitglieder aus den Versicherten nur an der Wahl der Versichertenvertreter teil.

Vorstände, die keine Arbeitgeber enthalten [1], nehmen nur an der Wahl der Versichertenvertreter teil.

Bei Kassen der im § 42 Abs. 2 bezeichneten Art, die keine Vertreter der Versicherten im Vorstande haben, wählen sonst bei ihnen vorhandene Arbeitervertreter.

Was von den Vorständen gilt, gilt entsprechend von den an ihrer Statt nach § 42 Abs. 3 [2] Wahlberechtigten.

G. v. 8. IV. 27 (RGBl. I S. 95).

1. Ersatzkassen s. §§ 503 ff.
2. Nicht „Abs. 3", sondern nach der jetzigen Fassung des § 42 „Abs. 2".

§ 45. Die Wahl geschieht schriftlich und nach den Grundsätzen der Verhältniswahl auf Grund von Vorschlagslisten wirtschaftlicher Vereinigungen von Arbeitgebern oder Arbeitnehmern [1] oder von Verbänden solcher Vereinigungen. Die oberste Verwaltungsbehörde [2] erläßt eine Wahlordnung.

Der Vorsitzende des Versicherungsamts leitet die Wahl.

Bei Streit über die Wahl [3] entscheidet das Oberversicherungsamt endgültig [4].

G. v. 8. IV. 27 (RGBl. I S. 95).

1. Als wirtschaftliche Vereinigungen von Arbeitnehmern, die nach § 45 zur Einreichung von Vorschlagslisten für die Wahlen der Versichertenvertreter als Beisitzer der VAer. berechtigt sind, gelten nur in sich geschlossene reine Arbeitnehmervereinigungen, die der Arbeitgeberseite völlig unabhängig und selbständig gegenüberstehen; AN. **30** 234.

2. Für Preußen Wahlordnung für die Wahl der Versicherungsvertreter als Beisitzer der VAer., mitgeteilt durch Erl. des MfV. v. 9. XII. 27 (VMBl. Sp. 1118), geändert durch Erl. v. 19. I. 28 (VMBl. Sp. 148).

3. Über die Wählbarkeit von Ersatzmännern ist erst zu entscheiden, wenn ihr Einrücken als Vertreter in Frage kommt; AN. **15** 533.

Der Feststellung des Wahlergebnisses vorausgehende Entscheidungen des Wahlleiters sind, wenn nicht gleichzeitig auf sie die Anfechtung der ganzen Wahl gestützt wird, nur im Wege der Beschwerde an die dem Wahlleiter vorgesetzte Dienstbehörde und nur solange anfechtbar, als das Wahlverfahren noch schwebt; AN. **15** 532; vgl. im übrigen Anm. 11 zu § 15.

4. Beschwerde ausgeschlossen, Abgabe an das RVA. nach § 1799 zulässig; AN. **15** 532, **15** 533.

§ 46. Für die Versicherungsvertreter werden in der gleichen Weise Stellvertreter nach Bedarf bestimmt.

Für Versicherungsvertreter, die vor Ablauf ihrer Wahlzeit ausscheiden, rücken die Stellvertreter ein.

§ 47. Wählbar sind nur Deutsche, die im Bezirke des Versicherungsamts wohnen oder ihren Betriebsitz haben oder beschäftigt werden und die nicht nach § 12 ausgeschlossen sind.

Wählbar sind nur Versicherte, ihre Arbeitgeber und deren bevollmächtigte Betriebsleiter[1]. Versicherte werden den Arbeitgebern zugerechnet, wenn sie regelmäßig mehr als zwei Versicherungspflichtige[2] beschäftigen.

Bei Versicherungsämtern an der Seeküste können zu Vertretern der Versicherten auch befahrene Schiffahrtkundige gewählt werden, die nicht Reeder, Reedereileiter (Korrespondentreeder, §§ 492—499 des Handelsgesetzbuchs) oder Bevollmächtigte sind.

Art. I des G. v. 13. IV. 22 (RGBl. I S. 455).

1. Bevollmächtigte Betriebsleiter s. Anm. 3 zu § 13.

Da im § 47 Abs. 2 nicht gesagt ist, welchem Versicherungszweige die Versicherten und ihre Arbeitgeber anzugehören haben, muß es als erforderlich und genügend angesehen werden, wenn sie an irgendeinem Zweig der Reichsversicherung im Sinne des § 1 beteiligt sind. §§ 14, 13, wonach nur die bei dem betreffenden VersTr. Versicherten und ihre Arbeitgeber wählbar sind, gelten nur für die Organe der VersTr. Versicherte, die nur nach dem AVG., dem RKG. oder nur für den Fall der Arbeitslosigkeit versichert sind, und ihre Arbeitgeber können nicht gewählt werden; AN. **28** 5.

2. Maßgebend ist nicht die augenblickliche Zahl der Beschäftigten, sondern ihr regelmäßiger Bestand; KommBer. zur RVO. **1** 124.

§ 48. Die Versicherungsvertreter sollen[1] mindestens je zur Hälfte an der Unfallversicherung beteiligt sein.

1. Keine Mußvorschrift. Es ist nur Sache der Beteiligten, dafür zu sorgen, daß eine genügende Zahl an der UV. Beteiligter auf die Liste kommt; KommBer. zur RVO. **1** 127. Die Vorschrift hat im wesentlichen nur die Bedeutung, daß sie es dem Wahlleiter ermöglicht, den zur Einreichung von Vorschlagslisten Berechtigten entsprechende Anregungen zu geben. Die Gültigkeit der Wahl wird durch einen Verstoß gegen § 48 nicht berührt; AN. **28** 5.

§ 49. Die Versicherungsvertreter sollen mindestens je zu einem Drittel am Sitze des Versicherungsamts selbst oder nicht über zehn Kilometer entfernt wohnen oder beschäftigt sein.

Bei der Wahl sollen die hauptsächlichen Erwerbszweige, insbesondere die Landwirtschaft, und die verschiedenen Teile des Bezirkes berücksichtigt werden[1].

Die oberste Verwaltungsbehörde kann darüber Besonderes oder Abweichendes bestimmen.

1. Keine Mußvorschrift. Die Verletzung der Vorschrift hat nicht etwa die Ungültigkeit der Wahl zur Folge; AN. **15** 533. Entsprechen die Vorschlagslisten dieser Vorschrift nicht, so kann der Wahlleiter nur darauf hinweisen, eine Ergänzung aber nicht fordern. Es ist Sache der Beteiligten, darauf hinzuwirken, daß bei Einreichung nur einer Vorschlagsliste eine genügende Anzahl von Vertretern der hauptsächlichsten Erwerbszweige, insbesondere der Landwirtschaft, in der Liste benannt werden; Erl. d. Pr. MfV. v. 24. III. 28 (Monatsschr. **28** 431).

§ 50. Der § 16, § 16a Abs. 2 und die §§ 17, 22 gelten entsprechend; jedoch beschließt über die Zulässigkeit anderer Ablehnungsgründe das Versicherungsamt. Der § 16b gilt entsprechend mit der Maßgabe, daß an die Stelle der Aufsichtsbehörde der Vorsitzende des Versicherungsamts tritt.

G. v. 8. IV. 27 (RGBl. I S. 95).

§ 51. Wer die Wahl oder die Berufung ohne zulässigen Grund ablehnt, kann vom Vorsitzenden des Versicherungsamts mit Ordnungsstrafe in Geld[1] bestraft werden.

Das Versicherungsamt kann einen Vertreter von seinem Amt entbinden, wenn ein wichtiger Grund vorliegt.

Auf Beschwerde entscheidet das Oberversicherungsamt (Beschlußkammer)[2] endgültig.

1. Ordnungsstrafe von 1—1000 RM., Art. II der V. v. 6. II. 24 (RGBl. I S. 44), § 2 Abs. 2 der V. v. 12. XII. 24 (RGBl. I S. 775).

2. Beschlußkammer s. § 78. Mündliche Verhandlung nach § 42 Abs. 3 OVAO. S. auch § 1781 Abs. 3.

§ 52. Werden von einem Versicherungsvertreter Tatsachen bekannt, die seine Wählbarkeit ausschließen oder eine grobe Verletzung seiner Amtspflicht[1] darstellen, so enthebt ihn der Vorsitzende seines Amtes.

Auf Beschwerde entscheidet das Oberversicherungsamt (Beschlußkammer)[2] endgültig.

1. Grobe Verletzung seiner Amtspflicht, also nicht schon einmalige kleine Verstöße gegen die Ordnung, wie Verspätungen zu Sitzungen und dergleichen leichte Verschuldungen, sondern nur materiell schwerwiegende Pflichtverletzungen; KommBer. zur RVO. **1** 130. Es kommen nicht nur Handlungen oder Unterlassungen innerhalb der amtlichen Tätigkeit, zu welcher der Versicherungsvertreter kraft Gesetzes berufen ist, sondern auch außerdienstliche Verfehlungen in Betracht; RGSt. **29** 171.

2. Beschlußkammer s. Anm. 2 zu § 51.

§ 53. Der Vorsitzende verpflichtet die Versicherungsvertreter vor ihrer ersten Dienstleistung auf die gewissenhafte Erfüllung ihrer Pflichten.

Der Vorsitzende kann gegen einen Vertreter, der sich der Erfüllung seiner Pflichten entzieht[1], eine Ordnungsstrafe[2] in Geld verhängen. Er hat die Strafe zurückzunehmen, wenn nachträglich eine genügende Entschuldigung nachgewiesen wird.

Auf Beschwerde entscheidet das Oberversicherungsamt (Beschlußkammer)[3] endgültig.

1. Wegen bloßer Verspätungen und sonstiger geringfügiger Dinge soll nicht bestraft werden; KommBer. zur RVO. **1** 16.

2. Ordnungsstrafe von 1—1000 RM., s. Anm. 1 zu § 51.

3. Beschlußkammer s. Anm. 2 zu § 51.

§ 54. Die Versicherungsvertreter verwalten ihr Amt unentgeltlich als Ehrenamt.

Das Versicherungsamt erstattet ihnen ihre baren Auslagen[1].

Daneben gewährt es den Versichertenvertretern Ersatz für entgangenen Arbeitsverdienst oder statt dessen einen Pauschbetrag für Zeitverlust. Einen solchen Pauschbetrag kann es auch den Vertretern der Arbeitgeber zubilligen[2].

Die Pauschbeträge bedürfen der Genehmigung des Oberversicherungsamts (Beschlußkammer)[3].

1. Die Auslagen sind in voller Höhe zu erstatten, sie dürfen deshalb nicht in die etwa festgesetzte Pauschvergütung einbezogen werden; EuM. 4 26 (Sächs. LVAmt).

2. Die Bezüge der Versicherungsvertreter nach Abs. 2, 3 gehören nicht zu den nach § 59 Abs. 2 zu erstattenden baren Auslagen des Verfahrens, sondern zu den Kosten der Gerichtshaltung, die dem Lande oder dem Gemeindeverband zur Last fallen; AN. 14 676.

Vgl. im übrigen Anm. 2 bis 5 zu § 21.

3. Beschlußkammer s. Anm. 2 zu § 51.

§ 55. Das Versicherungsamt kann den Vertretern als seinen Vertrauensmännern bestimmte Amtshandlungen auftragen.

3. Ausschüsse

§ 56. Jedes Versicherungsamt bildet einen oder mehrere Spruchausschüsse für die Sachen, die dieses Gesetz dem Spruchverfahren überweist[1].

Der Spruchausschuß besteht aus dem Vorsitzenden des Versicherungsamts und je einem Versicherungsvertreter der Arbeitgeber und der Versicherten[2].

1. Zuständigkeit des Spruchausschusses s. §§ 1637ff., 1771ff., Ausschluß und Ablehnung von Mitgliedern §§ 1641ff., Verfahren bis zur mündlichen Verhandlung §§ 1650ff., mündliche Verhandlung §§ 1660ff., Wiederaufnahme des Verfahrens §§ 1722ff. und VAO. §§ 13ff.

2. S. § 6 der VAO.

§ 57. Jedes Versicherungsamt bildet einen Beschlußausschuß[1] für die Sachen, die dieses Gesetz dem Beschlußverfahren überweist[2].

Der Beschlußausschuß besteht aus dem Vorsitzenden des Versicherungsamts und zwei Versicherungsvertretern. Von diesen wählen die Vertreter der Arbeitgeber und der Versicherten je einen nebst mindestens je einem Stellvertreter aus ihrer Mitte in getrennter Wahl nach einfacher Stimmenmehrheit auf fünf Jahre.

1. Die Bildung eines Beschlußausschusses und seine dauernde Besetzung ist unentbehrlich, um den betreffenden Versicherungsvertretern die nötige Erfahrung zu verschaffen und eine Kontinuität der Beschlüsse sicherzustellen; KommBer. zur RVO. 1 135. Die Vorschrift hindert nicht die Errichtung örtlicher Abteilungen des für einen Stadtkreis errichteten VA. mit einem oder mehreren Stellvertretern; Monatsschr. 25 227.

2. S. § 1780. Das G. selbst bestimmt, welche Sachen durch Beschlußausschuß zu entscheiden sind; § 1781 Abs. 1 Satz 1. Dies ist in der Weise geschehen, daß in den einzelnen §§ dem Worte „VA." in Klammern das Wort „Beschlußausschuß" hinzugefügt ist; Komm. Ber. zu RVO. 1 106. Vgl. § 1781 Abs. 3.

Beschlußverfahren s. §§ 1780ff. und VAO. §§ 59ff.

§ 58. Die oberste Verwaltungsbehörde kann bestimmen[1], wieweit das Versicherungsamt technische, staatliche und gemeindliche Beamte seines Bezirkes als Beiräte mit beratender Stimme zum Beschlußverfahren zuziehen darf.

1. In Preußen sind auf Grund von § 110 die Regierungspräsidenten (für den Stadtkreis Berlin der Oberpräsident) ermächtigt, das Nähere darüber zu bestimmen, wieweit die VÄer. technische Beamte oder Beiräte zuziehen dürfen; Erl. v. 14. V. 12 (HMBl. S. 289).

4. Kosten

§ 59[1]. Sämtliche Kosten des Versicherungsamts trägt das Land. Ist das Versicherungsamt bei einer gemeindlichen Behörde errichtet, so trägt sie der Gemeindeverband, dessen Bezirk den des Versicherungsamts umfaßt. Ist ein Versicherungsamt für die Bezirke mehrerer unterer Verwaltungsbehörden gemeinsam errichtet, so bestimmt die oberste Verwaltungsbehörde die Kostenverteilung.

Die Versicherungsträger haben die in Spruchsachen[2] (§§ 1608—1674) entstehenden Barauslagen des Verfahrens[3] mit Ausnahme der Bezüge der Versicherungsvertreter zu erstatten[4], soweit die Barauslagen nicht nach Abs. 3 zu erstatten sind[5 6].

In die Kasse des Landes oder des Gemeindeverbandes (Abs. 1) fließen die Geldstrafen nach § 51 Abs. 1, § 53 Abs. 2, § 1577 Abs. 1. § 1617 Abs. 1, § 1626 Abs. 1, § 1652 Abs. 3, § 1664 Abs. 1 sowie die besonders auferlegten Verfahrenskosten (§ 1802) und die Beiträge nach § 60.

1. § 59 betrifft nur die Fälle, in denen das VA. eigene Aufgaben erfüllt, sonst kommt für die Erstattung § 117 in Betracht; AN. **13** 551, **21** 261, **30** 7. Vgl. auch § 145 AVG. Wegen der Kosten der Vertragsausschüsse (§ 368 k) s. Erl. des Pr. MfV. v. 9. V. 25 (VMBl. S. 209): Die Kosten haben die Beteiligten (Ärzte, KrKn.) zu tragen; dem VA. fallen nur die Kosten der eigenen Geschäftsführung zur Last. Auch die Kosten der Zulassungsausschüsse (Abschn. III der Zulassungsordnung v. 14. XI. 28; AN. **28** 401) haben die Beteiligten zu tragen; Erl. des PrMfV. v. 10. VI. 26 (VMBl. Sp. 662) und v. 5. VIII. 26 (VMBl. Sp. 820). Auch die durch die Wahlen der Beisitzer der Zulassungs- und Vertragsausschüsse entstehenden Kosten sind von den Beteiligten zu tragen; Erl. des Pr.MfV. v. 22. III. 30 (VMBl. Sp. 323).

2. Das Verfahren über die Entziehung einer Invalidenrente beginnt erst mit dem Ersuchen der LVAnstn. an das VA. um Abgabe eines Gutachtens; § 92 VAO. Kosten, die vorher im Verkehr der LVAnst. mit dem VA. entstehen, können nur als Rechtshilfekosten im Sinne der §§ 115, 117 angesehen werden; AN. **19** 373.

3. Die Barauslagen des Verfahrens bilden den Gegensatz zu den Kosten der Gerichtshaltung, mit denen das Land oder der Gemeindeverband belastet bleibt; AN. **21** 261. Zu den Kosten der Gerichtshaltung gehören die gewöhnlichen Verwaltungskosten, die Kosten der Geschäftsräume, der Einrichtungsgegenstände, die Dienstbezüge der Beamten und Angestellten, die Ruhegehälter, die Bezüge der Hinterbliebenen der Beamten, die Bezüge der Versicherungsvertreter und regelmäßig auch die Kosten der Kanzlei; AN. **14** 676, **14** 781. Nur die Kanzleigebühren, die aus Anlaß besonders erbetener Abschriften von Gutachten usw. entstanden sind, können als Barauslagen angesehen werden; Erl. v. 17. XII. 14 (HMBl. **15** 9). Wie die Kanzleigebühren müssen auch die Formularkosten behandelt werden; AN. **21** 344.

Unter den Barauslagen des Verfahrens sind solche Kosten zu verstehen, die in der einzelnen Spruchsache erwachsen, sofort ausscheidbar sind und nicht zu den gewöhnlichen Verwaltungskosten gehören. Der Begriff Barauslagen des Verfahrens ist lediglich aus dem Gesetze zu erklären. Er läßt eine abweichende Abgrenzung durch die Landesbehörden nicht zu; AN. **14** 676, 781, **21** 261.

a) Erstattungspflichtige Barauslagen sind die durch Wahrnehmung auswärtiger Beweistermine entstehenden Tagegelder und Reisekosten der Beamten des VA.; AN. **21** 261.

b) Ferner die Gebühren für Zeugen und Sachverständige; hierfür gilt die Gebührenordnung für Zeugen und Sachverständige in der Fassung der Bek. v. 21. XII 25 (RGBl. I S. 471), wenn die Vernehmung gerichtlich erfolgt oder wenn die Anwendung der Gebührenordnung sonst vorgeschrieben ist, z. B. § 1579. Vgl. auch für Preußen G., betr. der Gebühren der Medizinalbeamten, v. 14. VII. 09 (GS. S. 625), dazu Erl. v. 5. V. 24 (GS. S. 540), ferner die V., betr. die Tagegelder und Reisekosten der Medizinalbeamten in gerichtlichen Angelegenheiten, v. 14. VII. 09 (GS. S. 635); AN. **10** 450, GebOrd. für approbierte Ärzte und Zahnärzte v. 1. IX. 24 (VMBl. S. 371).

Barauslagen sind auch die Gebühren für den Dolmetscher, soweit nicht seine Leistungen zu den Pflichten des von ihm versehenen Amtes gehören; § 193 GVG., Erl. v. 23. VIII. 13 (HMBl. S. 565). Jedoch sind in gemischtsprachigen Gebieten, wo das VA. in einer verhältnismäßig großen Zahl von Sachen ohne Dolmetscher nicht verhandeln kann, die Dolmetscherkosten den gewöhnlichen Verwaltungskosten zuzurechnen; AN. **17** 413.

c) Als Barauslagen gelten die Kosten ärztlicher Gutachten, die das VA. im Rahmen seiner Befugnisse, sei es zur Vorbereitung seiner Entscheidung in Sachen der KV., §§ 1652, sei es im vorbereitenden Verfahren in der JV. nach §§ 1617ff., einholt. Vgl. auch § 7 Abs. 3 der V. über Ausdehnung der UV. auf gewerbliche Berufskrankheiten v. 12. V. 25 (RGBl. I S. 69) und § 6 Abs. 3 der Zweiten V. über Ausdehnung der UV. auf gewerbliche Berufskrankheiten v. 11. II. 29 (RGBl. I S. 27), ferner Anm. d zu § 7 der V. v. 12. V. 25 im III. Band S. 91.

d) Kosten des persönlichen Erscheinens des Antragstellers. Ist der Antragsteller in einer Spruchsache der KV. auf Anordnung des Vorsitzenden in der mündlichen Verhandlung vor dem VA. erschienen, so werden ihm auf Verlangen bare Auslagen und, sofern ein Erwerbsverlust stattgefunden hat, vgl. AN. **14** 450, Erl. v. 17. VI. 14 (HMBl. S. 338), auch Zeitverlust vergütet. Sie können vergütet werden, wenn er ohne Anordnung erscheint und der Spruchausschuß das Erscheinen für erforderlich hält; § 1669, § 26 VAO.

Ist der Antragsteller im vorbereitenden Verfahren der JV. auf Anordnung des Vorsitzenden in der mündlichen Verhandlung vor dem VA. erschienen, so werden ihm auf Verlangen bare Auslagen und, sofern ein Erwerbsverlust stattgefunden hat, AN. **14** 450, Erl. v. 17. VI. 14, HMBl. S. 338, auch Zeitverlust vergütet. Sie können vergütet werden, wenn er ohne Anordnung erscheint und das VA. das Erscheinen für erforderlich hält; § 1622 Abs. 2, § 1669. Die dadurch entstandenen Kosten sind Barauslagen des Verfahrens, AN. **13** 747. Wird dagegen nach Eingang eines Antrags auf Leistungen der JV. der Antragsteller zur Vernehmung vor das VA. geladen, so hat der VersTr. die ihm gezahlten Reisekosten selbst dann nicht zu erstatten, wenn mit der Ladung die Mitteilung verbunden war, daß bare Auslagen und Zeitverlust vergütet würden. Es handelt sich nicht um Barauslagen, die auf gesetzmäßiger Grundlage beruhen; AN. **15** 387.

Reisekosten, die dadurch entstehen, daß ein VA. von einem nicht reisefähigen Rentenbewerber an dessen außerhalb gelegenen Wohnort einen — formularmäßigen — Antrag nach § 1613 aufnehmen läßt, sind mindestens dann nicht zu erstatten, wenn vorher überhaupt noch keine Eingabe vorgelegen hat, die als Rentenantrag gelten könnte; AN. **15** 792.

e) Zu den erstattungspflichtigen Barauslagen des Verfahrens hatte das RVA. früher auch die Portokosten gerechnet; AN. **14** 676. Dabei sollte die Form der Zustellung, soweit das Gesetz keine ausdrückliche Vorschrift enthält, dem pflichtmäßigen

Ermessen des VA. überlassen bleiben. Nur wenn Sendungen des VA. unter Benutzung von Einrichtungen der Behörde, bei der es errichtet ist (Aktenwagen), befördert wurden, kämen erstattungspflichtige Portoauslagen nicht in Frage; AN. **14** 676. Neuerdings hat aber das RVA. angesichts der allgemeinen Rechtsanschauung im behördlichen Verkehr den Grundsatz ausgesprochen, daß die Portokosten nicht zu den Barauslagen im Sinne des § 59 Abs. 2, sondern zu den im regelmäßigen Geschäftsgang erwachsenen gewöhnlichen und allgemeinen Verwaltungskosten gehören, welche die VAer. zum Zwecke einer ordnungsmäßigen Erledigung ihrer Geschäfte selbst zu tragen haben; AN. **26** 462.

f) Zu den erstattungspflichtigen Barauslagen gehören die Kosten der Ermittlungen, die das VA. im vorbereitenden Verfahren nach § 1617 zur Erneuerung einer Quittungskarte anstellt; AN. **13** 842, nicht aber die Kosten, die ihm in Ausübung der Tätigkeit nach Ziff. 19, 20 der Anweisung für die Quittungskartenausgabe v. 29. XI. 11 (AN. **12** 336) erwachsen; AN. **13** 751.

4. Zu erstatten. Die VersTr. haben dem VA. auf Erfordern Vorschüsse zu leisten. Die oberste Verwaltungsbehörde kann Näheres bestimmen. Gegen die Vorschußforderung Beschwerde an das OVA. (§ 96 VAO.).

Das Verfahren für die Festsetzung der Barauslagen des VA. in Spruchsachen ist in § 97 VAO. geregelt. § 97 a. a. O. setzt voraus, daß das VA. die Barauslagen zunächst selbst zahlt. Sie sind dann zu Lasten des erstattungspflichtigen VersTr. zu buchen und, falls kein anderer Zeitpunkt vereinbart ist, am Schlusse eines jeden Geschäftsjahrs unter Aufführung der Vorschüsse (§ 96 a. a. O.) für den einzelnen VersTr. zusammenzustellen. Das VA. übersendet die Zusammenstellung nebst den Kassenbelegen dem Verpflichteten mit dem Ersuchen, die noch ungedeckten Auslagen binnen einer bestimmten Frist postgeldfrei zu erstatten. Unter Kassenbelegen sind die üblichen Kassenbelege zu verstehen. Soweit solche nicht üblich sind, hat sich der VersTr. mit einer Rechnung zu begnügen, die sich ohne Schwierigkeit nachprüfen läßt; AN. **17** 374. Auch wo die Sektionen der BG. zum Erlaß des Bescheids zuständig sind, können die VAer. die Erstattung von der BG. verlangen, es ist aber zweckmäßig, wenn sie sich unmittelbar an die Sektionen wenden; EuM. **4** 32. Die Zusammenstellung gilt als Festsetzung der zu erstattenden Auslagen, gegen die binnen einem Monat Beschwerde beim OVA. zulässig ist. Eine anderweite Vereinbarung ist nur über den Zeitpunkt der Zusammenstellung gestattet. Hiernach kann nur eine unter Beobachtung des § 97 ergangene periodische Zusammenstellung als eine beschwerdefähige Entscheidung angesehen werden. Einzelforderungen verpflichten nicht zur Zahlung, können auch nicht Gegenstand der Beschwerde sein; AN. **14** 674. Das OVA. entscheidet auf Beschwerde gegen eine Kostenfestsetzung des VA. endgültig. Doch ist die Abgabe der Sache — auch nur wegen eines Teiles der Beschwerde — an das RVA. zulässig; §§ 1799, 1693, AN. **14** 676, **15** 571. In der im Spruchverfahren ergehenden Entscheidung dürfen die zu erstattenden Barauslagen dem VersTr. nicht auferlegt werden; AN. **17** 536, E. 2367.

Vgl. auch § 3 der Bestimmungen des RVA. auf Grund der §§ 6, 7 und 10 der Zweiten V. über Ausdehnung der UV. auf Berufskrankheiten v. 11. II. 29 (RGBl. I S. 27) v. 10. IV. 29 (AN. **29** 153).

Sind in einem Spruchverfahren zwei VersTr. beteiligt, so hat jeder die Hälfte der Barauslagen zu erstatten; AN. **21** 278. Über Vereinbarungen mit den LVAnstn. wegen des Verfahrens bei Erstattung der Barauslagen s. Erl. v. 1. III. 13 (HMBl. S. 134), v. 14. VI. 13 (HMBl. S. 449), v. 6. IX. 13 (HMBl. S. 578), v. 26. IX. 13 (HMBl. S. 579) (EuM. **1** 436—438).

Wenn KrKn. aus Anlaß der Heilbehandlung eines Zugeteilten im Spruchverfahren der RVO. (§ 8 Abs. 5 RVG.) Barauslagen gemäß § 59 Abs. 2 zu erstatten haben, sind ihnen diese Beträge in voller Höhe aus den Heilbehandlungsmitteln zu erstatten; EuM. **23** 258 (RAM.).

5. Eine Minderung der Erstattungsbeträge tritt nur ein, soweit Beträge nach § 59 Abs. 3 tatsächlich erstattet werden; AN. **16** 508.

6. Für Preußen gilt die Vf. des HM., MdJ. und FM. v. 11. X. 12, betr. die Kosten der VAer. (HMBl. S. 529), geändert durch Erl. v. 17. XII. 14 (HMBl. **15** 9). Die Bestimmung unter II Nr. 5, wonach die Portokosten zu den von den VersTrn. zu erstattenden Barauslagen gehören, ist durch Erl. v. 30. XII. 26 (VMBl. **27** 115) aufgehoben, nachdem das RVA. (AN. **26** 462) entschieden hatte, daß die Portokosten nicht zu den nach § 59 Abs. 2 zu erstattenden baren Auslagen des Verfahrens zählen.

§ 60. Sind einem Versicherungsamte nach § 37 Abs. 3 Aufgaben aus der knappschaftlichen Versicherung übertragen, so hat der Reichsknappschaftsverein[1] angemessene Beiträge zu den Kosten des Versicherungsamts zu leisten.

Der Reichsarbeitsminister setzt die Beiträge nach Anhören der obersten Verwaltungsbehörde und des Reichsknappschaftsvereins[1] fest.

Art. 51 Nr. 3 des G. v. 23. VI. 23 (RGBl. I S. 454).

1. Jetzt Reichsknappschaft, § 7 RKG.

III. Oberversicherungsämter

1. Errichtung

§ 61. Die Oberversicherungsämter nehmen nach den Vorschriften dieses Gesetzes die Geschäfte der Reichsversicherung als höhere Spruch-, Beschluß- und Aufsichtsbehörde[1] wahr.

Art. 51 Nr. 4 des G. v. 23. VI. 23 (RGBl. I S. 454).

1. In der KV. sind die OVAer., abgesehen von §§ 372—375, Aufsichtsbehörden nur in zweiter Instanz; AN. **16** 431, **24** 130, EuM. **14** 77 (Bay. LVAmt). Gegenüber den Trägern der U.- und der JV. üben sie keine Aufsichtsrechte aus; Begr. zur RVO. S. 57.

Weitere Aufgaben der OVAer. s. § 8 Abs. 5, § 17 RVG., §§ 147ff., 252ff. AVG., §§ 145, 261, 262 AVAVG., auch § 3681 RVO.

S. auch Ven. des RAM. über Geschäftsberichte der VAer. und OVAer. v. 17. XI. 28 (RGBl. I S. 391, AN. **28** 368) und v. 31. I. 30 (RGBl. I S. 26, AN. **30** 70).

§ 62. Das Oberversicherungsamt wird in der Regel für den Bezirk einer höheren Verwaltungsbehörde errichtet.

Die oberste Verwaltungsbehörde kann den Bezirk anders abgrenzen.

Die Regierungen mehrerer Länder können für ihre Gebiete oder Teile davon ein gemeinsames Oberversicherungsamt errichten.

§ 63. Oberversicherungsämter können von der obersten Verwaltungsbehörde auch errichtet werden[1] für

1. Betriebsverwaltungen und Dienstbetriebe des Reichs oder der Länder, die eigene Betriebskrankenkassen haben,

2. Gruppen von Betrieben, für deren Beschäftigte Sonderanstalten die Invalidenversicherung besorgen.

Für diese besonderen Oberversicherungsämter gelten § 62 Abs. 1, §§ 73, 80 nicht. Im übrigen gelten für sie die Vorschriften über die Oberversicherungsämter, soweit die §§ 70, 75, 81 nichts anderes vorschreiben.

Ihre Zuständigkeit bestimmt die oberste Verwaltungsbehörde[2 3].

Art. 51 Nr. 5 des G. v. 23. VI. 23 (RGBl. I S. 454).

1. KnOVAer. Halle a. S., Clausthal, Dortmund, Bonn, Breslau: Erl. v. 22. I. 24 (HMBl. S. 56), v. 26. II. 24 (HMBl. S. 77). Außerden sind KnOVAer. errichtet in Gießen, Freiburg i. S. und München.

Die besonderen OVAer. für die Eisenbahndirektionsbezirke bestehen weiter.

2. Nach dem Erl. des Pr. HM. v. 22. I. 24 (HMBl. S. 56) und 26. II. 24 (HMBl. S. 77) sind die Pr. KnOVAer. für die nach § 2 RKG. knappschaftlichen Betriebe zur Entscheidung aller Streitigkeiten zuständig, die sich aus Unfällen in einem dieser Betriebe ergeben und nach der RVO. im Spruchverfahren vor dem OVA. zu entscheiden sind. Die Zuständigkeit erstreckt sich auch auf Streitigkeiten über Leistungen, die nach § 1551 als Leistungen der KV. gelten, und greift ferner — abweichend von § 1677 Abs. 1 — auch dann Platz, wenn der in einem der erwähnten Betriebe verletzte Versicherte zur Zeit der Erhebung der Berufung nicht mehr im Bezirke des KnOVA. wohnt oder beschäftigt ist. (Dagegen Komp. **18** 59.) Im Beschlußverfahren sind die KnOVAer. an Stelle der allgemeinen OVAer. zuständig, wenn es sich um Angelegenheiten der nach § 2 RKG. knappschaftlichen Betriebe oder der Unternehmer dieser Betriebe oder der zuständigen BG. handelt. Nach dem Erl. des RVM. v. 28. IV. 28 (RMBl. S. 274) ist auf dem Gebiete der UV. für die Betriebe der Ausbesserungswerke (Haupt- und Nebenwerkstätten der Deutschen Reichsbahn-Gesellschaft) das besondere OVA. zuständig, in dessen örtlichem Bereich das Ausbesserungswerk liegt, auch soweit die Bearbeitung der Werkstattangelegenheiten der Geschäftsführung einer anderen Reichsbahndirektion übertragen ist.

3. Die Zuständigkeit des OVA. richtet sich nicht nach den Verfahrensvorschriften, die zur Zeit des Anhängigwerdens der Streitsache gelten, sondern nach den zur Zeit der Entscheidung geltenden Vorschriften; EuM. **23** 162. Die KnOVAer. sind zur Entscheidung über Unfälle in den ihnen unterstellten Betrieben auch dann zuständig, wenn der Verletzte zur Zeit der Berufungseinlegung nicht mehr im Bezirke des KnOVA. wohnt oder beschäftigt ist; Komp. **19** 9, 65.

Über Ansprüche aus Unfällen in Werkstättenbetrieben der Deutschen Reichsbahn-Gesellschaft entscheidet das besondere OVA. derjenigen geschäftsführenden Reichsbahndirektion für das Werkstättenwesen, in deren Betriebe sich der Unfall ereignet hat; AN. **27** 569.

Für Unfälle aus dem Bereiche der früheren Generaldirektion der Eisenbahnen in Elsaß-Lothringen greift die allgemeine Zuständigkeitsregelung nach § 1677 RVO. Platz; es ist also das OVA. zuständig, in dessen Bezirk der Versicherte wohnt oder beschäftigt ist; EuM. **19** 312 (RVM.).

§ 64. Die oberste Verwaltungsbehörde kann die Oberversicherungsämter an höhere Reichs- oder Landesbehörden angliedern oder als selbständige Landesbehörden errichten.

§ 65. Die oberste Verwaltungsbehörde bestimmt den Sitz des Oberversicherungsamts.

Bei einem gemeinsamen Oberversicherungsamt ist die Zustimmung der beteiligten Landesregierungen erforderlich.

§ 66. Die oberste Verwaltungsbehörde teilt Sitz und Bezirk aller Oberversicherungsämter ihres Bereichs binnen einem Monat nach deren Errichtung oder Änderung dem Reichsversicherungsamte zur Veröffentlichung mit[1].

1. Verzeichnis der OVÄer. AN. **27** 1, 381, **28** 95, **29** 140.

§ 67. Wird das Oberversicherungsamt an eine höhere Reichs- oder Landesbehörde angegliedert, so ist ihr Leiter zugleich der Vorsitzende. Als sein ständiger Stellvertreter wird ein Direktor des Oberversicherungsamts bestellt[1].

1. In Preußen wird nach Erl. des MdJ. u. FM. v. 6. XII. 12 (HMBl. S. 595) der RegPräs. in den dienstpragmatischen Geschäften (insbes. Personalangelegenheiten der mittleren, Kanzlei- und Unterbeamten, Annahme, Beurlaubung dieser Beamten, Gewährung von Unterstützungen, Unterhaltung der Diensträume) durch den ihm beigeordneten Oberregierungsrat (RegVize-Präs.) vertreten, sofern nicht angeordnet wird, daß auch für diese Geschäfte dem Direktor des OVA. die Vertretung obliegt.

2. Zusammensetzung

§ 68. Das Oberversicherungsamt besteht aus Mitgliedern und Beisitzern.

§ 69. Das Oberversicherungsamt hat außer dem Direktor mindestens noch ein Mitglied zugleich als dessen Stellvertreter.

Für jedes Mitglied wird mindestens ein Stellvertreter bestellt.

Die Mitglieder werden im Hauptamt oder für die Dauer des Hauptamts aus der Zahl der öffentlichen Beamten, der Direktor auf Lebenszeit oder nach Landesrecht unwiderruflich ernannt.

§ 70. Die oberste Verwaltungsbehörde kann bestimmen, daß dem Direktor noch andere Dienstgeschäfte übertragen werden, und daß die übrigen Mitglieder sowie bei besonderen Oberversicherungsämtern auch der Direktor das Amt im Nebenberuf ausüben.

§ 71. Die Beisitzer werden je zur Hälfte aus Arbeitgebern und Versicherten gewählt[1].

Die Zahl der Beisitzer beträgt vierzig; sie kann von der obersten Verwaltungsbehörde erhöht oder vermindert werden.

Ein Beisitzer darf nicht zugleich nichtständiges Mitglied des Reichs- oder eines Landesversicherungsamts sein[2].

1. Vorbehaltlich § 1685 Abs. 2 genügt es, wenn die gewählten Beisitzer an irgendeinem Zweige der Reichsversicherung im Sinne des § 1 beteiligt sind. Anders bei der Wahl zu den Organen der VersTr. nach §§ 13, 14. Versicherte, die nur nach dem AVG., dem RKG. oder nur für den Fall der Arbeitslosigkeit versichert sind, und deren Arbeitgeber können nicht gewählt werden; AN. **28** 5.

2. Ein Beisitzer des OVA. darf auch nicht Versicherungsvertreter bei einem VA. sein; § 41 Abs. 2. Wird er zum nichtständigen Mitglied des RVA. (LVAmt) oder zum Versicherungsvertreter bei einem VA. gewählt, so muß er entweder das bisherige Amt niederlegen oder die Wahl ablehnen; Begr. zur RVO. S. 51. Wohl aber kann das Mitglied des Organs eines VersTr. Beisitzer des OVA. sein; Anm. 4 zu § 13. Gegen etwaige Mißbräuche schützen § 1621, § 1641 Nr. 7, § 1789; Begr. zur RVO. S. 50, 51, EuM. **23** 198.

§ 72 ist weggefallen.

Art. II Nr. 1 des G. v. 13. IV. 22 (RGBl. I S. 455).

§ 73. Die Beisitzer aus den Arbeitgebern werden von den Arbeitgebermitgliedern, die Beisitzer aus den Versicherten von den Versichertenmitgliedern der Ausschüsse der Versicherungsanstalten gewählt[1], zu deren Bezirke das Oberversicherungsamt gehört[2]. Bei Zugehörigkeit des Oberversicherungsamts zu mehreren Versicherungsanstalten setzt das Reichsversicherungsamt das Stimmenverhältnis nach der Zahl der Versicherten fest.

Die Wahl geschieht nach den Grundsätzen der Verhältniswahl auf Grund von Vorschlagslisten wirtschaftlicher Vereinigungen von Arbeitgebern oder Arbeitnehmern oder von Verbänden solcher Vereinigungen. Das Reichsversicherungsamt erläßt die Wahlordnung[3].

Art. II Nr. 2 des G. v. 13. IV. 22 (RGBl. I S. 455), G. v. 8. IV. 27 (RGBl. I S. 95).

1. Ein zum Beisitzer eines OVA. gewählter Versicherter kann — im Gegensatz zum Arbeitgeberbeisitzer — ohne Angabe eines Grundes die Wahl ablehnen; EuM. **23** 198. Vgl. auch § 17 Anm. 1.

2. Umfaßt der Bezirk eines OVA. außer dem ganzen Bezirk oder dem größten Teil des Bezirks einer LVAnst. noch einen kleinen Bezirk einer benachbarten LVAnst., so nehmen an der Wahl nur die Ausschußmitglieder der HauptVAnst. teil. Die Wählbarkeit der in dem Nachbarbezirk Wohnenden wird dadurch nicht berührt; EuM. **15** 244.

3. Wahlordnung für die Wahl der Beisitzer der OVÄer v. 7. XII. 27 (AN. **27** 545). Die sächlichen Kosten der Wahl und der Wahlleitung trägt das Land. Die Wähler haben Anspruch nicht gegen das Land, sondern gegen die LVAnst. Ersuchen, den Wahltermin auf einen Sitzungstag des Ausschusses anzusetzen; Erl. des Pr.MfV. v. 31. III. 24 (VMBl. S. 164).

§ 74. Die Wahl geschieht schriftlich. Der Direktor des Oberversicherungsamts leitet die Wahl.

Bei Streit über die Wahl entscheidet das Oberversicherungsamt (Beschlußkammer) endgültig[1].

1. Die der Feststellung des Wahlergebnisses vorausgehenden Maßnahmen, Anordnungen und Entscheidungen sind grundsätzlich einer selbständigen Anfechtung entzogen. Es könnte nur im Wege der Aufsichtsbeschwerde auf Beseitigung des Mangels vor Abschluß des Verfahrens hingewirkt werden. Auch kann auf etwaige Mängel die Anfechtung der Wahl selbst gestützt werden; AN. **14** 732, **15** 532, Anm. 11 zu § 15.

§ 75. Die Arbeitgeberbeisitzer für ein besonderes Oberversicherungsamt werden von den Arbeitgebervorstandsmitgliedern der Betriebskrankenkasse oder der Sonderanstalt gewählt; sind in einem Vorstand keine Arbeitgebervertreter vorhanden, so wählen die in einem anderen Verwaltungsorgan vorhandenen Arbeitgebervertreter.

Die Versichertenbeisitzer werden nach den Grundsätzen der Verhältniswahl von den Versicherten-Ausschußmitgliedern der Betriebskrankenkasse oder der Sonderanstalt gewählt; soweit eine Sonderanstalt keinen Ausschuß hat, wählen die in einem anderen Verwaltungsorgan vorhandenen Versichertenvertreter.

Die oberste Verwaltungsbehörde bestimmt das Nähere. Bei Sonderanstalten der Deutschen Reichsbahn-Gesellschaft kann die oberste Verwaltungsbehörde auch bestimmen, daß die Versichertenbeisitzer von den Versichertenvertretern im Vorstande der Anstalt zu wählen sind.

Art. II Nr. 3 des G. v. 13. IV. 22 (RGBl. I S. 455).

Art. 51 Nr. 6 des G. v. 23. VI. 23 (RGBl. I S. 454).

§ 76. Die §§ 46—48, § 49 Abs. 2, 3, §§ 50—54 gelten entsprechend für Wahl, Rechte und Pflichten der Beisitzer sowie ihrer Stellvertreter. Jedoch gehen Beschwerden (§ 51 Abs. 3, § 52 Abs. 2, § 53 Abs. 3) an die oberste Verwaltungsbehörde[1].

Bek. v. 15. XII. 24 (RGBl. I S. 779).

1. Die Zugehörigkeit eines Versichertenbeisitzers zur Entschädigungsfeststellungskommission (§ 1569b) einer den Bezirk des OVA. umfassenden BG. wird als wichtiger Grund im Sinne des § 51, der den Antrag auf Entbindung von dem Amt als Beisitzer des OVA. rechtfertigt, anzuerkennen sein; EuM. 23 198.
Ein Versichertenbeisitzer eines KnOVA. ist auch im Falle des Verlustes seiner Wählbarkeit erst mit der Amtsenthebung (§ 52 Abs. 1) nicht mehr berechtigt, weiter als Versichertenbeisitzer mitzuwirken; EuM. 26 74.

3. Kammern

§ 77. Jedes Oberversicherungsamt bildet eine oder mehrere Spruchkammern für die Sachen, die dieses Gesetz dem Spruchverfahren überweist[1].

Die Spruchkammer besteht aus einem Mitglied des Oberversicherungsamts als Vorsitzendem und je einem Beisitzer der Arbeitgeber und der Versicherten.

A. Art. I Nr. 2 der V. v. 30. X. 23 (RGBl. I S. 1057).

1. S. §§ 1675, 1771. Vorbehaltlich §§ 1679, 1657 entscheidet die Spruchkammer. Verfahren §§ 1675ff., OVAO. §§ 13—39.

§ 78. Jedes Oberversicherungsamt bildet eine oder mehrere Beschlußkammern für die Sachen, die dieses Gesetz dem Beschlußverfahren überweist[1].

Die Beschlußkammer besteht aus dem Vorsitzenden des Oberversicherungsamts, einem zweiten Mitglied und zwei Beisitzern. Von diesen wählen[2] die Beisitzer der Arbeitgeber und der Versicherten je einen nebst mindestens je einem Stellvertreter aus ihrer Mitte in getrennter Wahl nach einfacher Stimmenmehrheit auf fünf Jahre.

Bei Stimmengleichheit gibt der Vorsitzende den Ausschlag.

G. v. 8. IV. 27 (RGBl. I S. 95).

1. S. § 1781, Verfahren §§ 1780ff., OVAO. §§ 40—43.
2. S. § 4 OVAO., für Preußen Erl. v. 21. VII. 12 (HMBl. S. 409).

4. Aufsicht. Kosten

§ 79. Die oberste Verwaltungsbehörde führt die Aufsicht über das Oberversicherungsamt.

Sie gibt ihm die erforderlichen Hilfskräfte bei und beschafft seine Geschäftsräume.

Die Bureau-, Kanzlei- und Unterbeamten haben die Rechte und Pflichten der Reichs- oder Landesbeamten, wenn sie im Hauptamt und nicht nur vorübergehend oder zur Vorbereitung beschäftigt werden; das Nähere bestimmt die Landesregierung.

Der Vorsitzende verpflichtet[1] sie auf die gewissenhafte Erfüllung der Amtspflichten, soweit sie nicht bereits durch einen Diensteid verpflichtet sind.

1. § 1 Abs. 3, 4 der OVAO.

§ 80. Sämtliche Kosten[1] des Oberversicherungsamts trägt das Land. Die Versicherungsträger[2] haben für jede Spruchsache[3], an der sie beteiligt[4] sind, einen Pauschbetrag[5] zu entrichten[6], den der Reichsarbeitsminister mit Zustimmung des Reichsrats für jedes Gebiet der Reichsversicherung einheitlich festsetzt[7]. Die Pauschbeträge sollen die tatsächlichen Kosten der Oberversicherungsämter ohne die Bezüge der Mitglieder und ihrer Stellvertreter zur Hälfte decken.

In die Kasse des Landes fließen die Geldstrafen nach den §§ 76, 1679 sowie die nach § 1802 besonders auferlegten Verfahrenskosten. Sind in einem Falle solche Kosten zu erstatten, so vermindert sich[8] der Pauschbetrag entsprechend.

Art. I des G. v. 24. VI. 22 (RGBl. I S. 542), Art. 51 Nr. 7 des G. v. 23. VI. 23 (RGBl. I S. 454).

1. Die Kosten der Gerichtshaltung wie auch die durch die einzelnen Streitfälle erwachsenden gerichtlichen Kosten des Verfahrens; AN. **12** 948. Demgemäß sind auch die in einem anhängigen Berufungsverfahren entstandenen Kosten der Abschriften von Beweisverhandlungen vom Lande zu tragen; AN. **14** 658, desgleichen die Kosten, welche durch die vom OVA. zum Zwecke der Beweisaufnahme angeordnete ärztliche Untersuchung dem Versicherten erwachsen sind) Reisekosten, Zehrungskosten); EuM. **21** 297, ferner die Kosten einer Zeugenvernehmung, um die das VA. vom OVA. ersucht wurde; EuM. **10** 27 (Bay. LVAmt). Vgl. auch §§ 156, 145 AVG.

2. Nur die VersTr., auch wenn sie obgesiegt haben; AN. **15** 781, andere Beteiligte z. B. Fürsorgeverbände (§ 1531) nicht; AN. **15** 786. Jedoch ist eine Ersatzkasse, mit der eine LVAnst. einen Ersatzstreit nach § 1518 Abs. 2, § 1543a RVO. führt, zur Zahlung des Pauschbetrags verpflichtet; EuM. **26** 389. S. auch Breith. **19** 190.

3. Spruchsachen sind auch die nach §§ 1771 ff. zu erledigenden Streitigkeiten; AN. **15** 786. Für Spruchsachen aus dem G. über Zulagen in der UV. v. 12. II. 23 (RGBl. I S. 115) war nach § 5 kein Pauschbetrag zu entrichten. Auch für Beschlußsachen ist kein Pauschbetrag zu entrichten.

Die Zahl der Spruchsachen entspricht im allgemeinen der Zahl der beim OVA. eingelegten Berufungen. Die Art der Erledigung der Berufung (Vergleich, Anerkenntnis, Zurücknahme der Berufung oder Erledigung auf andere Weise) ist für das Wesen der Spruchsache ohne Bedeutung; AN. **15** 781. Ein Pauschbetrag ist auch für solche ohne Urteil erledigten Berufungen zu entrichten, die ein VersTr. (BG.) bei seinen Akten zurückbehalten hat, und die später dadurch an das OVA. gelangen, daß der VersTr. seine die Berufungsschrift enthaltenden Akten dem OVA. auf Erfordern für eine andere Berufungssache zur Einsichtnahme übersendet. Der VersTr. wäre nach § 129 Abs. 3 verpflichtet gewesen, die Berufungsschrift unverzüglich an das OVA. abzugeben, und kann daraus, daß er dieser Pflicht nicht genügt hat, keine Rechte für sich (Befreiung vom Pauschbetrag) herleiten; EuM. **14** 12. Die Pauschgebühr ist auch für solche Berufungen zu entrichten, die unmittelbar beim VersTr. eingelegt, aber nach Anerkennung des Anspruchs durch den VersTr. vor ihrer Weitergabe an das OVA. zurückgenommen werden; EuM. **26** 517 (Bad. LVAmt). Auf das Maß der Mühe und den Zeitaufwand, den die Bearbeitung der Berufungssache erfordert, kommt es nicht an; AN. **15** 781. Bei Berechnung der Zahl der Pauschbeträge müssen grundsätzlich alle erledigten Berufungen gezählt werden. Über die Form der Berufungseinlegung s. Anm. 5 zu § 129. Um als Berufung gelten zu können, braucht ein Schriftstück nicht als solche bezeichnet zu sein; AN. **15** 781 (lit. c). Berufungen, die das OVA., ohne förmlich zu entscheiden, wegen örtlicher Unzuständigkeit an eine andere Stelle abgibt, sog. Irrläufer, zählen nicht mit; AN. **15** 782, wohl aber Berufungen, auf die die angefochtene Entscheidung wegen Unzuständigkeit aufgehoben wird. Der Pauschbetrag ist auch dann zu zahlen, wenn der Berechtigte an Stelle des ihm im Bescheide für den Fall der Berufsausbildung anheimgegebenen Antrags auf Wiederanweisung der Waisenrente Berufung an das OVA. eingelegt hatte, die nach der Wiederanweisung zurückgezogen wurde; Breith. **17** 80 (Bad. LVAmt). Die KrK. ist zur Zahlung des Pauschbetrags auch dann verpflichtet, wenn sie auf Anweisung der Versorgungsbehörde die Zahlung von Versorgungskrankengeld eingestellt und der Versorgungsberechtigte gegen die Entscheidung des VA. Berufung eingelegt hat; EuM. **21** 88. S. Anm. 6 letzter Abs. Werden mehrere Entscheidungen oder Bescheide durch Berufung angefochten, so liegen mehrere Berufungen vor, auch wenn das OVA. über die Berufungen in einem Urteile entschieden hat. Zwei Spruchsachen sind angenommen worden in einem Falle, in dem die VAnst. den Anspruch auf Witwengeld und auf Waisenrente durch zwei Bescheide abgelehnt und die Witwe gegen beide Bescheide in einem Schriftsatz Berufung eingelegt hatte. Ferner in einem Falle, in dem ein Rentenempfänger gegen die zeitweilige Entziehung der Invalidenrente nach § 1306 und vor Rechtskraft dieses Bescheids gegen einen zweiten die dauernde Entziehung der Rente aussprechenden Bescheid Berufung erhoben hatte; AN. **15** 785. Ebenso in einem Falle, in dem der Verletzte gegen zwei an demselben Tage erlassene Bescheide, von denen der eine den Antrag auf Rentenerhöhung zurückwies, der andere die Rente entzog, Berufung eingelegt hatte; AN. **16** 670. Um zwei Spruchsachen handelt es sich auch, wenn die BG., bevor der frühere Bescheid über die Höhe der Entschädigung rechtskräftig wird, einen neuen die Rente neufeststellenden Bescheid erteilt, der nach § 1608 Abs. 1 als durch die Berufung gegen den früheren Bescheid angefochten gilt; AN. **20** 157. Wenn aber das OVA. das Verfahren über einen neuen Bescheid auf Grund des § 1608 Abs. 2 Satz 2 an sich gezogen und über die schwebende Berufung und den neuen Bescheid in einem Urteile erkannt hat, so liegt nur eine Spruchsache vor; AN. **17** 244, Breith. 5 44. Mehrere inhaltlich übereinstimmende Berufungsanträge, über die nur einheitlich entschieden werden kann, z. B. beim Zusammentreffen der Ansprüche mehrerer Waisen desselben Versicherten auf Waisenrente, sind wegen ihres sachlichen und prozessualen Zusammenhangs als eine Berufung zu behandeln; MblfAV. **15** 135. Nur einmal ist der Pauschbetrag zu entrichten, wenn der VersTr. während des schwebenden Berufungsverfahrens den streitigen Anspruch nochmals prüft und einen neuen Bescheid erteilt, der ebenfalls mit der Berufung angefochten wird; EuM. **9** 12. Kein Pauschbetrag ist zu entrichten, wenn zwar eine als Berufung bezeichnete Beschwerdeschrift beim OVA. eingegangen, ein zur Eröffnung eines instanziellen Berufungsverfahrens geeigneter Bescheid des VersTr. aber nicht ergangen und ein Berufungsverfahren vom OVA. nicht eingeleitet war; AN. **16** 507.

Ob die Entscheidung des OVA. sachlich zutreffend war, ist für die Festsetzung des Pauschbetrags belanglos. Im Beschwerdeverfahren über Festsetzung des Pauschbetrags kann die Entscheidung nicht nachgeprüft werden. Aber auch wenn sie im Rekurs- oder Revisionsverfahren aufgehoben wird, entfällt damit die Verpflichtung des VersTr. zur Zahlung des Pauschbetrags nicht, sie ist an äußere tatsächliche Merkmale (Eingang der Berufung) geknüpft; AN. **15** 782.

4. Beteiligt, d. h. prozessual beteiligt. Davon kann nicht die Rede sein, wenn der Streitfall lediglich zwischen Dritten, z. B. einem Fürsorgeverband und dem Versicherten ausgetragen worden ist; AN. **15** 786. Dagegen ist eine Ersatzkasse, mit der eine LVAnst. einen Ersatzstreit nach § 1518 Abs. 2, § 1543a RVO. führt, an der Spruchsache beteiligt; EuM. **26** 389.

5. Einen Pauschbetrag. Bei Beteiligung mehrerer VersTr. an einem Spruchverfahren hat jeder VersTr. einen entsprechenden Teilbetrag des Pauschbetrags zu zahlen; AN. **15** 788. Für die zur anderweiten Entscheidung an das OVA. zurückverwiesenen Spruchsachen darf die Pauschgebühr nur einmal erhoben werden; AN.

15 602. Gleiches gilt, wenn eine an das VA. oder an den VersTr. zurückverwiesene Sache auf erneute Berufung wieder an das OVA. gelangt; Erl. des Pr.HM. v. 22. XII. 16 (HMBl. **17** 11, auch abgedr. bei Breith. **6** 16).

Die Berufungen des Verletzten und einer Ersatz fordernden Kasse gegen denselben die Entschädigung ablehnenden Bescheid der BG. gelten nur als eine Spruchsache; EuM. **21** 1.

6. Zu entrichten. Die Festsetzung erfolgt nicht im Urteil, sondern durch Verfügung des Vorsitzenden des OVA. Diese Verfügung ist eine beschwerdefähige Entscheidung im Sinne des § 1793; AN. **14** 719, **15** 602. § 44 OVAO. ist auf Beschwerde der VersTr. wegen Festsetzung des Pauschbetrags nicht anzuwenden. Er bezieht sich lediglich auf die Kosten des Verfahrens der OVAer. Zu den Verfahrenskosten in diesem Sinne können die Pauschbeträge nicht gerechnet werden. Sie sind vielmehr summarische Beiträge der VersTr. zu den Kosten der OVAer.; AN. **15** 790.

Im allgemeinen wird genügen, wenn die OVAer. dem VersTr. bei Anforderung der Pauschbeträge die Zahl der Spruchsachen und den zu erstattenden Gesamtbetrag mitteilen. Ergeben sich hierbei Unstimmigkeiten, so werden die OVAer. ihre Mitwirkung zur weiteren Aufklärung von Widersprüchen nicht versagen dürfen. Dahin gehört insbesondere die Mitteilung einer namentlichen Nachweisung der erledigten Sachen oder doch der betreffenden Geschäftsnummern an den VersTr. Die durch die weitere Aufklärung entstandenen Kosten fallen dem OVA. zur Last; AN. **13** 751, EuM. **4** 34.

Fällig wird der Pauschbetrag mit der Erledigung der betreffenden Spruchsache; AN. **13** 751, **15** 781, 782, EuM. **4** 34. Als erledigt ist eine Spruchsache im allgemeinen dann anzusehen, wenn endgültig feststeht, daß die Instanz keine Entscheidung mehr in der Sache zu treffen hat. Die Erledigung wird für die Instanz in den meisten Fällen durch Erlaß eines Urteils eintreten. Sie kann aber auch durch Vergleich, Anerkenntnis, Zurücknahme der Berufung oder auf andere Weise eintreten; AN. **15** 781, EuM. **20** 260. Die Pauschgebühr kann auch für solche Berufungen gefordert werden, die beim VersTr. eingelegt werden und sich dort durch Anerkenntnis des VersTr. und durch Zurücknahme der Berufung erledigen; Breith. **18** 643 (Bad. LVAmt). Eine Spruchsache, in der eine Vorentscheidung erlassen ist, kann erst nach Eintritt der Rechtskraft der Vorentscheidung als erledigt gelten; EuM. **17** 9 (Bay. LVAmt), **17** 251. Das Bad. LVAmt nimmt an, daß die Pflicht zur Entrichtung des Pauschbetrags schon eintritt, wenn in einer Spruchsache die erste Verfügung erlassen ist, vorausgesetzt, daß die örtliche und sachliche Zuständigkeit des OVA. gegeben ist; Breith. **16** 1. Durch Ausführungsbestimmungen der Länder kann der Zeitpunkt der Fälligkeit nicht verschoben werden; EuM. **4** 34. Für Erinnerungen, die das OVA. an den VersTr. wegen unterlassener Abführung von Pauschbeträgen für Spruchsachen richtet, dürfen keine Mahngebühren gefordert werden. Landesgesetz kann Mahngebühren hierfür nicht einführen; AN. **17** 572.

Wenn KrKn. aus Anlaß der Heilbehandlung eines Zugeteilten im Spruchverfahren der RVO. (§ 8 Abs. 5 RVG.) einen Pauschbetrag gemäß § 80 Abs. 1 zu entrichten haben, ist ihnen der Betrag in voller Höhe aus den Heilbehandlungsmitteln zu erstatten; EuM. **23** 258 (RAM.). S. auch EuM. **27** 248.

7. V. über die Pauschbeträge für die Spruchsachen bei den OVAern. v. 10. XI. 26 (RGBl. I S. 487):

Art. I. Vom 1. Oktober 1925 ab wird der Pauschbetrag, den die Versicherungsträger für jede Spruchsache bei einem Oberversicherungsamt zu entrichten haben auf 20 Reichsmark festgesetzt.

Art. II. Diese Verordnung tritt an die Stelle der Verordnung über Pauschbeträge für die Spruchsachen bei den Oberversicherungsämtern vom 14. Dezember 1923 (RGBl. I S. 1199).

Anm. Durch die V. v. 14. XII. 23 war der Pauschbetrag v. 1. I. 24 ab für jede Spruchsache auf 10 Goldmark (RM.) festgesetzt.

Berufungssachen über Abfindungsbescheide, die durch Art. 157 Abs. 2 des Zweiten G. über Änderungen in der UV. v. 14. VII. 25 (RGBl. I S. 97) für nichtig erklärt sind, waren mit dem Inkrafttreten dieser Vorschrift (17. VII. 25) als erledigt anzusehen. Für diese Sachen galt daher — da der Zeitpunkt der Erledigung auch für die Höhe des Pauschbetrags maßgebend ist — noch die V. v. 14. XII. 23; EuM. **20** 260.

8. Der Pauschbetrag mindert sich nur, soweit die Kosten tatsächlich erstattet sind; AN. **16** 508, Breith. **13** 274.

§ 81. Alle Kosten der für Betriebe des Reichs oder eines Landes errichteten besonderen Oberversicherungsämter fallen den Verwaltungen der Betriebe zur Last. Diesen fließen die Einnahmen (§ 80 Abs. 2) zu.

Alle Kosten der übrigen besonderen Oberversicherungsämter[1] erhält nach Abzug der Einnahmen (§ 80 Abs. 2) das Land von den beteiligten Versicherungsträgern erstattet.

Art. 2 des G. v. 24. VI. 22 (RGBl. I S. 542).

1. Ein nicht zum Geschäftsbereich des besonderen OVA. gehörender beigeladener VersTr. darf nicht anteilmäßig zur Tragung der Kosten herangezogen werden; AN. **19** 298.

Wegen der Kosten der KnOVAer s. V. v. 30. I. 24 (RGBl. I S. 41); Erl. des Pr.HM. v. 4. IV. 24 (HMBl. S. 110).

§ 82 ist weggefallen.

Art. 51 Nr. 8 des G. v. 23. VI. 23 (RGBl. I S. 454).

IV. Reichsversicherungsamt. Landesversicherungsämter

1. Geschäftskreis. Sitz

§ 83. Das Reichsversicherungsamt nimmt nach den Vorschriften dieses Gesetzes die Geschäfte der Reichsversicherung als oberste Spruch-, Beschluß- und Aufsichtsbehörde wahr[1].

Es hat seinen Sitz in Berlin.

1. Nicht zuständig ist das RVA. für die Organisation der Versicherungsbehörden und, soweit sich aus der RVO. nichts anderes ergibt (z. B. § 514), für die Organisation der KV. (vgl. auch § 370 Abs. 3, § 373 Abs. 2); AN. **13** 413, ferner in der KV. für Fragen der Gleichwertigkeit der Leistungen; AN. **14** 373, für den Erlaß und Inhalt der Dienstordnungen; AN. **14** 769, **15** 588. Weitere Aufgaben des RVA. §§ 157 ff., 270 ff. AVG., § 202 RKG. § 31 AVAVG. Vgl. auch § 368n (Reichsschiedsamt), § 207 RKG. (Oberschiedsamt).

§ 84. Seine Entscheidungen sind endgültig, soweit dieses Gesetz nichts anderes vorschreibt[1].

1. Nur gegen die Versagung der Genehmigung einer von der BG. oder der LVAnst. beschlossenen Satzung oder Satzungsänderung ist Beschwerde, und zwar an den Reichsrat zulässig, §§ 681, 683, 796, 973, 1144, §§ 1339, 1341.

§ 84a. Die Versicherungsträger haben dem Reichsversicherungsamt nach seinen Bestimmungen diejenigen Mitteilungen zu machen, deren es zu seinen statistischen, rechnerischen und versicherungstechnischen Arbeiten bedarf.

Art. 1 Nr. 3 des G. v. 14. VII. 25 (RGBl. I S. 87).

2. Zusammensetzung

§ 85. Das Reichsversicherungsamt besteht aus ständigen[1] und nichtständigen[2] Mitgliedern.

1. S. § 86 Abs. 1 u. 2.
2. S. § 87.

§ 86. Der Reichspräsident ernennt den Präsidenten und die übrigen ständigen Mitglieder auf Vorschlag des Reichsrats auf Lebenszeit.

Aus den ständigen Mitgliedern ernennt der Reichspräsident die Direktoren und die Senatspräsidenten[1].

Die übrigen Beamten ernennt der Reichsarbeitsminister.

1. S. §§ 1 ff. RVAO.

§ 87. Das Reichsversicherungsamt hat zweiunddreißig nichtständige Mitglieder. Acht von ihnen wählt der Reichsrat[1], und zwar mindestens sechs aus seiner Mitte; je zwölf werden als Vertreter der Arbeitgeber und der Versicherten[2] gewählt.

Für die Arbeitgeber und Versicherten werden in der gleichen Weise Stellvertreter nach Bedarf gewählt. Für Mitglieder, die vor Ablauf ihrer Wahlzeit ausscheiden, rücken die Stellvertreter in der Reihenfolge ihrer Wahl ein.

1. S. auch § 162 AVG.
2. Die Vertreter der Arbeitgeber und der Versicherten sind keine Reichsbeamte; AN. **11** 487. S. auch § 161 AVG., § 202 Abs. 2 Satz 3 RKG.

§ 88 ist weggefallen.

Art. III Nr. 2 des G. v. 13. IV. 22 (RGBl. I S. 455).

§ 89. Die zwölf Arbeitgeber werden von den Arbeitgebermitgliedern, die zwölf Versicherten von den Versichertenmitgliedern in den Ausschüssen der Versicherungsanstalten und in den entsprechenden Vertretungen der Sonderanstalten mit Ausnahme des Reichsknappschaftsvereins[1] nach den Grundsätzen der Verhältniswahl auf Grund von Vorschlagslisten wirtschaftlicher Vereinigungen von Arbeitgebern oder Arbeitnehmern oder von Verbänden solcher Vereinigungen gewählt. Die Ausschußmitglieder, welche dem Gewerbe angehören, wählen je sieben Vertreter aus dem Bereiche der Gewerbe-Unfallversicherung und je einen Vertreter aus dem Bereiche der See-Unfallversicherung. Die der Landwirtschaft angehörenden Ausschußmitglieder wählen je vier nichtständige Mitglieder aus dem Bereiche der landwirtschaftlichen Unfallversicherung. Das Reichsversicherungsamt setzt das Stimmenverhältnis der Wähler nach der Zahl der Versicherten fest und erläßt die Wahlordnung[2].

Bei Sonderanstalten der Deutschen Reichsbahn-Gesellschaft kann die oberste Verwaltungsbehörde bestimmen, daß die Versichertenvertreter im Vorstand der Anstalt wahlberechtigt sind.

Das Reichsversicherungsamt leitet die Wahl und veröffentlicht das Wahlergebnis.

Art. III Nr. 1 des G. v. 13. IV. 22 (RGBl. I S. 455), Art. 51 Nr. 9 des G. v. 23. VI. 23 (RGBl. I S. 454), Bek. v. 15. XII. 24 (RGBl. I S. 779), G. v. 8. IV. 27 (RGBl. I S. 95).

1. Jetzt Reichsknappschaft; § 7 RKG.

2. Wahlordnung für die Wahl der nichtständigen Mitglieder des RVA. v. 8. XII. 27 (AN. 27 532).

§§ 90, 91 sind weggefallen.

Art. III Nr. 2 des G. v. 13. IV. 22 (RGBl. I S. 455).

§ 92. Wählbar sind nur Deutsche, die nicht nach § 12 ausgeschlossen sind[1].

Art. I des G. v. 13. IV. 22 (RGBl. I S. 455).

1. Weitere Voraussetzungen der Wählbarkeit s. §§ 93, 94. S. auch § 41 Abs. 2, § 71 Abs. 3.

§ 93. Wählbar als Arbeitgeber sind die stimmberechtigten Mitglieder der Berufsgenossenschaften, deren gesetzliche Vertreter, die bevollmächtigten Leiter ihrer Betriebe[1] und die Beamten der Betriebe, für die eine Ausführungsbehörde[2] bestellt ist.

Wählbar nach § 89 sind außerdem auch Arbeitgeber, die Mitglied im Ausschuß einer Versicherungsanstalt[3] oder in der entsprechenden Vertretung einer Sonderanstalt[4] sind.

1. S. Anm. 2 zu § 13.
2. S. §§ 624ff., 892ff., 957, 1119.
3. S. §§ 1351ff.
4. S. §§ 1360ff.

§ 94. Wählbar als Versicherte sind die nach diesem Gesetz gegen Unfall Versicherten, ferner Versichertenmitglieder im Ausschuß einer Versicherungsanstalt[1], auch wenn sie nicht[2] gegen Unfall versichert sind, und für den Bereich der See-Unfallversicherung auch befahrene Schiffahrtkundige, die nicht Reeder, Reedereileiter oder Bevollmächtigte sind.

1. S. §§ 1351ff.

2. Hinter „nicht" ist das Wort „mehr" bei der Verkündung der RVO. im RGBl. 1911 S. 509ff. offenbar aus Versehen weggelassen worden (zu vgl. KommBer. z. RVO. 1 187, Verhdl. des Reichstags, 12. Legisl.-Per. II. Sess. 1909/11 S. 6426 C und S. 7212 A); s. auch AN. 27 532, Anm. 2 zu § 4 der Wahlordnung v. 8. XII. 27.

§ 95. Der § 49 Abs. 2 und die §§ 50—52, § 53 Abs. 2, 3 gelten entsprechend; für die Bestrafung (§ 51 Abs. 1, § 53 Abs. 2) und die Amtsenthebung (§ 52) ist jedoch das Reichsversicherungsamt (Beschlußsenat)[1] zuständig.

1. § 39 Abs. 1 RVAO.: mündliche Verhandlung.

§ 96. Die nichtständigen Mitglieder und ihre Stellvertreter erhalten für die Teilnahme an den Arbeiten und Sitzungen des Reichsversicherungsamts eine Vergütung, wobei auch der etwaige Verdienstausfall in angemessener Höhe zu berücksichtigen ist. Das Nähere bestimmt der Reichsarbeitsminister im Einvernehmen mit dem Reichsminister der Finanzen.

A. Art. I Nr. 4 der V. v. 30. X. 23 (RGBl. I 1057).

§ 97. Der Reichsarbeitsminister verpflichtet die vom Reichsrate gewählten nichtständigen Mitglieder, die übrigen und ihre Stellvertreter der Präsident des Reichsversicherungsamts vor ihrer ersten Dienstleistung auf die gewissenhafte Erfüllung ihrer Pflichten.

Bek. v. 15. XII. 24 (RGBl. I S. 779).

3. Senate

§ 98. Das Reichsversicherungsamt bildet Spruchsenate für die Sachen, die dieses Gesetz dem Spruchverfahren überweist[1].

Der Spruchsenat besteht aus einem Vorsitzenden, einem ständigen Mitglied, einem hinzugezogenen richterlichen Beamten[2], einem Arbeitgeber und einem Versicherten[3].

A. Art. I Nr. 5 der V. v. 30. X. 23 (RGBl. I S. 1057).

1. S. §§ 1694, 1771, 1699, 1705, 1727, 1736, 1736a, 1740, 1706, 1693. Verfahren §§ 1694 ff., §§ 21—36 RVAO. Vgl. auch §§ 164, 165 AVG., § 202 RKG.

2. Über die Zuziehung der richterlichen Beamten zu den Spruchsitzungen s. § 16 Abs. 1, § 18 Abs. 3 RVAO. Ferner Mitwirkung in den Gesamt- und Abteilungssitzungen, § 10 Abs. 1d, § 11 Abs. 1d a. a. O. Keine Mitwirkung in den Beschlußsenaten, § 100 Abs. 2.

3. Der nach § 13 der Zweiten V. über Ausdehnung der UV. auf Berufskrankheiten 11. II. 29 (RGBl. I S. 27) gebildete Senat für Berufskrankheiten bei dem RVA. besteht aus einem Vorsitzenden und aus je 2 Vertretern der Arbeitgeber und der Arbeitnehmer, einem Arzte und einem ständigen Mitglied des RVA. als Mitgliedern. Über die Bestellung des Vorsitzenden und der Mitglieder s. § 13 Abs. 2 Satz 2 ff. a. a. O.

§ 99. Den Vorsitz im Spruchsenate führt der Präsident, ein Direktor oder ein Senatspräsident. Der Reichsarbeitsminister kann ein anderes ständiges Mitglied vorübergehend mit dem Vorsitz betrauen.

Der Reichsarbeitsminister beruft die richterlichen Beamten zu den Spruchsenaten.

Bek. v. 15. XII. 24 (RGBl. I S. 779).

§ 100. Das Reichsversicherungsamt bildet Beschlußsenate für die Sachen, die dieses Gesetz dem Beschlußverfahren überweist[1].

Der Beschlußsenat besteht aus dem Präsidenten, einem Direktor oder einem Senatspräsidenten als Vorsitzendem, einem vom Reichsrate gewählten nichtständigen, einem ständigen Mitglied, einem Arbeitgeber und einem Versicherten[2]. An Stelle des vom Reichsrate gewählten kann ein ständiges Mitglied treten.

1. §§ 1781, 1799. Wurde die Beschlußkammer des OVA. erst mittelbar durch eine Anordnung des Vorsitzenden nach § 1781 Abs. 2 zur Entscheidung berufen, so braucht nicht der Beschlußsenat zu entscheiden; AN. **17** 529.

Ferner gutachtliche Äußerung nach §§ 640, 960, Antragstellung nach §§ 647, 961. Vgl. auch Art. 41 des Dritten G. über Änderungen in der UV. v. 20. XII. 28 (RGBl. I S. 405).

Verfahren §§ 1780 ff., §§ 19, 37—41 RVAO.

2. In den Fällen des § 705 (Streitigkeiten aus dem Dienstverhältnis der Angestellten der BGen., die der Dienstordnung unterstehen) wird als Beisitzer des Beschluß-

senats an Stelle des Versicherten ein berufsgenossenschaftlicher Angestellter zugezogen. Das RVA. beruft solche Beisitzer auf Grund von Vorschlagslisten, die ihm die beteiligten Angestelltenverbände einreichen; § 705a.

§ 101. Das Reichsversicherungsamt bildet den Großen Senat für die Aufgaben, die diesem das Gesetz zuweist[1].

Der Große Senat besteht vorbehaltlich einer Verstärkung nach § 1718 Abs. 2 aus dem Präsidenten oder seinem Vertreter, zwei vom Reichsrate gewählten Mitgliedern, zwei ständigen Mitgliedern, zwei richterlichen Beamten, zwei Arbeitgebern und zwei Versicherten.

1. S. §§ 1717, 1718. Ferner §§ 283, 287 AVG., § 6 der V. v. 15. I. 23 (RGBl. I S. 56) in der Fassung des Art. III Nr. 4 der V. v. 15. III. 24 (RGBl. I S. 280), sowie §§ 195, 197, 202 RKG.

§ 102. Sind alle vom Reichsrate gewählten Mitglieder des Reichsversicherungsamts verhindert, so werden statt ihrer ständige Mitglieder zugezogen.

Die übrigen Mitglieder des Großen Senats und mindestens je zwei Stellvertreter werden nach näherer Bestimmung der Verordnung (§ 35 Abs. 2)[1] für ein Geschäftsjahr im voraus bezeichnet. Dabei sind je zwei ständige Mitglieder und je zwei richterliche Beamte sowie deren Stellvertreter besonders zu bezeichnen für Sachen der

Krankenversicherung,
Unfallversicherung,
Invalidenversicherung.

1. S. § 18 Abs. 2, 3, 4 RVAO.

4. Kosten

§ 103 ist weggefallen.

A Art. I Nr. 6 der V. v. 30. X. 23 (RGBl. I S. 1057).

§ 104. Die Kosten des Reichsversicherungsamts einschließlich der Kosten des Verfahrens[1] [2] trägt das Reich.

In die Reichskasse fließen die Geldstrafen nach § 95, § 1698 Abs. 1, § 1701 Abs. 1, sowie die besonders auferlegten Verfahrenskosten (§ 1802) und die Gebühren nach § 1803.

Art. I Nr. 15a der V. v. 15. III. 24 (RGBl. I S. 280).

1. Im einzelnen vgl. HbdUV. 1 560, 561.
2. Wegen der Kosten der Senate für AV. s. §§ 167, 145 AVG., wegen der Kosten der Knappschaftssenate s. § 202 Abs. 3 RKG., V. über Grundsätze für die Erstattung der Kosten der Knappschaftssenate beim RVA. v. 8. IV. 27 (RGBl. I S. 107), wegen der Kosten des RSchA. s. §§ 59ff. der RSchAO. v. 17. II. 1925 (AN. 25 196).

5. Landesversicherungsämter

§ 105. Ein Landesversicherungsamt[1], das vor diesem Gesetze für das Gebiet eines Landes errichtet war, kann bestehen bleiben, solange zu seinem Bereiche mindestens vier Oberversicherungsämter gehören.

Das Landesversicherungsamt tritt für dieses Gebiet an die Stelle des Reichsversicherungsamts, soweit dieses Gesetz es vorschreibt.

Die Kosten des Landesversicherungsamts trägt das Land.

1. Es bestehen nur noch:

a) das für Bayern errichtete Bay. LVAmt in München; AN. **86** 100, V. v. 29. XII. 11 (GVBl. S. 1365),

b) das für Sachsen errichtete Sächs. LVAmt in Dresden; AN. **86** 83, V. v. 25. VI. 12 (GVBl. S. 329), V. v. 24. XII. 11 (GVBl. S. 255)

c) das für Baden errichtete Bad. LVAmt in Karlsruhe; AN. **88** 234, G. v. 22. VI. 12 (GVBl. S. 225).

Beim Bay. LVAmt sind errichtet ein Landesschiedsamt nach § 368q, und das Bay. Landesversorgungsgericht; § 154 des VerfG.

§ 106. Das Landesversicherungsamt besteht aus ständigen und nichtständigen Mitgliedern.

Die Landesregierung ernennt die ständigen Mitglieder. Soweit sie im Hauptamt ernannt werden, sind sie auf Lebenszeit oder nach Landesrecht unwiderruflich anzustellen.

Als nichtständige Mitglieder werden in getrennter Wahl unter Leitung des Landesversicherungsamts schriftlich mindestens je acht Vertreter der Arbeitgeber und der Versicherten gewählt. Davon entfällt je die eine Hälfte auf den Bereich der landwirtschaftlichen, die andere auf den der gewerblichen Unfallversicherung.

§ 107. Für Wahl, Rechte und Pflichten der Mitglieder gelten § 87 Abs. 2, §§ 89, 92—97 entsprechend, soweit im § 106 Abs. 3 und nachstehend nichts anderes vorgeschrieben ist.

An die Stelle des Reichsrats und des Reichsarbeitsministers tritt die oberste Verwaltungsbehörde.

Die Arbeitgeber werden von den Arbeitgebermitgliedern, die Versicherten von den Versichertenmitgliedern in den Ausschüssen der Versicherungsanstalten und in den entsprechenden Vertretungen der Sonderanstalten gewählt, die für das Gebiet des Landes errichtet sind oder es umfassen. Die Wahl geschieht nach den Grundsätzen der Verhältniswahl. Das Landesversicherungsamt setzt das Stimmenverhältnis der Wähler nach der Wahl der Versicherten fest. Das Reichsversicherungsamt erläßt die Wahlordnung[1] im Einvernehmen mit dem Landesversicherungsamt; im Streitfall entscheidet der Reichsarbeitsminister.

Bei Sonderanstalten der Deutschen Reichsbahn-Gesellschaft kann die oberste Verwaltungsbehörde bestimmen, daß die Versichertenvertreter im Vorstand der Anstalt wahlberechtigt sind.

Das Landesversicherungsamt leitet die Wahl und veröffentlicht das Wahlergebnis.

Art. IV des G. v. 13. IV. 22 (RGBl. I S. 455), Art. 51 Nr. 10 des G. v. 23. VI. 23 (RGBl. I S. 454), Bek. v. 15. XII. 24 (RGBl. I S. 779).

1. Wahlordnung für die Wahl der nichtständigen Mitglieder der LVAer. v. 8. XII. 27. (AN. 27 542).

§ 108. Die Enthebung eines nichtständigen Mitglieds beschließt das Landesversicherungsamt.

Die §§ 98—100, § 104 Abs. 2 gelten entsprechend für das Landesversicherungsamt; an die Stelle des Reichsrats und des Reichsarbeitsministers tritt die oberste Verwaltungsbehörde, an die Stelle der Reichskasse die Kasse des Landes.

§ 109. Soweit nicht dieses Gesetz den Geschäftsgang und das Verfahren des Landesversicherungsamts ordnet, geschieht es durch die Landesregierung[1]. Sie setzt die Vergütung für die nichtständigen Mitglieder fest.

1. Es gelten für das Bay. LVAmt Bek. v. 2. III. 12 (GVBl. S. 65), geändert durch V. v. 8. II. 24 (GVBl. S. 57) und V. v. 6. V. 24 (GVBl. S. 156), für das Sächs. LVAmt V. v. 24. XII. 11 (GVBl. S. 255), für das Bad. LVAmt V. v. 20. I. 12 (GVBl. S. 67).

Vierter Abschnitt

Sonstige gemeinsame Vorschriften

I. Behörden

§ 110. Die oberste Verwaltungsbehörde kann einzelne der Aufgaben und Rechte, die ihr dieses Gesetz zuweist, auf andere Behörden übertragen[1 2].

1. Für Preußen Erl. des HM. v. 27. VI. 12 (HMBl. S. 389, AN. 12 840).

2. In den Angelegenheiten, in denen das Bay. LVAmt gemäß § 110 zu entscheiden hat, ist die Entscheidung nicht auf den Antrag der Partei beschränkt; EuM. 11 112 (Bay. LVAmt).

§ 111. Sie bestimmt,

1. welchen Landesbehörden und welchen Behörden und Vertretungen von Gemeindeverbänden und Gemeinden die Aufgaben zukommen, die dieses Gesetz den höheren und den unteren Verwaltungsbehörden, den Ortspolizeibehörden, den gemeindlichen Behörden, den Gemeindeverbänden und Gemeinden sowie ihren Behörden und Vertretungen zuweist,

2. welche Verbände als Gemeindeverbände zu gelten haben; eine einzelne Gemeinde gilt als Gemeindeverband im Sinne dieses Gesetzes nur dann, wenn es die oberste Verwaltungsbehörde bestimmt,

3. ob und welche örtlichen Geschäfte der Reichsversicherung von den Gemeindebehörden an Stelle der Versicherungsämter erledigt werden sollen.

Die Bestimmungen[1] werden im Reichsanzeiger veröffentlicht.

1. Für Preußen s. Erl. des HM. vom 7. XII. 11 (HMBl. S. 447). Für die übrigen Länder AN. 12 1074 ff.

§ 112. Die oberste Verwaltungsbehörde kann mit Zustimmung des Reichsarbeitsministers Aufgaben des Versicherungsamts Organen des Reichsknappschaftsvereins[1] übertragen[2]. Sie kann ferner Aufgaben des Versicherungsamts Organen von Betriebskrankenkassen für Betriebsverwaltungen und Dienstbetriebe des Reichs und der Länder sowie von Sonderanstalten übertragen[3], wenn die Organe mindestens zur Hälfte aus Versicherungsvertretern bestehen, die aus geheimer Wahl hervorgegangen sind. Spruchbefugnisse können nicht übertragen werden.

Art. 51 Nr. 11 des G. v. 23. VI. 23 (RGBl. I S. 454).

1. Jetzt Reichsknappschaft; § 7 RKG.

2. Auf Grund des § 112 Satz 1 werden in den Bezirken einiger Knappschaften die Nachweisungen über die entschädigten Entbindungsfälle (§ 205d Abs. 2) nicht an das VA., sondern an den Geschäftsausschuß eingereicht.

3. Ist die Vorbereitung und Begutachtung der Anträge auf Leistungen der JV. Organen einer Sonderanstalt übertragen, so ist es ein wesentlicher Mangel des Verfahrens, wenn das nämliche Organ über die Rentenanträge entscheidet; AN. 16 429.

§ 113. Erstreckt sich eine Versicherungsbehörde, ein Versicherungsträger oder ein Betrieb auf Gebiete mehrerer Länder, so nimmt die Landesregierung oder die oberste Verwaltungsbehörde des Landes ihres Sitzes die Befugnisse wahr, die dieses Gesetz der Landesregierung oder der obersten Verwaltungsbehörde beilegt, soweit es nichts anderes vorschreibt.

Wenn sich Landesregierungen oder oberste Verwaltungsbehörden nicht einigen, wo dieses Gesetz ihr Zusammenwirken vorschreibt, so entscheidet zwischen den Landesregierungen der Reichsrat, zwischen den Verwaltungsbehörden der Reichsarbeitsminister. Dasselbe gilt, wenn sie sich nicht über ihre Zuständigkeit oder im Falle des Abs. 1 nicht über den Sitz einigen.

Für Betriebe des Reichs und ihre besonderen Versicherungsbehörden und Versicherungsträger übt der zuständige Reichsminister die Rechte der obersten Verwaltungsbehörde aus.

Bek. v. 15. XII. 24 (RGBl. I S. 779).

§ 114. Die Vorschriften dieses Gesetzes für Gemeinden gelten auch für die selbständigen Gutsbezirke und Gemarkungen (ausmärkische Bezirke)[1]. Die Rechte und Pflichten trägt dort an Stelle der Gemeinden der Gutsherr oder Gemarkungsberechtigte.

1. Ausmärkische Bezirke sind in Bayern vorkommende Bezirke, vornehmlich Staatswaldungen, die zu den selbständigen Gutsbezirken und Gemarkungen nicht gerechnet werden können; KommBer. zum KVG. (92) S. 49.

II. Rechtshilfe[1]

§ 115. Die öffentlichen Behörden sind verpflichtet[2], den im Vollzuge dieses Gesetzes an sie ergehenden Ersuchen der Versicherungs- und anderen öffentlichen Behörden sowie der Organe der Versicherungsträger[3] zu entsprechen, insbesondere vollstreckbare Entscheidungen zu vollstrecken[4].

Überwachungshandlungen der in § 347 Abs. 4, § 404 Abs. 3, §§ 888, 1465, 1470 bezeichneten Art können nur unter den dort genannten Voraussetzungen verlangt werden[5].

1. Rechtshilfe im engeren Sinne umfaßt die Pflicht gewisser Dienststellen, sich bei Erledigung von Aufgaben, die an sich anderen Dienststellen obliegen, helfend zu betätigen. Rechtshilfe kann wenigstens in der Regel nur in Anspruch nehmen, wer sich nicht selbst helfen, d. h. die Handlung, die er beansprucht, nicht selbst vornehmen kann. Ein Ersuchen um Rechtshilfe darf daher abgelehnt werden, wenn die Handlung von der ersuchenden Dienststelle selbst mit demselben oder im wesentlichen

gleichwertigen Erfolge vorgenommen werden kann; AN. **14** 802. Der Begriff Rechtshilfe geht weiter. Er umfaßt die Pflicht gewisser Dienststellen, sich gegenseitig bei Erledigung der dienstlichen Geschäfte nach Möglichkeit Beistand zu leisten; AN. **19** 441, EuM. **4** 423, **8** 20, **11** 9 (Bay. LVAmt).

Das Recht, Rechtshilfe zu verlangen, ist durch die RVO. gegenüber dem früheren Recht nicht eingeschränkt; Erl. des Pr. Min. f. V. v. 10. III. 24 (VMBl. S. 142).

Die VGen. und LVAnsten. sollen von diesem Rechte keinen übermäßigen Gebrauch machen; Runderl. des RVA. v. 4. XI. 09 (AN. **09** 596), v. 16. IV. 24 (AN. **24** 93), v. 18. V. 29 (AN. **29** 248).

Einzelne Fälle:

Ersuchen der VGen. an die Ortspolizeibehörden um Öffnung der Leiche eines Versicherten; AN. **86** 291, **08** 660, **11** 487, EuM. **17** 165.

Ersuchen der VersTr. um Vollstreckung vollstreckbarer Entscheidungen; AN. **15** 346.

Ersuchen an die Amtsgerichte um Abnahme eines Offenbarungseids; AN. **98** 310 (RG.), VG. **27** 72 (Preuß. Just.M.).

Ersuchen an die Amtsgerichte um eidliche Vernehmung von Zeugen und Sachverständigen nach § 1571. S. Anm. 7 zu § 1571.

Ersuchen an Staatskrankenanstalten um Mitteilung des Ergebnisses der Leichenöffnung; VG. **19** 88.

Das Ersuchen der Tiefbau-VG. an öffentliche Behörden, ihr die Vergebung von Tiefbauarbeiten an gewerbliche Unternehmer mitzuteilen, ist ein Ersuchen im Sinne des § 115; EuM. **23** 294 (RPM.).

2. Das AG. ist verpflichtet, dem Ersuchen eines VersTr. um Vernehmung eines Unfallverletzten zu entsprechen; EuM. **23** 293 (OLG. Hamm). Bei Ablehnung des Rechtshilfeersuchens durch ein AG. steht dem VersTr. die Beschwerde und weitere Beschwerde nach § 16a GVG. zu; Monatsschr. **14** 416 (Bay. Oberst. Landesger.). Dem Ersuchen der Versicherungsbehörden oder der Organe der VersTr. um Überlassung von Versorgungsakten ist stattzugeben ohne Auferlegung der in Ziff. III Abs. 2 der Ausführungsbestimmungen zu §§ 59, 60 des VersGes. vorgesehenen Verpflichtung; Reichsversicherung **27** 247 (RAM).

Nach § 204 Abs. 2 des AVAVG. sind die Hauptstelle der Reichsanstalt, die Landesarbeitsämter und die Arbeitsämter innerhalb ihrer Zuständigkeit verpflichtet, dem Ansuchen der VersTr. um Rechtshilfe zu entsprechen. Ebenso haben die Organe der VersTr. innerhalb ihrer Zuständigkeit den im Vollzuge dieses Gesetzes an sie gerichteten Ansuchen der Reichsanstalt zu entsprechen; § 204 Abs. 1 a. a. O.

In der Allg.Verf. des Pr. JustM. über die Benachrichtigung der VGen. von der Eröffnung eines Konkurses über das Vermögen eines ihrer Mitglieder v. 11. X. 27 (JMBl. S. 319) wird den Konkursgerichten empfohlen, nach Möglichkeit dafür zu sorgen, daß die VGen. die im § 111 Abs. 3 der KonkO. bezeichnete Zustellung erhalten. In der Allg.Verf. v. 12. XI. 27 (JMBl. S. 344) empfiehlt der Pr. JustM. den Konkursgerichten, nach Möglichkeit dafür zu sorgen, daß auch die übrigen VersTr., insbesondere die KrKn. und die Träger der JV. im Rahmen des § 111 Abs. 3 der KonkO. von der Konkurseröffnung Nachricht erhalten.

Über die in Strafsachen von den Strafverfolgungsbehörden, den Strafvollstreckungsbehörden und den Gerichten zu machenden Mitteilungen s. §§ 63, 64 der Allg. Verf. des Pr. JustM. v. 12. XII. 27 (JMBl. S. 395, AN. **28** 35).

Die VAer. sind auch dann zur eidlichen Zeugenvernehmung verpflichtet, wenn es sich um die Beschaffung von Unterlagen für die Regreßklage nach §§ 902—907 RVO. handelt; Breith. **15** 24 (Reg. v. Oberbayern).

Auskunft von der Post, in welcher Höhe ein Verletzter seinen Angehörigen Geld schickt, kann wegen des Postgeheimnisses nicht verlangt werden; Breith. 3 123 (Württ. Gen.Dir.), Monatsschr. **14** 639 (Bay. VerkehrsMin.).

Mitwirkung der Vorsteher der Strafanstalten, Gefängnisse, Korrektions- und Besserungsanstalten bei der Durchführung des § 615 Abs. 1 Nr. 1 und des § 1312 s. Rundschr. des RVA. v. 2. III. 07 (AN. **07** 403) und v. 17. VI. 11 (AN. **11** 445).

Das RVA., die LVÄmter, die OVAer., VAer. und die LVAnsten. gehören zu den Stellen, denen Auskunft aus dem Strafregister zu erteilen ist; Bek. v. 3. XII. 23 (RMinBl. S. 1093).

Im Gegensatz zu § 122 JVG. sind nach der RVO. die VAnsten. nicht verpflichtet, den VAern. (unteren Verwaltungsbehörden) von den Rentenfestsetzungen oder -Ablehnungen Mitteilung zu machen; EuM. **5** 389.

3. Organe der VersTr. sind auch die auf Grund des Art. 42 des Dritten G. über Änderungen in der UV. v. 20. XII. 28 (RGBl. I S. 405) errichteten berufsgenossenschaftlichen Schiedsstellen; § 8 der Bestimmungen des RVA. über berufsgenossenschaftliche Schiedsstellen nach Art. 42 a. a. O. v. 29. I. 29 (AN. **29** 57). Auch die Kontrollbeamten der LVAnsten. sind zu Ersuchen um Rechtshilfe berechtigt, wenn ihnen in der Dienstanweisung ausdrücklich die Befugnis, in den ihre amtliche Tätigkeit betreffenden Angelegenheiten Anfragen und Ersuchen an öffentliche Behörden zu richten, übertragen und ihnen die Pflicht auferlegt ist, den Ersuchen der öffentlichen Behörden Folge zu leisten; AN. **99** 379, **01** 199, **09** 588.

Die Ersatzkassen können Rechtshilfe von den öffentlichen Behörden nicht verlangen, sie haben aber Rechtshilfe zu leisten, § 524; AN. **14** 779.

4. Die Vollstreckung von Entscheidungen, durch die ein VersTr. zu einer Leistung verurteilt worden ist, erfolgt ausschließlich gemäß § 30 durch Ersuchen der Aufsichtsbehörde des VersTr., die erforderlichenfalls Zwangsmaßnahmen nach § 31 Abs. 3 (§§ 379, 689, 1359) ergreifen kann; AN. **27** 274.

5. Es handelt sich in diesen Fällen um ein abgeschlossenes Tätigkeitsgebiet der VersTr., um eigene Aufgaben der VersTr., die nicht Gegenstand der Rechtshilfe sein können. Das Recht auf Rechtshilfe im Einzelfall wird dadurch nicht berührt. Bei Ersuchen um Vornahme von einzelnen Überwachungshandlungen ist der VersTr. nicht verpflichtet, mit dem VA. in Verhandlungen wegen der Kostenerstattung einzutreten; EuM. **5** 29, Erl. des Pr. MfV. v. 10. III. 24 (VMBl. S. 142).

§ 116. Diese Rechtshilfe haben auch die Organe der Versicherungsträger einander [1] sowie den Behörden und Fürsorgeverbänden [2] zu leisten.

1. Nach § 221 RKG. haben auch die Reichsknappschaft, die Bezirksknappschaften und die besonderen KrKn. einander und anderen Trägern der Reichsversicherung sowie den Behörden und Fürsorgeverbänden Rechtshilfe (§ 220 a. a. O.) zu leisten. Wegen des Rechtes der Reichsknappschaft usw., Rechtshilfe zu beanspruchen, s. § 220 a. a. O., § 116 in Verbindung mit § 1372 Nr. 2 RVO.

Die Verpflichtung der RfA., den Organen der anderen Träger der Reichsversicherung Rechtshilfe zu leisten, und ihr Recht, von ihnen Rechtshilfe zu verlangen, ist durch § 318 AVG. begründet.

Einander haben die BGen. Anfragen über Inanspruchnahme eines Betriebs zu beantworten; AN. **97** 329.

Einander haben die VersTr. auf Ersuchen ihre Akten über Leistungsansprüche mitzuteilen; AN. **95** 163, EuM. **7** 356, **8** 20.

Gegenseitige Überlassung der Akten der BGen., soweit nicht im Einzelfall vorübergehende Hinderungsgründe vorliegen; EuM. **4** 423.

Verpflichtung zur Auskunft über die persönlichen Verhältnisse eines Versicherten, insbesondere Krankheit und ihre Ursachen, soweit der ersuchte VersTr. davon amtlich Kenntnis hat und der ersuchende VersTr. dieser Mitteilung zur Durchführung seiner Aufgaben bedarf; AN. **16** 492.

Vgl. auch §§ 219—222, 344, 444, 1501ff., RVO., § 318 AVG.

Arbeiter- und Lohnnachweise dürfen von den BGen. Dritten, auch LVAnsten., — abgesehen von den Finanzämtern — nur mit ausdrücklichem Einverständnis des Arbeitgebers mitgeteilt werden; HbdUV. Erg.Bd. S. 50, AN. **12** 883, **14** 802. Der Beschluß eines Industrieverbandes könnte auch bei Zustimmung aller seiner Mitglieder das Einverständnis des beteiligten Arbeitgebers nicht ersetzen und das freie Ermessen der BG. nicht beschränken; EuM. **15** 255. Vgl. auch Anm. 5 Abs. 2 zu § 142.

2. Rechtshilfe haben die Organe der VersTr. auch der Reichsanstalt für AV. u. AV. zu leisten; § 204 Abs. 1 Satz 2 AVAVG. Anderseits sind auch die Hauptstelle der Reichsanstalt, die Landesarbeitsämter und die Arbeitsämter verpflichtet, den Ansuchen der VersTr. um Rechtshilfe zu entsprechen; § 204 Abs. 2 a. a. O.

Die VersTr. haben über die von ihnen gewährten Leistungen Behörden auch dann Auskunft zu geben, wenn diese der Auskunft im öffentlichen Interesse zur Durchführung ihrer Aufgaben bedürfen; AN. **19** 441, EuM. **11** 9 (Bay. LVAmt).

§ 75 Abs. 1 Satz 2 des VersGes.: Auskunftspflicht gegenüber den Versorgungsbehörden; Erl. des RAM. v. 23. IV. 23 (RVBl. S. 154).

Nachdem durch das Reichsjugendwohlfahrtsges. v. 9. VII. 22 (RGBl. I S. 633) die Führung der Vormundschaft über uneheliche Kinder auf das Jugendamt als Behörde übergegangen ist, werden die KrKn. einem Ersuchen des Jugendamts um Auskunft über Beschäftigung und Lohnverhältnisse der bevormundeten Versicherten entsprechen müssen; Erl. des Bay. M. f. Soziale Fürsorge v. 16. XI. 26, Staatsanzeiger Nr. 267.

Keine allgemeine Verpflichtung der VersTr., den BAern. über die Festsetzung oder Ablehnung von Rentenansprüchen Mitteilung zu machen; EuM. **5** 389.

Dem Ersuchen einer Stadtverwaltung, zwecks Veranlagung eines Arbeitgebers zu den Berufsschulbeiträgen einem Beamten der Stadtverwaltung die Einsicht in die Kartensammlung in den Kassenräumen und die Übertragung der Zahl der Arbeitnehmer in eine Liste zu gestatten, braucht die KrK. nicht nachzukommen. Die Verpflichtung der VersTr., den Behörden und Fürsorgeverbänden bei der Erledigung dienstlicher Aufgaben Beistand zu leisten, findet eine natürliche Einschränkung, wenn ausdrückliche Rechtsvorschriften entgegenstehen. Hier greift § 344 ein, wonach der Kassenvorstand den Trägern der UV. und der JV. — aber auch nur ihnen — zu gestatten hat, durch Beauftragte in den Kassenräumen während der Geschäftsstunden die Bücher und Listen einzusehen, die Zahl, Beschäftigungszeit und Lohnhöhe ihrer Versicherten zu ermitteln; EuM. **21** 231.

Die Ersatzkassen haben den Organen der VersTr. gegenüber die Pflicht zur Rechtshilfe und das Recht auf Rechtshilfe. Den Behörden und Fürsorgeverbänden gegenüber haben sie die Pflicht zur Rechtshilfe, aber nicht das Recht auf Rechtshilfe, § 524; AN. **14** 779, Monatsschr. **15** 140.

Lehnt ein VersTr. ein Ersuchen um Rechtshilfe ab, so ist die Aufsichtsbeschwerde zulässig. Gegen die vom VA. als Aufsichtsbehörde der KrK. ergangene Entscheidung Beschwerde nach § 1792, weitere Beschwerde nach § 1797; AN. **14** 657, EuM. **4** 35. Leistet ein VersTr. dem Ersuchen seiner Aufsichtsbehörde um Rechtshilfe keine Folge, so kann die Aufsichtsbehörde selbst ihn im Aufsichtswege hierzu anhalten und insbesondere den verantwortlichen Mitgliedern des Vorstandes Geldstrafen androhen (§ 31 Abs. 3); Breith. **16** 49.

Über Auskunftspflicht in Steuersachen s. §§ 177, 191 der Reichsabgabenordnung v. 13. XII. 19 (RGBl. S. 1993). Nach § 80 des Einkommensteuergesetzes v. 10. VIII. 25 (RGBl. I S. 185) haben die VersTr. den Finanzbehörden jede zur Durchführung der §§ 66—77 (vereinfachte Besteuerung des Arbeitslohns) und der den Finanzämtern obliegenden Prüfung und Aufsicht dienliche Hilfe zu leisten; insoweit findet § 142 keine Anwendung. Über diese Beistands- und Auskunftspflicht haben nicht die Instanzen der RVO. zu entscheiden; EuM. **15** 4. Gegen Angestellte von OrtsKrKn.

kann eine erzwingbare Anordnung aus §§ 191, 202 der Reichsabgabenordnung nicht ergehen; EuM. **26** 222 (Reichsfinanzhof, E. v. 18. IX. 29).

§ 117[1]. Tagegelder, Reisekosten, Gebühren für Zeugen und Sachverständige[2] und alle anderen baren Auslagen[3], die aus der Rechtshilfe erwachsen, werden von den Versicherungsträgern[4] als eigene Verwaltungskosten erstattet.

1. Umfang der Erstattungspflicht. Die Pflicht der VersTr., bare Auslagen zu erstatten, reicht in Rechtshilfesachen grundsätzlich ebensoweit wie in Spruchsachen (§ 59 Abs. 2). Gewöhnliche Verwaltungskosten der ersuchten Dienststelle sind nicht zu erstatten; AN. **14** 681. Die VersTr. haben vorbehaltlich § 59 Abs. 2 die Kosten der ihnen geleisteten Rechtshilfe nicht zu erstatten, soweit es sich bei den Behörden um die Erfüllung von Aufgaben handelt, die ihnen das Gesetz als eigene Aufgaben zuweist; Anw. des RVA. v. 12. XI. 91 (AN. (JuAV.) **92** 13), EuM. **4** 38, AN. **21** 261.

Die Eintreibung von Eigenbauprämien für die Baugewerks-BG. durch die Gemeinden und das Vorgehen der vorgesetzten Stelle gegen eine säumige Gemeinde ist nicht eine Handlung der Rechtshilfe, deren bare Auslagen zu erstatten sind, sondern eigene Aufgabe der Gemeinden und der vorgesetzten Stelle; EuM. **18** 6 (Bay. LVAmt).

Die Ausgrabung und Öffnung einer Leiche gehört zu den von Amts wegen von der Ortspolizeibehörde auf ihre Kosten nach § 1559 vorzunehmenden Unfalluntersuchungshandlungen, wenn ohne sie nicht entschieden werden kann, ob ein Betriebsunfall vorliegt und Todesursache ist, oder ein inneres Leiden. Dies gilt auch dann, wenn die BG. die Anregung dazu gegeben hat. Bare Auslagen hat sie nur dann zu erstatten, wenn sie außerhalb des Rahmens des § 1559 die Ausgrabung und Öffnung der Leiche im Wege der Rechtshilfe verlangt hat; EuM. **17** 165. S. ferner für Preußen AN. **08** 660 (über die Art des Vorgehens und die Berechnung und Erstattungsart der Kosten bei Leichenöffnungen gelegentlich einer Unfalluntersuchung), AN. **11** 487 (über die Frage, ob bei Leichenöffnungen auf unmittelbares oder mittelbares Ersuchen der BG. für die Berechnung der Gebühren das G., betreffend die Gebühren der Medizinalbeamten, v. 14. VII. 09, amtliche Taxe, gilt).

Das VA. hat die Kosten einer unter Zuziehung eines Sachverständigen vorgenommenen Prüfung der Geschäfts- und Rechnungsführung einer Krankenkasse dann selbst zu tragen, wenn es in Ausübung seines Aufsichtsrechts selbst die Prüfung ausgeführt hat; AN. **30** 7.

Es fallen ferner zur Last:

dem VA. die Kosten für die Empfangsbescheinigungen über die Betriebsanmeldungen (§ 653 Abs. 2), für die Überweisung von Betrieben an eine BG. (§§ 654, 656, 666), die Kosten der Zustellung von Ablehnungs- und Löschungsbescheiden (§ 659 Abs. 2, § 670); AN. **15** 749, die Kosten der zur Ergänzung einer unvollständigen Betriebsanmeldung erforderlichen Erhebungen; AN. **90** 164. Die Kosten der Zustellung von Mitgliedscheinen trägt die BG. (§ 659 Abs. 1). Ebenso die Kosten der Ermittlung der bei ihr zu versichernden Betriebe; AN. **14** 681. Auch die Kosten der auf Ersuchen der BG. erfolgenden Aufklärung der Betriebsverhältnisse eines Unternehmers, sofern eine Überweisung des Betriebs nach eigenem Ermessen des VA. gemäß §§ 654, 655, 656 Abs. 3 dabei nicht in Frage kommt; EuM. **12** 5. Es gehört auch nicht zu den eigenen Aufgaben des VA., die Zustimmung des Versicherten zu einer Kapitalabfindung (§ 616) herbeizuführen; AN. **14** 682. Das VA. trägt die Kosten, die durch Berichtigung der Quittungskarten nach §§ 1462—1464 erwachsen; AN. **13** 751.

2. Gebühren für Zeugen und Sachverständige. Hierfür gilt die Gebührenordnung für Zeugen und Sachverständige in der Fassung der Bek. v. 21. XII. 25 (RGBl. I S. 471), wenn die Vernehmung gerichtlich erfolgt oder wenn ihre Anwendung sonst vorgeschrieben ist, z. B. § 1579. Vgl. auch für Preußen G., betr. die Gebühren der Medizinalbeamten, v. 14. VII. 09 (GS. S. 625), dazu Erl. v. 5. V. 24 (GS. S. 540). Ferner GebOrd. für approbierte Ärzte und Zahnärzte v. 1. IX. 24 (VMBl. S. 371).

Wird ein Zeuge oder Sachverständiger auf Ersuchen eines VersTr. gemäß § 115 vom Amtsgericht vernommen, so setzt dieses die Gebühren fest. Auf Beschwerde entscheidet das ihm im Instanzenwege nach dem GVG. übergeordnete Gericht; AN. **21** 396.

3. Alle anderen baren Auslagen. Dazu gehören in der Regel nur die den Behörden neben ihren sonstigen dienstlichen Aufwendungen besonders erwachsenen, sofort liquiden Kosten, nicht etwa z. B. ein Anteil an den Kosten für Schreibmaterialien oder Arbeitskräfte; Anweisung des RVA. v. 12. XI. 91 Ziff. 2 (AN. (JuAV.) **92** 13); AN. **14** 681. Bare Auslagen sind auch Schreibgebühren der Gerichte, z. B. für Abschriften der Grundbuchtabelle, des Eintrags im Handelsregister; BG. **27** 93 (KG.), Breith. **18** 180 (LG. Altona). Hingegen Schreibgebühren keine Barauslagen; BG. **29** 481 (LG. II Berlin), Breith. **18** 1 (LG. Kiel). In einem neueren Beschlusse v. 9. VIII. 29 hat das LG. II Berlin hinwiederum die Schreibgebühren (für Abschrift des von der Schuldnerin beschworenen Vermögensverzeichnisses) als nach § 117 erstattungspflichtige Barauslagen erklärt; BG. **30** 135.

Bedient sich die um Rechtshilfe ersuchte Stelle zur Ausführung eines Ersuchens statt des ständigen Angestellten einer Hilfskraft, so hat der ersuchende VersTr. nicht einen Teil des Entgelts der Hilfskraft als bare Auslage zu erstatten; EuM. **14** 13 (Bay. LVAmt).

Wenn eine Stadtgemeinde auf Ersuchen einer landw. BG. ein neues Unternehmerverzeichnis aufstellt, so sind ihr die Löhne für besonders angenommene Hilfskräfte zu erstatten. Da die Aufstellung dieses Verzeichnisses eine außergewöhnliche Mehrarbeit erfordert, können die Kosten nicht zu den gewöhnlichen Verwaltungskosten gerechnet werden, deren Erstattung nach AN. **14** 681 nicht in Frage kommen würde; EuM. **23** 199.

Trifft eine KrK. auf Ersuchen einer LVAnst. in Erfüllung der Rechtshilfepflicht Feststellungen und bedient sie sich hierzu einer Schreibhilfe, so können die Auslagen dafür der LVAnst. dann nicht zur Last gelegt werden, wenn der Kasse nicht auch bei Erledigung des Ersuchens durch sonstige Angestellte Auslagen erwachsen sein würden; Monatsschr. **22** 179.

Besondere Hebegebühren darf die Vollstreckungsbehörde nicht fordern, abgesehen von § 1020. Danach erhalten die Gemeinden eine Vergütung von den landwirtschaftlichen BGen. für die Einziehung der Beiträge. Neben dieser Vergütung haben die Gemeinden keinen Anspruch auf Ersatz von Auslagen, da es sich hier nicht um Rechtshilfe, sondern um eigene Aufgabe der Gemeinden handelt; EuM. **15** 256. Sie dürfen daher die Einziehung nicht von der Erstattung höherer eigener Aufwendungen bei der Einziehung abhängig machen; EuM. **16** 347.

Mahn- und Pfändungsgebühren haben die VersTr. nicht zu erstatten; AN. **15** 615. Da indessen die gesamten Kosten der Zwangsvollstreckung einschließlich der Gebühren der Vollziehungsbeamten und etwaiger Portokosten in erster Linie dem Schuldner zur Last fallen, so hat der VersTr. auch bare Auslagen nur insoweit zu erstatten, als die Zwangsvollstreckung fruchtlos ausgefallen ist; AN. **87** 378, **88** 222, **08** 552. Ist die Vollstreckungsbehörde vertraglich oder landesgesetzlich verpflichtet, dem Vollziehungsbeamten seine Gebühren im Falle der Unbeitreibbarkeit der Forderung ganz oder teilweise zu zahlen, so entstehen bare Auslagen, die der VersTr. zu erstatten hat; EuM. **12** 310. Keine Erstattungspflicht der BG. gegenüber der um Beitreibung rückständiger Umlagebeiträge ersuchten Stadtverwaltung, wenn die Zwangsvollstreckung durch einen im festen Gehalt stehenden städtischen Vollstreckungsbeamten erfolgt ist; EuM. **25** 164. Der Beschluß des AG. über die Zulassung des Beitritts eines VersTr. zur Zwangsversteigerung ist gebührenfrei; BG. **28** 210 (LG. Altona).

Für das Verfahren bei Abnahme eines Offenbarungseids können die Amtsgerichte nur Erstattung der baren Auslagen verlangen; AN. **98** 310 (RG.). Jedoch hat der VersTr. für die Verhaftung eines Beitragsschuldners zum Zwecke der Ableistung des Offenbarungseides dem Gerichtsvollzieher die in der Gebührenordnung vorgesehene Gebühr zu zahlen; Breith. **11** 98 (KG.).

Auch Pauschbeträge sind zu ersetzen, wenn sie an die Stelle barer Auslagen treten; RGZ. **75** 311.

Vgl. im übrigen Verf. des Pr. JustM. v. 27. XI. 93 (AN. **94** 2) u. v. 24. I. 27 (JMBl. S. 21).

Kosten, die dadurch entstehen, daß deutsche Konsularbehörden auf Ersuchen einer BG. ein ärztliches Gutachten einholen und für die Erstattung des Gutachtens wichtige Aktenstellen zur Mitteilung an den der deutschen Sprache nicht mächtigen Arzt in die Sprache des Auslandes übersetzen lassen, sind bare Auslagen, welche die BG. zu erstatten hat; AN. **13** 800.

Streit über die Kosten einer auf Ersuchen des VersTr. (durch das VA.) geleisteten Rechtshilfe entscheidet seine Aufsichtsbehörde; AN. **14** 682, EuM. **12** 5. Darüber, in welchem Umfange der Ersatz barer Auslagen auf Grund der §§ 71, 72 des Gerichtskostenges. in der F. v. 5. VII. 27 (RGBl. I S. 152) gefordert werden kann, entscheiden die ordentlichen Gerichte; zu vgl. Erlaß des Pr. JustM. v. 22. XI. 29 über gerichtliche Rechtshilfekosten in Angelegenheiten der KV., abgedr. in „Deutsche Landkrankenkasse" **29** 761.

Portokosten, die im schriftlichen Verkehr mit dem um Rechtshilfe oder Beistand ersuchenden VersTr. der ersuchten Dienststelle entstehen, gehören zu den im regelmäßigen Geschäftsgang erwachsenen gewöhnlichen Verwaltungskosten und sind daher keine baren Auslagen; AN. **25** 159, Breith. **18** 1 (LG. Kiel).

Nach § 8 der Postordnung v. 30. I. 29 (RGBl. I S. 33) ist es bei Zulassung der für Drucksachen ermäßigten Taxe gestattet:

Nr. 11, bei Quittungskarten der JV. die durch die RVO. vorgeschriebenen Eintragungen vorzunehmen, die Beitragsmarken aufzukleben und die aufgeklebten Marken zu entwerten;

Nr. 12, bei Drucksachen, die von BGen. oder VAnsten. oder ihren Organen auf Grund der RVO. abgesandt werden und auf der Außenseite mit dem Namen der BG. oder der VAnst. bezeichnet sind, Zahlen oder Namen einzutragen oder zu ändern.

Bei diesen Drucksachen nebst Beilagen können auch die unter Nr. 1—6 bezeichneten Änderungen und Zusätze angebracht werden.

Die Kosten für die zu einer sachgemäßen Unfalluntersuchung erforderlichen ärztlichen Gutachten fallen nicht unter § 117, sie sind von der Polizeibehörde zu tragen; EuM. **20** 164.

4. § 117 gilt nur für die Rechtshilfe, um die der VersTr. ersucht. Die Kosten einer Zeugenvernehmung, um die das VA. oder eine andere Behörde vom OVA. ersucht wird, fallen regelmäßig dem Lande zur Last; AN. **21** 261, EuM. **4** 38, **10** 27 (Bay. LVAmt).

III. Leistungen

§ 118. Leistungen, die nach diesem Gesetz oder ergänzenden Landesgesetzen gewährt werden, und die durch den Übergang des Anspruchs darauf ersetzten Unterstützungen sind keine öffentlichen Armenunterstützungen.

§ 119. Die Ansprüche[1] des Berechtigten können mit rechtlicher Wirkung übertragen, verpfändet und gepfändet werden nur wegen

1. eines Vorschusses[2], den der Berechtigte auf seine Ansprüche vor Anweisung der Leistungen vom Arbeitgeber oder von einem Organe des Versicherungsträgers oder einem seiner Mitglieder erhalten hat,

2. der im § 850 Abs. 4 der Zivilprozeßordnung bezeichneten Forderungen[3],

3. der Forderungen der nach § 1531 ersatzberechtigten Gemeinden und Träger der Armenfürsorge[4] sowie Arbeitgeber und Kassen, die an ihre Stelle getreten sind; die Übertragung, Verpfändung und Pfändung ist nur in Höhe der gesetzlichen Ersatzansprüche zulässig,

4. rückständige Beiträge, die nicht seit länger als drei Monaten fällig sind.

Ausnahmsweise darf der Berechtigte auch in anderen Fällen den Anspruch mit Genehmigung des Versicherungsamts[5] ganz oder zum Teil auf andere übertragen.

Art. III des G. v. 23. VII. 21 (RGBl. I S. 984), Bek. v. 15. XII. 24 (RGBl. I S. 779).

1. Auch der Anspruch auf Sterbegeld ist gemäß § 119 übertragbar; OVG. **37** 394, der Anspruch auf Krankenpflege ist es nicht; EuM. **10** 28 (Bad. LVAmt). Wegen der früheren Zulagen in der UV. s. § 9 Abs. 2 des G. v. 12. II. 23 (RGBl. I S. 116).

Verzicht auf die Anwendung des § 119 ist ohne rechtliche Bedeutung; AN. **87** 136, **15** 554.

Beanspruchen Mehrere die gleiche Leistung, so ist der streitige Betrag zu hinterlegen. Für die Hinterlegung gelten die landesgesetzlichen Vorschriften; AN. **86** 57, **86** 275. Wer zur Empfangnahme der hinterlegten Summe berechtigt ist, entscheiden bei Streit unter den nach der RVO. Beteiligten die Instanzen der RVO., sonst die ordentlichen Gerichte; RGZ. **19** 67.

2. Wegen d. h. nicht nur zur Deckung, sondern auch zur Sicherung eines Vorschusses; Begr. zur RVO. S. 69.

Kein Vorschuß ist die Beihilfe, welche die LVAnst. zu den Kosten des zur Begründung des Rentenantrags erforderlichen ärztlichen Gutachtens gibt; AN. **06** 430.

3. Die Unfallrente eines unverheirateten Schuldners ist nur insoweit unpfändbar, als der Schuldner diese Rente zu seinem notdürftigen Lebensunterhalte bedarf; EuM. **23** 295 (LG. I Berlin).

4. Abweichend von der E. des Bad. LVAmts (ArbVers. **25** 401) hat der Gr. S. in Übereinstimmung mit AN. **27** 247 den Grundsatz ausgesprochen, daß den Fürsorgeverbänden ein Ersatzanspruch nach § 1531 auch dann zusteht, wenn sie nicht Armenfürsorge, sondern Fürsorge nach § 1 Abs. 1 der V. über Fürsorgepflicht v. 13. II. 24 (RGBl. I S. 100) gewähren; AN. **28** 234. Das gleiche ist für das Knappschaftsrecht angenommen; AN. **29** 22. Gewährt ein Fürsorgeverband auf Grund der Fürsorge-V. Fürsorge, so gilt als unterstützt im Sinne des § 1531 der Hilfsbedürftige selbst. Der in der E. AN. **15** 643 ausgesprochene Grundsatz der armenrechtlichen Familieneinheit hat seine Bedeutung verloren; AN. **27** 247.

Der Träger der Armenfürsorge geht seines Ersatzanspruchs nach § 1531 nicht dadurch verlustig, daß er sich den Anspruch nach § 119 Abs. 1 Nr. 3 abtreten läßt; AN. **14** 634. Ein gesetzlich nicht begründeter Ersatzanspruch ist zurückzuweisen, auch wenn der Unterstützte sich mit der Überweisung der als Ersatz beanspruchten Leistungen einverstanden erklärt hat; AN. **15** 554.

5. Die hier vorgesehene Genehmigung des VA. bietet Gewähr dafür, daß

eine solche Übertragung nur dann stattfindet, wenn sie für den Versicherten von Nutzen ist; Begr. zum JVG. S. 281. Sie darf also nur erteilt werden, wenn sie im wohlverstandenen Interesse des Berechtigten liegt. Davon kann keine Rede sein, wenn künftige Leistungen nicht mehr in Frage kommen, sondern die Übertragung nur zur Befriedigung von Aufwendungen stattfinden soll, die zugunsten des Berechtigten in der Vergangenheit gemacht sind; AN. **17** 265. Im wohlverstandenen Interesse des Berechtigten liegt die Übertragung eines Anspruchs gemäß § 119 Abs. 2 im allgemeinen nur dann, wenn ihm durch die Rentenübertragung Vorteile zugewendet werden, auf die er sonst keinen Anspruch hat; EuM. **20** 2. Zum Teil abweichend von AN. **17** 265 das Bad. LVAmt (Breith. **16** 2): Die Genehmigung nach § 119 Abs. 2 wird nicht notwendig dadurch ausgeschlossen, daß die Gewährung künftiger Leistungen nicht mehr in Frage kommt, es sich vielmehr um Ersatz bereits gemachter Aufwendungen handelt.

Gegen die Versagung der Genehmigung ist Beschwerde und weitere Beschwerde zulässig; §§ 1792, 1797; AN. **17** 265.

Im Spruchverfahren kann die Genehmigung nicht nachgeprüft werden; EuM. **10** 28 (Bad. LVAmt).

Streit über die Rechtsgültigkeit der Übertragung ist von den ordentlichen Gerichten zu entscheiden; AN. **13** 817, **14** 634.

Gegenüber den Mitgliedern der Reichsknappschaft nimmt die entsprechenden Aufgaben die Gemeindebehörde wahr; § 224 Abs. 2 RKG. Bei der Reichsbahn-Arbeiterpensionskasse I sind die Aufgaben nach § 119 Abs. 2 den als örtliche Verwaltungsstellen errichteten Bezirksausschüssen übertragen.

§ 120. Trunksüchtigen, die nicht entmündigt[1] sind, können ganz oder teilweise Sachleistungen gewährt werden[2]. Auf Antrag eines beteiligten Trägers der Armenfürsorge[3] oder der Gemeindebehörde des Wohnorts des Trunksüchtigen muß dies geschehen. Bei Trunksüchtigen, die entmündigt sind, ist die Gewährung der Sachleistungen nur mit Zustimmung des Vormundes zulässig. Auf seinen Antrag muß sie geschehen[4].

Die Sachleistungen gewährt die Gemeinde des Wohnorts. Der Anspruch auf Barleistungen geht im Werte der Sachbezüge auf die Gemeinde über. Die Sachleistung kann auch durch Aufnahme in eine Trinkerheilanstalt oder mit Zustimmung der Gemeinde durch Vermittlung einer Trinkerfürsorgestelle gewährt werden.

Ein Rest der Barleistungen ist dem Ehegatten des Bezugberechtigten, seinen Kindern oder seinen Eltern und, falls solche nicht vorhanden sind, der Gemeinde zur Verwendung für ihn zu überweisen.

1. Entmündigt s. § 6 Abs. 1 Nr. 3 BGB.

2. Die Gewährung von Sachleistungen kann auch schon vor Eintritt des Versicherungsfalls angeordnet werden. Die Vorschrift ist wesentlich vorbeugender Natur; AN. **16** 585 (KV.), **17** 266 (JV.).

3. Beteiligt ist ein Träger der Armenfürsorge nicht nur, wenn er bereits unterstützungspflichtig ist, sondern auch, wenn er es sein würde, falls Bedürftigkeit vorläge. Sonach fällt stets die Gemeinde des Wohn- oder Aufenthaltsorts unter den Begriff „ein beteiligter Träger der Armenfürsorge", da diese Gemeinde im Falle der Bedürftigkeit mindestens vorläufig unterstützungspflichtig, also beteiligt sein würde; KommBer. zur RVO. 2 218.

4. Der Vormund muß in der Lage sein, Sachleistungen für sein Mündel zu erlangen; KommBer. zur RVO. 2 219.

§ 121. Das Versicherungsamt (Beschlußausschuß)[1] erläßt die Anordnung nach Anhören der Gemeindebehörde und des Bezugberechtigten und teilt sie ihnen und dem Versicherungsträger schriftlich mit. Es entscheidet bei Streit[2] zwischen der Gemeinde und dem Bezugberechtigten.

Auf Beschwerde[3] entscheidet das Oberversicherungsamt endgültig[4].

Ist der Anspruch auf Barleistungen endgültig auf die Gemeinde übergegangen, so benachrichtigt der Versicherungsträger die Post, wenn es sich um Barleistungen aus der Unfall- oder aus der Invalidenversicherung handelt.

1. Zuständig ist das VA., in dessen Bezirk der Trunksüchtige zur Zeit des Antrags auf Gewährung der Sachleistungen wohnt; AN. **17** 266. Über Beschlußausschuß s. auch § 1783 Abs. 3. Im Knappschaftsrecht tritt an die Stelle des VA. ein nach § 180 RKG. bestellter Ausschuß; die Mitteilung an den VersTr. unterbleibt; § 225 a. a. O. Im Bereiche der Reichsbahn-Arbeiterpensionskasse I entscheiden die Bezirksausschüsse.

2. Unter Streit im Sinne des Abs. 1 Satz 2, über den das OVA. im Beschwerdeverfahren endgültig entscheidet, fällt nicht nur ein Streit auf Grund einer bereits erlassenen Anordnung über die Gewährung von Sachleistungen, sondern auch ein Streit über die Anordnung selbst; AN. **16** 585.

Im Knappschaftsrecht entscheidet bei Streit zwischen der Gemeinde und den Bezugsberechtigten der nach § 180 RKG. bestellte Ausschuß; § 225 a. a. O.

3. Wird die Anordnung erlassen oder abgelehnt, so steht den Beteiligten das Recht der Beschwerde zu. Beteiligt ist auch der VersTr., weil die Frage, ob die Anordnung zu erlassen ist, seine rechtliche Stellung zu dem Versicherten berührt, denn wenn die Anordnung ergeht, hat der VersTr. keine Barleistungen zu bewirken, während er andernfalls hierzu verpflichtet ist; AN. **16** 585.

4. Das OVA. kann die Sache gemäß § 1799 an das RVA. abgeben; AN. **16** 585, **17** 267.

Im Knappschaftsrecht entscheidet das KnappschaftsOVA., vorbehaltlich § 1799 (§ 1693) RVO., endgültig; § 225 RKG.

IV. Ärztliche Behandlung

§ 122. Die ärztliche Behandlung[1] im Sinne dieses Gesetzes wird durch approbierte Ärzte, bei Zahnkrankheiten auch durch approbierte Zahnärzte[2] (§ 29 der Gewerbeordnung) geleistet. Sie umfaßt Hilfeleistungen anderer Personen, wie Bader, Hebammen, Heildiener, Heilgehilfen, Krankenwärter, Masseure u. dgl. sowie Zahntechniker, nur dann, wenn der Arzt (Zahnarzt) sie anordnet oder wenn in dringenden Fällen kein approbierter Arzt (Zahnarzt) zugezogen werden kann[3].

Die oberste Verwaltungsbehörde kann bestimmen, wieweit auch sonst Hilfspersonen innerhalb der staatlich anerkannten Befugnisse selbständige Hilfe leisten können.

1. Für Grenzgebiete ist auf Grund von Übereinkünften mit Belgien, den Niederlanden, Österreich, Luxemburg und der Schweiz die Tätigkeit der ausländischen Ärzte gestattet; RGBl. **73** 54, **74** 99, **83** 39, **84** 19 u. 45, **99** 221; ferner Abkommen zwischen dem Deutschen Reich und Belgien, betr. die Ausübung der Heilkunst in den Grenzgebieten, v. 28. X. 25 (RGBl. II S. 343). Im übrigen dürfen nur in Deutschland approbierte Ärzte und Zahnärzte zur Behandlung von Versicherten zugelassen werden; EuM. **22** 132. Vgl. auch für die KV. § 1 der Zulassungsordnung v. 14. XI. 28

(AN. **28** 401), abgedruckt im Band II, 2. Aufl., Anhang V.

Der im § 122 aufgestellte Begriff der ärztlichen Behandlung gilt für die gesamte Sozialversicherung einheitlich; AN. **25** 162, und zwar auch soweit es sich um die Gewährung von Krankenpflege an Familienangehörige nach § 205 b handelt; AN. **26** 280 (RSchA.). Er ist nicht auf die unmittelbare persönliche ärztliche Verrichtung beschränkt, weil im Interesse einer möglichst hochstehenden Versorgung der Versicherten in Krankheitsfällen allgemein dabei die Mitwirkung approbierter Ärzte sichergestellt werden soll. Die Erstreckung des Begriffs der ärztlichen Behandlung auf Hilfeleistungen von Nichtärzten hat deshalb nicht die Bedeutung, daß selbständige Leistungen dieser Personen an die Stelle der Tätigkeit approbierter Ärzte treten können. Eine selbständige Leistung von Nichtärzten bei der Versorgung der Versicherten ist, abgesehen von dringenden Fällen, vielmehr nur in den Grenzen des § 122 Abs. 2 und bei Zahnkrankheiten nach Maßgabe des § 123 zulässig. Im übrigen kommt dem § 122 Abs. 1 Satz 2 die Bedeutung zu, daß außer der unmittelbaren persönlichen Tätigkeit des approbierten Arztes auch die diese unterstützenden Hilfeleistungen anderer Personen zur ärztlichen Behandlung rechnen, d. h. diese Hilfeleistungen sind nicht als selbständige Leistungen denkbar, sondern lediglich im Zusammenhang mit der Tätigkeit des Arztes, der sich zunächst auf die Anordnung dieser Hilfeleistungen erstreckt, dann aber auch, wie dies aus dem Wesen unselbständiger Hilfeleistungen folgt, auf deren Überwachung gerichtet ist. Auch bei diesen Hilfeleistungen ist mithin der Arzt mittelbar tätig; sie stellen in Verbindung mit seinen persönlichen Verrichtungen den einheitlichen Begriff der ärztlichen Behandlung als der auf Heilung oder Linderung der Krankheit gerichteten Tätigkeit des Arztes oder seiner Gehilfen dar. Allerdings bestimmt § 122 den Begriff der ärztlichen Behandlung nur durch Bezeichnung der Personen, durch welche diese Leistung gewährt werden muß oder kann. Die Frage, was zum Inhalt dieser Leistung gehört, bleibt davon unberührt; AN. **25** 162. In dieser Hinsicht kommt es darauf an, ob bei einer Heilmethode das sächliche Mittel und seine Bedeutung so sehr gegen die ärztliche Tätigkeit zurücktritt, daß das sächliche Mittel außer Betracht bleiben und die ganze Leistung als ärztliche Behandlung beurteilt werden kann; AN. **16** 482. Maßgebend ist in dieser Beziehung in erster Linie, die Beurteilung vom Standpunkt der ärztlichen Wissenschaft aus; AN. **25** 162. Zur ärztlichen Behandlung gehören insbesondere die Stellung der Diagnose und dafür erforderliche Laboratoriumsversuche; Breith. **15** 14 (RVAnst. f. A.). Eine Röntgenbestrahlung zu Heilzwecken ist als ärztliche Behandlung, nicht als Heilmittel im Sinne des § 182 Nr. 1 anzusehen; AN. **16** 482, ebenso Röntgenaufnahmen zu Zwecken der Untersuchung; Breith. **15** 14 (RVAnst. f. A.). Nach EuM. **8** 65 (Bay. LVAmt) sollen die Umstände des Einzelfalls entscheiden, ob Röntgenbestrahlung als ärztliche Behandlung oder als Gewährung eines Heilmittels und ob sie als notwendige Behandlung zu betrachten ist (§ 182 Nr. 1). Eine vom Arzte angeordnete und überwachte mediko-mechanische Behandlung stellt eine ärztliche Behandlung dar; AN. **15** 633, Breith. **15** 14 (RVAnst. f. A.). Ebenso sind Licht- (Höhensonne-) und Diathermiebehandlungen als ärztliche Behandlungen anzusehen; AN. **25** 162. Vgl. im übrigen Anm. 7 zu § 182 im II. Bande.

2. Auch bei Zahnkrankheiten kann die KrK. die ärztliche Behandlung durch approbierte Ärzte gewähren und die Bezahlung approbierter Zahnärzte, von dringenden Fällen abgesehen, regelmäßig ablehnen, es sei denn, daß der Kassenarzt die Zuziehung eines Zahnarztes für notwendig hält oder die Behandlung nicht übernehmen oder fortsetzen will oder seine Befähigung dafür mit Grund angezweifelt wird; AN. **16** 422.

3. Die Satzung einer KrK. darf nicht allgemein bestimmen, daß die Kasse auf Antrag oder mit Zustimmung des Versicherten an Stelle der ärztlichen Behandlung Behandlung und Hilfeleistung durch Heilkundige gewähren kann, die zu der Kasse in einem Vertragsverhältnis stehen; AN. **14** 381. Dieser Grundsatz gilt auch bei

Mehrleistungen. Die Satzung einer KrK. darf also auch nicht bestimmen, daß an versicherungsfreie Familienmitglieder der Versicherten auf Antrag oder mit Zustimmung der Versicherten Behandlung und Hilfeleistung durch Heilkundige gewährt wird; AN. **14** 512.

Die KrK. hat für die Hilfe einer Hebamme aufzukommen, soweit ein Fall des § 122 Abs. 1 Satz 2 vorliegt, gleichviel, ob die Hebamme in einem Vertragsverhältnis zur KrK. steht oder nicht; EuM. **26** 545 (Sächs. OVG.).

§ 123. Bei Zahnkrankheiten mit Ausschluß von Mund- und Kieferkrankheiten kann die Behandlung außer durch Zahnärzte mit Zustimmung des Versicherten auch durch Zahntechniker gewährt werden. Die oberste Verwaltungsbehörde bestimmt, wieweit auch sonst Zahntechniker bei solchen Zahnkrankheiten selbständige Hilfe leisten können[1]. Sie kann bestimmen, wieweit dies auch Heildiener und Heilgehilfen tun können. Sie bestimmt[2] ferner, wer als Zahntechniker im Sinne dieses Gesetzes anzusehen ist.

1. Ist durch Bestimmung der obersten Verwaltungsbehörde den VersTn. gestattet, die selbständige Behandlung von Zahnkrankheiten mit Ausschluß von Mund- und Kieferkrankheiten, soweit das Bedürfnis vom AV. anerkannt wird, Zahntechnikern zu übertragen, und ist vom VA. ein Zahntechniker zur selbständigen Behandlung von Zahnkrankheiten bei Mitgliedern der Kasse zugelassen worden, so genügt die Kasse ihrer gesetzlichen Pflicht zur Gewährung ärztlicher Behandlung, wenn sie dem Versicherten die Behandlung durch den Zahntechniker, zu dem sie in einem Vertragsverhältnis steht, anbietet, ohne daß es hierbei der Zustimmung des Versicherten bedarf (§ 123 Satz 2). Hat er sich in einem solchen Falle die Zahnbehandlung durch einen Zahnarzt beschafft, der nicht Kassenarzt ist, so kann er die Kosten nicht ersetzt verlangen, wenn er die Behandlung durch den Zahntechniker, ohne gesetzlichen Grund abgelehnt hat; AN. **23** 272. Ein Bedürfnis, Zahntechniker zuzulassen, wird in der Regel nur vorliegen, wenn in den betreffenden Orten oder Bezirken nicht genügend Zahnärzte vorhanden sind, die zu angemessenen Bedingungen die Behandlung von Versicherten übernehmen; EuM. **17** 10 (Bay. LVAmt).

In Preußen werden Zahntechniker zur selbständigen Behandlung von Kassenmitgliedern nur zugelassen, wenn nach der Entscheidung des OVA. die Voraussetzungen des § 370 bezüglich der Zahnärzte vorliegen oder wenn die zahnärztliche Versorgung der Kassenmitglieder durch den Mangel an Zahnärzten so erschwert ist, daß die Beschränkung auf die Zahnärzte den berechtigten Anforderungen der Erkrankten nach Entscheidung des VA. nicht entsprechen würde; Erl. v. 2. VII. 25 (VMBl. S. 303) in Verbindung mit dem Erl. v. 2. XII 13 (HMB. S. 638). Über die Zulassung von Zahnärzten und Zahntechnikern zur Behandlung von Kassenmitgliedern beschließen die KrKn. nach ihrem eigenen pflichtmäßigen Ermessen. Zahntechniker dürfen nur zugelassen werden, wenn sie nach den bestehenden Vorschriften (§ 123 RVO.) zulassungsfähig sind. §§ 372 bis 374 RVO. geben der Aufsichtsbehörde nur die Möglichkeit, die Zulassung noch anderer Zahnärzte anzuordnen, wenn bei einer KrK. die zahnärztliche Behandlung nicht den berechtigten Anforderungen der Erkrankten genügt; Erl. des Pr. MfV. v. 22. III 30 (VMBl. 30 Sp. 324).

In Bayern wird die ärztliche Behandlung bei Zahnkrankheiten grundsätzlich durch approbierte Ärzte und approbierte Zahnärzte geleistet. Außerdem ist eine Behandlung — mit Ausschluß von Mund- und Kieferkrankheiten — auch durch Zahntechniker, die vom VA. anerkannt sind, möglich, mit Zustimmung des Versicherten schlechthin, ohne Zustimmung des Versicherten nur mit Genehmigung des VA.; Min.-Bek. v. 20. IV 23 (GVBl. S. 154), EuM. **17** 10 (Bay. LVAmt).

2. Pr. Ausführungsbestimmungen zu § 123 v. 2. XII. 13 (HMBl. S. 638), ab-

geändert durch Erl. v. 26. III. 19 (HMBl. S. 133), Erl. v. 14. X. 20 (VMBl. S. 369) und Erl. v. 17. II. 23 (VMBl. S. 134):

„1. Als Zahntechniker im Sinne der RVO. ist anzusehen, wer:

a) das 25. Lebensjahr vollendet hat und unbescholten ist,

b) eine dreijährige Lehrzeit bei einem Zahnarzt oder einem zuverlässigen Zahntechniker durchgemacht hat,

c) nach der Lehrzeit 4 Jahre als behandelnder Zahntechniker im Hauptberufe tätig gewesen ist; auf diese Zeit wird die Ausbildung an einer anerkannten Lehranstalt für Zahntechniker bis zu einem Jahre angerechnet; außerdem kann auf die Lehrzeit eine Gehilfenzeit bis zu einem Jahre angerechnet werden,

d) das Gewerbe des Zahntechnikers im Hauptberuf ausübt, sofern nicht Tatsachen vorliegen, die seine Unzuverlässigkeit in bezug auf das Zahntechnikergewerbe dartun,

e) die vorgeschriebene Prüfung bestanden und sich im Besitze eines hierüber ausgestellten Ausweises befindet. Die in einem anderen deutschen Lande abgelegte Prüfung wird für das ganze preußische Staatsgebiet anerkannt.

Der Min. f. Volkswohlfahrt behält sich vor, in besonderen Fällen auf Antrag Ausnahmen von den Bestimmungen der Ziff. 1a bis d zuzulassen.

Von dem Nachweis einer Prüfung sind alle bis zum 1. X. 20 zur Kassenpraxis zugelassenen oder nach den bisherigen Bestimmungen zulassungsfähigen Zahntechniker entbunden, sofern nicht ein begründeter Einwand gegen die Berufszuverlässigkeit vom VersTr. binnen 6 Monaten nach der Zulassung bzw. nach Veröffentlichung dieser V. (v. 14. X. 20) beim OVA. erhoben wird.

Ein solcher Einwand kann nicht erhoben werden, wenn ein Zahntechniker schon seit dem 1. X. 18 in einem Vertragsverhältnis mit VersTr. steht oder an diesem Tage bereits eine 10jährige Tätigkeit als Zahntechniker im Hauptberuf ausgeübt hat. Der Erl. v. 26. III. 19 (Verlängerung der Übergangsbestimmungen für Kriegsteilnehmer betreffend) findet sinngemäß Anwendung.

Die bereits zur Kassenpraxis zugelassenen oder zulassungsfähig gewesenen Zahntechniker können, auch wenn sie den Voraussetzungen Nr. 1b und c nicht genügen, binnen 3 Jahren zur Prüfung zugelassen werden.

Wenn die Unzuverlässigkeit des Zahntechnikers in bezug auf seine Berufsausübung gerichtlich nachgewiesen ist, oder wenn ihm die bürgerlichen Ehrenrechte aberkannt sind, oder wenn er das Gewerbe im Umherziehen ausübt oder wenn nachträglich festgestellt wird, daß er bei Zulassung zur Prüfung unrichtige Angaben gemacht hat, kann der Nachweis vom Min. f. Volkswohlfahrt nach Anhörung des betreffenden Zahntechnikers und des Verbandes der Dentisten im Deutschen Reiche für ungültig erklärt und abgefordert werden. Unter denselben Voraussetzungen kann einem Zahntechniker, der in einem anderen deutschen Lande geprüft worden ist, eine gemäß § 123 RVO. ausgeübte Berufstätigkeit vom Min. f. Volkswohlfahrt für das preuß. Staatsgebiet untersagt werden.

In dem Zeitraum von 5 Jahren nach Inkrafttreten der RVO. bedarf es des Nachweises der ordnungsmäßigen Lehrzeit (zu b) nicht für Zahntechniker, die dieses Gewerbe mindestens während der letzten 5 Jahre selbständig im Hauptberuf ausgeübt haben. — Durch Erl. v. 28. VIII. 23 ist die fünfjährige Frist bis zum 31. III. 24 verlängert worden. —

Der VersTr. hat die Namen derjenigen Zahntechniker, die zur Behandlung der Versicherten zugelassen werden sollen, dem für den Wohnort des Zahntechnikers zustehenden VA. anzuzeigen und hierbei darzulegen, daß die obigen Voraussetzungen erfüllt sind; auf Erfordern des VA. sind ihm die betreffenden Nachweise, Urkunden usw. vorzulegen. Das VA. prüft die Angaben des VersTr. unter Anhörung eines

Kreisarztes. Erachtet es die Voraussetzungen nicht für vorliegend, so ist die Entscheidung des Vorsitzenden des OVA. einzuholen.

Gegen dessen Entscheidung steht dem VersTr. die Beschwerde an die Minister des Innern und für Handel und Gewerbe (jetzt MfV.) zu.

Ist eine Land-KrK. oder eine landwirtschaftliche Betriebs-KrK. VersTr., so ist die Beschwerde auch an den Minister für Landwirtschaft, Domänen und Forsten zu richten.

2. Ohne Zustimmung des Versicherten können Zahntechniker für Rechnung einer KrK. selbständige Hilfe leisten, wenn nach der Entscheidung des OVA. die Voraussetzungen des § 370 der RVO. bezüglich der Zahnärzte vorliegen, oder wenn die zahnärztliche Versorgung der Kassenmitglieder durch den Mangel an Zahnärzten so erschwert ist, daß die Beschränkung auf die Zahnärzte den berechtigten Anforderungen der Erkrankten nach der Entscheidung des VA. nicht entsprechen würde. Das VA. hat vor seiner Entscheidung den Kreisarzt zu hören.

3. Vorstehende Bestimmungen gelten für Knappschaftsvereine und besondere KrKn. (§ 5 des Knappschaftsgesetzes v. 17. VI. 12) mit der Maßgabe, daß, insoweit KnOVAer. bestehen, deren Vorsitzende für die Entscheidung nach Nr. 1 Abs. 3 Satz 3 zuständig sind, und daß für die Entscheidung nach Nr. 2 darüber, ob die zahnärztliche Versorgung erschwert ist, an Stelle des VA. das OVA. (KnOVA.) tritt, welches von einer Anhörung des Kreisarztes absehen kann.

Für den Bereich der Betriebs-KrKn. der Staatseisenbahnverwaltung stehen dieselben Entscheidungsbefugnisse den für die Eisenbahndirektionen errichteten besonderen OVAern. zu."

Vgl. dazu Erl., betr. Anrechnung von Kriegsdienst bei Feststellung der Erfordernisse für die Zulassung als Zahntechniker, v. 10. XI. 19 (MMBl. S. 257), Erl., betr. Zulassung der Zahntechniker zu den KrKn., v. 26. XI. 21 (VMBl. S. 446).

Vgl. ferner die auf Grund des § 1 Abs. 1e der Ausführungsbestimmungen zu § 123 RVO. erlassenen Vorschriften v. 2. XII. 13 und 14. X. 20 über die staatliche Prüfung von Zahntechnikern (VMBl. 20 370), geändert durch Erl. v. 10. X. 24 (VMBl. S. 422). Wird die im § 5 Nr. 4 der Vorschriften über die staatliche Prüfung von Zahntechnikern v. 2. XII. 13/14. X. 14 i. d. F. des Erl. v. 10. X. 24 vorgesehene Bescheinigung, daß an dem Ort, an dem die Ausübung der Tätigkeit stattfinden soll, ein Bedürfnis nach Zulassung weiterer Zahntechniker zur Behandlung von Zahnkrankheiten bei KrKn.-Mitgliedern vorliegt, vom VA. ausgestellt oder abgelehnt, so ist dagegen nicht die Rechtsbeschwerde an das OVA., sondern die Aufsichtsbeschwerde an den Reg.Präsidenten zulässig; Erl. des MfV. v. 17. XII. 27 (Monatsschr. 28 174).

Diejenigen nichtapprobierten Personen, welche die Zahnheilkunde auf Grund des § 123 bei Versicherten ausüben, sind im amtlichen Verkehr allein als Zahntechniker zu bezeichnen; Erl. v. 11. V. 14 (HMBl. S. 248).

V. Fristen

§ 124[1 2]. Richtet sich der Anfang einer Frist nach einem Ereignis oder Zeitpunkt, so beginnt die Frist mit dem Tage, der auf das Ereignis oder den Zeitpunkt folgt[3 4].

Wird eine Frist verlängert[5], so beginnt die neue mit Ablauf der alten Frist.

1. Die Vorschriften über die Fristen beziehen sich auf die formell-rechtlichen und auf die materiell-rechtlichen Fristen. Alle Fristen der RVO., seien sie im Gesetz selbst oder in Ausführungsbestimmungen oder in einer auf Grund des Gesetzes er-

lassenen Satzung vorgesehen, fallen hierunter (z. B. auch Meldefristen, Ausschlußfristen, Verjährungsfristen). Dabei ist Frist sowohl der bestimmt begrenzte Zeitraum, innerhalb dessen eine Rechtshandlung vorgenommen werden muß, wie auch der bestimmt begrenzte Zeitraum, während dessen eine Leistung zu erfüllen ist; AN. **15** 757, EuM. **18** 156 (Bay. LVAmt). Frist im gesetzlichen Sinne ist jeder bestimmt begrenzte Zeitraum. Frist ist nicht nur der Zeitraum, innerhalb dessen etwas geschehen muß, sondern auch der Zeitraum, von dessen Ablauf die Entstehung eines Rechtes abhängig ist; EuM. **19** 18.

2. § 124 Abs. 1 gibt die Vorschriften des § 187 BGB. in ihrem wesentlichen Inhalt, wenn auch in anderer Fassung, wieder; AN. **26** 265, vgl. auch EuM. **26** 249 (AB.).

3. Hiernach wird der Tag des Eintritts der Erkrankung in die Unterstützungsdauer von 26 Wochen nach § 183 nicht mit eingerechnet, so daß sie nicht 182, sondern 183 Tage beträgt. Entsprechendes gilt auch für das Wochengeld; AN. **15** 757, EuM. **18** 156 (Bay. LVAmt). Bei Fristen, die in der Satzung einer KrK. gemäß § 191 Abs. 2 RVO. festgesetzt sind, ist der Tag der Erkrankung unter entsprechender Anwendung des § 124 RVO. nicht in die Frist einzurechnen; EuM. **19** 18. Jedoch beginnt die Frist des § 165b, wenn das Überschreiten der Verdienstgrenze gemäß § 165b in der Weise erfolgt, daß der Arbeitnehmer den vereinbarten höheren Monatsentgelt vom Ersten eines Kalendermonats ab bezieht, bereits mit diesem Tage; AN. **26** 263, EuM. **20** 264.

4. § 124 Abs. 1 kommt jedoch nicht in Betracht, soweit die RVO. ausdrücklich vorschreibt, daß die Frist mit dem Tage, an dem das Ereignis eingetreten ist, beginnt, wie z. B. § 586 Abs. 1 Nr. 2 — vgl. hierzu AN. **96** 388.

5. Vgl. § 1654 Abs. 2, § 16 Abs. 1 OVAO., § 23 RVAO.

§ 125. Eine nach Tagen bestimmte Frist endigt mit dem Ablauf ihres letzten Tages, eine nach Wochen oder Monaten bestimmte Frist mit dem Ablauf desjenigen Tages der letzten Woche oder des letzten Monats, welcher nach Benennung oder Zahl dem Tage entspricht, in den das Ereignis oder der Zeitpunkt fällt[1].

Fehlt dem letzten Monat der entsprechende Tag, so endigt die Frist mit dem Monat.

1. Danach ist Krankengeld (§ 183) u. U. 26 Wochen und 1 Tag zu gewähren; AN. **15** 757. — Scheidet im Falle des § 214 ein Versicherter am Sonnabend, den 1. August, aus der Krankenkasse aus, so endet die dreiwöchige Frist des § 214 mit Ablauf des Sonnabend, den 22. August; AN. **17** 257.

§ 126. Braucht ein Zeitraum von Monaten oder Jahren nicht zusammenhängend zu verlaufen, so wird der Monat zu dreißig, das Jahr zu dreihundertfünfundsechzig Tagen gerechnet.

Vgl. § 195a Abs. 1, § 208 Satz 2, §§ 214, 313.

§ 127. Fällt der für eine Willenserklärung oder Leistung oder den Ablauf einer Frist gesetzte Tag auf einen Sonntag oder einen allgemeinen Feiertag[1], der am Erklärungs- oder Leistungsorte staatlich anerkannt[2] ist, so gilt dafür der nächstfolgende Werktag[3].

Für die Dauer von Leistungen, zu denen ein Versicherungsträger verpflichtet ist, gilt diese Vorschrift nicht[4].

1. Allgemeine Feiertage sind solche, auf die die allgemeinen Vorschriften über Sonntagsruhe zutreffen, nicht aber nur für Behörden und Schulen angeordnete Feiertage; AN. **13** 797. Die besonderen katholischen Feiertage gelten nur in Gegenden mit überwiegend katholischer Bevölkerung als allgemeine Feiertage; AN. (J. und AV.) **92** 15 (Fronleichnam), in der Rheinprovinz der Allerheiligentag; Monatsschr. **30** 267 (RAG.), dagegen Heilige Drei Könige, Mariä Himmelfahrt, Mariä Lichtmeß in Berlin keine allgemeinen Feiertage; AN. (J. und AV.) **94** 122, AN. **95** 248.

2. Bei Einlegung von Rechtsmitteln sind die Bestimmungen des Ortes maßgebend, wo die Behörde, bei der das Rechtsmittel eingelegt ist, ihren Sitz hat; EuM. 2 138, HbdUV. **1** 501.

3. Vgl. AN. **87** 166. Die Vorschrift gilt auch für Wahlfristen schlechtweg; s. Anm. 2b zu § 15.

4. Z. B. §§ 183, 588, 591, 610, 1298, 1299, 1308.

§ 128. Rechtsmittel[1] sind, soweit dieses Gesetz nichts anderes vorschreibt[2], binnen einem Monat[3] nach[4] Zustellung[5] der angefochtenen Entscheidung einzulegen[6] [7] [8].

Für Seeleute[9], die sich außerhalb Europas aufhalten, wird diese Frist von der Stelle bestimmt, welche die angefochtene Entscheidung erlassen hat; sie muß mindestens drei Monate von der Zustellung an betragen.

1. Vgl. §§ 1675ff., 1109, 1771, 1776 (Berufung), §§ 1669ff. (Rekurs), §§ 1694ff., 1777, 1778 (Revision), §§ 1791ff. (Beschwerde), §§ 1797ff. (weitere Beschwerde).

Die allgemeine Aufsichtsbeschwerde (Anrufen der Aufsichtsbehörde zum Einschreiten im Aufsichtswege) ist kein Rechtsmittel und ist an keine Frist gebunden; AN. **14** 377, **15** 512. Das gleiche gilt hinsichtlich der Anrufung des Schiedsamts gemäß § 368k Abs. 3 RVO. (ist kein Rechtsmittel im Sinne des § 128); AN. **26** 463 sowie hinsichtlich der Beschwerde nach § 705; AN. **14** 758; EuM. **19** 117, Sonderfall des § 667; Beschwerdefrist von 1 Monat gilt nicht für Beschwerden der BG. gegen Überweisung von bisher nicht versicherten Betrieben an eine für Betriebe dieser Art neu errichtete BG.; AN. **15** 410.

2. Vgl. § 128 Abs. 2, § 373 Abs. 2, § 754a Abs. 2, §§ 1576, 1577, 1711, § 44 OVAO.

3. Berechnung der Frist nach § 125.

4. Das Rechtsmittel kann auch bereits vor der Zustellung rechtswirksam eingelegt werden; frühester Zeitpunkt jedoch: der des Erlasses des Bescheids oder der Verkündung der Entscheidung; AN. **87** 37, AN. (J. und AV.) **93** 111, AN. **06** 208, EuM. **4** 349 (Sächs. LVAmt), HbdUV. **1** 500, Erg.-Bd. S. 31, Breith. **1** 198. Dagegen AN. **10** 423, EuM. 8 27 (Bay. LVAmt): Entscheidung erst erlassen, wenn sie nach außen zum Dasein gelangt, also erst mit der Verkündung in mündlicher Verhandlung, sonst erst mit Zustellung. Rechtswirksame Berufungseinlegung auch dann, wenn Berufungsschrift vor Zustellung des Bescheids zur Post gegeben, hernach aber bei der zuständigen Behörde eingegangen ist; EuM. **8** 27 (Bay. LVAmt). Sonst beginnt die Rechtsmittelfrist mit der Zustellung der Entscheidung selbst, nicht erst mit der späteren Behändigung einer Abschrift einer der Entscheidung zugrunde gelegten und in ihr angeführten Urkunde (z. B. ärztliches Gutachten); EuM. **14** 14. Die Frist für die Einlegung der Beschwerde gegen die eine Berichtigung der Entscheidung anordnende Verfügung des Vorsitzenden nach § 1673 Abs. 3 beginnt mit der von Amts wegen zu bewirkenden Zustellung der Verfügung; AN. **21** 183. Die Berichtigungsverfügung selbst eröffnet keine neue Rechtsmittelfrist gegen das berichtigte Urteil; AN. **92** 329, AN. (J. u. AV.) **93** 70, EuM. **18** 7 (Bay. LVAmt), Breith. **1** 337. Die Rechtsmittelfristen für die in der Hauptsache ergangene und für die Ergänzungsentscheidung laufen selbständig; AN. **16** 667.

Frist zur Rechtsmitteleinlegung läuft für jeden von mehreren notwendigen Streitgenossen besonders von der Zustellung der Entscheidung an ihn; AN. **15** 529. Jedoch werden die Rechtsmittelfristen durch die Handlungen jedes Streitgenossen auch zugunsten des anderen gewahrt; AN. (J. und AV.) **94** 160, AN. **14** 800, **15** 529, EuM. **14** 305. Im Falle der Abtretung des Klageanspruchs nach Eintritt der Rechtshängigkeit kann der Abtretungsberechtigte mangels Zustimmung des Gegners zur Übernahme des Rechtsstreites als Hauptpartei oder zur Hauptintervention als Nebenintervenient Rechtsmittel einlegen, aber nur in der gegen den Rechtsvorgänger laufenden Frist (zu vgl. § 265 ZPO.); AN. **27** 21. Über den Lauf der Rechtsmittelfristen in dem von dem Unternehmer betriebenen Unfallentschädigungsverfahren s. § 902, in dem von einem Träger der Krankenversicherung betriebenen Unfallentschädigungsverfahren, s. § 1511.

Bei Betriebsüberweisungen (§ 667) ist der Ablauf der Rechtsmittelfrist von der Klarheit der Überweisungserklärung (Erkennbarkeit des Umfanges der Überweisung) abhängig; EuM. **15** 327.

Fehlen der Berufungsbelehrung in den Bescheiden der Versicherungsträger oder der Beschwerdebelehrung in dem Bescheide des VA. gemäß § 1459 Abs. 1 RVO. setzt die Rechtsmittelfristen nicht in Lauf; AN. **04** 415, **20** 186.

Ein der KrK. erteilter Bescheid, die das Unfallentschädigungsverfahren betreibt, setzt die Rechtsmittelfrist nicht in Lauf, wenn er den Namen des Unfallverletzten nicht enthält; EuM. **15** 8.

5. Siehe §§ 135, 136.

6. Form der Einlegung: Bloße mündliche Einlegung genügt nicht; AN. **02** 509, 510, BG. **21** 71, auch AN. **30** 60 (ABAB.), auch keine rechtswirksame Einlegung mittels Fernsprechers; AN. **24** 70, Komp. **30** 75, a. M. Bay. LBAmt **12** 53, RBGer. **2** 269. Das RArbG. läßt die telegraphische Rechtsmitteleinlegung auch in der Weise zu, daß das Telegramm in der von der Post zugelassenen und allgemein üblichen Weise durch den Fernsprecher aufgegeben wird; EuM. **26** 151. Die Erklärung des Versicherten im Anschluß an die Verkündung des Urteils des OVA., er lege hiergegen Rekurs ein, kann nicht als Rechtsmitteleinlegung gelten, wenn diese Erklärung nicht zu Protokoll genommen ist; EuM. **26** 1. Jedoch förmlicher Schriftsatz, ausdrückliche Erklärung der Rechtsmitteleinlegung nicht erforderlich; es genügt, wenn der auf Einlegung des Rechtsmittels gerichtete Wille (Unzufriedenheit mit der anzufechtenden Entscheidung) durch greifbare, im weitesten Sinne des Wortes urkundliche Zeichen erkennbar gemacht ist, welche entweder ausdrücklich oder in Verbindung mit einer bestimmten Handlung (konkludenten Handlung) stillschweigend den Willen zum Ausdruck bringen, z. B. Einsendung der anzufechtenden Entscheidung, eines ärztlichen Gutachtens; AN. **87** 357, **88** 280, AN. (J. u. AV.) **92** 27, AN. **94** 329, **00** 721, **01** 405, **08** 498, **09** 522, **90** 506, **97** 403, **16** 420, **29** 196 (ABAB.), **30** 262 (ABAB.), Breith. **1** 110, Zurücksendung des Bescheids an den VersTr.; EuM. **14** 17 (Bay. LBAmt), Bemänglung der im Bescheide des VersTr. enthaltenen Gründe und Erklärung, nötigenfalls die höhere Instanz in Anspruch nehmen zu müssen; EuM. 8 383 (Sächs. LBAmt). Einsendung der Vollmacht; RBGer. **2** 141. Telegraphische Rechtsmitteleinlegung zulässig und rechtswirksam; AN. **97** 403, **09** 484, ebenso Rechtsmitteleinlegung zu Protokoll einer Behörde, dabei Unterschrift des Beschwerdeführers nicht erforderlich, wenn nach den für die Behörde geltenden Vorschriften das Protokoll auch ohne Unterschrift rechtsgültig und beweiskräftig ist; AN. **92** 327, HbdUV. **2** 640. Dagegen keine Rechtsmitteleinlegung: Antrag an die Polizeibehörde auf Ausstellung eines Armutszeugnisses zwecks Klageerhebung gegen einen VersTr. wegen Ablehnung des Anspruchs; Monatsschr. **25** 603, auch nicht Antrag eines Betriebsunternehmers im Streitverfahren nach § 660 RVO. von der Einziehung der Beiträge bis zur endgültigen Entscheidung in einem anderen Verfahren abzusehen; EuM. **14** 204.

Nachbringung der fehlenden Unterschrift; **91** 217, oder der Vollmacht; AN. **97** 317, auch AN. (J. u. AV.) **92** 27, AN. **94** 330, **09** 484, **11** 582, nachträgliche Genehmigung der Rechtsmitteleinlegung einer prozeßunfähigen Partei durch den gesetzlichen Vertreter; AN. **92** 328, **09** 522, auch nach Ablauf der Rechtsmittelfrist noch möglich. Die Rechtsmitteleinlegung durch einen nicht vorschriftsmäßig Bevollmächtigten kann nachträglich ausdrücklich oder stillschweigend durch die Partei genehmigt werden; AN. **09** 522, **14** 499, EuM. **8** 29 (Bay. LVAmt), **10** 378 (Bay. LVAmt), **15** 386, das gleiche gilt für die Rechtsmitteleinlegung durch ein unzuständiges Organ einer Körperschaft; EuM. **8** 23 (Bay. LVAmt).

7. Die Wahrung der Rechtsmittelfristen ist in allen Instanzen von Amts wegen zu prüfen; AN. **02** 509, EuM. **12** 8, Komp. **18** 66. Die Rechtsmittelfristen sind der Verfügung oder der Verabredung der Parteien oder sonst Beteiligten entzogen; AN. **02** 509, **28** 247 (AVAV.), EuM. **2** 432, **12** 8, **20** 326.

Durch einen Schriftsatz, der lediglich die beabsichtigte Einlegung eines Rechtsmittels ankündigt, wird die Rechtsmittelfrist nicht gewahrt; EuM. **25** 296. Ob eine Erklärung sich als Berufungseinlegung darstellt oder erst eine Ankündigung der beabsichtigten Berufung bedeutet, ist Tatfrage. Der Wille ist dabei aus der Gesamtheit der Umstände zu ermitteln; AN. **29** 196 (AVAV.), zu vgl. auch EuM. **25** 465.

Für die Wahrung der Rechtsmittelfrist reicht die Absendung der Rechtsmittelschrift oder der entsprechenden Urkunde vor Ablauf der Frist nicht aus, jedoch genügt es, wenn die betreffende Behörde innerhalb der Frist die Möglichkeit erlangt hat, über die Schrift oder Urkunde zu verfügen. Solche Möglichkeiten sind gegeben:

bei Niederlegung des Schriftstückes in dem zur Annahme oder Hinterlegung von Sendungen bestimmten Dienstraum, z. B. in der Botenmeisterei; AN. **91** 217, durch Abgabe nach Schluß der Geschäftsstunden bei dem Türhüter des die Diensträumlichkeiten enthaltenen Hauses; AN. **98** 314, sofern dieser, wie z. B. beim RVA., zur Empfangnahme ermächtigt ist; Monatsschr. **20** 584, durch Einwurf in den Privatbriefkasten des Vorsitzenden der Behörde; AN. **92** 345, für Behörden, die ihre Posteingänge abholen lassen, mit der Bereitstellung des Posteingangs durch die Post für die Abholung; AN. **08** 542, durch Übergabe des Urteils des OVA. in der Magistratskanzlei an einen Magistratsbeamten mit der Erklärung, „Berufung" einlegen zu wollen; EuM. **5** 34 (Bay. LVAmt).

dagegen n i c h t:

bei Eingang des die Rechtsmittelschrift enthaltenden unfrankierten Briefs bei der Behörde, welche die Annahme wegen Portobelastung verweigert; AN. **12** 1132 (diese Entscheidung läßt die Frage offen, ob bei Verweigerung der Annahme durch eine LVAnst. eine andere Beurteilung angezeigt ist; vgl. die früheren Entscheidungen; AN. **99** 456, **02** 598), s. auch EuM. **14** 15, bei Einhändigung der Rechtsmittelschrift an einen Beamten außerhalb der Dienststunden in seiner Wohnung, in der er zur Empfangnahme amtlicher Sendungen nicht befugt ist; AN. **12** 861, bei Übergabe der Rechtsmittelschrift an den Führer eines Aktenwagens; AN. **13** 797, bei Einwurf der Rechtsmittelschrift in den Briefkasten der Rechtsmittelbehörde am letzten Tag der Frist nach Schluß der Dienststunden; RG. **22** 187 (OVA. Schleswig), Jur. Woch. **28** 2804 (Reichsfinanzhof).

Der Pr.MfV. hat durch Erlaß v. 22. XI. 29 die staatlichen VAer. sowie die OVAer. angewiesen, die Annahme unzureichend freigemachter Postsendungen nicht zu verweigern, vielmehr die Gebühren vom Absender durch die Postanstalten einziehen zu lassen, damit nicht durch Annahmeverweigerung u. U. die Rechtsmittelfrist versäumt wird; EuM. **26** 151.

Nachweis der rechtzeitigen Einlegung des Rechtsmittels. Der Kläger ist nicht verpflichtet, den die Rechtsmittelschrift enthaltenden Brief „eingeschrieben" zu senden, aber ihm liegt der Beweis der rechtzeitigen Einlegung ob. Wird daher der Brief als gewöhnlicher Brief abgesandt, so trägt der Kläger die Gefahr, daß er den Nachweis des Empfangs durch den Adressaten, also den Eingang nicht beweisen kann; VG. **30** 241.

8. Der Lauf der Rechtsmittelfristen hört infolge Unterbrechung des Verfahrens durch den Tod der Partei auf. Nach Aufnahme des Verfahrens durch oder gegen den Rechtsnachfolger beginnt die volle Frist vom Tage der Aufnahme an von neuem zu laufen; AN. **92** S. 328, AN. (J. u. AV.) **93** 73, 141, AN. **98** 322, **08** 501.

Bei Fehlen oder wesentlichem Mangel der Berufungsbelehrung (§§ 1590, 1631 Abs. 4) wird die Berufungsfrist nicht in Lauf gesetzt; AN. **92** 345, 346, **99** 445, **04** 415, HbdUV. **1** 504, auch nicht die Beschwerdefrist, wenn die nach § 1459 Abs. 1 erlassene Entscheidung des VA. keine Beschwerdebelehrung enthält; AN. **20** 186.

Zurücknahme des Rechtsmittels hat dessen Verlust zur Folge, auch wenn die Rechtsmittelfrist noch nicht abgelaufen ist; AN. **02** 512.

9. S. § 1046 Nr. 1.

§ 129[1]. Soweit dieses Gesetz nichts anderes vorschreibt[2], werden die Rechtsmittel bei der Stelle eingelegt[3], die zu entscheiden hat.

Die Frist gilt auch dann als gewahrt, wenn das Rechtmittel rechtzeitig bei einer anderen inländischen Behörde[4 5] oder bei einem Organe der Versicherungsträger[6] oder, soweit es sich um die Versicherung von Seeleuten handelt, auch bei einem deutschen Seemannsamte des Auslandes eingegangen[7] ist[8 9].

Die Rechtsmittelschrift ist unverzüglich[10], an die zuständige Stelle abzugeben.

G. v. 16. XII. 27. (RGBl. I S. 337).

1. § 129 bezieht sich lediglich auf Rechtsmittel; AN. **21** 156, 177, 338.

2. Vgl. §§ 660, 1134; 667, 969, 1139; 1680; §§ 96, 97 VAO.; § 44 OVAO.

3. S. § 128 Anm. 6, 7, 8.

4. Nur deutsche Behörden; EuM. **14** 20, 25, z. B. das Auswärtige Amt; Breith. **1** 110, dagegen nicht die Konsulate ausländischer Staaten im Inlande; HbdUV. **1** 502, nicht das polnische OVA. in Posen; Breith. **10** 299, oder das Office supérieur des assurances sociales in Metz; Breith. **12** 192.

5. Eine an den „Herrn Vorsitzenden des Deutschen Reichstags" gerichtete, innerhalb der Rechtsmittelfrist beim Büro des Reichstags eingegangene Eingabe ist als rechtzeitig eingelegtes Rechtsmittel angesehen worden. Das Büro des Reichstags als inländische Behörde im Sinne des § 129 Abs. 2; EuM. **25** 133.

6. Auch der Ausführungsbehörden (§ 892) und Sonderanstalten (§ 1372 I Nr. 4); Begr. S. 71. Nur deutsche Versicherungsträger kommen in Betracht; EuM. **14** 22.

7. Eingang bei der Behörde: auch durch Aufnahme der Erklärung über die Rechtsmitteleinlegung zu Protokoll der Behörde; AN. **92** 327, oder durch Anfertigung der Rechtsmittelschrift durch die Behörde, ferner durch Übergabe der anzufechtenden Entscheidung an die Behörde zur weiteren Veranlassung (Verfügung); AN. **09** 522.

Kein Eingang: Übergabe der Rechtsmittelschrift an den Gemeindevorsteher mit der Bitte um weitere Besorgung; AN. **16** 420, Übergabe der Rechtsmittelschrift an eine Behörde und Wiederzurücknahme der Schrift durch die Partei, selbst wenn die Behörde den Eingangsvermerk daraufgesetzt hat; AN. **10** 638, oder die Schrift mit dem Tagesstempel versehen hat; EuM. **14** 18, Eintreffen der Rechtsmittelschrift bei der nur zu ihrer Beförderung dienenden Postanstalt; AN. **01** 625, **02** 511, **08** 542, EuM. **11** 17 (Bay. LVAmt), und zwar auch dann nicht, wenn die Rechtsmittelschrift unter Hinweis auf § 129 Abs. 2 bei der Postanstalt eingereicht ist; EuM. **15** 10, oder bei einer Telegraphenanstalt; Komp. **16** 94, kein Eingang bei dem Organe eines Versicherungsträgers, wenn der die Rechtsmittelschrift enthaltende Brief mit Anschrift an die richtige VG. nach einem falschen Ort, dort einer anderen VG. angeboten, von dieser aber zurückgewiesen ist; AN. **15** 529.

Vgl. ferner auch Anm. 7 zu § 128.

8. § 129 Abs. 2 gilt auch, wenn das Rechtsmittel nicht bei der Stelle einzulegen ist, die zu entscheiden hat; AN. **16** 571.

§ 129 Abs. 2 ist ferner für anwendbar erklärt — obwohl es sich nicht um Rechtsmittel handelt — bei dem Antrag auf mündliche Verhandlung gegen eine Vorentscheidung im Sinne des (§ 1658 Abs. 1 RVO.), sowie für Einhaltung der in der Dienstordnung (§ 690) vorgesehenen Frist bei dem Widerspruch gegen die Strafverfügung des Genossenschaftsvorstandes; AN. **21** 156.

9. § 129 Abs. 2 schafft nicht eine Verpflichtung, sich an eine andere als an die nach Abs. 1 zuständige Stelle zu wenden; EuM. **7** 20. Die Gefahr des Nichteingangs hat auch in den Fällen des § 129 Abs. 2 der Versicherte zu tragen; Monatsschr. **16** 676 (Bay. LVAmt).

10. Die Pflicht zur unverzüglichen Abgabe der Rechtsmittelschrift an die zuständige Stelle schließt nicht aus, daß der VersTr. auf Grund des neuen Vorbringens in der Rechtsmittelschrift die Sache nochmals prüft und gegebenenfalls bei dem Berufungs- oder Beschwerdegericht die Aussetzung der Entscheidung bis zum Abschluß dieser Prüfung beantragt. Die nachträgliche Prüfung darf aber keinesfalls dazu führen, daß die gesetzliche vorgeschriebene Behandlung des Rechtsmittels verzögert wird; EuM. **21** 141. Insbesondere ist es nicht zulässig, daß ein VersTr. etwa noch Ermittlungen anstellt und einseitig Beweiserhebungen vornimmt; EuM. **26** 506.

§ 130. Die Rechtsmittel bewirken Aufschub nur da, wo das Gesetz es vorschreibt[1].

1. Vgl. §§ 667, 969, 1139; §§ 759, 814, 1023, 1178; § 1109; § 1580; §§ 1682, 1683; § 1710 (gilt nur für das Rekurs- und Revisionsverfahren; AN. **20** 407), § 1779; § 1794.

§ 131[1]. Ist ein Beteiligter durch Naturereignisse[2] oder andere unabwendbare Zufälle[3] verhindert worden, eine gesetzliche Verfahrensfrist[1] einzuhalten, so wird ihm auf Antrag die Wiedereinsetzung in den vorigen Stand erteilt.

Die Wiedereinsetzung wird auf Antrag auch dann erteilt, wenn das verspätet eingelaufene Schriftstück der Post mindestens drei Tage vor Ablauf der Frist zur Bestellung übergeben worden ist[4].

1. Die Vorschriften über Wiedereinsetzung i. d. v. St. beziehen sich lediglich auf die gesetzlichen Verfahrensfristen; als solche kommen in Betracht nur prozeß-, nicht aber materiell-rechtliche Fristen; AN. **15** 650, **16** 748, **21** 177, EuM. **14** 24, insbesondere nicht Ausschlußfristen; AN. **96** 359, oder Termine; AN. **14** 601, BG. **19** 33.

2. Z. B. Liegenbleiben eines Postzugs im Schnee; AN. **87** 134.

3. Unabwendbarer Zufall: ein Ereignis, das unter den gegebenen, nach der Besonderheit des Falles zu berücksichtigenden Umständen auch durch die äußerste diesen Umständen angemessene und vernünftigerweise zu erwartende Sorgfalt weder abzuwehren, noch in seinen schädlichen Folgen zu vermeiden war; AN. **07** 487. Das Hindernis muß ohne Verschulden der Beteiligten eingetreten, der Hinderungsgrund also außerhalb des Willens der Beteiligten gelegen sein; AN. (J. u. AV.) **92** 27, **93** 138. Das Vorkommnis, das als unabwendbarer Zufall angesprochen wird, muß so geartet sein, daß dafür jede Verantwortlichkeit des Betroffenen vernünftigerweise abzulehnen ist; AN. **14** 666, s. auch HbdUV. Erg.-Bd. S. 70 (RG.).

Wiedereinsetzungsgründe:

a) Krankheit, welche die Willens- und Handlungsfähigkeit der Partei in dem Maße beeinträchtigt hat, daß sie auch verhindert war, ihre Rechte durch Dritte wahrnehmen zu lassen; AN. (J. u. AV.) **93** 138, AN. **94** 334, **99** 447, HbdUV. **1** 503;

b) verspätete oder unterlassene Aushändigung der Entscheidung durch einen Dritten, dem die Entscheidung rechtswirksam für den Empfänger zugestellt war (Ersatzzustellung), sofern der Empfänger jede, nach der besonderen Lage des Falles von ihm vernünftigerweise zu erwartende Maßnahme getroffen hatte, um Kenntnis von einer in seiner Abwesenheit erfolgten Zustellung zu erhalten, oder wenn nach der Besonderheit des Falles überhaupt nicht mit der Möglichkeit einer Zustellung in Abwesenheit des Empfängers gerechnet werden konnte; EuM. **22** 401, Jur. Woch. **29** 2548 (RVA.), ferner auch AN. **30** 60 (AVAV.);

c) mangelhafte Angabe des Sitzes der VG. in einer Entscheidung der VG.; EuM. **13** 19; unrichtige Rechtsbelehrung durch die zuständige, hierzu verpflichtete Behörde: AN. **10** 656, **16** 372, EuM. **15** 13, VG. **21** 78, auch EuM. **23** 390 (Bay. Landesschiedsamt), schuldhaft unterlassene Beurkundung der Rechtsmitteleinlegung durch einen Beamten an Amtsstelle, dem die anzufechtende Entscheidung zum Zweck der Einlegung des Rechtsmittels übergeben war; AN. **16** 420, Säumnis des rechtzeitig mit der Einlegung des Rechtsmittels beauftragten Gemeindevorstehers; EuM. **5** 34 (Bay. LVAmt), Monatsschr. **21** 81;

d) bei Nachweis, daß die Rechtsmittelschrift rechtzeitig abgesandt, aber verlorengegangen ist; AN. **06** 428, Komp. **16** 197, für diesen Nachweis ist es nicht erforderlich, daß die Rechtsmittelschrift unter „Einschreiben" abgesandt war; AN. **08** 436;

e) bei Versäumnis der Frist infolge von Postsperre; EuM. **7** 20, infolge von Anordnungen der Besatzungsbehörden (Verbot, geschlossene Briefe abzusenden); EuM. **12** 9;

f) Störung im Postbetriebe, sofern nicht die letzte planmäßige Beförderungsgelegenheit versagt hat; AN. **87** 357, **95** 247, **00** 723, **02** 511, **06** 428, Monatsschr. **16** 70 (Sächs. LVAmt);

g) unter den Voraussetzungen des § 131 Abs. 2 s. unter 4.;

h) der Fall des § 1608 Abs. 3.

Keine Wiedereinsetzungsgründe:

a) Schreibunkunde der Partei; AN. **88** 280, Unkenntnis der deutschen Sprache; Komp. **21** 149, Arb.Vers. **21** 608; Taubheit; Monatsschr. **14** 643 (Sächs. LVAmt);

b) Obwalten eines Rechtsirrtums bei der Partei, schwierige und zeitraubende Vorbereitung des Rechtsmittels; AN. **87** 357, **88** 348, EuM. **13** 17, Breith. **10** 299, Monatsschr. **21** 264, Rechtsunkenntnis; EuM. **21** 387, jedoch EuM. **22** 390 (Bay. Landesschiedsamt), Unkenntnis, daß das OVA. in Posen nicht mehr deutsch ist; VG. **21** 154, mangelhafte Anschrift und dadurch Verzögerung der Postbestellung; AN. **15** 529;

c) Schreibfehler im Datum der Ausfertigung des Urteils des OVA.; AN. **14** 666, verzögerte Rückgabe eines zur Berichtigung eines Schreibfehlers übersandten Urteils; AN. (J. u. AV.) **93** 70;

Eintragung eines unrichtigen Datums des Eingangs einer Entscheidung in die Briefannahme eines VersTr.; EuM. **21** 232.

d) Verbüßung einer Freiheitsstrafe während der Rechtsmittelfrist; HbdUV. **1** 504;

e) Verschulden des Vertreters, z. B. Vergessen des Auftrags, Verlegen der Akten, mangelhafte Freimachung des Briefes, unrichtige Anschrift, zu späte Absendung; AN. (J. u. AV.) **94** 150, AN. **99** 632, **07** 487, EuM. **8** 31 (Bay. LVAmt), **8** 33 (Sächs. LVAmt), **14** 15, **15** 11, **19** 4, 5, Komp. **21** 52, **22** 78, **13** 13, 158, **21** 381, Monatsschr. **16** 563. Verlust der Rechtsmittelschrift bei Unmöglichkeit der Feststellung der Absendung infolge des fehlenden Nachweises im Ausgangstagebuche des bevollmächtigten Rechtsanwalts; EuM. **18** 7. Auch ein Verschulden des gesetzlichen Vertreters, z. B. des Vormundes, hat der Versicherte wie eigenes Verschulden zu vertreten; Jur. Woch. **29** 2548 (RVA.);

f) auch wenn der Empfänger ohne eigenes Verschulden von der gehörigen Zustellung keine Kenntnis erhält, so bei Nichtmitteilung an den im Krankenhause befindlichen Empfänger durch seine Ehefrau, der die Entscheidung in der Wohnung ausgehändigt war; AN. **14** 667, bei unterlassener Aushändigung des der Ehefrau des Klägers übergebenen, die Entscheidung enthaltenden Einschreibebriefes an den Kläger, der bei Verkündung der Entscheidung im Termine anwesend war; AN. **14** 665, ferner bei unterlassener Aushändigung des Schriftstücks durch die Mutter des Klägers, der nach der Postordnung ordnungsgemäß zugestellt war; Komp. **14** 164.

4. Es genügt, wenn das verspätet eingelaufene Schriftstück im Laufe des dritten Tages vor Ablauf der Frist der Post übergeben worden ist; AN. **21** 330, Monatsschr. **20** 584. Voraussetzung ist aber, daß der verspätete Einlauf mit dem Postbetriebe zusammenhängt und nicht auf ein Versehen des Absenders (mangelhafte Anschrift usw.) zurückzuführen ist; AN. **15** 529, Monatsschr. **18** 502, **21** 645, auch darf die Nichteinhaltung der Frist nicht auf einem Verschulden der Partei beruhen; AN. **18** 290. Nicht als ein die Wiedereinsetzung in den vorigen Stand ausschließendes Versehen der Partei hat das Bay. LVAmt die unrichtige Bezeichnung der Straße, in der sich seine Diensträume befinden, angesehen; EuM. **14** 26.

Liegen die Voraussetzungen des § 131 Abs. 2 nicht vor, so ist dadurch die W. i. d. v. St. aus § 131 Abs. 1 wegen Störung des Postbetriebs (sofern nicht die letzte planmäßige Beförderungsgelegenheit versagt hat, s. oben 3f) oder wegen eines anderen unabwendbaren Zufalls (z. B. Postsperre, s. oben 3e) nicht ausgeschlossen; AN. **18** 290, ferner auch nicht in dem Fall, daß die erwiesenermaßen in gewöhnlichem Brief zur Post gegebene Rechtsmittelschrift nicht eingegangen ist; Monatsschr. **22** 76.

Dem Versicherten bekannte Störungen im Postbetriebe bilden keinen unabwendbaren Zufall, wenn die Rechtsmittelschrift am Nachmittage des vorletzten Tages der Frist zur Post gegegen ist; EuM. **13** 24.

§ 132. Die Wiedereinsetzung ist im Falle des § 131 Abs. 1 binnen einer Frist zu beantragen[1], deren Dauer durch die Dauer der versäumten Frist bestimmt wird. Die Frist beginnt mit dem Tag, an dem das Hindernis gehoben ist.

In den Fällen des § 131 Abs. 2 ist die Wiedereinsetzung binnen einem Monat zu beantragen[1]. Die Frist beginnt mit dem Tag, an welchem dem Beteiligten bekannt wird, daß er die Frist versäumt hat.

Nach Ablauf von zwei Jahren, vom Ende der versäumten Frist an, kann die Wiedereinsetzung nicht mehr beantragt werden.

1. Ausdrücklicher Antrag nicht erforderlich, es genügt, wenn sich aus dem Inhalt der Erklärung und den begleitenden Umständen die Absicht des Einsenders auf Stellung eines Wiedereinsetzungsantrags entnehmen läßt; AN. **16** 372, 420. Der Antrag ist grundsätzlich nur bis zum Abschluß des in Betracht kommenden Streitverfahrens zulässig. Ist dieses durch rechtskräftige Entscheidung beendet, kann eine Wiedereinsetzung in den vorigen Stand nicht in Betracht kommen; EuM. **16** 204, 205. S. auch Anm. 2 zu § 133.

§ 133. Der Antrag auf Wiedereinsetzung soll

1. die Tatsachen angeben, welche die Wiedereinsetzung begründen,
2. die Mittel bezeichnen, diese Tatsachen glaubhaft zu machen[1], und
3. die versäumte Handlung nachholen, wenn es nicht bereits geschehen ist.

Er wird bei der Stelle angebracht, bei der die Frist versäumt ist; § 129

Abs. 2, 3 gilt entsprechend. Die Stelle[2] entscheidet, die über die nachgeholte Handlung zu entscheiden hat.

1. Hierzu reicht jede einigermaßen schlüssige Bescheinigung von Behörden, Organen der Versicherungsträger, Arbeitgebern, Ärzten usw. aus; HbdUV. **1** 534.

2. Der Antrag auf Wiedereinsetzung i. d. v. St. gegen die Versäumung der Berufungsfrist kann im Rekursverfahren — AN. (J. u. AV.) **92** 27, Breith. **14** 2 —, dagegen nicht im Revisionsverfahren — Breith. **17** 194 — nachgeholt werden.

Ist die das Rechtsmittel als verspätet zurückweisende Entscheidung rechtskräftig, dann Abhilfe gegen die Folgen der Versäumnis nur im Wege der Wiederaufnahme des Verfahrens möglich; HbdUV. **1** 504, Breith. **14** 2, Monatsschr. **15** 600.

§ 134. Das Verfahren über den Antrag wird mit dem über die nachgeholte Handlung verbunden[1], doch kann auch zunächst über den Antrag allein verhandelt und entschieden werden[2].

Für die Entscheidung über die Zulässigkeit des Antrags und ihre Anfechtung gelten dieselben Vorschriften[3] wie für die nachgeholte Handlung.

1. Dann ist über den Antrag zu verhandeln und in den Gründen auszuführen, warum die Wiedereinsetzung in den vorigen Stand gewährt wird; EuM. **19** 4.

2. Diese Entscheidung ist zu begründen und den Parteien zuzustellen; EuM. **19** 4.

3. Danach ist im Falle des § 405 Abs. 2 die weitere Beschwerde auch dann unzulässig, wenn es sich um Wiedereinsetzung in den vorigen Stand gegen die Versäumung der Beschwerdefrist handelt; AN. **20** 287.

VI. Zustellungen

§ 135. Zustellungen, die eine Frist in Lauf setzen[1], können[2] durch eingeschriebenen Brief geschehen[3] [4].

Der Postschein begründet nach zwei Jahren seit seiner Ausstellung die Vermutung dafür, daß in der ordnungsmäßigen Frist nach der Einlieferung zugestellt worden ist.

1. §§ 135, 136 gelten nicht nur für Zustellungen dieser Art, sondern auch für Terminsbenachrichtigungen, Ladungen usw.; AN. **03** 200, HbdUV. **1** 665, 671. Vgl. auch § 38 VAO., § 24 OVAO., § 25 RVAO.

Zustellungen im Streitverfahren sind von Amts wegen zu betreiben; AN. **87** 210, HbdUV. **1** 672. Verzicht einer Partei auf Zustellung einer Entscheidung unzulässig; AN. (J. u. AV.) **93** 139. Frist gilt als gewahrt, wenn Zeitpunkt der Zustellung nicht feststellbar; AN. (J. u. AV.) **92** 23, AN. **98** 322. Aus dem Tage der Einlieferung bei der Post nicht ohne weiteres Zeitpunkt der Zustellung zu folgern; AN. **99** 446.

Wirkung der Zustellung: in der Regel Beginn des Laufs der von der Zustellung abhängigen (Rechtsmittel-) Frist; EuM. **14** 14. Über Anfechtung von Bescheiden und Entscheidungen schon vor Zustellung, s. § 128 Anm. 4.

Gegen berichtigte Entscheidungen läuft die Rechtsmittelfrist von der Zustellung der Entscheidung selbst, nicht von der Zustellung der berichtigten Ausfertigung; AN. **92** 329, AN. (J. u. AV.) **93** 70, EuM. **18** 7 (Bay. LVAmt), HbdUV. **2** 624; dagegen AN. **11** 451. Über Anfechtung der Berichtigung vgl. §§ 1673, 1679, 1721.

Durch den Tod des Klägers tritt sowohl vor Zustellung wie nach Zustellung der Entscheidung (im letzteren Fall aber vor Ablauf der Rechtsmittelfrist) Unterbrechung des Verfahrens ein; AN. **89** 379, **92** 328, AN. (J. u. AV.) **93** 73, 111, 140, 141, AN. **98** 322, selbst bei Bestellung eines Prozeßbevollmächtigten; AN. **08** 501.

Fehler bei Zustellungen von Ladungen sind in der Regel nur zu beachten, wenn sie von der Partei gerügt werden; EuM. **7** 325 (Bay. LVAmt).

2. Keine zwingende Vorschrift. Sie enthält nur die Möglichkeit einer einfacheren Zustellung als im Zivilprozeß, sie beschränkt nicht die zustellende Behörde auf diese einfachere Art der Zustellung; AN. **14** 679. Zulässig sind auch andere Zustellungsarten, insbesondere neben denen der Postordnung (v. 22. XII. 21, RGBl. S. 1609, i. d. F. der V. v. 5. I. 23, RGBl. I S. 47 und v. 24. XI. 23, RGBl. I S. 1159) auch die der ZPO. (§§ 166ff., §§ 208ff.); AN. **03** 474, **16** 608, 609, EuM. **3** 40. Überhaupt genügt jede Behändigung, die die Tatsache und die Zeit des Empfanges des zuzustellenden Schriftstücks erkennen läßt oder entsprechend durch Empfangsbescheinigung, Zeugen usw. nachweisbar ist; AN. (J. u. AV.) **92** 23, **94** 32, AN. **93** 172, **95** 246, EuM. **7** 25. Wahl der Zustellungsform, sofern hierüber keine Gesetzesvorschrift besteht, dem pflichtmäßigen Ermessen der absendenden Dienststelle überlassen; AN. **14** 680. Runderl. des RVA. an sämtliche LVAnsten. v. 22. VI. 28 über die Zustellung von Bescheiden (Zustellung durch einfachen Brief zwar nicht unstatthaft, aber wegen des unsicheren, oft nicht erbringbaren Nachweises der Behändigung unzweckmäßig); AN. **28** 232.

3. Die Zustellung geschieht durch Aushändigung oder Übergabe des zuzustellenden Schriftstücks an denjenigen, für den die Sendung bestimmt ist; AN. **93** 206. Die Form der Zustellung eingeschriebener Briefe richtet sich nach den Bestimmungen der Postordnung; Monatsschr. **16** 734. Besteht die Partei aus mehreren Personen oder im Falle der Streitgenossenschaft, dann für jede Person besondere Zustellung; AN. **87** 38, jedoch genügt Zustellung an einen Vertreter mehrerer Parteien; AN (J. u. AV.) **92** 133, sowie an einen von mehreren gleichbevollmächtigten Vertretern einer Partei; AN. **99** 632, § 38, § 55 Abs. 2 VAO., § 24 Abs. 1, § 37 OVAO.

Ist ein bevollmächtigter Vertreter vorhanden, so erfolgt die Zustellung nur an diesen, jedoch wird die Partei vom Termine benachrichtigt, wenn ihr persönliches Erscheinen angeordnet ist, § 38, § 55 Abs. 2 VAO., § 24 Abs. 1, § 37 OVAO.; AN. **19** 259, EuM. **6** 402 (Bay. LVAmt). Ohne Belang ist, ob die Vollmacht ausdrücklich schriftlich oder mündlich erteilt oder die Vertretung stillschweigend genehmigt ist; EuM. **15** 230, sie kann jedoch nur einer physischen Person erteilt werden; AN. **22** 433, EuM. **16** 215. Sondervorschriften in §§ 67, 68 VAO.

§ 19 VAO., § 14 OVAO., § 24 RVAO. — Zulassung von Ehegatten, Verwandten und Verschwägerten der aufsteigenden Linie zur Vertretung auch ohne Nachweis einer Vollmacht — gelten nicht für Zustellungen; AN. **12** 892, jedoch EuM. **15** 232: gültige Zustellung des Urteils des OVA. an den ohne schriftliche Vollmacht im Verfahren als Vertreter zugelassenen Vater des großjährigen Klägers.

Zustellungen an Italiener, die sich nicht in Deutschland aufhalten, deren Aufenthalt aber bekannt ist, sind nach Art. 18 des Abkommens zwischen dem Deutschen Reich und Italien v. 31. VII. 12 (RGBl. **13** 171, **20** 1577) nur durch Vermittlung der italienischen Konsularbehörden zulässig, selbst wenn sie einen Prozeßbevollmächtigten in Deutschland haben; AN. **22** 165, **23** 140. Der polnische Generalkonsul in Berlin ist ohne eine von der Partei auf ihn ausgestellte Prozeßvollmacht zur Entgegennahme von Zustellungen nicht berechtigt; EuM. **17** 354.

Ist eine Ehefrau Partei, so wird ihr zugestellt, es sei denn, daß der Ehemann als ihr Vertreter aufgetreten; AN. (J. u. AV.) **92** 133, HdbUV. **1** 668.

Für nicht prozeßfähige Personen (Minderjährige, Geisteskranke) Zustellung nur an ihre gesetzlichen Vertreter zulässig; AN. **87** 134, **93** 206. Ist keiner vorhanden, Bestellung von Amts wegen zu veranlassen; HdbUV. **1** 668. Zustellung mit Aufschrift: „An den ...... (Minderjährigen), zu Händen des ...... (gesetzlichen Vertreters)" unwirksam, wenn nicht nachgewiesen wird, daß und wann der Vertreter das Schriftstück tatsächlich erhalten hat; AN. **01** 626, **10** 495. Zustellung an Minderjährigen, der zwangsweise in Fürsorge untergebracht ist, hat nicht an den Vorsteher der Anstalt, sondern an den gesetzlichen Vertreter zu erfolgen; AN. **10** 423. Zustellung an eine nicht prozeßfähige Person kann wirksam werden, wenn sie später prozeßfähig wird und das Verfahren ausdrücklich oder stillschweigend genehmigt; AN. **05** 407, **10** 495 (Wirksamkeit erst vom Tage der Erlangung der Prozeßfähigkeit; HbdUV. **1** 668, 669), oder der gesetzliche Vertreter das Verfahren nachträglich genehmigt; AN. **09** 522. War eine Person zur Zeit der Zustellung noch nicht gesetzlicher Vertreter, so wird durch die spätere Übertragung der Vertretung die Zustellung nicht rechtswirksam; HbdUV. **1** 668.

Ersatzzustellung bei Abwesenheit des Zustellungsempfängers von seiner Wohnung: an welche Personen zulässig, bestimmt sich nach den für die gewählte Zustellungsart geltenden (insbesondere postalischen oder zivilprozessualen) Vorschriften; jedoch kann eine im Hinblick auf die Person des tatsächlichen Empfängers ungültige Zustellung mit der tatsächlichen Empfangnahme des zuzustellenden Schriftstücks durch den Zustellungsempfänger rechtswirksam werden; AN. **90** 190, AN. (J. u. AV.) **94** 32, HbdUV. **1** 669, 670.

Ersatzzustellung an „erwachsene Familienglieder". Das sind — nach § 38 V, VII der Postordnung v. 22. XII. 21 i. d. F. der V. v. 5. I. 23 und 24. XI. 23 und der Allg. Dienstanweisung des Reichs-Postamts für Post und Telegraphie — außer den Eheleuten die Blutsverwandten, also Kinder, Eltern, Geschwister usw. Dauernde Zugehörigkeit zum Hausstande des Empfängers nicht erforderlich. Ob „erwachsen", hat der bestellende Bote nach pflichtmäßigem Ermessen auf Grund der ganzen Erscheinung und nach dem äußeren Eindruck zu beurteilen; AN. **90** 190, HbdUV. **1** 670. Zustellung rechtswirksam an die 15½ jährige Stieftochter; EuM. **20** 4 (Bay. LVAmt), an die 14½ jährige Tochter des Klägers; Komp. **21** 149. Rechtswirksame Zustellung an einen erwachsenen Hausgenossen auch, wenn er geistesschwach ist; EuM. **2** 139.

Ersatzzustellung nur gültig „in der Wohnung" des Zustellungsempfängers; EuM. **13** 25. „In der Wohnung", d. i. nach der Postordnung und der ZPO. am Orte des tatsächlichen Wohnens, nicht des Wohnsitzes; AN. **93** 172, **97** 317. Gastwirtschaftsraum als Teil der Wohnung; Breith. **1** 182 (Bay. Verw.Gerichtshof). Rechtswirksame Zustellung auch in einer Wohnung, die der Versicherte, der sich nur vorübergehend dort aufhielt, als die seinige bezeichnet hatte; EuM. **6** 39 (Bay. LVAmt). Bei z. B. — besuchsweise — längerem Aufenthalt an einem anderen Orte, kann auch dort wirksam zugestellt werden; AN. **93** 172, **97** 317. Ebenso rechtswirksame Zustellung an die Ehefrau eines im Krankenhause, auf der Reise, in Strafhaft befindlichen Empfängers in seiner Wohnung; AN. **91** 218, **93** 206, **99** 447, HbdUV. **1** 670. Zustellung an ein Familienmitglied des abwesenden Empfängers auch dann ordnungsmäßig, wenn das Familienglied zur Zeit der Zustellung nur vorübergehend im Haushalt des Empfängers anwesend war; AN. **26** 253 (AV.).

Zustellung an einen Strafgefangenen in der Strafanstalt rechtswirksam nur bei Aushändigung des Schriftstücks an ihn; AN. **93** 206.

Die Ersatzzustellungen nach der ZPO. (z. B. Behändigung an den Hauswirt § 181, Niederlegung bei der Postanstalt § 182) sind ebenfalls rechtswirksam; AN. **03** 474, HbdUV. **1** 671.

Eine Ersatzzustellung in der Wohnung des Empfängers ist unwirksam, wenn er vor der Absendung einen anderen inländischen Ort als Bestellort bestimmt hatte; EuM. **26** 78.

Über Zustellung an Versicherungsträger vgl. AN. **99** 585, EuM. **7** 25, HbdUV. **2** 599, auch § 184 ZPO.

Bei grundloser Verweigerung der Annahme des zuzustellenden Schriftstücks Verfahren nach § 186 ZPO. (Zurücklassung des Schriftstücks am Orte der Zustellung) zulässig, sofern nach der ZPO. zugestellt wird. Die Postordnung hat keine dementsprechende Bestimmung. Nach AN. **00** 669 gilt aber die Zustellung als rechtswirksam erfolgt, wenn der Zustellungsempfänger selbst die Annahme des ihm durch einen gehörig frankierten, eingeschriebenen Brief übersandten Schriftstücks verweigert hat (auch Komp. **13** 14, Soergel I 389, vgl. ferner daselbst 280). Das gleiche gilt, wenn seine Ehefrau in offenbarem Einverständnisse mit ihm dies getan hat; HdbUV. **1** 672, RVGer. **3** 154, oder überhaupt ein erwachsenes Familienglied des Empfängers die Annahme verweigert hat; EuM. **18** 191 (Sächs. LVAmt). Jedoch keine rechtswirksame Zustellung, wenn bei unrichtiger Bezeichnung des Berufs des Empfängers z. B. „Hammerschmied“ statt „Obermeister a. D.“ die Annahme verweigert wird; Komp. **15** 23.

Wegen Zurückweisung mangelhaft frankierter Sendungen durch Versicherungsträger und Versicherungsbehörden s. § 128 Anm. 7.

Zustellung einer Ladung nicht vollzogen, wenn der Brief als unbestellbar zurückkommt; Monatsschr. **16** 129.

Nachweis der Zustellung kann durch Erklärung des Empfängers ersetzt werden; Breith. **18** 250.

4. Läßt ein Versicherungsträger dem Zustellungsempfänger das zuzustellende Schriftstück in einen einfachen Brief unter Beifügung einer Postkarte zur Empfangsbestätigung zugehen, so wird die Zustellung durch diese Empfangsbestätigung bewiesen. Schickt aber der Empfänger die Postkarte nicht oder nur mangelhaft ausgefüllt, z. B. ohne Datum zurück, so fehlt es in der Regel an einem ausreichenden Beweise der Zustellung, und die Rechtsmittelfrist ist nicht in Lauf gesetzt; AN. (J. u. AV.) **92** 23, **98** 322, **99** 446, Breith. **1** 185.

Bei Sammelsendungen an einen Versicherungsträger muß für jede einzelne Sache der Tag der Zustellung urkundlich ersichtlich gemacht werden; AN. **91** 220.

Bei Abholung der Postsachen von der Post ist die der Abholung vorhergehende Ausstellung des Postrückscheins als Zustellung anzusehen; HdbUV. **1** 667.

Die Versicherungsträger, die mittels eingeschriebenen Briefes zugestellt haben, sind nicht verpflichtet, den Zustellungstag aus ihren Akten nachzuweisen. Bei Zweifel über die Wahrung der Berufungsfrist muß das OVA. sich an die Post wenden; AN. **13** 521.

Ein zwischen einem OVA. und einem Versicherungsträger getroffenes Abkommen, wonach das OVA. auf einen Nachweis über den Empfang der zuzustellenden Entscheidungen verzichtete und der Versicherungsträger den aus dem Absendevermerk in den Akten des OVA. sich ergebenden Tag des Eingangs bei dem Versicherungsträger als Zustellungstag gelten läßt, ist unwirksam; EuM. **2** 432.

§ 136[1]. Wer nicht im Inlande wohnt, hat auf Verlangen[2] einen Zustellungsbevollmächtigten zu benennen.

Ist der Aufenthalt unbekannt oder wird der Zustellungsbevollmächtigte nicht in der gesetzten Frist benannt, so kann[3] die Zustellung[4] durch einwöchigen Aushang[5] in den Geschäftsräumen der Behörde oder Stelle ersetzt werden; die Frist darf nicht kürzer als ein Monat sein.

1. Gilt auch für Terminsbenachrichtigungen, Ladungen usw., s. § 135 Anm. 1.

2. Nicht von sich aus; EuM. **15** 16.

3. Vorher müssen jedoch alle verfügbaren Mittel zur Feststellung des Aufenthalts erschöpft sein; AN. **03** 594, **05** 420, EuM. **4** 39 (Bay. LVAmt), AN. **16** 608. Lediglich eine Anfrage beim Konsulate des letzten Aufenthaltsorts genügt nicht; EuM. **2** 141, ebensowenig Absendung eines Einschreibebriefes unter der letzten bekannten Anschrift; ArbVers. **06** 705.

4. Eine öffentliche Zustellung, die nicht ordnungsmäßig vollzogen oder beurkundet ist, setzt die gesetzlichen Verfahrensfristen nicht in Lauf; EuM. **4** 39 (Bay. LVAmt).

5. Zustellung gilt mit Ablauf der Woche als bewirkt, auch wenn der Aushang später abgenommen wird; AN. **05** 420, Monatsschr. **15** 740.

VII. Gebühren und Stempel

§ 137. Gebühren- und stempelfrei[1] sind, soweit dieses Gesetz nichts anderes vorschreibt[2], alle Verhandlungen und Urkunden[3], die bei den Versicherungsträgern[4] und Versicherungsbehörden[5] erforderlich werden, um die Rechtsverhältnisse zwischen den Versicherungsträgern einerseits und den Arbeitgebern oder Versicherten oder ihren Hinterbliebenen anderseits zu begründen oder abzuwickeln[6] [7].

1. Streitigkeiten hierüber werden je nach den betreffenden Reichs- oder Landesgesetzen von den Verwaltungs-, Steuer- usw. Behörden oder den Gerichten entschieden; HbdUV. **1** 645.

2. Vgl. § 1803, ferner §§ 1634, 1802; §§ 1020, 1449, 1455.

3. §§ 137, 138 gelten auch für Handlungen, Beurkundungen usw. deutscher Behörden, insbesondere Konsularbehörden im Auslande, soweit Reichsangehörige in Betracht kommen; HbdUV. **1** 646.

4. Auch bei den Sonderanstalten (§ 1372 I Nr. 5) und den Ausführungsbehörden (§§ 892, 894).

5. Ferner bei den in den §§ 1107, 1108, 1761 bezeichneten Behörden.

6. Verträge zwischen KrKn. oder KrKn.-Verbänden und Ärzten sind gesetzlich notwendig, damit die Träger der KV. ihren gesetzlichen Pflichten gegenüber den Versicherten in vollem Umfange nachkommen können, sie sind also zur Abwicklung der Rechtsverhältnisse zwischen den VersTr. einerseits und den Versicherten anderseits erforderlich; § 137 trifft daher auf sie zu; EuM. **19** 369, **22** 193. Ihre Stempelfreiheit anerkannt durch das Sächs. Finanz-Min.; EuM. **20** 242. Dagegen nicht durch das Preuß. Finanz-Min.; Monatsschr. **27** 702.

Stempelpflichtig sind Verträge der KrKn. mit ihren Angestellten (§§ 349, 350 RVO.); EuM. **22** 191, ferner mit Zahntechnikern, Apothekern und Krankenhäusern; EuM. **22** 192.

7. Gebührenfreiheit erstreckt sich nicht auf Schreibgebühren (§ 1567 Abs. 3, § 1631 Abs. 2) und sonstige bare Auslagen; HbdUV. **1** 646.

Die OVAer. sind nicht befugt, bei Entscheidungen im instanziellen Beschluß- oder Beschwerdeverfahren eine Gebühr aufzuerlegen; AN. **27** 239.

Staatliche Verwaltungsgebühren auf Grund der Preuß. Gebührenordnung v. 29. XII. 23 (GS. 1924 S. 1) können im Streitverfahren vor den Versicherungsbehörden nur erhoben werden, wenn die Behörde veranlaßt wird, auf Anträge, Gesuche oder Beschwerden zu entscheiden, die durch das Verfahren nicht notwendig bedingt sind. Dahin gehört auch die Beantwortung von Anfragen und die Lieferung von Abschriften, Auszügen, Ausfertigungen usw., auf die der Antragsteller keinen Anspruch hat; EuM. **16** 242 (Erlaß des. Pr. MfV. v. 10. V. 24).

§ 138. Das gleiche gilt für die außergerichtlichen Verhandlungen und Urkunden dieser Art[1] sowie für solche privatschriftlichen Vollmachten[2] und amtlichen Bescheinigungen, welche nach diesem Gesetze zum Ausweis[3] und zu Nachweisungen[4] erforderlich werden.

1. Z. B. pfarr- und standesamtliche Bescheinigungen aus den Geburts-, Heirats- und Sterberegistern; AN. **86** 12, (J. u. AV.) **91** 124, die Gutachten beamteter Ärzte;

AN. **86** 73 — unberührt hiervon bleiben ihre Honorarforderungen sowie der Ersatz ihrer Auslagen und Schreibgebühren; AN. (J. u. AV.) **91** 137, HdbUV. **1** 645, ferner die Gebührenforderung für Nachprüfung von Arztrechnungen auf Ersuchen eines Versicherungsträgers; EuM. **4** 438. Gebührenfrei sind auch Verträge über den Vertrieb von Beitragsmarken; AN. (J. u. AV.) **92** 142.

2. Prozeßvollmachten, Vollmachten zur Vertretung von Mitgliedern einer BG. in Genossenschaftsversammlungen, Postvollmachten usw.

3. Ausweis des Vorstandes nach § 6 Abs. 2, Beglaubigung der Unterschriften unter Rentenquittungen, Lebensbescheinigungen usw. (§§ 727, 988, 1160, 1384); Verhandlungen über eidliche Verpflichtung der Mitglieder der Genossenschaftsorgane usw. nach §§ 882, 1030, 1216, Aufrechnungsbescheinigungen (§ 1419), vgl. auch HdbUV. **1** 645, 646.

4. Z. B. Bescheinigungen nach § 401, Krankheitsbescheinigungen (§ 1438), Bescheinigungen über die Stilliegezeit von Seefahrzeugen (§ 1172), Bescheinigungen gemäß §§ 74—80 VAO., vgl. auch §§ 73, 81 VAO.

VIII. Verbote und Strafen

§ 139[1, 2]. Den Arbeitgebern und ihren Angestellten sowie den Versicherungsträgern ist untersagt, die Versicherten in der Übernahme oder Ausübung eines Ehrenamts der Reichsversicherung zu beschränken oder sie wegen der Übernahme oder der Art der Ausübung eines solchen Ehrenamts zu benachteiligen. Den Arbeitgebern[3] und ihren Angestellten ist ferner untersagt, durch Übereinkunft oder Arbeitsordnung[4] zum Nachteile[5] der Versicherten die Anwendung der Vorschriften dieses Gesetzes ganz oder teilweise auszuschließen.

Vertragsbestimmungen, die dem zuwiderlaufen, sind nichtig.

1. Inhalt der §§ 139ff.: allgemeine, auf alle Zweige der Reichsversicherung sich beziehenden Verbote und Strafvorschriften. Besondere Vorschriften in den Schlußabschnitten der betreffenden Bücher oder ihrer Teile (KV.: §§ 529—536; UV.: §§ 908—914, §§ 1043—1045, §§ 1220—1225, § 1767; JV.: §§ 1487—1500 (Begr. z. RVO. S. 72).

2. Zweck: Schutz der ehrenamtlich in der Reichsversicherung tätigen Versicherten (§ 139), Schutz der Versicherten gegen Benachteiligung durch Sonderabkommen innerhalb des Arbeitsverhältnisses (§ 139), Schweigegebot über Krankheiten (§ 140), Schweigegebot über Geschäfts- und Betriebsgeheimnisse (§ 141). — Begr. z. RVO. S. 72, KommBer. z. RVO. **1** 240.

3. Vgl. §§ 13, 474, 536, 912, 1045, 1222, 1493, 1225.

4. Unter Arbeitsordnung versteht man in Anlehnung an § 134b Abs. 3 GewO. Bestimmungen über die Ordnung des Betriebs und das Verhalten der Arbeitnehmer im Betriebe und bei der Arbeit (z. B. über Benutzung von Waschgelegenheiten, Behandlung der Betriebseinrichtungen, Rauchen im Betrieb usw.); AN. **24** 185.

5. Zum Nachteil des Versicherten:

a) Verzicht des Verletzten auf die Unfallrente, um den ihm verwandten Betriebsunternehmer von der Haftung gegenüber der BG. (§ 903 RVO.) zu befreien; EuM. **3** 59 (Bay. LVAmt);

b) scheinbare Lohnherabsetzung, in Wirklichkeit Übernahme des Arbeitgeberanteils für KV. oder JV.; RGSt. **18** 317;

c) der Betriebsunternehmer rechnet dem Versicherten einen Beitrag zur UV. an; AN. **85** 288;

d) Satzungsbestimmung einer Betriebskrankenkasse, wonach Beiträge zur KV. vom Arbeitgeber und vom Versicherten je zur Hälfte getragen werden sollen; AN. **14** 518.

Die Bestimmung eines Vertrages über Ausschluß der KV. und JV. ist nach § 139 nichtig, wenn sich aus der tatsächlichen und rechtlichen Beurteilung des Falles die Versicherungspflicht ergibt; AN. **29** 164ff.

Kein Nachteil des Versicherten und daher zulässig:

Auszahlung der Unfallrente durch den Arbeitgeber, der zugleich Ausführungsbehörde, entsprechend der Lohnordnung im ungekürzten Vollohn eines unverletzten Arbeiters; EuM. **15** 17.

Keine Benachteiligung des Verletzten durch die Vereinbarung, daß er die Rente nicht erhalten solle, solange er als Beamter sein Diensteinkommen oder solange und soweit er ein Ruhegehalt bezieht; EuM. **21** 169.

§ 140. Arbeitgeber oder ihre Angestellten, die gegen § 139 Abs. 1 verstoßen, werden mit Geldstrafe[1] oder mit Haft bestraft, sofern nicht nach anderen gesetzlichen Vorschriften härtere Strafe eintritt[2].

Bek. v. 15. XII. 24 (RGBl. I S. 779).

1. 3—10000 RM., Art. I V. v. 6. II. 24 (RGBl. I S. 44), § 2 V. v. 12. XII. 24 (RGBl. I S. 775).

2. Vgl. z. B. §§ 533, 1492.

§ 141[1]. Wer unbefugt[2] offenbart, was ihm in amtlicher Eigenschaft als
Mitglied eines Organs[3] oder Angestellten[4] eines Versicherungsträgers,
Mitglied oder Angestellten einer Versicherungsbehörde,
Vertreter oder Beisitzer bei einer Versicherungsbehörde
über Krankheiten oder andere Gebrechen Versicherter oder ihre Ursachen bekannt geworden ist, wird mit Geldstrafe[5] oder mit Gefängnis bis zu drei Monaten bestraft. Die Verfolgung tritt nur auf Antrag des Versicherten oder der Aufsichtsbehörde ein.

Den Versicherten stehen andere Personen[6] gleich, für die dieses Gesetz eine Leistung eines Versicherungsträgers vorsieht.

Bek. v. 15. XII. 24 (RGBl. I S. 779).

1. Dem § 300 StGB. nachgebildet, bezweckt, wie dieser, den Schutz von Privatgeheimnissen; AN. **16** 492.

Eine über die §§ 141—145 hinausgehende Schweigepflicht kennt die RVO. nicht; Breith. **15** 289. Vgl. auch § 882.

2. D. i. eine rechtswidrige, weder kraft einer Amts- oder Berufspflicht, noch in Wahrung überwiegender berechtigter anderer Interessen erforderliche Offenbarung. Befugt ist eine Mitteilung, wenn sie unmittelbar für die Zwecke des Gesetzes, insbesondere in Ausübung amtlicher Funktionen erfolgt; KommBer. z. RVO. **1** 244.

Es ist unstatthaft, in Geschäftsberichten der BG. die Namensverzeichnisse der Rentenempfänger unter Angabe des Hundertsatzes der Rente bekannt zu geben und die Unternehmer zur Namhaftmachung derjenigen Rentenempfänger aufzufordern, bei denen die Berechtigung zum Bezuge der betreffenden Rente nicht mehr vorzuliegen scheint; EuM. **22** 409. Unstatthaft ist auch die Mitteilung ärztlicher Gutachten durch die BGen. an Haftpflichtversicherungsgesellschaften; Breith. **3** 411.

Keine unbefugte Offenbarung:

a) wenn die Offenbarung im Einverständnisse mit dem Versicherten erfolgt oder wenn sie — auch gegen den Willen des Verletzten — vom Gesetze geboten oder für zulässig erklärt wird; AN. **13** 696, z. B. bei Auskunft nach § 343; KommBer. z. RVO. **1** 242, bei gesetzlicher Verpflichtung zur Anzeige über den Ausbruch von Seuchen, bei Entbindung von der Schweigepflicht nach § 1574 Abs. 1; AN. **16** 492; wenn der Betriebsunternehmer, dem nach §§ 1562, 1567 Abs. 2 das Recht, in die Unfalluntersuchungsverhandlungen Einsicht zu nehmen, zusteht, das Organ eines Versicherungsvereins hierzu bevollmächtigt hat, ferner wenn der Unternehmer einem Rentenstreitverfahren beigetreten ist und infolgedessen als „Beteiligter" nach § 36 VAO. und § 22 OVAO. Anspruch auf Akteneinsicht und auf Erteilung von Abschriften aus den Akten hat; AN. **13** 696;

b) Mitteilung einer KrK. an eine LVAnst. über die Krankheit eines Versicherten und ihre Ursachen; AN. **16** 492.;

c) überhaupt gegenseitige Zugänglichmachung ihrer Akten durch die Versicherungsträger; EuM. **7** 356;

d) Meldung eines Kranken durch seine Krankenkasse an die Beratungsstelle — einer LVAnst. — für Geschlechtskranke; AN. **21** 180;

e) Meldungen von Ärzten an die zuständige LVAnst. über beobachtete Geschlechtskrankheiten; AN. **16** 563.

3. Dazu gehören auch die von den LVAnsten. errichteten Beratungsstellen für Geschlechtskranke; AN. **21** 180.

4. Diese sind auch über den Rahmen der §§ 141 ff. hinaus nach der Dienstordnung zu bestrafen, wenn sie Tatsachen, die ihnen dienstlich bekannt geworden sind, unbefugt offenbaren; EuM. **22** 409.

Ein Kassenangestellter, der zur Unterstützung des Schriftführers zu Vorstandssitzungen der KrK. zugezogen wird, unterliegt der Schweigepflicht des § 141; AN. **22** 185.

5. 3—10000 RM.; siehe § 140 Anm. 1.

6. Z. B. Familienmitglieder, die auf Familienhilfe Anspruch haben (§ 205a), nichtversicherte Witwen, denen ein Heilverfahren gewährt wird (§ 1269).

§ 142 [1] [2]. Mit Geldstrafe [3] oder mit Gefängnis werden bestraft

die im **§ 141** Abs. 1 Bezeichneten [4],

die besonderen Sachverständigen nach § 880,

wenn sie unbefugt [5] Geschäfts- oder Betriebsgeheimnisse offenbaren, die ihnen in amtlicher Eigenschaft bekannt geworden sind.

Tun sie dies, um den Unternehmer zu schädigen oder sich oder anderen einen Vermögensvorteil [6] zu verschaffen, so werden sie mit Gefängnis bestraft. Neben der Gefängnisstrafe kann auf Verlust der bürgerlichen Ehrenrechte und auf Geldstrafe erkannt werden.

Die Verfolgung tritt im Falle des Abs. 1 nur auf Antrag des Unternehmers ein.

Bek. v. 15. XII. 24 (RGBl. I S. 779).

1. §§ 142, 143 — Schweigegebot über Geschäfts- und Betriebsgeheimnisse, Verbot der Offenbarung (§ 142) und der Verwertung (§ 143) dieser Geheimnisse — schützen die Unternehmer, die durch das Gesetz gezwungen sind, Einsicht in ihre Betriebe zu gestatten; KommBer. z. RVO. **1** S. 244—246.

2. § 142 gilt nicht bei Rechtshilfe für die Finanzbehörden; § 80 EinkommensteuerG. v. 10. VIII. 25 (RGBl. I S. 189); vgl. EuM. **15** 4, 255.

3. 3—10000 RM.; siehe § 140 Anm. 1.

4. Eidliche Verpflichtung der Genossenschaftsorgane zum Schweigen erforderlich, auch wenn sie unmittelbar durch Berichte Einsicht in Geschäfts- und Betriebsgeheimnisse erlangen; AN. **13** 466.

5. Unbefugte Offenbarung schon dann, wenn sie über die unmittelbaren Zwecke des Gesetzes hinausgeht; AN. **13** 466. Jedoch liegt keine unbefugte Offenbarung in einer Auskunft, die die KrK. über die in einer Gastwirtschaft beschäftigten Gewerbegehilfen einem Stadtmagistrat erteilte, der sie für die Entscheidung über die Zurücknahme der Genehmigung zum Gastwirtschaftsbetrieb benötigte; EuM. **11** 9 (Bay. LVAmt).

Zu den Betriebs- und Geschäftsgeheimnissen im Sinne des § 142 gehören auch die Namen der Beschäftigten und die Höhe ihres Lohnes; AN. **12** 883, **14** 802, EuM. **26** 426. Die Mitteilung des Inhalts von Lohnnachweisen durch die BGen. an Dritte, abgesehen von den Finanzbehörden, ist von der Zustimmung des beteiligten Unternehmers abhängig; EuM. **15** 255. Daher kein Recht der LVAnsten. auf Einsicht in die den BGen. eingereichten Lohnnachweise, es sei denn, daß der einzelne Unternehmer hierzu seine Zustimmung gibt; AN. **14** 802. Die Zustimmung des Unternehmers kann nicht durch Beschluß des Genossenschaftsvorstandes oder eines Unternehmerverbandes ersetzt werden; AN. **12** 883, EuM. **15** 255, auch nicht durch die Satzung einer Unternehmerorganisation, z. B. einer Zwangsinnung; AN. **12** 883, Monatsschr. **27** 139.

Keine Verpflichtung der KrKn., den Jugendämtern Auskunft über die Höhe des Arbeitsverdienstes eines Versicherten und über den Namen seines Arbeitgebers zu erteilen; EuM. **26** 426.

6. Vergütung für wissenschaftliche Arbeit kann als Vermögensvorteil gelten; KommBer. z. RVO. **1** 243, 244.

§ 143. Die im § 142 Abs. 1 Bezeichneten werden mit Gefängnis bestraft, wenn sie Geschäfts- oder Betriebsgeheimnisse unbefugt verwerten, um den Unternehmer zu schädigen oder sich oder anderen einen Vermögensvorteil zu verschaffen. Neben der Gefängnisstrafe kann auf Verlust der bürgerlichen Ehrenrechte und auf Geldstrafe[1] erkannt werden.

Bek. v. 15. XII. 24 (RGBl. I S. 779).

1. 3—10000 RM.; siehe § 140 Anm. 1.

§ 144. Sind in den Fällen des § 142 Abs. 2 oder des § 143 mildernde Umstände vorhanden, so ist auf Geldstrafe[1] zu erkennen.

Bek. v. 15. XII. 24 (RGBl. I S. 779).

1. 3—10000 RM.; siehe § 140 Anm. 1.

§ 145. Für Beamte, die der Dienstgewalt einer Landesbehörde oder einer gemeindlichen Behörde unterstehen, bewendet es an Stelle der §§ 141 bis 144 bei den für sie geltenden Vorschriften[1].

1. Weil den Beamten als solchen schon die Schweigepflicht obliegt, deren Beobachtung durch die disziplinarrechtlichen Vorschriften hinreichend gesichert ist; Begr. z. RVO. S. 73, KommBer. z. RVO. **1** 243, 244, 246; vgl. auch AN. **07** 475.

§ 146. Die Geldstrafen fließen[1], vorbehaltlich des § 59 Abs. 3[2], § 80 Abs. 2[3], § 104 Abs. 2[4], § 108 Abs. 2[5] und der §§ 914, 1045, 1224[6], in die Kasse des Versicherungsträgers, die gerichtlich erkannten[7] nur, wo es dieses Gesetz vorschreibt[8].

Die Strafen, außer den gerichtlich erkannten, werden wie Rückstände beigetrieben.[9]

Bek. v. 15. XII. 24 (RGBl. I S. 779).

1. Verschiedenheit in der Behandlung entsprechend der Art der Stelle, die die Strafen verhängt; KommBer. z. RVO. **1** 247.

2. Kasse des Landes- oder Gemeindeverbandes.
3. Kasse des Landes.
4. Reichskasse.
5. Kasse des Landes.
6. Krankenkassen.
7. Vgl. § 23 Abs. 2, §§ 140—144, 532—536, 767, 911—913, 1045, 1224, 1490 bis 1494, § 1495 Abs. 3, 4, §§ 1496—1499.
8. Die RVO. enthält eine solche Vorschrift nicht.
9. Vgl. § 28. In den Nachlaß sind nur die bei Lebzeiten des Bestraften rechtskräftig festgesetzten Strafen vollstreckbar; HbdUV. **1** 664.

Die Zwangsbeitreibung der nach § 1543d RVO. vom VA. verhängten Ordnungsstrafen hat nicht das VA., sondern der VersTr. zu veranlassen. Er kann gegebenenfalls im Aufsichtswege dazu angehalten werden; EuM. **26** 373 (Bek. des Pr. MfV. v. 11. I. 30, VMBl. S. 114).

Beitreibung gerichtlich erkannter Strafen richtet sich nach der StPO. (§§ 481 bis 495).

§ 147[1]. Zuwiderhandlungen gegen die Strafvorschriften dieses Gesetzes, für welche die Gerichte nicht zuständig sind, verjähren in einem Jahre[2]. Die Verjährung[3] beginnt mit dem Tag, an dem die Handlung begangen ist[4 5 6]. Sie wird unterbrochen durch jede gegen den Täter gerichtete Handlung[7 8] dessen, der zur Verhängung der Strafe zuständig ist[9]. Mit der Unterbrechung beginnt eine neue Verjährung; sie endet spätestens mit Ablauf von zehn Jahren seit dem Tage, an dem die Zuwiderhandlung begangen ist.

Bek. v. 15. XII. 24 (RGBl. I S. 779).

1. §§ 147, 148 enthalten die Vorschriften über die Verjährung der Strafverfolgung und der Strafvollstreckung; Begr. z. RVO. S. 73.

Die Vorschriften des § 147 über die Verjährung gelten nur für das Verfahren bis zum Erlasse der Strafverfügung; AN. **14** 386.

2. Frühere dreimonatige Verjährungsfrist für Geldstrafen bis zu 300 M. infolge Änderung des Strafrahmens für Ordnungs- und Zwangsstrafen (1 bis 1000 RM.), Art. II V. v. 6. II. 24 (RGBl. I S. 44) als gegenstandslos beseitigt; Bek. v. 15. XII. 24 (RGBl. I S. 779).

3. Die Verjährung bewirkt Ausschluß der Strafverfolgung, sie ist von Amts wegen zu berücksichtigen; AN. **20** 323, EuM. **4** 239 (Bay. LVAmt).

4. Bei strafbaren Einzelhandlungen, wie unrichtige Angaben in der Meldung zur KV. oder vorzeitige Abmeldung des Versicherten von der KrK. (§ 530 Abs. 2), unrichtige Angaben in den Lohnnachweisen (§§ 908, 1487), beginnt die Verjährung mit dem Tage, an dem die strafbare Handlung vorgenommen ist; AN. **22** 189, **23** 160, EuM. **13** 349, **15** 74.

Bei strafbaren Unterlassungen ist die Straftat an sich nach Ablauf der zur Vornahme der Handlung festgesetzten Frist vollendet, es sei denn, daß die Pflicht zur Vornahme der Handlung trotz Fristablaufs fortdauert, dann stellt die Unterlassung eine fortgesetzte Zuwiderhandlung dar und die Verjährung beginnt erst mit der Nachholung der Handlung oder dem Wegfalle der Pflicht zur Vornahme der Handlung. Bei fortgesetzten strafbaren Handlungen oder Unterlassungen, die auf einen einheitlichen Vorsatz zurückzuführen und demgemäß als eine juristische Einheit aufzufassen sind, beginnt die Verjährung mit der letzten Handlung. Hiernach

a) eine unvollständige Meldung zur KrK. steht einer Nichtanmeldung gleich. Die hierin liegende Unterlassung dauert so lange an, bis die fehlenden Angaben nachgeholt sind oder die Pflicht zur Anmeldung wegen Fortfall des Beschäftigungsverhältnisses fortfällt; EuM. **15** 74;

b) die für einen einheitlichen Eigenbau während mehrerer aufeinanderfolgender Monate unterlassene Einreichung von Lohnnachweisungen (§§ 799, 909) bildet eine fortgesetzte Unterlassung, deren Verjährung mit der nachträglichen Einreichung der Nachweise oder mit ihrer Aufstellung durch die zuständige Stelle (§ 800) oder, falls keine Nachweise eingereicht oder aufgestellt werden, mit der Verjährung des Anspruchs auf die letzte Prämie beginnt; AN. **21** 159, EuM. **4** 238, BG. **14** 439;

c) Verjährung der Strafverfolgung wegen nicht rechtzeitiger oder überhaupt wegen fortgesetzt unterlassener Beitragsentrichtung zur JV. (§ 1488) beginnt mit der Nachentrichtung der Beiträge oder wenn keine stattgefunden hat, mit dem Ablauf der Verjährung der Beitragsrückstände nach § 29 Abs. 1; AN. **12** 1202, **14** 593;

d) Verjährung der Strafverfolgung wegen Nichtanmeldung eines Versicherungspflichtigen zur KV. (§ 530 Abs. 1) beginnt, wenn die Anmeldung nicht nachgeholt wird, mit dem Ende des Beschäftigungsverhältnisses; AN. **16** 597, wegen Unterlassung der Abmeldung (§ 530 Abs. 1) mit der Nachholung dieser; AN. **17** 613, **19** 449, bei vorzeitiger Abmeldung mit dem Tage, an dem die Abmeldung erstattet ist; AN. **22** 189;

e) Verjährung der Strafverfolgung bei einer Zuwiderhandlung gegen Unfallverhütungsvorschriften beginnt mit der Beseitigung des ordnungswidrigen Zustandes; EuM. **6** 40 (Bay. LVA.); sie ist erst ausgeschlossen, wenn das gesamte Verfahren vor der zur Verhängung der Strafe zuständigen Stelle zum Abschluß gelangt ist, also erst mit Zustellung der Strafverfügung; EuM. **7** 27 (Bay. LVA.).

5. Lauf der Verjährungsfrist hängt nicht von der Möglichkeit der Strafverfolgung oder von der Kenntnis der für die Strafverfolgung zuständigen Stelle ab; AN. **21** 159.

6. Nach Erlaß der Strafverfügung kann keine Verjährungsfrist mehr beginnen; AN. **14** 386, EuM. **13** 26. Für die Nebenstrafe des § 531 Abs. 2 Beginn der Verjährungsfrist erst von dem Tage der Rechtskraft der ordentlichen Strafe aus § 530; AN. **18** 354.

7. Die Handlung muß auf die Strafverfolgung gerichtet sein, es genügt jede Amtshandlung; AN. **19** 449. Sie muß sich aber gegen denjenigen einzelnen Täter richten, über dessen Bestrafung zu entscheiden ist; AN. **23** 160, 161.

Die Unterbrechung der Verjährung führt jede der Aufklärung des Sachverhalts dienende Anhörung des Beschuldigten durch das (in erster Instanz zur Entscheidung berufene) VA. und in der Beschwerdeinstanz durch das OVA. herbei. Das gleiche geschieht durch einen Abgabebeschluß des OVA. gemäß § 1799; AN. **19** 295.

8. Eine gegen den Inhaber oder gesetzlichen Vertreter der Firma gerichtete Handlung unterbricht nicht die gegen den verantwortlichen Angestellten (§§ 534 913, 1494) laufende Verjährung; AN. **23** 160, EuM. **14** 29.

Ermittelungen der LVAnst. darüber, welcher Arbeitgeber die Beitragsentrichtung unterlassen hat oder Handlungen des VA., welche die Feststellung des noch unbekannten Täters bezwecken, reichen zur Unterbrechung der Verjährung nicht aus; AN. **16** 385 **23** 160, ebensowenig eine die Wiedervorlage der Akten anordnende Verfügung; Breith. **2** 482 (OLG. Breslau).

9. Eine Verfügung des von der zuständigen Stelle um Vornahme von Ermittelungen ersuchten Magistrats genügt nicht; AN. **12** 1200.

§ 148. Endgültig verhängte Strafen, die nicht von den Gerichten erkannt sind, verjähren in zwei Jahren. Die Verjährung beginnt mit dem Tag, an dem die Entscheidung endgültig geworden ist. Sie wird unterbrochen durch jede auf Vollstreckung der Strafe gerichtete Handlung dessen, dem die Vollstreckung obliegt. Mit der Unterbrechung beginnt eine neue Verjährung;

sie endet spätestens mit Ablauf von vier Jahren seit dem Tage, an dem die Entscheidung endgültig geworden ist.

Vgl. die Anm. zu § 147.

IX. Ortslohn

§ 149. Als Ortslohn[1] gilt der ortsübliche Tagesentgelt[2] gewöhnlicher Tagarbeiter[3].

Das Oberversicherungsamt[4] setzt den Ortslohn fest[5] und macht ihn öffentlich bekannt. Vorher werden die Vorstände der beteiligten Versicherungsanstalten gehört[6]; das Versicherungsamt hat sich nach Anhörung der Gemeindebehörden[7] und der Vorstände der beteiligten Krankenkassen gutachtlich zu äußern.

1. Kürzere Bezeichnung für die frühere: „ortsüblicher Tagelohn"; Begr. z. RVO. S. 73, KommBer. z. RVO. **1** 249.

Für die Ermittlung des Werts einer Zuwendung gibt ihre Vergleichung mit der Höhe des Ortslohns einen Anhalt. Bezüge, die ein Drittel des Ortslohns nicht erreichen, gelten im allgemeinen herkömmlich als geringfügig; AN. (J. und AV.) **91** 54, **01** 202, EuM. **13** 229.

2. Entgelt siehe § 160.

3. Das sind solche, bei denen es auf die bloße Körperkraft und ihre Verwertung auf dem Arbeitsmarkt für Arbeiten einfachster Arbeit ankommt; Komm.-Ber. z. RVO. **1** 251; keine besondere Vorbildung oder besondere technische Fertigkeiten, in der Regel auch nichts festes, für längere Zeit abgeschlossenes Dienstverhältnis. Nicht hierzu gehören sogenannte qualifizierte (gelernte) Arbeiter, die nach Beendigung ihrer Lehrzeit und wiederum nach Erwerb größerer Fertigkeiten höhere Löhne erzielen; Komm.-Ber. z. RVO. **1** 251, ebensowenig Lehrlinge.

4. Als die „gerade für die Zwecke der Reichsversicherung geschaffene Behörde"; KommBer. z. RVO. **1** 250.

5. Keine bloße Schätzung, sondern das rechnerische Ergebnis feststehender Lohnsätze; KommBer. z. RVO. **1** 251. Die gemäß § 149 Abs. 2 Satz 2 erforderten Äußerungen bilden hierfür die Unterlage; Begr. z. RVO. **1** S. 74.

6. § 149 Abs. 2 gilt nicht für das Verfahren zur Festsetzung der Grundlöhne (§ 180) und kann auch auf dieses Verfahren nicht ausgedehnt werden, daher keine rechtliche Beteiligung der LVAnst. an diesem Verfahren; EuM. **12** 27 (Bay. LVA.).

7. Aller Gemeindebehörden, nicht etwa nur der Behörden der besonders wichtigen Gemeinden; KommBer. z. RVO. **1** 248, 249.

§ 150. Der Ortslohn wird für Männer und Frauen, für Versicherte unter sechzehn Jahren, von sechzehn bis einundzwanzig Jahren und über einundzwanzig Jahre besonders festgesetzt.

Die Versicherten unter sechzehn Jahren (Jugendliche)[1] können dabei in junge Leute von vierzehn Jahren an und Kinder unter vierzehn Jahren geschieden werden; Lehrlinge[2] zählen zu den jungen Leuten.

Im übrigen wird der Ortslohn einheitlich nach dem Durchschnitte für den ganzen Bezirk jedes Versicherungsamts festgesetzt. Ausnahmen sind zulässig, wenn die Lohnhöhen in einzelnen Ortschaften oder zwischen Stadt und Land erheblich abweicht.

1. Bei der Festsetzung des Ortslohns können für Jugendliche von 14—16 Jahren nicht noch besondere Stufen je nach dem Lebensalter gebildet werden; EuM. **21** 86.

2. Siehe §§ 165, **174**, 494, 1226; Anl. des RVA. (J. und KV.) v. 26. IV. 12 Ziff. 39.

§ 151. Die Ortslöhne werden gleichzeitig im ganzen Reiche für Zeiträume festgesetzt, die der Reichsarbeitsminister bestimmt[1]. Änderungen[2] in der Zwischenzeit gelten nur bis zur nächsten allgemeinen Festsetzung; sie treten an dem vom Oberversicherungsamte bestimmten Tage in Kraft[3].

G. v. 26. I. 23 (RGBl. I S. 67).

1. V. des RAM. über Festsetzung der Ortslöhne in der Reichsversicherung v. 5. XI. 1929 (RGBl. I S. 203, AN. **29** 441).

Auf Grund des § 151 der RVO. wird hiermit verordnet:

§ 1. Die Ortslöhne werden gleichzeitig im ganzen Reiche für Zeiträume von zwei Jahren festgesetzt.

§ 2. Die erste Festsetzung auf Grund dieser Vorschrift erfolgt mit Wirkung vom 1. Januar 1930.

2. Ohne Einfluß auf schwebende Ansprüche. Bei Ansprüchen aus der KV. an sich Tag der Erkrankung (§ 211); AN. **17** 462, vgl. aber § 180 Abs. 7 Satz 2; in der UV. gelten § 569a, §§ 937, 1072, 1080.

3. Änderungen in den Ortslöhnen können mit dem Tage ihrer Festsetzung durch das OVA. in Kraft treten. Es kann als Tag des Inkrafttretens der neuen Festsetzung nicht nur der Tag der Verkündung des Festsetzungsbeschlusses bestimmt werden, sondern auch schon der Tag des Beschlusses selbst. Festsetzung mit rückwirkender Kraft ist jedoch unzulässig; AN. **27** 232.

§ 152. Der Reichsarbeitsminister veröffentlicht im Reichsministerialblatt (Zentralblatt für das Deutsche Reich) mindestens alljährlich eine Liste der inzwischen vorgenommenen Änderungen[1].

G. v. 19. VII. 23 (RGBl. I S. 686).

1. Vgl. die Zusammenstellung der ab 1. I. 30 geltenden Ortslöhne in AN. **30**, Beilage zu Heft 5.

X. Beschäftigungsort

§ 153. Beschäftigungsort[1] ist der Ort, an dem die Beschäftigung tatsächlich stattfindet[2].

Für Versicherte, die an einer festen Arbeitstätte[3] (Betrieb-, Dienststätte) beschäftigt werden, gilt diese als Beschäftigungsort auch, während sie bei Arbeiten, die ihr Arbeitgeber außerhalb der Betriebstätte ausführen läßt, für kürzere Zeit beschäftigt werden.

Das gleiche gilt für Versicherte, die von einer festen Arbeitstätte aus nur mit einzelnen Arbeiten wechselnd in Bezirken verschiedener[4] Orts- oder Landkrankenkassen beschäftigt werden.

Es gilt ferner für Versicherte, die nur für einzelne Arbeiten außerhalb der festen Arbeitstätte angenommen sind, sofern[5] diese und ihr Arbeitsort im Bezirke desselben Versicherungsamts liegen.

G. v. 30. IV. 22 (RGBl. S. 465).

1. Nach dem Beschäftigungsort richtet sich die Zuständigkeit der Orts- und LandKrKn., LVAnsten., der Versicherungsbehörden; § 234; §§ 1329—1331; §§ 1637, 1677,

1614, 1615, 1785. §§ 1329—1331 enthalten (für die LVAnsten.) ergänzende Vorschriften. Vgl. auch §§ 47, 49, 76 (Wahlen).

Für die Zugehörigkeit zu einer Betriebs- oder Innungs-KrK. gelten die §§ 153—156 nicht; AN. **16** 650.

2. Abs. 1 stellt die allgemeine Regel auf: Beschäftigungsort ist der tatsächliche Arbeitsort. Abs. 2, 3, 4, §§ 154—156 enthalten die Ausnahmen, deren Zweck die Vermeidung und Abschwächung der Unzuträglichkeiten eines häufigen Wechsels der Kassenmitgliedschaft infolge nur vorübergehender Tätigkeit ist; Begr. z. RVO. S. 75, 76, KommBer. z. RVO. **1** 255, 256, AN. **13** 518, Breith. **17** 626.

Beschäftigungsort ist der Ort, an dem die Beschäftigung tatsächlich stattfindet; AN. **26** 363 (AV.), EuM. **24** 151. Er ist der Ort der beruflichen Beschäftigung. Auch wenn der Arbeitnehmer ausschließlich als Betriebsratsmitglied tätig wird, richtet sich der Beschäftigungsort nach seiner beruflichen Beschäftigung; AN. **26** 383.

3. Die feste Arbeitstätte — die Stätte, an der Arbeiten von größerem Umfang und längerer Dauer ausgeführt werden (z. B. bei einer Monate hindurch währenden Bauausführung; Begr. z. RVO. S. 76, KommBer. z. RVO. **1** S. 256) — kann mit dem Betriebsitz zusammenfallen, muß es aber nicht, sie steht vielmehr im Gegensatz zu ihm, wenn dieser sich an einem anderen Orte befindet; Begr. z. RVO. S. 76, KommBer. z. RVO. **1** 255, 256. Nur da, wo wegen der kurzen Dauer und des geringen Umfanges der verschiedenen Einzeltätigkeiten überhaupt keine feste Arbeitstätte angenommen werden kann, soll dafür der Betriebsitz (§ 154) maßgebend sein; Begr. z. RVO. S. 76, 77, Breith. **9** 4.

Die feste Arbeitstätte tritt an Stelle des Orts der tatsächlichen Beschäftigung:

a) für die im allgemeinen an der festen Arbeitstätte beschäftigten Versicherten dann, wenn sie mit einzelnen Arbeiten von geringer Dauer außerhalb der festen Arbeitstätte beschäftigt werden (Abs. 2);

b) für Versicherte, die zwar am Ort der festen Arbeitstätte gar nicht beschäftigt werden, die aber dauernd von dort aus nicht nur an einem Orte, sondern bald hier, bald da im Bezirke verschiedener KrKn. mit einzelnen Arbeiten beschäftigt werden (Abs. 3);

c) in bestimmten Ausnahmefällen für Versicherte, die — ebenso, wie diejenigen im Fall b) — überhaupt nicht an der festen Arbeitstätte beschäftigt, die dagegen auch nicht von dort aus entsandt sind, sondern erst am Orte der einzelnen Arbeit und lediglich, um diese auszuführen, angenommen werden. Für diese Personen gilt im allgemeinen die Regel des Abs. 1 (Ort der tatsächlichen Beschäftigung), die Ausnahme trifft zu, wenn der tatsächliche Arbeitsort und die feste Arbeitstätte im Bezirke desselben Versicherungsamts gelegen sind (Abs. 4).

KommBer. z. RVO. **1** 256, 257, 258.

Liegt die tatsächliche Arbeitstätte an einem anderen Ort als der Betriebsitz, so ist der Ort der Arbeitstätte für die Kassenzugehörigkeit maßgebend; AN. **20** 180.

Keine feste Arbeitstätte, wenn nur Einzeltätigkeiten von kurzer Dauer an einem oder verschiedenen Orten vorgenommen werden; AN. **14** 764. Jedoch bei einer Arbeit von größerem Umfang können die Merkmale der festen Arbeitstätte gegeben sein, so daß der Arbeitsort für die Kassenzugehörigkeit maßgebend ist; Begr. z. RVO S. 76, KommBer. z. RVO. **1** 256, AN. **20** 180, aber es ist dabei zu beachten, daß nicht die größere oder geringere Dauer der auswärtigen Unternehmung selbst, sondern die größere oder geringere Zeit entscheidend ist, die der dorthin entsandte Arbeiter an diesem Arbeitsorte tätig ist. Ist die Tätigkeit nur vorübergehend, so verbleibt er bei seiner alten Kasse; Begr. z. G. v. 30. IV. 22.

Arbeiter eines Baugeschäftes, die bei umfangreichen oder länger dauernden Bauarbeiten außerhalb des Betriebsitzes beschäftigt werden, sind bei der für den tatsächlichen Arbeitsort zuständigen Orts-KrK. auch dann versichert, wenn sie während ihrer Beschäftigung am Betriebsitze zu der dortigen besonderen Orts-KrK. ihres Gewerbezweiges gehören; EuM. **24** 151.

Erstreckt sich eine einheitliche Arbeitstätte über die Bezirke verschiedener KrKn., so ist diejenige Kasse für die Versicherung zuständig, in deren Bezirk der Schwerpunkt der versicherten Tätigkeit liegt; AN. **22** 285. Entsprechendes gilt für die Zuständigkeit der LVAnsten.; Monatsschr. **17** 677.

Bei Bücherkolporteuren und ähnlichen Personen, die an wechselnden Orten den Verkehr zwischen dem Unternehmer und dem Publikum vermitteln, gilt deren Wohnstätte als Beschäftigungsort, wenn von dort aus ein wesentlicher Teil ihrer Tätigkeit — z. B. wenn ein Zimmer der Wohnung als Geschäftsraum benutzt wird — in Ermangelung einer sonstigen Betriebstätte sich vollzieht; AN. **16** 586, ebenso bei dem Inspektor einer Versicherungsgesellschaft; Monatsschr. **14** 759.

Eine mehrere Monate dauernde auswärtige Beschäftigung eines Hausgehilfen (Dienstboten) begründet einen Beschäftigungsort im Sinne des § 153 Abs. 1 an dem Orte, an dem die Beschäftigung während dieser Zeit ausgeübt wird; AN. **14** 828, **16** 594. Ist ein Hausgehilfe lediglich für die Zeit und den Ort des Sommeraufenthalts angenommen, so ist regelmäßig der Beschäftigungsort im Sinne des § 153 Abs. 3 der Ort der tatsächlichen Beschäftigung; AN. **00** 841.

4. Bleiben die Versicherten im Bezirke derselben örtlichen KrK., so sind sie bei dieser zu versichern; Begr. z. RVO. S. 78. Die KrK. der festen Arbeitstätte kommt nur in Frage bei der Arbeit im Bezirke verschiedener KrKn.; KommBer. z. RVO. **1** 256.

5. Hierdurch wird vermieden, daß in Grenzbezirken auch Personen, die in keiner Weise dem Organismus inländischer Betriebe eingegliedert sind, und lediglich für einzelne Arbeiten im Auslande angenommen werden, u. U. als an der inländischen festen Arbeitstätte beschäftigt anzusehen und somit in die Versicherung einzubeziehen wären; Begr. z. RVO. S. 77.

§ 154. Für Beschäftigungsverhältnisse ohne feste Betriebstätte [1] gilt als Beschäftigungsort der Sitz des Betriebs [2].

Für Hausgewerbtreibende gilt als Beschäftigungsort ohne Rücksicht auf den Betriebsitz ihrer Arbeitgeber oder Auftraggeber der Ort, an dem sie ihre eigene Betriebstätte haben.

G. v. 30. IV. 22 (RGBl. I S. 465).

1. Wenn nicht nur der Arbeitnehmer, sondern auch der Arbeitgeber keine feste Arbeit-(Betrieb-)stätte hat, an der er eigentliche Betriebsarbeiten verrichten läßt, wenn letzterer z. B. alle auswärtigen Arbeiten von seiner Privatwohnung oder einem Kontor aus leitet; KommBer. z. RVO. **1** 258, AN. **20** 180, **21** 264, EuM. **24** 151.

Wegen der Wandergewerbtreibenden siehe §§ 459ff., wegen der Hausgewerbtreibenden siehe Abs. 2.

2. D. i. derjenige Ort, an dem sich der Mittelpunkt — wirtschaftliche Schwerpunkt — des Unternehmens befindet; AN. **86** 13, AN. (J. und AV.) **91** 151, AN. **14** 764, **21** 264. Für den Sitz gemischter, aus Haupt- und Nebenbetrieb bestehender Betriebe ist der Sitz des Hauptbetriebs maßgebend; AN. (J. und AV.) **91** 10 Nr. XX, sofern der Nebenbetrieb nicht einen selbständigen Teilbetrieb darstellt. Ein einheitlicher Betrieb liegt nur vor, wenn die einzelnen Betriebsteile den gleichen Unternehmer haben; der Nebenbetrieb muß dem Hauptbetriebe dienen; AN. **17** 269.

Die an verschiedenen Orten ständig beschäftigten Versicherungspflichtigen eines Betriebes, für den eine gemeinsame Betriebs-KrK. nicht errichtet ist, sind nicht bei der für den Betriebsitz zuständigen Orts-KrK., sondern bei den verschiedenen Orts-KrKn. ihres Beschäftigungsorts zu versichern; AN. **14** 764.

§ 155. Für Versicherte, die eine Betriebsverwaltung[1] [2] zu einer in verschiedenen Gemeinden wechselnden[3] Beschäftigung angenommen[4] hat, gilt die Gemeinde als Beschäftigungsort, wo die unmittelbare Leitung[1] der Arbeiten ihren Sitz hat. Das Oberversicherungsamt kann anders darüber bestimmen[5], nachdem es die beteiligten Verwaltungen und Gemeinden[6] oder Gemeindeverbände gehört hat.

1. Es muß also neben der Stelle der unmittelbaren Leitung noch eine Hauptverwaltung vorhanden sein; AN. **13** 518.

2. Öffentliche oder private; KommBer. z. RVO. **1** 258, auch AN. **12** 872.

3. Wechselnd bezieht sich auf den Betrieb, nicht auf den Wohnort des Arbeiters; AN. **12** 872.

4. Die Tatsache der Annahme genügt zur Anwendung der Vorschrift, ein Wechsel des Ortes braucht noch nicht stattgefunden zu haben; Begr. z. RVO. S. 78.

5. Die Bestimmung, die eine dem OVA. übertragene gesetzliche Ermächtigung zur Grundlage hat, ist mit der Rechtsbeschwerde (§ 1793) nicht anfechtbar; AN. **23** 157.

6. Siehe § 114.

§ 156. Für Versicherte, die zu landwirtschaftlicher, in verschiedenen Gemeinden[1] wechselnder Beschäftigung[2] angenommen[3] sind, gilt der Sitz des Betriebs (§§ 963, 964)[4] als Beschäftigungsort.

1. Siehe § 114.

2. Für Arbeiter, die zwar in einem über mehrere Gemeinden sich erstreckenden Betriebe, nicht aber an wechselnden, in verschiedenen Gemeindebezirken belegenen Orten beschäftigt werden, ist nicht der Sitz des Betriebs, sondern der Ort der tatsächlichen Beschäftigung maßgebend; AN. **12** 1199.

3. Siehe § 155 Anm. 4.

4. Siehe §§ 963, 964 nebst Anm.

XI. Ausländische Gesetzgebung

§ 157[1]. Soweit andere Staaten eine der Reichsversicherung entsprechende Fürsorge[2] durchgeführt haben, kann die Reichsregierung mit Zustimmung des Reichsrats unter Wahrung der Gegenseitigkeit[2] vereinbaren[3], in welchem Umfang für Betriebe, die aus dem Gebiete des einen Staates in das des anderen übergreifen, sowie für Versicherte, die zeitweise im Gebiete des anderen Staates beschäftigt werden[4], die Fürsorge nach der Reichsversicherungsordnung oder nach den Fürsorgevorschriften des anderen Staates geregelt werden soll.

Auf gleichem Wege[5] kann bei entsprechender Gegenleistung[6] die Versicherung von Angehörigen eines ausländischen Staates abweichend von den Vorschriften dieses Gesetzes geregelt und die Durchführung der Fürsorge des einen Staates in dem Gebiete des anderen erleichtert werden[7]. In diesen Vereinbarungen darf die nach diesem Gesetze bestehende Beitragspflicht des Arbeitgebers nicht ermäßigt oder beseitigt werden[8]. Diese Vereinbarungen sind dem Reichstag mitzuteilen.

Diese Vorschriften gelten entsprechend für eine Fürsorge, die an Stelle der Reichsversicherung tritt.

Bek. v. 15. XII. 24 (RGBl. I S. 779).

1. Abs. 1 und 2 enthalten zwei voneinander zu unterscheidende Fälle (Komm.-Ber. z. RVO. 1 260).

2. Anwendung des Abs. 1 setzt voraus: abgesehen von der Verbürgung der Gegenseitigkeit eine der Reichsversicherung entsprechende Fürsorge, d. h. eine im allgemeinen gleichwertige Fürsorge. Hier kommt z. B. in Betracht, ob die auswärtige Gesetzgebung die Betriebsunfälle als solche entschädigt und hierbei auch das Schuldmoment nicht wesentlich anders behandelt, als nach deutschem Rechte, ob die Leistungen der Versicherungs- oder Fürsorgeträger im wesentlichen dem deutschen Rechte entsprechen, ob die Beitragsleistungen angemessen geregelt, die Ansprüche der Entschädigungsberechtigten genügend sichergestellt sind, ob zur Durchführung der Ansprüche ein angemessenes, leicht zu handhabendes Verfahren gewährleistet wird (HbdUV. 3 850). Anderseits werden im einzelnen Abweichungen von den inländischen Gesetzen nicht zu vermeiden sein, z. B. besondere Bestimmungen über Anzeige und Feststellung von Erkrankungen oder Unfällen im Auslande, für die nach inländischem Rechte Leistungen zu gewähren sind, über die Festsetzung des Wertes der Sachbezüge, die den nach inländischem Rechte versicherten Personen im Auslande gewährt werden (Begr. z. RVO. S. 79).

3. Vereinbarungen sind abgeschlossen mit:

a) Luxemburg, Abkommen (über Unfallversicherung) v. 2. IX. 05 (RGBl. S. 753), Bek. (über den Abschluß) v. 23. IX. 05 (RGBl. S. 756);

b) Niederlande, Vertrag über Unfallversicherung v. 27. VIII. 07 (RGBl. S. 763), Ratifikation (RGBl. S. 769), Ausführungsbestimmungen v. 16. XII. 07 (RGBl. S. 773), Rundschr. des RVA. v. 25. I. 08 (AN. 08 527); Zusatzvertrag v. 30. V. 14 (RGBl. 15 S. 321), Ratifikation (RGBl. 15 S. 323); V. über Festsetzung von Mittelwerten für den Gulden niederl. Währung v. 27. IV. 23 (RGBl. I S. 273);

c) Belgien, Abkommen über Unfallversicherung v. 6. VII. 12 (RGBl. 13 S. 23), Ratifikation (RGBl. 13 S. 30), mit dem 29. V. 20 wieder in Kraft gesetzt durch Ziff. 18 Bek. v. 30. VI. 20 (RGBl. S. 1397); Ausführungsbestimmungen zum Art. 11 des Abkommens v. 9. VIII. 13 (RGBl. S. 637) und 26. XI. 23 (RGBl. II S. 432);

d) Italien, Abkommen über Arbeiterversicherung v. 31. VII. 12 (RGBl. 13 S. 171), Ratifikation (RGBl. 13 S. 182), mit Wirkung v. 8. VII. 20 wieder in Kraft gesetzt durch Ziff. 8 Bek. v. 15. VIII. 20 (RGBl. S. 1577); Bek., betr. die örtliche Zuständigkeit und die Bezirke der ital. Konsularbehörden usw. v. 31. III. 13 (Zentralbl. f. d. D. R. S. 465); Bek., betr. die Ausführung des Art. 3 Abs. 2 des Abkommens usw., v. 31. III. 13 (Zentralbl. f. d. D. R. S. 465);

e) Österreich, Ges. über dies Abkommen zwischen dem Deutschen Reiche und der Republik Österreich über die Durchführung der Sozialversicherung im zwischenstaatlichen Verkehr v. 8. VII. 26 (RGBl. II S. 355), Ratifikation (RGBl. 26 II S. 553);

f) Finnland, Ges. über das Abkommen zwischen dem Deutschen Reiche und der Republik Finnland über Unfallversicherung v. 18. II. 28 (RGBl. II S. 20), Ratifikation (RGBl. II S. 48);

g) Polen, Ges. über den Vertrag zwischen dem Deutschen Reich und der Polnischen Republik über polnische landwirtschaftliche Arbeiter v. 31. III. 28 (RGBl. II S. 167);

h) Jugoslavien, Ges. über den Vertrag zwischen dem Deutschen Reiche und dem Königreich der Serben, Kroaten und Slovenen über Sozialversicherung v. 6. VII. 29 (RGBl. II S. 561, AN. 29 292), Ratifikation (RGBl. II S. 648, AN. 29 411).

Zu b): Der Vertrag mit den Niederlanden ist anwendbar auf einen nach Deutschland übergreifenden Beförderungsbetrieb, der in den Niederlanden seinen Sitz, in Deutschland eine Zweigniederlassung unter einem Generalagenten hat; eine solche

Zweigniederlassung ist nicht als Sitz des Betriebs im Sinne des Art. 2 des Vertrags anzusehen; AN. **08** 535. Unfall des Pferdepflegers eines zunächst in Deutschland ansässigen, in Holland tätigen und dann dort verkauften Zirkus von dem deutschen Versicherungsträger zu entschädigen; EuM. **18** 11.

Zu d): Nach Art. 3 des deutsch-italienischen Abkommens sind auch die nach der Antragstellung für die vor ihr liegende Zeit entrichteten Invalidenversicherungsbeiträge zur Hälfte an die italienische Kasse abzuführen; AN. **13** 750.

Eine der Zuständigkeit der VAer. unterworfene Streitigkeit im Sinne der Nr. 4 der Bek. v. 31. III. 13 liegt nicht vor, wenn die Durchführung eines vor Stellung des Überweisungsantrags eingeleiteten Heilverfahrens den Gegenstand des Streites bildet; AN. **14** 658.

Abfindung eines rentenberechtigten Italieners ohne seine Zustimmung nach Art. 2 des Vertrags in Verbindung mit Art. 62 EG. z. RVO. auch für vor dem 1. I. 12 festgesetzte Renten zulässig; AN. **21** 151.

Zustellungen an Italiener, die sich nicht im Gebiete des Deutschen Reichs aufhalten und deren Aufenthalt bekannt ist, nur durch Vermittlung der italienischen Konsularbehörde zulässig und rechtswirksam; AN. **22** 165, **23** 140.

Im Anschluß hieran sind noch zu erwähnen:

Ges. über die Internationalen Übereinkommen, betr. die Krankenversicherung der Arbeitnehmer in Gewerbe und Handel und der Handelsgehilfen sowie die Krankenversicherung der Arbeitnehmer in der Landwirtschaft, v. 28. X. 27 (RGBl. II S. 887);

Ges. über die Internationalen Übereinkommen, betr. die Gleichbehandlung einheimischer und ausländischer Arbeitnehmer bei Entschädigung aus Anlaß von Betriebsunfällen sowie die Entschädigung aus Anlaß von Berufskrankheiten, v. 21. VII. 28 (RGBl. II S. 509);

Beken. des RM. d. Ausw. und des RAM. über die Genfer Übereinkommen:

a) betreffend die Krankenversicherung der Arbeitnehmer in Gewerbe und Handel und der Hausgehilfen v. 27. XII. 28 (RGBl. 1929 II S. 13, AN. **29** 2);

b) betreffend die Krankenversicherung der Arbeitnehmer in der Landwirtschaft v. 27. XII. 28 (RGBl. 1929 II S. 13, AN. **29** 2);

c) betreffend die Gleichbehandlung einheimischer und ausländischer Arbeitnehmer bei Entschädigung aus Anlaß von Betriebsunfällen v. 27. XII. 28 (RGBl. 1929 II S. 13, AN. **29** 7);

d) betreffend die Entschädigung aus Anlaß von Berufskrankheiten v. 27. XII. 28 (RGBl. 1929 II S. 14, AN. **29** 7);

e) betreffend die Gleichbehandlung einheimischer und ausländischer Arbeitnehmer bei Entschädigung aus Anlaß von Betriebsunfällen v. 2. III. 29 (RGBl. II S. 133, AN. **29** 105).

Rdschr. des RVA. an die Vorstände der der Aufsicht des RVA. unterstellten Berufsgenossenschaften über das Internationale Übereinkommen, betreffend die Gleichbehandlung einheimischer und ausländischer Arbeitnehmer bei Entschädigung aus Anlaß von Betriebsunfällen, v. 21. II. 29 (AN. **29** 152).

4. Der Geltungsbereich der Zwangsversicherung deckt sich grundsätzlich mit den Reichsgrenzen. Im Ausland Beschäftigte unterliegen daher an sich nicht der Versicherungspflicht nach der RVO., ohne Unterschied, ob sie oder ihre Arbeitgeber In- oder Ausländer sind; AN. (J. und AV.) **92** 48, AN. **97** 333. **Ausnahmen: auf dem Gebiete der UV. und JV. bei Tätigkeiten im Ausland, die sich als Teil, Zubehör, Fortsetzung oder Ausstrahlung** eines inländischen Betriebs darstellen; HbdUV. **1** 227, 228, II 161, AN. **85** 345; **88** 243, Anl. des RVA. (J. und KV.) v. 26. IV. 12 Ziff. 3 (AN. **12** 721), EuM. **22** 516 (inländischer Luftfahrbetrieb), ferner § 1228. Zu vgl. weiter Ges. zur Regelung der Sozialversicherung und der Erwerbslosenfürsorge der bei Reparationsarbeiten im Ausland beschäftigten Arbeitnehmer v. 24. XII. 26

(RGBl. I S. 531); Ges. zur Abänderung dieses Ges. v. 12. XII. 27 (RGBl. I S. 508); V. zur Regelung der sozialen Versicherung der bei Reparationsarbeiten im Ausland beschäftigten Arbeitnehmer v. 10. VII. 29 (RGBl. I S. 136, AN. **29** 295, abgedr. im Anh. VI). Sonst ergreift der Versicherungszwang nach der RVO. grundsätzlich alle Tätigkeiten im Inlande, ohne Unterschied, ob der Beschäftigte Inländer oder Ausländer ist. Ausnahmen hiervon Ausstrahlungen eines ausländischen Betriebs; HbdUV. **2** 161, AN. **89** 390, EuM. **22** 516 (ausländischer Luftfahrbetrieb), ferner §§ 1232, 1233.

Durch die Zugehörigkeit eines zeitweise im Gebiete eines ausländischen Staates beschäftigten Versicherten zu einer ausländischen KrK. wird die Krankenversicherungspflicht nach der RVO. nicht berührt, sofern nicht von der Reichsregierung gemäß § 157 vereinbart ist, daß die soziale Fürsorge für den Versicherten nach den Fürsorgevorschriften des anderen Staates geregelt werden soll; AN. **30** 187 (AVAV.).

Als Ausland gelten fremde Kriegsschiffe und unter der Flagge ihres Staatsoberhaupts fahrende sonstige fremde Schiffe auch während ihres Aufenthalts in deutschen Häfen; AN. **97** 380.

§ 157 Abs. 1 sieht die Möglichkeit vor, das inländische Gesetz für unselbständige Ausstrahlungen inländischer Betriebe nach dem Ausland und umgekehrt das ausländische Gesetz für unselbständige Ausstrahlungen ausländischer Betriebe nach dem Inland auszuschließen; Begr. z. RVO. S. 78.

5. Abs. 2 geht noch über das Anwendungsgebiet des Abs. 1 hinaus. Er läßt Abkommen auch dann zu, wenn das andere Land eine der deutschen Reichsversicherung oder einem ihrer Zweige entsprechende Fürsorge nicht hat (Abweichungen nicht in einzelnen, sondern in wesentlichen, allgemeinen Beziehungen), also z. B. das fremde Land kennt keine Zwangsversicherung gegen Invalidität, sondern nur eine freiwillige Invalidenversicherung; KommBer. z. RVO. **1** 260, ferner, auch wenn es sich nicht um Betriebe oder Versicherte der in Abs. 1 bezeichneten Art handelt; Begr. z. RVO. S. 79.

Voraussetzungen für den Abschluß solcher Abkommen: entsprechende Gegenleistung und keine Entlastung von Beiträgen für die Arbeitgeber ausländischer Arbeiter; KommBer. z. RVO. **1** 261, 262, 263, § 1233.

6. Unter dieser Voraussetzung kann insbesondere die Gleichstellung der Ausländer mit den Inländern vereinbart werden. Die Gegenleistung und Gleichstellung braucht aber keine rein mechanische zu sein; KommBer. z. RVO. **1** 260, 261, 262, die Gewährung gleichartiger Vorteile genügt; StenBer. z. RVO. S. 6438. Dabei wäre natürlich eine etwaige Besserstellung der Ausländer gegenüber den Inländern nicht zulässig; KommBer. z. RVO. **1** 261.

7. Hierunter fallen z. B. Bestimmungen über die Gewährung gegenseitiger Rechtshilfe auch in Fällen, für die Abs. 1 nicht gilt, über praktisch durchführbare Untersuchungsmaßregeln, über Auszahlung der Krankengelder und Renten, über Einziehung der Beiträge und Prämien im Ausland, über Befreiung von ausländischen Gebühren und Stempeln; Begr. z. RVO. S. 80.

8. Damit die Heranziehung ausländischer Arbeiter zur Beschäftigung in Deutschland durch Erleichterung der Beitragspflicht nicht begünstigt wird; Komm.-Ber. z. RVO. **1** 263, StenBer. z. RVO. S. 6438. Vgl. auch § 1233.

§ 158[1]. Die Reichsregierung kann mit Zustimmung des Reichsrats anordnen, daß gegen Angehörige eines ausländischen Staates und ihre Rechtsnachfolger ein Vergeltungsrecht[2] angewendet wird.

Bek. v. 15. XII. 24 (RGBl. I S. 779).

1. Die RVO. stellt grundsätzlich die Ausländer den Inländern gleich, auch ohne daß Abkommen nach § 157 getroffen sind (siehe § 157 Anm. 3). Nur für Ausländer,

die sich nicht innerhalb des Deutschen Reichs aufhalten, gelten Ausnahmevorschriften (§ 216 Abs. 1 Nr. 3, § 596, § 615 Abs. 1 Nr. 3, 4, §§ 930, 1065, § 1116 Abs. 2 Nr. 3, §§ 1233, 1268, 1314, 1317). Eine weitere Ausnahme soll aber ermöglicht werden für den Fall, daß ausländische Staaten die Deutschen schlechter stellen, als ihre eigenen Staatsangehörigen. § 158 läßt daher entsprechend dem Art. 31 EG. z. BGB. die Anwendung des Vergeltungsrechts zu; Begr. z. RVO. S. 80. Ein Fall für diese Anwendung wäre z. B. eine Vorschrift des fremden Staates, wonach Ausländer beitragspflichtig sind, aber nie Ansprüche auf Versicherungsleistungen erwerben können; StenBer. z. RVO. S. 6438, 6439.

2. Ein Unterschied zwischen Friedens- und Kriegszeit ist hier nicht gemacht. Das Vergeltungsrecht ist ausschließlich der Anordnung der Reichsregierung und des Reichsrats vorbehalten und demgemäß den Instanzen der Rentenfeststellung entzogen. Diese können daher Renten von Ausländern nicht deshalb einstellen, weil deren Heimatstaat sich mit dem Deutschen Reich im Kriegszustand befindet; EuM. 5 202.

XII. Gemeinsame Begriffsbestimmungen

1. Versicherungspflichtige Beschäftigung

§ 159[1]. Die Beschäftigung eines Ehegatten durch den anderen begründet, vorbehaltlich der Vorschriften der §§ 551, 922, 1062[2], keine Versicherungspflicht.

G. v. 14. VII. 25 (RGBl. I S. 97).

1. § 159 hat den von jeher in der ständigen Rechtsprechung des RVA. aufrechterhaltenen Grundsatz gesetzlich festgelegt, wonach die Beschäftigung eines Ehegatten durch den anderen nach dem Wesen der Ehe kein versicherungspflichtiges Arbeitsverhältnis begründet (vgl. AN. **03** 571 und **05** 406, HbdUV. **1** 51, Anl. des RVA. (J. und KV.) v. 26. IV. 12 Ziff. 23 b, AN. **12** 721). Die auf dem Gebiete der UV. für die Ehefrau — als Mitunternehmerin — getroffenen Sondervorschriften bleiben hierdurch unberührt; Begr. z. RVO. S. 80, 289, 337, 345, KommBer. z. RVO. 1 263, HbdUV. **2** 14, 575.

Die Vorschrift findet keine Anwendung auf die in wilder Ehe lebenden Personen; AN. **25** 253.

Eine Ehefrau, die neben den gewöhnlichen Haushaltsarbeiten auch noch die landwirtschaftlichen Arbeiten auf dem Grundstück ihres Ehemannes verrichtet, steht dadurch nicht zu ihrem Ehemanne im Abhängigkeitsverhältnis des Arbeitnehmers zum Arbeitgeber; AN. **29** 162.

2. Außerdem kann nach Lage des Einzelfalls in Frage kommen:

a) Mitunternehmerschaft der Ehefrau im Betriebe oder Geschäfte des Ehemannes und damit u. U. Berechtigung zur Selbstversicherung auch auf dem Gebiete der JV.; vgl. § 1243, AN. **01** 632, **06** 641, Anl. des RVA. (J. und KV.) v. 26. IV. 12 Ziff. 23 b (AN. **12** 721), auf dem Gebiete der KV. vgl. AN. **17** 269;

b) durch Hilfeleistung bei der Arbeit des Ehemannes Eintritt in ein mittelbares Arbeitsverhältnis zu dem Auftraggeber des Ehemannes, nämlich wenn von vornherein, auch ohne ausdrückliche Erklärung nach dem Umfang oder nach der Art der Arbeit auf die Mitwirkung der Ehefrau gerechnet und der Lohn danach bemessen wird, oder wenn die Ehefrau mit Wissen des Auftraggebers tatsächlich die dem Ehemanne übertragenen Arbeiten verrichtet; AN. **99** 625, **00** 830, **01** 637. Im einzelnen z. B.:

Ehefrau als Gehilfin des Mannes bei der Verwaltung eines Rettungshauses; AN. (J. und AV.) **95** 108, eines Armenhauses; AN. **00** 830, eines Krankenhauses; Soergel I 266, Ehefrauen von Schuldienern, Kastellanen; AN. **03** 369, **13** 605, von

Hausmeistern, Portiers; AN. **05** 434, Soergel I 266, Ehefrau des Geschäftsführers einer Gastwirtschaft; AN. **04** 504, eines Ausschänkers; Soergel II 312, Ehefrau eines sog. Hälfteschiffers; AN. **03** 514, Ehefrau eines Postagenten als dessen ständige Vertreterin; AN. **06** 486, Ehefrauen der Gutsarbeiter; AN. **06** 641, Ehefrau eines Hofmanns, welche die vom Ehemanne übernommene Verpflegung der Gutsknechte besorgt; AN. **13** 794. Vgl. im übrigen Anl. des RVA. (J. und KV.) v. 26. IV. 12 Ziff. 14 (AN. **12** 721);

c) durch Hausgewerbarbeit zusammen mit dem Ehemann in der gemeinsamen Wohnung für denselben Fabrikanten Eintritt in ein unmittelbares Arbeitsverhältnis zum Fabrikanten (Ehefrau sowohl wie Ehemann selbständige Hausgewerbtreibende). Voraussetzung hierfür in der Regel: neben der ausdrücklichen Anerkennung der Selbständigkeit der Ehefrau seitens des Fabrikanten (z. B. durch Forderung der Mitarbeit der Ehefrau, Beitragsleistung für sie), getrennte Lohnberechnung für die Ehefrau auf dem gemeinschaftlichen Konto der Ehegatten, gesonderte Ablieferung und Lohnzahlung, gesondert zu tragende Verantwortung für die Beschaffenheit der zu fertigenden Ware; AN. **97** 287, **06** 642, u. U. genügt es aber auch, wenn der Fabrikant von der Mitarbeit der Ehefrau Kenntnis hat und damit rechnet; AN. **10** 472, 527, EuM. **9** 273; auch Anl. des RVA. (J. und KV.) v. 26. IV. 12 Ziff. 23 (AN. **12** 721).

2. Entgelt[1]

§ 160. Zum Entgelt[2] im Sinne dieses Gesetzes gehören neben Gehalt[3] oder Lohn[4] auch Gewinnanteile[5], Sach-[6] und andere Bezüge[7], die der Versicherte, wenn auch nur gewohnheitsmäßig, statt des Gehaltes oder Lohnes oder neben ihm[8] von dem Arbeitgeber oder einem Dritten erhält.

Den Wert der Sachbezüge[9] stellt das Versicherungsamt nach Ortspreisen fest[10], vorher hat es den beteiligten Krankenkassen Gelegenheit zur Äußerung zu geben. Die oberste Verwaltungsbehörde kann Näheres bestimmen, insbesondere vorschreiben, daß die Festsetzung des Versicherungsamts der Zustimmung des Oberversicherungsamts bedarf, und daß das Oberversicherungsamt die Festsetzung vorzunehmen hat, wenn es die Genehmigung versagt.

G. v. 27. III. 23 (RGBl. I S. 225).

1. Entgelt einheitlicher Oberbegriff für Gehalt, Lohn, Arbeitsverdienst, Gewinnanteile usw. § 160 gilt für alle Versicherungszweige; Begr. z. RVO. S. 80, 81, Komm.-Ber. z. RVO. **1** 269. Arbeitsentgelt ist jede Leistung, die einen Vermögenswert besitzt, als Gegenleistung für Arbeit gewährt wird und für den Arbeitnehmer einen wirtschaftlichen Vorteil bedeutet; AN. **10** 545, **28** 299 (AVAV), **29** 83 (AVAV.). Gehalt und Lohn sind die beiden Arten des Arbeitsverdienstes. Wie Gehalt oder Lohn, so setzt auch der Arbeitsverdienst stets das Bestehen eines Beschäftigungsverhältnisses voraus; AN. **29** 162.

2. Zum Entgelt gehören lediglich Einkünfte, die der Verletzte in seiner Eigenschaft als Versicherter erhalten hat, nicht dagegen solche, die ihm sonst wie zugeflossen sind; EuM. **22** 312. Entgelt ist:

a) Gegenleistung für eine Arbeitstätigkeit. Daher sind Entgelt:

Löhne für Überstunden oder über die geleisteten Arbeitsstunden hinaus gezahlte Löhne; AN. **19** 261, AN. **27** 226. Lohnfortzahlungen für Feiertage, für Zeiten eines Erholungsurlaubs, vor dem Kriege auch Zuschüsse für Zeiten militärischer Friedensübungen, in der Regel Entgelt, insbesondere wenn diese Leistungen im Arbeitsvertrage festgesetzt sind; AN. **18** 335, Feiergelder; EuM. **10** 419, Teuerungszulagen, einmalige wie laufende oder in regelmäßiger Wiederkehr gezahlte; AN. **17** 590, EuM. **9** 21 (Bay. LVA.), **10** 420, **14** 149, **15** 115, nicht nur geschenkweise, sondern regelmäßig auf Grund Tarifvertrags gezahlte Sozialzuschläge; Breith. **13** 47, **16** 97 (Bay. LVAmt), Ersatz der Auslagen für die Instandhaltung des vom Arbeiter zu stellenden Arbeitsgerätes; AN. **12** 1135, Entschädigung für Verbrauch der Arbeitskleidung und Arbeitsgeräte; EuM. **25** 291, Deputatkohle, auf deren Lieferung ein tariflicher Anspruch besteht; EuM. **25** 149, Ersatz des Fahrgeldes für den Weg des Arbeitnehmers von seiner Wohnung zur Arbeitstätte durch den Arbeitgeber; AN. **28** 299 (AVAV), Nachtdienstzulagen, die den Eisenbahnarbeitern neben ihrem Lohn gewährt werden; EuM. **23** 356, Entrichtung der gesamten Beiträge zur KV. und JV. ohne Lohnabzug durch den Arbeitgeber auf Grund eines, wenn auch nur stillschweigenden Übereinkommens, also Übernahme der Beitragsanteile des Arbeiters auf Grund des Arbeitsvertrages; AN. **12** 903, EuM. **8** 40 (Bay. LVAmt), **25** 548 (Reichsfinanzhof, E. v. 13. XI. 28), vereinbarungsgemäße Übernahme der Zahlung von Pensionskassenbeiträgen durch den Arbeitgeber; EuM. **7** 186, Ruhegehalt eines in den Ruhestand versetzten Lokomotivführers, der dann wieder gegen einen um das Ruhegehalt gekürzten Lohn als Heizer verwendet wird, Bestandteil des vollen Heizerlohns und demgemäß Entgelt; EuM. **10** 36.

Kein Entgelt:

Bezüge zum Ersatz von baren Auslagen für den Arbeitgeber, z. B. für Beschaffung von Grubenöl; AN **08** 492, für Beschaffung, Heizung und Beleuchtung eines Dienstraumes; Anl. des RVA. (J. und KV.) v. 26. IV. 12 Ziff. **18** (AN. **12** 721), Leistungen ohne wirtschaftlichen Vorteil; AN. **97** 460, **10** 545, z. B. auch Spesen und Provisionen, soweit sie zugunsten der Kundschaft verwendet werden: Soergel I 359, Wert der den Bergleuten von ihrer Zeche zu billigeren als dem sonst üblichen Verkaufspreise gelieferten Hausbrandkohle kein Entgelt, weil nicht Teil des Lohnes, nur Gelegenheit billigen Einkaufs anläßlich der Beschäftigung auf der Zeche; EuM. **14** 163 (hingegen Wert der tarifgemäß gelieferten Deputatkohle Entgelt; EuM. **25** 149), Warentschädigungen, welche von dem Arbeitgeber seinen Arbeitern für deren Verzicht auf den ihnen zustehenden Urlaub gewährt werden; EuM. **22** 412, Gewährung von Kost und Wohnung an Lehrlinge, die jedoch ein Lehrgeld zahlen, das dem Werte dieser Bezüge etwa gleichkommt; AN. **93** 160, EuM. **2** 439, die Beköstigung und die Wohnungsgelegenheit, welche das Charité-Krankenhaus in Berlin sowie die preußischen Universitätskliniken und Polikliniken einem Teile der zu ihrem Personal gehörenden Lohnempfänger tarifmäßig unter Anrechnung auf den Barlohn gewähren; EuM. **24** 154, reine Geschenke; AN. **93** 160, EuM. **2** 439, AN. **18** 335. Ersatz von Fahrtkosten des Arbeitnehmers durch den Arbeitgeber, wenn der Arbeitgeber lediglich im Interesse des Betriebs Arbeitnehmer von weiterhin zuzieht und ihnen Fahrtkosten ersetzt, die ihnen in den Grenzen des gewöhnlichen Arbeitsbezirks nach ihrer sonst in dem Bezirke üblichen Arbeitstätigkeit nicht erwachsen würden, ferner Zuschüsse des Arbeitgebers zu den Fahrtkosten des Arbeitnehmers, die der Arbeitgeber ausnahmsweise unabhängig von der Arbeitsleistung nicht als deren Gegenleistung, sondern aus reiner Gefälligkeit leistet; AN. **28** 299 (AVAV.). — s. dagegen u. Anm. 7 —, Zuwendungen, die lediglich in allgemeinen sozialen Fürsorgeerwägungen ihren Grund haben; AN. **18** 335, z. B. Benützung von Wohlfahrtseinrichtungen des Arbeitgebers durch den Arbeiter, *freiwillige* aus *Wohlwollen* geschehende Entrichtung der gesamten Beiträge zur KV. und JV. durch den Arbeitgeber ohne Lohnabzug; AN. **29** 342. Bezug von Militärinvalidenpensionen (Bezüge aus der Reichsversorgung), Bezüge aus der Reichsversicherung; AN. **89** 355 (Unfallrente), **97** 463 (Invalidenrente), **94** 277 (Krankengeld), Zahlung der gesetzlichen Beiträge zur Reichsversicherung; AN. **94** 277, HbdUV. **1** 243, ferner freiwillige Unterstützungen des Arbeitgebers für einen längeren Zeitraum der Arbeitslosigkeit; AN. **18** 336, Lohnfortzahlung für Krankheitszeiten; AN. **18** 335, sonstige auf Verhältnissen nicht *geschäftlicher* Art (Ehe, Verwandtschaft, Unfreiheit —

Strafgefangene —, Freigebigkeit und Wohltätigkeit, Ausübung religiöser und ähnlicher Pflichten, Heilanstaltpflege, Ehrenamt) beruhende Bezüge; Anl. des RVA. (J. und KV.) v. 26. IV. 12 Ziff. 23b—h (AN. **12** 721), Zuwendungen, die ein Sohn vom Vater später zu erwarten hat; EuM. **4** 279 (Sächs. LVAmt), weiter Bezüge, die dem Versicherungspflichtigen außerhalb des versicherungspflichtigen Beschäftigungsverhältnisses zufließen (Einkünfte eines landwirtschaftlichen Betriebsbeamten aus der Haltung von Scholaren); AN. **06** 660, Bezüge, die außerhalb des Arbeitsvertrages aus besonderen persönlichen, wirtschaftlichen oder politischen Gründen gewährt werden (Bezahlung von Streiktagen); EuM. **13** 350, auch AN. **23** 273, 274, BG. **21** 86. Erwerbslosenunterstützung auf Grund der Ven. über Erwerbslosenfürsorge; AN. **10** 419, endlich galten auch die auf Grund der Bestimmungen des RAM. über öffentliche Notstandsarbeiten v. 17. XI. 23/18. I. 24 (RGBl. I 1923 S. 111, 1924 S. 35) gezahlten Unterstützungsbeträge, Zuschläge und Prämien der Pflicht- und Notstandsarbeiter nicht als Entgelt; Art. 4 AusfV. über Erwerbslosenfürsorge v. 25. III. 24 (RGBl. I S. 376); AN. **25** 287). Abweichend hiervon erklärten die am 1. V. 25 in Kraft getretenen Bestimmungen über öffentliche Notstandsarbeiten v. 30. IV. 25 (RGBl. I S. 53) die Beschäftigung der Erwerbslosen bei Notstandsarbeiten für eine Beschäftigung gegen Entgelt im Sinne der Reichsversicherung. Für das jetzige Recht der wertschaffenden Arbeitslosenfürsorge vgl. § 139 Abs. 4 Satz 3 AVAVG.

b) Entgelt muß einen Vermögenswert besitzen und auf Grund des Dienstverhältnisses durch den Arbeitgeber oder einen Dritten gewährt werden; HbdUV. **1** 240, Anl. des RVA. (J. und KV.) v. 26. IV. 12 Ziff. 18, 21 (AN. **12** 721), AN. **28** 299 (AVAV.), EuM. **26** 391. Abgesehen von der Leistung von Geld- und Sachbezügen kann in Betracht kommen z. B. Befreiung von einer Geldschuld; AN. **98** 397, Gewährung der Gelegenheit zu einem Nebengewerbe im Rahmen des versicherungspflichtigen Beschäftigungsverhältnisses: Einkommen eines Logenschließers aus dem Verleihen von Operngläsern; AN. (J. und AV.) **91** 176, eines Begräbniskommissars aus der Lieferung von Nummer-Steinen und -Pfählen für die Gräber; AN. (J. und AV.) **95** 108;

c) Klagbarkeit des Anspruchs auf Entgelt nicht erforderlich; EuM. **15** 307, HbdUV. **1** 240, Anl. des RVA. (J. und KV.) v. 26. IV. 12 Ziff. 22 (AN. **12** 721), ebensowenig Zusicherung im voraus, tatsächliche Zuwendung genügt u. U.; AN. (J. und AV.) **91** 137, **93** 102, **96** 271, Anl. usw. Ziff. 22, 23e, dagegen nicht bloßes Lohnversprechen, solange es unausgeführt bleibt; AN. **04** 352, EuM. **15** 307;

d) Form und Maßstab des Entgelts ohne Belang; Anl. des RVA. (J. und KV.) v. 26. IV. 12 Ziff. 18, 20 (AN. **12** 721), unter Entgelt fallen wirtschaftliche Vorteile jeder Art, die dem Arbeiter als Vergütung für seine Arbeit gewährt werden; AN. **18** 335. Es kommt nicht auf die rechtliche Erscheinungsform an, sondern auf die tatsächliche Leistung; AN. **06** 641.

Entgelt kann sein: Einkauf eines Bediensteten in eine Versorgungsanstalt; Anl. des RVA. (J. und KV.) v. 26. IV. 12 Ziff. 20 (AN. **12** 721), Befreiung von einer Geldschuld; AN. **98** 397, Anteil am Ergebnis der Arbeitsleistung; AN. (J. und AV.) **91** 178 (J. und AV.) **93** 66, **97** 289, **05** 417, oder Vergütung nach dem Ergebnis der Arbeitsleistung berechnet; AN. (J. und AV.) **92** 29, (J. und AV.) **94** 144, **97** 289, **21** 4, Provisionen; AN. (J. und AV.) **93** 147, Provision, die der Agentin einer Kleinbahn für Fahrkartenverkauf, Mitteilungen über die Ankunft von Gütern und Begehen der Bahnstrecke gewährt wird; EuM. **23** 210, Überlassung von bestimmten Erträgnissen aus einer anderen Sache (z. B. Mietserträgnisse); AN. **10** 647, verbleibender Rest von Akkord- oder Pauschalsummen nach Abzug der Löhne für Hilfskräfte und anderer Auslagen; AN. (J. und AV.) **92** 35, 36, (J. und AV.) **93** 65, 94, **05** 439, letztwillige — aber noch bei Lebzeiten als Arbeitsvergütung zugesicherte — Zuwendung des Arbeitgebers; AN. **06** 639, 640, ferner auch die Fälle zu b).

Barlohnzahlung ist auch anzunehmen, wenn sie erst nach der Beschäftigung durch gerichtliches Urteil erstritten oder selbst wenn nur Anspruch auf Barlohn bestanden hat; AN. **04** 624.

Gewährung des Entgelts nicht nur durch den Arbeitgeber, sondern auch durch einen Dritten, der die Dienste in Anspruch nimmt, möglich, z. B. bei Kellnern und sonstigen Bediensteten, die auf Trinkgeldereinnahmen angewiesen sind; AN. (J. und AV.) **91** 158, (J. und AV.) **92** 32, Logenschließern, die einen Verdienst aus den Verkauf von Theaterzetteln und Verleihen von Operngläsern erzielen; AN. (J. und AV.) **91** 176, Dienstmänner eines Dienstmanninstituts, die den Lohn vom Publikum erhalten; AN. (J. und AV.) **92** 114, Eisenbahnarbeiter, denen die Empfänger der Avisbriefe den Lohn für das Abtragen zahlen; AN. (J. und AV.) **93** 102, Gemeindehirten, die von den einzelnen Gemeindemitgliedern gelohnt werden; AN. (J. und AV.) **92** 29, Gemeinde-Leichenschauer, Begräbniskommissare, Leichenbitter, die von den ihre Dienste Beanspruchenden bezahlt werden; AN. (J. und AV.) **93** 128, **95** 108, AN. **07** 415, Schleifer, die nicht von ihrem Arbeitgeber, dem Schleifereibesitzer, sondern von den Herstellern der Eisenwaren bezahlt werden; AN. **04** 525, Kindergärtnerin einer Fabrik, die von den Kindern der Fabrikarbeiter bezahlt wird; AN. **11** 399. Vgl. auch Anl. des RVA. (J. und KV.) v. 26. IV. 12 Ziff. 21 (AN. **12** 721).

Unmittelbare Zahlung des Entgelts an den Arbeitnehmer nicht erforderlich. Empfang des Entgelts durch Mittelpersonen: z. B. Scharwerker durch Instmann; AN. (J. und AV.) **91** 124, **93** 68, Ehefrau durch Ehemann; AN. (J. und AV.) **95** 108, **99** 625, **04** 504, **06** 641, Hilfskräfte des Kleinakkordanten durch diesen; AN. (J. und AV.) **92** 35, 36, **93** 94, **95** 249, Schiffsmann durch den Kahnführer; AN. (J. und AV.) **93** 65, Melker durch den Melkermeister; AN. **05** 439, Unterhalt eines Lehrlings durch eine Waisenanstalt, an die der Lehrherr den Lohn zahlt; AN. **11** 404. Vgl. auch Anl. des RVA. (J. und KV.) v. 26. IV. 12 Ziff. 21 a. a. O.

Angemessenheit des Entgelts im allgemeinen belanglos; AN. **96** 271, ebenso Umstände, die, wie z. B. Arbeiternot, die Preisbildung veranlaßten, so daß ein über den Wert der Leistung hinausgehender Lohn erzielt wird; EuM. 8 38.

Geringfügigkeit des Entgelts von Bedeutung im Falle der Nr. 1b der Bek., betr. die Befreiung vorübergehender Dienstleistungen von der Versicherungspflicht gemäß § 4 Abs. 1 JVG., v. 27. XII. 99 (AN. **00** 181). Bezüge, die ein Drittel des Ortslohns nicht erreichen, gelten allgemein herkömmlich als geringfügig; AN. (J. und AV.) **91** 54, **01** 202, EuM. **13** 229, **17** 141. Geringfügigkeit eines Barbezugs schließt seine Eigenschaft als Entgelt nicht ohne weiteres aus; AN. **96** 271, EuM. **13** 229. Prüfung von Fall zu Fall, inwieweit eine Zuwendung als geringfügig zu gelten hat oder nicht; EuM. **13** 229; siehe ferner § 1232 und Anl. des RVA. (J. und KV.) v. 26. IV. 12 Ziff. 30 V (AN. **12** 721).

3. D. i. die auf längere Zeiträume bemessene feste Vergütung für Dienstleistungen höherer Art; Anl. des RVA. (J. und KV.) v. 26. IV. 12 Ziff. 19 (AN. **12** 721).

4. D. i. die für kürzere Zeiträume oder nach der Menge der Leistung bemessene Vergütung für Arbeit. Zeit- namentlich Tagelohn, Akkordlohn, Stücklohn; Anl. des RVA. (J. und KV.) v. 26. IV. 12 Ziff. 18, 19 (AN. **12** 721), z. B. Drescherlohn in Gestalt des soundsovielten Scheffels vom Erdrusch; AN. (J. und AV.) **91** 178, Hirtenlohn nach der Stückzahl des geweideten Viehes; AN. (J. und AV.) **92** 29, Provision vom Hundert des Betrags der zustande gebrachten Geschäftsabschlüsse; AN. (J. und AV.) **93** 147, Lohn nach dem Gewichte der abgefahrenen Steine; AN. (J. und AV.) **94** 144, nach der Menge der gesammelten Kiefernzapfen; AN. **97** 289, Entlohnung durch Überlassung eines Teiles des geernteten Heus, eines Teiles der gefangenen Fische, des gewonnenen Schilfs für das Schilfhauen, des Ertrages eines abvermieteten Zimmers für hauswirtschaftliche Arbeit; AN. **97** 289, **06** 641, AN. (J. und AV.) **93** 66, AN. **05** 417, **10** 647.

5. Ist jeder Anteil vom Ertrage der Arbeit, im Handels- und Fabrikbetriebe meist nach festen Sätzen (vom Hundert) des Geschäfts(rein)gewinnes eines Jahres bemessen, aber auch sonst die in anderer Weise nach dem Ertrage bemessene Vergütung, z. B. Anteil am Fischfang, an der Tabakernte; AN. (J. und AV.) **93** 66, **96** 428, Erhöhung der festen Vergütung bei Verstärkung des Betriebs; AN. (J. und AV.) **93** 91, Anl. des RVA. (J. und KV.) v. 26. IV. 12 Ziff. 19 (AN. **12** 721). Der Gewinnanteil kann ausschließlich als Entgelt oder neben anderem Entgelt gewährt werden. Ist die Höhe des Gewinnanteils nicht aus dem Vertrag ersichtlich, so ist der Betrag Entgelt, auf den der Arbeitnehmer mit einiger Sicherheit rechnen konnte, u. U. kommt der Betrag in Betracht, den der Arbeitnehmer mehrere Jahre hindurch in gleichmäßiger Höhe bezogen hat; AN. **89** 155, AN. (J. und AV.) **91** 148, **93** 221, 244, **96** 428, **07** 411.

6. Sachbezüge umfaßt alles, was als Gegenstand menschlichen Gebrauchs oder Verbrauchs verwendbar oder verwertbar ist, also nicht nur Wohnung (Dienstwohnung; AN. **88** 293, HbdUV. **1** 241), Kleidung (Dienstkleidung, wenn Benutzung auch außerhalb des Dienstes gewährt wird; AN. **03** 195, **94** 277), Nahrungsmittel, auch Freibier; AN. **87** 204, zum Genuß am Beschäftigungsorte bestimmte oder sonst landesübliche, freie Lieferung von Wein; HbdUV. **1** 240, 241, Feuerung u. dgl., sondern auch z. B. Landnutzung; AN. **94** 277), Lieferung von Deputatkohle auf Grund Tarifvertrags; EuM. **25** 149, Viehfutter, Aussaat, Mitbenutzung von Futter und Weide; AN. (J. und AV.) **93** 150, Leistung von Spanndiensten, freie ärztliche Behandlung; Anl. des RVA. (J. und KV.) v. 26. IV. 12 Ziff. 19 (AN. **12** 721), freie Eisenbahnfahrt von der Wohnung zur Betriebstätte; AN. **88** 292.

Kein Sachbezug freie Schlafstelle eines Schiffsarbeiters auf einem Fahrzeuge, um ihm den im Betriebsinteresse gebotenen ununterbrochenen Aufenthalt an Bord zu ermöglichen; AN. **97** 460.

7. Andere Bezüge:

Gratifikationen, Weihnachtsgeschenke und ähnliche Leistungen, die ohne Vertragszwang in gewisser Höhe ortsüblich gegeben zu werden pflegen; AN. **96** 174, **16** 534, Hb UV. **1** 241, insbesondere bei Lehrlingen; AN. **01** 202, Anl. des RVA. v. 26. IV. 12 Ziff. 22 (AN. **12** 712), Trinkgelder (auch von Dritten), auf die gerechnet werden konnte und die bei der Lohnvereinbarung, wenn auch nur stillschweigend berücksichtigt worden sind; AN. (J. und AV.) **92** 32, AN. **07** 419, HbdUV. **1** 242, Rollgelder der Speditionskutscher; HbdUV. **1** 242; vgl. auch Anl. des RVA. v. 26. IV. 12 Ziff. 21, 22 (AN. **12** 721); ferner unter der Voraussetzung, daß sie für den Empfänger einen wirtschaftlichen Vorteil bedeuten: Reisespesen und Reisekosten; AN. **02** 546, **09** 446, Anl. des RVA. v. 26. IV. 12 Ziff. 18 (AN. **12** 721), AN. **29** 83 (AVAV.). Dies gilt auch für denjenigen Teil der Spesen, der als Entschädigung für Beköstigung gedacht ist. Er ist daher nur insoweit als Entgelt anzusehen, als entweder die zum Ersatz für Aufwendungen bestimmte Summe den wirklichen Aufwand übersteigt und nicht verbraucht wird, oder soweit durch den Aufenthalt des Versicherten außerhalb seines Familienhaushalts Ersparnisse in der eigenen Wirtschaft ermöglicht werden; AN. **29** 83 (AVAV.). Ersatz des Fahrgeldes durch den Arbeitgeber für den Weg des Arbeitnehmers von seiner Wohnung zur Arbeitstätte, sofern es sich dabei um eine Ersparnis von Auslagen handelt, die dem Arbeitnehmer außerhalb seiner eigentlichen Tätigkeit im Betriebe erwachsen, wirtschaftlich von ihm also selbst zu tragen wären; AN. **28** 299 (AVAV.). — s. dagegen o. Anm. 2a —, Montagezulagen für auswärtige Montagen; AN. **03** 364, **99** 541, **10** 545, EuM. **26** 49, HbdUV. **1** 241, Anl. des RVA. v. 26. IV. 12 Ziff. 18 a. a. O., Zehrgelder bei Holzfuhren nach außerhalb, Nachtgelder (wenn außerdem unentgeltliche Übernachtungsgelegenheit geboten ist) sowie Fahr- (Kilometer- u. dgl.) Gelder beim Eisenbahnfahrpersonal; AN. **88** 84, **89** 344, HbdUV. **1** 242. Die dem Zugpersonal der Deutschen Reichsbahn-Gesellschaft gewährten Fahrtagegelder und Fahrstundengelder sind Entgelt im Sinne des § 160, dagegen nicht das diesem Personal gewährte „Entgelt für die Ruhezeit außerhalb der Heimat", denn die ersteren Bezüge sind nach Grund und Höhe unabhängig davon, ob und in welcher Höhe besondere Aufwendungen für den Fahrdienst notwendig werden, der letztere Bezug dagegen soll ein Ersatz unmittelbarer, durch Übernachtung außerhalb der Heimat entstehender Auslagen sein; AN. **30** 174 (UV). Über Entgelt bei Reichsbahnarbeitern vgl. „Deutsche Invalidenversicherung" **29** 171 (RAM). Entgelt sind Zehrgelder für Flößer; EuM. **25** 291. Dagegen kein Entgelt in der Regel Zehrgelder, die Fuhrleute vom Arbeitgeber für Überlandfahrten erhalten; EuM. **26** 391.

Auch Beträge, die als Aushilfe, Gnadengehalt u. dgl. bezeichnet werden, können u. U. Entgelt sein, ebenso bleibt eine wirkliche Arbeitsvergütung insoweit Entgelt, als sie aus besonderen Gründen, wie Dankbarkeit für langjährige Dienste, verhältnismäßig hoch bemessen ist; Anl. des RVA. v. 26. IV. 12 Ziff. 22 (AN. **12** 721).

8. § 160 Abs. 1 bezieht sich nicht nur auf Sachleistungen neben Geldlohn, sondern auch auf einen ausschließlich in Sachbezügen bestehenden Entgelt; AN. (J. und AV.) **91** 178, **92** 120, Anl. des RVA. v. 26. IV. 12 Ziff. 19 (AN. **12** 721).

Sachleistungen liegen auch dann vor, wenn der Arbeitgeber bestimmte Geldaufwendungen macht, um sich die Sachleistungen zu verschaffen, z. B. er gibt den Arbeiter in Kost oder mietet ihn ein, oder er gibt in jedem Bedarfsfalle dem Arbeiter selbst den zur Anschaffung des erforderlichen Gegenstandes (z. B. Kleidungsstückes) notwendigen Geldbetrag; AN. (J. und AV.) **92** 139, **07** 477, Anl. des RVA. v. 26. IV. 12 Ziff. 20a (AN. **12** 721).

9. Nur dieser, nicht auch der Gewinnanteile; AN. **07** 411.

10. Von Fall zu Fall nach Bedarf; AN. **03** 357. Bei Gewährung von Sachbezügen im Auslande sind nicht die Teuerungsverhältnisse im Auslande, sondern die Wertverhältnisse am inländischen Betriebsitze maßgebend; AN. **88** 346. Die Festsetzung ist für das Rentenstreitverfahren bindend, und nötigenfalls in dessen Verlaufe durch das VA. — die Spruchbehörden sind hierzu nicht zuständig — herbeizuführen; AN. **98** 396. Sie gilt aber nicht für die vorgesetzliche Zeit; AN. (J. und AV.) **91** 157, **92** 118.

3. Landwirtschaft

§ 161[1]. Die Vorschriften dieses Gesetzes für landwirtschaftliche Betriebe, Arbeitgeber, Unternehmer und Beschäftigte gelten, soweit nichts anderes vorgeschrieben ist[2], auch für forstwirtschaftliche Betriebe, Arbeitgeber, Unternehmer und Beschäftigte.

1. Zweck der Vorschrift: Vermeidung einer allzu häufigen Wiederholung der Ausdrücke Land- und Forstwirtschaft, land- und forstwirtschaftliche Arbeiter usw. im Gesetze; Begr. z. RVO. S. 81. Der Begriff „Landwirtschaft" („landwirtschaftliche Beschäftigung", „landwirtschaftlicher Betrieb" usw.) ist auf den Gebieten der KV., UV. und JV. derselbe; AN. **26** 270.

2. Vgl. die besonderen Vorschriften über forstwirtschaftliche Betriebe im § 964.

4. Hausgewerbtreibende

§ 162[1]. Als Hausgewerbtreibende[2] im Sinne dieses Gesetzes gelten die selbständigen Gewerbtreibenden, die in eigenen Betriebstätten im Auftrag und für Rechnung anderer Gewerbtreibender gewerbliche Erzeugnisse herstellen oder bearbeiten.

Als Hausgewerbtreibende gelten ferner diejenigen, welche in gleicher Weise wie die im Abs. 1 Bezeichneten, aber mit der Maßgabe tätig sind, daß sie im Auftrag und für Rechnung öffentlicher Verbände, öffentlicher Körperschaften oder gemeinnütziger Unternehmungen arbeiten.

Die im Abs. 1, 2 Bezeichneten gelten als Hausgewerbtreibende auch dann, wenn sie die Roh- oder Hilfsstoffe selbst beschaffen, sowie für die Zeit in der sie vorübergehend[3] für eigene Rechnung arbeiten.

Als Arbeitgeber[4] des Hausgewerbtreibenden gilt, wer die Arbeit unmittelbar an ihn vergibt.

Als Auftraggeber[4] des Hausgewerbtreibenden gilt derjenige, in dessen Auftrag und für dessen Rechnung er hausgewerblich arbeitet.

G. v. 30. IV. 22 (RGBl. I S. 465, 480).

1. § 162 gibt keine Begriffsbestimmung des Hausgewerbtreibenden, sondern hebt nur einzelne Merkmale hervor; Begr. z. RVO. S. 81, KommBer. z. RVO. **1** 269, 270, StenBer. z. RVO. S. 6442).

2. Die Hausgewerbtreibenden bilden eine Zwischenstufe zwischen den unselbständigen Arbeitnehmern und den für eigene Rechnung arbeitenden Gewerbtreibenden.

I. Selbständig ist der Hausgewerbtreibende nur auf persönlichem Gebiet; er hat

a) eine eigene Betriebstätte, getrennt von der des Auftraggebers; AN. **96** 361, **97** 590, und auch nicht etwa von diesem gemietet; AN. **10** 584, oder vermietet; AN. **03** 366, **04** 525, oder gleichzeitig als Wohnung unentgeltlich überlassen; EuM. **9** 22 (Bay. LVAmt);

b) freie Bestimmung des Anfangs, Endes, Umfangs und der Reihenfolge der Arbeit; einer Leitung, Disziplin oder Beaufsichtigung ist er in der Regel nicht unterworfen;

c) Freiheit in der Heranziehung und Bezahlung von Hilfskräften, Verwendung insbesondere seiner Familienangehörigen zur Unterstützung bei der Arbeit;

d) er ist in der Regel auch nicht an einen festen Arbeitsvertrag mit Kündigungsfrist gebunden, und ist im allgemeinen nicht gehindert, von verschiedenen Seiten Aufträge entgegenzunehmen.

II. Dagegen besteht eine wirtschaftliche Abhängigkeit, nämlich:

a) Beschäftigtwerden im Auftrage eines anderen Gewerbtreibenden (Kaufmanns, Fabrikanten, Fabrikkaufmanns, auch eines anderen Hausgewerbtreibenden); AN. **98** 559, **99** 635, oder öffentlicher Verbände, öffentlicher Körperschaften oder gemeinnütziger Unternehmungen;

b) für Rechnung und Gefahr eines Dritten. Der Auftraggeber trägt das geschäftliche Risiko, anderseits bezieht er den Unternehmergewinn;

c) meist gegen eine Vergütung nach dem Stück — die sich wirtschaftlich als Arbeitsentgelt darstellt —, und zwar auch dann, wenn der Hausgewerbtreibende die Rohstoffe selbst beschafft, so daß in dem für die abgelieferte Ware gezahlten Preise auch der Stoffwert miterstattet wird (Hausindustrie auf Grund des Kaufsystems);

d) dabei vielfach einseitiges Vorschreiben der Art der Herstellung, der Lieferzeiten und sonstige Bedingungen durch den Auftraggeber; zu vgl. AN. (J. und AV.) **91** 181, **92** 45, AN. **96** 361, **97** 184, 590, **99** 640, 641, **02** 287; auch AN. **08** 659; ferner insbesondere AN. **15** 627, EuM. **4** 205, Breith. **2** 2 (Bay. LVAmt).

Über die Begriffe „tätig werden im fremden Auftrage", „tätig werden für fremde Rechnung", „herstellen oder verarbeiten" vgl. auch AN. **26** 495.

Hausgewerbtreibender kann auch der Hersteller oder Bearbeiter solcher gewerblicher Erzeugnisse sein, welche nicht zur Weiterverarbeitung oder Veräußerung durch den Auftraggeber bestimmt sind, sondern z. B. als Werkzeuge im Betriebe des Auftraggebers selbst verwendet werden sollen; EuM. **24** 157.

Hausgewerbe: Der Begriff ist auf das Gebiet der „gewerblichen" Hervorbringung beschränkt; AN. **96** 270, **97** 334, es muß sich um „gewerbliche" Erzeugnisse handeln, landwirtschaftliche kommen nicht in Betracht; AN. **29** 19. Notenschreiben für eine Musikalienhandlung kein Hausgewerbe; AN. **99** 653, desgleichen nicht Verlesen von Früchten für eine Saatzüchterei; AN. **29** 19. Kein Hausgewerbe, sondern ein unabhängiger Gewerbebetrieb liegt vor:

a) wenn jemand nicht im Auftrage und für Rechnung anderer Gewerbtreibender oder öffentlicher Verbände oder Körperschaften oder gemeinnütziger Unternehmungen, sondern unmittelbar für die Verbraucher, auf Bestellung oder auf Vorrat Waren herstellt; AN. (J. und AV.) **95** 214, AN. **96** 175, **98** 563;

b) wenn jemand zwar Waren für bestimmte gewerbliche Unternehmer erzeugt, aber nicht persönlich mit der eigentlichen Herstellungsarbeit beschäftigt ist, sondern sich ausschließlich oder überwiegend mit der Leitung eines mit entsprechend zahlreichen Hilfskräften und nicht unerheblichem Kapitalaufwande geführten Betriebs befaßt (Annahme und Verteilung der Aufträge, Aufsicht, Abnahme und Ablieferung der Waren; AN. (J. und AV.) **95** 247, **96** 220, siehe auch KommBer. z. RVO. **1** 270, wonach zur Hausindustrie große, fabrikmäßige Betriebe, auch wenn sie gewisse Merkmale des Hausgewerbes aufweisen, nicht zu rechnen sind).

Selbständige Handwerksmeister, die regelmäßig nur für eigene Rechnung arbeiten, werden dadurch, daß sie gelegentlich oder vorübergehend — um ihre Zeit voll auszufüllen — auch für andere Gewerbtreibende arbeiten, nicht zu Hausgewerbtreibenden; KommBer. z. RVO. **1** 270, 271, auch AN. **17** 480.

Auf Grund besonderer Verhältnisse ihres Betriebes sind nicht als für fremde Rechnung arbeitend und somit nicht als Hausgewerbtreibende, sondern als Unternehmer angesehen worden:

ein Graveur und ein Galvaniseur — beide Mitglieder ihrer Zwangsinnung und der Handwerkskammer —, ein Messerschalenschneider — mit einem nicht unbeträchtlichen, in seinem Unternehmen angelegten Betriebskapital —, sowie ein Damaszierer, die sämtlich für einen größeren Kundenkreis mit wechselndem Bestande arbeiteten; EuM. **24** 157, 163, 159, 161, ferner ein Violinbogenmacher, der handwerksmäßig ausgebildet ist und seine Meisterprüfung abgelegt hat, nicht nur auf Bestellung, sondern auch auf Vorrat arbeitet, das Rohmaterial selbst beschafft, hinsichtlich Annahme oder Ablehnung der Aufträge wirtschaftlich frei ist, die Preise frei vereinbart; EuM. **25** 183.

Von den Hausgewerbtreibenden sind dann noch zu unterscheiden die sog. **Heimarbeiter** oder unselbständigen Außenarbeiter, d. s. Arbeiter, die von ihren Arbeitgebern außerhalb der Betriebstätte, jedoch in persönlicher Abhängigkeit verwendet werden. In der Regel wird zwar, wenn eine Tätigkeit in eigener Betriebstätte — getrennt von der Betriebstätte des Arbeit- oder Auftraggebers — und für fremde Rechnung stattfindet, auch die persönliche Selbständigkeit vorhanden sein und somit ein Hausgewerbbetrieb vorliegen; AN. **96** 361, EuM. **4** 205, **26** 29, selbst wenn die Beschäftigung ausschließlich für einen Arbeitgeber stattfindet; EuM. **26** 29. Jedoch ausnahmsweise liegt ein Heimarbeitsverhältnis dann vor, wenn das Arbeiten in eigener Betriebstätte auf mehr zufällige und vorübergehende Gründe zurückzuführen ist, wie Raummangel in der Betriebstätte des Arbeitgebers infolge unerwarteter Ausdehnung des Betriebs, Behinderung des Arbeiters durch persönliche Umstände, wie Krankheit; Heimarbeiter, z. B.: Schlosser, der zeitweise wegen eines Fußleidens zu Hause mit ausnahmsweise von der Fabrik geliefertem Werkzeug arbeiten durfte, vorher und nachher aber in der Fabrik arbeitete; Schneider, der von seinem Meister im Tagelohn und nur deshalb zu Hause beschäftigt wurde, weil er nicht mit den jugendlichen Arbeitern des Geschäftsherrn zusammenkommen wollte; AN. (J. und AV.) **91** 181, AN. **02** 287, **08** 659, EuM. **1** 39 (Sächs. LVAmt), **17** 11 (Sächs. LVAmt), Breith. 2 1, Fabrikarbeiter, der den Rest der Fabrikarbeit abends zu Hause erledigte (Fortsetzung der Fabriktätigkeit zu Hause); HbdUV. **1** 62, EuM. **20** 64.

Bringt aber die ständige Betriebseinrichtung des Arbeitgebers es mit sich, daß die Arbeiten außerhalb seiner Betriebstätte in derjenigen des Arbeiters verrichtet werden, so kann regelmäßig von einem Heimarbeitsverhältnis nicht die Rede sein, und zwar auch dann nicht, wenn der Arbeitgeber sich ab und zu von dem ordnungsmäßigen Gange der Arbeit überzeugt, oder der Beschäftigte einzelne Arbeiten, zu denen ihm die Einrichtungen fehlen, bei dem Auftraggeber vornimmt; AN. (J. und AV.) **91** 181, (J. und AV.) **92** 45, AN. **99** 641, **02** 287, **15** 627, HbdUV. **1** 61, Breith. **2** 239.

Die sog. Kraftstellenmieter, die ausschließlich oder überwiegend für ihren Kraftstellenvermieter arbeiten, sind keine Hausgewerbtreibenden, sondern Arbeiter des Vermieters; AN. **98** 171, **03** 366. Ähnlich AN. **04** 525 (Thüringer Schleifer).

Eine Person, die in eigener Werkstatt mit Hilfe eines geistesschwachen Arbeiters Kartons zur Verpackung von Stahlerzeugnissen herstellt, ein Lager von Roh- und Hilfsstoffen nicht besitzt, nicht auf Vorrat arbeitet und die fertigen Kartons, deren Herstellungsmaterial sie selbst beschafft, an bestimmte Stahlwarenfabrikanten, von denen sie wirtschaftlich abhängig ist, in deren Auftrag und für deren Rechnung liefert, gehört zu den Hausgewerbtreibenden; AN. **25** 233. Fünf Brüder, die in eigener gemeinschaftlicher Werkstatt im Auftrag und für Rechnung einer Anzahl Solinger Stahlwarenfabrikanten, von denen sie wirtschaftlich abhängig sind, von diesen hergestellte Scheren vernickeln, versilbern oder vergolden, und zwar selbst nur mit Hilfe eines Lehrlings, sind Hausgewerbtreibende; AN. **25** 338.

Ehefrauen, die in der gemeinsamen Wohnung mit ihrem Ehemann für Fabrikanten arbeiten, als selbständige Hausgewerbtreibende siehe § 159 Anm. 2c.

Vgl. im übrigen Anl. des RVA. (J. und KV.) v. 26. IV. 12 Ziff. 15, 51 (AN. **12** 721).

Da das Gesetz (§§ 471, 472, 473, 1436 Abs. 2, 3) gewisse Aufgaben dem Arbeitgeber und andere dem Auftraggeber zuweist, sind im § 162 Abs. 4 und 5 die Begriffe des Arbeitgebers und des Auftraggebers geregelt.

3. Ob vorübergehend, ist Tatfrage; AN. **97** 298.

4. Die Person des Auftraggebers fällt nicht immer mit der des Arbeitgebers zusammen, namentlich dann nicht, wenn zwischen Auftraggeber und Hausgewerbtreibenden sich Zwischenpersonen wie Ausgeber, Faktor, Zwischenmeister u. dgl. einschieben. Nicht gemeint sind hier jedoch selbständige Unternehmer, die umfangreiche Lieferungsaufträge, insbesondere z. B. von Behörden, entgegennehmen und deren Ausführung durch Hausgewerbtreibende bewirken; solche haben den letzteren gegenüber ihrerseits auch als Auftraggeber und nicht nur als Arbeitgeber zu gelten; Begr. z. G. v. 30. IV. 22 (RGBl. I S. 465).

5. Deutsche Seeschiffahrt

§ 163 [1]. Als deutsches Seefahrzeug [2] gilt jedes Fahrzeug, das unter deutscher Flagge [3] fährt und ausschließlich oder vorzugsweise zur Seefahrt [4] benutzt [5] wird. Dadurch, daß Eingeborene der Schutzgebiete die Reichsflagge führen (§ 10 des Schutzgebietsgesetzes, RGBl. 1900 S. 812), wird das Schiff nicht zu einem deutschen Seefahrzeug im Sinne dieses Gesetzes.

Mitglieder der Besatzung deutscher Seefahrzeuge (Seeleute) sind der Kapitän (Schiffsführer, Schiffer), die Schiffsoffiziere, die Schiffsleute und die sonstigen zum Dienste auf dem Schiffe während der Fahrt für Rechnung des Reeders geheuerten Personen, ohne Unterschied, ob die Anmusterung erfolgt ist oder nicht, mit Ausnahme der Lotsen.

G. v. 16. XII. 27 (RGBl. I S. 337).

1. § 163 gibt für sämtliche Zweige der Reichsversicherung eine einheitliche Begriffsbestimmung des „deutschen Seefahrzeugs"; Begr. z. RVO. S. 81.

2. Das Fahrzeug muß zur Seefahrt benutzt werden; daß es dem Erwerbe durch Seefahrt dient oder daß es der Seemannsordnung untersteht, ist nicht erforderlich. Sonach fallen unter § 163 nicht nur die Kauffahrteischiffe, die Lotsen-, Hochseefischerei-, Bergungs- und Schleppfahrzeuge (§ 1 des G., betr. das Flaggenrecht der Kauffahrteischiffe v. 22. VI. 99, RGBl. S. 319), sondern überhaupt, falls die übrigen Voraussetzungen zutreffen, alle Privatfahrzeuge, in offene See gehende Lustjachten, für auswärtige Staaten oder deren Angehörige im Inland erbaute Fahrzeuge (§ 26 des G. zur Abänderung des G., betr. das Flaggenrecht usw., v. 29. V. 01, RGBl. S. 184), ferner öffentlichen, wissenschaftlichen und ähnlichen Zwecken dienende Fahrzeuge (z. B. Postschiffe, Zollkreuzer, Entdeckungsschiffe), überhaupt die Fahrzeuge der Reichs- und Länderverwaltungen; Begr. z. RVO. S. 81, 82, HbdUV. **2** 492, 493.

3. Führt jedes Schiff, das die Reichsflagge führt und die Berechtigung hierzu auf Grund der (in Anm. 2) erwähnten Flaggengesetze v. 22. VI. 99 und 29. V. 01 besitzt oder beim Mangel der Voraussetzungen dieser Gesetze durch Genehmigung einer zuständigen Behörde erhalten hat; Begr. z. RVO. S. 82, HbdUV. **2** 493. Vgl. jetzt V. über die deutschen Flaggen v. 11. IV. 21 (RGBl. S. 483). Daher im Ausland für einen fremden Staat angekauftes Kriegsschiff während der Überführung unter deutscher Flagge als deutsches Seefahrzeug; AN. **11** 563.

4. Begriff der Seefahrt bestimmt sich in der Regel nach § 1 der Bek., betr. Ausführungsbestimmungen zum § 25 des Flaggengesetzes v. 22. VI. 99, v. 10. VI. 99 (ZBl. S. 380); vgl. § 1047 Nr. 1. Darüber hinaus gilt auch — soweit die Abgrenzung der SUV. von der GUV. in Frage kommt — als Seefahrt nach § 1047 Nr. 2 die Fahrt auf Buchten, Haffen, Watten der See, dagegen nach § 1048 nicht auf anderen, mit der See verbundenen Gewässern; Begr. z. RVO. S. 82, HbdUV. **2** S. 494.

5. Ausschließlich oder vorzugsweise zur Seeschiffahrt benutzt: soll nur ein Merkmal sein zur Unterscheidung von Seeschiffahrts- und Binnenschiffahrtsbetrieben, nicht aber von versicherungspflichtigen und nicht versicherungspflichtigen Seeschiffahrtsbetrieben; AN. **89** 322. Auch bei Benutzung eines Fahrzeugs nur in geringem Umfang zur Seefahrt, in der Hauptsache zu anderen Zwecken (z. B. als Lagerraum für Obsthandel) unterliegen die in der Schiffahrt beschäftigten Personen der SUV., sofern nur die Fahrten sich ausschließlich oder vorzugsweise auf den im § 1047 bezeichneten Gewässern vollziehen; HbdUV. **2** 493. Bei teils zur See-, teils zur Binnenschiffahrt benutzten Schiffen ist für die berufsgenossenschaftliche Zugehörigkeit in erster Reihe die Dauer der Reisen auf See- oder Binnengewässern maßgebend, jedoch Kilometerzahl der durchfahrenen Strecken nicht ausschlaggebend, da auch die auf die Beladung und das Löschen verwendete Zeit auf das Risiko der BG. entfällt; HbdUV. **2** 493. Vgl. auch AN. **10** 571 (See-Jacht vorübergehend auf Binnengewässern verwendet), EuM. **2** 434 (Motorsportjacht), **2** 436 (Fischereifahrzeug). Über die Fragen, wann Schiffahrtsbetriebe, die wesentliche Bestandteile der in den §§ 537, 538 bezeichneten Betriebe sind, über den örtlichen Verkehr hinausgreifen und wann derartige Betriebe der See-BG. oder einer Binnenschiffahrts-BG. zu überweisen sind, s. AN. **19** 154.

6. Geschäftsjahr

§ 164[1]. Geschäftsjahr ist das Kalenderjahr[2].

1. Gilt nicht für die Sonderanstalten (§ 1372).

2. Vgl. z. B. §§ 102, 721, 1358, 1718 Abs. 2.

Fünftes Buch

Beziehungen der Versicherungsträger zueinander[1][2] und zu anderen Verpflichteten[3][4]

1. Bei den Ersatzansprüchen nach dem 5. Buche der RVO. handelt es sich nicht um Schadensersatzansprüche, auf die das bürgerliche Recht angewendet werden könnte. Es soll vielmehr lediglich ein billiger Ausgleich zwischen den beteiligten VersTr. oder den VersTr. und den anderen Verpflichteten herbeigeführt und eine doppelte Entschädigung des Versicherten in gewissen Grenzen vermieden werden. Der Umfang dieser auf öffentlichem Rechte beruhenden Ersatzansprüche ist in der RVO. erschöpfend bestimmt; AN. 15 364.

2. Auch der Ersatzanspruch unterliegt der Verjährung; AN. 11 638, und zwar, soweit es sich um einen dem Unterstützten zustehenden und auf den Ersatzberechtigten übergegangenen Anspruch handelt, derselben Verjährung, wie in der Person des Unterstützten; AN. 11 638, ArbVers. 10 249 (RG.).

3. Vgl. auch §§ 197, 219—221, 316, § 422 Abs. 2, §§ 559k, 643, 644, 673, 903, 904, 1066c, 1735—1742.

4. Für die Reichsknappschaft als VersTr. im Sinne des 5. Buches der RVO., vgl. § 105 des RKG.

Erster Abschnitt

Beziehungen der Versicherungsträger zueinander

I. Krankenversicherung und Unfallversicherung[1]

1. Die neuen Vorschriften über die Beziehungen der Träger der UV. und KV. (G. v. 14. VII. 25 — RGBl. I S. 97) untereinander und im Verhältnis zum Verletzten gelten v. 1. I. 26 ab, sowohl für die Leistungs- als auch für die Ersatzansprüche; EuM. 22 164 (Bay. LVAmt).

§ 1501. Die Krankenkassen[1] sind verpflichtet, die Träger der Unfallversicherung[2] bei der Durchführung der Unfallversicherung gegen angemessene Entschädigung[3] zu unterstützen. Der Reichsarbeitsminister bestimmt darüber mit Zustimmung des Reichsrats Näheres. Er kann diese Befugnis mit Zustimmung des Reichsrats ganz oder teilweise auf das Reichsversicherungsamt übertragen[4] [5].

G. v. 14. VII. 25 (RGBl. I S. 97); in Kraft v. 1. I. 26 ab; Art. 135 dieses G.

1. § 225. „Die neuen Vorschriften des Fünften Buches gelten ohne weiteres für den Reichsknappschaftsverein (jetzt: die Reichsknappschaft) nach § 76 (jetzt: § 105) des Reichsknappschaftsgesetzes. Für die Ersatzkassen gelten nach § 1543a der RVO. ebenfalls die Vorschriften des Fünften Buches für KrKn." (Begr. zum G. s. oben, S. 34); Unterstützungspflicht des Unternehmers: § 1543c.

2. §§ 623ff.

3. Vgl. § 17 des im Anhang VII abgedr. Abkommens zwischen BGen. und KrKn.

4. V. des Reichsarbeitsministers zur Durchführung der Unfallversicherung v. 14. VI. 26 (RGBl. I S. 272):

Auf Grund der §§ 1501, 1543c der Reichsversicherungsordnung in der Fassung der Bekanntmachung vom 4. I. 26 (RGBl. I S. 9) wird nach Zustimmung des Reichsrats hiermit verordnet:

§ 1. Die Befugnis, Näheres über die Unterstützungspflicht der Krankenkassen und der Unternehmer nach §§ 1501, 1543c der Reichsversicherungsordnung zu bestimmen, wird dem Reichsversicherungsamt übertragen.

§ 2. Der Reichsarbeitsminister kann die Verordnung aufheben. Er muß sie aufheben, wenn der Reichsrat in einem Beschluß es verlangt.

5. Bestimmungen des RVA. s. Anh. VIII.

§ 1502[1]. Der Träger der Unfallversicherung[2] kann jederzeit von der Krankenkasse[3] Auskunft[4] über die Behandlung und den Zustand des Verletzten verlangen[5] [6].

Zu der Auskunft ist der geschäftsleitende Angestellte[7] der Kasse verpflichtet, wenn nicht der Vorstand einen anderen damit beauftragt.

Das Versicherungsamt kann gegen die zur Auskunft Verpflichteten Ordnungsstrafe[8] in Geld verhängen, wenn sie die Auskunft nicht in angemessener Frist erteilen. Zuständig ist das Versicherungsamt, in dessen Bezirk der Verpflichtete wohnt. Auf Beschwerde[9] gegen die Festsetzung der Strafe entscheidet das Oberversicherungsamt endgültig[10].

G. v. 14. VII. 25 (RGBl. I S. 97); in Kraft v. 1. I. 26 ab; Art. 135 dieses G.

1. Entsprechende Anwendung auf Arbeitgeber und Träger einer Krankenfürsorge; § 1543b, auf Unternehmer; § 1543c, und behandelnden Arzt; § 1543d.

2. §§ 623ff.

3. § 1501 Anm. 1.

4. Die Auskunft erstreckt sich nur auf diejenigen Tatsachen, die den Kassen bei Erfüllung ihrer Aufgaben bekannt werden, verbindet sie dagegen nicht zur Einholung von Arztgutachten oder Anstellung sonstiger Ermittlungen, deren sie für ihre Zwecke nicht bedürfen; AN. **19** 296.

5. Keine Rechtshilfesache, daher § 117 nicht anwendbar; die Kasse hat die Kosten dieser ihr als eigene Aufgabe übertragenen Auskunft selbst zu tragen; ArbVers. **24** 435.

6. Vgl. auch § 8 des im Anhang VII abgedr. Abkommens zwischen BGen. und KrKn.

7. § 361.

8. § 908 Anm. 4 (Rechtsnatur der Ordnungsstrafe) und 5 (Strafrahmen 1 bis 1000 RM.); die Geldstrafe fließt in die Kasse der VersTr., also der KrK.; § 146.

9. §§ 1792, 128; die Beschwerde (und weitere Beschwerde) wegen Ablehnung der Bestrafung hat auch der Träger der UV.; AN. **28** 260, EuM. **23** 186. Das BA.

hat in dem Strafverfahren nur zu prüfen, ob der Träger der UV. die Auskunft ordnungsmäßig verlangt hat und ob die Auskunft in angemessener Frist erteilt ist oder nicht; nicht aber ist es seine Sache, dem säumigen Geschäftsführer von sich aus eine Frist zur Erteilung der von dem Träger der UV. erforderten Auskunft zu setzen; (A.A. Volkswohlfahrt **30** 82; Pr. MfV.); auch ist es nicht befugt, die von ihm verhängte Ordnungsstrafe nach Einlegung der Beschwerde zurückzunehmen oder zu ermäßigen; EuM. **23** 186.

10. Nur, soweit Strafe festgesetzt; gegen Ablehnung ist weitere Beschwerde zulässig; EuM. **23** 186.

§ 1503[1 2 3]. Die Krankenkasse[4] hat jede[4a] Krankheit[5] eines gegen Unfall Versicherten[6] dem Träger der Unfallversicherung[7] unverzüglich[8 8a] anzuzeigen[9], sobald Anhalt dafür vorliegt[10], daß die Krankheit durch einen Unfall[11] herbeigeführt worden ist, den die Unfallversicherung umfaßt. Die Krankenkasse hat ferner dem Träger der Unfallversicherung unverzüglich Anzeige zu erstatten[9], wenn sie auf Grund des § 559g mit Leistungen an Krankenpflege beginnt.

Leistet die Krankenkasse nach den §§ 483, 484 für Rechnung der See-Krankenkasse, so ist auch sie zur Anzeige verpflichtet[11a].

Zu der Anzeige ist der geschäftsleitende Angestellte[12] der Kasse verpflichtet, wenn nicht der Vorstand damit einen anderen beauftragt. Die Anzeige an eine Berufsgenossenschaft, die in Sektionen eingeteilt ist, hat an den Sektionsvorstand zu ergehen, falls nicht der Genossenschaftsvorstand der Kasse eine andere Stelle bezeichnet.

Das Versicherungsamt[13] kann wegen Unterlassung der Anzeige eine Ordnungsstrafe[14] in Geld festsetzen; auf Beschwerde[15] entscheidet das Oberversicherungsamt[16] endgültig[17].

G. v. 14. VII. 25 (RGBl. I S. 97); in Kraft v. 1. I. 26 ab; Art. 135 dieses G.

G. v. 16. XII. 27 (RGBl. I S. 337); in Kraft v. 1. I. 28 ab; Art. 8 dieses G.

1. Entspr. Anwendung auf Arbeitgeber und Träger einer Krankenfürsorge; § 1543b.

2. „Durch den neuen § 1510 (jetzt § 1503) soll erreicht werden, daß der Träger der UV. in jedem Falle rechtzeitig Kenntnis von einem Unfall erhält, damit er sich beizeiten über sein Eingreifen schlüssig machen kann." (Begr. zum G. von 1925 — s. oben — S. 24).

3. Nähere Ausführung in §§ 2, 3 des im Anhang VII abgedr. KrKn.-Abkommens v. 31. XII. 26, und §§ 2, 3 der in Anhang VIII abgedr. Best. des RVA. v. 12. X. 26.

4. § 1501 Anm. 1.

4a. Jeden neuen Krankheitsfall im Sinne der KV.; also auch wenn bereits in einem früheren, durch denselben Unfall verursachten Krankheitsfall eine Anzeige an den Träger der UV erstattet worden ist; AN. **30** 236.

5. § 182 Anm. 6, § 165 Anm. 2.

6. § 544 Anm. 4, 5, 6; § 537.

7. §§ 623ff.

8. „Zu Art. 87 (jetzt 100) lag bei § 1501 (jetzt § 1503) der Antrag 209[1] vor. Ein Regierungsvertreter führte aus, das Wort „unverzüglich" sei aus dem BGB. (§ 121) entlehnt, es bedeute „ohne schuldhaftes Zögern". Der Begriff sei in Schrifttum und Rechtsprechung eindeutig festgelegt. Durch die neue Fassung seien insbesondere die in der ersten Lesung hervorgehobenen Fälle einwandfrei geregelt, in denen die KrK. ohne eigenes Verschulden sich im Irrtum über die Person des Trägers der UV.

befinde oder in denen sie den Träger der UV. überhaupt nicht ermitteln könne. Der Antrag wurde angenommen." (Ausschußber. zum G. von 1925 — s. oben — S. 26.)

8a. Die Mitteilung muß so rasch erfolgen, wie es die tatsächlichen Umstände des Einzelfalls gestatten; RGZ. **49** 395, **64** 162; auch eine objektiv verspätete, verzögerte Mitteilung ist als unverzüglich anzusehen, wenn die Verzögerung auch bei Beachtung der im Verkehr erforderlichen Sorgfalt nicht abzuwenden war; RGZ. **64** 162, Warneyer 08 Nr. 115 (RG.), u. U. dreitägiges Säumen nicht unverzüglich; Warneyer 08 Nr. 643 (RG.), a. A. VA. Zwickau in ArbVers. **29** 535: Übersendung mit der wöchentlichen Sammelsendung genügt (?). Die Verpflichtung zu unverzüglicher Mitteilung beginnt mit der Kenntnis, bloße Vermutung genügt nicht; Warneyer 09 Nr. 553; anderseits ist nicht erforderlich Überzeugung (RG. v. 29. V. 07, in Komm. d. RGRäte § 121, Anm. 2), sondern nur zuverlässige Kenntnis der Umstände, die vernünftigerweise einen die bloße Vermutung ausschließenden sicheren Schluß gestatten; JW. **12** 741 (RG.), RGZ. **85** 223. Bedarf es bei Zweifelhaftigkeit einer längeren Zeit bis zur Erlangung zuverlässiger Erkenntnis, so ist auch ein sonst vielleicht nicht als erheblich anzusehendes weiteres Zögern mit der Mitteilung als schuldhaft zu betrachten; JW. **05** 282 (RG.).

9. Die Anzeige stellt eine empfangsbedürftige Willenserklärung dar; die KrK. hat den Nachweis zu führen, daß die Anzeige bei dem — zuständigen! (AN. **30** 166) — Tr. der UV. eingegangen ist; AN. **30** 21 (damit der Streit der Untergerichte — vgl. Volkst. Z. **29** 596, ArbVers. **28** 487, **29** 164 — überholt); die Anzeige kann mit der Anspruchsanmeldung (§ 1509 Abs. 3) verbunden werden (AN. **29** 257), braucht es aber nicht, braucht auch nicht erkennen zu lassen, daß Erhebung von Ersatzansprüchen beabsichtigt ist (dann aber später gegebenenfalls besondere Anmeldung des Ersatzanspruches in der Frist des § 1509 Abs. 3); EuM. **25** 347. Der Umstand, daß die Anzeige erst auf eine Anfrage der BG. hin in Form einer Antwort erfolgt, ist für ihre Wirksamkeit ohne Bedeutung; RVA. in EuM. **25** 347, gegen BG. **28** 215 (OVA. Magdeburg). Folge der Nichterfüllung der Anzeigepflicht: § 1509 Abs. 4. Für den Ablauf der Anmeldefrist gegenüber dem Verletzten ist die Unterlassung der Anzeige, die der KrK. obliegt, ohne Bedeutung; EuM. **15** 361. Der Träger der UV. hat die Anzeige entgegenzunehmen und sich wegen der Übernahme des Heilverfahrens und wegen der Untersuchung des Unfalls schlüssig zu werden; Breith. **12** 126 (z. T. durch das G. v. 14. VII. 25 überholt). Vgl. auch Anm. 4a. Über Eingangsbestätigung; EuM. **27** 235.

10. § 1509 Anm. 12. „Sache der Kasse ist es, daß sie prüft, ob ein genügender Anhalt für eine solche Annahme vorliegt, und daß sie sich durch ihren Arzt oder sonst in geeigneter Art die Unterlagen für die Prüfung verschafft." (Begr. RVO. S. 456); vgl. auch Deutsche KrK. **30** 99 (Bay. Min. f. Lw. u. Arbeit).

11. § 544 Anm. 1.

12. § 361.

13. Der Vorsitzende (§ 1781), im Beschlußverfahren (§ 1780).

14. § 908 Anm. 4. „Von der Strafe wird abzusehen sein, wenn nach Lage der Verhältnisse anzunehmen ist, daß die KrK. von dem Vorliegen eines entschädigungspflichtigen Unfalls ohne grobes Verschulden keine Kenntnis hatte." (StenBer. zur Novelle z. KVG. v. 10. IV. 92, S. 3232, 3233); auch kann unter Umständen wegen des Verlaufs einer längeren Zeit eine Bestrafung als nicht mehr angemessen und unbillig erscheinen; Erl. d. M. d. J. u. d. HM. v. 30. III. 04, HMBl. S. 104. Strafrahmen: 1—1000 RM.; vgl. § 908, Anm. 5. Beitreibung durch den VersTr.; EuM. **26** 373 (Pr.MfVw.). Die Strafe fließt in die Kasse des VersTr.; § 146. Verjährung der Zuwiderhandlung; § 147, sie beginnt mit der Nachholung der Anmeldung; AN. **17** 613 (zu § 530), vgl. auch Monatsschr. **16** 555 (RVA.), 558 (Bay. LVA.).

15. Beschwerdefrist: 1 Monat; § 128. Vgl. auch § 1794: Aussetzung des Vollzugs der angefochtenen Entscheidung.

16. Der Vorsitzende (§ 1781); unter Umständen Überweisung an Beschlußkammer; § 1781 Abs. 2.

17. U. U. Abgabe an RVA. nach § 1799.

§ 1504[1 2]. Ist eine Krankheit die Folge eines Unfalls[3], für den der Träger der Unfallversicherung zu entschädigen hat[4], so gelten für das Verhältnis zwischen der Krankenkasse und dem Träger der Unfallversicherung die §§ 1505 bis 1509[5 6 7].

G. v. 14. VII. 25 (RGBl. I S. 97); in Kraft v. 1. I. 26 ab; Art. 135 dieses G.

1. Entspr. Anwendung auf Arbeitgeber und Träger einer Krankenfürsorge; § 1543 b.

2. Entstehungsgeschichte. Zweite Beratung des Entwurfs; StenBer. 1925, S. 2689 A, B:

Der Abgeordnete Ziegler (DD.) fragte an: „Der § 1504 (jetzt § 1506) beschäftigt sich mit der Frage, die ich in meinen ersten Ausführungen erörtert habe. Ich gebe zu, daß der Antrag auf 1078 eine bessere Fassung darstellt als der Antrag auf 1079. Für unsere Abstimmung ist entscheidend, daß die Regierung bei dieser Gelegenheit erklärt, ob durch die im Antrag Nr. 1078 getroffene Regelung ein für allemal unter Ausschaltung jeder anderen Möglichkeit die Trennungslinie der acht Wochen derart gezogen ist, daß alles, was innerhalb der ersten acht Wochen liegt, zu Lasten der KrKn. geht, während alles, was nach den acht Wochen liegt, zu Lasten der BG. geht; dann aber nach § 1503 (jetzt § 1505) mit der Abrechnung für die Heilbehandlung."

Der Kommissar der Reichsregierung antwortete: „Die Anfrage des Herrn Abgeordneten Ziegler ist nach Auffassung des RAM. zu bejahen. Der § 1503 (jetzt § 1505) war von dem Ausschuß bei der Beschlußfassung dahin aufgefaßt, daß die Krankenpflege bis zum Wegfall des Anspruchs auf Krankengeld dann zu Lasten der KrK. gehen sollte, wenn die Arbeitsfähigkeit vor dem Ablauf der achten Woche wiederhergestellt wird, daß dagegen die Heilbehandlung voll zu Lasten der BG. gehen soll, erstens in all den Fällen, in denen die Arbeitsfähigkeit der Verletzten nach dem Ablauf der achten Woche wiederhergestellt wird, und zwar in diesem Falle von Anfang an, zweitens aber auch in den Fällen, in denen der Anspruch auf Krankengeld vor dem Ablauf der achten Woche wegfällt, hier, soweit es sich um die Kosten der Krankenpflege vom Wegfall ab handelt. Das war, wie wiederholt festgestellt worden ist, die einhellige Meinung des Ausschusses. Diese Meinung hat aber auch nach unserer Auffassung einen ganz zweifelsfreien Ausdruck in der Fassung des § 1503 (jetzt § 1505) gefunden."

„Auch die Auffassung des Herrn Abgeordneten Ziegler über die Tragweite des § 1504 (jetzt § 1506) in der Fassung des Antrags Rieseberg ist zutreffend. Es wird der Ablauf der achten Woche als Stichtag für die Last, die sich aus den wiederkehrenden Geldleistungen ergibt, in der Weise festgestellt, daß alle wiederkehrenden Geldleistungen bis zum Ablauf der achten Woche zu Lasten der KrK. gehen, alle späteren zu Lasten der BG., und daß beide Träger der Versicherung insofern geschützt sind, als sie nicht mehr zu leisten haben, als sie nach ihrem eigenen Recht zu leisten hätten."

Daraufhin zog der Abgeordnete Ziegler den Antrag Nr. 1709 zurück, und der Antrag Nr. 1708 wurde angenommen.

3. „Einheit des Leistungsgrundes": „Der Unfall muß mindestens eine erheblich ins Gewicht fallende von mehreren Ursachen sein"; Begr. S. 443, AN. **15** 545, E. Pr. OVG. **48** 351, PVBl. **26** 676 (Pr. OVG.), ArbVers. **19** 268 (Bay. VGH.), AN. **10** 536 (Pr. OVG.: Beschränkung um 40 v. H. durch Unfall als erheblich mitwirkende Ursache, nicht aber 20 v. H.), ArbVers. **13** 419 (Pr. OVG.), ArbVers.

10 268 (Bay. VGH.). Ist die eine Rente wegen mehrerer Leiden bewilligt und beziehen sich die Leistungen der KrK. nur auf eins dieser Leiden, so kommt doch für die Höchstgrenze der Ersatzpflicht der BG. (vgl. § 1506 Abs. 2) die volle Höhe ihrer Leistungen, nicht nur der auf jenes eine Leiden sich beziehende Teil in Frage; E. Pr. OVG. **51** 366.

4. Das muß unstreitig oder rechtskräftig im Verfahren der UV. festgestellt sein; AN. **14** 549, **25** 32; soweit keine Rente in Frage kommt (Erwerbsfähigkeit vor Ablauf der 13. Woche oder bei Wegfall des Krankengeldes), kann KrK. Feststellung im UV.Verfahren betreiben; AN. **29** 42, EuM. **23** 44 (Bay. LVA.). Bei irriger Annahme eines Betriebsunfalls und Übernahme der Fürsorge durch die BG. kein Ersatzanspruch gegen die KrK.; OKK. **17** 117.

5. Das gilt auch, wenn der Verletzte freiwilliges KrKn.-Mitglied ist; E. Pr. OVG. **58** 395, ArbVers. **12** 801, Recht **14** Nr. 418 (RG.), und wenn er nicht als Arbeiter oder Angestellter, sondern als Unternehmer gegen Unfall versichert ist; Breith. **1** 285, oder wenn er die Leistung (Krankenbehandlung) unmittelbar von dem Träger der UV. hätte verlangen können; ArbVers. **26** 89, Breith. **26** 39 (diese Entsch. ist z. T. jetzt überholt durch § 559g Abs. 2 und § 559i).

6. Für das Verhältnis zwischen KrK. und Verletzten: §§ 557a, 559f—559k, 622a, zwischen Tr. d. UV. und Verletzten: insbesondere § 557a Satz 2, § 559k, und die Bestimmungen des RVA. über die Anrechnung von Leistungen aus der KV. durch den Tr. der UV. gemäß § 557a RVO. v. 27. XI. 25; AN. 350, abgedr. in § 557a Anm. 2, sowie „Weitere Best." usw. v. 21. V. 26, AN. 285.

7. Und die in Anhang VIII abgedr. Best. des RVA. v. 12. X. 26.

§ 1505 [1] [2]. Die Aufwendungen für das Heilverfahren [3] gehen zu Lasten des Trägers der Unfallversicherung [4] [5].

Wenn der Anspruch des Verletzten auf Krankengeld aus der Krankenversicherung [6] vor dem Ablauf der achten Woche [7] nach dem Unfall wegfällt [7a], so gehen die Aufwendungen für das Heilverfahren [3] bis zum Wegfall des Krankengeldes zu Lasten der Krankenkasse [8] [9], soweit sie nicht über das hinausgehen, was die Krankenkasse auf Grund der Krankenversicherung zu leisten hat.

G. v. 14. VII. 25 (RGBl. I S. 97); in Kraft v. 1. 1. 26 ab; Art. 135 dieses G. Bek. v. 9. I. 26 (RGBl. I S. 9).

1. Entspr. Anwendung auf Arbeitgeber und Träger einer Krankenfürsorge; § 1543b.

2. Diese Vorschrift ist für die Beteiligten inhaltlich wesentlich abgeändert worden durch § 13, § 15 Abs. 2, § 16 des im Anhang VII abgedr. KrKn.-Abkommens v. 31. XII. 26.

3. § 1507 Nr. 2. Unterschied gegenüber § 1506; EuM. **27** 226.

4. §§ 623ff.

5. Dem steht auch ein Bescheid des Trägers der UV. nicht entgegen, in dem er für eine in der Vergangenheit liegende Zeit einen Anspruch auf Arzthilfe mangels Nachweises ihrer tatsächlichen Gewährung ablehnt; AN. **21** 336, oder ein (dem Verletzten erteilter und der KrK. mitgeteilter) Bescheid des Trägers der UV., worin er die Gewährung ärztlicher Behandlung für die Zukunft ablehnt. Ob die dennoch von der KrK. gewährte Arzthilfe pflichtgemäß war, ist im Ersatzstreitverfahren (§ 1512 Abs. 2) zu entscheiden; AN. **22** 361. Auch die tatsächliche Übernahme des Heilverfahrens befreit den Träger der UV. nicht von der Belastung mit den Aufwendungen für Heilverfahren, welche die KrK. für dieselbe Zeit ohne Kenntnis von der Übernahme gemacht hat; AN. **21** 270 (vgl. auch § 559g Abs. 2).

6. § 1507 Anm. 2; „Anspruch auf Krankengeld" heißt hier: „Arbeitsunfähigkeit des Verletzten", also nicht, soweit er etwa, ohne tatsächliche Arbeitsunfähigkeit, doch nach der Rechtsprechung (AN. 23 20) einen subjektiven Anspruch auf Krankengeld bis zu dem Augenblick hat, an dem er Kenntnis von seiner Arbeitsfähigkeit erhält; AN. 29 362.

7. Für den Beginn der Frist ist maßgebend der Unfall, das ist das schädigende Ereignis, und nicht etwa der Zeitpunkt, in dem nachteilige Folgen des Unfalls in Erscheinung getreten sind; AN. **88** 244, **92** 348, vgl. auch **17** 243. Bei Berechnung des Zeitraumes wird der Tag, an dem der Unfall sich ereignet hat, nicht mitgezählt (§ 124); AN. **87** 11, **26** 444.

7a. Der „Wegfall" gemäß § 559i ist für § 1505 Abs. 2 ohne Bedeutung; D.KrK. 26 708. — Kein „Wegfall", wenn keine Arbeitsunfähigkeit; EuM. **26** 361; vgl. aber Anm. 2.

8. § 1501 Anm. 1.

9. Auch wenn der Verletzte ihr gegenüber auf ihre Leistungen verzichtet hat; AN. **03** 507, Arb.Vers. **03** 310 (Pr. OVG.).

§ 1506[1] [1a]. Die Aufwendungen für wiederkehrende Geldleistungen[2], die dem Verletzten während der ersten acht Wochen[3] nach dem Unfall gewährt werden, gehen zu Lasten der Krankenkasse[4], soweit sie nicht über das hinausgehen, was die Krankenkasse auf Grund der Krankenversicherung zu leisten hat[4a], im übrigen zu Lasten des Trägers der Unfallversicherung[5].

Die Aufwendungen für wiederkehrende Geldleistungen, die dem Verletzten vom Beginn der neunten Woche[3] an gewährt werden, gehen zu Lasten des Trägers der Unfallversicherung[5]. Zu Lasten der Krankenkasse[3] bleiben aber

1. für die Zeit[5a], in der der Träger der Unfallversicherung[5] zur Gewährung einer Rente nicht verpflichtet ist[6], ihre[7] Aufwendungen[7a], die zwei Drittel des Grundlohns[8] übersteigen,

2. für die spätere Zeit ihre[7] Aufwendungen[7a], soweit sie über das hinausgehen, was der Träger der Unfallversicherung[5] auf Grund der Unfallversicherung zu leisten hat[9].

G. v. 14. VII. 25 (RGBl. I S. 97); in Kraft v. 1. I. 26 ab; Art. 135 dieses G.

1. Entspr. Anwendung auf Arbeitgeber und Träger einer Krankenfürsorge; § 1543b.

1a. § 1506 bestimmt nichts über die Leistungspflicht der KrK. gegenüber dem Verletzten, sondern regelt nur die Lastenverteilung zwischen den Trägern der KV. und der UV.; EuM. **20** 257.

2. § 1507 Nr. 1.

3. § 1505 Anm. 7.

4. § 1501 Anm. 1, s. auch § 1505 Anm. 9.

4a. Also z. B. nicht eine Teilrente für Zeiträume, in denen eine Arbeitsunfähigkeit im Sinne der KV. nicht bestand; Breith. **18** 72 (OVA. München).

5. §§ 623ff.

5a. Bei der Feststellung, welche Aufwendungen für wiederkehrende Geldleistungen nach § 1506 Abs. 2 Nr. 1 zu Lasten der KrK. bleiben, ist der Aufwand für die dort bezeichnete ganze Unterstützungszeit zu berücksichtigen und der Grundlohnsumme, die insgesamt auf die gleiche Zeit entfällt, gegenüberzustellen; AN. **28** 265.

6. §§ 559a, 559c; bei Wiedergewährung: § 611; dazu Arb.Vers. **18** 211.

7. Nicht die in Ausführung eines Auftrags (§ 1510) gemachten Aufwendungen;

vgl. § 11 der Best. des RVA. (Anhang VIII) und § 12 Abs. 3 des im Anhang VII abgedr. KrKn.-Abkommens vom 31. XII. 26 und EuM. **26** 365 (Bad. LVA.).

7 a. Die tatsächlich gewährten Geldleistungen; hier (anders als bei § 1505, vgl. Anm. 6 dazu) kommt es nicht darauf an, ob der Verletzte während der Zeit der Krankengeldgewährung objektiv arbeitsunfähig war; AN. **29** 362.

8. § 180.

9. Vgl. auch §§ 610—613 und Arb.Vers. **18** 211.

§ 1507[1]. Im Sinne der §§ 1505, 1506 gelten als Aufwendungen

1. für wiederkehrende Geldleistungen

   die Aufwendungen für das Krankengeld[2] und das Hausgeld[3] aus der Krankenversicherung, für die Verletztenrente[4], das Krankengeld[5], Tagegeld[5], Familiengeld[6] aus der Unfallversicherung, für den Unterhalt des Verletzten bei Krankenhauspflege[7], Heilanstaltpflege[8] oder Anstaltpflege[8] und für die nach § 185 gewährte Hilfe und Wartung, soweit dafür Krankengeld abgezogen wird,

2. für Heilverfahren

   die Aufwendungen für Krankenpflege[9], für Hilfe und Wartung nach § 185 und für Krankenhauspflege[7] aus der Krankenversicherung, für Krankenbehandlung[10] einschließlich des Pflegegeldes[11] aus der Unfallversicherung, soweit diese Leistungen nicht nach Nr. 1 als wiederkehrende Geldleistungen gelten[12].

G. v. 14. VII. 25 (RGBl. I S. 97); in Kraft v. 1. I. 26 ab; Art. 135 dieses G.

1. Entspr. Anwendung auf Arbeitgeber und Träger einer Krankenfürsorge; § 1543b.

2. § 182 Nr. 2, §§ 188, 189, 191, 191a, 192, § 194 Nr. 2, §§ 420, 421, 422, 450, 452, 455, 494, 559h, 559i.

3. § 186, § 194 Nr. 1, § 422.

4. §§ 559ff.

5. § 559 Abs. 2, § 559d.

6. § 559e Abs. 2.

7. §§ 184, 429ff., 435.

8. § 558d.

9. § 182 Nr. 1, §§ 187, 193.

10. § 558b.

11. § 558c Abs. 1 Nr. 2.

12. Wegen Verteilung der Aufwendungen für Krankenhaus-, Heilanstalt- und Anstaltpflege auf Unterhalt (wiederkehrende Geldleistungen) einerseits und Aufwendungen für das Heilverfahren anderseits vgl. §§ 14, 15 des im Anhang VII abgedr. KrKn.-Abkommens v. 31. XII. 26 und Nr. 2 der in Anm. 4 zu § 1513 abgedr. Best. des RVAmts v. 14. VI. 26.

§ 1508[1]. Das Sterbegeld aus der Krankenversicherung[2] geht zu Lasten des Trägers der Unfallversicherung, soweit es das von ihm zu gewährende Sterbegeld[3] nicht übersteigt.

G. v. 14. VII. 25 (RGBl. I S. 97); in Kraft v. 1. I. 26 ab; Art. 135 dieses G.

1. Entspr. Anwendung auf Arbeitgeber und Träger einer Krankenfürsorge § 1543b.

2. §§ 201ff., § 205b Nr. 2.

3. §§ 586, 930, 1065, 1096, 1097.

§ 1509[1] [2] [3] [4]. Hat die Krankenkasse[5] Aufwendungen, die nach den §§ 1505 bis 1508 zu Lasten des Trägers der Unfallversicherung[6] gehen, gemacht[7], so hat er sie ihr zu ersetzen[8].

Hat der Träger der Unfallversicherung[6] Aufwendungen, die zu Lasten der Krankenkasse[5] gehen, gemacht, so hat sie sie ihm zu ersetzen[8].

Der Ersatzanspruch ist ausgeschlossen[9], wenn er nicht spätestens drei Monate[10] nach Beendigung der Leistungen bei dem zum Ersatze Verpflichteten geltend gemacht[11] wird. Hat jedoch der Ersatzberechtigte ohne sein Verschulden erst nach Ablauf dieser Zeit Kenntnis davon erhalten[12] [13], daß die Voraussetzungen für einen Ersatzanspruch zutreffen, so kann er noch innerhalb einer Woche[10] nach dem Tage, an dem er diese Kenntnis erlangt hat, den Anspruch geltend machen[14].

Die Krankenkasse[5] hat keinen Anspruch auf Ersatz für Aufwendungen für das Heilverfahren[15], wenn sie die im § 1503 vorgeschriebene Anzeige nicht rechtzeitig[16] erstattet[17].

G. v. 14. VII. 25 (RGBl. I S. 97); in Kraft v. 1. I. 26 ab; Art. 135 dieses G.

1. Entspr. Anwendung auf Arbeitgeber und Träger einer Krankenfürsorge; § 1543b.

2. Vereinbarungen allgemeiner Art zwischen KrKn. und BGen. wegen Regelung der Ersatzpflicht sind zulässig; AN. **16** 582; näheres: vgl. KrKn.-Abkommen v. 31. XII. 26, abgedr. im Anhang VII, namentlich §§ 12ff.

3. Für die Frage, ob die Ersatzansprüche nach altem oder neuem Recht zu beurteilen sind, kommt es auf den Zeitpunkt der Entstehung des Anspruchs an. Als entstanden gilt der Erstattungsanspruch hinsichtlich jeder einzelnen Teilleistung mit ihrer tatsächlichen Gewährung; BG. **16** 110, auch Besch. d. RVA. v. 16. II. 26; Deutsche KrK. 184.

4. Keine Verzinsung der Ersatzansprüche; AN. **15** 364, **10** 448.

5. § 1501 Anm. 1 und oben Anm. 1. Haben in Fällen, in denen die Ersatzpflicht des Tr. der UV. der Höhe nach beschränkt ist (§ 1506 Abs. 2, § 1508), mehrere Träger der KV. gleichzeitig Erstattungsansprüche, deren Gesamtbetrag jene Höhe übersteigt, so wird der vom Tr. d. UV. zu erstattende Höchstbetrag auf die Ersatzberechtigten nach dem Verhältnis ihrer Aufwendungen verteilt; aus dem früheren Zeitpunkt seiner Anmeldung kann ein Ersatzberechtigter ein Vorrecht nicht herleiten; AN. **15** 772, **19** 288, Begr. 454.

6. §§ 623ff.

7. Die KrK. darf sich bei der Geltendmachung ihres Ersatzanspruchs gegen eine BG. nicht auf die Behauptung beschränken, daß der Verletzte wegen der Folgen des Unfalls behandelt worden sei; sie muß mindestens die ohne Mühe und erhebliche Kosten zu beschaffenden Unterlagen beibringen; aber auch die BG. muß, wenn sie den Anspruch nicht für nachgewiesen hält, das zur Aufklärung Erforderliche veranlassen und darf sich nicht darauf beschränken, nur die Beweispflicht der KrK. schrankenlos zu betonen; EuM. **4** 323.

8. § 1504 Anm. 4.

9. „Um zu erwirken, daß die Kasse die im § 1507 Abs. 1 (jetzt § 1503 Abs. 1) vorgeschriebene wichtige Anzeige an den Träger der UV. rechtzeitig erstattet, wird die Kasse bei Versäumung der Anzeige mit ihren Ersatzansprüchen ausgeschlossen (§ 1507 Abs. 2 — jetzt § 1509 Abs. 4)." (Begr. zum G. — s. oben — S. 34.)

10. Für die Berechnung der Frist gelten die §§ 124—127; Begr. S. 482.

11. Bestimmte Form nicht vorgeschrieben; genügt und erforderlich, daß deutlich erkennbar durch eine äußerlich in Erscheinung tretende Handlung Ersatzanspruch

erhoben; Arb. Vers. **07** 182 (Bez.Aussch. Berlin), Reger **28** 428 (Bay. VGH.), HdbUV. **1** 485, EuM. **9** 350 (Bay. LVA.); in wiederholten Anfragen nach der Rentenfeststellung und wegen der Übernahme des Heilverfahrens ist ein „Geltendmachen" gesehen worden; ArbVers. **20** 450. Der Anspruch braucht nicht in Höhe eines ziffermäßig bestimmten Betrages geltend gemacht zu werden; es ist auch nicht nötig, daß er erst nach Beendigung der Leistung geltend gemacht wird; es braucht im Augenblick der Geltendmachung nicht einmal festzustehen, ob überhaupt ein Ersatzanspruch der KrK. erwachsen wird; der Anspruch kann daher schon gleichzeitig mit der Unfallanzeige nach § 1503 vorsorglich geltend gemacht werden; AN. **29** 257, bestätigt durch Entsch. des Gr. Senats v. 19. II. 30, IIa KE 186/29.

12. Diese Kenntnis ist gegeben, wenn der Kasse solche Tatsachen bekannt geworden sind, aus denen sich ergibt, daß die Krankheit Folge eines Betriebsunfalls war; ArbVers. **18** 592. Vgl. § 1503 Abs. 1, auch Anm. 10 zu § 1503.

13. Der Ersatzpflichtige braucht den Ersatzberechtigten nicht zu ermitteln (Sächs. LVAmt **2** 65), doch hat er ihm auch unaufgefordert alle Mitteilungen zukommen zu lassen, die für den Geschäftsbetrieb des Berechtigten von Wichtigkeit sind; HdbUV. **1** 332, 333.

14. Abs. 3 Satz 2 soll diejenigen Fälle treffen, in denen es zweifelhaft ist, ob eine Krankheit auf einen Unfall zurückzuführen ist, sowie die Fälle, in denen der Versicherte erst nach Beendigung der Leistungen der KrK. mit der Behauptung hervortritt, daß seine Krankheit die Folge eines Betriebsunfalls sei; KommBer. V S. 7.

15. § 1505, § 1507 Nr. 2.

16. § 1503 Anm. 8.

17. Auch wenn der Träger der UV. auf andere Weise (U-Anzeige des Unternehmers) Kenntnis erlangt; EuM. **26** 534. Ein entsprechender Anspruchsverlust für einen Träger der UV., der die Anzeige nach **§ 559g** nicht rechtzeitig erstattet, ist nicht vorgeschrieben; wenn aber infolge dieser Unterlassung die KrK. weiter leistet, so geht die gleichzeitige Leistung des Trägers der UV. „über das hinaus, was die KrK. auf Grund der KV. zu leisten hat" und ist daher nicht erstattungsfähig; AN. **29** 336; wenn Anzeige nach § 1503 Absicht der Erhebung von Erstattungsansprüchen nicht erkennen läßt, kein Verlust nach § 1509 Abs. 4 (vgl. aber Abs. 3 und Anm. 11); EuM. **25** 347.

§ 1510[1] [1a]. Der Träger der Unfallversicherung[2] kann mit der Durchführung der Krankenbehandlung[3] und mit der Gewährung der während der Krankenbehandlung[4] ihm obliegenden Geldleistungen[5] an den Verletzten oder seine Angehörigen[6] eine Krankenkasse[7] in dem Umfang beauftragen[8], den er für geboten hält[9]. Das Reichsversicherungsamt gibt Bestimmungen darüber, welche Krankenkasse er beauftragen kann[10].

Der Träger der Unfallversicherung[2] hat dem Beauftragten[11] die aus dem Auftrag erwachsenen[12] Kosten[13] zu ersetzen[14], soweit nicht diese Kosten nach den §§ 1505—1509 zu Lasten der Krankenkasse[7] gehen.

G. v. 14. VII. 25 (RGBl. I S. 97); in Kraft v. 1. I. 26 ab; Art. 135 dieses G.

1. Entspr. Anwendung auf Arbeitgeber und Träger einer Krankenfürsorge; § 1543b.

1a. Näheres über Beauftragung und Kostenersatz: vgl. das im Anhang VII abgedr. KrKn.-Abkommen v. 31. XII. 26, besonders die §§ 4ff., 16ff., § 20, und §§ 4—10, 14, 15 der Best. des RVA. Anhang VIII.

2. §§ 623ff.

3. §§ 558bff.

4. Über das Heilverfahren hinaus haben die KrKn. keine Rentenzahlungen zu übernehmen; AN. **89** 196.

5. §§ 559—559e; wenn Auftrag zur Zahlung bestimmter Beträge „bis auf Widerruf", so braucht die KrK. nicht zu prüfen, ob inzwischen aus anderen Gründen die Unterstützungsberechtigung weggefallen; ArbVers. **13** 418 (Pr. OVG.).

6. § 559e Abs. 2.

7. § 1501 Anm. 1, vgl. auch oben Anm. 1.

8. Stillschweigende Beauftragung durch ausdrückliche Genehmigung der bisherigen Behandlung; Mainz. Z. **20** S. 43, 51 (OVA.).

9. Die KrK. handelt dann auf Grund eines Auftrags des Trägers der UV. und erfüllt dessen Leistungen; E. d. Pr. OVG. **34** 370, Begr. RVO. S. 456. Für die Feststellung dieser Leistungen gilt das Feststellungsverfahren der UV.; HbdUV. **1** 279, 280, Begr. z. RVO. S. 459, 460; der Träger der UV. entscheidet auch darüber, ob eine Leistung, die der Verletzte beansprucht (z. B. eine ärztlich verordnete Milchkur) zum Heilverfahren gehört; HbdUV. **1** 280; vgl. aber unten Anm. 11.

10. Bestimmungen des RVA. über die Beauftragung von KrKn. durch die Träger der UV. gemäß § 1510 der RVO. v. 27. XI. 25; Reichsanz. Nr. 283, AN. **25** 351.

Auf Grund des § 1510 der Reichsversicherungsordnung in der Fassung des Artikels 100 des Zweiten Gesetzes über Änderungen in der Unfallversicherung vom 14. VII. 25 (Reichsgesetzbl. I S. 97ff.) wird folgendes bestimmt:

Der Träger der Unfallversicherung kann mit der Durchführung der Krankenbehandlung und mit der Gewährung der während der Krankenbehandlung ihm obliegenden Geldleistungen an den Verletzten oder seine Angehörigen in dem Umfange, den er für geboten hält, beauftragen:

1. wenn der Verletzte zur Zeit des Auftrags auf Grund der Reichsversicherung gegen Krankheit versichert ist, die Krankenkasse, der er angehört,
2. wenn er zu dieser Zeit einer Krankenkasse nicht angehört, die Krankenkasse, der er zur Zeit des Unfalls angehört hat,
3. wenn der Verletzte auch zur Zeit des Unfalls nicht Mitglied einer Krankenkasse war, aber einem Betriebe angehörte, für den eine Betriebskrankenkasse errichtet ist, diese Betriebskrankenkasse; das Entsprechende gilt, wenn für den Betrieb, in dem er den Unfall erlitten hat, eine besondere Ortskrankenkasse, eine Innungskrankenkasse oder der Reichsknappschaftsverein zuständig ist,
4. in allen übrigen Fällen die für den Wohn- oder Aufenthaltsort des Verletzten zuständige allgemeine Ortskrankenkasse und, wenn eine solche nicht besteht, die Landkrankenkasse. Der Träger der landwirtschaftlichen Unfallversicherung kann in erster Reihe die Landkrankenkasse und, wenn eine solche nicht besteht, die allgemeine Ortskrankenkasse beauftragen,
5. wenn in den Fällen zu 1—4 die Krankenkasse keine Geschäftsstelle am Wohn- oder Aufenthaltsorte des Verletzten hat, auch eine andere Krankenkasse, die für ihn leichter zu erreichen ist.

Was vorstehend von der Krankenkasse bestimmt ist, gilt auch für die Ersatzkasse im Verhältnis zu ihren auf Grund der Reichsversicherung gegen Krankheit versicherten Mitgliedern, für den Reichsknappschaftsverein als Träger der Krankenversicherung und seine Organe sowie für den Arbeitgeber, der nach den §§ 169, 170, 171, 221 der Reichsversicherungsordnung zur Krankenhilfe verpflichtet ist, und für den Träger einer Krankenfürsorge nach § 440 der Reichsversicherungsordnung.

Weitere Bestimmungen bleiben vorbehalten.

11. Vgl. Anm. 1 und 8; der Träger der UV. tritt nur zu dem Beauftragten in Rechtsbeziehungen, nicht auch zu den Personen, deren sich der Beauftragte zur

Ausführung des ihm erteilten Auftrags bedient (Ärzte, Apotheker usw.); AN. **15** 674; vgl. aber die protokollarische Erklärung in Anm. 1 zu § 4 des KrK.Abkommens (Anhang VII).

12. Zur Begründung seines Ersatzanspruches wird man von dem Beauftragten nicht in jedem Falle den Nachweis erfordern müssen, daß er den verlangten Betrag bereits bezahlt hat. Es wird vielmehr im allgemeinen der Nachweis genügen, daß er zur Zahlung dieses Betrages verpflichtet ist; AN. **15** 674.

13. Ersatz für allgemeine Verwaltungskosten kann nicht beansprucht werden; AN. **30** 80, aber die Postgebühren, die bei Übermittlung von Geldsendungen an Unfallverletzte aufzuwenden sind; ArbVers. **30** 109 (VA. Neu-Strelitz).

14. Der Beauftragte muß darlegen, daß ihm Kosten erwachsen sind; er kann seinen Anspruch auf Ersatz nicht lediglich damit begründen, daß ihm für einen bestimmten Zeitraum die Fürsorge für den Verletzten übertragen war; AN. **90** 510 (Pr. OVG.). Zu ersetzen ist regelmäßig jede Ausgabe des Beauftragten, mit der eine im Rahmen des erteilten Auftrags an sich notwendige Leistung angemessen vergütet wird; Pr. VerwBl. **29** 28 (OVG.), AN. **15** 674. Der Nachweis der Aufwendungen ist vom Beauftragten zu führen; doch werden sie im allgemeinen als nachgewiesen anzusehen sein, wenn sie auf ärztliche Anordnungen zurückgeführt und ihrem Betrage nach durch ärztliche Zeugnisse, Arzt- und Apothekerrechnungen usw. belegt werden können. Unter Umständen muß auch die bloße Bescheinigung des KrKn.-Vorstandes genügen. Dem gegenseitigen Verhältnisse der BGen. und KrKn. als Organe einer sich ergänzenden öffentlichen Arbeiterfürsorge entspricht es, die gegenseitigen Anforderungen nicht nach förmlichen Rechnungsgrundsätzen, sondern unter Gewährung angemessenen Vertrauens zu behandeln; HbdUV. **1** 280 (vgl. auch AN **93** 158).

§ 1511[1]. Die Krankenkasse[2] kann die Feststellung[3] der Unfallentschädigung[4] betreiben[5], auch Rechtsmittel einlegen[6]. Der Ablauf von Fristen[7], die ohne ihr Verschulden verstrichen sind[8], wirkt nicht gegen sie; dies gilt nicht für Verfahrensfristen, soweit die Krankenkasse das Verfahren selbst betreibt[9].

G. v. 14. VII 25 (RGBl. I S. 97); in Kraft v. 1. I. 26 ab; Art. 135 dieses G.

1. Entspr. Anwendung auf Arbeitgeber und Träger einer Krankenfürsorge; § 1543b.

2. § 1501 Anm. 1.

3. §§ 1546ff. Sowohl die erstmalige Feststellung einer Entschädigung, als auch bei einer Verschlimmerung die Neufeststellung; AN. **94** 292, **97** 593.

4. §§ 558f.

5. Im Verfahren nach § 1511 kann die KrK. nur Ansprüche des Verletzten, nicht eigene Ersatzansprüche, geltend machen; Breith. **18** 246, 473, **19** 1, BG. **29** 414; nötigenfalls Rekurs gegen OVA.-Entscheidung über Ersatzanspruch, auch wenn es sich um Krankenbehandlung handelt; EuM. **26** 369; die KrK. darf daher auch nicht zuungunsten des Verletzten ein Rechtsmittel einlegen, z. B. dagegen, daß Rente schon vor Wegfall des Krankengeldes (§ 559c) gewährt wird; EuM. **22** 18; sie kann aber in den Fällen, in denen der Verletzte einen Anspruch auf Rente nicht hat (Erwerbsfähigkeit vor Ablauf der 13. Woche, oder im Augenblick des Wegfalls des Krankengelds), die Feststellung betreiben, daß z. B. Anspruch auf Krankenbehandlung bestanden hat — BG. muß Bescheid erteilen, OVA.-Urteil ist endgültig; AN. **29** 42, oder daß ein Betriebsunfall vorgelegen hat; EuM. **23** 441 (Bay. LVAmt); die KrK. darf auch nicht vordruckmäßig in jedem Falle bei Einreichung der Anzeige die Feststellung betreiben; Breith. **12** 126, sondern wenn und insoweit sie ein rechtliches

Interesse hat; ArbVers. **13** 63; wenn sie infolge der Feststellung des Entschädigungsanspruches des Verletzten eine Entlastung erfahren würde; AN. **03** 512, **14** 800, **15** 806, Breith. **17** 3 (OVA. München), auch Verbaruv **27** 152 (OVA.); eine Entlastung kommt aber erst in Frage, wenn die KrK. bereits geleistet hat oder ihre Leistungspflicht festgestellt ist; erst von diesem Zeitpunkt an können Fristen gegen sie laufen und mit ihrem Verschulden verstreichen; AN. **15** 806, EuM. **3** 59 (Bay. LVAmt); im übrigen ist die Frage des „rechtlichen Interesses" nach den Verhältnissen zur Zeit der Urteilsfällung zu beurteilen; AN. **14** 800; ist aber die KrK. danach beteiligt, so muß über den Anspruch im ganzen, nicht nur, soweit es zur Befriedigung der KrK. erforderlich ist, entschieden werden; EuM. **13** 278 (Bay. LVAmt); hat die KrK. den Ersatzanspruch „geltend gemacht" (§ 1509 Abs. 3, vgl. auch Anm. 11 dazu), so muß sie als Partei zum Feststellungsverfahren zugezogen werden (AN. **04** 481, **07** 468, HbdUV. **1** 338, ArbVers. **01** 591, **10** 675), namentlich ist ihr auch der dem Verletzten erteilte Bescheid zuzustellen; EuM. **6** 322 (Bay. LVAmt), AN. **04** 650, HbdUV. **1** 336; ein Bescheid, der den Namen des Verletzten nicht enthält, genügt nicht; Breith. **12** 189, EuM. **15** 8. Anderseits ist, wenn die KrK. das Verfahren betreibt, der Verletzte zuzuziehen (AN. **03** 394, PVBl. **23** 600 — Pr. OVG. —, E. d. Pr. OVG. **42** 331, 334, 336, 341, 345, 346, 352, Arb. Vers. **04** 134 — Pr. OVG. —), und zwar in jeder Lage des Verfahrens; denn er bleibt die Hauptpartei; EuM. **14** 303. Erklärt er aber, sich an dem Verfahren nicht beteiligen zu wollen, so kann die KrK. es allein betreiben; AN. **11** 390. Im übrigen sind Verletzter und KrK. nach ihrem Beitritt zum Verfahren notwendige Streitgenossen (§ 62 ZPO.); AN. **05** 455, **07** 468, **14** 800 (Nr. 2765), EuM. **26** 41. Es kann nicht der eine mit Wirkung für den anderen auf den Anspruch (AN. **04** 481) oder ein Rechtsmittel verzichten (ArbVers. **1911** 274 — Bay. LVAmt) oder es zurücknehmen (EuM. **6** 322 — Bay. LVAmt —, **26** 41). Rechtsmittelfristen werden durch Handlungen des einen Streitgenossen zugunsten des anderen gewahrt; AN. (JuAV.) **94** 160, AN. **15** 529, EuM. **14** 303. Die Fristen laufen aber für jeden Streitgenossen besonders; hat der eine seine Frist versäumt, läuft sie aber noch für den anderen, so kann der erste nicht in dieser Frist das Rechtsmittel einlegen, wenn es der andere nicht tut; AN. **15** 529, Monatsschr. **18** 540. Auch kann eine „Anschlußberufung" des einen Streitgenossen, der seine Rechtsmittelfrist versäumt hat, an die nach Ablauf jener Frist von dem anderen Streitgenossen noch innerhalb der für ihn laufenden Frist eingelegte Berufung nicht zugelassen werden; Monatsschr. a. a. O. Das von dem anderen Streitgenossen rechtzeitig eingelegte Rechtsmittel wirkt aber auch zugunsten des ersten Streitgenossen; VolkstZ. **17** 34, AN. **14** 800 (Nr. 2765), BG. **21** 14; auch für ihn besteht dann keine Rechtskraft der angefochtenen Entscheidung (Bescheid); EuM. **6** 320 (Bay. LVAmt). Haben beide Streitgenossen Rechtsmittel eingelegt, so kann über sie nur in einem Urteil einheitlich entschieden werden; Monatsschr. **22** 405.

6. Die Einlegung des Rechtsmittels kann zugleich den Beitritt zum Verfahren enthalten; HbdUV. **1** 337. Vgl. auch oben Anm. 5.

7. Nur Rechtsbehelffristen, nicht auch die Ausschlußfrist des § 1546; AN. **17** 242; a. A. EuM. **13** 280 (Bay. LVAmt).

8. Betreibt die KrK. das Verfahren oder schließt sie sich ihm an, so laufen für sie ihre eigenen Fristen (vgl. Satz 2, Halbsatz 2 und oben Anm. 5); eine Versäumung der für den Verletzten geltenden Fristen berührt ihre Rechtsstellung also nicht, auch wenn sie von der Zustellung, die die Frist in Lauf setzt und dem Inhalt der zugestellten Entscheidung Kenntnis hat; ArbVers. **01** 591, AN. **05** 455, EuM. **6** 322 (Bay. LVAmt) Monatsschr. **19** 346, EuM. **14** 230. Solange die KrK. das Verfahren aber nicht betreibt, laufen die für den Verletzten geltenden Fristen auch gegen sie; ihr Verschulden ist gegeben, wenn sie trotz Kenntnis von dem Ereignis, das die Frist in Lauf setzt, die zur Wahrung der Frist erforderliche Handlung nicht vornimmt, sofern ihr dazu noch eine angemessene Überlegungsfrist bleibt; AN. **12** 904, EuM. **13** 207; muß sie noch Ermittlungen anstellen, so hat sie das Rechtsmittel wenigstens fürsorglich einzulegen; EuM. **14** 301. Ist die Frist ohne ihre Kenntnis und daher ohne Verschulden verstrichen, so hat sie ungesäumt nach Erlangung der Kenntnis, spätestens innerhalb eines der Rechtsmittelfrist entsprechenden Zeitraums seit Kenntnis das Rechtsmittel einzulegen; AN. **01** 599, EuM. **13** 207. Vgl. auch § 902 Anm. 3.

9. In diesem Falle genügt also ein Mangel des Verschuldens nicht, es müssen die Voraussetzungen für die Wiedereinsetzung in den vorigen Stand — Naturereignis oder unabwendbarer Zufall (§§ 131 ff.) — gegeben sein; Begr. 455.

§ 1512[1]. Bei Streit zwischen dem Träger der Unfallversicherung[2] und einer Kasse[3] aus § 1501 oder aus dem Auftrag (§ 1510) entscheidet das Versicherungsamt endgültig, wenn es sich nicht um einen Anspruch auf Ersatz oder Entschädigung handelt.

Streit über Ansprüche auf Ersatz oder Entschädigung[4] aus den §§ 1501, 1505—1510 wird im Spruchverfahren entschieden[5 6].

G. v. 14. VII. 25 (RGBl. I S. 97); in Kraft v. 1. I. 26 ab; Art. 135 dieses G.

1. Entspr. Anwendung auf Arbeitgeber und Träger einer Krankenfürsorge; § 1543b, sowie Unternehmer; § 1543c.

2. §§ 623 ff.

3. § 1501 Anm. 1 und oben Anm. 1.

4. Auch Streit über die Höhe des Ersatzes, der auf Grund einer zwischen KrKn. und BGen. getroffenen allgemeinen Regelung (§ 1509 Anm. 1) zu leisten ist; AN. **16** 582, und wenn der Anspruch auf ein Anerkenntnis der BG. gegenüber der KrK. gestützt wird; EuM. **13** 294, oder ohne Grund geleisteter Ersatz zurückgefordert wird; ArbVers. **17** 417 (Pr. Gerichtshof zur Entscheidung der Kompetenzkonflikte). Das Verfahren wegen Feststellung von Leistungen aus der UV. (Bescheid, Berufung, Rekurs) ist für Ersatzansprüche aus dem 5. Buche nicht zulässig; EuM. **12** 230, AN. **21** 336.

5. Spruchverfahren: §§ 1771—1779. Die im Spruchverfahren der UV. getroffene Entscheidung über den Anspruch des Verletzten gegen die BG. unterliegt nicht der Nachprüfung in diesem Verfahren; AN. **18** 299; wenn im Spruchverfahren der UV. über den Anspruch noch keine Entscheidung getroffen ist, darf die zur Entscheidung über den Ersatzanspruch zuständige Spruchbehörde nicht selbständig darüber entscheiden, ob der Verletzte einen solchen Anspruch hat; AN. **19** 549, **25** 32; vgl. auch § 1504 Anm. 4.

6. Der Verletzte ist am Ersatzstreit nicht beteiligt; AN. **14** 648, **17** 511; er kann als Zeuge vernommen werden; EuM. **8** 310 (Bay. LVAmt); will er die Anrechnung von Leistungen des einen VersTr. auf die des anderen (vgl. §§ 557a, 559g, 559h, 559i) als ungerechtfertigt bekämpfen, so handelt es sich nicht um einen Ersatzstreit nach § 1512 Abs. 2, sondern um einen Anspruch gegen den VersTr., welcher die Leistung zu Unrecht gekürzt hat; dieser Anspruch ist in dem für den kürzenden VersTr. (KrK. oder Genossenschaft) zuständigen Feststellungsverfahren, nicht im Spruchverfahren nach §§ 1771 ff. zu entscheiden; AN. **15** 550.

§ 1513[1 2]. Das Reichsversicherungsamt kann Näheres zur Durchführung der §§ 1502—1512 bestimmen. Es kann auch bestimmen, inwieweit Ersatz durch Pauschbeträge[3] zu gewähren ist[4].

G. v. 14. VII. 25 (RGBl. I S. 97); in Kraft v. 1. I. 26 ab; Art. 135 dieses G.

1. Entspr. Anwendung auf Arbeitgeber und Träger einer Krankenfürsorge; § 1543b.

2. „Für die Ersatzansprüche galten bisher besondere Vereinfachungsvorschriften (z. B. § 1503). Solche Vereinfachungen werden auch künftig zweckmäßig sein. Es ist indessen davon abgesehen, die Ersatzansprüche im Gesetze selbst näher zu regeln, um die Bestimmungen darüber leichter den wechselnden Bedürfnissen anzupassen. In erster Linie wird es Aufgabe der beteiligten VersTr. sein, durch besondere Abmachungen die Ersatzansprüche näher zu regeln. Solche Abmachungen sind schon bisher zwischen den Verbänden der VersTr. und zwischen einzelnen VersTr. getroffen. Die Verhandlungen darüber haben meist unter Führung des RVA. stattgefunden. § 1512 (jetzt § 1513) überträgt darum dem RVA. die Befugnis, Näheres über die §§ 1501—1511, (jetzt §§ 1502—1512), also auch über den Inhalt der Ersatzansprüche, zu bestimmen. Es wird von seiner Befugnis z. B. auch in der Weise Gebrauch machen können, daß es Vereinbarungen, die zwischen den beteiligten VersTr. überwiegende Bedeutung erlangt haben, durch Aufnahme in seine Bestimmungen für allgemeinverbindlich erklärt. Es kann auch nach Art der bisher im § 1503 getroffenen Regelung Pauschsätze festsetzen." (Begr. zum Ges. — s. oben — S. 34.)

3. Vgl. dazu AN. **15** 672, **21** 336 (auch **19** 275), ArbVers. **18** 8 (Württ. OVA.) und §§ 14—17 des KrKn.-Abkommens v. 31. XII. 26 (Anhang VII).

4. Bestimmungen über Ersatzleistungen zwischen KrKn., Ersatzkassen und Trägern der UV. (§§ 1504—1510) und im Falle des § 1543b der RVO. v. 5. III. 27; Deutscher Reichsanz. Nr. 57, AN. **27** 220.

Auf Grund der §§ 1513, 1543b der RVO. wird bestimmt:

1. Der Ersatz für Aufwendungen, die das Heilverfahren verursacht hat, wird durch Pauschbeträge geleistet.

2. Von den tatsächlichen Kosten der Krankenhauspflege, Heilanstaltpflege oder Anstaltpflege — ohne die durch die Beförderung entstehenden Kosten — wird je die Hälfte als Unterhalt (§ 1507 Nr. 1 a. a. O.) und als Aufwendung für das Heilverfahren (§ 1507 Nr. 2 a. a. O.) gerechnet; daneben sind die Kosten der Beförderung nach dem tatsächlichen Aufwande zu ersetzen. Die Vorschriften der §§ 1505 Abs. 2, 1506 Abs. 1 a. a. O. bleiben unberührt a).

3. Bei offener Heilbehandlung wird für die Ersatzansprüche der VersTr. und Ersatzkassen, die dem zwischen dem Verbande der Deutschen BGen. einerseits und den Hauptkrankenkassenverbänden anderseits geschlossenen KrKn.-Abkommen v. 31. XII. 26 beigetreten sind, ein Pauschbetrag von einer Reichsmark für jeden Tag der Behandlungszeit, für die Ersatzansprüche der übrigen VersTr. und Ersatzkassen, der zur Krankenhilfe verpflichteten Arbeitgeber und der zur Krankenfürsorge verpflichteten Träger einer Fürsorge nach § 440 der Reichsversicherungsordnung (§ 1543 a. a. O.) ein Pauschbetrag von 70 Reichspfennigen festgesetzt.

4. Diese Bestimmungen treten mit Wirkung v. 1. Januar 1927 an die Stelle der Bestimmungen v. 10. VI. 26 — AN. S. 292.

a) Die BG. hat der KrK. nur notwendige Aufwendungen zu erstatten; ArbVers. **30** 41 (VA. München).

b) Also auch gegenüber den zur Ersatzleistung verpflichteten VersTr., die dem KrKn.-Abkommen nicht beigetreten sind; Besch. des RVA. v. 23. VI. 26, Deutsche KrK. **26** 547, ArbVers. **26** 347, AN. **28** 335.

§§ 1514, 1515 sind weggefallen.

G. v. 14. VII. 25 (RGBl. I S. 97).

§ 1516 ist weggefallen.

G. v. 23. VI. 23 (RGBl. I S. 454).

§ 1517 ist weggefallen.

G. v. 14. VII. 25 (RGBl. I S. 97).

II. Krankenversicherung und Invaliden- und Hinterbliebenenversicherung

§ 1518. Läßt[1] die Versicherungsanstalt ein Heilverfahren eintreten, so hat sie[2] für dessen Dauer dem Kranken das zu gewähren, was diesem seine Krankenkasse[3] (§ 225) nach Gesetz oder Satzung zu leisten[3] hätte. Bringt die Versicherungsanstalt den Kranken in einem Krankenhaus oder in einer Anstalt für Genesende unter, so kann sie ihm für die Dauer dieses Heilverfahrens die Invaliden- oder Witwenrente ganz oder teilweise versagen[4].

Die Krankenkasse hat der Versicherungsanstalt Ersatz zu leisten[5], soweit der Kranke von der Kasse nach Gesetz oder Satzung Krankengeld zu beanspruchen hätte[6].

1. Ob die Versicherungsanstalt ein Heilverfahren eintreten läßt, steht in ihrem Ermessen; die Zustimmung der KrK. ist nicht erforderlich; AN. **03** 507 (Pr. OVG.).

2. Die Verpflichtung der LVAnst. auf dasjenige, was die KrK. nach Gesetz oder Satzung zu leisten hätte, besteht gegenüber dem Versicherten in der Weise, daß letzterer einen ausschließlichen Anspruch gegen die LVAnst., nicht etwa daneben noch gegen die KrK. hat; AN. **14** 648. Der Ersatzberechtigte hat nicht das Recht, die Feststellung der Versicherungsleistung zu betreiben; AN. **14** 648.

3. Zu den Leistungen, die die KrK. nach Gesetz oder Satzung zu leisten hätte, gehört zwar das Krankengeld mit der Maßgabe, daß die Zahlungspflicht der LVAnst. wegfällt, wenn sie Krankenhauspflege im Sinne des § 184 gewährt. Als Krankenhauspflege in diesem Sinne ist aber nicht anzusehen die Unterbringung in einem Erholungsheim; Arb.Vers. **13** 539 (Bad. VGH.), auch nicht in einer Tages-Walderholungsstelle; AN. **06** 460, Arb.Vers. **10** 602 (RVA.) — entgegengesetzt Bay. LVAmt, Amtl. Mitt. **09** 49. Unterbringung in einer Trinkerheilstätte kann die Eigenschaft einer Krankenhauspflege haben; AN. **16** 341.

Erhält der Kranke durch die LVAnst. Krankenhauspflege, die dem § 184 genügt, so hat er neben dem Hausgeld auch Anspruch auf das besondere Krankengeld unter den Voraussetzungen des § 194 Nr. 2; AN. **06** 461.

4. Über die Versagung der Invaliden- oder Witwenrente für die Dauer des Heilverfahrens hat die LVAnst. einen berufungsfähigen Bescheid zu erteilen. Die Rechtsmittelinstanzen sind im Rechtsmittelverfahren zur Nachprüfung befugt, ob und inwieweit die Versagung angemessen ist; AN. **04** 348.

Die Entscheidung ist ergangen z. § 1254, eine abweichende Entsch. (AN. **08** 541) liegt z. § 18 Abs. 4 JVG. vor, wonach bei Aufrechnung der Angehörigenunterstützung gegen die Invalidenrente im Rechtszuge nur zu prüfen war, ob die Voraussetzungen für die Anrechnungsbefugnis der LVAnst. gegeben waren. Vgl. auch AN. **18** 188.

Unanwendbar ist die Vorschrift des § 1271 letzter Satz, wonach das Hausgeld wegfällt, solange und soweit Lohn oder Gehalt auf Grund eines Rechtsanspruchs gezahlt wird; Arch. f. RV. **12** 210 (OVA. Oldenburg).

5. Die KrK. hat der LVAnst. Ersatz nicht durch portofreie Übersendung des Betrags zu leisten, sondern die LVAnst. hat die Zahlung an der Kasse der KrK. in Empfang zu nehmen; OVG. **39** 352.

6. Soweit der Kranke von der Kasse nach Gesetz oder Satzung Krankengeld zu beanspruchen hätte. Arbeitsunfähigkeit ist Voraussetzung und muß daher besonders für den Ersatzanspruch geprüft werden, da das Heilverfahren schon möglich ist, um die infolge der Erkrankung drohende Invalidität abzuwenden; AN. **02** 176 (OVG.), EuM. **12** 231 (Bay. LVAmt). Die Prüfung hat sich auch darauf

zu erstrecken, ob infolge der Erkrankung Invalidität zu besorgen war; AN. **02** 652 (OVG.), Pr. VerwBl. **24** 122 (OVG.). Der Ersatzanspruch wird dadurch nicht ausgeschlossen, daß der Kranke selbst gegenüber der KrK. auf weitere Kur und Unterstützung verzichtet hat; AN. **03** 507 (OVG.). Er wird auch nicht dadurch hinfällig, daß der Kranke den satzungsmäßigen Ordnungsvorschriften über die Anmeldung innerhalb bestimmter Frist nach der Erkrankung und über Untersuchung durch den Kassenarzt nicht nachkommt; AN. **03** 507 (OVG.), ArbVers. **03** 310 (OVG.), **06** 83 (OVG.). Kein Ersatzanspruch besteht, wenn der Krankengeldanspruch dadurch wegfällt, daß der Versicherte die Kasse durch eine strafbare Handlung geschädigt oder sich die Krankheit vorsätzlich oder durch Beteiligung bei einer Schlägerei oder einem Raufhandel zugezogen hat; OVG. **40** 359.

Der Ersatzanspruch ist gegeben, wenn freiwillige Mitglieder einer KrK. Leistungen erhalten haben; AN. **01** 640.

Nur dasjenige Krankengeld kann von der LVAnst. beansprucht werden, auf das der Kranke während der Dauer des Heilverfahrens Anspruch hat, jedoch nicht das Krankengeld aus einer früheren oder späteren Zeit; Pr. VerwBl. **23** 264 (OVG.). Nur das Krankengeld selbst, nicht auch das Hausgeld oder das besondere Krankengeld aus dem § 194 Nr. 2 sind Gegenstand des Ersatzanspruchs der LVAnst., Arb.Vers. **07** 618 (OVG.), **05** 485 (Bad. VGH.), abweichend Arb.Vers. **08** 213 und **03** 749 (Hess. VGH.). Unerheblich ist dabei, ob im Einzelfall der Anspruch auf Krankengeld wegfällt; Monatsbl. **08** 57 (OVG.).

§ 1519. Die Versicherungsanstalt, die ein Heilverfahren eintreten läßt, kann die Fürsorge für den Kranken seiner letzten Krankenkasse in dem Umfang übertragen[1], den sie für geboten hält.

Werden dadurch der Kasse[2] Leistungen über den Umfang ihrer gesetzlichen oder satzungsmäßigen Leistungen hinaus auferlegt, so hat die Versicherungsanstalt die Mehrkosten zu ersetzen[2].

Sie hat der Kasse den Aufwand auch für die Zeit zu ersetzen, für welche die Kasse zu Leistungen nicht mehr verpflichtet war. Für Krankenpflege sind drei Achtel des Grundlohns zu ersetzen, nach welchem sich das Krankengeld des Berechtigten bestimmt, wenn nicht ein höherer Aufwand nachgewiesen wird. Bei Krankenhauspflege gilt das gleiche für die Krankenpflege. Für den Unterhalt im Krankenhause wird die Hälfte des Grundlohns angesetzt, wenn nicht ein höherer Aufwand nachgewiesen wird[1].

G. v. 14. VII. 25 (RGBl. I S. 97), in Kraft v. 1. I. 26 ab; Art. 135 dieses G.

1. Die Übertragung der Fürsorge durch die LVAnst. kann nicht über den Rahmen des Heilverfahrens hinaus auch die Rentenzahlung betreffen; vgl. AN. **89** 196.

2. Die Krankenkasse kann ihren Anspruch auf Ersatz nicht lediglich damit begründen, daß ihr für einen bestimmten Zeitraum die Fürsorge für den Versicherten übertragen worden sei, sondern sie muß auch darlegen, daß ihr Kosten erwachsen sind; AN. **90** 510 (OVG.), OVG. **17** 432. Wird die KrK. ersucht, „bis auf Widerruf" den Versicherten zu unterstützen, so kann gegenüber ihrem Ersatzanspruch nicht eingewendet werden, sie hätte prüfen müssen, ob der Versicherte fortgesetzt unterstützungsbedürftig gewesen sei; Arb.Vers. **13** 418 (OVG.). Der Einwand, daß die Aufwendungen der KrK. das Pauschquantum nicht erreichten, ist ausgeschlossen; OVG. **24** 327. Die Darlegungen der KrK. bezüglich eines höheren Aufwandes als des Pauschbetrags werden unter Gewährung des ihrer Stellung angemessenen Vertrauens durch den ersatzpflichtigen VersTr. zu behandeln sein; AN. **15** 674.

§ 1520. Bei Streit zwischen der Kasse und der Versicherungsanstalt aus der Übertragung der Fürsorge (§ 1519) entscheidet[1] das Versicherungsamt endgültig, wenn es sich nicht um einen Ersatzanspruch handelt.

Streit über Ersatzansprüche aus den §§ 1518, 1519 wird im Spruchverfahren entschieden.

1. Im Antrag muß der Ersatzberechtigte den Ersatzanspruch zahlenmäßig bestimmt angeben und darf nicht eine allgemeine Feststellung beantragen; Pr. VerwBl. **25** 525 (OVG.). Auch die Entscheidung hat im Falle der Anerkennung des Anspruchs dessen Höhe zahlenmäßig anzugeben und darf nicht dahin lauten, daß das Krankengeld des Versicherten für eine bestimmte Zeit zu zahlen sei; Arb.Vers. **10** 76 (OVG.).

Pflicht der LVAnsten. ist es, den KrKn. die den Ersatzansprüchen gemäß § 1518 Abs. 2 zugrunde liegenden Akten zugänglich zu machen; EuM. **7** 356.

Bei Ersatzstreitigkeiten nach dem § 1518 Abs. 2, § 1520 Abs. 2 gehört der Versicherte nicht zu den Beteiligten. Wird er zu dem Verfahren nicht zugezogen, so liegt daher ein wesentlicher Mangel des Verfahrens nicht vor; AN. **14** 648. Eine KrK. kann für ihre gesetz- und satzungsmäßigen Kassenleistungen nicht Ersatz aus der Invalidenrente beanspruchen. Die Beziehungen zwischen Krankenversicherung und Invalidenversicherung sind in den §§ 1518—1520 vielmehr ausschließlich und erschöpfend geregelt; AN. **16** 803. § 1520 gilt auch nicht bei Streit zwischen der LVAnst. und einem Versicherungsverein auf Gegenseitigkeit, der nicht als Ersatzkasse zugelassen oder für die Übergangszeit einer zugelassenen Ersatzkasse gleichgestellt ist; AN. **15** 438.

§ 1521 ist weggefallen.

G. v. 23. VI. 23 (RGBl. I S. 454).

III. Unfallversicherung und Invalidenversicherung

§ 1522. Gewährt ein Träger der Unfallversicherung einem Berechtigten, der eine Rente aus der Invalidenversicherung bezieht, eine Rente oder Heilanstaltpflege (Anstaltpflege) aus der Unfallversicherung, oder treten Änderungen hierin ein, so ist die Versicherungsanstalt unverzüglich zu benachrichtigen. Bei Verletztenrenten ist das Maß der Einbuße von Erwerbsfähigkeit anzugeben.

G. v. 25. VI. 26 (RGBl. I S. 311), in Kr. v. 1. VII. 26 an (Art. 19 dieses G.).

§ 1523 ist weggefallen.

G. v. 21. VII. 22 (RGBl. I S. 654).

§ 1524. Gewährt die Versicherungsanstalt wegen einer Krankheit, die Folge eines entschädigungspflichtigen Unfalls ist, ein Heilverfahren[1], das den Eintritt der Invalidität verhindert oder sie beseitigt, so ist der Träger der Unfallversicherung der Versicherungsanstalt ersatzpflichtig[2] für die Kosten des Heilverfahrens, wenn[3] auch er dadurch entlastet worden ist. Für Krankenpflege sind drei Achtel des Grundlohns zu ersetzen, nach welchem sich das Krankengeld des Berechtigten bestimmt. Bei Krankenhauspflege gilt das gleiche für die Krankenpflege. Für den Unterhalt im Krankenhause wird die Hälfte des Grundlohns angesetzt. Ist kein Grundlohn bestimmt, so ist der wirkliche Aufwand zu ersetzen.

Gewährt die Versicherungsanstalt das Heilverfahren, so ist dieses für die Entschädigungsansprüche der Berechtigten einem von dem Träger der Unfallversicherung gewährten entsprechenden Heilverfahren gleichzuachten[4]. Der Träger der Unfallversicherung wird von seiner Pflicht zur Gewährung von Tagegeld oder Familiengeld[5] an die Berechtigten frei, soweit die Versicherungsanstalt für diese Hausgeld gezahlt hat.

G. v. 21. VII. 22 (RGBl. I S. 654), G. v. 14. VII. 25 (RGBl. I S. 97), in Kraft v. 1. I. 26 an, Art. 135 dieses G.

1. Als Heilverfahren im Sinn dieser Vorschrift gilt nicht die nachträgliche Übernahme der Kosten eines von der KrK. durchgeführten Heilverfahrens zu einer Zeit, in der kein Anhaltspunkt dafür vorliegt, daß ohne Eintreten der LVAnst. der Versicherungsfall eingetreten wäre; AN. **09** 228.

2. Der Träger der UV. ist unter den Voraussetzungen des § 1524 ersatzpflichtig, einerlei ob der Versicherte einen Anspruch auf Invalidenrente besitzt oder nicht; AN. **04** 190.

3. Zu den erstattungsfähigen Kosten des Heilverfahrens gehören auch Gebühren für ärztliche Gutachten, die die LVAnst. während des Heilverfahrens einholt, um sich darüber entscheiden zu können, ob die Fortsetzung des Heilverfahrens geboten ist; AN. **12** 946, Hausgeld, wenn die LVAnst. den Versicherten in ein Krankenhaus oder in eine Genesungsanstalt unterbringt; AN. **05** 442. Das Hausgeld ist neben dem Pauschbetrage des Abs. 1 Satz 2 in voller Höhe zu ersetzen, ohne Rücksicht darauf, ob die Geldleistungen, die der Träger der UV. bei einer von ihm durchgeführten Heilbehandlung zu zahlen gehabt hätte, niedriger gewesen wären; AN. **10** 560, **15** 769.

Der Ersatzanspruch der LVAnst. wegen Kosten des Heilverfahrens wird nicht dadurch eingeschränkt, daß der Träger der UV. einen geringeren Betrag als den Betrag des Ersatzanspruchs aufgewendet hätte, wenn die Heilbehandlung von ihm selbst durchgeführt worden wäre; AN. **07** 552.

Andererseits ist erforderlich, daß der Träger der UV. durch das Heilverfahren der LVAnst. entlastet worden ist. Die Entlastung liegt dabei nicht schon in der Ersparnis von Leistungen während des Heilverfahrens, sondern erst darin, daß die BG. für die Zukunft nichts oder weniger zu leisten hat; AN. **21** 164 (Gr. Sen.).

4. So ist dieses für die Entschädigungsansprüche ... gleich zu erachten; Begr. z. RVO. S. 464: „Da die Entschädigungsleistungen des Trägers der UV. verschieden sind, je nachdem er Heilverfahren außerhalb des Krankenhauses oder Heilanstaltspflege gewährt, soll der erste Satz des Abs. 2 auch ausdrücken, daß für den Umfang der Entschädigungspflicht gegenüber den Berechtigten eben ein Heilverfahren von der Art zugrunde zu legen ist, wie es die VAnst. tatsächlich gewährt. Das ist also, wenn die VAnst. das Heilverfahren im Krankenhause gewährt hat, die Heilanstaltspflege, bei der die Unfallrente wegfällt, aber gegebenenfalls die Angehörigenrente — jetzt Familiengeld — eintritt. Von dem Boden einer solchen Heilanstaltspflege aus bestimmt sich also nach der besonderen Vorschrift des Abs. 2 Satz 1 der Umfang der übrigen Ansprüche der Berechtigten gegen den Träger der UV., wenngleich dieser selbst an sich nicht verpflichtet war, diese Art des Heilverfahrens zu gewähren und er das Recht, diese Art statt seiner Pflichtleistungen zu wählen, auch nicht selbst ausgeübt hat."

Eine Unfallrente braucht der Träger der UV. während einer von der LVAnst. gewährten Anstaltspflege an den Verletzten nicht zu zahlen, da diese Anstaltspflege einer durch die BG. gewährten Heilanstaltspflege gleich steht; AN. **07** 552.

5. Familiengeld. Begr. z. RVO. S. 464: „Der zweite Satz des Abs. 2 soll insbesondere dem Rechnung tragen, daß der Anspruch auf das Hausgeld in der Kranken- und Invalidenversicherung dem Versicherten selbst, nicht den Angehörigen als solchen zusteht, während in der UV. der Anspruch der Angehörigen auf Rente als ein Entschädigungsanspruch für sie selbst zusteht."

„Soweit die Personen, für die dem Versicherten Hausgeld geleistet ist, und diejenigen, welchen Familiengeld zu gewähren ist, nicht zusammenfallen, ist die besondere Vorschrift des Abs. 2 Satz 2 nicht anwendbar"; Begr. z. RVO. S. 464.

§ 1525. Gewährt die Versicherungsanstalt wegen einer Krankheit, die Folge eines entschädigungspflichtigen Unfalls ist, ein Heilverfahren, das zwar nicht den Eintritt der Invalidität verhindert oder sie beseitigt, jedoch den Träger der Unfallversicherung entlastet[1], so gilt § 1524[2] entsprechend.

1. Entlastet. „Die VAnst. soll auch dann einen Ersatzanspruch haben, wenn zwar die Invalidität trotz des Heilverfahrens eintritt oder bestehen bleibt, aber der Grad der Erwerbsunfähigkeit immerhin zum Vorteil des Trägers der UV. gebessert wird"; Begr. z. RVO. S. 464.

2. Näheres s. Anm. z. § 1524.

§ 1526. Streit über Ersatzansprüche[1] (§ 1524 Abs. 1, § 1525) wird im Spruchverfahren[2] entschieden.

G. v. 21. VII. 22 (RGBl. I S. 654).

1. Bei Streit über einen Ersatzanspruch im Sinne des § 1526 kann ein VersTr. „mitbeteiligt" gemäß § 1708 Abs. 2 Satz 2 auch dann sein, wenn er an einem bisherigen Verfahren noch nicht teilgenommen hat; AN. **14** 646.

Dagegen liegt kein Streit über Ersatzansprüche im Sinn des § 1526 vor, wenn die VAnst. ihren Anspruch auf ein Rechtsgeschäft zwischen ihr und dem Versicherten (Übertragung, Verpfändung) oder auf eine Pfändung und Überweisung durch das Vollstreckungsgericht stützt; Soergel **3** 221 (RVA.), oder auf eine Vereinbarung zwischen ihr und dem Träger der UV., in der sich der letztere bereit erklärt hatte, einen Teil der Kosten eines Heilverfahrens zu übernehmen; AN. **05** 443, ferner nicht, wenn die LVAnst. einen Anspruch erhebt, der weiter geht als der gesetzliche Ersatzanspruch und sich auf eine ungerechtfertigte Bereicherung des Versicherten im Sinne der §§ 812ff. BGB. stützt; AN. **04** 484.

2. In dem Spruchverfahren, in dem der Streit über den Ersatzanspruch ausgetragen wird, wird auch mitentschieden über die Vorfrage, ob der Träger der UV. durch das Heilverfahren der LVAnst. entlastet worden ist, und demgemäß auch über die Frage, ob überhaupt ein entschädigungspflichtiger Unfall vorliegt; AN. **03** 264.

Zweiter Abschnitt

Beziehungen zu anderen Verpflichteten

§ 1527. Unberührt von diesem Gesetze bleiben die gesetzlichen Pflichten der Gemeinden und Träger der Armenfürsorge[1] zur Unterstützung hilfsbedürftiger und andere auf Gesetz[2], Satzung[3], Vertrag[4] oder letztwilliger Verfügung beruhende Pflichten zur Fürsorge für die nach diesem Gesetze Versicherten und ihre Hinterbliebenen.

Bek. v. 15. XII. 24 (RGBl. I S. 779).

1. Träger der Armenfürsorge. S. § 1531 Anm. 2.

2. Andere auf Gesetz usw. beruhende Pflichten zur Fürsorge s. § 1542 Anm.

3. Auf Satzung beruhende Pflichten sind z. B. Ansprüche gegen die Pensions- und Unterstützungskasse der Beamten eines Herrschaftsbesitzers; OVG. **58** 328.

4. Auf Vertrag beruhen insbesondere Ansprüche aus Anstellungs- und Versicherungsverträgen; Begr. z. J. u. AVG. S. 90, 91.

§§ 1528—1530 sind weggefallen.

G. v. 23. VI. 23 (RGBl. I S. 454).

§ 1531. Unterstützt[1] eine Gemeinde oder ein Träger der Armenfürsorge[2] nach gesetzlicher Pflicht[3] einen Hilfsbedürftigen[4] für eine Zeit[5], für die er einen Anspruch nach diesem Gesetz hatte oder noch hat[6], so kann die Gemeinde oder der Träger der Armenfürsorge, jedoch nur bis zur Höhe dieses Anspruchs[7] nach den §§ 1532—1537 Ersatz beanspruchen[8].

Bek. v. 15. XII. 24 (RGBl. I S. 779).

1. Unterstützung durch eine Gemeinde oder durch einen Träger der Armenfürsorge liegt nur vor, wenn die Unterstützung auf Grund gesetzlicher Pflicht durch die Gemeinde oder den Fürsorgeverband als Träger der Armenpflegelast erfolgt ist; OVG. **14** 363 nach altem Recht, AN. **16** 638 nach neuem Recht. Ein Ersatzanspruch besteht daher nicht, wenn ein Versicherter nach Art. 80 des Bay. PolStrafgesetzbuches lediglich wegen seiner Gefährlichkeit für andere von der Gemeinde in einer Anstalt verwahrt worden ist; EuM. **10** 338 (Bay. LVAmt), ferner nicht, wenn ein Erkrankter aus sanitätspolizeilichen Gründen durch die Polizeiverwaltung in einem Krankenhaus untergebracht wird und die Gemeinde auf Grund ihrer Verpflichtung zur Tragung der sächlichen Polizeikosten die Kosten der Krankenhauspflege bezahlt; ArbVers. **95** 552 (Pr. OVG.), OVG. **14** 363, ArbVers. **04** 83 (Bad. VGH.). Demgemäß ist ein Ersatzanspruch zu verneinen, wenn der Erkrankte im Krankenhaus untergebracht ist, um durch seine Absonderung von anderen Menschen die Verbreitung seiner ansteckenden Krankheit zu verhüten; ArbVers. **07** 351 (Pr. OVG.), OVG. **51** 334, **47** 52, ArbVers. **14** 425 (OVG.).

Einem Fürsorgeverbande, der einen Geisteskranken lediglich wegen seiner Gefährlichkeit für andere in einer Anstalt untergebracht hat, steht ein Ersatzanspruch gegen die KrK. nicht zu; AN. **16** 638. Einem Fürsorgeverbande, der einen Geisteskranken in einer Anstalt untergebracht hat, steht ein Ersatzanspruch gegen die KK. jedenfalls dann nicht zu, wenn die Unterbringung hauptsächlich gerade wegen der Gefährlichkeit des Geisteskranken für andere erfolgt ist, und sonstige Gründe daneben in ihrer Bedeutung wesentlich zurücktreten. Ob dies der Fall ist, bedarf jedenfalls besonderer Prüfung, EuM. **25** 353. Ist die Krankenhausaufnahme einer typhuskranken Person nicht lediglich aus seuchenpolizeilichen Gründen, sondern auch deshalb erfolgt, weil aus dem Verbleiben in der bisherigen Umgebung infolge des krankhaften Zustandes eine erhebliche Gefahr für den Erkrankten erwachsen würde, so ist die KrK. dem Fürsorgeverband im Rahmen der § 1531 ff. ersatzpflichtig; Breith. **18** 73.

Hat ein Fürsorgeverband eine in armenrechtlichem Sinne hilfsbedürftige Person durch Gewährung von Kur und Verpflegung in einer Heilanstalt unterstützt, so wird der Ersatzanspruch des Armenverbandes gegen die KrK. aber nicht dadurch ausgeschlossen, daß die Aufnahme in die Heilanstalt auch wegen Gemeingefährlichkeit der Person angeordnet worden ist; AN. **15** 364.

Die im § 1531 neben den Trägern der Armenfürsorge aufgeführten Gemeinden haben nur dann einen Ersatzanspruch im Sinne der erwähnten Vorschrift, wenn sie als Träger der Armenpflegelast Unterstützung gewährt haben. — Die von einem Kommunalverbande nach § 15 des preuß. Ges. über die Fürsorgeerziehung Minderjähriger v. 2. VII. 1900 gezahlten Kosten des Unterhalts eines Fürsorgezöglings sind nicht Kosten, die durch die Unterstützung eines Hilfsbedürftigen entstanden sind; AN. **15** 553.

Der Erstattungsanspruch eines Fürsorgeverbandes gegen eine KrK. für die aus gesundheitspolizeilichen Gründen erfolgte zwangsweise Unterbringung einer geschlechtskranken Person im Krankenhause setzt voraus, daß die Unterbringung auch zur Heilbehandlung erforderlich war; AN. **18** 300.

Krankheit im Sinne des § 182 liegt bei Tripper und Syphilis nicht unmittelbar im Augenblicke der Ansteckung vor. Die Symptome der Krankheit müssen, damit von Krankheitsbeginn die Rede sein kann, in bestimmter Weise zur äußeren Erscheinung gelangt sein; EuM. **11** 47 (Bay. LVAmt).

Kein Ersatzanspruch ist auch dann gegeben, wenn die Aufnahme in ein Krankenhaus einer Gemeinde auf Grund eines privatrechtlichen Abonnementsvertrags erfolgt; Pr. VerwBl. **13** 258 (Pr. OVG.) oder durch ein Krankenhaus als selbständige Stiftung und kraft dieser Eigenschaft; Pr. VerwBl. **10** 565 (Pr. OVG.).

Allerdings genügt es auch zur Bejahung der armenrechtlichen Unterstützung, wenn zwar zunächst ein Dritter die Unterstützung geleistet hat, dieser Dritte aber wegen der Dringlichkeit des Falles ein sofortiges Einschreiten der Armenpflege für notwendig hielt und namens des Trägers der Armenfürsorge die Unterstützung veranlassen wollte, sich nach Lage der Umstände auch für berechtigt halten konnte, die nachträgliche Genehmigung des Fürsorgeverbandes vorauszusetzen; Arch. f. Reichsvers. **14** 43, ArbVers. **13** 538 (Pr. OVG.) Breith. **16** 483. Daher ist die Unterstützung, welche durch die Ortspolizeibehörde des Fürsorgeverbandes wegen seiner Säumigkeit oder wegen der Dringlichkeit des Falles veranlaßt wurde, der vom Fürsorgeverband selbst gewährten Unterstützung gleichzustellen; E. des Bundesamts für Heimatwesen v. 26. I. 11 bei Krech **43** 49. Die Zahlung der KrK. an die Polizeibehörde ist in einem solchen Falle daher auch der Zahlung an den Fürsorgeverband selbst gleich zu erachten; OVG. **30** 358.

Übernimmt nachträglich der Fürsorgeverband die durch einen Dritten bewirkten Leistungen, so ist dies nur dann der Armenpflege zuzurechnen, wenn der Dritte im Namen oder Auftrag des Fürsorgeverbandes gehandelt hat; Pr. VerwBl. **34** 366 (Bundesamt für Heimatwesen), OVG. **42** 312.

Ob die einzelne Aufwendung in den Kreis der Armenfürsorge fällt, beurteilt sich nach Armenrecht, nicht nach der RVO., so daß es im Ermessen des Fürsorgeverbandes steht, ob er ambulant behandeln oder Krankenhauspflege gewähren will; OVG. **13** 374, **16** 359, **33** 386, Pr.VerwBl. **22** 432 (Pr. OVG.), ArbVers. **10** 339 (Bad. VGH.). Daher kann der VersTr. nicht einwenden, daß er die Krankenhauspflege in seinem eigenen Krankenhaus oder auf Grund von Verträgen mit Krankenhäusern billiger hätte gewähren können; OVG. **16** 378, ArbVers. **01** 390 (Pr. OVG.).

Die den Angehörigen von Kriegsteilnehmern auf Grund des Gesetzes, betreffend die Unterstützung von Familien in den Dienst eingetretener Mannschaften, v. 28. II. 88 bzw. 4. VIII. 14 bzw. 30. IX. 15 (RGBl. 1888 S. 59, 1914 S. 332, 1915 S. 629) gewährten Unterstützungen waren keine Armenunterstützungen und begründeten daher keinen Ersatzanspruch gemäß §§ 1531 ff.; AN. **18** 344, **15** 553.

Gegenüber dem Ersatzanspruch eines Fürsorgeverbandes, der den Familienangehörigen eines Versicherten Krankenpflege durch einen anderen Arzt als den Kassenarzt gewährt hat, kann seitens der KrK. auch nicht eingewendet werden, daß ein dringender Fall im Sinn des § 368 nicht vorgelegen habe; AN. **18** 424. Der Ersatzanspruch des Fürsorgeverbandes gegen eine KrK. setzt ferner nicht voraus, daß die Krankheit während der Mitgliedschaft des Unterstützten bei der Kasse entstanden ist; EuM. **7** 280.

Die KrK. kann auch nicht einwenden, daß der Fürsorgeverband die von ihm übernommenen Kosten auf die der Stadt Berlin nach der Kabinettsorder v. 6. VI. 1835 dem Krankenhaus gegenüber zustehende Anzahl von freien Verpflegungstagen verrechnet habe; EuM. **9** 359.

Ein Fürsorgeverband geht seines Ersatzanspruchs aus § 1531 nicht schon dadurch verlustig, daß er sich wegen dieses Ersatzanspruchs den Rentenanspruch des Berechtigten nach § 119 Abs. 1 Nr. 3 abtreten läßt; AN. **14** 634. Erklärt aber der Fürsorgeverband der LVAnst., daß er im Fall des Obsiegens mit seinem Ersatzanspruch auf die

Überweisung von Rentenbeträgen verzichte, so erlischt durch diese Verzichtserklärung der Ersatzanspruch; EuM. 7 275. Streit über die Rechtsgültigkeit der Übertragung von Rentenansprüchen im Fall des § 119 Abs. 2 ist nicht in dem durch die RVO. geordneten Verfahren, sondern von den ordentlichen Gerichten zu entscheiden; AN. **13** 817, **14** 634.

2. Träger der Armenfürsorge. Die Fürsorgeverbände sind die Rechtsnachfolger der früheren Armenverbände; ArbVers. **25** 406 (BundAmt f. Heim.-Wes.), E. BundAmts f. HeimWes. **60** 83. Armenfürsorgliche Unterstützung im Sinne des § 1531 ist auch dann nicht ausgeschlossen, wenn zunächst eine Krankenhausverwaltung unterstützend eingegriffen hat. Für die Annahme, daß eine armenfürsorgliche Unterstützung vorliegt, genügt es im allgemeinen, daß die Krankenhausverwaltung ein sofortiges Eingreifen der Armenfürsorge für notwendig halten konnte, daß sie dieses namens des Trägers der Armenfürsorge veranlassen wollte und sich nach Lage der Sache für berechtigt halten durfte, dessen nachträgliche Genehmigung vorauszusetzen; Breith. **16** 483.

Den Fürsorgeverbänden steht ein Ersatzanspruch nach § 1531 auch dann zu, wenn sie nicht Armenfürsorge, sondern Fürsorge (gehobene Fürsorge) nach § 1 Abs. 1 der V. über die Fürsorgepflicht v. 13. II. 24 (RGBl. I S. 100) gewähren; AN. **27** 247, **28** 234 — Gr. Senat. — Damit sind die gegenteiligen Entsch. d. Bad. LVAmts; Breith. **16** 199, **17** 5 überholt; AN. **29** 22 (KnV.), so auch RVA., Knappschaftssenat, ArbVers. **26** 61. — ArbVers. **25** 401 (die dort erwähnte E. Bad. LVA.) ist damit überholt.

Treffen gleichberechtigte Ersatzansprüche mehrerer Fürsorgeverbände auf eine Invalidenrente für die gleiche Zeit zusammen, so tritt eine Teilung des halben Betrags der Rente nach Verhältnis der Höhe der Aufwendungen ein. Ist bei der Teilung ein Fürsorgeverband beteiligt, dem ein Ersatzanspruch auf den vollen Betrag der Rente zusteht, so gebührt ihm der halbe Betrag der Rente ungeteilt, während er an der anderen Hälfte nach dem im ersten Satze bezeichneten Verhältnis teilnimmt. Hierbei hat er sich aber auf den Betrag seiner Aufwendungen den vorweg erhaltenen halben Betrag der Rente anrechnen zu lassen; AN. **15** 772.

Über die Stellung des vorläufig und des endgültig verpflichteten Fürsorgeverbandes bei Zusammentreffen ist zum alten Recht, und zwar zu § 57 KVG. vom Bundesamt für Heimatwesen (bei Wohlers **23** 108) und vom Pr. OVG. in OVG. **21** 368 angenommen worden, daß der endgültig verpflichtete Armenverband ebenfalls berechtigt sei, und zwar in der Weise, daß der Unterstützungsanspruch des Versicherten zunächst auf den vorläufig unterstützenden Armenverband und dann weiter auf den endgültig verpflichteten Armenverband insoweit übergehe, als dieser letztere dem vorläufig unterstützenden Armenverband die Kosten erstattet habe. Nach ArbVers. **10** 466 (Bundesamt für Heimatwesen) hat der vorläufig unterstützende Armenverband die Wahl, ob er einen Erstattungsanspruch gegen den endgültig verpflichteten Verband in den Grenzen des § 30 des früheren Unterstützungswohnsitzgesetzes oder einen an diese Beschränkung nicht gebundenen Erstattungsanspruch gegen den Unterstützten selbst und gemäß § 62 des ehemaligen Unterstützungswohnsitzgesetzes gegen die sonstigen Ersatzpflichtigen erheben wolle. Bis zu seiner vollen Befriedigung könne er bei jedem dieser Schuldner Befriedigung suchen und, soweit die Deckung durch Drittverpflichtete nicht erfolge, sich an den endgültig verpflichteten Armenverband halten; Entscheidungen des Bundesamts für Heimatwesen **13** 65, **23** 111, **26** 118, **40** 177. Soweit ein Erstattungsanpruch durch die KrK. zu erfüllen ist, hat in erster Linie der vorläufig verpflichtete Fürsorgeverband das Zugriffsrecht, während der Anspruch des endgültig verpflichteten Fürsorgeverbandes nur auf den Überrest geht; OVG. **43** 323, **46** 386, 389. Hat der endgültig verpflichtete Fürsorgeverband den Erstattungsanspruch des vorläufig unterstützenden Armenverbandes in der Höhe befriedigt, in der er ihm ersatzpflichtig ist, so kann sich der vorläufig unterstützende Fürsorgeverband wegen des Restes seiner Forderung an die KrK. halten, so daß nur der Rest des von der KrK. zu erstattenden Betrags dem endgültig verpflichteten Fürsorgeverband zusteht; Wohlers **22** 77 (Bundesamt für Heimatwesen), OVG. **43** 323, Reger **13** 272 (Bad. VGH.). Deshalb darf die KrK., wenn der vorläufig unterstützende Fürsorgeverband einen Ersatzanspruch angemeldet hat, an den endgültig verpflichteten Fürsorgeverband nicht leisten, ohne sich zu vergewissern, ob nicht der Anspruch des vorläufig unterstützenden Fürsorgeverbandes begründet ist; ArbVers. **10** 507 (Pr. OVG.).

3. Nach gesetzlicher Pflicht bedeutet, daß der Fürsorgeverband zu der geleisteten Unterstützung gesetzlich verpflichtet gewesen sein muß, einerlei ob er selbst unterstützt hat, oder ob der Landesfürsorgeverband dem Bezirksfürsorgeverband die von ihm verausgabten Unterstützungsbeträge erstattet hat; VerwArch. **12** 39, 90, 91 (Pr. OVG.). Im übrigen s. hierzu Anm. 1. Liegt keine gesetzliche Verpflichtung des Fürsorgeverbandes vor, so kann der Ersatzanspruch nicht auf einen privatrechtlichen Abtretungsvertrag zwischen dem Fürsorgeverband und dem Versicherten gestützt werden; OVG. **47** 378 und ArbVers. **10** 87 (Oldenb. OVG.). Über nachträgliche Übernahme einer zunächst von einem Dritten gemachten Aufwendung s. Anm. 1.

Ist ein Ersatzanspruch nach § 1531 wegen Nichtvorliegens einer gesetzlichen Unterstützungspflicht des Fürsorgeverbandes zu verneinen, so kann doch möglicherweise ein bürgerlich-rechtlicher Anspruch aus Geschäftsführung ohne Auftrag oder ungerechtfertigter Bereicherung gegeben sein; ArbVers. **11** 711 (Pr. OVG.).

Über die Frage, ob im Einzelfall die Aufwendung in den Rahmen der auf Grund der Armenfürsorge zu gewährenden Leistungen fällt, s. Anm. 1 und 4 (Geisteskranke).

4. Hilfsbedürftig ist diejenige Person, die nicht hinreichende Kräfte besitzt, um sich und ihren arbeitsunfähigen Angehörigen den notdürftigen Lebensunterhalt zu verschaffen und solchen weder aus eigenen Mitteln bestreiten kann, noch von einem Dritten erhält; OVG. **47** 6. Die Hilfsbedürftigkeit wird dadurch nicht ausgeschlossen, daß ein Erkrankter Hilfe außerhalb des Bezirks seiner KrK. gesucht hat; ArbVers. **14** 307 (Pr. OVG.), Monatsschr. **16** 666. Ferner ist der Ersatzanspruch nicht dadurch ausgeschlossen, daß der Versicherte sich eigenmächtig aus einem Krankenhaus entfernt; AN. **22** 426. In diesem Fall besteht der Ersatzanspruch des Fürsorgeverbandes, wenn in derjenigen Zeit, in der er die Unterstützung gewährt hat, die Leistung des VersTr. dem Versicherten unter der Voraussetzung hätte gewährt werden müssen, daß er sie unter Beachtung der gesetzlichen und statutarischen Vorschriften in Anspruch genommen hätte; OVG. **16** 378, ArbVers. **01** 390, **04** 108, **11** 328 (Pr. OVG.), Reger **12** 23 (Bay. VGH.), ArbVers. **09** 9 (Hess. VGH.), ArbVers. **11** 209 (Sächs. OVG.). Der Anspruch des Versicherten geht bei Nichtannahme der angebotenen KrK.Leistungen gegen die KrK. höchstens für die Dauer seines Verzugs verloren, dagegen nicht für die Zeit, während der er statt der Kasse die Hilfe des Fürsorgeverbandes in Anspruch nimmt; OVG. **16** 378. Wenn die KrK. Kur und Verpflegung in einem Krankenhaus und Hausgeld gewährt, so ist sie dem Träger der Armenfürsorge, der während derselben Zeit Kosten für die Vorbereitung eines Transports des Erkrankten in ein anderes Krankenhaus aufwendet, nicht ersatzpflichtig, sondern sie erfüllt durch die vorgenannte Leistung bereits ihre Verpflichtung; Monatsschr. **13** 305 (Pr. OVG.). Sie hat aber die Transportkosten trotz Gewährung der Krankenhauspflege zu ersetzen, wenn das Mitglied sich während einer Beurlaubung aus dem Krankenhaus betrunken hat und von der Polizei im Krankenwagen in das Krankenhaus zurückgebracht wird, da es hilflos auf der Straße lag; ArbVers. **12** 341 (Pr. OVG.), Breith. **1** 52 (Pr. OVG.). Gewährt die KrK. ambulante Behandlung, während Anstaltspflege notwendig ist, so liegt Hilfsbedürftigkeit vor; ArbVers. **10** 343 (Pr.

OVG.). Das gleiche gilt, wenn durch Einstellung einer von der KrK. angeordneten Anstaltsbehandlung der Kranke durch die KrK. in eine hilflose Lage gebracht wird; Breith. **2** 234 (Pr. OVG.), OVG. **53** 390.

Hat die KrK. Kosten der Behandlung des Mitgliedes schon erstattet, so liegt darin ein Anerkenntnis der Hilfsbedürftigkeit, durch das eine weitere Prüfung der Hilfsbedürftigkeit überflüssig wird; OVG. **27** 362.

Die Hilfsbedürftigkeit entfällt nicht dadurch, daß der Unterstützte eine Invalidenrente bezieht, besonders nicht, wenn er der Anstaltspflege bedürftig ist; ArbVers. **14** 425 (Pr. OVG.).

Unterstützt der Fürsorgeverband einen Krankenversicherten, so kann seinem Ersatzanspruch nicht entgegengehalten werden, daß der Unterstützte die Meldevorschriften der KrK. beim Kassenarzt nicht befolgt habe; Pr. VerwBl. **11** 205 (Pr. OVG.), Amtl. Mitt. der LVA. Rheinprov. **11** 36 (Pr. OVG.), Breith. **1** 58 (Pr. OVG.). Ebensowenig steht dem Ersatzanspruch des Fürsorgeverbandes eine Beschränkung des Bezugs kleinerer Heilmittel, die die Satzung der KrK. enthält, entgegen; ArbVers. **11** 326 (Sächs. OVG.).

Dagegen ist die Hilfsbedürftigkeit zu verneinen, wenn der unterstützte Versicherte sich auf Anordnung der KrK. im Krankenhause befand, ArbVers. **13** 271 (Bad. VGH.), oder überhaupt, wenn nach den dem Fürsorgeverbande bekannten Umständen der Erkrankte sich zunächst an die KrK. und dann an den Fürsorgeverband wandte, obwohl ihm, dem Erkrankten, die Leistungen der KrK. zur Verfügung standen; OVG. **18** 358, **48** 329, Pr. VerwBl. **10** 458 (Pr. OVG.), ArbVers. **07** 351 (Pr. OVG.).

Die Gemeingefährlichkeit eines *Geisteskranken* schließt nicht ohne weiteres aus, daß seine Unterbringung fürsorgerechtlicher und nicht polizeilicher Art ist; OVG. **47** 6. Für den Ersatzanspruch ist dabei entscheidend, ob der Erkrankte nach armenrechtlichen Grundsätzen fürsorgebedürftig war, nicht dagegen, ob die Polizeibehörde die Aufnahme in eine Irrenanstalt wegen Gemeingefährlichkeit beantragt hat; Pr. VerwBl. **26** 676, **28** 220 (Pr. OVG.), OVG. **54** 154, ArbVers. **13** 34 (Pr. OVG.). Hat also ein Fürsorgeverband eine im armenrechtlichen Sinne hilfsbedürftige Person durch Gewährung von Kur und Verpflegung in einer Heilanstalt unterstützt, so wird der Ersatzanspruch des Armenverbandes gegen die KrK. nicht dadurch ausgeschlossen, daß die Aufnahme in die Heilanstalt auch wegen Gemeingefährlichkeit der Person angeordnet worden ist; AN. **15** 364, Pr. VerwBl. **33** 404 (Pr. OVG.). Erfolgt aber die Unterbringung des Geisteskranken nur wegen der Gemeingefährlichkeit, so liegt nicht der Fall der Armenfürsorge vor; ArbVers. **00** 313, 723, **07** 220 (Pr. OVG.). Ferner ist die Armenfürsorge nicht als vorliegend zu erachten, wenn die Polizeibehörde nur deshalb den Geisteskranken in die Anstalt gebracht hat, um ihn zu einem bestimmten polizeilichen Zweck zu ihrer Verfügung oder zur Verfügung der Staatsanwaltschaft oder der Gerichte zu haben; ArbVers. **10** 572 (Pr. OVG.), ArbVers. **11** 2, **12** 193 (Pr. OVG.). Armenfürsorge liegt auch dann nicht vor, wenn die Unterbringung nur stattfindet, um den Versicherten und seine Angehörigen vor Verlusten zu schützen, da der Versicherte infolge von Wahnideen sein Vermögen verschleudert, nicht aber weil die Notwendigkeit einer ärztlichen Behandlung besteht; ArbVers. **13** 17 (Pr. OVG.), Breith. **1** 619 (Pr. OVG.).

Die Fürsorgeverbände sind nicht verpflichtet, die Aufnahme eines Hilfsbedürftigen in ein Krankenhaus von umständlichen *Ermittlungen* abhängig zu machen; OVG. **46** 366. Vielmehr ist, wenn Hilfsbedürftigkeit nicht vorliegt, gleichwohl ein Ersatzanspruch begründet, sofern der Fürsorgeverband auf die Klarstellung der tatsächlichen Verhältnisse alle Sorgfalt verwendet hat, die von einem aufmerksamen Verwalter der Armenfürsorge erfordert werden muß, und er sich hierin in einem entschuldbaren Irrtum befunden hat; ArbVers. **13** 416 (Pr. OVG.). Für den Ersatzanspruch des Trägers der Armenfürsorge kommt es nur darauf an, ob er die Leistung in der ihm obliegenden Weise gewährt hat. Trifft dies für die Gewährung von Kur und Verpflegung in einem Krankenhaus oder einer ähnlichen Anstalt zu, so kann die KrK. sich nicht darauf berufen, daß sie zu einer solchen Leistung nicht verpflichtet gewesen sei; AN. **15** 365, **19** 311. Der Fürsorgeverband darf sich zur Gewährung einer notwendigen Krankenhauspflege so lange für berechtigt halten, als ihm nicht bekannt geworden ist, daß die KrK. den Versicherten auf ein anderes Krankenhaus angewiesen oder ein eigenes Krankenhaus errichtet oder sich ganz allgemein für ein bestimmtes Krankenhaus entschieden hat, es sei denn, daß besondere Umstände ein abweichendes Verfahren des Fürsorgeverbandes rechtfertigen; OVG. **48** 329, AN. **11** 590 (Pr. OVG.), Pr. VerwBl. **33** 95 (Pr. OVG.). Er braucht auch nicht eine Anstaltspflege, die er einmal zulässig übernommen hat, schon deshalb abzubrechen, weil die KrK. anführt, der Versicherte habe sich absichtlich der Krankenpflege entzogen; ArbVers. **11** 328 (Pr. OVG.). Eine weitere Prüfung der Hilfsbedürftigkeit durch den Fürsorgeverband erübrigt sich ferner, wenn die KrK. bereits Kosten der Behandlung des Versicherten erstattet hat und damit ein Anerkenntnis ausgedrückt hat; OVG. **27** 362.

Hat der Unterstützte noch rückständigen Lohn von seinem Arbeitgeber zu fordern, so steht dies der Annahme von Hilfsbedürftigkeit nicht entgegen; ArbVers. **05** 483 (Pr. OVG.). Nach früheren wirtschaftlichen Verhältnissen wurde die armenrechtliche Hilfsbedürftigkeit in einem Falle bejaht, in dem der Unterstützte Anspruch auf einen Jahreslohn von 1000 Mark hatte; Arch. f. Reichsvers. **12** 52 (Pr. OVG.), ferner auch in einem Fall, in dem er ein Grundstück besaß; Breith. **1** 119 (Pr. OVG.). Erklärt sich der Ehemann bereit und ist er auch imstande, die durch Unterstützung eines Familienangehörigen entstehenden Pflegekosten nachträglich zu erstatten, so wird auch dadurch die Hilfsbedürftigkeit nicht ausgeschlossen; OVG. **16** 359, ArbVers. **07** 436 (Pr. OVG.). Hilfsbedürftig ist auch derjenige, der seinen hilfsbedürftigen Angehörigen, zu deren Unterhalt er nach bürgerlichem Rechte verpflichtet ist, den notwendigen Unterhalt nicht gewähren kann; ArbVers. **88** 66, **96** 37 (Bad. VGH.), **02** 393, 645 (Pr. OVG.), AN. **04** 368 (Pr. OVG.), OVG. **16** 359, **38** 337, a. M. ArbVers. **92** 473 (Sächs. Min. d. J.).

5. Wer als unterstützte hilfsbedürftige Person anzusehen ist, wurde nach altem Recht nach dem Grundsatz der armenrechtlichen Familieneinheit beurteilt, so daß stets nur das Familienoberhaupt als unterstützt galt; AN. **05** 289 (Pr. OVG.), **15** 643, EuM. **5** 363 (Sächs. LVAmt), Breith. **13** 102 (Bad. LVAmt), OVG. **16** 359, **46** 382, Pr. VerwBl. **15** 49, **18** 43 (Pr. OVG.), ArbVers. **10** 339 (Bad. VGH.).

Der Ersatzanspruch des Fürsorgeverbandes auf das volle Hausgeld wurde daher nur dann als begründet angesehen, wenn nicht nur den Angehörigen des Kranken, sondern auch diesem selbst der vollständige Unterhalt in einer Anstalt gewährt war; EuM. **9** 364.

Nach dem neuern Recht der V. über Fürsorgepflicht v. 13. II. 24 (RGBl. I S. 100) ist dieser Grundsatz nicht mehr aufrecht erhalten; Pr. VerwBl. **45** 459 (Bundesamt für Heimatwesen). Gewährt ein Fürsorgeverband auf Grund der FürsorgeV. Fürsorge, so gilt als unterstützt im Sinne des § 1531 der Hilfsbedürftige selbst, für den die Unterstützung bestimmt ist; AN. **27** 247. Der Fürsorgeverband kann Ersatz aus dem Hausgeld, welches gemäß § 22 Abs. 4 RKG. dem Versicherten zusteht, nach § 105 Abs. 1 RKG., § 1531 nicht verlangen, wenn er nur die Kinder des Versicherten offensichtlich unterstützt hat; EuM. **26** 134.

6. Für eine Zeit, für die der Unterstützte einen Anspruch nach diesem Gesetz hatte oder noch hat, bedeutet, daß für den Ersatzanspruch die Gleichheit (Identität) der Person und die Gleichzeitigkeit der Fürsorgeleistung mit dem Anspruch gegen die KrK. vorausgesetzt ist; Begr. zu RVO. S. 467, 468. Dagegen ist nicht nötig, daß die Krankheit, auf welcher die Hilfsbedürftigkeit beruht, während der Mitgliedschaft bei der KrK. entstanden ist; EuM. 7 280. Ist der Anspruch des Versicherten auf Leistungen der KrK., der zunächst bestand, durch Aufrechnung erloschen, so ist damit die Voraussetzung, daß der Versicherte für die Zeit der ihm gewährten Fürsorgeunterstützung einen Anspruch auf Kassenleistungen hat, weggefallen; AN. **15** 555. Dagegen begründet es kein Hindernis, wenn nur die Höhe des Anspruchs gegen die KrK. durch ein Verhalten des Versicherten satzungsgemäß beeinflußt wird, wie etwa durch Verstoß gegen Meldevorschriften; Pr. VerwBl. **11** 205 (Pr. OVG.).

Die Identität der Person ist auch gegeben, wenn Hausgeld bei Krankenhauspflege oder Familienhilfe an Angehörige des armenrechtlich Unterstützten durch die KrK. gewährt worden ist. Träger des Anspruchs auf Familienhilfe sind nicht die Familienangehörigen, sondern die Versicherten selbst; AN. **18** 424. Wenn der Träger der Armenfürsorge den Versicherten im Krankenhaus verpflegt, so kann er das Hausgeld bei gleichzeitiger Unterstützung seiner Familienangehörigen nur dann beanspruchen, wenn die KrK. sich für die Krankenpflege entschieden hat, und unter der weiteren Voraussetzung, daß er nicht nur den Angehörigen des Versicherten, sondern auch diesem selbst den vollen Unterhalt in einer Anstalt gewährt hatte; EuM. **9** 364. Anderseits hat der Träger der Armenfürsorge, wenn er Familienangehörige eines Versicherten, die die KrK. im Krankenhaus verpflegt, unterstützt, nur dann Anspruch auf das Hausgeld, wenn die den Angehörigen gewährte Unterstützung als eine mittelbare Unterstützung des Versicherten selbst anzusehen ist; ArbVers. **90** 25 (Pr. OVG.), OVG. **41** 345, **01** 294 (Hess. VGH.), **05** 84 (Bay. VGH.).

7. Nur bis zur Höhe des Anspruchs, den der Unterstützte auf Grund der RVO. hat, ist der Ersatzanspruch gegeben, aber unabhängig von der Höhe der tatsächlichen Aufwendungen, die der Träger der Armenfürsorge gemacht hat; AN. **15** 679.

8. Kann Ersatz beanspruchen. Der Ersatzanspruch stellt sich nicht als ein kraft Gesetzes übergegangener Anspruch des Rentenberechtigten an den VersTr. dar. Der VersTr. darf die Überweisung von Rentenbeträgen an einen Fürsorgeverband nur mit Zustimmung des Rentenberechtigten vornehmen. Solange diese Zustimmung nicht vorliegt, kann im Spruchverfahren der VersTr. nicht zur Zahlung an den Fürsorgeverband verurteilt werden; EuM. (AV.) **23** 395 (Pr. OVG.). Der Ersatzanspruch ist davon unabhängig, ob der Versicherte bedürftige Angehörige hat; Breith. **1** 238 (Pr. OVG.), ArbVers. **07** 89 (Bad. VGH.). Im Verhältnis zu den Privatgläubigern des Versicherten geht er diesen vor; AN. **02** 653 (Pr. OVG.).

Der Ersatzanspruch ist auch weiter davon unabhängig, ob der VersTr. an den Versicherten bereits geleistet hat, sofern er davon Kenntnis hatte, daß der Versicherte im Weg der Armenfürsorge unterstützt wird; Pr. VerwBl. **23** 183 (Pr. OVG.). Ebensowenig wird der Ersatzanspruch durch einen Verzicht des Versicherten gegenüber der KrK. auf dessen Ansprüche aus der RVO. beseitigt; ArbVers. **95** 112 (Bad. VGH.). Über die Bedeutung einer Zahlung durch den VersTr. an den endgültig verpflichteten Fürsorgeverband, wenn der vorläufig unterstützende Fürsorgeverband seinen Ersatzanspruch angemeldet hatte, s. Anm. 2.

Der Ersatzanspruch wird auch dadurch nicht ausgeschlossen, daß das armenrechtlich unterstützte Kassenmitglied eigenmächtig das Krankenhaus, in das es von der KrK. eingewiesen worden war, verlassen hat; AN. **22** 426. Aber durch Aufrechnung gemäß § 1324 wird, soweit der Rentenanspruch dadurch erloschen ist, auch der Ersatzanspruch des Fürsorgeverbandes vernichtet; AN. **15** 555. Der Fürsorgeverband geht seines Ersatzanspruchs andererseits nicht schon dadurch verlustig, daß er sich wegen dieses Ersatzanspruchs den Rentenanspruch des Berechtigten nach § 119 Abs. 1 Nr. 3 abtreten läßt; AN. **14** 634. Nur ist, soweit sich der Ersatzanspruch des Fürsorgeverbandes auf einen bürgerlichrechtlichen Abtretungsvertrag stützt, das

Spruchverfahren nach §§ 1540, 1771 ff. ausgeschlossen; AN. **14** 634. Hat der Landesfürsorgeverband nach § 6 Abs. 1 Satz 1 der Pr. Ausf.V. v. 17. IV. 24 (GS. S. 210) zur V. über die Fürsorgepflicht v. 13. II. 24 einem gegen Krankheit versicherten hilfsbedürftigen Geisteskranken Fürsorge gewährt, so steht dem endgültig fürsorgepflichtigen Bezirksfürsorgeverband ein Ersatzanspruch gegenüber der Krankenkasse des Hilfsbedürftigen nicht zu, soweit der Landesfürsorgeverband von ihr Ersatz für seine dem Versicherten gewährten Fürsorgeleistungen erhalten hat; Breith. **18** 127.

Bestehen Zweifel über die Person des Anspruchsberechtigten, und will der VersTr. deshalb die zu erstattende Summe hinterlegen, so hängt seine Berechtigung zur Hinterlegung davon ab, ob die Voraussetzungen des bürgerlichen Rechts für die Hinterlegung vorliegen; OVG. **34** 361.

Der Fürsorgeverband kann für die einem Rentenempfänger gewährte Fürsorgeunterstützung nur insoweit Ersatz beanspruchen, als sein Kostenaufwand nicht bereits durch einen ihm zugute gekommenen Arbeitsverdienst gedeckt ist; AN. **14** 634.

Erklärt der Fürsorgeverband der LVAnst., daß er im Falle des Obsiegens mit seinem Ersatzanspruch auf die Überweisung von Rentenbeträgen verzichte, so erlischt durch diese Verzichterklärung der Ersatzanspruch; EuM. 7 275.

§ 1532. Aus den Leistungen der Krankenkasse[1] (§ 225) kann eine Gemeinde oder ein Träger der Armenfürsorge Ersatz nur dann beanspruchen, wenn sie die Unterstützung wegen der Krankheit[2] gewährt hat, auf die sich der Anspruch des Unterstützten gegen die Kasse gründet.

Bek. v. 15. XII. 24 (RGBl. I S. 779).

1. Aus den Leistungen der KrK. Der Ersatz aus dem Krankengeld ist in der Weise zu leisten, daß die Zahlung, wenn es sich um eine preußische KrK. handelt, bei ihr als einer öffentlichen Kasse im Sinne des Art. 11 des Pr. AG. z. BGB. in Empfang zu nehmen ist; AN. **16** 808.

Näheres über diejenigen Teile der Kassenleistungen, die für den Ersatzanspruch haften, s. § 1533 Anm. Kein Anspruch auf Leistungen der KrK. im Sinne des § 1533 ist der Anspruch des Erkrankten an die KrK. seines vorübergehenden Aufenthaltsorts auf Grund des § 220; OVG. **28** 341.

2. Wegen der Krankheit, auf die sich der Anspruch des Unterstützten gegen die Kasse gründet: dies bedeutet die sogenannte Einheit des Leistungsgrundes; Begr. z. RVO. S. 467, 468.

§ 1533. Zu ersetzen sind

1. Bestattungskosten[1], die bei Tod des Versicherten gewährt worden sind, aus dem Sterbegeld[1],

2. Unterstützungen bei Krankheit[2] des Versicherten, die der Krankenpflege[3] entsprechen, auch bei Behandlung im Krankenhause, nach § 1524 Abs. 1 Satz 2 bis 4 aus den ihnen entsprechenden Leistungen der Krankenkasse,

3. die übrigen Unterstützungen[4] aus den ihnen entsprechenden Leistungen der Krankenkasse. Dabei wird für den Unterhalt des Unterstützten im Krankenhause[5] die Hälfte des Grundlohns angesetzt. Für den Umfang des Ersatzanspruchs und für das Maß des Zugriffs auf Krankengeld und ähnliche Leistungen laufender Art gelten entsprechend die §§ 1535a, 1535b.

Bek. v. 15. XII. 24 (RGBl. I S. 779), G. v. 14. VII. 25 (RGBl. I S. 97), in Kraft v. 1. I. 26 an, Art. 135 dieses G.

1. Aus dem Sterbegeld kann nach dem Grundsatz der Gleichartigkeit der Leistungen ein Ersatz für Unterstützungen, die dem Versicherten gewährt worden sind, nicht beansprucht werden; OVG. **32** 329, **37** 394.

Hat der Träger der Armenfürsorge die Beerdigung selbst besorgt, so fällt trotzdem sein Ersatzanspruch unter § 1533 und unterliegt daher der Ausschlußfrist des § 1539. Er fällt nicht außerdem noch unter § 203; AN. **20** 406.

2. Unterstützungen bei Krankheit des Versicherten, die der Krankenpflege entsprechen.

Bestimmt die Satzung einer KrK., daß Angehörigen von Versicherten ärztliche Behandlung durch einen Kassenarzt gewährt werde, so wird dadurch der Ersatzanspruch eines Fürsorgeverbandes, der den Angehörigen ärztliche Behandlung im Krankenhause durch einen Nichtkassenarzt gewährt hat, nicht ausgeschlossen; AN. **19** 311.

Träger des Anspruchs auf Familienhilfe sind nicht die Familienangehörigen, sondern die Versicherten selbst. Hat ein Fürsorgeverband Familienangehörige eines Versicherten durch Gewährung von Krankenpflege unterstützt, so ist auf den Ersatzanspruch des Armenverbandes gegen die KrK. § 1524 Satz 2, wonach für Krankenpflege drei Achtel des Grundlohns des Versicherten zu ersetzen sind, nicht anzuwenden. Vielmehr sind dem Fürsorgeverbande die Aufwendungen für die Krankenpflege jedenfalls dann in der vollen tatsächlichen Höhe zu erstatten, wenn sie nicht die Kosten übersteigen, die der Kasse bei Gewährung der Unterstützung durch sie selbst entstanden wären; AN. **18** 424.

Ein Fürsorgeverband, der einen Hilfsbedürftigen durch Unterbringung im Krankenhaus unterstützt hat, kann von der zuständigen KrK. für die Unterhaltskosten nur insoweit Ersatz verlangen, als der Unterstützte einen Anspruch auf Krankengeld für die in Frage stehende Zeit hatte; AN. **17** 470.

Hat die Satzung für unentgeltlich beschäftigte Lehrlinge keinen Grundlohn bestimmt, so darf die KrK. ihre Ersatzleistung nach dem Grundlohn der niedrigsten Lohnstufe berechnen; AN. **16** 738.

Ein Fürsorgeverband, der für einen unentgeltlich beschäftigten Lehrling ein Heilverfahren in einem Krankenhause durchgeführt hat, kann aber von der KrK. für Krankenpflege, nicht auch für den Unterhalt des Unterstützten im Krankenhaus Ersatz verlangen; AN. **17** 471.

Ein Ersatzanspruch ist unabhängig von der Höhe der tatsächlichen Aufwendungen; AN. **15** 679. Der Pauschbetrag ist auch für Sonn- und Feiertage einzusetzen; AN. **15** 672.

Eine Vereinbarung über einen Verpflegungssatz, die ein Fürsorgeverband mit einer KrK. an seinem Sitz getroffen hat, kommt nicht einer auswärtigen KrK., mit der eine solche Vereinbarung nicht besteht, zugute; ArbVers. **10** 551 (Pr. OVG.).

Als Krankenpflegetage sind nur diejenigen Tage zu berechnen, an denen tatsächlich eine ärztliche Behandlung stattgefunden hat, unter der weiteren Voraussetzung, daß sie auf dieselbe Zeit fallen, innerhalb deren der Erkrankte ärztlich behandelt worden ist; ArbVers. **02** 641 (Pr. OVG.), Pr. VerwBl. **19** 8 (Pr. OVG.). (Zu vgl. auch AN. **19** 275.) Der Entlassungstag aus dem Krankenhause zählt dabei als voller Tag; Breith. **1** 180 (Bay. VGH.), Reger **22** 283 (Bay. VGH.). Der Aufnahme- und der Entlassungstag rechnen nicht zusammen als ein Tag, sondern je als ein Tag; OVG. **34** 357. Ist eine Arznei für mehrere Tage verschrieben und gegeben, so zählen sie als Verpflegungstage, auch wenn nicht an jedem Tag eine ärztliche Anordnung je besonders noch erfolgt ist; ArbVers. **04** 131 (Pr. OVG.).

3. Zur Krankenpflege gehören unter Berücksichtigung des Grundsatzes, daß der Ersatzanspruch sich nach derjenigen Behandlung beurteilt, die nach den Umständen des Falles angemessen oder notwendig ist (OVG. **22** 354, **27** 362), auch die Zahlung von Zehrgeld bei der Entlassung aus der Krankenanstalt; OVG. **41** 358, ferner die Kosten des Transports des Versicherten in das Krankenhaus innerhalb der Grenzen des Pauschbetrags; OVG. **22** 354, Pr. VerwBl. **27** 358, **21** 258 (Pr.

OVG.), ArbVers. **13** 797 (Pr. OVG.), ArbVers. **07** 6 (Württ. VGH.), Breith. **16** 54. Immerhin sind die Kosten eines Krankenautomobils nach ZBl. **11** 225 (Bay. VGH.) nicht erstattungsfähig, wenn der Transport durch Eisenbahn möglich war. Zu den Kosten der Krankenpflege gehört ferner auch die Lieferung von Kleidungsstücken, von deren Vorhandensein der Fürsorgeverband die Aufnahme in eine Provinzialirrenanstalt abhängig macht, und zwar einerlei, ob der Bezirksfürsorgeverband oder der Landesfürsorgeverband die Kleidungsstücke beschafft; OVG. **41** 358, ArbVers. **09** 358, **10** 228 (Pr. OVG.), ArbVers. **10** 95 (Pr. OVG.), a. M. ArbVers. **07** 596 (Bad. VGH.), Reger **28** 405 (Bay. VGH.), ArbVers. **09** 263 (Bad. VGH.). Die Kosten eines Amtsarztattestes, das für die Aufnahme in eine Heilanstalt erforderlich ist, rechnen unter die Krankenpflegekosten; ArbVers. **99** 58 (Pr. OVG.), **07** 652 (Pr. OVG.), ArbVers. **09** 226 (Pr. OVG.), ArbVers. **98** 308 (Bad. VGH.).

4. Unter die übrigen Unterstützungen fällt nicht ein Hausgeld, das der Fürsorgeverband dem von ihm in einem Krankenhaus Untergebrachten gewährt hat; Monatsschr. **13** 366 (Bad. VGH.).

Bestimmt die Kassensatzung, daß versicherungsfreien Familienangehörigen ärztliche Behandlung nur in einer ärztlichen Beratungsstelle, die von der Kasse errichtet ist, gewährt wird, so wirkt dies auch gegenüber dem Fürsorgeverband. Er hat also in diesem Falle keinen Ersatzanspruch, wenn er einem Familienangehörigen des Versicherten wegen einer Scharlacherkrankung Krankenhauspflege gewährt hat; AN. **17** 541. Das gleiche gilt von einer Satzungsbestimmung, wonach Familienangehörigen Krankenpflege für bestimmte Arten von Krankheiten nicht gewährt wird; AN. **12** 807, ferner von einer Satzungsbestimmung, wonach den Familienangehörigen nur freie ärztliche Behandlung, aber nicht Arznei oder Heilmittel zustehen sollen; OVG. **38** 337, Pr. VerwBl. **24** 797 (Pr. OVG.), ArbVers. **07** 355 (Pr. OVG.), ferner wenn die Kassensatzung für die Krankenpflege an Familienangehörige des Versicherten nur einen bestimmten Geldbetrag für den Verpflegungstag ansetzt oder eine solche Unterstützung auf eine bestimmte Zeit begrenzt; ArbVers. **10** 172 (Württ. VGH.).

Dagegen kann die Satzung nicht bestimmen, daß trotz eines versicherungsrechtlichen Anspruchs der Familienangehörigen dem Träger der Armenfürsorge, der die Familienangehörigen unterstützt, keine Ersatzansprüche zustehen sollen; OVG. **38** 338. Enthält die Kassensatzung eine Bestimmung, wonach Familienangehörigen von Versicherten keine Unterbringung in Heilanstalten gewährt wird, so beeinträchtigt das den Ersatzanspruch des Fürsorgeverbandes nicht; vielmehr kommt es für den Ersatzanspruch lediglich darauf an, ob der Fürsorgeverband die Unterstützung in der ihm obliegenden Weise gewährt hat; AN. **18** 424, insbes. 426. Wenn die Satzung nach § 205 (a. F.) an versicherungsfreie Familienangehörige Leistungen gewährt, so kann der Fürsorgeverband aus dem Anspruch, den der Versicherte im Fall der Erkrankung eines Familienangehörigen gegen die KrK. hat, Ersatz beanspruchen, wenn er dem Familienangehörigen eine entsprechende Leistung gewährt; OVG. **16** 359, **38** 337, ArbVers. **01** 292 (Pr. OVG.), Pr. VerwBl. **13** 294 (Pr. OVG.), Arb.Vers. **10** 238 (Württ. VGH.).

Soweit nach Vorstehendem ein Ersatzanspruch bei Unterstützung von Familienangehörigen gegeben ist, besteht er auch dann, wenn die Behandlung in einer Anstalt stattgefunden hat; AN. **12** 807 (Pr. OVG.), Pr. VerwBl. **33** 404 (Pr. OVG.), ArbVers. **13** 156 (Pr. OVG.).

Sind die Familienangehörigen nicht in einem Krankenhaus unterhalten worden, sondern ist sonstige Krankenpflege an sie geleistet, so ist ohne Begrenzung durch einen Pauschbetrag dem Träger der Armenfürsorge Ersatz seiner vollen Aufwendungen zu leisten, soweit sie nicht diejenigen Kosten übersteigen, die der KrK. entstanden wären, wenn sie selbst die Unterstützung gewährt hätte; AN. **18** 424. Wird dagegen Krankenhausbehandlung an Familienangehörige des Versicherten gewährt, so ist für den Unterhalt der Pauschbetrag maßgebend, der in diesem Fall ebenfalls nach dem Grundlohn des Versicherten zu berechnen ist; OVG. **16** 359, Pr. VerwBl. **15** 49 (Pr. OVG.).

5. Unterhalt des Unterstützten im Krankenhaus. Hat der Träger der Armenfürsorge den Familienangehörigen eines Versicherten, den die KrK. im Krankenhaus verpflegt, Unterstützung gewährt, so hat er, der Träger der Armenfürsorge, einen Anspruch auf das Hausgeld nur dann, wenn die den Angehörigen gewährte Unterstützung als eine mittelbare Unterstützung des Versicherten selbst anzusehen ist; ArbVers. **90** 25 (Pr. OVG.), OVG. **41** 345, **01** 294 (Hess. VGH.), **05** 84 (Bay. VGH.). Hat dagegen der Träger der Armenfürsorge sowohl den Versicherten selbst im Krankenhaus verpflegt, als auch gleichzeitig dessen Angehörige unterstützt, so kann er aus dem Hausgeld des Versicherten Ersatz beanspruchen, wenn die KrK. sich für die Krankenhauspflege entschieden hat; in diesem Fall kann er das Hausgeld aber nur dann voll beanspruchen, wenn er nicht nur den Angehörigen des Versicherten, sondern auch ihm selbst den vollen Unterhalt in einer Anstalt gewährt hat; EuM. **9** 364.

Hat der Fürsorgeverband einem Versicherten Unterhalt in einem Krankenhaus gewährt, so ist der Ersatzanspruch für den Unterhalt nur begründet, wenn der Versicherte Anspruch auf Krankengeld hat, also nicht, wenn der Versicherte ein unentgeltlich beschäftigter Lehrling ist; AN. **17** 471.

Wird vollständiger Unterhalt im Krankenhaus gewährt, so kann als Ersatz das ganze Krankengeld in Anspruch genommen werden; EuM. **7** 280. Der Träger der Armenfürsorge ist nicht berechtigt, einen Antrag als Voraussetzung für die Gewährung der erweiterten Krankenpflege nach § 437 statt des Versicherten oder Dienstberechtigten zu stellen; AN. **18** 296.

Der Grundlohn des Versicherten selbst ist auch dann für die Berechnung des Ersatzanspruchs maßgeblich, wenn Familienangehörige des Versicherten durch Unterhalt im Krankenhause unterstützt worden sind; OVG. **16** 359, Pr. VBl. **15** 49 (Pr. OVG.).

§ 1534. Aus den Leistungen der Unfallversicherung kann die Gemeinde oder der Träger der Armenfürsorge Ersatz nur dann beanspruchen, wenn die Unterstützung infolge des Unfalls gewährt worden ist[1].

Bek. v. 15. XII. 24 (RGBl. I S. 779).

1. Nach Begr. z. RVO. S. 469 „Stellt § 1534 das Erfordernis der Einheit des Leistungsgrundes fest". Die Vorschrift des § 1534 geht als Sondervorschrift dem § 21 Abs. 2 der Fürsorgepflicht-V. vor; EuM. **23** 467.

§ 1535. Zu ersetzen sind[1]

1. gewährte Bestattungskosten aus dem Sterbegeld,

2. Unterstützungen, die der Krankenbehandlung entsprechen, welche dem Träger der Unfallversicherung obliegt, auch bei Behandlung im Krankenhause, nach dem wirklichen Aufwand aus den entsprechenden Leistungen dieses Trägers,

3. die übrigen Unterstützungen aus der Unfallrente.

Bek. v. 15. XII. 24 (RGBl. I S. 779), G. v. 14. VII. 25 (RGBl. I S. 97), in Kraft v. 1. I. 26 an, Art. 135 dieses G.

1. Nach Begr. z. RVO. S. 469 führt § 1535 den Grundsatz durch, daß die Unterstützungen aus den entsprechenden Leistungen der UV. erstattet werden sollen. Ein Fürsorgeamt kann für seine Aufwendungen nicht Ersatz aus der Witwenbeihilfe nach § 595a verlangen; EuM. **25** 484.

§ 1535a[1]. Soweit der Ersatz aus der Unfallrente beansprucht werden kann, ist der Anspruch nur begründet bis zum halben Betrage der Rente, die auf die Zeit fällt, für welche die Unterstützungen und der Anspruch auf Rente zusammentreffen.

Ist dem Unterstützten während dieser Zeit vollständiger Unterhalt[2] in einer Anstalt gewährt worden, so ist für die Dauer dieses Unterhalts der Anspruch auf Ersatz bis zum vollen Betrage der Unfallrente begründet. Dies gilt entsprechend, wenn der Träger der Unfallversicherung dem Unterstützten vollständigen Unterhalt in einer Anstalt gewährt hat (§ 607).

Um bei Heilanstalt- oder Anstaltpflege, die der Träger der Unfallversicherung gewährt, den Umfang zu bestimmen, in welchem der Ersatzanspruch begründet ist, wird der Unterhalt in der Heilanstalt oder Pflegeanstalt gleich der Vollrente gerechnet.

G. v. 14. VII. 25 (RGBl. I S. 97), in Kraft v. 1. I. 26 an, Art. 135 dieses G.

1. Der Umfang des Ersatzanspruchs aus der Rente des Unterstützten wird ausschließlich durch § 1535a geregelt. Dagegen bestimmt § 1535b lediglich den Gegenstand und das Maß des Zugriffes auf die Rente; AN. **30** 36.

2. Vollständiger Unterhalt in einer Anstalt bedeutet, daß der Untergebrachte mit allen Lebensbedürfnissen in der Anstalt versorgt ist. Es genügt nicht die bloße Unterbringung in einem Krankenhaus; AN. **13** 673. Die Unterbringung des Versicherten in einem Krankenhaus ist regelmäßig auch dann nicht als Gewährung des vollständigen Unterhalts in einer Anstalt anzusehen, wenn den Angehörigen Hausgeld gezahlt wird; AN. **16** 802. Auch die Kleidung gehört zum vollen Unterhalt in der Anstalt; ArbVers. **05** 659 (Pr. OVG.). Umgekehrt ist der Begriff des vollen Unterhalts durch Verpflegung in einer Anstalt nicht schon dadurch erfüllt, daß dem Versicherten auch Kleidung, Haarschneiden und Rasieren gewährt wird; ArbVers. **12** 354 (Pr. OVG.), Breith. **1** 233 (Pr. OVG.). Unterhalt in der Anstalt bedeutet vielmehr die dauernde Versorgung mit allen Lebensbedürfnissen; ArbVers. **11** 472 (Pr. OVG.). Es genügt noch nicht, daß dem Rentenempfänger Anstaltskleidung zur Verfügung gestellt oder ein kleines Taschengeld gewährt wird, sondern die Behandlung und Verpflegung eines Rentenempfängers kann nur in dem Ausnahmefall als Gewährung des vollständigen Unterhalts in der Anstalt angesehen werden, wenn der im Krankenhaus untergebrachte Rentenempfänger dauernd oder doch für lange Zeit vollständig aus seinen bisherigen Verhältnissen und seiner Erwerbsstellung herausgerissen ist; AN. **13** 673. Ferner genügt auch nicht voller Unterhalt in einer Familie, mag er auch von der Anstalt aus veranlaßt sein; AN. **15** 673. Nicht erforderlich für den Ersatzanspruch ist dagegen neben der Gewährung des vollständigen Unterhalts des Verletzten in einer Anstalt, daß auch für den Unterhalt seiner Angehörigen gesorgt wird; AN. **16** 360.

§ 1535b[1]. Zur Befriedigung des Ersatzanspruchs darf auf rückständige Rentenbeträge und auf solche für die Zeit des vollständigen Unterhalts[2] in einer Anstalt (§ 1535a Abs. 2 Satz 1) bis zu ihrer vollen Höhe[3], auf andere Rentenbeträge nur bis zu ihrer halben Höhe zurückgegriffen werden.

G. v. 14. VII. 25 (RGBl. I S. 97), in Kraft v. 1. I. 26 an, Art. 135 dieses G.

1. § 1535b bestimmt lediglich den Gegenstand und das Maß des Zugriffes auf die Rente, während der Umfang des Erstattungsanspruchs auf die Rente des Unterstützten ausschließlich durch § 1535a geregelt wird; AN. **30** 36.

2. Begriff vollständiger Unterhalt in einer Anstalt s. § 1535a Anm. 1.

3. Der Ersatzberechtigte kann sich bis zur Befriedigung seines Anspruchs zeitlich unbeschränkt an alle verfügbaren Rententeile halten, einerlei ob sie vor, während oder nach der Unterstützungszeit fällig geworden sind; Monatsschr. **14** 760 (RVA.).

§ 1536. Für den Ersatz[1] aus Leistungen der Invalidenversicherung können nur die Renten[2] beansprucht werden[3]. Für den Umfang des Ersatzanspruchs und für das Maß des Zugriffs gelten entsprechend die §§ 1535a, 1535b[4].

Bek. v. 15. XII. 24 (RGBl. I S. 779), G. v. 14. VII. 25 (RGBl. I S. 97), in Kraft v. 1. I. 26 an, Art. 135 dieses G.

1. Ersatzansprüche bezieht sich hier nicht auf solche der KrK.; AN. JuAB. **95** 109.

2. Es können nur Renten beansprucht werden, wozu auch die nach § 1312 Abs. 2 den Familienangehörigen überwiesenen Renten im Falle einer Unterstützung gehören; ArbVers. **05** 414 (Pr. OVG.). Hat der Armenverband Beiträge zur Sicherung des Rentenanspruchs entrichtet, so sind sie rechtswirksam, wenn der Versicherte die Entrichtung genehmigt; AN. **07** 491.

3. Der Grundsatz der armenrechtlichen Familieneinheit ist in die Fürsorge-V. v. 13. II. 24 nicht übernommen; Pr. VerwBl. **45** 459 (Bundesamt für Heimatwesen).

4. Der Träger der Armenfürsorge kann für die einem Invalidenrentenempfänger gewährte Armenunterstützung nur insoweit Ersatz beanspruchen, als sein Kostenaufwand durch einen ihm zugute gekommenen Arbeitsverdienst nicht bereits gedeckt ist; AN. **14** 634.

Reicht der zur Verfügung stehende Betrag einer Invalidenrente zur Befriedigung der von dem vorläufig unterstützenden und dem endgültig verpflichteten Fürsorgeverband erhobenen Ersatzansprüche nicht aus, so ist der vorläufig unterstützende Fürsorgeverband befugt, diesen Betrag bis zur Höhe seiner Aufwendungen ganz für sich in Anspruch zu nehmen; AN. **15** 576.

Treffen gleichberechtigte Ersatzansprüche mehrerer Fürsorgeverbände auf eine Invalidenrente für die gleiche Zeit zusammen, so tritt eine Teilung des halben Betrags der Rente nach Verhältnis der Höhe der Aufwendungen ein. Ist bei der Teilung ein Fürsorgeverband beteiligt, dem ein Ersatzanspruch auf den vollen Betrag der Rente zusteht, so gebührt ihm der halbe Betrag der Rente ungeteilt, während er an der anderen Hälfte nach dem im ersten Satze bezeichneten Verhältnis teilnimmt. Hierbei hat er sich aber auf den Betrag seiner Aufwendungen den vorweg erhaltenen halben Betrag der Rente anrechnen zu lassen; AN. **15** 772.

§ 1537. Eine Gemeinde oder ein Träger der Armenfürsorge kann auch dann Ersatz beanspruchen, wenn der Hilfsbedürftige, der einen Anspruch auf Invaliden- oder Hinterbliebenenrente hat, stirbt, ohne die Rente beantragt zu haben.

Bek. v. 15. XII. 24 (RGBl. I S. 779).

§ 1538. Die ersatzberechtigten Gemeinden und Träger der Armenfürsorge (§ 1531) können die Feststellung der Leistungen aus der Reichsversicherung betreiben[1 2 3], auch Rechtsmittel einlegen. Der Ablauf von Fristen, die ohne ihr Verschulden verstrichen sind, wirkt nicht gegen sie; dies gilt nicht für Verfahrensfristen, soweit die Gemeinden oder Träger der Armenfürsorge das Verfahren selbst betreiben.

Das gleiche gilt für Kassen, die ihre Leistungen nach den §§ 1321, 1322 ermäßigen.

Bek. v. 15. XII. 24 (RGBl. I S. 779), G. v. 23. VI. 23 (RGBl. I S. 454), G. v. 14. VII. 25 (RGBl. I S. 97); in Kraft v. 1. I. 26 an; Art. 135 dieses G.

1. Als Berechtigter im Sinne des § 1253 Satz 1 der RVO. gilt der Rentenberechtigte auch dann, wenn die Feststellung der Leistung auf Grund des § 1538 betrieben wird. Ist der Rentenberechtigte gestorben, so muß in dem Verfahren nach § 1538 die Leistung zugunsten seiner Rechtsnachfolger festgestellt werden; AN. **21** 172.

2. Ein ersatzberechtigter Fürsorgeverband kann nach seiner Wahl, anstatt auf Grund des § 1531 Ersatz zu fordern, zunächst gemäß § 1538 auf Feststellung der dem Unterstützten zu gewährenden Kassenleistungen klagen; EuM. **8** 327, AN. **30** 94 (KnV.).

3. Der Träger der Armenfürsorge hat nicht etwa auf Grund des § 1538 das Recht, gemäß § 437 statt des Dienstberechtigten oder des Hausangestellten selbst den Antrag auf erweiterte Krankenpflege zu stellen; AN. **18** 296.

§ 1539. Der Anspruch auf Ersatz (§§ 1531—1537) ist ausgeschlossen, wenn er nicht spätestens[1] sechs Monate nach Ablauf der Unterstützung bei dem Träger der Reichsversicherung geltend gemacht[2] wird.

G. v. 23. VI. 23 (RGBl. I S. 454).

1. Spätestens 6 Monate nach Ablauf der Unterstützung bedeutet, daß diese Ausschlußfrist mit dem Tage zu laufen beginnt, an dem die Unterstützung abgelaufen ist, nicht etwa nach Ablauf des Zeitraums, für den der Unterstützte von dem VersTr. die Fürsorge zu verlangen hat; AN. **20** 415, ArbVers. **11** 17 (OVG.). Die Frist läuft auch, wenn der Fürsorgeverband die Beerdigung selbst besorgt hat, und es kann nicht etwa der Ersatzanspruch in solchem Falle statt auf § 1531 auch auf § 203 von dem Fürsorgeverband gestützt werden; AN. **20** 406. Diese Frist beginnt auch dann mit dem Zeitpunkte, von dem an der Fürsorgeverband die Unterstützung leistet, wenn der unmittelbar Berechtigte, der die Beerdigungskosten verauslagt hat, erst nach 6 Monaten seinen Anspruch bei dem Fürsorgeverband anmeldet; AN. **20** 406.

2. Geltend gemacht. Der VersTr. ist nicht verpflichtet, von sich aus Ersatzberechtigte zu ermitteln und ihre Rechte gegenüber den Versicherten zu wahren; EuM. **16** 354 (Sächs. LVAmt).

§ 1540. Streit[1] über Ersatzansprüche aus den §§ 1531—1537 wird im Spruchverfahren entschieden.

G. v. 23. VI. 23 (RGBl. I S. 454).

1. Ein Streit im Sinne des § 1540 liegt vor, wenn die Kasse mit dem Fürsorgeverband streitet; AN. **19** 288, oder wenn der Rentenberechtigte selbst der Befriedigung des Ersatzanspruches Widerspruch entgegensetzt; AN. **14** 634. Im letzteren Falle ist der VersTr. bis zur Beseitigung des Widerspruchs des Rentenberechtigten im Spruchverfahren nach § 1771 ff. gegenüber dem Ersatz beanspruchenden Fürsorgeverband berechtigt, die Befriedigung des Ersatzanspruchs zu verweigern. In dem über den Widerspruch des Rentenberechtigten einzuleitenden Spruchverfahren ist der VersTr. dann nicht beteiligt, wenn er den Ersatzanspruch als begründet anerkennt und sich für den Fall der Beibringung der Zustimmung des Rentenberechtigten zur Befriedigung des Ersatzanspruchs bereit erklärt; AN. **14** 634.

Streitet der VersTr. mit dem Fürsorgeverband über den Ersatzanspruch, so ist in dem Streitverfahren der Rentenberechtigte beteiligt und zum Verfahren zuzuziehen, sofern er sich nicht ohne weiteres mit der Befriedigung des Ersatzanspruches einverstanden erklärt; AN. **19** 288, Mitt. d. Bay. LVAmts **32** 64 (Bay. LVAmt).

Zu den in § 1540 bezeichneten Streitigkeiten über Ersatzansprüche gehören auch Streitigkeiten der Ersatzberechtigten untereinander, so der zwischen dem vorläufig unterstützenden und dem endgültig verpflichteten Fürsorgeverband; dabei ist auch darüber zu entscheiden, welcher der Ersatzberechtigten vorgeht; AN. **15** 576.

Wenn es sich für die Entscheidung über einen armenrechtlichen Ersatzanspruch um die Vorfrage handelt, ob der Unterstützte einen Anspruch auf Krankenhilfe nach der RVO. hatte, so liegt ein Streit nach §§ 1527 ff., 1531 vor. Die Zuständigkeit des VA. bemißt sich daher nach §§ 1773, 1637, EuM. **7** 282 (Bay. LVAmt).

Dagegen findet das Spruchverfahren nach §§ 1540, 1771 ff. nicht statt, soweit der Ersatzanspruch des Fürsorgeverbandes sich auf einen bürgerlich-rechtlichen Abtretungsvertrag stützt. Der Fürsorgeverband geht aber nicht etwa schon dadurch seines Ersatzanspruchs verlustig, daß er sich wegen dieses Ersatzanspruchs den Rentenanspruch nach § 119 Abs. 1 Nr. 3 abtreten läßt; AN. **14** 634.

§ 1541. Was in diesem Abschnitt für Gemeinden und Träger der Armenfürsorge vorgeschrieben ist, gilt auch für Betriebsunternehmer und Kassen, die statt solcher Verpflichteten nach gesetzlicher Pflicht[1] Hilfsbedürftige unterstützen.

Bek. v. 15. XII. 24 (RGBl. I S. 779).

1. Nach gesetzlicher Pflicht sind die Unterstützungen nur dann geleistet, wenn sie nicht auf der RVO., sondern auf anderen gesetzlichen Vorschriften beruhen; EuM. **17** 122.

Das Spruchverfahren vor den Versicherungsbehörden ist nicht zulässig für den Anspruch eines Arbeitgebers gegen die KrK. auf Ersatz von Kosten, die er, ohne hierzu gesetzlich verpflichtet zu sein, für die Krankenhilfe seines versicherten Beschäftigten aufgewendet hat; AN. **17** 592.

Hierbei ist für die Frage, ob eine solche Verpflichtung für Betriebsunternehmer und Kassen an Stelle der Gemeinden oder Träger der Armenfürsorge besteht, das Landesrecht maßgeblich; für Preußen gibt es keine solche Vorschrift; OVG. **19** 343; ebensowenig für Sachsen; Reger **26** 265 (Sächs. OVG.).

§ 1542. Soweit die nach diesem Gesetze Versicherten[1] oder ihre Hinterbliebenen nach anderen[2] gesetzlichen Vorschriften Ersatz eines Schadens beanspruchen können, der ihnen durch Krankheit[3], Unfall[4], Invalidität[5] oder durch den Tod des Ernährers erwachsen ist, geht[6] [7] der Anspruch auf die Träger der Versicherung insoweit[8] über, als sie den Entschädigungsberechtigten nach diesem Gesetze Leistungen zu gewähren haben. Dies gilt nicht bei Ansprüchen, die aus Schwangerschaft oder Niederkunft erwachsen sind. Bei den gegen Unfall Versicherten[9] und ihren Hinterbliebenen gilt es nur insoweit, als es sich nicht um einen Anspruch gegen den Unternehmer oder die ihm nach § 899 Gleichgestellten handelt.

Auf das Maß des Ersatzes[10] für Krankenpflege und Krankenhauspflege sowie für Krankenbehandlung und Heilanstaltpflege ist § 1524 Abs. 1 Satz 2 bis 4 entsprechend anzuwenden[11].

Bek. v. 22. V. 20 (RGBl. S. 1069),
G. v. 14. VII. 25 (RGBl. I S. 97), in Kraft v. 1. I. 26 an, Art. 135 dieses G.

1. Die nach diesen Gesetzen Versicherten sind auch freiwillig Versicherte nach der RVO.; EuM. **7** 273, Recht **14** Nr. 418 (RG.).

2. Nach anderen gesetzlichen Vorschriften muß ein Schadensersatzanspruch bestehen, so daß der Rechtsübergang nicht stattfindet, wenn der Schädiger dem Verletzten ohne eine solche gesetzliche Verpflichtung sich zu einer Entschädigung bereit erklärt; Reger **22** 71 (Sächs. M. d. J.). Ebensowenig genügt es, wenn eine Verpflichtung nicht als Schadensersatz, sondern auf Grund anderer öffentlich-rechtlicher

Vorschrift besteht, wie z. B. bei der Leistungspflicht eines anderen VersTr.; OVG. **17** 435, oder den Versorgungsansprüchen der Kriegsteilnehmer nach dem Mannschaftsversorgungsgesetz v. 31. V. 06 und ihrer Hinterbliebenen nach dem Militärhinterbliebenengesetz v. 17. V. 07; AN. **15** 461, oder bei Ansprüchen auf Invalidenpension gegen den Militärfiskus nach dem G. v. 27. VI. 71; OVG. **20** 377. Die Ansprüche aus dem Unruhschädengesetz v. 12. V. 20 (RGBl. S. 941) fallen nicht unter § 1542; ArbVers. **21** 633 (Reichswirtschaftsgericht), ebensowenig die Ansprüche auf Schadensersatz nach § 5 des Besatzungspersonenschädengesetzes v. 17. VII. 22, soweit die Vers.-Tr. dem Verletzten nicht einen Schaden ersetzen, der in dem Ersatze von Heilungskosten oder im Falle der Tötung in dem Ersatze der notwendigen Aufwendungen für das Begräbnis besteht; EuM. **22** 30 (Reichswirtschaftsgericht).

Hierher gehört ein Anspruch auf Schmerzensgeld wegen Körperverletzung; AN. **12** 911 (a. M. RG.; EuM. **27** 237), ferner der Anspruch auf Buße wegen Körperverletzung nach § 231 StGB.; OVG. **20** 372, ArbVers. **98** 509 (RG.). Ist der im Sinne des § 14 Abs. 1 des Kraftfahrzeuggesetzes ersatzberechtigte Verletzte versichert, so geht der Anspruch gemäß § 1452 RVO. mit dem Augenblick, in dem er in der Person des Verletzten entsteht, auf den VersTr. über; EuM. **26** 65 (RG.). S. auch EuM. **27** 240 (RG.).

Nicht erforderlich ist, daß der gesetzliche Anspruch auf Schadensersatz nur bei Verschulden des Dritten besteht; Pr. VerwBl. **12** 281 (Pr. OVG.).

3. Krankheit. Wegen Schwangerschaft und Niederkunft s. § 1542 Abs. 1 Satz 2.

4. Unfall. Ist durch den Unfall eine Ehefrau verletzt, die in Errungenschaftsgemeinschaft lebt, so ist sie auch selbst im Hinblick darauf geschädigt, daß für die Dienste, die sie ohne den Unfall im Hauswesen und Gewerbe des Mannes geleistet hätte, nun Aufwendungen aus dem Gesamtgut oder eingebrachten Gut des Mannes gemacht werden müssen und diese Vermögensteile somit zum Nachteil der Frau vermindert werden, ferner auch im Hinblick darauf, daß sie infolge des Unfalls an selbständigem Erwerb verhindert ist und auch dadurch das Gesamtgut oder eingebrachte Gut des Mannes beeinträchtigt wird; ArbVers. **11** 305 (Württ. OVG.).

5. Invalidität ist im gesetzlichen Sinne zu verstehen; AN. **11** 580.

6. Der Anspruch geht über bedeutet, daß der Rechtsübergang sich schon kraft Gesetzes mit der Entstehung der Leistungspflicht des VersTr. vollzieht; Monatsschr. **21** 324 (RGZ.). Der Ersatzanspruch für eine Invalidenrente geht also auf die LVAnst. über, sobald der Zustand der Invalidität bei dem Versicherten als eingetreten gilt, im allgemeinen von dem nach § 1256 zu berechnenden Rentenbeginn an; AN. **12** 833 (RG.), RGZ. **76** 215. Ersatzberechtigt im Sinne des § 14 Abs. 1 des G. über den Verkehr mit Kraftfahrzeugen v. 3. V. 09 ist in erster Linie der Verletzte selbst. Ist er versichert, so geht der Anspruch mit dem Augenblick, in dem er in seiner Person entsteht, auf den Träger der Vers. über; EuM. **26** 65 (RG.).

Eine Leistung des Schädigers an den Versicherten oder ein Rechtsgeschäft zwischen ihnen muß der neue Gläubiger gegen sich gelten lassen, es sei denn, daß der Schuldner den Übergang bei der Leistung oder der Vornahme des Rechtsgeschäfts kannte; Arb.-Vers. **10** 192 (RG.), RGZ. **31** 25. Der Schuldner mußte den Übergang kennen, wenn er wußte, daß der Verletzte im Dienste eines zu der BG. gehörigen Unternehmers stand; AN. **12** 836 (RG.), ArbVers. **07** 306 (OLG. Hamburg). Es genügt auch die Anzeige des VersTr. an den Schädiger, um ihm den guten Glauben zu nehmen; Soergel, Rechtsprechung zum Zivilrecht **11** 157 (RG.). Ist zwischen dem Schädiger und dem Verletzten ein Vergleich abgeschlossen worden und erlangt der Schädiger nachträglich vor der Zahlung der Vergleichssumme Kenntnis von den die Versicherung begründenden Tatsachen, so wird der Schuldner gegenüber dem VersTr. durch die Zahlung der Vergleichssumme an den Versicherten nicht befreit; RGZ. **60** 200.

Ist die Abfindung eines Verletzten durch die BG. unzulässig, so darf die Abfindung auch nicht dadurch mittelbar herbeigeführt werden, daß eine für den Unfallschaden haftbare Privatversicherungsgesellschaft den Verletzten durch Kapital für seinen Anspruch gegen sie abfindet und sich dagegen den Rentenanspruch an die BG. abtreten läßt; EuM. **10** 216.

Ergeht ein rechtskräftiges Urteil nach dem Rechtsübergang, so muß der Schadensersatzpflichtige, der den Rechtsübergang kennt, den Einwand, daß der eingeklagte Schadensersatzanspruch teilweise auf den VersTr. übergegangen sei, im Verfahren über den Grund des Anspruchs geltend machen; RGZ. **62** 338. Der Rechtsübergang geht regelmäßig schon vor der Anhängigkeit des Rechtsstreits, nämlich mit der Entstehung der Leistungspflicht des VersTr. vor sich; ArbVers. **96** 302, **98** 509 (RG.), OVG. **20** 371.

Trotz des Übergangs ist die Leistung aus der reichsgesetzlichen Versicherung ohne Rücksicht auf den zivilrechtlichen Schadensersatzanspruch durch Bescheid seitens des VersTr. festzustellen; AN. **06** 421, RGZ. **60** 200.

Auch berechtigt die Entschädigung des Verletzten durch einen Dritten, der den Unfall verschuldet hat, die BG. nicht, dem Verletzten die Rente zu entziehen; EuM. **5** 205 (Bay. LVAmt).

Aber der Versicherte selbst ist gegenüber dem Schädiger insoweit nicht mehr klageberechtigt, als seine Schadensersatzforderung auf den VersTr. übergegangen ist, sofern nicht etwa bereits rechtskräftig über den Grund des Anspruchs entschieden ist; RGZ. **62** 338, Monatsschr. **25** 419 (RG.). In RGZ. **76** 215, AN. **12** 833 (RG.) ist angenommen, das Klagerecht des Beschädigten bestehe noch so lange, als der Rechtsübergang nicht feststehe; gegenüber dem VersTr. oder auf Antrag des beklagten Schädigers sei aber der Beschädigte verpflichtet, den Klageantrag in der Weise zu ändern, daß der Beklagte verurteilt werden solle, den Betrag der übergangenen Forderung an den VersTr. zu zahlen. Ein Übergang findet überhaupt nicht statt, wenn der Schadensersatzanspruch des Versicherten nach § 254 BGB. wegen überwiegenden eigenen Verschuldens des Versicherten in vollem Umfang unbegründet ist; ArbVers. **11** 39 (RG.). Wenn aber dem Verletzten unter Berücksichtigung des § 254 BGB. nur ein Teil seines erhobenen Schadensersatzanspruchs zugesprochen wird, so geht der Anspruch mit dieser Begrenzung auf den VersTr. über; RGZ. **62** 145, HdbUV. **1** 631 Anm. 4 Abs. 1 nebst den dort angeführten Entscheidungen. Die Höhe des übergehenden Anspruchs ist gegenüber dem Träger der UV. auch insofern von Bedeutung, als eine von den ordentlichen Gerichten nach § 843 BGB. bei fortschreitendem Alter zu berücksichtigende Aufhebung oder Verminderung des Schadensersatzanspruchs auch gegenüber dem Träger der UV. gilt, obwohl er diesen Gesichtspunkt bei der Feststellung seiner Leistungen nicht berücksichtigen darf; AN. **11** 503 (RG.), EuM. **17** 247 (RG.), HdbUV. **1** 255 Anm. 1 Abs. 2. Wird der Schadensersatzanspruch des Versicherten nur teilweise anerkannt, so geht er in diesem Betrag auf den VersTr. über, nicht etwa in dem aus dem Maße der schuldhaften Mitverursachung des Versicherten selbst sich bestimmenden Teile; ZentrBl. d. Reichsversicherung **10** 11 (RG.), AN. **12** 835 (RG.), EuM. **17** 248 (RG.), ArbVers. **10** 22 (OLG. Hamburg). Der VersTr. muß sich einwenden lassen, daß die Hinterbliebenen Unterhalt von dem Verunglückten nur innerhalb der Grenzen seiner Erwerbsfähigkeit und solange er am Leben bliebe, hätten beanspruchen können; EuM. **17** 397 (RG.).

Ein Vergleich zwischen dem Versicherten und dem Schädiger bindet den VersTr. nicht; Breith. **18** 247 (LG. Stargard), es sei denn, daß der Schädiger bei Abschluß des Vergleichs den Übergang des Anspruchs gekannt hat. Hierbei kommt es nicht darauf an, ob der Schädiger sich des Übergangs der Ansprüche bewußt geworden ist, sondern lediglich darauf, ob er die sämtlichen tatsächlichen und rechtlichen Voraussetzungen des Rentenanspruchs und damit des Rechtsüberganges gekannt hat, ob er also bei der erforderlichen Überlegung sich dessen hätte bewußt werden können. Es kommt auch nicht darauf an, ob er den Umfang des Rechtsüberganges, insbesondere die Höhe der Rentenbeträge und deren Beginn gekannt hat; es genügt vielmehr, wenn er von dem Rechtsübergang als solchem Kenntnis erlangt hat; Breith. **18** 314 (Kammergericht).

Ist ein Vergleich zwischen dem Versicherten und dem Schädiger nach § 407 BGB. gegenüber der LVAnst. unwirksam, so kann sie den Schadensersatzanspruch des Versicherten für seine Invalidität auch dann gegen den Rentenanspruch voll aufrechnen, wenn der Vergleich so auszulegen ist, daß nur derjenige Schaden zu ersetzen sei, der nicht durch die Invalidenrente gedeckt werde; AN. **12** 911.

7. Bei Streit darüber, ob ein gesetzlicher Schadensersatzanspruch im Sinne des § 1542 besteht und auf den VerTr. übergegangen ist, entscheiden die ordentlichen Gerichte; AN. **15** 461, EuM. **9** 371.

8. Nur insoweit geht der Anspruch über, als dem Entschädigungsberechtigten nach diesen Gesetzen Leistungen von dem VersTr. zu gewähren sind, aber nicht in der Höhe, in der er dem Verletzten tatsächlich Leistungen gewährt, sondern nach dem, was er ihm, solange seine Verpflichtung besteht, auf Grund der RVO. zu gewähren rechtlich verpflichtet ist; RGZ. **91** 142. Somit ist nicht zur Klagebegründung erforderlich, daß der VersTr. bereits tatsächlich an den Versicherten geleistet habe; RGZ. **60** 200. Hat der VersTr. den Anspruch des Versicherten wegen Ungehorsams gegen die Aufforderung, sich ärztlich untersuchen zu lassen, für eine bestimmte Zeit abgelehnt, so tritt der Versicherte für diese Zeit wieder in seine Rechte gegenüber dem Schädiger ein; RGZ. **72** 430.

Zu den Leistungen des VersTr. im Sinne dieser Vorschrift gehören nicht die Kosten der geschäftlichen Behandlung des Anspruchs oder bare Auslagen für ärztliche Gutachten; AN. **04** 623. Auch gehören nur pflichtmäßige Leistungen des VersTr. hierher, also solche, auf die der Versicherte nach Gesetz oder Satzung einen Rechtsanspruch hat, aber nicht diejenigen, die der VersTr. nach freiem Ermessen über seine gesetzliche oder satzungsmäßige Pflicht hinaus gewährt; EuM. **7** 273.

Die Anrechnung der Ersatzforderung eines Verletzten gegen einen Dritten auf die Invalidenrente ist nicht zulässig, wenn dem Berechtigten bereits im Zivilprozesse der Betrag der Invalidenrente von der ihm gegen den Dritten zustehenden Rentenforderung in Abzug gebracht worden ist; EuM. **2** 293 (Sächs. LVAmt).

Der gegen den Arbeitgeber erwachsende Schadensersatzanspruch eines Arbeiters, der ohne Betriebsunfall bei dem Betrieb invalide geworden ist und deshalb Invalidenrente bezieht, geht von Rechts wegen in Höhe der Invalidenrente auf die LVAnst. über, so daß in dieser Höhe der Arbeiter gegen den Unternehmer keinen Anspruch auf Schadensersatz hat; EuM. **14** 413.

Bei der Anrechnung der Leistungen des Versicherungsträgers auf Grund des § 12 des G. über den Verkehr mit Kraftfahrzeugen v. 3. V. 09 in Verbindung mit § 1542 ist von dem Betrag auszugehen, den der Entschädigungsberechtigte nach dem G. über den Verkehr mit Kraftfahrzeugen zu beanspruchen hat, wenn ihm nur auf Grund dieses Gesetzes ein Anspruch zusteht; Breith. **18** 316 (RG.).

In dem versicherungsrechtlichen Feststellungsverfahren der UV. kann der angeblich Schadensersatzpflichtige nicht als Beteiligter beigeladen werden; AN. **97** 404 (AM. Bay. LVAmt in Amtl. Mitt. d. Bay. LVAmts **10** 44). Der Arbeitgeber des Verletzten kann dagegen als Nebenintervenient zugelassen werden; AN. **10** 496.

9. Bei dem gegen Unfall Versicherten. Der Schadensersatzanspruch eines gegen Invalidität Versicherten geht dagegen in Höhe seiner Invalidenrente auf die LVAnst. über; RGZ. **102** 131, EuM. **14** 413 (RG.), Monatsschr. **21** Sp. 491, 599 (RG.).

10. Maß des Ersatzes. Die Vorschrift gilt auch, wenn der Versicherte keine Geldrente erhält; ArbVers. **21** 288 (OLG. Frankfurt a. M.). Sie gilt ferner auch gegenüber dem von dem VersTr. in Anspruch genommenen Dritten. Dabei hat der Dritte darzulegen, daß ein Tatbestand vorliegt, der eine Krankenpflege nötig machte, und kann sich dann auf die Sätze des § 1524 Abs. 1 Satz 2—4 stützen, einerlei ob diese Sätze über die tatsächlichen Kosten der Krankenpflege hinausgehen oder nicht; Monatsschr. 22 176 (RG.).

11. Die Ärzte sind nicht berechtigt, in Fällen, in welchen der KrK. gemäß § 1542 ein Ersatzanspruch gegen einen Dritten zusteht, höhere als die vertraglich vereinbarten Gebühren zu berechnen; EuM. 27 195 (Bay. LVAmt).

§ 1543. Hat ein ordentliches Gericht[1] über solche Ansprüche (§ 1542) zu erkennen, so ist es[1] an die Entscheidung gebunden, die in einem Verfahren nach diesem Gesetz darüber ergeht, ob und in welchem Umfang der Versicherungsträger verpflichtet ist[2].

Für die Aussetzung[3] des Verfahrens vor dem ordentlichen Gericht gilt entsprechend § 901 Abs. 2.

1. Das ordentliche Gericht ist an die im Feststellungsverfahren ergehende Entscheidung auch insofern gebunden und zu einer Nachprüfung außerstande, als die Entscheidung feststellt, in welchem Betrieb der Verletzte tätig war, und welcher VersTr. somit entschädigungspflichtig ist; RGZ. **93** 321, **97** 202. Die die Gerichte bindende Feststellung des Betriebsunternehmers schließt die Annahme aus, daß ein Dritter Betriebsunternehmer sei; Monatsschr. **25** 603, RGZ. **111**, 159, auch abgedruckt in EuM. **18** 223. Über die möglichen Wirkungen, wenn ordentliches Gericht und Versicherungsbehörden über die Frage auseinandergehen, wer als Unternehmer im Sinne der §§ 1542, 898, 903 in Frage kommt, vgl. EuM. **19** 157. Die Versicherungsbehörden sind von der Entscheidung der ordentlichen Gerichte hinsichtlich der Frage der Unternehmerschaft unabhängig; EuM. **19** 157.

Die Bindung des ordentlichen Gerichts erstreckt sich nicht auf die tatsächlichen Grundlagen der Entscheidung des RVA. Es kann Feststellungen treffen, die von denen des RVA. abweichen und die, wenn sie auch im Versicherungsverfahren schon getroffen worden wären, zur Bejahung eines versicherungspflichtigen Betriebsunfalls hätten führen können; RGZ. **102** 131.

2. Eine Vorschrift, wonach die im Feststellungsverfahren getroffene Entscheidung auch für den zivilrechtlichen Anspruch des Verletzten gegen den Schädiger bindend sein soll, ist nicht vorhanden; ArbVers. **17** 325 (OLG. Hamburg).

3. Aussetzung des Verfahrens vor dem ordentlichen Gericht ist nicht erforderlich, wenn die Befugnis des Unternehmers, an Stelle des Verletzten die Feststellung der Unfallrente zu betreiben, rechtskräftig verneint worden ist und der Verletzte es ablehnt, bei der BG. des Unternehmers einen Anspruch anzumelden; ArbVers. **18** 71 (RG.).

Dritter Abschnitt

Beziehungen der Ersatzkassen zu Trägern der Reichsversicherung und zu anderen Verpflichteten

§ 1543a. Was im Fünften Buche für Krankenkassen (§ 225) vorgeschrieben ist, gilt auch für Ersatzkassen der Krankenversicherung[1].

In der Satzung ist zu regeln, wer im Falle des § 1502 zur Auskunft über Behandlung und Zustand des Verletzten und im Falle des § 1503 zur Anzeige verpflichtet ist. Für die Mitglieder der Ersatzkassen gilt der Grundlohn der Krankenkasse, bei der der Beschäftigte ohne die Zugehörigkeit zur Ersatzkasse versichert sein würde.

G. v. 23. VI. 23 (RGBl. I S. 454).

G. v. 14. VII. 25 (RGBl. I S. 97), in Kraft v. 1. I. 26 an, Art. 135 dieses G.

1. S. §§ 503ff.

Vierter Abschnitt

Beziehungen der Träger der Unfallversicherung zu anderen Verpflichteten

§ 1543 b. Die §§ 1502—1513 gelten entsprechend, wenn ein Arbeitgeber (§§ 169, 170, 171) zur Krankenhilfe[1] oder der Träger einer Fürsorge nach § 440 zur Krankenfürsorge verpflichtet ist[2].

G. v. 14. VII. 25 (RGBl. I S. 97), in Kraft v. 1. I. 26 an, Art. 135 dieses G.

1. § 182.
2. Ausführungsbest. zu § 1543b: § 1513 Anm. 4.

§ 1543 c. Der Unternehmer[1] ist verpflichtet, seine[2] Genossenschaft bei der Durchführung der Unfallversicherung zu unterstützen und ihr über die Behandlung und den Zustand des Verletzten Auskunft zu erteilen[2a]. Die §§ 1501, 1502, 1512 gelten entsprechend.

Die Ordnungsstrafe[3] gegen den Unternehmer[1] (§ 1502 Abs. 3) setzt der Genossenschaftsvorstand[4] fest[5].

G. v. 14. VII. 25 (RGBl. I S. 97); in Kraft v. 1. I. 26 ab; Art. 135 dieses G.

1. § 633.
2. §§ 630, 649.

2a. Satzung kann Näheres bestimmen; § 16 der Best. des RVA. v. 12. X. 26 über die Unterstützungspflicht der KrKn. und Unternehmer gegenüber den Trägern der UV. (abgedr. in Anhang VIII).

3. § 908 Anm. 4; wegen des Strafrahmens — 1 bis 1000 RM. — § 908 Anm. 5.
4. §§ 685ff.
5. Beschwerde: § 1502 Abs. 3 Satz 3.

§ 1543 d. Der behandelnde Arzt[1] ist verpflichtet, dem Träger der Unfallversicherung[2] Auskunft[2a] über die Behandlung und den Zustand des Verletzten zu erteilen. Der § 1502 gilt entsprechend[3].

Der Arzt hat Anspruch auf eine Gebühr für die Auskunft. Für die Höhe der Gebühr gilt § 80 Abs. 2 der Reichsgewerbeordnung[4]. Die Erteilung der Auskunft darf bei Streit über die Höhe der Gebühr nicht verzögert oder verweigert werden[3 5].

G. v. 14. VII. 25 (RGBl. I S. 97); in Kraft v. 1. I. 26 ab; Art. 135 dieses G.

1. Sind mehrere Ärzte (auch nacheinander) an der Behandlung beteiligt, so ist jeder von ihnen „behandelnder Arzt"; AN. 04 619. Vgl. auch § 1582 Anm. 4.
2. §§ 624ff.

2a. Den Umfang der Auskunft bestimmt der VersTr.; der Arzt hat nicht das Recht, ein Gutachten in freier Form zu erstatten, wenn er nur zur Ausfüllung eines Vordrucks aufgefordert worden ist; Monatsschr.f.U.-Heilkunde usw. **29** 266 (OVA. Dortmund). Die Auskunft ist innerhalb kürzester Frist zu erteilen; verspätete Auskunftserteilung schützt nicht vor Strafe; EuM. **27** 32.

3. Ordnungsstrafe und Beschwerde; § 1502 Abs. 3; die Befolgung von Vorschriften des Leipziger Verbandes macht den Arzt nicht straflos, wenn er durch die Befolgung gegen Vorschriften der RVO. verstößt; Monatsschr. f. U.-Heilkunde usw. **29** 266 (OVA. Dortmund); weigert sich das VA., zu bestrafen, so steht dem VersTr. das Recht der Beschwerde und weiteren Beschwerde zu; AN. **28** 260; das VA. hat nur zu prüfen, ob der Arzt von dem VersTr. zur Erteilung der Auskunft ordnungsmäßig aufgefordert worden ist und ob er die Auskunft in angemessener Frist erteilt hat oder nicht. Es ist dagegen nicht Sache des VA., dem säumigen Arzte nochmals von sich aus eine Frist zur Erteilung der vom VersTr. erforderten Auskunft zu setzen. Das VA. ist auch nicht befugt, eine einmal verhängte Ordnungsstrafe zurückzunehmen; EuM. **23** 186; vgl. auch Runderl. des Pr. MfV. v. 11. II. 29, Volkswohlf. Sp. 82; Vollstreckung nicht durch das VA., sondern Beitreibung durch den VersTr. gemäß § 146 Abs. 2, § 28; EuM. **26** 373 (Pr. MfV.).

4. „Die Bezahlung .... bleibt der Vereinbarung überlassen. Als Norm für streitige Fälle im Mangel einer Vereinbarung können jedoch für dieselben Taxen von den Zentralbehörden festgesetzt werden."

5. Die Zusendung des Gutachtens unter Nachnahme ist nicht zulässig; BG. **28** 137 (OVA. Breslau); Monatsschr. f. U.-Heilkunde usw. **29** 266 (OVA. Dortmund).

§ 1544 ist weggefallen.

EG. zum RKG. v. 23. VI. 23 (RGBl. I S. 454).

Sechstes Buch

Verfahren

A. Feststellungen der Leistungen

Erster Abschnitt

Feststellung durch die Versicherungsträger

I. Einleitung des Verfahrens

§ 1545. Die Leistungen aus der Reichsversicherung[1] sind festzustellen[2a–k] und zwar

1. auf dem Gebiete der Unfallversicherung von Amts wegen[3],
2. im übrigen auf Antrag[4].

Die Feststellung ist zu beschleunigen[5].

1. Das sind in erster Linie die Ansprüche, die den Versicherten, ihren Hinterbliebenen oder Angehörigen sowie anderen nach der RVO. unmittelbar Berechtigten auf die Leistungen aus der Versicherung gegen deren Träger zustehen; Begr. zur RVO. S. 480, ferner Fälle, in denen der Anspruch auf die Leistungen aus der Versicherung auf Dritte übergegangen ist; Begr. a. a. O., weiter Erstattungsansprüche des Verletzten gegen die BG., z. B. in Fällen, in denen der VersTr. seiner Verpflichtung zur Gewährung freier ärztlicher Behandlung, Arznei usw. nicht nachgekommen ist und der Berechtigte Erstattung der hierfür aufgewendeten Kosten verlangt. Ansprüche eines Verletzten, den die BG. nicht einem bestimmten Arzte zur Behandlung zugewiesen hat, auf Ersatz der entstandenen Kurkosten sind, soweit die aufgewendeten Beträge angemessen sind, berechtigt (AN. **96** 493, **98** 261, **10** 440, **93** 157) und unmittelbar auf die Leistungen der UV. gerichtet; Begr. S. 480. S. auch Monatsschr. **16** 68 (Bay. LVAmt).

Wegen der Ersatzansprüche nach Maßgabe des Fünften Buches, die nicht im Feststellungsverfahren zu erledigen sind, s. § 1771, auch AN. **21** 336, EuM. **12** 230. Das Feststellungsverfahren gilt aber für die Rückforderung zu Unrecht gewährter Leistungen der KrKn.; AN. **20** 169, EuM. **14** 283 (Bay. LVAmt), und LVAnsten.; AN. **21** 405 (AN. **15** 764 aufgehoben), und für die (unzulässige) Feststellungsklage eines Versicherten, daß der KrK. kein Anspruch auf Rückforderung der von ihr gewährten Leistungen zustehe; EuM. **23** 376, ferner für die Rückforderung des von der KrK. zu Unrecht gezahlten Kranken- und Hausgelds; RVGer. **6** 301. Soweit derartige Leistungen durch Aufrechnung aufbringbar sind, haben auch in der UV. über den Rückforderungsanspruch die Instanzen der RVO. und nicht die ordentlichen Gerichte zu entscheiden; AN. **91** 210, **96** 241, **04** 196, **06** 209, **10** 421, **13** 452 (Bay. Gerichtshof für Kompetenzkonflikte),

ArbVers. **12** 348 (RVA.). Gegenüber dem Anspruch auf Zahlung von Eigenbauprämien nach § 819 haben die Instanzen der RVO. über die Aufrechnung von nur solchen Ansprüchen zu entscheiden, die unmittelbar aus der RVO. hergeleitet sind; AN. **16** 506. Die Wiedereinziehung zu Unrecht durch die BGen. gezahlter Beträge muß nicht durch berufungsfähigen Bescheid erfolgen; ein solcher ist aber empfehlenswert, wenn die Aufrechnungsbefugnis von der Beantwortung schwieriger Rechts- und Tatfragen abhängt; AN. **06** 209, HbdUV. **1** 555, EuM. **17** 321; s. auch § 622 mit Anm. Für den Anspruch des Rentenberechtigten auf Auszahlung der festgestellten Rente ist der Rechtsweg (Verfahren vor den ordentlichen Gerichten) unzulässig; AN. **13** 449 (Bay. Gerichtshof für Kompetenzkonflikte). Die Instanzen der RVO. können aber nur über die Aufrechnung von unmittelbar in der RVO. begründeten Ansprüchen entscheiden; AN. **16** 506. Über den Anspruch einer Gemeinde gegen einen Arzt auf Honorarrückzahlung ist weder im Feststellungs- noch im Spruchverfahren nach § 1771 zu entscheiden; EuM. **7** 285 (Bay. LVAmt), ebensowenig über den Honoraranspruch eines Arztes, der dem Versicherten Hilfe geleistet hat; EuM. **8** 64 (Bay. LVAmt), und den einer Hebamme wegen geleisteter Hebammendienste; AN. **15** 350, Monatsschr. **29** 42 (OVA. Lüneburg), EuM. **26** 539, **26** 551 (Sächs. OVG.), sowie den Verpflegungskostenersatzanspruch eines Krankenhauses, in das der Verletzte nach dem Unfall verbracht worden ist; EuM. **13** 9, auch nicht über den Anspruch eines Arbeitgebers gegen die KrK. auf Ersatz von Kosten, die er, ohne gesetzlich dazu verpflichtet zu sein, für die Krankenhilfe seines versicherten Arbeiters aufgewendet hat; AN. **17** 592; vgl. auch für das alte Recht den (weggefallenen) § 942; EuM. **8** 228, ferner nicht über den Ersatzanspruch eines Dritten aus Anlaß der Unterstützung eines Versicherten; EuM. **8** 63. Für einen Schadensersatzanspruch eines Versicherten gegen den VersTr. auf Grund des BGB. sind die ordentlichen Gerichte zuständig; AN. **16** 751, ferner für den Anspruch eines Dritten, der geltend macht, daß der Anspruch des Rentenberechtigten auf ihn übergegangen sei; AN. **13** 817, **14** 634, **06** 209, RGZ. **19** 67, ebenso für den Ersatzanspruch der BG. gegen einen Dritten, der den Unfall eines Versicherten verschuldet hat; Monatsschr. **15** 82 (Bay. LVAmt), s. auch Anm. 1 zu § 903), und den auf Rückforderung der von dem Dritten an den Verletzten im Vergleichswege gezahlten Abfindungssumme; Monatsschr. **15** 82 (Bay. LVAmt). Wegen der Haftung von Unternehmern und Angestellten gegenüber Verletzten und deren Hinterbliebenen und der Zuständigkeit und Bindung der ordentlichen Gerichte s. auch §§ 898—901. Bei Streit darüber, ob ein gesetzlicher Schadensersatzanspruch nach § 1542 besteht und auf den VersTr. übergegangen ist, sind die ordentlichen Gerichte zuständig; AN. **15** 461, EuM. **9** 371, ebenso bei Ansprüchen der VersTr. gegen die Mitglieder ihrer Organe aus § 23 Abs. 1; AN. **18** 307, EuM. **23** 66, auch Breith. **17** 493 (Bad. LVAmt), ferner bei Streit über die Rechtsgültigkeit der Übertragung und Pfändung der Ansprüche des Berechtigten nach § 119; AN. **13** 817, **14** 634. Über die Zuständigkeit bei Ansprüchen von Beamten einer aufgelösten oder geschlossenen Orts- oder LandKrK. nach § 305 s. daselbst Anm. 2. Über Ansprüche einer KrK. gegen eine LVAnst. auf Ablieferung von Beiträgen, die durch Angestellte der LVAnst. für die KrK. eingezogen und unterschlagen worden sind, haben die ordentlichen Gerichte nicht zu entscheiden; Breith. **11** 162 (RG.).

Über Ansprüche auf Krankengeld gemäß § 12 RVG. ist im Spruchverfahren zu entscheiden; AN. **23** 149, **28** 292. Die Spruchbehörden der Reichsversicherung haben lediglich über den Umfang der zu gewährenden Heilbehandlung, nicht auch darüber zu entscheiden, ob die Erkrankung die Folge einer Dienstbeschädigung ist; für diese Frage sind die Versorgungsbehörden zuständig; EuM. **26** 201, RVGer. **3** 95, **4** 203, **7** 269, ebenso für Leistungen, deren Gegenstand in der V. zur Durchführung des RVG. v. 3. VII. 23 (RGBl. I S. 574) aufgeführt ist; AN. **28** 336. Der Schadensersatzanspruch einer KrK. gegen einen zugeteilten Versorgungsberechtigten, der sich darauf stützt, daß dieser der

KrK. die Unterlagen für die Geltendmachung des Ersatzanspruchs nach § 16 RVG. verspätet mitgeteilt und daß sie deshalb die Frist zu seiner Geltendmachung versäumt habe, kann nicht im Rechtszuge der RVO. verfolgt werden; Breith. **17** 649 (RVA.). Ansprüche auf Zahlung von Krankengeld aus der Arbeitslosen-V. sind im Spruchverfahren nach der RVO. zu entscheiden; EuM. **27** 268.

Ein Streit zwischen der Reichsknappschaft und einer KrK. über die Zugehörigkeit von Betrieben und Betriebsteilen ist nicht im Verfahren nach der RVO. zu entscheiden; AN. **29** 381; dies gilt auch bei Streit zwischen Arbeitnehmer und Arbeitgeber, ob jener bei der KrK. der RVO. oder der Reichsknappschaft versichert ist; AN. **30** 211.

Auch die Rechtsmittelinstanzen haben von Amts wegen zu prüfen, ob über den geltend gemachten Anspruch im Spruchverfahren nach dem Sechsten Buche der RVO. zu entscheiden ist; AN. **15** 667.

2a. Unter Feststellung der Leistung ist die Entscheidung der VersTr. wie auch der Versicherungsbehörden (Begr. S. 472) und nicht nur die Gewährung und Bemessung der Entschädigung, sondern auch ihre Versagung zu verstehen; AN. **90** 588, **95** 258, **97** 515, **01** 172, **21** 352, EuM. **8** 405 (Bay. LVAmt), Begr. S. 472, auch RVGer. **3** 5, **4** 148. Die Gerichte und sonstigen rechtsprechenden Behörden haben über die sämtlichen Anspruchsvoraussetzungen zu erkennen; AN. **30** 94, EuM. **25** 489. Der gesamte Rechtsstoff ist in rechtlicher und tatsächlicher Hinsicht zu würdigen; AN. **30** 212.

Als Feststellung gilt auch die Feststellung durch Vergleich; EuM. **10** 393, **15** 204, **4** 392 (Sächs. LVAmt), **11** 353 (Sächs. LVAmt), BG. **24** 100 (RVA.), Monatsschr. **21** 690 (RVA.), **15** 404 (Sächs. LVAmt). Vergleich ist jeder Vertrag, durch den der Streit oder die Ungewißheit der Parteien über ein Rechtsverhältnis im Wege gegenseitigen Nachgebens beseitigt wird; dieser Begriff ist weit auszulegen; Breith. **1** 227 (RVA.). Nach seinem Abschluß ist gegebenenfalls noch ein Bescheid gemäß § 1583 erforderlich, durch den die Rente ihrer Höhe nach festgestellt wird; in diesem kann innerhalb der ersten 2 Jahre nach dem Unfall noch eine vorläufige Rente festgesetzt werden; EuM. **22** 222.

Die Feststellung hat zu erfolgen, gleichgültig, ob die Ansprüche streitig oder unstreitig sind; Begr. S. 480.

2b. Im Feststellungsverfahren nach § 1545 kann nur auf eine Leistung erkannt werden; EuM. **17** 163 (Bay. LVAmt), **4** 368 (Sächs. LVAmt). Ist ein Leistungsanspruch gegeben, so entfällt der Feststellungsanspruch; EuM. **23** 31. Deshalb steht dem Verletzten nur ein Anspruch auf Leistung, im allgemeinen nicht ein solcher auf Feststellung zu, daß ein Betriebsunfall vorliegt; EuM. **21** 381, **22** 323, **14** 231 (Bay. LVAmt), ebensowenig auf Feststellung abstrakter oder künftiger Entschädigungsansprüche; BG. **14** 104 (RVA.), auch nicht auf Feststellung eines Leidens als Unfallfolge ohne gleichzeitige Geltendmachung eines Entschädigungsanspruchs; BG. **14** 104 (RVA.). Ein Rekurs mit dem Antrag auf Feststellung, daß ein Nabelbruch Unfallfolge sei, ohne Bemängelung der Höhe der von der BG. und dem OVAmt wegen anderer Unfallfolgen gewährten Rente ist für zulässig gehalten worden, weil der VersTr. in dem Bescheid ausdrücklich die gewaltsame Entstehung des Bruchs bestritten hatte; Breith. **1** 144 (RVA.). Unter besonderen Umständen ist die negative Feststellung, daß ein Unfall keine Folgen zurückgelassen habe, zugelassen worden; AN. **10** 548, **13** 462, ArbVers. **12** 157 (RVA.), HbdUV. **1** 500, auch AN. **08** 580. Auch kann es ausnahmsweise Fälle geben, in denen der Betroffene ein rechtliches Interesse an einer alsbaldigen positiven Feststellung der abstrakten Entschädigungspflicht eines VersTr. (Anerkennung eines Leidens als Unfallfolge, eines Unfalls als Betriebsunfall u. dgl.) hat; AN. **90** 601, **93** 182, **94** 335, **97** 405, **13** 459, **15** 326, **17** 527, **23** 190, auch RVGer. **4** 203, a. A. **4** 136 (wegen Feststellung eines einzelnen Leidens), z. B. wenn der VersTr. die Entschädigung wegen verspäteter Anmeldung des Anspruchs abgelehnt hat; EuM. **21** 381, ebenso im Hinblick auf § 901 an der negativen Feststellung, daß ein Entschädigungsanspruch nicht vorliege; HbdUV. **1** 625, Breith. **18** 385 (Bad. LVAmt). Doch ist ein solches rechtliches Interesse jedenfalls nicht schon dann gegeben, wenn nur die Möglichkeit besteht, daß sich später einmal Folgen des Unfalls zeigen; AN. **15** 326, **93** 182, EuM. **22** 323. Besteht ferner kein Anspruch auf Entschädigung, weil die Erwerbsfähigkeit des Verletzten nicht beeinträchtigt ist, so steht grundsätzlich weder dem Verletzten ein Anspruch auf Feststellung der abstrakten Entschädigungspflicht der BG. noch dieser ein Anspruch auf Feststellung des Nichtbestehens ihrer abstrakten Entschädigungspflicht zu; AN. **15** 326, **17** 527, teilweise abweichend RVA. in BG. **18** 49, wo ausgeführt wird, daß die VersTr. und Rechtsmittelinstanzen regelmäßig auch dann über das Vorliegen eines Betriebsunfalls entscheiden sollen, wenn die Erwerbsfähigkeit des Verletzten nicht über die 13. Woche hinaus beeinträchtigt ist. Ein Anspruch auf Feststellung, daß ein Betriebsunfall vorliege, ist schließlich dann ausgeschlossen, wenn auf andere Weise bereits der Ausschluß des Rentenanspruchs (§ 1546) verhindert ist; EuM. **18** 339. Auch der Betriebsunternehmer ist nach § 902 im allgemeinen nicht berechtigt, einen Feststellungsanspruch, sondern nur den Leistungsanspruch des Verletzten zu erheben; EuM. **14** 231 (Bay. LVAmt), und dies regelmäßig auch dann nicht, wenn die Entschädigungspflicht der BG. mangels Unfallfolgen nicht in Betracht kommt; AN. **17** 527; einen Feststellungsanspruch hat er nur dann, wenn das OVA. in einer der Rechtskraft fähigen Form über das Bestehen eines abstrakten Entschädigungsanspruchs erkannt hat; AN. **17** 527.

Über die Unzulässigkeit des Feststellungsanspruchs einer KrK., daß ein Betriebsunfall vorliege, bei einem den Ersatzanspruch der KrK. nicht berührenden Bescheide der BG. s. Breith. **17** 3 (OVA. München). Die KrK. kann aber dann, wenn der Unfall über die 13. Woche hinaus keine Folgen zurückgelassen hat, zur Durchführung ihres Ersatzanspruchs ein Feststellungsverfahren, daß ein Betriebsunfall vorliege, betreiben; EuM. **23** 441 (Bay. LVAmt), ebenso, wenn sie nach § 557a S. 1 Leistungen gewährt hat, in den Fällen, in denen für den Träger der UV. eine Verpflichtung zur Gewährung von Rente nicht besteht (§§ 559, 559c), ein Feststellungsverfahren, daß dem Verletzten ein Anspruch auf Krankenbehandlung nach § 558 Nr. 1 entstanden war; AN. **29** 42 (EuM. **23** 29 damit überholt), EuM. **26** 369.

Auch in Krankenversicherungssachen kann im Spruchverfahren nur über Leistungen aus der KV. befunden werden. Deshalb ist eine Entscheidung lediglich darüber, ob der Kläger als ständiger oder nichtständiger Arbeiter anzusehen ist, im Spruchverfahren unzulässig, woran auch gegebenenfalls § 1707 nichts ändert; EuM. **4** 368 (Sächs. LVAmt). Eine selbständige Feststellungsklage ist im Spruchverfahren der KV. unzulässig; EuM. **23** 376.

2c. Auf dem Gebiete der RVO. besteht im allgemeinen abweichend vom Zivilprozeß der Amtsbetrieb; insbesondere haben die VersTr. und Versicherungsbehörden die zur Aufklärung des Sachverhalts erforderlichen Beweishandlungen von sich aus vorzunehmen (Vorliegen der Invalidität z. B. ist von Amts wegen klarzustellen, nicht vom Rentenbewerber nachzuweisen); AN. **12** 873, **11** 420, **13** 739, EuM. **5** 260 (Bay. LVAmt), wobei gegebenenfalls auf die Mitwirkung der Versicherten nicht verzichtet werden kann; AN. **19** 297, **28** 245, **17** 450, EuM. **25** 286, **11** 318 (Bay. LVAmt); doch gilt der reine Amtsbetrieb nur für den VersTr.; im Spruchverfahren dagegen gilt das Antragsprinzip; AN. **23** 190. Die Versicherten müssen die VersTr. und Versicherungsbehörden in angemessener Weise unterstützen; AN. **89** 167. Aus der Verweigerung der Mitwirkung, z. B. sich ärztlich untersuchen und gegebenenfalls in einem Krankenhaus beobachten zu lassen, sind die ungünstigsten Schlüsse zulässig; AN. **89** 138, 140, **93** 167, **03** 593, **13** 464, **98** 391, **01** 431, **05** 584, **17** 450, **27** 252, EuM. **22** 139, **1** 114 (Sächs. LVAmt), Breith. **1** 605 (RVA.), **10** 31 (RVA.), Komp. **18** 30 (RVA.), HbdUV. **1** 251, 524, **2** 607, 609. Doch muß der Berechtigte die

Aufforderung, sich dem Arzt zu stellen, nachweislich erhalten haben und auf die Folgen einer unbegründeten Weigerung ausdrücklich hingewiesen sein; AN. **27** 252, **01** 431, **98** 392, EuM. **22** 139, **21** 234 (Bay. LVAmt). S. auch Abs. 5 dieser Anm. Die Verweigerung einer ärztlichen Untersuchung, die lediglich zur Prüfung eines Rentenerhöhungsantrags angeordnet war, berechtigt die BG. nicht, die bisher gewährte Rente aufzuheben, sondern nur den Erhöhungsantrag abzulehnen; AN. **98** 362. Bei Minderjährigen muß die Aufforderung zur Untersuchung an den gesetzlichen Vertreter gerichtet sein; AN. **99** 442. Zur Duldung einer Chloroformnarkose zu Untersuchungszwecken sind die Verletzten nicht verpflichtet; HbdUV. **1** 252. Es ist unzulässig, in dem Rentenfeststellungsbescheid auszusprechen, daß die Rente wegfalle, wenn der Verletzte der Anordnung, sich von Zeit zu Zeit ärztlich untersuchen zu lassen, nicht nachkomme; eine solche auflösende Bedingung gilt als nicht beigefügt, und eine Herabsetzung der Rente ist nur unter den Voraussetzungen des § 608 zulässig; ebenso sind die BGen. nicht befugt, den Verletzten Rechtsnachteile für den Fall anzudrohen, daß sie es unterlassen, regelmäßige Berichte über ihre Beschäftigungs- und Lohnverhältnisse einzusenden; HbdUV. **1** 525.

Darüber, daß die Unfallverletzten auch verpflichtet sind, zur möglichsten Beseitigung der Unfallfolgen beizutragen, s. Anm. 5 zu § 555, auch BG. **30** 241 (RVA.) — durch Vernachlässigung entstandene Eiterung der Augenhöhle nicht entschädigt —, über ihre Verpflichtung, sich Heilmaßnahmen zu unterziehen, vgl. Anm. 2 zu § 606. Operationen brauchen die Rentenberechtigten aber nicht zu dulden, soweit sie in den Bestand oder die Unversehrtheit des Körpers eingreifen oder nicht ohne Lebensgefahr oder nur unter Chloroformnarkose vorgenommen werden können; HbdUV. **1** 313, EuM. **13** 355 (RG.), RGZ. **83** 15. Doch gehören hierzu nicht alle chirurgischen Eingriffe. Als Operationen wurden erachtet: das Wiederbrechen eines schlecht geheilten Armes, das Überpflanzen gesunder Hautstücke von anderen Körperteilen, das Tätowieren eines Hornhautflecks; HbdUV. **1** 313, die Entnahme von Rückenmarksflüssigkeit; AN. **29** 164, **30** 163, mehrfache Eingriffe zur Erzielung eines linsenlosen Auges; BG. **19** 144 (RVA.), die Entfernung von Nagelresten an einem Finger; BG. **16** 65 (RVA.), eine Bruchoperation; EuM. 26 88. Dagegen wurden als zu duldende Heilmaßnahmen angesehen: eine Iridektomie; Komp. **16** 170 (RVA.), EuM. **22** 7, die Punktion eines Wasserbruchs; Monatsschr. **20** 436 (RVA.), die Naht einer Daumenstrecksehne und Entfernung einer Zyste; BG. **29** 615 (RVA.), die Entfernung einer 2 cm langen Narbe aus der Hohlhand; EuM. **13** 179, **14** 179, ebenso die einer Narbe zwischen Daumen und Zeigefinger bei örtlicher Betäubung; BG. **20** 42 (RVA.), das Abschneiden eines Weichselzopfes; AN. **02** 505, die Vornahme einer Magenausspülung; AN. **98** 392. Hat der Verletzte sich einer Operation unterzogen, so hat er sich ordnungsgemäß zu verhalten; AN. **90** 499.

Wegen der Strafbarkeit falscher Angaben der Versicherten s. Anm. 6 zu § 1553.

Wegen der Weigerung eines Verletzten, sich in der 3. Klasse einer Klinik untersuchen zu lassen, s. BG **21** 131 (RVA.), wegen der, in einer Klinik 1½ Stunden zu warten, wohin er wegen einer angeblichen Verschlimmerung bestellt war, s. Monatsschr. **14** 199 (OVA. Hamburg).

Die vom VersTr. gezogenen Schlüsse (s. Abs. 1) sind aber im Rechtsmittelverfahren nachzuprüfen und durch den Berechtigten entkräftbar; Breith. **1** 515 (RVA.). Der gezogene Schluß darf nicht widersinnig sein, also z. B. nicht dahin gehen, daß ein unheilbares Leiden verschwunden oder ein fehlendes Körperglied wieder gewachsen sei; AN. **89** 138, 140, **93** 166, 167, **03** 593, und auch nicht mit dem sonstigen Ergebnis der Ermittlungen in Widerspruch stehen; AN. **93** 167. Der aus der Weigerung gezogene Schluß kann auch durch ein vom Kläger oder von Amts wegen beigebrachtes ärztliches Gutachten entkräftet werden; AN. **13** 464. Auch muß das Verlangen nach Untersuchung begründet sein (Beobachtung nur, wenn nach ärztlichem Urteil zur

Feststellung des Zustandes erforderlich); AN. **01** 431, **05** 584; Beobachtung als Grundlage zur Rentenentziehung kann nur verlangt werden, wenn ein hinreichender Grund zur Annahme einer wesentlichen Besserung schon vorliegt; AN. **00** 675. Über die Berechtigung der Weigerung s. auch Anm. 1 Abs. 4 zu § 1665, Anm. 3 zu § 606. Auch haben die Rentenempfänger dem VersTr. einen Wohnungswechsel und den ihrer Adresse mitzuteilen; AN. **14** 675, **89** 140. Hat andererseits der VersTr. unter Verstoß gegen seine Aufklärungspflicht von weiteren Ermittlungen, z. B. der Vornahme einer Leichenöffnung, abgesehen, die vermutlich zugunsten des Berechtigten ausgefallen wären, so wird diese Vermutung durch das Verhalten des VersTr. verstärkt; EuM. **22** 215, 217, AN. **86** 291. Unverschuldete Unterlassung der Leichenöffnung gereicht jedoch dem VersTr. nicht zum Nachteil; Breith. **18** 281 (RVA.). Die Verweigerung der Leichenöffnung, welche die BG. erst kurz vor dem Begräbnis angeordnet hatte, durch die Hinterbliebenen ist nicht als schuldhaft angesehen worden; Breith. **17** 69 (Bad. LVAmt).

Wenn ein Verletzter glaubt, für eine ihm günstigere Beurteilung seiner Ansprüche Unterlagen beschaffen zu können, falls dem ärztlichen Sachverständigen, den er um Abgabe eines Gutachtens angehen will, das Aktenmaterial zur Verfügung gestellt wird, so kann er sich mit einem dahingehenden Gesuch an den Sektionsvorstand wenden und den in Betracht kommenden Arzt namhaft machen; bei einem beamteten Arzte bestehen im allgemeinen keine Bedenken, ihm die Akten zur Verfügung zu stellen; EuM. **12** 248. Vgl. auch Anm. 3 zu § 1567, Anm. 2 zu § 1589, ferner §§ 1582, 1591, 1681.

Zum Feststellungsverfahren gehört auch die rechtzeitige Beschaffung der erforderlichen standesamtlichen Urkunden, die dem VersTr. selbst obliegt; AN. **89** 167.

Die Feststellungspflicht schließt die Annahme aus, daß dem Berechtigten eine Beweislast obliegt. Wenn zwar auch dieser selbst alles zur Begründung seines Anspruchs Dienliche vorzubringen hat, so ist die entscheidende Stelle nicht nur verpflichtet, den von den Parteien angebotenen Beweis zu erheben, sondern sie hat nach eigenem Ermessen den sich bietenden Anhaltspunkten zur Aufklärung des Sachverhalts nachzugehen; AN. **92** 333, **11** 420, ArbVers. **11** 400 (RVA.), teilw. a. A. BG. **30** 240.

In dem Streitverfahren der Sozialversicherung finden die Beweisregeln des bürgerlichen Prozeßverfahrens und die Regeln des bürgerlichen Prozeßrechts über die Beweislast grundsätzlich keine Anwendung; AN. **11** 420; die eidliche Vernehmung einer Partei, die Eideszuschiebung oder die Auferlegung des richterlichen Eides ist unzulässig; EuM. **24** 225, **18** 301, HbdUV. **2** 607. Doch muß immerhin derjenige, der einen Anspruch erhebt, dartun oder zum mindesten glaubhaft machen, daß dessen Voraussetzungen gegeben sind; deshalb ist der ursächliche Zusammenhang zwischen einer Verletzung und dem Betriebe von dem Verletzten oder seinen Hinterbliebenen darzutun; AN. **86** 228, 291, **87** 355, BG. **24** 152 (RVA.), ebenso von dem Verletzten die Verschlimmerung der Unfallfolgen, wenn er Rentenerhöhung oder Wiedergewährung der Rente beantragt; AN. **14** 620, EuM. **23** 202, Monatsschr. **16** 674 (RVA.); s. auch Anm. 3 Abs. 2 zu § 1584. Erkennt der VersTr. den Rentenanspruch an oder wird er im Rechtsmittelverfahren zur Rentengewährung verurteilt, so hat er dem Rentenberechtigten die Kosten für die von diesem eingereichten ärztlichen Gutachten zu erstatten; Breith. **2** 354 (RVA.), **1** 542 (RVA.); s. auch § 1670. Doch ist bei dem Antrag eines Verletzten auf Gewährung von Krankenbehandlung die Glaubhaftmachung einer wesentlichen Verschlimmerung nicht unterschiedslos zu fordern, besonders dann nicht, wenn er das Auftreten von Krankheitserscheinungen an einem durch den Unfall tatsächlich verletzten Körperteil geltend macht und nicht besondere Umstände der Glaubwürdigkeit des Vorbringens entgegenstehen; EuM. **23** 202. Auch bedeutet das Stillschweigen eines Rentenbewerbers auf die Aufforderung des VersTr. zur Einreichung der Unterlagen noch nicht die Zurücknahme des Rentenantrags; AN. **27** 253. Da dem Rechte der ArbVers. die Beweislast fremd ist, kann es sich auch der Rechtsvermutungen im allgemeinen nicht bedienen. Insbesondere kennt es nicht den Grundsatz: „in dubio pro reo“ oder „pro aegroto“ oder „in dubio mitius“ oder dessen sinngemäße Anwendung; „in dubio pro reo“ müßte zugunsten des VersTr. angewendet werden; EuM. **18** 185, Breith. **13** 79 (RVA.), BG. **24** 14 (RVA.). Die Entscheidung, z. B. über den ursächlichen Zusammenhang eines Leidens mit einem Unfall, hängt vielmehr davon ab, ob der erkennenden Stelle bei freier Beweiswürdigung die Überzeugung vom Bestehen des Zusammenhangs positiv verschafft worden ist; EuM. **14** 378, **16** 296, **18** 185, **22** 215, Komp. **22** 77 (RVA.), BG. **28** 109 (RVA.), **24** 14 (RVA.), **15** 18 (RVA.). Die entscheidende Stelle ist oft darauf angewiesen, ihre Überzeugung und Entscheidung auf Wahrscheinlichkeitsumstände zu gründen. Gelangt sie aus der Gesamtheit der in Betracht kommenden Tatsachen in Verbindung mit der allgemeinen Lebenserfahrung zu der Ansicht, daß z. B. die Verletzung mit überwiegender Wahrscheinlichkeit beim Betriebe geschehen ist, so ist sie rechtlich in der Lage, den Beweis als erbracht anzusehen; EuM. **16** 296. Immerhin muß sich die richterliche Überzeugung und das darauf begründete freie Ermessen auf Tatsachen stützen; EuM. **24** 225, **22** 215, **18** 185.

Das Überwiegen der Wahrscheinlichkeit bedeutet dabei aber nicht etwa ein Überwiegen schlechthin, d. h. ein in Zahlen ausdrückbares Überwiegen gegenüber der Gesamtheit aller anderen in Betracht kommenden Möglichkeiten, sondern ein Überwiegen im Vergleich und im Verhältnis zu jeder einzelnen der anderen Möglichkeiten. Immerhin muß jedoch auch gegenüber der Gesamtheit der übrigen Möglichkeiten die Wahrscheinlichkeit in ausreichendem oder so hohem Grade vorhanden sein, daß sie vernünftigerweise die richterliche Überzeugung zu bilden und zu rechtfertigen geeignet ist. In diesem Sinne ist auch das sonst aufgestellte Erfordernis der an Sicherheit grenzenden Wahrscheinlichkeit zu verstehen; EuM. **18** 185, Monatsschr. **19** 132 (RVA.). Jedoch ist die bloße Möglichkeit einer Schädigung im Betrieb und des ursächlichen Zusammenhangs zwischen ihr und dem Leiden des Verletzten nicht genügend; EuM. **18** 185, **25** 286, BG. **20** 79 (RVA.), **25** 10 (RVA.), **27** 76 (RVA.). Z. B. ersetzt die Möglichkeit, daß eine Fingerentzündung bei der landw. oder gew. Berufstätigkeit erworben ist, nicht den erforderlichen schlüssigen Nachweis eines bestimmten Unfallereignisses; BG. **26** 119 (RVA.), 120 (RVA.), **30** 274 (RVA.); über Zellgewebsentzündungen in kleinbäuerlichen Betrieben s. aber EuM. **16** 296, ferner Anm. 4 Abs. 1 a. E. zu § 544. Im allgemeinen muß aber auch bei Versicherten, die durch die Art ihrer Beschäftigung im Betriebe Handverletzungen besonders ausgesetzt sind, nachgewiesen werden, daß die Schädigung durch die Betriebsarbeit herbeigeführt worden ist, wenn eine Zellgewebsentzündung als Folge eines Betriebsunfalls angesehen werden soll; EuM. **16** 298, **25** 286 (bezüglich Bauarbeiters); darin ist der Ansicht des Bay. LVAmts (EuM. **13** 278), daß der VersTr. zur Ablehnung des Entschädigungsanspruchs seinerseits den Nachweis zu erbringen habe, das Leiden sei durch eine Tätigkeit außerhalb des Betriebs verursacht worden, nicht beigetreten worden. Ähnlich auch BG. **27** 76 (RVA.), 77 (RVA.) über Zellgewebsentzündung bei einem Steinklopfer sowie Insektenstich und Blutvergiftung bei einem Werftarbeiter; einen Fall, in dem das Eindringen von Roststaub in das Auge bei der Betriebsarbeit nicht als hinreichend nachgewiesen angesehen wurde, s. in BG. **24** 160 (RVA.). Zellgewebsentzündung bei einer 14 Stunden täglich im Betriebe beschäftigten Saisonarbeiterin als wahrscheinlich durch Infektion bei Betriebstätigkeit eingetreten angesehen; Deutsche KrK. **30** 704 (RVA.).

Bei Krankheiten, die häufig auch ohne Verletzungen entstehen, ist ein strenger Beweis des Unfallereignisses und des Zusammenhangs mit diesem zu fordern; Breith. **10** 60 (RVA.), z. B. bei Knochenhaut- oder Knochenmarkentzündung Jugendlicher; BG. **17** 158 (RVA.), **19** 53 (RVA.), **21** 30 (RVA.), **29** 277 (RVA.), **29** 484

(RVA.), oder Netzhautablösung; BG. **17** 74 (RVA.), oder Syringomyelie; BG. **28** 214 (RVA.), oder Zellgewebsentzündung; BG. **30** 274 (RVA.). Strenger Nachweis ist auch für die Behauptung, daß Brennholz zu Viehfutterkochen verwendet werden sollte, erforderlich; AN. **98** 245.

Bindende Vorschriften darüber, durch welche Mittel die entscheidende Stelle sich die Überzeugung von der Wahrheit streitiger Tatsachen zu verschaffen hat, bestehen nicht; gegebenenfalls kann auch eine eidesstattliche Versicherung als Beweismittel ausreichen; Breith. **15** 342 (RVA.). Das Recht der freien Beweiswürdigung gilt zwar auch gegenüber den gesetzlichen Beweisregeln des Zivilprozesses hinsichtlich öffentlicher Urkunden; EuM. **14** 372 (Bay. LVAmt), doch ist strenger Gegenbeweis erforderlich; AN. **04** 420. S. auch Anm. 6 zweit- und drittletzter Abs. zu § 1665.

Wird ein Versicherter auf der Betriebsstätte oder in deren unmittelbarer Nähe tot aufgefunden und läßt sich die Todesursache nicht genau ermitteln, so besteht im allgemeinen die nur durch Gegenbeweis zu entkräftende Vermutung, daß der Tote einem auf seine Berufstätigkeit zurückzuführenden Betriebsunfall erlegen ist; EuM. **18** 69 (Bay. LVAmt), **25** 286, **22** 100, Breith. **17** 448 (RVA.), HbdUV. **1** 92, AN. **86** 291, **88** 189, 280, **11** 389, Komp. **14** 201 (RVA.), **17** 14 (RVA.), **18** 66 (RVA.), **19** 112 (RVA.), BG. **18** 28 (RVA.), sofern die Mitwirkung einer Betriebseinrichtung in Frage kommt; Komp. **23** 243 (RVA.); dasselbe gilt, wenn ein Mitglied der Schiffsbesatzung in der Nähe des Fahrzeugs tot aufgefunden wird; HbdUV. **1** 92, AN. **88** 315, **90** 189, oder aus unaufgeklärter Ursache über Bord fällt; AN. **95** 160, HbdUV. **1** 92. Die Entschädigungsansprüche der Hinterbliebenen eines Versicherten, der auf oder in unmittelbarer Nähe der Betriebsstätte tot aufgefunden wird, können nicht schon deshalb abgelehnt werden, weil die Todesursache nicht mit Sicherheit festgestellt werden kann; EuM. **22** 100, **18** 69 (Bay. LVAmt), ArbVers. **18** 390 (RVA.). Doch greift eine vom Gesetz oder der Rechtsprechung für ein gewisses Sachverhältnis aufgestellte Rechtsvermutung erst Platz, wenn die Aufklärung von Amts wegen erschöpft ist und zu keinem entgegengesetzten Ergebnis geführt hat; AN. **13** 739, **12** 873, **11** 420. Die Vermutung greift nicht Platz, wenn nach den Umständen des Einzelfalls Selbstmord anzunehmen ist; AN. **87** 355, HbdUV. **1** 92, Komp. **13** 46 (RVA.), oder wenn hohe Wahrscheinlichkeit dafür spricht, daß der Verunglückte bei Eintritt des Unfalls durch Verfolgung betriebsfremder Zwecke den Zusammenhang mit dem Betrieb gelöst hat; EuM. **20** 66, Komp. **21** 154 (RVA.); s. auch Komp. **13** 182 (RVA.), **20** 113 (RVA.), **21** 52 (RVA.), **139** (RVA.), **23** 14 (RVA.), **24** 112 (RVA.). Wegen der Unterlassung der Leichenöffnung durch die BG. und die dadurch herbeigeführte Verstärkung der Vermutung vgl. Anm. 2c Abs. 5.

Mangels Beweises für die anspruchbegründenden Tatsachen muß aber der Anspruch abgewiesen werden, wenn trotz versuchter Aufklärung die Zweifel zu erheblich sind, um die Bildung einer richterlichen Überzeugung nach der einen oder anderen Richtung zuzulassen; EuM. **16** 296. Ein Parteieid ist unzulässig; AN. **19** 297, EuM. **18** 185. Wegen der Zweckmäßigkeit, in geeigneten Fällen, z. B. wenn das Vorliegen eines Betriebsunfalls, die Erhaltung der Anwartschaft, der Beginn der Rente streitig ist, den Berechtigten vor Erlaß einer rechtsmittelfähigen Entscheidung durch einfaches Schreiben auf den voraussichtlich einzunehmenden Standpunkt des VersTr. hinzuweisen mit dem Anheimgeben, sich hierzu unter Angabe etwaiger Beweismittel zu äußern, s. EuM. **26** 506.

Wegen der ausnahmsweise in § 1420 und § 1445 Abs. 1 aufgestellten Rechtsvermutung s. Anm. 1 zu § 1420, Anm. 3 zu § 1445.

2d. Wegen der Unterbrechung des Verfahrens durch den Tod des Berechtigten s. Anm. 1 zu § 21 OVAO und Anm. 1 zu § 135.

2e. Durch die Zurücknahme eines Antrags auf Leistungen aus der Versicherung erledigt sich das bereits eingeleitete Feststellungsverfahren; EuM. **18** 165 (Sächs. LVAmt).

2f. Wenn zwar die Versicherungsbehörden die Leistungen aus der RV. mit Ausnahme der UV. nur auf Antrag festsetzen, so können die Parteien doch in allen Fällen vor den Versicherungsbehörden auftreten und handeln und haben die Vertretung durch Bevollmächtigte nicht nötig; nahe Angehörige können auch ohne schriftliche Vollmacht als Vertreter zugelassen werden. Da sonach das Verfahren vor den Versicherungsbehörden wesentlich anders gestaltet ist als das Verfahren in bürgerlichen Rechtsstreitigkeiten, kann die Bestimmung des § 90 ZPO. darauf nicht übertragen werden; AN. **08** 501, EuM. **8** 372 (Bay. LVAmt). Vgl. auch z. B. § 14 OVAO.

Wegen der Prozeßfähigkeit s. auch Anm. 5e zu § 1583, ferner Anm. 7 zu § 1547.

2g. Der Streit über die berufsgenossenschaftliche Zugehörigkeit eines Betriebs zwischen einer BG. und einem Unfallverletzten ist regelmäßig im Rentenfeststellungs-, nicht im Katasterstreitverfahren auszutragen; AN. **90** 456; wenn unbestritten ein entschädigungspflichtiger Unfall vorliegt, so ist zweckmäßig nach §§ 1735ff. zu verfahren; AN. **17** 530.

2h. Für mehrere Unfälle eines Verletzten sind, auch wenn für sie eine und dieselbe BG. aufzukommen hat, grundsätzlich dauernd getrennte Entschädigungen festzusetzen. Über jeden Unfall ist ein besonderes Aktenstück anzulegen. Die Zusammenziehung der verschiedenen Unfälle und die Festsetzung einer einheitlichen Entschädigung für sie geht auch schon meistens deshalb nicht an, weil regelmäßig ein anderer Jahresarbeitsverdienst zugrunde gelegt und von einer anderen Erwerbsunfähigkeit des Verletzten ausgegangen werden muß; HbdUV. ErgBd. S. 17, EuM. **18** 179, **14** 159 (Bay. LVAmt), Breith. **15** 276 (RVA.), **16** 92 (RVA.). Hat aber die BG. für 2 Unfälle, durch die der gleiche Körperteil betroffen wurde, eine einheitliche Entschädigung in einem Bescheid festgestellt, so kann sie davon später nicht zum Nachteile des Verletzten abweichen; EuM. **7** 192 (Bay. LVAmt). Ist der zweite Unfall an sich nicht entschädigungspflichtig, so kann er als mittelbare Folge des ersten aufzufassen und mit diesem zu entschädigen sein, wenn seine Entstehung oder Schwere auf den früheren zurückzuführen ist; AN. **11** 430, **90** 500, Breith. **9** 191 (RVA.) (z. B. abgelehnt in EuM. **13** 151, **22** 305). Stellt jedoch der neue Unfall an sich einen Betriebsunfall dar und ist die Tätigkeit, bei der er erfolgt ist, für seine Entstehung oder Schwere verantwortlich, so ist er als besonderer Betriebsunfall anzusehen; HbdUV. **1** 250, ErgBd. S. 16, Komp. **26** 169 (RVA.), EuM. **13** 151, **22** 305, Breith. **1** 597 (Bay. LVAmt). Die Stellungnahme des OVA. zu einem 2. Unfall in dem Urteil über den 1. Unfall ist unzulässig, wenn die BG. über den Anspruch aus dem 2. Unfall noch keinen Bescheid erteilt hat; EuM. **18** 179, Komp. **13** 91 (RVA.). Ein wesentlicher Mangel des Verfahrens liegt vor, wenn das OVA. beim Vorliegen zweier Unfälle, für deren ersten die BG. eine Teilrente von 15 v.H. gewährt, für deren zweiten zunächst eine solche von 10 v.H. gewährt war, die dann aber entzogen wurde, auf die Berufung des Klägers gegen den Entziehungsbescheid ihm als Entschädigung für beide Unfälle eine Teilrente von 20 v.H. gewährt; EuM. **11** 353 (Sächs. LVAmt). Die Beiladung eines zweiten VersTr. ist unzulässig, wenn mehrere Unfälle in Frage kommen und der Verletzte behauptet, durch das Zusammenwirken der Unfälle in der Erwerbsfähigkeit beeinträchtigt zu sein; Breith. **1** 581 (RVA.).

Kommt die unfallbringende Tätigkeit 2 vers. Betrieben zugute, so haftet dem Verletzten immer nur ein VersTr. und zwar der, dem der hauptbeteiligte Betrieb angehört; AN. **88** 176, **90** 154, 493, 496, **91** 197, 198, 202, 214, 215, 357, **92** 300, **93** 439, **95** 214, ebenso einem an einer Berufskrankheit Erkrankten, der in mehreren bei verschiedenen BGen. versicherten Betrieben der in der Anlage zur 2. V. über Ausdehnung der UV. auf Berufskrankheiten v. 11. II. 29 aufgeführten Art beschäftigt war und dessen Berufskrankheit durch die gesamte Beschäftigung verursacht ist; EuM. **27** 196.

Das VA. darf nicht in demselben Urteil über einen Leistungsanspruch aus der KV. und einen damit zusammenhängenden Ersatzanspruch zwischen Kassen (§ 224) entscheiden; EuM. **10** 104 (Bay. LVAmt), Monatsschr. **22** 127 (Bay. Min. f. soz. Fürsorge), auch nicht über die Kranken- und Invalidenversicherungspflicht; AN. **17** 562, EuM. **5** 441.

Auch ist die Verbindung eines Anspruchs auf Unfallrente mit einem solchen auf Invalidenrente zum Zwecke gleichzeitiger Verhandlung und Entscheidung durch das OVA. unzulässig; AN. **02** 367. Dieses darf auch nicht in einem nach § 1511 von der KrK. betriebenen Unfallrentenverfahren gleichzeitig über den Ersatzanspruch der Kasse erkennen; Breith. **19** 1 (RVA.), **18** 473 (RVA.), EuM. **26** 369.

2i. Die Entscheidungen der Versicherungsbehörden, die nicht mehr anfechtbar sind oder gegen die kein Rechtsmittel mit aufschiebender Wirkung mehr gegeben ist, sind vollstreckbar; AN. **15** 346, Begr. S. 68. Über die Vollstreckung s. § 115, ferner §§ 28 Abs. 1, 146 Abs. 2, 1670, 1802, auch § 1803. Die Vollstreckung von Entscheidungen durch die ein VersTr. zu einer Leistung verurteilt worden ist, erfolgt ausschließlich durch Ersuchen der Aufsichtsbehörde des VersTr.; § 115 ist nicht anwendbar; AN. **27** 274.

2k. Wegen der Kosten des Verfahrens s. §§ 1802, 1803. Wegen der von den VersTr. zu erstattenden Kosten s. §§ 59 Abs. 2, 80. Weitere Gebühren, besonders Mahngebühren, kennt die RVO. nicht; AN. **17** 572.

3. Von einer BG. ist im allgemeinen, wenn ihr ein Unfall rechtzeitig angezeigt ist (§ 1552), zu verlangen, daß sie die Unfalluntersuchung (1559) veranlaßt und je nach deren Ergebnis pflichtmäßig prüft, ob die Verletzung voraussichtlich über den Beginn der Entschädigungspflicht Folgen für die Erwerbsfähigkeit des Betroffenen zurücklassen wird. Ist dies, etwa nach der Art der Verletzung, anzunehmen, so wird regelmäßig von Amts wegen eine Feststellung zu treffen sein; EuM. **18** 158. Unter Umständen wird es sich empfehlen, das Feststellungsverfahren ohne Rücksicht auf die Unfalluntersuchung durchzuführen, namentlich bei Ansprüchen, die erst lange nach dem Unfall geltend gemacht werden, da hier die eigenen Ermittlungen der BG. oft schneller zum Ziele führen; HbdUV. **1** 480. Das Feststellungsverfahren ist jedenfalls von der Vornahme der Unfalluntersuchung gesetzlich nicht abhängig; AN. **86** 205, und darf durch diese nicht unnötig verzögert werden (§ 6 des Rundschr. v. 15. XI. 04); AN. **04** 643, **06** 423; s. auch Anm. 2 zu § 1559.

Die Einleitung des Verfahrens ist von einer Unfallanzeige oder von dem Antrage eines Verletzten oder seiner Hinterbliebenen nicht abhängig; Begr. S. 481, HbdUV. **1** 480.

Die Entschädigung des Verletzten durch einen Dritten, der den Unfall verschuldet hat, berechtigt die BG. nicht, die Feststellung einer Unfallrente zu unterlassen oder dem Berechtigten diese wieder zu entziehen; AN. **06** 421, EuM. **5** 205 (Bay. LVAmt).

4. Antragsberechtigt ist nur, wem ein Anspruch nach der RVO. zusteht; EuM. **2** 285 (Bay. LVAmt). Die Ansprüche auf Krankengeld sind vererblich; AN. **15** 664.

Die den Versicherten gegenüber übliche wohlwollende Beurteilung über den Inhalt und die rechtliche Bedeutung ihrer Erklärungen und Anträge ist gegenüber Behörden (z. B. LVAnsten.) nur mit Einschränkungen gerechtfertigt; EuM. **14** 312.

Für das Gebiet der JV. ergibt sich die Zulässigkeit eines Verzichts des Rentenberechtigten auf die Leistungen des VersTr. schon aus dem Umstande, daß die Versicherungsleistungen nach § 1545 Abs. 1 Nr. 2 nur auf Antrag des Berechtigten festgestellt werden; AN. **14** 554. Wegen des Verzichts vgl. im übrigen Anm. 3 zu § 1583, Anm. 6 zu § 1613.

5. S. Begr. zur RVO. S. 481.

Eine Verzögerung des Feststellungsverfahrens deshalb, weil die Berechtigten die nötigen Ausweise einzureichen unterlassen, ist nicht gerechtfertigt; AN. **89** 167. Ebenso darf die Fortführung des Verfahrens nicht von der Beibringung ärztlicher Zeugnisse abhängig gemacht werden; HbdUV. **1** 481. S. auch Anm. 3.

Abs. 2 ist kein zugunsten der KrK. wirkendes Schutzgesetz im Sinne des § 823 Abs. 2 BGB.; ArbVers. **11** 864 (LG. Hannover).

§ 1546[1]. Wird die Unfallentschädigung nichts von Amts wegen festgestellt[2], so ist[2a] der Anspruch[3] zur Vermeidung des Ausschlusses[4] spätestens zwei Jahre[5] nach dem Unfall bei dem Versicherungsträger[6] anzumelden[7a—c]. Für die Hinterbliebenen[8] eines Versicherten, der auf einem untergegangenen oder verschollenen Schiffe gefahren ist, wird die Frist von dem Tage gerechnet, an dem nach § 1099 der Anspruch auf Hinterbliebenenrente entstanden ist.

1. § 1546 verfolgt hauptsächlich den Zweck, den VersTr. möglichst vor unbegründeten Ansprüchen zu schützen; AN. **16** 501, EuM. **18** 158. Jedoch soll er nicht ein Mittel sein, die Verfolgung sachlich berechtigter Ansprüche zu erschweren. Es ist dem Ansehen der VersTr. nicht förderlich, wenn diese in Fällen, in denen der Anspruch selbst einwandfrei berechtigt ist oder in denen doch wenigstens eine Nachprüfung im Feststellungsverfahren geboten erscheint, den Einwand der verspäteten Anspruchanmeldung erheben; AN. **28** 330. Der VersTr. darf von dem Einwand nur einen angemessenen Gebrauch machen; Monatsschr. **26** 520 (RG.). Eine sinngemäße ausdehnende Anwendung der Vorschrift auf nicht von ihr umfaßte Rechtsfälle (Ausdehnung der Verspflicht mit rückwirkender Kraft einer Gesetzesänderung) ist unzulässig; EuM. **20** 166.

2. Unter Feststellung der Unfallentschädigung im Sinne des § 1546 ist nur die Beendigung eines eingeleiteten Unfallentschädigungsverfahrens durch Gewährung oder Ablehnung einer Entschädigung zu verstehen, die regelmäßig durch Bescheid zu geschehen hat; EuM. **14** 317, **21** 381, AN. **01** 172. Eine Feststellung liegt auch dann vor, wenn Krankenbehandlung gewährt worden ist; Monatsschr. **22** 173 (RVA.), oder das eingeleitete Heilverfahren mit der Bewilligung eines zur Erleichterung der Folgen der Verletzung erforderlichen Hilfsmittels geendet; AN. **04** 248, oder zur Übernahme der nach Beginn der gesetzlichen Entschädigungspflicht entstandenen Heilverfahrenskosten geführt hat; AN. **10** 422, VolkstZ. **09** 3 (RVA.), nicht aber in der Übernahme der Kosten des Heilverfahrens anläßlich eines späteren Unfalls; Komp. **13** 32 (RVA.). Eine Feststellung der Entschädigung der Hinterbliebenen aus Anlaß des Todes eines Verletzten ist aber nicht in der Anfrage der BG. bei dem Gemeindevorstand zu erblicken, an wen der Bescheid wegen des Sterbegelds zu richten sei; EuM. **16** 188. Auch die Ablehnung des Anspruchs ist seine Feststellung; AN. **90** 588, **95** 258, **01** 172, EuM. **14** 317. Ist die Ablehnung eines innerhalb der Ausschlußfrist erhobenen Anspruchs unter Anerkennung eines Betriebsunfalls darauf gestützt, daß der Unfall die Erwerbsfähigkeit des Verletzten nicht meßbar beeinträchtigt habe, so greift, wenn sich später derartige Folgen bemerkbar machen, der Einwand der Verjährung nicht durch; AN. **97** 515, EuM. **18** 339. Doch kann dies der Fall sein, wenn der erhobene Anspruch mangels des Vorliegens von Unfallfolgen abgewiesen und später ein Anspruch auf eine andere als die früher behauptete Beschädigung und auf einen Unfallhergang gestützt wird, der sich als neuer Klagegrund darstellt; AN. **01** 170; s. auch Anm. 5h zu § 1583.

Dagegen liegt keine Feststellung vor, wenn die BG. zwar ein Feststellungsverfahren von Amts wegen eingeleitet, dieses aber nicht abgeschlossen hat; AN. **01** 172, EuM. **14** 317, z. B. Ermittlungen über den Unfall angestellt, den Verletzten auch hat ärztlich untersuchen lassen, dann aber die Angelegenheit auf sich beruhen ließ, weil sie festgestellt zu haben glaubte, daß er nicht mehr in seiner Erwerbsfähigkeit beeinträchtigt sei; EuM. **15** 194.

Die Anspruchanmeldung ist immer erforderlich, wenn die Feststellung der Entschädigung von Amts wegen „aus irgendeinem Grunde" unterblieben ist. Es ist daher nicht angängig, die Anwendbarkeit des § 1546 auf die Fälle zu beschränken, in denen die BG. überhaupt nicht in der Lage war, die Feststellung von Amts wegen vorzunehmen, z. B. weil sie von dem Unfall keine Kenntnis erlangt hatte. § 1546 greift auch dann Platz, wenn die BG. an sich allen Anlaß gehabt hätte, über die Entschädigung von Amts wegen Feststellung zu treffen; EuM. **18** 158. § 1546 ist aber auch nicht sinngemäß anzuwenden, wenn die Entschädigung rechtskräftig abgelehnt war, weil der Verletzte nicht versichert war, dieser aber nachträglich durch Satzungsänderung mit rückwirkender Kraft der UV. unterstellt wird; EuM. **20** 166.

2a. Diese Verpflichtung besteht schlechthin; EuM. **21** 381.

3. Der Anspruch auf Entschädigung ist ein einheitlicher Anspruch; EuM. **15** 196. Rentengewährungen erfolgen nicht für einzelne Leiden, nicht für einzelne von der BG. als Unfallfolge anerkannte Krankheitserscheinungen, sondern einheitlich als Ganzes für die gesamten Unfallfolgen; EuM. **14** 349, AN. **12** 1136, EuM. **18** 278 (Bay. LVAmt), Komp. **27** 175 (RVA.); s. aber auch Anm. 5h zu § 1583. Deshalb kann eine BG., die wegen eines Leidens unter Verzicht auf den Einwand der verspäteten Anspruchanmeldung (s. Anm. 4) eine Unfallrente gewährt, bezüglich eines anderen Leidens, für das als Folge desselben Unfalls Entschädigung verlangt wird, den Verspätungseinwand nicht mehr erheben; EuM. **15** 196, HbdUV. **1** 484; s. auch AN. **12** 1136. Doch ist ein Verzicht der BG. auf den Einwand für einen zeitlich begrenzten Teil des Anspruchs, z. B. vom Tage der Anmeldung des Anspruchs ab, zulässig; AN. **22** 403, **02** 371, EuM. **14** 345, **25** 165, ebenso für die Dauer des Berufungsverfahrens; EuM. **21** 388. Für die vor der Anspruchanmeldung liegende Zeit ist der Einwand zulässig ohne Rücksicht auf die Gründe, die zu der Bewilligung der Rente und der Wahl des Zahlungsbeginns geführt haben; EuM. **22** 219. Wird der Einwand der verspäteten Anspruchmeldung überhaupt nicht geltend gemacht, so wirkt die Anmeldung zeitlich unbeschränkt zurück, nicht erst vom Tage ihrer Erklärung ab; EuM. **25** 466 (Sächs. LVAmt).

Die Befugnis eines Sechzehnjährigen, entsprechend den §§ 1613, 1636, 1650 Abs. 3 den Entschädigungsanspruch selbständig anzumelden, dürfte abzulehnen sein; AN. **19** 383, EuM. **22** 116, **25** 468. Wegen der Arbeitslosenvers. s. AN. **30** 57. Wird der Minderjährige während des Laufs der Zweijahresfrist volljährig, so wird dadurch weder der Beginn noch das Ende der Frist berührt, vielmehr tritt der Volljährige nunmehr als selbständiger Berechtigter in die laufende Ausschlußfrist ein; EuM. **25** 468.

4. Die Ausschlußfristen der §§ 1546, 1547 sind keine Verjährungsfristen im eigentlichen zivilrechtlichen Sinne; AN. **19** 383, **13** 546, **05** 270. Ein öffentliches Interesse an der Beobachtung der Frist besteht aber nicht, und es ist deshalb die Innehaltung der Frist nicht von Amts wegen zu prüfen; AN. **91** 150, EuM. **25** 466 (Sächs. LVAmt). Der Einwand der verspäteten Anspruchanmeldung muß vielmehr vom VersTr. ausdrücklich erhoben sein; EuM. **19** 66, **25** 466 (Sächs. LVAmt); seine Geltendmachung ist auch noch im Rechtsmittelverfahren durch den bevollmächtigten Vertreter der BG. zulässig; AN. **09** 438. Ebenso ist ein Verzicht der BG. auf das ihr aus dem Fristablauf erwachsene Recht der Anspruchablehnung zulässig; EuM. **15** 196, **27** 106, AN. **91** 150, **05** 270; vgl. auch Anm. 3. Ein einmal, wenn auch nur stillschweigend ausgesprochener Verzicht kann später nicht zurückgenommen werden; HbdUV. **1** 484; vgl. aber EuM. **21** 388 bezüglich des ausdrücklich nur für eine Instanz ausgesprochenen Verzichts. Ein Verzicht auf den Einwand liegt aber noch nicht darin, daß die BG. eine ärztliche Untersuchung des Verletzten veranlaßt; RVprax. Bd. 8 102 (RVA.).

Das Wesen der Ausschlußfrist besteht darin, daß sie unbedingt wirkt; deshalb ist das Recht regelmäßig auch dann verwirkt, wenn es dem Berechtigten überhaupt nicht möglich war, die zur Wahrung des Rechtes erforderliche Handlung innerhalb der vorgeschriebenen Frist vorzunehmen; EuM. **14** 24.

Die Wiedereinsetzung in den vorigen Stand ist nicht für die materiell-rechtliche Frist der §§ 1546, 1547 gegeben; EuM. **14** 24.

Ebenso fand das Gesetz betr. den Schutz der infolge des Krieges an der Wahrnehmung ihrer Rechte behinderten Personen v. 4. VIII. 14 (RGBl. S. 328) auf diese Ausschlußfristen keine Anwendung; AN. **20** 266.

Mit dem Ausschluß ist nicht die Verjährung des Anspruchs zu verwechseln; s. § 29 Abs. 3, nach dem der Anspruch auf Leistungen der VersTr. in 4 Jahren nach der Fälligkeit verjährt. Diese Vorschrift hat nicht nur Geltung für rechtskräftig festgestellte Rentenbeträge, sondern auch für Rückstände angemeldeter, aber nicht festgestellter Ansprüche; AN. **10** 644.

Durch den Eintritt eines neuen Unfalls, der eine Verschlimmerung der Folgen eines früheren verursacht hat, wird der Ablauf der Ausschlußfrist nicht unterbrochen; ArbVers. **14** 165 (RVA.).

Die Einleitung eines nicht zum Abschluß gebrachten Rentenfeststellungsverfahrens steht der späteren Geltendmachung der Versäumung der Ausschlußfrist nicht entgegen; AN. **01** 172; s. auch Anm. 2. Dieser Einwand kann auch noch im Rekursverfahren erhoben werden; AN. **91** 148.

Die Ausschlußfrist läuft gegen alle Entschädigungsberechtigten; HbdUV. **1** 484. Doch vgl. wegen der Ansprüche der Hinterbliebenen § 1548. Der Ablauf der Anmeldefrist gegenüber dem Verletzten wirkte auch gegen die den Anspruch betreibende LVAnst.; AN. **17** 242, EuM. **16** 188, a. A. Bay. LVAmt bezüglich einer KrK. in EuM. **13** 280, und gegen den nach § 902 das Verfahren betreibenden Unternehmer und die ihm nach § 899 Gleichgestellten; EuM. **23** 369.

Die Ausschlußfrist wirkt auch gegen prozeßunfähige Personen, die einen gesetzlichen Vertreter haben; AN. **91** 150, **19** 383, doch nicht, solange ein solcher nicht bestellt ist; AN. a. a. O.; für sie kommt in letzterem Falle auch § 1547 Abs. 1 Nr. 2 in Betracht; AN. **93** 180.

Die Entscheidungen, daß ohne Beeinträchtigung der Erwerbsfähigkeit die Ausschlußfrist weder beginnen noch laufen kann [EuM. **12** 254 (Bay. LVAmt), **10** 343 (Bay. LVAmt), AN. **17** 527, Komp. **18** 13 (RVA.)] und daß kleinere Störungen der Gesundheit infolge des Unfalls, die mehr oder weniger lästig sind, aber die Erwerbsfähigkeit nicht beschränken, nicht zur Anspruchanmeldung verpflichten (AN. **91** 148), sind durch EuM. **22** 116 überholt. Machen sich die Unfallfolgen erst nach Ablauf der ersten 2 Jahre bemerkbar, so beginnt von da ab nicht etwa eine neue Frist von 2 Jahren zu laufen; AN. **93** 180, dem Verletzten steht vielmehr nur die im § 1547 Abs. 2 vorgesehene zur Verfügung; AN. **19** 383, EuM. **12** 254 (Bay. LVAmt).

5. Für die Berechnung der Fristen gelten die §§ 124—127; Begr. S. 481.

Die Frist beginnt in allen Fällen schlechthin mit dem auf den Unfalltag folgenden Tage zu laufen; EuM. **22** 216, AN. **19** 383.

In einem Falle, in dem eine Beschädigung durch eine Reihe gleichartiger Unfälle (fortgesetzte Tritte einer Kuh beim Melken) verursacht war, ist die Frist nicht von dem ersten länger als 2 Jahre zurückliegenden Unfall, sondern von dem letzten an berechnet worden, wobei erwogen wurde, daß wahrscheinlich erst die späteren Tritte auf das bereits geschädigte und geschwächte Knie die Erkrankung verursacht haben; AN. **10** 521.

6. Die Frist gilt auch dann als gewahrt, wenn die Anspruchanmeldung bei einem nicht zuständigen Genossenschaftsorgan oder bei einer anderen BG. eingeht; EuM. **12** 249. S. § 1549.

Durch Geltendmachung des Entschädigungsanspruchs oder durch bloße Erwähnung von Unfallrentenansprüchen gelegentlich der Feststellung der Invalidenrente bei der unteren Verwaltungsbehörde oder der württembergischen Ortsbehörde für UV. wird im Gegensatz zu den auf altem Rechte beruhenden Entscheidungen AN. **02** 531 und EuM. **12** 249 die Anmeldefrist der §§ 1546, 1547 nicht gewahrt; EuM. **21** 217, **15** 220 (OVA. Stuttgart).

Auch wird die Anmeldefrist nicht durch die Anspruchanmeldung bei dem Bürgermeister schlechthin gewahrt, da die Anmeldung bei dem VersTr. selbst oder dem VA. vorgeschrieben ist; EuM. **14** 231 (Bay. LVAmt), sowie § 1549. Ferner genügt nicht die bloße Meldung des Unfalls oder der Wiedererkrankung an den Unfallfolgen an einen Vorgesetzten im Betrieb; AN. **93** 178 oben, **97** 349. Vgl. auch Anm. 7. Durch die gesprächsweise Mitteilung des Unfalls an einen Angestellten einer KrK. wird der Ablauf der Anmeldefrist nicht unterbrochen; EuM. **15** 361.

7a. Mit der Anspruchanmeldung ist die Erstattung der Unfallanzeige (§ 1552) nicht zu verwechseln, die den Anspruch nicht wahrt, auch wenn sie von dem Verletzten selbst, sei es als Unternehmer oder als dessen Vertreter, erstattet ist, es sei denn, daß nach der Art ihrer Abfassung in ihr eine Anmeldung des Anspruchs mit enthalten ist; EuM. **21** 381, **25** 466 (Sächs. LVAmt), BG. **26** 87 (RVA.), AN. **08** 437, HdbUV. **1** 485. Doch ist eine durch den Arbeitgeber auf Veranlassung des Verletzten bewirkte „Anmeldung" des Anspruchs wirksam, auch wenn sie vor Ablauf der 13. Woche nach dem Unfall erfolgt; AN. **91** 148. Es muß aber in der Eingabe des Unternehmers deutlich zum Ausdruck gebracht werden, daß der Verletzte einen Entschädigungsanspruch erhebt; VolksZ. **25** 312 (RVA.), AN. **08** 437, EuM. **25** 466 (Sächs. LVAmt); s. auch Breith. **17** 281 (RVA.), wo nach eingetretener Verschlimmerung in der Veranlassung der Unfallanzeige des Unternehmers durch den Verletzten und dessen nachfolgender Vernehmung durch die Ortspolizeibehörde eine Anspruchanmeldung erblickt worden ist, obwohl bei der Vernehmung nicht ausdrücklich erklärt wurde, daß Rentenansprüche gestellt würden.

7b. Die Sozialgesetzgebung hat bestimmte Formen für die Anmeldung von Ansprüchen bei den BGen. nicht vorgeschrieben, und die Rechtsprechung ist in dieser Hinsicht sehr weitherzig; EuM. **16** 188, **25** 466 (Sächs. LVAmt), AN. **02** 531. Die Anspruchanmeldung setzt aber voraus, daß der Verletzte, seinen Willen, einen Anspruch zu erheben und von den zuständigen Instanzen anerkannt zu sehen, hinlänglich zum Ausdruck bringt; hat der Verletzte beim VAmt den Anspruch zur Berücksichtigung und weiteren Veranlassung unterbreitet, so liegt darin, wenn auch keine schriftliche Beurkundung erfolgt ist, eine Anspruchanmeldung; EuM. **12** 249, AN. **08** 437. Anspruchanmeldung durch Fernsprecher genügt, sofern von der zuständigen Stelle eine Niederschrift über die Erklärung aufgenommen wird; AN. **06** 426. Erscheint der Verletzte innerhalb von 2 Jahren nach dem Unfall zu einer von der BG. angeordneten ärztlichen Untersuchung, so ist darin noch nicht die Anmeldung des Anspruchs zu erblicken, auch nicht in der Zusendung der Niederschrift über die polizeiliche Unfalluntersuchung; EuM. **15** 194. Auch in der Namhaftmachung der Hinterbliebenen eines infolge Unfalls Verstorbenen in dieser Niederschrift ist keine Anspruchanmeldung zu sehen; EuM. **16** 188. Ein Antrag nach § 902 kann aber unter Umständen eine Anspruchanmeldung darstellen; EuM. **21** 381.

7c. Die Anspruchanmeldung muß innerhalb der zweijährigen Frist bei der BG. eingegangen sein; EuM. **14** 24. Geht innerhalb dieser Frist die Niederschrift über eine Erklärung des Verletzten gelegentlich der Unfalluntersuchung, daß er zur Zeit noch erwerbsunfähig sei und sich daher etwaige Ansprüche an die BG. vorbehalte, bei der BG. ein, so ist darin eine bedingte Anspruchanmeldung zu erblicken, die dessen Ausschluß verhindert; AN. **13** 546, HdbUV. **1** 485; eine solche wurde auch in einem Falle angenommen, in dem der Verletzte innerhalb der Ausschlußfrist erklärt hatte, er stelle für den Fall, daß er infolge des Unfalls dienstunfähig werde, Rentenansprüche; Hb. a. a. O.; ebenso Bay. LVAmt und OVA. Mannheim in Fällen, wo der Verletzte für den Fall, daß sich später nachteilige Folgen des Unfalls bemerkbar machen sollten, einen Anspruch angemeldet hatte; EuM. **26** 368, Breith.

3 434. Ein bei der Unfalluntersuchung bedingt erhobener Rentenanspruch, der dem VersTr. nicht mitgeteilt wurde, wahrt aber nicht die Frist, sofern nicht die untersuchende Stelle das VAmt ist; BG. 14 94 (RVA.).

Als Mittel zur Wahrung der Ansprüche kommt aber neben dem Leistungsanspruch vor allem für künftige Ansprüche bei etwa befürchtetem Ausschluß eine Anspruchanmeldung unter Vorbehalt in Betracht; AN. 13 546, EuM. 18 339, 26 368 (Bay. LVAmt). Darüber, daß im allgemeinen ein Feststellungsanspruch, ein Betriebsunfall habe stattgefunden, lediglich zum Ausschluß des Fristablaufs nicht gegeben ist, s. AN. 93 182 und Anm. 1b zu § 1545.

Auch durch die Erhebung oder Anerkennung des Anspruchs auf Krankenbehandlung wird der auf Unfallrente vor dem Ausschluß geschützt; EuM. 18 339. Diese Wirkung hat gleichfalls die Anmeldung eines Ersatzanspruchs der KrK. aus Anlaß des Unfalls, wenn die Anmeldung im Auftrage des Verletzten erfolgt; VolkstZ. 18 22 (RVA.). Doch kann ein Verletzter aus der Unterlassung der der KrK. nach § 1503 obliegenden Anzeigepflicht keine Rechte herleiten; EuM. 15 361, Monatsschr. 24 63 (RVA.).

Die Anmeldung des Anspruchs kann auch schon vor Ablauf der 13. Woche nach dem Unfall rechtswirksam erfolgen; AN. 91 148. Anmeldung bei unzuständiger BG. unschädlich (§ 1549). Über Wirkungen der Anmeldung bei Versorgungsbehörden s. RVGer. 2 174, aber auch Anm. 3 zu § 1549.

Wird der Anspruch verspätet angemeldet, erhebt aber der VersTr. nicht diesen Einwand, so besteht ein Anspruch auf Rente nicht erst vom Tage der Anspruchanmeldung ab; EuM. 25 466 (Sächs. LVAmt); s. oben Anm. 3.

8. S. Begr. S. 481.

§ 1547[1]. Nach Ablauf der Frist kann der Anspruch noch geltend gemacht werden, wenn

1. eine neue Folge[2] des Unfalls, die einen Entschädigungsanspruch begründet, erst später, oder eine innerhalb der Frist eingetretene Folge erst nach Ablauf der Frist in wesentlich[3] höherem Maße, wenn auch in allmählicher gleichmäßiger Entwicklung[4] des Leidens, bemerkbar[5] geworden ist[6],

2. der Berechtigte an der Anmeldung durch Verhältnisse verhindert worden ist, die außerhalb seines Willens liegen[7].

Der Anspruch ist in diesen Fällen binnen drei Monaten[8] anzumelden, nachdem die neue Unfallfolge oder die wesentliche Verschlimmerung bemerkbar geworden oder das Hindernis weggefallen ist.

1. S. Begr. S. 481, KommBer. 6 20ff.

2. Das Eintreten einer neuen Folge oder einer Verschlimmerung der Unfallfolgen ist von dem Berechtigten glaubhaft zu machen; erst dann ist der VersTr. seinerseits verpflichtet, weitere Ermittlungen anzustellen; BG. 20 117 (RVA.). S. auch Anm. 2c Abs. 9 zu § 1545, 3 Abs. 2 zu § 1584. In einer Operation (Amputation eines Fußes), die wegen eines schon geraume Zeit bestehenden, durch einen Betriebsunfall verursachten und während der ersten 2 Jahre gleichmäßig die Erwerbsfähigkeit beeinträchtigenden Leidens vorgenommen wird, kann eine „neue Folge" des Unfalls nicht erblickt werden; EuM. 11 325 (Bay. LVAmt). S. dagegen KommBer. 6 20ff., wo als Anwendungsfall des § 1547 Abs. 1 Nr. 1 folgender Sachverhalt angeführt wurde: Ein Arbeiter hat bei einem Betriebsunfall eine Verletzung des Knies mit einer darauf folgenden langjährigen Erkrankung (Knochentuberkulose) erlitten und zwar Folgen der Verletzung sogleich gespürt, aber keinen Rentenanspruch erhoben, weil er auf Besserung hoffte, nach 4 Jahren aber infolge einer Verschlimmerung des Leidens sich einer Abnahme des Beines unterziehen müssen und sodann den Rentenanspruch erhoben. Die

Entfernung eines Splitters aus einem schon vor Jahren verletzten Arm bedeutet weder eine Verschlimmerung noch eine neue Unfallfolge; ArbVers. **28** 362 (RVA.).

Die in AN. **01** 172, **08** 569 abgedruckten Entscheidungen sind durch § 1547 Abs. 1 Nr. 1 überholt; KommBer. **6** 22, wonach ein Bundesratskommissar erklärte, daß kein neues Krankheitsbild vorzuliegen brauche, ebensowenig eine sprunghafte oder plötzliche Verschlimmerung.

Nach rechtskräftiger Ablehnung eines Entschädigungsanspruchs wegen Fristablaufs kann die Rechtzeitigkeit der Anmeldung eines neuen Anspruchs aus demselben Unfall nicht mit einer Verschlimmerung einer von Anfang an vorhanden gewesenen Unfallfolge begründet werden; Komp. **18** 162 (RVA.), Breith. **1** 255 (RVA.), EuM. **25** 300 (Bad. LVAmt), **25** 302 (Anm.); s. aber auch Anm. 5 Abs. 6.

Über Fälle, in denen der geltend gemachte Anspruch auf einen von dem früheren abweichenden Klagegrund gestützt wird, s. Anm. 2 Abs. 1 am Ende zu § 1546.

3. Nicht jede geringfügige Verschlimmerung einer früheren Unfallfolge berechtigt zur nachträglichen Anspruchanmeldung, sie muß vielmehr, wenn auch in allmählicher Entwicklung, einen Grad erreicht haben, der sie als eine immerhin erheblichere und jedenfalls zweifelsfrei feststellbare und abschätzbare Verschlimmerung erscheinen läßt; KommBer. **6** 26. Eine wesentliche Verschlimmerung ist nur dann anzunehmen, wenn sie sich um mehr als 5 v.H. auf die Erwerbsfähigkeit des Verletzten auswirkt; um den Rentenanspruch an sich zu rechtfertigen, muß aber die Erwerbsfähigkeit durch Unfallfolgen um mindestens 10 v.H. gemindert sein; EuM. **22** 116.

Soll ein innerhalb der Frist des § 1546 bereits aufgetretenes Leiden die Anwendung des § 1547 Abs. 1 Nr. 1 rechtfertigen, so muß es in den der Anspruchanmeldung vorhergehenden 3 Monaten seinen höchsten bisherigen Stand in der Entwicklung erreicht haben, wobei der dem Unfall unmittelbar folgende Krankheitszustand außer Betracht zu bleiben hat; EuM. **22** 116, **23** 369. Bezüglich des Grades der Verschlimmerung ist der bei der Anspruchanmeldung oder der in den 3 ihr vorhergehenden Monaten vorliegende Krankheitszustand zu vergleichen, a) sofern es sich um die erste Verschlimmerung handelt, mit dem bei Ablauf der ersten 2 Monate nach dem Unfall vorhanden gewesenen Zustand (AN. **26** 354), b) bei einer weiteren Verschlimmerung mit dem Stande der letzten vorhergegangenen Erkrankung, c) bei ständigem Wechsel zwischen Besserung und Verschlimmerung mit dem nach Ablauf der letzten 2 Jahre vorhanden gewesenen Durchschnittszustand; EuM. **22** 116.

4. S. Anm. 2 Abs. 2.

5. Der Umstand, daß sich erst nach Ablauf der 2 Jahre die Folgen des Unfalls in wirtschaftlich fühlbarem Maße bemerkbar gemacht haben, rechtfertigt die Anwendung des § 1547 Abs. 1 Nr. 1; EuM. **22** 116.

Das Leiden muß von dem Verletzten als Unfallfolge erkannt oder für ihn bei Anwendung der nötigen Sorgfalt erkennbar gewesen sein; AN. **93** 179, EuM. **23** 369, Komp. **18** 12 (RVA.), 13 (RVA.). Bei nicht Prozeßfähigen kommt es darauf an, wann die Unfallfolgen dem gesetzlichen Vertreter erkennbar geworden sind; HbdUV. **1** 486, AN. **19** 383, EuM. **21** 381, **22** 116.

Nimmt ein Verletzter einen Zusammenhang zwischen Unfall und Leiden an, so hat er die Pflicht, alsbald seine Ansprüche geltend zu machen, jedenfalls so lange, als diese seine Überzeugung nicht aus triftigen Gründen wieder beseitigt wurde, etwa durch Belehrung des Arztes; EuM. **10** 343 (Bay. LVAmt).

Doch ist ärztliche Feststellung der neuen Unfallfolge für den Fristbeginn nicht erforderlich, es genügt ein Erkennbarwerden für den Verletzten; Monatsschr. **23** 60 (RVA.).

Wird der Verletzte von dem behandelnden Arzte dahin belehrt, daß das Leiden keine Unfallfolge sei, so besteht für ihn keine Pflicht zur Anspruchanmeldung; AN **93** 179, ArbVers. **11** 547 (RVA.).

Die rechtskräftige Ablehnung des Anspruchs wegen Versäumung der zweijährigen Anmeldefrist steht der Geltendmachung einer bis dahin nicht erkennbar gewesenen neuen Folge nicht entgegen, sofern es sich nicht um die Verschlimmerung der früheren Krankheitserscheinungen handelt; Monatsschr. **21** 323 (RVA.) — Komp. **18** 162 (RVA.) wurde nicht als dem entgegenstehend angesehen —; s. aber Anm. 2 vorletzten Absatz.

Ist eine Unfallfolge tatsächlich vorhanden und bemerkbar geworden, so ist es unerheblich, ob sie auch einen Verdienstausfall verursacht hat oder nicht; HbdUV. **1** 486. Ein Entschädigungsanspruch wurde in einem Falle als verspätet angemeldet angesehen, wo ein Verletzter nach dem Verlust eines Auges ohne Lohnausfall weitergearbeitet und nicht rechtzeitig Ansprüche angemeldet hatte; AN. **10** 422; s. auch Anm. 2a zu § 1546. Doch sind neue Folgen, welche die Frist in Lauf setzen, erst dann anzunehmen, wenn die Krankheitserscheinungen die Erwerbsfähigkeit des Verletzten meßbar beeinträchtigen; EuM. **12** 254 (Bay. LVAmt), ArbVers. **10** 743 (RVA.); s. auch oben Anm. 3 Abs. 1, ferner Anm. 4 Abs. 10 zu § 1546. Darüber, ob auch veränderte Arbeits- und Lohnverhältnisse als neue Folge zu berücksichtigen sind, s. KommBer. **6** 26.

Die allgemeine Behauptung des Eintritts einer Verschlimmerung genügt nicht; es müssen vielmehr bestimmte Tatsachen vom Verletzten angegeben werden, aus denen zu entnehmen ist, daß die tatsächlichen Voraussetzungen der Ausnahmebestimmungen gegeben sein können. Erst dann ist die BG. zur Einleitung von Ermittlungen verpflichtet; BG. **20** 117 (RVA.).

6. Die Vorschrift des § 1547 Abs. 1 Nr. 1 findet auf Unfälle, die sich vor dem 1. I. 13 ereignet haben, dann keine Anwendung, wenn der Entschädigungsanspruch durch Fristablauf bereits nach altem Rechte ausgeschlossen war; AN. **13** 546, Komp. **16** 142 (RVA.), Breith. **3** 636 (Sächs. LVAmt), Monatsschr. **13** 676 (Bay. LVAmt), oder wenn der nach diesem erforderliche Vorbescheid bereits vor dem 1. I. 13 erteilt war; EuM. **3** 341 (Bay. LVAmt); teilweise a. A. AN. **13** 546.

Tritt eine neue Unfallfolge im Sinne des Abs. 1 Nr. 1 auf, so ist der Entschädigungsanspruch in seinem ganzen Umfang nachzuprüfen, also beim Vorliegen mehrerer auf den Unfall zurückgeführter Erkrankungen auch bezüglich derjenigen, bei denen der Anspruch verspätet angemeldet ist; AN. **12** 1136.

Bei nachträglicher Verschlimmerung ist, wenn sich für diese ein bestimmter Zeitpunkt feststellen läßt, von diesem ab, sonst vom Tage der Anspruchanmeldung ab eine Entschädigung zu gewähren; AN. **12** 1136 (2. Fall).

7. Z. B., wenn ein Prozeßunfähiger nicht gesetzlich vertreten ist; AN. **93** 180; s. auch Anm. 4 vorl. Abs. zu § 1546. Die schuldhafte Unterlassung der Antragstellung durch den gesetzlichen Vertreter ist kein unter Nr. 2 fallendes Ereignis; EuM. **22** 116. Hierunter können aber unter Umständen unrichtige, dem Verletzten von dazu berufenen Personen oder behördlichen Stellen (Gemeindevorsteher, Ortspolizeibehörde, VA., Kreisausschuß) erteilte Rechtsbelehrungen über die Art der Verfolgung seiner Ansprüche fallen; AN. **91** 149, **96** 288, vgl. aber auch AN. **91** 148, nicht aber Unterlassung des Hinweises auf Anspruchanmeldung durch einen Rechtsanwalt; EuM. **21** 381 (386). Die irrtümlich und wahrheitswidrig einem Minderjährigen in glaubhafter und zuverlässiger Form erteilte Auskunft, sein gesetzlicher Vertreter habe den Entschädigungsanspruch angemeldet, kann unter § 1547 Abs. 1 Nr. 2 fallen; EuM. **25** 468. Doch muß die Belehrung so bestimmt lauten, daß der Verletzte keinen Anlaß hat, noch anderweit sich zu erkundigen; AN. **02** 678. Unrichtige Belehrung durch den Gemeindeschreiber rechtfertigt nicht die verspätete Anmeldung, da dem Verletzten überlassen ist, ob er einen Rat befolgen will oder nicht; EuM. **3** 264 (Bay. LVAmt). Doch ist die unzutreffende Belehrung durch den Vertrauensmann einer BG. als außerhalb des Willens liegender Umstand angesehen

worden; AN. **10** 422, nicht aber die Tatsache, daß der Verletzte im Krankenhause nicht darüber belehrt worden ist, daß er Unfallrente beanspruchen könne; EuM. **10** 343 (Bay. LVAmt), ferner nicht die falsche Belehrung durch den behandelnden Arzt, der Verletzte habe aus Rechtsgründen keinen Anspruch auf Unfallrente; EuM. **14** 317, s. aber Anm. 5 Abs. 4. Ist der Verletzte durch den VersTr. selbst von der rechtzeitigen Anmeldung seines Anspruchs abgehalten worden, so kann ihm der Einwand des Fristablaufs nicht entgegengehalten werden; AN. **93** 177, HbdUV. **1** 485. Dies wurde auch in einem Fall angenommen, in dem den Verletzten sein Arbeitgeber belehrt hatte, der Betrieb sei nicht versicherungspflichtig, und diese Auffassung mit der Rechtsprechung des RVA. übereinstimmte, die aber nachträglich geändert wurde; AN. **13** 430, s. auch HbdUV. ErgBd. S. 30.

Bei einem Unfall während militärischen Urlaubs ist die Behandlung in einem Militärlazarett und die Bearbeitung der Sache durch die Versorgungsbehörden als ein Umstand anerkannt worden, durch den der Verletzte an der Anmeldung verhindert worden ist; Bay. LVAmt **22** 41. S. auch Anm. 3 zu § 1549.

Der Russeneinfall 1914 und die Dauer des Weltkriegs haben die Bewohner Ostpreußens nicht gehindert, Unfallentschädigungsansprüche rechtzeitig anzumelden; EuM. **15** 197.

Gesetzesunkunde oder Unkunde des Lesens und Schreibens oder die Schwierigkeit, persönlich an Ort und Stelle den Anspruch anzumelden, fällt nicht unter § 1547 Abs. 1 Nr. 2; HbdUV. **1** 487, EuM. **21** 381, **24** 12, auch nicht z. B. die irrige Annahme, daß ein gleichzeitiger Antrag auf U.- und I.-Rente unzulässig sei; Breith. **2** 343 (RVA.). Doch ist bei unterbliebener amtlicher Veröffentlichung einer Satzungsänderung, durch welche die Vers. auf alle Unternehmer erstreckt worden war, bei an sich verspätet angemeldetem Anspruch § 1547 Abs. 1 Nr. 2 für anwendbar gehalten worden; EuM. **24** 12. S. auch Anm. 5 zu § 1253.

Zur Anwendung von Abs. 1 Nr. 2 genügt es, wenn der Entschädigungsberechtigte am Schlusse der zweijährigen Frist eine in das Gewicht fallende Zeit hindurch an der Wahrnehmung seiner Rechte durch außerhalb seines Willens liegende Verhältnisse gehindert war; HbdUV. **1** 487.

8. Die Frist beginnt erst zu laufen, wenn die neuen Folgen die Erwerbsfähigkeit des Verletzten meßbar beeinträchtigen; EuM. **12** 254 (Bay. LVAmt), s. auch AN. **17** 527. Sie läuft von dem Zeitpunkt, in dem der Versicherte bei Anwendung pflichtmäßiger Sorgfalt die Anmeldung vornehmen mußte; Komp. **18** 12 (RVA.), Breith. **17** 281 (RVA.), nicht erst von dem Zeitpunkt der Festlegung der Unfallfolge in einem ärztlichen Gutachten ab; Monatsschr. **23** 60 (RVA.).

Der Lauf der Frist zur nachträglichen Anmeldung eines Anspruchs gemäß § 1547 Abs. 2 hängt ab von der Kenntnis des gesetzlichen Vertreters, nicht des vertretenen Berechtigten; HbdUV. **1** 486; daran änderte auch nichts die besondere Befugnis des Minderjährigen über 16 Jahre zur selbständigen Geltendmachung von Rechtsbehelfen und Einlegung von Rechtsmitteln auf Grund des weggefallenen § 1591 Abs. 3 in Verbindung mit §§ 1650, 1679, 1701; AN. **19** 383.

§ 1548[1]. Stirbt der Verletzte infolge des Unfalls[2], so ist der Anspruch auf Entschädigung für die Hinterbliebenen, wenn sie nicht von Amts wegen festgestellt[3] ist, zur Vermeidung des Ausschlusses[4] spätestens zwei Jahre[5] nach dem Tode des Verletzten bei dem Versicherungsträger[6] anzumelden[7].

Nach Ablauf der Frist kann der Anspruch noch geltend gemacht werden, wenn die Voraussetzung des § 1547 Abs. 1 Nr. 2 vorliegt[8] und der Anspruch binnen drei Monaten[9] nach Wegfall des Hindernisses angemeldet worden ist.

1. S. KommBer. **6** 27.

§ 1548 ist nicht anwendbar, wenn der Tod des Verletzten bereits vor dem 1. I. 13 eingetreten und der Anspruch durch Fristablauf schon unter der Herrschaft des alten Rechts ausgeschlossen war; Monatsschr. **15** 404 (RVA.). Doch wird, wenn zwar der Unfall vor, der Tod aber nach dem Inkrafttreten der RVO. liegt, der Hinterbliebenenrentenanspruch erst durch den Ablauf von 2 Jahren nach dem Tode ausgeschlossen, auch wenn für den Verletzten selbst eine Entschädigung nicht festgestellt und sein Anspruch durch Nichtanmeldung ausgeschlossen war; AN. **16** 773.

2. Für die Hinterbliebenen wird, auch wenn der Verletzte selbst mit seinen Ansprüchen nach § 1546 ausgeschlossen war, mit dem Tode des Verunglückten eine neue Frist von 2 Jahren in Lauf gesetzt; Monatsschr. **19** 561 (RVA.). Diese ist aber auch dann einzuhalten, wenn zu Lebzeiten des Verletzten niemals von einem Unfall die Rede war; KommBer. **6** 27. Ist ein Arbeiter vor Inkrafttreten der VRO. verunglückt, aber erst nach ihrem Inkrafttreten verstorben, so ist der Hinterbliebenenrentenanspruch ausschließlich nach der RVO. zu beurteilen; AN. **16** 775.

3. S. Anm. 2 zu § 1545.

Die Feststellung des Sterbegeldes unterbricht nicht den Lauf der Ausschlußfrist; RVprax. Bd. **9** 9 (RVA.). Auch in der Anfrage der BG. bei dem Gemeindevorstand, an wen der Bescheid wegen des Sterbegelds zu richten sei, ist keine Feststellung der Hinterbliebenenentschädigung zu erblicken; EuM. **16** 188.

4. S. Anm. 4 zu § 1546.

Die Feststellung der Entschädigung für die in erster Linie berechtigten Hinterbliebenen (Witwe, Kinder) hindert den Ausschluß des Anspruchs wegen Ablaufs der Anmeldefrist auch für die erst in zweiter Linie Berechtigten (Eltern); AN. **17** 588.

5. S. Anm. 5 zu § 1546.

Die Frist läuft vom Tode des Verletzten, nicht vom Unfall an; BG. **16** 136 (RVA.).

Die Ausschlußfrist des § 1548 gehört zu den „Verjährungs-, Ausschluß- und Verfallfristen" im Sinne des Art. 300 Abschnitt a des Friedensvertrags von Versailles, deren Lauf für die Kriegsdauer gehemmt war; AN. **22** 165.

6. S. Anm. 6 zu § 1546.

7. S. Anm. 7 zu § 1546.

8. S. Anm. 7 zu § 1547.

9. S. Anm. 8 zu § 1547.

§ 1549. Die Fristen (§§ 1546 bis 1548)[1] werden auch gewahrt[2], wenn der Anspruch rechtzeitig bei einem nicht zuständigen Träger der Unfallversicherung[3] oder bei einem Versicherungsamt[4] angemeldet wird[5].

Die Anmeldung ist unverzüglich an die zuständige Stelle abzugeben[6], der Beteiligte ist zu benachrichtigen.

1. Also die Fristen von 2 Jahren und 3 Monaten.

2. Vgl. § 129 Abs. 2.

3. Die Anmeldung des Anspruchs bei der Militärverwaltung wahrt die Frist nicht, wenn die Militärverwaltung nicht als VersTr. angegangen worden ist; Monatsschr. **23** 112 (RVA.); a. A. Monatsschr. **23** 229 (Bay. LVAmt), auch RVGer. **2** 174. S. auch Anm. 7 Abs. 2 zu § 1547.

Nach dem UVG. wurden die Fristen auch durch die Anmeldung des Anspruchs bei einer BG. gewahrt, die der Verletzte verständigerweise für zuständig halten konnte; AN. **16** 501, **93** 178.

Ist der Anspruch auf Unfallrente gelegentlich der Verfolgung von Invalidenrentenansprüchen bei dem VA., früher der unteren Verwaltungsbehörde, erwähnt worden, so ist darin eine Anspruchanmeldung zu erblicken, auch wenn darüber keine Niederschrift aufgenommen worden ist; AN. **02** 531.

4. Bei den Ortsbehörden für Arbeiterversicherung in Württemberg kann der Anspruch nicht wirksam angemeldet werden; diese sind aber verpflichtet, die Anmeldung unverzüglich an die BG. oder das VA. weiterzugeben; EuM. 21 217, 15 260 (OVA. Stuttgart).

Ein bei der polizeilichen Unfalluntersuchung bedingt erhobener Anspruch, der an die BG. nicht weitergegeben wurde, unterbricht den Fristablauf nur dann, wenn die untersuchende Stelle gleichzeitig das VA. ist; BG. 15 94 (RVA.); s. aber auch Anm. 6 zu § 1546.

5. S. Anm. 7 zu § 1546.

Bei der in § 1549 getroffenen Regelung wird der Unerfahrenheit der Versicherten und ihrer Hinterbliebenen in der Verfolgung ihrer Rechte in weitgehendem Maße Rechnung getragen; Begr. S. 481.

6. S. § 129 Abs. 3.

§ 1550. Gelangen Fälle, in denen freiwillige Leistungen[1] der Versicherungsträger[2] angezeigt scheinen, zur Kenntnis des Versicherungsamts, so benachrichtigt[3] es den Versicherungsträger.

1. S. Begr. S. 482, wo Einzelfälle aufgezählt sind.
2. Aller Versicherungszweige.
3. Dazu ist es verpflichtet; Begr. a. a. O.

II. Krankenversicherung

§ 1551. Anträge auf Leistungen der Krankenversicherung[1] sind bei der Krankenkasse[2] oder dem sonst Verpflichteten[3] zu stellen.

Als Leistungen der Krankenversicherung gelten auch[4]

die Leistungen des zur Krankenhilfe Verpflichteten nach §§ 559g, 559h, 622a, 930, 1065,

die Leistungen des zur Krankenhilfe Verpflichteten an die Träger der Unfallversicherung nach den §§ 559k, 930, 1065,

die Leistungen der Träger der Invalidenversicherung nach § 1518,

die Leistungen der Krankenkassen und Ersatzkassen bei Übertragung der Fürsorge durch Träger der Invalidenversicherung nach dem § 1519, soweit es sich nicht um Invaliden- oder Hinterbliebenenrente handelt.

Dies gilt für die vorbezeichneten Fälle des § 1065 in Verbindung mit § 559k nur, soweit § 1770 für Seeleute nichts anderes bestimmt.

G. v. 14. VII. 25 (RGBl. I S. 97), in Kraft v. 1. I. 26 an, Art. 135 dieses G.

1. Vgl. §§ 179ff. RVO.; Verfahren bei Streit über Leistungen aus der KV. vgl. §§ 1636ff.
2. Vgl. § 225 RVO. § 1551 gilt nicht für Leistungen der Ersatzkassen; Begr. z. RVO. S. 482.
3. Vgl. § 221 RVO.
4. Streit über derartige Leistungen ist also im Spruchverfahren (Feststellungsverfahren) nach §§ 1636, 1675, 1694, 1695 RVO. zu entscheiden; Begr. z. RVO. S. 482.

III. Unfallversicherung

1. Unfallanzeige

§ 1552. Der Betriebsunternehmer[1] hat jeden Unfall in seinem Betrieb[2] anzuzeigen[3], wenn durch den Unfall ein im Betriebe Beschäftigter getötet oder so verletzt ist, daß er stirbt oder für mehr als drei Tage völlig oder teilweise arbeitsunfähig wird.

Der Unfall ist binnen drei Tagen[4] anzuzeigen[5], nachdem der Betriebsunternehmer ihn erfahren hat.

1. S. Anm. 1 zu § 633.

2. S. Anm. 1—9 zu § 544.

3. Wegen des Inhalts der Anzeige s. § 1555. S. auch § 55 Mustersatzung für gewerbliche BGen., § 42 Mustersatzung I, § 41 Mustersatzung II für landwirtschaftliche BGen.; AN. **12** 578ff., 606ff., 636ff.

Der Unternehmer ist nicht verpflichtet, der Ortspolizeibehörde außer der Unfallanzeige noch weitere Anzeigen zu erstatten, wenn der Zustand des Verletzten sich verschlimmert und eine längere Arbeitsunfähigkeit als anfänglich vorauszusehen zur Folge hat; auch ist er nicht gehalten, der Unfallanzeige ein ärztliches Gutachten über die voraussichtliche Dauer der Erwerbsunfähigkeit beizufügen. Das Gesetz stellt vielmehr, wenn auch nur mittelbar, an die Ortspolizeibehörden die Anforderung, die Unfälle tunlichst im Auge zu behalten; AN. **85** 363.

Ist die Unfallanzeige vorläufig unterblieben, so ist sie nachträglich zu erstatten, sobald feststeht, daß die Arbeitsunfähigkeit des Verletzten länger als 3 Tage dauert; die Anzeigefrist (s. Anm. 4) läuft dann erst von dem Tage ab, an dem diese Tatsache dem Unternehmer erkennbar geworden ist; HbdUV. **1** 462.

Der Unternehmer hat die Anzeige zu erstatten, sobald er in irgendeiner Weise Kenntnis von dem Unfall erlangt, besonders auch dann, wenn ihm durch den angeblich Verletzten eine solche Mitteilung gemacht wird. Der Unternehmer ist im allgemeinen nicht verpflichtet, eine Untersuchung über die Richtigkeit dieser Mitteilung und das Vorliegen eines Unfalls anzustellen; HbdUV. **1** 463, 659. Hat er sich aber alsbald die nach seinem guten Glauben begründete Überzeugung verschafft, es habe sich entgegen der Behauptung des Verletzten ein entschädigungspflichtiger Betriebsunfall überhaupt nicht ereignet, so ist er zur Erstattung der Anzeige nicht verpflichtet; Soergel **13** 174 (VerwGer. Darmstadt). Zur Vermeidung einer Bestrafung (§ 1556) empfiehlt es sich aber, die Anzeige auch dann zu erstatten, wenn es zweifelhaft ist, ob der Unfall sich beim Betrieb ereignet hat; HbdUV. **1** 463. Vgl. auch Anm. 7 zu § 1556. Bei Zweifelhaftigkeit, ob ein Betriebsunfall vorliegt, bedeutet die Unterlassung der Unfallanzeige durch den Unternehmer kein Verschulden im Sinne der §§ 276, 823 Abs. 2 BGB.; RGZ. **95** 283, sofern nicht die Erstattung der Anzeige vertraglich dem Unternehmer oblag; EuM. **27** 242 (RArbGer.).

Wenn ein Verletzter, der für die eine Folge eines Unfalls bereits eine Rente bezieht, wegen einer anderen Folge die Erstattung einer neuen Unfallanzeige von seinem Arbeitgeber beansprucht, so kann darin rechtlich nur ein Antrag auf Erhöhung der bisherigen Rente gesehen werden; AN. **23** 193.

Von einem Unfall des Unternehmers selbst ist nur dann Anzeige zu erstatten, wenn dieser freiwillig oder zwangsversichert ist; HbdUV. **1** 463.

Den Betriebsunternehmern liegt es ob, durch zweckentsprechende Anweisungen ihrer Betriebsbeamten, durch Verpflichtung der Arbeiter oder durch Anschlag einer Anordnung in den Fabriken und Betriebsstätten darauf hinzuwirken, daß alle im Betriebe vorkommenden Unfälle ihnen oder ihren Stellvertretern unverzüglich gemeldet werden; HbdUV. **1** 462.

Über die Pflicht des Unternehmers, die BG. bei der Durchführung der UV. zu unterstützen und ihr über die Behandlung und den Zustand des Verletzten Auskunft zu erteilen, s. § 1543c.

Wegen der etwaigen Bestrafung s. § 1556.

Die vom Betriebsunternehmer erstattete Anzeige entbindet die Krk. nicht von der Pflicht zur Erstattung der Unfallanzeige nach § 1503; EuM. **26** 534.

4. Die Frist beträgt einheitlich 3 Tage; Begr. S. 483. Bei ihrer Berechnung wird der Tag, an dem der Unternehmer von dem Unfall Kenntnis erhalten hat, nicht mitgerechnet (§ 124); sie endigt mit dem Ablauf des letzten Tages der Frist (§ 125 Abs. 1); Begr. S. 483.

Vgl. auch Anm. 3 Abs. 3.

5. Ein Unfall, der sich in einem Betriebe vor dessen Eintragung in das Betriebsverzeichnis ereignet hat, ist unverzüglich nach der Behändigung des Mitgliedscheins anzuzeigen; HbdUV. **1** 659.

§ 1553. Die Anzeige ist schriftlich [1] oder mündlich [2] der Ortspolizeibehörde [3] des Unfallorts [4] und der durch die Satzung des Versicherungsträgers bestimmten Stelle [5] zu erstatten [6].

Ereignet sich der Unfall auf der Reise [7], so kann er auch der inländischen Ortspolizeibehörde angezeigt werden, in deren Bezirke sich der Verletzte zuerst nach dem Unfall aufhält.

Ereignet sich der Unfall im Ausland und ist keine nach Abs. 2 zuständige Behörde im Inland vorhanden, so ist er der Ortspolizeibehörde des inländischen Betriebsitzes anzuzeigen [8].

Die oberste Verwaltungsbehörde kann bestimmen [9], daß Unternehmer von Betrieben, die der gewerblichen Unfallversicherung unterliegen, die Anzeige an die Ortspolizeibehörde schriftlich unter Beifügung einer Abschrift erstatten und daß die Ortspolizeibehörde die Abschrift an den zuständigen Gewerbeaufsichtsbeamten [10] weitergibt.

G. v. 14. VII. 25 (RGBl. I S. 97).

1. S. § 1555.

2. Vgl. KommBer. **6** 32f., wo die mündliche Anzeige besonders auf dem Lande für wünschenswert bezeichnet wurde. Bei tödlichen oder Massenunfällen in Reichsbetrieben ist nach Nr. 2 Abs. 3 der Ausführungsbestimmungen v. 12. I. 28 Drahtnachricht oder Fernspruch an die Ausführungsbehörde erforderlich; AN. **28** 2.

Die dem Unternehmer gelassene Wahl zwischen mündlicher und schriftlicher Anzeige darf nicht durch die Satzung der BG. beschränkt werden; HbdUV. **2** 167.

3. Darüber, daß die oberste Verwaltungsbehörde bestimmt, welche Behörde die Geschäfte der Ortspolizeibehörden zu erfüllen hat, vgl. § 111 Abs. 1 Nr. 1. Für Preußen s. Bek. v. 7. XII. 11 (HMinBl. **11** 447), nach der z. B. bei Betrieben, die unter bergpolizeilicher Aufsicht stehen, die Geschäfte der Ortspolizeibehörde durch den Bergrevierbeamten wahrgenommen werden.

Darüber, daß bei gewerblichen Berufskrankheiten bezüglich der Unfallanzeige und der Unfalluntersuchung an die Stelle der Ortspolizeibehörde das VA. des Betriebssitzes tritt, s. §§ 6ff. V. v. 11. II. 29 (RGBl. I S. 29), früher §§ 7ff. V. v. 12. V. 25 (RGBl. I S. 69). S. auch Anm. 1 Abs. 2 zu § 1555.

4. Dies gilt auch dann, wenn der Betriebssitz in einem anderen Ortspolizeibezirk liegt; AN. **85** 365.

5. Dies kann auch eine außerhalb des VersTr. stehende Stelle sein; Begr. z. G. v. 14. VII. 25 S. 24.

6. Die fälschliche Anzeige eines Unfalls kann als Betrug strafbar sein; RGSt. **29** 291, BG. **19** 54 (LG. Bielefeld), gleichfalls falsche Angaben des Verletzten bei der Unfalluntersuchung; EuM. **27** 244 (RG.), ebenso die Vortäuschung eines Wegeunfalls durch den Versicherten; BG. **30** 48 (AG. Frankfurt a. M.), ferner das

Verschweigen des Fortfalls der Unfallfolgen durch den Verletzten unter Fortbezug der Rente; EuM. **13** 391 (RG.), Breith. **2** 333 (RG.).

7. S. Begr. S. 483.

8. S. AN. **85** 345, Begr. S. 483.

Über die Durchführung der Unfalluntersuchung in diesem Falle s. § 1560.

9. Abs. 4 bezweckt eine Entlastung der Ortspolizeibehörde; Begr. zum 2. G. über Änderungen in der UV. S. 38. Für Preußen s. Erlaß v. 16. VII. 25 (VMinBl. **25** 332). Ein Verzeichnis der Länder, die von der Befugnis des Abs. 4 keinen Gebrauch gemacht haben, s. in BG. **26** 318.

10. S. § 139b GewO.

§ 1554. Für den Betriebsunternehmer[1] kann der Leiter des Betriebs oder Betriebsteils, in dem sich der Unfall ereignet hat, die Anzeigen erstatten. Er ist dazu verpflichtet, wenn der Unternehmer abwesend oder verhindert ist[2].

1. Darüber, daß dieser die Anzeigepflicht neben den Betriebsleitern auch Aufsichtspersonen und anderen Angestellten übertragen kann, s. § 913 Abs. 1. Wegen der etwaigen Bestrafung vgl. § 1556.

2. S. Anm. 5 zu § 1556.

§ 1555. Das Reichsversicherungsamt stellt die Muster[1] für die Unfallanzeigen[2] fest.

1. Das Muster hat die Aufgabe, eine mit Beschleunigung zu erstattende Anzeige über einen Unfall, der zur Kenntnis der Ortspolizeibehörde und der Organe der BG. zu bringen ist, zu erleichtern und als Anhalt für eine weitere Aufklärung des Falls zu dienen; AN. **85** 286.

Vgl. über das Muster die Bek. v. 19. XII. 12; AN. **12** 1110 und v. 28. IV. 26; AN. **26** 250. S. auch das Muster für die dem RAM. unterstellten Reichsbetriebe; AN. **28** 3. Wegen der Muster bei gewerblichen Berufskrankheiten s. AN. **29** 153, früher **25** 237, auch Monatsschr. **25** 588 (RVA.), ferner bei den dem RAM. unterstellten Reichsbetrieben AN. **29** 255; vgl. auch die Bek. über das Verfahren bei der Anzeige und Untersuchung von Berufskrankheiten in der SeeUV. v. 1. X. 29; AN. **29** 388.

Das Muster ist nach Form, Farbe und Inhalt für die schriftliche Anzeige bindend und gilt für sämtliche BGen.; AN. **00** 710, HbdUV. **1** 463, doch nicht für die in § 1557 aufgeführten Betriebe. Das OVG. hält es für genügend, wenn die Anzeige inhaltlich dem vorgeschriebenen Formular entspricht; OVGE. **31** 346.

Darüber, daß das Muster nicht für die Betriebe des Reichs und der Länder gilt, s. § 1557. Doch empfiehlt sich eine gewisse Gleichmäßigkeit des Formulars; HbdUV. **1** 464.

Die Anschaffung der Formulare ist zunächst Sache der Betriebsunternehmer selbst. Die Einrichtung besonderer Verkaufsstellen, besonders die Bestellung der Ortspolizeibehörden zu solchen, ist Sache der Landesregierungen; HbdUV. **1** 463.

2. Darüber, daß die Anzeige auch mündlich erstattet werden kann, s. Anm. 2 zu § 1553.

§ 1556. Wird der Unfall nicht oder zu spät[1] angezeigt[2], so kann[3] der Vorstand[4] der Berufsgenossenschaft gegen den Verpflichteten[5] Ordnungsstrafe in Geld[6] verhängen[7].

Dies gilt auch im Falle des § 913 Abs. 1[8] und der entsprechenden Vorschrift für die landwirtschaftliche Unfallversicherung (§ 1045). § 913 Abs. 2, 3, §§ 1045, 1223[9] gelten entsprechend.

Auf Beschwerde[10] entscheidet das Oberversicherungsamt (Beschlußkammer) endgültig.

Bek. v. 15. XII. 24 (RGBl. I S. 779).

1. Nach mehr als 3 Tagen; § 1552 Abs. 2.

2. S. Anm. 3 zu § 1552.

3. Der Vorstand hat nach verständigem Ermessen zu erwägen, ob eine Bestrafung angezeigt ist. Im allgemeinen soll nur gestraft werden, wo die Pflichtversäumnis auf bösem Willen oder grober Nachlässigkeit beruht; AN. **86** 66. Jeder einzelne Fall ist sorgfältig daraufhin zu prüfen, ob eine Strafverfügung überhaupt erforderlich und welches Strafmaß angemessen ist. Die Strafe ist so zu bemessen, daß der Bestrafte nicht einen empfindlicheren Nachteil erleidet, als es der Zweck der Bestrafung erfordert; AN. **90** 150. Andrerseits ist zu berücksichtigen, daß die rechtzeitige Anzeige des Unfalls für die frühzeitige Übernahme des Heilverfahrens wichtig ist; Z. 15 der Leitsätze für das Heilverfahren in der Wartezeit (AN. **11** 597).

Vgl. im übrigen die §§ 908ff. und die dortigen Anm.

4. Nur die Vorstände als solche, also nicht der Vorsitzende des Vorstands allein, sind zur Verhängung der Geldstrafen befugt, sofern nicht die Satzung einen besonderen Ausschuß dafür vorsieht; auch darf die Festsetzung nicht dem Geschäftsführer übertragen werden; AN. **86** 66, **08** 551, §§ 5, 8 der im Anhang zum III. Buch der RVO. abgedruckten Bestimmungen über die Übertragung von Aufgaben auf die Geschäftsführer v. 4. II. 13, die nur die Vorbereitung und Ausführung der Strafen durch die Geschäftsführer zulassen.

5. Das sind der Betriebsunternehmer (§ 1552) oder der ihm nach § 912 Gleichgestellte, neben ihm der Betriebsleiter (§ 1554), gegebenenfalls an seiner Stelle der Betriebsleiter und andere Angestellte (§ 913).

Doch bleibt im allgemeinen der Unternehmer für die rechtzeitige Erstattung der Anzeige verantwortlich, auch wenn er sie einem Angestellten übertragen hat, sofern nicht ein Fall des § 1554 S. 2 vorliegt; HbdUV. **1** 658. Ob der Unternehmer bei Verschiedenheit seines Wohnorts und des Betriebssitzes trotz der Bestellung eines Vertreters für die Anzeigeerstattung verantwortlich bleibt, ist von der Lage des Einzelfalls abhängig. Dabei wird maßgebend sein, ob der Unternehmer mit seinem Betrieb in dauernder regelmäßiger Verbindung gestanden hat, so daß grundsätzlich alle besonderen Betriebsvorgänge zu seiner Kenntnis gebracht worden sind; ist dies der Fall, so wird eine Abwesenheit oder Behinderung im Sinne des § 1554 S. 2 nicht anzunehmen sein; HbdUV. **1** 658f.

6. Von 1—1000 RM.; V. v. 6. II. 24 (RGBl. I S. 44) und v. 21. XII. 24 (RGBl. I S. 775). Neben der Strafbefugnis der BG. kann die Polizeibehörde nach Landesrecht ermächtigt sein, die nachträgliche Erstattung der Unfallanzeige durch polizeiliche Zwangsmittel zu erzwingen; AN. **86** 93, OVG. **31** 346. Der Vorstand der BG. ist aber nicht berechtigt, die nachträgliche Erstattung der Anzeige durch wiederholte Straffestsetzungen zu erzwingen; AN. **86** 93. Vgl. auch AN. **26** 15 (zu § 530). Darüber, daß die Strafe in die Kasse des VersTr. fließt, s. § 146 Abs. 1, daß sie wie Rückstände beigetrieben wird, § 146 Abs. 2; über Verjährung s. §§ 147, 148.

7. Die Strafbefugnis (s. Anm. 3) setzt nur voraus, daß ein Unfall im Sinne des § 1552 vorliegt, gleichviel, ob er entschädigungspflichtig geworden ist oder nicht; HbdUV. **1** 659.

Von einer Straffestsetzung ist im allgemeinen abzusehen, wenn der Betriebsunternehmer bei Anwendung pflichtmäßiger Sorgfalt annehmen konnte, daß kein Betriebsunfall vorliegt, wie z. B. häufig bei einem Leistenbruch; HbdUV. **1** 659. Vgl. auch Anm. 3 und 5 zu § 1552. In dem in der letztgenannten Anm. angeführten

Falle wurde die Verzögerung der Anzeige nicht als eine besondere Straftat neben der unterlassenen Betriebsanmeldung angesehen; HdbUV. **1** 659.

Kosten der Unfalluntersuchung im Wege der Strafverfügung wegen nicht rechtzeitiger Unfallanzeige von dem Bestraften einzuziehen, ist unzulässig; HdbUV. **1** 659.

In der Strafverfügung müssen die Tatsachen, die in dem besonderen Falle die Ordnungswidrigkeit darstellen, genau angegeben werden; HdbUV. **1** 653, Z. 5 des Rundschr. v. 8. II. 90 (AN. **90** 150).

Zahlungsfristen, für deren Überschreitung die zwangsweise Beitreibung der Strafe angedroht wird, sind stets von dem Eintritt der Rechtskraft der Verfügung, nicht von ihrer Zustellung an zu berechnen; AN. **86** 56, **90** 150.

8. Vgl. auch Anm. 5.

9. Darüber, daß der Reeder als Unternehmer zur Erstattung der Unfallanzeige verpflichtet ist, s. §§ 1752, 1552, über die Verpflichtung des Schiffsführers §§ 1746 bis 1748.

10. Beschwerdefrist s. § 128.

§ 1557[1]. Die Vorstände der vom Reiche oder von einem Lande verwalteten Betriebe erstatten die Anzeige[2] der vorgesetzten Dienstbehörde nach deren näherer Anweisung.

Bek. v. 15. XII. 24 (RGBl. I S. 779).

1. S. KommBer. **6** 34.

2. S. das Muster der Anzeige von Unfällen in den dem RAM. unterstellten Reichsbetrieben, für die das Versorgungsamt I Berlin Ausführungsbehörde ist, in AN. **28** 3, von Berufskrankheiten in diesen Betrieben in AN. **29** 255. Vgl. auch Z. 2 der Ausführungsbestimmungen für die dem RAM. unterstellten Reichsbetriebe v. 12. I. 28, wonach durch die dem Versorgungsamt I Berlin zu erstattende Unfallanzeige die Anzeige an die vorgesetzte Dienstbehörde nicht ersetzt wird; AN. **28** 2.

§ 1558. Die Vorschriften über die Unfallanzeige gelten entsprechend[1] für Unfälle bei einer versicherten Tätigkeit, die keinem versicherten Betriebe zugehört[2].

1. S. Begr. S. 484. Vgl. auch HdbUV. **2** 479.

2. Darüber, wer in diesen Fällen als Unternehmer anzusehen ist, s. § 633 Abs. 2 und die Anm. 4 zu § 633.

2. Unfalluntersuchung[1]

1. Für die See-UV. vgl. §§ 1753 bis 1766.

S. auch § 55 Mustersatzung für gewerbliche BGen., § 42 Mustersatzung I, § 41 Mustersatzung II für landwirtschaftliche BGen.; AN. **12** 578ff., 606ff., 636ff.

Das Fehlen der Unfalluntersuchung bildet nicht schlechthin einen wesentlichen Mangel des Verfahrens, der zur Aufhebung des Bescheids berechtigt; EuM. **18** 160.

§ 1559. Ist ein Versicherter getötet oder derart verletzt worden, daß er voraussichtlich nach acht Wochen noch nicht wieder voll erwerbsfähig ist[1], so untersucht[2] die Ortspolizeibehörde[3] des Unfallorts[4] sobald als möglich den Unfall.

Die Ortspolizeibehörde hat den Unfall auch dann zu untersuchen, wenn es ein nach diesem Gesetze zur Leistung Verpflichteter beantragt[5].

Der Berechtigte kann die Untersuchung des Unfalls bei dem Versicherungsamte[6] beantragen. Dieses kann die Ortspolizeibehörde ersuchen[7], dem Antrag zu entsprechen.

G. v. 14. VII. 25 (RGBl. I S. 59), in Kraft v. 1. I. 26 an, Art. 135 dieses G.

1. Ob diese Voraussetzungen für die Vornahme der Unfalluntersuchung gegeben sind, hat die Ortspolizeibehörde nach eigenem Ermessen zu prüfen; AN. **87** 52.

2. D. h. trifft die ersten tatsächlichen Feststellungen; EuM. **14** 319.

Die Verpflichtung zur Vornahme der Untersuchung ist unabhängig von einem vorherigen Ersuchen des VersTr. Die Ortspolizeibehörde darf so lange von der Untersuchung absehen, als jeder Zusammenhang des Unfalls mit einem versicherten Betrieb als zweifellos ausgeschlossen erscheint; HbdUV. **1** 464. Die Untersuchung ist unabhängig von der Erstattung einer Unfallanzeige durch den Unternehmer und auch dann vorzunehmen, wenn der Unfall auf andere Weise zur Kenntnis der Ortspolizeibehörde gelangt; HbdUV. **1** 465. Sie ist erforderlich, wenn der Verletzte auf Grund des Gesetzes oder der Satzung versichert war; AN. **86** 132.

Das Feststellungsverfahren ist aber von der Durchführung der Unfalluntersuchung nicht abhängig; AN. **86** 205, **06** 423, so daß das Fehlen der Unfalluntersuchung nicht schlechthin einen wesentlichen Mangel des Verfahrens darstellt, der die Aufhebung des Bescheids rechtfertigt; EuM. **18** 160; vgl. auch Anm. 3 zu § 1545.

Wegen der durch die Unfalluntersuchung entstehenden Kosten s. Anm. 2 zu § 1564.

3. S. Begr. S. 484. Vgl. auch Anm. 3 zu § 1553.

Wegen der Unfalluntersuchung bei den dem RAM. unterstellten Reichsbetrieben durch die zur Unfallanzeige verpflichtete Behörde oder Verwaltung s. Nr. 3 der Ausführungsbestimmungen v. 12. I. 28; AN. **28** 2, und bei gewerblichen Berufskrankheiten s. §§ 6ff. V. v. 11. II. 29 (RGBl. I S. 27), früher §§ 7ff. V. v. 12. V. 25 (RGBl. I S. 69) und die Bestimmungen auf Grund der §§ 6, 7, 10 der V. v. 11. II. 29 v. 10. IV. 29 (AN. **29** 153), die ebenso wie die beiden Ven. in Anm. 1 zu § 547 abgedruckt sind, auch Anm. 1 Abs. 2 zu § 1553. Bei Berufskrankheiten bildet die Untersuchung durch einen geeigneten Arzt einen wesentlichen Teil der polizeilichen Untersuchung der Erkrankung; EuM. **22** 237, und die Verletzung des § 6 Abs. 3 der V. v. 11. II. 29 (früher des § 7 Abs. 3 der V. v. 12. V. 25) einen Mangel des Verfahrens; EuM. **23** 175. Dem beamteten Arzt und dem Gewerbeaufsichtsbeamten ist unverzüglich Abschrift der ärztlichen Anzeige über den Verdacht einer Berufskrankheit zu übersenden sowie der Untersuchungstermin mitzuteilen; EuM. **26** 188 (Pr. MfV.).

Wegen der Unfalluntersuchung in preußischen Bergwerksbetrieben s. Pr. HMinBl. **14** 69 (Pr. M. f. H. u. Gew.); zur Anordnung einer Leichenöffnung ist, sofern sich der Unfall in einem der bergpolizeilichen Aufsicht unterstehenden Betrieb ereignet hat, der Bergrevierbeamte zuständig; Pr. HMinBl. **27** 72 (M. f. H. u. Gew.); wegen der Untersuchung der außerhalb der Betriebsstätte vorgekommenen Unfälle s. ArbVers. **26** 232 (Pr. M. f. H. u. Gew.).

Die polizeiliche Unfalluntersuchung kann nicht durch die Vernehmung der in Betracht kommenden Personen durch einen Angestellten der BG. ersetzt werden; Monatsschr. **21** 265 (RVA.). Stützt sich eine Entscheidung ausschließlich auf das Ergebnis der von einem BG.-Angestellten gemachten Ermittlungen, so liegt ein wesentlicher Mangel des Verfahrens vor; EuM. **18** 161. S. auch Anm. 3 zu § 1571.

4. Auch dann, wenn der Verletzte nicht in dem Bezirke dieser Ortspolizeibehörde wohnt oder daraus verzogen ist; AN. **86** 292. Bei Unfällen, die sich auf dem Wege von und nach der Arbeitstätte ereignet haben, ist im allgemeinen die Ortspolizeibehörde und nicht der Bergrevierbeamte zuständig; ArbVers. **26** 232 (Pr. M. f. H. u. Gew.).

5. Dem VersTr. muß daran gelegen sein, tunlichst schnell die Unfalluntersuchung herbeizuführen; EuM. **15** 258.

Auf welche Fälle ein solcher Antrag zu beschränken ist, ist nicht vorgeschrieben. Der VersTr. hat jedenfalls dann das Antragsrecht, wenn bei ihm Entschädigungsansprüche aus einem Unfall erhoben sind und er die Ansprüche nicht von vornherein für unbegründet erachtet; HdbUV. 1 465. Ein Ersuchen um Ergänzung ist an die nach § 1559 zuständige Ortspolizeibehörde zu richten, andernfalls liegt gemäß § 117 kostenpflichtige Rechtshilfe vor; Komp. 15 191 (RVA.).

Verweigert die Polizeibehörde die Einleitung oder erschöpfende Durchführung der Untersuchung, so hat der VersTr. dagegen die Beschwerde bei der der Polizeibehörde vorgesetzten Dienststelle; AN. 86 205, 87 336. Die Durchführung der Unfalluntersuchung darf von der Polizei nicht verweigert werden, selbst wenn der Verletzte bei seiner Anhörung erklärt, er glaube, daß ein dauernder Schaden nicht zurückbleiben werde und behalte sich Rentenansprüche für den Fall der Verschlimmerung vor; Breith. 3 434 (OVA. Mannheim).

6. Der Berechtigte darf sich nur an das VA., nicht an die Ortspolizeibehörde wenden. Wegen seiner etwaigen Aufsichtsbeschwerde s. AN. 86 205, 87 336, KommBer. 6 39.

Abs. 3 ist wesentlich im Interesse der Verletzten geschaffen, bei denen der Unfall keine sofort schädigenden Folgen zurückgelassen hat; BG. 14 104 (RVA.).

7. Das ist ein Ersuchen um Rechtshilfe; KommBer. 6 40.

§ 1560[1]. Unfälle, die sich auf der Reise oder im Ausland ereignen, untersucht die Ortspolizeibehörde, der sie angezeigt werden.

Die höhere Verwaltungsbehörde kann auf Antrag eines nach § 1562 Beteiligten die Untersuchung einer anderen Ortspolizeibehörde übertragen[2].

1. S. Begr. zur RVO. S. 484.

2. Abs. 2 gibt die Möglichkeit, die Untersuchung da stattfinden zu lassen, wo es den berechtigten Wünschen der Beteiligten entspricht. Die Verantwortung trägt die höhere Verwaltungsbehörde, die den Antrag auch ablehnen kann und nach eigenem Ermessen und unter eigener Verantwortlichkeit seine Berechtigung zu prüfen hat. Daher ist es nicht gerechtfertigt, den Antragsteller zu den etwa entstehenden Mehrkosten heranzuziehen; AN. 87 52.

§ 1561[1]. Bei den vom Reich oder von einem Lande verwalteten Betrieben bestimmt die vorgesetzte Dienstbehörde, wer den Unfall zu untersuchen hat[2].

Bek. v. 15. XII. 24 (RGBl. I S. 779).

1. Vgl. KommBer. 6 40, 41.

2. Vgl. Z. 3 der Ausführungsbestimmungen für die dem RAM. unterstellten Reichsbetriebe v. 12. I. 28; AN. 28 2.

§ 1562. An der Untersuchung[1] können teilnehmen[2] oder sich dabei vertreten lassen[3]

der Verletzte[4] oder seine Hinterbliebenen,
der Träger der Unfall-[5] und der Krankenversicherung[6],
der Unternehmer[7],
das Versicherungsamt[8],

bei Unfällen in Betrieben, die der Gewerbeaufsicht unterliegen, der staatliche Aufsichtsbeamte (§ 139b der Gewerbeordnung)[9].

1. Auch dann, wenn diese auf Ersuchen der Ortspolizeibehörde ganz oder teilweise von einer anderen Stelle geführt wird; HdbUV. 1 468.

2. Eine Verpflichtung zur Teilnahme besteht nicht; AN. 86 205.

3. Darüber, daß die Vollmacht gebühren- und stempelfrei ist, vgl. §§ 137, 138.

4. Auch das von ihm bevollmächtigte Organ eines Versicherungsvereins; AN. **13** 696.

5. Es empfiehlt sich die Beteiligung der BG. im Interesse einer rechtzeitigen und ausreichenden Aufklärung der tatsächlichen Verhältnisse, um unnötige Berufungen zu vermeiden; gegebenenfalls ist die Zuziehung von Sachverständigen usw. zu beantragen; AN. **04** 643 (§ 2 des Rundschr. v. 15. XI. 04). Ist nach der Satzung die Teilnahme an der Untersuchung dem Vertrauensmann übertragen, so ist die BG. nicht gehindert, neben ihm oder statt seiner andere Beauftragte teilnehmen zu lassen; HbdUV. **1** 468.

Die Kosten der Beteiligung hat die BG. zu tragen, und zwar auch dann, wenn sich herausstellt, daß eine andere BG. entschädigungspflichtig ist; Hb. a. a. O.

6. Die KrK. kann sich durch einen Arzt vertreten lassen; KommBer. **6** 41.

7. S. § 633 und Anm.

8. Der Vertreter des VA. soll durch Stellung geeigneter Anträge auf eine möglichst erschöpfende Aufklärung des Sachverhalts hinwirken; Begr. S. 484.

9. Darüber, daß bei Unfalluntersuchungen, die vom Arbeitgeber, dem Gewerbeaufsichtsbeamten oder sonstigen in Betracht kommenden Stellen im Betriebe vorgenommen werden, ein vom Betriebsrat bestimmtes Mitglied zuzuziehen ist, vgl. § 77 BRG.; wegen der Teilnahme des Betriebsobmannes s. § 92 Abs. 1 BRG. Vgl. auch Z. 3 Abs. 2 der Ausführungsbestimmungen für die dem RAM. unterstellten Reichsbetriebe v. 12. I. 28; AN. **28** 2.

§ 1563. Diese Beteiligten[1] werden vom Zeitpunkt der Untersuchung rechtzeitig benachrichtigt[2].

Ist die Berufsgenossenschaft[3] in Sektionen geteilt oder hat sie Vertrauensmänner bestellt, so wird der Sektionsvorstand oder der Vertrauensmann benachrichtigt.

Ist der Träger der Krankenversicherung der Reichsknappschaftsverein[3a], so wird der Vorstand des Bezirksknappschaftsvereins[3b] oder der besonderen Krankenkasse benachrichtigt.

Zur Untersuchung sollen auch etwa sonst Beteiligte zugezogen werden.

Der Verletzte oder seine Hinterbliebenen können erwachsene Angehörige oder andere geeignete Personen, die das Verhandeln vor Behörden nicht geschäftsmäßig betreiben, als Beistand[4] zu den Verhandlungen zuziehen.

Art. 51 Nr. 55 EG. zum RKG. (RGBl. 23 I S. 454).

1. S. § 1562.

Hat sich der Unfall in einem Betrieb ereignet, dessen berufsgenossenschaftliche Zugehörigkeit noch streitig ist, so steht die Entscheidung darüber, welche BGen. und KrKn. von dem Zeitpunkte zu benachrichtigen sind, der Ortspolizeibehörde zu; doch empfiehlt es sich, unter Hinweis auf die Zweifel der Zugehörigkeit des Betriebs die verschiedenen in Betracht kommenden BGen. und KrKen. zu benachrichtigen; AN. **89** 416.

2. Für Beschwerden über das Geschäftsverfahren der Ortspolizeibehörde ist die vorgesetzte Landesbehörde, nicht das RVA. zuständig; HbdUV. **1** 468.

3. Die BGen. haben Anspruch auf Benachrichtigung auch von Terminen, die eine Polizeibehörde nicht als solche des Unfallorts, sondern auf Ersuchen einer anderen vornimmt; AN. **10** 570.

3a. Jetzt die Reichsknappschaft; § 7 RKG. i. d. F. v. 1. VII. 26 (RGBl. I S. 369).

3b. Jetzt die Bezirksknappschaft; § 9 Abs. 2 RKnG. i. d. F. v. 1. VII. 26 (RGBl. I S. 369).

4. Wegen der Entsendung eines Vertreters s. § 1562.

§ 1564. Die Ortspolizeibehörde stellt den Sachverhalt fest[1]. Sie kann Ermittlungen jeder Art mit Ausschluß eidlicher Vernehmungen anstellen[2].

Auf Antrag der Versicherungsträger oder des Berechtigten sollen Sachverständige zugezogen werden; die Kosten trägt der Antragsteller[3].

Soll im Dienstraum einer Behörde oder in einem Fahrzeug der Reichsmarine Augenschein eingenommen werden, so ist die Genehmigung der zuständigen Dienst- oder Kommandobehörde einzuholen[4].

Bek. v. 15. XII. 24 (RGBl. I S. 779).

1. Darüber, wie weit im Einzelfalle die Untersuchung auszudehnen ist, hat die Ortspolizeibehörde zu befinden; doch darf sie dabei nicht zu engherzig verfahren, da die kostenfreie Aufklärung des vollen tatsächlichen Sachverhalts sowie insbesondere auch der Verhältnisse, die, abgesehen von der Lohnhöhe, für die Feststellung der Entschädigungsansprüche in Betracht kommen, ihre Aufgabe als einer außerhalb der Parteien stehenden amtlichen Stelle ist; HbdUV. **1** 465. Daß die Beteiligten sachdienliche Anträge stellen können, s. Anm. 5 zu § 1562, daß sie im Falle der Ablehnung ihrer Anträge nur die Beschwerde an die der Ortspolizeibehörde vorgesetzte Stelle haben, s. Anm. 5 Abs. 3 zu § 1559.

Darüber, was unbedingt festzustellen ist, s. § 1565. Zu den von Amts wegen vorzunehmenden Untersuchungshandlungen gehört die Feststellung des ursächlichen Zusammenhangs des Unfalls mit den behaupteten Folgen; bedarf es dabei der Einholung von Sachverständigengutachten, so hat die Ortspolizeibehörde auch diese einzufordern; EuM. **19** 164, BG. **17** 128 (Sächs. OVG.); auch die Ausgrabung und Öffnung einer Leiche, wenn ohne sie nicht entschieden werden kann, ob ein Betriebsunfall vorliegt und Ursache des Todes ist oder ein inneres Leiden; EuM. **17** 165, BG. **15** 181 (RVA.), AN. **95** 196. Die Leichenöffnung ist jedenfalls dann vorzunehmen, wenn die BG. oder die Hinterbliebenen sie beantragen, doch hat, jedenfalls in Preußen, die Ortspolizeibehörde die Notwendigkeit schon von sich aus zu prüfen. Voraussetzung für die Vornahme der Leichenöffnung von Amts wegen oder auf Antrag ist die Zustimmung der Hinterbliebenen und, wenn die Ausgrabung der Leiche in Frage kommt, ein Zeugnis des zuständigen Kreisarztes, daß gesundheitspolizeiliche Bedenken nicht entgegenstehen; ist die Einwilligung bei der Ausgrabung zwar sicher, aber das Zeugnis nicht zu erreichen, so hat die Ausgrabung und Öffnung der Leiche zu unterbleiben; AN. **03** 606 (Pr. HM. u. MdJ.), **08** 660. Die Hinterbliebenen sind nicht berechtigt, die Zustimmung zur Leichenöffnung zu versagen, wenn diese zur Klarstellung des Sachverhalts erforderlich ist; tun sie es trotzdem, so können aus ihrer Weigerung für ihren Anspruch ungünstige Schlüsse gezogen werden; ArbVers. **10** 699 (RVA.), jedoch nur dann, wenn die Leichenöffnung vermutlich wesentlich zur Aufklärung des ursächlichen Zusammenhangs gedient haben würde; Komp. **25** 29 (RVA.). Die Verweigerung der Leichenöffnung, welche die BG. erst kurz vor dem Begräbnis angeordnet hatte, durch die Hinterbliebenen ist nicht als schuldhaft angesehen worden; Breith. **17** 69 (Bad. LVA.). Die Leichenöffnung ohne Zuziehung des Vertrauensarztes der Hinterbliebenen ist nicht zu beanstanden, wenn weiteres Warten die Erhebung eines sicheren Befundes gefährdet; Komp. **25** 210 (RVA.). Den Rentenberechtigten kann, zumal wenn sie ihren Anspruch glaubhaft gemacht haben, in der Regel nicht zugemutet werden, auf eigene Kosten die Leichenöffnung vornehmen zu lassen; dies ist Sache der Ortspolizeibehörde oder des VersTr. Hat dieser unter Verstoß gegen seine Aufklärungspflicht von der Herbeiführung der beantragten Leichenöffnung abgesehen, die vermutlich zugunsten der Hinterbliebenen ausgefallen wäre, so wird diese Vermutung durch sein Verhalten verstärkt; EuM. **22** 215, 217, AN. **86** 291. Unverschuldete Unterlassung gereicht jedoch dem VersTr. nicht zum Nachteil; Breith. **18** 281 (RVA.).

2. Die Kosten der Untersuchung im Sinne des § 1564 Abs. 1 trägt die Polizeibehörde, weil sie durch die Vollziehung der ihr durch das Gesetz übertragenen Amtshandlung erwachsen; AN. 87 6, Begr. zum UVG. S. 87, ArbVers. **17** 347 (Sächs. M. d. J.). Darüber, daß aber die Kosten von Ermittlungen durch Zuziehung von Sachverständigen dem zur Last fallen, der die Zuziehung nicht nur anregt, sondern ausdrücklich beantragt, s. § 1564 Abs. 2 und Anm. 3.

Zu den von der Ortspolizeibehörde zu tragenden Kosten gehören auch die durch eine Leichenöffnung entstehenden; EuM. **17** 165, AN. **95** 196, **03** 606 (Pr. HM. u. MdJ.), **11** 487, BG. **15** 181 (RVA.), ferner die Gebühren von Sachverständigen und Zeugen (s. unten) und die Kosten der zum Zwecke der Feststellung der Art der vorgekommenen Verletzungen zu beschaffenden ärztlichen Gutachten; HbdUV. **1** 466, Soergel **14** 239 (RVA.), EuM. **19** 164, BG. **17** 128 (Sächs. OVG.), der zur Feststellung der Hinterbliebenen beizubringenden Urkunden; AN. **86** 12, ferner die Kosten der notwendig gewordenen Zuziehung eines Dolmetschers; HbdUV. **1** 466, und die durch eine von der BG. lediglich angeregte Reise eines Polizeibeamten zwecks Aufklärung des Sachverhalts erwachsenen; AN. 87 52, auch die Portokosten für die Übersendung der Untersuchungsverhandlungen an die VersTr., sofern nicht § 1559 Abs. 3 vorliegt; Monatsschr. **18** 66 (Sächs. MdJ.). S. aber Anm. 3.

Die Frage, ob den Unfallverletzten, die im Unfalluntersuchungsverfahren persönlich geladen und vernommen werden, eine Entschädigung für Reisekosten, Zehrung und Versäumnis zu gewähren ist, ist reichsrechtlich nicht entschieden, sondern dem Landesrecht überlassen. In Mecklenburg sind keine ausdrücklichen Vorschriften hierüber ergangen. Die Frage muß dort daher nach allgemeinen der Zweckbestimmung der betreffenden Amtshandlungen zu entnehmenden Grundsätzen entschieden werden; diese führen dazu, derartige Ansprüche von Unfallverletzten als berechtigt anzuerkennen; ArbVers. **14** 478 (Meckl.-Schwerin. MdJ.).

Ob die als Zeugen vorgeladenen Personen Anspruch auf Zeugengebühren haben, ist nach Landesrecht zu entscheiden. In Preußen haben sie im allgemeinen keinen Anspruch, doch kann ihnen die Polizeibehörde in besonderen Fällen nach billigem Ermessen eine Entschädigung gewähren; Pr. MBl. **00** 57, **04** 118 (Pr. MdJ., FM. u. HM.), s. auch KommBer. **6** 42.

Bei der Anhörung eines Arztes ist für die Entscheidung, ob er die Gebühren eines Sachverständigen oder Zeugen beanspruchen kann, der Inhalt seiner Aussage maßgebend; AN. **09** 417.

Die Polizeibehörde hat auch dann die Kosten der von Amts wegen vorzunehmenden Untersuchung zu tragen, wenn diese nicht alsbald nach dem Unfall, sondern erst nach längerer Zeit vorgenommen wird; HbdUV. **1** 466, oder wenn die erst nachträglich von der BG. angeregte Vernehmung von Zeugen zur Aufklärung des vollen Sachverhalts erforderlich ist; Hb. a. a. O.

3. Darüber, daß die Kosten vom Antragsteller nur dann zu tragen sind, wenn er die Beiziehung von Sachverständigen beantragt, nicht aber, wenn er sie lediglich anregt, s. Anm. 2.

Deshalb empfiehlt es sich, um Meinungsverschiedenheiten zwischen der Ortspolizeibehörde und der BG. möglichst zu vermeiden, daß diese in ihren mündlichen oder schriftlichen Erklärungen, die eine Einwirkung auf die das Entschädigungsverfahren vorbereitende behördliche Aufklärung bezwecken, nach Form und Inhalt keine Unklarheit darüber aufkommen läßt, ob im Einzelfalle bestimmte Maßnahmen der Polizeibehörde bei dieser nur angeregt oder ob sie nach § 1564 Abs. 2 beantragt werden; namentlich ist klar zum Ausdruck zu bringen, ob die BG. die Zuziehung des Sachverständigen auf Kosten der Ortspolizeibehörde erwartet oder auf eigene Kosten beantragt; AN. **87** 336, EuM. **19** 164. Auch bei den Anträgen auf Vervollständigung unzureichender Unfalluntersuchungen oder nachträgliche Vernehmung von

Zeugen (s. Anm. 2 am Ende) empfiehlt es sich, die Polizeibehörde unter ausdrücklichem Hinweis darauf, daß sie die Kosten zu tragen habe, um die Vervollständigung zu ersuchen; HbdUV. **1** 467.

Die Kosten der Zuziehung eines Arztes zu der Unfalluntersuchung hat die BG. nur dann zu erstatten, wenn sie die Zuziehung beantragt hat; Soergel **14** 239 (RVA.).

Die Sachverständigengebühren der Ärzte richten sich nach den staatlichen ärztlichen Gebührenordnungen; BG. **22** 138 (LG. Meiningen); für Preußen s. das G. betr. die Gebühren der Medizinalbeamten v. 14. VII. 09 (GSammlung **09** 625), Erl. des MfV. v. 5. V. 24 (GSammlung **24** 540, V. betr. die Tagegelder und Reisekosten der Medizinalbeamten in gerichtlichen Angelegenheiten v. 14. VII. 09 (GSammlung **09** 635), G. über Reisekosten der Staatsbeamten v. 3. I. 23 (GSammlung **23** 3), Gebührenordnung für approbierte Ärzte und Zahnärzte v. 1. IX. 24 (VMBl. S. 371). Das G. v. 14. VII. 09 gilt für Kreisärzte nur bei amtlichen Verrichtungen oder bei Ausübung der Tätigkeit als gerichtliche Sachverständige sowie für andere Ärzte, wenn sie zu diesen Geschäften amtlich aufgefordert werden; es findet daher keine Anwendung, wenn der Kreisarzt die Leichenöffnung auf Ersuchen der BG. vorgenommen hat und auch nicht auf eine von der Ortspolizeibehörde angeordnete, sofern dabei nicht gesundheitspolizeiliche Gründe mitbestimmend gewesen sind; AN. **11** 487. Die nicht beamteten ärztlichen Sachverständigen können auch Vergütung nach Maßgabe der Zeitversäumnis beanspruchen; Monatsschr. **19** 405 (RVA.). Wegen der Berechnung der Gebühr eines Gewerbemedizinalrats für das Aktenstudium zur Vorbereitung eines vom OVA. eingeforderten ärztlichen Gutachtens, wenn auf dessen Erstattung später verzichtet wird, s. EuM. **25** 470. S. auch EuM. **15** 198, 362.

4. S. Begr. S. 485.

§ 1565. Durch die Untersuchung werden namentlich[1] festgestellt Veranlassung, Zeit, Ort, Hergang und Art des Unfalls,

Name der getöteten oder verletzten Person, sowie Tag und Ort ihrer Geburt,

die Art der Verletzung,

der Verbleib des Verletzten,

die Hinterbliebenen des Getöteten und die Angehörigen des Verletzten, die eine Entschädigung nach diesem Gesetze beanspruchen können,

die Höhe von Unterstützungen und Renten[2], die der Verletzte aus der Reichsversicherung bezieht.

1. Über weitere etwa festzustellende Punkte s. Anm. 1 zu § 1564.

2. S. dazu Begr. zur RVO. S. 485.

§ 1566. Das Reichsversicherungsamt kann[1] nähere Bestimmungen über die Niederschrift der Untersuchungsverhandlungen erlassen.

1. Bei den Reichstagsverhandlungen wurde die Aufstellung eines einheitlichen Musters für die Unfalluntersuchungsverhandlungen gewünscht; KommBer. **6** 46f. Doch wurde bisher vom RVA. von der Ermächtigung kein Gebrauch gemacht. S. AN. **14** 244, 245.

§ 1567. Sobald die Untersuchung abgeschlossen ist, übersendet[1] die Ortspolizeibehörde die Verhandlungen dem Versicherungsträger.

Die Beteiligten[2] können Einsicht in die Verhandlungen und Abschrift verlangen[3].

Für die Abschrift können Schreibgebühren[4] erhoben werden.

1. Die Kosten der Übersendung hat die Ortspolizeibehörde zu tragen; ArbVers. **17** 347 (Sächs. MdJ.).

Die Urschrift ist dem VersTr. zu übersenden, der für die ordnungsmäßige Aufbewahrung zu sorgen hat; Begr. zur RVO. S. 486. Die BGen. sind zur Aufbewahrung der Unfalluntersuchungsakten ebenso lange wie zur Aufbewahrung ihrer eigenen Akten verpflichtet; AN. **05** 539.

Abs. 1 ist auch bei Unfällen in Bergwerken anzuwenden; Pr. HMBl. **14** 69 (HM.).

2. Zu den Beteiligten gehören auch die BGen. und ihre Feststellungsorgane; HbdUV. **1** 469, ebenso die eines Versicherungsvereins, den ein Betriebsunternehmer, der einem Rentenstreitverfahren beigetreten ist, bevollmächtigt hat oder der selbst beigetreten ist; AN. **13** 696.

3. Ein Rentensucher hat regelmäßig Anspruch darauf, den wesentlichen Inhalt der Akten über seinen Entschädigungsanspruch kennen zu lernen, und zwar nach Ermessen der im Besitze der Akten befindlichen BG. durch Erteilung von Abschriften oder durch Gewährung der Akteneinsicht, soweit als diese Unterlagen für die förmliche Entscheidung bestimmend sind; nach rechtskräftiger Erledigung eines Rentenanspruchs sind die BGen. nicht verpflichtet, die Akten dem Verletzten zum Zwecke der Vorlegung an einen Arzt, von dem er ein Gutachten beibringen will, zu übersenden; doch bestehen im allgemeinen keine Bedenken, wenn die Akten von dem darum gebetenen Vorstand des VersTr. dem Arzte, wenn er beamtet ist, übersandt werden; EuM. **12** 248; s. auch Anm. 2c Abs. 6 zu § 1545. Zu den Verhandlungen, in die der Berechtigte Einsicht nehmen oder von denen er Abschrift verlangen kann, gehört auch das ärztliche Gutachten, das nach § 6 V. v. 11. II. 29 (früher § 7 V. v. 12. V. 25) über gewerbliche Berufskrankheiten einzuholen ist; EuM. **22** 237.

Akteneinsicht steht dem Verletzten auf Grund des § 1567 nur so lange zu, als sich die Untersuchungsverhandlungen bei der Polizeibehörde befinden. Wenn die Akten bereits in die Hände der BG. gelangt sind, kann dem Berechtigten lediglich ein Anspruch auf Einsicht am Sitze des Feststellungsorgans zugesprochen werden, es sei denn, daß besondere Gründe für Vorlegung der Akten beim zuständigen VA. geltend gemacht werden. Regelmäßig genügt Erteilung der Abschrift der Untersuchungsverhandlungen gegen Ersatz der Schreibgebühren (s. § 1567 Abs. 3); BG. **15** 26 (RVA.), AN. **07** 436. Keinesfalls darf in dem Feststellungsverfahren vor den BGen. den Beteiligten das Recht auf Akteneinsicht in dem durch § 36 der VAO. und § 22 der OVAO. geregelten Umfang vorenthalten werden; AN. **20** 156. Auch wenn kein Feststellungsverfahren schwebt, kann die Akteneinsicht verlangt werden, wenn sie wegen eines Antrags nach § 609 für erforderlich gehalten wird; EuM. **18** 348, HbdUV. **2** 593; s. auch Anm. 2c Abs. 6 zu § 1545.

Bei Streit über die Art, in der die Akteneinsicht durch die BG. zu gewähren ist, entscheidet das RVA. im Aufsichtswege; BG. **15** 26 (RVA.).

Die im § 1567 geregelte Pflicht der Abschrifterteilung bezieht sich nur auf die von der Ortspolizeibehörde über den Unfall aufgenommene Untersuchungsverhandlung, nicht aber auf die von den BGen. im weiteren Verlaufe des Rentenfeststellungsverfahrens eingeholten ärztlichen Gutachten; HbdUV. **1** 469.

S. aber auch Anm. 2 zu § 1569, ferner § 1591.

Das VA. hat dem an einer Berufskrankheit Erkrankten auf Verlangen Einsicht in die Äußerung des „geeigneten Arztes" oder Abschrift davon unter Berücksichtigung des § 1591 Abs. 2 zu erteilen; EuM. **22** 237.

Wegen der Benachrichtigung der italienischen Konsularbehörde von dem Abschluß der Unfalluntersuchung eines Italieners und des Rechtes des Konsulats auf Akteneinsicht s. Art. 16 des Abkommens zwischen dem Deutschen Reich und Italien über Arbeiterversicherung v. 31. VII. 12; AN. **13** 379ff., Rundschreiben des RVA. v. 21. VIII. 13; AN. **13** 686; über die Außerkraftsetzung des Abkommens während des Krieges s. Rundschreiben des RVA. v. 14. III. 17; AN. **17** 366, über seine Wiedereinführung Bek. des MdAusw. v. 15. VIII. 20 (RGBl. **20** S. 1577).

4. Dies soll zur Abwehr mißbräuchlicher Anträge auf Erteilung von Abschriften umfangreicher Akten dienen; Begr. z. GUVG. S. 82.

3. Entscheidung der Versicherungsträger

a) Allgemeine Vorschriften

§ 1568. Die Leistungen der Unfallversicherung werden festgestellt[1]

1. durch den Sektionsvorstand[2], wenn die Berufsgenossenschaft in Sektionen[3] eingeteilt ist und es sich handelt um

a) Krankenbehandlung (§ 558 Nr. 1) oder Berufsfürsorge (§ 558 Nr. 2),

b) Rente für die Dauer einer voraussichtlich vorübergehenden Erwerbsunfähigkeit[4],

c) Krankengeld, Tagegeld oder Familiengeld[5],

d) Sterbegeld[6] oder Witwenbeihilfe[7];

2. durch den Genossenschaftsvorstand in allen übrigen Fällen.

G. v. 14. VII. 25 (RGBl. I S. 97), in Kraft v. 1. I. 26 an, Art. 135 dieses G.

1. S. Anm. 2 zu § 1545.

Vgl. auch das Rundschreiben des RVA. betr. die Feststellung der Entschädigungen v. 15. XI. 04; AN. 04 643.

§ 1568 behandelt nur die sachliche Zuständigkeit der Feststellungsorgane innerhalb einer und derselben BG. Bei Zweifeln über die Zuständigkeit mehrerer BGen. entscheidet nötigenfalls die Aufsichtsbehörde darüber, welche BG. den Bescheid zu erteilen oder das Verfahren nach §§ 1735 f. einzuleiten hat; HbdUV. 1 472.

Wenn der Verletzte mehrere Unfälle erlitten hat, so erfolgt die Feststellung für jeden Unfall besonders, weil der Unfallentschädigung die jeweilige mit 100 einzusetzende Erwerbsfähigkeit des Verletzten zugrunde zu legen ist; AN. 98 363, auch wenn derselbe VersTr. entschädigungspflichtig ist; HbdUV. ErgBd. S. 17, EuM. 14 159 (Bay. LVAmt). S. auch Anm. 2h zu § 1545.

Über die Feststellung durch Bescheid s. § 1583.

Ein Bescheid, der von einem nicht zuständigen Genossenschaftsorgan erlassen ist, unterliegt der Aufhebung im Rechtsmittelverfahren; doch ist die BG. an die in ihm enthaltene Rentenfestsetzung gebunden, sofern der Bescheid äußerlich allen Erfordernissen des Gesetzes und der Satzung entspricht; HbdUV. 1 472, AN. 10 494.

Über das dann einzuschlagende Verfahren, wenn die Zuständigkeit der Feststellungsorgane je nach der Art der erhobenen Ansprüche verschieden abgegrenzt ist, s. AN. 87 137, 88 350.

In den Fällen, in denen die Zuständigkeit von einem Feststellungsorgan auf ein anderes übergeht, z. B. wenn sich eine nur als vorübergehend angenommene Erwerbsunfähigkeit (§ 1568 Nr. 1b) späterhin als eine dauernde erweist, ist das die Sache übernehmende Organ nicht befugt, den Standpunkt, den das andere Organ grundsätzlich besonders in den Fragen des Betriebsunfalls, der Entschädigungspflicht der BG. oder des ursächlichen Zusammenhangs (bezüglich dessen vgl. jedoch auch § 1585 Abs. 2 und Anm. 14 zu § 1585) eingenommen hat, wieder aufzugeben. Dem Verletzten steht als Schuldnerin die BG. als solche gegenüber, gleichviel in welcher Weise die Befugnisse der einzelnen Organe gegeneinander abgegrenzt sind; AN. 90 589. Über die Form, in der die Feststellung zu geschehen hat, s. §§ 1569a, 1583 und Anm. 5 daselbst.

2. Hält der Sektionsvorstand nicht sich, sondern den Genossenschaftsvorstand für zuständig, so darf er nicht unter Ablehnung einer Entscheidung den Verletzten an diesen verweisen, sondern muß die Sache an diesen abgeben; AN. 87 137, 88 350.

Dasselbe gilt, wenn die örtliche Zuständigkeit der Feststellungsorgane derselben BG. streitig ist. In diesem Falle hat der Genossenschaftsvorstand das Organ zu bezeichnen, das die Feststellung der Entschädigung zu treffen hat; AN. **90** 449. Zum Gegenstand der Entscheidung im Rentenfeststellungsverfahren kann die Frage der örtlichen Zuständigkeit der Organe der BG. nicht gemacht werden, da der den alleinigen Gegenstand dieses Verfahrens bildende Anspruch des Verletzten sich nicht gegen ein Organ der BG., sondern gegen diese selbst richtet; HbdUV. **1** 472, AN. **90** 589. Es ist ferner unzulässig, daß ein Sektionsvorstand, der die weitere geschäftliche Behandlung einer Sache an den Genossenschaftsvorstand abgibt, weil sich die Annahme einer nur vorübergehenden Erwerbsunfähigkeit (§ 1568 Nr. 1b) als irrig herausgestellt hat, die Rentenzahlung durch berufungsfähigen Bescheid mit der Begründung einstellt, daß nunmehr ein anderes Feststellungsorgan zuständig sei; AN. **91** 220.

3. S. Anm. 3 zu § 678.

4. Der Zuständigkeit des Genossenschaftsvorstandes sollen Streitsachen entzogen werden, die gegenüber den Fällen dauernder Erwerbsunfähigkeit von nur untergeordneter Bedeutung sind; dahin gehören auch die Fälle, in denen zur Zeit der Rentenfeststellung die Erwerbsunfähigkeit bereits vorübergegangen ist; AN. **10** 635. Als Grenze für die vorübergehende Erwerbsunfähigkeit können die Genossenschaftsorgane eine bestimmte Zeit, z. B. die Dauer von 6 Monaten, vereinbaren; AN. **87** 137; s. auch HbdUV. ErgBd. S. 28. Doch ist es unzulässig, in der Annahme, daß die Erwerbsunfähigkeit in bestimmter Zeit vorübergehen werde, die Rente nur bis zu einem schätzungsweise festgelegten Zeitpunkt zu gewähren; AN. **87** 10, 163, 351, **86** 55, **04** 643 (§ 14 des Rundschr.); s. auch Anm. 5i vorletzter Abs. zu § 1583. Die zeitliche Begrenzung des Rentenbezugs gilt in einem solchen Fall als nicht geschrieben und kann nicht rechtskräftig werden; ArbVers. **12** 211 (RVA.). Wenn dagegen der Endpunkt des Rentenbezugs von vornherein bereits feststeht oder wenn die Feststellung sich verzögert hat und inzwischen das Ende des Bezugsrechts eingetreten ist, so ist nur eine zeitlich begrenzte Rente festzustellen; HbdUV. **1** 472.

5. S. §§ 558, 559d.

6. S. § 586 Abs. 1 Nr. 1.

7. S. § 595a.

§ 1569. Die Satzung[1] der Berufsgenossenschaft kann die Feststellung übertragen[2]

1. in den Fällen des § 1568 Nr. 1
dem Genossenschaftsvorstand,
einem Ausschuß[3] des Genossenschafts- oder Sektionsvorstandes,
besonderen Kommissionen,
örtlichen Beauftragten (Vertrauensmännern)[4];
2. in den Fällen des § 1568 Nr. 2
dem Sektionsvorstand,
einem Ausschuß des Genossenschafts- oder Sektionsvorstandes,
besonderen Kommissionen.

1. Die Satzung gewährt nach der RVO. einen weiteren Spielraum als nach altem Rechte; Begr. S. 486. S. auch § 56 der Mustersatzung für gewerbliche BGen.; AN. **12** 578.

2. Von der Einsetzung eines besonderen Organs, von seiner Zusammensetzung und von jeder vorkommenden Personenveränderung ist den OVAern. Anzeige zu machen; AN. **87** 215, 377.

Aus der Stellung der in § 1569 genannten Organe ergibt sich, daß ihnen auch die mit der Feststellung der Entschädigung zusammenhängenden laufenden Geschäfte, die Überwachung der Verletzten und die Veranlassung ihrer ärztlichen Untersuchung, auch die Anregung zu etwaigen abändernden Bescheiden obliegen. Doch schließt dies nicht aus, daß der Genossenschaftsvorstand gemäß seiner Stellung innerhalb der BG. unter sorgfältiger Innehaltung seiner Befugnisse im Interesse der BG. hierbei ebenfalls eingreift; HbdUV. 1 475.

Über die Form, in der das Feststellungsorgan seine Beschlüsse zu beurkunden hat, s. § 1583. Ein Beschluß, der von einem der Mitwirkenden nicht handschriftlich vollzogen, sondern unterstempelt worden ist, bildet keine geeignete Grundlage für einen Bescheid; HbdUV. 1 475.

3. Zu seiner Bildung genügen 2 Personen (s. jedoch § 1569a); im Falle ihrer Nichtübereinstimmung hat, sofern nicht die Satzung eine andere Form der Erledigung vorschreibt, der Vorstand, aus dem der Ausschuß hervorgegangen ist, zu entscheiden; AN. **87** 19. Der Vorsitzende des Genossenschafts- oder Sektionsvorstands ist nur dann Vorsitzender oder Mitglied des Ausschusses, wenn er von den Mitgliedern des Vorstands hierzu gewählt ist; HbdUV. **1** 473. Ein allgemeiner Rechtsgrundsatz, daß im Zweifel jedes berufsgenossenschaftliche Organ beschlußfähig ist, wenn mindestens die Hälfte der Mitglieder an der Beschlußfassung teilnimmt, besteht nicht; deshalb ist die Beschlußfassung einer dreigliedrigen Entschädigungskommission, an der nur 2 Mitglieder teilgenommen haben, für formell ungültig erklärt worden, zumal da die Satzung hierüber keine Bestimmung enthielt; HbdUV. **1** 474.

4. Es ist unzulässig, einem Vorstandsvorsitzenden allgemein die Befugnis zur Feststellung von Entschädigungen zu übertragen; das Gesetz läßt es zwar zu, daß diese Befugnis innerhalb örtlich abgegrenzter Teile einer BG. örtlichen Beauftragten übertragen wird, doch können diese den verhältnismäßig kleinen Kreis von Entschädigungen selbst übersehen, wozu ein Vorstandsvorsitzender regelmäßig nicht in der Lage sein wird; HbdUV. **1** 474.

Die Erteilung sämtlicher Bescheide durch den Vorstandsvorsitzenden unter Vorbehalt der Genehmigung des Vorstands ist unzulässig; AN. **86** 13, HbdUV. **1** 474. Ebenso ist ein von ihm in der Erwartung des Zustandekommens eines entsprechenden Feststellungsbeschlusses im voraus erlassener Bescheid dem Verletzten gegenüber unwirksam; Hb. a. a. O. Wegen der etwaigen Bindung der BG. s. Anm. 1, 2 zu § 1568, 5h zu § 1583.

Sind nach der Satzung die Entscheidungen eines Genossenschaftsorgans an die Genehmigung eines anderen Organs gebunden, z. B. des Genossenschaftsvorstands oder dessen Vorsitzenden, so sind beide Stellen in gleicher Weise zu einer Entscheidung darüber berufen, ob überhaupt eine Entschädigung und in welcher Höhe sie zu gewähren ist; HbdUV. **1** 474.

§ 1569a. Eine förmliche Feststellung[1] hat[2] zu geschehen, wenn es sich handelt um

1. Gewährung von Renten[3], die nicht nur für die Vergangenheit gewährt werden,
2. Änderung[4], Entziehung[4] und Ruhen[5] von Renten,
3. Pflege[6], Heilanstaltspflege[7] oder Anstaltspflege[7],
4. Abfindung[8].

Im übrigen erfolgt eine förmliche Feststellung[1] nur auf Antrag des Berechtigten[9a] oder Anweisung der Aufsichtsbehörde[9].

G. v. 14. VII. 25 (RGBl. I S. 97); in Kraft v. 17. VII. 25 an, Art. 131 dieses G.

1. Durch Bescheid (§ 1583). Die Feststellung durch Bescheid ist nicht geboten bei Zuwendung freiwilliger Leistungen der BG. an den Verletzten oder seine Angehörigen; §§ 15, 18b Abs. 4 des Rundschreibens des RVA. v. 15. XI. 04 (AN. **04** 643), AN. **06** 423, HbdUV. **1** 492, 268. Auf freiwillige Leistungen besteht kein im Rechtszug erzwingbarer Anspruch; Komp. **16** 35 (RVA.); s. auch AN. **27** 369, **30** 306, **16** 478, **96** 502. S. aber auch Abs. 2, ferner Anm. 5o zu § 1583.

2. Wegen Fällen, in denen nach altem Rechte von der Erteilung eines berufungsfähigen Bescheids abgesehen werden konnte, s. z. B. AN. **94** 283. In den Fällen des § 1569a hat eine förmliche Feststellung der Rente selbst dann zu erfolgen, wenn der Verletzte der Gewährung einer Rente widerspricht; AN. **13** 462. Wenn eine Entschädigungspflicht der BG. und damit die Anwendung der §§ 1569a, 1583 nicht in Betracht kommt, so haben gegebenenfalls die ordentlichen Gerichte selbständig zu prüfen, ob ein Betriebsunfall vorliegt; EuM. **14** 231 (Bay. LVAmt).

3. Nach Abschluß einer Heilanstaltspflege sind die dem Berechtigten zustehenden Leistungen neu festzustellen; AN. **26** 433, EuM. **20** 188, 206, **26** 60, **19** 352, **11** 371 (Bay. LVAmt), **25** 436 (Bay. LVAmt); vgl. auch AN. **15** 695, 745, **17** 492. Dabei ist die BG. an die früher gewährte Rente nicht gebunden und kann ihre Leistungen unabhängig von der früheren Feststellung festsetzen, auch nach § 559d Krankengeld statt Rente gewähren; EuM. **25** 437 (Bay. LVAmt). Doch sind alle Punkte der früheren Entscheidung, die durch das Ergebnis des Heilverfahrens nicht berührt werden, z. B. der Jahresarbeitsverdienst, nicht abänderbar; AN. **04** 618, **15** 695, **98** 262. S. auch Anm. 4 Abs. 2 zu § 1585. Die Versagung der Rente auf Zeit gemäß § 606 kann damit in demselben Bescheide verbunden werden; EuM. **26** 60, AN. **03** 468; s. aber Anm. 4.

Über einen Anspruch nach § 12 V. v. 11. II. 29 über Berufskrankheiten (Rückwirkungsfall) hat der VersTr. durch förmliche Feststellung zu entscheiden; § 13 der gen. V.

4. S. §§ 608, 609. Rentenänderung ist auch die erste Feststellung der Dauerrente, die durch förmliche Feststellung, nicht durch einen Umrechnungsbescheid, vorzunehmen ist; Breith. **16** 228 (RVA.), AN. **30** 205. Soll eine Rente wegen Änderung der Verhältnisse geändert werden, so muß diese zur Zeit der neuen Rentenfeststellung bereits eingetreten sein; eine anderweite Feststellung darf nicht erfolgen, wenn der Eintritt der Änderung nur für die Zukunft zu erwarten ist; AN. **87** 351, 352, **16** 410, EuM. **19** 170 (Bay. LVAmt). Die Gewährung der Hinterbliebenenrente nach § 593 kann nicht bis zu einem in der Zukunft liegenden Zeitpunkt erfolgen, ihre Entziehung muß vielmehr durch Bescheid vorgenommen werden; EuM. **23** 179. Die Versagung der Rente auf Zeit gemäß § 606 wegen gänzlicher oder nur teilweiser Nichtbefolgung einer Anordnung eines neuen Heilverfahrens nach § 603 hat durch Bescheid zu geschehen; dieser kann erst ergehen, wenn neben den anderen Voraussetzungen des § 606 feststeht, daß die Nichtbefolgung der Anordnung durch den Verletzten ohne gesetzlichen oder sonst triftigen Grund geschehen ist. Die Versagung wird daher frühestens mit dem Tage wirksam, an dem der Bescheid, der die Heilanstaltpflege anordnet, rechtskräftig geworden ist; EuM. **26** 60, **22** 7, **16** 118, **15** 376, Breith. **15** 506 (RVA.). Die Anordnung des Heilverfahrens und die Versagung der Rente können nicht in einem und demselben Bescheid angeordnet werden; EuM. **26** 60; s. auch Anm. 3. Im Bescheid über Anordnung der Heilanstaltpflege ist dem Verletzten zu eröffnen, daß er in der Heilanstalt so lange zu verbleiben hat, bis er von der zuständigen Stelle entlassen wird, und daß er sich dort den vorgeschriebenen Übungen und Kuren zu unterziehen habe. Zweckmäßig ist auch ein Hinweis auf die Folgen einer etwaigen Weigerung; EuM. **26** 60.

5. S. § 615.

6. S. § 558c.

7. S. § 558d. Bei Heilanstaltpflege ist stets ein Bescheid notwendig; HbdUV. **1** 306, desgleichen bei Meinungsverschiedenheiten bezüglich eines neuen Heilverfahrens (§ 603) neben der Rente; HbdUV. **1** 312, Breith. **15** 506 (RVA.), EuM. **15** 376.

8. §§ 616ff. Auch hierbei ist ein Vertreter der Versicherten zu beteiligen (§ 1569b); AN. **27** 368. Vgl. auch § 11 V. v. 18. II. 28 über Abfindung zum Erwerb von Grundbesitz; AN. **28** 36, die in Bd. 3 S. 181 abgedruckt ist, ferner den auf S. 176 daselbst abgedruckten Art. 20 G. v. 25. VI. 26 (RGBl. I S. 301) wegen der Aufhebung und Anrechnung einer früher ergangenen Abfindung. Soll die Abfindung abgelehnt werden, so ist kein Bescheid erforderlich; BG. **21** 23 (RVA.).

9. Zu den aus dem Aufsichtsrecht fließenden Befugnissen der Aufsichtsbehörde gehört es, eine BG. zur Erteilung eines förmlichen Bescheids anzuhalten, wenn Zweifel über die Berechtigung eines Entschädigungsanspruchs nur durch förmliche Entscheidung in dem durch das Gesetz für das Feststellungsverfahren angeordneten Rechtszug erledigt werden können; HbdUV. **1** 615. Bei Streit über die Notwendigkeit eines Heilverfahrens ist stets Bescheid zu erteilen; Breith. **15** 506 (RVA.), ebenso bei dem Antrag auf Wiederaufnahme eines durch einen ablehnenden Bescheid abgeschlossenen Rentenfeststellungsverfahrens; EuM. **15** 233. Bei der Aufrechnung (§ 622) empfiehlt sich Bescheiderteilung, wenn die Aufrechnungsbefugnis zweifelhaft ist; EuM. **17** 321.

Darüber, daß ein VersTr. nicht verpflichtet ist, zu einem bereits rechtskräftig abgewiesenen Entschädigungsanspruch auf Antrag eines Verletzten erneut durch Bescheiderteilung Stellung zu nehmen, s. Anm. 5h Abs. 3, auch 4 zu § 1583.

9a. Z. B. der KrK., die für einen Verletzten, der keinen Rentenanspruch hat, den Anspruch auf Krankenbehandlung betreibt; AN. **29** 42, oder einer Witwe bei ihrer Abfindung im Falle der Wiederverheiratung; AN. **23** 244.

§ 1569b[1]. Bei jeder Berufsgenossenschaft müssen Einrichtungen getroffen werden, die sicherstellen, daß an der förmlichen Feststellung der Leistungen mindestens ein Vertreter der Versicherten beteiligt[2] wird. Die Satzung bestimmt das Nähere. Bis zum Zustandekommen einer Satzungsbestimmmung erläßt der Genossenschaftsvorstand die erforderlichen Anordnungen.

G. v. 14. VII. 25 (RGBl. I S. 97), Bek. v. 9. I. 26 (RGBl. I S. 9).

1. Vgl. Sten. Bericht des Reichstags 25 S. 2690.

Daß nach bisherigem Rechte die Satzung bestimmen konnte, daß den Feststellungskommissionen auch Vertreter der Versicherten mit Stimmrecht angehörten, s. AN. **18** 367.

Bei Meinungsverschiedenheit zwischen der Verwaltung der BG. und der Feststellungskommission hinsichtlich der Entschädigungspflicht ist der Bescheid entsprechend dem Beschluß der Kommission sofort zu erteilen; EuM. **22** 28.

2. Die Beteiligung eines Vertreters der Versicherten an der Feststellung der Leistungen ist nur gegeben, wenn der Vertreter dem Bescheide vor seiner Absendung zugestimmt hat oder im Falle des Widerspruchs durch die Mehrheit der gemäß §§ 1569b, 1570 eingerichteten Kommission überstimmt worden ist; AN. **26** 293, nicht aber, wenn ihm der Bescheid lediglich zur Kenntnisnahme, nicht zur Mitwirkung vorgelegt war; Breith. **17** 97 (RVA.). Die Beteiligung muß nötigenfalls urkundlich nachgewiesen werden; Breith. **15** 506 (RVA.). Ein Versichertenvertreter kann gleichzeitig Beisitzer eines OVA. sein, doch ist er berechtigt, die Wahl abzulehnen; EuM. **23** 198.

Vgl. auch Runderl. v. 30. XI. 26; AN. **26** 478, der auch für die Beurkundung bei den dem RAM. unterstellten Reichsbetrieben gilt (Z. 4 Abs. 3 der Ausführungsbestimmungen v. 12. I. 28); AN. **28** 2.

§ 1570. Die Ausführungsbestimmungen bezeichnen die Behörde, welche die Leistungen feststellt, wenn ein anderer Träger der Unfallversicherung[1] an die Stelle der Berufsgenossenschaft tritt. Sie treffen die im § 1569b Satz 1 bezeichneten Einrichtungen.

Bek. v. 9. I. 26 (RGBl. I S. 9).

1. S. §§ 624ff., 957, 1119 (Reich, Länder, Gemeinden usw.), auch Anm. 2 zu § 893. Ausführungsbehörde für die UV. im Betriebe der Deutschen Reichspost ist vom 1. VIII. 26 ab die Postversicherungskommission in Dresden; AN. **26** 398.

Wegen der Zusammensetzung der Feststellungskommission bei Unfällen und Berufskrankheiten in den dem RAM. unterstellten Reichsbetrieben, für die das Versorgungsamt I Berlin als Ausführungsbehörde bestellt ist, s. Z. 4 der Best. v. 12. I. 28; AN. **28** 2.

§ 1571 [1]. Hält der Versicherungsträger die Sache nicht für genügend aufgeklärt, so hat er, vorbehaltlich des § 1572 [2], weitere Ermittlungen [3] anzustellen.

Sollen Zeugen oder Sachverständige im Wege der Rechtshilfe [4] eidlich [5] vernommen werden, so soll das Versicherungsamt [6] ersucht werden. Unterliegt die Beweisaufnahme vor dem Versicherungsamt erheblichen Schwierigkeiten, insbesondere wegen großer Entfernung des Aufenthalts des Zeugen von dem Sitze des Versicherungsamts, oder ist Gefahr im Verzuge, so kann auch das Amtsgericht [7] ersucht werden.

Um eidliche Vernehmung eines Zeugen oder Sachverständigen darf der Versicherungsträger nur ersuchen, wenn er die Vereidigung für notwendig hält, um eine wahre Aussage herbeizuführen [8].

Wird das Ersuchen um eine Beweisaufnahme von dem Amtsgericht abgelehnt, so entscheidet das Oberlandesgericht endgültig [9].

1. S. KommBer. **6** 51—58, Sten. Ber. S. 6986.

Nach den Vorschriften der RVO. und der bestimmten Absicht des Gesetzgebers ist die Aufklärung des Sachverhalts in noch höherem Maße als im alten Rechte Aufgabe der den Verhältnissen nahestehenden Stellen, des VersTr. und des VA.; Breith. **3** 48 (RVA.).

§ 1571 bezieht sich nur auf das Verhältnis des VersTr. zum VA. oder ersuchten Amtsgerichts, nicht auf das des VersTr. zu dem zu vernehmenden Zeugen oder Sachverständigen; AN. **18** 273. § 1571 Abs. 2ff. ist nicht nur auf das Entschädigungsfeststellungsverfahren anwendbar; die VAer. sind vielmehr im Wege der Rechtshilfe allgemein zu eidlichen Vernehmungen von Zeugen, z. B. auch zur Sicherstellung der Beitragsleistung, verpflichtet; BG. **23** 133 (RVA.).

Der Aufklärungspflicht ist nicht genügt, wenn die BG. Beweise, die auch von ihrem Rechtsstandpunkt aus erheblich waren, nicht erhoben hat; EuM. **17** 347.

2. S. die dortigen Anm.

3. Unter Ermittlungen sind Beweiserhebungen durch Zeugen, Sachverständige, Augenschein usw. zu verstehen; AN. **14** 669. Gegebenenfalls ist auch der Betriebsunternehmer zur Erstattung der Unfallanzeige (§ 1552) anzuhalten und diese nach § 1556 zu erzwingen; s. die dortigen Anm. Dazu kann auch die Anordnung einer ärztlichen Untersuchung des Verletzten oder seine Beobachtung im Krankenhause gehören. Ist das zuerst eingeholte Gutachten nicht geeignet, eine hinreichende Aufklärung zu geben oder widersprechen sich verschiedene Gutachten, so ist der VersTr. berechtigt und verpflichtet, gegebenenfalls ein weiteres Gutachten eines geeigneten Arztes einzuholen; Breith. **16** 461 (RVA.). Selbst wenn der VersTr. eine mehrtägige Beobachtung in einem Krankenhause verlangt, so ist dies nicht unbillig, da zur Feststellung der Unfallfolgen ein gewisses Maß von Mitwirkung der Versicherten

unerläßlich ist; ArbVers. **21** 590 (RVA.); s. auch Anm. 2c zu § 1545. In einem Fall, in dem der Verletzte seine Beobachtung in der 3. Klasse einer Klinik bei Unmöglichkeit der Aufnahme in die 2. Klasse wegen Überfüllung verweigert und sich erboten hatte, die Mehrkosten der 2. Klasse selbst zu tragen, die BG. aber die Beobachtung abgelehnt hatte, ist angenommen worden, daß sie den Sachverhalt nicht genügend geklärt habe; ArbVers. **21** 590 (RVA.). Bei der Berechnung der Reiseentschädigung für einen Verletzten ist dessen wirklicher Verdienstausfall ohne Rücksicht auf die Rente zugrunde zu legen; AN. **14** 675; über Ersatz von Verdienstausfall s. auch EuM. **25** 290. Doch hat ein Verletzter, insbesondere ein Rentenempfänger, die BG. von einem Wohnortwechsel in Kenntnis zu setzen; solange er dies nicht getan hat, kann er sich, wenn er Reiseentschädigung für eine von der BG. angeordnete ärztliche Untersuchung verlangt, nicht darauf berufen, daß er verzogen ist; AN. **14** 675, **89** 140. Bei der Berechnung der einem Verletzten durch den Aufenthalt im Krankenhaus entstandenen, von der BG. zu erstattenden Kosten können die vom Verletzten durch den Krankenhausaufenthalt ersparten Kosten der eigenen Verpflegung abgezogen werden; AN. **17** 589. Auch hat der Verletzte die Abnutzung von Kleidung und Schuhwerk gelegentlich einer von der BG. angeordneten ärztlichen Untersuchung selbst zu tragen; EuM. **13** 290 (Bay. LVAmt). Die Kosten einer Erkrankung, die sich ein Versicherter auf der Reise zu einer von der BG. angeordneten Untersuchung zuzieht, sind Kosten des Feststellungsverfahrens und von der BG. zu erstatten; EuM. **13** 290 (Bay. LVAmt); s. auch Anm. 4, 2c zu § 555.

Der Geschäftsführer der BG. kann zur Anstellung von Ermittlungen und zum Ersuchen um Rechtshilfe ermächtigt werden; §§ 5, 11 der Best. des RVA. über die Übertragung von Aufgaben auf die Geschäftsführer der BGen. v. 4. II. 13 (abgedruckt in Band III, 2. Aufl., S. 617ff.

Die Vornahme der Ermittlungen durch einen BG.-Angestellten ist nicht unzulässig, doch können sie, zumal wenn sie für den Verletzten ungünstig sind, nicht zur alleinigen Grundlage der Entscheidung gemacht werden; EuM. **14** 319, **18** 161.

4. Halten die BGen. vor der Bescheiderteilung zur Ergänzung der Unfalluntersuchung noch weitere Aufklärung für erforderlich, so sollen sie in weitestgehendem Maße sich der Rechtshilfe durch Behörden, insbesondere durch das VA. bedienen; sie werden auf den Weg der Rechtshilfe nicht nur dann verwiesen, wenn die Ermittlungen an einem von ihrer Geschäftsstelle entfernten Orte vorzunehmen sind; EuM. **14** 319.

5. Über die Berechtigung der Träger der UV., eidliche Vernehmungen zu verlangen, s. auch AN. **13** 756 (Pr. H. u. GewM.). Die eidliche Vernehmung von nahen Verwandten des Verletzten über jahrelang zurückliegende Ereignisse ist bedenklich; BG. **28** 109 (RVA.).

6. Macht der behandelnde Arzt die Erstattung eines schriftlichen Gutachtens von der Zusicherung einer bestimmten Gebühr abhängig, so kann ihn die BG. von dem zuständigen VA. als sachverständigen Zeugen vernehmen lassen; AN. **18** 273.

Zur Ausführung der Beweisaufnahme ist in erster Linie das VA. berufen; EuM. **4** 440. Es darf das Ersuchen nicht an das Amtsgericht weitergeben; KommBer. **6** 54.

7. Ob aber tatsächlich erhebliche Schwierigkeiten gegeben sind, hat das Amtsgericht sachlich nicht nachzuprüfen; Breith. **9** 145 (OLG. Düsseldorf), BG. **19** 61 (OLG. Hamm); auch ist es zur Ablehnung der beantragten Vereidigung eines Zeugen nicht berechtigt, wenn nach seiner Ansicht die Aussage auch ohne Vereidigung glaubwürdig ist; BG. **19** 62 (OLG. Hamm), EuM. **23** 293 (OLG. Hamm). Das Amtsgericht darf in Fällen, in denen nach seiner Meinung die Voraussetzungen des § 1571 Abs. 2 und 3 nicht gegeben sind, die BG. nicht etwa an das VA. verweisen; ArbVers. **14** 235 (OLG. Colmar). Zu einer Ablehnung eines Ersuchens ist das AG. nur berechtigt, wenn sich aus seinem Inhalt ergibt, daß das Vorliegen der Voraussetzungen des § 1571

Abs. 2 überhaupt nicht geprüft worden ist. Zu einer sachlichen Nachprüfung der Begründung eines Ersuchens ist das AG. nicht berufen; Jur. Woch. **26** 720 (OLG. Stuttgart). Auch um die Vernehmung des Verletzten selbst kann das AG. ersucht werden; EuM. **23** 293 (OLG. Hamm).

Die Arbeitsämter sind nicht berechtigt, die Gerichte um eidliche Vernehmung von Personen zu ersuchen; EuM. **26** 337 (KG.).

8. Einem Zeugen oder Sachverständigen steht eine Beschwerde wegen seiner eidlichen Vernehmung gemäß § 1571 Abs. 3 nicht zu; AN. **18** 273.

9. So auch Arch. f. RV. **13** 63 (RG.).

§ 1572[1]. Auf Ersuchen des Versicherungsträgers hat das Versicherungsamt[2] den gesamten Sachverhalt aufzuklären und sich gutachtlich zu äußern. Es entscheidet nach freiem Ermessen, welche Ermittlungen erforderlich sind[3].

Für die Zuständigkeit des Versicherungsamts[2] gelten die §§ 1637 bis 1639 entsprechend.

Bek. v. 15. XII 24 (RGBl. I S. 779).

1. S. Begr. S. 486.

2. Für die Zuständigkeit des VA. ist der letzte Wohn- oder Beschäftigungsort des Verletzten maßgebend; AN. **13** 367; s. auch Begr. a. a. O.

3. Die Kosten der Ermittlungen sind als solche von Rechtshilfeleistungen von der BG. nach § 117 zu erstatten; Monatsschr. **14** 479 (OVA. Stuttgart); der Portoaufwand ist aber nicht ersatzfähig; AN. **25** 159.

§ 1573. Bei Vernehmung von Zeugen oder Sachverständigen ist den Beteiligten[1] Gelegenheit zur Teilnahme zu gewähren.

1. Beteiligte sind nur die Parteien und Dritte, die am Ausgang des Verfahrens ein berechtigtes Interesse haben. Deshalb besteht auf die Zuziehung eines Bevollmächtigten kein Rechtsanspruch, und seine Nichtbeteiligung bildet keinen wesentlichen Mangel des Verfahrens, wenn auch seine Zuziehung erwünscht und förderlich sein mag; AN. **17** 392, EuM. **17** 122; s. aber AN. **19** 259.

Dagegen stellt die Unterlassung der Benachrichtigung der Parteien von dem Termin zur Beweisaufnahme einen wesentlichen Mangel dar; Breith. **3** 219 (RVA.).

Die für Beweisverhandlungen außerhalb der Sitzung vorgeschriebenen Förmlichkeiten sind zu beobachten; EuM. **2** 363.

§ 1574. Die Vorschriften der Zivilprozeßordnung[1] über die Pflicht, als Zeuge[2] oder Sachverständiger[3] zu erscheinen, sich vernehmen und vereidigen zu lassen[4], gelten für das Verfahren vor dem ersuchten Richter entsprechend. Die Aussage darf nicht deshalb verweigert werden, weil dieses Gesetz eine Schweigepflicht[5] begründet.

Ob die Aussage oder die Eidesleistung verweigert werden darf[6], entscheidet der ersuchte Richter. Gegen dessen Entscheidung ist binnen einer Woche Beschwerde an das zunächst höhere Gericht nach den Vorschriften der Zivilprozeßordnung zulässig.

1. S. insbesondere die §§ 382—385, 393—396, 404—411 ZPO.

2. Ein Verletzter, um dessen Rentenanspruch es sich handelt, kann im Feststellungsverfahren nicht als Zeuge vernommen werden. Doch ist nach Abschluß dieses Verfahrens selbst seine eidliche Vernehmung zulässig, wenn es sich um die Einleitung eines Strafverfahrens gegen den Unternehmer handelt; EuM. **4** 440. Indessen ist in diesem Falle bei seiner Vernehmung zu prüfen, ob er über Fragen, deren Beantwortung ihm einen unmittelbaren vermögensrechtlichen Schaden verursachen würde, oder aus anderen Gründen sein Zeugnis verweigern kann und deshalb unbeeidigt zu vernehmen ist; EuM. a. a. O.

Da die Befugnis der Versicherungsbehörden, die Parteien zu hören und deren persönliches Erscheinen nach § 40 VAO., § 24 Abs. 2 OVAO. anzuordnen, zur Aufklärung der Sachlage unter Umständen nicht ausreicht, ist die Vernehmung von Vorstandsmitgliedern von KrKn. (BGen.) als Zeugen und ihre Vereidigung zulässig; AN. **19** 297. Wegen der Vernehmung von Vorstandsmitgliedern der BGen. s. auch AN. **04** 412.

Eine geschäftliche Behinderung entschuldigt das Ausbleiben von Zeugen regelmäßig nicht; ArbVers. **13** 655 (KG.).

3. Die Zuziehung von Hilfskräften (Assistenten) bei Erstattung eines ärztlichen Gutachtens ist nicht unzulässig; ArbVers. **17** 64 (RG.). Ist ein Gutachten von einem Assistenzarzt und dem Vorstand der Klinik unterzeichnet, so ist anzunehmen, daß der letztere es, gegebenenfalls auf Grund eigener Beobachtung und Untersuchung, nachgeprüft und gebilligt hat; BG. **18** 36 (Bay. LVAmt). Das Gutachten einer (Universitäts-)Klinik kann unter Umständen sogar von einem Assistenzarzt allein erstattet sein und volle Beweiskraft haben; VolkstZ. **27** 211 (RVA.).

Die Gutachten von amtlichen Sachverständigen verdienen nicht unter allen Umständen den Vorzug vor den von nicht beamteten Ärzten erstatteten, falls die letzteren den an ein ärztliches Gutachten zu stellenden Anforderungen entsprechen; BG. **18** 36 (Bay. LVAmt).

4. Das Verfahren vor den Versicherungsbehörden kennt den Parteieid nicht; AN. **19** 297, Breith. **15** 75 (RVA.); s. auch Anm. 2c Abs. 9 zu § 1545.

5. S. §§ 141, 142.

6. Den Zeugen und Sachverständigen steht eine Beschwerde aus § 1571 Abs. 3 nicht zu; AN. **18** 273.

§ 1575. Die Vorschriften des § 1574[1] gelten auch, soweit die §§ 1576 bis 1579 nichts anderes vorschreiben, für das Verfahren vor dem Versicherungsamte.

1. S. die dortigen Anm.

§ 1576. Ist das Versicherungsamt um die Vernehmung von Zeugen oder Sachverständigen ersucht, so entscheidet dieses darüber, ob die Aussage oder die Eidesleistung verweigert werden darf[1]. Gegen dessen Entscheidung ist binnen einer Woche Beschwerde an das Oberversicherungsamt zulässig. Das Oberversicherungsamt (Beschlußkammer) entscheidet endgültig.

1. Den Zeugen und Sachverständigen ist eine Beschwerde aus § 1571 Abs. 3 nicht gegeben, sondern nur eine solche aus den Vorschriften der ZPO.; AN. **18** 273.

§ 1577[1]. Gegen Zeugen oder Sachverständige, die
sich nicht einfinden[2],
ihre Aussage oder die Eidesleistung ohne Angabe eines Grundes oder, nachdem der vorgeschützte Grund[3] rechtskräftig für unerheblich erklärt ist, verweigern,
kann nur Ordnungsstrafe[4] in Geld verhängt[5] werden.

Die Strafe verhängt das Versicherungsamt. Für die Beschwerde gilt § 1576 Satz 2, 3.

Bek. v. 15. XII 24 (RGBl. I S. 779).

1. S. Begr. S. 487.

2. Geschäftliche Behinderung ist regelmäßig kein Entschuldigungsgrund; ArbVers. **13** 655 (KG.).

3. S. AN. 08 514.

4. Von 1—1000 RM.; V. v. 6. II 24 (RGBl. I S. 44) und 12. XII 24 (RGBl. I S. 775). Weitere Zwangsmaßregeln, besonders Vorführung und Haft, sind dem ersuchten VA. nicht gegeben; sind ausnahmsweise derartige Zwangsmaßnahmen geboten, so ist das Amtsgericht um Vernehmung zu ersuchen; Begr. S. 487.

Die Geldstrafe fließt in die Kasse des Landes oder Gemeindeverbandes (§ 59 Abs. 3).

5. Auf nachträgliche Entschuldigung ist die Strafe aufzuheben; Begr. a. a. O.

§ 1578. Soldaten und Militärbeamte werden als Zeugen oder Sachverständige auf Ersuchen von ihrer Dienststelle geladen.

Bek. v. 15. XII 24 (RGBl. I S. 779).

§ 1579[1]. Die Zeugen und Sachverständigen erhalten Gebühren[2] wie bei Vernehmungen vor dem ordentlichen Gericht in bürgerlichen Rechtsstreitigkeiten.

Auf Beschwerde[3] gegen die Festsetzung der Gebühren entscheidet das Oberversicherungsamt endgültig[4].

1. § 1579 bezieht sich nur auf Zeugen- und Sachverständigenvernehmungen, die vor dem VA. stattfinden. Hat die Vernehmung im Wege der Rechtshilfe vor dem Amtsgerichte stattgefunden, so entscheidet auf Beschwerde das diesem im Rechtszuge nach der ZPO. übergeordnete Gericht; AN. **21** 396.

2. S. Gebühren-Ordnung v. 21. XII 25 (RGBl. I S. 471).

Die von den OVAern. zugezogenen nicht beamteten ärztlichen Sachverständigen können für ihre Leistungen Vergütung nach Maßgabe der Zeitversäumnis beanspruchen; AN. **19** 174.

Die Berechnung der Gebühr für das vom OVA. eingeholte ärztliche Gutachten eines Facharztes nach dem pr. G. betr. die Gebühren der Medizinalbeamten v. 14. VII 09 (Pr. G. S. 625) unter Vervielfältigung der Grundgebühr mit einer entsprechenden Teuerungsziffer wurde in der Inflationszeit als den Arzt nicht benachteiligend angesehen; EuM. **15** 362. S. auch Anm. 3 Abs. 4 zu § 1564.

Gutachten von Universitätskliniken haben allgemein eine höhere wissenschaftliche Bedeutung als sonstige Gutachten; EuM. **15** 198; über die Gebührenhöhe s. EuM. a. a. O. Vgl. auch Anm. 3 zu § 1574.

Ein Dolmetscher kann unter Umständen als Sachverständiger anzusehen und bezüglich der Gebühren wie ein solcher zu behandeln sein; AN. **17** 413. S. Anm. 3b Abs. 2 zu § 59.

Öffentliche Beamte haben nur Anspruch auf Tagegeld und Reisekosten; Soergel **14** 240 (Oldenburger MdJ.). S. auch AN. **10** 642.

3. Die Beschwerdefrist beträgt einen Monat (§ 128).

4. S. auch AN. **16** 725.

§ 1580[1]. Verweigert der Unternehmer dem Versicherungsträger die Einnahme des Augenscheins, so entscheidet das Versicherungsamt, ob und in welcher Weise der Augenschein stattfinden soll.

Das Versicherungsamt kann die Einnahme des Augenscheins selbst vornehmen und sich dabei der Mitwirkung der Ortspolizeibehörde bedienen oder die Ortspolizeibehörde darum ersuchen.

Die Beschwerde[2] bewirkt Aufschub.

Für den Augenschein im Dienstraum einer Behörde oder in einem Fahrzeug der Reichsmarine gilt § 1564 Abs. 3.

Die oberste Verwaltungsbehörde bestimmt, wie weit Abs. 1 bis 3 für Betriebe gilt, die unter bergpolizeilicher Aufsicht stehen[3].

Bek. v. 15. XII 24 (RGBl. I S. 779).

1. S. Begr. S. 488, KommBer. **6** 58—62.

2. Darüber, daß die Beschwerdefrist einen Monat beträgt, s. § 128, daß weitere Beschwerde zulässig ist, § 1797.

3. Abs. 5 soll den besonderen Betriebs- und Gefahrverhältnissen im Bergbau Rechnung tragen; Begr. zur RVO. S. 488. Für Preußen s. Erlaß des HMin. v. 22. VII 12 (HMinBl. **12** 410).

§ 1581. Der Unternehmer[1] hat der Genossenschaft[2] auf Verlangen binnen einer Woche den Entgelt nachzuweisen, der für die Berechnung der Entschädigung maßgebend ist. Er hat zu diesem Zwecke fortlaufende Aufzeichnungen über den von den einzelnen Versicherten verdienten Entgelt zu führen[3]. Das Nähere bestimmt die Satzung[4].

Weist der Unternehmer den Entgelt nicht nach oder enthält der Nachweis Angaben, deren Unrichtigkeit der Unternehmer kannte oder den Umständen nach kennen mußte, so kann er mit Ordnungsstrafe in Geld[5] bestraft werden.

Die Strafe verhängt der Genossenschaftsvorstand. Auf Beschwerde[6] entscheidet das Oberversicherungsamt endgültig.

Diese Vorschriften gelten auch gegenüber den Personen, die im § 912, § 913 Abs. 1, § 1220 und in den entsprechenden Vorschriften für die landwirtschaftliche und die See-Unfallversicherung (§§ 1045, 1222) bezeichnet sind. § 913 Abs. 2, 3, §§ 1045, 1223 gelten entsprechend.

Bek. v. 15. XII 24 (RGBl. I S. 779).

1. § 1581 gilt auch für Unternehmer von Bauarbeiten, die nicht in einem gewerbsmäßigen Baubetrieb ausgeführt werden, und für die Personen, die nicht gewerbsmäßig Reittiere und Fahrzeuge halten; Begr. S. 488.

2. Wegen der Pflicht des Nachweises im Spruchverfahren gegenüber den Feststellungsbehörden s. §§ 1679 Abs. 2, 1701 Abs. 1.

3. Die Genossenschaftsmitglieder sind für ständige Bereithaltung der Unterlagen verantwortlich, die für die Nachweisung des Entgelts notwendig sind. Dies gilt besonders auch im Falle der Beschäftigung von Arbeitern durch Vermittlung eines Akkordanten; AN. **85** 354, 363.

Die Pflicht zum Nachweis des Entgelts erstreckt sich auch auf die Zeit nach der Einstellung des Betriebs, sofern die verlangte Auskunft sich auf einen Zeitraum bezieht, in dem der Betrieb noch bestand. Die Verpflichtung besteht aber auch für den Rechtsnachfolger, sofern er der BG. angehört und sich von den früheren Verhältnissen Kenntnis verschaffen kann; HbdUV. **1** 491.

4. Z. B. wie lange die Entgeltaufzeichnungen aufzubewahren sind; Monatsschr. **16** 559 (RVA.).

5. Von 1—1000 RM.; V. v. 6. II 24 (RGBl. I S. 44) und v. 12. XII 24 (RGBl. I S. 775). Sie fließt in die Kasse des VersTr. und wird wie Rückstände beigetrieben (§ 146). Über Verjährung s. §§ 147, 148. Vgl. im übrigen Anm. 3ff. zu § 1556.

6. Wegen der einmonatigen Beschwerdefrist s. § 128.

§ 1582[1]. Soll auf Grund eines ärztlichen Gutachtens[2] die Entschädigung abgelehnt[3] oder nur eine Teilrente gewährt[3] werden, so soll vorher der behandelnde Arzt[4] gehört[5] werden[6], wenn er nicht schon ein ausreichendes

Gutachten erstattet hat. Er muß auf Verlangen des Verletzten gehört werden[7].

Steht der behandelnde Arzt zu dem Versicherungsträger in einem nicht nur vorübergehenden Vertragsverhältnis[8], so ist auf Antrag ein anderer Arzt zu hören.

V. v. 15. III 24 (RGBl. I S. 280), G. v. 14. VII 25 (RGBl. I S. 97), in Kraft v. 17. VII 25 an, Art. 131 dieses G.

1. § 1582 gilt nur für die Fälle der ersten Feststellung der Entschädigung, also nicht für die Fälle der Neufeststellung nach Änderung der Verhältnisse; AN. **06** 206, **21** 407, Begr. S. 488.

Der in AN. **19** 346 aufgestellte Grundsatz, daß bei Umwandlung der vorläufigen Rente in eine Dauerrente regelmäßig eine nochmalige ärztliche Untersuchung des Verletzten erforderlich sei, ist in AN. **21** 407 nicht aufrecht erhalten worden; s. auch Anm. 13 Abs. 2 zu § 1585.

2. Eine Verpflichtung zur Anhörung des behandelnden Arztes liegt nur dann vor, wenn sich die Entscheidung ausschließlich oder doch im wesentlichen auf eine lediglich medizinisch-wissenschaftliche Feststellung und Begutachtung gründet; AN. **08** 549. Erfolgt die Feststellung nicht auf Grund eines ärztlichen Gutachtens, sondern unabhängig von einem solchen, so ist die Anhörung des behandelnden Arztes nicht erforderlich; AN. **01** 557 (in diesem Falle war aus den gesamten tatsächlichen Umständen die Entstehung eines Bruchleidens durch die Betriebsarbeit auszuschließen); dies gilt auch dann, wenn die Beurteilung des Falles (glatter Verlust von Fingergliedern) ohne ärztliche Begutachtung auf Grund des Augenscheins möglich und die tatsächlich erfolgte Zuziehung eines Arztes überflüssig war; AN. **08** 549. Die Abweisung oder Bewertung eines Entschädigungsanspruchs ist nämlich unter Umständen auch ohne ärztliche Untersuchung etwa auf Grund des Augenscheins oder anderer Beweismittel oder sogar schon auf Grund der in anderen Fällen gewonnenen Erfahrung zulässig; AN. **21** 407. Die Anhörung ist aber erforderlich, wenn die Entschädigung nach § 561 abgelehnt werden soll, sofern die Entscheidung darüber, ob schon vor dem Unfall dauernde Erwerbsunfähigkeit bestand, auf einem im Feststellungsverfahren eingeholten ärztlichen Gutachten beruhte; AN. **10** 425.

3. Vgl. Anm. 1.

4. Der behandelnde Arzt ist zu hören, weil gerade von ihm, zumal dem erstbehandelnden, regelmäßig erwartet werden darf, daß er Gelegenheit zur Feststellung wesentlicher Tatumstände hat, die sich leicht der Kenntnis des erst später in Anspruch genommenen Arztes entziehen; AN. **06** 206. Der behandelnde Arzt ist im allgemeinen derjenige, der das nach dem Unfall erforderliche Heilverfahren durchgeführt hat; AN. **01** 180. Unter Umständen ist aber auch ein Arzt, der den Verletzten nur einmal auf die Folgen des Unfalls hin untersucht hat, als der behandelnde Arzt anzusehen; längere Behandlung oder mehrmalige Inanspruchnahme ist nicht erforderlich; AN. **11** 499, EuM. **23** 371. Kürzere oder längere Beobachtung lediglich zwecks Abgabe eines Gutachtens ist regelmäßig keine Behandlung; EuM. **23** 371. Behandelnder Arzt ist derjenige, der dem Erkrankten für die Heilung der (Berufs-) Krankheit oder zur Verhütung ihrer Verschlimmerung auf Grund seiner medizinischen Kenntnisse Rat erteilt oder die für die Heilung oder Verhütung der Verschlimmerung erforderlichen Maßnahmen selbst durchgeführt hat; EuM. **23** 371. Waren nacheinander mehrere Ärzte an der Behandlung beteiligt, ohne daß einer allein als behandelnder Arzt anzusehen ist, so sind nötigenfalls mehrere Ärzte zu hören; es kommt darauf an, daß kein Arzt übergangen wird, der vermöge der Behandlung des Verletzten für die Sachbeurteilung wesentliche Aufklärungen zu geben vermag; AN. **04** 619, Breith. 3 219 (OVA. Hamburg). S. auch AN. **14** 672.

Der behandelnde Arzt ist wiederholt zu hören, wenn es sich darum handelt, ob ein Leiden, über das er sich noch nicht geäußert hat, mit dem Unfall zusammenhängt; EuM. 5 373 (Bay. LVAmt). Ist er aber bereits vor Abgabe des ärztlichen Gutachtens, auf Grund dessen die Entschädigung abgelehnt werden soll, gehört worden, so ist seine nochmalige Anhörung im allgemeinen nicht erforderlich; HbdUV. 1 476.

Bei Ärzten, die einen Erkrankten nur zwecks Abgabe eines Gutachtens kürzere oder auch längere Zeit beobachtet haben, wird regelmäßig von einem behandelnden Arzte nicht gesprochen werden können; EuM. 23 371.

Der Vorschrift, daß der behandelnde Arzt zu hören ist, wird nicht durch die Anhörung seines Vertreters zur Zeit der Anhörung genügt; EuM. 9 374.

Vor der Anhörung des behandelnden Arztes ist die eines anderen nicht erforderlich; AN. 01 599.

5. In welcher Form und in welchem Umfange die Anhörung des Arztes zu erfolgen hat, richtet sich nach den Umständen des Einzelfalls; erforderlich ist nur, daß der Sachverständige hinsichtlich der ärztlichen Beurteilung des Falls zum Worte kommt; AN. 04 412. Unter Umständen ist ein Arzt von der BG. auch dann ausreichend gehört, wenn er nur einen Befundschein über die Zeit seiner Behandlung erstattet hat; AN. 14 669, 08 549. Ein ausführliches eingehend begründetes Gutachten des Arztes ist nicht unter allen Umständen erforderlich; AN. 04 412; es genügt, wenn er das bekundet, was er von der Behandlung her weiß; AN. 07 488. Es ist aber nicht hinreichend, daß dem Arzte lediglich eine Äußerung anheimgestellt wird; AN. 04 619. Dem Erfordernis der Anhörung wird auch nicht dadurch genügt, daß die BG. ihn formularmäßig um eine Äußerung innerhalb von 10 Tagen ersucht, „falls er mit der beabsichtigten Ablehnung des Rentenanspruchs nicht einverstanden“ sei, und der Arzt sich nicht äußert; EuM. 15 199. Das Ersuchen darf überhaupt nicht derartig erfolgen, daß der Arzt die Auffassung gewinnen kann, es werde auf seine Äußerung kein Gewicht gelegt oder ihm keine Vergütung gewährt (§ 7 des Rundschr. v. 15. XI 04); AN. 04 643. Eine Bescheinigung, die nichts weiter enthält als die Bezeichnung der Verletzung (ohne objektiven Befund) und den Vermerk, daß diese voraussichtlich eine Beschränkung der Erwerbsfähigkeit des Verletzten während mehr als 13 Wochen zur Folge haben werde, kann als ausreichende Anhörung nicht angesehen werden; HbdUV. 1 476. Es genügt aber, wenn der Verletzte ein Gutachten des behandelnden Arztes vorlegt; AN. 04 619; s. auch EuM. 26 113 (Sächs. LVAmt).

Der behandelnde Arzt ist, wenn er gerichtlich vernommen wird, als sachverständiger Zeuge zu hören; ob darüber hinaus noch ein schriftliches Gutachten von ihm einzufordern ist, liegt im pflichtmäßigen Ermessen des Feststellungsorgans; AN. 08 496.

Es ist nicht hinreichend, daß der Arzt zur Äußerung lediglich aufgefordert wird; selbst eine mehrmalige erfolglose Aufforderung ist nicht genügend. Äußert sich der behandelnde Arzt auf ein Ersuchen der BG. trotz Erinnerung nicht, so hat der VersTr. von den ihm zu Gebote stehenden Befugnissen Gebrauch zu machen (Vernehmung durch das zuständige Amtsgericht); EuM. 15 199, AN. 05 574, Begr. S. 488.

6. Der § 69 Abs. 1 S. 3 GUVG., der dem § 1582 entspricht, galt auch für die Rechtsmittelinstanzen (eine dem § 1681 entsprechende Vorschrift war im GUVG. nicht enthalten); ein Verstoß dagegen nötigte die höheren Instanzen, entweder den behandelnden Arzt selbst zu hören oder die Sache an eine der Vorinstanzen zurückzuverweisen; AN. 03 472. Abgesehen von den Fällen der §§ 1582, 1681 steht die Auswahl der ärztlichen Gutachter den Instanzen zu; Komp. 15 201 (RVA.). Ein nicht behandelnder Arzt steht häufig dem ganzen Anspruch unbefangener gegenüber, so daß unter Umständen seinem Gutachten der Vorzug zu geben ist; EuM. 10 370 (Bay. LVAmt).

7. Die Vorschrift beruht auf einem im Sozialpolitischen Ausschuß des Vorl. Reichswirtschaftsrats gestellten Antrag; Reichstagsdrucks. III 24/25 Nr. 849 S. 7.

Die Nichtanhörung bildet einen wesentlichen Mangel des Verfahrens, der die Zurückverweisung der Sache an die BG. rechtfertigt; AN. **03** 472, Breith. **3** 219 (OVA. Hamburg).

8. Ärzte, mit denen eine BG. ein Abkommen lediglich darüber getroffen hat, nach welchen Sätzen sie Honorare für Gutachten beanspruchen dürfen, stehen nicht in einem Vertragsverhältnis im Sinne des Abs. 2; AN. **06** 274. Vgl. auch Begr. S. 488, KommBer. zur RVO. **6** 65, 69.

b) Bescheid

§ 1583[1]. Die zur Feststellung berufene Stelle[2] (§§ 1568 bis 1570) erteilt[3] in den Fällen der förmlichen Feststellung[4] einen schriftlichen Bescheid[5].

In dem Bescheide, der eine Kapitalabfindung[6] gemäß § 616 Abs. 1, 2 feststellt, sind dem Berechtigten die Vorschriften des § 616 Abs. 3 mitzuteilen.

G. v. 14. VII. 25 (RGBl. I S. 97); in Kraft v. 17. VII. 25 an, Art. 131 dieses G.

1. Der VersTr. hat im Rentenfeststellungsverfahren die Stellung einer ersten Instanz, und es sind auf ihn die für die übrigen Rentenfeststellungsinstanzen ausdrücklich geschaffenen Bestimmungen anzuwenden, die sich als Ausfluß allgemein gültiger Rechtssätze darstellen; AN. **19** 259, **20** 156.

2. S. darüber die §§ 1568—1570 mit Anm.

Ein von einem nicht zuständigen Organ erlassener Bescheid, der sich äußerlich als solcher darstellt, bindet den VersTr.; HbdUV. **1** 472. Dies gilt auch, wenn die zuständige Stelle irrtümlich einen berufungsfähigen Bescheid erlassen hat; AN. **10** 495. Auch fehlerhaft erlassene Bescheide muß die BG. gegen sich gelten lassen, wenn sie eine der Rechtskraft und Berufung fähige Entscheidung hat treffen wollen; die BG. kann derartige Bescheide nicht ohne die Zustimmung des Verletzten aufheben; Breith. **1** 527 (RVA.); s. auch Anm. 5h, ferner Anm. 3 zu § 1589.

3. a) Der VersTr. hat in den Fällen des § 1569a einen schriftlichen Bescheid zu erteilen. Darauf kann der Verletzte rechtswirksam nicht verzichten; daher ist ein Bescheid selbst dann zu erteilen, wenn eine Einigung über die Höhe der Rente zwischen ihm und der BG. erzielt ist; AN. **87** 136, **92** 329, **04** 412.

Ein Verzicht auf Rente ist im allgemeinen zulässig; AN. **10** 655, **14** 554, **28** 152, EuM. **20** 177 (Bay. LVAmt), **6** 421 (Bay. LVAmt), **3** 187 (Bay. LVAmt), und bindend, sofern er nicht auf Irrtum oder einem sonstigen Willensmangel beruht; EuM. **3** 187 (Bay. LVAmt). Ein Verzicht ist unzweideutig zu erklären und streng auszulegen; EuM. **6** 421 (Bay. LVAmt). Auf ihn sind die Grundsätze des bürgerlichen Rechts anwendbar, das den Abschluß eines Verzichtvertrags voraussetzt. Daher genügt das bloße Stillschweigen eines Versicherten auf den Antrag, einen Verzicht zu erklären, nicht, um den Verzichtwillen anzunehmen; EuM. **18** 162 (Sächs. LVAmt), AN. **10** 655, **14** 554. Gibt der Wortlaut des Verzichts keinen Anhalt dafür, von welchem Zeitpunkt ab auf Rente verzichtet werden soll, so ist anzunehmen, daß der Verzichtende erst von dem Zeitpunkt ab sein Recht aufgeben wollte, zu dem ihm die Rente auch gegen seinen Willen entzogen werden konnte; EuM. **5** 386. Doch wurde ein Verzicht eines Verletzten auf Unfallrente unter der Herrschaft des GUVG. usw. dann für unzulässig angesehen, wenn er eine Abmachung zum Nachteil des Versicherten (§ 141 GUVG.) bedeutete; AN. **97** 466, EuM. **3** 59 (Bay. LVAmt); s. auch Breith. **1** 415 (RVA.). Ob dies der Fall war, mußte regelmäßig nach Lage des Einzelfalls geprüft werden; HbdUV. **1** 634. Der Verzicht eines im Bahnbetriebe Verletzten auf Unfallrente bei seiner Anstellung als Beamter mit einem Lohn und Unfallrente übersteigenden Gehalt wurde als rechtsgültig angesehen; AN. **11** 393. Verzichtete der Verletzte auf den Rentenanspruch, so konnte die KrK. diesen Anspruch in Höhe ihres Überweisungsanspruchs vor den Rechtsmittelinstanzen selbständig verfolgen; AN. **11** 390; ebenso wurde ein Ersatzanspruch von Armenverbänden nach erfolgter Anmeldung durch einen Verzicht des Rentenbewerbers nicht berührt; AN. **04** 481.

Der Empfangsberechtigte war ferner befugt, die Annahme der einzelnen Teilrentenzahlungen abzulehnen und konnte deshalb auf diese verzichten; Komp.E. **21** 162 (RVA.), **22** 17 (RVA.). Doch ist aus der unterlassenen Abhebung der Rente durch einen Verletzten, dessen Aufenthalt unbekannt war, ein Verzicht auf die Rente nicht gefolgert worden, da Verzichte niemals zu vermuten sind, sondern ausdrücklich erklärt werden müssen; Komp.E. **23** 70 (RVA.), s. auch EuM. **6** 421 (Bay. LVAmt). Ein Verletzter war auch berechtigt, gemäß § 88 GUVG. nach dem Ablaufe von 5 Jahren nach der Feststellung der Rente mit der BG. ein ausdrückliches Einverständnis darüber herbeizuführen, daß die Unfallfolgen beseitigt seien und keine Rente mehr zu zahlen sei. Auch stand es ihm frei, bei einem Vergleich über die Rente auf diese ganz oder teilweise zu verzichten, ferner auch einen Bescheid der BG. oder ein OVA.-Urteil nicht anzufechten; Komp.E. **21** 162 (RVA.), **22** 17 (RVA.). Doch wurde es für unzulässig gehalten, daß der Rentenberechtigte schlechthin auf die Feststellung der Rente verzichtete, da diese auf dem öffentlichen Rechte beruhe und von Amts wegen festgesetzt werde und ihn gegen die Minderung seiner Erwerbsfähigkeit schützen solle; Komp.E. **21** 162 (RVA.), **22** 17 (RVA.). Ein gültiger Vergleich wurde nicht angenommen, wenn aus der Abmachung nicht ersichtlich war, was die BG. dabei nachgegeben hatte, und der Verletzte, der noch keine bestimmten Forderungen erhoben hatte, sich über die Grundlagen und den Umfang seines Entschädigungsanspruchs nicht klar war; AN. **04** 412. Vergleiche waren aber trotz § 141 GUVG. nicht unzulässig; AN. **04** 412. Kein Rentenverzicht wurde in der Unterzeichnung eines formularmäßigen Schriftstücks durch den Verletzten, er sei mit der Herabsetzung der Rente und der Erteilung eines Bescheids einverstanden, erblickt; Breith. **1** 407 (RVA.).

Die auf einen Verzicht gegründete Einstellung einer Rente ist dem Berechtigten mittels berufungsfähigen Bescheids zu eröffnen; HbdUV. **1** 634, AN. **14** 554, **96** 241; teilweise a. A. Sächs. LVAmt in EuM. **18** 165. Auch das Ergebnis einer Vereinbarung über den Umfang des Anspruchs, den Grad der Erwerbsunfähigkeit usw., die zulässig ist (AN. **87** 136, **86** 293), ist in der Form eines berufungsfähigen Bescheids zum Ausdruck zu bringen; AN. **92** 329, HbdUV. **1** 634.

Das Bay. LVAmt hat daraus, daß in der RVO. keine Vorschrift sich findet, wonach es einem Versicherten verwehrt ist, auf seinen Rentenanspruch zu verzichten, einen Verzicht auf Unfallrente grundsätzlich für zulässig gehalten; EuM. **17** 79, ebenso auf Witwenrente im Wege des Vergleichs; Breith. **16** 200 (Bay. LVAmt). Verzichtet der gesetzliche Vertreter eines Minderjährigen auf dessen Rentenanspruch, so liegt aber eine Schenkung vor, die nach § 1641 BGB. nichtig ist; EuM. **17** 79 (Bay. LVAmt). Auch das RVA. hat einen Verzicht des Verletzten auf Unfallrente, durch den er nicht benachteiligt wird, unter der Herrschaft der RVO. zugelassen; EuM. **21** 169; s. auch § 139 Abs. 2. Ein Verzicht auf den Rentenanspruch ist nicht darin zu erblicken, daß sich der Rentenberechtigte nicht an dem von der KrK. betriebenen Rentenfeststellungsverfahren beteiligt; EuM. **13** 278 (Bay. LVAmt). Doch ist der Verzicht eines Wanderversicherten auf den Steigerungsbetrag aus den zur AV. entrichteten Beiträgen bei Feststellung der J.-Rente unzulässig, da die Vorschriften über das Mindestmaß gesetzlicher Leistungen der RVO. durch Vereinbarung nicht abgeändert werden können; AN. **29** 62.

Wegen des Verzichts auf Zustellung des Urteils des OVA. s. AN. **03** 139 (J.- u. AV.), auf Invalidenrente s. Anm. 6 zu § 1613.

b) Eine durch Vergleich festgestellte Rente kann auch nur durch einen Bescheid nach § 1583 abgeändert werden; EuM. **11** 353 (Sächs. LVAmt). Wegen des Vergleichs s. im übrigen § 1666 und Anm. 3 zu § 30 OVAO. Der Umstand, daß die BG. auf die künftige Geltendmachung des Einwands der verspäteten Anspruchanmeldung verzichtet, kann die Unterlassung der Bescheiderteilung ebenfalls nicht rechtfertigen; AN. **86** 251. Wenn auch den BGen. nicht zugemutet werden kann, zu jedem an sie gerichteten völlig unbegründeten Unterstützungsgesuch durch Bescheid Stellung zu nehmen, so müssen sie, wenn Rentenansprüche erhoben werden, doch einen Bescheid erteilen; HbdUV. **1** 492. Dabei kann die Frage, ob etwa der Anspruch verspätet angemeldet ist (§§ 1546ff.) oder ob der Verletzte den Unfall vorsätzlich herbeigeführt hat (§ 557), nur durch Erteilung eines Bescheids endgültig entschieden werden; HbdUV. **1** 492. Die BG. kann die Bescheiderteilung auch nicht deshalb ablehnen, weil ein Anspruch aus demselben Unfall gegenüber einem anderen VersTr. rechtshängig ist; AN. **93** 171, oder deshalb, weil dem Verletzten aus dem Unfall ein Schadensersatzanspruch gegen einen Dritten zustehe; AN. **06** 421, RGZ. **60** 200.

Ein Bescheid ist auch dann zu erteilen, wenn der Verletzte einer Aufrechnung der an die BG. geschuldeten Beträge mit der Rente widerspricht; AN. **96** 241, **04** 196; vgl. auch Anm. 1 Abs. 2 zu § 1545. Wegen der Bescheiderteilung bei mehreren Unfällen desselben Verletzten s. Anm. 2h zu § 1545.

Darüber, daß bei Vorschüssen ein einfaches Schreiben genügt, s. § 1587 Abs. 1 und Anm. 4 daselbst.

Abgesehen von den Fällen des § 1569a ist kein Bescheid zu erteilen; es ist daher z. B. unzulässig, daß die BG. dem Verletzten durch Bescheid aufgibt, das die Beseitigung der Unfallfolgen hintanhaltende Tragen eines Fingerlings zu unterlassen; AN. **05** 574; s. aber Anm. 1 Abs. 2 zu § 606. Wegen der Rückforderung zu Unrecht erhaltener Rentenbeträge s. Anm. 1 Abs. 2 zu § 1545.

Ein Bescheid ist ferner dann nicht zu erteilen, wenn die BG. von der Befugnis des § 619, eine neue Prüfung der Sache vorzunehmen, keinen Gebrauch machen will; dies ist dem Verletzten vielmehr durch einfaches Schreiben mitzuteilen; EuM. **12** 138 (Bay. LVAmt); s. auch Anm. 5h Abs. 3. Die Entziehung einer als Geschenk und auf Widerruf durch einfaches Schreiben gewährten Rente durch ein solches ist zulässig; die Entziehung der Rente unterliegt dann nicht der Nachprüfung im Rechtszuge; BG. **13** 92 (RVA.), EuM. **25** 164, ebensowenig die Gewährung der Rente für eine gewisse Zeit durch formloses Schreiben unter Ablehnung eines Rechtsanspruchs, nachdem eine Rente rechtskräftig aberkannt war; AN. **21** 326; s. auch Anm. 1 zu § 1569a, Anm. 5o zu § 1583. Die Nachprüfung ist zulässig, wenn die BG. ungerechtfertigterweise die Bescheiderteilung unterlassen, dem Verletzten aber tatsächlich längere Zeit hindurch eine Rente in bestimmter Höhe gezahlt hat; eine spätere Herabsetzung der Rente ist nur unter den Voraussetzungen des § 608 möglich; HbdUV. **1** 522.

Die Versorgungsämter sind nicht verpflichtet, über die Gewährung von Renten anläßlich von Unfällen im Dienste der Besatzungsarmee und der Rheinlandkommission Bescheide zu erteilen; derartige Mitteilungen sind nicht im Rechtszuge, sondern nur im Aufsichtswege anfechtbar. Hat aber das OVA. über eine solche Mitteilung als berufungsfähigen Bescheid erkannt, so ist der Rekurs des Versorgungsamts zulässig und führt zur Aufhebung des Urteils; EuM. **20** 168.

c) Um den Sachverhalt möglichst erschöpfend aufzuklären und eine weitere Beweiserhebung nach Einlegung der Berufung zu vermeiden, empfiehlt es sich in geeigneten Fällen, z. B. wenn das Vorliegen eines Betriebsunfalls bestritten wird, daß der VersTr. vor Erlaß des Bescheids dem Antragsteller in einem besonderen Schreiben den Standpunkt, der in dem bevorstehenden Bescheide voraussichtlich eingenommen wird, darlegt und dem Berechtigten anheimstellt, sich hierzu unter Angabe etwaiger Beweismittel zu äußern; EuM. **26** 506.

4. S. § 1569a.

5. a) Der Bescheid ist im Namen des Feststellungsorgans zu erlassen (§§ 1568, 1569); AN. **04** 643ff. (§ 12 des Rundschr. v. 15. XI 04); ein von den Mitgliedern eines Feststellungsausschusses ordnungsmäßig beschlossener und unterschriebener Bescheid wird jedoch nicht schon dadurch ungültig, daß er statt unter der Bezeichnung des Feststellungsausschusses unter der des Vorstandes ausgefertigt wird; AN. **90** 589. Der Bescheid ist schriftlich abzufassen (§ 1589). Ist aber der Verletzte mit der fehlerhaften formlosen Entziehung seiner Rente (vgl. § 1569a Abs. 1 Nr. 2) einverstanden gewesen, so kann er trotz dieses Verfahrens aus dem Bescheide, durch den ihm die Rente bewilligt war, keine Rechte mehr herleiten; AN. **16** 772. Ein Bescheid ist erlassen, wenn er ordnungsmäßig vollzogen und zu den Akten gebracht ist; Breith. **1** 198 (RVA.).

b) Über die Form, in welcher der zugrunde liegende Beschluß zu beurkunden und der Bescheid in Urschrift und Ausfertigung zu vollziehen ist, entscheidet die Satzung. In Ermangelung besonderer Bestimmungen gilt folgendes: Erfolgt die Feststellung der Entschädigungen durch den Vorstand der Genossenschaft oder der Sektion (§ 1569), so ist der Beschluß in der allgemein nach der Satzung für die Vorstandsbeschlüsse vorgeschriebenen Weise zu beurkunden; ebenso ist die Urschrift sowie die Ausfertigung des Bescheids von den satzungsmäßig zur Vertretung des Vorstandes nach außen berufenen Personen zu vollziehen. Ist auf Grund des § 1569 ein besonderes Feststellungsorgan eingesetzt, so ist das Sitzungsprotokoll oder die Abstimmungsliste von sämtlichen bei der Beschlußfassung beteiligt gewesenen stimmberechtigten Mitgliedern zu unterzeichnen; ebenso haben diese sämtlich den Bescheid in Urschrift und Ausfertigung zu vollziehen, wenn nicht durch Beschluß des zur Einsetzung des Feststellungsorgans zuständigen Genossenschaftsorgans der Vorsitzende oder bestimmte Mitglieder des Feststellungsorgans zur alleinigen Vollziehung ermächtigt worden sind; AN. **87** 377. In jedem dieser Fälle sind auch die den Vorstand nach außen vertretenden Personen zur Erteilung einer Ausfertigung des in ordnungsmäßiger Urschrift vorliegenden Bescheids befugt. Es steht übrigens dem nichts entgegen, den Beschluß des Feststellungsorgans und die Urschrift des Bescheids in einer und derselben Urkunde niederzulegen (§ 12 des Rundschr. betr. die Feststellung der Entschädigungen v. 15. XI. 04); AN. **04** 643, **06** 451. Doch muß der Bescheid dem Beschlusse der Feststellungskommission entsprechen; daher ist Ablehnung des Anspruchs im Bescheide wegen verspäteter Anspruchanmeldung unzulässig, wenn die Kommission nur abgelehnt hat, weil der Tod nicht infolge eines Betriebsunfalls eingetreten sei; AN. **09** 438. Daß die Unterschrift des Vorsitzenden unter dem Bescheide genügt, s. § 1589 und dessen Anm. 3, daß das RVA. über die Beurkundung der Feststellungsbeschlüsse sowie über die Unterzeichnung und Ausfertigung der Bescheide Näheres bestimmen kann, s. § 1611, daß der Bescheid zu begründen ist, s. § 1589, daß er die Höhe und die Art der Berechnung der Rente sowie den angenommenen Grad der Erwerbsunfähigkeit erkennen lassen muß, s. § 1588, daß er eine Rechtsmittelbelehrung enthalten muß, s. § 1590.

c) Darüber, daß der Vorstand dem Geschäftsführer die Ausfertigung der Bescheide übertragen kann, s. § 6 der Bestimmungen des RVA. über die Übertragung von Aufgaben auf die Geschäftsführer der BGen. v. 4. II 13 (abgedruckt im Anhang zum Dritten Buch der RVO.). Ist dies der Fall, so kann beim Vorliegen einer Urkunde, die als Beschluß des Feststellungsorgans und zugleich als Urschrift des Bescheids anzusehen ist, der Bescheid ohne weiteres durch den Geschäftsführer ausgefertigt werden; AN. **06** 423. Bescheide, die der Geschäftsführer ausgefertigt hat, sind aber nichtig, wenn der von den Mitgliedern des Feststellungsorgans vollzogene Beschluß nicht bereits Inhalt und Fassung des Bescheids im wesentlichen enthielt; HbbUV. **1** 494.

Zum aktenkundigen Nachweis, daß der Bescheid vom Feststellungsorgan ausgeht, genügt es, wenn alle an der Beschlußfassung beteiligten Mitglieder eine Urkunde, gleichviel ob sie als Beschluß oder Bescheid bezeichnet ist, unterschreiben, die in Verbindung mit dem sonstigen Akteninhalt erkennen läßt, daß und mit welcher Begründung das Feststellungsorgan zu dem Anspruch Stellung genommen hat. Ergeht der Beschluß in einer Sitzung dieses Organs, so genügt seine Protokollierung in der üblichen Form, sofern die Niederschrift die Namen der an der Abstimmung Beteiligten enthält und zur Beglaubigung die Unterschrift des von dem Organ mit der Unterzeichnung beauftragten Mitglieds trägt. Alle hiernach erforderlichen Unterschriften sind eigenhändig zu leisten; mechanische Unterfertigung des Namens (durch Stempel oder Schreibmaschine) ist keine Unterschrift; AN. **09** 433.

d) Der Bescheid ist den Berechtigten zu erteilen. Als solche kommen der Verletzte, seine Angehörigen, z. B. im Falle des § 615 Nr. 1 Abs. 2, des § 559e (AN. **02** 372, **06** 423), seine Hinterbliebenen, seine Rechtsnachfolger, insbesondere seine Erben in Betracht; HdbUV. **1** 495, gegebenenfalls auch Unternehmer [EuM. **14** 230, Monatsschr. **19** 346 (RVA.)] und die ihnen nach § 899 Gleichgestellten (§ 902), KrKn. (§ 1511) [EuM. **15** 8, **6** 322 (Bay. LVAmt)] und Ersatzkassen (§ 1543a), ersatzberechtigte Gemeinden und Träger der Armenfürsorge (§ 1538) sowie Betriebsunternehmer und Kassen, die statt dieser nach gesetzlicher Pflicht Hilfsbedürftige unterstützen (§ 1541), aber nicht mehr LVAnsten.; EuM. **16** 188. In dem Bescheid sind der Name und die Wohnung des Berechtigten genau anzugeben; HdbUV. **1** 494. Fehlt in dem der das Feststellungsverfahren betreibenden KrK. erteilten Bescheide der Name des Verletzten, so beginnt die Berufungsfrist für die KrK. erst mit dem Tage der Zustellung der entsprechenden Ergänzung des Bescheids zu laufen; EuM. **15** 8, Breith. **12** 189. Sind mehrere Berechtigte, z. B. Hinterbliebene, vorhanden, so sind sie sämtlich in dem Bescheid aufzuführen; EuM. **4** 197 (Bay. LVAmt), und es ist jedem von ihnen, z. B. der Witwe und dem Vormunde der Kinder, mehreren Erben, dem Verletzten und dem nach § 902 das Verfahren betreibenden Unternehmer eine Ausfertigung des Bescheids zuzustellen; AN. **87** 38, EuM. **22** 125, **4** 197 (Bay. LVAmt), Breith. **12** 66 (RVA.), Bay. LVAmt **22** 42. Ist die Witwe gesetzlicher Vertreter der Kinder, so genügt die Zustellung nur eines Bescheids; Breith. **8** 367 (Bay. LVAmt). Feststellungsbescheide für Ehefrauen sind an diese selbst, nicht an den Ehemann, zu richten; AN. **87** 351, HdbUV. **1** 495, 668. Hat die Partei einen Bevollmächtigten, so ist der Bescheid diesem zuzustellen; AN. **19** 259. Der dem Verletzten erteilte Bescheid ist auch der KrK., die Ersatzansprüche gemäß § 1509 erhebt, zuzustellen; EuM. **25** 465, **6** 322 (Bay. LVAmt), AN. **07** 468, auch § 16 Abs. 3 des Rundschr. v. 16. XI. 04 (AN. **04** 643); die Unterlassung der Zustellung hat zur Folge, daß die Berufungsfrist überhaupt nicht in Lauf gesetzt wird; AN. **05** 455, **15** 529. Die Zustellung braucht aber keine förmliche im Sinne der ZPO. zu sein; EuM. **25** 465, s. auch Anm. 2 zu § 135. Zu dem nach § 1511 von der KrK. betriebenen Verfahren ist der Verletzte stets zuzuziehen, und zwar zu dem ganzen Verfahren; AN. **03** 394, EuM. **14** 303, sofern er nicht erklärt, sich nicht mehr beteiligen zu wollen; AN. **11** 390. Er und die KrK. sind notwendige Streitgenossen; AN. **05** 455, **07** 468, **14** 800, EuM. **26** 175. Über den Lauf und die Wahrung der Rechtsmittelfristen s. Anm. 5 zu § 1511. KrKen., die sich an dem Berufungsverfahren gemäß § 1511 beteiligt haben, sind, sofern sie nicht eine gegenteilige Erklärung abgeben, auch als am Rekursverfahren beteiligt anzusehen; Breith. **18** 15; s. auch EuM. **27** 297. Hat der Unternehmer die Feststellung der Entschädigung beantragt, so läuft die Rechtsmittelfrist gegen den nur dem Verletzten zugestellten Bescheid nicht, selbst wenn er von dem Inhalte des Bescheids durch den Verletzten Kenntnis erhalten hatte; EuM. **14** 230. Hat er das Verfahren nicht selbst betrieben, so ist er an die für den Verletzten selbst laufende Rechtsmittelfrist gebunden, von deren Lauf er während der Frist Kenntnis erlangt; EuM. **13** 207. Ist dies der Fall, so muß er ohne Säumen das

Erforderliche veranlassen; läßt er den noch zur Verfügung stehenden Teil der Frist ungenutzt ablaufen, so liegt ein unverschuldetes Verstreichenlassen der Frist im Sinne des § 902 S. 2 nicht vor; EuM. **13** 17, auch BG. **22** 128 (RVA.). Doch wirkt die Kenntnis, die sein Prozeßbevollmächtigter in einem Zivilprozeß erlangt hat, nicht gegen ihn; EuM. **13** 211. Hat er erst nach Ablauf der für den Verletzten oder dessen Hinterbliebene laufenden Rechtsmittelfrist von der Schadensersatzforderung Kenntnis erhalten, so muß er ohne schuldhafte Säumnis von dem Rechtsmittel Gebrauch machen, wenn er nicht mit ihm ausgeschlossen werden will, da keine neue Monatsfrist für ihn zu laufen beginnt; EuM. **22** 212. Der das Verfahren nach § 902 betreibende Unternehmer und der Verletzte sind notwendige Streitgenossen im Sinne des § 62 ZPO.; EuM. **26** 41. In diesem Falle kommt die Wahrung der Rechtsmittelfrist durch einen Streitgenossen auch den übrigen zugute; Breith. **12** 66 (RVA.), Bay. LVAmt **22** 42. Ein Betriebsunternehmer, von dem der Verletzte noch keinen Schadensersatz gefordert hat, kann sich aber als Nebenintervenient am Verfahren beteiligen; auch in diesem Falle ist ihm die Entscheidung zuzustellen, gegen die er Rechtsmittel einzulegen berechtigt ist; EuM. **22** 107, **16** 207.

Über die Zustellung an italienische Verletzte durch Vermittlung der italienischen Konsulate s. Art. 18 des Abkommens v. 31. VII. 12; AN. **13** 378 ff. und Anm. 3 letzter Abs. zu § 1567. Die Kosten der Zustellung durch die Konsulate sind nicht von den deutschen VersTrn. zu tragen; EuM. **19** 301.

e) Die Prozeßfähigkeit einer Partei, d. h. ihre Geschäftsfähigkeit, bestimmt sich nach bürgerlichem Recht; AN. **04** 415, EuM. **4** 349 (Sächs. LVAmt), und ist in jeder Lage des Verfahrens von Amts wegen zu prüfen; AN. **98** 321, **10** 556. Ein Verfahren mit geschäftsunfähigen Personen (§ 104 Nr. 3 BGB.) entbehrt der rechtlichen Wirksamkeit; ist einem Geschäftsunfähigen ein Bescheid erteilt und hat auch das OVAmt darüber erkannt, so ist im Rekursverfahren das Verfahren durch Beschluß einzustellen; EuM. **14** 316 (Bay. LVAmt). Deshalb darf die Zustellung für nicht prozeßfähige Personen, z. B. Minderjährige und Geisteskranke, nicht an diese selbst, sondern muß an ihre gesetzlichen Vertreter gerichtet werden; AN. **87** 134, **93** 206, **00** 329, **01** 626, EuM. **4** 197 (Bay. LVAmt). Die Aufschrift eines Bescheids für einen Minderjährigen: An A. (Verletzten) zu Händen des B. (gesetzlichen Vertreters) ist unrichtig, und eine daraufhin postordnungsmäßig erfolgte Behändigung des Briefes setzt eine Rechtsmittelfrist nicht in Lauf, sofern nicht festgestellt wird, daß und wann der Brief von dem Vertreter des Verletzten tatsächlich in Empfang genommen ist; AN. **01** 626. Zustellungen an (z. B. wegen Geistesschwäche) Entmündigte sind unwirksam; AN. **18** 491, EuM. **14** 316 (Bay. LVAmt). Ist ein ausländischer Berechtigter nach seinem Heimatrechte noch minderjährig, nach deutschem Recht aber prozeßfähig, so kann über die Feststellung der Entschädigung mit ihm verhandelt und der Bescheid ihm persönlich zugestellt werden; HbdUV. **1** 668. Doch muß für einen auch nach deutschem Rechte nicht prozeßfähigen Ausländer auf Antrag der BG. zum Zwecke der Zustellung des Bescheids von dem zuständigen Amtsgericht ein Pfleger bestellt werden; BG. **16** 135 (LG. Hannover). Wer als gesetzlicher Vertreter anzusehen ist, bestimmt sich nach bürgerlichem Recht, und die BG. hat danach auch allgemein zu erwägen, ob, wenn ein solcher nicht vorhanden ist, die Bestellung eines Vormunds oder Pflegers bei dem Amtsgericht zu beantragen ist; HbdUV. **1** 668, AN. **93** 114 (J. u. AV.), AN. **99** 464, **03** 376. Die gesetzliche Vertretung eines Minderjährigen wird dadurch, daß er zwangsweise in einem Fürsorgeheim untergebracht ist, nicht aufgehoben; AN. **10** 423.

Die an den Minderjährigen erfolgte, an sich unwirksame Zustellung kann von ihm nach Eintritt der Volljährigkeit, auch stillschweigend, genehmigt und damit rechtswirksam werden; AN. **10** 495.

f) Schreibfehler oder andere offenbare Unrichtigkeiten (z. B. falsche Bezeichnung des Unfalltags oder Betriebs, sofern es unzweifelhaft ist, welcher Unfall oder Betrieb gemeint ist) machen den Bescheid nicht rechtsunwirksam; HbdUV. **1** 495. Schreib- und Rechenfehler und andere offenbare Unrichtigkeiten sind jederzeit von Amts wegen zu berichtigen; Breith. **5** 76 (RVA.), AN. **86** 74, **87** 166, **92** 329. Eine solche Unrichtigkeit liegt aber nur dann vor, wenn der Widerspruch zwischen Willen und Ausdruck aus dem Inhalte des Bescheids erkennbar ist; AN. **99** 444. Einen offenbaren Rechenfehler bildet nicht die unrichtige Berechnung des Jahresarbeitsverdienstes; an diese bleibt die BG., abgesehen von der ersten Feststellung der Dauerrente, wo die Grundlagen der Rentenberechnung neu nachprüfbar sind (§ 1585 Abs. 2), gebunden, so daß sie auch durch selbständige Berufungs- und Rekursanträge eine Abänderung zu ihren Gunsten nicht erreichen kann; AN. **94** 333, HbdUV. **1** 496, z. B. wenn der Jahresarbeitsverdienst nicht gemäß § 563 Abs. 2 a. F. gekürzt worden war; Monatsschr. **21** 596 (RVA.). Die Zugrundelegung eines unrichtigen landwirtschaftlichen Jahresarbeitsverdienstes darf nicht berichtigt werden, wenn es sich um eine unrichtige rechtliche Beurteilung handeln kann; AN. **11** 451. Über die Ergänzung eines Bescheids (Nachholung der Bezeichnung des Verletzten in dem einer KrK. erteilten Bescheid) s. Breith. **12** 189 (RVA.). S. auch Anm. 5h Satz 4.

Die Zusendung des berichtigten Bescheids eröffnet keine neue Rechtsmittelfrist; AN. **92** 329, Breith. **5** 76 (RVA.), **15** 110 (Bay. LVAmt). Über die Berechtigung der Berichtigung ist nicht im Rentenfeststellungs-, sondern im Beschwerdeverfahren nach § 1791 zu entscheiden; Breith. **5** 76 (RVA.) — AN. **11** 451 hat keine Geltung mehr.

g) Der Bescheid gilt als Urteil erster Instanz; AN. **19** 259, **20** 156, und ist der Rechtskraft fähig; AN. **06** 423, und mit der Berufung anfechtbar (§ 1590). Bescheide erlangen der BG. gegenüber mit der Zustellung, dem Berechtigten gegenüber mit dem fruchtlosen Ablauf der Berufungsfrist Rechtskraft; HbdUV. **1** 496, oder mit der Zurücknahme der Berufung oder dem Verzicht auf diese; AN. **93** 172. Wegen der Entschädigungsfeststellung durch ein nicht zuständiges Genossenschaftsorgan s. Anm. 2. Die Entscheidung darf nicht bedingt sein; AN. **30** 44 (AV.AV), **15** 558, **94** 120, **91** 219, EuM. **5** 392.

h) Die der BG. gegenüber unmittelbar mit der Zustellung eintretende Rechtskraft (relative Rechtskraft) hat zur Folge, daß alle Punkte des Bescheids, die überhaupt der Rechtskraft fähig sind, auch schon im Rechtsmittelverfahren zu ungunsten des Versicherten nicht mehr abgeändert werden können (Verbot der reformatio in peius); HbdUV. **1** 496, EuM. **15** 375, **20** 170, **21** 393, auch AN. **29** 44. Ein VersTr. ist nicht befugt, den in einem Bescheid irrtümlich der Rentenberechnung zugrunde gelegten Jahresarbeitsverdienst durch Erteilung eines neuen Bescheids zuungunsten des Versicherten richtig zu stellen; AN. **94** 333. Dies galt auch für Entscheidungen der VersTr. über die Gewährung von Zulagen; AN. **24** 139, 140, EuM. **15** 202, und auch bei der Umrechnung von Dauerrenten nach Art. 153 des G. v. 14. VII. 25; AN. **27** 321. War die nach dem weggefallenen Abs. 2 des § 563 zulässige Kürzung des Jahresarbeitsverdienstes in einem Bescheide versehentlich unterlassen, so konnte sie durch einen neuen Bescheid nicht nachgeholt werden; Monatsschr. **21** 596 (RVA.). Der eine Entschädigung bewilligende und ordnungsmäßig zugestellte Bescheid kann nicht durch einen sie mangels der Versicherungspflicht versagenden Bescheid zurückgenommen und ersetzt werden; Monatsschr. **21** 203 (RVA.), auch nicht durch einen neuen Bescheid, der die Zahl der Rentenberechtigten einschränkt; Breith. **1** 454 (RVA.). Auch der weggefallene Einspruchbescheid durfte zuungunsten der Berechtigten nicht abgeändert werden; Monatsschr. **24** 558 (RVA.), teilweise a. A. Sächs. LVAmt in EuM. **8** 353. Hatte die BG. in ihm eine Teilrente gewährt, so war sie nicht berechtigt, im Endbescheide den Anspruch abzulehnen, weil das Leiden nicht Unfallfolge sei; Breith. **5** 54 (RVA.). Die Zurücknahme eines Bescheids, der mit

Berufung angefochten war, kann gleichfalls nicht widerrufen werden; UVPr. Bd. **19** 48 (RVA.). Ebenso kann eine rechtskräftig übernommene Entschädigung nicht später mit der Begründung entzogen werden, daß ein anderer VersTr. hafte; Breith. **15** 71 (RVA.), EuM. **21** 393; s. aber Anm. 14 Abs. 3 zu § 1585. Eine BG. kann einen Bescheid auch nicht mit der Begründung anfechten, daß er von einem nach der Satzung unzuständigen Organ erlassen sei; Breithaupt, Rechtsprechung des RVA. S. 349, HbdUV. **1** 472. Auch durch Erteilung eines neuen Bescheids über einen bereits im Rechtsmittelverfahren anhängigen Anspruch kann die BG. nicht erneut zuungunsten des Versicherten (abgesehen von den Ausnahmefällen der §§ 608, 1608) Stellung nehmen; EuM. **15** 364, auch wenn er es unterläßt, Berufung einzulegen; HbdUV. **1** 496, auch RVGer. **4** 222. Ist der neue Bescheid dem Versicherten günstiger als der erste, so geht er insoweit in Rechtskraft über, als er dem von dem Versicherten in dem anhängigen Verfahren gestellten Antrag entspricht; AN. **90** 594, **98** 316. Abgesehen hiervon ist er der Rechtskraft ebensowenig fähig wie ein neuer Bescheid, der lediglich das zuspricht, was die BG. bereits in dem ersten Bescheide gewährt hat; AN. **90** 498; s. auch EuM. **20** 172. Die relative Rechtskraft wirkt aber nur im Verhältnis zwischen der BG. und dem Verletzten, nicht Dritten gegenüber; für diese ist nur die formelle Rechtskraft maßgebend, die mit dem Ablauf der Rechtsmittelfrist eintritt; Breith. **13** 71 (OLG. Marienwerder); s. auch Anm. 5m.

Die Rechtskraft deckt auch falsche Entscheidungen, sofern nur eine der Rechtskraft fähige Entscheidung hat ergehen sollen; Breith. **1** 527 (RVA.); soweit diese aber gegen öffentliches Recht verstoßen, sind sie unwirksam; AN. **13** 460; so wurde ein Vergleich, durch den eine Rente auf Lebenszeit gewährt wurde, für nicht bindend angesehen; AN. **95** 260, **08** 436, **13** 460. Ebenso sind ungeachtet der Rechtskraft des die Versagung der Rente gemäß § 606 aussprechenden Bescheids die Spruchbehörden befugt, die von der BG. gesetzwidrig unterlassene Zeitbestimmung der Versagung (AN. **03** 468, Breith. **15** 506 [RVA.)] nachzuholen, zumal wenn der als angemessen erscheinende Zeitraum bereits abgelaufen ist; AN. **05** 510; s. auch Anm. 2 Abs. 2. Die Rechtsmittelinstanzen sind, auch wenn das Rechtsmittel von dem Berechtigten eingelegt ist, befugt, bei Nachprüfung der Berechnung des Jahresarbeitsverdienstes einzelne Beträge, aus denen sich dieser zusammensetzt, niedriger festzustellen, wenn nur die der Rentenberechnung zugrunde zu legende Endsumme des gesamten Jahresarbeitsverdienstes nicht niedriger als in der angefochtenen Entscheidung ist; EuM. **26** 49.

Die Rechtskraft, die eintritt, wenn der Berechtigte nicht binnen einem Monat Berufung eingelegt hat (§ 1590), hat im übrigen die Wirkung, daß der Anspruch für beide Teile endgültig festgestellt ist. Für den Verletzten wird durch die Erteilung des Bescheids ein selbständiges, von der einseitigen Einwirkung der BG. unabhängiges Recht geschaffen; AN. **86** 74, **95** 258 (s. auch oben). Die BG. andererseits ist nicht verpflichtet, nochmals zu der Sache Stellung zu nehmen, wenn der Verletzte von neuem mit Anträgen, die denselben Gegenstand betreffen, an sie herantritt; AN. **95** 258, HbdUV. **1** 496, doch kann der VersTr., der eine Leistung ganz oder teilweise abgelehnt hat, durch Erteilung eines neuen Bescheids auf die Rechtskraft der früheren Entscheidung verzichten; AN. **17** 456, und zwar auch durch Erteilung eines neuen ablehnenden Bescheids, was sich dann empfiehlt, wenn die Richtigkeit der früheren Entscheidung auch nur zweifelhaft geworden ist; EuM. 25 165. Überzeugt sich die BG., daß die Leistung zu Unrecht entzogen oder eingestellt worden ist, so kann sie die Leistung, die nach ihrer Ansicht zu gewähren ist, durch berufungsfähigen Bescheid gemäß § 619 neu feststellen; EuM. **25** 165; s. auch AN. **30** 59 (ABAB.) und Anm. zu § 619. Über die Zulässigkeit des Rekurses auch bei Neufeststellung einer Dauerrente, die nicht wegen Änderung der Verhältnisse vorgenommen ist, s. EuM. **26** 53. Ist ein Anspruch rechtskräftig abgewiesen, so kann er nicht nochmals erhoben und, wenn dies doch geschieht, nicht erneut von den Versicherungsbehörden sachlich über ihn entschieden werden, sofern nicht das Gesetz ausdrücklich eine Ausnahme zuläßt, wie z. B. in §§ 619, 1703, 1737, 1741, 1687; EuM. 8 377 (Sächs. LVAmt). Ist von einer BG. ein Entschädigungsanspruch wegen Fehlens des ursächlichen Zusammenhangs zwischen dem Leiden und dem Unfall rechtskräftig abgelehnt worden, so braucht eine andere BG., an die der Verletzte mit demselben Anspruch herantritt, keinen Bescheid zu erteilen. Tut sie es dennoch, so kann sie dadurch die Rechtslage der zuerst in Anspruch genommenen BG. nicht verschlechtern, weshalb diese auch nicht nach § 1703 zur Entschädigung verurteilt werden kann; Monatsschr. **14** 562 (RVA.). Steht rechtskräftig fest, daß ein Verletzter sich einer bestimmten Heilbehandlung nicht zu unterziehen braucht, so kann die BG. nicht erneut dasselbe Heilverfahren anordnen; Breith. **15** 506 (RVA.).

Bescheide sind ebenso wie Urteile der Rechtskraft nur insoweit fähig, als über den erhobenen Anspruch entschieden wird; AN. **03** 566, nicht dagegen die in einer als Teilurteil bezeichneten Entscheidung enthaltene Feststellung über eine Voraussetzung des Anspruchs, z. B. das Vorliegen eines Betriebsunfalls; AN. **97** 406. Wenn eine Entschädigung grundsätzlich abgelehnt ist, z. B. weil kein Betriebsunfall vorliegt oder das als Unfallfolge vom Verletzten angesehene Leiden nicht mit dem Unfall zusammenhängt, so können spätere auf denselben Unfall oder dasselbe Leiden gestützte Ansprüche mit dem Hinweis auf die Rechtskraft abgelehnt werden; AN. **97** 515, UVPr. Bd. **7** 92 (RVA.), Komp.E. **17** 244 (RVA.). Die Rechtskraft steht aber der Geltendmachung eines neuen, auf einer anderen Unfallfolge beruhenden Anspruchs (z. B. Magenverletzung, nachdem vorher nur eine Quetschung der Brust als Unfallfolge abgelehnt war) nicht entgegen, da nicht das äußere Ereignis, sondern die dadurch bewirkte Körperschädigung den Entschädigungsanspruch begründet; AN. **01** 170; wegen des etwaigen Ablaufs der Anmeldefrist s. aber §§ 1546, 1547, besonders Anm. 2, 5 zu § 1547. Wird die Entschädigungspflicht an sich anerkannt und die Entschädigung nur deshalb versagt, weil keine die Erwerbsfähigkeit meßbar beeinträchtigenden Folgen des Unfalls erwiesen seien, so kann der Anspruch erneuert werden; AN. **97** 515; s. auch § 1584. Wird ein Anspruch nur für eine bestimmte Zeit als gerechtfertigt anerkannt, während sich der Bescheid über einen anderen Zeitraum, für den Rente beansprucht war, nicht ausspricht, so wird dadurch für diese Zeit der Anspruch nicht aberkannt; AN. **96** 240. Ebenso steht die Rechtskraft der Ablehnung der Angehörigenrente während der Anstaltsbehandlung eines Verletzten den Ansprüchen derselben Personen auf Hinterbliebenenrente nicht entgegen; AN. **88** 281. Die Verurteilung einer BG. zu den Kosten einer Heilbehandlung ist für den Rentenanspruch des Verletzten nicht bindend; BG. **25** 395 (RVA.), AN. **21** 323, s. auch Anm. 5j, ebensowenig die Entscheidung über den Anspruch des Verletzten gegen die KrK. im Rentenfeststellungsverfahren; ArbVers. **13** 225 (RVA.). Die Feststellung der Invalidität im Invalidenrentenverfahren (§ 1255) ist nicht bindend für die Frage der Invalidität im Witwenrentenverfahren (§ 1258); EuM. **26** 100.

Hat das Rekursgericht gemäß §§ 1668 Abs. 2, 1701 den VersTr. dem Grunde nach zur Entschädigung eines Unfallverletzten verurteilt, so ist der VersTr. nicht mehr berechtigt, in dem das Urteil ausführenden Bescheid ein allein als Unfallfolge in Betracht kommendes Leiden als solche abzulehnen; EuM. **3** 324 (Bay. LVAmt), ebenso nicht zur Ablehnung einer Berufskrankheit; EuM. **23** 28.

i) Alle wesentlichen Teile der Entscheidung über den Streitstoff, bezüglich deren die Rechtskraft eintreten soll, sind in der Entscheidungsformel zum Ausdruck zu bringen, während die Gründe nur die Tatsachen und Erwägungen wiederzugeben haben, aus denen der entscheidende Teil hervorgegangen ist; AN. **15** 330, **17** 368, EuM. **23** 3. Doch müssen die Gründe alles enthalten, was die BG. bei der Bemessung der Entschädigung für maßgebend erachtet (Jahresarbeitsverdienst, ärztliche Feststellungen); AN. **06** 423. Der Beginn der Leistung ist in der Entscheidungsformel zum Ausdruck zu bringen; eine bedingungsweise Bestimmung in den Gründen, die für einen besonderen Fall eine Änderung der in der Formel getroffenen Entscheidung bewirken soll, ist unzulässig; EuM. **23** 3. Die Gründe einer Entscheidung sind nicht fähig, in Rechtskraft überzugehen; AN. **88** 281, **96** 240, **97** 575, **01** 170, **13** 460, **23** 190, **30** 205, EuM. **8** 289. Sie gewinnen nur insoweit Rechtskraft, als der entscheidende Teil der Entscheidung in ihnen mitenthalten oder der Sinn und die Tragweite der Entscheidung aus ihnen zu entnehmen ist (z. B. ob die Ablehnung mangels Unfallfolgen oder mangels Betriebsunfalls erfolgt ist); AN. **15** 326, **13** 459, 460, HbdUV. **1** 497. Es ist unzulässig, in den Gründen eines die Entschädigung eines zweiten Unfalls ablehnenden Bescheids zugleich den Antrag auf Wiedergewährung der Rente wegen des ersten Unfalls abzuweisen; Breith. **15** 276 (RVA.). Ist nicht klar zu erkennen, ob das Nichtvorliegen von Unfallfolgen oder das Nichtvorliegen eines Betriebsunfalls den Ablehnungsgrund bildete, so kann der Anspruch unter Umständen nochmals geltend gemacht werden; Komp.E. **24** 48 (RVA.). Im allgemeinen sind die Gründe, aus denen Sinn und Tragweite eines Erkenntnisses, besonders bei Unklarheiten der Urteilsformel, entnommen werden können, jedoch nicht dazu bestimmt, die in die Formel gehörige Entscheidung in wesentlichen Punkten zu ergänzen oder gar zu ändern; AN. **17** 368. Die in den Gründen einer Entscheidung enthaltenen Feststellungen können jedenfalls insoweit nicht in Rechtskraft übergehen, als die in der Entscheidungsformel enthaltene Entscheidung nicht auf ihnen beruht; BG. **06** 163 (RVA.). Eine Entscheidung des OVA., durch die ein Entschädigungsanspruch abgelehnt worden ist, weil keine Beschränkung der Erwerbsfähigkeit über die 13. Woche vorlag, beruht nicht auf der in den Gründen noch getroffenen Feststellung, daß der Betriebsunfall erwiesen sei; diese kann daher nicht in Rechtskraft übergehen; AN. **15** 326, **23** 190. Auch sind die Entscheidungsgründe für sich allein nicht anfechtbar; EuM. **18** 339, **17** 170 (Bay. LVAmt). Die in den Gründen einer Entscheidung getroffene Feststellung, daß ein Betriebsunfall vorliege, greift in ihrer Wirksamkeit nicht über den von der Leistungsentscheidung getroffenen Fall hinaus, sie gilt also im Falle der Verurteilung zur Erstattung der Kosten der Krankenbehandlung nur für diese. Sowenig wie diese Verurteilung für einen später erhobenen Rentenanspruch maßgebend und bindend ist (AN. **21** 323), erlangt die Begründung eine derartig weitergehende grundsätzliche Bedeutung, und es muß vielmehr ein etwa später wieder erhobener Anspruch auf Rente in allen seinen Grundlagen, auch bezüglich der Frage des Betriebsunfalls, von neuem geprüft werden; EuM. **18** 339. Hat das OVA. die Berufung zurückgewiesen, weil das schädigende Ereignis über die 13. Woche hinaus keine meßbaren Folgen zurückgelassen habe, und außerdem noch in den Gründen erwähnt, daß ein Betriebsunfall vorliege und auch ein Leiden ausgelöst habe, so gehen die beiden letzteren Feststellungen nicht in Rechtskraft über; BG. **24** 168 (RVA.).

Wird die Entschädigung abgelehnt, weil die Erwerbsfähigkeit des Verletzten nach Beginn der gesetzlichen Entschädigungspflicht nicht meßbar beeinträchtigt gewesen ist, so ist regelmäßig im Bescheide dazu Stellung zu nehmen, ob überhaupt ein Betriebsunfall vorliegt; BG. **18** 49 (RVA.); s. aber AN. **15** 326, **17** 527, wo ausgeführt ist, daß in solchen Fällen grundsätzlich kein Rechtsanspruch auf Feststellung der abstrakten Entschädigungspflicht der BG. besteht; vgl. auch Anm. 2b zu § 1545.

Die Gewährung der Hinterbliebenenrente im Sinne des § 593 für die Dauer der Erwerbsunfähigkeit bis zu einem in der Zukunft liegenden Zeitpunkt ist unzulässig; EuM. **23** 179, ebenso eine Rentenänderung von einem in der Zukunft liegenden Zeitpunkt ab in der Erwartung, daß sich bis dahin der Zustand ändern werde; AN. **16** 410, **87** 10, 163, 351, 352, **86** 55, EuM. **19** 170 (Bay. LVAmt). Eine solche zeitliche Begrenzung des Rentenbezugsrechts ist nur dann zulässig, wenn der Endpunkt zweifellos feststeht, oder wenn die Feststellung sich verzögert hat und inzwischen das

Ende des Bezugsrechts eingetreten ist; abgesehen von diesen Fällen gilt eine in den Bescheid aufgenommene zeitliche Begrenzung des Anspruchs als nicht geschrieben; AN. **87** 10, 163, 351, **86** 55, HbdUV. **1** 473, ArbVers. **12** 211 (RVA.). S. auch Anm. 11 zu § 608.

Über den Inhalt der Bescheide bei Bewilligung von Kinderzulagen und Kinderrenten (§§ 559b, 591) s. AN. **26** 399, ferner Anm. 11 zu § 608.

j) Eine Feststellung durch Anerkenntnis der BG. ist der RVO. im allgemeinen unbekannt; Leiziger Zeitschr. f. Handels- usw. -Recht **21** 846 (OLG. Hamburg). Insbesondere ist aus der Übernahme der Heilanstaltspflege im allgemeinen nicht ohne weiteres zu folgern, daß damit die BG. ihre Entschädigungspflicht für das in Frage kommende Leiden anerkennt; EuM. **26** 16, AN. **88** 177, **01** 397, **13** 507, HbdUV. **1** 308, Komp. **15** 199 (RVA.), EuM. **14** 131 (Bay. LVAmt). Die BGen. sind daher trotz der gewährten Heilanstaltspflege berechtigt, die Entschädigungspflicht nochmals nachzuprüfen und gegebenenfalls zu verneinen. Auch der rechtskräftige Bescheid über die Anordnung der Heilanstaltspflege ist für sich allein nicht als Feststellung der Entschädigungspflicht, und zwar auch nicht unter Beschränkung auf die Teilleistung der Heilanstaltspflege, anzusehen; EuM. **13** 376 (RG.), **16** 191, **21** 323, **25** 436, **26** 16, AN. **87** 133, **88** 177, **01** 397, **13** 507, EuM. **3** 131 (Bay. LVAmt); s. aber auch AN. **04** 618. Deshalb gelten auch für den Beginn der Verjährung von Ersatzansprüchen der BG. gegen Unternehmer Bescheide über die Gewährung von Heilanstaltspflege nicht als solche über die Feststellung der Entschädigung; EuM. **13** 376 (RG.). In der Erklärung eines VersTr., der UV. der Krk. gegenüber, daß er die Verletzung des Versicherten als Betriebsunfall anerkenne und bitte, dem Verletzten auf seine Kosten Krankenfürsorge zu gewähren, liegt ein Geständnis, daß sich der Unfall bei einer versicherten Tätigkeit ereignet habe, das aber wegen Irrtums unverzüglich angefochten werden kann, und das Anerkenntnis seiner Verpflichtung zur Gewährung der Heilbehandlung. Da das Anerkenntnis nicht im Rentenfeststellungsverfahren abgegeben wurde, auch nicht den Rentenanspruch des Verletzten selbst betraf, ist es diesem gegenüber nicht wirksam, zumal da ein Schuldanerkenntnis als empfangsbedürftige Willenserklärung dem Berechtigten selbst gegenüber abgegeben werden muß und die Abgabe dem Streitgenossen gegenüber nicht genügt; EuM. **26** 16. Das vom VersTr. während des Verfahrens abgegebene und der Gegenpartei mitgeteilte Anerkenntnis seiner Haftung ist bindend; Monatsschr. **22** 504 (RVA.). Ebenso kann ein VersTr., der durch Bescheid eine Dauerrente gewährt hat, in dem sich anschließenden Rechtsmittelverfahren seine Entschädigungspflicht nicht mehr bestreiten; EuM. **20** 170. In einem in Ausführung eines die BG. zur Entschädigung verurteilenden Urteils des OVA. ergangenen Bescheide ist trotz der nicht einwandfreien Ausdrucksweise im Bescheid ein Anerkenntnis des Betriebsunfalls nicht erblickt worden, weil zugleich bemerkt war, daß die BG. gegen das OVA.-Urteil Rekurs eingelegt habe; EuM. **16** 190. Erkennt aber die BG. nach Einholung von ärztlichen Gutachten den Zusammenhang einer Erkrankung mit dem Unfall ausdrücklich an, teilt dies auch dem Krankenhaus und der KrK. mit und übernimmt sie während mehr als einem Jahre durch Bescheid die Heilbehandlung des Verletzten, so ist darin hinsichtlich der Frage des ursächlichen Zusammenhangs ein bindendes Anerkenntnis der BG. zu erblicken; EuM. **16** 191. Die Anerkenntniserklärung bedarf der Schriftform; EuM. **21** 389, wo auch ausgeführt wird, daß eine mündliche Erklärung nur rechtswirksam ist, wenn sie in der mündlichen Verhandlung vor den Spruchbehörden (nach § 30 OVAO. zu beurkunden), nicht aber lediglich gegenüber dem Vorsitzenden in einem Beweisaufnahmetermin abgegeben worden ist. Ein im Laufe des Verfahrens erklärtes Anerkenntnis kann nicht einseitig widerrufen werden, auch wenn es außerhalb der Verhandlung abgegeben worden, aber dem Verletzten zugegangen ist; Monatsschr. **16** 312 (RVA.). Die Anerkennung eines ärztlichen Gutachtens im

Rentenstreitverfahren durch den Bevollmächtigten der BG. gilt nur als Geständnis von Tatsachen und ist gegebenenfalls widerruflich; BG. **15** 93 (RVA.). Eine BG., die nach der Beweisaufnahme des OVA. über den ursächlichen Zusammenhang zwischen dem Leiden des Verletzten und dessen Betriebsunfall diesen ursächlichen Zusammenhang dem OVA. und dem Kläger gegenüber schriftlich anerkannt hat und sodann mit dem Kläger und der beteiligten KrK. über die Höhe der Rente verhandelt, auch der Auffassung des OVA., daß sie damit ihre Entschädigungspflicht anerkannt habe, nicht widersprochen hat, kann dieses Zugeständnis und Anerkenntnis nicht nach Monaten auf Grund eines von ihr neu beschafften ärztlichen Gutachtens über den ursächlichen Zusammenhang widerrufen, sie bleibt vielmehr daran gebunden; AN. **24** 18. Durch die Erklärung des Bevollmächtigten des VersTr. in der mündlichen Verhandlung vor dem OVA., daß er auf Grund des vorgetragenen Sachverhalts bereit sei, dem Verletzten eine Rente zu gewähren, ist die BG. an das Zugeständnis gebunden; EuM. **24** 124. Durch die Erklärung eines Bevollmächtigten der BG. im Rechtsmittelverfahren, diese werde den ursächlichen Zusammenhang durch Einholung des Gutachtens einer bestimmten Anstalt klären, bildet kein Anerkenntnis für den Fall, daß dieses Gutachten zugunsten des Verletzten ausfällt; die BG. ist vielmehr berechtigt, auf Grund eines verneinenden Obergutachtens den Anspruch abzulehnen; BG. **21** 154 (RVA.). Ein Leiden ist als Unfallfolge aber nur dann anerkannt, wenn dies dem Verletzten gegenüber in erkennbarer Weise zum Ausdruck gebracht ist; Monatsschr. **13** 64 (RVA.), Komp. **15** 199 (RVA.).

Ist eine hysterische Reaktion zu Unrecht als Unfallfolge anerkannt, dann aber abgeklungen, so ist bei ihrem späteren Auftreten, auch wenn sie wieder unter denselben Erscheinungen verläuft, die Frage des ursächlichen Zusammenhangs frei nachprüfbar; EuM. **20** 109. Über die Unzulässigkeit der Rentenentziehung bei traumatischer Neurose ohne Änderung der Verhältnisse s. EuM. **21** 457, **26** 53, über das Gebundensein eines VersTr. an das zu Unrecht abgegebene Anerkenntnis eines Leidens als Unfallfolge auch bei veränderter ärztlicher Anschauung s. Monatsschr. **13** 430 (Sächs. LVAmt) und Anm. 3 zu § 608.

Über die Bindung der BG., die einem Verletzten einen Vorschuß durch berufungsfähigen Bescheid gewährt, an das Anerkenntnis des Betriebsunfalls s. Anm. 4 zu § 1587. Der VersTr. ist an einen in Ausführung eines OVA.-Urteils ergangenen Bescheid gebunden, wenn er in ihm nicht zum Ausdruck bringt, daß er das Urteil nicht anerkenne und Rekurs einlege. Für ein Anerkenntnis spricht insbesondere, wenn die Rente nicht erst von dem Urteil ab, sondern auch für die zurückliegende Zeit gewährt wird; EuM. **19** 166. Kein Anerkenntnis ist anzunehmen, wenn die Rente erst von dem Urteilstag ab gewährt wird, auch wenn eine Erklärung, daß Rekurs eingelegt werde, in dem Bescheide nicht enthalten ist; EuM. **24** 341. S. auch EuM. **16** 190.

k) An die auf Grund der Gesetze und Verordnungen über Zulagen zu Unfallrenten erlassenen Entscheidungen ist die BG., z. B. bezüglich der Berechnung des Jahresarbeitsverdienstes, in derselben Weise gebunden (relative Rechtskraft) wie an förmliche Bescheide über Unfallrente; EuM. **15** 202, AN. **24** 139, 140. Auch konnte die BG. im Falle des nunmehr weggefallenen Einspruchs gegen ihren Rentenbescheid nach Erledigung des Einspruchverfahrens im Endbescheide die im Bescheide niedergelegte Entschließung nicht zuungunsten des Verletzten abändern; Monatsschr. **24** 558 (RVA.), Breith. **5** 54 (RVA.), teilweise a. A. EuM. **8** 353 (Sächs. LVAmt). Über das Nichtgebundensein an die Grundlagen der Rentenberechnung bei der erstmaligen Feststellung der Dauerrente s. § 1585 Abs. 2 und die Anm. 14, 15 zu § 1585.

l) Handelt es sich um die Neufeststellung einer Rente wegen Änderung der Verhältnisse (§ 608), so ist es nicht angängig, den ganzen Streitstoff von neuem aufzurollen; die frühere Feststellung durch Bescheid, Urteil oder Vergleich darf vielmehr nur in der Richtung abgeändert werden, in der sich die tatsächlichen Verhältnisse geändert haben. Abgesehen hiervon ist der Streitstoff ein für allemal erledigt. Demgemäß kann die bei der früheren Feststellung erfolgte grundsätzliche Anerkennung der Entschädigungspflicht in dem Verfahren nach § 608 nicht wieder in Frage gestellt werden; HbdUV. **1** 552. Insbesondere darf der bei der früheren Rentenfestsetzung zugrunde gelegte Jahresarbeitsverdienst nicht geändert werden; AN. **03** 197, **08** 571. Ist einem Verletzten durch Vergleich aber eine bestimmte Rente auf Lebenszeit gewährt worden, so ist die spätere Herabsetzung der Rente nach § 608 zulässig, da Renten auf Lebenszeit unzulässig sind; AN. **13** 460, **95** 260, **08** 436. Die Änderung der Verhältnisse darf nicht lediglich in einer veränderten ärztlichen Beurteilung der Unfallfolgen bestehen; AN. **91** 289, **95** 256, deshalb bleibt auch die Feststellung, ob ein Leiden als Unfallfolge anzusehen ist, unberührt; AN. **03** 197, EuM. **26** 53, **3** 324 (Bay. LVAmt). Ist der ursächliche Zusammenhang zwischen einem Leiden und dem Unfall rechtskräftig festgestellt (auch durch Anerkenntnis der BG.), so bildet diese Feststellung die unabänderliche Grundlage für die Entscheidung, ob wegen dieses Leidens die Rente weiter zu gewähren ist, wenn sich später herausstellt, daß das Leiden mit dem Unfall nicht in Zusammenhang steht; AN. **95** 256, EuM. **26** 53, oder ob wegen Verschlimmerung dieses Leidens eine Erhöhung der Rente einzutreten hat, gleichviel, ob die Feststellung des ursächlichen Zusammenhangs sachlich richtig war oder nicht; HbdUV. **1** 523, AN. **03** 197, **08** 571, Komp.E. **16** 60 (RVA.), auch RVGer. **2** 181, **4** 125. Die Rente ist daher fortzugewähren, solange der zur Zeit ihrer Feststellung vorhanden gewesene tatsächliche Zustand ohne ein Dazwischentreten neuer, den ursächlichen Zusammenhang durchbrechender Körperschädigungen fortbesteht; Komp.E. **23** 27 (RVA.); a. A. Komp.E. **23** 54 (RVA.), wo eine BG., die irrtümlich ein mit dem Unfall nicht in Zusammenhang stehendes Leiden entschädigte, für berechtigt gehalten wurde, die Rente nach § 608 aufzuheben, sobald die wirklichen Folgen des Unfalls beseitigt waren. S. auch Anm. 5j vorletzter Absatz. Verschlimmert sich ein Leiden, das zu Unrecht als Unfallfolge anerkannt ist, so kommt eine Rentenaufhebung nicht in Frage, doch kann die Erhöhung der Rente abgelehnt werden; Komp. **11** 18 (RVA.); s. aber den vorletzten Satz und die dort angeführten Entscheidungen. Steht ein Leiden (Nervenleiden) rechtskräftig als Unfallfolge fest, so ist die BG. nicht berechtigt, nach Durchführung eines Heilverfahrens, das keine Besserung im Zustande des Verletzten herbeigeführt hat, den Zusammenhang des Leidens erneut zu bestreiten und die Rente zu entziehen; Breith. **6** 42 (RVA.), auch EuM. **21** 457, **26** 53, anderseits EuM. **20** 109. Ist einem Leiden die Eigenschaft als Unfallfolge aberkannt worden, so rechtfertigt die Verschlimmerung dieses Leidens keinen Anspruch auf Rente oder deren Erhöhung, auch wenn die Natur oder die Ursache des Leidens in dem früheren Verfahren nicht richtig erkannt war; AN. **95** 256. Auch bleibt die rechtskräftige Entziehung einer Rente wirksam, wenn der Zustand des Verletzten derselbe geblieben ist und nur die ärztliche Beurteilung der Unfallfolgen gewechselt hat; AN. **91** 289. Da die Hilflosenrente nur eine Erweiterung der Unfallrente war, konnte sie nur bei Vorliegen der Voraussetzungen des § 608 geändert werden; AN. **13** 587, HbdUV. **1** 534. Ist die Rente teilweise versagt worden (§ 556), weil der Verletzte den Unfall bei einem vorsätzlichen Vergehen erlitten habe, so kann bei einer Neufeststellung der Rente wegen Änderung der Verhältnisse die Vorsätzlichkeit der Zuwiderhandlung nicht mehr bestritten werden; AN. **12** 902. Wegen der ersten Festsetzung der Dauerrente s. jedoch § 1585 Abs. 2.

Hat das OVA. einen die Dauerrente neu feststellenden Bescheid der Höhe nach abgeändert, ohne die Rente ziffermäßig festzustellen, so handelt es sich auch bei dem das Urteil ausgeführten Bescheid des VersTr. um die Neufeststellung der Dauerrente, so daß der Rekurs ausgeschlossen ist; EuM. **26** 371.

m) Die Rechtskraft des Bescheids wirkt regelmäßig nur für und gegen die Parteien und deren Rechtsnachfolger; HbdUV. **1** 497, AN. **93** 171. Die Rechtskraft eines dem Verletzten erteilten Bescheids kann daher den Hinterbliebenen nicht entgegengehalten werden; AN. **03** 566, **95** 256; die Feststellung des Jahresarbeitsverdienstes bei der Verletztenrente ist nicht bindend für die Hinterbliebenenrente; Monatsschr. **21** 139 (RVA.), HbdUV. **1** 291 f., ebensowenig die im Sterbegeldbescheide getroffene Feststellung; HbdUV. ErgBd. S. 20, und auch die BG. ist an die zugunsten des Verletzten ergangenen Feststellungen den Hinterbliebenen gegenüber nicht gebunden; HbdUV. **1** 497, so daß die Hinterbliebenenrente trotz vorheriger Gewährung der Verletztenrente abgelehnt werden kann; ArbVers. **10** 744 (RVA.), **19** 449 (RVA.), BG. **30** 75 (RVA.), 302 (RVA.). Der Anspruch der Hinterbliebenen als solcher ist auch unabhängig gegenüber dem Anspruch des Verletzten, in den sie als seine Erben eingetreten sind; AN. **07** 487. Die Rechtskraft eines Bescheids, in dem einem Versicherten Ruhegeld nach dem AVG. bewilligt wurde, wirkt nicht zugunsten der Ansprüche seiner Hinterbliebenen auf Hinterbliebenenrente; AN. **26** 445. Doch wirkt die Rechtskraft auch gegenüber denjenigen, die, wie die LVAnsten. und KrKn., ihre Ansprüche lediglich von dem des Verletzten ableiten; HbdUV. **1** 497. Indessen ist auch eine BG., auf welche die Entschädigungspflicht nach §§ 643, 673 übergeht, an die Rechtskraft des Bescheids, eine landwirtschaftliche BG. besonders auch an die Höhe des zugrunde gelegten Jahresarbeitsverdienstes gebunden; AN. **91** 232. Die Durchführung eines schwebenden Rentenfeststellungsverfahrens ist regelmäßig Aufgabe der BG., bei welcher der Betrieb bisher versichert war; sie scheidet nur dann aus, wenn sie nicht einmal teilweise für die Entschädigungsbeträge aufzukommen hat. An dem Rechtsmittelverfahren kann sich die den Betrieb übernommen habende BG. als streitgenössische Nebenintervenientin beteiligen; AN. **88** 80, **89** 6, HbdUV. Erg. Bd. S. 25, UVPr. Bd. **22** 70 (RVA.).

Jedoch wirkt die Rechtskraft insofern über die Parteien hinaus, als die Bewilligung einer Rente durch eine BG. die Durchführung des Anspruchs gegen eine andere BG. ausschließt; AN. **90** 601; s. auch § 1705, ferner Anm. 5h. Dies gilt auch dann, wenn die Rente von einer landwirtschaftlichen BG. bewilligt worden ist und der Verletzte Ansprüche gegen eine gewerbliche BG. nach einem höheren Jahresarbeitsverdienste erhebt; der Versicherte hätte nur Berufung gegen den Bescheid der landwirtschaftlichen BG. erheben können; AN. **96** 245. Dagegen kann die BG. die Bescheiderteilung nicht aus dem Grunde ablehnen, weil der Anspruch bereits in einem gegen eine andere BG. eingeleiteten Verfahren anhängig ist; AN. **93** 171. Vgl. §§ 1687, 1703, 1735 ff. Doch ist für das Verfahren nach § 1736 kein Raum, wenn eine BG. ihre Entschädigungspflicht durch berufungsfähigen Bescheid anerkannt hat; sie kann diesem auch nicht nachträglich und einseitig die Natur der Mitteilung wegen Übernahme der vorläufigen Fürsorge gemäß § 1735 geben; EuM. **13** 340, **15** 222, HbdUV. **1** 488, 490, Monatsschr. **20** 285 (RVA.).

n) Darüber, daß aber die Rechtskraft der Feststellung in besonderen gesetzlich zugelassenen Fällen einer anderen Feststellung nicht entgegensteht, vgl. z. B. 619, 1706, auch § 1585 Abs. 2, 608, 603, auch § 4 der Bek. über Gewährung von Sterbegeld usw. bei Gesundheitsschädigung durch aromatische Nitroverbindungen v. 12. X. 17; AN. **17** 585, Bek. über Gaskampfstoff und Nitromathen v. 9. XII. 18; AN. **19** 151. Ein Bescheid, der das Ruhen der Rente ausspricht, verliert seine Rechtskraft, wenn die Vorschriften, auf die er sich stützt, sich zugunsten des Rentenberechtigten ändern; AN. **03** 258, auch Art. 61 EG. z. RVO. Wird ein Bescheid zurückgenommen, so tritt ohne weiteres der Zustand wieder ein, der vor Erlaß des Bescheids bestanden hat; AN. **20** 418. Wegen der Wiederaufnahme des Verfahrens vgl. §§ 1722 ff.

o) Unter Umständen kann auch ein formloses Schreiben der BG. als ein der Rechtskraft fähiger Bescheid angesehen werden, sofern die BG. die Absicht oder die Pflicht hatte, einen berufungsfähigen Bescheid zu erteilen, d. h. in einer für sie bindenden Weise zu dem erhobenen Anspruch Stellung nehmen, eine der Rechtskraft und Berufung fähige Entscheidung treffen wollte oder mußte; AN. **00** 669, **01** 200, **27** 338, EuM. **20** 206, **22** 228, **18** 165 (Bay.LVAmt), BG. **29** 147 (RVA.), Breith. **3** 491 (OVA. Köslin). Hat die BG. zwar ohne berufungsfähigen Bescheid seit längerer Zeit eine Rente in bestimmter Höhe gezahlt, so kann im allgemeinen eine Herabsetzung der Rente lediglich nach § 608 und nur durch einen Bescheid vorgenommen werden; HbdUV. **1** 522, 529, Breith. **16** 175 (RVA.), Komp.E. **22** 7 (RVA.). Durch ein formloses Schreiben oder bloße Rentengewährung tritt aber nur relative Rechtskraft ein; Rechtskraft auch dem Rentenberechtigten gegenüber liegt in den erwähnten Fällen selbst dann vor, wenn ein späterer Antrag auf Rentenerhöhung durch Bescheid rechtskräftig abgelehnt worden ist; EuM. **20** 206, **22** 228. Bewilligt aber die BG. einem Verletzten, dem eine Rente rechtskräftig aberkannt worden ist, unter Ablehnung eines Rentenanspruchs durch formloses Schreiben für einen gewissen Zeitraum eine Rente, so ist diese dem instanzmäßigen Verfahren nicht unterworfen; AN. **21** 326, EuM. **25** 164. Eine formlose, nach Ablauf von 2 Jahren vorgenommene Feststellung der Rente ist gegenüber dem Verletzten als die einer Dauerrente mit der Rechtskraft eines späteren, die Hilflosenrente ablehnenden Bescheids rechtskräftig geworden; EuM. **20** 206. Gewöhnliche Parteiäußerungen und Belehrungen der BG. unterliegen der Berufung nicht; HbdUV. **1** 500. Wird ein solches Schreiben zu Unrecht von dem OVA. als Berufung angesehen, so ist dessen rechtlich gegenstandslose Entscheidung im Rekursverfahren aufzuheben; Komp. **13** 32 (RVA.). Die Entschädigungspflicht der BG. wird auch durch ein formloses Schreiben an den Verletzten nicht begründet, in dem zwar die Berechnung der Entschädigung nach Art und Höhe vorgenommen, gleichzeitig aber die Erteilung eines förmlichen Bescheids in Aussicht gestellt wird; EuM. **13** 294. Die Gewährung der Hinterbliebenenrente durch formloses Schreiben, in dem noch ausgeführt wird, daß eine Rentenfeststellung erst erfolge, wenn die erforderlichen Standesurkunden beigebracht würden, bildet kein Anerkenntnis der BG.; Komp. **19** 66 (RVA.). S. auch Anm. 3 b vorletzten Absatz. Ein Schreiben des VersTr., in dem er auf eine rechtskräftige Entscheidung Bezug nimmt, durch die der Anspruch wegen verspäteter Anmeldung abgewiesen ist, kann nicht als berufungsfähiger Bescheid angesehen werden; Breith. **1** 255 (RVA.). War ein Verletzter mit der formlosen Entziehung seiner Rente jahrelang einverstanden, so kann er aus dem Bescheide, durch den ihm eine Rente bewilligt war, Rechte nicht mehr herleiten; AN. **16** 772.

Im Kriege waren, soweit nicht Staatsverträge entgegenstanden, auch den feindlichen Ausländern über ihre Ansprüche Bescheide nach § 1583 und dem weggefallenen § 1606 zu erteilen; EuM. **4** 436.

6. Aus Abs. 2 kann unter Umständen gefolgert werden, daß dem Berechtigten durch den Abfindungsbescheid noch einmal Gelegenheit gegeben werden soll, die Tragweite seiner Zustimmung zu erwägen und gegebenenfalls noch vor dem OVA. die Aufhebung des Abfindungsbescheids zu erwirken; EuM. **14** 390. Die Belehrung hat in erster Linie den Zweck, abgefundene Berechtigte von nutzlosen Anträgen abzuhalten; AN. **23** 242.

§ 1584. Beansprucht der Verletzte wegen Änderung der Verhältnisse[1] die Erhöhung oder Wiedergewährung einer Rente[2], so hat er seinen Anspruch bei dem Versicherungsträger oder dem Versicherungsamt anzumelden[3]. Das Versicherungsamt gibt den Antrag unverzüglich an den Versicherungsträger ab und teilt ihm den Tag des Einganges mit[4].

1. S. § 608 und die dortigen Anm., ferner § 609 mit Anm.

2. § 1584 gilt für die Änderung von Dauer- wie auch von vorläufigen Renten (s. § 1585 Abs. 2 S. 3).

3. Darüber, daß die Erhöhung oder Wiedergewährung der Rente nur für die Zeit nach der Anmeldung verlangt werden kann, s. § 611.

Das RVA. hat ständig daran festgehalten, daß ein Verletzter, der Erhöhung oder Wiedergewährung einer Rente beansprucht — die spätere Gewährung einer zunächst mangels Unfallfolgen abgelehnten Rente steht dem gleich —, die Verschlimmerung von Unfallfolgen glaubhaft zu machen hat. Diese Rechtsübung hat nur den Zweck, die BGen. und die Rechtsmittelinstanzen vor der Überhäufung mit unberechtigten Anträgen zu schützen. Doch bildet die Glaubhaftmachung nicht die notwendige Voraussetzung für die Einleitung eines neuen Verfahrens, vielmehr kann die BG. auch ohne weitere Unterlagen als die Angaben des Verletzten in die Prüfung seiner Anträge eintreten. Ein Antrag ohne Glaubhaftmachung kann aber andrerseits ohne weiteres zurückgewiesen werden, doch muß, solange das Verfahren schwebt, eine nachträglich beigebrachte Glaubhaftmachung bewirken, daß die frühere Anmeldung vom Zeitpunkt ihres Eingangs an rechtswirksam wird; AN. **14** 620, Monatsschr. **16** 674 (RVA.); s. auch Anm. 2c Abs. 9 zu § 1545. Als Mittel zur Glaubhaftmachung kommen ärztliche Gutachten, Bescheinigungen von Behörden oder Privatpersonen, welche die Angaben des Verletzten bestätigen, unter Umständen auch dessen Erscheinen vor einem Organ der BG. unter Darlegung seiner Verhältnisse in Betracht; AN. **92** 333. Darüber, daß bei einem Antrag auf Krankenbehandlung die Glaubhaftmachung einer wesentlichen Verschlimmerung nicht unterschiedslos zu fordern ist, s. EuM. **23** 202.

4. S. Anm. 3 Abs. 1, auch Begr. S. 490.

§ 1585. Kann die Rente eines Verletzten ihrer Höhe nach noch nicht als Dauerrente festgestellt werden[1], so ist der Versicherungsträger berechtigt, während der ersten zwei Jahre[2] nach dem Unfall vorläufig eine Entschädigung festzustellen und nach Änderung der Verhältnisse[3] zu ändern[4]. In dem Bescheid[5] ist zu bemerken, daß es sich um eine vorläufige[6] Rente handelt. Die Befugnis zur Feststellung einer vorläufigen Entschädigung haben in der gleichen Frist das Oberversicherungsamt[7] und das Reichsversicherungsamt (Landesversicherungsamt), sofern der Versicherungsträger die Entschädigung abgelehnt[8] hat und sie eine Entschädigung zuerkennen. Beansprucht der Verletzte wegen Änderung der Verhältnisse die Erhöhung einer vorläufigen Rente, so ist § 1584[9] anzuwenden.

Spätestens mit Ablauf von zwei Jahren[10] nach dem Unfall ist die Dauerrente[11] festzustellen[12]. Diese Feststellung setzt eine Änderung der Verhältnisse nicht voraus[13], auch ist für sie die vorher getroffene Feststellung der Grundlagen[14] für die Rentenberechnung[15] nicht bindend.

1. Die Einführung der vorläufigen Renten bezweckt, in zweifelhaften Fällen die Möglichkeit zu geben, die endgültige Beurteilung der aus dem Unfall sich ergebenden Folgen einige Zeit hinauszuschieben und im Interesse sowohl des Verletzten wie der BG. unter billiger Berücksichtigung der Gesamtlage eine den Verhältnissen entsprechende zeitweilige Entschädigung zu gewähren; AN. **15** 405. Die vorläufige Rente kann ohne Bindung der BG. hinsichtlich der Art und des Umfangs der Unfallfolgen festgestellt werden; EuM. **17** 167. Daß eine BG. in zweifelhaften Fällen eine vorläufige Rente ohne Bindung für die Zukunft festsetzen kann, indem sie bei ihrer Gewährung eine Stellungnahme hinsichtlich der Art und der Ursache der vorgebrachten Beschwerden unterläßt, liegt in ihrem und auch der Rentenbewerber Interesse, die sonst bis zur Klärung des Krankheitsbildes oft überhaupt keine Entschädigung erhalten würden; EuM. **17** 167.

Doch ist die vorläufige Rente die Ausnahme, die Dauerrente die Regel; AN. **17** 239, **14** 798, KommBer. **6** 105. Wünschenswert ist die möglichst baldige Festsetzung der Dauerrente; AN. **14** 798, und wenn diese einmal gewährt ist, so ist damit äußerlich bindend festgestellt, daß im gegebenen Falle die Voraussetzungen einer vorläufigen Rente nicht mehr vorliegen; AN. **17** 239. Auf die inneren Erwägungen der BG. kommt es bei § 1585 Abs. 1 nicht an; AN. **17** 528.

Die Feststellung einer vorläufigen Rente ist nur zugelassen, wenn die Rente ihrer Höhe nach noch nicht als Dauerrente festgestellt werden kann; AN. **15** 405. Eine Rente kann noch nicht als Dauerrente festgestellt werden, wenn die durch den Unfall geschaffenen Verhältnisse sich noch nicht derart befestigt haben, daß sich die voraussichtlich dauernden Folgen des Unfalls hinreichend übersehen lassen; AN. **16** 453, 500. Erst nach Eintritt des Beharrungszustands, spätestens aber nach Ablauf von 2 Jahren seit dem Unfall, soll die Feststellung der Dauerrente erfolgen, die eine neue von früheren Feststellungen unabhängige Beurteilung der gesamten Unfallfolgen ermöglichen soll; AN. **15** 405, **19** 306, EuM. **14** 129.

Die Vorschriften über die Befugnis zur Feststellung einer vorläufigen Rente sind zwingenden Rechts und können daher weder durch ausdrückliches noch stillschweigendes Einverständnis der Parteien abgeändert werden; AN. **17** 239. Die Feststellung der Rente als einer vorläufigen ist der Nachprüfung durch das OVA. unterworfen; AN. **16** 453. Auch haben die Rechtsmittelinstanzen bei der Weitergewährung einer vom VersTr. entzogenen vorläufigen Rente innerhalb der ersten 2 Jahre nach dem Unfall pflichtmäßig zu prüfen, ob eine vorläufige oder eine Dauerrente in Frage kommt; Monatsschr. **15** 274 (RVA.); s. auch Anm. 7 drittletzten Absatz. Der Verletzte kann Berufung einlegen, wenn er der Ansicht ist, daß die Voraussetzungen für die Gewährung einer Dauerrente gegeben sind, und das OVA. ist berechtigt, die Sache an die BG. zurückzuverweisen; AN. **15** 405, KommBer. **6** 105f.

2. Für die Frage der Berechnung des zweijährigen Zeitraums, innerhalb dessen die BG. berechtigt ist, eine vorläufige Rente festzustellen, war der Tag des inzwischen weggefallenen Einspruch-, nicht des Endbescheids maßgebend; AN. **16** 453.

Eine vorläufige Rente darf nach Ablauf von 2 Jahren nach dem Unfall weder für die ersten 2 Jahre nach diesem noch laufend festgestellt werden; EuM. **16** 161. S. aber Anm. 7 Abs. 4 wegen der Rechtsmittelinstanzen.

3. Die vorläufige Rente kann auch innerhalb der ersten 2 Jahre als solche wegen Änderung der Verhältnisse herabgesetzt oder erhöht werden; KommBer. **6** 105. § 1585 Abs. 1 gilt auch für die Fälle, in denen es sich um die erneute Feststellung der Entschädigung nach rechtskräftiger Feststellung einer vorläufigen Rente handelt; AN. **21** 354, ebenso nach Abschluß eines Heilverfahrens; BG. **15** 147 (RVA.); s. aber auch Anm. 4 Abs. 2.

Ist aber innerhalb der ersten 2 Jahre nach dem Unfall rechtsgültig eine Dauerrente positiv festgestellt, so kann bei einer späteren gleichfalls noch innerhalb der Frist erfolgenden Feststellung, bei der die sachlichen Voraussetzungen für die Gewährung einer vorläufigen Rente an sich noch bestanden haben, eine vorläufige Rente nicht mehr festgestellt werden, auch nicht durch die Rechtsmittelinstanzen; AN. **17** 239, EuM. **8** 334 (Bay. LVAmt), BG. **17** 182 (RVA.), **20** 134 (RVA.). Vgl. auch Anm. 4 am Ende, Anm. 8.

Daß dann, wenn es sich um vorläufige Renten handelt, der Rekurs ausgeschlossen ist, s. § 1700 Nr. 7 und die dortigen Anm. 11, 12. Dies gilt insbesondere auch dann wenn die Berechnung des Jahresarbeitsverdienstes streitig ist; AN. **14** 622, EuM. **12** 177, **3** 322 (Sächs. LVAmt).

Nimmt eine BG. aus irgendwelchen Gründen einen eine Rente herabsetzenden Bescheid wieder zurück, so tritt ohne weiteres der Zustand wieder ein, der vor dem Erlaß des zurückgenommenen Bescheids bestanden hat; AN. **20** 418. Wird lediglich ein Rentenerhöhungsantrag abgelehnt, so ist die nochmalige Bezeichnung der Rente als vorläufige nicht erforderlich; AN. **15** 408, **17** 456; über die Ablehnung eines solchen Antrags nach Ablauf von 2 Jahren vgl. AN. **30** 205.

4. Die negative Feststellung, daß überhaupt keine Rente zu gewähren ist, kann ihrem Wesen nach nicht anders beurteilt werden als die positive Feststellung einer Dauerrente; AN. **14** 620. Deshalb gilt als Feststellung der Dauerrente die Ablehnung einer Rente wegen mangelnder Erwerbsunfähigkeit; AN. **14** 479. Die Ablehnung innerhalb der ersten 2 Jahre nach dem Unfall enthält sowohl die Versagung einer vorläufigen wie auch die einer Dauerrente; AN. **17** 368, **21** 352, 354.

Die Gewährung von Heilanstaltsbehandlung hat zur notwendigen Folge, daß die bisher in Kraft befindliche Feststellung der Rente aufgehoben wird und die bis dahin gewährte Rente erlischt; AN. **15** 745, 695, HbdUV. **1** 309. Daher kann nach Abschluß der Heilanstaltspflege der frühere Bescheid nicht wiederaufleben, sondern es muß durch einen neuen Bescheid eine neue Rente festgestellt werden; EuM. **20** 188, 206, **25** 436 (Bay.LVAmt), **26** 60, **19** 352, AN. **26** 433. Deshalb haben die BGen. und die Spruchinstanzen innerhalb der ersten 2 Jahre zu prüfen, ob eine vorläufige oder eine Dauerrente zu gewähren ist; EuM. **11** 371 (Bay.LVAmt), Breith. **4** 337 (RVA.). Dabei kommt es auf eine wesentliche Änderung der Verhältnisse nicht an; AN. **15** 745 (anders bei Abschluß eines ambulanten Heilverfahrens; AN. **17** 492), und die Neufeststellung der Rente nach Beendigung der Heilanstaltspflege ist grundsätzlich nicht als solche wegen Änderung der Verhältnisse anzusehen; AN. **15** 695, **25** 320; die Entschädigung ist vielmehr losgelöst von den früheren Verhältnissen auf Grund des Heilergebnisses neu festzustellen, wie wenn es sich insoweit um die erste Feststellung der Dauerrente handeln würde; AN. **15** 745, 695, **17** 492, EuM. **21** 134, Komp. **18** 150 (RVA.). Wegen der Einhaltung des Sperrjahres bei der Neufeststellung einer Dauerrente nach Heilverfahren s. § 609 S. 3 und Anm. 5 daselbst. Alle übrigen Punkte der früheren Entscheidung, die einer Abänderung nicht fähig sind, besonders also die Höhe des Jahresarbeitsverdienstes und die Entschädigungsverpflichtung der BG., bleiben bestehen; AN. **04** 618, **15** 695, **98** 262, EuM. **8** 353 (Sächs. LVAmt). Wegen Zulässigkeit des Rekurses bei Neufeststellung der Rente in diesen Fällen s. Anm. 14 zu § 1700.

Ebenso liegt in der Aufhebung oder Entziehung einer vorläufigen Rente innerhalb der ersten 2 Jahre nach dem Unfall sowohl die Versagung einer vorläufigen wie auch einer Dauerrente; AN. **14** 757, **15** 611, **17** 368, **21** 254, 352, EuM. **2** 405 (Sächs. LVAmt), **8** 405 (Bay. LVAmt), das seinen in EuM. **2** 405 eingenommenen abweichenden Standpunkt aufgegeben hat). Wird bis zu einem bestimmten Zeitpunkt eine vorläufige Rente gewährt, von diesem ab eine Entschädigung versagt, so liegt darin die erste Feststellung der Dauerrente; AN. **14** 757; wegen der Berechtigung der Rechtsmittelinstanzen trotzdem eine vorläufige Rente noch festzustellen, s. Anm. 8. Doch bildet die bloße Ablehnung eines Rentenerhöhungsantrags während des Laufens der vorläufigen Rente innerhalb der ersten 2 Jahre nicht zugleich die Feststellung der ersten Dauerrente; AN. **15** 408, **19** 306. Ist der Rentenerhöhungsantrag vor Ablauf der 2 Jahre gestellt, der die Erhöhung lediglich ablehnende Bescheid aber erst nach Ablauf der 2 Jahre erlassen, so ist darin die Feststellung der Dauerrente zu erblicken; AN. **30** 205 (EuM. **15** 219 überholt, AN. **17** 456 aufgehoben).

Die Gewährung einer vorläufigen Rente nach rechtskräftiger Entziehung einer solchen ist unzulässig; AN. **24** 72, EuM. **8** 334 (Bay. LVAmt).

5. Der weggefallene Einspruchbescheid, der nicht die Bedeutung des vorläufigen Bescheids des GUVG. hatte (AN. **16** 453), nicht auch der Endbescheid, mußte den Vermerk enthalten, daß es sich um eine vorläufige Rente handle; Soergel **13** 175 (RVA.), AN. **16** 453. War im Einspruchbescheid eine Dauerrente festgestellt, so konnte durch den Endbescheid keine vorläufige Rente mehr festgesetzt werden; AN. **15** 609. Der Vermerk im Endbescheide, die Rente sei eine vorläufige, war wirkungslos, wenn der Einspruchbescheid einen derartigen Hinweis nicht enthielt; AN. **14** 480, **15** 609, **17** 528. Eine im Einspruchbescheid als vorläufige bezeichnete Rente durfte im Endbescheid, jedenfalls ohne entsprechenden Antrag des Verletzten, nicht als Dauerrente festgesetzt werden; Breith. **4** 295 (RVA.). Eine Rente, die in dem Einspruchbescheid als vorläufige, im Endbescheid aber als Dauerrente bezeichnet und vom OVA. durch Zurückweisung der Berufung als solche bestätigt war, ist jedoch als Dauerrente anzusehen; AN. **16** 712.

6. Eine Rente, die nicht ausdrücklich als vorläufige bezeichnet ist, gilt als Dauerrente; AN. **14** 480, 798, **15** 330, 407, 744, **17** 368, 528, EuM. **15** 205; dies ist besonders dann der Fall, wenn ein Vermerk überhaupt fehlt; AN. **14** 798. Allerdings braucht das Wort „vorläufig" nicht unbedingt verwendet zu werden, es genügt der Hinweis in der Formel auf Abs. 1 des § 1585; EuM. **15** 365. Der Vermerk im Bescheide, daß die Rente vorläufig auf ..... festgesetzt werde, ist ausreichend; EuM. **21** 218. Eine hinreichende Bezeichnung der Rente als einer vorläufigen liegt aber nicht schon dann vor, wenn sich lediglich aus dem Inhalte des Bescheids oder seiner Unterlagen ergibt, daß die BG. die Rente ihrer Höhe nach noch nicht als Dauerrente feststellen wollte und konnte; AN. **15** 744. Auch eine nur auf einige Monate bis zu einem bestimmten Zeitpunkte gewährte Rente ist als Dauerrente anzusehen, sofern sie nicht ausdrücklich als vorläufige bezeichnet ist; EuM. **20** 172. Unklarheiten über die Natur einer Rente in Bescheiden und Urteilen, die im allgemeinen (Breith. **15** 225 [RVA.]) und vor allem um die Zeit von 2 Jahren nach dem Unfall ergehen, insbesondere, soweit die Feststellung der neuen Rente von einer Änderung der Verhältnisse abhängig gemacht wird, obwohl erstmalig die Dauerrente festzustellen gewesen wäre, bilden einen wesentlichen Mangel des Verfahrens, der die Zurückverweisung an die BG. oder das OVA. rechtfertigt; EuM. **14** 321, **17** 172, ebenso sich widersprechende Bezeichnungen der Rente als vorläufige und Dauerrente in einem Bescheid; BG. **27** 116 (RVA.).

Eine innerhalb von 2 Jahren nach dem Unfall durch Vergleich vor dem OVA. festgestellte Rente gilt nur dann als vorläufige, wenn sie im Vergleich ausdrücklich als solche bezeichnet ist; EuM. **15** 204, Breith. **13** 249 (RVA.); doch kann nach Abschluß eines Vergleichs lediglich über den Hundertsatz der Rente der VersTr. innerhalb der ersten 2 Jahre nach dem Unfall in dem den Vergleich ausführenden Bescheid noch eine vorläufige Rente feststellen; EuM. **22** 222.

Wird eine Rente zu Unrecht als vorläufige bezeichnet, so gilt dies als nicht geschrieben und ist wirkungslos; AN. **14** 482, 483, **16** 453, **17** 528, **24** 72, Monatsschr. **16** 251 (RVA.), Komp. **19** 10 (RVA.), und zwar auch dann, wenn der Bescheid unangefochten bleibt; AN. **17** 239. Dasselbe gilt für die unrichtige Bezeichnung durch das OVA.; AN. **14** 799, **24** 72; vgl. darüber auch Anm. 7.

Eine vorläufige Rente ist nicht mit einer vorläufigen Leistung oder vorläufigen Fürsorge im Sinne der §§ 1668 Abs. 2, 1735, 1690 zu verwechseln; EuM. **16** 161, **23** 28, auch nicht mit einer Übergangsrente im Sinne des § 5 der V. v. 11. II. 29 (RGBl. I S. 27), § 6 der V. v. 12. V. 25 (RGBl. I S. 69).

Die Ausführung im Bescheide, die Rente werde für eine Übergangszeit zur vollen Angewöhnung an die Arbeit gewährt, macht die Rente nicht zu einer vorläufigen; AN. **15** 744, ebensowenig die Angabe, daß sie „für die Dauer des Heilverfahrens" gewährt werde; EuM. **15** 205, BG. **24** 151 (RVA.).

7. Das zunächst der BG. zustehende Wahlrecht bezüglich der Art der Rente geht dann, wenn die BG. eine Entschädigung abgelehnt hat, auf das OVA. und RVA. über, die im Falle des § 1585 Abs. 1 auch zur Gewährung einer vorläufigen Rente verurteilen können; AN. **21** 354, **17** 368, Breith. **3** 548 (RVA.). Das Wahlrecht wird auch nicht dadurch ausgeschlossen, daß die BG. bei der Entziehung einer vorläufigen Rente ausdrücklich die Gewährung einer Dauerrente ablehnt; AN. **26** 191;

vgl. aber Anm. 3 Abs. 2. Auch ist das OVA. befugt, statt einer von der BG. gewährten vorläufigen Rente eine Dauerrente zu gewähren; AN. **16** 453, 712.

Doch ist es nur bei ziffermäßiger Feststellung einer Rente berechtigt, diese als vorläufige zu bezeichnen; AN. **14** 799.

Fehlt im Urteil des OVA. oder RVA. der Vermerk, daß es sich um eine vorläufige Rente handle, so liegt eine Dauerrente vor; AN. **14** 798, **15** 407, Monatsschr. **16** 617 (RVA.). Und zwar muß die Bezeichnung der Rente als einer vorläufigen in der Urteilsformel enthalten sein; AN. **25** 320, **17** 368, **15** 330, 407, BG. **24** 152 (RVA.); die lediglich in den Gründen enthaltene ist (AN. **30** 205), selbst in Verbindung mit dem Rechtsmittelvermerk nach § 1692, unwirksam; AN. **15** 330, EuM. **26** 184. Der Vermerk nach § 1692 Abs. 1, daß der Rekurs unzulässig sei, stempelt allein die Rente nicht zu einer vorläufigen; AN. **14** 798, **15** 330, 407, **17** 368, **24** 72, EuM. **2** 25 (Bay. LVAmt).

Hat jedoch die BG. die Rente nicht völlig versagt und will das OVA. oder RVA. eine von der BG. gewährte vorläufige Rente nur der Höhe nach abändern, so braucht es die Rente nicht nochmals als eine vorläufige in der Urteilsformel zu kennzeichnen, sofern sich aus dem entscheidenden Teil des Urteils in nicht mißverständlicher Weise ergibt, daß lediglich die Höhe der Rente, nicht ihr Charakter als einer vorläufigen geändert werden sollte; AN. **17** 368, Monatsschr. **19** 346 (RVA.), EuM. **26** 184, **11** 371 (Bay. LVAmt). Richtet sich die Berufung gegen einen innerhalb der ersten 2 Jahre erlassenen Bescheid des VersTr. nur gegen die Höhe der darin festgestellten vorläufigen Rente, so behält sie diesen Charakter, sofern das Urteil des OVA. ausschließlich die Höhe der Rente zum Gegenstand hat, selbst wenn es auch erst nach Ablauf der ersten 2 Jahre ergeht; EuM. **23** 27. In der bloßen Aufhebung eines eine vorläufige Rente entziehenden Bescheids durch das OVA. innerhalb der ersten 2 Jahre liegt die Wiederherstellung der vorläufigen Rente; EuM. **15** 221, **23** 27, ebenso darin, daß das OVA. den die vorläufige Rente entziehenden Bescheid des VersTr. aufhebt und diesen zur „Weitergewährung der bisherigen Rente" verurteilt; EuM. **21** 132, Monatsschr. **19** 346 (RVA.). Hat aber der VersTr. noch innerhalb der ersten 2 Jahre nach dem Unfall die bisher gewährte vorläufige Rente entzogen und verurteilt das OVA. den VersTr. nach Ablauf der 2 Jahre unter „Aufhebung" des Entziehungsbescheids zur „Weitergewährung der bisherigen Rente", so handelt es sich um die 1. Feststellung der Dauerrente; EuM. **26** 52. Wenn aber das OVA. den die vorläufige Rente entziehenden Bescheid aufhebt und den VersTr. verurteilt, dem Verletzten „die Unfallrente" weiter zu gewähren, so gilt die Rente als Dauerrente; EuM. **23** 284, ebenso wenn es den die vorläufige Rente entziehenden Bescheid „abändert" und den VersTr. verurteilt, dem Kläger „eine Rente von . . ." zu gewähren; EuM. **23** 285. Ebenso hat das RVA. bei „Aufhebung" eines Bescheids, der zwar die vorläufige Rente herabsetzte, aber eine solche weitergewährte, durch das OVA. und Verurteilung des VersTr. zur Weitergewährung einer Rente ohne deren nähere Bezeichnung stets eine Dauerrente als vorliegend angenommen; Komp. **19** 54 (RVA.), BG. **24** 152 (RVA.), EuM. **26** 184. Gewährt das OVA. eine vor der Heilanstaltspflege laufende Rente in derselben Höhe weiter, so ist diese eine Dauerrente, wenn sie nicht ausdrücklich als eine vorläufige bezeichnet ist; EuM. **11** 371 (Bay. LVAmt).

Wird innerhalb der ersten 2 Jahre von der BG. keine Dauerrente festgestellt, so können die Instanzen, die sich nach Ablauf von 2 Jahren mit der Sache zu befassen haben, vom Anfang des 3. Jahres an eine Dauerrente feststellen; AN. **19** 306, **16** 714. Von diesem Zeitpunkt an müssen sie die Dauerrente in Wirksamkeit treten lassen, wenn sie eine solche nur erhöhen, und sind nicht befugt, den Beginn der höheren Dauerrente in den zweijährigen Zeitraum zurückzuverlegen; AN. **16** 714.

Die Unterlassung der Prüfung und Entscheidung durch das OVA., ob eine innerhalb von 2 Jahren nach dem Unfall von ihm gewährte Rente eine vorläufige oder eine Dauerrente ist, bildet einen wesentlichen Mangel des Verfahrens, der die Zurückverweisung der Sache rechtfertigen kann; EuM. **14** 129. Ähnlich EuM. **14** 321 bezüglich einer vom VersTr. am Ende des 2. Jahres nicht hinreichend deutlich bezeichneten und vom OVA. nach Ablauf des 2. Jahres ohne nähere Bezeichnung erhöhten Teilrente.

Die Entscheidung des OVA., daß es sich um eine Dauerrente handle, kann in der Rekursinstanz nicht abgeändert werden; AN. **16** 453, 712. Hat das OVA. eine Dauerrente festgestellt, so ist die BG. nicht befugt, bei einer späteren Rentenänderung wieder eine vorläufige Rente zu gewähren; AN. 17 410.

Ein unzutreffender Vermerk in der Urteilsformel, die Rente sei eine vorläufige, ist unbeachtlich und ohne rechtliche Wirkung; AN. **24** 72, **14** 799. Eine BG. wird aber nicht dadurch beschwert, daß das OVA. unzulässigerweise eine Rente als vorläufige bezeichnet hat; EuM. **17** 171.

8. Das OVA. ist berechtigt, innerhalb der ersten 2 Jahre nach dem Unfall eine von der BG. entzogene vorläufige Rente als solche wieder herzustellen oder sie nur in der Höhe zu ändern; AN. **24** 72, **21** 354, EuM. **21** 132, BG. **17** 166 (RVA.), **18** 182 (RVA.), Breith. **7** 432 (RVA.), Monatsschr. **25** 529 (RVA.), **16** 617 (RVA.), **19** 74 (RVA.), a. A. EuM. **20** 172, doch darf es, wenn es erst nach Ablauf des 2. Jahres entscheidet, keine vorläufige Rente mehr feststellen, wenn auch die Rentenentziehung noch innerhalb der 2 Jahre erfolgt war; AN. **24** 72, und es muß vom Ablauf des 2. Jahres ab die Dauerrente festsetzen; Komp. **14** 230 (RVA.); s. auch Anm. 10. Die Ablehnung einer Entschädigung in vollem Umfange oder die Ablehnung einer solchen im Anschluß an die Gewährung einer vorläufigen Rente für einen bestimmten Zeitraum ist nicht schlechthin der Feststellung einer Dauerrente in dem Sinne gleichzustellen, daß das OVA., das im Gegensatz zu der BG. die Gewährung oder Weitergewährung einer Rente für geboten hält, nicht mehr befugt ist, eine vorläufige Rente festzustellen; AN. **21** 354. Hat die BG. in der Frist des § 1585 Abs. 1 S. 1 eine vorläufige Rente entzogen, das OVA. die Rente aber nur gemindert, so gilt die vom OVA. festgesetzte Rente nur dann als vorläufige, wenn sie ausdrücklich als solche bezeichnet ist; Monatsschr. **16** 617 (RVA.); s. aber auch Anm. 7 Abs. 4. Erkennen die Instanzen aber nach Ablauf der Frist eine entzogene vorläufige Rente wieder zu, so sind sie zur Feststellung einer vorläufigen Rente nicht befugt; AN. **24** 72; wegen Änderung einer innerhalb der ersten 2 Jahre vom VersTr. festgestellten vorläufigen Rente durch das OVA. nach Ablauf von 2 Jahren nur der Höhe nach und ihrer Weitergeltung als einer vorläufigen vgl. EuM. **23** 27, auch Anm. 7 Abs. 4. Sie sind es indessen innerhalb der Frist, selbst wenn die BG. bei der Entziehung einer vorläufigen Rente ausdrücklich die Gewährung einer Dauerrente ablehnte; AN. **26** 191.

Hat aber die BG. bereits ausdrücklich eine Dauerrente gewährt, so können die Rechtsmittelinstanzen nicht an ihrer Stelle eine vorläufige Rente feststellen; AN. **16** 453, **17** 368, 528, EuM. **17** 171, **14** 321, **5** 374 (Bay. LVAmt), **8** 40 (Bay. LVAmt), Komp. **20** 96 (RVA.), BG. **27** 494 (RVA.), z. B. auch dann nicht, wenn die BG. an Stelle einer vorläufigen Rente dem Verletzten eine niedrigere Dauerrente gewährt hat und das OVA. noch innerhalb der zwei ersten Jahre die bisherige Rente der Höhe nach, aber nicht als Dauerrente für angemessen hält; AN. **17** 528. Eine rechtsirrtümlich als Dauerrente festgestellte Rente bleibt Dauerrente; ArbVers. **17** 655 (RVA.), **18** 333 (RVA.).

9. S. die dortigen Anm.

10. Die erste Dauerrente ist vom VersTr. spätestens nach Ablauf von 2 Jahren nach dem Unfall festzustellen; AN. **19** 306. Eine vorläufige Rente darf nach Ablauf von 2 Jahren weder für die ersten 2 Jahre noch laufend erstmalig festgestellt werden; EuM. **16** 161. Wegen der Berechtigung des OVA., unter Umständen auch nach Ablauf von 2 Jahren noch eine vorläufige Rente festzustellen, s. Anm. 7 Abs. 4, aber auch Anm. 8 Abs. 1. Erläßt ein VersTr. nach Ablauf von 2 Jahren einen Bescheid über die Höhe der Rente, so ist darin stets die erste Feststellung der Dauerrente zu erblicken; AN. **30** 205. Hat der VersTr. nach Ablauf von 2 Jahren unter Hinweis auf § 608 lediglich die Teilrente herabgesetzt, ohne eine Dauerrente ausdrücklich festzustellen, so hat das OVA. dies nachzuholen und darf nicht nur den Bescheid aufheben, weil eine wesentliche Änderung der Verhältnisse nicht nachgewiesen sei; EuM. **14** 321. Wegen der Wirkungslosigkeit einer falschen Bezeichnung s. Anm. 6 Abs. 3. Wird eine höhere Dauerrente als die vorläufige Rente noch innerhalb der ersten 2 Jahre festgestellt, so beginnt sie mit der Zustellung des Bescheids zu laufen; Breith. **10** 127 (RVA.). Wird die Dauerrente, nachdem zuvor eine vorläufige Rente rechtskräftig festgestellt war, erst nach Ablauf von 2 Jahren nach dem Unfall festgestellt, so kann, falls eine höhere als die vorläufige Rente gewährt wird, die BG. den Beginn der höheren Dauerrente bis in den zweijährigen Zeitraum nach dem Unfall zurückverlegen; AN. **16** 714.

Ist die Dauerrente höher als die vorangegangene vorläufige Rente und bestand der dieser Feststellung zugrunde liegende Zustand des Verletzten schon bei Beginn des 3. Jahres nach dem Unfall, so sind die BGen. und die Rechtsmittelinstanzen verpflichtet, die Dauerrente schon von jenem Zeitpunkt an festzustellen; AN. **25** 320, **16** 714. Hat die BG. die rechtzeitige Feststellung der Dauerrente, die niedriger als die vorher gewährte vorläufige Rente ist, unterlassen, so muß sie die bisherige höhere Rente bis zu dem im § 610 festgesetzten Zeitpunkte weiterzahlen; AN. **16** 712, 714, EuM. **18** 176. Gewährt sie nach Ablauf der ersten 2 Jahre eine gleich hohe Dauerrente wie die vorläufige, so darf seit dem Beginn des 3. Jahres nach dem Unfall eine Neufeststellung nur in Zeiträumen von mindestens 1 Jahr vorgenommen oder beantragt werden; AN. **16** 714. Ist die erste Dauerrente in gleicher Höhe wie die vorhergehende vorläufige festgestellt worden, so läuft das Schutzjahr des § 609 S. 2 erst vom Tage des Bezugs der Rente als Dauerrente an; AN. **28** 97.

Wenn die BG. und das OVA. den nach Ablauf von 2 Jahren seit dem Unfall gestellten Antrag des Verletzten auf Erhöhung der bisher gewährten vorläufigen Rente lediglich vom Gesichtspunkt einer wesentlichen Verschlimmerung behandelt und abgelehnt haben, so ist darin die Feststellung der ersten Dauerrente zu erblicken; das RVA. kann diese entweder selbst feststellen oder die Sache nach § 1715 zurückverweisen; AN. **19** 306. Ist bei Ablauf der 2 Jahre eine Dauerrente noch nicht festgestellt und ergeht dann ein Bescheid des VersTr., der sich mit der Frage befaßt, ob und in welcher Höhe dem Verletzten wegen der Folgen des Unfalls noch Rente gewährt werden soll, so enthält dieser Bescheid die Feststellung der ersten Dauerrente; AN. **30** 205 (AN. **17** 456 aufgehoben, EuM. **15** 219 überholt).

Hat die BG. die Erhöhung des einer rechtskräftigen vorläufigen Rente zugrunde gelegten Jahresarbeitsverdienstes durch berufungsfähigen Bescheid später als 2 Jahre nach dem Unfall abgelehnt, ohne zugleich die Dauerrente festzustellen, so kann diese Feststellung nicht durch die höheren Instanzen (etwa in entsprechender Anwendung der in AN. **19** 306 niedergelegten Grundsätze) nachgeholt werden, da nur der Jahresarbeitsverdienst, nicht auch der Grad der Erwerbsunfähigkeit streitig ist und die Feststellung der ersten Dauerrente eine Verkürzung der Rechte beider Parteien bedeuten würde; EuM. **15** 220; s. jedoch AN. **30** 205. Ist der Verletzte vor Ablauf der 2 Jahre in eine Heilanstalt überwiesen, so ist die BG. bei dem Ablauf von 2 Jahren nicht zur Feststellung der Dauerrente verpflichtet; BG. **18** 49 (RVA.).

Die Vorschrift des § 1585 Abs. 2 ist zwingend und kann durch Parteivereinbarung nicht ausgeschlossen werden; AN. **16** 717, **24** 72. Sie ist aber bei Renten, die erstmals unter der Geltung der alten Unfallversicherungsgesetze festgesetzt worden sind, nicht anwendbar; AN. **13** 396, EuM. **8** 333 (Bay. LVAmt).

11. a) Die Bezeichnung einer Rente als Dauerrente ist überflüssig; RVPr. Bd. **4** 65

(RVA.), und wird in den Bescheiden besser vermieden, da sie den Verletzten irreführen kann; KommBer. **6** 98, 105.

Die Gewährung einer Rente „auf Lebenszeit" ist unzulässig und unwirksam; AN. **13** 460, **08** 436, **95** 260.

b) Die auf Grund von Unfallversicherungsgesetzen rechtskräftig festgestellten Renten, die vor der RVO. in Kraft waren, gelten nunmehr sämtlich als Dauerrente; Art. 155 G. v. 14. VII. 25 (RGBl. I S. 97), AN. **25** 319, und zwar nicht erst vom Zeitpunkte des Inkrafttretens des G. v. 14. VII. 25, sondern von ihrer Feststellung an; EuM. **20** 183, auch die bereits abgefundenen; Komp. **28** 180 (RVA.).

Die Begr. zu diesem G. (S. 38) sagt hierzu: „Die Vorschrift des Artikels soll der Erleichterung der Rechtsprechung dienen. Die RVO. unterscheidet zwischen vorläufiger Rente und Dauerrente (§§ 609, 1585). Die früheren Unfallversicherungsgesetze kannten diese Unterscheidung nicht. Es ist daher vielfach zweifelhaft geworden, ob eine nach den früheren Unfallversicherungsgesetzen festgestellte Rente die Eigenschaften einer Dauerrente im Sinne der RVO. habe oder nicht. In verwickelter und eingehender Rechtsprechung hat das RVA. im Anschluß an einen Bescheid Nr. 2605 (AN. **13** 396) Grundsätze aufgestellt, die aber das Auftauchen immer neuer Zweifelsfragen nicht zu verhindern vermochten. Der Artikel will mit dieser unfruchtbaren Geschäftsbelastung des höchsten Gerichts der RV. aufräumen. Renten, die vor der RVO. festgestellt worden sind, müssen im Sinne der RVO. als Dauerrenten angesehen werden. Das wird jetzt ausdrücklich ausgesprochen."

Bis dahin war zu prüfen, ob sie in ihrer Wirkung den Dauerrenten gleichkamen und diesen gleich zu erachten waren. Eine nach altem Rechte festgestellte Rente war dann als Dauerrente im Sinne des § 1585 Abs. 2 anzusehen, wenn sie nach Ablauf von 2 Jahren seit der Rechtskraft der ersten endgültigen Rentenfeststellung festgestellt worden war und deshalb wie die Dauerrente Jahresbindung hatte; AN. **13** 396, **14** 480, **15** 745, **16** 403 (bezüglich der Renten ältesten Rechts), **25** 319, EuM. **3** 265 (Sächs. LVAmt), und zwar galt das auch dann, wenn sie durch einen Vergleich festgestellt war; EuM. **10** 393. Die anderweitige Feststellung einer solchen Rente unter der Herrschaft der RVO. bildete daher die Neufeststellung einer Dauerrente; AN. **14** 480. Bei Berechnung des zweijährigen Zeitraums waren aber zurückgewiesene Rentenminderungsanträge der BGen. nicht als anderweitige Rentenfeststellungen anzusehen; AN. **06** 599, **14** 481, EuM. **3** 320 (Bay. LVAmt). Eine im Jahre 1912 erstmals festgestellte Rente war daher nicht als Dauerrente zu erachten; EuM. **2** 25 (Bay. LVAmt), ebensowenig eine Rente, die unter der Herrschaft des GUVG. zwar nach Ablauf von 2 Jahren seit der Rechtskraft der ersten endgültigen Rentenfeststellung, aber mit Wirkung von einem vor diesem Zeitpunkte liegenden Tage ab festgestellt war; AN. **16** 317.

Alle anderen nach altem Rechte festgestellten Renten waren weder als vorläufige noch als Dauerrenten anzusehen; AN. **13** 396. Sie konnten aber bei der Neufeststellung in solche umgewandelt werden, und die BG. hatte zu prüfen, welche Eigenschaft sie nunmehr haben sollten; AN. **17** 239. Eine Rente alten Rechts konnte jedoch nur beim Vorliegen einer wesentlichen Veränderung der Verhältnisse neu festgestellt werden. Daran war auch unter der RVO. festzuhalten; AN. **15** 472, EuM. **15** 206, und zwar auch dann, wenn der Ablauf der 2 Jahre nach dem Unfall erst unter der Herrschaft der RVO. stattfand; AN. **15** 472. Hatte jedoch die BG. eine Rente alten Rechts ohne Jahresbindung später als 2 Jahre nach dem Unfall herabgesetzt, das OVA. aber die Rente mangels Änderung der Verhältnisse in der alten Höhe wiederhergestellt und in der Urteilsformel als Dauerrente bezeichnet, so war darin, wenn diese Entscheidung unangefochten blieb, die erste Festhaltung der Dauerrente zu erblicken; EuM. **15** 206. Die bloße Ablehnung der Erhöhung einer Rente alten Rechts unter der RVO. stellte weder die Feststellung einer vorläufigen noch einer Dauerrente dar; EuM. 7 329. Denn die Abänderung einer noch nicht mit Jahresbindung festgestellten Rente alten Rechts bildete die erstmalige Feststellung der Dauerrente; AN. **14** 478, EuM. **2** 28 (Bay. LVAmt); dasselbe galt für die Entziehung einer solchen; AN. **14** 479, EuM. **2** 405 (Sächs. LVAmt), **3** 265 (Sächs. LVAmt). Eine Rente alten Rechts konnte auch in eine vorläufige Rente umgewandelt werden, sofern die Voraussetzungen des § 1585 Abs. 1 für deren Gewährung noch gegeben waren; AN. **16** 500, **17** 239. Doch galt eine solche neue Rente stets als Dauerrente, wenn in dem Einspruchbescheide nicht vermerkt war, daß es sich um eine vorläufige Rente handle; AN. **14** 480. Die unzulässige Bezeichnung der Rente als einer vorläufigen war wirkungslos; AN. **14** 483. Für die Berechnung der zweijährigen Frist kam es nicht auf den Tag des Erlasses des Bescheids, sondern auf den Zeitpunkt an, von dem ab die neue Rente in Kraft treten sollte; AN. **14** 482.

Der Jahresarbeitsverdienst altrechtlicher Renten konnte bei der Umwandlung in Dauerrenten nicht geändert werden, da dies nur bei vorläufigen Renten zulässig war; Monatsschr. **16** 250 (RVA.).

Hatte eine BG. durch Bescheid nach altem Rechte das Vorliegen eines Betriebsunfalls anerkannt, so konnte sie bei der Feststellung der ersten Dauerrente nach der RVO. nicht bestreiten, daß sie den Verletzten wegen etwaiger Folgen des Unfalls zu entschädigen habe; es war ihr aber, zumal nach Heilanstaltspflege, unbenommen, nicht nur das Maß der Erwerbsunfähigkeit des Verletzten nachzuprüfen, sondern auch, ob Folgen des beim Bestehen solcher sie zur Entschädigung verpflichtenden Unfalls noch vorhanden waren; EuM. **8** 353 (Sächs. LVAmt), AN. **15** 695.

12. Die Umwandlung einer vorläufigen Rente in eine Dauerrente tritt nach 2 Jahren nach dem Unfall nicht kraft Gesetzes ein, sondern erfordert eine Entschließung des VersTr., die in einem gemäß § 1583 zu erlassenden Bescheide zum Ausdruck kommen muß; AN. **25** 320, **17** 456, **30** 205, EuM. **23** 27, **18** 176. Deshalb konnte durch einen Umrechnungsbescheid keine Dauerrente erstmalig festgestellt werden; Breith. **16** 288 (RVA), AN. **30** 205. Der Feststellung bedarf es selbst dann, wenn die erneute Prüfung zur Gewährung einer Dauerrente in der Höhe der bisherigen vorläufigen Rente führt; EuM. **14** 321, AN. **28** 97. Eine im Vergleich zur bisherigen vorläufigen Rente höhere Dauerrente wird innerhalb der ersten 2 Jahre mit dem Tag der Zustellung des Bescheids wirksam; Breith. **10** 127 (RVA.). Die Feststellung kann auch durch Vergleich erfolgen; EuM. **4** 392 (Sächs. LVAmt). Eine durch Vergleich festgestellte Rente gilt als Dauerrente, wenn sie nicht ausdrücklich als vorläufige bezeichnet ist; EuM. **15** 204; s. auch Anm. 2a Abs. 2 zu § 1545. Doch kann ein VersTr. nach Abschluß eines Vergleichs lediglich über den Hundertsatz der Rente diese innerhalb der ersten 2 Jahre nach dem Unfall gegebenenfalls noch als vorläufige durch einen den Vergleich vollziehenden Bescheid feststellen; EuM. **22** 222. Die Fristbestimmung des § 609 Satz 2 gilt nicht für die erste Feststellung der Dauerrente; AN. **25** 320. Findet ein VersTr. nach § 616 Abs. 1 ab, ohne vorher eine Dauerrente festgestellt zu haben, so gilt der Abfindungsbescheid zugleich als solcher über die erstmalige Feststellung der Dauerrente in Höhe der zuletzt festgestellten vorläufigen Rente; AN. **27** 319; dasselbe gilt für den Abfindungsbescheid in den Fällen des § 616 Abs. 2; AN. **27** 449.

13. Bei der Feststellung der ersten Dauerrente kommt es auf die Feststellung einer Änderung der Verhältnisse nicht an, sondern auf den zur Zeit der Rentenfeststellung bestehenden Zustand; AN. **19** 346, BG. **18** 50 (RVA.), **22** 85 (RVA.), **23** 68 (RVA.), **26** 325 (RVA.), **29** 483 (RVA.), **29** 575 (RVA.), **30** 46 (RVA.), auch EuM. **14** 321, **19** 170 (Bay. LVAmt), BG. **25** 102 (RVA.). Die Feststellung hat daher ohne Rücksicht auf die Höhe der vorher gewährten vorläufigen Rente zu erfolgen; AN. **19** 306. Die Verweisung auf § 608 in dem 1. Dauerrentenbescheid stellt einen wesentlichen Mangel des Verfahrens dar, der zur Aufhebung des Bescheids berechtigt;

EuM. **14** 321, BG. **25** 102 (RVA.); dies ist auch dann der Fall, wenn das OVA. bei der Feststellung der ersten Dauerernte nur festgestellt hat, daß eine Veränderung des Zustandes gegenüber der vorläufigen Rente nicht eingetreten sei, ohne zu prüfen, ob die vom VersTr. festgestellte Rente angemessen ist; BG. **30** 46 (RVA.). Daß eine Änderung der Rente um nicht mehr als 5 v.H. unzulässig ist (vgl. Anm. 2 zu § 608), gilt nicht für die erste Feststellung der Dauerrente; EuM. **22** 220, BG. **26** 325 (RVA.), **27** 77 (RVA.) **29** 483 (RVA.). Die Rechtsmittelinstanzen dürfen nur in besonders gelagerten Ausnahmefällen um 5 v. H. von der Schätzung der feststellenden Stelle abweichen, insbesondere dann, wenn die Belassung der festgesetzten Teilrente eine offenbare Unbilligkeit bedeuten würde, z. B. wenn das erkennende Gericht in der Abänderung der Rente noch weiter gehen würde, daran aber durch das Verbot der reformatio in peius gehindert ist; EuM. **22** 325, AN. **97** 267, **06** 420, BG. **23** 68 (RVA.); einen Einzelfall, in dem eine unbillige Härte angenommen wurde, s. in Volkst. Z. **30** 181 (RVA.). Dies gilt auch für die Feststellung der ersten Dauerrente; EuM. **22** 220, a. A. BG. **29** 483 (RVA.). Ein Bescheid, der nach rechtskräftiger Feststellung der 1. Dauerrente diese nochmals in derselben Höhe festsetzt, ist gegenstandslos und gibt den Rechtsmittelinstanzen nicht das Recht, die Rente ohne den Nachweis einer Änderung der Verhältnisse anderweit festzustellen; EuM. **20** 172. Eine formlose Feststellung der Rente nach Ablauf von 2 Jahren nach dem Unfall ist dem Verletzten gegenüber als Feststellung der 1. Dauerrente mit der Rechtskraft eines später erlassenen, die Hilflosenrente ablehnenden Bescheids rechtskräftig geworden; Monatsschr. **27** 476 (RVA.). Es besteht kein Grund, die Erwerbsunfähigkeit lediglich deshalb höher einzuschätzen, weil sonst der Verletzte die Zulage verlieren würde; EuM. **15** 304.

Bei Umwandlung der vorläufigen Rente in eine Dauerrente ist regelmäßig, von ganz besonders gearteten, einfachen Fällen abgesehen, eine nochmalige ärztliche Untersuchung des Verletzten erforderlich; AN. **19** 346. Dagegen ist dies bei der Neufeststellung einer Dauerrente wegen Änderung der Verhältnisse nicht unbedingt notwendig; in der Unterlassung der Untersuchung liegt kein wesentlicher Mangel des Verfahrens, wenn die BG. nach Lage der Sache der Ansicht sein konnte, daß die Einholung eines ärztlichen Gutachtens für die Entscheidung ohne Bedeutung sein werde; AN. **21** 407, BG. **24** 150 (RVA.). Über ärztliche Untersuchungen der im Auslande befindlichen Rentenempfänger durch Vermittlung des zuständigen deutschen Konsulats s. AN. **10** 642.

14. Hat die BG. zunächst durch Gewährung der vorläufigen Rente ihre Entschädigungspflicht grundsätzlich anerkannt, so steht ihr doch bei der Feststellung der Dauerrente (auch durch deren Ablehnung) die Möglichkeit offen, eine Nachprüfung der Grundlagen für die Rentenberechnung herbeizuführen; AN. **21** 354.

Der Ausdruck „Grundlagen der Rentenberechnung" ist an sich nicht zweifelsfrei; AN. **15** 405. Da aber der Feststellung der vorläufigen Rente jede präjudizielle Wirkung für die Feststellung der Dauerrente versagt sein soll (KommBer. **6** 99), unterliegen alle Grundlagen, die für die Bemessung der Rente streitig werden können, der selbständigen neuen Prüfung der Instanzen; AN. **15** 405, BG. **26** 325 (RVA.).

Zu den Grundlagen, die ohne Bindung an die bei der Festsetzung der vorläufigen Rente getroffenen, nur im Rahmen der vorläufigen Rente wirksamen Feststellungen selbständig nachprüfbar sind, gehört insbesondere die Feststellung, ob und welche Krankheitserscheinungen Unfallfolgen sind; AN. **15** 405, EuM. **17** 167, **15** 364, **8** 353 (Sächs. LVAmt), **12** 256, wo die frühere Feststellung, daß ein Leiden nicht Unfallfolge sei, nicht als bindend angesehen wurde. Teilweise a. A. EuM. **15** 200, wo die Nachprüfung dann zugelassen wurde, wenn es sich darum handelte, ob außer den unmittelbar durch den Unfall hervorgerufenen Verletzungen noch andere Gesundheitsschädigungen in ursächlichem Zusammenhang mit ihm stehen; durch die

Anerkennung eines bestimmten Leidens in einem Bescheid über die vorläufige Rente sei die BG. auch bei Feststellung der ersten Dauerrente gebunden. Zu den Grundlagen der Rentenberechnung gehört ferner der Jahresarbeitsverdienst und dessen nach § 940 vorzunehmende Kürzung; EuM. **7** 295 (Bay. LVAmt). Ein im Verfahren über die vorläufige Rente geschlossener Vergleich über die Höhe des Jahresarbeitsverdienstes schließt dessen Nachprüfung bei der ersten Feststellung der Dauerrente nicht aus; AN. **16** 717. Weiter gehört zu den Grundlagen die Feststellung, welche BG. entschädigungspflichtig ist, jedenfalls dann, wenn sie für die Bemessung der Entschädigung von Wichtigkeit ist, z. B. wenn streitig ist, ob der Betrieb, in dem sich der Unfall ereignete, bei der gewerblichen oder landwirtschaftlichen BG. versichert ist; AN. **23** 240, EuM. **21** 393, **22** 224. Hat aber eine BG. eine Dauerrente bereits gewährt, so kann sie im Rechtsstreit über die Höhe dieser Rente nicht mehr geltend machen, daß ein anderer VersTr. hafte; EuM. **20** 170. S. aber Anm. 15. Zu den Grundlagen der Rentenberechnung gehört nicht die Frage, ob die Versagung der Rente gemäß § 557 gerechtfertigt ist; ihre Entscheidung wirkt daher bei der Feststellung der Dauerrente fort; EuM. **19** 179.

15. Nur die Grundlagen der Rentenberechnung (s. Anm. 14), nicht auch die des Rentenanspruchs als solchen, sind nachprüfbar. Ob ein Unfall vorliegt, ob dieser beim Betrieb eingetreten ist und ob der Verletzte zu den versicherten Personen gehört, kann daher bei der ersten Feststellung der Dauerrente nicht mehr nachgeprüft werden; AN. **23** 190, Monatsschr. **21** 140 (RVA.), z. B. nicht die traumatische Entstehung eines Leistenbruchs, da bei diesem die Frage des ursächlichen Zusammenhangs des Leidens mit dem Unfall mit der Frage nach dem Vorliegen eines Betriebsunfalls zusammenfällt; AN. **16** 716, Monatsschr. **13** 490 (RVA.), ebensowenig, abgesehen von den in Anm. 14 Abs. 3 angeführten Fällen, die Frage, welcher VersTr. haftet; EuM. **21** 393.

§ 1586. Kann der Versicherungsträger nach Ablauf von drei Monaten[1] noch keinen Bescheid erteilen, so hat er dem Berechtigten durch einfaches Schreiben die Gründe mitzuteilen[2]. Die Frist läuft von dem Tag an, an dem der Versicherungsträger vom Unfall, im Falle des später eintretenden Todes vom Tod amtlich Kenntnis erhalten hat[3]. Bei Hinterbliebenen eines Versicherten, der auf einem untergegangenen oder verschollenen Schiffe gefahren ist, wird die Frist von dem Tag an gerechnet, an dem nach § 1099[4] der Anspruch auf Rente entstanden ist.

1. Wegen der Berechnung der Frist s. §§ 124ff.

2. Die Vorschrift gilt nicht nur, wenn der Berechtigte seinen Anspruch angemeldet hat, sondern auch dann, wenn das Verfahren von Amts wegen eingeleitet worden ist; Begr. S. 489.

3. Dies ist regelmäßig der Tag, an dem der VersTr. die Unfallanzeige erhält, bei Unterlassung der Unfallanzeige und der Unfalluntersuchung der Tag, an dem der Entschädigungsanspruch bei ihm angemeldet ist. Tritt der Tod erst später ein, so läuft die Frist erst von dem Tage an, an dem der VersTr. von dem Tode Kenntnis erhalten hat; Begr. S. 489.

4. Danach entsteht der Anspruch erst ein Jahr nach dem Untergang des Fahrzeugs oder nach den letzten Nachrichten über dieses.

§ 1587. Kann bei Beginn der Entschädigungspflicht[1] die Höhe der Entschädigung noch nicht durch Bescheid festgestellt werden[2], so hat der Versicherungsträger einen Vorschuß[3] auf die Entschädigung zu gewähren und es dem Berechtigten durch einfaches Schreiben[4] mitzuteilen[5].

Für Verletzte, die nach Ablauf von sechsundzwanzig Wochen[6] nach dem Unfall zur Heilung der Verletzungen noch ärztlich behandelt werden müssen, ist zunächst mindestens die Entschädigung festzustellen, die bis zum Abschluß des Heilverfahrens[7] zu leisten ist.

G. v. 14. VII. 25 (RGBl. I S. 97), in Kraft v. 1. I. 26 an, Art. 135 dieses G.

1. Das heißt, wenn die Entschädigungspflicht als solche anerkannt wird; § 17 des Rundschr. des RVA. v. 15. XI. 04 (AN. **04** 643 ff.), Begr. S. 489.

2. Dauert die ärztliche Behandlung über die 26. Woche hinaus, so muß die BG. unverzüglich entweder Heilanstaltspflege gewähren oder einen Vorschuß; AN. **11** 511.

3. Dessen Höhe ist dem pflichtmäßigen Ermessen der BG. überlassen; AN. **04** 651 (§ 17 Abs. 3).

4. Nicht durch Bescheid; ein solcher würde, auch wenn er eine Rechtsmittelbelehrung enthielte, nicht berufungsfähig sein; AN. **04** 643 ff. (§ 17 Rundschr. v. 15. XI. 04). Wird irrtümlich ein berufungsfähiger Bescheid über den Vorschuß erteilt, so ist die BG. an die in dem Bescheid liegende, wenn auch vielleicht sachlich unrichtige Anerkennung des Betriebsunfalls gebunden; AN. **95** 258. Die Zahlung eines Vorschusses ohne Bescheiderteilung stellt kein bindendes Anerkenntnis dar; Komp. **27** 141 (RVA.). Wegen der ersten Dauerrente s. aber § 1585 Abs. 2. Darüber, daß die zu Unrecht übernommene Heilbehandlung keine Anerkennung der Entschädigungspflicht bildet, vgl. AN. **11** 511, ferner Anm. 5 j zu § 1583.

5. § 1587 ist bei Herabsetzung einer Rente gemäß § 608 nicht anwendbar; eine Rente muß nicht sofort festgestellt werden können, während eine festgestellte Rente erst abgeändert werden darf, wenn die neue Entschädigung auf den neuen Grundlagen festgestellt werden kann; AN. **88** 347.

6. S. §§ 559c, 559d.

7. Diese hört nicht bei Beendigung des Heilverfahrens ohne weiteres auf und kann nur wegen Änderung der Verhältnisse geändert werden; § 14 Abs. 2 des Rundschr. v. 15. XI. 04 (AN. **04** 643 ff.).

§ 1588. Wird eine Entschädigung gewährt, so muß der Bescheid[1] ihre Höhe und die Art der Berechnung ersehen lassen. Bei Entschädigungen an Verletzte, denen eine Rente gewährt wird, ist insbesondere anzugeben, welcher Grad der Erwerbsunfähigkeit angenommen wird.

1. Darüber, daß er auch in diesem Falle eine Rechtsmittelbelehrung enthalten muß, s. § 1590.

§ 1589. Der Bescheid[1] ist zu begründen[2] und zu unterschreiben[3]. Die Unterschrift des Vorsitzenden genügt.

1. § 1589 bezieht sich auf die Urschrift des Bescheids, die sich bei den Akten der BG. befindet; EuM. **15** 366, Komp. **18** 161 (RVA.).

2. Die Rentensucher haben Anspruch darauf, den wesentlichen Inhalt der ihren Anspruch betreffenden Akten des VersTr. (ärztliche Gutachten, amtliche Bescheinigungen und sonstige Urkunden) kennenzulernen insoweit, als diese Unterlagen für eine förmliche Entscheidung des Feststellungsorgans bestimmend oder doch mitbestimmend gewesen oder für die weitere Verfolgung des Anspruchs von wesentlicher Bedeutung sind, und zwar nach dem Ermessen des VersTr. durch Mitteilung von Abschriften oder durch Einsichtnahme in die Akten; HdbUV. **1** 499, **2** 593. Die Vorlegung der Akten kann im allgemeinen nur in den Geschäftsräumen und während der Geschäftsstunden der BG. verlangt werden, da das Recht auf Akteneinsicht in einer Form ausgeübt werden muß, die für den Geschäftsbetrieb der BG. keine Störung mit sich bringt; AN. **20** 156, HdbUV. **2** 594. Ein Anspruch auf Erteilung einer

Gutachtenabschrift ist nur dann begründet, wenn dieser die Grundlage eines Rentenfeststellungsverfahrens bildet oder doch in diesem eingeholt ist, also dann nicht, wenn auf Grund des Gutachtens eine Rentenänderung nicht vorgenommen wurde; Komp. **17** 51 (RVA.). S. auch Anm. 2c Abs. 6 zu § 1545.

Nur dasjenige ist jedoch mitzuteilen, was von sachlichem Interesse ist; KommBer. **6** 123. Die BG. darf also vertrauliche Äußerungen der Ärzte, die über den Rahmen des eigentlichen Gutachtens hinausgehen, zurückbehalten; AN. **16** 319, ebenso dem Gesundheitszustand nicht förderliche Einzelheiten, z. B. unrichtige Prognosen; Monatsschr. **13** 371 (RVA.). Vgl. auch AN. **13** 771, ferner Anm. 3 zu § 1567 sowie § 1591, auch HbdUV. **2** 593f, ferner § 36 VAO. mit Anm.

Zur Begründung genügt nicht die Bezugnahme auf Aktenstellen, z. B. auf ein ärztliches Gutachten; der Verletzte muß vielmehr ersehen können, welche Tatsachen seinem Anspruch entgegenstehen; AN. **10** 532. Inwieweit in der Begründung der Inhalt ärztlicher Gutachten anzugeben ist, richtet sich nach den Umständen des Einzelfalls; EuM. **10** 347. Doch ist im allgemeinen aus den der Feststellung zugrunde liegenden ärztlichen Gutachten der wesentliche Inhalt des Befunds mitzuteilen; AN. **09** 441. Bei einfachem Sachverhalt, z. B. bei Beschädigung der rechten Speiche, genügt der Hinweis, daß nach dem Gutachten die Unfallfolgen geschwunden seien; die Angaben in dem Gutachten, daß die Verdickung des Handgelenks geschwunden und dessen Beweglichkeit nicht mehr beschränkt sei, wurde für nicht erforderlich gehalten; VolkstZ. **17** 21 (RVA.), BG. **29** 458 (RVA.). Der Hinweis darauf, daß für die Schätzung der Erwerbsunfähigkeit des Verletzten ein näher bezeichnetes ärztliches Gutachten die Unterlage bilde, genügt als Begründung jedoch nicht; vielmehr hätte mindestens der wesentliche Inhalt des Gutachtens angegeben werden müssen; AN. **15** 568. Die Begründung der Abweisung eines Entschädigungsanspruchs, der Unfall habe sich nicht bei einer Tätigkeit ereignet, die mit dem landwirtschaftlichen Betrieb in Zusammenhang stehe, wurde für ungenügend erachtet; eine knappe und zweifelsfreie Darstellung der wesentlichen Abweisungsgründe hätte in dem Bescheide nicht fehlen dürfen; Komp.E. **24** 67 (RVA.), **17** 54 (RVA.). Vgl. auch Anm. 5i zu § 1583. Doch braucht nicht das, was die entscheidende Stelle für unerheblich hält, in der Begründung angeführt zu werden; EuM. **10** 335 (Bay. LVAmt).

Auch kann der Mangel der ungenügenden Begründung unter Umständen geheilt werden; EuM. **4** 336 (Sächs. LVAmt).

Ist dem Berechtigten ein Bescheid erteilt und will er dagegen Rechtsmittel einlegen, so gibt ihm das Gesetz (§ 1591, auch § 1631 Abs. 2) das weitere Recht auf vollständige Abschrift der Beweisstücke, offenbar um ihm zu ermöglichen, seine Angriffs- und Verteidigungsmittel gründlich vorzubereiten und dadurch das Bewußtsein der Rechtssicherheit zu erhöhen; AN. **16** 319.

3. Die Vorschrift bezieht sich auf die Urschrift des Bescheids, die sich bei den Akten des VersTr. befindet; Begr. S. 489, EuM. **15** 266. Ist die Unterschrift auf der Urschrift versehentlich unterblieben, der Bescheid aber sonst ordnungsmäßig von den zuständigen Personen erlassen worden, so liegt darin kein wesentlicher Mangel, wenn der dem Berechtigten zugestellte Bescheid ordnungsmäßig unterschrieben ist; Monatsschr. **15** 214 (RVA.). Die Urschrift ist eine Urkunde, die den Beweis für das ordnungsmäßige Zustandekommen des Beschlusses des Feststellungsorgans und des Bescheids liefert. Sie hat nur deklaratorische, nicht konstitutive Bedeutung, weshalb der Beweis für das ordnungsmäßige Zustandekommen des Bescheids und des Beschlusses auch auf anderem Wege erbracht werden kann; dies gilt auch dann, wenn die Urschrift des Bescheids nicht handschriftlich, sondern mittels Namensstempels vollzogen ist; AN. **09** 433. Darüber, daß es nicht notwendig zweier getrennter Urkunden, eines Beschlusses des Feststellungsorgans und einer davon gesonderten Urschrift des Bescheids bedarf, s. AN. **09** 433. Ist der Beschluß des Feststellungsorgans in ein Beschlußbuch eingetragen und dort von allen Mitgliedern, die an der Beschlußfassung teilgenommen haben, unterzeichnet, so ist es bedeutungslos, ob der Bescheid in der Urschrift nur von dem Vorsitzenden des Organs unterzeichnet war; Komp.E. **21** 157 (RVA.). Der Bescheid muß in Urschrift und mit den Unterschriften der Mitglieder des Feststellungsorgans zu den Akten gebracht werden, falls er nicht in seinem vollen Wortlaut in dem Beschluß selbst enthalten ist; Komp.E. **21** 170 (RVA.). Ein ordnungsmäßig beschlossener in der Urschrift von dem zu seiner Vollziehung berufenen Vorstandsmitglied lediglich mit dem Anfangsbuchstaben seines Namens unterzeichneter Bescheid ist als rechtsgültig anerkannt worden; Komp.E. **21** 179 (RVA.). War dagegen der Bescheid lediglich der Entwurf eines solchen, der im voraus mit Datum und Unterschriften versehen für den zukünftigen Gebrauch bei den Akten der BG. aufbewahrt wurde, so liegt darin keine rechtsgültige Erteilung eines Bescheids; Komp.E. **21** 60 (RVA.). Vgl. im übrigen Anm. 5 zu § 1583. Darüber, daß ein Bescheid, der von einem nichtzuständigen Organ beschlossen, aber von dem Organ unterzeichnet war, das die BG. nach außen zu vertreten berechtigt ist, dem Verletzten gegenüber rechtswirksam ist, s. Anm. 2 zu § 1583, auch Komp.E. **21** 108 (RVA.). Erläßt aber der Vorsitzende eines Feststellungsorgans in der Erwartung des Zustandekommens eines entsprechenden Feststellungsbeschlusses schon im voraus einen Bescheid, so ist darin ein wesentlicher Mangel des Verfahrens zu erblicken, der die Zurückverweisung der Sache an die BG. rechtfertigt; Breithaupt, Die Rechtspr. des RVA. S. 345.

Die Unterschrift besteht darin, daß die zur Unterzeichnung berufene Person ihren vollen Familiennamen eigenhändig unter die Urschrift des Bescheids setzt; AN. **09** 433, **10** 427; wegen der Vollziehung durch Stempel s. Anm. 5 zu § 1583, ebenso darüber, daß die Ausfertigung des Bescheids gegebenenfalls dem Geschäftsführer übertragen werden kann; vgl. darüber auch EuM. **15** 366. In dieser Entscheidung ist auch ausgeführt, daß die Wiedergabe der Namen der Mitglieder der Feststellungskommission in der dem Berechtigten zuzustellenden Ausfertigung des Bescheids nicht erforderlich sei.

Der Mangel der Beurkundung des Feststellungsbeschlusses kann geheilt werden, weshalb die höhere Instanz auch selbst sachlich entscheiden kann; AN. **03** 472, **09** 433, 441, Komp. **18** 161 (RVA.).

§ 1590. Der Bescheid muß[1a] den Vermerk enthalten, daß er rechtskräftig[1] wird, wenn der Berechtigte nicht binnen einem Monat[2] nach Zustellung[3] des Bescheids die Berufung[4] bei dem Oberversicherungsamt[5] einlegt[6] [7]. Für Seeleute, die sich außerhalb Europas aufhalten, gilt § 128 Abs. 2 entsprechend.

V. v. 30. X. 23 (RGBl. I S. 1057).

1a. Ein Bescheid ohne Rechtsmittelbelehrung kann zuungunsten des Berechtigten nicht rechtskräftig werden; EuM. **20** 206, AN. **99** 445, **04** 415.

1. Wegen der Wirkung der Rechtskraft s. unten Anm. 4, auch Anm. 5h zu § 1583.

2. Vgl. § 125.

3. Vgl. §§ 135f.

4. Die Berufung steht nicht der BG., sondern allein dem Berechtigten zu, dem der Bescheid erteilt ist. Die Berufung kann nur bewirken, daß der Bescheid in einem dem Berufenden günstigeren Sinne abgeändert wird. Dagegen bleibt die BG. an die in dem Bescheid übernommene Verpflichtung gebunden; AN. **88** 347, **90** 594; s. auch Anm. 5h zu § 1583. Der VersTr. kann auch nicht zugunsten des Verletzten ein Rechtsmittel einlegen; AN. **15** 475, HbdUV. **1** 510; hält er eine Abänderung des Bescheids zugunsten des Berechtigten für angezeigt, so muß er nach § 619 verfahren; AN. **89** 140, **91** 159 (J. u. AV.).

Voraussetzung für die Zulässigkeit eines Rechtsmittels ist im übrigen, daß die Partei, die es einlegt, eine Benachteiligung, einen Unterschied zwischen ihrem Begehren und der ergangenen Entscheidung behauptet; AN. **18** 478, **13** 462, EuM. **17** 171, 348, HdbUV. **1** 510. Hat der VersTr. in der Formel des Bescheids anerkannt, daß ein Betriebsunfall vorliegt, die Entschädigung aber wegen verspäteter Anspruchanmeldung abgelehnt, so ist der Verletzte dadurch im Hinblick auf § 901 beschwert; EuM. **21** 381.

5. Vgl. aber auch § 129 Abs. 2.

Hat bei einem Rückwirkungsfall im Sinne des § 12 der UV. über Ausdehnung der UV. auf Berufskrankheiten vom 11. II. 29 der VersTr. eine falsche Rechtsmittelbelehrung (Berufung an das OVA. statt Anrufung des Senats für Berufskrankheiten nach § 15 der V.) erteilt und das OVA. unzuständigerweise eine Entscheidung getroffen, so sind die Entscheidungen des OVA. und des VersTr. aufzuheben und die Sache an diesen zurückzuverweisen; EuM. **26** 531.

6. Die allgemeine Verweisung auf die die Rechtsmittel regelnden Vorschriften der RVO. genügt nicht. Der Bescheid muß entweder einen Abdruck der Paragraphen oder aber einen besonderen Vermerk enthalten, aus dem der Verletzte ohne weiteres erkennen kann, welche Berechtigungen ihm im einzelnen zustehen; AN. **15** 568. Ist keine Rechtsmittelbelehrung erfolgt, so wird die Berufungsfrist dadurch nicht in Lauf gesetzt; § 13 des Rundschr. v. 15. XI. 04 (AN. **04** 643). Dies gilt auch dann, wenn in dem Bescheide lediglich auf die in einem früheren Bescheid enthaltene Rechtsmittelbelehrung verwiesen ist; AN. **92** 346. Vgl. aber auch Anm. 2 zu § 1583.

Eine Verfügung, die eine Auslassung in der Begründung einer Entscheidung berichtigt, eröffnet keine neue Rechtsmittelfrist; EuM. **18** 7 (Bay. LVAmt), auch AN. **92** 329.

7. Hat eine BG. in einem Falle, in dem zweifelhaft ist, welcher VersTr. entschädigungspflichtig ist, einen Bescheid erteilt und ist dieser durch Berufung angefochten worden, so hat das OVA. über die Tragung der Entschädigungslast zu entscheiden, nötigenfalls mit Hilfe des § 1687; EuM. **18** 182, AN. **15** 324.

§ 1591 [1] [2]. Dem Berechtigten sind auf Antrag [3] Abschriften der Niederschriften über die Vernehmung von Zeugen und Sachverständigen sowie der ärztlichen Gutachten [3a] zu erteilen; die Kosten hat der Antragsteller vorher zu zahlen. Sämtliche Abschriften sind nur zu erteilen, soweit dies mit Rücksicht auf den Berechtigten zulässig erscheint. Auf Beschwerde [4] entscheidet das Oberversicherungsamt endgültig.

V. v. 30. X. 23 (RGBl. I S. 1057),

G. v. 14. VII. 25 (RGBl. I S. 97), in Kraft v. 17. VII. 25 an, Art. 131 dieses G.

1. S. Anm. 2 zu § 1589, Anm. 3 zu § 1567.

2. Die Vorschrift beruht auf einem im Sozialpolitischen Ausschuß des vorl. Reichswirtschaftsrats gestellten Antrag; Reichstagsdrucks. III 24/25 Nr. 849 S. 7.

3. Dessen Nichtbeachtung oder Ablehnung bildet einen wesentlichen Mangel des Verfahrens, der die Rechtsmittelinstanzen zur Zurückverweisung der Sache an die BG. berechtigt, aber auch von ihnen geheilt werden kann; AN. **09** 441.

3a. In diesen enthaltene Bemerkungen, die einen für den Versicherten beunruhigenden Inhalt haben, sachlich aber entbehrlich sind, oder Wendungen, die ihn verletzen können, sind in den Abschriften fortzulassen; AN. **13** 771. S. auch HdbUV. **2** 593f.

Ein Anspruch auf Erteilung einer Gutachtenabschrift kann aber nur dann anerkannt werden, wenn das Gutachten die Grundlage eines Rentenfeststellungsverfahrens bildet, zum mindesten in ihm eingeholt ist, also dann nicht, wenn das Gutachten nur zur Klärung eines Rentenerhöhungsantrags eingeholt ist, der zu keiner neuen Bescheiderteilung geführt hat; BG. **17** 119 (RBA.).

4. Wegen der Frist von einem Monat s. § 128.

§§ 1592 bis **1607** sind weggefallen.

V. v. 30. X. 23 (RGBl. I S. 1057).

c) Sonstige Vorschriften

§ 1608. Erteilt der Versicherungsträger[1], bevor die frühere Entscheidung über die Höhe der Entschädigung rechtskräftig wird[2], einen neuen Bescheid, durch den die Rente wegen Änderung der Verhältnisse[3] neu festgestellt wird[4], so gelten[5] die Rechtsmittel[6] gegen den früheren Bescheid[7] auch als Rechtsmittel[8] gegen den neuen Bescheid[9].

Eine Abschrift des neuen Bescheids ist der Stelle mitzuteilen, bei der das ältere Streitverfahren schwebt. Diese kann das Verfahren über den neuen Bescheid an sich ziehen[10] und bei Entscheidung der älteren Sache darüber befinden, welche Entschädigung für die Zeit nach Erlaß des neuen Bescheids zu gewähren ist.

Dem Berechtigten wird die Wiedereinsetzung in den vorigen Stand (§§ 131 bis 134) erteilt, wenn er es mit Rücksicht auf ein gegen den früheren Bescheid eingelegtes Rechtsmittel versäumt hat, gegen den neuen Bescheid ein Rechtsmittel einzulegen, das eingelegte Rechtsmittel aber unzulässig war und er dies infolge entschuldbaren Irrtums nicht wußte.

Bek. v. 15. XII. 24 (RGBl. I S. 779),

G. v. 14. VII. 25 (RGBl. I S. 97), in Kraft v. 17. VII. 25 an, Art. 131 dieses G.

1. § 1608 soll den Verletzten davor schützen, daß ihm durch das Vertrauen auf die einmal eingelegten Rechtsbehelfe ein Nachteil erwächst; AN. **15** 609, EuM. **12** 263. Doch soll ihm nur das sonst ihm gesetzlich zustehende Recht gesichert, aber kein weiteres verliehen werden; AN. **16** 314. Der Sinn des § 1608 Abs. 1 ist, daß während eines schwebenden Verfahrens keine Feststellung zuungunsten des Berechtigten durch Ablauf der Rechtsmittelfrist rechtskräftig werden kann; AN. **15** 807. Deshalb gilt jeder Bescheid, durch den eine Rente wegen Änderung der Verhältnisse neu festgestellt wird, bereits mit seinem Erlaß als angefochten, wenn zur Zeit seines Erlasses noch ein Rechtsmittel gegen eine frühere Entscheidung über die Höhe der Rente schwebt; AN. **13** 694. § 1608 Abs. 1 ist nicht zu eng zu begrenzen und beschränkt sich nicht nur auf eine Neufeststellung der Rente auf Grund des § 608; AN. **16** 314, EuM. **12** 263; vgl. darüber Anm. 4.

§ 1608 gilt nur zugunsten des Berechtigten, nicht der BG.; Monatsschr. **14** 698 (RBA.), **18** 458 (RBA.); s. auch Anm. 8 Abs. 3.

Auch eine auf Grund des GUVG. eingelegte Berufung hatte die Wirkung des § 1608 Abs. 1, wenn sich das neue Verfahren nach der RVO. richtete; AN. **13** 694, **15** 475, 609, 695. Schwebte auf den Rekurs des Verletzten ein Verfahren über die nach altem Rechte vorgenommene erste Rentenfeststellung, so galt ein Urteil des OVA., durch das die unter der RVO. vorgenommene Minderung der Rente bestätigt worden ist, auch dann als angefochten, wenn die Rente inzwischen noch unter dem GUVG. bereits einmal gemindert und der Bescheid rechtskräftig geworden war; AN. **15** 807.

2. Auch während des Schwebens eines Verfahrens über die Höhe der Rente sind die BGen. berechtigt, durch einen neuen Bescheid wegen Änderung der Verhältnisse die Rente neu festzustellen; AN. **15** 475. Hat das OVA. einen Rentenminderungsbescheid aufgehoben, so kann die BG. auch während des Verfahrens über den von ihr eingelegten Rekurs die Rente wegen wesentlicher Änderung der Verhältnisse von neuem herabsetzen; AN. **15** 475.

3. § 1608 setzt zwar eine Änderung der Verhältnisse voraus; EuM. **15** 364. Doch hat dieser Begriff im § 1608 eine andere Bedeutung als im § 608; AN. **16** 314. Bei der Feststellung der ersten Dauerrente ist insofern eine Änderung der Verhältnisse gegeben, als jetzt der Beharrungszustand eingetreten ist; AN. **16** 314.

Vgl. auch Anm. 4.

4. Als solcher Bescheid muß jeder Bescheid gelten, der überhaupt von einer anderen Beurteilung der der früheren Rentenfestsetzung zugrundeliegenden Verhältnisse, von einer verschiedenartigen Sachlage als Grundlage der Rentenfestsetzung ausgeht; AN. **16** 314, **15** 695, EuM. **12** 263.

Deshalb gilt § 1608 Abs. 1 auch dann, wenn die neue Rentenfeststellung stattgefunden hat, ohne daß sie durch eine Änderung der Verhältnisse gesetzlich bedingt war; AN. **16** 314, wie z. B. nach Abschluß einer Heilanstaltspflege; AN. **15** 695, **16** 314, **17** 410, **18** 364, EuM. **21** 295, oder bei der erstmaligen Feststellung der Dauerrente; AN. **18** 364, **16** 314 (AN. **15** 609 überholt).

Er gilt auch dann, wenn der VersTr., bevor die frühere Entscheidung über die Höhe der Entschädigung rechtskräftig geworden ist, einen neuen Bescheid erteilt, durch den die Rente eines Schwerbeschädigten wegen Hinzutritts oder Ausscheidens eines Kindes geändert wird; AN. **26** 298.

Als Neufeststellung ist nicht nur die Herabsetzung, sondern auch die Entziehung der Dauerrente anzusehen; AN. **16** 721.

Dagegen kann von einer Neufeststellung nicht die Rede sein, wenn die BG. einen Antrag des Verletzten auf Erhöhung der Rente lediglich ablehnt; ein solcher Bescheid hat nur negative Bedeutung, stellt aber nichts neu fest, sondern hält nur eine frühere Entscheidung aufrecht; AN. **16** 721, EuM. **10** 351; s. aber auch AN. **30** 205. Auch erstreckt sich die Rechtsmittelwirkung nicht auf einen neuen Bescheid, der die Rente nach § 606 versagt; AN. **18** 364, EuM. **12** 263.

§ 1608 Abs. 1 bezieht sich grundsätzlich nur auf das im Sechsten Buche der RVO. geregelte Verfahren. Demgemäß können unter Rechtsmitteln nur die der RVO. und unter Bescheiden nur die auf Grund des § 1583 erlassenen verstanden werden; AN. **23** 196. Deshalb hatte der Einspruch gegen die Entscheidung einer BG. über die Zulage nicht die Rechtsmittelwirkung des § 1608 Abs. 1 gegenüber einem auf Grund des § 1583 erlassenen Bescheid über die Rente; AN. **24** 111, **23** 196.

5. Gilt ein Bescheid nach § 1608 Abs. 1 als angefochten, so wird dadurch die Sache ohne weiteres bei dem OVA. anhängig, und es bedarf nicht erst ihrer Heranziehung. Es liegt dann eine neue Sache vor, die selbständig im Spruchverfahren zu erledigen ist; AN. **20** 157, auch **15** 781.

6. § 1608 Abs. 1 setzt voraus, daß die frühere ausdrücklich angefochtene Entscheidung noch nicht rechtskräftig ist, wenn das gegen sie eingelegte Rechtsmittel auch gegen die spätere nicht ausdrücklich angefochtene Entscheidung wirken soll; ist aber gegen die frühere Entscheidung kein Rechtsmittel mehr zulässig, so ist sie rechtskräftig, und die Rechtskraft wird auch dadurch nicht wieder beseitigt, daß trotzdem dagegen unzulässigerweise ein Rechtsmittel eingelegt wird; EuM. **22** 123, 224, Breith. **4** 344 (RVA.), AN. **23** 193, **21** 152 (der widersprechende Grundsatz in der Entsch. in AN. **16** 314 ist aufgehoben worden). Doch muß das Rechtsmittel von vornherein unzulässig sein und darf es nicht erst im Laufe des Rekursverfahrens werden (z. B. nach § 1700 Nr. 3); EuM. **21** 295. Ebenso wie einem unzulässigen kommt auch einem verspäteten Rechtsmittel nicht die Wirkung des § 1608 Abs. 1 zu; AN. **21** 152.

Der Antrag auf Wiederaufnahme eines rechtskräftig abgeschlossenen Verfahrens ist kein Rechtsmittel im Sinne des § 1608 Abs. 1; AN. **16** 609.

7. Als frühere Entscheidung gilt nicht nur eine in einem unmittelbar vorangegangenen, sondern auch eine in einem noch weiter zurückliegenden Verfahren ergangene Entscheidung; Soergel **14** 251 (RVA.).

8. Die Rechtsmittelwirkung des § 1608 Abs. 1 erstreckt sich auch auf das Rekursverfahren; AN. **16** 314. S. auch AN. **15** 475.

Der im früheren Rentenverfahren eingelegte Rekurs gilt nicht nur als Berufung, sondern, wenn inzwischen das Urteil des OVA. im neuen Rentenverfahren ergangen ist, auch als Rekurs gegen dieses; AN. **15** 609, EuM. **21** 295. Doch hat ein anhängiger Rekurs die Wirkung des § 1608 Abs. 1 nicht gegenüber einem neuen Bescheid, der über einen nicht rekursfähigen Anspruch, z. B. Krankenbehandlung, Neufeststellung einer vorläufigen Rente, ergeht. Ein gegen die Feststellung der ersten Dauerrente eingelegter Rekurs gilt aber auch als gegen eine im Laufe des Rekursverfahrens vorgenommene Neufeststellung der Dauerrente eingelegt, ohne daß der Rekurs bezüglich des 2. Rentenverfahrens als unzulässig anzusehen wäre; AN. **16** 314. Bei einem Rekurs des Verletzten gegen das die erste Dauerrente feststellende Urteil des OVA., der auch als Berufung gegen einen während des Rekursverfahrens ergangenen Bescheid über die Feststellung der Dauerrente für die Zeit nach Beendigung einer während des Rechtsmittelverfahrens angeordneten Heilanstaltpflege gilt, kann das RVA. auch über die Höhe der Dauerrente nach Beendigung der Heilanstaltspflege mit entscheiden, da es sich um die fortlaufende Rente des Klägers, also um einen einheitlichen Anspruch handelt, der bezüglich des Grades der Beschränkung in der Erwerbsfähigkeit für verschiedene vor und nach der Heilanstaltspflege liegende Zeiträume nachzuprüfen ist; EuM. **21** 295. Zieht das RVA. im Rekursverfahren über die vorläufige Rente das Berufungsverfahren über einen späteren die Dauerrente negativ festsetzenden Bescheid an sich, so kann über die vorläufige Rente auch dann nicht zugunsten des Verletzten entschieden werden, wenn eine Dauerrente zugesprochen wird, da § 1707 auf einen derartigen Fall nicht anwendbar ist; EuM. **23** 289.

Da eine Partei nicht für die Gegenpartei Entscheidungen anfechten kann, so hat der Rekurs der BG. nicht die Wirkung, daß dadurch ein späteres Urteil des OVA. zugunsten des Verletzten als angefochten gilt; AN. **15** 475, BG. **14** 234 (RVA.), EuM. **14** 303, Breith. **3** 491 (RVA.), Jur. Woch. **27** 2166 (RVA.).

9. Ist in dem Urteil des OVA. außer über die Neufeststellung der Rente wegen veränderter Verhältnisse (s. Anm. 4, 5) auch über andere Ansprüche miterkannt, so gilt es durch einen gegen ein früheres Urteil schwebenden Rekurs nur insoweit als angefochten, als es über die Neufeststellung entschieden hat, nicht aber z. B. insoweit, als in dem früheren Urteil auch über das Ruhen der Rente nach § 615 entschieden ist; AN. **21** 423. § 1608 Abs. 1 erstreckt sich nicht auf einen Bescheid, der das Ruhen der Rente ausspricht; daher ist ein OVA.-Urteil, das neben dem Ruhen der Rente gemäß § 615 Abs. 1 Nr. 3 über deren Neufeststellung erkannt hat, bezüglich des Ruhens der Rente rechtskräftig; Breith. **12** 34 (RVA.).

10. Die Absicht, über den neuen Bescheid mitzuentscheiden, ist den Beteiligten bekannt zu geben; doch ist der Mangel der Nichtmitteilung heilbar; Komp. **16** 26 (RVA.). Die Heranziehung ist aber nur zulässig, wenn es sich um dieselben Streitteile handelt; Breith. **16** 79 (RVA.).

Im Falle der Heranziehung haben das OVA. und RVA. das Verfahren über den neuen Bescheid nur nach dem für diese Stellen maßgebenden Spruchverfahren durchzuführen; insbesondere war die für das weggefallene Einspruchverfahren vorgeschriebene persönliche Anhörung des Berechtigten nicht erforderlich; AN. **16** 502.

Die Heranziehung steht aber im Ermessen der Stelle, bei der das Verfahren über den ersten Bescheid schwebt; sie ist, besonders als Rekursgericht, berechtigt, zunächst das erste Verfahren zu Ende zu führen und eine rechtskräftige Grundlage für die späteren Verfahren zu schaffen; AN. **16** 314.

§§ 1609, 1610 sind weggefallen.

Bek. v. 15. XII. 24 (RGBl. I S. 779).

§ 1611. Das Reichsversicherungsamt kann über die Beurkundung der Feststellungsbeschlüsse sowie über die Unterzeichnung und Ausfertigung der Bescheide Näheres bestimmen[1].

Bek. v. 15. XII. 24 (RGBl. I S. 779).

1. Dies ist nicht geschehen.

§ 1612[1]**.** Das Versicherungsamt benachrichtigt den Versicherungsträger, wenn es erfährt, daß

eine Übernahme des Heilverfahrens durch den Versicherungsträger vor Ablauf der Wartezeit oder eine Übertragung des Heilverfahrens durch den Versicherungsträger auf die Krankenkasse nach Ablauf der Wartezeit angezeigt ist,

eine Unfallrente wegen Änderung der Verhältnisse neu festzustellen oder zu entziehen ist,

eine Rente zu ruhen hat.

1. § 1612 verpflichtet das VA. nicht zur Erforschung der angeführten Tatsachen, enthält vielmehr nur dessen Verpflichtung zur unaufgeforderten Mitteilung von dem, was für die Geschäftsführung des VersTr. wichtig ist; Begr. S. 491.

Die VersTr. sind ihrerseits nicht verpflichtet, dem VA. die Feststellung von Renten im allgemeinen mitzuteilen; BG. **14** 135 (RVA.).

IV. Invalidenversicherung

1. Anmeldung der Ansprüche

§ 1613. Anträge[1 2 3 4 5 6 7 8 9 10] auf die Leistungen[11] der Invalidenversicherung[12] sind an das Versicherungsamt[16] oder an die Versicherungsanstalt zu richten. Die Beweisstücke sollen beiliegen[13].

Ist der Antrag beim Versicherungsamt gestellt, so hat dieses für die Beschaffung der fehlenden Beweisstücke zu sorgen und sodann die Verhandlungen an die Versicherungsanstalt zu senden. Ärztliche Gutachten hat das Versicherungsamt nicht einzuziehen.

Die Versicherungsanstalt stellt den Sachverhalt klar[14]. Sie kann ein Versicherungsamt, ein Amtsgericht oder eine andere Behörde[17] um eine Beweisaufnahme ersuchen, um eidliche Vernehmungen nur ein Versicherungsamt oder ein Amtsgericht. Der § 1617 Abs. 3 und die §§ 1652 bis 1654 gelten entsprechend[15].

Die Versicherungsanstalt kann die Sache an das Versicherungsamt zur Begutachtung abgeben. Auch der Antragsteller kann die Begutachtung der Sache durch das Versicherungsamt verlangen[18]. In diesen Fällen gelten die §§ 1617 bis 1619, 1621, 1622, 1624, 1625.

Dem Eingang des Antrags beim Versicherungsamt steht der Eingang bei einer anderen deutschen Behörde oder bei einem Organ der Versicherungsträger gleich. Diese geben die Anträge unverzüglich an das zuständige Versicherungsamt weiter.

Minderjährige[1], die das sechzehnte Lebensjahr vollendet haben, können selbständig den Antrag für sich stellen und verfolgen.

G. v. 10. XI. 22 (RGBl. I S. 849), V. v. 30. X. 23 (RGBl. I S. 1057).

1. Antragsberechtigt ist grundsätzlich nur, wer prozeßfähig ist; Soergel **1** 279 (RVA.). Prozeßfähig ist, wer geschäftsfähig nach bürgerlichem Recht ist; AN. **98** 321, **05** 415.

Ein Verfahren mit geschäftsunfähigen Personen (§ 104 Nr. 3 BGB.) entbehrt der rechtlichen Wirksamkeit; EuM. **14** 316 (Bay. LVAmt).

Ein Minderjähriger, der vor Vollendung des 16. Lebensjahres den Leistungsantrag stellte, kann nachträglich, sei es auch stillschweigend, durch Genehmigung die Rechtswirksamkeit des Antrags herbeiführen; AN. **05** 407. Damit werden auch Zustellungen, die vorher erfolgt waren, nachträglich wirksam; AN. **10** 495. Die Genehmigung kann durch den gesetzlichen Vertreter erfolgen; AN. **05** 407. Durch Unterbringung in ein Erziehungsheim wird die gesetzliche Vertretung des Minderjährigen nicht aufgehoben; AN. **10** 423. S. auch EuM. **4** 349 (Sächs. LVAmt).

Eine Ehefrau kann den Leistungsantrag selbständig stellen, ohne daß es der Zustimmung des Ehemanns bedarf; AN. **08** 500. Umgekehrt ist der Ehemann auch nicht in der Lage, aus eigenem Recht etwa als Vertreter der Ehefrau selbst den Leistungsantrag zu stellen; AN. **08** 500 und Breith. **1** 208. Im Verfahren ist die Ehefrau allein Partei; ihr, nicht dem Ehemann ist der Bescheid zuzustellen; AN. **87** 351.

Taubstumme sind selbst antragsberechtigt; AN. (J. u. AV.) **93** 114.

Wer unter Pflegschaft im Sinne des § 1910 BGB. steht, verliert dadurch noch nicht die Geschäftsfähigkeit, also auch nicht die Prozeßfähigkeit. Er ist daher selbst antragsberechtigt und auch zur Weiterbetreibung befugt. Wenn aber der Pfleger das Verfahren selbst führt, wird der Pflegling für das Verfahren prozeßunfähig nach § 53 ZPO.; Monatsschr. **13** 676 und Breith. **2** 485. Wird der Pfleger in solchen Fällen von Amts wegen zum Verfahren zugezogen, so bleibt auch dann der Pflegling prozeßfähig, solange der Pfleger nicht selbst das Verfahren betreibt; AN. **10** 556.

Geisteskranke sind nach § 104 Nr. 2, 3 BGB. nicht schlechthin geschäftsunfähig, sondern es ist, wenn sie nicht wegen Geisteskrankheit entmündigt sind, in jedem Einzelfalle zu prüfen, ob Geschäftsunfähigkeit infolge der Geisteskrankheit bei Stellung des Antrags vorlag; „Recht" **09** Nr. 2009 (RG.). Anträge und sonstige Willenserklärungen, die in lichten Augenblicken — lucida intervalla — im Leistungsverfahren abgegeben werden, sind rechtsgültig; AN. **08** 500.

Ein wegen Geistesschwäche Entmündigter ist nicht in der Lage, das Verfahren selbständig zu betreiben, auch dann nicht, wenn er das 16. Lebensjahr vollendet hat; AN. **18** 491.

2. Für den Überweisungsanspruch im Falle des § 1312 Abs. 2 sind die Familienmitglieder antragsberechtigt; AN. **06** 462, **10** 530.

3. Sind mehrere Hinterbliebene vorhanden, so ist jedem der gemeinsam Berechtigten besonders zuzustellen, sofern sie nicht etwa gemeinsam durch eine Person vertreten sind; AN. **87** 38.

Treten die nach § 1538 Abs. 1 berechtigten Kassen, Gemeinden oder Fürsorgeträger in dem von dem Rentenberechtigten beantragten Verfahren auf, so sind sie alle notwendige Streitgenossen; AN. **07** 468. Rechtsmittelfristen werden durch die Handlungen jedes dieser Streitgenossen auch für den anderen gewahrt; AN. (J. u. AV.) **94** 160. Ein Anspruchsverzicht eines der Streitgenossen wirkt aber nicht gegen die anderen; AN. **04** 481, ebensowenig ein Rechtsmittelverzicht; ArbVers. **11** 274

(Bay. LVAmt). Doch tilgt die im guten Glauben vor dem Eintritt der Gemeinde geleistete Zahlung der LVAnst. an den Versicherten den Anspruch auch mit Wirkung gegenüber der Gemeinde; AN. **01** 440, **04** 484.

Der Beitritt zum Verfahren kann auch durch Einlegung eines Rechtsmittels erfolgen; HbdUV. **1** 357.

Die Gemeinde ist zum Verfahren zuzuziehen schon dann, wenn sie den Ersatzanspruch bei der LVAnst. geltend gemacht hat. Sie gilt schon von da ab als Streitgenossin; AN. **04** 481, **07** 468, ArbVers. **01** 591, **10** 675.

Andererseits ist der Anspruchsberechtigte selbst stets zum Verfahren als Mitpartei zuzuziehen, wenn eine ersatzberechtigte Gemeinde nach § 1538 das Leistungsverfahren beantragt hat; AN. **03** 394.

4. Die Antragsberechtigung ist von Amts wegen zu prüfen und die Prüfung der Prozeßfähigkeit auch im übrigen in jeder anderen Lage des Verfahrens von Amts wegen vorzunehmen; AN. **98** 321.

Hat der Geisteskranke keinen gesetzlichen Vertreter, so ist die Bestellung eines gesetzlichen Vertreters zum Betreiben des Rentenverfahrens zu veranlassen; AN. **98** 321, **99** 464. Dies kann ein Vormund oder auch ein Pfleger sein. Den Antrag auf dessen Bestellung kann auch die LVAnst. stellen; AN. **03** 376 (Kammergericht).

Dies gilt auch in anderen Fällen, in denen eine nicht prozeßfähige Partei ohne gesetzlichen Vertreter ist; AN. **99** 464. Die Zustellungen erfolgen dann an den gesetzlichen Vertreter; AN. **01** 626.

5. Der Antrag kann schriftlich wie mündlich gestellt werden; AN. **01** 436, auch durch Fernsprecher; AN. **06** 426. Es genügt auch schon, wenn der Berechtigte gegenüber einer zuständigen Stelle den Wunsch äußert, aus Anlaß eines bestimmten Ereignisses — z. B. eines Todesfalls — eine Zuwendung aus den Mitteln der JV. zu erlangen. Es ist dann Sache der zur Entgegennahme dieser Erklärung berufenen Behörde, zu prüfen, auf welche Leistung der Berechtigte Anspruch erheben kann; AN. **16** 747. Geht beim VA. ein ärztliches Gutachten von der Partei ein und wird nachträglich der Antrag bei einem anderen VA. gestellt, so ist gegebenenfalls der Antrag mit Eingang des Gutachtens als gestellt anzusehen und das erste VA. zuständig; Monatsschr. **17** 193.

Der Antrag braucht auch nicht persönlich, sondern kann durch Bevollmächtigte gestellt werden; AN. (J. u. AV.) **94** 31.

6. Der Antrag kann auch mit der zeitlichen Beschränkung gestellt werden, die Rente erst von einem bestimmten Zeitpunkt nach Eintritt der Invalidität haben zu wollen; AN. **01** 612. In einer solchen Beschränkung kann je nach Lage des Falles ein Verzicht auf den früheren Teil der Rente zu erblicken sein; AN. (J. u. AV.) **94** 126. Aber ein derartiger stillschweigender Verzicht durch Beschränkung des Antrags kann nur dann angenommen werden, wenn der Berechtigte bei der Antragstellung sich bewußt war, daß er eine rechtsgeschäftliche Erklärung damit abgab; AN. **10** 655, und wenn er weiter sich vollständig über den zeitlichen Umfang seines Rechts klar war; AN. **02** 687 und **10** 455. Der Rentenverzicht setzt den Abschluß eines Verzichtsvertrages voraus; bloßes Stillschweigen des Versicherten auf den Antrag, den Verzicht zu erklären, genügt nicht; EuM. **18** 162 (Sächs. LVAmt). Eine Anfechtung des Verzichts ist nur nach den allgemeinen Grundsätzen der §§ 119ff. BGB. möglich, also nicht wegen eines Irrtums im Beweggrund; AN. **05** 456, **11** 393 (Bay. LVAmt), **14** 63, EuM. **18** 162 (Sächs. LVAmt). Zulässig ist dagegen die Anfechtung, wenn der Verzichtende zu dem beschränkten Antrag widerrechtlich durch Gewalt bestimmt worden ist; AN. **11** 582. Ist ein bindender Verzicht anzunehmen, so kann auch nicht durch Berufung gegen den Bescheid eine Erweiterung des beschränkt erhobenen Anspruchs erstrebt werden; AN. **03** 391. S. auch Anm. 3a zu § 1583.

Tritt nach Abgabe der Verzichterklärung eine Verschlimmerung des Zustandes des Versicherten ein, die ihn zur Anfechtung des auf Grund des Verzichts erteilten Rentenentziehungsbescheids veranlaßt, so ist das RVA. nicht berechtigt, den Kläger auf die Wiederholung seines Antrags im Wege des § 1635 zu verweisen; es hat vielmehr im Laufe des anhängigen Verfahrens zu dem Antrag auf Wiedergewährung der Rente Stellung zu nehmen; EuM. **12** 266.

7. Wirkungen des Antrags:

Der Antrag ist eine Voraussetzung des materiellen Anspruchs. Bei Wechsel der Gesetze gilt somit dasjenige Recht, das zur Zeit der Antragstellung für den Anspruch maßgebend ist; AN. **01** 194. Auch beginnt die Verjährung erst mit der Antragstellung (Näheres s. Anm. zu § 29). Der Anspruch wird erst mit der Antragstellung vererblich; AN. (J. u. AV.) **93** 142. Dies gilt nicht nur für die besondere Erbfolge nach § 1303, sondern auch mangels Vorhandenseins der im § 1303 genannten Berechtigten für die hilfsweise eintretende Erbfolge des bürgerlichen Rechts, vgl. auch AN. **14** 694 und Bd. IV Anm. zu § 1303.

Die gesetzliche Annahme, daß als Beginn der Invalidität, wenn der Tag sich nicht feststellen läßt, der Tag gilt, an dem der Antrag beim VA. oder bei der VAnst. eingegangen ist (§ 1256 Satz 2), hat nur für den Beginn der Rente, nicht für die Voraussetzungen des Rentenanspruchs Bedeutung; AN. (J. u. AV.) **94** 91. Ist der Beginn der Invalidität feststellbar, so beginnt die Rente unabhängig vom Antrag mit dem Anfang des Monats, in dem die materiellen Voraussetzungen des Antrags erfüllt sind; AN. (J. u. AV.) **92** 107, **95** 257.

8. In einem Rentenentziehungsverfahren kann geltend gemacht werden, daß infolge des Eintritts neuer Invalidität ein neuer Antrag vorliegt; AN. **99** 558, EuM. **12** 266, s. auch Bd. IV Anm. zu § 1304.

9. Durch Rücknahme des Antrags erledigt sich das bereits eingeleitete weitere Feststellungsverfahren; EuM. **18** 165 (Sächs. LVAmt). Wird der Antrag zurückgezogen, so schließt das nicht aus, daß der Versicherte auch bei unverändertem Sachstand einen neuen Rentenantrag stellt; EuM. **8** 361, **9** 389.

Das Stillschweigen eines Rentenbewerbers auf die Aufforderung der LVAnst. zur Einreichung von Unterlagen bedeutet noch keine Zurücknahme des Rentenantrags; AN. **27** 253 (AV.). Eine stillschweigende Zurücknahme aus den Umständen ist in einem Falle angenommen worden, in dem der Betreffende sich 10 Jahre lang nicht mehr um den Antrag bekümmert hatte; AN. **11** 435.

10. Eine Anfechtung des Antrags im Wege der Berufung ist auch durch den Antragsteller selbst mit der Behauptung möglich, daß der Antrag widerrechtlich durch Zwang zustandegekommen sei; AN. **11** 582, **14** 837. Einen Fall, in dem einer Anfechtung wegen Irrtums nicht stattgegeben wurde, s. EuM. **15** 209 (Bay. LVAmt).

11. Nur Anträge auf diejenigen Leistungen, auf die ein gesetzlicher Anspruch besteht, werden von dem Verfahren nach § 1613ff. umfaßt. Hierzu gehört nicht die Gewährung eines Heilverfahrens; AN. **96** 502. Streitigkeiten um das Hausgeld werden nach § 1273 im besonderen Verfahren entschieden; AN. **13** 477. Keine Leistung, die im Feststellungsverfahren zu erledigen wäre, ist die Rückerstattung zu Unrecht entrichteter Beiträge, und zwar auch dann, wenn in einem Feststellungsverfahren um einen Anspruch die Anrechnung der Beiträge verneint wird und im Hinblick darauf der Versicherte den Rückerstattungsanspruch sofort erheben will; AN. **99** 778.

Die Kürzung oder Einstellung einer Rente auf Grund einer Aufrechnung erfolgt durch Bescheid im Feststellungsverfahren; AN. **00** 612, **04** 430.

12. Das Feststellungsverfahren der §§ 1613ff. gilt nur für Anträge aus der JV. Eine Verbindung dieser mit Anträgen aus der KV. und UV. ist unzulässig; AN. **02** 367.

13. Diejenigen Beweisstücke, die dem Antrag beiliegen sollen, sind nicht vom Gesetz selbst, sondern in § 73ff. VAO. näher angegeben. Da sie aber nur beiliegen „sollen“, nicht müssen, muß das Feststellungsverfahren auch dann auf Antrag eingeleitet und durchgeführt werden, wenn sie nicht beiliegen; AN. (J. u. AV.) **95** 256, AN. **13** 739, Monatsschr. **14** 484 (OVA. Stuttgart), das VA. hat nötigenfalls die Nachbringung von Amts wegen zu veranlassen; AN. **13** 675. Die eingereichten Beweisurkunden können im allgemeinen nicht zurückverlangt werden, da sie für Unterlagen der Entscheidung bei den Akten verbleiben müssen. Jedoch steht der Erteilung beglaubigter Abschriften kein Bedenken entgegen, und außerdem sind Geburtsurkunden, sofern sie nicht etwa lediglich zum Zwecke der Erlangung einer Rente gebührenfrei ausgestellt sind, ferner Führungszeugnisse, Militärpapiere, Arbeits- oder Auszugsverträge sowie andere Urkunden, die sich nicht ausschließlich auf das Rentenfeststellungsverfahren beziehen, auch urschriftlich auf Antrag zurückzugeben; AN. **98** 637, auch HdbUV. **2** 594.

Ärztliche Gutachten, die der Antragsteller einreicht oder auf Auffordern nachbringt, hat er grundsätzlich selbst zu bezahlen; AN. **00** 826, **06** 430. Jedoch ist die LVAnst. zur Erstattung dieser Kosten verpflichtet, wenn der Antrag Erfolg hat; AN. **13** 557, aufrecht erhalten in EuM. **5** 252, dies gilt auch dann, wenn das Gutachten zur Glaubhaftmachung im Falle eines vorzeitig erneuerten Antrags nach § 1635 erforderlich war; Breith. **1** 542 und ArbVers. **13** 258. Zuschüsse zu den Kosten der ärztlichen Gutachten, wenn diese auf einem bestimmten Vordruck ausgestellt sind, kann die LVAnst. gegen die Rentenbeträge nur dann aufrechnen, wenn darin Vorschüsse auf die Rente zu erblicken sind, was aber nur ganz ausnahmsweise angenommen werden kann; AN. **06** 430. Richtlinien über die wünschenswerte Ausgestaltung ärztlicher Gutachten; AN. **05** 286.

14. Klarstellung des Sachverhalts, z. B. der Vaterschaft des verstorbenen Rentenempfängers im Verfahren wegen Anspruchs auf Waisenrente; Monatsschr. **25** 676 (Bay. LVAmt).

15. Pflicht der LVAnst., zu dem im Rentenantrag gestellten Antrag des Berechtigten auf Einholung eines Arztgutachtens in einer den Berechtigten über die Voraussetzungen für den Erfolg des Antrags aufklärenden Weise Stellung zu nehmen; Monatsschr. **25** 532 (Sächs. LVAmt).

16. Zuständigkeit s. Anm. zu § 1637.

17. Andere Behörde, z. B. Ortspolizeibehörde, der Tag der dortigen Antragstellung ist maßgebend, nicht der des Einganges beim VA.; Monatsschr. **13** 310 (OVA. Berlin), a. M. Monatsschr. **14** 565 (Sächs. LVAmt). Die Stellen der Deutschen Reichsbahn-Gesellschaft sind deutsche Behörden im Sinne des § 1613 Abs. 3; AN. **29** 213 (AV.).

18. Ist der Antrag des Versicherten auf Begutachtung der Sache durch das VA. übergangen, so liegt darin ein wesentlicher Mangel des Verfahrens. Der Mangel wird geheilt, wenn das OVA. die Begutachtung nachträglich veranlaßt; AN. **28** 60 (AV.).

§ 1614. Für die Zuständigkeit des Versicherungsamtes gelten die §§ 1637 bis 1640 entsprechend[1 2].

1. Bei Hinterbliebenenrenten ist kraft der entsprechenden Anwendung der §§ 1637, 1638 der letzte Wohn- oder Beschäftigungsort des verstorbenen Versicherten selbst, nicht derjenige des rentenberechtigten Hinterbliebenen maßgebend; AN. **13** 367, **18** 444. War der Versicherte vor Begründung des letzten Wohnorts nicht beschäftigt, so kommen wahlweise das VA. des letzten Wohnorts und das VA. des letzten Beschäftigungsorts in Betracht, Wohnort und Beschäftigungsort brauchen nicht zeitlich zusammenzutreffen; AN. **18** 448. Dies gilt auch bei Anträgen des Versicherten; AN. **19** 377.

Durch längeren Aufenthalt in einem Lazarett kann ein Wohnort im Sinne des § 1637 begründet werden; AN. **16** 562. In der entsprechenden Anwendung des § 1639 liegt vor allem die Regelung des Falls, daß Hinterbliebene in den Bezirken verschiedener VAer. wohnen; Begr. S. 491.

Die Zuständigkeit des VA. ist nicht davon abhängig, daß der Rentenantrag bereits formell vollständig in Ordnung ist, sondern der Vorsitzende hat gegebenenfalls für Beseitigung der Anstände zu sorgen; AN. **15** 653. Für die Zuständigkeit ist der Wohn- oder Beschäftigungsort im Zeitpunkte des Eingangs des Antrags bei dem VA. auch dann bestimmend, wenn der Antrag zunächst bei einer anderen Behörde eingegangen war und erst von dieser an das VA. weitergegeben worden ist; AN. **17** 402.

2. Hat ein unzuständiges VA. einen Rentenantrag bearbeitet und begutachtet, so steht nichts der Überweisung an ein anderes VA., das in Wirklichkeit zuständig ist; entgegen; AN. **18** 192. Nach Abgabe des Gutachtens des VA. aufgetretene Zweifel über seine Zuständigkeit können nur im Spruchverfahren über die Leistungen erledigt werden; Monatsschr. **17** 100 (Bay. LVAmt). Sind die Aufgaben des VA. nach § 112 einer Sonderanstalt übertragen, so müssen bei ihr Invalidenrentenanträge gestellt werden; AN. **16** 583.

§ 1615[1]. Wird die Zahlung einer der Höhe nach festgestellten Witwenrente beansprucht, so ist das Versicherungsamt des Ortes zuständig, an dem die Witwe zur Zeit des Antrags auf Zahlung wohnt oder beschäftigt ist; dabei gelten die §§ 1639, 1640 entsprechend.

G. v. 23. VII. 21 (RGBl. I S. 984).

1. § 1615 bezieht sich lediglich auf die Fälle, in denen gemäß dem früheren § 1743 Anwartschaftsbescheid erteilt wurde, nicht dagegen auf Fälle, in denen unter Herrschaft des früheren Rechts zwecks Berechnung der Höhe des Witwengeldes nach früherem § 1296 auch der Betrag der Witwenrente festgestellt worden ist; EuM. **17** 169.

§ 1616 ist weggefallen.

Bek. v. 15. XII. 24 (RGBl. I S. 779).

2. Vorbereitung der Sache durch das Versicherungsamt

§ 1617. Das Versicherungsamt ermittelt nach freiem Ermessen[1], was zur Klarstellung des Sachverhalts erforderlich ist; dabei gilt § 1652 entsprechend.

Die Erhebungen sollen sich auf alle Fragen erstrecken, die für die Entschließung des Versicherungsträgers von Bedeutung sind, insbesondere auf

die Versicherungspflicht oder die Versicherungsberechtigung,

die Invalidität und den Tag des Eintritts,

das Alter der Waisen,

die Bedürftigkeit, wenn es sich um die Witwerrente oder in den Fällen der §§ 1260, 1261 um die Waisenrente[2] handelt.

Auf Antrag des Berechtigten ist das Gutachten[3] eines von ihm benannten Arztes einzuholen, wenn das Gutachten nach Ansicht des Versicherungsamts für die Entscheidung von Bedeutung sein kann[4]; die Kosten hat der Berechtigte vorher zu zahlen.

Lehnt der vom Versicherungsamt um sein Gutachten ersuchte Arzt die

Erstattung des Gutachtens ab, so entscheidet das Versicherungsamt, ob und von welchem anderen Arzt ein Gutachten einzuholen ist.

Auf Verlangen des Berechtigten ist in allen Fällen, wenn er die Kosten im voraus entrichtet, ein von ihm bezeichneter Arzt als Gutachter zu vernehmen. Lassen sich diese Kosten im voraus nicht bestimmen, so kann das Versicherungsamt einen Pauschbetrag als Sicherheitsleistung für diese Kosten erfordern.

Wird auf Grund des Gutachtens eine Rente gewährt, so sind dem Berechtigten die Kosten zu erstatten, soweit es angemessen ist. Bei Streit über die Erstattung entscheidet auf Beschwerde das Oberversicherungsamt endgültig.

Das Versicherungsamt entscheidet, wieweit dem neuen Gutachter (Abs. 3 bis 5) die vorhandenen ärztlichen Gutachten mitzuteilen sind; Einsicht in die übrigen Vorverhandlungen muß ihm auf Verlangen gewährt werden.

Bek. v. 15. XII. 24 (RGBl. I S. 779).

1. Der Vorsitzende des VA. entscheidet nicht nur über den Inhalt und Umfang, sondern auch über die Form der zur Klarstellung des Sachverhalts erforderlichen Erörterungen nach freiem Ermessen; eine formelle Beweiserhebung nach § 1652 ist nicht in allen Fällen erforderlich; AN. **14** 703.

Stellt der Vorsitzende selbst die Ermittlungen bezüglich der Erneuerung einer Quittungskarte an, so fallen die daraus erwachsenden Barauslagen unter § 59 Abs. 2 und sind daher gemäß § 97 VAO. von der LVAnst. zu tragen; AN. **13** 842.

Ein wesentlicher Mangel des Verfahrens im Sinne des § 1690 liegt nicht schon dann vor, wenn die Beweisaufnahme vor dem VA. sich späterhin im Berufungsverfahren lediglich zufolge abweichender Beurteilung der Ergebnisse durch das Berufungsgericht in einem wesentlichen Punkte als lückenhaft erweist; EuM. **7** 305.

Eine Zurückverweisung an das VA. auf Grund des § 1690 ist aber, auch wenn in einem Falle ein wesentlicher Mangel des Verfahrens vor dem VA. festgestellt wird, überhaupt nicht zulässig; EuM. **2** 384.

2. Infolge Neufassung der §§ 1259 ff. durch das G. v. 25. VI. 26 (RGBl. I S. 311) gegenstandslos geworden. „Bedürftigkeit" kommt nur mehr bei der Witwerrente (§ 1261 n. F.) in Frage.

3. Liegt ein Antrag auf Begutachtung durch einen bestimmt bezeichneten Arzt vor, so darf das VA. diesen Antrag nicht mit Stillschweigen übergehen, sondern muß dazu Stellung nehmen, sonst liegt ein wesentlicher Mangel des Verfahrens vor; EuM. **1** 399 (Sächs. LVAmt), EuM. **18** 166 (Sächs. LVAmt). Wenn auch der Berechtigte vorher die Kosten zu zahlen hat, so fallen sie doch endgültig, sofern der Antrag Erfolg hat, der LVAnst. zur Last, die sie demgemäß zu erstatten hat; AN. **13** 557.

4. Dies gilt nicht für das Berufungsverfahren; Monatsschr. **16** 370 (Bay. LVAmt), a. A. Monatsschr. **14** 206 (Bad. LVAmt).

§ 1618. Das Gutachten[1 3] (§ 1613 Abs. 4)[4] erstattet der Vorsitzende des Versicherungsamts allein. Er hat sich über alles[2 5] auszusprechen, was nach seiner Ansicht für die Entschließung der Versicherungsanstalt von Belang ist. Kann wegen eines Verbrechens oder vorsätzlichen Vergehens (§ 1254) oder wegen Widersetzlichkeit (§§ 1272, 1306) der Anspruch ganz oder teilweise versagt oder entzogen werden, so hat sich das Gutachten auch darüber auszusprechen, wieweit von dieser Befugnis Gebrauch zu machen ist.

Beantragt eine der Parteien die Erörterung der Sache in mündlicher Verhandlung, so ist das Gutachten des Vorsitzenden auf Grund der mündlichen Verhandlung[6] zu erstatten. In diesem Falle gelten die §§ 1617 bis 1619, 1621, 1622, 1624, 1625[7].

V. v. 30. X. 23 (RGBl. I S. 1057).
Bek. v. 15. XII. 24 (RGBl. I S. 779).

1. Der Vorsitzende braucht kein Gutachten zu erstatten, selbst wenn es beantragt ist, sofern es sich nur darum handelt, daß der Kinderzuschuß nach § 1291 nach Vollendung des 18. (jetzt 15.) Lebensjahres des Kindes wegfällt, sondern es steht dann lediglich eine anderweitige Berechnung der bereits festgestellten Rente zur Erörterung; Monatsschr. **13** 492.

2. Das Gutachten braucht nicht mit Gründen versehen zu werden, und es stellt sich auch nicht als Verfahrensmangel dar, wenn das Ergebnis des Gutachtens nach der Aktenlage tatsächlich nicht gerechtfertigt war; AN. **13** 674. Beschränkt sich das VA. auf den Vorschlag, den Rentenbewerber nochmals ärztlich untersuchen zu lassen oder eine Krankenhausbehandlung einzuleiten, so stellt dies kein Gutachten im Sinne des Gesetzes dar; AN. **18** 346, EuM. **6** 395 (Bay. LVAmt), **8** 362 (Bay. LVAmt). Liegt ein Verzicht des Rentenbewerbers vor, so kann sich das Gutachten in der Regel darauf beschränken, auf den Verzicht Bezug zu nehmen; EuM. **5** 386. Will die LVAnst. von dem Gutachten abweichen, so muß sie sich eingehend mit dem Ergebnis und den Gründen des Gutachtens auseinandersetzen; EuM. **18** 166 (Sächs. LVAmt). Im übrigen s. Näheres über Verzicht § 1613 Anm. 6.

3. Die Begutachtung muß aktenkundig gemacht werden; AN. **01** 434.

4. Nach altem Recht wurde die Nichtabgabe des Gutachtens schlechthin als wesentlicher Mangel des Verfahrens angesehen; AN. **01** 196. Es wurde angenommen, daß der Mangel von beiden Teilen geltend gemacht werden konnte; AN. **14** 501.

5. Die Fassung, daß die Erhebungen sich auf alle Fragen erstrecken sollen, die für die Entschließung des VersTr. von Bedeutung sind, ist bewußt weiter als das frühere Recht, welches das Gutachten auf bestimmte Punkte beschränkte; KommBer. **6** 131. Hat die LVAnst. nach Abgabe des Gutachtens weiteren Beweis erhoben, so braucht die Sache nicht nochmals dem VA. zur Begutachtung vorgelegt zu werden; EuM. **11** 333 (Sächs. LVAmt), wohl aber wenn das VA. in seinem Gutachten selbst Beweis vorgeschlagen hatte; Monatsschr. **16** 313.

6. Nach altem Rechte wurde in dem Unterbleiben der mündlichen Verhandlung stets ein wesentlicher Mangel des Verfahrens erblickt, der von beiden Teilen gerügt werden konnte; AN. **14** 501, EuM. **4** 341 (Bay. LVAmt).

7. Liegt ein Verfahrensmangel vor, so wird er doch durch Nachholung des Versäumten seitens des Berufungsgerichts geheilt. In diesem Falle wird das mangelhafte Verfahren rückwirkend von Anfang an rechtswirksam; AN. **09** 499. Dies ist besonders wichtig für das Verfahren der Rentenentziehung; RVA., E. v. 19. XII. 11 IIa 421/11.

§ 1619. Für die Vorbereitung der mündlichen Verhandlung gelten die Vorschriften der §§ 1652, 1655 entsprechend. Namentlich kann der Vorsitzende vor der mündlichen Verhandlung die Untersuchung des Antragstellers und die Begutachtung dessen Gesundheitszustandes durch einen Arzt sowie das persönliche Erscheinen des Antragstellers in der mündlichen Verhandlung anordnen.

§ 1620 ist fortgefallen.

V. v. 30. X. 23 (RGBl. I S. 1057).

§ 1621. Für Ausschluß und Ablehnung des Vorsitzenden des Versicherungsamts gelten die §§ 1641 bis 1649 entsprechend.

Bek. v. 15. XII. 24 (RGBl. I S. 779).

§ 1622. Die mündliche Verhandlung ist nicht öffentlich.

Im übrigen gelten für die mündliche Verhandlung die §§ 1662 bis 1664, § 1665 Abs. 2, §§ 1669, 1672 entsprechend[1] [2], jedoch ist § 1654 nicht anzuwenden.

1. Die Berechtigten müssen von der mündlichen Verhandlung benachrichtigt (AN. **09** 499) und, wenn sie erschienen sind, auch zugezogen werden; AN. **10** 428. Zwischen dem Empfang der Terminsbenachrichtigung seitens der Parteien und dem Verhandlungstermin muß ein so geräumiger Zeitraum liegen, daß den Parteien die Möglichkeit zur Vorbereitung und Wahrung des Termins gegeben ist. Drei Tage sind in dem entschiedenen Falle als ausreichend angesehen worden; EuM. **24** 131. Unterlassung der mündlichen Verhandlung bildet einen wesentlichen Mangel des Verfahrens; AN. **14** 501, EuM. **2** 361, **6** 396 (Bay. LVAmt), der vom OVA. geheilt werden kann; Monatsschr. **18** 67 (Bay. LVAmt). S. auch Anm. 6 zu § 1618.

2. Von einer ärztlichen Untersuchung kann zwar nach § 87 Nr. 4 VAO. in der Regel abgesehen werden, wenn augenscheinlich erkennbar oder im Heilverfahren oder in anderer Weise glaubhaft nachgewiesen ist, daß Erwerbsunfähigkeit nicht vorliegt. Dies trifft jedoch nicht zu, wenn in der mündlichen Verhandlung ein Vertreter des Rentenbewerbers vorbringt, daß letzterer bettlägerig sei und sein Zustand sich in der letzten Zeit zusehends verschlechtert habe. In solchem Falle muß vielmehr das VA. den Sachverhalt noch näher aufklären; AN. **13** 675.

§ 1623 ist weggefallen.

V. v. 30. X. 23 (RGBl. I S. 1057).

§ 1624. Eine mündliche Verhandlung findet nicht statt, wenn es sich handelt um

Waisenrente[1],

Kapitalabfindung (§ 1317),

Fälle, in denen der Versicherungsträger und der Berechtigte einig[2] sind.

Die Verordnung (§ 35 Abs. 2) kann weitere Fälle[3] bestimmen, in denen eine mündliche Verhandlung nicht stattfindet.

G. v. 23. VII. 21 (RGBl. S. 984), G. v. 10. XI. 22 (RGBl. I S. 849), G. v. 19. VII. 23 (RGBl. I S. 686).
Bek. v. 15. XII. 24 (RGBl. I S. 779).

1. Es bedarf keiner mündlichen Verhandlung vor dem VA., wenn bei einem Anspruch auf Waisenrente die Entscheidung über Erfüllung der Wartezeit des verstorbenen Versicherten von der Feststellung des Beginns seiner Invalidität abhängt; AN. **16** 483.

2. Ein Fall, in dem der VersTr. und der Berechtigte einig sind, liegt auch vor bei Entziehung oder Einstellung der Rente nach § 93 Nr. 1 VAO., wenn der Rentenempfänger ausdrücklich erklärt hat, keinen Anspruch auf die Rente zu haben, und der Akteninhalt diese Erklärung rechtfertigt; vgl. auch AN. **04** 418. Eine Einigung liegt nur dann vor, wenn sie sich auf den Rentenanspruch in seinem ganzen Umfang erstreckt; EuM. **10** 360.

3. Weitere Fälle s. §§ 88, 93 VAO. abgedr. Anh. II.

§ 1625. Das Versicherungsamt übersendet die Verhandlungen[1] und das Gutachten[2] dem Versicherungsträger (§ 1630).

Bek. v. 15. XII. 24 (RGBl. I S. 779).

1. Zu den Verhandlungen gehören auch Ermittlungen, die das VA. nach § 1617 behufs Erneuerung einer Quittungskarte anstellt. Die dadurch entstehenden Barauslagen fallen unter § 59 Abs. 2; AN. 13 842.

2. Vgl. Anm. 2 zu § 1618.

§ 1626. Soll Invaliden- oder Hinterbliebenenrente entzogen oder eine Rente eingestellt[3] werden, so hat die Versicherungsanstalt die Sache an das Versicherungsamt abzugeben, wenn der Antragsteller es beantragt[1]. Auch ohne Antrag ist die Abgabe zulässig. Die §§ 1617 bis 1619, 1621, 1622, 1624, 1625 gelten alsdann entsprechend.

Für die Zuständigkeit[2] des Versicherungsamts gelten die §§ 1637 bis 1640 entsprechend.

Eine mündliche Verhandlung findet nicht statt, wenn es sich um das Ruhen der Rente (§§ 1312 bis 1314a, 1318) handelt.

G. v. 23. VII. 21 (RGBl. S. 984), G. v. 19. VII. 23 (RGBl. I S. 686). Bek. v. 15. XII. 24 (RGBl. I S. 779).

1. Die LVAnst. ist nicht verpflichtet, von Amts wegen oder auf Erfordern des zuständigen VA. vor der Erteilung eines Rentenentziehungsbescheides das zuständige VA. von ihrem Entziehungsvorhaben zu unterrichten; EuM. 26 127.

2. Zur Erörterung und Begutachtung im Rentenentziehungsverfahren ist dasjenige VA. zuständig, in dessen Bezirk der Rentenempfänger zur Zeit der Einleitung des Entziehungsverfahrens wohnt oder beschäftigt ist; AN. 12 1200, Breith. 5 527. Auch bei Entziehung einer Witwenrente ist zur Begutachtung im Rentenentziehungsverfahren dasjenige VA. zuständig, in dessen Bezirk die Rentenempfängerin zur Zeit der Einleitung des Entziehungsverfahrens wohnt oder beschäftigt ist; AN. 18 316. Handelt es sich um eine Renteneinstellung infolge Ruhens der Rente, so ist zur Begutachtung der Einstellung dasjenige VA. zuständig, in dessen Bezirk der Rentenempfänger bei Einleitung des Einstellungsverfahrens wohnt oder beschäftigt ist; AN. 18 317.

Als VersTr. ist für die Entziehung der Rente diejenige LVAnst. zuständig, die die Rente bewilligt hat, auch wenn der Rentenempfänger nach einer anderen LVAnst. verzogen ist; AN. 13 554, 12 914.

3. Um eine Einstellung der Rente handelt es sich auch dann, wenn der Rentenempfänger auf den Weiterbezug der Rente verzichtet. Für die Erteilung des berufungsfähigen Bescheids gilt auch in diesem Falle die fakultative Begutachtung des VA.; AN. 14 554. Indessen genügt es im Regelfalle, wenn das Gutachten lediglich auf den Verzicht Bezug nimmt; EuM. 5 386.

§ 1627. Die oberste Verwaltungsbehörde kann das Verfahren bei Vorbereitung und Begutachtung der Sache durch das Versicherungsamt näher bestimmen, soweit es nicht durch Verordnung (§ 35 Abs. 2) geregelt ist[1].

Bek. v. 15. XII. 24 (RGBl. I S. 779).

1. Für Preußen Erlaß des HM. v. 26. II. 12 (HMBl. 12 52).

§ 1628. Ist die Vorbereitung und Begutachtung der Sache Organen von Sonderanstalten[1] übertragen, so gelten die §§ 1617 bis 1619, 1621, 1622, 1624 bis 1627 entsprechend.

Sollen Zeugen oder Sachverständige eidlich vernommen werden, so gelten der § 1571 Abs. 2 bis 4 und die §§ 1573 bis 1579 entsprechend.

G. v. 23. VI. 23 (RGBl. I S. 454).

1. Für die Arbeiterpensionskasse I der deutschen Reichsbahn die Bezirksausschüsse; Erl. d. preuß. M. d. ö. A. (HMBl. **12** 6). Ist die Vorbereitung und Begutachtung der Anträge auf Leistungen Organen einer Sonderanstalt übertragen, so ist es ein wesentlicher Mangel des Verfahrens, wenn das gleiche Organ über die Rentenanträge entscheidet; AN. **16** 429.

§ 1629. Das Versicherungsamt benachrichtigt den Versicherungsträger, wenn es erfährt, daß

ein Versicherter oder eine Witwe durch ein Heilverfahren vor der Invalidität bewahrt werden kann,

der Empfänger einer Invaliden-, Witwen- oder Witwerrente durch ein Heilverfahren wieder erwerbsfähig werden kann,

die Invaliden-, Witwen- oder Witwerrente zu entziehen ist,

eine Rente zu ruhen hat.

G. v. 23. VII. 21 (RGBl. S. 984).

3. Entscheidung der Versicherungsträger

§ 1630. Die Leistungen aus der Invalidenversicherung werden durch den Vorstand der Versicherungsanstalt[1] festgestellt[2].

Zuständig ist die Versicherungsanstalt für den Bezirk des Versicherungsamts, das zur Entgegennahme des Antrags zuständig war[3].

1. An Stelle der Feststellung durch den Vorstand der VAnst. tritt für Ansprüche eines Mitglieds einer Sonderanstalt auf Versicherungsleistungen nach dem Vierten Buche der RVO. der besondere Rechtszug, der in der Satzung der Sonderanstalt vorgesehen ist; AN. **16** 583.

2. Feststellung. Die vom Rentenwerber behauptete Invalidität ist nicht von ihm zu beweisen, sondern der Sachverhalt ist von Amts wegen klarzustellen, AN. **13** 442, 738. Hierzu vgl. über Ersuchen des VersTr. an die VAer. oder Gerichte die Verfügung des Pr. Min. f. Hand. u. Gew. v. 24. X. 13 (HMBl. **13** 590). Sie lautet im Auszug: „... wenngleich ein Recht der LVAnst., VAer. oder Gerichte, um die eidliche Vernehmung von Zeugen und Sachverständigen zu ersuchen, aus den §§ 1571ff., 1619, 1652 und 1665 der RVO., die die Vorschriften über eidliche Vernehmung von Zeugen und Sachverständigen im Wege der Rechtshilfe während des erstinstanzlichen Verfahrens enthalten, unmittelbar nicht abgeleitet werden kann, so entspricht ein solches Recht doch dem Grundgedanken des Gesetzes ..."

Vergleiche sind auf dem Gebiete der RVO. nicht ausgeschlossen; EuM. **20** 177 (Bay. LVA.); z. B. ist ein Vergleich zwischen der LVAnst. und dem Anspruchsberechtigten in jeder Lage des Feststellungsverfahrens möglich. AN. (J. u. AV.) **94** 127. Er muß schriftlich abgefaßt sein; AN. **00** 615, **00** 413. Jedoch ist die Gültigkeit des Vergleichs vor den Spruchbehörden nicht von der Verlesung abhängig; AN. **04** 418. Auch für den Fall eines Vergleichs empfiehlt AN. (J. u. AV.) **94** 125 die Erteilung eines berufungsfähigen Bescheids. Durch diesen Bescheid wird nicht der Rentenanspruch in seinem ganzen Umfang von neuem in Streit gezogen, sondern lediglich die Frage, ob der Vergleich bindend ist, und er durch den Bescheid sachlich und rechnerisch richtig ausgeführt ist; AN. **05** 275, **09** 479, EuM. **2** 354.

Vgl. auch Anm. 4 zu § 30 OVO.

Wird der Anspruch durch Feststellungsbescheid anerkannt, so liegt ein der Rechtskraft fähiger richterlicher Spruch, nicht etwa ein bloßes Anerkenntnis einer Prozeßpartei vor, demgemäß kann der Bescheid nicht wie ein Anerkenntnis zurückgenommen, sondern nur unter den Voraussetzungen des § 1744 von der LVAnst. angefochten werden; AN. **98** 393.

Es bedeutet einen unzulässigen Inhalt des Bescheids, wenn er außer der Ablehnung des Rentenanspruchs auch noch die Verpflichtung zur Nachzahlung rückständiger Beiträge ausspricht; EuM. **2** 357.

3. Wenn die Witwe eines Versicherten zur Zeit des Antrages auf Zahlung einer der Höhe nach festgestellten Witwenrente keinen inländischen Wohn- oder Beschäftigungsort hat, so richtet die Zuständigkeit der LVAnst. sich nach dem letzten inländischen Wohn- oder Beschäftigungsort des verstorbenen Versicherten; EuM. **25** 356. Die Entscheidung eines VA., durch die es seine Zuständigkeit zur Vorbereitung eines Invalidenrentenantrages anerkennt, bindet die LVAnst.; EuM. **8** 364 (Bay. LVAmt).

§ 1631. Wird der angemeldete Anspruch[5] anerkannt[3 4] oder abgelehnt, so ist ein schriftlicher[2] Bescheid[1] zu erteilen[6 7]. Er ist zu begründen und zu unterschreiben[2]. Die Unterschrift des Vorsitzenden genügt. Für die Beurkundung der Feststellungsbeschlüsse und die Ausfertigung der Bescheide gilt § 1611.

Wird der Anspruch abgelehnt, so erhält der Berechtigte auf Antrag kostenlos eine Abschrift des etwa vom Versicherungsamt erstatteten Gutachtens[8]. Ferner sind ihm auf Antrag Abschriften der Niederschriften über die Vernehmung von Zeugen und Sachverständigen sowie der ärztlichen Gutachten zu erteilen; die Kosten hat der Antragsteller vorher zu zahlen. Sämtliche Abschriften sind nur zu erteilen, soweit dies mit Rücksicht auf den Berechtigten zulässig erscheint. Auf Beschwerde entscheidet das Oberversicherungsamt endgültig.

Wird eine Rente gewährt, so ist in dem Bescheid ihre Höhe, der Beginn und die Art ihrer Berechnung anzugeben.

Der Bescheid muß den Vermerk enthalten, daß er rechtskräftig wird, wenn der Berechtigte nicht binnen einem Monat nach Zustellung des Bescheids Berufung beim Oberversicherungsamt einlegt. Für Seeleute, die sich außerhalb Europas aufhalten, gilt § 128 Abs. 2.

V. v. 30. X. 23 (RGBl. I S. 1057).

1. Der Bescheid hat nicht die Bedeutung einer Parteierklärung allein, sondern wirkt wie ein Urteil. Deshalb kann der anerkennende Bescheid nicht jederzeit von der LVAnst., sondern nur unter den Voraussetzungen des § 1744 angefochten werden; AN. (J. u. VA.) **92** 133, AN. **98** 393. Das schließt nicht aus, daß die LVAnst. durch § 1445 Abs. 2 an ein Anerkenntnis auch gebunden ist, wenn es nicht in einem förmlichen Bescheid erfolgt; AN. **12** 676.

In dem anerkennenden Bescheid liegt nicht zugleich das Anerkenntnis, daß die Rente nicht ruhe; AN. **10** 531. Auch ist, wenn die Rente wegen Verneinung der Invalidität abgewiesen wird, darin noch kein Anerkenntnis der Versicherungspflicht zu erblicken; AN. **10** 553.

2. Form des Bescheids. Vgl. Runderl. des RVA. an die Vorstände sämtlicher LVAnsten. und Sonderanstalten über neue Muster für Rentenbescheide vom 5. XI. 25, AN. **25** 362, v. 31. V. 27, AN. **27** 324, v. 18. VI. 28 und v. 7. X. 29, AN. **29** 390.

Die Schriftform ist für die Rechtswirksamkeit zwingend vorgeschrieben. Der Antragsteller kann nicht rechtswirksam hierauf verzichten; AN. (J. u. AV.) **93** 139. Der Bescheid muß ferner die Belehrung über die Berufung enthalten; fehlt sie oder ist sie falsch oder unvollständig, so beginnt die Berufungsfrist nicht zu laufen, und der Bescheid kann daher gegen den Berechtigten nicht rechtskräftig werden; AN. **04** 415, **99** 445.

Der bei den Akten des VersTr. befindliche Bescheid braucht nicht unterschrieben zu sein, wenn der dem Kläger zugestellte Bescheid ordnungsmäßig unterschrieben ist und sich aus den Akten ergibt, daß die Erteilung von den dazu berufenen Personen beschlossen wurde; AN. **15** 386. Die Unterschrift ist nicht gültig geleistet, wenn der Bescheid im Büro der LVAnst. entworfen, aber von dem Sachbearbeiter nicht gezeichnet ist. Wird ein solches Schriftstück dem Rentenempfänger zugestellt, so ist es nichtig, auch wenn der Sachbearbeiter es nachträglich genehmigt; AN. **08** 389. Wenn dagegen die Unterschrift nur mit dem Namenszeichen oder mit einem Namensstempel geleistet ist, so kann dieser Mangel der Beurkundung dadurch geheilt werden, daß der Bescheid nicht angefochten wird. Er wird dann rechtskräftig; AN. **09** 433, **10** 427. Diese Heilung bewirkt Gültigkeit des Bescheids rückwirkend vom Tage der Zustellung an; AN. **10** 427. Wenn aber ein Schreiben ohne die äußere Form eines Bescheids von der LVAnst. erlassen wird, so kann es zugunsten des Rentenbewerbers dann nicht die Wirkungen eines berufungsfähigen Bescheides erlangen, wenn die LVAnst. damit weder die Absicht einer Bescheidserteilung verfolgte, noch auch die Pflicht zu einer solchen bestand; AN. (J. u. AV.) **93** 107 und Breith. **1** 255. Sofern jedoch nach Lage der Umstände die Erteilung eines berufungsfähigen Bescheides erforderlich war oder auch ohne dies die LVAnst. die Absicht zur Erteilung einer solchen hatte, so stellt sich auch ein formloses Schreiben als Bescheid dar und kann mit der Berufung angefochten werden oder, wenn dies nicht geschieht, zugunsten des Rentenbewerbers in Rechtskraft übergehen; AN. (J. u. AV.) **94** 33, **95** 255, AN. **00** 669, Breith. **1** 527 und AN. **27** 338 (AV.). Ein formloses Schreiben über Einstellung der Waisenrente kann die Wirkung eines Bescheids haben; EuM. **18** 167 (Bay. LVAmt).

B e g r ü n d u n g ist notwendiges Erfordernis des Bescheids. Es genügt nicht, auf ärztliche Gutachten oder sonstige Aktenstellen Bezug zu nehmen; AN. **10** 532. Die tatsächlichen Unterlagen des Bescheids sind insoweit mitzuteilen, als sie für die Feststellung maßgebend gewesen sind, also der wesentliche Inhalt des ärztlichen Gutachtens, insbesondere der objektive Befund nicht nur der Vomhundertsatz der verbliebenen Erwerbsfähigkeit. Ist die Mitteilung unterblieben, so kann der Rentenbewerber kostenlose Ergänzung des Bescheids verlangen; AN. **06** 462, **13** 562. Auf Beschwerde entscheidet die Aufsichtsbehörde, wenn es sich um Ergänzung des Bescheids handelt, sonst das OVA. endgültig; AN. **13** 562.

Kein zwingendes Erfordernis, sondern nur ein aus dem Wesen der Sozialversicherung sich ergebendes Gebot der Billigkeit ist, daß der mangels Nachweises der Invalidität abgewiesene Rentenbewerber über die notwendigen Maßnahmen zur Erhaltung seiner Anwartschaft durch die LVAnst. belehrt wird. Das RVA. hat den LVAnsten. dies in AN. **01** 637 nahegelegt.

Eine Beschränkung des Bescheids auf die Stellungnahme zu einzelnen Voraussetzungen des Anspruchs ist unzulässig; vielmehr hat sich der Bescheid über den Anspruch überhaupt auszusprechen; AN. **97** 405.

3. Wenn die Voraussetzungen für das R u h e n d e r R e n t e vorliegen, so muß trotzdem der Bescheid zunächst über den Anspruch selbst entscheiden und muß daneben sich über das Ruhen aussprechen; AN. **92** 347, **11** 518. Der Bescheid, der das Ruhen ausspricht, ist ebenfalls durch die LVAnst. zu erteilen; AN. **06** 430. Was dagegen die Pflicht zur Rückzahlung überhobener Beträge anbelangt, so hat das RVA. in der KV. ausgesprochen, daß zur Entscheidung über Ansprüche von KrKn. auf Rückgewähr von Leistungen die Spruchbehörden der RVO. zuständig sind, sofern die Behauptung, daß eine Pflicht zur Leistung nach der RVO. nicht bestanden

habe, den Grund der Rückforderung bildet; AN. 20 169 (GrS.). Vgl. auch AN. 21 405 (Rückforderung zu Unrecht gezahlter Rentenzulage).

Ein berufungsfähiger Bescheid ist auch den Angehörigen zu erteilen, die auf Grund des § 1312 Abs. 2 die Überweisung der ruhenden Rente beanspruchen; AN. 02 513, 06 462.

4. Ein Bescheid ist auch über Abfindungen von Ausländern in berufungsfähiger Form zu erteilen; AN. 02 471, ferner auch bei einem Verzicht; AN. 97 466. Er empfiehlt sich schließlich auch bei einem Vergleich; AN. (J. u. AV.) 94 127. Im Falle einer Aufrechnung ist ebenfalls ein berufungsfähiger Bescheid hierüber durch die LVAnst. zu erteilen; AN. 06 430. Dabei entscheidet sie aber im Falle des § 1542 nicht auch darüber, ob der Entschädigungsanspruch des Versicherten gegen den Dritten, gegen den sie aufrechnet, auf sie übergegangen ist; AN. 04 483.

5. Anspruch. Das Feststellungsverfahren ergreift nur die im § 1250 bezeichneten pflichtmäßigen Leistungen, dagegen z. B. nicht ein Heilverfahren, AN. 14 503.

Nicht in das Feststellungsverfahren gehört ferner die Feststellung der Nachzahlungspflicht bezüglich rückständiger Beiträge, wenn in einem Bescheid der Rentenanspruch wegen Nichterfüllung der Wartezeit abgelehnt wird; E., RVA. v. 5. XI. 13 — IIa 1478/13.

6. Die Erteilung des Bescheids erfolgt erst durch die Zustellung und ist noch nicht vorhanden, solange der Bescheid zwar von der LVAnst. beschlossen, aber noch nicht zugestellt ist; AN. (J. u. AV.) 93 111, AN. 10 423. Trotzdem aber ist die Berufung nicht erst nach der Zustellung, sondern auch schon vorher zulässig, wenn der Bescheid bereits beschlossen ist; AN. 06 208 (ErwSen.). Vgl. auch Runderl. des RVA. an die Vorstände sämtlicher LVAnsten. über Zustellung von Bescheiden v. 22. VI. 28, AN. 28 232.

7. Die Wirkung des Bescheids. Der Bescheid wird, soweit er über den Anspruch entscheidet, rechtskräftig, dagegen nicht seine Begründung; AN. (J. u. AV.) 93 170, AN. 10 452. Aber die Entscheidung wird nötigenfalls aus der Bescheidsformel und den Gründen zusammen gebildet; AN. 98 248, 01 205, 07 550.

Demgemäß erlangt die Stellungnahme zur Verdienstgrenze, die als Grundlage beim Rentenfeststellungsbescheid angenommen wurde, keine Rechtskraft für ein späteres Rentenentziehungsverfahren; AN. 10 452. Ferner hindert die Rechtskraftwirkung eines Bescheids, der die Invaliden- oder Witwenrente wegen Verneinung der Invalidität abwies, nicht, daß in einem neuen Verfahren ein früherer Beginn der Invalidität angenommen wird; AN. (J. u. AV.) 95 253, AN. 98 250, 13 476. Ist die Rente wegen vorübergehender Invalidität bewilligt, so erstreckt sich die Rechtskraft nicht darauf, daß auch in den ersten 26 Wochen Invalidität vorgelegen habe; AN. 98 323. In einem späteren Verfahren kann daher von der LVAnst. die Invalidität für die ersten 26 Wochen bestritten; AN. 98 323, auch umgekehrt Invalidität von Anfang an als dauernd angenommen werden; AN. 02 290.

Die Verneinung der Versicherungspflicht und die deshalb erfolgte Abweisung des Anspruchs schließt nicht aus, daß in einem neuen Verfahren die Beiträge als freiwillige Beiträge angerechnet werden; AN. 05 499.

Ist der Rentenanspruch anerkannt, so kann trotz seiner Rechtskraft später das Ruhen der Rente geltend gemacht werden; AN. 10 531.

Der Bescheid des Trägers der JV., durch den eine Hinterbliebenenrente entgegen den Vorschriften über die Wanderversicherung (§ 27 Abs. 2 AVG., § 1254a Abs. 2 RVO.) zu Unrecht bewilligt worden ist, kann nicht durch die RVAnst. f. A. aufgehoben werden; EuN. 25 510.

Wird ein neuer berufungsfähiger Bescheid von der LVAnst. erteilt, so werden damit die Wirkungen der vorherigen rechtskräftigen Abweisung beseitigt; AN. 93 (J. u. AV.) 106, AN. 05 277 (ErwSen.).

Ist der Rentenanspruch abgelehnt, weil die Wartezeit nicht erfüllt sei, so kann ein neuer Anspruch erhoben werden, wenn Beiträge für rückliegende Zeiten nachgebracht sind, auch wenn jene damals noch ungedeckten Zeiten im früheren Verfahren schon streitig waren; AN. **97** 594, **98** 248. Tatsachen aber, die nicht erst nach dem früheren Bescheid entstanden sind, sind auch dann nicht geeignet, einen Anspruch auf neuen Bescheid zu erzeugen, wenn sie erst nachträglich ermittelt worden sind, auch wenn der Rentenanspruch abgewiesen ist, weil die Invalidität schon vor Erfüllung der Wartezeit eingetreten sei; AN. **96** 254, **00** 411. In einem neuen zulässigerweise eingeleiteten Verfahren ist der neue Anspruch ohne Begrenzung durch die Gründe der früheren Entscheidung zu prüfen; AN. (J. u. AB.) **93** 106, AN. **96** 309, **05** 277, **10** 554.

Infolgedessen ist die neue Entscheidung bezüglich der Festsetzung des Beginns der Rente nicht mehr durch die frühere Entscheidung gebunden; AN. **09** 479. Ist der Antrag nach altem Recht abgelehnt gewesen, so sind auf den unter der Herrschaft der RVO. erhobenen neuen Antrag die Vorschriften der RVO. anzuwenden; AN. **10** 508.

Wird aber ein Bescheid über einen Vergleich erteilt, und dieser Vergleichsbescheid angefochten, so wird damit nicht der Rentenanspruch in vollem Umfang wieder streitig, sondern das Verfahren erstreckt sich nur darauf, ob der Vergleich gültig war und ob er durch den Bescheid sachlich und rechnerisch richtig ausgeführt ist; AN. **05** 277, **09** 479.

Ist in einem Rentenfeststellungsverfahren festgestellt, daß Invalidität besteht, so kann in einem späteren Verfahren nach § 1459 festgestellt werden, daß Invalidität nicht mehr besteht; AN. **05** 433. Andererseits ist die Entscheidung, die im Beitragsstreitverfahren nach § 1459 über die Versicherungspflicht oder Versicherungsberechtigung ergangen ist, für die Instanzen im demnächstigen Rentenfeststellungsverfahren bindend; AN. (J. u. AB.) **93** 48, AN. **11** 637.

Gegenüber derjenigen Partei, die ein Rechtsmittel eingelegt hat, darf die Entscheidung im Ergebnis nicht ungünstiger werden als der Bescheid; AN. **08** 441 (ErwSen.).

8. Wird der Antrag auf Erteilung einer Abschrift des Gutachtens des VA. oder eines ärztlichen Gutachtens übergangen oder abgelehnt, so kann darin ein wesentlicher Mangel des Verfahrens liegen, der vom OVA. geheilt werden oder als Grund zur Rückverweisung an die LVAnst. vom OVA. verwendet werden kann; AN. **09** 441. Eine Beschwerde gegen Ablehnung eines derartigen Antrags ist keine instanzliche Beschwerde, sondern im Aufsichtswege zu erledigen; AN. **13** 562.

Im Hinblick darauf, daß Abschriften nur insoweit zu erteilen sind, als dies mit Rücksicht auf den Berechtigten zulässig erscheint, hat das RVA. in einem Rundschr. v. 3. **XI.** 13 (AN. **13** 771) die LVAnsten. darauf hingewiesen, daß bei der Mitteilung ärztlicher Gutachten an die Beteiligten vorsichtig zu verfahren sei; s. auch Breith. **3** 126.

Der VersTr. ist auf Grund des § 1607 Abs. 2 (§ 1631 Abs. 2) verpflichtet, nicht nur von den Gutachten Abschrift zu erteilen, die das VA., sondern auch von denen, die er selbst im Ermittlungsverfahren eingeholt hat; AN. **16** 319.

§ 1632 ist weggefallen.

V. v. 15. III. 24 (RGBl. I S. 280).

§ 1633. Die §§ 1630, 1631 gelten entsprechend[1 2 3], wenn eine Rente entzogen[1] oder eingestellt[3] werden soll.

1. Zuständig ist im Entziehungsverfahren diejenige LVAnst., von der die Rente bewilligt worden ist, und zwar auch dann, wenn für sie in einem neuen

Feststellungsverfahren keine Zuständigkeit gegeben wäre; AN. **12** 914, **13** 554, **01** 198.

Zur Begutachtung ist dasjenige VA. zuständig, in dessen Bezirk der Rentenempfänger zur Zeit der Einleitung des Entziehungsverfahrens wohnt oder beschäftigt ist; AN. **12** 1200.

2. Die Zuständigkeit des VOA. wird durch diejenige des VA. bestimmt; AN. **03** 540.

3. Auch wenn auf eine Invalidenrente verzichtet wird, ist der Bezug durch berufungsfähigen Bescheid einzustellen; AN. **14** 554, Monatsschr. **19** 75, EuM. **11** 334 (Bay. LVAmt). Dabei ist die Entziehung der Rente auf Grund des Verzichtes nur so lange wirksam, als Invalidität nicht besteht; EuM. **4** 346 (Bay. LVAmt). Ist die Einstellung einer Rente auf Grund einer Verzichtserklärung erfolgt, so kann in der Berufungseinlegung gegen den Bescheid eine Anfechtung erblickt werden. Diese ist gerechtfertigt, wenn der Verzicht in der Annahme erklärt war, der günstige Gesundheitszustand werde andauern, dies aber nicht der Fall war; Monatsschr. **18** 315.

§ 1634. Der Versicherungsträger kann auf Antrag des Versicherungsamts einem Beteiligten in dem Bescheide solche Kosten zur Last legen, die dieser durch Mutwillen, Verschleppung oder Irreführung veranlaßt hat.

Diese Kosten fließen in die Kasse des Versicherungsträgers.

4. Wiederholung von Anträgen

§ 1635. Ist ein Antrag auf Invalidenrente oder auf Zahlung der Witwenrente endgültig[1] abgelehnt[1] worden, weil dauernde[2] Invalidität nicht nachweisbar war, oder ist eine Invalidenrente oder Witwenrente rechtskräftig entzogen, weil Invalidität nicht mehr vorlag, so kann der Antrag erst ein Jahr, nachdem die Entscheidung zugestellt worden ist, vorher aber nur dann wiederholt[3] werden, wenn glaubhaft bescheinigt wird, daß inzwischen Umstände eingetreten sind, die den Nachweis der Invalidität liefern[5].

Wird die Bescheinigung nicht beigebracht, so weist der Vorstand der Versicherungsanstalt den vorzeitig[4] wiederholten Antrag zurück. Der Bescheid ist nicht anfechtbar.

V. v. 15. III. 24 (RGBl. I S. 280).

1. Über „Endgültig abgelehnt" s. AN. **05** 285. Ein vor dem Rentengewährungsbescheid erklärter Verzicht des Invalidenrentenempfängers auf Weitergewährung der Rente hindert ihn nicht, eine im Laufe des Verfahrens eingetretene wesentliche Änderung der Verhältnisse geltend zu machen. Das OVA. ist nicht berechtigt, ihn auf § 1635 zu verweisen, muß vielmehr im Laufe des Rechtsmittelverfahrens die Berechtigung der Behauptung nachprüfen; EuM. **12** 266.

2. Wenn sowohl dauernde als auch vorübergehende Invalidität in der ablehnenden Entscheidung verneint worden ist, so kann der Antrag auch dann nur unter den Voraussetzungen des § 1635 wiederholt werden, wenn er neu auf die Behauptung vorübergehender Invalidität gestützt wird; AN. **10** 532.

3. Über ein neues Verfahren, wenn im ersten Verfahren der Rentenanspruch wegen Nichterfüllung der Wartezeit abgewiesen worden ist, s. § 1631 Anm. 7. „Nur dann" bringt zum Ausdruck, daß die Vorschrift für das Verfahren zwingend ist, und daß das Berufungsgericht andernfalls nicht in der Sache entscheiden darf; AN. **10** 553.

4. Ein vorzeitig wiederholter Antrag kann von der LVAnst. geprüft werden, auch ohne daß eine Entscheidung über seine Zulässigkeit vorhergeht; AN.

(J. u. AV.) **95** 253. Das VA. hat nicht die Befugnis, den vorzeitig wiederholten Rentenantrag abzuweisen, wenn die LVAnst. hiervon keinen Gebrauch macht; AN. (J. u. AV.) **95** 253. Wenn die LVAnst. eine sachliche Prüfung des Antrags vorgenommen und ein Gegengutachten von einem Kreisarzt eingeholt hat, so wird über die sachliche Stichhaltigkeit des Antrags im Feststellungsverfahren entschieden; AN. **97** 382.

Der Bescheid, der den vorzeitig wiederholten Antrag nach § 1635 Abs. 2 zurückweist, übt keine Rechtskraft in der Richtung aus, daß er, wenn demnächst die Rente auf einen späteren Antrag bewilligt wird, den Beginn der Rente beeinflußte; Soergel **1** 282.

5. In dem neuen Verfahren kann der Beginn der etwa nun bewilligten Rente nicht vor den Tag der früheren rechtskräftigen Entscheidung gesetzt werden — frühester Beginn: Tag nach der rechtskräftigen Vorentscheidung, und wenn diese ein die Entscheidung des OVA. lediglich aufrecht erhaltendes Urteil des Revisionsgerichtes ist, Tag nach Verkündung der Entscheidung des OVA.; AN. (J. u. AV.) **95** 253.

Zweiter Abschnitt

Feststellung im Spruchverfahren

I. Verfahren vor dem Versicherungsamt

1. Zuständigkeit des Versicherungsamts

§ 1636. Bei Streit über die Leistungen[1] aus der Krankenversicherung entscheidet auf Antrag[2 3] in erster Instanz, vorbehaltlich des § 1661, das Versicherungsamt (Spruchausschuß).

1. Zur Entscheidung über Ansprüche von KrKn. auf Rückgewähr von Leistungen aus der KV. sind die Spruchbehörden der reichsgesetzlichen ArbVers. zuständig, sofern die Behauptung, daß eine Pflicht zur Leistung nach der RVO. nicht bestanden habe, den Grund der Rückforderung bildet; AN. **20** 169. AN. **15** 764 ist aufgehoben. Eine selbständige Feststellungsklage ist im Spruchverfahren für die KV. nicht zulässig; EuM. **23** 376.

Über den Anpruch auf Zusendung des Krankengeldes ist im Spruchverfahren zu entscheiden; EuM. **24** 386, ebenso ist über Ansprüche auf Krankengeld gemäß § 12 des RVG. in dem in der RVO. für die KV. vorgeschriebenen Spruchverfahren zu entscheiden; AN. **23** 149. Streitigkeiten über die Leistungen der in der V. zur Durchführung des § 7 RVG. vom 3. VII. 22 (RGBl. I S. 574) aufgeführten Gegenstände sind nicht in dem in der RVO. für die KV. vorgeschriebenen Spruchverfahren zu entscheiden; AN. **28** 336. Ist der Anspruch auf Leistungen aus der KV. erhoben, so ist für das Verfahren nach § 405 Abs. 2 kein Raum mehr; AN. **15** 385.

Erhebt ein Versicherter gegen den Träger der KV. einen Schadensersatzanspruch, der sich auf eine Vorschrift nicht der RVO., sondern des BGB. gründet, so ist über den Rechtsstreit nicht von den Instanzen der KV., sondern von den ordentlichen Gerichten zu entscheiden; AN. **16** 751.

Der Anspruch eines Arztes wegen geleisteter Krankenhilfe ist weder im Feststellungsverfahren noch im Spruchverfahren nach § 1771 zu behandeln. Hat das OVA. eine Entscheidung getroffen, die überhaupt nicht Gegenstand eines Urteils des OVA. sein kann, so ist die Revision stets zulässig; EuM. **8** 64 (Bay. LVAmt).

Hebammen können ihre Ansprüche wegen Hebammendienste (§ 195a) aus eigenem Rechte nicht im Feststellungsverfahren nach §§ 1636 ff. a. a. O. verfolgen; AN. **15** 350, Breith. **17** 569 (OVA. Lüneburg).

Der Unternehmer darf, sofern nur der Verletzte von ihm Schadensersatz fordert, die Feststellung der Entschädigung nach § 1042, verbunden mit § 902 Satz 1, auch dann betreiben, wenn die im § 898 Satz 1 geordneten Voraussetzungen für einen Anspruch des Verletzten an ihn nicht vorliegen; AN. **26** 376 (GrS.). Vgl. weiter über den Begriff „Leistungen" aus der KV. Anm. zu § 1551.

Auch auf dem Gebiete der KV. kennt die RVO. keine Durchbrechung des Grundsatzes, daß über rechtskräftig abgewiesene Ansprüche eine erneute sachliche Entscheidung ausgeschlossen ist; EuM. 8 377 (Sächs. LVAmt).

2. Ein Antrag im Sinne des § 1636 kann nicht in jeder Äußerung des Versicherten über die Verpflichtung einer KrK. erblickt werden; EuM. 8 368 (Bay. LVAmt). Unter Antrag ist der Antrag auf Entscheidung eines Streits zu verstehen, nicht die Anmeldung des Anspruchs auf Krankenhilfe bei der KrK. nach §§ 1545 Abs. 1 Nr. 2, 1551; EuM. **17** 346 (Bay. LVAmt).

Die Klage des Versicherten kann auch alternativ gegen mehrere KrKen. erhoben werden. Ist im Urteil erster Instanz die eine Kasse verurteilt, die andere aber nicht ausdrücklich befreit, so kann auf die Berufung jener Kasse an ihrer Stelle in höherer Instanz die andere Kasse verurteilt werden; AN. **19** 357, EuM. **12** 305.

3. Die Verjährung eines Anspruchs auf Kassenleistungen (§ 223 Abs. 1) wird nicht schon durch eine an die KrK. gerichtete Zahlungsaufforderung oder Mahnung, sondern bei Streit über Leistungen erst durch die bei dem VA. nach § 1636 erhobene Klage unterbrochen; AN. **16** 358.

§ 1637. Zuständig[1] ist das Versicherungsamt, in dessen Bezirke der Versicherte zur Zeit des Antrags wohnt[2] oder beschäftigt[2] ist.

1. Die Zuständigkeit ist vom VA. von Amts wegen zu prüfen. Eine Parteivereinbarung über die Zuständigkeit gibt es nicht; AN. **98** 320, **08** 530 (ErwSen.). Auch wenn sich die Partei auf eine Verhandlung vor dem zuständigen VA. eingelassen hat, so ist daher die Entscheidung nichtig und unterliegt der Aufhebung im Instanzenzug; Breith. **1** 196, ArbVers. **13** 562 (Bad. VGH.). Nimmt das VA. zu Unrecht Zuständigkeit an, so liegt ein wesentlicher Mangel vor, der nicht dadurch geheilt wird, daß für das zuständige und unzuständige VA. dasselbe OVA. in Frage kommt; Monatsschr. **14** 700. Maßgebend für die Zuständigkeit ist der Zeitpunkt, in dem der Antrag eingelaufen ist; Monatsschr. **18** 67 (Bay. LVAmt). Nicht nötig ist Eingang bei dem an sich zuständigen VA.; Monatsschr. **17** 282, AN. **17** 402.

Geht bei einem VA. zur Begründung eines Invalidenrentenantrags ein ärztliches Gutachten ein, und wird der Antrag nachträglich bei einem anderen VA. gestellt, so kann der Antrag als mit dem Eingang des Gutachtens gestellt angesehen werden und dadurch die Zuständigkeit des ersten VA. begründet sein; AN. **16** 759.

Wenn es sich für die Entscheidung über einen armenrechtlichen Ersatzanspruch um die Vorfrage handelt, ob der Unterstützte einen Anspruch auf Krankenhilfe nach der RVO. hatte, so liegt ein Streit nach §§ 1527ff., 1531 vor. Die Zuständigkeit des VA. bemißt sich daher nach §§ 1773 und 1637; EuM. **7** 282.

Der Grundsatz, daß das RVA. in Sachen der UV. über Zuständigkeitsstreitigkeiten zwischen OVAern. zu entscheiden hat, wenn ein VersTr. beteiligt ist, dessen Bezirk sich über das Gebiet des Landes hinaus erstreckt, gilt entsprechend auch bei Zuständigkeitsstreitigkeiten von VAern.; AN. **17** 373.

In den Fällen des § 1774 ist das VA. zuständig, in dessen Bezirk der Versicherte zur Zeit der Entstehung des Anspruchs wohnte oder beschäftigt war; AN. **16** 390.

Im Falle des § 1773 ist, wenn über den Hauptanspruch kein Streit bestanden hat, für den Ersatz- oder Erstattungsanspruch das VA. zuständig, das zu entscheiden gehabt hätte, wenn der Hauptanspruch zur Zeit seiner Entstehung erhoben worden wäre; AN. **16** 390.

2. Ist zur Zeit der Antragstellung kein Beschäftigungsort, sondern nur Wohnort vorhanden, so ist dieser maßgebend; auf den letzten Beschäftigungsort darf nicht zurückgegriffen werden; EuM. **11** 341 (Bay. LVAmt). Ist durch den Wohnort zur Zeit der Stellung des Antrags die Zuständigkeit eines VA. einmal begründet, so kann es die weitere Durchführung des Verfahrens nicht mehr ablehnen, wenn sich der Wohnort nachträglich ändert; AN. **01** 401, **17** 373.

Als Wohnort gilt dabei nicht ohne weiteres der Wohnsitz im Sinne des § 7 BGB., sondern Wohnen bedeutet ein rein tatsächlich länger dauerndes, nicht zufälliges Verweilen an einem Orte; AN. **04** 422, EuM. **21** 74, AN. **27** 352 (AV.). Auch der Ort einer Provinzialheil- oder Pflegeanstalt oder einer Universitätsklinik, in der der Antragsteller untergebracht ist, gilt daher als Wohnort; AN. **12** 874, **13** 639, 677, **17** 457. Längerer Aufenthalt im Lazarett; AN. **16** 562, und im Provinzialarbeitshaus begründet Wohnort; EuM. **24** 224. § 9 der FürsorgeV. betrifft nur die Zuständigkeit des Bezirksfürsorgeverbandes; EuM. **24** 224. Wohnort in Strafanstalt bei längerem Aufenthalt; AN. **15** 653. Aber der Aufenthalt in einer Heil- und Pflegeanstalt gilt nicht immer ohne weiteres als Wohnen im Sinne des § 1637, sondern nur, wenn das Verweilen nicht lediglich zu einem vorübergehenden Zwecke erfolgt; EuM. **10** 363 (Bay. LVAmt), **18** 170 (Bay. LVAmt)

Einen doppelten Wohnort hat, wer an seinem Beschäftigungsort eine Schlafstelle hat und von dort allwöchentlich auf zwei Nächte und einen Tag in seine Familienwohnung zurückkehrt; AN. **19** 274, EuM. **21** 74.

Hierbei bemißt sich die Zuständigkeit nach derjenigen Zeit, zu welcher der Antrag bei einer im allgemeinen zuständigen Behörde eingelaufen ist, nicht schon nach dem Zeitpunkte der Abfassung oder Absendung; EuM. **10** 363 (Bay. LVAmt), EuM. **11** 342 (Bay. LVAmt), **19** 99 (Bay. LVAmt).

Ob der Aufenthaltsort einer zum Heeresdienst eingezogenen Person als Wohnort im Sinne der §§ 1592, 1677, 1637 ff. anzusehen ist, richtet sich nach den tatsächlichen Verhältnissen des einzelnen Falles; AN. **17** 457. S. auch Breith. **8** 228 (Bay. LVAmt).

Ein nach § 1637 zuständiges VA. wird nicht dadurch unzuständig, daß der die Zuständigkeit zur Zeit der Antragstellung begründende Wohnort in eine einem anderen VA.-Bezirke zugehörende Gemeinde einverleibt wird; AN. **16** 653.

Auch bei Unfällen aus dem Bereiche der früheren Generaldirektion der Eisenbahnen in Elsaß-Lothringen zu Straßburg greift die allgemeine Zuständigkeitsregelung des § 1637 ohne weiteres Platz; EuM. **19** 312.

§ 1638. Hat der Versicherte keinen Wohn- oder Beschäftigungsort im Inland, oder ist er gestorben oder verschollen, so ist sein letzter inländischer Wohn- oder Beschäftigungsort[2] maßgebend[1].

Ist ein solcher nicht vorhanden, so ist der Sitz des Betriebs maßgebend, in dem der Versicherte beschäftigt ist oder zuletzt beschäftigt war.

1. Anträge auf Hinterbliebenenrente sind nach §§ 1614, 1638 bei dem VA. zu stellen, in dessen Bezirk der verstorbene Versicherte zuletzt gewohnt hat oder vor Begründung des letzten Wohnortes zuletzt beschäftigt gewesen ist; AN. **18** 444, Monatsschr. **13** 68, EuM. **17** 169, **18** 170 (Bay. LVAmt).

Auch Versicherte können Anträge gemäß §§ 1613, 1614, 1638 bei dem VA. stellen, in dessen Bezirk sie zuletzt gewohnt haben oder vor Begründung des letzten Wohnorts zuletzt beschäftigt gewesen sind; AN. **19** 377.

2. Bei der Feststellung des letzten Beschäftigungsorts sind auch Zeiten zu berücksichtigen, in denen zuletzt Beiträge auf Grund der Versicherungspflicht zur AV. geleistet worden sind; EuM. **19** 311.

§ 1639. Sind nach den §§ 1637, 1638 mehrere Versicherungsämter zuständig, so gebührt dem der Vorzug, das zuerst angegangen wird.

§ 1640. Hält das Versicherungsamt ein anderes für zuständig, so gibt es die Sache an dieses weiter[1 2].

Hält sich auch dieses nicht für zuständig, so entscheidet[3] der Vorsitzende des beiden Ämtern übergeordneten Oberversicherungsamts[4] oder, wenn ein solches nicht vorhanden ist, das Reichsversicherungsamt (Landesversicherungsamt).

Die Entscheidung ist endgültig und bindet die Instanzen.

1. Vgl. Runderlaß des RVA. v. 26. X. 17; AN. **17** 601. Bay. LVAmt **16** 245 steht teilweise im Widerspruch. Die Abgabe wird auch nicht dadurch ausgeschlossen, daß das VA. zunächst die Sache bearbeitet und begutachtet hat; Monatsschr. **18** 267.

2. Die Zuständigkeit des erkennenden VA. kann nicht in der Berufungsinstanz mit dem Erfolg nachgeprüft werden, daß die Entscheidung des VA. aufgehoben und die Sache an den VersTr. zurückverwiesen wird; EuM. **13** 309 (Bay. LVAmt).

3. Wenn eine Krankenversicherungssache im Berufungsverfahren nach § 1690 an ein VA. zurückverwiesen worden ist, so muß dieses über den streitigen Anspruch sachlich entscheiden; für ein Verfahren nach § 1640 ist dann kein Raum mehr; AN. **18** 315.

Die Vorschrift des § 1640 Abs. 2 ist nur dann anzuwenden, wenn es sich um Fragen der örtlichen Zuständigkeit des VA., nicht auch um solche der Zulässigkeit eines in der RVO. geordneten Verfahrens handelt; AN. **14** 656.

§ 1640 ist entsprechend auch bei Streit zweier LVAnsten. anzuwenden; EuM. **17** 169.

4. Das OVA. ist zur Abgabe der Sache nach § 1699 an das RVA. befugt; Monatschr. **14** 695.

2. Ausschluß und Ablehnung von Mitgliedern des Spruchausschusses

§ 1641. Von der Mitwirkung im Spruchausschuß ist ausgeschlossen[1],

1. wer in der Sache selbst Partei[2] ist,
2. wer einer Partei ersatzpflichtig ist,
3. wer mit einer Partei verheiratet ist oder gewesen ist,
4. wer mit einer Partei in gerader Linie verwandt oder verschwägert oder in der Seitenlinie im zweiten oder dritten Grade verwandt oder im zweiten Grade verschwägert ist,
5. wer in der Sache als Bevollmächtigter oder Beistand einer Partei zugezogen oder als ihr gesetzlicher Vertreter aufzutreten berechtigt ist oder gewesen ist[4],
6. wer in der Sache als Zeuge[3] oder Sachverständiger[5] vernommen ist,
7. wer als Mitglied eines Organs des Versicherungsträgers bei dem Beschluß über die Leistung mitgewirkt hat[6].

1. Von der Mitwirkung ausgeschlossen sind nur einzelne Personen, nicht aber Behörden als solche. Von der Entscheidung über die Versicherungspflicht städtischer Bediensteter ist der Vorsitzende eines städtischen VA. nur dann kraft Gesetzes ausgeschlossen, wenn er in der Sache als gesetzlicher Vertreter der Gemeinde aufzutreten berechtigt ist oder gewesen ist; AN. **16** 562 (AN. **06** 486 ist überholt).

Wenn eine ausgeschlossene Person trotzdem mitwirkt, so liegt darin ein wesentlicher Mangel des Verfahrens, der mit dem an sich gegen die Entscheidung zulässigen Rechtsmittel geltend zu machen ist; AN. (J. u. AV.) **93** 53.

2. Partei in der Sache selbst ist bei Rentenangelegenheiten nicht ein Magistratsmitglied des Fürsorgeverbandes; AN. (J. u. AV.) **93** 123.

Der ständige Stellvertreter im Vorsitz des VA. ist von der Mitwirkung bei der Entscheidung über die Beitragsleistung der von dem Landrat angestellten Schreiber nicht ausgeschlossen; AN. **14** 457. Ein Untergebener des Berufungsklägers ist nicht ausgeschlossen, auch nicht ohne weiteres befangen; AN. **90** 129.

3. Wer als Zeuge vernommen ist, kann in derselben Sache nicht als Mitglied des Spruchausschusses mitwirken; AN. (J. u. AV.) **93** 53. Dabei ist eine Vernehmung als Zeuge schon dann anzunehmen, wenn das Mitglied des Spruchausschusses vor der Sitzung eine schriftliche Auskunft über die körperliche Leistungsfähigkeit oder die Arbeitsverhältnisse des Antragstellers gegeben hat; AN. **97** 471, **10** 446, und auch zu der streitigen Frage, ob sich der Unfall ereignet hat, Stellung genommen hat; AN. **11** 486. Eine Zeugenvernehmung ist auch in einem Falle angenommen worden, in dem ein Mitglied des Spruchausschusses in der Sitzung Angaben über die Verhältnisse des Antragstellers machte; AN. (J. u. AV.) **94** 30, ebenso über den Zustand des Verletzten am Tage nach dem Unfall; Breith. **2** 9.

4. Z. B. Mitglied einer Eisenbahndirektion, der zugleich Vorsitzender der Betriebskrankenkasse ist; AN. **16** 809.

5. Sachverständiger ist auch ein Dolmetscher; AN. **01** 401. Als Sachverständigenvernehmung ist es auch zu behandeln, wenn ein Arbeitgeber vor der mündlichen Verhandlung an der Erstattung eines vom Vorsitzenden geforderten Gutachtens mitwirkt; AN. **90** 129.

6. Ein Beisitzer, der zu den einer Ausführungsbehörde unmittelbar unterstellten Beamten gehört, ist in den UV.sachen aus dem Dienstbereich der Behörden nicht ausgeschlossen; AN. **98** 316. Ein Mitglied einer gleichen Rentenfeststellungskommission ist nur in den Fällen als Beisitzer des OVA. ausgeschlossen, in denen er in der Kommission bei der Entscheidung über die Leistung mitgewirkt hat, doch kann er wohl ablehnen; EuM. **23** 198.

§ 1642. Ist der Vorsitzende des Versicherungsamts zugleich Vorsitzender eines Organs eines Versicherungsträgers, so ist er auch in solchen Sachen dieses Versicherungsträgers von der Mitwirkung im Spruchausschuß ausgeschlossen, bei denen er früher nicht mit tätig gewesen ist.

§ 1643. Mitglieder des Spruchausschusses können sowohl aus Gründen, die ihre Ausschließung rechtfertigen, als wegen Befangenheit[1] abgelehnt werden. Die Ablehnung wegen Befangenheit ist begründet, wenn Tatsachen vorliegen, die Mißtrauen gegen ihre Unparteilichkeit rechtfertigen können.

Kein Mitglied kann als befangen abgelehnt werden, wenn die Partei den Ablehnungsgrund schon vorher kennt, aber erst geltend macht, nachdem sie sich in eine Verhandlung vor dem Spruchausschuß eingelassen hat[2 3].

1. Befangenheit ist noch nicht daraus abzuleiten, daß das Mitglied des Spruchausschusses dem Versicherten eine einfache Rechtsmittelbelehrung erteilt hatte; AN. **90** 129, EuM. **11** 343 (Bay. LVAmt). Ein Grund zu Mißtrauen ist aus Äußerungen oder Handlungen zu entnehmen, die auf Vorurteile für oder gegen eine Partei schließen lassen; EuM. **11** 343 (Bay. LVAmt).

Es kann auch beantragt werden, daß der Vorsitzende nicht nur bei der Entscheidung, sondern auch bei der Vorbereitung der Sache nicht mitwirkt; HdbUV. **2** 586.

Wird ein Vergleich angefochten, so ist der Vorsitzende, der bei dem Vergleichsabschluß mitgewirkt hat, nicht ausgeschlossen; Breith. 1 134.

Die Ablehnung des ganzen Ausschusses oder nach § 1679 der ganzen Spruchkammer schlechthin wegen Besorgnis der Befangenheit ist unzulässig; AN. 16 415, 809.

Hält der Vorsitzende die Befangenheit eines Beisitzers für gegeben, so kann er dessen Stellvertreter sogleich zum Verfahren beiziehen; AN. 92 328.

2. Wird die Ablehnung in der Instanz, in der das Ablehnungsrecht gegeben war, nicht geltend gemacht, so ist damit das Recht der Ablehnung überhaupt verwirkt; AN. (J. u. AV.) 94 123, AN. 98 316. Die Ablehnung eines Mitglieds nach Einlassung des ablehnungsberechtigten Antragstellers in die mündliche Verhandlung ist unzulässig, wenn die Partei den Ablehnungsgrund schon vorher kannte; AN. 16 414, AN. (J. u. AV.) 92 53, Breith. 1 134. S. auch § 1645 Abs. 2.

3. Über Zurückverweisung im Berufungsverfahren wegen Übergehens eines begründeten Ablehnungsantrags s. § 1690 Anm. 1.

§ 1644. Der Vorsitzende des Versicherungsamts ist nicht deshalb von der Mitwirkung im Spruchausschuß ausgeschlossen, weil er im vorbereitenden Verfahren in der Sache amtlich tätig gewesen ist; er kann aus diesem Grunde auch nicht als befangen abgelehnt werden.

§ 1645. Der Ablehnungsgrund muß glaubhaft gemacht werden.

Lehnt die Partei ein Mitglied des Spruchausschusses als befangen ab, nachdem sie sich in eine Verhandlung eingelassen hat, so muß sie glaubhaft machen, daß der Ablehnungsgrund erst später entstanden oder ihr bekannt geworden ist[1].

1. S. auch Anm. 2 zu § 1643.

§ 1646. Wird ein Versicherungsvertreter abgelehnt, so entscheidet der Vorsitzende. Wird der Vorsitzende[1] abgelehnt, so entscheidet das Oberversicherungsamt endgültig. Einer Entscheidung bedarf es nicht, wenn der Abgelehnte das Ablehnungsgesuch für begründet hält[2].

1. Über die Ablehnung des Vorsitzenden des Spruchausschusses entscheidet das OVA. gemäß § 1646 in Verbindung mit § 1780 im Beschlußverfahren; AN. 15 384.

2. Zuständigkeit bei der Ablehnung von Mitgliedern des OVA. s. § 1679.

§ 1647. Die Entscheidung, die den Antrag für begründet erachtet, ist endgültig.

Die Entscheidung des Vorsitzenden, die den Antrag ablehnt, kann nicht für sich allein, sondern nur mit der Entscheidung in der Hauptsache angefochten werden[1].

1. Vgl. auch HdbUV. 2 586.

§ 1648. Der § 1646 gilt auch, wenn ein Mitglied des Spruchausschusses selbst eine Tatsache anzeigt, die seine Ablehnung rechtfertigen könnte, oder wenn Zweifel darüber entstehen, ob es aus einem gesetzlichen Grunde ausgeschlossen ist.

§ 1649. Wird eine Versicherungsbehörde nach Ausschluß oder Ablehnung von Mitgliedern beschlußunfähig, so bestimmt die zunächst höhere Spruchbehörde, welche andere Behörde gleicher Ordnung die Sache zu entscheiden hat.

3. Verfahren bis zur mündlichen Verhandlung

§ 1650. Der Antrag nach § 1636 ist bei dem zuständigen Versicherungsamte (§§ 1637 bis 1640) zu stellen[1].

Für die Anmeldung bei einer anderen Stelle[2] gilt § 129 Abs. 2, 3 entsprechend.

Minderjährige[3], die das sechzehnte Lebensjahr vollendet haben[4], können selbständig den Antrag für sich stellen und ihn selbständig verfolgen.

1. Voraussetzung für die Verfolgung der Entschädigungsansprüche im Spruchverfahren der Arbeiterversicherung ist die Prozeßfähigkeit. Sie ist ein Ausfluß der allgemeinen Geschäftsfähigkeit. Maßgebend sind die Vorschriften des BGB.; EuM. **11** 392, AN. **18** 491.

Näheres s. § 1613 Anm. 1.

2. Anmeldung bei einer anderen Stelle vgl. Anm. zu § 129.

3. Minderjährige und deren Stellung im Verfahren vgl. § 1613 Anm. 1.

4. Sie können persönlich geladen werden, nicht ihr gesetzlicher Vertreter; BG. **27** 7.

§ 1651. Der Antrag auf Entscheidung des Versicherungsamts bewirkt Aufschub, wenn es sich um Kapitalabfindung (§§ 217, 218) handelt. Die Abfindung kann im Spruchverfahren nur bestätigt oder aufgehoben werden.

§ 1652. Der Vorsitzende bereitet[1] die Sache vor und kann vor der mündlichen Verhandlung Beweis erheben.

Er kann nach eigenem Ermessen Augenschein einnehmen, Zeugen[2] und Sachverständige, auch eidlich[3], vernehmen, Gutachten von Ärzten und amtliche Auskünfte jeder Art einholen, auch andere Versicherungsträger beiladen.

Zeugen und Sachverständige werden nur vereidigt, wenn der Vorsitzende dies für notwendig hält, um eine wahre Aussage herbeizuführen. § 1571 Abs. 2 bis 4, § 1573, § 1574 Abs. 1, §§ 1575, 1577 bis 1579, § 1580 Abs. 2 bis 5 gelten entsprechend; ob die Aussage oder die Eidesleistung verweigert werden darf[4], entscheidet der Vorsitzende. Gegen seine Entscheidung ist binnen einer Woche Beschwerde an das Oberversicherungsamt zulässig. Das Oberversicherungsamt (Beschlußkammer) entscheidet endgültig.

1. Die Vorbereitungstätigkeit des Vorsitzenden umfaßt nicht nur das Recht zur Aufklärung des Sachverhalts, sondern auch die Pflicht, den gesammelten Streitstoff vor der Entscheidung den Parteien mitzuteilen; AN. (J. u. AB.) **93** 105 und §§ 20ff. BAO. Weiteres hierzu s. auch § 1653. Die vom Gegner vorgelegten Schriftsätze und Beweismittel sind der anderen Partei mitzuteilen; AN. (J. u. AB.) **92** 129, AN. **99** 448. Hält das VA. die Einholung des ärztlichen Gutachtens für notwendig oder rätlich, so darf es dessen Beibringung nicht dem Versicherten anheimgeben, sondern muß es selbst einholen; Monatsschr. **14** 761 (Bay. LVAmt).

Bei Geltendmachung eines Versicherungsanspruchs durch den Erben ist zum Nachweis des Erbrechts eine einfache Auskunft des Amtsgerichts erforderlich, die gebühren- und stempelfrei zu erteilen und gegebenenfalls vom Vorsitzenden einzufordern ist; Monatsschr. **16** 735 (Sächs. LVAmt).

Auch in Ersatzstreitigkeiten eines Fürsorgeverbandes soll die entscheidende Behörde und nicht der beteiligte Träger der Fürsorge die Sache vorbereiten; EuM. **10** 335.

Die Zeugenvernehmung hat durch den Vorsitzenden selbst zu erfolgen, darf nicht einem Sekretär des VA. vom Vorsitzenden übertragen werden; AN. **10** 428.

Nach § 1617 entscheidet der Vorsitzende des VA. nicht nur über den Inhalt und Umfang, sondern auch über die Form der zur Klarstellung des Sachverhalts erforderlichen Erörterungen nach seinem Ermessen; eine formelle Beweiserhebung nach § 1652 ist hiernach nicht in allen Fällen erforderlich; AN. **14** 703.

Im Spruchverfahren über einen nach bürgerlichem Rechte vererbten Anspruch auf Krankengeld ist von Amts wegen durch Herbeiziehung einer Auskunft des Nachlaßgerichts festzustellen, welche Personen als Erben des Versicherten bezugsberechtigt sind; EuM. **7** 97.

Die Nichtzuziehung eines Bevollmächtigten zur Beweisaufnahme außerhalb der mündlichen Verhandlung des VA. bildet keinen wesentlichen Mangel des Verfahrens; AN. **17** 392, wohl aber die Nichtbenachrichtigung der Parteien vom Termin, dieser Mangel ist aber durch die Mitteilung der Beweisaufnahmeniederschrift heilbar; AN. **95** 250, BG. **14** 67.

2. Ein Rentenberechtigter kann nach Abschluß des Rentenfestsetzungsverfahrens über den Hergang des Unfalls als Zeuge eidlich vernommen werden, wenn es sich um die Einleitung eines Strafverfahrens gegen den Unternehmer handelt; EuM. **4** 440.

Einzelne Vorstandsmitglieder einer KrK. sind verpflichtet, sich im Spruchverfahren auch dann nach §§ 1577, 1652 Abs. 3 als Zeugen vernehmen zu lassen, wenn die KrK. in der Streitsache selbst Partei ist; AN. **19** 297, ebenso Geschäftsführer einer KrK.; Monatsschr. **18** 538 (OVA. Berlin).

Auch im Beschlußverfahren können Zeugen durch das VA. eidlich vernommen werden; EuM. **4** 440.

3. Vereidigung der Zeugen ist nicht erforderlich. Die Instanz kann ihre Überzeugung auch auf unbeeidigte Zeugenaussagen und Gutachten gründen. Auch besteht kein Anspruch der Parteien auf Vereidigung der Zeugen und Sachverständigen; AN. **93** 173, 174, **95** 251, **02** 474, **04** 416. Anderseits ist es keine Kränkung für den Inhaber eines genossenschaftlichen Ehrenamts, wenn er vereidigt wird, zumal dadurch die Anfechtung seines Zeugnisses durch die Parteien beschränkt wird; AN. **93** 173.

4. Ob das Zeugnis verweigert werden darf, entscheidet sich im Falle der Veränderung in der Person der Parteien nach dem zur Zeit der Aussage vorliegenden verwandtschaftlichen Verhältnis; AN. **03** 393.

§ 1653. Den Beteiligten ist der Inhalt und auf Verlangen eine Abschrift[1] der Beweisverhandlungen mitzuteilen.

Der Vorsitzende entscheidet, wieweit ärztliche[2] Zeugnisse und Gutachten mitzuteilen sind. Der Spruchausschuß kann die Mitteilung nachholen.

1. Die Mitteilung einer Abschrift der Beweisverhandlung darf nicht davon abhängig gemacht werden, daß die Partei die dadurch entstehenden Kosten bezahlt; Monatsschr. **13** 369. Unzulässig ist es, die Übersendung davon abhängig zu machen, ob der Antragsteller die Abschrift benötigt; Monatsschr. **15** 405. Die VersTr. brauchen sich mit der Zusendung der Akten der Behörde zur Kenntnisnahme und etwaigen Ansfertigung von Abschriften nicht zu begnügen; AN. **08** 694. Der Inhalt des Beweisersuchens ist regelmäßig nur dann mitzuteilen, wenn er für das Verständnis des Beweisergebnisses erforderlich ist, also nicht bei Einholung ärztlicher Gutachten, sofern nicht ausdrücklich Antrag nach § 1653 gestellt ist; AN. **23** 21, Breith. **2** 600. Vertrauliche Auskünfte s. EuM. **27** 365.

Unterlassung der Mitteilung eines im Verfahren eingeholten ärztlichen Gutachtens bei Erlaß einer Vorentscheidung stellt Verfahrensmangel dar, der nicht nur bei erhobener Rüge, sondern von Amts wegen zu berücksichtigen ist; EuM. **23** 215, Monatsschr. **27** 251.

Wenn die Mitteilung eines für die Entscheidung wesentlichen Vorbringens oder Beweismittels unterbleibt, so ist dies ein wesentlicher Mangel des Verfahrens. Nach Lage des Einzelfalles ist dann zu entscheiden, ob dieser Mangel dadurch geheilt wird, daß das Beweismittel in der Verhandlung in Gegenwart der Parteien vorgetragen wird; Recht **11** Nr. 4194 (RVA.), EuM. **4** 308 (Bay. LVAmt), **4** 352 (Bay. LVAmt), Breith. 2 245, **18** 129. Einzelheiten s. auch § 1655 Anm. 2.

2. Die Entscheidung des Vorsitzenden darüber, wie weit ärztliche Zeugnisse und Gutachten mitzuteilen sind, bedeutet nur, daß der Vorsitzende über den Umfang der Mitteilung entscheidet, wenn er es dagegen ganz ablehnt oder gar keine Stellung zu dem Antrag nimmt, so ist er hierzu nicht berechtigt; Monatsschr. **13** 371, Breith. 2 369, EuM. **4** 352 (Bay. LVAmt). Keine Beschwerde; EuM. **27** 365.

In letzter Linie, auch angesichts der nach § 1653 Abs. 2 Satz 2 möglichen abändernden Stellungnahme des Spruchausschusses, entscheiden die Rechtsmittelinstanzen über die Frage, ob die Mitteilung eines ärztlichen Zeugnisses erforderlich war; AN. **01** 629, **09** 441, **27** 336.

§ 1654. Hängt der Anspruch von einem familienrechtlichen[1] oder erbrechtlichen Verhältnis ab, so kann[2] der Vorsitzende den Beteiligten aufgeben, das Verhältnis im ordentlichen Rechtsweg feststellen zu lassen.

Er bestimmt zugleich, bis wann die Klage zu erheben ist; die Frist kann auf Antrag verlängert werden.

1. Auch die Frage, ob die uneheliche Vaterschaft für den Waisenrentenbezug nach § 1259 Abs. 1 Nr. 4 als festgestellt anzusehen ist, kann von den Versicherungsbehörden als Vorfrage selbst entschieden werden. Der Vorsitzende kann aber auch die Aussetzung des Verfahrens anordnen und den Beteiligten aufgeben, die uneheliche Vaterschaft im ordentlichen Rechtsweg feststellen zu lassen; AN. **26** 204. Die eidesstattliche Versicherung der Kindsmutter liefert für die Versicherungsbehörden keinen zwingenden Beweis; Breith. **19** 72 (Bay. LVAmt).

2. Der Vorsitzende kann den Parteien die Feststellung aufgeben. Sie können ihn nicht durch eine Vereinbarung ihrerseits dazu zwingen, daß das Verfahren bis zur Austragung der betreffenden Vorfrage ruhen soll; AN. **88** 334. Auch der Antrag eines Beteiligten, das Verfahren ruhen zu lassen, ist daher ebensowenig maßgeblich; AN. **90** 601.

§ 1655. Der Vorsitzende bestimmt die Verhandlungszeit und teilt sie den Parteien mit[1] [2].

Der Vorsitzende kann für die mündliche Verhandlung Zeugen und Sachverständige laden und anderes anordnen, besonders auch das persönliche Erscheinen des Antragstellers[2] [3].

1. Mitteilung der Verhandlungszeit an die Parteien muß so zeitig erfolgen, daß die Beteiligten die Möglichkeit der Wahrnehmung des Termins oder doch der Geltendmachung ihrer Rechte durch schriftliche Mitteilung haben. Dabei ist die Eisenbahn- oder sonstige Verbindung zwischen dem Wohnort der Partei und dem Verhandlungsort zu berücksichtigen; AN. (J. u. AV.) **92** 129, RA. **95** 249, **01** 404.

Ladungsfristen s. auch § 39 VAO. Erfolgt die Ladung nach § 136 Abs. 2 durch Aushang im Wege der öffentlichen Zustellung, so muß die Ladungsfrist zwischen dem Ablauf der Aushängefrist und dem Tag des Termins liegen; AN. **05** 420.

In der Unterlassung der Benachrichtigung des Bevollmächtigten einer Partei von der mündlichen Verhandlung liegt ein wesentlicher Mangel des Verfahrens; EuM. **8** 385.

Die Mitteilung muß so klar sein, daß kein Zweifel über Zeit und Ort der Verhandlung möglich ist; AN. **94** 331. Sie gilt als nicht erfolgt, wenn der die Ladung enthaltende Einschreibebrief als unbestellbar zurückkommt; AN. **88** 189, **99** 448, erster Fall. Ist der Verhandlungstag unrichtig in der Ladung bezeichnet, so gilt die zugegangene Ladung als nicht erfolgt; AN. **99** 448, zweiter Fall. Hat die Partei an der Verhandlung nicht teilgenommen, so wird die Ladung zu einem neuen Termin nicht dadurch ersetzt, daß der neue Termin in der Verhandlung verkündet worden ist; AN. (J. u. AB.) **92** 1.

Die Ladung selbst muß in der Weise behändigt werden, daß im Rechtsmittelverfahren der Nachweis des Zugehens nachgeprüft werden kann; Monatsschr. **13** 682. Sie gilt auch dann als zugegangen, wenn die Annahme vom Empfänger oder einem erwachsenen Familienmitglied verweigert wird; EuM. **18** 191 (Sächs. LVAmt).

2. Die Parteien haben zwar auch ein Recht darauf, spätestens mit der Ladung über diejenigen Grundlagen unterrichtet zu werden, auf denen die Verhandlung stattfinden wird; Pr. VerwBl. **33** 45 (Pr. OVG.). Aber wenn in einer Verhandlung, an der die Partei teilnimmt, die Vernehmung von Zeugen beschlossen wird, so bedarf es einer ausdrücklichen Ladung der Partei zur Beweisaufnahme nicht, sondern es genügt die Ladung zu der Verhandlung, in der die Zeugen vernommen werden; Soergel **2** 348 (RVA.). Wenn ein ärztliches Gutachten zwar am Tag vor der Verhandlung bei dem VA. eingegangen ist, aber dem Versicherten nicht bekannt gemacht worden ist, so liegt darin ein wesentlicher Mangel des Verfahrens; EuM. **7** 323.

Das OVA. ist verpflichtet, ein ärztliches Gutachten, das wesentliche neue Tatsachen enthält und in einem von der VAnst. nicht wahrgenommenen Verhandlungstermin abgegeben worden ist, vor dem Erlasse der Entscheidung auch dann der VAnst. mitzuteilen, wenn dieser bekannt war, daß in den Verhandlungen des OVA. regelmäßig ein ärztlicher Sachverständiger zugezogen wird; AN. **08** 228. Nur dann kann davon die Rede sein, daß eine Partei von einer künftigen Beweisaufnahme benachrichtigt sei, wenn eine Beweisaufnahme von dem Vorsitzenden des OVA. oder dem OVA. selbst bereits angeordnet und der Partei hiervon Mitteilung gemacht ist, nicht aber schon, wenn der Partei eröffnet ist, das OVA. werde sich an dem Sitzungstag, an dem die betr. Streitsache verhandelt werde, einen Sachverständigen zur Verfügung halten, um seinen Rat in geeigneten Fällen in Anspruch zu nehmen; AN. **09** 498, Fall c. Ist der VersTr. von dem Verhandlungstermin mit dem Bemerken in Kenntnis gesetzt worden, daß im Falle seines Ausbleibens nach Lage der Akten werde entschieden werden, und ist ihm ferner mitgeteilt worden, daß die ärztliche Untersuchung des Klägers erforderlichenfalls im Verhandlungstermin erfolgen werde, zu dem als Sachverständiger der Dr. X. geladen sei, so ist damit nicht bestimmt gesagt, daß eine nochmalige ärztliche Untersuchung erfolgen werde, und es enthielt die Terminsladung nicht zugleich die Ladung zu einer bestimmten Beweisaufnahme; AN. **09** 497, Fall a. Ist dem VersTr. bei Gelegenheit der Terminsladung lediglich mitgeteilt, daß Dr. X. zum Termin als ärztlicher Sachverständiger geladen sei, um im Einzelfalle nach Bedarf vernommen zu werden, so kann der VersTr. aus dieser allgemeinen, auf eine Anzahl anderer Terminssachen sich mitbeziehenden Benachrichtigung nicht mit Sicherheit entnehmen, daß Dr. X. in der betr. Sache überhaupt vernommen werde; das Verfahren leidet an einem wesentlichen Mangel; AN. **09** 498, Fall b. Hat das OVA. dagegen dem VersTr. in der Benachrichtigung vom Verhandlungstermin mitgeteilt, daß das persönliche Erscheinen des Klägers angeordnet und Dr. X. als Sachverständiger geladen sei, sowie daß im Termin ein ärztliches Gutachten auf Grund einer Untersuchung des Klägers erstattet werde, so kann der VersTr. nicht noch außerdem verlangen, daß ihm das Gutachten vor der Entscheidung mitgeteilt werde; AN. **09** 499, Fall d.

Einen Ersatz für die vorherige Mitteilung des Beweisergebnisses kann der Vortrag des Akteninhaltes in Gegenwart der Parteien darstellen; Recht **11** Nr. **41** 94 (RVA.). Aber trotzdem kann je nach Lage des Falles auch bei solcher Sachlage in der unterbliebenen Mitteilung trotz Teilnahme an der Verhandlung ein Mangel des Verfahrens liegen; AN. **09** 52. Noch nach Verlesung der ärztlichen Gutachten kann der Antragsteller ihre abschriftliche Mitteilung dann verlangen, wenn er durch die Verlesung noch nicht in den Stand gesetzt war, Inhalt und Tragweite der Gutachten völlig zu erfassen; Recht **11** Nr. 1661 (RVA.) oder ein neues Gutachten beizubringen; Monatsschr. **15** 802. Eine Beeinträchtigung der Rechtsverfolgung ist aber verneint worden in einem Fall, in dem der Rentenbewerber von dem Gutachten schon vor dem VA. und dem OVA. Kenntnis erlangt hatte; Breith. **2** 245, Arch. f. ReichsVers. **13** 254 (RVA.).

3. Ein Recht, die Vertagung des Termins zu verlangen, hat die Partei nur, wenn die Wahrnehmung des Termins ihr aus wichtigen Gründen unmöglich ist; AN. **11** 421. Dies ist u. a. der Fall, wenn der Kläger die Vertagung beantragt mit der Begründung, daß er nur noch einige Wochen in Strafhaft sei; Monatsschr. **13** 369 (Bay. LVAmt), oder wenn er mitteilt, er würde gern zur Verhandlung erscheinen, sei aber wegen Krankheit dazu nicht imstande; ArbVers. **13** 471 (Bay. LVAmt). Vgl. weiter auch die zu § 1679 Anm. 2 erwähnte Entsch. AN. (AV.) **27** 401. Abgelehnt wurde ein Antrag auf Vertagung wegen beabsichtigter Bestellung eines Vertreters, weil ausreichende Frist zwischen Ladung und Termin lag; Komp. **14** 133.

Der VersTr., der zum Verhandlungstermin mit dem Anfügen geladen ist, daß eine Untersuchung des Antragstellers im Termin in Aussicht genommen sei, kann aber nicht verlangen, daß, wenn er, der VersTr. im Termin nicht vertreten sei, die Entscheidung ausgesetzt und ihm das Gutachten, das im Termin erhoben wird, zur Äußerung mitgeteilt werde; AN. **09** 499.

§ 1656. Der Vorsitzende bestimmt die Reihenfolge, in der die Versicherungsvertreter zu den Verhandlungen des Spruchausschusses zuzuziehen sind. Das Oberversicherungsamt kann hierüber allgemeine Bestimmungen treffen.

Bek. v. 15. XII. 24 (RGBl. I S. 779).

§ 1657. Der Vorsitzende[1] kann in allen Sachen[2] ohne mündliche Verhandlung eine Vorentscheidung[3] treffen. Dies gilt auch für den Fall, daß eine Beweiserhebung[4] stattgefunden hat.

V. v. 30. X. 23 (RGBl. I S. 1057).

1. Die Vorentscheidung ist ohne Zuziehung eines Kollegiums von dem Vorsitzenden der Versicherungsbehörde allein zu erlassen; AN. **14** 651. Auch die Vorentscheidung hat einen Tatbestand zu enthalten; AN. **16** 316.

Die Urschrift einer Vorentscheidung ist von dem Vorsitzenden mit dem vollen Namen zu unterzeichnen; Unterfertigung mit einem Handzeichen genügt nicht als Unterschrift; EuM. **10** 375, BG. **28** 399.

2. In allen Sachen (AN. **13** 405), auch in den Fällen des § 1661, in denen der Vorsitzende in öffentlicher mündlicher Verhandlung allein entscheidet, ist der Vorsitzende zu einer Vorentscheidung befugt; AN. **15** 354, auch wenn er an die Vorinstanz zurückverweist, Breith. **4** 25, **2** 541 (OVA. Braunschweig).

Auch durch Vorentscheidung ist die Zurückverweisung einer Sache in die Vorinstanz zulässig; AN. **15** 325.

3. Durch Satz 2 des § 1657 ist der in der Entsch. AN. **14** 499 ausgesprochene Grundsatz aufgehoben worden, dagegen ist hierdurch der Grundsatz der Entsch. AN. **14** 625 nicht berührt worden. Die Vorentscheidung ist demnach nunmehr auch dann zulässig, wenn im gleichen Rechtszug bereits Beweis erhoben worden ist; dagegen ist sie unzulässig, wenn in der Sache im gleichen Rechtszug bereits eine mündliche Verhandlung stattgefunden hat; AN. **27** 249, **14** 625, ebenso wenn eine Sache bereits an das OVA. zurückverwiesen ist; VG. **14** 201; AN. **14** 499, Monatsschr. **21** 693, AN. **15** 367, EuM. **11** 347 (Bay. LVAmt), EuM. **8** 310 (Bay. LVAmt), AN. **19** 424 sind überholt.

4. Auch die Vorentscheidungen gehen in Rechtskraft über; AN. (J. u. AV.) **92** 17, **94** 120, und zwar denjenigen Parteien gegenüber, die sie nicht mit Antrag auf mündliche Verhandlung oder (nach § 1679) mit Rekurs anfechten; AN. **26** 189.

§ 1658. Gegen die Vorentscheidung kann entweder dasjenige Rechtsmittel, welches gegen das Urteil zulässig wäre[1], eingelegt oder binnen der gleichen Frist der Antrag auf mündliche Verhandlung[2] gestellt werden[3]. Die Vorentscheidung muß hierauf unter Angabe der Frist hinweisen[4].

Minderjährige, die das sechzehnte Lebensjahr vollendet haben, können selbständig den Antrag auf mündliche Verhandlung stellen.

Ist der Antrag auf mündliche Verhandlung verspätet gestellt, so wird er als unzulässig verworfen.

1. Gegen die Vorentscheidungen des Vorsitzenden der Spruchkammer des OVA. (§§ 1679, 1657) ist der Rekurs und die Revision in denselben Fällen zulässig, wie gegen die Urteile der Spruchkammer; AN. **14** 319 (Gr.S.).

2. Eine die sachliche Nachprüfung des Rentenanspruchs erstrebende Eingabe eines Rentenbewerbers gegen eine Vorentscheidung ist nicht als Berufung, sondern als Antrag auf mündliche Verhandlung anzusehen; EuM. **2** 381 (Sächs. LVAmt). Die Zurücknahme des Antrags auf mündliche Verhandlung vor der Spruchkammer des OVA. hat nur den Verlust dieses Rechtsbehelfs, nicht den Verlust des Rechtsmittels der Revision zur Folge, es sei denn, daß ausnahmsweise aus den Umständen des Einzelfalls unzweifelhaft der Wille des Klägers hervorgeht, gleichzeitig auch auf die Revision zu verzichten; AN. **28** 61 (AV.).

3. Die Vorentscheidung wird derjenigen Partei gegenüber, die sie weder durch den Antrag auf mündliche Verhandlung noch durch das ordentliche Rechtsmittel anficht, in vollem Umfange rechtskräftig; AN. **26** 189.

4. Die ausdrückliche, in die Vorentscheidung aufgenommene Belehrung einer Partei, „es möge Revision eingelegt werden, da die Sache doch zur letztinstanzlichen Entscheidung werde gebracht werden", stellt einen wesentlichen Mangel des Verfahrens dar; EuM. **20** 173 (Bay. LVAmt).

§ 1659. Ist von beiden Rechtsbehelfen Gebrauch gemacht, so findet die mündliche Verhandlung statt[1].

Die Vorentscheidung steht für die Rechtsmittel und die Wiederaufnahme des Verfahrens einem Urteil gleich, wenn mündliche Verhandlung nicht beantragt worden ist.

1. Hat gegen die Vorentscheidung des Vorsitzenden des OVA. die eine Partei Rekurs eingelegt, die andere den Antrag auf mündliche Verhandlung, so findet die mündliche Verhandlung statt. Hat das OVA. über den Antrag auf mündliche Verhandlung ohne Kenntnis des Rekurses der einen Partei entschieden, so liegt ein wesentlicher Mangel des Verfahrens vor; AN. **17** 371.

4. Mündliche Verhandlung

§ 1660. Vor dem Spruchausschusse des Versicherungsamts wird mündlich und öffentlich verhandelt.

Die Öffentlichkeit kann aus Gründen des öffentlichen Wohles oder der Sittlichkeit ausgeschlossen werden; der Beschluß ist öffentlich zu verkünden[1].

1. Hierzu vgl. § 56 VAO.

§ 1661. Der Vorsitzende entscheidet in öffentlicher mündlicher Verhandlung allein über Leistungen der Krankenversicherung, wenn es sich handelt um

1. lediglich rechnerische Feststellung der Dauer und Höhe der Krankenhilfe,
2. Gewährung der Krankenhauspflege an Stelle der Krankenhilfe[1],
3. Sterbegeld,
4. Leistungen, deren Gesamtwert einen vom Reichsarbeitsminister festzusetzenden Betrag nicht übersteigt[2].

G. v. 19. VII. 23 (RGBl. I S. 686).

1. Auch aus § 1661 Nr. 2 läßt sich ein im Spruchverfahren verfolgbarer Anspruch der gegen Krankheit Versicherten auf Gewährung von Krankenhauspflege gemäß § 184 Abs. 4 nicht herleiten; AN. **17** 388.

Auch in den Fällen des § 1661 ist Vorentscheidung zulässig; AN. **15** 354.

2. Durch die V. v. 5. I. 24 (RGBl. I S. 24) in Verbindung mit § 2 der V. v. 12. XII. 24 (RGBl. I S. 775) ist dieser Betrag auf 100 RM. festgesetzt.

§ 1662. Der Antragsteller kann selbst erscheinen oder, wie auch der Versicherungsträger, sich vertreten lassen. Die erschienenen Parteien und Parteivertreter sind zu hören[1].

1. Vgl. §§ 16, 19, 42, 44 VAO. über Ausweis von Vertretern, über Anhörung von Beiständen, über zwangsweise Entfernung aus dem Sitzungszimmer und über die Anregung zur Abgabe sachdienlicher Erklärungen und zur Stellung sachdienlicher Anträge.

Wenn eine Partei weder erschienen noch vertreten ist, findet die mündliche Verhandlung ohne sie statt; Komm.Ber. **6** 154. Hat die Partei ihr Nichterscheinen im Termin rechtzeitig wegen Krankheit entschuldigt, so hat gegebenenfalls Vertagung zu erfolgen; Breith. **2** 6 (Bay. LVAmt).

§ 1663. Das Versicherungsamt kann Bevollmächtigte und Beistände zurückweisen[1], die das Verhandeln vor Behörden geschäftsmäßig betreiben[2].

Dies gilt nicht für Rechtsanwälte und solche Personen, welchen das Verhandeln vor Gericht gestattet ist (§ 157 der Zivilprozeßordnung), auch nicht für solche Personen, welche zur geschäftsmäßigen Rechtsvertretung vor den Versicherungsämtern und Oberversicherungsämtern zugelassen sind.

Über die Zulassung entscheidet das Oberversicherungsamt, auf Beschwerde die oberste Verwaltungsbehörde.

Die Zulassung darf nur versagt werden, wenn ein wichtiger Grund vorliegt; sie darf nicht versagt werden aus Gründen, die sich auf die religiöse oder politische Betätigung des Antragstellers stützen.

1. Die Zurückweisung eines Parteivertreters vor der mündlichen Verhandlung im Spruchverfahren ist unzulässig und kann insbesondere auch nicht auf § 1663 gestützt werden; AN. **23** 292. Sie steht der Spruchstelle zu und beschränkt sich auf den Einzelfall; HbdUV. 2 642. Die Zurückweisung von Rechtskonsulenten ist dann gerechtfertigt, wenn ihr Auftreten nicht angemessen ist oder wenn sie unsachliche Ausführungen machen oder offenbar wider besseres Wissen unzutreffende Ein-

wendungen erheben usw.; HdbUV. 2 596. Wird der Vertreter zurückgewiesen, so ist der Partei Gelegenheit zu geben, in einem neuen Termin selbst zu erscheinen oder einen geeigneten Vertreter zu bestellen; AN. 05 488, 585.

2. Zu den Personen, welche das Verhandeln vor Behörden geschäftsmäßig betreiben, gehören auch die Rechtsanwälte; EuM. 12 262 (Bay. LVAmt).

§ 1664. Die Vorschriften des Gerichtsverfassungsgesetzes über die Aufrechterhaltung der Ordnung in der Sitzung (§§ 175 bis 180, 182) gelten entsprechend[1].

Über Beschwerden[2] gegen Ordnungsstrafen entscheidet das Oberversicherungsamt endgültig.

1. Partei im Sinne des § 178 des GerichtsverfassungsG. sind auch die Parteivertreter, soweit sie nicht Rechtsanwälte sind. Als Ungebühr sind alle Handlungen anzusehen, welche die Ruhe oder die Ordnung der Sitzung gefährden oder die Würde des Gerichts verletzen; EuM. 24 387. An die Stelle einer wegen Ungebühr festgesetzten Geldstrafe kann für den Unvermögensfall eine Haftstrafe nicht treten; AN. 19 299. Der Vorsitzende ist auch befugt, Ausführungen eines Parteivertreters, die nicht zur Sache gehören und geeignet sind, die Verhandlungen zu verzögern oder zu verwirren, durch Wortentziehung abzuschneiden; Breith. 1 367.

2. Auf Beschwerde ist der Beschluß über die Ordnungsstrafe aufzuheben, wenn bei Festsetzung der Ordnungsstrafe wegen Ungebühr die Veranlassung des Beschlusses nicht in die Niederschrift aufgenommen worden ist; AN. 19 299.

§ 1665. Hält der Spruchausschuß die Sache noch nicht für genügend aufgeklärt, so beschließt er den erforderlichen[4] Beweis[1 2 3]. Die Ausführung[5] des Beschlusses kann er dem Vorsitzenden übertragen.

Für die Beweisaufnahme[6] gelten § 1652 Abs. 2, 3, § 1653, für die nachträgliche Anordnung, ein Rechtsverhältnis im ordentlichen Rechtsweg feststellen zu lassen, gilt § 1654 entsprechend.

1. Beweis. Ein Rentenempfänger darf dem VersTr. nicht die Beschaffung derjenigen Unterlagen unmöglich machen, die der VersTr. nötig hat, um den Umfang und das Fortbestehen seiner Leistungspflicht laufend nachzuprüfen. Der Rentenempfänger ist deshalb verpflichtet, sich dem vom VersTr. oder von den Versicherungsbehörden ihm angegebenen Arzte zur Untersuchung zu stellen und sich in einem Krankenhaus auf seinen Zustand beobachten zu lassen; AN. 89 138, 98 391, 05 584, 27 252, ArbVers. 09 829, Monatsschr. 13 250, ArbVers. 12 604. Der (auf Anordnung des OVA.) zur ärztlichen Beobachtung in einer Krankenanstalt untergebrachte Rentenbewerber hat zwar Anspruch auf angemessenen Ersatz der ihm dadurch entstandenen Erwerbsversäumnis. Hierbei ist ihm aber derjenige Betrag zu kürzen, den er infolge der freien Verpflegung im Krankenhaus an Aufwendungen für seinen Lebensunterhalt während dieser Zeit erspart hat; EuM. 26 111. Der Versicherte muß auch zur Feststellung seines Krankheitszustandes kleine körperliche Eingriffe, z. B. eine Magenausspülung, dulden; AN. 98 392. Einer Chloroform-Narkose zu Untersuchungszwecken braucht sich der Versicherte aber nicht zu unterziehen; HdbUV. 2 252. S. auch Anm. 2c Abs. 1, 2 zu § 1545.

Bei unberechtigter Weigerung des Versicherten, sich einem Arzte zur Untersuchung zu stellen, oder sich in ein Krankenhaus zur Beobachtung und ärztlichen Untersuchung zu begeben, kann der nach Lage der Verhältnisse zulässige, für ihn ungünstigste Schluß bezüglich seines körperlichen Zustandes daraus gezogen werden; AN. 89 138, 140, 93 166, 167, 03 593, HdbUV. 1 252. Der Schluß darf aber nicht widersinnig sein, z. B. nicht dahin gehen, ein unheilbares Leiden sei verschwunden oder ein fehlendes Körperglied wieder gewachsen; HbdUV. **1** 252. Der Schluß darf auch nicht mit dem sonstigen Ergebnis der Verhandlung in Widerspruch stehen; AN. **93** 167. Es kann also nur angenommen werden, daß der Beweis für eine Voraussetzung des Anspruchs mißlungen sei; AN. **02** 512. Der Ungehorsam ist also nur ein für die Beweiswürdigung erheblicher Umstand, der im Zusammenhang mit dem sonstigen Ergebnis der Verhandlungen zu würdigen ist; AN. **03** 593. Das über den Anspruch entscheidende Kollegium ist hierbei nicht verpflichtet, den vom Vorsitzenden angedrohten Rechtsnachteil zu verwirklichen; AN. **90** 486. Der aus der Weigerung gezogene ungünstige Schluß kann aber im Rechtsmittelverfahren durch ein ärztliches Gutachten widerlegt werden, das der Kläger selbst vorlegt oder das von der Instanz selbst eingeholt wird; AN. **13** 464.

Eine Weigerung mit den eben angegebenen Wirkungen liegt nur vor, wenn das Verlangen nach der Untersuchung oder Beobachtung begründet ist. Dies ist, wenn eine Beobachtung im Krankenhaus verlangt wird, nur der Fall, wenn eine solche zur Feststellung des Krankheitszustandes nach ärztlichem Urteil erforderlich ist; AN. **01** 431, **05** 584. Soll die Beobachtung als Grundlage für eine Rentenentziehung dienen, so muß von vornherein Grund zur Annahme einer wesentlichen Besserung bestehen; AN. **00** 675.

Bei der Prüfung, ob die Weigerung unberechtigt ist, sind auch die persönlichen Verhältnisse des Versicherten in billiger Weise zu berücksichtigen. Daher ist die Weigerung nicht unberechtigt, wenn gerade die Entbindung der Ehefrau stattgefunden hat und der Ehemann infolgedessen in der Familie nicht abkömmlich ist; AN. **98** 362. Auch die Gemütsstimmung kann einen wichtigen Grund zur Weigerung darstellen; AN. **01** 431. Das Vorhandensein kleiner Kinder kann je nach den Umständen die Weigerung berechtigt erscheinen lassen oder nicht, je nachdem sie ohne Anwesenheit des Vaters unversorgt wären; AN. **05** 584.

Über die Folgen der Weigerung muß der Versicherte belehrt worden sein; AN. **98** 392, **01** 431, EuM. **21** 234 (Bay. LVAmt), auch muß er nachweislich die Aufforderung zur ärztlichen Untersuchung erhalten haben; AN. **27** 252.

Nichts anderes gilt, wenn das persönliche Erscheinen der Partei angeordnet ist; AN. **87** 134, ArbVers. **09** 829, § 26 VAO. Wenn aber dem Kläger das persönliche Erscheinen in der mündlichen Verhandlung nur anheimgestellt worden ist, so dürfen aus seinem Nichterscheinen keine ungünstigen Schlüsse gezogen werden; Bay. LVAmt **13** 94.

Überhaupt muß der Versicherte nicht nur über die Folgen der Weigerung belehrt sein, sondern er muß erforderlichenfalls auch über die Gründe seiner Weigerung gehört und es muß auch klargestellt werden, daß es sich nicht um eine Heilbehandlung, sondern um eine Beobachtung und Untersuchung handelt; AN. **97** 350, **98** 392, **01** 431.

Unmöglich ist es, durch allgemeine Anordnung im voraus den Versicherten die Verpflichtung aufzuerlegen, sich in regelmäßigen Zeiträumen ärztlich untersuchen zu lassen; HbdUV. **1** 252.

2. Ein Beweis ist nicht erforderlich für allgemeine Erfahrungssätze der allgemeinen Bildung und Lebenserfahrung sowie der besonderen Wissensgebiete, wenn sie den Gerichten bekannt sind; Recht **11** Nr. 3681 (RG.).

3. Ferner bedürfen keines Beweises die bei dem Gericht offenkundigen Tatsachen. Dies sind Tatsachen, die in einer eigenen amtlichen Handlung des Richters bestehen oder Gegenstand seiner amtlichen Wahrnehmung gewesen sind, ferner auch die allgemeinkundigen Tatsachen, die einem größeren Kreise von Personen durch häufige Wahrnehmung oder in anderer allgemein zugänglicher Weise zuverlässig bekannt geworden sind; Pr. VerwBl. **35** 568 (Pr. OVG.). Noch nicht offenkundig ist dasjenige, was ein Mitglied des Kollegiums dem Gericht auf Grund

seiner besonderen Kenntnis der Verhältnisse z. B. über die Arbeitsverhältnisse einer Partei mitteilt. Ein solches Mitglied ist vielmehr nach § 1641 Nr. 6 von der Mitwirkung bei der Entscheidung ausgeschlossen und ist als Zeuge anzusehen; AN. (J. u. AV.) **94** 30.

4. Der Spruchausschuß hat nicht nur den von den Parteien angebotenen Beweis zu erheben und die von den Parteien bezeichneten Beweismittel zu benutzen, sondern auch nach eigenem Ermessen der Aufklärung des Sachverhalts nachzugehen; AN. **92** 233, **11** 420, **13** 739, ArbVers. **11** 400. Es darf aber nicht etwa im Zweifel zugunsten des Antragstellers einfach unterstellt werden, daß die Voraussetzungen des Anspruchs erfüllt seien; AN. **11** 420. So ist z. B. der ursächliche Zusammenhang zwischen einer Verletzung und dem Betriebe von dem Verletzten oder seinen Hinterbliebenen wenigstens darzutun; AN. **86** 228, **87** 355.

Eine Beweislast kennt das Verfahren der Sozialversicherung nicht, und zwar auch nicht im Falle des § 1420, sondern in diesem Falle ist die Beweiswürdigung lediglich derart verschärft, daß die Unmöglichkeit einer sicheren Feststellung dem Versicherten schadet; AN. **12** 891; vgl. AN. **02** 474 (ErwSen.). S. auch Anm. 2c zu § 1545.

Der Sachverhalt ist besonders sorgfältig zu klären, wenn in der JV. der Verlust der Anwartschaft aus der Versicherung in Frage steht; AN. **09** 494.

Die Aufklärungspflicht erfordert aber nicht, daß wegen der etwaigen Möglichkeit der Nachentrichtung von Beiträgen das Verfahren ausgesetzt wird, um dem Kläger Gelegenheit zur Nachbringung von Beiträgen zu geben; AN. **12** 825. Es liegt darin zwar ein Verfahrensmangel, aber kein solcher, der die Revision rechtfertigt, da die Abweisung jedenfalls mangels gegenwärtig vorhandener Beiträge zurzeit begründet war; AN. **12** 825.

Auch in dem Verfahren vor dem VersTr. kann die unzureichende Sachaufklärung liegen, wenn das OVA. demnächst den Anspruch aus einem anderen Grunde als der VersTr. den Anspruch abweist, das RVA. aber auf Rekurs oder Revision den Abweisungsgrund der Berufungsinstanz nicht gelten läßt; AN. **05** 575.

Anerkenntnisse sind zulässig, aber nach §§ 119, 123 BGB. anfechtbar; EuM. **12** 276. Hat eine Partei ein Anerkenntnis abgegeben, das offenbar der Sachlage nicht entspricht, so muß die Instanz sich vergewissern, ob nicht ein Irrtum vorliegt; AN. **00** 722. In Gewährung von Kassenleistungen kann aber ein ein für allemal bindendes Anerkenntnis — insbesondere über die Versicherungspflicht — nicht erblickt werden; EuM. **8** 42. Vgl. auch Anm. 5j zu § 1585 und Anm. 1 zu § 30 OVAO.

Wenn hiernach Mängel vorliegen, so können doch diejenigen Mängel, die verzichtbar sind, durch Verzicht ihre Bedeutung verlieren. Dabei sind als unverzichtbar die Verstöße gegen diejenigen Vorschriften anzusehen, die auf öffentlichrechtlicher Grundlage beruhen, z. B. die Vorschriften über die Förmlichkeiten der Beweisaufnahme; AN. **96** 356. Verzichtbar dagegen sind Verstöße gegen Vorschriften, die nur dem Schutz der Parteirechte dienen, z. B. Anträge auf Mitteilung ärztlicher Gutachten. Dabei kann aber ein Verzicht auf einen gestellten Antrag auf Mitteilung eines ärztlichen Gutachtens nicht schon daraus hergeleitet werden, daß die Partei diesen Antrag in der mündlichen Verhandlung nicht wiederholt; AN. **09** 523.

Auch unverzichtbare Mängel können aber dadurch geheilt werden, daß das Berufungsgericht die unterbliebene Prozeßhandlung nachholt oder auf ihre Nachholung durch die zuständige Stelle hinwirkt. So tritt Heilung ein bei nachträglicher Mitteilung ärztlicher Gutachten an die Partei; AN. **09** 441. Auch kann die Heilung dadurch eintreten, daß der von einer prozeßunfähigen Partei gestellte Antrag von der Partei nach Eintritt der Volljährigkeit oder von dem gesetzlichen Vertreter genehmigt wird; AN. **05** 407, **10** 495. Wenn die Partei nach Kenntnisnahme der über die Beweisverhandlung aufgenommenen Niederschrift das Ergebnis der Beweisaufnahme nicht bemängelt, so geht dadurch ihr Recht, den Mangel zu rügen, verloren; AN. **95** 250, **96** 356. Der Mangel kann in Unfallsachen auch noch in der Rekursinstanz geheilt werden; AN. **95** 250.

5. Die Beweisaufnahme findet vor dem Spruchausschuß selbst oder vor dem Vorsitzenden des VA. statt, darf aber nicht dem VersTr. oder einem Beamten des VersTr. übertragen werden; AN. **00** 334, **01** 199. Unter anderem darf die Beweisaufnahme auch nicht einem Kontrollbeamten der LVAnst. übertragen werden; AN. **01** 199. Auch einem Sekretär des VA. darf sie nicht wie einem beauftragten Richter übertragen werden; AN. **10** 428. Sind Beweistatsachen erheblich und die Beweismittel nicht unglaubwürdig, so darf eine Beweisaufnahme nicht abgelehnt werden, insbesondere nicht lediglich mit der Begründung, daß die betreffende Behauptung bereits widerlegt sei, und ebensowenig wegen Unwahrscheinlichkeit der Bestätigung der behaupteten Tatsache; EuM. **21** 423.

6. Zu der Beweisaufnahme müssen die Parteien geladen werden; AN. **95** 250, **96** 356. Als Ladung gilt auch die in Gegenwart der Partei erfolgte Verkündung des Termins; Soergel **09** 348 (RVA.), HbdUV. **2** 611. Aus der Verhandlungsniederschrift muß zu ersehen sein, welche Aussagen die geladenen und erschienenen Zeugen gemacht haben, oder aus welchem Grunde von ihrer Vernehmung abgesehen worden ist; AN. **98** 321. Wird die in der Verhandlungsniederschrift festgestellte Zeugenaussage nicht verlesen, so liegt jedoch darin kein wesentlicher, die Revision oder den Rekurs begründender Mangel des Verfahrens; AN. **05** 419.

Die vom Gegner vorgelegten Schriftsätze und Beweisurkunden sind der anderen Partei mitzuteilen; AN. (J. u. AV.) **92** 126, AN. **99** 448. Auch hat der Vorsitzende die vor der mündlichen Verhandlung von ihm selbst schon aufgenommenen Beweise den beiden Parteien mitzuteilen; AN. (J. u. AV.) **93** 105. Ferner ist auch der von einer Partei schon vor der mündlichen Verhandlung beschaffte Beweis schon vorher der Gegenpartei mitzuteilen; AN. (J. u. AV.) **92** 129, AN. **99** 448.

Werden Zeugen über einen anderen als den der Partei mitgeteilten Beweissatz in Abwesenheit der Partei vernommen, so müssen ihr erst die Aussagen dieser Zeugen mitgeteilt werden; AN. **03** 551. Auch wenn die Partei von dem Beweisaufnahmetermin ordnungsmäßig benachrichtigt war, müssen ihr vor der Entscheidung die in diesem Beweisaufnahmetermin erhobenen Zeugenaussagen mitgeteilt werden; HbdUV. **2** 610, 611. Demgemäß ist der LVAnst. ein im Termin durch den Vertrauensarzt des Gerichts erhobenes Gutachten mitzuteilen, wenn sie im Termin nicht vertreten war, sofern das Gutachten wesentliche neue Tatsachen enthält und der LVAnst. nicht vor dem Termin mitgeteilt worden war, daß eine Beweisaufnahme stattfinden werde; AN. **08** 228, **09** 497, 498. Dabei ist es noch nicht als eine ausreichende Mitteilung anzusehen, wenn dem VersTr. mitgeteilt wird, daß ein bestimmter Sachverständiger zum Verhandlungstag geladen sei, um im Einzelfall nach Bedarf vernommen zu werden. Ist aber der VersTr. zu einer im Verhandlungstermin beabsichtigten ärztlichen Untersuchung des Rentenbewerbers geladen, so ist das VA. nicht verpflichtet, dem Antrag des VersTr. zu entsprechen, für den Fall, daß er nicht vertreten sei, die Entscheidung auszusetzen und ihm das Terminsgutachten mitzuteilen; AN. **09** 499. Weitere Einzelfälle s. § 1655 Anm. 2.

Ist ein neues ärztliches Gutachten erhoben und bedarf der VersTr. zur Stellungnahme hierzu der Akteneinsicht, so darf sie während der Dauer des Verfahrens grundsätzlich nicht von der Instanz verweigert werden; AN. **10** 429, **12** 913. Wenn aber der Antrag zu kurz vor dem Verhandlungstermin gestellt wird, so braucht ihm nicht entsprochen zu werden, und es kann statt dessen der VersTr. die Vertagung beantragen; AN. **12** 913.

Der Rentenbewerber hat Anspruch auf schriftliche Mitteilung der ärztlichen Gutachten, die über ihn im Verfahren abgegeben sind; AN. **01** 629, **09** 523.

Stehen als Beweismittel Sachverständige in Frage, so hat der Antragsteller, abgesehen von den im Gesetz besonders vorgesehenen Fällen, keinen Anspruch darauf, daß ein von ihm benannter Sachverständiger gehört wird; vielmehr steht die Auswahl des Sachverständigen im Ermessen der entscheidenden Stelle, ArbVers. **09** 198 (RVA.).

Die Sachverständigen wie auch Zeugen können uneidlich vernommen werden; AN. (J. u. AV.) **93** 54, AN. **95** 251, **04** 416.

Gegenüber ärztlichen Gutachten besteht freie Beweiswürdigung; EuM. **10** 369. Sie ist aber insofern an Grenzen gebunden, als eine Abweichung nur aus Gründen erfolgen darf, die nicht unvernünftig sind; EuM. **10** 370, Komp. **27** 100.

Wenn der Einfluß eines Leidens auf die Erwerbsfähigkeit vom Arzte in hundert Teilen der vollen Erwerbsfähigkeit angegeben wird, so hat der Richter, ehe er der ärztlichen Schätzung folgt, zu prüfen, ob diese Einschätzung auch den besonderen Verhältnissen des Falles genügend angepaßt ist, oder ob nicht vielmehr die Verhältnisse eines Normalfalls zugrunde gelegt sind; EuM. **2** 267.

Ein Parteivertreter kann als Zeuge vernommen werden; AN. **98** 323. Werden die in der Verhandlungsniederschrift festgestellten Zeugenaussagen den Beteiligten nicht vorgelesen, so liegt darin kein wesentlicher Mangel des Verfahrens; AN. **05** 419. Die eidliche Vernehmung einer Partei ist unzulässig; EuM. **24** 225.

Eine Augenscheinseinnahme darf vom Gericht auch dann verwertet werden, wenn ihr Ergebnis nicht in der Niederschrift vermerkt ist. Nur wenn die Verwertung zu einem von dem ärztlichen Gutachten abweichenden Ergebnis führt, muß das Ergebnis des Augenscheins in der Niederschrift oder im Urteil angegeben werden; NA. **06** 275, **09** 494, BG. **30** 13. Der Augenschein des Gerichts ist aber regelmäßig nicht geeignet, als ein die sachverständigen ärztlichen Feststellungen entkräftender Gegenbeweis zu gelten; BG. **27** 27, **27** 256, **28** 111.

Als Beweis kommt auch in Betracht die Vornahme einer Magenausspülung; AN. **98** 392.

Urkundenbeweis. Eine von der zuständigen Behörde ausgestellte, öffentliche Urkunde kann nicht durch einfaches Bestreiten entkräftet werden, wie z. B. eine Aufrechnungsbescheinigung; AN. **04** 624, oder die Erneuerung einer Quittungskarte unter Übertragung von Beitragsmarken; AN. **97** 332, **04** 420. Diese Beweiskraft der Urkunde gilt aber nicht, wenn eine Krankheitsbescheinigung von einer unzuständigen Stelle ausgestellt ist; AN. **99** 284, oder wenn eine Aufrechnungsbescheinigung von einer Person ausgestellt ist, die nicht dazu bestellt ist; AN. **10** 431.

Dabei beweist die Aufrechnungsbescheinigung, daß die bescheinigten Beitragsmarken vorhanden waren, auch wenn die Quittungskarten verloren gegangen sind; AN. **04** 624. Sind bei der Erneuerung einer Quittungskarte Marken in diese übertragen, so braucht der Versicherte nicht noch die Arbeitgeber anzugeben, die diese Marken verwendet hatten, während umgekehrt bezüglich derjenigen Marken, deren Übertragung abgelehnt worden ist, der Gegenbeweis für die Verwendung dieser Marken noch zu führen ist; AN. **07** 467. Behauptet der Versicherte, eine größere Anzahl von Marken verwendet zu haben, als übertragen sind, so ist ebenso der Nachweis hierfür noch zu erbringen; AN. **11** 435. Darin liegt aber nicht, daß der Rentenbewerber die Beweise vorlegen muß, sondern es ist ein begründetes Bestreiten erforderlich. Ein solches begründetes Bestreiten liegt schon vor, wenn Umstände geltend gemacht werden, deren nähere Prüfung die Unrichtigkeit der bestrittenen Tatsache ergeben kann; AN. **11** 420.

Eine Zurückverweisung an das VA. wegen wesentlicher Verfahrensmängel ist auf Grund des § 1690 bei Ansprüchen aus der JV. nicht zulässig; AN. **13** 674, 825, EuM. **2** 384.

§ 1666. Vergleichen[1 2 3 5] sich die Parteien über den streitigen Anspruch und die etwa entstandenen Kosten, so gilt der Streit als erledigt[4].

1. Vergleiche sind auf dem Gebiete der RVO. nicht ausgeschlossen; EuM. **20** 177 (Bay. LVAmt). Vor dem Vergleichsabschluß hat der Vorsitzende die Partei auf die Folgen des Vergleichs aufmerksam zu machen und darf nicht einen ihr offenbar nachteiligen Vergleich herbeizuführen suchen; AN. (J. u. AV.) **94** 126. S. ferner Anm. 4 zu § 30 OVAO.

2. Noch kein Vergleich ist es, wenn der Antragsteller lediglich anzeigt, daß er zufriedengestellt sei; AN. **10** 574.

3. Der Vergleich ist zwar in der Niederschrift aufzunehmen (§ 46 Nr. 1 VAO., § 30 OVAO., § 28 RVAO.); doch ist er nicht unwirksam, wenn die Verlesung des beurkundeten Vergleiches unterblieben ist. Die für die Feststellung der Parteierklärungen erforderlichen Unterlagen können auch anderweit gewonnen werden; AN. **00** 722, **04** 418, **09** 524. Gegenüber der Niederschrift ist der Nachweis der unrichtigen Beurkundung zulässig; AN. **97** 384.

4. Der Streit gilt als erledigt durch den Vergleich, so daß eine Entscheidung dadurch entbehrlich wird; AN. (J. u. AV.) **93** 115. Wird durch Bescheid nicht über den Rentenanspruch selbständig befunden, sondern nur die bereits durch vorhergehenden Vergleich anerkannte Krankenrente festgesetzt, so wird nicht der Rentenanspruch in vollem Umfange von neuem in Streit gezogen, sondern nur die Frage, ob der Vergleich bindend war und ob er durch Bescheid sachlich und rechnerisch richtig ausgeführt ist; Monatsschr. **14** 485, AN. **05** 277, **09** 479.

5. Durch Verzicht oder Anerkenntnis wird zwar ebenfalls der Streit erledigt, aber ein Urteil nicht entbehrlich; AN. (J. u. AV.) **93** 115. Eine mündliche Anerkenntniserklärung ist nur dann als rechtsgültig anzusehen, wenn sie in der mündlichen Verhandlung vor den Spruchbehörden abgegeben ist. Eine mündliche Anerkenntniserklärung lediglich dem Vorsitzenden gegenüber bei einem Beweisaufnahmetermin reicht nicht aus; EuM. **21** 389. S. auch Anm. 2 und 3 zu § 30 OVAO.

§ 1667. Der Spruchausschuß*) entscheidet[1 2 3 6 7] nach Stimmenmehrheit[4].

Bildet sich bei Abstimmung über die Höhe[5] von Beträgen keine Mehrheit, so werden die für den größeren Betrag abgegebenen Stimmen den für den zunächst geringeren so lange hinzugerechnet, bis sich eine Mehrheit ergibt.

1. Die Entscheidung muß den gesamten Inhalt der Verhandlungen, die bis zur Entscheidung entstanden sind, berücksichtigen einschließlich dessen, was beim Gericht zwar bereits eingegangen, aber noch nicht zu den Akten gelegt ist; AN. **10** 656. Was aber erst nach der Urteilsfällung beim Gericht eingegangen ist, darf nicht berücksichtigt werden; AN. **01** 405. Die Entscheidung soll den gesamten Streitstoff erledigen; AN. **97** 406, EuM. **10** 372 (Bay. LVAmt), insbesondere über sämtliche Voraussetzungen des Anspruchs erkennen; AN. **30** 94 (KnV.), EuM. **25** 489. Der gesamte Streitstoff ist in tatsächlicher und rechtlicher Hinsicht zu würdigen; AN. **30** 212 (AVAV.).

Dabei ist auch über bürgerlich-rechtliche Rechtsverhältnisse, von denen der Rentenanspruch abhängt, mit zu entscheiden, wie z. B. über die Frage, ob die außereheliche Vaterschaft für eine Waisenrente nach § 1259 Abs. 2 Nr. 4 als festgestellt anzusehen ist, soweit nicht von der Aussetzung nach § 1665 Abs. 2 Gebrauch

---

*) In den Anmerkungen zu §§ 1667 ff. sind im Hinblick auf die §§ 1679, 1701 auch die Entscheidungen angeführt, die sich auf das Verfahren vor den Instanzen der UV. und JV. beziehen.

gemacht wird; AN. **26** 204. Wird von dem VersTr. gegenüber dem Rentenanspruch mit einer Ersatzforderung des Rentenberechtigten aufgerechnet, die diesem gegen einen Dritten zustand und die der VersTr. nach § 1542 für sich in Anspruch nimmt, so ist über diesen Schadensersatzanspruch und über seinen Übergang auf den VersTr. nur das ordentliche Gericht zur Entscheidung zuständig; AN. **04** 483, **10** 505.

2. Die Entscheidung kann nicht auf Verurteilung zu freier Kur und Verpflegung in einer Heilanstalt, zu der der VersTr. der UV. nach seinem Ermessen an Stelle der in erster Linie vorgeschriebenen Leistungen berechtigt ist, lauten; ArbVers. **10** 771, HbdUV. **1** 304, **2** 615. Unzulässig ist auch die Verurteilung einer BG. zur Rentengewährung und nebenher die Anordnung, daß der Verletzte behufs weiterer Beobachtung in ein Krankenhaus aufzunehmen sei; AN. **96** 217. Auch eine Verurteilung einer LVAnst. zu einem Heilverfahren ist nicht möglich; AN. **96** 503. Auf Grund der Versagung eines Heilverfahrens kann aber auch nicht ohne weiteres dauernde Invalidität angenommen und zur Leistung der Invalidenrente verurteilt werden; AN. (J. u. AV.) **93** 57.

3. Die Entscheidung kann sich nicht auf die Feststellung einzelner Voraussetzungen des Anspruchs beschränken, z. B. auf die Feststellung, daß ein Betriebsunfall vorliege; AN. **90** 601, **94** 335, **97** 405, BG. **27** 360, auch nicht auf der Feststellung eines bestimmten Vorgangs; BG. **28** 359; Verurteilung der BG. anzuerkennen, daß der Kläger während eines bestimmten Zeitraums an Bleivergiftung gelitten habe, unzulässig; BG. **28** 239. Verurteilung einer BG. für Folgen, die aus dem Unfall etwa entstehen könnten, aufzukommen, ist unzulässig; Monatsschr. **15** 145, ebenso Verurteilung einer KrK., an den Kläger zu zahlen, falls er selbst die Krankenpflege gezahlt hat, sonst an den Armenverband; Monatsschr. **16** 309 (Sächs. LVAmt). Sie kann sich auch nicht im Rentenverfahren auf die Feststellung der Versicherungspflicht beschränken; AN. (J. u. AV.) **94** 32, AN. **97** 316, **99** 452, Breith. **12** 75 (Bay. LVAmt). Sie kann ferner nicht dahin lauten, daß einer Partei für eine Tatsache der Beweis auferlegt werde; AN. **91** 219. Die Versicherungsbehörden haben im Spruchverfahren der RVO. über die gesamten Voraussetzungen des Grundes des geltend gemachten Anspruchs zu entscheiden. Eine Verurteilung des Beklagten zur Leistung unter der Bedingung, daß der Kläger das Vorliegen eines Teiles des anspruchbegründenden Tatbestandes nachweist, ist unzulässig; Breith. **17** 105. Vielmehr muß das Urteil im entscheidenden Teil auf Verurteilung oder Abweisung lauten; AN. **90** 601. Die Fassung der Urteilsformel, der Kläger solle sich mit dem freiwilligen Erbieten der Beklagten, eine Rente in einer bestimmten Höhe zu gewähren, zufrieden geben, ist unzulässig; AN. **03** 384.

Unzulässig sind bedingte Urteile auf Verurteilung zur Rentenzahlung für den Fall, daß die fehlenden Beitragswochen noch nachgewiesen werden; AN. (J. u. AV.) **94** 120, oder für den Fall, daß eine Beweisaufnahme zugunsten des Klägers ausfallen werde; AN. (J. u. AV.) **91** 219.

Zwischenurteile, d. h. solche über einzelne Angriffs- und Verteidigungsmittel, sind unstatthaft; AN. **90** 601, **97** 518. Ein Zwischenurteil, daß die Berufung wegen der Höhe des Rentensatzes zurückgewiesen, die Sache wegen des Jahresarbeitsverdienstes an die BG. zurückverwiesen werde, ist unzulässig; BG. **21** 184.

Der Urteilstenor kann nicht lediglich auf die Feststellung einer Überzeugung lauten; Breith. **18** 682.

Wenn ein Rentenentziehungsbescheid für unbegründet gehalten wird, so kann der entscheidende Teil des Urteils auf Aufhebung des Bescheids lauten; AN. **02** 507.

Je nach Lage des Falls wird in der höheren Instanz zu prüfen sein, ob nicht ein Teil der Entscheidung in der Begründung des Urteils enthalten ist; AN. **07** 550.

Eine zugesprochene Rente muß im Urteil ihrer Höhe nach festgestellt werden, widrigenfalls ein wesentlicher Mangel des Verfahrens vorliegt; AN. **06** 427. Näheres vgl. § 1668 Anm. 1.

Das OVA. kann im Feststellungsverfahren die LVAnst. nicht verpflichten, fehlende Beiträge einzuziehen; Breith. **12** 75 (Bay. LVAmt).

Ist ein Rentenanspruch im Laufe eines Rentenentziehungsverfahrens neu entstanden, so hat sich das Urteil auch hierauf zu erstrecken; AN. **99** 558.

Teilurteile, die sich nicht auf die Feststellung einzelner Voraussetzungen des Anspruchs beschränken, sondern über einen sachlichen Teil des Anspruchs selbst erkennen, sind nicht unzulässig; AN. **97** 406, **14** 676, HbdUV. **2** 615.

4. Die Entscheidung darf nur unter Mitwirkung derjenigen Personen ergehen, vor denen die Schlußverhandlung stattzufinden hat; AN. **97** 316 und § 49 VAO. Die Abstimmung über die Einzelgründe (in Unfallsachen z. B. ob Betriebsunfall, ursächlicher Zusammenhang usw. anzunehmen ist) ist nicht bindend für die Schlußabstimmung darüber, ob dem Rechtsmittel stattzugeben oder ob es zurückzuweisen ist; HbdUV. **2** 646.

5. Die Höhe der festzusetzenden Invalidenrente ist durch zwingende gesetzliche Vorschriften bestimmt. Sie ist demgemäß in dieser Höhe festzusetzen, auch wenn der Antrag auf eine geringere Summe beschränkt war; AN. **00** 409. Dies gilt auch für die Vorschriften über Aufrundung der Rente; AN. **88** 279. Im übrigen wird zwar innerhalb der erhobenen Ansprüche erkannt (§ 31 VAO.), jedoch betrifft dies nur den vom Versicherten im Ergebnis erhobenen Anspruch, dagegen nicht die Höhe des Jahresarbeitsverdienstes; AN. **90** 486, **91** 356, Breith. **1** 586.

6. Die Entscheidung ergeht auf Grund des freien Ermessens der Instanz, das aber kein willkürliches sein darf, sondern ein sachliches, mit Gründen gestütztes sein muß; AN. **99** 449, **09** 496, BG. **27** 27. Der persönliche Eindruck des Gerichts kann nicht die ärztlichen Feststellungen entkräften; Breith. **17** 430; zu vgl. auch Anm. 2 zu § 31 VAO.

Einen Grundsatz „in dubio pro reo" gibt es im Verfahren über Ansprüche aus der ArbVers. nicht. Z. B. die Entscheidung über den ursächlichen Zusammenhang zwischen einem Leiden und einem Unfall hängt vielmehr davon ab, ob der erkennenden Stelle bei freier Beweiswürdigung die Überzeugung vom Bestehen des Zusammenhanges positiv verschafft worden ist oder nicht; EuM. **14** 378, s. auch Anm. 2c zu § 1545 u. Anm. 2 zu § 31 VAO.

7. Die Urteilsformel soll die Entscheidung über den Streit der Parteien derart enthalten, daß danach ohne weiteres eine Vollstreckung möglich ist; Breith. **18** 473.

§ 1668. Hält der Spruchausschuß den Anspruch für begründet, so stellt er zugleich Betrag und Beginn der Leistung fest[1 2].

Wird der Anspruch ausnahmsweise nur dem Grunde nach anerkannt[1], so ist eine vorläufige Leistung[3] anzuordnen[4] und dem Betrage nach festzustellen. Die Feststellung der vorläufigen Leistung ist endgültig; die vorläufigen Zahlungen werden angerechnet.

1. Kein Anlaß zur Verurteilung nur dem Grunde nach, weil der VersTr. die Unterlagen für die ziffernmäßige Berechnung noch nicht beschafft hat; in diesem Fall hat die Berufungsinstanz die erforderlichen Ermittlungen selbst vorzunehmen; HbdUV. **1** 506. Die Spruchstelle darf auch nicht die Rente nach einem vorläufig berechneten JAV. oder ihren Beginn zu einem vorläufig bestimmten Anfangstermin festsetzen; AN. **05** 486.

Wird ausnahmsweise in der Entscheidung der Anspruch nur dem Grunde nach anerkannt, so ist in der Begründung der Entscheidung mit Rücksicht darauf, daß dies eine Ausnahme darstellt, darzulegen, welche besonderen Ausnahmeverhältnissen angenommen worden sind; AN. **14** 502, EuM. **27** 85, Breith. **13** 371. Andernfalls liegt in der Zusprechung der Rente dem Grunde nach ohne Feststellung ihrer Höhe ein wesentlicher Mangel des Verfahrens; AN. **06** 427.

Das über den Grund entscheidende Urteil stellt sich als Endurteil dar, das der Anfechtung durch das regelmäßige Rechtsmittel unterliegt und in Rechtskraft übergehen kann; AN. **92** 332.

Als eine Festsetzung der Rente ihrem Betrage nach ist es noch nicht anzusehen, wenn die Entscheidung dahin lautet, daß die Rente „in der gesetzlichen Höhe zu zahlen sei"; Breith. **2** 370. Sind mehrere Waisenrenten zugesprochen, so ist derjenige Rentenbetrag, der jeder einzelnen Waise zusteht, anzugeben, nicht nur der Gesamtbetrag der Waisenrenten in die Entscheidung aufzunehmen; ArbVers. **13** 495 (RVA.).

Die Verurteilung der BG. dem Grunde nach setzt die tatsächliche Feststellung voraus: 1. daß ein Unfallereignis eingetreten ist, und zwar in einem bei der BG. versicherten Betriebe, und 2. daß dieses Ereignis eine Körperverletzung zur Folge gehabt hat. Da diese Feststellungen erforderlich sind, um die Entscheidung zu tragen, werden sie auch mit ihr rechtskräftig; EuM. **3** 324 (Bay. LVAmt). Hat das RVA. einen VersTr. dem Grunde nach zur Entschädigung für die Folgen einer gewerblichen Berufskrankheit verurteilt, so ist die BG. bei Erteilung des Bescheids über die Höhe der Entschädigung nicht berechtigt, diese erneut mit der Begründung abzulehnen, daß eine Berufskrankheit nicht vorliege; EuM. **23** 28.

2. Liegen die Voraussetzungen für das Ruhen einer Rente vor, so ist gleichwohl zunächst die Rente ihrem Betrage und ihrem Beginn nach festzustellen und daneben ein besonderer Ausspruch über das Ruhen der Rente geboten; Arch. f. ReichsVers. **13** 207 (RVA.).

3. Die vorläufige Leistung steht rechtlich einem Vorschuß gleich. Der VersTr. ist daher berechtigt, Rentenansprüche auf die gezahlte vorläufige Leistung (nach § 622) aufzurechnen; EuM. **23** 38.

4. Zwingende Vorschrift; AN. **15** 638, EuM. **21** 363, **24** 337, BG. **27** 360. Ist die Anordnung einer vorläufigen Leistung versäumt worden, so hat der VersTr. seinerseits eine solche zu bewilligen, sofern nicht die Rentenfeststellung durch rechtsmittelfähigen Bescheid unverzüglich erfolgen kann, und zwar auch dann, wenn der VersTr. gegen die Entsch. ein Rechtsmittel eingelegt hat; HdbUV. **1** 506ff. Wenn das OVA. es unrichtigerweise unterlassen hat, bei Anerkennung des Anspruchs nur dem Grunde nach eine vorläufige Leistung gemäß § 1668 Abs. 2, § 1679 anzuordnen, so kann das RVA., wenn es dem Rekurse des VersTr. den Erfolg versagt, die vorläufige Leistung nachträglich anordnen, ohne daß darin eine Schlechterstellung des Rekursklägers (reformatio in peius) zu erblicken ist; EuM. **24** 342. Wenn das OVA. auf die Berufung gegen den ablehnenden Bescheid des VersTr. diesen unter Anordnung einer vorläufigen Leistung dem Grunde nach zur Entschädigung des Verletzten verurteilt, auf den Rekurs des VersTr. aber das Urteil des OVA. aufgehoben und der ablehnende Bescheid des VersTr. wiederhergestellt wird, so ist der VersTr. berechtigt, die auf Grund des Urteils des OVA. gezahlte vorläufige Leistung von dem Verletzten zurückzufordern; EuM. **25** 170.

§ 1669. Ist der Antragsteller auf Anordnung des Vorsitzenden in der mündlichen Verhandlung erschienen, so werden[1] ihm auf Verlangen bare Auslagen und Zeitverlust[2] vergütet; sie können vergütet werden, wenn er ohne Anordnung erscheint und der Spruchausschuß das Erscheinen[3] für erforderlich hält[4].

Auf Beschwerde gegen die Verfügung, welche die Vergütung festsetzt oder ablehnt, entscheidet das Oberversicherungsamt endgültig.

War der Antragsteller ohne Anordnung erschienen, so gilt die Vergütung als abgelehnt, wenn der Spruchausschuß nicht ausdrücklich feststellt, daß das Erscheinen erforderlich war. In diesem Falle findet Beschwerde nicht statt[5].

1. § 1669 gilt nur, wenn dem Antragsteller bare Auslagen und Zeitverlust aus der Staatskasse, dagegen nicht, wenn die Kosten dem unterlegenen Teil nach § 1670 auferlegt werden sollen; EuM. **12** 279 (Bay. LVAmt). Ist der Antragsteller auf Anordnung des Vorsitzenden erschienen, so liegt es nicht im Ermessen des Spruchausschusses, ob er eine Vergütung für bare Auslagen und Zeitverlust erhält, sondern er hat einen Anspruch hierauf; AN. **07** 501, EuM. **12** 319. Diese Kosten gelten als gerichtliche Kosten des Verfahrens; AN. **03** 553, **07** 501. Der Anspruch auf die Vergütung ist nicht ausgeschlossen, wenn der Rentenbewerber die Berufung zurücknimmt; Arch. f. Reichsvers. **13** 186 (RVA.). Bei Erscheinen ohne Anordnung sind ihm die dadurch erwachsenen Kosten dann zu erstatten, wenn das Gericht feststellt, daß sein Erscheinen erforderlich war, doch kommt § 1669 nur dann zur Anwendung, wenn der Kläger unterliegt und dem ohne Anordnung erschienenen obsiegenden Kläger außergerichtliche Kosten schon dann zuzusprechen sind (§ 1670), wenn sein Erscheinen der zweckentsprechenden Rechtsverfolgung diente; EuM. **12** 319.

2. Eine Entschädigung für Zeitverlust darf dem Antragsteller nach § 1669 Abs. 1 nur dann gewährt werden, wenn zugleich ein Erwerbsverlust stattgefunden hat. Das gilt auch noch nach Bekanntgabe des Preuß. Ministerialerlasses v. 11. X. 12 über die Kostentragung bei den staatlichen VÄern. (MinBl. für die preuß. innere Verwalt. **12** 273). Nur bei der Entschädigung von Zeugen ist § 2 Abs. 3 der Gebührenordnung für Zeugen und Sachverständige auch weiterhin anzuwenden; AN. **14** 450.

3. Ob die Notwendigkeit des Erscheinens aktenmäßig festgestellt ist, ist für die Rechtsgültigkeit der Entscheidung, die den Kostenersatz zuspricht, ohne Bedeutung; AN. **13** 747, 797.

4. Der Antrag auf Erstattung von Kosten des persönlichen Erscheinens (vor dem OVA.) kann rechtswirksam auch bei der VG. gestellt werden; EuM. **19** 172. Voraussetzung der Erstattung von Kosten des (vom OVA.) nicht angeordneten persönlichen Erscheinens ist lediglich, daß das Gericht das Erscheinen für erforderlich hält und erklärt; EuM. **19** 173. Ist das Erscheinen für erforderlich gehalten, so sind die Kosten auch dann zu ersetzen, wenn der Kläger unterliegt; AN. **88** 252.

5. Abs. 3 des § 1669 bezieht sich nur auf den Fall, daß eine Vergütung im Termin nicht gezahlt ist und erst nachträglich gefordert wird; AN. **13** 747. Über Entscheidung bei Verweigerung der Kosten vgl. auch § 1679 Anm. 1.

§ 1670. Bei der Verhandlung wird von Amts wegen geprüft, ob und in welchem Betrage die unterlegene Partei dem Gegner seine Kosten[1] zu erstatten hat.

Die Höhe dieser Kosten wird im Urteil festgesetzt.

Sie werden auf Antrag der Partei durch Vermittlung des Versicherungsamts wie Gemeindeabgaben beigetrieben.

1. § 1670 betrifft lediglich die der Partei selbst entstehenden Kosten; EuM. **22** 20. Unter Kosten der Partei sind hier auch die Kosten eines vom Antragsteller vorgelegten ärztlichen Gutachtens zu verstehen; AN. **08** 658. Jedoch gehören die durch Anhörung eines Arztes gemäß § 1681 entstandenen Kosten nicht zu den von dem unterlegenen VersTr. gemäß § 1670 zu erstattenden Kosten; AN. **30** 260.

Der Ersatz der Fahrkosten eines Parteivertreters, der an einem Sitzungstage mehrere Sachen vor dem RVA. und (oder) RVGer. wahrgenommen hat, kann in jeder einzelnen Sache nur anteilig gefordert werden, gleichviel, ob die von ihm vertretenen Parteien in einer oder mehreren Sachen obsiegen oder unterliegen; AN. **23** 241, HbdUV. 2 620.

Die Entschädigung für Versäumnis von Erwerb während einer Krankenhausbeobachtung gehört dagegen nicht zu den außergerichtlichen, sondern zu den gerichtlichen Kosten, die nicht im Urteil selbst festzusetzen sind; AN. **95** 262, **07** 496.

Erstattungsfähig sind aber allgemein die außergerichtlichen Kosten nur insoweit, als sie zur zweckentsprechenden Rechtsverfolgung oder Rechtsverteidigung notwendig waren, eine Voraussetzung, die jeweils im Einzelfall, z. B. bei persönlichem Erscheinen der Partei vor Gericht oder bei ihrer Vertretung durch einen Bevollmächtigten zu prüfen ist; HbdUV. 2 620, Breith. **2** 379, EuM. **14** 326. Dies gilt auch für Schriftsätze der Parteien; Breith. **1** 536. Ein allgemeiner Rechtsgrundsatz, wonach die unterliegende Partei der obsiegenden die außergerichtlichen Kosten zu erstatten hat, besteht nicht, vielmehr ist es in das freie, durch Billigkeitsgründe gelegte Ermessen der Versicherungsbehörden gestellt, ob und in welcher Höhe die unterlegene Partei dem Gegner im Einzelfall außergerichtliche Kosten zu erstatten hat. Deshalb ist in der Rechtsübung der Versicherungsbehörden nur in Ausnahmefällen den obsiegenden VersTrn. Kostenersatz zugesprochen worden; AN. **18** 445. Auch bei teilweisem Obsiegen des Klägers kann der Beklagten Erstattung der Kosten auferlegt werden; AN. **89** 415.

Erstattungsfähig sind auch diejenigen Kosten, die durch einen wegen Beschlußunfähigkeit des Spruchausschusses aufgehobenen Verhandlungstermin entstanden sind; sie können aber nur der obsiegenden Partei erstattet werden; AN. **11** 486.

Erstattungsfähig sind auch die außergerichtlichen Kosten des Nebenintervenienten; AN. **10** 496.

Anwaltskosten erstattet im Hinblick auf schwierige Rechtslage; EuM. **12** 280.

Reisekosten eines Verletzten für Wahrnehmung des Verhandlungstermins nicht erstattet, weil die BG. ihm vor dem Termin eine dem eingeholten Obergutachten entsprechende Rente angeboten hatte; Komp. **14** 149.

Für die Wahrnehmung eines Termins vor dem RVA. durch einen Vertreter kann der Partei nur so viel zugebilligt werden, als einem Berliner Rechtsanwalt nach der V. v. 14. XII. 23 (RGBl. I S. 1198 — abgedr. in Anm. 2 zu § 1804) zu zahlen wäre; Monatsschr. **23** 182.

Der Kläger kann aber nicht nach § 1670 zur Erstattung der Gebühr verurteilt werden, die der VersTr. nach § 1803 Abs. 1 Satz 1, 2 im Verfahren vor dem RVA. für jede Spruchsache zu entrichten hat, an der er beteiligt ist; AN. **27** 230, Breith. **18** 15.

Der Kostenpunkt, soweit er das Verfahren in der Vorinstanz betrifft, wird durch die höhere Instanz mit erledigt; Soergel **10** 839 (RVA.), EuM. **11** 351, HbdUV. 2 621, 648. Über Erstattung außergerichtlicher Kosten, wenn im Laufe des Berufungsverfahrens ein Anerkenntnis erfolgt, entscheidet also die Berufungsinstanz, und zwar durch Urteil; EuM. **12** 280, Breith. **16** 202 (Bad. LVAmt). Eine Zuständigkeit der VAmter zur Festsetzung außergerichtlicher Parteikosten in Unfallversicherungssachen besteht nicht. Die VersTr. können zur Erstattung solcher Kosten nur für die Berufungs- oder Rekursinstanz verurteilt werden; EuM. **8** 375, **11** 351. Lehnt das Urteil den Erstattungsantrag ab, so kann diese Entscheidung nur zugleich mit der Anfechtung der Entscheidung in der Hauptsache mit dem zulässigen Rechtsmittel angefochten werden; AN. **16** 526.

Erstattung außergerichtlicher Kosten kann auch im Beschlußverfahren zugebilligt werden; AN. **18** 445. Sie können der obsiegenden Partei auch in solchen Beschlußsachen zugesprochen werden, die nicht vor dem Kollegium verhandelt werden; AN. **16** 726.

Bei Abgabe einer zunächst bei einem LVAmt anhängigen Sache an das RVA. hat dieses auch über die im Verfahren vor dem LVAmt erwachsenen außergerichtlichen Kosten zu entscheiden; AN. **92** 327.

Die nach § 59 Abs. 2 zu erstattenden Barauslagen dürfen dem VersTr. nicht durch Urteil auferlegt werden; AN. 17 536.

§ 1671. Das Urteil[1] des Spruchausschusses wird öffentlich verkündet, auch wenn die Öffentlichkeit der Verhandlung ausgeschlossen war.

Es wird mit Gründen[2] versehen, von dem Vorsitzenden unterschrieben[3], ausgefertigt[4] und den Parteien zugestellt[5].

1. Alle wesentlichen Teile der Entscheidung über den Streitstoff, bezüglich deren die Rechtskraft eintreten soll, wozu insbesondere die Feststellung des Beginns der Leistung gehört, sind in der Entscheidungsformel zum Ausdruck zu bringen. Eine bedingungsweise Bestimmung in den Gründen des Urteils, die für einen bestimmten Fall eine Änderung der in die Urteilsformel aufgenommenen Entscheidung bewirken soll, ist rechtlich unerheblich; EuM. 23 4.

2. Die Begründung des Urteils darf nicht auf die Wiedergabe des Endergebnisses der Sach- und Rechtsprüfung beschränkt sein, sondern muß ersehen lassen, aus welchen Erwägungen das Gericht zu seiner Entscheidung gekommen ist; AN. 06 275. Deshalb müssen die mit dem Akteninhalt übereinstimmenden und sich aus der Verhandlung ergebenden Tatsachen angegeben werden, die die Grundlage der Entscheidung bilden, da sonst das Revisionsgericht nicht nachprüfen kann, ob die festgestellten Tatsachen die Anwendung des Gesetzes rechtfertigen; EuM. 7 252 (Bay. LVAmt). Rechtliche Erwägungen sind so vorzunehmen, daß eine Nachprüfung über die richtige Anwendung des bestehenden Rechtes möglich ist. Es ist anzugeben, warum die Versicherungspflicht bejaht oder verneint wird und warum die Wartezeit nicht als erfüllt angesehen wird; AN. 97 316. Demgemäß genügt eine Begründung nicht, die dahin lautet, daß der Kläger entweder überhaupt noch nicht invalide sei oder daß er vor Erfüllung der Wartezeit invalide geworden sei, daß also der Anspruch keinesfalls begründet sei; AN. 12 891. Keine ausreichende Begründung der Invalidität bedeutet es, wenn in den Gründen nur auf das „vorgeschrittene Alter und den Gesamteindruck" Bezug genommen wird; EuM. 7 252.

Das Abstimmungsverhältnis darf im Urteil nicht angegeben werden; AN. 97 328.

Immerhin kann unter Umständen auch die Bezugnahme auf eine ausreichend begründete Vorentscheidung als Begründung genügen; AN. 98 322, 10 445, § 36 Abs. 1 OVAO.

Zur Begründung gehört auch eine Darlegung des Tatbestandes — vgl. AN. 10 445, § 36 Abs. 1 OVAO. —, sie unterliegt der freien Beweiswürdigung der übergeordneten Instanz und hat nicht eine erhöhte Beweiskraft wie der Tatbestand eines Zivilurteils nach §§ 313, 314 ZPO. Dies gilt daher z. B. für ein in der Urteilsbegründung wiedergegebenes angebliches Anerkenntnis; AN. 00 722.

Ist der Vorsitzende gestorben, so muß die Begründung von einem Beisitzer abgefaßt werden, darf aber nicht unterbleiben; AN. 98 315.

3. Die Unterschrift des Urteils erfolgt bei Verhinderung des Vorsitzenden durch den ältesten Beisitzer, kann aber nicht durch den stellvertretenden Vorsitzenden erfolgen, der an der Verhandlung und Entscheidung nicht teilgenommen hatte; AN. 04 540. Die Unterschrift ist auf der Urschrift des Urteils zu leisten; Begr. zur RVO. S. 501. Die Tatsache der Übereinstimmung berechtigt den Vorsitzenden (der Spruchkammer des OVA. im Berufungsverfahren) nicht zur Ablehnung der Unterzeichnung des ergangenen Urteils. Auch berechtigt diese Weigerung nicht, den an Lebensjahren ältesten Beisitzer zur Unterzeichnung des Urteils an Stelle des Vorsitzenden. Dessen vertretungsweise Unterzeichnung würde vielmehr einen die Aufhebung der angefochtenen Entscheidung begründenden wesentlichen Mangel des Verfahrens darstellen; Breith. 18 74.

4. Die Ausfertigung des Urteils hat als öffentliche Urkunde durch eigenhändige Unterschrift des Vorsitzenden, nicht durch Namensstempel oder Handzeichen zu erfolgen; ArbVers. **09** 681 (RVA.), AN. **21** 272, EuM. **10** 375, HbdUV. **2** 623. Fehlt jede Unterschrift, wird Rechtsmittelfrist nicht in Lauf gesetzt; Breith. **1** 361. Begriff Ausfertigung s. Anm. 5.

5. Die Zustellung erfolgt durch Zustellung eines Schriftstücks, welches das für eine Ausfertigung erforderliche Mindestmaß an Form wahren muß, widrigenfalls die Rechtsmittelfrist nicht in Lauf gesetzt wird; Arch. f. ReichsVers. **13** 273 (RVA.), Breith. **1** 361, Deutsche Juristenzeitung **13** 204 (RVA.). Dem Nebenintervenienten muß das ergehende Urteil ebenfalls zugestellt werden; EuM. **22** 124, **27** 297. Bezeichnung als Ausfertigung soll geschehen, ist aber nicht unbedingt erforderlich; AN. **21** 272. An wen im Einzelfall zuzustellen ist (Partei oder Bevollmächtigten), ergibt sich aus den Verfahrensverordnungen; Monatsschr. **16** 618 (Bay. LVAmt).

§ 1672. Über die mündliche Verhandlung wird eine Niederschrift[1] [2] [3] [4] aufgenommen.

1. S. §§ 45 bis 47 VAO., vgl. auch §§ 29 bis 32 OVAO., § 28 RVAO.

2. Vergleiche und Verzichte, die zwar in die Verhandlungsniederschrift aufgenommen, aber nicht vorgelegt sind, werden aus dem letzteren Grunde nicht unwirksam; AN. **04** 418, **09** 524.

3. Im Spruchverfahren wird die Beobachtung der für die mündliche Verhandlung vorgeschriebenen Förmlichkeiten nur durch das Sitzungsprotokoll bewiesen. Zu den Förmlichkeiten im Sinne dieser Vorschrift gehört auch die Besetzung der Richterbank. Gegenüber der Sitzungsniederschrift ist nur der Nachweis der Fälschung zulässig; Breith. **17** 418. Das Ergebnis eines in der Verhandlung eingenommenen gerichtlichen Augenscheins muß, wenn es von dem ärztlichen Befunde abweicht, in der Verhandlungsniederschrift oder im Urteil ausführlich angegeben werden, andernfalls liegt ein wesentlicher Mangel des Verfahrens vor; AN. **06** 275, **09** 494.

4. Wenn die in der Verhandlungsniederschrift festgestellten Zeugenaussagen den Beteiligten nicht vorgelesen werden, so liegt darin kein wesentlicher Mangel des Verfahrens; AN. **05** 419.

§ 1673. Schreib- und Rechenfehler[1] und ähnliche offenbare Unrichtigkeiten[1], die im Urteil vorkommen, sind jederzeit[2] auf Antrag oder von Amts wegen zu berichtigen[4].

Der Vorsitzende entscheidet ohne mündliche Verhandlung, ob zu berichtigen ist.

Berichtigt er, so wird die Verfügung auf der Urschrift des Urteils und den Ausfertigungen vermerkt. Über die Verfügung kann sich der Beteiligte bei dem Oberversicherungsamte beschweren[3]; das Oberversicherungsamt entscheidet endgültig.

Die Verfügung, die eine Berichtigung ablehnt, ist unanfechtbar.

1. Schreib- und Rechenfehler und ähnliche offenbare Unrichtigkeiten liegen nur vor, wenn das Urteil etwas ausspricht, was das Gericht nicht aussprechen wollte. Unter „ähnlichen offenbaren Unrichtigkeiten" im Sinne des § 1673 Abs. 1 sind nicht Mängel des Wollens, sondern nur solche im Ausdruck des Gewollten zu verstehen. Bei Irrtum über die tatsächlichen Unterlagen der Entscheidung oder Rechtsirrtum besteht keine Möglichkeit der Berichtigung; AN. **21** 183, **26** 277, EuM. **15** 213, **24** 222. Ferner nicht, wenn die Rente falsch berechnet ist unter Verwendung eines unrichtigen Jahresarbeitsverdienstes; AN. **94** 333, **99** 444, **11** 451, oder unter irrtümlicher Berechnung der Wartezeit; AN. **09** 523, oder wenn der Beginn der

Rente falsch bestimmt ist; AN. (J. u. AV.) **94** 120, auch ArbVers. **11** 491 (Preuß. OVG.). Der Grundsatz in AN. **94** 33 (s. vorstehend) gilt auch bei der Umrechnung von Dauerrenten nach Art. 153 des Zweiten Ges. über Änderungen in der UV. v. 14. VII. 25 (RGBl. I S. 97); AN. **27** 321.

Ein Wechsel in der Ansicht des Gerichts nach Fällung des Urteils (Erkennen des Übersehens einer gesetzlichen Bestimmung) ist somit nicht im Wege des Berichtigungsverfahrens zur Geltung zu bringen; EuM. **15** 213, AN. **21** 183.

2. Jederzeit bedeutet, daß die Berichtigung an keine Frist gebunden ist; AN. **92** 329, **99** 444.

3. Die Frist für die Einlegung der Beschwerde gegen die eine Berichtigung der Entscheidung anordnende Verfügung des Vorsitzenden nach § 1673 Abs. 3 beginnt mit der von Amts wegen zu bewirkenden Zustellung der Verfügung; AN. **21** 183.

Durch den Vermerk der Berichtigung auf dem Urteil und seinen Ausfertigungen und die Zusendung der Berichtigung wird nicht die Rechtsmittelfrist gegen das Urteil von neuem eröffnet; AN. **92** 329, AN. (J. u. AV.) **93** 70, Breith. **1** 337, Monatsschr. **20** 584, EuM. **18** 7 (Bay. LVAmt). Es kann aber unter Umständen infolge der Berichtigung ein bereits eingelegtes Rechtsmittel die Grundlage verlieren; Recht **11** Nr. 5313 (RG.).

Die Berichtigung ist nur im Beschwerdeweg anfechtbar. Für die Zulassung eines anderen Rechtsmittels ist kein Raum; AN. **16** 505 (AN. **11** 451 ist überholt).

4. Eine Berichtigung des Tatbestandes wie nach § 320 ZPO. können die Parteien nicht verlangen; AN. (J. u. AV.) **93** 69.

§ 1674. Hat das Urteil einen von der Partei erhobenen Haupt- oder Nebenanspruch oder den Kostenpunkt ganz oder teilweise übergangen, so wird es auf Antrag nachträglich ergänzt[1 2].

Über den Antrag[1] kann ohne mündliche Verhandlung entschieden werden, wenn es sich um einen Nebenanspruch oder um den Kostenpunkt handelt.

Die ergänzende Entscheidung wird auf der Urschrift des Urteils und den Ausfertigungen vermerkt.

1. Der Antrag auf Ergänzung des Urteils ist nicht durch eine Frist begrenzt; AN. **07** 501. Ein Ergänzungsantrag ist nicht zugleich als Rekurs anzusehen; Breith. **4** 321. Der Antrag ist bei der Stelle zu stellen, die das Urteil erlassen hat; EuM. **12** 276.

2. Das Ergänzungsurteil kann nur mit dem gegen das zu ergänzende Urteil zulässigen Rechtsmittel angefochten werden. Die Rechtsmittelfristen für die in der Hauptsache ergangene Entscheidung und für die Ergänzungsentscheidung laufen selbständig; AN. **16** 667. Wird der Antrag auf Ergänzung durch Verfügung des Vorsitzenden abgelehnt, so ist dagegen das Rechtsmittel der Beschwerde nicht gegeben; AN. **15** 747.

II. Verfahren vor dem Oberversicherungsamte

§ 1675. Gegen Bescheide[6] der Träger der Unfall- und der Invalidenversicherung sowie gegen Urteile des Versicherungsamts ist das Rechtsmittel der Berufung[1 2 4 5] an das Oberversicherungsamt (Spruchkammer) zulässig[3 6 7 8 9 10].

V. v. 30. X. 23 (RGBl. I S. 1057).

1. Wegen der Form der Einlegung s. Anm. 6 zu § 128. Die Berufung ist nur innerhalb der Berufungsfrist möglich, die nur beginnt, wenn die Entscheidung zugestellt worden ist; ein Verzicht der Partei auf die Zustellung ist für die Frist bedeutungslos; AN. (J. u. AV.) **93** 139. Die Berufung kann bereits vor Zustellung des Bescheids eingelegt werden, sofern er nur erlassen ist; s. Anm. 4 zu § 128, Breith. **1** 198. Sie kann auch vor Zustellung der angefochtenen Entscheidung, auch vor der an den gesetzlichen Vertreter oder Minderjährigen, eingelegt werden; EuM. **4** 349 (Sächs. LVAmt). Die Frist gilt als gewahrt, wenn der Nachweis der Zustellung sich nicht erbringen läßt; AN. **98** 322. Die Einhaltung der Frist ist von Amts wegen auch noch in der Revisions- und Rekursinstanz zu prüfen; AN. **02** 509, EuM. **12** 8. Ungültig ist eine Vereinbarung zwischen der Berufungsinstanz und einem VersTr., kraft deren das Berufungsgericht auf eine Empfangsbescheinigung über die Zustellung seiner Entscheidungen verzichtet und der VersTr. als Zustellungstag denjenigen Tag anerkennt, der sich aus den Akten des Berufungsgerichts ergibt; Monatsschr. **14** 209.

2. Die Einlegung der Berufung kann durch einen Dritten mit Vollmacht erfolgen. Dabei kann der Verfahrensgegner keine Beglaubigung der Vollmacht verlangen; AN. **88** 280. Die Vollmacht kann aber nachträglich erteilt werden; AN. (J. u. AV.) **92** 27. Auch kann überhaupt die Berufungseinlegung nachträglich von der Partei genehmigt werden mit der Wirkung, daß die Berufungseinlegung dadurch rückwirkend wirksam wird; AN. **00** 721, **97** 317, Monatsschr. **14** 283. Dies gilt auch für den VersTr.; AN. **09** 484 (ErwS.).

Handelt es sich um eine nicht prozeßfähige Partei, so ist der gesetzliche Vertreter zuzuziehen, und wenn ein solcher nicht vorhanden ist, nötigenfalls die Bestellung eines Vormundes oder Pflegers zu veranlassen oder der Partei nach § 15 OVAO. ein besonderer Vertreter zu bestellen; AN. **98** 321. Ist die Partei aber prozeßfähig und wird die Berufung von einem Dritten ohne Vollmacht eingelegt, so muß entweder der Dritte veranlaßt werden, eine Vollmacht oder Genehmigungserklärung der Partei einzureichen; AN. **94** 330, oder die Partei muß gehört werden, ob sie die Einlegung der Berufung genehmigt; AN. **00** 721. Wird die Berufung, die eine prozeßunfähige Partei eingelegt hatte, nach erreichter Volljährigkeit von der Partei selbst oder ohnedies von dem gesetzlichen Vertreter genehmigt, so wird sie damit rechtswirksam; AN. **05** 407, **10** 495. Die Genehmigung wirkt zurück, auch wenn sie nach Ablauf der Berufungsfrist erfolgt; AN. **09** 523.

Die Vorschrift des § 14 Abs. 2 Satz 2 OVAO., daß Ehegatten, Verwandte oder Verschwägerte der aufsteigenden Linie und volljährige Verwandte oder Verschwägerte der absteigenden Linie, auch ohne den Nachweis einer schriftlichen Vollmacht, zur Vertretung im Verfahren vor den Spruchbehörden zugelassen werden können, bedeutet nur, daß die Erteilung einer Vollmacht an die genannten Personen vermutet wird. Für diese Vermutung ist aber kein Raum, wenn der Vertretene geschäftsunfähig ist und daher eine Vollmacht überhaupt nicht erteilen kann; EuM. **22** 127.

Auch der Nebenintervenient im Sinne des § 66 ZPO. kann Berufung einlegen; EuM. **16** 207. Im Falle der Abtretung des Klageanspruchs nach Eintritt der Rechtshängigkeit kann der Abtretungsberechtigte mangels Zustimmung des Gegners zur Übernahme des Rechtsstreits als Hauptpartei oder zur Hauptintervention als Nebenintervenient Rechtsmittel einlegen, aber nur in der gegen den Rechtsvorgänger laufenden Frist (zu vgl. § 265 ZPO.); AN. **27** 21 (KnV.). Ein Dritter, der nach § 23 VAO. zum Verfahren zugezogen worden ist, kann nur dann Berufung einlegen, wenn seine Rechte unmittelbar berührt werden; AN. **20** 284. Eine KrK. ist aber nicht berechtigt, zuungunsten des Versicherten Berufung einzulegen; EuM. **22** 18. Dem Träger der AV. steht kein selbständiges Rechtsmittel gegen einen Bescheid der LVAnst. zu, in dem eine Rente der JV. mit einem Steigerungsbetrag aus der AV. bewilligt ist; vgl. AN. **29** 436 (AV.).

In allen Fällen ist die Prozeßfähigkeit von Amts wegen zu prüfen; AN. **04** 415.

Ob eine Erklärung sich als Berufungseinlegung darstellt oder erst eine Ankündigung der beabsichtigten Berufung bedeutet, ist Tatfrage. Der Wille ist dabei aus der Gesamtheit der Umstände zu ermitteln; AN. **29** 196 (ABAB.).

3. Zulässig ist die Berufung nur, wenn der Berufungskläger durch den von ihm angefochtenen Bescheid oder die Entscheidung beschwert ist; AN. **18** 478, EuM. **17** 171. Es reicht hierzu aus, daß er nicht voll mit seinem Antrag durchgedrungen war, auch wenn er wirtschaftlich nicht benachteiligt ist; AN. **13** 462. Der VersTr. kann seinerseits Rechtsmittel nicht zugunsten der Gegenpartei einlegen; AN. (J. u. AV.) **91** 159, **93** 112, ArbVers. **13** 300 (Bad. LVAmt). Ist dem Antrag voll entsprochen, so kann Berufung nicht eingelegt werden, um den Anspruch zu erweitern; AN. **03** 391, Monatsschr. **20** 339. Enthält die Berufungsschrift keinen Antrag, so ist der Kläger in Ausübung des Fragerechts zur Stellung eines solchen zu veranlassen, der in die Sitzungsniederschrift aufzunehmen ist; AN. **91** 357.

Trotz Zubilligung der Rente ist aber ausnahmsweise die Berufung bei Bewilligung einer Unfallrente zulässig, wenn der Verletzte die Entschädigung bei einer anderen BG. beansprucht, die die Rente nach einem höheren Jahresarbeitsverdienst berechnet; AN. **96** 245. Ferner ist trotz Bewilligung einer Unfallrente die Berufung durch den Rentenberechtigten möglich, wenn der Versicherte gegen den Unternehmer einen Haftpflichtanspruch erheben will und deshalb im Hinblick auf § 898 eine Entscheidung anstrebt, die ihm die Unfallrente versagt, weil er nicht zu den Versicherten gehöre oder der Unfall kein Betriebsunfall sei; HdbUV. **1** 624, 625, ArbVers. **12** 157, AN. **13** 462, Arch. f. ReichsVers. **19** 1291 (Sächs. LVAmt). Der Rentenbewilligungsbescheid kann auch mit Berufung angefochten werden mit der Behauptung, der Antragsteller sei widerrechtlich durch Drohung zum Antrag gezwungen worden; **11** 582.

4. Im Berufungsverfahren können neue Tatsachen geltend gemacht werden; AN. (J. u. AV.) **88** 276, **90** 506, **91** 148, **93** 125, EuM. **11** 304 (Bay. LVAmt). Auch ein im Berufungsverfahren erst neu entstandener Anspruch ist zu berücksichtigen, wenn die Invalidenrente zunächst mit Recht entzogen war, aber nachträglich von neuem Invalidität eingetreten ist. Die Rente ist in diesem Fall vom Eintritt der neuen Invalidität ab wieder zuzusprechen; AN. **99** 558. Eine Erweiterung des Anspruchs in der Berufungsinstanz ist zulässig, wenn die Berufung an sich zulässig war; AN. **88** 276, **91** 148, 356. Schriftlichkeit des Erweiterungsantrages und förmliche Zustellung ist nicht erforderlich; AN. **10** 463. Es konnte auch an Stelle der Invalidenrente die Altersrente beantragt werden; AN. **96** 396. Eine Verweisung auf ein neues Verfahren darf im allgemeinen hierbei nicht erfolgen; AN. **10** 655. Aber das Berufungsgericht darf nicht innerhalb des Sperrjahres des § 1635 ohne weiteres entscheiden; AN. **10** 553. Auch kann der Verletzte seinen Anspruch im Laufe des Verfahrens auf ein anderes als das ursprünglich angegebene Ereignis gründen; AN. **91** 219, HdbUV. **2** 589.

Umgekehrt kann der VersTr. auch als neue Einwendung das Ruhen der Rente geltend machen, selbst wenn das Bestehen des Anspruchs auf Rente streitig ist; AN. **05** 408. Er kann auch andere Voraussetzungen des Anspruchs als im vorherigen Verfahren bestreiten; AN. **91** 148.

Das Ruhen der Rente ist auch von Amts wegen zu prüfen, sofern die Akten oder das Ergebnis der mündlichen Verhandlung eine Veranlassung dazu abgeben, und selbst wenn im vorherigen Verfahren die Frage nicht berührt worden ist; AN. **13** 737.

5. Die LVAnst. selbst ist mit der Erteilung des Bescheides schon zugunsten des Antragstellers gebunden, sogenannte relative Rechtskraft; AN. **86** 74, **95** 258.

6. Die Berufung wendet sich nicht gegen die Begründung, sondern gegen die Entscheidung selbst. Unzulässig ist eine Berufung, die sich mit der Entscheidung selbst im Endergebnis abfindet, aber nur eine andere Begründung des Bescheides erstrebt; AN. **94** 332, **96** 319, **03** 392, **10** 430, EuM. **17** 170 (Bay. LVAmt). S. auch Anm. 5i zu § 1583. Zulässig ist die Berufung, wenn sie sich gegen Ausführungen über die Höhe der Rente richtet, die eigentlich in die entscheidende Formel des Bescheids und nicht in die Gründe gehört; AN. **07** 550. Zulässig ist ferner die Berufung mit der Begründung, daß ein Nabelbruch zu Unrecht im Bescheid als Unfallfolge abgelehnt sei, wenn auch die Höhe der im Bescheid festgesetzten Rente nicht bemängelt wird; AN. **13** 459.

7. Rücknahme der Berufung ist zulässig und hat den Verlust der Berufung zur Folge; AN. **02** 512, auch AN. **93** 172. Eine Ehefrau bedarf zur Zurücknahme nicht der Zustimmung ihres Ehemanns; AN. **08** 500. Streit darüber, ob eine rechtsverbindliche Zurücknahme vorliegt, ist im Rechtsmittelverfahren mit zu entscheiden; AN. **97** 384, **99** 446. Die Frage, ob die Zurücknahme eines Rechtsmittels angefochten werden kann, ist nach den Regeln des bürgerlichen Rechts zu beurteilen. Wenn ein Rechtsmittel auf die unrichtige Auskunft eines Beamten des VA. zurückgenommen worden ist, so liegt kein Anfechtungsgrund vor; EuM. **27** 37 (Bay. LVAmt). Der Nachweis, daß die Rücknahme, die beurkundet ist, tatsächlich nicht erklärt worden sei, ist zulässig; AN. **99** 446. Dabei genügt der Nachweis der unrichtigen Beurkundung dieses Vorgangs; AN. **97** 384. Anfechtung der Rücknahmeerklärung wegen Irrtums im Beweggrund ist im allgemeinen unzulässig; AN. **16** 457, ArbVers. **13** 630, Breith. **5** 148, Monatsschr. **13** 308 (Sächs. LVAmt). Jedoch unter Umständen zulässig; Breith. **16** 54. Insbesondere kann auch ein Irrtum im Beweggrund unter Umständen die Anfechtung einer prozessual erheblichen Parteierklärung (im vorliegenden Falle die Klagerücknahme) gemäß § 119 BGB. begründen, dann nämlich, wenn der Beweggrund der Erklärung in erkennbarer Weise (z. B. nach Ausweis des Protokolls) zum Gegenstand der Verhandlung gemacht worden ist und den Inhalt der Erklärung dergestalt beeinflußt hat, daß diese bei richtiger Erkenntnis der Dinge nicht abgegeben worden wäre; AN. **27** 20.

Die Vorschriften über Anfechtung privatrechtlicher Willenserklärungen wegen Willensmängel finden keine Anwendung; Jur. Woch. **13** 435 (RG.).

8. Ein Verzicht auf die Berufung ist zulässig; AN. **93** 172.

9. Im Berufungsverfahren der UV. darf nicht zugleich über Ersatzansprüche der KrK. gegen BG. erkannt werden; EuM. **20** 181.

10. Mit der Verkündung des Urteils ist das Verfahren vor dem OVA. abgeschlossen. Nach der Verkündung sind Beweiserhebungen und Verhandlungen der Parteien vor dem OVA. über den Gegenstand des Urteils unzulässig; EuM. **19** 230.

§ 1676. Über die Berufung entscheidet in Sachen der Krankenversicherung das Oberversicherungsamt[1] für den Bezirk desjenigen Versicherungsamts, welches das angefochtene Urteil oder dessen Vorsitzender die angefochtene Vorentscheidung erlassen hat.

1. Das OVA. hat seine Zuständigkeit von Amts wegen zu prüfen; AN. **08** 530, EuM. **18** 170 (Bay. LVAmt). Einer Einrede der Unzuständigkeit durch die Partei bedarf es nicht; Monatsschr. **21** 690. Keine Abänderung der Zuständigkeit durch Parteivereinbarung; AN. **08** 530.

§ 1677. Über die Berufung entscheidet in Sachen der Unfallversicherung dasjenige Oberversicherungsamt, in dessen Bezirke der Versicherte zur Zeit der Einlegung der Berufung wohnt[1] oder beschäftigt ist. Dabei gelten die §§ 1638 bis 1640 entsprechend[2 3 4].

In Sachen der See-Unfallversicherung ist für die Zuständigkeit des Oberversicherungsamts der Heimathafen desjenigen Fahrzeugs oder der Sitz desjenigen Betriebs maßgebend, in welchem sich der Unfall ereignet hat. Ist der Heimathafen nicht im Bezirk eines Oberversicherungsamts belegen, so ist die Berufung bei dem für den Sitz der See-Berufsgenossenschaft zuständigen Oberversicherungsamte zu erheben.

1. Für die Zuständigkeit des OVA. im Berufungsverfahren der UV. ist der Wohn- oder Beschäftigungsort der Hinterbliebenen eines Versicherten ohne Einfluß. Vielmehr bleibt auch nach dem Tode des Versicherten (Verletzten) dessen letzter inländischer Wohn- oder Beschäftigungsort maßgebend; AN. **14** 721, Monatsschr. **21** 690, EuM. **7** 313 (Bay. LVAmt). Bei einem minderjährigen Versicherten ist dessen Wohnort, nicht der des die Berufung einlegenden Vormunds maßgebend; Monatsschr. **14** 867 (Sächs. LVAmt).

2. Halten sich im Berufungsverfahren zwei OVAer. für örtlich zuständig, so ist das zuständige OVA. nach § 1640 durch das RVA. (LVAmt) zu bestimmen; AN. **14** 706. Es genügt, daß sich die Vorsitzenden der OVAer. im gegenseitigen Schriftwechsel für unzuständig erklären; HbdVU. **2** 589, AN. **01** 401.

Zuständigkeitsstreitigkeiten in der UV. zwischen OVAern., deren Sitz sich im Gebiete desselben LVAmts befindet, entscheidet das RVA., wenn ein VersTr. beteiligt, ist, dessen Gebiet sich über das Gebiet eines Landes hinaus erstreckt. Diese Entscheidung ergeht durch die zuständige Rekursinstanz vorweg in einem besonderen Verfahren, einerlei, ob der Anspruch rekursfähig ist oder nicht; AN. **13** 549. Dieser Grundsatz gilt auch bei Streitigkeiten zweier VAer., wenn ein derartiger VersTr. beteiligt ist; AN. **17** 373.

Eine die Zuständigkeit regelnde Entscheidung des RVA. kann nicht nachträglich durch Vereinbarung der beteiligten OVAer. geändert werden; AN. **13** 639.

Bei der Entscheidung über die örtliche Zuständigkeit eines OVA. können Zweckmäßigkeitsgründe nur dann maßgebend sein, wenn im übrigen die gesetzlichen Voraussetzungen der Zuständigkeit gegeben sind. Wenn der Versicherte verstorben ist, bleibt sein letzter inländischer Wohn- oder Beschäftigungsort für die ganze Zukunft maßgebend; EuM. **7** 313 (Bay. LVAmt). Die Entscheidung des RVA. über die Zuständigkeit des OVA. kann durch den später mit der Sache selbst befaßten Spruchsenat nicht nachgeprüft werden; AN. **04** 539.

Auch bei Unfällen aus dem Bereiche der früheren Generaldirektion der Eisenbahnen in Elsaß-Lothringen zu Straßburg greift die allgemeine Zuständigkeitsregelung des § 1677 ohne weiteres Platz; EuM. **19** 312.

3. Über Ansprüche aus Unfällen in Werkstättenbetrieben der Deutschen Reichsbahn-Gesellschaft entscheidet das besondere OVA. derjenigen geschäftsführenden Reichsbahndirektion für das Werkstättenwesen, in deren Betriebe sich der Unfall ereignet hat; AN. **27** 569. Das Knappschafts-OVA. ist zuständig, wenn der Verletzte innerhalb des Bezirkes des Knappschafts-OVA. seinen Wohnort oder seine Beschäftigung behält, sonst gilt die allgemeine Regel des § 1677 Abs. 1; Komp. **18** 59.

4. Die Zuständigkeit zur Entscheidung einer Streitsache richtet sich nach den Verfahrensvorschriften, die zur Zeit der Entscheidung gelten. Ändern sich die gesetzlichen Bestimmungen über die Zuständigkeit während der Anhängigkeit der Streitsache, so ist daher die Streitsache an das nunmehr zuständige OVA. zur Entscheidung abzugeben, es sei denn, daß besondere Übergangsvorschriften etwas anderes bestimmen; EuM. **23** 162.

§ 1678. Über die Berufung entscheidet in Sachen der Invalidenversicherung das Oberversicherungsamt für den Bezirk desjenigen Versicherungsamts, welches zur Mitwirkung[1] bei der Vorbereitung der Sache (nach den §§ 1617 bis 1619, 1621, 1622, 1624 bis 1627) berufen war.

Ist die Vorbereitung und Begutachtung der Sache Organen von Sonderanstalten für Betriebe des Reichs oder der Länder übertragen, so ist das Oberversicherungsamt zuständig, in dessen Bezirke sich der Sitz dieser Organe befindet.

G. v. 23. VI. 23 (RGBl. I S. 454).
Bek. v. 15. XII. 24 (RGBl. I S. 779).

1. Ein VA. hat bei der Vorbereitung einer Sache „mitgewirkt", wenn es in der Sache nicht nur nebensächlich tätig geworden ist; EuM. **14** 332 (Bay. LVAmt). Halten sich zwei OVAer. für örtlich unzuständig, so gilt § 1640 entsprechend; AN. **14** 706. Unberührt bleibt die Zuständigkeit des OVA., wenn der Bescheid der LVAnst. und das Berufungsurteil in der Revisionsinstanz nur deshalb aufgehoben worden, weil die LVAnst. zur Bescheiderteilung nicht zuständig war; AN. **14** 706.

§ 1679. Für das Verfahren über die Berufung gelten die Vorschriften über das Spruchverfahren vor dem Versicherungsamt entsprechend[1], soweit nicht die §§ 1680 bis 1693 etwas anderes vorschreiben.

Für die Pflicht zum Nachweis des Entgelts gilt § 1581 entsprechend.

1. Wegen der entsprechenden Anwendung vgl. die Anmerkungen zu §§ 1636 ff. Hier sind noch folgende für das Verfahren vor dem OVA. ergangene Entscheidungen zur Ergänzung anzuführen: Halten sich im Berufungsverfahren zwei OVAer. für örtlich unzuständig, so ist das zuständige OVA. nach § 1640 durch das RVA. (LVAmt) zu bestimmen; AN. **14** 706. Das OVA. hat den Sachverhalt vollständig aufzuklären, nötigenfalls durch Ausübung des Fragerechts zwecks Herbeiführung sachdienlicher Anträge; AN. **11** 420. Wenn die Erfüllung der Wartezeit oder Anwartschaftserhaltung fraglich ist, so ist zwar das Berufungsgericht verpflichtet, den Kläger über die Möglichkeit nachträglicher Beitragsleistung zu belehren. In der Unterlassung dieser Belehrung liegt ein Mangel des Verfahrens, der aber für die Entscheidung nicht wesentlich ist und keinen Revisionsgrund darstellt, wenn das Urteil des Berufungsgerichts z. Zt. zweifellos zutreffend ist; AN. **12** 825. Eine Aussetzung des Verfahrens im Falle der Möglichkeit der Nachentrichtung von Beitragsmarken empfiehlt sich zwar, ist jedoch keine Pflicht des OVA.; AN. **99** 778. Aber der Sachverhalt ist bei der Prüfung der Wartezeit besonders eingehend aufzuklären; AN. **11** 420 RevEntsch. 1547. 2. Fall. Insbesondere ist, wenn ein Anwartschaftszeitraum nicht ausreichend gedeckt ist, zu prüfen, ob später entrichtete Pflicht- oder freiwillige Beiträge für diesen Zeitraum anrechenbar sind; Monatsschr. **13** 310.

Der Arbeitgeber kann in Sachen der IV. sein Zeugnis darüber nicht verweigern, ob er für eine bestimmte Zeit Beitragsmarken verwendet hat; weder die Gefahr eines unmittelbaren vermögensrechtlichen Schadens nach § 384 Nr. 1 ZPO. noch die Gefahr strafgerichtlicher Verfolgung gemäß § 384 Nr. 2 ZPO. liegt vor; AN. **97** 290, **99** 381. Bei der Prüfung der Frage des Vorliegens der Invalidität darf das OVA. die Berufung des Klägers auf ein erst im Berufungsverfahren neugeltend gemachtes Leiden nicht deshalb unbeachtet lassen, weil der Kläger es schuldhaft unterlassen habe, das Leiden schon im Feststellungsverfahren bei Gelegenheit seiner ärztlichen Untersuchung anzugeben; Breith. **17** 132.

Von der Befugnis der Zurückverweisung darf das OVA. nur unter besonderen näher darzulegenden Verhältnissen einen wohlbemessenen vorsichtigen Gebrauch machen; sie darf insbesondere nicht dazu benützt werden, Feststellungsurteile oder Zwischenentscheidungen über ein einzelnes Verteidigungsmittel in das Verfahren der RVO. einzuführen; EuM. **11** 343, **12** 274.

Das OVA. ist nicht behindert, seiner Entscheidung in Invalidenrentensachen ein in der Unfallsache des Rentenbewerbers eingeholtes ärztliches Gutachten zugrunde zu legen; EuM. **5** 391 (Sächs. LVAmt).

Die in einem anhängigen Berufungsverfahren entstandenen Kosten der Abschriften von Beweisverhandlungen sind als Kosten des OVA. nach § 80 Abs. 1 von den Ländern zu tragen; AN. 14 658. Der Antrag auf Erstattung von Kosten des persönlichen Erscheinens vor dem OVA. kann rechtswirksam auch bei der VG. gestellt werden; EuM. 19 172. Voraussetzung der Erstattung von Kosten des vom OVA. nicht angeordneten persönlichen Erscheinens ist lediglich, daß das Gericht das Erscheinen für erforderlich hält und erklärt; EuM. 19 173. Wenn im Berufungsverfahren der VersTr. den Anspruch anerkennt, den Ersatz der vom Kläger geforderten Kosten aber verweigert, so hat darüber die Spruchkammer durch Urteil, nicht dagegen im Verfahren nach § 44 OVAO. zu entscheiden; Breith. 16 202 (Bad. LVAmt), vgl. auch EuM. 12 280.

Bei der Auslegung von Willenserklärungen der Parteien im Versicherungsprozeß ist der wirkliche Wille zu ermitteln und nicht an dem buchstäblichen Ausdruck zu haften. Findet mündliche Verhandlung vor der Kammer des OVA. statt, so schließt das Anwesenheitsrecht der Parteien auch das Recht in sich, aus wichtigen Anlässen Vertagung zu verlangen; AN. 27 401 (AV.). Durch die Erklärung des bevollmächtigten Vertreters eines VersTr. in der mündlichen Verhandlung vor dem OVA., daß er auf Grund des vorgetragenen Sachverhalts bereit sei, dem Verletzten eine Rente in bestimmter Höhe zu gewähren, ist der VersTr. gebunden; EuM. 24 124.

Zur Auslegung des § 28 Abs. 5 der OVAO.: wenn eine im Verhandlungstermine vor dem OVA. nicht erschienene Partei von einer vorgenommenen Beweisaufnahme nicht ordnungsmäßig benachrichtigt worden war, so darf eine ihr nachteilige Entscheidung nur dann nicht ergehen, wenn sie sich auf neue, erst bei der Beweisaufnahme hervorgetretene und daher der nicht erschienenen Partei noch nicht bekannte Tatsachen gründet; EuM. 7 315, AN. 14 689. § 28 Abs. 5 der OVAO. steht dem Erlaß eines Urteils zuungunsten einer im Termine nicht erschienenen oder vertretenen Partei nicht entgegen, wenn die Partei von der bevorstehenden Beweisaufnahme ordnungsmäßig benachrichtigt worden war; AN. 14 689. Ein ungünstiges Urteil darf auf Grund eines im Termin erstatteten Gutachtens gegen den im Termin nicht vertretenen Kläger nicht erlassen werden, wenn diesem das persönliche Erscheinen lediglich freigestellt und aus der Terminsbenachrichtigung nicht erkennbar war, ob ein Sitzungsgutachten erstattet werde; Breith. 18 130 (Bad. LVAmt).

Die Ablehnung einer Spruchkammer des OVA. wegen Besorgnis der Befangenheit ist unzulässig; AN. 16 415.

Die Ablehnung eines Mitglieds der Spruchkammer des OVA. nach Einlassung in die mündliche Verhandlung ist unzulässig, wenn die Partei den Ablehnungsgrund schon vorher kannte; AN. 16 414, Breith. 1 134. Wird im Beschlußverfahren das zweite Mitglied des OVA. wegen Besorgnis der Befangenheit abgelehnt, so entscheidet der Vorsitzende des OVA. endgültig; Monatsschr. 18 370 (Bay. LVAmt).

Die für Beweisverhandlungen außerhalb der Sitzung vorgeschriebenen Förmlichkeiten sind auch dann zu beobachten, wenn der Vorsitzende vor der mündlichen Verhandlung einen Amtsvorsteher um die Beweisaufnahme ersucht; EuM. 2 363.

Auch bei Beweiserhebungen, die der Vorsitzende vor der mündlichen Verhandlung vornimmt, hat er dafür zu sorgen, daß die allgemeinen Vorschriften über die Beweisaufnahme beobachtet werden, insbesondere, daß ein beeidigter oder durch Handschlag verpflichteter Protokollführer zugezogen ist und daß die Parteien Gelegenheit erhalten, der Beweisaufnahme beizuwohnen; AN. 96 356.

Im Berufungsverfahren vor dem OVA. erstattete ärztliche Gutachten sind, wenn nicht vollständig, so doch in ihren wesentlichen Teilen so ausführlich den Beteiligten zur Kenntnis zu bringen, daß sie in der Lage sind, selbst dazu Stellung zu nehmen oder sie durch einen anderen Arzt auf ihre Richtigkeit nachprüfen zu lassen; Breith. 18 653.

Ersucht das OVA. das VA. um eine Beweisaufnahme, so hat das VA. die Parteien von dem Termine zu benachrichtigen, andernfalls liegt ein wesentlicher Mangel des Verfahrens vor; AN. **95** 250, Komp. **14** 44.

Bei der Entscheidung sind grundsätzlich alle von den Parteien bis zum Schluß der mündlichen Verhandlung geltend gemachten Angriffs- und Verteidigungsmittel zu berücksichtigen; HbdUV. **2** 616, Komp. **14** 132.

Das Berufungsverfahren kann nur durch Urteil, Vergleich usw., nicht durch Erteilung eines neuen Bescheids seitens des VersTr. erledigt werden; Komp. **15** 278.

Über den Anspruch muß in vollem Umfang entschieden werden, die Feststellung lediglich, daß eine der Voraussetzungen des Anspruchs gegeben sei, z. B. ein Betriebsunfall vorliege, ist unzulässig; Komp. **15** 120.

Mit der Verkündung des Urteils ist das Verfahren vor dem OVA. abgeschlossen. Spätere Beweiserhebungen und Verhandlungen der Parteien vor dem OVA. über den Gegenstand des Urteils sind unzulässig; EuM. **19** 230.

Der Versicherte ist verpflichtet, bei der Beweiserhebung durch das OVA. über seine Invalidität sich dem ihm vom OVA. bezeichneten Arzt zur Untersuchung vorzustellen. Tut er dies ohne berechtigten Grund nicht, so darf ohne die für erforderlich erachtete Untersuchung nach Lage der im übrigen ausreichend geklärten Akten nur dann entschieden werden, wenn er nachweislich die Aufforderung zur Untersuchung erhalten hat und ihm dies als Folge seiner unbegründeten Weigerung angedroht ist; **27** 252 AN. (AV.).

Sind Mängel im Feststellungsverfahren in der unteren Instanz vorgekommen, so ist das OVA. nach seinem Ermessen in der Lage, diesen Mangel selbst zu heilen oder die Sache zurückzuverweisen; AN. **03** 472 (ErwS.). Dieses freie Ermessen des Berufungsgerichtes unterliegt nicht der Nachprüfung in höherer Instanz; AN. **13** 674. Näheres s. § 1690 Anm. 1. Wenn bei einer Rentenentziehung nach § 1306 der VersTr. es unterlassen hat, die Zeitdauer zu bestimmen, so ist dies durch das OVA. nachzuholen; AN. **03** 541. Der Erlaß einer Vorentscheidung, die sich auf ein im Berufungsverfahren vom OVA. eingeholtes ärztliches Gutachten stützt, enthält einen Mangel des Verfahrens, wenn das Gutachten nicht vor dem Erlaß der Vorentscheidung der Partei, zu deren Ungunsten die Entscheidung ausfällt, gemäß §§ 1653, 1679 mitgeteilt ist. Die Rüge dieses Mangels begründet die Aufhebung der Vorentscheidung; AN. **27** 336. Der Mangel ist nicht nur bei erhobener Rüge, sondern auch von Amts wegen zu berücksichtigen; EuM. **23** 215.

Der Vorsitzende der Spruchkammer ist nicht dadurch von der Mitwirkung ausgeschlossen, daß er bei der Vorbereitung und Begutachtung der Sache durch das VA. mitgewirkt hat; AN. (J. u. AV.) **92** 53, **94** 123, AN. **08** 501, ebensowenig dadurch, daß er beim Abschlusse eines Vergleiches mitgewirkt hat, der jetzt wegen Irrtums angefochten wird; Breith. **1** 134.

§ 1680. Die Berufung wird in Sachen der Krankenversicherung bei dem Versicherungsamt[1] eingelegt. Das Versicherungsamt hat sie mit den Vorverhandlungen spätestens nach zwei Wochen dem Oberversicherungsamt einzureichen[2].

1. Die Vorschrift des § 129 Abs. 2 ist auch im Falle des § 1680 anzuwenden; AN. **16** 571.

2. Schriftstücke, die nach der Einlegung der Berufung beim VA. eingehen, sind ebenfalls an das OVA. weiterzureichen; AN. (J. u. AV.) **93** 77.

§ 1681. Auf Antrag des Versicherten oder seiner Hinterbliebenen muß ein bestimmter Arzt[1] gutachtlich gehört werden. Das Oberversicherungsamt kann diese Anhörung von der Bedingung abhängig machen, daß der Antragsteller die Kosten[2] vorschießt[3] und, falls das Oberversicherungsamt nicht anders entscheidet, sie endgültig trägt.

G. v. 14. VII. 25 (RGBl. I S. 97), in Kraft v. 17. VII. 25 an, Art. 121 dieses G.

1. Das Gericht muß in den Fällen, in denen ärztliche Begutachtung für die Entscheidung von Bedeutung ist, dem Antrage auf gutachtliche Anhörung eines bestimmten Arztes entsprechen, auch wenn nach seiner Ansicht durch das neue Gutachten keine Änderung in der Beurteilung der Sach- und Rechtslage zu erwarten ist; AN. **28** 112. Die Anhörung kann nicht verlangt werden, wenn die Entscheidung nur von einer Rechtsfrage abhängt; EuM. **21** 129. Ein ohne weiteres bestimmbarer Arzt ist ein bestimmter Arzt im Sinne des § 1681; EuM. **24** 47. Ein auf Ersuchen des Trägers der UV. erstatteter Bericht des behandelnden Arztes über die Behandlung und den Zustand des Erkrankten, jedoch ohne Stellungnahme zu der Frage des ursächlichen Zusammenhanges zwischen Unfall und Krankheit, ist keine Anhörung des Arztes im Sinne des § 1681; EuM. **22** 325. Wenn der Versicherte Antrag auf Gehör eines bestimmten Arztes stellt, dann aber selbst ein Gutachten dieses Arztes vorlegt, so braucht das OVA. nicht nochmals den Arzt nach § 1681 von sich aus gutachtlich zu hören; EuM. **26** 113 (Sächs. LVAmt). Hat der Versicherte beantragt, ihn gegebenenfalls durch einen bestimmten Arzt untersuchen zu lassen, so muß dem Antrag nach § 1681 entsprochen werden, wenn das übrige Beweisergebnis zur Feststellung der Berufsunfähigkeit des Klägers nicht ausreicht; EuM. **24** 48.

Der Antrag, das Gutachten einer bestimmten Klinik einzuholen, ist der, einen bestimmten Arzt zu hören; EuM. **21** 152 (Bay. LVAmt). Bei Benennung des Leiters einer Universitätsklinik genügt die Untersuchung durch seinen Vertreter dann, wenn der Leiter selbst um Erstattung des Gutachtens ersucht worden ist; EuM. **24** 47. Eine Ablehnung des Antrages auf Einholung eines Gutachtens einer bestimmten Universitätsklinik ist nicht aus dem Grunde statthaft, daß der Kläger auf Kosten des VersTr. schon früher in dem Krankenhause behandelt worden und die Sache hinreichend geklärt sei; EuM. **26** 114 (Bay. LVAmt).

Das OVA. hat bei Antrag auf Anhörung von mehreren bestimmten Ärzten diese Ärzte sämtlich zu hören, unbeschadet der Befugnis, die Anhörung von der Leistung eines Kostenvorschusses seitens des Antragstellers abhängig zu machen: EuM. **21** 55. Die Benennung mehrerer Ärzte zur wahlweisen Anhörung ist nicht als Benennung eines bestimmten Arztes angesehen worden; EuM. **22** 224.

Ist ein bestimmter Arzt in dem Verfahren bereits einmal gehört worden, so kann der Antrag des Verletzten, den Arzt nochmals zu hören, nicht auf § 1681 gestützt werden; EuM. **21** 130, es sei denn, daß der Arzt sich nicht zu den sämtlichen Zweifelspunkten auf medizinischem Gebiete geäußert hat; Breith. **19** 188. Ein in einem früheren Verfahren, wenn auch unmittelbar vor Beginn des schwebenden Verfahrens gehörter Arzt muß auf Antrag des Versicherten gehört werden; EuM. **26** 74.

Der Antrag der Witwe, sie durch einen bestimmten Arzt untersuchen zu lassen, um aus dem Ergebnis der Untersuchung auf die Art der Erkrankung ihres verstorbenen Ehemannes schließen zu können, kann nicht auf § 1681 gestützt werden; EuM. **25** 472.

Wenn bei dem Antrag der Klagepartei, einen von ihr bestimmten Arzt gutachtlich zu hören, das OVA. die Vorschrift des § 1681 nicht eingehalten hat, so liegt ein wesentlicher Mangel des Verfahrens vor; EuM. **21** 152 (Bay. LVAmt). Ebenso liegt ein wesentlicher Mangel des Verfahrens vor, wenn Zweifel darüber bestehen, wer als behandelnder Arzt zu gelten hat, und diese nicht aufgeklärt werden; Breith. **16** 156 (Bad. LVAmt). Eine Aufhebung des Urteils wegen Verfahrensmangels kommt nicht in Frage, wenn zwar das OVA. den Antrag auf Anhörung eines bestimmten Arztes unberücksichtigt gelassen, der Kläger aber im Rekursverfahren den Mangel nicht nur nicht genügt, sondern um Anhörung eines Arztes von Amts wegen gebeten hat; der frühere Antrag ist hierdurch gegenstandslos geworden; EuM. **25** 473.

2. Zu den erstattungsfähigen Kosten gehören nur die Kosten des Gutachtens selbst, nicht auch die Reisekosten des Versicherten zum Arzt, Verdienstausfall oder dergl.; Breith. **18** 247 (KnOVA. Dortmund).

Die durch die Anhörung eines Arztes gemäß § 1681 entstandenen Kosten gehören nicht zu denjenigen, die der unterlegene VersTr. nach § 1670 zu erstatten hat; AN. **30** 260.

3. Für die Vorschußzahlung kann das OVA. eine Frist bestimmen; EuM. **25** 232.

§ 1682. Die Berufung bewirkt Aufschub[1], wenn es sich handelt um Wiederaufnahme des Heilverfahrens nach den §§ 603, 604, 930, 1065, Kapitalabfindung (§§ 616, 617, 930, 1065, 1317).

G. v. 19. VII. 23 (RGBl. I S. 686).
Bek. v. 15. XII. 24 (RGBl. I S. 779).
Bek. v. 9. I. 26 (RGBl. I S. 9).

1. Bei der Wiederaufnahme des Heilverfahrens hat die Berufung und der Rekurs aufschiebende Wirkung bezüglich der Einweisung in die Heilanstalt. Die Versagung der Rente nach § 606 wird jedoch frühestens von dem Tage ab wirksam, an dem der Bescheid über die Wiederaufnahme des Heilverfahrens nach § 603 rechtskräftig geworden ist, gegebenenfalls also erst mit der Entscheidung des Rekursgerichts über diesen Bescheid (AN. **06** 205, EuM. **15** 375 ist insoweit überholt); EuM. **22** 7.

Wird gegen einen Kapitalabfindungsbescheid nach § 616 Berufung eingelegt, so ist die Rente zunächst weiterzuzahlen. Wird die Berufung zurückgewiesen, so kann der VersTr. die über die Vorschrift des § 613 hinaus gezahlten Beträge zurückfordern; AN. **26** 435. Vgl. auch AN. **30** 81, 242.

Die Berufung gegen einen Bescheid, der die Entschädigung auf Zeit wegen Weigerung der Heilanstaltspflege versagt, hat aufschiebende Wirkung in dem Sinne, daß die Versagung erst für die nach der Rechtskraft des Bescheids liegende Zeit angeordnet werden kann; EuM. **15** 375.

§ 1683. Wird ein Bescheid des Versicherungsträgers angefochten, der eine Unfallentschädigung wegen Änderung der Verhältnisse herabsetzt oder entzieht, so kann der Vorsitzende auf Antrag anordnen, daß der Vollzug des Bescheids einstweilen ganz oder teilweise ausgesetzt wird.

Die Anordnung kann jederzeit wieder aufgehoben werden. Sie kann nicht für sich allein, sondern nur mit der Entscheidung in der Hauptsache angefochten werden.

Bek. v. 15. XII. 24 (RGBl. I S. 779).

§ 1684. Die Beisitzer werden zu den Verhandlungen der Spruchkammer nach einer im voraus aufgestellten Reihenfolge zugezogen. Das Nähere bestimmt die oberste Verwaltungsbehörde. Beisitzer, die in die Beschlußkammer gewählt sind, sind entsprechend seltener zu den Verhandlungen der Spruchkammer zuzuziehen.

Will der Vorsitzende von der Reihenfolge aus besonderen Gründen abweichen, so hat er sie in den Akten zu vermerken.

§ 1685. In Sachen der Unfallversicherung sollen außer der Reihe möglichst Beisitzer aus Angehörigen solcher Betriebe zugezogen werden, welche dem Unfallbetriebe technisch und wirtschaftlich nachstehen[1].

Dies muß[2] geschehen, wenn es sich um Unfälle in der Landwirtschaft oder in Bergbaubetrieben[3] handelt, sofern Angehörige solcher Betriebe als Beisitzer bei dem Oberversicherungsamte vorhanden sind. Ausnahmen sind aus besonderen Gründen zulässig, die in den Akten zu vermerken sind[4].

1. Bei der Spruchkammer des OVA. darf als Versichertenbeisitzer nur mitwirken, wer nach der RVO. versichert ist. Die Versichertenbeisitzer brauchen aber — vorbehaltlich des § 1685 Abs. 2 — nicht Angehörige eines der UV. unterliegenden Betriebes zu sein; AN. **28** 5.

2. Die Verletzung dieser Mußvorschrift bedeutet einen wesentlichen Mangel des Verfahrens; AN. **02** 368, EuM. **20** 74. In diesem Falle kann in der Rekursinstanz Zurückverweisung an das OVA. erfolgen, aber auch statt dessen in der Sache selbst vom Rekursgericht entschieden werden; Arch. f. ReichsVers. **12** 68 (RVA.). Der Abs. 1 des § 1685 stellt nur eine geschäftliche Anweisung, keine bindende Verpflichtung für das OVA. dar; ZentrBl. der Reichsvers. **14** 152 (RVA.).

3. Unter Bergbaubetrieben sind hier nur die eigentlichen Bergbaubetriebe zu verstehen, nicht aber Arbeiten, die zwar als Nebenbetrieb katastermäßig noch zum Bergbaubetriebe gehören, an sich aber mit ihm nichts gemein haben; AN. **02** 680. Kein wesentlicher Mangel ist es, wenn in einer Streitsache aus einem Unfall in einem nicht unter § 1685 Abs. 2 fallenden Betriebe Beisitzer aus der Landwirtschaft oder aus dem Bergbau zugezogen werden; Monatsschr. **19** 290.

4. Zu den Verhandlungen der Beschlußkammer brauchen in Sachen der UV. nicht diejenigen Arbeitgeber und Versicherten zugezogen zu werden, die aus dem entsprechenden Bereiche der UV. gewählt sind; AN. **14** 483.

§ 1686. Das Oberversicherungsamt (Beschlußkammer) wählt[2] je für vier Jahre am Schlusse des letzten, in der Regel nach Anhören der zuständigen Ärztevertretung, aus seinem Bezirke die Ärzte[1] aus, die es als Sachverständige nach Bedarf zuzieht. In Sachen der Unfallversicherung dürfen keine Ärzte als Sachverständige zugezogen werden, die in einem Vertragsverhältnisse zu Trägern der Unfallversicherung[3] stehen oder von ihnen regelmäßig als Gutachter in Anspruch genommen werden. Das Entsprechende gilt für die Invalidenversicherung. Mindestens zur Hälfte müssen sie am Sitze des Oberversicherungsamts wohnen.

Die Namen der Gewählten sind öffentlich bekanntzumachen.

Den Sachverständigen ist vor Abgabe ihres Gutachtens Einsicht in die Akten zu gewähren.

Die oberste Verwaltungsbehörde regelt die Durchführung dieser Vorschrift.

1. Die Auswahl des Arztes, der im Einzelfalle gehört werden soll, steht der entscheidenden Stelle zu; AN. **14** 716. Die Anhörung eines Arztes, der regelmäßig Begutachter des VersTr. ist, kann in einer einzelnen Streitsache als Gutachter trotz des § 1686 Abs. 1 Satz 1 erfolgen; diese Vorschrift verbietet nur die Bestellung solcher Ärzte zu Vertrauensärzten des OVA. Es kann sogar im Einzelfalle die Anhörung des betreffenden Vertrauensarztes des VersTr. empfehlenswert sein, wenn gerade dieser Arzt durch frühere Behandlung des Versicherten besonders in der Lage ist, seinen Zustand zutreffend zu beurteilen; AN. **13** 599. Ist ein nach § 1686 gewählter Vertrauensarzt des OVA. in einer Sache schon von dem VersTr. gutachtlich gehört worden, so darf ihn das OVA. in der gleichen Sache nicht mehr als Sachverständigen zuziehen, widrigenfalls ein wesentlicher Mangel des Verfahrens darin liegen würde; EuM. **11** 355 (Bay. LVAmt). Ein Gutachten, das die LVAnst. von einem bei ihr angestellten Arzt im Berufungsverfahren einholt und vorlegt, ist zu berücksichtigen; Monatsschr. **19** 730.

Es empfiehlt sich, daß die VersTr. möglichst vermeiden, Gutachten von den Vertrauensärzten des OVA. einzuholen; AN. **08** 496.

2. Anweisung zur Wahl der ärztlichen Sachverständigen bei den OVAern. für Preußen durch Erl. des Pr. Min. f. Handel u. Verkehr v. 21. VIII. 13 — III 7411 —; HMBl. **13** 554.

3. Die ärztlichen Berater der LVAnsten. (die sogenannten Vertrauensärzte) können vor dem OVA. als Parteivertreter erscheinen und als solche gehört werden. Es ist auch zulässig, daß sie in einzelnen Fällen aus besonderen Gründen vom OVA. als Zeugen und in Verbindung mit der Auskunft über ihre eigenen früheren Wahrnehmungen gutachtlich (als sachverständige Zeugen) vernommen werden. Doch dürfen die OVAer. zur Vermeidung einer Umgehung (Verletzung) des § 1686 hieraus keine Regel machen; AN. **13** 599, **15** 632. Ergibt die Verhandlungsniederschrift nicht, ob der Vertrauensarzt der LVAnst. sich lediglich als Parteivertreter oder als Sachverständiger geäußert hat, so liegt ein wesentlicher Mangel des Verfahrens vor; Monatsschr. **15** 214, **15** 271.

§ 1687. Am Streite nicht beteiligte Träger der Unfallversicherung können zur Entschädigung verurteilt werden, wenn sie zur Verhandlung beigeladen[1 2 3] worden sind.

1. Das Berufungsgericht hat nicht, wie das Rekursgericht in der UV. (§§ 1703, 1737, 1741), die Befugnis, einen beigeladenen VersTr. zur Erfüllung eines bereits gegen ihn rechtskräftig abgelehnten Anspruchs zu verurteilen; EuM. 8 377 (Sächs. LVAmt).

Hat bei Streit über die Haftung für einen entschädigungspflichtigen Betriebsunfall ein in Anspruch genommener VersTr. einen berufungsfähigen Bescheid erlassen, der rechtzeitig angefochten ist, so kann das OVA. sich nicht für unzuständig erklären und auf das Verfahren nach §§ 1735ff. verweisen, auch kann es nicht den VersTr. zur Übernahme der vorläufigen Fürsorge nach § 1736 verurteilen, vielmehr hat es, gegebenenfalls unter Anwendung des § 1687 in der Sache selbst zu entscheiden; AN. **18** 182, Monatsschr. **17** 167. Vgl. auch Anm. 6 zu § 1735.

2. Der Rekurs über eine Rente für vorübergegangene Erwerbsunfähigkeit ist ausgeschlossen trotz unzulässiger Verurteilung einer beigeladenen, schon rechtskräftig befreiten BG. durch das OVA.; AN. **15** 327.

Wenn in dem Verfahren über Erhöhung der Dauerrente Streit darüber herrscht, ob ein Gebrechen die Folge des Unfalls, aus Anlaß dessen der Verletzte die Dauerrente bezieht, oder die Folge eines neuen selbständigen Unfalls ist, für den eine andere BG. haften würde, letztere Annahme aber bereits durch rechtskräftige Entscheidung abgelehnt ist, so ist der Rekurs zulässig. Ergibt sich, daß das Gebrechen von dem OVA. zutreffend als Folge des alten Unfalls festgestellt worden ist, so kann die Höhe der neu festgestellten Dauerrente nicht nachgeprüft werden; AN. **16** 722.

3. Beiladung nur möglich, wenn das eingelegte Rechtsmittel zulässig und rechtzeitig ist; EuM. **18** 172, auch AN. **01** 600. Unterlassung der Beiladung ist kein wesentlicher Verfahrensmangel; Monatsschr. **18** 370. Über Form der Beiladung vgl. AN. **90** 488, HbdUV. **2** 641, 623.

Keine Anwendbarkeit des § 1687, wenn einer der in Betracht kommenden VersTr. seine Entschädigungspflicht anerkannt hat; Monatsschr. **22** 504.

Die beigeladene BG. gehört vor das beiladende OVA. auch dann, wenn ein besonderes OVA. zuständig wäre, falls der Anspruch unmittelbar gegen sie erhoben wäre; Monatsschr. **20** 75.

§ 1688. Wird eine Unfallrente gemindert, so bestimmt das Oberversicherungsamt endgültig, in welchen Beträgen die einzelnen späteren Rentenbezüge zum Ausgleich gekürzt werden dürfen.

§ 1688a. Ist der Anspruch auf Gewährung von Pflege begründet, ohne daß der Fall des § 558c Abs. 3 vorliegt, so ist der Versicherungsträger zur Zahlung eines Pflegegeldes von bestimmter Höhe zu verurteilen.

Der Versicherungsträger kann dann innerhalb von zwei Wochen nach Rechtskraft des Urteils durch Bescheid statt des Pflegegeldes Hauspflege gewähren. Diese Befugnis ist im Urteil auszusprechen.

G. v. 14. VII. 25 (RGBl. I S. 97), in Kraft v. 17. VII. 25 an, Art. 131 dieses G.

§ 1689. Ein Bescheid, der eine Kapitalabfindung nach den §§ **616**, **617**, **930**, **1065**, **1317** festgestellt, kann im Spruchverfahren nur bestätigt oder aufgehoben werden[1].

G. v. 19. VII. 23 (RGBl. I S. 686).
Bek. v. 15. XII. 24 (RGBl. I S. 779).

1. Im Verfahren über einen Bescheid der BG. auf Abfindung des Rentenbeziehers ist das OVA. nur zur Bestätigung oder Aufhebung des Abfindungsbescheids — dies endgültig — befugt, nicht aber zur Erhöhung der bis zur Abfindung gewährten Rente; EuM. **20** 183.

§ 1690. Hebt die Spruchkammer[5] den angefochtenen Bescheid oder das angefochtene Urteil auf, weil das Verfahren an einem wesentlichen Mangel[1] leidet, so kann[2] sie die Sache an die Vorinstanz oder an den Versicherungsträger zurückverweisen[3].

Dabei kann sie die Gewährung einer vorläufigen Leistung anordnen[4].

Bek. v. 15. XII. 24 (RGBl. I S. 779).

1. Wesentliche Mängel des Verfahrens liegen vor: wenn die Partei nicht geladen war, was durch Zurückgehen des die Ladung enthaltenden Einschreibebriefes als unbestellbar sich herausstellt; AN. **88** 189, **99** 448, ferner, wenn die Ladung derart unklar ist, daß sie Zweifel über den Tag des Termins offen läßt; AN. **94** 331, oder wenn die Ladung erst nach dem Verhandlungstermin zugestellt wird; HbdUV. **2** 599 Anm. 7, ferner wenn der Terminstag unrichtig in der Ladung angegeben ist; AN. **94** 331, oder wenn die Ladung nicht so zeitig erfolgt, daß es der Partei möglich gewesen wäre, sich vorzubereiten, um zu erscheinen oder doch sich vertreten zu lassen oder einen Schriftsatz einzureichen; AN. (J. u. AV.) **92** 129, AN. **95** 249, **01** 404, oder wenn die Parteien zu Beweisverhandlungen nicht geladen waren; AN. **95** 250, **96** 356. Wesentlicher Mangel des Verfahrens ist es ferner, wenn die Beweisaufnahme ausschließlich durch einen Protokollführer oder ohne Zuziehung eines Protokollführers vorgenommen worden ist; AN. **96** 356, insbesondere auch, wenn die Beweisaufnahme einem Kontrollbeamten der LVAnst. übertragen worden ist; AN. **01** 199, oder wenn mit der Beweisaufnahme ein Sekretär als angeblich beauftragter Richter betraut worden ist; AN. **10** 428, ferner wenn das Ergebnis eines gerichtlichen Augenscheins, das von dem ärztlichen Befund abweicht, weder in der Niederschrift noch im Urteil eingehend dargelegt ist; AN. **06** 275, **09** 494, oder wenn die Aussagen der vernommenen Zeugen nicht in der Verhandlungsniederschrift angegeben sind, oder im Falle der Nichtvernehmung von Zeugen, die geladen und erschienen sind, der Grund des Nichtvernehmens nicht in der Verhandlungsniederschrift angegeben ist; AN. **98** 321. Kein wesentlicher Mangel des Ver-

fahrens ist dagegen, wenn die in der Verhandlungsniederschrift festgestellten Zeugenaussagen den Beteiligten nicht vorgelesen worden sind; AN. **05** 419.

Ein wesentlicher Mangel des Verfahrens ist es, wenn das verkündete Urteil zwar in zulässiger Weise in einer Anlage zu der Niederschrift aufgenommen, aber diese Anlage nicht wie die Niederschrift selbst unterzeichnet worden ist; AN. **10** 445. Dagegen bedeutet es keinen wesentlichen Mangel des Verfahrens, wenn verabsäumt wurde, einen in der Verhandlungsniederschrift beurkundeten Vergleich oder Verzicht den Beteiligten vorzulesen; AN. **04** 418, **09** 524.

Ein wesentlicher Mangel des Verfahrens liegt weiter darin, daß der Partei die vom Gegner vorgelegten Schriftsätze und Beweisurkunden nicht mitgeteilt worden sind; AN. (J. u. AV.) **92** 126, AN. **99** 448, oder wenn ein Antrag auf Wiedereinsetzung in den vorigen Stand der Gegenpartei nicht mitgeteilt wurde; AN. (J. u. AV.) **93** 137, oder wenn die von Amts wegen vor der mündlichen Verhandlung vom Vorsitzenden aufgenommenen Beweise nicht beiden Parteien mitgeteilt worden sind; AN. (J. u. AV.) **93** 105, oder wenn eine Beweisaufnahme in einer Verhandlung stattfindet, ohne daß die Partei vertreten war, und das Urteil ergeht, ohne daß ihr die Aussagen der Zeugen mitgeteilt worden sind; AN. **03** 551, oder wenn ein Sachverständiger im Verhandlungstermin gehört wird und der Partei lediglich mitgeteilt worden war, daß ein bestimmter Sachverständiger zum Verhandlungstag geladen sei, um in den Einzelsachen nach Bedarf vernommen zu werden; AN. **13** 560, oder wenn der Antrag des Rentenbewerbers auf schriftliche Mitteilung der über ihn abgegebenen ärztlichen Gutachten abgelehnt wird; AN. **09** 499, **01** 629, **09** 523, oder wenn der Antrag des Versicherten auf Begutachtung der Sache durch das VA. nach § 1613 Abs. 4 Satz 2 übergangen ist — der Mangel wird geheilt, wenn das OVA. die Begutachtung nachträglich veranlaßt; AN. **28** 60 (AV.) —, oder wenn die Rente vom VersTr. ohne neuerliche ärztliche Untersuchung entzogen worden war; EuM. **17** 168 (Bay. LVAmt), oder wenn die Rente entzogen worden ist, obwohl das einzige in der Sache eingeholte ärztliche Gutachten sich für das Fortbestehen der Invalidität ausgesprochen hatte; Breith. **6** 366 (Bay. LVAmt).

Eine andere Würdigung des Sachverhalts durch das Berufungsgericht berechtigt dieses nicht, die Sache an die Vorinstanz zurückzuverweisen; EuM. **5** 396. Auch liegt kein wesentlicher Mangel vor, wenn die Beweisaufnahme sich lediglich zufolge abweichender Beurteilung der Beweisergebnisse durch das Berufungsgericht als in einem wesentlichen Punkt lückenhaft erweist; EuM. **7** 305 (Sächs. LVAmt). Zurückverweisung auch unzulässig, wenn kein wesentlicher Mangel des Verfahrens vorliegt und das OVA. nur deshalb zurückverweisen möchte, weil es noch weitere Ermittlungen hinsichtlich eines Streitpunktes für nötig hält; EuM. **15** 215; vgl. auch EuM. **5** 398 (Bay. LVAmt): Zurückverweisung nur zulässig, wenn der VersTr. notwendige Erhebungen verabsäumt hat.

Die Zurückverweisung ist unzulässig, wenn die LVAnst. einen Anspruch auf Invalidenrente wegen Erlöschens der Anwartschaft abgewiesen hat und dann nach Erledigung dieses Abweisungsgrundes in der Berufungsinstanz die Invalidität streitig wird; AN. **13** 825.

Von der Befugnis zur Zurückverweisung darf das OVA. nur unter besonderen, näher darzulegenden Verhältnissen einen wohlbemessenen vorsichtigen Gebrauch machen; sie darf nicht dazu benutzt werden, Feststellungsurteile oder Zwischenurteile über ein einzelnes Beweismittel in das Verfahren der RVO. einzuführen; EuM. **11** 343 (Bay. LVAmt).

Ein VersTr. ist nicht berechtigt, Verfahrensmängel zu rügen, für die er selbst die Verantwortung trägt; Monatsschr. **22** 451.

2. Ob bei Aufhebung des angefochtenen Bescheids wegen wesentlichen Verfahrensmangels die Spruchkammer an die Vorinstanz zurückverweist oder ob sie statt dessen den Mangel heilen und dann selbst entscheiden will, steht in ihrem freien Ermessen; AN. **13** 674, **14** 757, EuM. **17** 347. In der Revisionsinstanz wie in der Rekursinstanz ist dieses Ermessen nicht nachprüfbar; AN. **13** 674, **14** 757, EuM. **17** 347, **7** 305 (Sächs. LVAmt).

Das OVA. hat in seiner Entscheidung den gesamten Streitstoff zu erledigen. Die Zurückverweisung an die Vorinstanz ist nur wegen eines wesentlichen Mangels des Verfahrens zulässig, ohne solchen aber hinsichtlich eines einzelnen Streitpunktes, z. B. des Jahresarbeitsverdienstes, nicht zulässig; EuM. **15** 215, **16** 203.

Ein Recht der Partei auf Zurückverweisung besteht nicht. Sie ist, wenn statt dessen das Berufungsgericht den Mangel heilt und selbst erkennt, nicht beschwert; AN. **09** 441, 499. Vor allem ist die Zurückverweisung nicht nötig, wenn der betr. Mangel für die Entscheidung, die das OVA. treffen will, nicht wesentlich ist; AN. **14** 716.

3. Eine Zurückverweisung an das VA. ist bei Ansprüchen aus der JV. nicht zulässig; EuM. **2** 384. Auch ist, wenn eine Entscheidung des VA. über einen Ersatzanspruch aufgehoben wird, die Zurückverweisung an den VersTr. unzulässig; EuM. **13** 309 (Bay. LVAmt).

4. Die Gewährung einer vorläufigen Leistung nach Abs. 2 ist im Wege der Revision nicht anfechtbar; AN. **22** 457.

Vorläufige Leistung ist keine vorläufige Rente im Sinne des § 1585; EuM. **16** 161.

5. Auch der Vorsitzende des OVA. ist befugt, durch Vorentscheidung eine Sache an das OVA. zurückzuverweisen; AN. **15** 325.

§ 1691. Die Vorschrift des § 1661 über die Entscheidung durch den Vorsitzenden allein gilt nicht für das Berufungsverfahren.

§ 1692. Steht es fest, daß das Urteil mit der Revision oder dem Rekurse nicht angegriffen werden kann (§§ 1695, 1696, 1700), so vermerkt der Vorsitzende der Spruchkammer unter Hinweis auf die gesetzlichen Vorschriften am Schlusse des Urteils, daß hiergegen ein Rechtsmittel mehr zulässig ist.

Wird eine Vorentscheidung erlassen (§ 1679 in Verbindung mit § 1657), so geht der Vermerk[1] dahin, daß nur Antrag auf mündliche Verhandlung vor der Spruchkammer zulässig ist; die Frist hierfür ist zu bezeichnen.

1. Der Vermerk ist eine Rechtsbelehrung, keine Rechtskraftbescheinigung; AN. **27** 421, und ist nur dann zu machen, wenn feststeht, daß kein Rechtsmittel zulässig ist. Sonst ist unter entsprechender Anwendung des § 1658 Abs. 1 auf das zulässige Rechtsmittel hinzuweisen; AN. **14** 319 (GrS.), EuM. **17** 347.

Durch den unzutreffenden Vermerk, ein Rechtsmittel sei nicht zulässig, wird die Rechtsmittelfähigkeit nicht berührt; BG. **16** 135.

§ 1693. Will das Oberversicherungsamt in einem Fall, in dem die Revision oder der Rekurs ausgeschlossen ist[1] (§§ 1695, 1696, 1700), von einer amtlich veröffentlichten grundsätzlichen[2] Entscheidung des Reichsversicherungsamts abweichen oder handelt es sich in einem solchen Falle um eine noch nicht festgestellte Auslegung gesetzlicher Vorschriften von grundsätzlicher[2] Bedeutung, so hat[3] es die Sache unter Begründung seiner Rechtsauffassung an das Reichsversicherungsamt[4] abzugeben[4 5].

Will das Oberversicherungsamt in einem solchen Falle von einer amtlich veröffentlichten Entscheidung des ihm übergeordneten Landesversicherungsamts abweichen, so ist die Sache an dieses abzugeben.

Will das Oberversicherungsamt in derselben Sache von einer amtlich veröffentlichten grundsätzlichen Entscheidung des Reichsversicherungsamts und eines Landesversicherungsamts abweichen, so ist das Reichsversicherungsamt zur Entscheidung zuständig.

Von der Abgabe sind die Beteiligten zu benachrichtigen.

Das Reichsversicherungsamt (Landesversicherungsamt) entscheidet an Stelle des Oberversicherungsamts[6]. Es kann sich auf die Entscheidung der grundsätzlichen Rechtsfrage beschränken.

G. v. 29. III. 28 (RGBl. I S. 117).

1. Die Abgabe der Sache setzt voraus, daß eine Streitsache vorliegt, die im Spruchverfahren zu erledigen ist; Monatsschr. **19** 693. Unzulässig ist die Abgabe im Hinblick auf die Zulässigkeit der Revision oder des Rekurses, wenn Streit über die Sachlegitimation einer Partei in einem Falle besteht, in dem nur eine der im § 1696 aufgeführten Leistungen beansprucht wird; AN. **14** 506, ferner wenn eine Unfallrente als vorläufige nur in den Gründen des Urteils des OVA. bezeichnet ist und am Ende des Urteils der Vermerk steht: „Diese Entscheidung ist gemäß § 1700 RVO. endgültig"; AN. **15** 330, ferner wenn streitig ist, ob eine Waisenrente deshalb wegfällt, weil die Waise für ehelich erklärt worden ist; AN. **19** 289, ferner wenn es sich um das Ruhen der Rente eines Verletzten auf Grund des § 615 Nr. 3 handelt; AN. **22** 163.

Nimmt das OVA. zu Unrecht an, daß die Revision oder der Rekurs ausgeschlossen sei, so ist das RVA. (Spruchsenat) in der Lage, durch Beschluß den Abgabebeschluß des OVA. aufzuheben. Dadurch wird die Sache in diejenige Lage zurückversetzt, die sie vor dem Abgabebeschluß hatte; AN. **13** 822, EuM. **22** 18.

Umfaßt das Verfahren einen revisionsfähigen Anspruch und zugleich einen nicht revisionsfähigen, der für den Fall der Abweisung des revisionsfähigen Anspruchs geltend gemacht ist, und handelt es sich bei dem nicht revisionsfähigen Anspruch um eine noch nicht feststehende Auslegung gesetzlicher Vorschriften von grundsätzlicher Bedeutung, so ist die Abgabe nur bezüglich des letzteren Anspruchs zulässig, während über den revisionsfähigen Anspruch im gewöhnlichen Instanzenzug zu entscheiden ist. Das Verfahren über den revisionsfähigen Anspruch ist in diesem Falle so lange auszusetzen, bis über den nicht revisionsfähigen Anspruch rechtskräftig entschieden ist; AN. **14** 510. Bei Ansprüchen auf Waisenrente ist die Abgabe jedenfalls dann zulässig, wenn nur die im § 1696 Nr. 4 bezeichneten Voraussetzungen des Anspruchs streitig sind; AN. **28** 289 (GrS.).

2. Grundsätzlich kann auch die Frage sein, inwiefern Verletzungen eine Verminderung der Erwerbsfähigkeit bedingen, wie Verlust eines Auges, Schwerhörigkeit; HbdUV. **1** 266, 267. Noch nicht festgestellt ist die Auslegung, wenn noch keine Entscheidung des RVA. über die Frage ergangen ist; AN. **15** 579, EuM. **14** 303. Die Anwendbarkeit des § 1693 hängt davon ab, daß in der Sache, die abgegeben wird, die Gerichtsbarkeit des OVA. gegeben ist. Die Abgabe setzt daher voraus, daß die Stellungnahme zu der Frage, ob Ansprüche der geltend gemachten Art im Verfahren vor den Instanzen der RVO. verfolgt werden können, nicht von einer noch nicht erfolgten grundsätzlichen Auslegung gesetzlicher Vorschriften abhängt. Dies gilt insbesondere auch dann, wenn die Abgabe nicht wegen dieser Frage erfolgt ist, sondern das OVA. eine andere Frage als Anlaß zur Abgabe genommen hat; AN. **29** 88.

Die Abgabe ist aber unzulässig, wenn der Fall ohne Entscheidung derjenigen Rechtsfrage entschieden werden kann, die das OVA. zum Anlaß der Abgabe genommen hat; EuM. **15** 364, **22** 18, AN. **17** 264.

Die Abgabe setzt ferner voraus, daß es sich um die grundsätzliche Auslegung einer Rechtsvorschrift, nicht um eine rein tatsächliche Feststellung handelt; AN. **21**

285, EuM. **4** 365, demgemäß Abgabe nicht zulässig, wenn es sich darum handelt, ob ein Hilfsmittel für den Erfolg des Heilverfahrens erforderlich ist; AN. **21** 285, wann der verstorbene Ehemann der Klägerin invalide geworden ist; EuM. **4** 365, wann ein neuer Versicherungsfall im Einzelfall vorliegt; ArbVers. **15** 848. Gesetzliche Vorschriften, deren grundsätzliche Auslegung die Abgabe begründet, sind auch Ausführungsbestimmungen, die auf Grund einer in der RVO. erteilten Ermächtigung ergangen sind; AN. **13** 747, unter dieser Voraussetzung auch landesrechtliche Ausführungsbestimmungen; vgl. AN. **17** 616.

Die Abgabe ist auch zulässig, wenn es sich um die Auslegung einer Satzungsbestimmung handelt, sofern bei dieser Auslegung über gesetzliche Vorschriften oder Rechtsbegriffe der RVO. grundsätzlich zu entscheiden ist; AN. **16** 791, **17** 479.

Keine Abgabemöglichkeit bei Auslegung von Vereinbarungen der VersTr. untereinander oder mit Dritten; Monatsschr. **17** 728.

Zulässig Abgabe, wenn es sich nur um die Zuständigkeit handelt; AN. **14** 740.

Unzulässig Entscheidung in der Hauptsache durch OVA. und nur Abgabe wegen der Kosten; RVGer. **4** 36, unzulässig auch Vorabentscheidung über Wiederaufnahmeantrag durch OVA., wenn es den Wiederaufnahmeantrag zulassen und die Sache an das RVA. abgeben will; EuM. **16** 204. Hat das OVA. über einen Teil des ihm in der Berufung vorgelegten Streitstoffs durch Urteil entschieden, so ist die Abgabe an das RVA. wegen des übrigen Streitstoffs unzulässig, auch wenn im übrigen die Voraussetzungen der Abgabe vorliegen; EuM. **20** 184.

3. Hat abzugeben. Ist an und für sich die Voraussetzung des § 1693 zur Abgabe gegeben, wird aber die Abgabepflicht vom OVA. nicht erfüllt, so bildet die Verletzung dieser Vorschrift keinen Revisionsgrund; AN. **13** 410, 415, **14** 622, 773, Monatsschr. **20** 491.

Im Falle der Verletzung des § 1693 durch Nichtanwendung ist aber der Rekurs trotz der Vorschrift des § 1700 Nr. 8 zulässig, falls das OVA. bewußt von einer veröffentlichten grundsätzlichen Entscheidung des RVA. abgewichen ist. Die Entscheidung AN. **14** 622 betrifft nur den Fall, daß bei einer zweifelhaften Frage es sich um eine noch nicht festgestellte Auslegung gesetzlicher Vorschriften von grundsätzlicher Bedeutung handelt; AN. **26** 457.

Die Abgabepflicht besteht von Amts wegen. Ein Anspruch der Beteiligten mit selbständigem Antragsrecht auf Abgabe besteht nicht; AN. **13** 415, **14** 773.

Wird der Abgabebeschluß aufgehoben, so wird das Verfahren in die Lage vor Erlaß des Beschlusses zurückversetzt, so daß das OVA. in der Sache selbst zu erkennen hat; EuM. **14** 303, AN. **13** 822.

4. Das RVA. ist in den Fällen des Abs. 1 zur Entscheidung über die abgegebene Sache stets zuständig, auch wenn die beklagte LVAnst. einem LVAmt untersteht; AN. **14** 510, EuM. **2** 421 (Bay. LVAmt).

An das LVAmt ist eine Sache nur dann abzugeben, wenn das OVA. von einer amtlich veröffentlichten Entscheidung des LVAmts abweichen will. Soweit dagegen eine gesetzliche Vorschrift von grundsätzlicher Bedeutung in Frage steht, ist das RVA. zur Entscheidung in der Sache zuständig; EuM. **11** 359 (Bay. LVAmt).

5. Die Abgabe hat in Spruchsachen stets durch die Spruchkammer zu erfolgen; der Vorsitzende allein ist nicht dafür zuständig. Der Abgabebeschluß ergeht nach öffentlicher mündlicher Verhandlung, zu der die Parteien zu laden sind und in der den Parteien Gelegenheit zur Äußerung zu geben ist. Er ist zu verkünden, mit Gründen zu versehen und nebst Begründung den Parteien zuzustellen; AN. **12** 1185, **13** 822 751, **25** 246, AN. **28** 388 (AVAV.), EuM. **10** 376. Der Grundsatz, daß die Abgabe einer Streitsache an das RVA. nur durch die Spruchkammer des OVA. nach vorausgegangener mündlicher Verhandlung erfolgen darf, ist durch die neue Fassung des § 1657 nicht berührt worden; Breith. **16** 484.

Die Zuständigkeit für die noch nicht festgestellte Auslegung gesetzlicher Vorschriften im Sinne des § 1693 wird für den einzelnen Senat des RVA. mit der Zuteilung der vom OVA. abgegebenen Sache begründet und nicht dadurch hinfällig, daß ein anderer Senat auf Grund eines anderen Abgabebeschlusses früher zur Entscheidung der gleichen Rechtsfragen gelangt; EuM. **14** 333.

6. Das RVA. (LVAmt) entscheidet an Stelle des OVA. über die Berufung als Berufungs-, nicht als Revisions- oder Rekursgericht; Begr. zur RVO. S. 504, AN. **14** 816, und zwar in dem durch die §§ 1694 bis 1721 vorgeschriebenen Verfahren; an die Stelle des § 1690 tritt § 1715 (Zurückverweisung auch ohne wesentlichen Verfahrensmangel); AN. **27** 426.. Die für die Behandlung der im regelmäßigen Rechtszuge an das RVA. gelangenden Spruchsachen anerkannte Regel, daß das RVA., wenn es die Entscheidung einer unzuständigen oder einer vorschriftswidrig besetzten Vorinstanz aufhebt, ungeachtet des „Verlustes einer Instanz" in der Sache selbst entscheiden kann und bei Entscheidungsreife zweckmäßig selbst entscheidet, gilt auch für die Behandlung der von den OVAern. an das RVA. zur grundsätzlichen Entscheidung abgegebenen Streitfälle; AN. **29** 310. In einem besonderen Falle hat das RVA. sachlich entschieden, obwohl es die den Anlaß zur Abgabe bildende Rechtsfrage offen ließ; EuM. **15** 100.

III. Verfahren vor dem Reichsversicherungsamte (Landesversicherungsamt)

1. Kranken- und Invalidenversicherung

§ 1694. Gegen die Urteile[1] der Spruchkammern ist in Sachen der Kranken- und der Invalidenversicherung Revision[2] zulässig[3].

Bek. v. 15. XII. 24 (RGBl. I S. 779).

1. Nur gegen Urteile, nicht gegen Erledigung des Berufungsverfahrens durch Vergleich, es sei denn, daß dieses in einem das Verfahren abschließenden Urteil zum Ausdruck gebracht ist; AN. **88** 215.

Voraussetzung der Zulässigkeit eines Rechtsmittels ist, daß der Rechtsmittelkläger durch die Entscheidung beschwert ist; AN. **18** 478, EuM. **17** 171.

Vorentscheidung des Vorsitzenden der Spruchkammer des OVA. (§ 1657) gilt als Urteil, deshalb mit Revision anfechtbar; AN. **13** 405, **14** 319.

Revision zulässig:

a) wenn sich aus Form und Gesamtinhalt des Urteils des OVA. ergibt, daß der Erlaß einer Endentscheidung beabsichtigt war, und zwar auch dann, wenn das Urteil dem Gesetz entgegen den Anspruch nicht erledigt, sondern nur eine einzelne Voraussetzung des Anspruchs als gegeben festgestellt hat; AN. **90** 601;

b) gegen abschließende Urteile unzulässigen Inhalts; AN. **99** 452 (Teilurteil), **15** 764, EuM. **8** 64 (Bay. LVAmt).

Revision unzulässig:

a) gegen Zwischenurteile (Entscheidungen über einen Zwischenstreit oder ein einzelnes selbständiges Angriffs- oder Verteidigungsmittel); AN. **88** 207, AN. (J. u. AV.) **93** 113, sie sind nur zugleich mit dem Endurteil anfechtbar;

b) gegen Anordnung einer vorläufigen Leistung nach § 1690 Abs. 2; AN. **22** 457;

c) wenn nur die Begründung des Urteils angefochten wird; AN. (J. u. AV.) **91** 149, AN. **94** 332, EuM. **17** 170 (Bay. LVAmt), insbesondere auch, wenn eine andere Art der Abweisung des Rentenanspruchs — endgiltige Abweisung statt Abweisung zur Zeit oder umgekehrt — begehrt wird; AN. **03** 392, **10** 430. Dies gilt auch, wenn die Begründung unzulässigerweise in die Urteilsformel übernommen ist; Monatsschr. **16** 195.

Ausnahmen hiervon:

Zulässigkeit der Revision, wenn der entscheidende Teil des Urteils erst durch die Begründung mit einem sachlichen Inhalt erfüllt wird; AN. **07** 550, ferner wenn die Revision gegenüber einem Berufungsurteile, das die Rente festsetzt, aber für ruhend erklärt, geltend macht, daß überhaupt kein Rentenanspruch bestehe; AN. **10** 429.

2. Bezeichnung des Antrags oder der Eingabe als Revision nicht ausschlaggebend. Der gegen eine Vorentscheidung des Vorsitzenden der Spruchkammer des OVA. an das RVA. gerichtete und als Revision bezeichnete Antrag des Rentenbewerbers auf tatsächliche Nachprüfung seiner Invalidenrentenansprüche und auf weitere Beweiserhebung als Antrag auf mündliche Verhandlung vor dem OVA. behandelt; EuM. **2** 381, **2** 382 (Sächs. LVAmt).

Revision zulässig:

a) bei Streit über sachliche Zuständigkeit des Berufungsgerichts oder über Zulässigkeit der Berufung; AN. **98** 555;

b) nur für Ansprüche, die im Feststellungsverfahren (Spruchverfahren) nach der RVO. zu regeln sind, also nicht, wenn die RVO. den Anspruch überhaupt nicht regelt; AN. (J. u. AV.) **93** 160, **95** 237, oder für ihn ein anderes Verfahren, als das Feststellungsverfahren vorschreibt; AN. **99** 778, **14** 503; ist jedoch streitig, ob der geltend gemachte Anspruch im Feststellungsverfahren überhaupt verfolgt werden kann, dann Revision stets zulässig; AN. **13** 477, **14** 506, **15** 350, 764.

Ein VersTr. kann die Revision ausschließlich zugunsten anderer beteiligter VersTr. einlegen; AN. **97** 594.

Dagegen nicht zulässig:

a) Revision gegen ein Urteil, durch das lediglich die Gegenpartei beschwert ist; AN. (J. u. AV.) **91** 159, **92** 133, **93** 112;

b) Anschlußrevision, insbesondere keine Wahrung der Revisionsfrist für die eine Partei durch die rechtzeitige Revisionseinlegung der anderen Partei; AN. **87** 37, 357, (J. u. AV.) **91** 161, **95** 37.

3. Zulässigkeit der Revision ist von Amts wegen zu prüfen; AN. **02** 509, **13** 477, **14** 691, 693.

§ 1695. Bei Ansprüchen auf Leistungen der Krankenversicherung ist die Revision ausgeschlossen[1], wenn es sich handelt[2] um

1. die Höhe des Kranken-, Haus- oder Sterbegeldes[3],
2. Unterstützungsfälle, in denen der Kranke nicht oder weniger als acht Wochen arbeitsunfähig war[4],
3. Wochenhilfe[5],
4. Familienhilfe[6],
5. Abfindung[7],
6. Kosten des Verfahrens[8].

1. Die Anwendung der §§ 1695, 1696 setzt voraus, daß der Kläger den geltend gemachten Anspruch an sich im Feststellungsverfahren (Spruchverfahren) nach der RVO. verfolgen kann; AN. **15** 350.

Die Ausschließungsgründe der §§ 1695, 1696 gelten nicht für die Erstattungs- und Ersatzansprüche des 5. Buches der RVO., nach § 1778 Abs. 2 ist hier die Revision stets zulässig; AN. **22** 386. Im übrigen richtet sich die Zulässigkeit der Revision bei Erstattungs- und Ersatzansprüchen lediglich nach § 1778 Abs. 1 und 2, nicht nach den §§ 1695, 1696; AN. **18** 168.

In den Fällen der §§ 1695, 1696 ist die Revision auch dann unzulässig, wenn es sich in erster Linie um die Rechtzeitigkeit der Berufung handelt; AN. **17** 237.

Revision unzulässig gegen ein den Antrag auf Wiederaufnahme des Verfahrens zurückweisendes Urteil des OVA., wenn es sich in der Hauptsache um einen Fall der §§ 1695, 1696 handelt; AN. **17** 251.

Revision unzulässig, wenn sie lediglich die Feststellung bezweckt, ob der Kläger als ständiger oder unständiger Arbeiter anzusehen ist; EuM. **4** 368 (Sächs. LVAmt).

Ist das Rechtsmittel mit Rücksicht auf den Streitgegenstand ausgeschlossen, so gilt dies auch dann, wenn das Verfahren des OVA. an einem wesentlichen Mangel leidet oder das Urteil des OVA. sonst fehlerhaft ist; EuM. **16** 363 (UV.), **21** 23 (UV.).

Auch wenn das Rechtsmittel ausgeschlossen ist, tritt die Rechtskraft der Urteile des OVA. vor Ablauf der Rechtsmittelfrist nicht ein. Der Eintritt der Rechtskraft wird durch die rechtzeitige Einlegung des Rechtsmittels gehemmt; AN. **27** 421.

2. Für die Prüfung, ob die Revision zulässig ist, kommt es nur auf den Gegenstand des mit der Revision verfolgten Anspruchs an, es entscheidet nicht das zugrundeliegende Rechtsverhältnis, sondern das Endergebnis, das der Kläger mit der Geltendmachung seines Anspruchs bezweckt; AN. **12** 1183, 1184. Gegenstand des Rechtsmittels ist immer der Anspruch, nicht eine besondere Vorfrage oder Rechtsfrage; AN. **17** 237.

Für die Zulässigkeit der Revision ist nicht der Zeitpunkt der Revisionseinlegung, sondern die Prozeßlage zur Zeit der Entscheidung des Revisionsgerichts maßgebend; AN. **13** 676, EuM. **2** 395 (Bay. LVAmt), **10** 378 (Bay. LVAmt). Jedoch kann die einmal zulässig eingelegte Revision nicht dadurch unzulässig werden, daß der Gegner Rechtshandlungen vornimmt, die den Streitgegenstand auf einen der Revision nicht mehr unterliegenden Teil beschränken; AN. **14** 504.

Bei Streit über die Sachlegitimation einer Partei Revision stets zulässig, selbst wenn eine nicht revisionsfähige Leistung beansprucht wird; AN. **14** 506.

3. Revision zulässig bei Streit, ob überhaupt für einzelne Tage Krankengeld zu zahlen ist; AN. **16** 752, ferner bei Ansprüchen auf Zahlung des Sterbegeldes als solchen; AN. **20** 180 oder eines Teiles des Sterbegeldes; AN. **23** 150. — Krankengeld s. § 182, § 194 Nr. 2, Hausgeld s. § 186, Sterbegeld s. §§ 201ff.

Der Reichsfiskus kann als Nebenintervenient gegen ein auf Grund der §§ 8, 12, 15 des RVG. gegen eine KrK. ergangenes Urteil Revision einlegen; AN. **26** 255.

4. Revision jedoch stets zulässig, wenn es sich um Unterstützungsfälle handelt, in denen der Kranke mindestens acht Wochen arbeitsunfähig gewesen ist, und zwar auch dann, wenn in solchen Fällen der streitige Anspruch einen Zeitraum von weniger als acht Wochen umfaßt; AN. **15** 367, EuM. **5** 403 (Sächs. LVAmt).

Für die Zulässigkeit der Revision kommt es lediglich auf die Dauer der Arbeitsunfähigkeit an, nicht auf die Art der Krankenpflege; EuM. **5** 409 (Sächs. LVAmt).

Beruhigt sich der Versicherte bei der die Arbeitsunfähigkeit für weniger als acht Wochen anerkennenden Entscheidung des OVA., so ist die Revision unzulässig; AN. **16** 517. Revision unzulässig bei Abbruch der Arbeitsunfähigkeit durch Tod vor Ablauf von acht Wochen; AN. **17** 640.

5. S. §§ 195a ff.

6. S. § 205a.

7. S. § 217.

8. Wird der Antrag auf Erstattung von Anwaltskosten im Spruchverfahren von dem OVA. abgelehnt, so kann hierüber vom RVA. nur im Falle der Einlegung der Revision zusammen mit der Hauptsache entschieden werden; AN. **16** 526.

§ 1696. Bei Ansprüchen auf Leistungen der Invalidenversicherung ist die Revision ausgeschlossen[1], wenn es sich handelt[2] um

1. Höhe[3], Beginn[4] und Ende[5] der Rente,
2. Kapitalabfindung[6],
3. Kosten des Verfahrens[7],
4. Waisenrente, soweit die Gewährung des Unterhalts oder die besonderen Voraussetzungen für die Gewährung der Leistungen nach vollendetem fünfzehnten Lebensjahre streitig sind[8].

G. v. 23. VII. 21 (RGBl. S. 984), Bek. v. 15. XII. 24 (RGBl. I S. 779), G. v. 25. VI. 26 (RGBl. I S. 311).

1. S. § 1695 Anm. 1.

2. S. § 1695 Anm. 2.

Ferner:

Die Einschränkung des ursprünglich nicht begrenzten Revisionsantrages auf Weitergewährung der Rente bis zu einem bestimmten, auch nach der Entscheidung des OVA. liegenden, Zeitpunkte macht die Revision unzulässig; AN. **14** 691. Anderseits ist die erst in der Revisionsinstanz erfolgte Erweiterung des Rentenantrages nicht zu berücksichtigen, die Revision wird dadurch nicht zulässig; EuM. **5** 411.

Ist eine Aufrechnung (§ 1324) oder das Ruhen der Rente (§§ 1312ff.) streitig, so ist die Revision stets zulässig; AN. **12** 1185, **13** 557, **14** 507, ebenso, wenn es sich um den Anspruch auf Auszahlung der Rente nach § 1258 RVO. handelt; AN. **22** 325.

Revision zulässig bei Streit darüber, ob die Invalidität vor dem Tode des Versicherten weggefallen ist; EuM. **2** 392.

3. Revision unzulässig:

a) bei Antrag auf Gewährung des Kinderzuschusses (§ 1291), weil es sich hier um Erhöhung der Rente handelt; AN. **12** 1183, Breith. **16** 95.

b) bei Berechnung der Hinterbliebenenrenten (§§ 1285, 1292), insbesondere wenn streitig, ob nur die Stammrente des Verstorbenen oder auch dessen Kinderzuschuß zugrunde zu legen ist; AN. **13** 441,

c) bei Anrechnung von Ersatztatsachen als Beitragswochen (§§ 1279, 1279a) zum Zwecke der Rentenerhöhung; AN. **12** 1183.

d) bei Streit über die Gewährung des Reichszuschusses zu den ins Ausland gezahlten Renten aus der JV. (§ 1316 RVO.); AN. **27** 336.

Dagegen ist der Anspruch auf die Zusatzrente des § 1318 revisionsfähig; AN. **25** 278.

Die Revision ist durch § 1696 Nr. 1 auch nicht ausgeschlossen, wenn es sich um das Ruhen des Kinderzuschusses gemäß § 1311c handelt; AN. **30** 107.

4. und 5. Revision nur dann unzulässig, wenn lediglich der Zeitpunkt des Beginns oder Wegfalls der Rente, nicht aber die Rentengewährung selbst streitig ist; AN. **12** 1184, **13** 513. Hat jedoch das Revisionsgericht die — von der LVAnst. angegriffene — Bewilligung der Invalidenrente oder die — vom Versicherten angegriffene — Rentenentziehung an sich für einwandfrei erachtet, so darf es die Entscheidung des OVA. über den Beginn und die Höhe der Rente bzw. über den Zeitpunkt des Rentenwegfalls nicht abändern; AN. **13** 733, vgl. auch § 1707 Anm. 3.

Bei Streit über Wegfall der Waisenrente wegen Ehelichkeitserklärung der Waise ist nicht das Ende der Rente, sondern der Wegfall des Rentenrechts streitig; AN. **19** 289.

4. Revision unzulässig:

a) wenn es sich um Beginn der unstreitig zu gewährenden Rente handelt, ohne daß es darauf ankommt, aus welchen Gründen der Rentenbeginn bemängelt wird, z. B. wenn bestritten wird, daß zur Zeit des vom OVA. festgesetzten Rentenbeginns schon Invalidität bestanden habe; AN. **12** 1184,

b) bei Streit darüber, ob die Rente für dauernde oder vorübergehende Invalidität zu gewähren ist; AN. **12** 939, EuM. 2 411, Breith. 7 430, **17** 403, und zwar auch dann, wenn das OVA. den Betrag der Rente nicht festgestellt hat; EuM. 8 395.

c) bei Streit über den Beginn der Rente auch dann, wenn der Rentenbeginn in erster Linie davon abhängig ist, ob der Berechtigte durch außerhalb seines Willens liegende Umstände an der Antragstellung verhindert war (§ 1253); EuM. **9** 402,

d) bei Streit über den Beginn der Rente auch dann, wenn das OVA. den Rentenbeginn unter Nichtbeachtung der Verjährung nach § 29 Abs. 3 festgesetzt hat; EuM. **9** 403.

e) wenn das OVA. die Rente für vorübergehende Invalidität entgegen der Vorschrift des § 1255 Abs. 3 vor Ablauf der 26. Woche zuerkannt hat; EuM. **10** 379 (Bay. LVAmt),

f) wenn das OVA. statt der Rente für vorübergehende Invalidität die Rente für dauernde Invalidität zuerkannt und dabei übersehen hat, daß die Wartezeit für diese letztere Rente nicht erfüllt ist; EuM. **10** 380 (Bay. LVAmt),

g) wenn der Kläger in der Revision für einen vor dem Beginn der ihm bewilligten Rente für dauernde Invalidität liegenden, aber von ihm durch eine unstreitig rentenlose Zeit getrennten Zeitraum die Rente für vorübergehende Invalidität beansprucht; AN. **16** 428, ferner wenn es sich um den früheren Beginn der vor Umwandlung in die Invalidenrente gewährten Krankenrente handelt; EuM. **12** 286,

h) wenn die nach Vollendung des 65. Lebensjahres gewährte Invalidenrente wegen vorher eingetretener dauernder Invalidität von einem früheren Zeitpunkt an begehrt wird; EuM. **26** 115 (Sächs. LVAmt).

5. Um das Ende der Rente handelt es sich, wenn die Invalidität unstreitig beseitigt und nur der Zeitpunkt für das Aufhören der dafür zu gewährenden Rente streitig ist; AN. **12** 1184, ferner auch dann, wenn der Kläger in der Revision für einen, nach dem Endpunkte der ihm bewilligten Rente liegenden, aber von ihm durch eine unstreitig rentenlose Zeit getrennten Zeitraum die weitere Gewährung der Rente beansprucht; AN. **21** 271. Gibt der Rentenempfänger in der Revisionsinstanz zu, daß er nicht mehr invalide sei, so ist die auf Änderung des Zeitpunkts des Rentenwegfalls gerichtete Revision der LVAnst. unzulässig; Breith. **11** 126 (Bad. LVAmt).

Dagegen erstreckt sich der Ausschluß der Revision nicht auf die Rentenentziehung als solche; AN. **12** 1184, EuM. 2 13 (Bay. LVAmt), 2 15 (Sächs. LVAmt).

Auch ist die Revision zulässig bei Streit über Fortdauer der Invalidität über den von der Beklagten bestimmten Zeitpunkt hinaus; EuM. **11** 257 (Sächs. LVAmt).

6. S. § 1317. Auch die Abfindung der Witwe im Falle ihrer Wiederverheiratung gemäß § 1298 Satz 2 RVO. ist eine Kapitalabfindung im Sinne des § 1696 Nr. 2; AN. **27** 337.

7. S. § 1670.

8. Die Revision ist dann ausgeschlossen, wenn nur die in der Nr. 4 bezeichneten Voraussetzungen des Waisenrentenanspruchs streitig sind; AN. **28** 289 (Gr. S.). Für den Ausschluß der Revision nach § 1696 Nr. 4 ist es unerheblich, ob der dem Anspruch zugrunde liegende Streit rechtlicher oder tatsächlicher Art ist; RVA. (Gr. S.), Rev.-E. v. 7. V. 30 — IIa 4173/29.

§ 1697. Die Revision kann nur darauf gestützt werden[1], daß

1. das angefochtene Urteil auf der Nichtanwendung oder auf der unrichtigen Anwendung des bestehenden Rechtes oder auf einem Verstoße wider den klaren Inhalt der Akten beruhe[2 3 4],

2. das Verfahren an wesentlichen Mängeln leide[5].

1. In der Revisionsinstanz keine Berücksichtigung neuer Tatsachen, außer bei Aufhebung der Entscheidung des OVA., soweit die Tatsachen liquide sind, also eine Beweiserhebung nicht erforderlich ist; AN. (J. u. AV.) **91** 152, 153, **94** 129.

Revisionsgericht an die tatsächlichen Feststellungen der Vorinstanz gebunden, soweit sie nicht eine rechtliche Würdigung bedingen; AN. (J. u. AV.) **91** 161, oder sie gegen den klaren Inhalt der Akten verstoßen; AN. (J. u. AV.) **91** 152, 153.

Keine Änderung des Klagegrundes in der Revisionsinstanz; AN. (J. u. AV.) **95** 36.

Keine Beweisaufnahme in der Revisionsinstanz, außer zur Feststellung der Prozeßvoraussetzungen, insbesondere der Zulässigkeit und Rechtzeitigkeit der Revision; AN. (J. u. AV.) **94** 32.

In der Revisionsinstanz ist der ganze Inhalt der Entscheidung des OVA. zu prüfen, auch soweit er der anfechtenden Partei günstig ist; AN. **04** 421.

Das Durchgreifen eines Revisionsgrundes hat die Aufhebung des Urteils des OVA. in seinem ganzen Umfange zur Folge und beseitigt damit die bindende Kraft der tatsächlichen Feststellungen des OVA.; AN. **13** 442.

Dabei ist das Revisionsgericht an den Antrag auf Zurückverweisung der Sache nicht gebunden, kann vielmehr sogleich endgültig entscheiden; AN. **08** 500. Jedoch keine reformatio in peius zulässig; AN. **96** 177, **08** 441, Monatsschr. **16** 195. Vgl. auch Anm. 6 zu § 1715, Anm. 5h zu § 1583.

2. Ein Revisionsgrund liegt nicht schon dann vor, wenn eine einzelne tatsächliche Feststellung der Vorentscheidung unzutreffend ist, sondern erst dann, wenn die Vorentscheidung auf der unzutreffenden Feststellung beruht; eine die Vorentscheidung bestätigende Revisionsentscheidung hält nicht notwendig alle Feststellungen des Berufungsurteils aufrecht; AN. **01** 205.

3. Revisionsgrund ist nicht Verletzung einer bloßen Sollvorschrift, auch nicht ohne weiteres jede Verletzung einer zwingenden Vorschrift, es sei denn, daß letztere zum Schutze öffentlicher Interessen erlassen ist, z. B. Vorschrift über geheime Beratung und Abstimmung (§ 34 OVAV.), weil sie der Unabhängigkeit der richterlichen Entscheidung dient; AN. **22** 180, EuM. **11** 387.

Unter den Begriff des „bestehenden Rechtes" im Sinne des § 1697 in Verbindung mit § 368o Abs. 6 RVO. fallen auch die Kollektivverträge, die auf Grund der §§ 368, 368k bis o RVO. durch Einigung oder Schiedsspruch zustande gekommen sind; AN **26** 469 (RSchA.). Die Nichtanwendung einer Bestimmung des kassenärztlichen Gesamtvertrages, die erst nach der mit der Revision angefochtenen Entscheidung des SchA. unter Rückdatierung getroffen ist, stellt keine Verletzung des „bestehenden Rechtes" im Sinne des § 1697 in Verbindung mit § 368o Abs. 6 RVO. dar; AN. **30** 238 (RSchA.).

Keine Rechtsverletzung, wenn das Berufungsgericht innerhalb des ihm zustehenden freien Ermessens handelt und innerhalb der Grenzen des Rechtes der freien Beweiswürdigung entscheidet. Das Ermessen darf kein willkürliches sein, sondern muß ein sachliches, mit Gründen gestütztes sein; AN. **99** 449, **09** 496, **10** 429, EuM. **2** 114 (Bay. LVAmt).

Grenzen des Rechtes der freien Beweiswürdigung:

a) bei verschiedener Schätzung der Sehkraft; AN. **09** 495,

b) gegenüber ärztlichen Gutachten; AN. **05** 413, **09** 496, EuM. **7** 269, 320, **10** 369, 370 (Bay. LVAmt), **15** 233, Monatsschr. **19** 291,

c) gegenüber Gutachten von Laien über Leistung und Erwerbsfähigkeit der Versicherten; AN. **06** 638, EuM. **10** 383 (Bay. LVAmt),

d) gegenüber den Angaben der am Ausgange des Rechtsstreits beteiligten Personen; AN. **09** 497, EuM. **2** 13 (Bay. LVAmt).

4. Der Revisionsgrund: „Verstoß wider den klaren Inhalt der Akten" ermächtigt

und verpflichtet das RVA. auch zur Nachprüfung des tatsächlichen Streitstoffes; AN. (J. u. AV.) **93** 108.

Verstöße wider den klaren Inhalt der Akten im einzelnen: völliges Übergehen eines wichtigen Beweismittels, z. B. amtlicher Ermittelungen; AN. (J. u. AV.) **92** 54, von Erklärungen des Arbeitgebers über Leistungen und Erwerbsfähigkeit des Versicherten; AN. **06** 638, ärztlicher Gutachten, die beim Berufungsgericht eingegangen sind, auch wenn sie nicht zu den Akten gelangt oder dem Berufungsgericht bekanntgeworden sind; AN. **10** 656, EuM. **7** 323, nichtberichtigte Schreibfehler in der Urteilsformel; AN. (J. u. AV.) **95** 32, **99** 452, Feststellung einer Tatsache ohne genügende Unterlage; AN. **09** 496, auch EuM. **2** 114 (Bay. LVAmt).

5. Ein wesentlicher Mangel des Verfahrens liegt vor, wenn eine auf öffentlich-rechtlicher Grundlage beruhende Vorschrift verletzt ist, so daß der Mangel von Amts wegen zu berücksichtigen ist; AN. **96** 356, **22** 179, 180.

Dient jedoch die Vorschrift lediglich dem Schutze der Parteirechte, so ist sie von der Partei, und zwar so bald als möglich, in der Regel spätestens bis zum Schlusse der Verhandlung vor dem Berufungsgericht zu rügen; AN. (J. u. AV.) **91** 149, vgl. jedoch EuM. **23** 215 (Verletzung schutzbedürftiger verfahrensrechtlicher Belange der Partei).

Heilung eines Mangels kann durch das Berufungsgericht unter Umständen geschehen, indem es die unterbliebene Prozeßhandlung, z. B. Mitteilung ärztlicher Gutachten an die Partei, nachholt; AN. **09** 499 mit 441.

Zur Feststellung eines Verfahrensmangels genügt es, daß aus dem Akteninhalt sich nicht klar ergibt, ob die angeblich verletzte Vorschrift, z. B. über die Beweisaufnahme, über Förmlichkeiten des Verfahrens, erfüllt ist; AN. **98** 321, **01** 434.

I. Wesentliche Mängel des Verfahrens im einzelnen:

a) Unvorschriftsmäßige Besetzung des Gerichts; AN. (J. u. AV.) **92** 23, Mitwirkung eines Beisitzers, der bei Erlaß des angefochtenen Rentenfeststellungsbescheids beteiligt war; AN. (J. u. AV.) **93** 156, Mitwirkung einer nicht versicherten Person als Versichertenvertreter-Beisitzer; AN. (J. u. AV.) **94** 30, Mitwirkung eines Beisitzers, der als Zeuge in der zu entscheidenden Sache vernommen war; AN. (J. u. AV.) **93** 53, **94** 30, Mitwirkung eines Beisitzers, der auf amtliches Ersuchen Auskunft über den Rentenbewerber erteilt hatte; AN. **97** 471, Mitwirkung eines Beisitzers, der als Dolmetscher in der zu entscheidenden Sache zugezogen war; AN. **01** 401, Mitwirkung eines Beisitzers, der nicht Deutscher ist; AN. (J. u. AV.) **93** 77, Mitwirkung anderer Richter bei der Urteilsfällung als bei der Verhandlung; AN. **97** 316.

b) Unzureichende Prüfung der Parteilegitimation; AN. **11** 582. Unterlassene Prüfung, ob eine inhaltlich eine Rechtsmittelschrift bildende, aber von einem Dritten in eigenem Namen unterzeichnete Eingabe vom Kläger veranlaßt ist oder genehmigt wird; AN. **00** 721.

Verhandlung mit einer prozeßunfähigen, nicht bevormundeten Person; AN. (J. u. AV.) **93** 114, **04** 415, Nichtzuziehung des Pflegers; AN. **10** 556, Zurückweisung einer Berufung, lediglich weil der Kläger selbst nicht prozeßfähig, der die Berufung einlegende Vater zur Vertretung nicht befugt sei; AN. **98** 321.

Benachrichtigung einer Partei statt ihres Bevollmächtigten vom Verhandlungstermine; AN. **13** 744, EuM. **8** 385.

Nichtzuziehung des bevollmächtigten Vertreters einer Partei zum Verfahren; EuM. **5** 413 (Bay. LVAmt).

Nichtzuziehung des Versicherten bei einem Ersatzstreit nach § 1531 RVO.; EuM. **12** 238 (Bay. LVAmt).

c) Unterlassene Anhörung des Klägers vor Verwirklichung einer ihm für den Fall seines Ausbleibens zur Untersuchung gestellten Androhung; AN. **97** 350, Nichtanhörung der LVAnst. nach Änderung des Klagegrundes; AN. (J. u. AV.) **95** 35, Nichtzuziehung des Rentenberechtigten in einem von dem ersatzberechtigten Träger der Armenfürsorge veranlaßten Rentenfeststellungsverfahren; AN. **03** 394, Nichtzuziehung des Trägers der Armenfürsorge, der als Nebenintervenient beigetreten war; AN. **96** 308.

Übergehen eines mit Gründen versehenen Vertagungsantrags; AN. **11** 421.

Übergehung des Antrags auf Begutachtung einer Rentensache durch das VA. gemäß § 1613 Abs. 4 Satz 2 RVO.; EuM. **18** 166 (Sächs. LVAmt).

d) Nichtmitteilung der Berufungsschrift an den Gegner; AN. **16** 369, Nichtmitteilung der Beweiserhebung der LVAnst. an den Kläger; AN. (J. u. AV.) **92** 129, desgl. von sonstigem wesentlichen Prozeßstoff (eingereichte Bescheinigung, Berufungsbegründung); AN. **99** 448, unbegründete Ablehnung der Mitteilung eines wesentlichen Gutachtens an den Kläger; AN. **01** 629, Nichtbeachtung des Antrags auf Erteilung von Abschriften ärztlicher Gutachten; AN. **09** 523, unter Umständen Verweigerung der Akteneinsicht gegenüber der LVAnst.; AN. **10** 429, **12** 913, Nichtmitteilung des Gesuchs um Wiedereinsetzung in den vorigen Stand an die Beteiligten; AN. (J. u. AV.) **93** 137, Nichtmitteilung neubeschafften Urkundenstoffs an die Parteien; AN. (J. u. AV.) **93** 105, Nichtmitteilung des Ergebnisses einer ohne Vorwissen der Partei angeordneten Beweisaufnahme; AN. **03** 394, Nichtmitteilung der Zeugenaussagen nach Änderung des Beweissatzes ohne Vorwissen der Partei; AN. **03** 551.

Nichtmitteilung eines im Berufungsverfahren vom OVA. eingeholten ärztlichen Gutachtens an die Partei vor dem Erlaß der Vorentscheidung, die zuungunsten der Partei ausfällt; AN. **27** 336, EuM. **23** 215. Dieser Mangel ist nicht nur bei erhobener Rüge, sondern auch von Amts wegen zu berücksichtigen; EuM. **23** 215.

Unterlassene Mitteilung eines im Verhandlungstermine vor dem OVA. erstatteten, neue Tatsachen enthaltenden ärztlichen Gutachtens an die im Termine nicht vertretene LVAnst. vor der Entscheidung; AN. **08** 228, Nichtmitteilung von Terminsgutachten an die nicht vertretene LVAnst. je nach Form der Ladung; AN. **09** 497 bis 499, Entscheidung des OVA. auf Grund eines mündlich erstatteten Gutachtens, das in schriftlicher Fassung erst nach Schluß der mündlichen Verhandlung zu den Akten gegeben ist; RVA. (Gr. S.), Rev.-E. v. 7. V. 30 — IIa 3293/28, Entscheidung nach erst im Verhandlungstermine beschlossener und durchgeführter Beweisaufnahme in Abwesenheit der unterliegenden Partei (§ 28 Abs. 5 Satz 2 OVAO.); AN. **13** 560. Dagegen kann bei ordnungsmäßiger Benachrichtigung der Parteien von einer beabsichtigten Beweisaufnahme das Urteil auch zuungunsten der nicht erschienenen oder nicht vertretenen Partei ergehen; AN. **14** 689, ebenso, wenn die Beweisaufnahme keine neuen wesentlichen, der Partei unbekannte Tatsachen ergeben hat; Monatsschr. **15** 741.

Fehlen einer Angabe über die Vernehmung geladener und erschienener Zeugen im Verhandlungsprotokoll; AN. **98** 321.

e) Unterbleiben der Ladung einer Partei zum Verhandlungstermin; AN. **88** 189, **99** 448, unrichtige Angabe des Terminstages; AN. **99** 448, unklare Fassung der Ladung, daß Zweifel über den Tag des Termins begründet sind; AN. **94** 331, Zustellung der Ladung nach dem Verhandlungstermin; HbdUV. **2** 599, Nichteinhaltung der Ladungsfrist dergestalt, daß die Partei in der Vertretung ihrer Rechte wesentlich beschränkt ist; AN. (J. u. AV.) **92** 129, **01** 404, Nichtzuziehung des Bevollmächtigten einer Partei zum Verfahren; EuM. **5** 413 (Bay. LVAmt), Unterlassung der Benachrichtigung des Bevollmächtigten einer Partei vom Verhandlungstermine; EuM. **8** 385.

Benachrichtigung der Partei statt ihres Prozeßbevollmächtigten vom Verhandlungstermine; AN. **13** 744. Dieser Mangel wird nicht ohne weiteres dadurch geheilt, daß die im Termin erschienene Partei verhandelt, ohne den Mangel zu rügen; hinzukommen muß, daß die Partei den Mangel kannte oder kennen mußte; AN. **18** 302.

Unterlassene Benachrichtigung der Parteien von einem Beweisaufnahmetermine; AN. **96** 356.

f) Unterlassung des rechtlichen Gehörs des Klägers (§ 1692); EuM. **1** 418 (Bay. LVAmt).

g) Unzureichende Aufklärung des Sachverhalts; AN. (J. u. AV.) **94** 38. Übergehung erheblicher Anführungen; AN. (J. u. AV.) **93** 69. Unterlassen der Beweiserhebung über neue Tatsachen (z. B. nachträglich eingetretene Invalidität); AN. (J. u. AV.) **93** 125, Nichtberücksichtigung eines während des Rentenentziehungsverfahrens entstandenen neuen Rentenanspruchs (Wiedereintritt der Invalidität); AN. **99** 558, Nichtberücksichtigung des Ablaufs der 26 Wochen des § 1255 (§ 1258) Abs. 3 während des Berufungsverfahrens; AN. **17** 608.

Entscheidung auf Grund eines im Befund unzureichenden ärztlichen Gutachtens; AN. **08** 502, Entscheidung auf Grund eines nicht abschließenden ärztlichen Gutachtens; AN. **10** 504, unzureichende Aufklärung bei verschiedenen Schätzungen der Sehschärfe; AN. **09** 495.

Nichtberücksichtigung eines zwar beim OVA. eingegangenen, aber nicht zu den Akten gelangten ärztlichen Gutachtens; AN. **10** 656, EuM. **4** 419, auch dann, wenn dieses Gutachten dem OVA. nicht bekanntgeworden ist; EuM. **7** 323.

Nichtbeachtung der Vorschrift des § 1681 RVO.; AN. **28** 112, EuM. **21** 152 (Bay. LVAmt), Unterlassung der Feststellung, wer behandelnder Arzt ist, wenn dessen Anhörung nach § 1681 RVO. beantragt ist; Breith. **16** 156 (Bad. LVAmt).

Unterlassung der Prüfung der Versicherungspflicht, wenn die LVAnst. lediglich wegen Nichtvorliegens von Invalidität abgewiesen hat; AN. **10** 553, nicht erschöpfende Aufklärung über Erhaltung der Anwartschaft; AN. **09** 494, Unterlassung der Beweiserhebung über den vor Eintritt der Invalidität erzielten Arbeitsverdienst des Klägers bei Feststellung des Invaliditätsbeginns vor Erfüllung der Wartezeit lediglich auf Grund der ärztlichen Gutachten; EuM. **2** 22 (Sächs. LVAmt).

Unvollständigkeit des dem Berufungsgericht vorgelegten Aktenmaterials; AN. (J. u. AV.) **93** 77.

Nichtausübung des richterlichen Fragerechts zur Herbeiführung sachdienlicher Anträge; AN. **11** 420.

h) Übertragung der gesamten Beweisaufnahme an einen Kontrollbeamten der LVAnst.; AN. **01** 199, oder an einen Sekretär des OVA. als beauftragten Richter; AN. **10** 428, Beweisaufnahme ohne Zuziehung eines Protokollführers oder lediglich durch einen Protokollführer; AN. **96** 356, EuM. **2** 363, Nichtbeachtung sonstiger für die Beweisaufnahme außerhalb des Verhandlungstermins vorgeschriebener Förmlichkeiten (Mitteilung des Gegenstandes der Vernehmung an die Zeugen bei ihrer Ladung, Gewährung der Gelegenheit für die Beteiligten, der Beweisaufnahme beizuwohnen und den Zeugen sachdienliche Fragen vorlegen zu lassen); EuM. **2** 363. Eidliche Vernehmung einer Partei; EuM. **24** 225.

i) Verletzung der Vorschriften über „geheime" Beratung und Abstimmung (§ 34 OVAO.); AN. **22** 180, EuM. **11** 387, **23** 468, vgl. auch RVGer. **2** 273, **4** 260.

Zulassung der Anwesenheit einer Partei im Sitzungssaal während der dort stattfindenden Beratung und Beschlußfassung des OVA. bei gleichzeitiger Nichtzulassung der anderen Partei; AN. **22** 179.

k) Fehlen einer von Tatbestand und Gründen getrennten Entscheidungsformel bei der Entscheidung des OVA. und des VA. (§ 36 Abs. 1 OVAO., § 53 Abs. 1 VAO.); AN. **15** 441. Nichtaufführung aller Beteiligten und ihrer gesetzlichen Vertreter im Urteil des OVA.; EuM. **7** 257 (Sächs. LVAmt).

Mangelnde Begründung des Urteils des OVA.; AN. **97** 316, unzureichende Begründung des Bescheids der LVAnst.; AN. **10** 532.

Unzulässige Berichtigung des Urteils des OVA.; AN. (J. u. AV.) **94** 120.

Unzulässige Bekanntgabe der der Entscheidung zugrunde liegenden Abstimmung in der Niederschrift über die Verhandlung des OVA.; AN. **16** 370.

Unterzeichnung der Urschrift des Urteils oder der Vorentscheidung mit dem Handzeichen statt mit dem vollen Namen des Vorsitzenden; EuM. **10** 375, auch AN. **21** 153, 154.

Bedingtes Urteil: AN. (J. u. AV.) **94** 120, **15** 558, EuM. **6** 399 (Sächs. LVAmt). Teilurteil: AN. (J. u. AV.) **94** 32, **97** 518, **99** 452.

Ausdrückliche, in die Vorentscheidung (§ 1658) aufgenommene Belehrung einer Partei, Revision einzulegen, da die Sache doch zur letztinstanziellen Entscheidung werde gebracht werden; EuM. **20** 173 (Bay. LVAmt).

Feststellung, daß der Kläger nicht versicherte Person (selbständiger Gewerbtreibender), nur weil er der Androhung ungeachtet im Termin nicht erschienen war; AN. (J. u. AV.) **92** 53, Verneinung der Invalidität, lediglich weil der Kläger trotz Anordnung persönlichen Erscheinens im Verhandlungstermine ausgeblieben war; AN. **02** 512, Feststellung einer Vereitelung der Beweisaufnahme ohne vorhergehende sachgemäße Belehrung des Klägers; **01** 431.

Feststellung der Invalidität durch Augenscheinnahme ohne Versuch der Aufklärung von Widersprüchen mit ärztlichen Gutachten; AN. **99** 449, **01** 404, Nichtbeachtung ärztlicher Gutachten gegenüber dem Augenschein; AN. **09** 495, unzureichende Niederschrift des Ergebnisses des Augenscheins; AN. **09** 494, Nichtberücksichtigung eines Laiengutachtens über die Erwerbsfähigkeit des Klägers; AN. **06** 638.

Überschreitung der Grenzen des Rechtes der freien Beweiswürdigung; AN. **09** 496, **10** 429. Entscheidung entgegen den vorliegenden ärztlichen Gutachten über medizinische Fragen ohne weitere Beweiserhebung und ohne Angabe der Gründe hierzu im Urteil; EuM. **15** 233, vgl. im übrigen oben Anm. 3. Berücksichtigung eines nach der Urteilsfällung eingegangenen Gutachtens; AN. **01** 405. Fehlen einer Bestimmung über den Beginn der Invalidität und der Rente im Urteil des OVA.; AN. **99** 454. Unterlassung der Festsetzung von Beginn und Höhe der Rente durch das Berufungsgericht — Entscheidung nur dem Grunde nach ohne nähere Begründung für diese Beschränkung; AN. **14** 502, kein Mangel des Verfahrens jedoch, wenn die Höhe der Rente in den Gründen der Entscheidung angegeben ist; AN. **07** 550, s. unten II.

Gründung des Urteils auf ein Anerkenntnis, das, obwohl sachwidrig, weder verlesen noch sonst näher geprüft worden ist; AN. **00** 722.

Verurteilung des VersTr. zu einer Leistung, die nicht Gegenstand des Spruchverfahrens sein kann, z. B. Verurteilung zur Rückzahlung von ungültigen Beiträgen; AN. **99** 778.

Unterlassung der Stellungnahme zu der aus dem Akteninhalte nahegelegten Frage nach dem Ruhen der Rente im Falle der Anerkennung des von der LVAnst. abgelehnten Rentenanspruchs durch das OVA.; AN. **13** 737.

Widersprüche des Urteils des OVA. in sich selbst; AN. **99** 452, Widerspruch des schriftlich abgefaßten Urteils mit der verkündeten Entscheidung; AN. (J. u. AV.) **94** 120.

Ergehen einer Entscheidung in einem unrichtigen Verfahren (Entscheidung über einen Ersatzanspruch durch den VersTr., statt durch das VA. — § 1771 RVO.); Breith. **15** 341.

Vgl. im übrigen auch § 1715 Anm. 4.

II. Keine wesentlichen Mängel des Verfahrens:

Mitwirkung eines Richters, bezüglich dessen ein Ablehnungsgesuch begründet gewesen wäre; AN. (J. u. AV.) **92** 53, **94** 123, Mitwirkung eines zwar nicht mehr wählbaren, aber seines Amtes noch nicht enthobenen Beisitzers; AN. **98** 160.

Nichtzuziehung des Versicherten zu dem Verfahren über einen Ersatzstreit aus § 1518 Abs. 2, § 1520 Abs. 2; AN. **14** 648.

In der Regel: Fehler bei Zustellungen von Ladungen, wenn sie von den Parteien nicht gerügt sind; EuM. **7** 325 (Bay. LVAmt).

Nichtvereidigung von Zeugen; AN. (J. u. AV.) **92** 132, **93** 54, Nichtvorlegung der Generalzeugenfragen; AN. **04** 416. Vernehmung eines Prozeßbevollmächtigten als Zeugen; AN. **98** 323. Unterlassene Verlesung durch Aufnahme in die Verhandlungsniederschrift festgestellter Zeugenaussagen; AN. **05** 419, unterlassene Verlesung des in die Verhandlungsniederschrift aufgenommenen Vergleichs; AN. **04** 418.

Nichtzuziehung eines Prozeßbevollmächtigten zur Beweisaufnahme außerhalb der mündlichen Verhandlung; AN. **17** 392.

Einziehung von Urkunden und Auskünften durch den Vorsitzenden des Berufungsgerichts vor der mündlichen Verhandlung; AN. (J. u. AV.) **93** 105.

Ablehnung eines Vertagungsantrags der geladenen, aber nicht vertretenen LVAnst.; AN. **09** 499.

Anwesenheit des Protokollführers bei der Beratung des OVA.; AN. (J. u. AV.) **95** 36.

Unterlassung der Belehrung des Klägers über die Möglichkeit der Nachbringung rückständiger Beiträge zur JV.; AN. **12** 825.

Nichtbeachtung des § 1693 durch das OVA.; AN. **13** 410.

Begründung des Urteils durch Verweisung auf die erschöpfende Vorentscheidung des Vorsitzenden; AN. **98** 322.

Unterlassen der nochmaligen Prüfung einer weder in dem zurückverweisenden Revisionsurteile noch seitens der Parteien bemängelten Feststellung; AN. **99** 450, Fehlen einer Bestimmung über die Höhe der Rente, wenn das OVA. den Beginn einer von dem VersTr. festgestellten Rente abändert; AN. **99** 455, desgl. wenn die Höhe der Rente in den Entscheidungsgründen, aber nicht im entscheidenden Teile des Urteils angegeben ist; AN. **07** 550.

Abfassung nur eines Urteils über die Rentenansprüche beider Ehegatten; AN. **99** 641.

Nichtunterzeichnung der Urschrift des bei den Akten des VersTr. befindlichen Bescheids, wenn der dem Kläger zugestellte Bescheid ordnungsmäßig unterschrieben ist, und die Akten ergeben, daß die Erteilung des Bescheids von den dazu berufenen Personen beschlossen war; AN. **15** 366.

§ 1698. Für das Verfahren über die Revision gelten die Vorschriften über das Spruchverfahren vor dem Versicherungsamt entsprechend, soweit die §§ 1707 bis 1721 nichts anderes vorschreiben.

Die Vorschriften der §§ 1656 bis 1659, 1661 gelten nicht.

Zu vgl. hierzu § 1679 und die RVAO.

2. Unfallversicherung

§ 1699. Gegen die Urteile der Spruchkammern [1] ist in Sachen der Unfallversicherung Rekurs [2 3] zulässig [4 5 6 7].

1. Vgl. §§ 1675f. In demselben Umfang wie gegen die Urteile der Spruchkammern ist der Rekurs auch gegen Vorentscheidungen des Vorsitzenden (§§ 1679), 1657) zulässig; AN. **14** 319. Ergänzungsurteile sind nur mit dem gegen das Haupturteil gegebenen Rechtsmittel, in der UV. also mit dem Rekurse anfechtbar; AN. **16** 667. Gegen einen vor dem OVA. abgeschlossenen Vergleich ist der Rekurs nicht zulässig; HbdUV. **1** 510. Unrichtige Bezeichnung eines Urteils im Rekursantrage ist unschädlich, wenn sonst klar ersichtlich ist, welches Urteil angefochten wird; EuM. **8** 396.

2. Zuständig zur Entscheidung über den Rekurs ist das RVA. (LVAmt); § 1708. Das Rekursgericht hat die Stellung des Revisionsgerichts; AN. **03** 472, sowie die des Berufungsgerichtes. Wegen der Befugnis zur Aufhebung und Zurückverweisung vgl. § 1715. Die Entscheidung ist endgültig, § 84. Vgl. auch HbdUV. **1** 512.

3. Das Rechtsmittel steht dem, der den Anspruch erhebt, wie dem VersTr. zu. Für die VersTr. gelten bezüglich der Einlegung des Rekurses die allgemeinen Vorschriften über ihre Vertretung nach außen; Begr. z. RVO. S. 504. Der von einem Angestellten des VersTr. ohne Vollmacht eingelegte Rekurs kann auch nach Ablauf der Rekursfrist durch das zuständige Organ genehmigt werden; AN. **09** 484. Auch der Nebenintervenient i. S. der ZPO. kann bei Untätigkeit der Hauptpartei den Rekurs einlegen; EuM. **16** 207, AN. **26** 255. Der Rekurs kann zurückgenommen werden; HbdUV. **1** 512. Wegen Rekurseinlegung durch die KrK. vgl. § 1511.

4. Voraussetzung ist, daß die den Rekurs einlegende Partei durch das Urteil beschwert ist; HbdUV. **1** 510, AN. **15** 326, **18** 478, Breith. **2** 48 (Bad. LVAmt). Ob eine Partei beschwert ist, bestimmt sich nach der Entscheidungsformel des angefochtenen Urteils. In der Entscheidungsformel müssen alle wesentlichen Teile der Entscheidung über den Streitstoff enthalten sein. Die Gründe haben nur die Tatsachen und Erwägungen wiederzugeben, aus denen der entscheidende Teil hervorgegangen ist. Sie sind nach allgemeinen Rechtsgrundsätzen nicht fähig, in Rechtskraft überzugehen; sie gewinnen nur insoweit Rechtskraft, als der entscheidende Teil in ihnen mitenthalten bzw. Sinn und Tragweite des Urteils aus ihnen zu entnehmen ist; HbdUV. **1** 496, AN. **15** 326, 330. Die Urteilsgründe sind aber nicht dazu bestimmt, die in die Formel gehörende Entscheidung zu ergänzen oder gar zu ändern; AN. **17** 368. Vgl. im übrigen Anm. 5i zu § 1583. Beschwert ist eine Partei nicht, wenn das Urteil in vollem Umfange ihren Anträgen stattgegeben hat; HbdUV. **1** 510, EuM. **17** 348, es muß ein Unterschied zwischen dem Begehren der Partei und der ergangenen Entscheidung vorliegen; AN. **18** 478, **13** 462. Demnach ist ein Rekurs, mit dem keine Änderung des angefochtenen Urteils, sondern nur die Neufeststellung einer Rente wegen inzwischen eingetretener Änderung der Verhältnisse begehrt wird oder der nur zur Erweiterung des Rentenanspruchs eingelegt wird, unzulässig; AN. **18** 478, Monatsschr. **20** 339, HbdUV. **1** 510. Eine Partei kann auch nicht zugunsten der Gegenpartei Rekurs einlegen; AN. **15** 475, HbdUV. **1** 510. Ein VersTr. wird nicht dadurch beschwert, daß das OVA. unzulässigerweise eine Rente als vorläufige festsetzt; EuM. **17** 171. Wenn das Urteil in vollem Umfang dem Parteiantrage stattgegeben hat, der VersTr. es aber teilweise nicht ausführt, ist nicht Rekurs, sondern die Aufsichtsbeschwerde gegeben; EuM. **17** 348. Eine BG. ist nicht beschwert, wenn das OVA. die Berufung des Klägers mangels Beeinträchtigung seiner Erwerbsfähigkeit zurückgewiesen, in den Gründen aber ausgeführt hat, daß ein Betriebsunfall vorliege; AN. **15** 326, oder daß ein Leiden Unfallfolge sei; Monatsschr. **20** 491. Doch ist die BG. berechtigt, Rekurs einzulegen, wenn der Verletzte, dem sie eine Rente zugesprochen hatte, im Berufungsverfahren beantragt hatte, den Bescheid aufzuheben, weil kein Betriebsunfall vorliege und das OVA. dem entsprochen hatte; Breith. **1** 415. Der Verletzte wird durch eine Entscheidung, daß ein Betriebsunfall vorliege, daß aber der Entschädigungsanspruch durch Fristablauf ausgeschlossen sei, beschwert, wenn er einen Schadensersatzanspruch gegen einen Dritten geltend machen will. Läßt er in einem solchen Falle seinen ursprünglichen Anspruch auf Verurteilung der BG. zu einer Rente fallen und fordert er die Feststellung, daß kein Betriebsunfall vorliege, so ist die Klageänderung zulässig; Breith. **17** 61. — Wegen Zulässigkeit einer Feststellungsklage vgl. Anm. 26 zu § 1545.

Für die Zulässigkeit des Rekurses ist der Gegenstand des Entschädigungsanspruches ausschlaggebend. Von den allgemeinen prozeßrechtlichen Grundsätzen abgesehen, ist der Rekurs zulässig, wenn er nicht durch einen der Rekursausschließungsgründe des § 1700 ausgeschlossen ist; AN. **15** 527, 471, **22** 163, Monatsschr. **15** 275 (Sächs. LVAmt), EuM. **15** 376. Er ist deshalb zulässig, wenn es sich darum handelt, ob der VersTr. Ersatz für ein bei einem Unfall zerstörtes Gebiß zu leisten hat; EuM. **23** 287, und bei Versagung der Rente auf Zeit nach § 606, gleichgültig, ob es sich um eine vorläufige oder Dauerrente handelt; AN. **15** 527, **17** 409, EuM. **15** 376, **22** 7, ferner an sich bei Streit über die Überweisung der Rente nach § 615 Abs. 1 Nr. 1; AN. **15** 471, vgl. § 1700 Anm. 6 u. 8, oder wenn der VersTr. nach Erlaß eines Bescheides, durch den er wegen bestimmter Unfallfolgen eine vorläufige Rente gewährt hat, einen weiteren Bescheid erteilt, in dem er feststellt, daß bestimmte Krankheitserscheinungen nicht Unfallfolgen sind; EuM. **22** 323. Der Rekurs ist für zulässig erachtet worden, wenn das OVA. dem VersTr. eine Leistung (Kosten einer Person zur Bedienung eines Krankenfahrstuhls, Zuschuß zu den Kosten eines besonders gearteten Stiefels) auferlegt, die das Gesetz in dieser Form nicht kennt; AN. **23** 26, auch **23** 190, BG. **16** 321, oder seine Entscheidung einen Inhalt hat, der nach dem Gesetz überhaupt nicht den Gegenstand einer Entscheidung des OVA. bilden kann; AN. **90** 194, **95** 260, **15** 320, EuM. **6** 372, **8** 64, **11** 105, **26** 369, zu vgl. auch EuM. **20** 172. Auch die Frage, welchem von zwei VersTr. die Entschädigungspflicht obliegt, ist ein selbständiger, vom Rekursverfahren nicht ausgeschlossener Streitgegenstand; AN. **16** 722, s. aber EuM. **22** 224. — Sondervorschriften bestehen für Berufskrankheiten. Dabei ist der Rekurs immer zulässig, wenn streitig ist, ob ein Krankheitszustand ganz oder teilweise Berufskrankheit ist, oder wenn der Anspruch sonst dem Grunde nach streitig ist (§ 9 II. V. über Ausdehnung der UV. auf Berufskrankheiten v. 11. II. 1929 — RGBl. I S. 27; vgl. auch § 10 der V. über Ausdehnung der UV. auf gewerbliche Berufskrankheiten v. 12. V. 1925 — RGBl. I S. 69 —, dazu EuM. **21** 186). Sondervorschriften, enthalten ferner die II. V. über Abfindung für Unfallrenten v. 10. II. 1928 — RGBl. I S. 22 — und die V. über Krankenbehandlung und Berufsfürsorge in der UV. v. 14. II. 1928 — RGBl. I S. 387 —; vgl. dazu die Anm. zu § 1700.

Für die Zulässigkeit des Rekurses ist der Zeitpunkt der Entscheidung des Rekursgerichts maßgebend; AN. **13** 676, 733, **14** 69, **16** 718, Monatsbl. f. ArbVers. **16** 42, HbdUV. **1** 508, aber auch AN. **16** 533.

Die Rechtsmittelwirkung des § 1608 erstreckt sich auch auf das Rekursverfahren, jedoch kommt einem unzulässigen Rekurs die Rechtsmittelwirkung nicht zu; AN. **21** 152 und insbesondere EuM. **22** 123, 224 sowie die Entscheidung des Gr. Senats in AN. **23** 193, mit der die in AN. **16** 314 vertretene entgegengesetzte Auffassung richtig gestellt wird. Vgl. hierzu im übrigen die Anm. zu § 1608.

5. Die Entscheidung ist vermöge des im Spruchverfahren geltenden Antragsprinzips innerhalb der erhobenen Ansprüche und gestellten Anträge zu treffen; EuM. **5** 374 (Bay. LVAmt), AN. **23** 190 und §§ 22, 31 RVAO. Da ersterer nur eine Sollvorschrift ist, besteht kein gesetzlicher Hinderungsgrund, ist es vielmehr oft geboten, auch über solche Ansprüche zu entscheiden, die sich, ohne sich zu einem bestimmten Antrag verdichtet zu haben, aus dem gesamten Parteivorbringen, nötigenfalls unter Zuhilfenahme der Einlassung des Gegners als Streitgegenstand herausstellen; AN. **23** 190. Ein Antrag auf Ergänzung des Urteils des OVA. ist nicht zugleich als Rekurs anzusehen; Monatsschr. **14** 758. Klageänderung oder -erweiterung ist bis zum Schluß der mündlichen Verhandlung, auf die das Urteil ergeht, zulässig; AN. **90** 486, **91** 219, **24** 180, HbdUV. **2** 640. — Im Rekursverfahren ist die gesamte Sach- und Rechtslage von Amts wegen zu prüfen; deshalb sind auch in dem bis-

herigen Verfahren noch nicht erörterte rechtliche Gesichtspunkte zu beachten; EuM. **19** 185. S. auch die Anm. zu § 31 RVAO. und § 30 OVAO. Hatte das OVA. außer über den Unfall, auf den sich der Endbescheid (des älteren Rechts) bezieht, über einen anderen Unfall mitentschieden, für den nur ein Einspruchsbescheid (des älteren Rechts) vorlag, so ist das Urteil insoweit aufzuheben. Der Umstand, daß es sich bei dem andern Unfall um eine nicht rekursfähige Rentenfeststellung handelt, steht dem nicht entgegen, da lediglich aus dem rekursfähigen Verfahren über den durch den Endbescheid behandelten Unfall der Anspruch ausgeschieden wird, der nicht zur Entscheidung stand, jedoch zu Unrecht in das Verfahren einbezogen worden ist; Monatsschr. **18** 501.

6. Die Rekursfrist beträgt einen Monat; § 128. Die Frist für die Anfechtung einer Ergänzungsentscheidung läuft selbständig; AN. **16** 667. Ein nach Abschluß der Rechtsmittelfrist eingelegter „Anschlußrekurs" der Gegenpartei ist als selbständiges Rechtsmittel dieser Partei anzusehen und gegebenenfalls als verspätet zu verwerfen; AN. **87** 357, vgl. dazu weiter HbdUV. **1** 512. Da es einen „Anschlußrekurs" nicht gibt, kann, wenn nur die BG. rechtzeitig Rekurs eingelegt hat, die Rente des Verletzten nicht erhöht werden; BG. **23** 37.

7. Über die Form der Rekurseinlegung s. § 1709 RVO., § 22 RVAO. und Anm. 6 zu § 128.

§ 1700 [1 2]. Der Rekurs ist ausgeschlossen, wenn es sich handelt um

1. Krankenbehandlung (§ 558 Nr. 1) oder Berufsfürsorge (§ 558 Nr. 2),[3 4].
2. Renten für eine Erwerbsunfähigkeit, die zur Zeit der Entscheidung des Rekursgerichts unstreitig oder nach rechtskräftiger Feststellung vorübergegangen ist[5],
3. Rententeile, die bei dauernder Erwerbsunfähigkeit für begrenzte und bereits abgelaufene Zeiträume zu gewähren sind[6],
4. Krankengeld oder Tagegeld[7],
5. Familiengeld[8],
6. Sterbegeld oder Witwenbeihilfe[9],
7. vorläufige Renten (§ 1585 Abs. 1)[10 11 12],
8. Neufeststellung von Dauerrenten wegen Änderung der Verhältnisse[13 14],
9. Kapitalabfindung[15],
10. Kosten des Verfahrens[16],
11. Gewährung einer Rente im Falle des § 593, wenn die Gewährung des Unterhalts oder die Bedürftigkeit streitig ist[17],
12. Kinderzulage oder Hinterbliebenenrente für Kinder, soweit die Gewährung des Unterhalts oder die besonderen Voraussetzungen für die Gewährung der Leistungen nach vollendetem fünfzehnten Lebensjahre streitig sind[18],
13. Witwenrente, soweit die Minderung der Erwerbsfähigkeit der Witwe streitig ist[19].

V. v. 30. X. 23 (RGBl. I S. 1057).
Bek. v. 15. XII. 24 (RGBl. I S. 779).
G. v. 14. VII. 25 (RGBl. I S. 97).
Bek. v. 9. I. 26 (RGBl. I S. 9).
G. v. 25. VI. 26 (RGBl. I S. 291).

1. Aus der Entstehungsgeschichte: Durch Art. II, 3 der V. über Vereinfachungen in der Sozialversicherung v. 30. X. 23 (RGBl. I S. 1057) ist der ursprünglichen Fassung eine elfte Nr. sowie ein zweiter Absatz hinzugefügt worden, der den Rekurs

ausschloß, soweit der Grad der Minderung der Erwerbsfähigkeit streitig war. Dieser ist durch Art. 123 Abs. 5 des G. v. 14. VII. 25 (vgl. aber auch Art. 135 Abs. 2 a. a. O.) wieder beseitigt worden. Der Rekurs ist jetzt auch insoweit zulässig, es sei denn, daß am 17. VII. 25 ein Monat seit Verkündung der angefochtenen Entscheidung vergangen und innerhalb dieses Monats kein Rechtsmittel eingelegt war; Breith. **14** 563.

Durch das G. v. 14. VII. 25 sind die Nr. 1, 4, 5, 6, 11 den veränderten Vorschriften des III. Buches über die Leistungen angepaßt und die Nr. 12 u. 13 hinzugefügt worden. Vgl. die Begr. zum G. v. 14. VII. 25 zu Art. 103 des Entw. (Art. 123 d. Ges.). Nr. 12 ist durch das G. v. 25. VI. 26 geändert worden.

2. § 1700 regelt die Ausschließung des Rekurses. Wie der Hinweis auf § 1700 in § 1693 erkennen läßt, zählt § 1700 die besonderen Fälle auf, in denen der Rekurs, von den allgemeinen Rechtsgrundsätzen über Zulässigkeit oder Nichtzulässigkeit eines Rechtsmittels abgesehen — vgl. hierzu Anm. 4 zu § 1699 und Anm. 4 zu § 1590 —, ausgeschlossen sein soll; AN. **15** 471, 527, **18** 478, **22** 163. Der Ausschluß ist nach den in § 1700 aufgeführten äußern Merkmalen zu beurteilen, er wird nicht dadurch beseitigt, daß eine bestimmte Rechtsfrage, von deren Entscheidung die über den Anspruch selbst abhängt, sachliche oder formelle Mängel, wie die Rechtzeitigkeit der Berufung, die Zulässigkeit der Wiederaufnahme des Verfahrens, die Verletzung des § 1685 Abs. 2 zum Gegenstand eines besonderen Rekursantrages gemacht werden; AN. **16** 453, **17** 237 (AN. **13** 559, Monatsschr. **14** 698 aufgehoben), AN. **17** 251, **19** 226, 420, **25** 18, Monatsschr. **17** 97 (Bay. LVAmt), EuM. **8** 416 (Bay. LVAmt. — zu Unrecht zugelassene Wiederaufnahme des Verfahrens), **14** 338, **17** 179, **23** 3, Breith. **4** 347, **15** 657 (RVA. — Zurückverweisung wegen mangelnder Begründung); EuM. **16** 363 (Verletzung des § 1585 Abs. 2), EuM. **21** 23 (Nichteinholung eines beantragten Obergutachtens), Monatsschr. **20** 584 (RVA. — Feststellung des Zeitpunkts der Zustellung des Rentenentziehungsbescheids). Die Zuständigkeit des OVA., das die angefochtene Entscheidung gefällt hat, kann nur nachgeprüft werden, wenn der Rekurs zulässig ist; Monatsschr. **19** 74. Auch wenn das OVA. sachlich keine Entscheidung getroffen hatte (Aufhebung des Bescheids und Zurückverweisung an die BG.), ist der Rekurs ausgeschlossen, wenn einer der Fälle des § 1700 vorliegt; Volkstüml. Z. **15** 214. Vgl. aber auch die E. des RVA. bei Breith. **14** 2, in der der Rekurs für zulässig erklärt worden ist, obwohl es sich um eine prozeßrechtliche Frage (Wiedereinsetzung in den vorigen Stand) handelte. Der Rekurs wird auch nicht dadurch zulässig, daß das OVA. die nach § 1693 erforderliche Abgabe einer Sache an das RVA. unterlassen hat; AN. **14** 622, EuM. **12** 177, **14** 338, Breith. **3** 210 (RVA.), sofern nicht das OVA. bewußt von einer veröffentlichten grundsätzlichen Entscheidung des RVA. abgewichen ist; AN. **26** 457. Hat das OVA. aber lediglich die Rechtzeitigkeit der Berufung nicht nachgeprüft, so liegt darin keine bewußte Abweichung, und der Rekurs der BG. ist unzulässig in Fällen des § 1700 Nr. 2 u. 7; EuM. **21** 131, ebenso in Fällen der Nr. 8, wenn das OVA. die Rente um nur 5 v. H. mit der, wenn auch unzutreffenden, Begründung geändert hat, es liege ein Ausnahmefall vor, der es rechtfertige, von dem Grundsatz abzuweichen, daß 5 v.H. in der Regel bei Rentenstreitigkeiten als erhebliche Größe nicht gelten sollen; EuM. **22** 325. Das Rekursgericht kann auch nur nachprüfen, von welchem Zeitpunkt ab eine laufende Rente nach § 610 in Kraft zu treten hat, wenn ein dahingehender Antrag mit einem zulässigen Rekursantrag verbunden ist und diesem ganz oder zum Teil entsprochen wird; Monatsschr. **17** 677, BG. **17** 190. Der Rechtsmittelzug ist durch § 1700 aber nur zu dem Zweck eingeschränkt worden, das RVA. von der Entscheidung über Streitfragen von untergeordneter Bedeutung zu entlasten; von der Entscheidung wichtigerer Streitfragen sollte es dadurch nicht ausgeschlossen werden. Über den Ausschluß des Rekurses auf Grund der Zweiten Verordnung über Abfindung für Unfallrenten v. 10. II. 1928 — RGBl. I S. 22 — s. § 11 daselbst. — Die Zulässigkeit des Rekurses ist in erster Linie zu prüfen, erst dann die Frage, ob das OVA. zur Entscheidung zuständig war; Monatsschr. **19** 74 (RVA.). Eingeschränkt ist der Ausschluß des Rekurses bei Berufskrankheiten s. Anm. 4 zu § 699.

3. Durch Art. 123 G. v. 14. VII. 25 sind die Worte „oder Hauspflege (§ 599)" gestrichen und durch die Worte „oder Berufsfürsorge (§ 558 Nr. 2)" ersetzt worden; der von der Hauspflege handelnde §.599 der RVO. ä. F. ist durch Art. 20 G. v. 14. VII. 25 gestrichen, die Hauspflege ist als besondere Art der Pflege in der Krankenbehandlung bereits enthalten (vgl. §§ 558b, 558c); die Berufsfürsorge ist durch das G. v. 14. VII. 25 als Leistung der UV. neu geschaffen worden. Das Verfahren über Berufsfürsorge kann vom RAM. mit Zustimmung des Reichsrats abweichend vom Feststellungsverfahren in der UV. geregelt werden; vgl. § 1770a. S. die Verordnung über Krankenbehandlung und Berufsfürsorge in der UV. v. 14. XI. 28 (RGBl. I S. 387). Nach § 28 der V. v. 14. XI. 28 ist der Rekurs zulässig, wenn es sich um berufliche Ausbildung (§ 558f Abs. 1 Nr. 1 RVO.) handelt, damit hat § 1700 Nr. 1 eine wesentliche Einschränkung erfahren; EuM. **26** 532.

4. Der Rekurs nach dieser Nr. ist auch ausgeschlossen, wenn der Entschädigungsanspruch an sich streitig ist; AN. **21** 323 (Gr. S.), **17** 241, auch **20** 344, Monatsschr. **19** 628, oder wenn über den ursächlichen Zusammenhang anderer Leiden mit dem Unfall Streit besteht; EuM. **8** 397 (Bay. LVAmt). Hat das OVA. in der Urteilsformel neben der Verurteilung des VersTr. zum Ersatz der Heilverfahrenskosten ausgesprochen, daß ein Betriebsunfall vorliege, so bleibt der Rekurs durch § 1700 Nr. 1 ausgeschlossen; EuM. **18** 339. Doch ist in dem nach § 606 RVO. eingeleiteten Rentenversagungsverfahren trotz der Rechtskraft der im Verfahren nach § 603 ergangenen Entscheidungen nachzuprüfen, ob der Verletzte zur Duldung der Operation verpflichtet ist und in dieser Beziehung auch der Rekurs zulässig; AN. **17** 409. Nicht um Streit über die Aufnahme eines Verletzten in eine Heilanstalt im Sinne der Nr. 1 handelt es sich, wenn die BG. einem Verletzten wegen Nichtbefolgung einer das Heilverfahren betreffenden Anordnung nach § 606 die Rente versagt; hier ist der Rekurs zulässig; AN. **01** 625, **15** 527. Die Frage, in welchem Umfang der VersTr. zur Lieferung von Hilfsmitteln verpflichtet ist, wieweit solche erforderlich sind, ist Tatfrage und vom OVA. endgültig zu entscheiden; AN. **21** 285 (ergangen zu § 558 Nr. 1 RVO. ä. F.). Dagegen ist der Rekurs gegen eine Entscheidung des OVA. für zulässig erachtet worden, durch die dem VersTr. die Entlohnung einer Person zur Bedienung eines nach § 558 Nr. 1 gewährten Krankenfahrstuhls auferlegt worden war, weil es sich um eine Leistung handle, die das Gesetz in dieser Form nicht kenne; AN. **23** 26, vgl. auch Anm. 4 zu § 1699. Der Rekurs ist auch zulässig, wenn der VersTr. statt zur Lieferung von Heil- und Hilfsmitteln in Natur zu einem Zuschuß zu den Kosten ihrer Beschaffung verurteilt worden ist; BG. **16** 32, ferner, wenn streitig ist, ob der Träger der UV. Ersatz für ein beim Unfall zerstörtes künstliches Gebiß zu leisten hat; EuM. **23** 287 gegen **12** 287. Wenn das OVA. in dem nach § 1511 der RVO. von der Krankenkasse betriebenen Feststellungsverfahren der UV. die BG. zum Ersatz der Aufwendungen der KrK. verurteilt, so ist der Rekurs selbst dann zulässig, wenn es sich lediglich um den Anspruch des Verletzten auf Krankenbehandlung handelt; EuM. **26** 369. Da die Pflege ein Teil der Krankenbehandlung ist (AN. **26** 187), ist der Rekurs wegen des Anspruchs auf Pflegegeld unzulässig; EuM. **19** 178; er ist aber zulässig, wenn nach Umrechnung gemäß Art. 148 des Zweiten G. über Änderungen in der UV. v. 14. VII. 25 ein Pflegegeld bewilligt worden ist und dann Streit entsteht, ob es neben dem nach Art. 148 a. a. O. errechneten Gesamtbetrag der weitergewährten bisherigen Leistungen zu zahlen ist; EuM. **21** 221. Der Rekurs ist unzulässig bei Streit über den Ersatz der vom Verletzten selbst für Krankenbehandlung aufgewendeten Kosten; Breith. **17** 272; er ist ferner als unzulässig angesehen worden bei Verurteilung der BG. „für den Fall der Notwendigkeit, dem Verletzten die ihm beschafften orthopädischen Stiefel durch neue zu ersetzen oder die alten Stiefel in gebrauchsfähigen Zustand wiederherstellen zu lassen"; EuM. **15** 218. Die KrK., die einem auf Grund der RVO. gegen Krankheit versicherten Verletzten Leistungen nach § 557a S. 1 RVO. gewährt hat, kann in den Fällen, in denen für den Träger der UV. eine Verpflichtung zur Gewährung von Rente nicht besteht (§§ 559, 559c der RVO.), nach § 1511 RVO. die Feststellung betreiben, daß für den Verletzten ein Anspruch auf Krankenbehandlung entstanden war; EuM. **23** 439. Trifft das OVA. eine solche Feststellung, so ist aber der Rekurs deswegen unzulässig; EuM. **26** 369.

5. Die Anwendung des § 1700 Nr. 2 setzt voraus, daß der Rentenanspruch an sich unstreitig ist, andernfalls ist der Rekurs zulässig; AN. **15** 808, **23** 190 (Gr. S.), Breith. **4** 462 (Bay. LVAmt), Monatsschr. **17** 98 (Bay. LVAmt). Die Vorschrift betrifft Ansprüche, die für begrenzte Zeiträume verfolgt werden, und zwar solche, bei denen die Erwerbsunfähigkeit z. Zt. der Entscheidung des Rekursgerichts restlos vorübergegangen ist. § 1700 Nr. 3 bezieht sich ebenfalls auf Rentenansprüche für begrenzte und bereits abgelaufene Zeiträume. Der Unterschied besteht darin, daß Nr. 2 Ansprüche behandelt, in denen die Erwerbsunfähigkeit z. Zt. der Entscheidung des Rekursgerichts beseitigt ist, während dies bei den von Nr. 3 erfaßten Fällen nicht zutrifft, jedoch über die an die Rententeile für die begrenzten abgelaufenen Zeiträume anschließende laufende Rente kein Streit besteht, sondern nur über die Rententeile für die abgelaufenen Zeiträume. Daraus erklärt sich auch, daß in Nr. 3 die in Nr. 2 enthaltenen Worte „z. Zt. der Rekursentscheidung" nicht aufgenommen worden sind. Dieses Zusatzes bedurfte es nicht, weil die Frage, was im Streit befangen ist, nur nach der Zeit der Entscheidung beurteilt werden kann; AN. **19** 380 (Gr. S.). Der Rekurs ist nach § 1700 Nr. 2 unzulässig, wenn von dem Fall des unstreitigen Feststehens abgesehen, z. Zt. der Entscheidung des Rekursgerichts durch eine bereits vorher erlassene rechtskräftige Feststellung ausgesprochen worden ist, daß die Erwerbsunfähigkeit des Verletzten vorübergegangen ist. Fehlt es hieran, so ist das Rekursgericht nicht gehindert, den Rentenanspruch für einen der Vergangenheit angehörenden Zeitraum anzuerkennen, obwohl dem Verletzten eine laufende Rente nicht zugebilligt ist; AN. **18** 362 (Gr. S.); durch diese Entscheidung ist die entgegengesetzte Entscheidung in AN. **16** 720 umgestoßen worden. Vgl. auch HbdUV. ErgBd. 32. Hat die BG. während des Rekursverfahrens über die von ihr vorgenommene, vom OVA. aber nicht bestätigte Rentenherabsetzung dem Verletzten die Rente durch Bescheid entzogen und dieser den Entziehungsbescheid nicht angefochten, so wird der Rekurs der BG. nach Nr. 2 unzulässig; AN. **15** 475. Als vorübergegangene Erwerbsunfähigkeit kann nur eine solche gelten, die durch Wiedererlangung der Erwerbsfähigkeit, also durch Beseitigung der Unfallfolgen ihr Ende gefunden hat, nicht eine durch den Tod beseitigte Erwerbsunfähigkeit; AN. **16** 533, **19** 380. Der Rekurs ist auch trotz unzulässiger Verurteilung einer beigeladenen schon rechtskräftig befreiten BG. durch das OVA. ausgeschlossen; AN. **15** 327. § 1700 Nr. 2 ist nicht anwendbar, wenn es sich um das Ruhen einer Rente auf Grund des § 615 Abs. 1 Nr. 3 RVO. handelt, die z. Zt. der Entscheidung des Rekursgerichts rechtskräftig entzogen ist; AN. **22** 164, ebenso nicht bei Versagung der Rente wegen Weigerung des Eintritts in eine Heilanstalt; EuM. **15** 376. Die Abänderung einer dem Kläger vom OVA. nur für eine vorübergegangene Zeit zugesprochenen Rente kann die BG. bei an sich unstreitigem Rentenanspruch auch dann nicht durch Rekurs verlangen, wenn zugleich der Kläger mit seinem Rekurs eine laufende Rente begehrt; Monatsschr. **17** 79. — Die Rechtskraft tritt auch in den Fällen des § 1700 RVO. vor Ablauf der Rekursfrist nicht ein; ihr Eintritt wird durch die rechtzeitige Einlegung des Rekurses gehemmt; AN. **27** 421, EuM. **22** 7.

6. § 1700 Nr. 3 setzt voraus, daß es sich nur um Rententeile für begrenzte und bereits abgelaufene Zeiträume handelt und nicht auch gleichzeitig um die sich an

diese Zeiträume anschließende Rente. Ist im Falle des Todes des Verletzten die den Bezugsberechtigten (§ 614) bis zu seinem Todestage zustehende Rente streitig, so ist § 1700 Nr. 3 nicht anwendbar. Der Tod des Verletzten, gleichgültig wann er eingetreten ist, ist für die Zulässigkeit des Rekurses ohne Bedeutung, er macht diesen nach Nr. 3 sowenig wie nach Nr. 2 unzulässig; AN. **16** 533, **19** 380, auch **18** 362 im Gegensatz zu **16** 718. Nr. 3 ist nur bei Verletztenrenten, nicht bei Witwenrenten anwendbar; EuM. **24** 126.

Auch Nr. 3 erfordert, daß der Rentenanspruch an sich unstreitig ist; EuM. **7** 329, Monatsschr. **15** 674, EuM. **21** 443 (Bay. LVAmt), AN. **23** 190. Um einen unstreitigen Rentenanspruch handelt es sich aber nicht, wenn die BG. einem verspätet bei ihr angemeldeten Anspruch von einem bestimmten Zeitpunkte an stattgegeben hat, gegenüber dem Entschädigungsanspruch für die zurückliegende Zeit aber den Einwand der Verjährung aufrecht erhält; AN. **22** 403. Wegen des JAV. ist der Rekurs in den Fällen der Nr. 3 nicht zulässig; Breith. **2** 516. Wenn der Rentenberechtigte durch Rekurs ohne triftigen Grund die Erhöhung des der Rentenberechnung zugrunde zu legenden JAV. und außerdem bei noch an dauernder Erwerbsunfähigkeit für einen begrenzten und bereits abgelaufenen Zeitraum die Erhöhung des Hundertsatzes der Rente beansprucht, so ist in letzterer Beziehung § 1700 Nr. 3 gegeben, aber § 1707 anzuwenden; AN. **14** 798. Die in AN. **16** 718 ausgesprochene Ansicht, daß bei Streit über die Höhe des Rentensatzes dann, wenn eine laufende Rente zugebilligt ist, vom Rekursgericht die Frage, welche Rente dem Verletzten für einen in der Vergangenheit liegenden Zeitraum gebührt, nur nachzuprüfen sei, wenn die z. Zt. der Rekursentscheidung laufende Rente geändert werde, ist vom Großen Senat in AN. **18** 362 als bedenklich bezeichnet und durch AN. **19** 380 aufgegeben worden; damit ist auch Monatsschr. **17** 677 überholt. Ein zulässig eingelegter Rekurs wird nicht dadurch unzulässig, daß die BG. den Anspruch teilweise anerkennt und damit den Streit auf Rententeile für begrenzte und abgelaufene Zeiträume beschränkt; Komp. **16** 206. Auch wird ein Rekurs über die Festsetzung der Dauerrente nicht dadurch nach § 1700 Nr. 3 unzulässig, daß die BG. während des Rekursverfahrens durch neuen Bescheid Heilanstaltspflege gewährt und danach die Weitergewährung der früheren Dauerrente anordnet; AN. **17** 410, EuM. **21** 295; s. auch BG. **18** 13. Doch wird der Rekurs über die erste Feststellung der Dauerrente unzulässig, wenn vor Zustellung des Urteils des OVA. die BG. einen Bescheid über Heilanstaltpflege, beginnend mit einem zwischen der Zustellung des Urteils und der Rekurseinlegung liegenden Tage, erlassen hat; EuM. **20** 188, ähnlich BG. **18** 12. Die Ausschließung des Rekurses nach § 1700 Nr. 3 bezieht sich auch auf Fälle, in denen die Überweisung der Rente des Verletzten an Angehörige auf Grund des § 615 Abs. 1 Nr. 1 Satz 2 erfolgt und der Zeitraum der Unterbringung des Verletzten in einem Arbeitshause begrenzt und bereits abgelaufen ist; AN. **18** 466, EuM. **12** 288. Dagegen ist die Vorschrift nicht anwendbar, wenn es sich um das Ruhen der Rente eines Verletzten auf Grund des § 615 Abs. 1 Nr. 1 während eines begrenzten und bereits abgelaufenen Zeitraumes bei dauernder Erwerbsunfähigkeit handelt, da hier nicht die Gewährung von Rententeilen, sondern die Auszahlung der Rente streitig ist; AN. **22** 163, EuM. **15** 376; vgl. auch EuM. **15** 17, wo ausgeführt wird, daß Nr. 3 nicht anzuwenden ist, wenn Streit besteht, ob eine bereits „gewährte“ Rente ausgezahlt ist. Das Vorliegen wesentlicher Verfahrensmängel — Verurteilung der BG. zur Rentengewährung für einen Zeitraum, zu dem sie noch nicht Stellung genommen hat — macht den nach § 1700 Nr. 3 unzulässigen Rekurs nicht zulässig; Breith. **3** 226.

7. Die in der RVO. ä. F. unter dieser Nr. 4 aufgeführte „Heilanstaltspflege“ bildet nach § 558d einen Teil der Krankenbehandlung, vgl. Begr. z. G. v. 14. VII. 25 S. 20, und wird von Nr. 1 bereits erfaßt. Die jetzige Fassung beruht auf Art. 123 Abs. 2 G. v. 14. VII. 25. Krankengeld und Tagegeld sind durch das G. v. 14. VII. 25

neu geschaffene Leistungen der UV.; vgl. wegen Krankengeld die Anm. zu § 559d, wegen Tagegeld die Anm. zu § 559e Abs. 2 Satz 1.

8. Die jetzige Fassung beruht auf Art. 123 Abs. 2 G. v. 14. VII. 25. Wegen Familiengeld vgl. § 559e Abs. 2 Satz 2. Die ältere Fassung schloß den Rekurs aus, wenn es sich um „Angehörigenrente" im Sinne des § 598 ä. F. handelte; AN. **14** 797, betraf aber nicht den selbständigen Anspruch Angehöriger auf Überweisung der Rente des Verletzten in Fällen des § 615 Abs. 1 Nr. 1, AN. **14** 797, **15** 471, EuM. **12** 288, Monatsschr. **22** 622.

9. Die Worte „oder Witwenbeihilfe" sind durch Art. 123 Abs. 3 G. v. 14. VII. 25 hinzugefügt worden. Damit ist der Rekurs ausgeschlossen, wenn es sich um die durch § 595a in der Fassung des Art. 19 G. v. 14. VII. 25 neu geschaffene Witwenbeihilfe handelt.

Bei Streit über das Sterbegeld ist der Rekurs auch ausgeschlossen, wenn der Anspruch an sich streitig ist; AN. **20** 344. Mit dieser Entscheidung ist die in der in EuM. **10** 391 abgedruckten E. vertretene entgegengesetzte Auffassung aufgegeben worden. Der Rekurs, mit dem eine KrK. Ersatz des von ihr dem Bezugsberechtigten gewährten Sterbegeldes gegenüber der BG. verfolgt, ist unzulässig; EuM. **23** 31.

10. Vorläufige Rente s. § 609 und 1585 Anm. 1—9.

Nach Art. 155 des Zweiten G. über Änderungen in der UV. v. 14. VII. 25 gelten Verletztenrenten, die auf Grund der vor der RVO. in Kraft gewesenen Unfallversicherungsgesetze rechtskräftig festgestellt worden sind, als Dauerrenten im Sinne der RVO. und des G. v. 14. VII. 25. Dadurch werden die trotz der vom RVA. im Anschluß an einen Bescheid Nr. 2605 (AN. **13** 396) aufgestellten Grundsätze immer neu aufgetauchten Schwierigkeiten beseitigt, die sich daraus ergaben, daß die RVO. zwischen vorläufigen und Dauerrenten (§§ 609, 1585) unterscheidet, während die vor ihr in Geltung gewesenen Unfallversicherungsgesetze diesen Unterschied nicht kannten. Renten, die vor der RVO. festgestellt worden sind, müssen als Dauerrenten im Sinne der RVO. angesehen werden; Begr. zu Art. 155 d. G. (Art. 134 d. Entw.) S. 138.

11. § 1700 Nr. 7 steht dem Rekurs entgegen, wenn vom OVA., sei es in Übereinstimmung mit dem VersTr., sei es nach Ablehnung des Anspruchs durch diesen innerhalb zweier Jahre nach dem Unfall, eine vorläufige Rente festgesetzt worden ist. In der Rekursinstanz kann dabei auch nicht geltend gemacht werden, daß bereits eine Dauerrente hätte festgestellt werden können; AN. **16** 453 auch 712. Hat das OVA. innerhalb zweier Jahre nach dem Unfall auf die Berufung gegen einen die vorläufige Rente entziehenden Bescheid die BG. zur Gewährung einer vorläufigen Rente verurteilt (§ 1585 Abs. 1 S. 3), so ist auch der Rekurs der BG. nach § 1700 Nr. 7 ausgeschlossen; AN. **21** 354 (Gr. S.). Ist ein Bescheid bezüglich der Frage, ob eine vorläufige oder eine Dauerrente festgestellt worden ist, widerspruchsvoll, so ist der Rekurs zulässig; ein solcher Bescheid kann aber nicht die Grundlage des Verfahrens bilden und ist aufzuheben; EuM. **17** 172. Dagegen fällt nicht unter § 1700 Nr. 7 die Versagung einer Rente von dem Zeitpunkt ab, bis zu dem in derselben Entscheidung eine vorläufige Rente gewährt wird; hierin liegt die Feststellung einer Dauerrente; AN. **14** 757. Der Rekurs gegen die Gewährung einer vorläufigen Rente durch das OVA. wird auch nicht dadurch zulässig, daß die BG. im Bescheid über die Entziehung der vorläufigen Rente ausdrücklich die Gewährung einer Dauerrente ablehnt; AN. **26** 191. Da das OVA. nicht befugt ist, die Rente in eine vorläufige umzuwandeln, wenn die BG. eine Dauerrente festgesetzt hatte, steht auch in einem solchen Falle § 1700 Nr. 7 der Zulässigkeit des Rekurses nicht entgegen; AN. **16** 453, 712, **17** 528, EuM. **5** 374 (Bay. LVAmt). Um eine erste Feststellung der Dauerrente handelt es sich und § 1700 Nr. 7 ist nicht anwendbar, wenn der VersTr. und das OVA. den nach Ablauf von 2 Jahren nach dem Unfall gestellten Antrag des Verletzten auf Erhöhung einer vorläufigen Rente lediglich vom Gesichtspunkt einer wesentlichen

Verschlimmerung behandelt und abgelehnt haben, ohne eine Dauerrente festzusetzen; AN. **19** 306, oder der VersTr. innerhalb der Frist des § 1585 Abs. 1 S. 1 eine vorläufige Rente entzogen hat und die Instanzen nach Ablauf der Frist die Rente wieder zuerkennen; AN. **24** 72. § 1700 Nr. 7 ist aber anwendbar, wenn innerhalb der ersten zwei Jahre ein Rentenerhöhungsantrag abgelehnt worden ist; AN. **15** 408. Ist bei Ablauf von 2 Jahren nach dem Unfall eine Dauerrente noch nicht festgestellt und ergeht dann ein Bescheid, der sich mit der Frage befaßt, ob und in welcher Höhe dem Verletzten wegen der Folgen des Unfalls noch eine Rente gewährt werden soll, so enthält dieser Bescheid die Feststellung der Dauerrente; AN. **30** 205 (Gr. S.), damit ist die abweichende, in AN. **17** 456 vertretene Auffassung aufgegeben worden. Hat das OVA. innerhalb der zwei Jahre einen Rentenablehnungsbescheid aufgehoben und die BG. zur Gewährung von Rente verurteilt, ohne zu entscheiden, ob die Rente vorläufige oder Dauerrente ist, so ist der Rekurs zulässig. Doch kann das Urteil aufgehoben und die Sache zurückverwiesen werden; EuM. **14** 129. Ein anhängiger Rechtsstreit kann nicht durch einen neuen Bescheid der BG. erledigt werden. Der Rekurs in einem Verfahren, in dem die BG. die Entschädigung abgelehnt hatte, bleibt zulässig, auch wenn die BG. inzwischen eine vorläufige Rente festgesetzt hatte; Soergel **15** 242. Bei Umrechnung einer vorläufigen Rente ist der Rekurs ausgeschlossen; EuM. **20** 189.

12. Die Anwendung des § 1700 Nr. 7 setzt voraus, daß der Rentenanspruch an sich unstreitig ist; AN. **15** 403, **23** 190, Breith. **5** 128 (RVA.), Monatsschr. **15** 275 (Sächs. LVAmt), EuM. **2** 25 (Bay. LVAmt), **21** 443 (Bay. LVAmt), **23** 3. Hat das OVA. eine vorläufige Rente gewährt, so ist bei Streitigkeit des Rentenanspruchs an sich der Rekurs in vollem Umfang zulässig und das Urteil in vollem Umfang nachprüfbar; EuM. **23** 4. Sind sämtliche Voraussetzungen des Rentenanspruchs mit Ausnahme des Grades der Erwerbsunfähigkeit unbestritten — die BG. hat lediglich wegen Nichtvorliegens von Erwerbsunfähigkeit abgelehnt, das OVA. hat eine vorläufige Rente zuerkannt —, so ist der Rekurs unzulässig, weil nicht der Grund, sondern nur der Grad des Anspruchs streitig ist; EuM. **27** 228. Gewährt die BG. eine vorläufige Rente, so erkennt sie grundsätzlich ihre Entschädigungspflicht an, der Anspruch ist dann unstreitig; AN. **21** 351 (Gr. S.). Hat der VersTr. in einem Bescheid über vorläufige Rente den Anspruch vorbehaltlos anerkannt, so ist dieser unstreitig und der Rekurs des Verletzten, der einen anderen VersTr. für zuständig hält, unzulässig; EuM. **22** 224. Wegen des Ruhens einer vorläufigen Rente ist der Rekurs zulässig, weil es sich darum handelt, ob sie auszuzahlen ist; AN. **22** 163, 164. Besteht bei Gewährung einer vorläufigen Rente nur Streit bezüglich des Zeitraums, für den sie zu zahlen ist, so ist der Anspruch als solcher nicht streitig und der Rekurs unzulässig; EuM. **23** 288; dem gegenteiligen Standpunkt des Bay. LVAmts (zu vgl. EuM. **21** 443) ist das RVA. nicht beigetreten. Ist wegen eines als Folge eines Betriebsunfalls anerkannten Leidens eine vorläufige Rente gewährt, so ist der Rekurs auch dann unzulässig, wenn über den ursächlichen Zusammenhang anderer Leiden mit dem Unfall Streit besteht; AN. **15** 405, Breith. **3** 220. Der Rekurs ist aber zulässig, wenn der VersTr. nach Erlaß eines Bescheids, durch den er wegen bestimmter Unfallfolgen die vorläufige Rente gewährt hat, einen Bescheid erteilt, in dem er lediglich feststellt, daß bestimmte Krankheitserscheinungen nicht Unfallfolge sind; EuM. **22** 323. Er ist unzulässig, wenn der Entschädigungsanspruch unstreitig ist und die BG. der Gewährung einer vorläufigen Rente durch das OVA. mit der Behauptung entgegentritt, der Verletzte sei schon z. Zt. des Unfalls dauernd völlig erwerbsunfähig gewesen; Monatsschr. **22** 451. Bei vorläufigen Renten ist der Rekurs auch wegen des JAV. unzulässig; AN. **14** 622, EuM. **3** 322 (Sächs. LVAmt), **12** 177, und zwar auch dann, wenn der VersTr. die Erhöhung des einer rechtskräftig festgestellten vorläufigen Rente zugrunde gelegten JAV. nach Ablauf der zwei Jahre abgelehnt hat, ohne eine Dauerrente festzustellen; EuM. **15** 220. Dagegen ist er bei Versagung einer vorläufigen Rente auf Zeit nach § 606 und beim Ruhen einer Rente nach § 1700 Nr. 7 nicht ausgeschlossen; EuM. **13** 329, **19** 179, AN. **15** 527, **22** 163. Hat der VersTr. die Rente nach § 557 teilweise versagt, so ist der Rekurs nicht ausgeschlossen, auch wenn der VersTr. eine vorläufige Rente festgesetzt hat; EuM. **19** 179.

13. Dauerrente: vgl. §§ 609, 1585.

Soweit es sich um die Neufeststellung einer Rente alten Rechts wegen Änderung der Verhältnisse handelt, ist der Rekurs auch ausgeschlossen, wenn er vor Inkrafttreten des G. v. 14. VII. 25 eingelegt und nach der bisherigen Rechtsprechung zulässig war; AN. **25** 319. Im Falle der Verletzung des § 1693 durch Nichtanwendung ist der Rekurs trotz der Vorschrift des § 1700 Nr. 8 zulässig, falls das OVA. bewußt von einer veröffentlichten grundsätzlichen Entscheidung des RVA. abgewichen ist; AN. **26** 457. Wegen eines solchen bewußten Abweichens s. auch EuM. **21** 131, ferner Anm. 2.

14. Der Rekurs ist durch Nr. 8 nicht schlechthin bei der Neufeststellung von Dauerrenten ausgeschlossen, sondern nur bei Neufeststellung von Dauerrenten „wegen Änderung der Verhältnisse". Deshalb ist der Rekurs nur in den Fällen ausgeschlossen, in denen eine Neufeststellung der Rente im Sinne des § 608 der RVO. erfolgt ist. Ist die Neufeststellung lediglich wegen einer anderen Beurteilung der Sach- und Rechtslage — sei es wegen abweichender ärztlicher Gutachten, sei es wegen einer Ergänzung oder Berichtigung der Kenntnis der an sich unveränderten Verhältnisse — vorgenommen worden, so ist der Rekurs zulässig. Das Rekursgericht hat zu prüfen, ob der VersTr. oder das OVA. eine Änderung der Verhältnisse festgestellt und deshalb die Dauerrente neu festgestellt hat. Dagegen ist die Nachprüfung nicht darauf zu erstrecken, ob die Feststellung der Änderung der Verhältnisse durch die Vorinstanzen auch innerlich begründet ist, d. h. ob in dem von den Vorinstanzen angenommenem Ausmaß tatsächlich eine Änderung der Verhältnisse vorliegt; EuM. **26** 53. Neufeststellung der Dauerrente ist ihre Erhöhung, Herabsetzung, Entziehung oder Wiedergewährung; EuM. **2** 26, 407 (Bay. LVAmt), **8** 334, 405 (Bay. LVAmt), **11** 371 (Bay. LVAmt), **10** 351, AN. **16** 721, **17** 368, **21** 352, ArbVers. **19** 212 (Sächs. LVAmt), VG. **20** 46. Deshalb ist dann, wenn eine vorläufige Rente entzogen und dann ein Antrag des Verletzten auf Wiedergewährung einer Rente vom VersTr. und OVA. abgelehnt worden ist, der Rekurs des Verletzten unzulässig; AN. **21** 352 (Gr. S.). Hat das OVA. bei der Neufeststellung einer Dauerrente wegen Änderung der Verhältnisse nur den Hundertsatz der Rente, nicht aber ihren Geldbetrag festgestellt und der VersTr. dann in Ausführung der Entscheidung des OVA. durch Bescheid die Rente rechnerisch festgestellt, so handelt es sich bei Streit wegen der rechnerischen Feststellung nur um die Neufeststellung der Dauerrente wegen Änderung der Verhältnisse; der Rekurs deswegen ist unzulässig; EuM. **26** 371. Hat der Verletzte gegen ein gleichzeitig über die erste Dauerrente und über die Neufeststellung dieser Dauerrente erkennendes Urteil des OVA. Rekurs eingelegt, so ist der Rekurs auch hinsichtlich der Neufeststellung der Dauerrente zulässig. Dasselbe gilt in diesem Falle für den Rekurs des VersTr., der sich nur gegen die Neufeststellung der Dauerrente richtet; in diesen Fällen ist der Anspruch für den ganzen Zeitraum nachprüfbar, auch wenn § 1707 der RVO. nicht zutrifft; AN. **22** 267. Ebenso ist der gegen die erste Feststellung der Dauerrente eingelegte Rekurs, der nach § 1608 Abs. 1 der RVO. als auch gegen die während des Rekursverfahrens vorgenommene Neufeststellung der Dauerrente eingelegt gilt, auch insoweit zulässig; AN. **16** 314 (dadurch ist AN. **15** 699 aufgehoben). Der Rekurs des Verletzten über die Ablehnung eines Antrags auf Erhöhung der Dauerrente ist aber unzulässig, auch wenn der Antrag gestellt war, bevor die Entscheidung über die erste Feststellung der Dauerrente rechtskräftig geworden ist; AN. **16** 721. Die Gewährung der Hilflosenrente an Stelle der bisherigen Teildauerrente wegen eines im Zusammenhang mit dem Unfall neu aufgetretenen Leidens stellt eine

Neufeststellung der Dauerrente wegen Änderung der Verhältnisse dar; EuM. **18** 343. Doch handelt es sich nicht um die Neufeststellung einer Dauerrente, wenn das OVA. bei einem Antrag auf Rentenerhöhung die Rente nicht von der Stellung des Antrags an, sondern vom Begin nder Entschädigungspflicht erhöht hat; RVPr. **9** 28. Bei Entziehung einer Dauerrente ist der Rekurs auch unzulässig, wenn streitig ist, von welchem Zeitpunkt an die Entziehung gerechtfertigt ist; EuM. **14** 338. Der Rekurs ist auch zulässig, wenn im Verfahren über die Erhöhung der Dauerrente Streit besteht, ob ein Gebrechen Folge des Unfalls ist, aus Anlaß dessen der Verletzte die Dauerrente bezieht, oder ob es Folge eines neuen Unfalls ist, für den eine andere BG. haften würde, deren Haftung aber schon durch rechtskräftige Entscheidung abgelehnt ist. Ergibt sich, daß das Gebrechen vom OVA. zutreffend als Folge des alten Unfalls festgestellt worden ist, so kann die Höhe der neufestgestellten Dauerrente nicht nachgeprüft werden; AN. **16** 722. Wenn der Verletzte die Zugrundelegung eines höheren JAV. und damit eine höhere Dauerrente erstrebt, ist der Rekurs zulässig; Monatsschr. **23** 112. Ist innerhalb zweier Jahre nach dem Unfall eine vorläufige Rente entzogen worden, so liegt hierin die Versagung einer vorläufigen wie die einer Dauerrente. Die vom OVA. bestätigte Ablehnung des Antrags auf Wiedergewährung einer Rente kann daher vom Verletzten nicht mit Rekurs angefochten werden; AN. **21** 352, EuM. **8** 334 (Bay. LVAmt). Der Rekurs ist nach Nr. 8 auch unzulässig, wenn die BG. einen Antrag des Verletzten auf Rentenerhöhung lediglich ablehnt; EuM. **10** 351, oder wenn der Verletzte seinen Antrag auf Rentenerhöhung mit einem später aufgetretenen Leiden begründet, dessen ursächlichen Zusammenhang mit dem Unfall der VersTr. bestreitet; EuM. **4** 393 (Sächs. LVAmt), **14** 349, Monatsschr. **20** 585, Komp. **21** 112, **27** 175, a. A. Bad. LVAmt in Breith. **17** 120, das RVA. hat aber in EuM. **27** 40 an seiner Auffassung festgehalten. Der Rekurs wird nicht dadurch zulässig, daß die Neufeststellung einer Dauerrente unter Nichtbeachtung der für solche Neufeststellungen bestehenden Vorschriften vorgenommen worden ist oder sonst Verfahrensvorschriften verletzt worden sind; Monatsschr. **24** 238; vgl. auch Anm. 4 zu § 1699, Anm. 2 zu § 1700. Er ist auch dann unzulässig, wenn lediglich streitig ist, ob das OVA. mit Recht den Bescheid der BG. wegen ungenügender Begründung aufgehoben hat; Breith. **15** 557. Der Rekurs der BG. ist auch dann unzulässig, wenn das OVA. trotz verspäteter Berufung sachlich entschieden hat; BG. **18** 173, ferner wenn das OVA. von dem Grundsatz, daß Rentenänderungen um 5 v.H. in der Regel zu vermeiden sind, abgewichen ist; EuM. **22** 325. Doch ist der Rekurs gegen ein Urteil für zulässig angesehen worden, in dem das OVA. einen nach Verwerfung der verspäteten Berufung gestellten Wiedereinsetzungsantrag zurückgewiesen hat, obwohl es sich in der Sache selbst um die Entziehung einer Dauerrente handelte; BG. **24** 108. Streit über die Wahrung des Schutzjahres des § 609 macht den Rekurs nicht zulässig; Breith. **4** 558. Die Rentenfeststellung kann auch durch einen vor dem OVA. abgeschlossenen Vergleich erfolgen. Auch eine innerhalb zweier Jahre nach dem Unfall durch einen solchen Vergleich festgestellte Rente ist Dauerrente, wenn sie nicht ausdrücklich als vorläufige bezeichnet worden ist; bei einer späteren Neufeststellung ist deshalb der Rekurs unzulässig; EuM. **4** 392 (Sächs. LVAmt), **10** 393, **15** 204, Monatsschr. **16** 618, Breith. **13** 249. § 1700 Nr. 8 ist nicht anwendbar, Rekurs also zulässig, wenn eine Dauerrente nach Beendigung einer von der BG. gewährten Heilanstaltspflege neu festgestellt wird; dagegen ist er unzulässig, wegen Erhöhung einer Dauerrente für die Zeit nach einer von der BG. nicht angeordneten und nicht übernommenen Heilanstaltspflege oder einem ambulanten Heilverfahren; AN. **15** 745, **17** 492, **20** 330, Monatsschr. **20** 76. Rekurs ist auch zulässig, wenn Dauerrente nach Heilanstaltpflege für verschiedene Zeiträume neu festgestellt wird, da es sich auch dabei um die erstmalige Feststellung eines einheitlichen Dauerrentenanspruchs handelt; EuM. **21** 134. Handelt es sich um das Ruhen der Rente, so ist Rekurs zulässig; AN. **22** 163, 164, EuM. **13** 329. In den Fällen des § 616 Abs. 3 ist der Rekurs nach § 1700 Nr. 8 jedenfalls dann ausgeschlossen, wenn vor der Kapitalabfindung eine Dauerrente festgesetzt war; AN. **26** 358, ebenso, wenn eine Dauerrente noch nicht festgestellt war; AN. **27** 449; s. a. AN. **27** 319.

Wegen Rechtsmittelwirkung vgl. die Anm. zu § 1608.

15. Die Abfindung der Witwe im Fall ihrer Wiederverheiratung nach § 589 (jetzt § 588 Abs. 2) RVO. ist eine Kapitalabfindung im Sinn des § 1700 Nr. 9, Rekurs bei Streit darüber also unzulässig; AN. **23** 244. Vgl. auch § 11 der Zweiten V. über Abfindung für Unfallrenten v. 10. II. 28 — RGBl. I S. 22 —, wonach Rekurs in den Fällen der §§ 6, 7 und 10 der V. ausgeschlossen ist; AN. **28** 36.

16. Wird ein wegen des Hauptanspruchs und wegen der Kosten eingelegter Rekurs in der Hauptsache zurückgewiesen, so darf abweichend vom früheren Recht über die Kosten nicht entschieden werden; AN. **16** 318. Gegen ein Ergänzungsurteil, das nur die Kostenfrage betrifft, ist der Rekurs unzulässig; AN. **16** 667.

17. Die frühere Fassung der durch Art. II, 3 V. v. 30. X. 23 (RGBl. I S. 1057) dem § 1700 hinzugefügten Nr. 11 schloß den Rekurs bei Gewährung einer Rente in den Fällen der §§ 592—594 ä. F. (Witwer, Kinder der verstorbenen Ehefrau, Verwandte aufsteigender Linie, Enkel) aus, wenn die Gewährung des Unterhalts und die Bedürftigkeit streitig war. Die jetzige auf Art. 123 Abs. 4 G. v. 15. VII. 25 beruhende Fassung schränkt diese Fälle auf Renten Verwandter der aufsteigenden Linie ein. Die in § 592 ä. F. und jetzt in § 589 geregelte Rente des Witwers ist auch in den folgenden Nrn. nicht mehr aufgeführt. Wegen Renten von Kindern und ihnen gleichgestellten Enkeln (§§ 592, 594 ä. F.) s. jetzt Nr. 12. Die Vorschrift der Nr. 11 ist dahin auszulegen, daß der Rekurs ausgeschlossen ist, „wenn lediglich" oder „soweit" die Gewährung des Unterhalts oder die Bedürftigkeit streitig ist. Besteht auch Streit darüber, ob der Anspruch wegen verspäteter Anmeldung nach § 1548 ausgeschlossen ist, ist der Rekurs zulässig; EuM. **21** 391 (zu vgl. auch AN. **28** 289 (Gr. S.) zu § 1696 Nr. 4 RVO.). Der Rekurs ist unzulässig, wenn lediglich streitig ist, ob der Verstorbene seine Verwandten wesentlich aus seinem Arbeitsverdienst unterhalten hat; EuM. **25** 474 (Sächs. LVAmt).

18. Vgl. Anm. 1 Abs. 2 sowie §§ 559 b und 591.

Ist streitig, ob eine Kinderrente, deren Gewährung vor der Verkündung des 2. G. über Änderungen in der UV. v. 14. VII. 25 wegen Vollendung des 15. Lebensjahrs aufgehört hatte, nach § 591 Abs. 1 Satz 2 und 3 v. 17. VII. 25 ab neu zu gewähren ist, dabei aber unstreitig, daß die besonderen Voraussetzungen dieser Vorschriften vorliegen, so ist der Rekurs nicht ausgeschlossen; AN. **26** 356; vgl. jetzt Art. 1 und 19 G. v. 25. VI. 26. Der Rekurs ist aber ausgeschlossen, wenn unstreitig Unterhaltsleistungen erfolgt sind und der Streit sich darauf beschränkt, ob „unentgeltlich" oder „überwiegend" Unterhalt gewährt worden ist; AN. **26** 434.

19. Nr. 13 ist durch Art. 123 Abs. 4 G. v. 14. VII. 25 hinzugefügt; in Betracht kommen Streitigkeiten wegen der erhöhten Witwenrente nach § 588 Abs. 1 Satz 2. Nr. 13 ist nur anwendbar, wenn allein die Minderung der Erwerbsfähigkeit streitig ist. Ist auch der Beginn dieser Minderung streitig, so ist der Rekurs zulässig; EuM. **24** 126.

§ 1701. Für das Verfahren über den Rekurs gelten die Vorschriften über das Spruchverfahren vor dem Versicherungsamte sowie der § 1679 Abs. 2 und die §§ 1681, 1682, 1688 a entsprechend, soweit die §§ 1702 bis 1721 nichts anderes vorschreiben[1].

Die §§ 1656 bis 1659 gelten nicht.

G. v. 14. VII. 25 (RGBl. I S. 97).
Bek. v. 9. I. 26 (RGBl. I S. 9).

1. Vgl. §§ 1636f. (Spruchverfahren) und die Anm. zu den angeführten §§, sowie die RVAO. v. 24. XII. 11 — RGBl. S. 1083 —, im Anhang abgedruckt. Die Verhandlung vor dem Spruchsenat ist stets mündlich und, abgesehen von dem Fall des Ausschlusses der Öffentlichkeit aus Gründen des öffentlichen Wohles oder der Sittlichkeit, auch öffentlich; AN. **13** 823, auch 693, **14** 624.

§ 1702. Zu den Verhandlungen werden die aus dem entsprechenden Bereiche der Unfallversicherung gewählten Arbeitgeber und Versicherten zugezogen.

Zu Verhandlungen über Ansprüche aus der landwirtschaftlichen Unfallversicherung können Vertreter aus der gewerblichen Unfallversicherung zugezogen werden, wenn dadurch eine Verzögerung der Entscheidung vermieden wird[1].

V. v. 30. X. 23 (RGBl. I S. 1057).
Bek. v. 15. XII. 24 (RGBl. I S. 779).

1. Abs. 2 ist durch die V. v. 30. X. 23 hinzugefügt worden.

§ 1703. Ein am Streite nicht beteiligter Träger der Unfallversicherung kann im Rekursverfahren beigeladen werden. Er kann auch dann zur Entschädigung verurteilt werden, wenn ein Anspruch gegen ihn bereits rechtskräftig abgelehnt worden ist[1 2 3 4].

1. Über die Form der Beiladung s. Anm. 3 zu § 1687. Die Beiladung kommt nur in Betracht, wenn das eingelegte Rechtsmittel zulässig und rechtzeitig ist; HbdUV. **1** 514, Monatsschr. **26** 235. Die Anerkennung der Entschädigungspflicht durch förmlichen Bescheid einer BG. steht der Beiladung und Verurteilung einer andern BG. nicht entgegen, falls dies — wegen der gegenüber der beigeladenen BG. zulässigen Zugrundelegung eines höheren JAV. — im Interesse des Berechtigten liegt; AN. **02** 677, **23** 240. § 1703 ist auch anwendbar, wenn das Leiden des Verletzten durch zwei der Zuständigkeit verschiedener BGen. unterliegende Unfälle verursacht und verstärkt worden ist; AN. **07** 472. Die Beiladung ist nur zulässig, wenn ein entschädigungspflichtiger Unfall feststeht, jedoch zweifelhaft ist, welche BG. dafür zu haften hat. Sie ist aber nicht statthaft, wenn mehrere Unfälle in Frage kommen und der Verletzte behauptet, daß er durch ihr Zusammenwirken in seiner Erwerbsfähigkeit beeinträchtigt sei; Breith. **1** 581, oder wenn er zwei der Zuständigkeit desselben VersTr. unterliegende Unfälle erlitten hat und sein Anspruch aus dem einen Unfall bereits rechtskräftig abgelehnt worden ist; AN. **24** 180. Auch noch bei Feststellung der ersten Dauerrente durch eine landwirtschaftliche BG. kann eine gewerbliche BG. vom Rekursgericht beigeladen und verurteilt werden. Die Anerkennung der Entschädigungspflicht und die Gewährung einer vorläufigen Rente durch die landwirtschaftliche BG. steht nicht entgegen, wenn der Rentenberechtigte die Festsetzung der ersten Dauerrente wegen des JAV. anficht; AN. **23** 240. Stellen die zum Teil von einer BG. als Unfallfolge anerkannten Krankheitserscheinungen nur eine Verschlimmerung der Folgen des Unfalles dar, für den die beigeladene BG. entschädigt, so sind hinsichtlich des Zeitpunkts, von dem ab die beigeladene BG. zur Entschädigung verurteilt werden kann, die beteiligten BGen. als Einheit aufzufassen, so daß es einer besonderen Anmeldung des Anspruchs gegenüber der beigeladenen BG. nicht bedarf; AN. **12** 862. Ist von einer BG. der Entschädigungsanspruch wegen Fehlens des ursächlichen Zusammenhangs rechtskräftig abgelehnt worden, so braucht eine andere BG., an welche der Verletzte mit demselben Anspruch herantritt, keinen Bescheid zu erteilen. Tut

sie es dennoch, so kann sie dadurch die Rechtslage der zuerst in Anspruch genommenen BG. nicht verschlechtern; diese kann auch nicht nach § 1703 zur Entschädigung verurteilt werden; Monatsschr. **14** 562. Die Beiladung ist auch in dem Antragsverfahren nach § 1736 zulässig, vgl. § 1737.

2. Der beigeladene VersTr. hat die Stellung einer Prozeßpartei, nicht nur die eines Nebenintervenienten; HbdUV. **1** 514.

3. Durch das gegen den beigeladenen VersTr. ergehende Rekursurteil kann die angefochtene Entscheidung auch dann zugunsten des Klägers abgeändert werden, wenn er selbst Rekurs nicht eingelegt hat; AN. **11** 411.

4. Das RVA. hat unter der Herrschaft des GUVG. ausgesprochen, daß die zur Entschädigung verurteilte beigeladene BG. der andern BG. alle Aufwendungen zu ersetzen habe; AN. **08** 551. Unter Herrschaft der RVO. hat es den Grundsatz aufgestellt, daß eine im Rekursverfahren beigeladene, zur Entschädigung verurteilte BG. der bisher allein am Verfahren beteiligten BG. die Kosten des Berufungsverfahrens zu erstatten habe. Die unrichtige Ansicht dieser BG. über die Entschädigungspflicht und ihr sich daraus ergebendes unrichtiges prozessuales Verhalten sei für die Frage der Kostenerstattung ohne Bedeutung; AN. **14** 720. Dieser Grundsatz ist aber nicht anwendbar, wenn eine BG. im Rekursverfahren unter Aufhebung ihres ablehnenden Bescheids zur Entschädigungsleistung verurteilt worden ist. Sie ist dann nicht verpflichtet, einer andern im Rekursverfahren beigeladenen BG., die früher zu dem gleichen Entschädigungsanspruch durch einen ablehnenden, im Berufungsverfahren vom OVA. bestätigten Bescheid selbständig Stellung genommen hatte, die Kosten zu erstatten, welche dieser BG. durch das Verfahren vor dem OVA. erwachsen waren; AN. **18** 366. Das Bay. LVAmt hat ausgesprochen, daß eine BG., wenn sie einen bei ihr angemeldeten Unfall entschädigt habe, ohne das Verfahren nach §§ 1735 f. einzuleiten, keinen Anspruch auf Ersatz der Aufwendungen gegen einen andern VersTr. habe, auch wenn dieser im Verfahren nach § 1703 im Rekursverfahren zur Entschädigung verurteilt werde, § 1738 könne nicht entsprechend angewendet werden. Auf den Ersatzanspruch seien die Grundsätze des bürgerlichen Rechts anzuwenden. Zuständig zur Entscheidung seien nicht die ordentlichen Gerichte, sondern die Versicherungsbehörden, deren Entscheidung nicht im Spruch-, sondern im Beschlußverfahren zu ergehen habe; EuM. **10** 396 (Bay. LVAmt).

§ 1704. Hat ein Senat des Reichsversicherungsamts die Entschädigungspflicht eines Versicherungsträgers verneint, weil ein anderer Versicherungsträger verpflichtet sei, so kann der Anspruch gegen den anderen Versicherungsträger nicht deshalb abgelehnt werden, weil der im früheren Verfahren befreite Versicherungsträger entschädigungspflichtig sei.

Hat ein Landesversicherungsamt in einem früheren Verfahren die Entschädigungspflicht verneint, und will ein anderes Landesversicherungsamt den Anspruch ablehnen, weil es den im früheren Verfahren befreiten Versicherungsträger für entschädigungspflichtig hält, so ist die Sache an das Reichsversicherungsamt zur Entscheidung abzugeben.

§ 1705. Steht die Entschädigungspflicht eines Versicherungsträgers endgültig fest, so kann[1] das Reichsversicherungsamt (Spruchsenat) auf Antrag ein Verfahren einstellen, das wegen desselben Unfalls gegen einen anderen Versicherungsträger anhängig ist.

An Stelle des Reichsversicherungsamts tritt das Landesversicherungsamt, wenn sich der Bezirk keines der beteiligten Versicherungsträger über das Gebiet des Landes hinaus erstreckt.

1. Das RVA. ist zur Einstellung des schwebenden Verfahrens nicht verpflichtet, kann es vielmehr auch fortsetzen lassen; HbdUV. 1 515. Gegebenenfalls ist dann nach § 1706 zu verfahren.

§ 1706. Sind wegen desselben Unfalls Entschädigungsansprüche gegen mehrere Versicherungsträger endgültig anerkannt worden, so hebt das Reichsversicherungsamt (Spruchsenat) die zu Unrecht[1] ergangene Feststellung auf. Die geleisteten Zahlungen sind aus der Entschädigung zu ersetzen; über den Ersatzanspruch wird bei Streit im Spruchverfahren entschieden[2].

An Stelle des Reichsversicherungsamts entscheidet das Landesversicherungsamt, wenn sich der Bezirk keines der beteiligten Versicherungsträger über das Gebiet des Landes hinaus erstreckt.

1. Von mehreren, wegen desselben Unfalls Entschädigungsansprüche rechtskräftig anerkennenden Feststellungen oder Entscheidungen, sind solche aufzuheben, die sachlich zu Unrecht ergangen sind, auch wenn der Berechtigte dabei eine niedrigere Entschädigung erhält; er wird dadurch nicht beschwert, weil er erhält, was er zu beanspruchen hat; AN. **10** 551. Die Vorschrift gilt nicht, wenn der Anspruch von Trägern der UV. und Stellen der Reichsversorgung anerkannt worden ist; EuM. **14** 350.

2. Nur über die Ersatzleistung des einen VersTr. an den anderen wird im Spruchverfahren entschieden, dagegen nicht darüber, in welchem Umfang etwa die Entschädigung des Verletzten zur Wiedereinbringung überhobener Beträge zu kürzen ist; Monatsschr. **21** 203.

§ 1706a. Kommt wegen desselben Schadens oder eines Teiles desselben entweder nur die Unfallentschädigung oder nur die Versorgung nach dem Reichsversorgungsgesetz oder einem vor seinem Inkrafttreten ergangenen Militärversorgungsgesetz in Betracht und haben sowohl die Träger oder Spruchbehörden der Unfallversicherung wie die Versorgungsbehörden den Anspruch endgültig anerkannt, so hebt, wenn die zuletzt ergangene Entscheidung von einem Träger oder einer Spruchbehörde der Unfallversicherung erlassen war, ein Spruchsenat des Reichsversicherungsamts[1] die zu Unrecht ergangene Entscheidung auf und erkennt zugleich über die Rückerstattung der zu Unrecht geleisteten Zahlungen[2] [3].

Zur Verhandlung und Entscheidung sind zwei vom Präsidenten des Reichsversorgungsgerichts bezeichnete Beisitzer dieses Gerichts, und zwar je eine in der sozialen Fürsorge erfahrene, mit dem Versorgungswesen vertraute Person und ein Versorgungsberechtigter (§§ 29 und 30 des Gesetzes über das Verfahren in Versorgungssachen vom 10. Januar 1922) als weitere Beisitzer zuzuziehen. Ihre Teilnahme gilt für ihre Vergütung als Teilnahme an einer Sitzung des Reichsversorgungsgerichts.

Das Verfahren wird auf Antrag eines Beteiligten eingeleitet. Als Parteien gelten der Verletzte, der Reichsfiskus und der Träger der Unfallversicherung.

G. v. 10. I. 22 (RGBl. S. 59).

1. Gegebenenfalls des Landesversicherungsamts; EuM. 19 198 (Bay. LVAmt).

2. Die Vorschrift ist durch § 151 des G. über das Verfahren in Versorgungssachen v. 10. I. 22 (RGBl. S. 59) — Neufassung v. 20. III. 28 (RGBl. I S. 71) — in die RVO. eingestellt worden. Ihr entspricht § 146 des G. v. 10. I. 22. Sie hat den

Zweck, eine doppelte Entschädigung wegen desselben Schadens aus der UV. und aus der Reichsversorgung zu verhüten; Begr. z. Entw. des G. v. 10. I. 22 S. 40 (vgl. § 1738a RVO. und § 147 G. v. 10. I. 22 wegen Verhütung einer beiderseitigen Ablehnung im entsprechenden Falle, ferner wegen des früheren Rechtes Art. II, § 13 V. über Änderung des Verfahrens in Versorgungssachen v. 1. II. 19 (RGBl. S. 149) und die durch § 151 G. v. 10. I. 22 (RGBl. S. 59) aufgehobenen §§ 1703a und 1737a RVO. in der Fassung des Art. III der V. v. 1. II. 19).

3. Zu § 147 G. v. 10. I. 22 hat das RVGer. ausgesprochen, daß eine Entschädigung wegen „desselben Schadens" nicht in Betracht komme, wenn der Träger der UV. den Anspruch der Hinterbliebenen auf Entschädigung aus Anlaß eines tödlich verlaufenen Unfalls abgelehnt habe, weil der Tod auf eine Dienstbeschädigung zurückzuführen sei und die Erben des Verstorbenen den von diesem erhobenen Anspruch auf Militärrente wegen desselben Leidens, das den Tod verursacht hat, im Versorgungsverfahren verfolgen; RVGer. **3** 101, s. a. EuM. **18** 180. § 1706a (§ 146 des G. über das Verfahren in Versorgungssachen) ist lediglich Verfahrensvorschrift und schließt das Nebeneinanderbestehen eines Anspruchs auf Unfallentschädigung und eines Anspruchs auf Versorgung wegen desselben Schadens nicht aus. Die materiellen Rechtsfolgen beim Zusammentreffen solcher Ansprüche sind in §§ 63 bis 66 RVG. erschöpfend geregelt. Das Verfahren nach § 1706a kann nur dann zur Aufhebung einer endgültigen Entscheidung führen, wenn sie unrichtig ist und die Unrichtigkeit gerade darin ihren Grund hat, daß wegen desselben Schadens statt der Unfallentschädigung Versorgung nach dem RVG. oder einem vor seinem Inkrafttreten ergangenen Militärversorgungsgesetz oder statt der Versorgung die Unfallentschädigung in Betracht kommt. In diesem Verfahren ist die Berücksichtigung solcher Tatsachen oder rechtlichen Gesichtspunkte unzulässig, die nur für den Anspruch auf Unfallentschädigung von Bedeutung sind, dagegen nicht für den Versorgungsanspruch oder umgekehrt nur für den Versorgungsanspruch, dagegen nicht für den Anspruch auf Unfallentschädigung; AN. **28** 333.

3. Gemeinsame Vorschriften

§ 1707. Bezieht sich ein im übrigen zulässiges Rechtsmittel[1] einer Partei[2] auch auf Ansprüche, für die das Rechtsmittel ausgeschlossen[3] ist, so darf über diese nur dann entschieden werden, wenn den zulässigen Anträgen ganz oder zum Teil entsprochen wird[4].

1. Unter Rechtsmittel ist hier nur der Rekurs oder die Revision zu verstehen, nicht etwa eine Berufung; EuM. **23** 289. Voraussetzung für die Anwendung des § 1707 in Rekurssachen ist somit, daß auch wegen eines rekursfähigen Anspruchs Rekurs eingelegt ist. Ist aber nur wegen eines nichtrekursfähigen Anspruchs, z. B. wegen der vorläufigen Rente, Rekurs eingelegt, während das RVA. sich nur auf dem Wege über § 1608 RVO. mit der Entziehung der Rente, über die ein Urteil der Berufungsinstanz nicht vorliegt, befaßt hat, so kann in diesem Falle von einem teils zulässigen, teils unzulässigen Rechtsmittel im Sinne des § 1707 nicht die Rede sein; EuM. **23** 289.

2. Voraussetzung des § 1707 ist, daß als Träger des revisionsfähigen (rekursfähigen) und des nicht revisionsfähigen (nichtrekursfähigen) Anspruchs ein und dieselbe Partei in Frage kommt; AN. **17** 467. Das an sich unzulässige Rechtsmittel einer Partei wird nicht zulässig durch Verbindung zur Verhandlung mit einem zulässigen Rechtsmittel der Gegenpartei; AN. **03** 257. Auch wird das unzulässige Rechtsmittel der Angehörigen des Versicherten nicht dadurch zulässig, daß der Versicherte ein zulässiges Rechtsmittel einlegt; HdbUV. **1** 509.

3. § 1707 kommt für das Rekursverfahren in der Hauptsache nur für ungleichartige Ansprüche, z. B. für Verbindung von Streitigkeiten über Krankenbehandlung, Kosten des Verfahrens mit solchen über Rente in Frage; AN. **19** 382, dagegen nicht, wenn gleichzeitig Streit über Rente für begrenzte und abgelaufene Zeiträume und über die an diese Zeiträume sich anschließende Rente besteht oder wenn es sich um die den Bezugsberechtigten bis zum Tode des Verletzten zustehende Rente handelt, denn in diesen Fällen ist der Rekurs nicht ausgeschlossen; AN. **19** 380.

§ 1707 findet keine Anwendung, wenn es sich nicht um die Verbindung eines rekursunfähigen mit einem rekursfähigen Anspruch handelt, sondern nur ein einziger Anspruch vorliegt, bezüglich dessen zwei Punkte streitig sind; AN. **24** 195.

4. § 1707 findet Anwendung, wenn der Verletzte bei Feststellung der ersten Dauerrente die Erhöhung des Jahresarbeitsverdienstes und außerdem bei noch andauernder Erwerbsunfähigkeit für begrenzte und abgelaufene Zeiträume die Erhöhung des Hundertsatzes der Rente verlangt; AN. **14** 798.

Zuerkennung von Rente durch das Rekursgericht für einen vergangenen Zeitraum bei Ablehnung laufender Rente zulässig, wenn nicht unstreitig feststeht oder durch eine vor der Entscheidung des Rekursgerichts ergangene rechtskräftige Entscheidung ausgesprochen ist, daß die Erwerbsunfähigkeit des Verletzten vorübergegangen ist; AN. **18** 362.

Die Frage, von welchem Zeitpunkt ab eine laufende Rente gemäß § 610 in Kraft zu treten hat, kann das Rekursgericht nur dann nachprüfen, wenn der hierauf bezügliche Rekursantrag mit einem zulässigen Rekursantrage verbunden ist und diesem ganz oder zum Teil entsprochen wird; EuM. **8** 413. Dasselbe gilt für die Anwendung des § 609 durch das OVA.; AN. **16** 722.

Hat das OVA. den Streit über den Anspruch einer Witwe auf Erhöhung der Invalidenrente ihres verstorbenen Ehemannes (§ 1291 RVO.) mit dem Streite über den Anspruch der Witwe und ihrer Kinder auf Hinterbliebenenfürsorge zu einem Verfahren verbunden und darüber in einem und demselben Urteil entschieden, so unterliegt dieses Urteil nach § 1707 auch bezüglich des Rentenerhöhungsanspruchs der Nachprüfung des Revisionsgerichts, wenn es bezüglich des Hinterbliebenenanspruchs der Witwe aufgehoben wird; EuM. **2** 409.

Wenn das Revisionsgericht die — von der LVAnst. angegriffene — Bewilligung der Invalidenrente oder die — vom Versicherten angegriffene — Rentenentziehung an sich für einwandfrei erachtet, so darf es die Entscheidung des OVA. über Beginn und Höhe der Rente oder über den Zeitpunkt des Rentenwegfalls nicht abändern; AN. **13** 733.

Eine LVAnst., die einem Rentenempfänger gemäß § 1304 die Rente für vorübergehende Invalidität entzogen und gegen das die Rente für dauernde Invalidität zusprechende Urteil des OVA. Revision eingelegt hat, ist mit dieser bei einwandfreier Feststellung der Invalidität durch das OVA. sachlich nicht zu hören, soweit sie sich gegen die Zuerkennung der Rente für dauernde, statt für vorübergehende Invalidität richtet; EuM. **2** 411. Unzulässigkeit der Revision, auch wenn das OVA. die Rente für vorübergehende Invalidität entgegen der Vorschrift des § 1255 Abs. 3 vor Ablauf von 26 Wochen gewährt hat; EuM. **10** 379 (Bay. LVAmt).

Ist mit einem revisionsfähigen Anspruch für den Fall seiner Abweisung ein nicht revisionsfähiger Anspruch geltend gemacht und handelt es sich bei dem nicht revisionsfähigen Anspruch um eine noch nicht festgestellte Auslegung gesetzlicher Vorschriften von grundsätzlicher Bedeutung, so ist die Abgabe an das RVA. nach § 1693 Abs. 1 nur bezüglich des nicht revisionsfähigen Anspruchs zulässig. Über den revisionsfähigen Anspruch ist zunächst im gewöhnlichen Instanzenzuge zu entscheiden; bis zur rechtskräftigen Erledigung dieses Streites ist die Verhandlung der Sache über den nicht revisionsfähigen Anspruch auszusetzen; AN. **14** 510.

Entscheidung über den Rekurs (Revision) wegen der Kosten unzulässig, wenn das Rechtsmittel hinsichtlich der Hauptsache zurückgewiesen wird; AN. **16** 318.

§ 1708. Über das Rechtsmittel entscheidet das Reichsversicherungsamt. An Stelle des Reichsversicherungsamts entscheidet das Landesversicherungsamt[1], wenn der Bezirk des beteiligten Versicherungsträgers sich nicht über das Gebiet des Landes hinaus erstreckt. Soweit jedoch ein Versicherungsträger mitbeteiligt[2] ist, für den das Reichsversicherungsamt oder ein anderes Landesversicherungsamt zuständig ist, entscheidet das Reichsversicherungsamt.

Die Entscheidungen werden durch die Spruchsenate getroffen.

Bek. v. 15. XII. 24 (RGBl. I S. 779).

1. Zuständigkeit des Bay. LVAmts zur Entscheidung über die gegen die Arbeiterpensionskasse in Rosenheim erhobenen Ansprüche aus der JV. auch nach dem Übergange der bay. Staatseisenbahnen auf das Reich; EuM. **13** 335 (Bay. LVAmt).

Zuständigkeit des Sächs. LVAmts zur Entscheidung über Revisionen, bei denen die Arbeiterpensionskasse in Dresden beteiligt ist, auch nach Übergang der sächsischen Staatsbahnen auf das Reich; EuM. **16** 366 (Sächs. LVAmt).

2. Ob ein VersTr. mitbeteiligt ist, ist eine Frage des materiellen Rechtes; er kann „mitbeteiligt“ sein, auch wenn er an dem bisherigen Verfahren nicht teilgenommen hat; AN. **14** 646.

§ 1709. Das Rechtsmittel ist schriftlich einzulegen[1], es soll die Gründe für die Einlegung angeben[2].

Der Senat kann das angefochtene Urteil auch aus anderen Gründen ändern[3], als im Rechtsmittel angegeben sind.

1. S. § 128 Anm. 6.

2. Die Rechtswirksamkeit der Revision ist jedoch davon nicht abhängig; AN. (J. u. AV.) **93** 126.

3. Das Durchgreifen eines Revisionsgrundes hat die Aufhebung des Berufungsurteils im ganzen Umfang zur Folge und beseitigt damit die bindende Kraft der tatsächlichen Feststellungen des Berufungsgerichts; AN. **13** 442.

§ 1710[1]. Die Rechtsmittel bewirken außer den Fällen des § 1682 Aufschub[2], wenn sie von dem Versicherungsträger eingelegt werden, soweit es sich um Beträge handelt, die für die Zeit vor Erlaß des angefochtenen Urteils nachgezahlt werden sollen[3].

1. § 1710 gilt nicht für das Berufungsverfahren in KV.-Sachen; AN. **20** 407.

2. Vom OVA. im Berufungsverfahren angeordnete vorläufige Leistungen sind vom VersTr. trotz eines von ihm gegen die Entscheidung des OVA. in der Hauptsache eingelegten Rekurses sofort auszuzahlen; EuM. **16** 359. Kein Aufschub für die Erstattung der dem Berechtigten vom Berufungsgericht zuerkannten außergerichtlichen Kosten; AN. **05** 412.

Dringt der VersTr. mit seinem Rekurs durch, so hat er nur die von dem Rekursgerichte festgestellten Leistungen zu gewähren und kann die über die Entscheidung des Rekursgerichts hinausgehenden Leistungen auf Grund des aufgehobenen oder abgeänderten Urteils des OVA. gezahlten Beträge zurückfordern. Wird dagegen sein Rekurs zurückgewiesen, so hat damit die aufschiebende Wirkung des Rechtsmittels endgültig ihre Bedeutung verloren; AN. **26** 435, 438.

Soweit der Rekurs keine aufschiebende Wirkung hat, ist das Urteil des OVA. vorläufig vollstreckbar und ungeachtet des schwebenden Rekursverfahrens auszuführen;

AN. **90** 195. Das RVA. ist nicht berechtigt, die Vollstreckbarkeit mit Rücksicht auf die größere oder geringere Aussicht, welche die Einlegung des Rechtsmittels hat, nur wegen der Schwierigkeit der Wiedereinziehung überzahlter Beträge aufzuheben oder zu beschränken; HbdUV. **1** 511.

Die Berufung gegen einen die Versagung der Unfallentschädigung auf Zeit wegen Weigerung der Heilanstaltpflege aussprechenden Bescheid hat aufschiebende Wirkung in dem Sinne, daß die Versagung erst für die Zeit nach Eintritt der Rechtskraft des die Einweisung in die Heilanstalt anordnenden Bescheids ausgesprochen werden kann; EuM. **15** 375, **22** 7, 8.

3. Hat eine BG. in Ausführung des Urteils eines OVA. die Entschädigung auch für die vor Erlaß dieses Urteils liegende Zeit in einem Bescheide gewährt, so kann u. U. hierin ein Anerkenntnis erblickt werden; EuM. **19** 166. Kein Anerkenntnis, wenn die BG. in dem zur Ausführung des Urteils des OVA. ergangenen Bescheide gemäß dem Wortlaut dieses Urteils zwar den Unfall als Betriebsunfall anerkannt, gleichzeitig aber bemerkt hat, daß sie gegen das Urteil Rekurs eingelegt habe; EuM. **16** 190.

Hat eine BG. in einem in Ausführung eines Urteils des OVA. erlassenen Bescheide die Rente lediglich vom Tage des Urteils ab gewährt, ohne in dem Bescheide zu vermerken, daß sie Rekurs eingelegt habe, so liegt darin noch kein Anerkenntnis; EuM. **24** 341.

§ 1711. Ist das angefochtene Urteil mit Unrecht als endgültig bezeichnet (§ 1692), so ist das Rechtsmittel zulässig; es ist binnen einem Jahre [1] nach der Zustellung einzulegen.

1. Die Verlängerung der Rechtsmittelfrist auf 1 Jahr gilt auch zugunsten des VersTr.; AN. **19** 420. Sie findet nicht statt, wenn der Vermerk über die Unzulässigkeit des Rechtsmittels nach den zur Zeit des Erlasses der Entscheidung des OVA. vorliegenden Verhältnissen zutraf, nachträglich das Rechtsmittel aber durch Erweiterung des Anspruchs zulässig geworden sein mag; AN. **17** 241.

§ 1712. Wird ein Mitglied des Spruchsenats aus einem Grunde, der seine Ausschließung rechtfertigt, oder wegen Besorgnis der Befangenheit abgelehnt [1], so entscheidet über das Ablehnungsgesuch der Spruchsenat [2]. Bei der Entscheidung darf der Abgelehnte nicht mitwirken. Bei Stimmengleichheit gilt das Gesuch als abgelehnt.

1. Nur einzelne Personen, nicht Behörden, z. B. die Spruchkammer des OVA. als solche, können abgelehnt werden; AN **16** 415, EuM. **8** 414 (Bay. LVAmt).

Die nichtständigen Mitglieder des RVA. dürfen in Sachen, in denen sie schon als Beisitzer des OVA. mitgewirkt haben, an der Entscheidung im Rekursverfahren nicht teilnehmen; HbdUV. **1** 12. Die Mitglieder der Genossenschaftsvorstände sind von der Ausübung des Richteramts in den ihre eigene BG. betreffenden Sachen nur dann ausgeschlossen, wenn sie in diesen als gesetzliche Vertreter der BG. aufzutreten berechtigt sind oder gewesen sind oder in einer früheren Instanz bei Erlaß der angefochtenen Entscheidung mitgewirkt haben. Dies gilt auch für die übrigen Mitglieder der BG. sowie für die Beisitzer, welche die laufenden Geschäfte des Vorstandes einer landw. BG. führen; HbdUV. **2** 644.

2. Über die Ablehnung von Mitgliedern des Schiedsamts einschließlich des Vorsitzenden entscheidet nach § 26 Abs. 1 der Schiedsamtsordnung in Verbindung mit dem entsprechend anzuwendenden § 1712 RVO. das Schiedsamt selbst, nicht das Reichsschiedsamt; EuM. **22** 296.

§ 1713 [1]. Ist der Vorsitzende des Senats mit dem Berichterstatter darüber einig, daß das Rechtsmittel unzulässig [2] oder verspätet eingelegt ist oder nach der Sach- und Rechtslage aussichtslos erscheint, so kann er es ohne mündliche Verhandlung verwerfen. Soll das Rechtsmittel als verspätet, verworfen werden, so ist dem Antragsteller zuvor unter Mitteilung des Sachverhalts Gelegenheit zur Äußerung zu geben.

Ist der Vorsitzende des Senats mit dem Berichterstatter darüber einig, daß das Verfahren an einem wesentlichen Mangel leidet, so kann er das angefochtene Urteil aufheben und die Sache an eine der Vorinstanzen oder den Versicherungsträger zurückverweisen. Dabei kann er die Gewährung einer vorläufigen Leistung anordnen.

Sonst wird nach mündlicher Verhandlung in öffentlicher Sitzung entschieden.

V. v. 30. X. 23 (RGBl. I S. 1057).
V. v. 15. III. 24 (RGBl. I S. 280), G. v. 14. VII. 25 (RGBl. I S. 97), G. v. 29. III. 28 (RGBl. I S. 117).

1. Die Verfügung ist nicht etwa eine Verwaltungsentscheidung, sondern eine Entscheidung des Vorsitzenden, der bei Erledigung dieser Aufgabe den Senat vertritt; Begr. zur RVO. S. 507.

2. Die Verwerfung einer Revision als unzulässig kann auch dann gemäß § 1713 erfolgen, wenn keiner der im § 1696 bezeichneten Fälle vorliegt, aber die Revision aus einem anderen Grunde unzulässig ist; AN. **14** 503.

§ 1714. Über die Zulassung zur geschäftsmäßigen Rechtsvertretung vor den Senaten (§ 1663 Abs. 3) entscheidet das Reichsversicherungsamt (Landesversicherungsamt)[1]. § 1663 Abs. 4 gilt entsprechend.

1. Es entspricht der Stellung der obersten rechtsprechenden Instanz, daß sie über die Zulassung von Vertretern vor ihr selbst entscheidet; KommBer. z. RVO. **6** 155.

§ 1715. Wird das angefochtene Urteil aufgehoben[1], so kann[2] der Senat entweder selbst in der Sache entscheiden oder sie an eine der Vorinstanzen[3] oder den Versicherungsträger zurückverweisen[4]. Dabei kann er die Gewährung einer vorläufigen Leistung anordnen[5].

Die Stelle, an welche die Sache überwiesen wird, ist an die rechtliche Beurteilung gebunden[6], die der Aufhebung des angefochtenen Urteils zugrunde liegt.

1. Das Durchgreifen eines Revisionsgrundes hat die Aufhebung des Berufungsurteils im ganzen Umfang zur Folge und beseitigt damit die bindende Kraft der tatsächlichen Feststellungen des Berufungsgerichtes; AN. **13** 442; die Aufhebung des Urteils ermöglicht bei der nunmehr eintretenden freien Beurteilung auch die Berücksichtigung neuer Tatsachen durch das Revisionsgericht; AN. (J. u. AV.) **94** 129.

2. Es steht im freien Ermessen des Senats, ob er entscheiden oder zurückverweisen will; AN. **02** 370; er hat das Zurückverweisungsrecht in allen Fällen der Aufhebung einer Entscheidung der Vorinstanz; AN. **03** 472, 473. Auch im Falle eines wesentlichen Mangels des Verfahrens kann das RVA. zurückverweisen oder selbst entscheiden; AN. **03** 472, **09** 438, **19** 306 unter b). Ebenso ist im Falle des § 1693 eine Zurückverweisung gemäß § 1715 zulässig; AN. **27** 427, 428. Hat das OVA. den Anspruch eines Verletzten und seiner Bezugsberechtigten nicht von Amts wegen nach allen Richtungen gewürdigt, so kann wegen dieses Verfahrensmangels das Rekursgericht die Sache auch dann zurückverweisen, wenn die BG. den Rekurs eingelegt hatte; EuM. **6** 421 (Bay. LVAmt). Deckt sich die Entscheidung des RVA. sachlich mit der des OVA., so wird der Rekurs zurückgewiesen, da die Aufhebung des Urteils des

OVA. und die Übernahme seines Inhalts in die Entscheidung des RVA. nur eine unnötige, für die rechtsuchende Partei nichtverständliche Förmlichkeit wäre; AN. **09** 438, EuM. **15** 185, RVGer. **1** 30.

Der Senat ist an den Antrag einer Partei auf Zurückverweisung nicht gebunden und kann entscheiden, wenn die Sache spruchreif ist; AN. **08** 500, 501, **09** 433, 438, EuM. **19** 185, auch AN. **29** 310, und zwar sachlich auch dann, wenn die Vorinstanzen noch keine Stellung zu dem zur Entscheidung stehenden Anspruch genommen haben, der hierdurch eintretende „Verlust der Vorinstanzen" ist ohne Bedeutung; AN. **09** 438, 441, **13** 739, auch AN. **29** 310. Dabei kann das RVA. von einer Entscheidung über die fragliche Zuständigkeit des OVA. absehen; EuM. **19** 185. Feststellung einer Dauerrente durch das Rekursgericht; AN. **19** 306. War der Feststellungsbescheid des VersTr. nicht von der zuständigen Stelle erlassen, und entscheidet das RVA. selbst, so wird die Rentenherabsetzung erst mit dem Ablauf des auf die Entscheidung folgenden Monats wirksam (§ 610); AN. **09** 438.

Die sachliche Entscheidung durch den Senat verdient regelmäßig den Vorzug vor einer Zurückverweisung, wenn der Streit zur sachlichen Entscheidung reif ist. Das Gesetz bringt dies schon durch seine Fassung zum Ausdruck, indem es die Befugnis zur eigenen Entscheidung vor die Befugnis zur Zurückverweisung stellt. Es macht daher keinen Unterschied, aus welchem Grunde die angefochtene Entscheidung aufgehoben wird, gleichviel ob die Vorinstanz gegen eine wesentliche Verfahrensvorschrift verstoßen hat oder ob die zur Entscheidung berufene Vorinstanz überhaupt noch nicht gesprochen hat, sei es, daß sie vorschriftswidrig besetzt, sei es, daß sie unzuständig war; AN. **29** 310.

3. Bei Aufhebung einer Vorentscheidung des Vorsitzenden des OVA. (§§ 1679, 1657, 1658) kann Zurückverweisung der Sache an die Spruchkammer des OVA. erfolgen; AN. **13** 443, **16** 316.

4. Zurückverweisungen

a) im Rekursverfahren: wegen Verletzung der für die UV. geltenden Verfahrensvorschriften durch die Vorinstanzen zulässig, aber nicht notwendig im Hinblick auf die Möglichkeit einer sachlichen Nachprüfung in drei Instanzen; AN. **02** 370, und der Möglichkeit, in der höheren Instanz den Mangel zu heilen und selbst zu entscheiden; AN. **09** 441. Zurückverweisungen sind erfolgt:

an die BG. wegen mangelnder Aufklärung des Sachverhalts; AN. **05** 575 — hat das OVA. den Mangel beseitigt, so liegt kein Grund zur Zurückverweisung vor; HbdUV. **1** 543, wegen mangelhafter Begründung des Bescheids (bloßer Hinweis auf ein ärztliches Gutachten ohne Mitteilung seines wesentlichen Inhalts); AN. **15** 568, wegen Nichtzuziehung des behandelnden Arztes (§ 1582); AN. **03** 472, wegen Nichteinhaltung des in der V. über Ausdehnung der UV. auf gewerbliche Berufskrankheiten v. 12. V. 25 (RGBl. I S. 69) vorgeschriebenen Verfahrens; EuM. **23** 175;

an das Berufungsgericht, weil es wegen verspäteten Eingangs der Gegenschrift ohne Ladung der Parteien zur mündlichen Verhandlung entschieden hatte; AN. **88** 348, weil es verhandelt hat, obwohl die Terminsbenachrichtigung an den Kläger als unbestellbar zurückgekommen war; AN. **88** 189, weil die Nachricht vom Termine zur mündlichen Verhandlung nicht so zeitig an den Kläger gelangt war, daß er den Termin hätte selbst wahrnehmen oder dem Gericht eine schriftliche Erklärung zur Sache einsenden können; AN. **95** 249; vgl. aber auch EuM. **24** 131, weil es nach zulässiger Ausschließung des bevollmächtigten Vertreters einer Partei von der mündlichen Verhandlung das Urteil erlassen hatte, ohne vorher der Partei nach Mitteilung von der Ausschließung Gelegenheit zu geben, in einem neuen Termine selbst zu erscheinen oder einen anderen geeigneten Vertreter zu bestellen; AN. **05** 488, wegen unterlassener Stellungnahme zu erheblichen Parteibehauptungen; Komp. **14** 132, wegen Nichtgewährung des rechtlichen Gehörs; BG. **27** 119, wegen Nichtbenachrichtigung der Parteien vom Termin zur Beweisaufnahme vor dem ersuchten VA.; AN. **95** 250, Komp. **14** 44, wegen Nichtmitteilung eines eingeholten ärztlichen Gutachtens vor Erlaß der Vorentscheidung (§ 1658); AN. **27** 336, wegen Mitwirkung eines Beisitzers, der in derselben Sache dem Berufungsgericht ein von dessen Vorsitzenden erfordertes Gutachten erstattet hat; AN. **90** 129, wegen Verhandlung in einer landwirtschaftlichen Sache mit Beisitzern aus gewerblichen Betrieben; AN. **02** 368, EuM. **20** 74, wegen nicht geheimer Beratung der Spruchkammer des OVA. (Beratung in Anwesenheit der Parteivertreter); EuM. **11** 387, wegen Stimmenthaltung eines Beisitzers, der Arbeitgeber des Klägers war; AN. **92** 328, wegen Nichtunterzeichnung der dem Verhandlungsprotokolle lediglich als Anlage beigefügten Urteilsformel durch den Vorsitzenden und den Protokollführer; AN. **10** 445, wegen Fehlens des vorschriftsmäßigen Tatbestandes im Urteil; AN. **10** 445, wegen mangelhafter oder fehlender Begründung des Urteils; AN. **10** 445, **06** 275, **98** 315, wegen Fehlens einer ausreichenden Darstellung des Sach- und Streitstandes in der Vorentscheidung des Vorsitzenden der Spruchkammer des OVA.; AN. **16** 316, weil das angefochtene Urteil nicht ersehen läßt, ob sich das Berufungsgericht die in Betracht kommenden rechtlichen Gesichtspunkte klargemacht hat und auf welchen gesetzlichen Vorschriften sein Urteil beruht; AN. **10** 440, 441, wegen Unterlassung der Feststellung, welcher von zwei behaupteten Unfällen zur Grundlage der Verurteilung des VersTr. gemacht wird; EuM. **15** 233, wegen Entscheidung entgegen den vorliegenden ärztlichen Gutachten über medizinische Fragen ohne weitere Beweiserhebung und ohne Angabe der Gründe hierzu im Urteil; EuM. **15** 233, wegen Nichtfeststellung des Ergebnisses des Augenscheins im Urteil oder in der Sitzungsniederschrift; VG. **30** 14, wegen Verbindung von Ansprüchen auf Unfall- und Invalidenrente zu gemeinsamer Verhandlung und Entscheidung; AN. **02** 367, wegen Nichtzuziehung des Verletzten zu dem von der KrK. betriebenen Verfahren zur Feststellung der Unfallentschädigung; AN. **14** 800, wegen Entscheidung über einen Anspruch, zu dem der VersTr. noch nicht durch Bescheid Stellung genommen hat; Komp. **23** 36, wegen Entscheidung über die nicht rechtshängige Entschädigung für einen Unfall und über Folgen eines zweiten Unfalls, ohne Feststellung solcher Folgen und ihres Umfanges; EuM. **11** 353 (Sächs. LVAmt), weil das OVA. über die Vorentscheidung seines Vorsitzenden auf den Antrag einer Partei ohne Kenntnis von der Rekurseinlegung der anderen Partei erkannt hat; AN. **17** 371, wegen falscher Belehrung des Klägers über Erstattung von Kosten des Verfahrens; AN. **13** 797, wegen Übergehens eines Antrags gemäß § 1681; EuM. **23** 175, VG. **26** 379.

Wenn bei einem sog. Rückwirkungsfall im Sinne des § 12 der Zweiten V. über Ausdehnung der UV. auf Berufskrankheiten v. 11. II. 29 der VersTr. in seinem Bescheid eine falsche Rechtsmittelbelehrung (Berufung an das OVA., statt Anrufung des Senats für Berufskrankheiten beim RVA.) erteilt und das OVA. daraufhin unzuständigerweise eine Entscheidung getroffen hat, so müssen die Entscheidung des OVA. und der Bescheid des VersTr. aufgehoben und muß die Sache an den VersTr. zur erneuten Bescheiderteilung zurückverwiesen werden; EuM. **26** 531.

b) im Revisionsverfahren: s. die in den Anm. 3, 4 und 5 I zu § 1697 aufgeführten Entscheidungen.

5. Diese Anordnung kann nur durch das über das Rechtsmittel entscheidende Urteil getroffen werden, eine nachträgliche Ergänzung des Urteils nach dieser Richtung ist unzulässig; AN. **00** 614.

6. Die Vorinstanz, an die zurückverwiesen ist, ist zwar an die der Aufhebung zugrunde liegende rechtliche Beurteilung gebunden, hat im übrigen aber den ganzen Streitstoff selbständig von neuem zu prüfen und zu würdigen und dabei alle noch bis zur anderen Entscheidung vorgebrachten Anführungen zu beachten; AN. **13** 442; jedoch ist die Vorinstanz an ihre frühere Entscheidung trotz ihrer Aufhebung insofern gebunden, als sie nicht zuungunsten der Partei, die allein das Rechtsmittel eingelegt hatte, und nicht zugunsten der Partei, die sich beruhigt hatte, entscheiden darf; AN. **08** 441; eine frühere Feststellung darf der neuergehenden Entscheidung nur zugrunde gelegt werden, wenn der betreffende Punkt als außer Streit gestellt angesehen werden kann; AN. **99** 450.

Ist eine BG. dem Grunde nach verurteilt worden, was voraussetzt, daß ein Betriebsunfall vorliegt und dieser eine Körperschädigung verursacht hat, so kann sie im Bescheide über die Höhe der Rente nicht erneut den Anspruch mit der Begründung ablehnen, das Leiden sei nicht Unfallfolge; EuM. **3** 324 (Bay. LVAmt), auch **23** 28.

Die vom Revisionsgericht auf Grund des § 1715 Abs. 2 gegebene richterliche Beurteilung bleibt auch für das abermals mit der Entscheidung desselben Rechtsstreits befaßte Revisionsgericht maßgebend; Monatsschr. **15** 405.

§ 1715a[1]. Über gesetzliche Vorschriften von grundsätzlicher Bedeutung, deren Auslegung noch nicht festgestellt ist, kann ein Senat des Reichsversicherungsamts, auch ohne daß ihm ein Einzelfall Anlaß dazu bietet, eine grundsätzliche Entscheidung treffen.

G. v. 29. III. 28 (RGBl. I S. 117).

1. Für die Anwendbarkeit des § 1715a ist Voraussetzung, daß es sich um die Auslegung entweder eines Rechtsbegriffs oder einer gesetzlichen Vorschrift handelt, für deren Deutung es auf die Lage des einzelnen Falles nicht ankommt; EuM. **24** 389.

Für den Erlaß einer neuen grundsätzlichen Entscheidung nach § 1715a ist kein Raum, solange noch eine frühere grundsätzliche Entscheidung über dieselbe Frage in Kraft ist; EuM. **26** 97.

§ 1716. Das Reichsversicherungsamt und die Landesversicherungsämter veröffentlichen ihre Entscheidungen, die grundsätzliche Bedeutung haben.

Die Art der Veröffentlichung bestimmt für das Reichsversicherungsamt[1] der Reichsarbeitsminister, für das Landesversicherungsamt die oberste Verwaltungsbehörde.

Diese bestimmen auch die früheren Veröffentlichungen, auf welche die §§ 1693, 1717, 1718 anzuwenden sind.

Bek. v. 15. XII. 24 (RGBl. I S. 779).

1. Verordnung des RAM. über die Veröffentlichung grundsätzlicher Entscheidungen des Reichsversicherungsamts v. 28. XII. 27 (RGBl. 1928 I S. 4, AN. **28** 2).

Auf Grund des § 1716 Abs. 2 und des § 1801 der Reichsversicherungsordnung, des § 282 Abs. 2 des Angestelltenversicherungsgesetzes, des § 195 Abs. 2 und des § 197 Abs. 1 des Reichsknappschaftsgesetzes und des § 212 des Gesetzes über Arbeitsvermittlung und Arbeitslosenversicherung in Verbindung mit Artikel 9 Abs. 1 Satz 2 der Verordnung zur Ausführung dieses Gesetzes vom 29. September 1927 Reichsgesetzbl. I S. 312) wird hiermit verordnet:

§ 1. Die „Amtlichen Nachrichten des Reichsversicherungsamts" erscheinen vom 1. Januar 1928 an als Teil des Reichsarbeitsblatts unter der Bezeichnung „Amtliche Nachrichten für Reichsversicherung". In diesen Amtlichen Nachrichten veröffentlicht hiernach das Reichsversicherungsamt seine Entscheidungen, die grundsätzliche Bedeutung haben.

Die Bekanntmachung des Reichskanzlers, betreffend die amtliche Veröffentlichung grundsätzlicher Entscheidungen des Reichsversicherungsamts, vom 30. Dezember 1911 (Reichsgesetzbl. 1912 S. 2) und die Verordnung über die Veröffentlichung grundsätzlicher Entscheidungen der Senate für Angestelltenversicherung vom 24. Januar 1923 (Reichsgesetzbl. I S. 73) bleiben im übrigen unberührt.

§ 2. Diese Verordnung tritt am 1. Januar 1928 in Kraft.

Hierzu vgl. die im § 1 Abs. 2 bezeichnete Bekanntmachung, betreffend die amtliche Veröffentlichung grundsätzlicher Entscheidungen des Reichsversicherungsamts, v. 30. XII. 11 (RGBl. 1912 S. 2):

Auf Grund des § 1716 Abs. 2, 3 und des § 1801 der RVO. bestimme ich folgendes:

§ 1. Das Reichsversicherungsamt veröffentlicht seine Entscheidungen, die grundsätzliche Bedeutung haben, in den „Amtlichen Nachrichten des Reichsversicherungsamts". Diese Entscheidungen sind auch äußerlich als grundsätzliche Entscheidungen zu kennzeichnen.

Für die Zeit vor dem Inkrafttreten dieser Verordnung sind gleichfalls die in den „Amtlichen Nachrichten des Reichsversicherungsamts" veröffentlichten Entscheidungen dieses Amtes maßgebend.

§ 2. Diese Verordnung tritt für die Invaliden- und Hinterbliebenenversicherung am 1. Januar 1912, für die anderen Zweige der Reichsversicherung an den Tagen in Kraft, von denen an für diese Zweige die Vorschriften der Reichsversicherungsordnung über das Verfahren in Kraft gesetzt werden.

Vgl. ferner § 1717 Anm. 4, § 1718 Anm. 2.

§ 1717. Will in einer grundsätzlichen Rechtsfrage[1] ein Senat des Reichsversicherungsamts von der Entscheidung eines anderen[2] Spruchsenats oder eines Beschlußsenats[3] abweichen, so hat er die Sache unter Begründung seiner Rechtsauffassung an den Großen Senat (§ 101) zu verweisen[4 5 6]. Das gleiche gilt, wenn ein Senat von der Entscheidung des Großen Senats selbst abweichen will.

Der verweisende Senat hat eines seiner Mitglieder zu bezeichnen, das für die Entscheidung der Sache als Beisitzer in den Großen Senat[6] an Stelle eines anderen Mitglieds der gleichen Gruppe dieses Senats eintritt. Die Reihenfolge, in der die übrigen Mitglieder des Großen Senats an den Entscheidungen teilzunehmen haben, bestimmt die Verordnung (§ 35 Abs. 2).

Der Große Senat kann sich auf die Entscheidung der grundsätzlichen Rechtsfrage beschränken.

V. v. 30. X. 23 (RGBl. I S. 1057), V. v. 15. III. 24 (RGBl. I S. 280).

1. Keine Verweisung bei abweichender Beurteilung wissenschaftlicher oder tatsächlicher Fragen; AN. **06** 268, 271, **07** 419, 420.

2. Will ein Senat in einer grundsätzlichen Rechtsfrage von einer früheren Entscheidung desselben Senats abweichen, so ist die Verweisung an den Großen Senat gemäß §§ 1717, 1789 nicht geboten; AN. **26** 2. Bei der gegenwärtigen Zusammensetzung der Senate des RVA. ist ein Spruchsenat im Sinne des § 1717 regelmäßig ein anderer als der, von dessen Entscheidung abgewichen werden soll, und zwar auch, wenn beide Senate dieselbe Nummernbezeichnung führen; AN. **26** 376 (Gr. Sen.).

3. Es muß sich um eine Senatsentscheidung handeln, eine im Verwaltungswege ergangene Verfügung des RVA. berechtigt nicht zur Verweisung an den Großen Senat; EuM. **5** 253.

4. Dem Ermessen des Senats ist es einzig und allein überlassen, ob er die Voraussetzungen zur Anrufung des Großen Senats für vorliegend erachtet. Parteianträge auf Verweisung an den Großen Senat sind unbeachtlich; EuM. **5** 252, 253. Die Verweisung einer Sache an den Großen Senat ist auch dann gerechtfertigt, wenn

die grundsätzliche Entscheidung, von der abgewichen werden soll, nicht ausdrücklich als grundsätzlich bezeichnet und nicht veröffentlicht worden ist; AN. **14** 689, **21** 331, 332, dagegen ist die Verweisung nicht geboten, wenn das Urteil, von dem der Senat abweichen will, unter der Herrschaft des alten Rechtes ergangen und in den AN. des RVA. nicht veröffentlicht worden ist; AN. **14** 507, **17** 490, desgl. nicht, wenn ein Senat sich einer Entscheidung des Großen Senats anschließen will, aber dabei von einer inzwischen ergangenen Entscheidung, die jene Entscheidung des Großen Senats nicht beachtet hat, abweichen muß; HbdUV. **1** 37, EuM. **23** 3, 6, oder wenn die abweichende Ansicht nur nebenher in den Gründen erwähnt wird, nicht aber die Grundlage der Entscheidung gebildet hat; Monatsschr. **14** 283, oder wenn es sich nicht genau um die gleiche Rechtsfrage handelt; Breith. **2** 241, ferner keine Verweisung, wenn die Entscheidung, von der abgewichen wird, nicht auf einer grundsätzlichen Rechtsauffassung beruht; AN. **14** 420, 421. Die Verweisung ist auch nicht geboten, wenn ein Senat sich einer grundsätzlichen Entscheidung anschließen will, dabei aber von einer inzwischen ergangenen Entscheidung, die sich mit der grundsätzlichen Entscheidung nicht auseinandersetzt, abweichen muß, und seit der abweichenden Entscheidung sämtliche weiter ergangenen Entscheidungen des RVA. übereinstimmend den Standpunkt der grundsätzlichen Entscheidung eingenommen haben; EuM. **23** 287, ebenso Verweisung nicht erforderlich, wenn die Entscheidung, von der abgewichen werden soll, den besonderen Umständen eines Einzelfalls Rechnung tragen und selbst von der ständigen Rechtsprechung des RVA. nicht abweichen wollte; EuM. **23** 271, 273, endlich wenn es sich um die Anwendung veränderter gesetzlicher Vorschriften handelt; EuM. **23** 273, 275.

5. Die zu entscheidende Rechtsfrage und die Entscheidung, von der abgewichen werden soll, ist in dem Verweisungsbeschlusse zu bezeichnen; § 21 RVAO., s. auch HbdUV. **2** 637.

6. Nach der Verweisung etwa erforderlich werdende Beweiserhebungen werden durch den Vorsitzenden und den Berichterstatter des Großen Senats veranlaßt; HbdUV. **1** 37.

Der verweisende Senat kann die Verweisung zurücknehmen, wenn die Voraussetzungen für die Verweisung nachträglich wegfallen oder nicht mehr für gegeben erachtet werden, und der Vorsitzende im Einvernehmen mit dem Berichterstatter einen neuen Termin vor dem verweisenden Senat anberaumt. Dieser ist befugt, den Beschluß auf Verweisung an den Großen Senat aufzuheben und in der Sache selbst zu entscheiden. Der Aufhebungsbeschluß ist bekanntzugeben; HbdUV. **1** 37.

Vgl. im übrigen § 101 RVO., § 18 RVAO.

§ 1718. Der § 1717 Abs. 1 gilt entsprechend[1], wenn ein Spruchsenat eines[2] Landesversicherungsamts von einer amtlich veröffentlichten[3] Entscheidung des Reichsversicherungsamts in einer grundsätzlichen Rechtsfrage abweichen will.

Zu den Verhandlungen des Großen Senats entsendet der verweisende Senat des Landesversicherungsamts eines seiner Mitglieder, das als Beisitzer in den Großen Senat eintritt. Außerdem tritt als Mitglied dieses Senats ein Mitglied eines anderen Landesversicherungsamts hinzu, das nach näherer Bestimmung der Landesregierung für ein Geschäftsjahr im voraus bezeichnet wird. Welches Landesversicherungsamt das zweite Mitglied zu entsenden hat, bestimmt die Verordnung (§ 35 Abs. 1). Besteht nur ein Landesversicherungsamt, so entsendet dieses zwei Mitglieder.

Bek. v. 15. XII. 24 (RGBl. I S. 779).

1. Die Befugnis des Großen Senats, sich auf die Entscheidung der grundsätzlichen Rechtsfrage zu beschränken, besteht auch in den Fällen des § 1718; AN. 28 234, 236.

2. Wollen gleichzeitig zwei LVAer. von derselben grundsätzlichen Entscheidung des RVA. abweichen, so entscheidet der Große Senat des RVA. in dem Verfahren, das zuerst an ihn gebracht ist, und in der daraus sich ergebenden Besetzung; KommBer. z. RVO. 6 198.

3. Die Bekanntgabe einer Entscheidung in den „Entscheidungen und Mitteilungen des Reichsversicherungsamts" ist keine Veröffentlichung im Sinne des § 1718; EuM. 12 299 (Bay. LVAmt).

§ 1719. Die Landesregierung bestimmt, wie zu verfahren ist, wenn ein Senat eines Landesversicherungsamts von der Entscheidung eines anderen Senats desselben Landesversicherungsamts abweichen will.

§ 1720 ist weggefallen[1].

V. v. 15. III. 24 (RGBl. I S. 280).

1. Wegen der jetzt geltenden Vorschriften über die Urteilsunterschriften vgl. § 34 RVAO.

§ 1721[1]. Die Verfügung, die ein Urteil berichtigt (§ 1673), wird von dem Vorsitzenden und den Mitgliedern des Senats erlassen, die das Urteil unterschrieben haben; die Verfügung ist unanfechtbar.

1. Die Vorschrift bezieht sich nur auf das Verfahren bei Berichtigung von Rechenfehlern und ähnlichen offenbaren Unrichtigkeiten, die im Urteil vorgekommen sind; Begr. z. RVO. S. 510.

IV. Wiederaufnahme des Verfahrens[1]

1. Anfechtungsgründe[2]

§ 1722. Ein durch rechtskräftiges Urteil[3] abgeschlossenes Verfahren kann wiederaufgenommen werden, wenn

1. die Spruchstelle nicht vorschriftsmäßig besetzt war[4],
2. eine Person bei der Entscheidung[5] mitgewirkt hat, die von der Mitwirkung aus einem gesetzlichen Grunde ausgeschlossen war[6], sofern nicht dieses Hindernis durch Ablehnung oder Rechtsmittel ohne Erfolg geltend gemacht worden ist,
3. bei der Entscheidung eine Person mitgewirkt hat, obgleich sie als befangen abgelehnt[7] und die Ablehnung für begründet erklärt worden war,
4. eine Partei[8] in dem Verfahren nicht nach Vorschrift der Gesetze vertreten war[9], sofern sie nicht die Führung des Streites ausdrücklich oder stillschweigend genehmigt hat[10].

In den Fällen der Nr. 1, 3 ist die Wiederaufnahme unstatthaft, wenn der Anfechtungsgrund durch ein Rechtsmittel[11] geltend gemacht werden konnte.

1. Die Vorschriften über Wiederaufnahme des Verfahrens gehören dem öffentlichen Recht an und unterliegen daher nicht einem Parteiverzicht; AN. 99 642. Sie finden auch in Beschlußsachen Anwendung, s. § 1789.

Etwaige Rechte aus den Art. 297 ff. des Friedensvertrages von Versailles können nicht im Wege der Wiederaufnahme des Verfahrens gegen ein in einer Unfallversicherungssache ergangenes rechtskräftiges Urteil geltend gemacht werden; EuM. **14** 353.

2. Für die Wiederaufnahme des Verfahrens kommen nur die in den §§ 1722 ff. aufgeführten Anfechtungsgründe in Betracht. Entscheidungen, denen lediglich ein tatsächlicher oder rechtlicher Irrtum oder ein fehlerhaftes Verfahren zugrunde liegt, sind nicht anfechtbar; AN. **92** 341, (J. u. AV.) **92** 1, **06** 429, (J. u. AV.) **92** 1, **04** 196, **13** 608.

Etwaige Rechte aus dem Art. 297 ff. des Friedensvertrages zon Versailles können nicht im Wege der Wiederaufnahme des Verfahrens gegen ein in einer Unfallversicherungssache ergangenes rechtskräftiges Urteil verfolgt werden; EuM. **14** 353.

3. Nur gegen rechtskräftige Urteile ist die Wiederaufnahme des Verfahrens zulässig; EuM. **13** 312, also nicht gegen Urteile, die nicht rechtswirksam zugestellt sind, so daß die Rechtsmittelfristen noch nicht in Lauf gesetzt sind; BG. **19** 33. Deshalb keine Wiederaufnahme des Verfahrens gegenüber einer Verfügung des Vorsitzenden des Rekurssenats, durch die ein Rekurs gemäß § 1713 Abs. 1 als verspätet verworfen worden ist; EuM. **14** 351, 352.

Anfechtung endgültiger Bescheide der VersTr. s. § 1744.

4. Die von einem nicht vorschriftsmäßig besetzten Gericht gefällte Entscheidung ist solange wirksam, als sie nicht auf dem nach den gesetzlichen Verfahrensvorschriften zulässigen Wege beseitigt wird; Breith. **16** 533.

5. Nur wenn die Person als Richter mitgewirkt hat, nicht wenn sie lediglich als Beamter im Auftrage ihrer Dienstbehörde bei Aufklärung des Sachverhalts tätig gewesen ist; AN. **95** 252.

6. Vgl. §§ 1641, 1642, 1679, 1698, 1701.

7. Vgl. §§ 1643 ff., 1679, 1698, 1702.

8. Beiden Parteien steht die Wiederaufnahme des Verfahrens (Nichtigkeitsklage) zu, auch dem Gegner der mangelhaft vertretenen Partei; AN. **07** 548, 549.

9. Wiederaufnahmegründe: Verhandlung mit einer prozeßunfähigen, der gesetzlichen Vertretung entbehrenden Person; AN. (J. u. AV.) **93** 114, oder mit einer Person, für die ein Pfleger gemäß § 1910 BGB. zur Führung des Rechtsstreits bestellt ist; Monatsschr. **13** 676. Verhandlung über einen Rentenantrag, der ohne Wissen und Willen der Partei gestellt ist; AN. **98** 369; Verhandlung und Entscheidung in einem Termine zur mündlichen Verhandlung, zu dem die Partei nicht geladen war; AN. **10** 556, oder infolge falscher Anweisung des Sitzungsdieners zur Verhandlung nicht erschienen war; Breith. **2** 487. Dagegen kein Wiederaufnahmegrund: Unterlassene Benachrichtigung des Entschädigungsberechtigten vom Verhandlungstermine in dem Verfahren nach § 1735, sofern er diesem Verfahren nicht beigetreten war; AN. **16** 406. Ebenso keine Wiederaufnahme des Verfahrens, wenn in einer Hinterbliebenenrentensache nur die Witwe, nicht aber auch die Waisen zum Verfahren zugezogen waren, in diesem Fall ist über die Ansprüche der Waisen ein neues Feststellungsverfahren zu eröffnen; EuM. **4** 197 (Bay. LVAmt).

10. Vgl. auch AN. **98** 369. Die Genehmigung ist auch noch im Laufe des Wiederaufnahmeverfahrens möglich; der Wiederaufnahmeantrag aber wird dadurch hinfällig; AN. **07** 548.

11. Der Antrag auf Wiederaufnahme des Verfahrens ist kein Rechtsmittel, sondern ein außerordentlicher Rechtsbehelf; AN. **16** 609.

§ 1723. Die Wiederaufnahme ist ferner zulässig, wenn

1[1]. eine Urkunde, auf die sich die Entscheidung stützt, fälschlich angefertigt oder verfälscht war[2],

2. durch Beeidigung eines Zeugnisses oder eines Gutachtens, auf die sich

die Entscheidung stützt, der Zeuge oder Sachverständige vorsätzlich oder fahrlässig die Eidespflicht verletzt hat[3],

3. der Vertreter der Partei oder der Gegner oder sein Vertreter die Entscheidung durch eine mit öffentlicher Strafe bedrohte Handlung[4] erwirkt hat,

4. eine Person bei der Entscheidung mitgewirkt hat, die bei der Verhandlung ihre Amtspflichten gegen die Partei verletzt hat, sofern diese Verletzung mit öffentlicher Strafe bedroht ist,

5. ein strafgerichtliches Urteil, auf das sich die Entscheidung stützt, durch ein anderes rechtskräftig gewordenes Urteil aufgehoben worden ist,

6. eine Partei nachträglich eine Urkunde[5], die eine ihr günstigere Entscheidung herbeigeführt haben würde[6], auffindet[7] [8] oder zu benutzen instand gesetzt wird[7].

1. In den Fällen Nr. 1—3 ist ursächlicher Zusammenhang zwischen der strafbaren Handlung und dem anzufechtenden Urteil erforderlich; AN. **95** 251, 252.

2. Unrichtige tatsächliche Angaben in der Urkunde genügen nicht, vielmehr müssen die Merkmale einer strafbaren Handlung vorliegen, die Fälschung muß in rechtswidriger Absicht erfolgt sein; AN. **96** 394. Auch genügt es nicht, wenn eine protokollierte Zeugenaussage Unrichtigkeiten oder eine Zustellungsurkunde ein falsches Datum enthält; AN. **95** 252, ArbVers. **11** 619. Ebensowenig genügt ein Irrtum der entscheidenden Stelle infolge ungenauer Fassung einer Urkunde (z. B. Arbeitsbescheinigung); AN. (J. u. AV.) **92** 1.

3. Vgl. AN. (J. u. AV.) **93** 108, (J. u. AV.) **94** 149, AN. **95** 251.

4. Z. B. Erschleichung der Gewährung der Rente oder ihres Fortbezugs durch Betrug (Simulation); AN. **90** 193, **92** 343, **00** 334, **10** 441, Breith. **6** 371. Betrug im Sinne des § 263 StGB. liegt vor, wenn der Rentenbewerber die ärztlichen Sachverständigen absichtlich täuscht und dadurch die Rente erlangt, oder wenn der Rentenempfänger durch Vortäuschung des Fortbestehens des Leidens den VersTr. von der Rentenentziehung abhält, dagegen nicht schon dann, wenn der Rentenempfänger gegenüber dem VersTr. lediglich die eingetretene Besserung verschweigt und die Rente weiter erhebt; EuM. **13** 391 (RGSt. **46** 414). Vollendeter Betrug ist auch in dem erfolgreichen falschen Vorbringen einer Partei vor den Instanzen der Reichsversicherung dann zu finden, wenn das Gericht das Urteil lediglich auf dieses einseitige falsche, ihm glaubhaft erscheinende Parteivorbringen gestützt hat; AN. **10** 443, 444.

5. Nur schriftliche Urkunden, öffentliche oder private, kommen hier in Betracht; EuM. **13** 338, und zwar nur solche, welche geeignet sind, den vom Antragsteller verfolgten Anspruch sachlich zu begründen; AN. **05** 276, z. B. die Geburtsurkunde eines bisher unbekannt gewesenen Hinterbliebenen des Versicherten; AN. **03** 567, eine Aufzeichnung des Antragstellers über seine Arbeitszeiten; AN. (J. u. AV.) **93** 109, eine von dem Rentenempfänger geschriebene Postkarte, aus der die Unrichtigkeit seiner Angaben über den angeblichen Betriebsunfall hervorging; AN. **95** 253, wiederaufgefundene Rechtsmittelschrift, aus der allein oder in Verbindung mit dem Poststempel hervorgeht, daß sie rechtzeitig eingegangen oder mindestens 3 Tage vor Ablauf der Frist zur Post gegeben worden ist; AN. **21** 327, ärztliche Gutachten; EuM. **2** 414, Strafakten, aus denen sich ein Strafvollzug ergibt, durch den die Richtigkeit einer Arbeitsbescheinigung widerlegt wird; AN. **96** 394, eine militärische Aushebungsliste; AN. **09** 599, ein früher als die angefochtene Entscheidung erlassener rechtskräftiger Feststellungsbescheid eines anderen VersTr.; AN. **97** 407, **06** 429.

Keine Urkunden im vorbezeichneten Sinne:

Urteile über Rentenansprüche anderer Personen, auch wenn sie die für den Antragsteller günstige Feststellung der Versicherungspflicht der Gruppe von Beschäftigten enthalten, der der Antragsteller angehört; AN. (J. u. AB.) **92** 76, ferner Erklärungen, die die Einlegung eines Rechtsmittels bezwecken, deshalb auch keine Wiederaufnahme, wenn nach Verwerfung der Revision als verspätet es sich herausstellt, daß der Kläger durch einen an eine andere Behörde gerichteten Schriftsatz das Urteil des OVA. innerhalb der Revisionsfrist angefochten hat; AN. **05** 276. Leichenteile sind überhaupt keine Urkunden; EuM. **13** 338.

6. Herbeiführung einer günstigeren Entscheidung: ob dies zutrifft, bestimmt sich nach dem zur Zeit des Erlasses der angefochtenen Entscheidung geltenden Recht; AN. **00** 411. Der Inhalt der neuen Urkunde muß für sich allein die Annahme der Herbeiführung einer günstigeren Entscheidung rechtfertigen; es genügt nicht, wenn dieser Erfolg erst in Verbindung mit anderen Beweismitteln erreicht wird; AN. **09** 599, **21** 327.

7. Ein Auffinden oder eine Ermöglichung der Benutzung einer Urkunde setzt eine irgend zur Zeit des Ergehens der Entscheidung vorhanden gewesene Erschwerung der Kenntnis voraus. Dies ist bei einem ordnungsmäßig verkündeten Gesetz nicht der Fall; Breith. **15** 532.

8. Neuaufgefundene Urkunden sind nicht Urkunden, die erst nach Erlaß der angefochtenen Entscheidung angefertigt sind; AN. **92** 341, **16** 404, EuM. **2** 46 (Sächs. LVAmt), also nicht nachträglich ausgestellte Arbeits- oder Krankheitsbescheinigungen; AN. (J. u. AB.) **93** 60, **01** 200, EuM. **2** 412, oder nachträglich erteilte Auskünfte über Lohn und Arbeitstage; EuM. **14** 355, oder später ausgestellte ärztliche Gutachten; AN. **92** 341, **96** 254, oder nachträglich angefertigte Leichenöffnungsberichte; EuM. **13** 338, oder Zurücknahme von Sachverständigengutachten als irrtümlich; AN. **92** 341, oder spätere anderweite Entscheidungen der Versicherungsbehörden; AN. (J. u. AB.) **92** 76.

Auch keine Wiederaufnahme des Verfahrens, wenn eine Partei sich auf ein ärztliches Gutachten beruft, von dem sie sich erst nach Abschluß des Verfahrens eine Abschrift verschafft hat, obwohl ihr das Vorhandensein des ärztlichen Gutachtens bekannt und die Benutzung als Beweismittel möglich war; EuM. **22** 20.

Die Auffindung oder Ermittlung neuer Zeugen ist kein Wiederaufnahmegrund; AN. (J. u. AB.) **93** 110, **01** 200.

Die nachträgliche Vorlegung der neu aufgefundenen Urkunde kann nicht durch den Zeugenbeweis über das Bestehen oder über das Vorhandengewesensein der Urkunde ersetzt werden; AN. **21** 327.

Der Umstand, daß eine Entscheidung mit einer zur Zeit ihres Erlasses noch nicht amtlich veröffentlichten Entscheidung des RVA. im Widerspruch steht, ist kein Wiederaufnahmegrund; Breith. **18** 186 (Bad. LVAmt).

§ 1724. Die Wiederaufnahme ist in den Fällen des § 1723 Nr. 1 bis 4 nur zulässig, wenn

1. wegen der strafbaren Handlung eine rechtskräftige[1] strafgerichtliche[2] Verurteilung[3] ergangen ist,

2. ein gerichtliches Strafverfahren aus anderen Gründen[4] als wegen Mangels an Beweis nicht eingeleitet oder nicht durchgeführt werden konnte.

1. Solange das Strafurteil noch nicht rechtskräftig, ist eine Wiederaufnahme des Rentenverfahrens nicht zulässig; AN. **00** 334.

2. Eine disziplinargerichtliche Entscheidung genügt nicht; Begr. z. RVO. S. 510.

3. Die Spruchstelle des Wiederaufnahmeverfahrens ist an die Feststellungen des Strafrichters nicht gebunden, sondern hat selbständig zu prüfen, ob die Voraussetzungen des § 1724 Nr. 1, also insbesondere das Vorliegen einer strafbaren Handlung, gegeben sind; AN. **10** 441.

4. Z. B. Tod des Zeugen, der die Eidespflicht verletzt haben soll; AN. (J. u. AV.) **94** 149.

§ 1725. Die Wiederaufnahme ist in allen Fällen des § 1723 nur zulässig, wenn nicht die Partei ohne ihr[1] Verschulden[2] den Anfechtungsgrund in dem früheren Verfahren, insbesondere durch Einlegung eines Rechtsmittels[3], geltend machen konnte.

1. Dem Verschulden der Partei steht das ihres Vertreters gleich; AN. (J. u. AV.) **94** 150.

2. Verschulden liegt vor, wenn die Partei von dem Vorhandensein der Akten (Strafakten, Zwangsversteigerungsakten, Zivilprozeßakten), auf die sie sich stützt, vor dem Erlaß des angefochtenen Urteils Kenntnis erlangt hatte; AN. **96** 394, **98** 360, **99** 455, **99** 641, ebenso, wenn die Partei es unterlassen hat, sich die geeigneten urkundlichen Belege im Laufe des Rechtsmittelverfahrens zu beschaffen; EuM. **14** 355.

Kein Verschulden, wenn die VG. für die bis zum Erlaß ihres Bescheids bekannten Hinterbliebenen des Versicherten den Höchstbetrag der Hinterbliebenenrente festgesetzt hat und sich hernach ein bisher nicht bekannter Hinterbliebener meldet; AN. **03** 567, ferner wenn die LVAnst. ohne Kenntnis, daß eine Sonderanstalt die Rente bereits festgesetzt hatte, dem Versicherten die Rente ihrerseits bewilligt hat; AN. **06** 429. Kein Verschulden, wenn die Partei an der Vorlage einer Urkunde im früheren Verfahren, dadurch gehindert war, daß der Sitzungsdiener das Erscheinen der Partei im Verhandlungstermin dem Gerichtsvorsitzenden nicht gemeldet hatte und infolgedessen ohne Zuziehung der Partei verhandelt und entschieden worden ist; Breith. **2** 141.

3. Wiederaufnahme unzulässig, wenn der Wiederaufnahmegrund schon mit der Berufung geltend gemacht werden konnte; AN. (J. u. AV.) **94** 150, EuM. **14** 355, 359.

§ 1726. Mit dem Antrag auf Wiederaufnahme können Anfechtungsgründe, durch die eine ältere Entscheidung derselben oder einer unteren Instanz betroffen wird, geltend gemacht werden, wenn die angefochtene Entscheidung auf der älteren beruht.

2. Zuständigkeit

§ 1727. Über den Antrag[1] entscheidet die Spruchstelle[2], deren Urteil angefochten wird[3].

Sind mehrere Urteile angefochten, die von Spruchstellen verschiedener Ordnung erlassen sind, so entscheidet die Spruchstelle höherer Ordnung. An Stelle des Reichsversicherungsamts (Landesversicherungsamt) entscheidet das Oberversicherungsamt, wenn ein in der Revisionsinstanz erlassenes Urteil auf Grund des § 1723 Nr. 1, 2, 5 oder 6 angefochten wird[4].

1. Der Wiederaufnahmeantrag ist an keine Formvorschriften gebunden; AN. **95** 255. Betreibt ein VersTr. die Wiederaufnahme des durch seinen rechtskräftigen Bescheid geschlossenen Verfahrens, so hat er das Wiederaufnahmeverfahren durch Erteilung eines neuen berufungsfähigen Bescheids in Lauf zu setzen; AN. **96** 395, **00** 335.

2. Die Spruchstelle hat ihre Zuständigkeit selbständig zu prüfen; AN. (J. u. AV.) **93** 109. Spruchstelle ist die betreffende Behörde als solche, nicht die Kammer oder der Senat; Monatsschr. **21** 385.

Statt des seiner Zeit im ordentlichen Verfahren zuständig gewesenen Schiedsgerichts für Arbeiterversicherung entscheidet über Anträge auf Wiederaufnahme des

Verfahrens gegen dessen endgültige rechtskräftige Entscheidung das an seine Stelle getretene OVA.; EuM. **17** 180.

3. Die ein früheres erfolgloses Wiederaufnahmeverfahren abschließende Entscheidung kommt für die Frage, gegen welche Entscheidung sich die Anfechtung zu richten hat, nicht in Betracht; AN. **00** 334.

Zuständig ist die Instanz, die aus sachlichen, eine Würdigung der Tatumstände darstellenden Gründen entschieden hat, nicht diejenige, die ein Rechtsmittel aus formalen Gründen verworfen hat; AN. **97** 185, **05** 487, **16** 404, EuM. **17** 353.

Liegt kein zulässiger Anfechtungsgrund vor, so gilt stets die Regel des Abs. 1, wonach die Spruchstelle entscheidet, deren Urteil angefochten wird, es entscheidet also auch das Revisionsgericht, wenn sich nicht feststellen läßt, daß die Anfechtung auf Grund des § 1723 Nr. 1, 2, 5 oder 6 erfolgt ist; AN. **13** 825, EuM. **2** 412.

Über den Antrag auf Wiederaufnahme kann das OVA., wenn es gleichzeitig Wiederaufnahme und Abgabe der Sache an das RVA. (§ 1693) beschließen will, nicht vorab entscheiden; EuM. **16** 204.

4. Abs. 2 Satz 2 gilt auch für den Fall, daß nur ein in der Revisionsinstanz erlassenes Urteil angefochten wird, das OVA. entscheidet hier statt des Revisionsgerichts, weil die Anfechtungsgründe des § 1723 Nr. 1, 2, 5 oder 6 sich auf Tatfragen beziehen und deshalb der Beurteilung des Revisionsgerichts entzogen werden sollen; AN. **13** 825. Dies gilt aber nicht, wenn solche Anfechtungsgründe nicht geltend gemacht werden können (s. Anm. 3), oder wenn ein Urteil der Rekursinstanz angefochten ist; AN. **13** 825, EuM. **14** 355.

3. Gang des Verfahrens

§ 1728. Der Antrag[1] ist binnen einem Monat[2] zu stellen.

Die Frist beginnt mit dem Tage, an dem die Partei den Anfechtungsgrund erfährt[3], jedoch nicht, bevor das Urteil rechtskräftig geworden ist. Nach Ablauf von fünf Jahren vom Tage der Rechtskraft an ist der Antrag unstatthaft.

Die Vorschriften des Abs. 2 gelten nicht, wenn die Wiederaufnahme wegen mangelnder Vertretung beantragt wird. Die Frist läuft dann von dem Tage, an dem das Urteil der Partei oder, wenn sie nicht fähig war, den Streit selbst zu betreiben, ihrem gesetzlichen Vertreter zugestellt[4] worden ist.

1. Wiederaufnahmeantrag während eines schwebenden Berufungsverfahrens mit der Berufungsbeantwortung verbunden, Entscheidung des auch für den Wiederaufnahmeantrag zuständigen Berufungsgerichts über beide Streitsachen; AN. **90** 192.

2. Sondervorschrift, weil der Wiederaufnahmeantrag kein Rechtsmittel ist, § 128 also hier nicht anwendbar ist; Begr. z. RVO. S. 510, AN. **16** 609.

3. Die Partei erfährt den Anfechtungsgrund: wenn sie die Urkunde, auf die der Wiederaufnahmeantrag gestützt wird, auffindet; AN. (J. u. AV.) **93** 109, wenn sie Kenntnis erhält von dem Tode des Zeugen, der die Eidespflicht verletzt haben soll; AN. (J. u. AV.) **941** 49, wenn sie Kenntnis erhält von der Rechtskraft des Strafurteils, das wegen der strafbaren Handlung ergangen ist, auf die sie den Wiederaufnahmeantrag gründet; AN. **10** 441, im Falle der Unmöglichkeit der Durchführung eines Strafverfahrens, wenn ihr die Tatsachen, aus denen die strafbare Handlung gefolgert werden soll, bekanntgeworden sind; AN. **16** 404.

Ist ein VersTr. die anfechtende Partei, so kommt es für die Wahrung der Antragsfristen darauf an, wann das zur Feststellung von Entschädigungen zuständige Organ den Anfechtungsgrund erfahren; AN. **95** 254, oder wann die neuaufgefundene Urkunde bei demselben Organ eingegangen ist; AN. **06** 429.

Die Frist des § 1728 beginnt nur dann mit dem Tage des Eintritts der Rechtskraft des Urteils, wenn der Tag, an dem die Partei den Anfechtungsgrund erfährt, noch in die Rechtsmittelfrist fällt; EuM. 2 46 (Sächs. LVAmt).

4. S. §§ 135, 136.

§ 1729. Die Wiederaufnahme kann auch von Amts wegen eingeleitet werden[1].

1. Nicht schlechthin alle Versicherungsbehörden, sondern nur die gemäß § 1727 zuständigen Spruchstellen können das Wiederaufnahmeverfahren von Amts wegen einleiten; EuM. 2 413.

Ist der Antrag einer Partei auf Wiederaufnahme des Verfahrens gemäß § 1728 Abs. 1 als verspätet verworfen, so ist auf Grund derselben Unterlagen eine Wiederaufnahme des Verfahrens von Amts wegen nach § 1729 nicht zulässig; AN. 16 404.

Erneute Verhandlung und Entscheidung des OVA. außerhalb einer förmlichen Wiederaufnahme des Verfahrens unzulässig, wenn einmal in derselben Sache eine äußerlich gültige Entscheidung des OVA. ergangen und verkündet ist; EuM. 13 311.

§ 1730. Die Vorschrift des § 129 Abs. 2, 3 über Wahrung der Frist gilt auch für die Ausschlußfristen des § 1728 entsprechend[1].

1. Diese Vorschrift ist erforderlich, weil der Wiederaufnahmeantrag kein Rechtsmittel ist; Begr. z. RVO. S. 510, AN. 16 609.

§ 1731. Ist der Antrag verspätet oder unzulässig, so kann ihn der Vorsitzende der Spruchstelle ohne mündliche Verhandlung durch eine mit Gründen versehene Verfügung verwerfen[1]. Der Vorsitzende des Spruchsenats darf es nur dann, wenn er mit dem Berichterstatter darüber einig ist.

V. v. 15. III. 24 (RGBl. I S. 280).

1. Gegen die Verfügung ist kein Rechtsbehelf gegeben, sie ist unanfechtbar; EuM. 22 328.

§ 1732. Ist der Antrag rechtzeitig gestellt worden und zulässig[1], so wird die Hauptsache, soweit der Anfechtungsgrund sie betrifft, neu verhandelt.

Für das neue Verfahren gelten die Vorschriften, die für diejenige Instanz maßgebend sind, bei welcher das neue Verfahren anhängig geworden ist.

1. Die Zulässigkeit ist unabhängig von den Anträgen der Parteien von Amts wegen zu prüfen; AN. 99 641.

§ 1733. Rechtsbehelfe sind zulässig, soweit solche gegen die Urteile der mit der Wiederaufnahme befaßten Instanzen überhaupt gegeben sind[1].

1. § 1733 hat nur Bedeutung für Urteile, die von vornherein über einen Antrag auf Wiederaufnahme des Verfahrens ergangen sind; EuM. 22 328.

Gegen das Urteil eines OVA., durch das ein Antrag auf Wiederaufnahme des Verfahrens als unzulässig zurückgewiesen wird, ist die Revision nicht zulässig, wenn es sich in der Hauptsache um einen der Fälle der §§ 1695, 1696 handelt; AN. 17 251. Hat ein OVA. in einer Unfallversicherungssache die Wiederaufnahme des Verfahrens abgelehnt, so ist gegen diese Entscheidung der Rekurs nur insoweit gegeben, als er in der Sache selbst zulässig wäre; EuM. 8 416 (Bay. LVAmt). Die an sich gegebene Unzulässigkeit des Rekurses gegen ein im Wiederaufnahmeverfahren erlassenes Urteil des OVA. wird dadurch nicht beseitigt, daß das OVA. zu Unrecht die Wiederaufnahme gegen das früher erlassene Urteil zugelassen hat; AN. 19 420.

4. Schlußvorschrift

§ 1734. Die Wiederaufnahme des Verfahrens kann durch Verordnung des Reichspräsidenten mit Zustimmung des Reichsrats abweichend von den vorstehenden Vorschriften geregelt werden.

Bek. v. 15. XII. 24 (RGBl. I S. 779).

Dritter Abschnitt

Besondere Arten des Verfahrens

I. Streit mehrerer Versicherungsträger über die Entschädigungspflicht[1]

§ 1735. Ist ein Träger der Unfallversicherung[2] der Ansicht, daß zwar ein entschädigungspflichtiger Unfall[3] vorliege, die Entschädigung aber nicht von ihm, sondern von einem anderen Versicherungsträger zu gewähren sei[4], so hat er dem Berechtigten eine vorläufige Fürsorge zuzuwenden[5], dem anderen Versicherungsträger die Verhandlungen mitzuteilen und ihn zur Anerkennung der Entschädigungspflicht aufzufordern[6] [7] [8].

1. Vgl. auch §§ 1687, 1703.
2. §§ 624 ff.
3. § 544.
4. Die Vorschrift setzt voraus, daß, abgesehen von der Höhe der Entschädigung, nur streitig ist, welcher VersTr. entschädigungspflichtig ist; AN. **02** 264, **11** 413, **14** 624, BG. **17** 131. Es genügt nicht, wenn zwischen den VersTr. zwar Einigkeit darüber besteht, daß der Verletzte zu entschädigen ist, aber Streit darüber, ob der Schaden Folge eines früheren Betriebsunfalls ist oder ein neuer selbständiger Unfall vorliegt; AN. **06** 510, EuM. **10** 400, Monatsschr. **20** 549, BG. **21** 97, oder wenn der Verletzte den Schaden auf das Zusammenwirken von zwei verschiedenen, zeitlich auseinanderliegenden Unfällen zurückführt; Breith. **1** 581. Die Voraussetzungen der §§ 1735 ff. sind ferner nicht gegeben, wenn zwischen den VersTr. nicht unstreitig ist, ob überhaupt eine Entschädigung zu gewähren ist, z. B. der eine bestreitet, daß überhaupt eine Beschränkung der Erwerbsfähigkeit vorliege; AN. **11** 413, HbdUV. **1** 489, 490; das gilt auch, wenn einer der VersTr. im Gegensatze zu seiner früheren Stellungnahme erst im Laufe des Verfahrens eine der Grundlagen der Entschädigungspflicht (z. B. Versicherungspflicht des Betriebes) bestreitet; aber auch die übereinstimmende Ansicht der beteiligten VersTr. ist nicht allein maßgebend. Die §§ 1735 ff. können nur angewendet werden, wenn auch die erkennende Spruchstelle sich davon überzeugt, daß es sich um einen entschädigungspflichtigen Betriebsunfall handelt; EuM. **19** 195 (vgl. auch AN. **02** 264). Das Bestehen eines rekursfähigen Anspruchs ist nicht Voraussetzung, § 1735 daher auch gegeben, wenn z. B. nur Sterbegeld oder ein Erstattungsanspruch der KrK. in Frage kommt; HbdUV. **1** 490, AN. **02** 679, BG. **17** 131; dagegen genügt es nicht, daß der antragstellende VersTr. lediglich Aufwendungen für Ermittlungen anläßlich des Unfalls, z. B. für ein ärztliches Gutachten, gehabt hat, oder daß die Möglichkeit besteht, daß wegen später auftretender Folgen des Unfalls Entschädigung zu leisten ist; EuM. **14** 361; vgl. aber § 1738 Anm. 1.
5. Die Zuwendung einer vorläufigen Fürsorge durch den das Verfahren nach §§ 1735 ff. betreibenden VersTr. ist die Voraussetzung des Verfahrens; AN. **05** 406,

RVPr. 5 19, allerdings nur, soweit eine vorläufige Fürsorge in Frage kommen kann; das ist stets der Fall, sobald es sich um die Gewährung einer Rente an den Verletzten handelt; AN. **11** 413. Die Höhe der Zuwendung bestimmt sich nach pflichtgemäßem Ermessen des VersTr. Bescheid darüber nicht erforderlich; wenn erteilt, nicht berufungsfähig; Nachprüfung nur im Verwaltungswege; AN. **08** 660.

6. Ist der Unfall unstreitig einem in dem Betriebsverzeichnis einer BG. eingetragenen Betriebe zuzurechnen, so kann diese das Verfahren nach §§ 1736 ff. nicht mit der Behauptung in Gang setzen, die Eintragung sei sachlich unzutreffend; AN. **08** 580; dadurch wird aber das Recht des Entschädigungsberechtigten, einen anderen, sachlich zuständigen VersTr. in Anspruch zu nehmen, nicht berührt; AN. **08** 580. War aber die weitere Zugehörigkeit des Betriebes zu der BG., in deren Verzeichnis er eingetragen war, schon vor dem Unfall streitig geworden, so hindert die — angefochtene — Eintragung im Betriebsverzeichnis die BG. nicht daran, das Verfahren nach §§ 1735 ff. einzuleiten; eine Entscheidung wegen Überweisung des Betriebs ist in diesem Verfahren aber nicht zu treffen; Komp.E. **26** 22. Auch dem VersTr., der bereits seine Entschädigungspflicht durch berufungsfähigen Bescheid (oder in anderer, einen Zweifel über seinen Willen nicht zulassender Weise — EuM. **23** 33) anerkannt hat, ist die Einleitung des Verfahrens nach §§ 1735 ff. versagt; HbdUV. **1** 488, 490, EuM. **13** 340, **15** 222; vgl. auch EuM. **19** 196 (zu § 1738a); namentlich kann er auch nicht aus seinem Bescheide nachträglich eine Mitteilung wegen Übernahme einer vorläufigen Fürsorge machen und die Durchführung des Verfahrens nach §§ 1735 ff. verlangen; Monatsschr. **20** 285; das gleiche gilt, wenn der VersTr. nach Aufforderung gemäß § 1735 dem andern VersTr. gegenüber die Entschädigungspflicht anerkannt hat (EuM. **21** 393) und er nachher angibt, sich im Rechtsirrtum befunden zu haben; Fischers Zeitschr. **34** 106 (Sächs. LVAmt); wegen tatsächlichen Irrtums kann die Anerkennung bis zur Entscheidung des RVA. nach § 1736 oder einer rechtskräftigen Entscheidung im Rentenfeststellungsverfahren widerrufen werden; Komp.E. **25** 125. Dagegen kann es sowohl von einem VersTr., der die Entschädigung rechtskräftig abgelehnt hat (HbdUV. **1** 489), als auch ihm gegenüber (AN. **01** 601, § 1737) eingeleitet werden. Hat der eine VersTr. abgelehnt, und schwebt das Berufungsverfahren vor dem OVA., so ist dies nicht berechtigt, ohne Feststellung der sachlichen Zuständigkeit des VersTr., selbst die Gewährung einer vorläufigen Fürsorge nach § 1735 anzuordnen; AN. **05** 406, EuM. **18** 182. Streitig ist, ob während eines solchen Verfahrens noch die Einleitung des Verfahrens nach §§ 1735 ff. durch einen VersTr. von sich aus, auf Anregung des OVA. oder, nach Mitteilung des OVA., infolge Anweisung des RVA., zulässig ist; ja: AN. **17** 530; nein: AN. **15** 324, EuM. **18** 182; ja für das inzwischen beseitigte Einspruchsverfahren, sonst dahingestellt: EuM. **12** 297. Jedenfalls aber darf in einer Berufungssache das OVA. sich nicht mit Rücksicht auf §§ 1735 ff. für unzuständig erklären und die Sache zur Durchführung des Verfahrens nach §§ 1735 ff. abgeben; der Abgabebeschluß ist durch Rekurs anfechtbar; Breith. **6** 357.

7. Zur Einleitung und Führung des Verfahrens ist nur der Genossenschaftsvorstand (bei beiden Genossenschaften) berechtigt, kein anderes Genossenschaftsorgan, namentlich nicht der Sektionsvorstand. Der Vorstand ist aber auch verpflichtet, das Verfahren zu betreiben, sobald das Feststellungsorgan (§§ 1568 ff.) den Entschädigungsanspruch an sich für begründet, jedoch die Haftbarkeit eines anderen VersTr. für gegeben erachtet, auch wenn er diese Ansicht nicht teilt. Entsprechendes gilt für die Stellungnahme des Feststellungsorgans und Genossenschaftsvorstandes des angegangenen VersTr. Die Vorstände sind aber berechtigt, ihren etwa abweichenden Standpunkt in dem an das RVA. gerichteten Schriftsatze niederzulegen; § 25d des Rundschr. AN. **04** 643.

Zur Zuwendung der vorläufigen Fürsorge kann der Geschäftsführer allgemein ermächtigt werden; § 6 Abs. 1 der Bestimmungen über die Übertragung von Aufgaben auf die Geschäftsführer, vom 4. II. 13, abgedr. im Anhang IX des Dritten Bandes.

8. Der Zweck dieses Verfahrens, eine möglichste Beschleunigung der Rentenfeststellung herbeizuführen, kann nur dann erreicht werden, wenn die zunächst in Anspruch genommene BG. es sich angelegen sein läßt, den Sachverhalt in jeder Richtung derart aufzuklären, daß die von ihr für entschädigungspflichtig erachtete andere BG. schon aus den mitgeteilten Verhandlungen zu einer Entscheidung bezüglich der Entschädigung gelangen kann. Die letztere BG. hat von ihrer Stellungnahme der ersteren mit möglichster Beschleunigung Kenntnis zu geben. Dem Gesetze widerspricht es durchaus, wenn die zuerst angegangene BG. (abgesehen von solchen Fällen, in denen sie ohne jeden Zweifel für die Entschädigungspflicht nicht in Frage kommen kann) die von ihr nach § 1735 zu treffenden Maßnahmen einer anderen BG. überlassen zu können glaubt, weil sie deren Verpflichtung für eine näherliegende erachtet; § 24 des Rundschr. AN. **04** 643.

Der Umstand, daß der Träger der UV., dem die Anzeige über einen Unfall erstattet worden ist, von weiteren Maßnahmen, namentlich von der Erteilung eines berufungsfähigen Bescheids, Abstand genommen hat, hindert bei der Erhebung von späteren Ansprüchen aus Anlaß des Unfalls nicht, daß im Verfahren nach §§ 1735 ff. ein anderer, an sich zuständiger Träger der UV. für entschädigungspflichtig erklärt wird; EuM. **22** 21.

§ 1736. Lehnt der andere Versicherungsträger die Entschädigungspflicht ab oder erklärt er sich nicht binnen sechs Wochen, so ist die Sache dem Reichsversicherungsamte [1] vorzulegen [2]. Dieses entscheidet [3] im Spruchverfahren [4] darüber, welcher Versicherungsträger entschädigungspflichtig ist [5].

Wo ein Landesversicherungsamt besteht, entscheidet dieses, wenn der Bezirk der beteiligten Versicherungsträger nicht über das Gebiet des Landes hinausreicht. Soweit jedoch ein Versicherungsträger mitbeteiligt ist, für den das Reichsversicherungsamt oder ein anderes Landesversicherungsamt zuständig ist, entscheidet das Reichsversicherungsamt.

Die §§ 1701, 1702, § 1708 Abs. 2, §§ 1712, 1714, 1716 bis 1719, 1721 gelten entsprechend. Die Entscheidung wird den beteiligten Versicherungsträgern und dem Berechtigten [6] zugestellt.

Bek. v. 15. XII. 24 (RGBl. I S. 779).

1. Im Fall des Art. 42 Abs. 1 Nr. 3 des Dritten G. über Änderungen in der UV. v. 20. XII. 28 (RGBl. I S. 405, AN. **28** 396, abgedr. im Anh. V) entscheidet jetzt bis auf weiteres die berufsgenossenschaftliche Schiedsstelle. Vgl. auch deren Entscheidungen nach § 1736: EuM. **25** 151, 155, 161, 444, 452, **27** 209.

2. Dabei gehört zur Begründung eine ausführliche und erschöpfende Darstellung des Sach- und Streitstandes. Eine solche ist namentlich dann geboten, wenn der Verletzte — im Hinblick auf die etwa verschiedene Bemessung des JAV. — erheblich am Ausgange des Verfahrens beteiligt ist (vgl. unten Anm. 5); HbdUV. **1** 490, AN. **08** 580.

3. Der entschädigungspflichtige VersTr. kann auch verurteilt werden, dem zugezogenen Versicherten außergerichtliche Kosten des Verfahrens zu ersetzen; HbdUV. **1** 490.

4. Vgl. Abs. 3; es ist in der Regel öffentlich und mündlich zu verhandeln; AN. **14** 624; vgl. jetzt aber: § 1737a.

5. Durch die Entscheidung wird lediglich festgestellt, welcher VersTr. dem Berechtigten gegenüber entschädigungspflichtig ist und das Feststellungsverfahren

durchzuführen hat; die Kostentragung durch die VersTr. wird dadurch nicht endgültig geregelt; es kann daher die Entschädigungslast noch nachträglich unter den VersTr. nach §§ 1739ff. verteilt werden; AN. **03** 568; das Verteilungsverfahren kann aber auch selbst gegen den Willen eines beteiligten VersTr., mit dem Verfahren nach §§ 1735ff. verbunden werden; AN. **02** 649, **03** 568, § 31c des Rundschr.; AN. **04** 643.

6. Obwohl er nicht Partei dieses Verfahrens ist (vgl. § 1671 Abs. 2); er braucht, solange er dem Verfahren nicht beigetreten ist, nicht zugezogen und benachrichtigt zu werden; AN. **16** 406; das RVA. pflegt ihm aber, wenn er am Ausgange des Verfahrens beteiligt ist (verschiedene Höhe des JAV.), die Schriftsätze der VersTr. zur Äußerung mitzuteilen; HbdUV. **1** 490, AN. **08** 580.

§ 1737. Das Reichsversicherungsamt (Landesversicherungsamt)[1] kann in dem Verfahren nach § 1736 andere Versicherungsträger beiladen. Sie können dann zur Entschädigung verurteilt werden, auch wenn der Anspruch gegen sie bereits rechtskräftig abgelehnt worden ist. Dabei gilt § 1704.

1. Jetzt ist u. U. die berufsgenossenschaftliche Schiedsstelle zuständig, s. Anm. 1 zu § 1736.

§ 1737a. Der Vorsitzende des Senats kann anordnen, daß eine Benachrichtigung der Parteien vom Termin unterbleibt. In diesen Fällen wird ohne mündliche Verhandlung entschieden. Der Senat kann jedoch Vertagung zum Zwecke mündlicher Verhandlung beschließen.

G. v. 14. VII. 25 (RGBl. I S. 97).

§ 1738. Erkennt der andere Versicherungsträger (§ 1735) seine Entschädigungspflicht an oder wird er von dem Reichsversicherungsamte (Landesversicherungsamte) für entschädigungspflichtig erklärt, so hat er dem Versicherungsträger, der die vorläufige Fürsorge zuzuwenden hat, alle Aufwendungen[1] zu ersetzen[2]. Streit über Ersatzansprüche wird im Spruchverfahren[3] entschieden.

1. Einschl. der Auslagen für ärztliche Gutachten usw.; AN. **03** 357, EuM. **4** 430, nicht aber der Aufwendungen, welche er nicht in Erfüllung der Verpflichtung zu vorläufiger Fürsorge für den Verletzten gemacht hat, wie z. B. Kosten der Reise eines Vertreters zur Unfalluntersuchung, wenn die Reise nicht wegen des Verletzten, sondern zwecks Ermittlung des verpflichteten VersTr. unternommen war; AN. **21** 153; vgl. aber § 1735 Anm. 4 am Ende. Zu hohe Zuwendungen können nur vom Verletzten selbst zurückgefordert werden; § 26 des Rundschr.; AN. **04** 643.

2. Und unverzüglich die Höhe der Entschädigung an den Berechtigten im ordentlichen Verfahren festzustellen; § 26 des Rundschr.; AN. **04** 643.

3. §§ 1770ff.; die Revision ist nicht nur bei Ersatzansprüchen wegen vorübergehender Leistungen an vorläufiger Fürsorge (§ 1778 Abs. 1), sondern auch bei den ihnen gleichzuachtenden geringfügigen Leistungen an Reisekosten usw. ausgeschlossen; bei Abgabe nach § 1693 entscheidet der Rekurssenat; AN. **21** 153.

§ 1738a. Kommt statt der Unfallentschädigung oder neben ihr wegen desselben Schadens die Versorgung nach dem Reichsversorgungsgesetz oder einem vor seinem Inkrafttreten ergangenen Militärversorgungsgesetz in Frage[1], so können die mit der Sache befaßten Träger oder Spruchbehörden der Unfallversicherung[2] in jeder Lage des Feststellungs-[2a] oder Spruchverfahrens der nach dem Gesetz über das Verfahren in Versorgungssachen vom 10. Januar 1922[2b] zuständigen Verwaltungsbehörde[3] die Verhandlungen mitteilen und sie zur Anerkennung der Versorgungspflicht auffordern[4] [5]. Lehnt diese die Versorgung ab oder erklärt sie sich nicht innerhalb eines Monats, so ist durch einen Spruchsenat des Reichsversicherungsamts[6] zu entscheiden. Der Senat entscheidet über die erhobenen Ansprüche in vollem Umfang. Er kann dabei den Reichsfiskus zur Gewährung der Versorgung verurteilen, auch wenn der Anspruch gegen ihn bereits rechtskräftig abgelehnt worden ist.

Die Vorschriften des § 1706a Abs. 2 und 3 Satz 2 finden Anwendung.

G. v. 10. I. 22 (RGBl. S. 591).

1. Wenn beide Teile anerkannt haben: § 1706a.

2. Sind in einem entsprechenden Falle zunächst die Versorgungsbehörden mit der Sache befaßt, so gilt § 147 des G. über das Verfahren in Versorgungssachen, jetzt i. d. F. der Bek. v. 20. III. 28 (RGBl. I S. 71):

„Kommt statt der Versorgung nach den Versorgungsgesetzen oder neben ihr wegen desselben Schadens eine Entschädigung nach den Vorschriften der RVO. über UV. in Frage, so können die mit der Sache befaßten Versorgungsbehörden in jeder Lage des Verwaltungs- oder Spruchverfahrens dem Träger der UV. die Verhandlungen mitteilen und ihn zur Anerkennung der Entschädigungspflicht auffordern. Lehnt dieser die Entschädigungspflicht ab, oder erklärt er sich nicht innerhalb eines Monats, so ist die Sache durch das RVGer. zu entscheiden. Das RVGer. entscheidet über die erhobenen Ansprüche in ihrem vollem Umfang. Es kann dabei den Träger der UV. zur Entschädigung verurteilen, auch wenn der Anspruch gegen ihn bereits rechtskräftig abgelehnt worden ist.

Die Vorschriften des § 146 Abs. 2 und 3 Satz 2 finden Anwendung." (§ 146 Abs. 2 betr. verstärkte Besetzung der Spruchstelle, Abs. 3 Satz 2 Feststellung der Beteiligten, entspr. § 1706a Abs. 2 und 3 Satz 2.)

2a. Zu der Frage, ob § 1738a auch in einem Verfahren nach § 1744 angewendet werden kann, vgl. EuM. **19** 196 (198).

2b. Jetzt: v. 20. III. 28.

3. Das Hauptversorgungsamt, das den angefochtenen Bescheid erteilt hat, oder zu dessen Bereich das Versorgungsamt gehört, gegen dessen Bescheid die Berufung sich richtet; Abs. 2 der Ausführungsbestimmungen des RAM. zu § 49 des G. über das Verfahren in Versorgungssachen v. 10. I. 22 (RGBl. S. 95) — v. 30. I. 22, in der Fassung der Ausführungsbestimmungen II v. 27. II. 24 zur Personalabbau-V., Reichsbesoldungsblatt 1924 S. 49 und der Änderungen der Ausführungsbest. v. 23. III. 28, Reichsversorgungsblatt S. 42 Nr. 46; vgl. auch Breith. **16** 229 (Bay. LVersorgungsger.).

4. Nicht mehr zulässig, wenn der VersTr. bereits den Anspruch rechtskräftig anerkannt hat.

5. Sobald eine Spruchbehörde der RVO. auf den Antrag eines Beteiligten das Verfahren nach § 1738a eingeleitet hat, ist für das regelmäßige instanzielle Verfahren nach dem G. über das Verfahren in Versorgungssachen kein Raum mehr; Breith. **16** 229 (Bay. L.Versorgungsger.).

6. Oder des LVAmts; EuM. **19** 198 (RVA. und Bay. LVAmt).

II. Verteilungsverfahren

§ 1739. Hat die Beschäftigung, bei der sich ein Unfall ereignet hat, für mehrere Betriebe oder Tätigkeiten stattgefunden[1], die bei verschiedenen

Versicherungsträgern versichert sind, so können die beteiligten Versicherungsträger die Entschädigungslast unter sich[2] verteilen[3].

1. Das ist nicht der Fall, wenn die Voraussetzungen der Haftung einer BG. gegeben sind, welcher zwar nicht der Betrieb, für den die unfallbringende Beschäftigung stattgefunden hat, angehört, wohl aber der Betrieb, welcher den Auftrag zur Tätigkeit in jenem Betriebe gegeben und den Entgelt dafür gezahlt hat (§ 634); AN. **15** 809, vgl. auch AN. **10** 550; es genügt nicht, wenn die Tätigkeit unmittelbar nur für den einen Betrieb stattgefunden hat, daß das Ergebnis dieser Betriebstätigkeit auch für einen anderen Betrieb insofern mittelbar von Nutzen ist, als die Fertigstellung dieser Arbeit auch diesem Betriebe zugutekommt; AN. **15** 809, ähnlich: EuM. **11** 198, auch **11** 375. Ist ein Versicherter ständig für mehrere Betriebe eines Unternehmers tätig, war aber die unfallbringende Tätigkeit nur einem dieser Betriebe zuzurechnen, so findet eine Verteilung der Last nach Maßgabe der den verschiedenen BGen. nachgewiesenen Teile des Lohns nicht statt; die BG., bei der der Unfallbetrieb eingetragen ist, hat den gesamten JAV. des Verletzten der Berechnung der Rente zugrunde zu legen; AN. **10** 550. Beispiele einer Beschäftigung für mehrere Betriebe: Unfälle bei Haltung von Pferden (Häckselschneiden, Pferdepflege), die zu Fuhren für mehrere Betriebe verwendet werden; AN. **02** 649, HbdUV. **1** 520; Zurechnung einer nur vorübergehenden Hilfeleistung in dem einen Betriebe eines Unternehmers durch einen Versicherten, der in zwei anderen Betrieben desselben Unternehmers regelmäßig beschäftigt ist, zu seiner Beschäftigung in diesen beiden Betrieben; AN. **10** 550; vgl. auch AN. **96** 249: Feuerlöschhilfe zum Schutz zweier verschiedener Betriebe.

2. Lediglich Ausgleich zwischen den VersTr.; Ansprüche des Berechtigten werden nicht berührt; AN. **02** 469. Entweder: Verteilungsverfahren vor Feststellungsverfahren; vorläufige Entschädigung des Berechtigten; Verteilung der Entschädigungslast nach Bruchteilen; Feststellung des VersTr., der dem Berechtigten gegenüber das Feststellungsverfahren durchzuführen hat; damit aber der Entscheidung über die Höhe seiner Ansprüche (verschiedener JAV. in gewerblicher oder landwirtschaftlicher BG.) nicht vorgegriffen; § 31a des Rundschr. v. 15. XI. 04, AN. S. 643; oder: Verbindung mit dem Feststellungsverfahren oder dem Verfahren nach §§ 1735 ff.; auch bei Widerspruch einer BG.; AN. **02** 649, **03** 568, § 31b des Rundschr. a. a. O.; oder endlich, nachdem die Entschädigungspflicht der einen BG. nach § 1736 rechtskräftig festgestellt ist; AN. **03** 568, § 31c des Rundschr. a. a. O. (Beteiligung eines VersTr., wenn der Anspruch gegen ihn bereits rechtskräftig abgelehnt: § 1741). Dagegen kann der VersTr., der bereits selbst die Entschädigungspflicht zu Unrecht übernommen hat, nicht das Verteilungsverfahren einleiten, um sich nachträglich teilweise zu entlasten; Soergel **09** 376, EuM. **17** 176.

3. Bei der Vereinbarung darüber müssen bei den beteiligten VersTr. die zuständigen Feststellungsorgane mitwirken; § 31a des Rundschr. a. a. O.; der VersTr., der die gesamten Entschädigungsleistungen dem Berechtigten gegenüber bewirkt, kann von dem anderen VersTr. nach Zahlung jeder Rate den entsprechenden Ersatz fordern; bei geringfügigen Beträgen empfiehlt sich aber jährliche Erstattung; AN. **10** 448.

§ 1740. Einigen sie sich nicht, so kann[2] das Reichsversicherungsamt (Spruchsenat)[1] auf Antrag eines von ihnen[3] nach billigem Ermessen[4] die Entschädigungslast verteilen.

Wo ein Landesversicherungsamt[1] besteht[5], steht die Befugnis diesem zu, wenn der Bezirk der beteiligten Versicherungsträger nicht über das Gebiet des Landes hinausreicht. Soweit jedoch ein Versicherungsträger mitbeteiligt ist, für den das Reichsversicherungsamt oder ein anderes Landesversicherungsamt zuständig ist[6], hat die Befugnis das Reichsversicherungsamt.

Die §§ 1701, 1702, 1712, 1714, 1716 bis 1719, 1721, 1737a gelten entsprechend.

Bek. v. 15. XII. 24 (RGBl. I S. 779). G. v. 14. VII. 25 (RGBl. I S. 97).

1. Im Fall des Art. 42 Abs. 1 Nr. 4 des Dritten G. über Änderungen in der UV. v. 28. XII. 28 (RGBl. I S. 405, AN. **28** 396, abgedr. im Anh. V) ist jetzt bis auf weiteres die berufsgenossenschaftliche Schiedsstelle zuständig, nicht mehr das RVA. oder LVAmt.

2. Nur Berechtigung, nicht Verpflichtung zur Vornahme der Verteilung; AN. **05** 214. Nach der Absicht der Gesetzgebers hat das Verteilungsverfahren nur dann Anwendung zu finden, wenn in der Belastung einer einzigen BG. eine zu große Unbilligkeit liegen würde. Bei unbedeutenden Beträgen, z. B. einer Teilrente von 10 v.H., bei nur geringfügiger Beteiligung einer der BGen. (§ 32 des Rundschr.; AN. **04** 643), oder bei einer nur für eine kurze Zeit zu zahlenden Teilrente (25 v.H. auf 11 Monate: AN. **05** 214, 30 v. H. für 6 Monate: Monatsschr. **15** 337) liegt zur Einleitung dieses Verfahrens in der Regel kein Anlaß vor. Es ist nicht ausgeschlossen, daß nach § 1740 eine landwirtschaftliche BG. eine nach den Grundsätzen für gewerbliche BGen. berechnete Rente anteilmäßig mitzutragen hat und umgekehrt; AN. **02** 469; vgl. aber Anm. 3.

3. Das Verteilungsverfahren nach § 1740 kann nur vom Genossenschafts- (nicht Sektions-)Vorstande betrieben werden; § 29 des Rundschr.; AN. **04** 643, AN. **21** 420. Vgl. aber auch § 1739 Anm. 3.

4. Dabei kann billige Rücksicht darauf genommen werden, daß die zur Aufbringung eines Anteils herangezogene BG. im Falle ihrer alleinigen Haftung eine Rente nach einem erheblich niedrigeren JAV. (durchschnittlicher JAV. in der landwirtschaftlichen UV.) zu zahlen gehabt hätte; § 30 des Rundschr. a. a. O.

5. § 105.

6. §§ 722ff.; vgl. oben Anm. 1.

§ 1741. Ein am Streite nicht beteiligter Träger der Unfallversicherung kann auch dann noch herangezogen werden, einen Teil der Entschädigung aufzubringen, wenn der Anspruch gegen ihn schon rechtskräftig abgelehnt worden ist[1].

1. Oder wenn ihm gegenüber in einem Verfahren nach §§ 1735ff. die Entschädigungspflicht eines anderen VersTr. festgestellt worden ist; AN. **03** 568; vgl. auch § 1739 Anm. 2.

§ 1742. Zum Verfahren über die Höhe der Entschädigung sind alle Versicherungsträger zuzuziehen, die an der Last beteiligt sind.

III. Feststellung der Anwartschaft auf Witwenrente

§ 1743 ist weggefallen.

G. v. 19. VII. 23 (RGBl. I S. 686).

IV. Anfechtung endgültiger Bescheide der Versicherungsträger

§ 1744. Gegenüber einem rechtskräftigen Bescheid[1] eines Versicherungsträgers kann eine neue Prüfung beantragt[2] oder vorgenommen[3] werden, wenn eine der Voraussetzungen des § 1723 Nr. 1 bis 3, 5 oder 6 vorliegt[4].

Die §§ 1724 bis 1734[5] gelten entsprechend.

Bek. v. 15. XII. 24 (RGBl. I S. 779).

1. Auch wenn der VersTr., nach Anerkennung seiner Entschädigungspflicht durch einen Bescheid, später in unzulässiger Weise versucht hat, dessen Wirkung durch einen neuen Bescheid zu beseitigen und darauf im Rekursverfahren unterlegen ist, ist nicht die Rekursentscheidung, sondern der erste Bescheid nach § 1744 anzufechten; AN. **00** 334.

2. Zu einem derartigen Antrag muß der VersTr. durch rechtsmittelfähigen Bescheid Stellung nehmen; EuM. **15** 223; die Prüfung kann nur zur Erzielung eines günstigeren Bescheids beantragt werden; EuM. **19** 196.

3. Auch wenn der Bescheid eine Einigung des VersTr. mit dem Berechtigten zur Voraussetzung hat (Kapitalabfindung: § 616 Abs. 2, u. U. § 618a); AN. **06** 600.

4. Liegen die Voraussetzungen nicht vor, so kann der VersTr. zugunsten des Berechtigten jederzeit unter Verzicht auf die Rechtskraft des Bescheids (oder einer Entscheidung) einen neuen Bescheid erlassen (§§ 619, 1319; Begr. 512, Abs. 3 zu § 1697 des Entw.; AN. **89** 140, **91** (J. u. AB.) 164; § 61 des Rundschr. betr. Feststellung der Entschädigungen v. 15. XI. 04; AN. **04** 643).

5. Zu der Frage, ob auch § 1738a für ein Verfahren nach § 1744 in Frage kommt, vgl. EuM. **19** 196 (198).

Vierter Abschnitt

Besondere Vorschriften für die See-Unfallversicherung

I. Allgemeine Vorschrift

§ 1745. Die Vorschriften über die Feststellung der Leistungen[1] gelten, soweit die §§ 1746 bis 1770 nichts anderes vorschreiben, auch für die See-Unfallversicherung[2].

1. §§ 1545—1550, 1552—1612, 1675ff., 1699—1721, 1722—1742, 1744.

2. Für das Gebiet der Berufskrankheiten ermächtigt § 6 Abs. 3 der V. v. 11. II. 29 (RGBl. I S. 27) das RVA., das Verfahren bei der Unfallanzeige und der Unfalluntersuchung abweichend von den Vorschriften der §§ 1745—1766 zu regeln. Das ist geschehen durch die Bek. v. 1. X. 29 — Reichsanz. Nr. 231; abgedruckt in Anl. VII.

II. Unfallanzeige[1]

1. Vgl. Anm. 2 zu § 1745.

§ 1746. Ein Unfall, den ein auf einem Seefahrzeuge[1] Beschäftigter während der Reise erleidet und der die im § 1552 Abs. 1 bezeichneten Folgen hat, ist in das Tagebuch (Schiffsjournal, Loggbuch) einzutragen und dort oder in einem Anhang[2] kurz darzustellen[3].

Ist kein Tagebuch zu führen, so hat der Schiffsführer solche Unfälle in einer besonderen Niederschrift[4] nachzuweisen.

1. § 163 Abs. 1.

2. Muster dazu: Anlage C zu der Bek. des RVA. v. 19. XII. 12; AN. **12** 1110.

3. Dazu: Nr. 1 der in Anm. 2 angeführten Bek. und Anlage B zu dieser Bek.

4. Nach Anlage B der oben erwähnten Bek. und mit einem Umſchlag nach Muſter D a. a. O.; Nr. 2 der Bek. a. a. O.

§ 1747. Der Schiffsführer hat von jedem Eintrag dieſer Art eine von ihm beglaubigte Abſchrift[1] dem Seemannsamte zu übergeben, bei dem es zuerſt geſchehen kann. Statt deſſen kann er auch das Tagebuch oder die Niederſchrift dem Seemannsamte zur Abſchrift des Eintrags vorlegen[2].

Das Seemannsamt gibt das Tagebuch oder die Niederſchrift binnen vierundzwanzig Stunden zurück.

1. Zu der Abſchrift iſt das Muſter B der in Anm. 2 zu § 1746 erwähnten Bek. zu verwenden; Nr. 3 Abſ. 2 der Bek. a. a. O.

2. Eine Abſchrift der Eintragung oder der Anzeige hat er an den zuſtändigen Sektionsvorſtand zu ſenden; § 47 der Satzung der See-BG.

§ 1748. Ereignet ſich der Unfall im Inland vor oder nach der Reiſe, ſo hat ihn der Schiffsführer ſpäteſtens am dritten Tage, nachdem er ihn erfahren hat, dem Seemannsamt oder, wo keines am Orte iſt, der Ortspolizeibehörde[1] ſowie dem durch die Satzung beſtimmten Genoſſenſchaftsorgan[2] anzuzeigen[3].

1. § 111 Nr. 1; gemeint iſt die Ortspolizeibehörde des Unfallorts; Begr. S. 513.

2. Dem Sektionsvorſtand; § 47 der Satzung der See-BG.

3. Nach Muſter B der in § 1746 Anm. 2 erwähnten Bek., vgl. Nr. 3 Abſ. 1 dieſer Bek.

§ 1749. Das Seemannsamt oder die Ortspolizeibehörde überſendet die Abſchriften und Anzeigen dem Seemannsamte des Heimathafens[1].

1. Heimathafen iſt der Hafen, von dem aus die Seefahrt mit dem Schiffe betrieben wird; § 480 HGB., § 6 des G. betr. das Flaggenrecht der Kauffahrteiſchiffe v. 22. VI. 99 (RGBl. S. 319).

§ 1750. Bei Kleinbetrieben der Seeſchiffahrt ſowie der See- und Küſtenfiſcherei (§§ 1186, 1187) iſt die Unfallanzeige an die Ortspolizeibehörde im Inland zu richten, in deren Bezirke ſich der Unfall ereignet hat oder der Verletzte ſich zuerſt danach aufhält.

Beſondere Nachweiſe über Unfälle an Bord ſind nicht zu führen.

G. v. 14. VII. 25 (RGBl. I S. 97).

§ 1751. Das Reichsverſicherungsamt ſtellt die Muſter für die Beſchreibung der Unfälle und für die Nachweiſe feſt[1].

1. Bek. v. 19. XII. 12; AN. 12 1110.

§ 1752. Im übrigen gelten für die Unfallanzeige die §§ 1552 bis 1558.

III. Unfallunterſuchung[1]

1. Vgl. Anm. 2 zu § 1745.

§ 1753. Der Unfall iſt von einem Seemannsamt oder von einer Ortspolizeibehörde des Inlandes unter entſprechender Anwendung des § 1559, § 1563 Abſ. 5, der §§ 1564 bis 1567 zu unterſuchen.

An die Stelle der §§ 1560 bis 1562, des § 1563 Abſ. 1 bis 4 treten die §§ 1754 bis 1766.

G. v. 23. VI. 23 (RGBl. I S. 454).

§ 1754. Ist der Unfall im Ausland zu untersuchen, so hat der Schiffsführer vor dem deutschen Seemannsamte (Konsulate), vor dem es zuerst geschehen kann, unter Zuziehung von zwei Schiffsoffizieren oder anderen glaubwürdigen Personen eine eidesstattliche Erklärung über die Tatsachen abzugeben, die nach § 1565 festzustellen sind[1].

Das Seemannsamt kann, um den Sachverhalt festzustellen[2], auch noch andere Personen eidesstattlich vernehmen und andere Beweise erheben.

1. Die Abgabe der eidesstattlichen Erklärungen ist nicht Voraussetzung für die Verpflichtung des Seemannsamts (Konsulats) zur Vornahme der amtlichen Unfalluntersuchung, sondern nur eine Ordnungsvorschrift für den Schiffsführer, durch deren Verletzung er sich nach § 1767 strafbar macht; HbdUV. 2 529.

2. § 1753 Abs. 1, § 1564.

§ 1755. Ist der Unfall im Inland zu untersuchen, so hat dies der Schiffsführer bei einem Seemannsamt oder, wo keines am Orte ist, bei einer Ortspolizeibehörde[1] des Inlandes zu beantragen.

Die angerufene Behörde hat die Untersuchung zu führen.

1. § 111 Nr. 1.

§ 1756. Unfälle in inländischen Betrieben schwimmender Docks und anderen Betrieben, die unter § 1046 Nr. 3 fallen, werden von der Ortspolizeibehörde[1] untersucht, der die Unfallanzeige erstattet worden ist.

1. § 111 Nr. 1.

§ 1757. Auf Antrag Beteiligter[1] kann die höhere Verwaltungsbehörde[2] die Untersuchung einem anderen Seemannsamt oder einer anderen Ortspolizeibehörde[2] übertragen.

1. § 1562.

2. § 111.

§ 1758. Bei den vom Reich oder von einem Lande verwalteten Betrieben[1] führt die vorgesetzte Dienstbehörde die Untersuchung. Sie kann einer anderen Behörde übertragen werden.

1. §§ 1119, 1218.

§ 1759. Auf die Pflicht der Schiffsmannschaft, bei Erklärungen und Verhandlungen zum Zwecke der Unfalluntersuchung mitzuwirken, ist § 42 der Seemannsordnung[1] entsprechend anzuwenden.

1. „Der Schiffsmann ist, auch wenn der Heuervertrag infolge eines Verlustes des Schiffes beendigt ist (§ 69), verpflichtet, auf Verlangen bei der Verklarung mitzuwirken und seine Aussage eidlich zu bestärken.

Dieser Verpflichtung hat er gegen Zahlung der etwa erwachsenden Versäumnis-, Reise- und Verpflegungskosten, deren Höhe im Streitfalle die Verklarungsbehörde, im Auslande der Konsul, festzusetzen hat, nachzukommen. Auf Verlangen des Schiffsmanns ist ihm für die Versäumnis-, Reise- und Verpflegungskosten ein angemessener Vorschuß zu zahlen."

§ 1760. Für die Zuziehung der Beteiligten zu der Untersuchung gelten § 1562, § 1563 Abs. 1 bis 4, soweit es ausführbar ist.

Sachverständige werden auch auf Antrag des Betriebsunternehmers und des Schiffsführers zugezogen; die Koſten[1] fallen dem Verſicherungsträger zur Laſt[2].

G. v. 23. VI. 23 (RGBl. I S. 454).

1. Der Zuziehung von Sachverſtändigen; alle übrigen Koſten fallen der Behörde zur Laſt, welche die Unterſuchung führt (vgl. § 1564 Anm. 2); HbdUV. 2 529.

2. Ohne Unterſchied, ob er ſelbſt, der Unternehmer oder der Schiffsführer den Antrag geſtellt hat; Begr. 513.

§ 1761. Eine Verklarung (§ 522 des Handelsgeſetzbuches)[1], die den §§ 1565, 1760 genügt, erſetzt die eidesſtattliche Erklärung[2] und die Unfallunterſuchung.

Die Freiheit von Gebühren und Stempel (§ 137) gilt auch für die Verklarung (Abſ. 1), die vor inländiſchen Behörden abgelegt wird, und für die Unfallunterſuchung bei dem Seemannsamte.

G. v. 14. VII. 25 (RGBl. I S. 97).

1. Vgl. auch §§ 523—525 HGB.

2. § 1754 Abſ. 1.

§ 1762. Die Behörde überſendet[1] dem Vorſtand der Berufsgenoſſenſchaft beglaubigte Abſchrift der Unterſuchungsverhandlungen oder der Verklarung.

1. Koſten der Verſendung trägt die Behörde; HbdUV. 2 530.

§ 1763. Für die Unfälle, welche die im § 1559 Abſ. 1 bezeichneten Folgen haben, gelten die Vorſchriften des Geſetzes, betreffend die Unterſuchung von Seeunfällen[1], über die Pflicht

1. der Gerichte, Hafenbehörden, Strandbehörden, Seemannsämter und Schiffsregiſterbehörden, die zu ihrer Kenntnis gelangten Seeunfälle unverzüglich anzuzeigen (§ 14 a. a. O.),

2. der deutſchen Seemannsämter im Ausland, bei den zu ihrer Kenntnis gelangten Seeunfällen die unaufſchieblichen Ermittlungen und Beweiserhebungen vorzunehmen (§ 15 a. a. O.).

1. Vom 27. VII. 77 (RGBl. S. 549).

§ 1764. Die Anzeigen über die Unfälle (§ 1763) ſind an den Vorſtand der Genoſſenſchaft zu richten.

Die Pflicht, Seeunfälle einem Seeamt anzuzeigen, bleibt daneben beſtehen.

§ 1765. Hat das Seemannsamt des Heimathafens[1] ſechs Monate nach der Kunde[2] des Unfalls keine Nachricht über die Unterſuchung, ſo leitet es dieſe ſelbſt ein.

1. § 1749 Anm. 1.

2. § 1749.

§ 1766. Bei Kleinbetrieben der Seeſchiffahrt ſowie der See- und Küſtenfiſcherei (§§ 1186, 1187) unterſucht den Unfall die Ortspolizeibehörde[1], der er angezeigt worden iſt.

Auf Antrag Beteiligter kann die höhere Verwaltungsbehörde[1] die Unterſuchung einer anderen Polizeibehörde übertragen.

G. v. 14. VII. 25 (RGBl. I S. 97).

1. § 111 Nr. 1.

IV. Strafvorschriften

§ 1767. Verletzt der Verpflichtete[1] die Vorschriften über die

Eintragung in das Tagebuch (Schiffsjournal) oder andere Nachweisung der Unfälle,

Mitteilung der Eintragung,

Abgabe eidesstattlicher Erklärungen,

Herbeiführung der Unfalluntersuchung,

so kann der Vorstand der Genossenschaft gegen ihn Ordnungsstrafe[2 3] in Geld verhängen.

Der Reeder haftet für die Strafen, die ihm oder dem Schiffsführer auferlegt sind, nach § 1183[4].

Auf Beschwerde[5] entscheidet das Oberversicherungsamt[6] endgültig.

Bek. v. 15. XII. 24 (RGBl. I S. 779).

1. Vgl. wegen der Personen, die dem Unternehmer oder Mitreeder, soweit sie auf Grund der RVO. mit Strafen bedroht sind, gleichstehen: § 1222.
2. Vgl. § 908 Anm. 4 und 5 (Strafrahmen 1—1000 RM.).
3. Wegen der Verjährung vgl. Anm. zu § 147.
4. Nicht nur mit Schiff und Fracht, sondern auch mit seinem sonstigen Vermögen, Mitreeder nach dem Verhältnis ihrer Schiffsanteile.
5. § 1791, Frist ein Monat: § 128, Einlegung beim OVA.: § 129, Aussetzung des Vollzugs der Entscheidung: § 1794.
6. Der Vorsitzende; § 1781 (vgl. auch KommBer. 6 205).

V. Zuständigkeit der Feststellungsorgane

§ 1768. Hat nach § 1568 der Sektionsvorstand die Unfallentschädigung festzustellen, so ist die Sektion zuständig, in deren Bezirke der Heimathafen[1] des Fahrzeugs liegt oder der Betrieb seinen Sitz hat.

1. Der Hafen, von dem aus die Seefahrt mit dem Schiffe betrieben wird; § 480 HGB., § 6 des G. betr. das Flaggenrecht der Kauffahrteischiffe v. 22. VI. 99 (RGBl. S. 319).

§ 1769. Die Satzung der See-Berufsgenossenschaft kann für alle Fälle des § 1568 die Feststellung

einem andern Organ der Genossenschaft,

einem Ausschuß des Genossenschafts- oder Sektionsvorstandes,

besonderen Kommissionen,

örtlichen Beauftragten (Vertrauensmännern)

übertragen[1].

1. § 48 der Satzung der See-BG., in der Fassung des 3. Nachtrags v. 7. XI. 22: besondere Feststellungskommission.

VI. Streitsachen

§ 1770. Auf Streitigkeiten über Ansprüche von Seeleuten aus § 1066a Abs. 2[1] sind die §§ 1108, 1109 anzuwenden.

Das gleiche gilt für Ansprüche von Seeleuten, die nach § 1065 in Verbindung mit § 559k auf den Versicherungsträger übergegangen sind.

G. v. 14. VII. 25 (RGBl. I S. 97).

1. Nicht bei Streit über die entsprechenden Ansprüche auf Grund Abs. 1 a. a. O. in Verbindung mit §§ 553, 553b HGB. und §§ 59—61 Seemanns-O.; in diesen Fällen liegt die Entscheidung den ordentlichen Gerichten ob; HbdUV. 2 507.

Fünfter Abschnitt

Besondere Vorschriften für das Verfahren über Berufsfürsorge

§ 1770a. Der Reichsarbeitsminister kann mit Zustimmung des Reichsrats das Verfahren über Berufsfürsorge (§ 558 Nr. 2) abweichend von dem Feststellungsverfahren in der Unfallversicherung[1] regeln[2].

G. v. 14. VII. 25 (RGBl. I S. 97).

1. §§ 1545—1550, 1552—1612, 1675 ff., 1699—1721, 1722—1742, 1744—1770.

2. VO. über Krankenbehandlung und Berufsfürsorge in der UV., v. 14. XI. 28. — RGBl. I S. 387 —, Teil II.

§ 25. Für das Verfahren über Berufsfürsorge gelten die Vorschriften über die Feststellung der Leistungen in der Unfallversicherung, soweit nicht die §§ 26 bis 30 anderes vorschreiben.

§ 26. (1) Der Versicherungsträger soll, bevor er die berufliche Ausbildung eines Schwerbeschädigten (§ 3 des Gesetzes über die Beschäftigung Schwerbeschädigter) durch Bescheid ablehnt, ein Gutachten der Hauptfürsorgestelle einholen, es sei denn, daß der Anspruch offenbar unbegründet ist.

(2) Das gleiche gilt für Verletzte, die den Schwerbeschädigten gleichgestellt sind (§ 8 des Gesetzes über die Beschäftigung Schwerbeschädigter).

(3) Die Hauptfürsorgestelle hat Anspruch auf Ersatz ihrer baren Auslagen.

§ 27. Der Vorsitzende des Oberversicherungsamts soll nach Möglichkeit auf eine gütliche Einigung hinwirken. Er kann die Parteien zu einer besonderen Güteverhandlung mit oder ohne Zuziehung von Beisitzern laden und dazu das persönliche Erscheinen des Verletzten anordnen. Dafür gilt § 1669 der Reichsversicherungsordnung entsprechend.

§ 28. Der Rekurs ist zulässig, wenn es sich um berufliche Ausbildung (§ 558f Abs. 1 Nr. 1 der Reichsversicherungsordnung) handelt*).

§ 29. (1) Für Schwer- und Minderbeschädigte (§§ 3 und 8 des Gesetzes über die Beschäftigung Schwerbeschädigter) kann die Hauptfürsorgestelle die Feststellung der Berufsfürsorgeleistungen betreiben, auch Rechtsmittel einlegen. Der Ablauf von Fristen, die ohne ihr Verschulden verstrichen sind, wirkt nicht gegen sie. Dies gilt nicht für Verfahrensfristen, soweit die Hauptfürsorgestelle das Verfahren selbst betreibt.

(2) Lehnt der Versicherungsträger die Berufsfürsorge für einen Schwer- oder Minderbeschädigten ganz oder teilweise ab, so kann die Hauptfürsorgestelle dem Verletzten vorläufig Berufsfürsorge gewähren. Der Versicherungsträger hat ihr deren Kosten nach Maßgabe des § 24 Abs. 1 zu ersetzen, soweit im Feststellungsverfahren der Anspruch auf Berufsfürsorge zuerkannt wird.

§ 30. (1) Der Versicherungsträger hat der Hauptfürsorgestelle alle Schwerverletzten (§ 559b Abs. 1 Satz 1 der Reichsversicherungsordnung), für die eine

*) Vgl. auch EuM. 26 532.

Rente festgestellt wird, mitzuteilen. Ausgenommen sind die Fälle, in denen eine Verletztenrente von fünfzig oder mehr vom Hundert der Vollrente nur für eine zurückliegende Zeit festgestellt wird. In der Mitteilung ist anzugeben,

in welchem Betriebe sich der Unfall ereignet hat,

welche Tätigkeit der Verletzte vor dem Unfall in dem Betriebe gewöhnlich auszuüben hatte,

in welchem Betriebe und bei welcher Tätigkeit der Verletzte zur Zeit der Meldung beschäftigt ist und

ob Berufsfürsorge erforderlich erscheint.

Der Mitteilung ist eine Abschrift des Rentenbescheids beizufügen. Sie hat unverzüglich nach Erteilung des Rentenbescheids (§ 1583 der Reichsversicherungsordnung) zu erfolgen, jedoch nicht eher, als Maßnahmen der Heilbehandlung, die eine Arbeitsbetätigung ganz oder teilweise ausschließen, beendet sind. Sofern bald mit einer Herabsetzung der Rente zu rechnen ist, ist dies gleichfalls der Hauptfürsorgestelle mitzuteilen.

(2) Wird in einem hiernach der Hauptfürsorgestelle mitgeteilten Falle eine Rente unter fünfzig vom Hundert der Vollrente herabgesetzt, so zeigt der Versicherungsträger dies der Hauptfürsorgestelle an.

(3) Schwerverletzte, für welche die Rente vor dem Inkrafttreten dieser Verordnung festgesetzt worden ist, sind der Hauptfürsorgestelle mitzuteilen, wenn dem Versicherungsträger bekannt wird, daß sie infolge des Unfalls erwerbslos sind, und zwar spätestens acht Wochen nach dem Bekanntwerden.

(4) Das Reichsversicherungsamt kann Muster für die Mitteilungen aufstellen.

(5) Die Fälle von Unternehmern und deren Ehegatten sind nur mitzuteilen, wenn sie Antrag auf Gewährung der Berufsfürsorge stellen.

Sechster Abschnitt

Verfahren bei Leistungen besonderer Einrichtungen nach § 843 Nr. 2

§ 1770 b. Als Leistungen der Unfallversicherung[1] gelten auch die Leistungen der Einrichtungen nach § 843 Nr. 2.

Der Reichsarbeitsminister kann mit Zustimmung des Reichsrats Näheres regeln[2].

G. v. 14. VII. 25 (RGBl. I S. 97).

1. §§ 1545 ff., 1568 ff., 1583 ff.
2. Bisher nicht geschehen.

B. Andere Spruchsachen

I. Allgemeine Vorschrift

§ 1771[1]. Für Streitigkeiten, die nicht im Feststellungsverfahren, aber nach ausdrücklicher Vorschrift dieses Gesetzes im Spruchverfahren zu erledigen sind, gelten die §§ 1636 bis 1743 entsprechend, soweit die §§ 1772 bis 1779 nichts anderes vorschreiben.

1. Streitigkeiten über Ersatzansprüche aus § 1509 (§ 1501 a. F.) sind im Spruchverfahren nach §§ 1771 ff. zu entscheiden; Voraussetzung ist dabei, daß die Entschädigungspflicht der BG. unstreitig oder rechtskräftig im Verfahren der UV. festgestellt ist; AN. **14** 549, **25** 32, EuM. **23** 31, oder der Anspruch auf ein Anerkenntnis der BG. gegenüber der KrK. gestützt wird; EuM. **13** 294.

Das Spruchverfahren vor den Versicherungsbehörden ist nicht zulässig für den Anspruch eines Arbeitgebers gegen die KrK. auf Ersatz von Kosten, die er, ohne hierzu gesetzlich verpflichtet zu sein, für die Krankenhilfe seines versicherten Beschäftigten aufgewendet hat; AN. **17** 592.

II. Zuständigkeit

§ 1772. Streitigkeiten der im § 1771 bezeichneten Art entscheidet das Versicherungsamt (Spruchausschuß)[1].

1. Das VA. darf nicht in ein und demselben Urteil über einen Leistungsanspruch aus der KV. und einen damit zusammenhängenden Ersatzanspruch zwischen KrKn. (§ 224 RVO.) entscheiden; EuM. **10** 104 (Bay. LVAmt).

Hat ein VersTr. über einen Ersatzanspruch durch Bescheid erkannt, so ist der Bescheid von den Rechtsmittelinstanzen aufzuheben; EuM. **5** 315, **12** 230, **13** 294, **20** 181.

§ 1773. Das Versicherungsamt, das bei Streit über den Hauptanspruch zu entscheiden hat, ist auch zuständig für alle Ersatz-, Erstattungs- und anderen Ansprüche, die aus dem Hauptanspruche hergeleitet werden[1].

1. Handelt es sich für die Entscheidung über den Ersatzanspruch eines Trägers der Armenfürsorge um die Vorfrage, ob der Unterstützte einen Anspruch auf Krankenhilfe nach der RVO. hatte, so liegt ein Streit nach §§ 1527 ff., 1531 vor, die Zuständigkeit des VA. bemißt sich daher nach §§ 1773, 1637; EuM. **7** 282 (Bay. LVAmt).

Im Falle des § 1773 ist, wenn über den Hauptanspruch kein Streit bestanden hat, für den Ersatz- oder Erstattungsanspruch das VA. zuständig, das zu entscheiden gehabt hätte, wenn der Hauptanspruch zur Zeit seiner Entstehung erhoben worden wäre; AN. **16** 390, **18** 426, EuM. **24** 224. Bei der Prüfung der Frage, wann der Hauptanspruch entstanden ist, ist nur der auf den gleichen Zeitraum wie der erhobene Ersatzanspruch entfallende Teil des Hauptanspruchs zu berücksichtigen; AN. **18** 426, EuM. **24** 224.

§ 1774. Ist über den Hauptanspruch nicht von einem Versicherungsamte zu entscheiden oder ist der Ersatzanspruch aus der Verpflichtung einer Gemeinde, eines Trägers der Armenfürsorge, eines Betriebsunternehmers oder einer Kasse zur Unterstützung Hilfsbedürftiger (§§ 1531, 1541) entstanden, so ist das Versicherungsamt zuständig[1], in dessen Bezirke der Versicherte wohnt[2] oder beschäftigt ist.

Hat der Versicherte keinen Wohn- oder Beschäftigungsort im Inland, ist er gestorben oder verschollen, so gilt § 1638.

Bek. v. 15. XII. 24 (RGBl. S. 779 ff.).

1. Für die Zuständigkeit des VA. kommt es darauf an, wo der Versicherte zur Zeit der Entstehung des Ersatzanspruchs, wohnte oder beschäftigt war; AN. **16** 390, **18** 482. Der Zeitpunkt der Inanspruchnahme des VA. ist nicht entscheidend; EuM. **9** 419 (Bay. LVAmt).

2. Ein den Wohnort begründendes längeres, nicht nur zufälliges Verweilen an einem Orte ist auch dann gegeben, wenn zur maßgebenden Zeit der für den Begriff des Wohnens zu fordernde Zeitraum des Verweilens noch nicht verstrichen, ein so langes Verbleiben am Orte aber bereits damals nachweislich beabsichtigt war; AN. **19** 451.

§ 1775. Bei Streit zwischen einer Krankenkasse, die einem Versicherungsamt untersteht, und einer Ersatzkasse entscheidet das Versicherungsamt.

Das gleiche gilt bei Streit zwischen einer Krankenkasse und dem Reichsknappschaftsverein[1] als Träger der Krankenversicherung. Bei Ersatzansprüchen gegen den Reichsknappschaftsverein bestimmt sich die Zuständigkeit des Versicherungsamts nach § 76 Abs. 5[2] des Reichsknappschaftsgesetzes.

G. v. 23. VI. 23 (RGBl. I S. 454).

1. Jetzt „Reichsknappschaft"; § 7 RKG. i. d. F. v. 1. VII. 26 (RGBl. I S. 369).
2. Jetzt § 105 Abs. 4 RKG. i. d. F. v. 1. VII. 26 (RGBl. I S. 369).

III. Sonstige Vorschriften

§ 1776[1]. Gegen Vorentscheidungen ist nicht der Antrag auf mündliche Verhandlung, sondern nur das Rechtsmittel zulässig[2].

1. § 1776 gilt auch für das Berufungsverfahren; AN. **28** 290.
2. Nach § 1776 ist gegen die Vorentscheidung des Vorsitzenden der Spruchkammer des OVA. der Antrag auf mündliche Verhandlung auch in den Fällen unzulässig, in denen die Revision nach § 1778 ausgeschlossen ist; AN. **28** 290.

§ 1777. Gegen die Urteile der Spruchkammern ist nur die Revision[1] zulässig.

1. Im Feststellungs-, Berufungs- usw. Verfahren der UV. darf nicht zugleich über Ersatzansprüche der KrK. gegen die BG. erkannt werden. Entscheidet aber trotzdem das OVA. hierüber, so ist Rekurs und nicht das sonst bei Streit über solche Ansprüche gegebene Rechtsmittel der Revision zulässig; EuM. **20** 181.

§ 1778[1]. Die Revision ist bei Erstattungs- und Ersatzansprüchen ausgeschlossen, wenn es sich um vorübergehende Leistungen[2] handelt[3].

Sie ist aber zulässig für Erstattungs- und Ersatzansprüche, die im Fünften Buche dieses Gesetzes geordnet sind[4].

1. Die Vorschriften des § 1778 Abs. 1 und 2 beziehen sich an sich nur auf Ansprüche, die in der RVO. geregelt sind; AN. **14** 641. Ob die Revision zulässig ist, ist lediglich nach § 1778, nicht auch nach den §§ 1695, 1696 zu entscheiden; AN. **18** 168, **22** 358.
2. Vorübergehende Leistungen sind solche, deren Anlaß ihre zeitliche Begrenzung und ihren Wegfall in absehbarer Zeit voraussehen läßt; EuM. **6** 428 (Sächs. LVAmt), **8** 417 (Sächs. LVAmt).
3. Handelt es sich bei Erstattungs- und Ersatzansprüchen, die im Zweiten Buche der RVO. geregelt sind, um vorübergehende Leistungen, so ist die Revision nach § 1778 ausgeschlossen; AN. **15** 512, 539, 540, **25** 382, EuM. **6** 426 (Sächs. LVAmt), **8** 416 (Sächs. LVAmt).

Die Revision ist auch ausgeschlossen für die Ersatzansprüche auf Grund des § 1738 — bei Abgabe nach § 1693 entscheidet hier der Rekurssenat —; AN. **21** 153, ferner wenn es sich lediglich um die Kosten des Verfahrens handelt; AN. **14** 639, 640.

4. Bei den Erstattungs- und Ersatzansprüchen des Fünften Buches der RVO. ist die Revision nach § 1778 Abs. 2 stets zulässig. Die Revisionsausschließungsgründe der §§ 1695, 1696 gelten für diese Ansprüche nicht; AN. **22** 386, **18** 168, **19** 311, EuM. **7** 280.

§ 1779. Die Berufung und die Revision bewirken Aufschub, wenn es sich um Ersatzansprüche handelt.

C. Beschlußverfahren

Erster Abschnitt

Allgemeine Vorschriften

§ 1780. Soweit dieses Gesetz nicht das Spruchverfahren vorschreibt, ergehen die Entscheidungen[1] der Versicherungsbehörden im Beschlußverfahren.

1. Der Begriff der „Entscheidung" ist weit auszulegen; er umfaßt auch Anordnungen und Verfügungen, insbesondere auch solche, die das VA. als Aufsichtsbehörde erläßt; AN. **15** 517, 518, **16** 382, **24** 130, ferner auch Straffestsetzungen, z. B. des VA. gemäß § 1495 Abs. 1 und 2; AN. **22** 190, Verhängung von Ordnungsstrafen aus den §§ 1543, 1502 Abs. 3 RVO.; AN. **28** 260, Wiederaufhebung einer solchen Strafverfügung; EuM. **23** 186. Über die etwaige Verjährung festgestellter Beiträge ist im Beschlußverfahren zu entscheiden; AN. **16** 413. Streitigkeiten über das Hausgeld (§ 1271) werden ausschließlich im Beschlußverfahren entschieden (§ 1273); AN. **13** 477. Die Streitigkeiten nach § 1459 werden ebenfalls im Beschlußverfahren erledigt; AN. **20** 186, im Spruchverfahren nur dann, wenn sie für die Beurteilung des Rentenanspruchs, also für die Zubilligung oder Ablehnung der Rente von Bedeutung sind; EuM. **22** 266 (Bay. LVAmt), vgl. im übrigen Anm. 2 zu § 1459. Die Entscheidung über Ablehnung des Vorsitzenden des Spruchausschusses (§ 1646 Satz 2) oder eines Mitgliedes der Spruchkammer des OVA. (§ 1679, § 1646 Satz 2) ergeht im Beschlußverfahren; AN. **15** 384, **16** 414.

Ein Ergänzungsurteil (§ 1674) kann nur mit den gegen das Urteil gegebenen Rechtsmitteln, nicht aber im Beschlußverfahren angefochten werden; AN. **16** 667.

Eine Wiederaufnahme des Verfahrens in Beschlußsachen ist nach § 1789 zulässig.

Die Instanzen der RVO. sind grundsätzlich an die von ihnen im Beschlußverfahren erlassenen Entscheidungen gebunden. Für die Rücknahme einer einmal erlassenen Entscheidung und eine nochmalige Entscheidung in der Sache ist daher, solange nicht etwa die frühere Entscheidung im Rechtsmittelzuge aufgehoben ist, kein Raum. Eine Ausnahme ist nur dann begründet, wenn es sich um eine vom VA. als Aufsichtsbehörde der KrK. erlassene Anordnung handelt; AN. **26** 262.

Streitigkeiten, die sich auf mehrere Gebiete der Arbeiterversicherung erstrecken, können nicht in einer Entscheidung zusammen behandelt werden; EuM. **5** 441, das VA. darf daher nicht in derselben Entscheidung über die Kranken- und Invalidenversicherungspflicht entscheiden; AN. **17** 562.

Die durch einen nicht vorschriftsmäßig Bevollmächtigten erfolgte Einlegung der Beschwerde kann nachträglich ausdrücklich oder stillschweigend von der Partei genehmigt werden; EuM. **15** 386 (Sächs. LVAmt).

Das OVA. ist im Beschlußverfahren an die Anträge der Parteien nicht gebunden; EuM. **4** 420 (Bay. LVAmt).

Keine Beweislast der Parteien im Beschlußverfahren; AN. **12** 873, die Entscheidungen schaffen Rechtskraft nur zwischen den Parteien des Beschlußverfahrens; AN. **04** 504, 505, vor jeder Entscheidung sind die Beteiligten zu hören; AN. **13** 483.

In der Unterlassung der rechtzeitigen Benachrichtigung der Parteien von einem Termine zur Beweisaufnahme vor dem OVA. im Beschlußverfahren liegt ein die Aufhebung der Entscheidung des OVA. rechtfertigender Mangel des Verfahrens; EuM. **16** 216.

Entscheidungen der Beschlußkammer des OVA. müssen ausreichend begründet sein; sie unterliegen der Aufhebung, wenn dies nicht geschehen ist; AN. **15** 585.

Die OVAer. sind nicht berechtigt, bei Entscheidungen im instanziellen Beschluß- oder Beschwerdeverfahren eine Gebühr aufzuerlegen; AN. **27** 239.

Neben dem instanzlichen Beschlußverfahren ist für ein Einschreiten der Aufsichtsbehörde des VersTr. kein Raum; EuM. **4** 421, **7** 9.

§ 1781. Das Gesetz oder eine in Ausführung des Gesetzes ergangene Verordnung bestimmt, welche Beschlußsachen durch Beschlußausschuß, Beschlußkammer oder Beschlußsenat[1] zu entscheiden sind[2]. Beschlußsachen, die nach Gesetz der Beschlußausschuß zu entscheiden hat, werden, soweit der Rechtszug des Beschlußverfahrens zulässig ist, von Beschlußkammer und Beschlußsenat entschieden. Dies gilt entsprechend für Beschlußsachen, welche die Beschlußkammer nach Gesetz in erster Instanz zu entscheiden hat.

Der Vorsitzende der Beschlußkammer kann ihr auch andere Beschlußsachen überweisen, sofern es sich um Fragen von grundsätzlicher Bedeutung handelt; er hat es zu tun, wenn es bei Meinungsverschiedenheit ein an der Bearbeitung der Sache beteiligtes Mitglied beantragt. Das Entsprechende gilt für den Beschlußsenat[3], jedoch nicht in Angelegenheiten, die die Handhabung des Aufsichtsrechts gegenüber den Versicherungsträgern betreffen.

Der Vorsitzende des Beschlußausschusses kann in allen Fällen, in denen die Entscheidung durch den Beschlußausschuß vorgeschrieben ist, allein entscheiden, falls nicht eine Partei die Entscheidung des Beschlußausschusses verlangt[4]. Dies gilt entsprechend für den Vorsitzenden der Beschlußkammer, es sei denn, daß in erster Instanz der Beschlußausschuß entschieden hat[5]. Gegen die Entscheidung des Vorsitzenden ist nur das Rechtsmittel zulässig, das gegen die Entscheidung des Beschlußausschusses (der Beschlußkammer) zulässig wäre[6].

Zu den Entscheidungen des Beschlußsenats können Mitglieder des Reichsversicherungsamts (Landesversicherungsamts), die mit der Bearbeitung der Sache betraut sind, nach näherer Bestimmung der Verordnungen über das Verfahren (§ 35 Abs. 2, § 109 Abs. 1) zugezogen werden.

Im übrigen bestimmen diese Verordnungen, wer die Beschlußsachen zu erledigen hat.

V. v. 30. X. 23 (RGBl. I S. 1057), G. v. 20. XII. 28 (RGBl. I S. 405).

1. Über die Zusammensetzung des Beschlußausschusses s. § 57, der Beschlußkammer s. § 78, des Beschlußsenats s. § 100, § 1781 Abs. 4, §§ 19, 37—41 RVAO.

2. Das VA. darf nicht in derselben Entscheidung über die Kranken- und Invalidenversicherungspflicht entscheiden; AN. **17** 562.

Wenn in einem Streitverfahren gemäß § 1459 der Beschlußausschuß des VA. an Stelle des Vorsitzenden des VA. entschieden hat, liegt ein wesentlicher Mangel des Verfahrens vor; AN. **14** 655.

Erläßt der Vorsitzende des OVA. eine Entscheidung, wo nach der RVO. die Beschlußkammer zu entscheiden hätte, so liegt zwar eine Verletzung einer wesentlichen Verfahrensvorschrift vor, diese bietet aber keine Handhabe zur Aufhebung der Entscheidung im Beschwerdewege, wenn sie an sich endgültig ist; AN. **14** 772.

Die Ablehnung einer Anordnung nach § 326 Abs. 1 ergeht durch den Vorsitzenden des OVA., nicht durch die Beschlußkammer; AN. **15** 648.

Über Beschwerden gegen die Festsetzung von Ordnungsstrafen durch die Spruchkammer des OVA. auf Grund der §§ 1679, 1664 entscheidet das RVA. ohne Mitwirkung des Beschlußsenats; AN. **14** 721.

3. Abgesehen von den Fällen, in denen wegen einer Frage von grundsätzlicher Bedeutung eine Beschlußsache auf Grund des § 1781 Abs. 2 Satz 2 dem Beschlußsenate besonders überwiesen ist, muß der Beschlußsenat über eine vorinstanzliche Entscheidung der Beschlußkammer nach Abs. 1 Satz 2 nur dann entscheiden, wenn die Beschlußkammer unmittelbar auf Grund des Gesetzes zu entscheiden hatte, aber nicht, wenn sie erst mittelbar durch eine auf Grund des Abs. 2 ergangene Anordnung ihres Vorsitzenden zur Entscheidung berufen war; AN. **17** 529.

4. Der Antrag kann von der Partei nur vor Erlaß der Entscheidung gestellt werden; AN. **24** 130, 131.

5. Dies gilt auch für die Fälle, in denen es sich um die Versagung der Genehmigung zur Änderung einer Kassensatzung handelt (§ 324 Abs. 2); AN. **27** 260, 261, ferner im Falle der Abgabe einer Sache nach §§ 1799, 1693 an das RVA. (LVAmt); AN. **27** 394.

6. Gegen die vom Vorsitzenden gemäß § 1781 Abs. 3 getroffenen Entscheidungen ist die Anrufung des Beschlußausschusses oder der Beschlußkammer nicht mehr zulässig, sondern nur das Rechtsmittel, das gegen Entscheidungen des Beschlußausschusses oder der Beschlußkammer gegeben ist; EuM. **16** 391, auch AN. **24** 130. Vorentscheidungen im Sinne der §§ 1657, 1679 sind im Beschlußverfahren nicht mehr zulässig; EuM. **16** 391.

§ 1782. Zu den Verhandlungen der Beschlußsenate[1] werden in Sachen der Unfallversicherung die aus dem entsprechenden Bereiche der Unfallversicherung gewählten Arbeitgeber und Versicherten zugezogen. Der § 1702 Abs. 2 gilt entsprechend.

G. v. 14. VII. 25 (RGBl. I S. 97).

1. § 1782 gilt nicht für die Beschlußkammern des OVA.; AN. **14** 483.

§ 1783[1]. In den Sachen der Krankenversicherung ist örtlich zuständig als erste Instanz des Beschlußverfahrens, soweit dieses Gesetz nichts anderes bestimmt, das Versicherungsamt oder Oberversicherungsamt, in dessen Bezirke die beteiligte[2] Kasse ihren Sitz hat.

Sind mehrere Kassen beteiligt, die ihren Sitz im Bezirke verschiedener Versicherungsämter haben, so ist das Versicherungsamt derjenigen von ihnen zuständig, welcher der Versicherte angehört. Gehört er keiner von ihnen an oder handelt es sich um einen Streit nach § 258, so bestimmt das Oberversicherungsamt, welches Versicherungsamt zuständig ist. Haben die Kassen ihren Sitz im Bezirke verschiedener Oberversicherungsämter, so bestimmt die oberste Verwaltungsbehörde das zuständige Versicherungsamt oder Oberversicherungsamt.

1. Für die Kassen ist grundsätzlich das VA. ihres Sitzes zuständig, gleichviel ob der Kassenbezirk den Bezirk des VA. überschreitet oder nicht. Der Sitz der Kasse muß sich jedoch im Bezirke eines VA. befinden, in dem der Kassenbezirk mindestens zum Teil gelegen ist; AN. 15 517.

2. Beteiligt ist auch die Kasse, welcher der Versicherte angehört, wenn es sich um einen Streit zwischen Arbeitgeber und Versicherten über Berechnung und Anrechnung der Beiträge handelt; Begr. z. RVO. S. 516.

§ 1784. In Sachen der Unfallversicherung ist örtlich zuständig[1] als erste Instanz des Beschlußverfahrens, soweit dieses Gesetz nichts anderes ergibt, das Versicherungsamt oder Oberversicherungsamt, in dessen Bezirke der Sitz des Betriebs[2] liegt oder die versicherte Tätigkeit[3] ausgeführt wird.

1. Zur Begründung der Zuständigkeit des VA. genügt eine Beschäftigung von längerer Dauer, auch wenn der Sitz des Betriebs im Sinne des Betriebsverzeichnisses im Bezirk eines anderen VA. liegt; AN. 14 582, Breith. 3 56.

2. Dies ist auch der Sitz einer vom Hauptbetrieb entfernten Zweigniederlassung; Monatsschr. 13 427, vgl. auch AN. 02 368.

3. Diese kommt nur in Frage, wenn durch sie schlechthin, ohne daß ein Betrieb vorliegt, die Versicherung begründet wird; Breith. 3 56.

§ 1785[1]. In Sachen der Invalidenversicherung ist örtlich zuständig als erste Instanz des Beschlußverfahrens, soweit dieses Gesetz nichts anderes ergibt, das Versicherungsamt oder Oberversicherungsamt, in dessen Bezirke die Beschäftigung stattgefunden hat, die den Anlaß zur Entscheidung gibt, und bei freiwilliger Versicherung das Versicherungsamt oder Oberversicherungsamt, in dessen Bezirke der Versicherte wohnt.

Bei Ansprüchen der Hinterbliebenen ist auch das Versicherungsamt oder Oberversicherungsamt zuständig, in dessen Bezirke die Hinterbliebenen wohnen.

1. Soll die Gewährung von Sachleistungen nach § 120 RVO. aus dem Gebiete des JV. schon vor Feststellung der Barleistungen angeordnet werden, so entscheidet darüber das VA., in dessen Bezirke der Bezugsberechtigte zur Zeit des Antrags auf Gewährung der Sachleistungen wohnt. § 1785 ist hier nicht anwendbar; AN. 17 266.

Zuständig zur Entscheidung nach § 1495 RVO. ist nicht das im § 1785 bezeichnete VA., sondern das VA. des Tatorts oder des Wohnsitzes gemäß §§ 7 und 8 StPO.; AN. 22 190.

§ 1786. Hält ein Amt nicht sich, sondern ein anderes für zuständig, so gibt es die Sache an dieses ab.

Hält auch dieses sich nicht für zuständig, so ist § 1640 Abs. 2, 3 anzuwenden.

§ 1787. Bei Streit zwischen einer Krankenkasse und dem Reichsknappschaftsverein[1] als Träger der Krankenversicherung oder einer Ersatzkasse ist § 1775 anzuwenden[2].

G. v. 23. VI. 23 (RGBl. I S. 454).

1. Jetzt Reichsknappschaft; § 7 RKnG. (RGBl. 1926 I S. 369).

2. Streit zwischen einer KrK. (§ 225 Abs. 1 RVO.) und der Reichsknappschaft als Trägerin der KV. (§§ 6, 7 RKnG.) über die Zugehörigkeit von Betrieben oder Betriebsteilen ist nicht im Verfahren nach der RVO., sondern in dem Spruchverfahren nach §§ 194, 195 RKnG. zu entscheiden; AN. 29 381.

§ 1788. Soweit die oberste Verwaltungsbehörde den im § 112 bezeichneten Organen Beschlußbefugnisse übertragen hat, stehen die Entscheidungen dieser Organe für die Rechtsmittel im Beschlußverfahren den Entscheidungen des Versicherungsamts gleich.

§ 1789. Für Ausschluß und Ablehnung von Personen[1], für die Klarstellung des Sachverhalts, für die Beweiserhebung[2], für die Verweisung an den Großen Senat[3] und für die Wiederaufnahme des Verfahrens[4] gelten die gleichen Vorschriften wie für das Spruchverfahren. Der § 1715a gilt für die Beschlußsenate des Reichsversicherungsamts entsprechend.

V. v. 15. III. 24 (RGBl. I S. 280), G. v. 29. III. 28 (RGBl. I S. 117).

1. Vgl. §§ 1641—1649.

Der ständige Stellvertreter im Vorsitz des VA. ist von der Mitwirkung bei der Entscheidung über die Beitragsleistung der vom Landrat angestellten Schreiber nicht ausgeschlossen; AN. **14** 457, der Vorsitzende eines städtischen VA. von der Entscheidung über die Versicherungspflicht städtischer Bediensteter nur dann, wenn er in der Sache als gesetzlicher Vertreter der Gemeinde aufzutreten berechtigt ist oder gewesen ist; AN. **16** 562. Über die Ablehnung des zweiten Mitglieds der Beschlußkammer oder des mit der Bearbeitung der Sache befaßten Mitglieds des OVA. entscheidet der Vorsitzende des OVA., nicht die Beschlußkammer, über die Ablehnung des Vorsitzenden des OVA. oder der Beschlußkammer entscheidet das RVA. (LVAmt); EuM. **11** 378 (Bay. LVAmt).

2. Vgl. §§ 1652—1654, 1665.

Aufklärung des Sachverhalts von Amts wegen; AN. **12** 873.

Auch im Beschlußverfahren können Zeugen durch das VA. eidlich vernommen werden. Ein Rentenberechtigter kann nach Abschluß des Rentenfestsetzungsverfahrens über den Hergang seines Unfalls als Zeuge eidlich vernommen werden, wenn es sich um die Einleitung eines Strafverfahrens gegen den Unternehmer handelt; EuM. **4** 440.

Das OVA. darf die Beweisaufnahme nicht dem am Streitverfahren beteiligten VersTr. übertragen; EuM. **4** 397.

In der Unterlassung der rechtzeitigen Benachrichtigung der Parteien von einem Termine zur Beweisaufnahme vor dem OVA. im Beschlußverfahren liegt ein die Aufhebung der Entscheidung des OVA. rechtfertigender Mangel des Verfahrens; AN. **20** 187, EuM. **16** 216. Das Ergebnis einer Beweisaufnahme ist den Beteiligten mitzuteilen; AN. **20** 186, EuM. **23** 204.

3. Vgl. §§ 1717—1719.

4. Vgl. §§ 1722—1734.

§ 1790. Die Verhandlungen im Beschlußverfahren sind nicht öffentlich. Für die Abstimmung der Beschlußbehörden gilt, vorbehaltlich des § 78 Abs. 3 für die Beschlußkammer, § 1667 entsprechend.

Die Entscheidung wird den Beteiligten zugestellt.

Zweiter Abschnitt

Beschwerde

§ 1791. Soweit dieses Gesetz nichts anderes vorschreibt[1], ist gegen die Entscheidung[2] der Versicherungsträger Beschwerde[3] zulässig[4]. Die Beschwerde geht

in Sachen der Kranken- und Invalidenversicherung an das Versicherungsamt,

in Sachen der Unfallversicherung an das Oberversicherungsamt.

1. Die Vorschriften der §§ 1791, 1797, 1798 gelten nur, wenn das Gesetz nichts anderes vorschreibt; AN. **15** 778, 779, EuM. **17** 114, 116. Anderseits wird, wenn ein VersTr. über einen Anspruch, für dessen Verfolgung das Beschlußverfahren vorgesehen ist, einen berufungsfähigen Bescheid erteilt, der gesetzlich vorgeschriebene Rechtsmittelzug des Beschlußverfahrens dadurch nicht geändert; AN. **13** 477, **15** 598, 599. Welches Rechtsmittel gegeben, richtet sich nach Inhalt der Entsch.; Breith. **19** 131.

2. Der Begriff der Entscheidung ist weit auszulegen, er umfaßt auch Verfügungen und Anordnungen, insbesondere auch Straffestsetzungen der VersTr.; AN. **15** 517, 518, **16** 381, 382, **23** 292, 293; er umfaßt alle Willensäußerungen eines VersTr., durch die er unmittelbar wirkend oder feststellend in die Rechtsverhältnisse der ihm zugehörigen Personen eingreift; AN. **28** 180. Das Beschwerdeverfahren nach §§ 1791 ff. ist daher weder auf den Fall der reinen Rechtsbeschwerde, noch auf die Fälle beschränkt, in denen die RVO. ausdrücklich die Beschwerde zuläßt; AN. **28** 180.

Entscheidungen im Sinne des § 1791 sind:

Auferlegung der Zahlung rückständiger Beiträge durch die KrK. (§ 531 Abs. 2) AN. **15** 737.

Bei Streitigkeiten zwischen einer Berufsgenossenschaft und einem Träger der Eigenunfallversicherung über die versicherungsrechtliche Zugehörigkeit eines Betriebs stellt die Erklärung eines der VersTr., daß er den Betrieb für sich beanspruche, eine Entscheidung dar, gegen die nach §§ 1791 ff. RVO. die Rechtsmittel der Beschwerde und der weiteren Beschwerde gegeben sind. Eine entsprechende Anwendung des § 668 RVO. kommt für Streitfälle dieser Art nicht in Frage; AN. **30** 307.

Anordnung der Löschung eines Betriebs im Betriebsverzeichnisse durch die BG.; EuM. **14** 369, Ablehnung des Antrags eines Unternehmers auf Löschung seines Betriebs im Betriebsverzeichnisse durch die BG.; AN. **14** 583, EuM. **15** 334 — in diesen Fällen entscheidet jetzt bis auf weiteres gemäß Art. 42 des G. v. 20. XII. 28 (RGBl. I S. 405, abgedr. Anh. V) die berufsgenossenschaftliche Schiedsstelle; EuM. **25** 160, **26** 355 (Berufsgen. Schiedsst.) —, oder eines Antrages auf Berichtigung des Betriebsverzeichnisses; EuM. **10** 228 (Bay. LVAmt), oder auf Umschreibungen im Betriebsverzeichnisse infolge Wechsels des Unternehmers; EuM. **17** 97; bestreitet aber der neue Unternehmer seine Eigenschaft als Unternehmer des Betriebs, so ist jetzt die berufsgen. Schiedsstelle zur Entscheidung zuständig; AN. **30** 215.

Festsetzung von Beitragsvorschüssen (§ 738); EuM. **16** 368, Aufstellung oder Ergänzung des Lohnnachweises durch die BG. (§ 752), wenn der Unternehmer bestreitet, den Lohnnachweis verspätet oder unvollständig eingereicht zu haben; AN. **16** 411, Ablehnung der Rückforderung irrtümlich bezahlter Umlagen durch die BG.; EuM. **4** 398 (Bay. LVAmt), Ablehnung der Übernahme der Unfallast seitens derjenigen BG., welcher der angeblich mit dem Unfall belastete Betrieb überwiesen worden war; AN. **23** 246, EuM. **23** 362, — jetzt entscheidet über die Frage des Überganges einer Unfallast von einer BG. auf eine andere die berufsgen. Schiedsstelle, s. o.; EuM. **27** 41 (Berufsgen. Schiedsst.). — Ablehnung der Erstattung von Kosten, welche dem Verletzten oder Versicherten durch seine von dem VersTr. angeordnete ärztliche Untersuchung erwachsen sind (Reise- und Zehrungskosten, Verdienstausfall usw.); AN. **16** 572, **17** 563 (hingegen Streit über Reisekosten aus Anlaß ärztlicher Behandlung (Teil der Krankenbehandlung) im Spruchverfahren zu entscheiden; EuM. **15** 165), Kostenfestsetzungen; AN. **14** 719, EuM. **13** 290 (Bay. LVAmt).

Auf Grund der UVV. gemachte Auflagen; AN. **28** 180 (= EuM. **22** 225), Breith. **12** 24. Durch die Ausdehnung des Aufsichtsrechts des RVA. auf Umfang und Zweckmäßigkeit der in Unfallverhütungssachen getroffenen Maßnahmen (§ 722 Abs. 2) ist das Genossenschaftsmitgliedern nach § 1791 zustehende Recht, gegenüber

Entscheidungen der VersTr. den in diesen Vorschriften vorgesehenen Beschwerdeweg zu beschreiten, nicht beseitigt worden; AN. **28** 180.

Keine Entscheidungen sind:

Bloße, von ihm erbetene Meinungsäußerungen des Vers.Tr.; EuM. **17** 118, 120.

Ablehnung eines Rechtshilfeersuchens durch einen VersTr.; AN. **14** 657.

Aufforderung einer KrK. zur Zahlung von Kassenbeiträgen; AN. **16** 652, Aufforderung der BG. an einen Bauunternehmer, den Eigenbaunachweis gemäß § 799 RVO. vorzulegen; EuM. **18** 99.

3. Die Beschwerde des Vorstandsvorsitzenden gegen einen Beschluß des Organs des VersTr. gemäß § 8 RVA. ist eine Aufsichts-, keine Rechtsbeschwerde. Erst die darauf ergehende Entscheidung der Aufsichtsbehörde ist nach §§ 1792, 1797 anfechtbar; AN. **15** 512.

Über Ansprüche einer geschlossenen OrtsKrK. gegen einen Gemeindeverband auf Grund des § 305 kann nicht in einem Verfahren nach der RVO. entschieden werden; AN. **25** 41.

4. Das Beschwerderecht nach §§ 1791ff. steht nur den Beteiligten zu. Als Beteiligter gilt insoweit nicht schon ein jeder, auf den der Ausgang einer Sache günstig oder ungünstig zurückwirkt, und insbesondere bei Wahrnehmung öffentlicher Interessen, nicht jeder Angehörige des davon erfaßten Personenkreises, sondern nur, wer nach dem G. sie zu vertreten berechtigt ist. Hiernach können als Beteiligte regelmäßig nur solche Personen gelten, deren rechtliches Interesse durch die Entscheidung betroffen, in deren Rechte unmittelbar eingegriffen wird; AN. **16** 431, 432, EuM. **23** 45.

§ 1792. Gegen die Entscheidungen[1] des Versicherungsamts in erster Instanz ist Beschwerde an das Oberversicherungsamt zulässig[2], soweit dieses Gesetz nichts anderes vorschreibt.

1. Der Begriff der Entscheidung ist in weitestem Sinne auszulegen und umfaßt alle Verfügungen und Anordnungen des VA., sofern dadurch nicht lediglich der Erlaß einer beantragten Entscheidung abgelehnt wird; AN. **17** 265, **23** 293, EuM. **7** 9 (Sächs. LVAmt).

Auch die Bescheide des AV., die auf Grund des ihm in § 205d Abs. 2 (a. F.) eingeräumten Beanstandungsrechts erlassen waren, waren Entscheidungen im Sinne des § 1792; EuM. **15** 59.

Die Beschwerde gemäß § 1792 ist zulässig: gegen die vom VA. als Aufsichtsbehörde erlassenen Entscheidungen und Anordnungen; AN. **14** 657, **15** 512, 587, **25** 284, EuM. **15** 4, 5 89 (Sächs. LVAmt, Beanstandung der Bildung eines Sondervermögens aus dem überschießenden Vermögen einer geschlossenen OrtsKrK.), und zwar unterliegt die Rechtmäßigkeit von Anordnungen des AV. als Aufsichtsbehörde über KrKen. der Nachprüfung der Beschwerdeinstanzen auch dann, wenn die Anordnungen Richtlinien im Sinne des § 30 Abs. 2 Satz 2 RVO. entsprechen; AN. **24** 130, gegen die Versagung der Genehmigung des VA. zur Übertragung eines Anspruchs in den Fällen des § 119 Abs. 2 RVO.; AN. **17** 265, gegen die Stellungnahme des VA. zu dem Antrage einer KrK. auf Bestrafung meldesäumiger Arbeitgeber nach § 530, sei es, daß das VA. eine Strafe verhängt oder daß es nach Prüfung des Sachverhalts aus Gründen, die sich aus der besonderen Lage des Falles ergeben, den Antrag ablehnt; AN. **16** 382, gegen Strafbescheide nach § 851; EuM. **27** 218, gegen eine vor der mündlichen Verhandlung getroffene Verfügung des VA., welche die Zurückweisung eines Parteivertreters ausspricht; AN. **23** 293.

Bei der Wahl der Versichertenvertreter zum Ausschuß einer KrK. steht den bei der KrK. Versicherten das Recht der Beschwerde gegen die vom VA. auf Grund des § 33 erlassene Entscheidung zu; EuM. **23** 45.

Lehnt das VA. die Verhängung einer Ordnungsstrafe aus den §§ 1543d, 1502 Abs. 3 ab, so steht dem Träger der UV. das Recht der Beschwerde und der weiteren Beschwerde gemäß §§ 1792, 1797 zu; AN. **28** 260. Das gleiche gilt, wenn das VA. die verhängte Ordnungsstrafe wieder zurücknimmt oder ermäßigt; EuM. **23** 186.

2. Die Beschwerde steht nur den Beteiligten zu; AN. **15** 378, 512, **21** 416, EuM. **15** 386, **14** 77 (Bay. LVAmt), s. auch Anm. 4 zu § 1791 und Anm. 1 zu § 1795.

§ 1793[1]. Gegen die Entscheidungen[2] des Oberversicherungsamts in erster Instanz ist Beschwerde an das Reichsversicherungsamt (Landesversicherungsamt, § 1800) zulässig, soweit dieses Gesetz nichts anderes vorschreibt[3].

1. § 1793 gilt nur für Entscheidungen der OVAer. im Beschlußverfahren; AN. **15** 747, **16** 414. Gegen die im Spruchverfahren ergangenen Urteile des OVA. ist eine Beschwerde an das RVA. weder wegen sächlicher, noch formeller Beanstandungen gegeben, auch wenn der Rekurs oder die Revision unzulässig ist; EuM. **17** 179.

§ 1793 findet ferner — wie überhaupt die Verfahrensvorschriften der RVO. — grundsätzlich nur auf die in der RVO. geordneten Ansprüche und Leistungen Anwendung, außerhalb der RVO. nur insoweit, als es ausdrücklich vorgeschrieben ist. Deshalb war gegen eine Entscheidung des OVA., die auf Grund von Art. 6 der zur V. über Erwerbslosenfürsorge vom 16. II. 24 (RGBl. I S. 127) erlassenen Ausführungsvorschriften vom 25. III. 24 (RGBl. I S. 376) ergangen war, Beschwerde an das RVA. gemäß § 1793 nicht zulässig; AN. **24** 202.

2. Solche Entscheidungen sind z. B. Beschlüsse des OVA., die die Genehmigung der Satzung einer KrK. aussprechen (§ 324 Abs. 1); AN. **14** 513, oder die Genehmigung der Satzung oder einzelner ihrer Bestimmungen versagen; AN. **13** 826, **15** 585, oder eine Änderung der Satzung anordnen (§ 326 Abs. 1); AN. **15** 648, **18** 508; Festsetzung der gerichtlichen Kosten des OVA.; AN. **14** 719.

Dagegen ist keine Entscheidung im Sinne des § 1793 eine vom OVA. auf Grund des § 155 Satz 2 RVO. erlassene Bestimmung; AN. **23** 157.

3. § 1793 ist also nicht anwendbar z. B. im Falle des § 45 Abs. 3; AN. **15** 532, oder im Falle des § 355 Abs. 4; AN. **15** 588, oder in den Fällen des § 324 Abs. 3, wenn es sich um Bestimmungen handelt, deren Aufnahme in die Kassensatzung von der — nach freiem Ermessen zu erteilenden — Zustimmung des OVA. abhängig ist; AN. **13** 832, **18** 508, **21** 315, 316.

Das RVA. hat ferner seine Zuständigkeit in Fragen der äußeren Organisation der KV. verneint und die der obersten Landesverwaltungsbehörden bejaht, z. B. im Falle der Verweigerung der Genehmigung zur Nichterrichtung einer LandKrK. (§ 229); AN. **13** 413, oder im Falle der Bestimmung oder der Wiederaufhebung der Bestimmung des Zeitpunkts des Inslebentretens einer Betriebs-KrK. durch das OVA.; EuM. **19** 29, oder im Falle der Feststellung der Dienstordnung einer KrK. durch das OVA. nach § 356 RVO.; AN. **14** 769, **15** 588, **24** 86, der Versagung der Genehmigung des OVA. zur Anstellung von Kassenbeamten nach § 359 Abs. 1 RVO.; AN. **15** 389, oder wenn es sich um die Prüfung der Gleichwertigkeit der Leistungen (§§ 259ff.) handelte; AN. **14** 373, ferner bei Anordnungen des OVA. gemäß § 375 RVO.; AN. **15** 451.

Ein Beschwerderecht des Unternehmers nach § 910 Abs. 2 ist nicht gegeben, wenn das OVA. lediglich die von der BG. festgesetzte Strafe ermäßigt hat, dagegen steht dem Vorstande der BG. in einem solchen Falle das Recht der Beschwerde beim RVA. ebenso zu, wie bei einer völligen Aufhebung seines Strafbescheids durch das OVA.; AN. **25** 158.

§ 1794[1]. Die Behörde, die über die Beschwerde zu entscheiden hat, kann[2] den Vollzug der angefochtenen Entscheidung aussetzen.

1. Nach § 130 hat das Rechtsmittel aufschiebende Wirkung nur da, wo das Gesetz es ausdrücklich vorschreibt. Durch § 1794 werden die zur Entscheidung über Beschwerden berufenen Versicherungsbehörden ermächtigt, im Einzelfalle den Vollzug der angefochtenen Entscheidung auszusetzen. Von dieser Befugnis werden die Behörden namentlich dann Gebrauch machen, wenn Beitrags- oder Prämienbeschwerden vorliegen und die Aussetzung der Vollstreckung beantragt wird; Begr. z. RVO. S. 517.

2. Nach freiem Ermessen; AN. **14** 387.

Wenn die Beschwerde beim OVA. schwebt, so hat dieses auch über einen etwaigen Antrag auf Aussetzung der Zwangsvollstreckung zu entscheiden. Nur in dringenden Fällen pflegt das RVA. als Aufsichtsbehörde den VersTr. zu ersuchen, der Zwangsvollstreckung vorläufig keinen Fortgang zu geben; Monatsschr. **16** 619.

§ 1795[1]. Ist die Beschwerde zulässig und rechtzeitig eingelegt[2], so werden die Beteiligten gehört[1].

1. § 1795 bringt den allgemeinen Rechtsgrundsatz zum Ausdruck, daß vor jeder Entscheidung die Beteiligten zu hören sind. Der Grundsatz gilt für das Beschlußverfahren nach der RVO. überhaupt, also nicht nur für die Beschwerdeinstanz, sondern auch für das Verfahren der ersten Instanz und für das Verfahren über die weitere Beschwerde; Begr. z. RVO. S. 518, AN. **13** 483, **14** 737, 515, **21** 345.

Beteiligt ist nicht schon ein jeder, auf den der Ausgang einer Sache günstig oder ungünstig zurückwirkt, und insbesondere bei Wahrnehmung öffentlicher Interessen nicht jeder Angehörige desjenigen Personenkreises, auf welchen sich diese Interessen beziehen, sondern nur, wer nach dem Gesetze sie zu vertreten berechtigt ist; AN. **14** 515, **16** 432.

Als Beteiligte können regelmäßig nur solche Personen gelten, deren rechtliches Interesse durch die Entscheidung betroffen, in deren Rechte unmittelbar eingegriffen wird; EuM. **15** 386, 387, EuM. **14** 77 (Bay. LVAmt).

Handelt es sich um eine Beschwerde gegen eine Anordnung des VA., so bestimmt sich der Kreis der Beteiligten nach dem Inhalt der Anordnung. S. Anm. 3 zu § 30.

Demgemäß steht z. B. einzelnen Kassenmitgliedern gegen einen die Kassensatzung nach § 324 Abs. 1 genehmigenden Beschluß des OVA. ein Beschwerderecht nicht zu; AN. **14** 515, die bei der Kasse beteiligten Arbeitgeber, die nicht dem Ausschuß angehören, können eine Entscheidung des VA. über die Wahl des Kassenvorstandes nicht anfechten; AN. **16** 431, ebensowenig steht den einzelnen Mitgliedern des Kassenvorstandes die Beschwerde gegen eine die Beschlußfassung des Kassenvorstandes über die die Bestellung von Kassenangestellten betreffende Anordnung des VA. zu; AN. **14** 737, auch kann das VA. gegen eine seine Anordnung aufhebende Entscheidung des OVA. keine weitere Beschwerde einlegen, da nur der von der Beschwerde Betroffene, nicht die Instanz, die die Anordnung erlassen hat, zur Einlegung der Beschwerde berechtigt ist; AN. **21** 345, zu vgl. auch AN. **14** 582.

2. Über das Verfahren bei unzulässigen oder verspäteten Beschwerden vgl. § 38 RVAO.

§ 1796. Ist die Beschwerde begründet, so kann die zur Entscheidung berufene Stelle entweder selbst in der Sache entscheiden oder sie an eine Vorinstanz oder an den Versicherungsträger zurückverweisen[1], dessen Entscheidung angefochten wird. Dabei ist § 1715 Abs. 2 entsprechend anzuwenden[2].

1. Von der Befugnis der Zurückverweisung darf das OVA. nur einen wohlbemessenen vorsichtigen Gebrauch machen, diese Befugnis darf nicht dazu benützt werden, Bestimmungen der ZPO., die dem Verfahren der RVO. fremd sind, —

so insbesondere Feststellungsurteile oder Zwischenentscheidungen über ein einzelnes Verteidigungsmittel — in dieses Verfahren einzuführen; EuM. **11** 343 (Bay. LVAmt).

Zurückverweisung durch das OVA. berechtigt, weil das VA. Streitigkeiten, die sich auf mehrere Gebiete der ArbVers. erstreckten, in einer Entscheidung zusammen behandelt hatte; EuM. **5** 441; zu vgl. auch AN. **17** 562.

Zurückverweisung, weil die Entscheidungsgründe nicht ausreichend erkennen ließen, aus welchen Erwägungen das OVA. zu seiner Entscheidung gelangt war; AN. **15** 585.

2. § 1715 Abs. 2 läßt sich nach seinem Inhalt und dem Zusammenhang, in dem die Bindung der nachgeordneten Instanz mit der Stellung der Vorschrift im G. steht, im allgemeinen nur auf die Entscheidungen der obersten Beschlußbehörden gemäß § 1796 entsprechend anwenden; EuM. **11** 343 (BayLVAmt).

Die für die Behandlung der im regelmäßigen Rechtszug an das RVA. gelangenden Spruchsachen anerkannte Regel, daß das RVA., wenn es die Entscheidung einer unzuständigen oder vorschriftswidrig besetzten Vorinstanz aufhebt, ungeachtet „des Verlustes einer Instanz" in der Sache selbst entscheiden kann und bei Entscheidungsreife zweckmäßig selbst entscheidet, gilt auch für die Behandlung der Beschlußsachen und ebenso für die Behandlung der von dem OVA. an das RVA. zur grundsätzlichen Entscheidung abgegebenen Streitfälle; AN. **29** 310. Vgl. auch EuM. **18** 170 (BayLVAmt). Für die Ausübung der Befugnis des RVA., im Falle der Aufhebung der Entscheidung einer unzuständigen Versicherungsbehörde bei sachlicher Spruchreife alsbald an Stelle der zuständigen Versicherungsbehörde sachlich zu entscheiden, ist aber dann kein Raum, wenn die Entscheidungen der zuständigen Versicherungsbehörde im Rechtszuge an einen Senat gehen, der nach besonderen gesetzlichen Vorschriften anders zusammengesetzt ist als der die Aufhebung aussprechende Senat; AN. **30** 211.

Dritter Abschnitt

Weitere Beschwerde

§ 1797. Soweit dieses Gesetz nichts anderes vorschreibt, ist gegen die auf Beschwerde erlassene Entscheidung

des Versicherungsamts die weitere Beschwerde an das Oberversicherungsamt,

des Oberversicherungsamts die weitere Beschwerde an das Reichsversicherungsamt (Landesversicherungsamt) zulässig[1 2 3].

Für das Verfahren gelten die gleichen Vorschriften wie für die Beschwerde.

1. Die im § 1797 aufgestellte Regel, daß gegen Entscheidungen des OVA. zweiter Instanz die weitere Beschwerde stattfindet, soweit die RVO. nichts anderes vorschreibt, gilt ohne Einschränkung nur, wenn das Beschlußverfahren in der RVO. selbst näher geordnet ist oder sich nach den allgemeinen Vorschriften der §§ 1791 ff. richtet. Bestehen dagegen wie im § 97 VAO. Sondervorschriften für das Verfahren erster Instanz, so tritt auch für den Instanzenzug die allgemeine Vorschrift des § 1797 zurück. Die Entscheidungen der OVAer. über Beschwerden gegen Kostenfestsetzungen der VAer. (§ 97 a. a. O.) sind daher endgültig; AN. **15** 571.

Das VA. kann eine weitere Beschwerde gegen eine instanzliche Entscheidung über seine eigene Entscheidung einlegen; AN. **14** 582, **21** 345.

Für den Erlaß und Inhalt der Dienstordnungen der KrKn. ist das RVA. als Beschwerdeinstanz nicht zuständig; AN. **14** 769, **15** 588, **24** 86, jedoch für Streitfragen, welche die Anwendung und Auslegung der Dienstordnung betreffen; AN. **15** 587.

Die Rechtmäßigkeit von Anordnungen des VA. als Aufsichtsbehörde über KrKn. unterliegt der Nachprüfung des RVA. als Instanz für die weitere Beschwerde auch dann, wenn die Anordnungen Richtlinien im Sinne des § 30 Abs. 2 Satz 2 RVO. entsprechen; AN. **24** 130.

Die weitere Beschwerde setzt eine Beschwerung desjenigen voraus, der sie einlegt; Monatsschr. **26** 124.

Der Aufsichtsbehörde einer Gemeinde steht kein Beschwerderecht gegen Entscheidungen der Versicherungsbehörden zu, die die Gemeinde als Arbeitgeber betreffen; AN. **30** 307 (AV.).

2. Weitere Beschwerde zulässig: gegen die vom VA. im Aufsichtswege (§ 30 RVO.) getroffene und vom OVA. bestätigte Anordnung der Anberaumung einer Sitzung des Kassenvorstandes zur Aufstellung des Voranschlags nach § 345 RVO.; AN. **25** 284, gegen die auf Grund des § 31 Abs. 3 RVO. von der Aufsichtsbehörde erlassene Strafverfügung; AN. **23** 156, 157, ferner gegen die Versagung der Genehmigung des VA. zur Übertragung eines Anspruchs in den Fällen des § 119 Abs. 2 RVO.; AN. **17** 265, gegen eine nach § 405 Abs. 2 RVO. als endgültig bezeichnete Entscheidung des OVA., wenn die Entscheidung nach ihrem Inhalt nicht ausschließlich einen der im § 405 Abs. 2 erwähnten Streitgegenstände betrifft; AN. **15** 385, gegen eine gemäß § 405 Abs. 2 ergangene Entscheidung, wenn eine sachliche Stellungnahme zu der streitigen Beitragspflicht zu Unrecht abgelehnt worden ist; Breith. **15** 534, gegen die Aufnahme in das Betriebsverzeichnis einer BG. bei Wahrung der Beschwerdefrist von einem Monat; AN. **13** 695, bei Streit über Löschung eines Betriebs im Betriebsverzeichnis einer BG.; EuM. **4** 214, — in diesen beiden Fällen entscheidet jetzt bis auf weiteres gemäß Art. 42 des G. v. 20. XII. 28 (RGBl. I S. 405, abgedr. Anh. V) die berufsgenossenschaftliche Schiedsstelle; EuM. **25** 159, 151, 289 (Berufsgen. Schiedsst.), EuM. **25** 160 (Berufsgen. Schiedsst.) —, oder bei Streit über die Berichtigung des Betriebsverzeichnisses; EuM. **10** 228 (Bay. LVAmt) — bestreitet aber der neue Unternehmer seine Eigenschaft als Unternehmer des Betriebes, so ist jetzt zur Entscheidung die berufsgen. Schiedsstelle zuständig; AN. **30** 215 —, bei Streit über Löschung oder Aufhebung der Selbstversicherung; EuM. **14** 146.

Die Entscheidung des OVA. über die Beschwerde des Unternehmers gegen die Feststellung von Prämien für die Versicherung von Bauarbeiten kann auch der VersTr. durch weitere Beschwerde anfechten; EuM. **15** 348 (Bay. LVAmt).

In den Fällen des § 910 Abs. 2 steht dem Vorstande der BG. gegen die Entscheidung des OVA., durch die die gegen den Unternehmer verhängte Strafe ermäßigt oder aufgehoben wird, die weitere Beschwerde an das RVA. zu; AN. **25** 158, EuM. **17** 126 (Bay. LVAmt).

Die Ablehnung der Übernahme der Unfallast seitens derjenigen BG., welcher der angeblich mit dem Unfall belastete Betrieb überwiesen worden ist, stellt eine Entscheidung eines VersTr. dar, gegen welche die Beschwerde (§ 1791) und die weitere Beschwerde (§ 1797) gegeben war; AN. **23** 247, jetzt entscheidet hierüber bis auf weiteres gemäß Art. 42 das G. v. 20. XII. 28 (RGBl. I S. 405, s. Anh. V) die berufsgenossenschaftliche Schiedsstelle; EuM. **27** 157 (Berufsgen. Schiedsst.).

Gegen eine vor der mündlichen Verhandlung getroffene Verfügung des VA., die die Zurückweisung eines Parteivertreters ausspricht, ist die Beschwerde (§ 1792) und die weitere Beschwerde (§ 1797) zulässig; AN. **23** 293.

3. Dem Unternehmer, dessen Haftung nach § 913 Abs. 3 RVO. in Anspruch genommen wird, steht das Recht der weiteren Beschwerde gegen die Entscheidung des OVA. nicht zu; EuM. **26** 356 (Bay. LVAmt).

Ist die Entscheidung des OVA. nach dem Gesetze z. B. im Falle des § 910 Abs. 1 oder im Falle des § 1459 Abs. 1 endgültig, so ist eine weitere Beschwerde auch dann nicht gegeben, wenn das OVA. wesentliche Verfahrensvorschriften verletzt hat; AN. **13** 608, Breith. 2 484.

Gegen die im Spruchverfahren ergangenen Urteile des OVA. ist eine Beschwerde an das RVA. im Beschlußverfahren weder wegen sachlicher noch formeller Beanstandungen gegeben, auch wenn der Rekurs oder die Revision unzulässig ist; EuM. **17** 179.

§ 1798. Die auf weitere Beschwerde erlassenen Entscheidungen des Oberversicherungsamts sind endgültig[1].

1. Die RVO. kennt keine weitere Beschwerde gegenüber den auf weitere Beschwerde erlassenen Entscheidungen des OVA.; AN. **15** 381. Daher entscheidet über den Antrag des Arbeitgebers auf Ermäßigung der Kassenbeiträge nach § 420 das OVA. — auf weitere Beschwerde — endgültig; AN. **15** 381.

§ 1799. Will das Oberversicherungsamt in einem Falle, in dem es endgültig[1] zu entscheiden[2] hätte[3], von einer amtlich veröffentlichten grundsätzlichen Entscheidung[2] des Reichsversicherungsamts (Landesversicherungsamts) abweichen oder handelt es sich in einem solchen Falle um eine noch nicht festgestellte Auslegung gesetzlicher Vorschriften[4] von grundsätzlicher Bedeutung, so ist nach § 1693 zu verfahren[5] [6].

1. Es muß sich um eine endgültige Entscheidung handeln; AN. **14** 516. Es ist deshalb nicht zulässig, Anträge auf Genehmigung oder Änderung von Satzungen der KrKn. gemäß § 1799 abzugeben; AN. **14** 516; ferner ist, soweit es sich um die Zustimmung des OVA. zu einer Bestimmung der Kassensatzung (§ 324 Abs. 3) handelt, die Abgabe der Sache gemäß § 1799 an das RVA. zur Entschließung wegen Erteilung der Zustimmung nicht zulässig; AN. **21** 315.

§ 1799 bezieht sich auch auf solche Fälle, in denen das OVA. die erste und einzige Beschwerdeinstanz ist; AN. **12** 1200, **13** 368, 747, 748, **14** 451, 516.

Die Sondervorschrift des § 1459 schließt die Anwendung der allgemeinen Vorschrift des § 1799 aus; AN. **13** 679, doch kann sich das RVA. auch in diesen Fällen auf die Entscheidung der grundsätzlichen Rechtsfrage nach § 1693 Abs. 5 beschränken; AN. **28** 391, **29** 168.

2. Unter „entscheiden" und „Entscheidungen" sind nach dem Sprachgebrauche der RVO. nur solche Entschließungen der Verwaltungsbehörden zu verstehen, die den Streitstoff oder die zu entscheidende Frage für die einzelne Behörde erledigen, nicht aber Entscheidungen, die lediglich von prozeßleitender Bedeutung sind oder prozeßrechtlichen Inhalt haben, und weder selbständig mit einem Rechtsmittel oder einem Rechtsbehelf angefochten werden können, noch auch endgültige im Sinne der Verfahrensvorschriften der RVO. sind; AN. **14** 453, 454. Deshalb ist bei Entscheidungen und Verfügungen lediglich prozeßleitender Bedeutung die Abgabe einer Sache gemäß § 1799 unzulässig; AN. **14** 453.

3. Gegen eine Entscheidung, die das OVA. unter Verletzung der im § 1799 vorgeschriebenen Abgabepflicht erlassen hat, ist kein Rechtsmittel gegeben; AN. **13** 415, **15** 381.

4. Unter „gesetzlichen Vorschriften" sind nicht nur solche Rechtsnormen zu verstehen, die im Gesetze unmittelbar niedergelegt sind, sondern auch die vom Gesetze mittelbar geschaffenen Rechtsnormen, die in der Gestalt ausführender Bestimmungen von den durch das Gesetz damit betrauten Stellen ausgehen. Deshalb findet § 1799 auch bei den materiellen und formellen Rechtsnormen Anwendung, die in den zur RVO. ergangenen Ausführungsbestimmungen niedergelegt sind, insbesondere gilt er nicht nur dann, wenn der Beschwerdegang in der RVO. selbst vorgesehen, sondern auch für den Fall, daß er durch eine Ausführungsbestimmung angeordnet ist, z. B. im § 97 VAO.; AN. **13** 747, **14** 451.

Die Vorschrift des § 1799 kann dann nicht angewendet werden, wenn die angefochtene Entscheidung auf einem Gebiete getroffen ist, für das die Zuständigkeit des RVA. allgemein ausgeschlossen ist. Deshalb kann z. B. in Fragen der äußeren Organisation der KV., für welche die Mitwirkung des RVA. ausgeschlossen ist, seine Zuständigkeit auch nicht durch Abgabe gemäß § 1799 begründet werden; AN. **14** 373.

Die Abgabe einer Sache gemäß § 1799 ist unzulässig: wenn es sich um die Auslegung von Bestimmungen der Satzung einer KrK. handelt, ohne daß dabei eine nach Tragweite und Bedeutung zweifelhafte gesetzliche Vorschrift in Betracht kommt; AN. **17** 479, bei vermögensrechtlichen Ansprüchen der Kassenangestellten (§ 358 Abs. 2 ff.) jedenfalls dann, wenn es sich nicht um eine Entscheidung darüber handelt, ob unter Einhaltung einer Kündigungsfrist aus einem wichtigen Grunde gekündigt werden darf, denn in einem solchen Falle handelt es sich nicht um Erzielung und Erhaltung der Rechtseinheit, sondern lediglich um die Erschöpfung des dienstlichen Instanzenzugs vor Beschreitung des ordentlichen Rechtsweges; AN. **18** 180.

Die Abgabe einer Sache gemäß § 1799 ist zulässig: bei Wahlstreitigkeiten (§ 45 Abs. 3); AN. **15** 532, 533, bei Beschwerden über vom VA. ausgesprochene Beanstandungen der Nachweisungen über Familienhilfe nach dem früheren § 205d Abs. 2; AN. **23** 257, EuM. **15** 59, bei nicht vermögensrechtlichen Streitigkeiten aus dem Dienstverhältnis der Angestellten nach § 358 Abs. 1, da hier der ordentliche Rechtsweg ausgeschlossen ist und demzufolge die Rechtseinheit durch eine Entscheidung des RVA. tatsächlich gewährleistet wird; AN. **18** 183, im Falle des § 656 (Verhängung von Zwangsstrafen gegen Unternehmer, die die Betriebsanzeige versäumt oder unvollständig erstattet haben); AN. **22** 272, im Falle des § 1273 bei Streit über die Versagung der Invalidenrente während eines Heilverfahrens (§§ 1271, 1305); AN. **15** 598, im Falle des § 1640 (Zuständigkeitsstreit zweier VAer.); AN. **14** 740.

5. Bei Abgabe einer Sache an das RVA. gemäß § 1799 hat das OVA. seine Rechtsauffassung zu begründen; AN. **13** 520. Der Abgabebeschluß ist nebst Begründung den Parteien mitzuteilen; AN. **13** 751. Will der Vorsitzende der Beschlußkammer eine Sache, in der die Entscheidung durch die Beschlußkammer vorgeschrieben ist, gemäß §§ 1799, 1693 an das RVA. (LVAmt) abgeben, so kann er den Abgabebeschluß allein erlassen, falls nicht eine Partei die Entscheidung der Beschlußkammer verlangt oder in erster Instanz der Beschlußausschuß entschieden hat; (§ 1781 Abs. 3); AN. **27** 394. Der Beschluß, durch den die Beschlußkammer des OVA. eine Streitsache nach § 1799 abgibt, ergeht nur in den Fällen des § 42 Abs. 3 OVAO. auf Grund einer mündlichen Verhandlung; AN. **14** 450.

Das OVA. darf auch einen Teil einer aus § 97 VAO. erhobenen Beschwerde gemäß § 1799 abgeben, denn die Zusammenstellung der dem VA. zu erstattenden Barauslagen (§ 97 VAO.) besteht aus einer Reihe von Beträgen, von denen jeder aus einem besonderen Rechtsgrund angefordert wird; AN. **14** 676.

Bei Unzulässigkeit der Abgabe nach § 1799 ist der Abgabebeschluß der Beschlußkammer des OVA. durch einen mit Gründen versehenen Beschluß des Beschlußsenats aufzuheben und die Sache an das OVA. zurückzugeben; AN. **14** 454.

6. Die Zuständigkeit des RVA. nach § 1799 ist auch dann begründet, wenn es sich in einem Falle, in dem ein OVA. endgültig zu entscheiden hätte, um eine noch nicht festgestellte Auslegung gesetzlicher Vorschriften handelt, und ein Bezirk in Frage kommt, für den ein LVAmt besteht; AN. **14** 741, EuM. **2** 421 (Bay. LVAmt). Die Zuständigkeit des LVAmts nach § 1799 ist nur dann gegeben, wenn das OVA.

von einer amtlich veröffentlichten Entscheidung des LVAmts abweichen will; EuM. 9 40, **11** 359 (Bay. LVAmt).

§ 1800[1]. Wo ein Landesversicherungsamt besteht, entscheidet es in Beschlußsachen[2], wenn der Bezirk der beteiligten Versicherungsträger nicht über das Gebiet des Landes hinausreicht. Sonst entscheidet das Reichsversicherungsamt.

Soweit ein Versicherungsträger mitbeteiligt ist, für den nach Abs. 1 das Reichsversicherungsamt oder ein anderes Landesversicherungsamt zuständig ist, entscheidet das Reichsversicherungsamt.

Bek. v. 15. XII. 24 (RGBl. S. 679ff.).

1. Die Vorschrift betrifft, wie § 1708 Abs. 2 für Spruchsachen, so für Beschlußsachen den Regelfall, sie bezieht sich aber nicht auch auf die durch Sondervorschrift geregelten Fälle der §§ 1799, 1693 Abs. 1, 3; AN. **14** 742, sie gilt deshalb nur für die Beschwerdesachen, in denen das RVA. oder das LVAmt als oberste Beschluß- und Aufsichtsbehörde gemäß § 83 und § 105, nicht aber an Stelle des OVA. zu entscheiden hat; EuM. **11** 359 (Bay. LVAmt). Vgl. hierzu § 1799 Anm. 6.

2. § 1800 gilt für alle Beschlußsachen, nicht nur, wie aus der Überschrift vor § 1797 geschlossen werden könnte, für die Fälle der weiteren Beschwerde; AN. **12** 1200.

§ 1801[1]. Die Vorschrift des § 1716 über die Veröffentlichung grundsätzlicher Entscheidungen gilt auch für Beschlußsachen.

1. § 1801 bezieht sich auf alle Beschlußsachen — trotz der Überschrift vor § 1797 —, denn es können auch solche Entscheidungen des RVA. und der LVAer. grundsätzliche Bedeutung haben, die nicht auf weitere Beschwerde ergangen sind; AN. **12** 1200.

D. Kosten und Gebühren

I. Kosten des Verfahrens[1]

1. §§ 1802, 1803 beziehen sich auf die gerichtlichen Kosten des Verfahrens. Wegen der außergerichtlichen Kosten s. §§ 1670, 1679, 1698, 1701, § 1732 Abs. 2.

§ 1802[1]. Hat ein Beteiligter durch Mutwillen, Verschleppung oder Irreführung Kosten des Verfahrens[2] veranlaßt, so können die Versicherungsbehörden sie ihm ganz oder teilweise[3] auferlegen[4].

1. § 1802 gilt für das Spruchverfahren wie für das Beschlußverfahren; Begr. z. RVO. S. 518.

Vgl. die entsprechende Vorschrift des § 1634.

2. Die Kosten der Gerichtshaltung gehören nicht zu den Kosten des Verfahrens im Sinne des § 1802; AN. **05** 486.

3. Damit ist für die Spruchbehörde die Möglichkeit geschaffen, den Grad des Verschuldens zu berücksichtigen, der je nach den Umständen, insbesondere bei sachwidriger Beeinflussung durch unzuverlässige Ratgeber sehr verschieden sein kann; Begr. z. RVO. S. 519.

4. Festsetzung der Kosten in der ergehenden Entscheidung; § 32 VAO., § 46 OVAO., Beitreibung wie Gemeindeabgaben; § 46 OVAO., § 29 RVAO.

§ 1803. Im Verfahren vor dem Reichsversicherungsamte haben die Versicherungsträger für jede Spruchsache, an der sie beteiligt sind, eine Gebühr zu entrichten. Sie beträgt in der Regel 20 Reichsmark. In Beschlußsachen kann das Reichsversicherungsamt der unterliegenden Partei eine Gebühr von 10 bis 100 Reichsmark auferlegen [1]. Der Reichsarbeitsminister kann Ausführungsvorschriften erlassen und über die Beitreibung und die Niederschlagung von Gebühren Näheres bestimmen [2].

Abs. 1 gilt auch für das Verfahren vor den Landesversicherungsämtern. An die Stelle des Reichsarbeitsministers tritt die oberste Verwaltungsbehörde.

V. v. 15. III. 24 (RGBl. I S. 280).

1. Bei Aufsichtsbeschwerden gegen GBen. kann dem Beschwerdeführer eine Gebühr auferlegt werden; EuM. **16** 341.

Der Kläger kann zur Erstattung der Gebühr, die der VersTr. zu entrichten hat, weder nach § 1802, noch nach §§ 1670, 1701 verurteilt werden; AN. **27** 230, Breith. **18** 15.

2. Siehe die nachstehend abgedruckte Gebührenordnung für das RVA. vom 22. IV. 24 und hierzu die Bestimmungen des RVA. über die Ausführung der Gebührenordnung vom 21. VI. 24; AN. **24** 137.

Gebührenordnung für das Reichsversicherungsamt

Vom 22. April 1924 (RGBl. I S. 419).

Auf Grund des § 1803 Abs. 1 Satz 4 der Reichsversicherungsordnung in der Fassung der Verordnung über Änderungen des Verfahrens in der Sozialversicherung vom 15. März 1924 (RGBl. I S. 280) wird bestimmt:

§ 1. Die Verpflichtung zur Entrichtung der Gebühr für eine Spruchsache entsteht, sobald die Spruchsache durch Zurücknahme des Rechtsmittels oder des Antrags, durch Vergleich, durch Urteil oder durch eine endgültige Verfügung des Vorsitzenden gemäß §§ 1713, 1731 der Reichsversicherungsordnung erledigt ist.

§ 2. Die Gebühr für die einzelne Spruchsache beträgt 20 Goldmark. Ist eine Sache erledigt worden, bevor eine Verhandlung des Senats stattgefunden hat, so ermäßigt sich die Gebühr auf 10 Goldmark.

§ 3. Wird ein durch rechtskräftiges Urteil abgeschlossenes Verfahren wieder aufgenommen, so ist das neue Verfahren eine besondere Spruchsache im Sinne des § 1803 der Reichsversicherungsordnung.

§ 4. Sind an einer Spruchsache mehrere Versicherungsträger beteiligt, so haben sie die Gebühr zu gleichen Anteilen zu entrichten.

§ 5. Soweit die Gebühr vom Reichsfiskus zu entrichten ist, wird sie nicht erhoben [1]. Das gleiche gilt für den Reichsknappschaftsverein [2] (§ 166 Abs. 3 des Reichsknappschaftsgesetzes vom 23. Juni 1923, RGBl. I S. 431 [3]).

§ 6. Die für die Spruchsachen zu entrichtenden Gebühren werden beim Reichsversicherungsamt in einem Verzeichnis zusammengestellt. Die Mitteilung eines Auszugs aus diesem Verzeichnis an den beteiligten Versicherungsträger gilt als endgültige Feststellung der Gebührenschuld und als Aufforderung, den Gebührenbetrag binnen einem Monat an die in der Mitteilung angegebene Stelle zu zahlen.

§ 7. Die Entscheidung, ob, wann und in welcher Höhe in einer Beschlußsache eine Gebühr aufzuerlegen ist, wird in dem das Verfahren abschließenden Beschluß, oder, wenn dies unterblieben oder ein Verfahren auf andere Weise beendet worden ist, durch einen besonderen Beschluß getroffen. Hierbei ist die Lage des Einzelfalls, insbesondere die zu seiner tatsächlichen Aufklärung erforderlich gewesene Mühewaltung, die Höhe der dadurch entstandenen Kosten sowie die Bedeutung des Streitgegenstandes mit zu berücksichtigen.

§ 8. Zur Entrichtung der in einer Beschlußsache auferlegten Gebühr ergeht eine besondere Aufforderung unter Bestimmung der Zahlungsfrist.

§ 9. Nach fruchtlosem Ablauf der Zahlungsfrist (§§ 6, 8) erfolgt die Beitreibung der Gebühren auf Ersuchen des Präsidenten des Reichsversicherungsamts nach den landesrechtlichen Vorschriften über die Beitreibung öffentlicher Abgaben.

§ 10. Der Präsident des Reichsversicherungsamts ist befugt, eine Gebühr, die durch eine unrichtige Behandlung der Sache ohne Schuld der Beteiligten entstanden ist, niederzuschlagen. Er kann von der Einziehung absehen, wenn sie mit Kosten oder Weiterungen, die in keinem Verhältnis zu der Einnahme stehen, verknüpft ist.

1. Im Spruchverfahren aus Anlaß der Heilbehandlung eines Zugeteilten (§ 8 Abs. 5 RVG.) ist der KrK. keine Gebühr aufzuerlegen, da sie im Endergebnis (wegen Erstattung der Heilbehandlungskosten gemäß § 15 RVG.) den Reichsfiskus treffen würde; EuM. 23 258 (Erlaß des RAM. v. 2. V. 28).

2. Jetzt „Reichsknappschaft"; § 7 RKG. i. d. F. v. 1. VII. 26 (RGBl. I S. 369).

3. Jetzt § 202 Abs. 3 des RKG. i. d. F. v. 1. VII. 26 (RGBl. I S. 369).

II. Gebühren der Rechtsanwälte

§ 1804. Die Vergütung für die Berufstätigkeit[1] der Rechtsanwälte im Verfahren vor den Versicherungsbehörden bestimmt sich nach einer Gebührenordnung.

Die Gebührenordnung wird durch Verordnung[2] des Reichspräsidenten mit Zustimmung des Reichsrats und für das Verfahren vor dem Landesversicherungsamte von der Landesregierung erlassen.

Bek. v. 15. XII. 24 (RGBl. I S. 779ff.).

1. Für die Tätigkeit, die ein Rechtsanwalt im Verfahren vor den Versicherungsbehörden in eigener Sache entfaltet hat, kann er keine Gebühr fordern; EuM. 8 422 (Bay. LVAmt).

2. V., betr. die Gebühren der Rechtsanwälte im Verfahren vor den Versicherungsbehörden, v. 24. XII. 1911 (RGBl. S. 1094) in der Fassung der V. über Rechtsanwaltsgebühren im Verfahren vor den Versicherungsbehörden v. 14. XII. 1923 (RGBl. I S. 1198).

§ 1. Die Gebühren der Rechtsanwälte im Verfahren vor den Versicherungsbehörden werden in Goldmark[1] berechnet.

Für die Umrechnung einer in Reichswährung geleisteten Zahlung in Goldmark ist der letzte vor dem Eingang der Zahlung vom Reichsminister der Finanzen bekanntgegebene Goldumrechnungssatz (§ 2 der Durchführungsbestimmungen zur Aufwertungsverordnung vom 13. Oktober 1923, RGBl. I S. 951) maßgebend.

Die Vergütung für die Berufstätigkeit eines Rechtsanwalts beträgt im Verfahren vor einem Versicherungsamte 1 bis 30 Goldmark, einem Oberversicherungsamte 2 bis 50 Goldmark, dem Reichsversicherungsamte 3 bis 100 Goldmark.

Werden mehrere Streitfälle zu gemeinsamer Verhandlung und Entscheidung verbunden, so wird die Vergütung für die Instanz nur einmal gewährt.

§ 2. Für die Teilnahme an Beweisverhandlungen außerhalb des Sitzes der Versicherungsbehörden kann, wenn die Anwesenheit des Rechtsanwalts geboten war, außer der im § 1 bezeichneten Vergütung eine angemessene Entschädigung zugebilligt werden.

Die Kosten für Reisen zur mündlichen Verhandlung oder zu anderen Zwecken sowie sonstige Auslagen werden neben der im § 1 bezeichneten Vergütung nicht erstattet. Jedoch ist bei der Festsetzung dieser Vergütung innerhalb der dafür gezogenen Grenzen auch auf Schreibgebühren, Postgeld oder sonstige Auslagen Rücksicht zu nehmen.

§ 3[2].

1. Die Beträge in Goldmark sind jetzt in Reichsmark umgestellt; § 2 der Zweiten V. zur Durchführung des Münzgesetzes v. 12. XII. 24 (RGBl. I S. 775).

2. § 3 enthält Bestimmungen über das Inkrafttreten der V. zu gleicher Zeit mit dem Inkrafttreten der einzelnen Zweige der Reichsversicherung; sie sind jetzt bedeutungslos.

§ 1805. Eine Vereinbarung über höhere Beträge, als die Gebührenordnung vorsieht, ist nichtig.

Anhang I

Einführungsgesetz zur Reichsversicherungsordnung

Vom 19. VII. 11.

(RGBl. S. 839ff., ausgegeben den 1. VIII. 11.)

(Auszug)

Abschnitt A

I. Allgemeine Vorschriften

Art. 1. Die Reichsversicherungsordnung tritt, soweit es sich um die Maßnahmen zu ihrer Durchführung handelt, sofort in Kraft.

Art. 2. Die Vorschriften ihres Vierten Buches und die zu ihrer Durchführung erforderlichen anderen Vorschriften der Reichsversicherungsordnung treten mit dem 1. Januar 1912 in Kraft.

Mit diesem Tage wird der § 15 des Zolltarifgesetzes vom 25. Dezember 1902 (RGBl. S. 303) aufgehoben. Die angesammelten Beträge und Zinsen (Hinterbliebenenversicherungsfonds, Gesetz vom 8. April 1907, RGBl. S. 89) sind zu den Zuschüssen des Reichs für die Hinterbliebenenversicherung (§§ 1284, 1285 der Reichsversicherungsordnung) zu verwenden.

Art. 3. Die Verwaltung des Hinterbliebenenversicherungsfonds wird dem Reichskanzler (Reichsschatzamt) unter der Aufsicht der Reichsschuldenkommission übertragen. Das Gesetz, betreffend die Verwaltung des Reichsinvalidenfonds und des Hinterbliebenenversicherungsfonds, vom 1. Juni 1909 (RGBl. S. 469) tritt, soweit es sich auf den Hinterbliebenenversicherungsfonds bezieht, mit dem 1. Oktober 1911 außer Kraft.

Art. 4. Die Tage, mit denen die übrigen Vorschriften der Reichsversicherungsordnung in Kraft treten, werden durch Kaiserliche Verordnung[1] mit Zustimmung des Bundesrats festgesetzt.

Für die Zeit bis zum 31. Dezember 1914 kann der Bundesrat über die Amtsdauer der gegenwärtigen Vertreter der Unternehmer oder anderen Arbeitgeber sowie der Versicherten bei Versicherungsbehörden, unteren Verwaltungsbehörden und Versicherungsträgern nach Bedürfnis bestimmen. Dies gilt auch für die nichtständigen Mitglieder des Reichsversicherungsamts. Für die nichtständigen Mitglieder der Landesversicherungsämter steht diese Befugnis den obersten Verwaltungsbehörden zu.

1. Die auf Grund des Art. 4 Abs. 1 in Verbindung mit Art. 14 Abs. 1, Art. 17 und Art. 25 Abs. 1 EG. erlassene V., betreffend die Inkraftsetzung von Vorschriften der RVO., v. 5. VII. 12 (RGBl. S. 439; AN. 12 837) lautet:

„Art. 1. Die Vorschriften des Zweiten Buches der RVO. über die Errichtung, Ausgestaltung, Vereinigung, Ausscheidung, Auflösung und Schließung von KrKn. und das Verfahren dabei treten, soweit sie nicht schon in Kraft gesetzt worden sind, mit dem Tage der Verkündung dieser V., jedoch unter der Maßgabe in Kraft, daß die allgemeinen OrtsKrKn. und die LandKrKn. sowie solche Änderungen in der Organisation bestehender anderer Kassen, welche nicht durch die Vorschriften des Krankenversicherungsgesetzes bedingt sind, erst mit dem 1. I. 14 ins Leben treten.

Art. 2. Die Vorschriften der RVO. über Kassenvereinigungen der im § 414 der RVO. bezeichneten Art treten mit dem 1. IX. 12 in Kraft (vgl. hierzu Erl. des HM. v. 26. VIII. 12, HMBl. S. 471.).

Art. 3. Die Vorschriften des Dritten Buches und die zu ihrer Durchführung erforderlichen anderen Vorschriften der RVO. treten mit dem 1. I. 13 in Kraft (s. hierzu Erl. des HM. v. 15. VII. 12, HMBl. S. 396; AN. **12** 900).

Art. 4. Alle übrigen Vorschriften des RVO. treten, soweit sie nicht bereits vorher in Kraft gesetzt worden sind oder noch werden, mit dem 1. I. 14 in Kraft.

Art. 5. Alle bestehenden Gemeindekrankenversicherungen sind mit Ablauf des 31. XII. 13 zu schließen.

Art. 6. Alle bestehenden OrtsKrKn. für einzelne oder mehrere Gewerbszweige oder Betriebsarten oder allein für Mitglieder eines Geschlechts, sowie alle bestehenden BetriebsKrKn. und InnungsKrKn., welche nach den Vorschriften der RVO. zugelassen werden wollen, haben den Antrag auf Zulassung bei ihrem VA. spätestens bis zum Ablauf des 31. XII. 12 zu stellen.

Art. 7. Die den eingeschriebenen Hilfskassen nach § 75a des Krankenversicherungsgesetzes ausgestellten Bescheinigungen werden, soweit diesen Hilfskassen nicht bereits vorher als Versicherungsvereinen auf Gegenseitigkeit eine Bescheinigung nach § 514 Abs. 2 der RVO. erteilt worden ist, mit dem Ablauf des 30. VI. 14 ungültig."

Bestimmungen zur Durchführung des Zweiten Buches der RVO. sind enthalten in dem

Erl. des HM. und LM. v. 8. V. 12 (HMBl. S. 264) (Organisation der KrKn.),

Erl. des HM. v. 15. VII. 12 (HMBl. S. 394; AN. **12** 909) (Organisation der KrKn.),

Erl. des HM. und LM. v. 4. XI. 12 (HMBl. S. 539) (Organisation der KrKn.), abgeändert durch Erl. v. 18. I. 13 (HMBl. S. 43),

Erl. des HM. v. 15. VIII. 12 (HMBl. S. 455) (OrtsKrKn.),

Erl. des HM. v. 26. VIII. 12 (HMBl. S. 471) (Kassenvereinigungen).

Bestimmungen zur Durchführung des Dritten Buches der RVO. sind enthalten in dem

Erl. des MdöA. v. 25. X. 12 (HMBl. S. 545) (Bereich der Eisenbahnverwaltung),

Erl. des HM., LM., FM. und MdJ. v. 31. VIII. 12 (HMBl. S. 559; AN. **12** 1131) (landwirtschaftliche UV.),

Erl. des LM. v. 12. XI. 12 (HMBl. S. 558; AN. **12** 1130) (landwirtschaftliche UV.),

Erl. des HM., LM., MdJ. v. 31. VIII. 12 (HMBl. S. 486; AN. **12** 929) (durchschnittlicher Jahresarbeitsverdienst landwirtschaftlicher Arbeiter).

Art. 5. Mit diesen Tagen (Art. 2, Art. 4 Abs. 1) tritt, soweit dieses Gesetz nichts anderes vorschreibt, die Reichsversicherungsordnung an die Stelle der entsprechenden Vorschriften

des Krankenversicherungsgesetzes vom 15. Juni 1883 (RGBl. S. 73) in der Fassung vom 10. April 1892 (RGBl. S. 379) und der Gesetze vom 30. Juni 1900 (RGBl. S. 332) und vom 25. Mai 1903 (RGBl. S. 233), des Gesetzes, betreffend die Unfall- und Krankenversicherung der in land- und forstwirtschaftlichen Betrieben beschäftigten Personen, vom 5. Mai 1886 (RGBl. S. 132), B. Krankenversicherung,

des Gesetzes, betreffend die Abänderung der Unfallversicherungsgesetze, vom 30. Juni 1900 (RGBl. S. 573),

des Gewerbe-Unfallversicherungsgesetzes vom 30. Juni 1900 in der Fassung der Bekanntmachung vom 5. Juli 1900 (RGBl. S. 585),

des Unfallversicherungsgesetzes für Land- und Forstwirtschaft vom 30. Juni 1900 in der Fassung der Bekanntmachung vom 5. Juli 1900 (RGBl. S. 641),

des Bau-Unfallversicherungsgesetzes vom 30. Juni 1900 in der Fassung der Bekanntmachung vom 5. Juli 1900 (RGBl. S. 698),

des See-Unfallversicherungsgesetzes vom 30. Juni 1900 in der Fassung der Bekanntmachung vom 5. Juli 1900 (RGBl. S. 716),

des Invalidenversicherungsgesetzes in der Fassung der Bekanntmachung vom 19. Juli 1899 (RGBl. S. 463).

Art. 6. Die Vorschriften der Reichsversicherungsordnung über die Fristen gelten, vorbehaltlich des Abs. 2 und der Art. 85 bis 99, auch für die Fristen, deren Lauf vor den nach Artikel 2, 4 bestimmten Tagen begonnen hat, an diesen Tagen aber noch nicht vollendet ist [1].

Die Frist bestimmt sich nach dem alten Rechte, wenn sie danach länger ist als nach der Reichsversicherungsordnung [2].

Der Beginn der Fristen bestimmt sich nach dem alten Rechte [3].

1. In Fällen, in denen die Nachbringung rückständiger Beiträge nach § 146 IVG. nur für zwei Jahre, nach § 1442 RVO. dagegen für vier Jahre zulässig war, konnten nach dem 1. I. 12 Marken für vier Jahre rückwärts verwendet werden, auch wenn die zweijährige Frist des § 146 IVG. bereits abgelaufen war; AN. **13** 363. Auf Fristen, die nach der RVO. gleich lang sind wie nach dem bisherigen Rechte (z. B. Berufungs-, Rekurs-, Revisionsfrist), übt das Inkrafttreten der RVO. keinen Einfluß aus. Es beginnt nicht etwa eine neue Frist; Begr. z. EG. S. 23.

2. Der Anspruch des Arbeitgebers auf Rückgewähr irrtümlich entrichteter Beiträge zur IV. verjährte nach § 195 BGB. in 30 Jahren. Die zweijährige Verjährungsfrist des § 1446 Abs. 3 gilt nur für Beiträge, die nach dem 1. I. 12 entrichtet worden sind; AN. **12** 944.

3. Die erst durch die RVO. eingeführten Verjährungsvorschriften des § 147 wurden in sinngemäßer Anwendung des § 2 Abs. 2 StGB. auch für Ordnungsstrafen wegen Zuwiderhandlungen, die vor dem Inkrafttreten der RVO. begangen waren, für anwendbar erachtet. Die Verjährung begann mit dem Tage, an dem die Handlung begangen war; AN. **12** 1200.

II. Versicherungsbehörden

Art. 7. Soweit Vorschriften der Reichsversicherungsordnung in Kraft treten, bevor Versicherungsämter und Oberversicherungsämter bestehen, treten für die Aufgaben, die ihnen jene Vorschriften oder dieses Gesetz zuweisen,

bei Spruchsachen an Stelle der Versicherungsämter die unteren Verwaltungsbehörden und an Stelle der Oberversicherungsämter die Schiedsgerichte,

im übrigen die Behörden, welche die oberste Verwaltungsbehörde bestimmt.

Auch für diese Behörden gelten die in den folgenden Artikeln für Versicherungsämter und Oberversicherungsämter gegebenen Vorschriften.

Art. 8. Das Versicherungsamt zieht an Stelle der Versicherungsvertreter die Vertreter der Arbeitgeber und der Versicherten bei der untern Verwaltungsbehörde oder Rentenstelle (§§ 61, 81, 82 des Invalidenversicherungsgesetzes) zu.

Soweit sich der Bezirk einer vorhandenen Behörde (Artikel 7) nicht mit dem der entsprechenden Versicherungsbehörde deckt, bestimmt die oberste Verwaltungsbehörde über die Zuziehung von Vertretern oder Beisitzern das Nähere. Dasselbe gilt, wo anderen Behörden als den Schiedsgerichten für Arbeiterversicherung diese Aufgaben übertragen werden.

Art. 9. Auf Antrag beteiligter Krankenkassen kann das Versicherungsamt anordnen, daß zu seinen Beschlüssen über Herstellung und Änderung der äußeren und inneren Verfassung der Krankenkassen besondere Vertreter der Arbeitgeber und der Versicherten in gleicher Zahl gewählt werden. Die Wahl richtet sich nach den §§ 61 bis 63 des Invalidenversicherungsgesetzes. Jedoch kann das Versicherungsamt die Zahl der Vertreter nach dem Bedürfnis festsetzen; dabei sind nur die Orts-, Betriebs-, Bau- und Innungskrankenkassen und die Gemeindekrankenversicherungen wahlberechtigt.

Der Gemeindeverband (§§ 526, 527 der RVO.) bestellt einen oder mehrere Vertreter, um die Rechte der Gruppen wahrzunehmen, welche die Reichsversicherungsordnung neu in die Krankenversicherung einbezieht.

Die oberste Verwaltungsbehörde kann näheres anordnen.

Art. 10. Bei Annahme von Hilfskräften für die Versicherungsbehörden sollen geeignete Angestellte möglichst berücksichtigt werden, die bei den Versicherungsträgern infolge der Neuordnung entbehrlich werden.

Art. 11. Das Oberversicherungsamt tritt in Rechten und Pflichten an Stelle des Schiedsgerichts für Arbeiterversicherung. Die Akten sind an das Oberversicherungsamt abzugeben. Soweit das Gerät nicht Eigentum des Staates ist, zahlt er dafür eine angemessene Entschädigung. Bei Streit entscheidet ein Schiedsgericht nach §§ 1025ff. der Zivilprozeßordnung.

Die oberste Verwaltungsbehörde kann näheres anordnen.

Art. 12. Die Versicherungsanstalt hat dem Oberversicherungsamte die Beamten, die sie dem Schiedsgerichte für Arbeiterversicherung zur Verfügung gestellt hat, wenn es die oberste Verwaltungsbehörde anordnet, bis zum 1. April 1912 zu belassen.

Art. 13. Wird ein Landesversicherungsamt aufgehoben, so regelt der Reichskanzler mit Zustimmung der zuständigen obersten Verwaltungsbehörde den Übergang der Befugnisse auf das Reichsversicherungsamt.

Art. 14 bis **42** berühren die KV. (2. Buch),

Art. 43 bis **63** die UV. (3. Buch),

Art. 64 bis **84** die IV. (4. Buch).

III. Verfahren

Art. 85. Ist ein Verfahren an dem Tage, an dem die Vorschriften des Sechsten Buches der Reichsversicherungsordnung in Kraft treten, bereits anhängig, so wird es nach den bisher geltenden Vorschriften erledigt, soweit die Artikel 86 bis 99 nichts anderes vorschreiben.

Art. 86. Ist an dem im Artikel 85 bezeichneten Tage ein Verfahren, das nach § 58 (§ 65 Abs. 3, § 72 Abs. 2, 4, § 73 Abs. 1) des Krankenversicherungsgesetzes zu erledigen ist, bei der Aufsichtsbehörde einer Gemeindekrankenversicherung oder Krankenkasse anhängig, so ist die Sache an das Versicherungsamt abzugeben, wenn darüber noch nicht entschieden ist; für das weitere Verfahren gelten die Vorschriften der Reichsversicherungsordnung.

Art. 87. Die Vorschrift des Artikel 86 gilt auch für die Fälle, in denen

1. die Entscheidung an Stelle der Aufsichtsbehörde anderen Behörden übertragen ist (§ 58 Abs. 1 Satz 2, § 84 Abs. 3 des Krankenversicherungsgesetzes),

2. an dem im Art. 85 bezeichneten Tage nach

§ 136 Abs. 6 des Gesetzes, betreffend die Unfall- und Krankenversicherung der in land- und forstwirtschaftlichen Betrieben beschäftigten Personen, vom 5. Mai 1886,

§ 26 Abs. 2, § 27 des Gewerbe-Unfallversicherungsgesetzes,

§ 29, § 31 Abs. 2, § 32 des Unfallversicherungsgesetzes für Land- und Forstwirtschaft,

§§ 9, 11 des Bau-Unfallversicherungsgesetzes,

§ 30 Abs. 2, §§ 31, 156 des See-Unfallversicherungsgesetzes,

§ 23 Abs. 2 des Invalidenversicherungsgesetzes

ein Verfahren vor der Aufsichtsbehörde anhängig ist.

Art. 88. Für die erstmalige Feststellung von Leistungen der Unfallversicherung gelten die Vorschriften der Reichsversicherungsordnung, wenn an dem im Art. 85 bezeichneten Tage der Vorbescheid (§ 70 Abs. 1 des Gewerbe-Unfallversicherungsgesetzes, § 76 Abs. 1 des Unfallversicherungsgesetzes für Land- und Forstwirtschaft, § 37 Abs. 1 des Bau-Unfallversicherungsgesetzes, § 75 Abs. 1 des See-Unfallversicherungsgesetzes) noch nicht erteilt ist.

Das gleiche gilt für die Neufeststellung von Leistungen der Unfallversicherung nach Heilanstaltpflege.

Art. 89. Für die Neufeststellung von Leistungen der Unfallversicherung nach Änderung der Verhältnisse gelten die alten Vorschriften, wenn vor dem im Art. 85 bezeichneten Tage

dem Berechtigten die Unterlagen mitgeteilt worden sind, auf Grund deren die Rente gemindert oder entzogen werden soll, oder

der Anspruch auf Erhöhung oder Wiedergewährung der Rente angemeldet, oder

der Antrag auf Entscheidung bei dem Schiedsgerichte gestellt worden ist.

Art. 90. In Fällen, in denen

Leistungen der Unfallversicherung eingestellt werden sollen, weil das Recht auf den Bezug der Rente ruht, oder

eine Unfallrente durch Kapitalzahlung abgelöst werden soll,

sind die Vorschriften der Reichsversicherungsordnung anzuwenden, wenn der Versicherungsträger an dem im Art. 85 bestimmten Tage noch keinen Bescheid erteilt hat.

Das gleiche gilt für die Fälle, in denen der Träger der Unfallversicherung Heilanstaltpflege gewähren will.

Art. 91. Das Verfahren zur Feststellung des entschädigungspflichtigen Trägers der Unfallversicherung (§ 73 Abs. 2 des Gewerbe-Unfallversicherungsgesetzes, § 79 Abs. 2 des Unfallversicherungsgesetzes für Land- und Forstwirtschaft, § 37 Abs. 1 des Bau-Unfallversicherungsgesetzes, § 78 Abs. 2 des See-Unfallversicherungsgesetzes) richtet sich nach der Reichsversicherungsordnung, wenn der Antrag auf Entscheidung des Reichsversicherungsamts (Landesversicherungsamts) nach dem im Art. 85 bezeichneten Tage gestellt worden ist.

Das gleiche gilt für die Verteilung der Entschädigungslast unter mehrere Träger der Unfallversicherung (§ 85 des Gewerbe-Unfallversicherungsgesetzes, § 91 des Unfallversicherungsgesetzes für Land- und Forstwirtschaft, § 37 Abs. 1 des Bau-Unfallversicherungsgesetzes, § 89 des See-Unfallversicherungsgesetzes).

Art. 92. Der § 1608 Abs. 2 Satz 2 der Reichsversicherungsordnung ist nicht anzuwenden, wenn sich das neue Verfahren nach der Reichsversicherungsordnung, das frühere Verfahren aber nach den alten Vorschriften richtet.

Art. 93. Die Vorschrift des § 43 Abs. 2 des Unfallversicherungsgesetzes für Land- und Forstwirtschaft bleibt aufrechterhalten, solange nach dem im Art. 85 bezeichneten Tage auf dem Gebiete der Land- und Forstwirtschaft Streitigkeiten noch nach den alten Vorschriften im Verwaltungsstreitverfahren zu erledigen sind.

Art. 94. Hat die untere Verwaltungsbehörde oder Rentenstelle an dem im Art. 85 bezeichneten Tage in Sachen der Invalidenversicherung einen Antrag auf Bewilligung, Entziehung oder Einstellung der Leistungen noch nicht begutachtet, so wird die Sache an das Versicherungsamt abgegeben; das weitere Verfahren richtet sich nach der Reichsversicherungsordnung.

Das gleiche gilt in den Fällen des § 112 Abs. 3 des Invalidenversicherungsgesetzes, wenn die mündliche Verhandlung nachzuholen ist.

Art. 95. Das Verfahren bei Erstattung von Beiträgen (§§ 42 bis 44 des Invalidenversicherungsgesetzes) richtet sich nach den bisher geltenden Vorschriften, jedoch tritt von dem im Art. 85 bezeichneten Tage an das Versicherungsamt an die Stelle der unteren Verwaltungsbehörde oder Rentenstelle oder der von der obersten Verwaltungsbehörde bestimmten Behörde (§ 128 Abs. 1 des Invalidenversicherungsgesetzes).

Art. 96. Gegen Entscheidungen, die vor dem im Art. 85 bezeichneten Tage rechtskräftig geworden oder die im Verfahren nach den alten Vorschriften erledigt und nach diesem Tage rechtskräftig geworden sind, findet die Wiederaufnahme des Verfahrens nach der Reichsversicherungsordnung statt.

Art. 97. Zur Erledigung anhängiger Sachen, auf welche die alten Vorschriften anzuwenden sind, treten an die Stelle der Schiedsgerichte die Oberversicherungsämter nach ihrer Errichtung und an die Stelle der alten Senate die neugebildeten Senate des Reichsversicherungsamts (Landesversicherungsamts).

Art. 98. Die oberste Verwaltungsbehörde bestimmt, zu welcher Zeit das Oberversicherungsamt zum ersten Male nach § 1686 der Reichsversicherungsordnung aus seinem Bezirke die Ärzte auswählt, die es als Sachverständige nach Bedarf zuziehen will. Bis zu diesem Zeitpunkt werden die bisher gewählten Ärzte als Sachverständige auch zu denjenigen Sachen hinzugezogen, welche nach den Vorschriften der Reichsversicherungsordnung zu beurteilen sind.

Art. 99. Innerhalb der ersten fünf Jahre nach dem im Art. 85 bezeichneten Tage soll das Oberversicherungsamt die Sache nach den §§ 1693, 1799 der RVO. auch dann an das Reichsversicherungsamt (Landesversicherungsamt) zur Entscheidung abgeben, wenn es in Angelegenheiten der Krankenversicherung von einer Entscheidung des Reichsgerichts oder des höchsten Verwaltungsgerichts des Bundesstaats, in dem es seinen Sitz hat, abweichen will.

IV. Schlußvorschrift

Art. 100. Der Bundesrat kann noch andere Übergangsbestimmungen erlassen. Die Bestimmungen sind durch das Reichsgesetzblatt zu veröffentlichen und dem Reichstag bei seinem nächsten Zusammentritte zur Kenntnisnahme vorzulegen.

Abschnitt B

Art. 101 bis **103** berühren die KV. (2. Buch).

Art. 104. Soweit Gesetze oder andere Rechtsnormen[1] auf Vorschriften verweisen, welche die Reichsversicherungsordnung oder dieses Gesetz übernimmt, ändert oder aufhebt, treten an deren Stelle die entsprechenden Vorschriften der Reichsversicherungsordnung oder dieses Gesetzes.

1. „Rechtsnorm soll hier ebenso wie im Art. 2 EGBGB. allgemein jede Regel umfassen, die das Recht im objektiven Sinne aufstellt. Hierunter fallen namentlich auch die verschiedenen Beschlüsse des Bundesrats auf dem Gebiete der Arbeiterversicherung sowie die Staatsverträge über UV."; Begr. z. EG. S. 49.

Anhang II

Verordnung über Geschäftsgang und Verfahren der Versicherungsämter

Vom 24. XII. 11 (RGBl. S. 1107, ausgegeben den 28. XII. 11).

A. Einleitende Bestimmungen

Vorsitzende, Versicherungsvertreter und Hilfskräfte des Versicherungsamts

§ 1. Die ständigen Stellvertreter des Vorsitzenden des Versicherungsamts (§ 39 der Reichsversicherungsordnung) werden, soweit sie nicht bereits einen Diensteid geleistet haben, durch einen Beauftragten der obersten Verwaltungsbehörde, in deren Bezirke das Versicherungsamt seinen Sitz hat, vor dem Antritt ihres Amtes auf die gewissenhafte Erfüllung der Amtspflichten eidlich verpflichtet. Das gleiche gilt für den Vorsitzenden eines als selbständige Behörde errichteten Versicherungsamts (§ 38 der Reichsversicherungsordnung).

Die Versicherungsvertreter werden spätestens in der ersten Verhandlung, zu der sie zugezogen werden, von dem Vorsitzenden des Versicherungsamts auf die gewissenhafte Erfüllung ihrer Amtspflichten eidlich verpflichtet (§ 53 Abs. 1 der Reichsversicherungsordnung). § 51 Abs. 5 des Gerichtsverfassungsgesetzes gilt entsprechend. Die Verpflichtung gilt für die Dauer der Wahlzeit. Im Falle der Wiederwahl genügt die Verweisung auf die frühere Verpflichtung.

Der Vorsitzende verpflichtet die Hilfskräfte des Versicherungsamts, soweit sie nicht bereits einen Diensteid geleistet haben, eidlich auf die gewissenhafte Erfüllung der Amtspflichten.

Über die Verpflichtung ist eine Niederschrift aufzunehmen.

§ 2. Name und Wohnort des Vorsitzenden und seiner ständigen Stellvertreter sind in der Weise zu veröffentlichen, wie sie im Bezirke des Versicherungsamts für amtliche Bekanntmachungen der Verwaltungsbehörde üblich ist.

§ 3. Der Vorsitzende übt die unmittelbare Dienstaufsicht über die Hilfskräfte aus.

§ 4. Die Versicherungsvertreter haben dem Vorsitzenden anzuzeigen, wenn durch eine Änderung in ihren persönlichen Verhältnissen die Voraussetzungen ihrer Wählbarkeit (§ 47 der Reichsversicherungsordnung) wegfallen.

Werden dem Vorsitzenden von einem Versicherungsvertreter Tatsachen bekannt, die seine Wählbarkeit ausschließen oder eine grobe Verletzung seiner Amtspflicht darstellen (§ 52 der Reichsversicherungsordnung), so hat der Vorsitzende den Versicherungsvertreter zu den Sitzungen einstweilen nicht zuzuziehen. Vor der Enthebung vom Amte ist dem Versicherungsvertreter Gelegenheit zur Äußerung zu geben.

Spruchausschüsse und Beschlußausschuß

§ 5. Der Vorsitzende bildet die Spruchausschüsse und den Beschlußausschuß (§§ 56, 57 der Reichsversicherungsordnung).

Die Versicherungsvertreter für den Beschlußausschuß (§ 57 Abs. 2 der Reichsversicherungsordnung) werden schriftlich (durch einzusendende oder verdeckt abzugebende Stimmzettel) oder — sofern kein Widerspruch erfolgt — auf andere Weise (durch mündliche Abstimmung, Zuruf oder Handerheben) gewählt. Der Vorsitzende des Versicherungsamts leitet die Wahl. Bei Stimmengleichheit entscheidet das vom Vorsitzenden zu ziehende Los.

Über den Hergang der Wahl ist eine Niederschrift aufzunehmen. Bei Streit über die Wahl entscheidet das Oberversicherungsamt endgültig.

§ 6. Der Vorsitzende des Versicherungsamts setzt im voraus für jedes Kalenderhalbjahr, zum ersten Male für die Zeit bis 31. Dezember 1912, die Reihenfolge fest, in der die Versicherungsvertreter und ihre Stellvertreter (§§ 40, 46 der Reichsversicherungsordnung) zu den Verhandlungen der Spruchausschüsse (§§ 1656, 1771 a. a. O.) zugezogen werden. Dabei sind die allgemeinen Bestimmungen zu beachten, die das Oberversicherungsamt getroffen hat.

Versicherungsvertreter, die im Beschlußausschusse mitwirken, sind entsprechend seltener zu den Verhandlungen der Spruchausschüsse zuzuziehen.

Die Gründe, aus denen in Ausnahmefällen von der im Abs. 1 festgesetzten Reihenfolge abgewichen wird, sind in den Akten zu vermerken.

V. v. 14. XII. 23 (RGBl. I S. 1199).

Innerer Geschäftsgang

§ 7. Alle Entscheidungen, Beschlüsse, Anordnungen, Verfügungen, Ersuchen, Berichte usw. ergehen unter dem Namen des Versicherungsamts, und zwar, sofern sie von einem Spruchausschuß oder vom Beschlußausschuß ausgehen, unter zusätzlicher Bezeichnung des betreffenden Ausschusses.

§ 8. Der Vorsitzende führt die Geschäfte und Verhandlungen des Versicherungsamts, zeichnet die Verfügungen und Entscheidungen und vollzieht die Reinschriften — vorbehaltlich des § 10 dieser Verordnung. Er regelt, leitet und beaufsichtigt den Geschäftsgang bei dem Versicherungsamte.

Der Tag des Eingangs ist auf den eingehenden Schriftstücken zu vermerken.

§ 9. Im Falle der Behinderung des Vorsitzenden tritt an seine Stelle, vorbehaltlich des § 54 dieser Verordnung, der ständige Stellvertreter (§ 39 der Reichsversicherungsordnung).

Im übrigen bestimmt die oberste Verwaltungsbehörde das Nähere über die Vertretung des Vorsitzenden durch die ständigen Stellvertreter. Dabei ist dem Vorsitzenden die Befugnis vorzubehalten, im einzelnen Falle eine Amtshandlung selbst zu übernehmen.

Ausfertigungen und Abschriften. Vereinfachung des Geschäftsganges

§ 10. Ausfertigungen und Abschriften sind als solche zu bezeichnen[1].

Die Ausfertigungen werden am Schlusse mit dem Siegel des Versicherungsamts (§ 11 dieser Verordnung) versehen und entweder vom Vorsitzenden unterzeichnet oder, sofern dies von der obersten Verwaltungsbehörde zugelassen ist, von einem Bureau- oder Kanzleibeamten des Versicherungsamts in der Weise vollzogen, daß unter die einschließlich der Unterschrift gefertigte Abschrift gesetzt wird:

„Die Übereinstimmung dieser Ausfertigung mit der Urschrift wird hierdurch beglaubigt“,

und daß der Beamte diesen Zusatz unter Bezeichnung seiner Amtseigenschaft unterschreibt.

Die oberste Verwaltungsbehörde kann, soweit es sich nicht um Verfügungen mit entscheidendem Inhalt (§ 34 dieser Verordnung) handelt, anordnen oder genehmigen, daß und in welcher Form der Erlaß einfacher Verfügungen, insbesondere vorbereitender, prozeßleitender und ähnlicher Art, sowie die Vollziehung der Reinschriften durch einen Bureau- oder Kanzleibeamten geschehen darf.

1. Ordnungsvorschrift. Verstoß dagegen kein wesentlicher Verfahrensmangel, wenn die Parteien nach der Form der ihnen zugegangenen Mitteilung, die das Siegel des VA. und die Namensunterschrift des Vorsitzenden trägt, nicht darüber in Zweifel sein können, daß es sich um eine Urteilsausfertigung handele; AN. **21** 272.

Siegel. Geschäftssprache

§ 11. Das Versicherungsamt führt ein Siegel, das die Bezeichnung des Versicherungsamts unter Angabe seines Sitzes zu enthalten hat und im übrigen durch die für den Sitz des Versicherungsamts zuständige oberste Verwaltungsbehörde bestimmt wird.

Für die Geschäftssprache vor dem Versicherungsamte gelten die §§ 186 bis 193[1] des Gerichtsverfassungsgesetzes entsprechend[2]. Schriftstücke, die nicht in deutscher Sprache abgefaßt sind, brauchen nicht berücksichtigt zu werden.

1. Jetzt §§ 184—191 nach der Bek. v. 22. III. 24 (RGBl. I S. 299).

2. Wenn nicht sämtliche beteiligten Personen der fremden Sprache mächtig sind, ist die Zuziehung eines Dolmetschers geboten; AN. **95** 263. Der Kläger ist nicht ohne weiteres berechtigt, einen solchen selbst mitzubringen und hat nicht ohne weiteres Anspruch auf Ersatz der dadurch entstandenen Kosten; HbdUV. **2** 628.

Besondere Bestimmungen

§ 12. Für Versicherungsämter, die bei unteren Verwaltungsbehörden errichtet sind, gelten die §§ 2, 8, 9, 10 dieser Verordnung nicht. Die oberste Verwaltungsbehörde bestimmt das Nähere.

B. Ordnung des Verfahrens

I. Allgemeiner Teil

Antrag

§ 13. Die Anträge sind schriftlich oder mündlich zu stellen.

Wird ein Antrag mündlich gestellt, so ist darüber eine Niederschrift zu fertigen[1].

Die Anträge sollen[2] den Anspruch bestimmt bezeichnen[3], insbesondere den in Anspruch genommenen Träger der Versicherung[4] oder den beteiligten sonstigen Verpflichteten und den etwa erteilten Bescheid sowie die Tatsachen und Beweismittel[5] angeben, die zur Begründung des Anspruchs dienen.

1. Wird ein schriftlicher Antrag von dem zuständigen Beamten nicht aufgenommen, so ist es lediglich Beweisfrage, ob gleichwohl die mündliche Erklärung einen Antrag darstellt, oder ob der Antragsteller nach Belehrung durch den Beamten seinen Antrag als aussichtslos nicht weiterverfolgen wollte; AN. **01** 640, **06** 426, **16** 749.

2. Nur Sollvorschrift; AN. **19** 357.

3. Die Erklärung über den Anspruch wird wirksam in dem Zeitpunkte, in welchem sie der Behörde zugeht; EuM. **5** 275, 278.

4. Die Klage des Versicherten kann auch gegen mehrere KrKn. gerichtet werden, mit dem Antrage, die eine oder andere zu verurteilen; AN. **19** 357.

5. Dem Antrag auf Rückgabe eingereichter Urkunden nach Erledigung der Sache ist stattzugeben; es empfiehlt sich dann die Anfertigung und Zurückbehaltung einer beglaubigten Abschrift; HbdUV. 2 594, s. auch AN. 98 637 und Anm. 13 zu § 1613 RVO.

§ 14. Ist den im § 13 dieser Verordnung bezeichneten Erfordernissen nicht vollständig genügt, insbesondere der Antrag nicht hinreichend bestimmt, so hat das Versicherungsamt die Ergänzung zu veranlassen[1]. Es hat auch dahin zu wirken, daß die Parteien die angemessenen und sachdienlichen Anträge stellen.

1. Es ist Sache der zur Entgegennahme der Erklärungen des Antragstellers berufenen Behörde, zu prüfen, auf welche Leistungen der Berechtigte Anspruch erheben kann; AN. 16 747.

Vertretung der Parteien

§ 15. Die Schriftsätze müssen entweder von dem Antragsteller selbst oder seinem gesetzlichen Vertreter oder von einem Bevollmächtigten[1] unterzeichnet sein.

1. Im Bereiche des Spruchverfahrens der ArbVers. kann seitens der Beteiligten eine Vollmacht nur einer physischen Person erteilt werden. Die namentliche Bezeichnung des Bevollmächtigten in der Vollmacht ist nicht erforderlich, jedoch genügt nicht die bloße Bezeichnung eines Personenkreises (einer Gesellschaft, eines Vereins, Verbandes u. dgl.), wenn nicht die als Bevollmächtigter in Aussicht genommene, dem Personenkreis angehörige physische Person ohne weiteres mit Sicherheit festgestellt oder erkannt werden kann; AN. 22 433. Die auf ein „Amt" ausgestellte Vollmacht genügt nicht; der Amtmann wird dadurch zur Vertretung der Partei nicht berechtigt; EuM. 16 215. Erteilung einer Generalprozeßvollmacht zulässig; AN. 08 694.

Vgl. auch § 14 OVAO. Anm. 2.

§ 16. Die Beistände prozeßfähiger Personen, die mit diesen erschienen sind, sind neben den Parteien auf deren Verlangen zu hören.

§ 17. Die Prozeßfähigkeit[1] der Parteien, die Vertretungsbefugnisse sowie die Vollmachten sind von Amts wegen zu prüfen[2]. Der Vorsitzende hat darauf hinzuwirken, daß etwaige Mängel beseitigt werden.

1. Voraussetzung für die Verfolgung der Entschädigungsansprüche im Spruchverfahren der Arbeiterversicherung ist die Prozeßfähigkeit; sie ist ein Ausfluß der allgemeinen Geschäftsfähigkeit; maßgebend sind die Vorschriften des BGB. (§§ 104 ff.); EuM. 11 392.

2. Das Ergebnis der Prüfung ist aktenkundig zu machen. Bestehen Bedenken gegen die Prozeßfähigkeit, so hat der Vorsitzende den Sachverhalt aufzuklären und nötigenfalls den gesetzlichen Vertreter heranzuziehen oder die Bestellung eines Pflegers oder Vormundes bei dem zuständigen AG. zu beantragen; HbdUV. 2 596; s. auch § 18.

§ 18. Für nicht prozeßfähige Parteien ohne gesetzlichen Vertreter hat der Vorsitzende die Bestellung eines solchen (Vormundes oder Pflegers) zu veranlassen. Bis zu dessen Eintritt kann der Vorsitzende der Partei für das Verfahren einen besonderen Vertreter bestellen. Diesem stehen in dem Verfahren alle Parteirechte außer der Empfangnahme von Zahlungen zu.

Das gleiche gilt, wenn der Aufenthaltsort der Partei oder ihres gesetzlichen Vertreters unbekannt oder vom Sitze des Versicherungsamts weit entfernt ist.

Die nicht prozeßfähige Partei ist auf ihr Verlangen selbst zu hören.

Die Kosten des besonderen Vertreters gelten als Parteikosten (§ 1670 der Reichsversicherungsordnung, § 35 dieser Verordnung).

§ 19. Die Vollmacht[1] muß schriftlich[2] erteilt werden[3]. Ehegatten, Verwandte oder Verschwägerte der aufsteigenden Linie und volljährige Verwandte oder Verschwägerte der absteigenden Linie können auch ohne den Nachweis einer schriftlichen Vollmacht zur Vertretung zugelassen werden[4]. Dasselbe gilt von den im § 1663 Abs. 2 der Reichsversicherungsordnung bezeichneten Personen; indessen ist diesen die Nachbringung einer schriftlichen Vollmacht aufzugeben. Die Partei muß die Prozeßführung gegen sich gelten lassen, wenn sie auch nur mündlich Vollmacht erteilt oder wenn sie die Prozeßführung ausdrücklich oder stillschweigend genehmigt hat.

Die Vorschriften der Reichsversicherungsordnung über die Zurückweisung von Bevollmächtigten und Beiständen (§ 1663) gelten für das Verfahren vor dem Versicherungsamt auch außerhalb der Fälle, für die jene Vorschriften getroffen sind.

1. Die Vollmacht erlischt beim Tode des Vollmachtgebers; EuM. 8 372 (Bay. LVAmt). S. auch Anm. 6 zu § 128 RVO.

2. Bei Schreibunfähigen genügt Beglaubigung des Handzeichens durch eine öffentliche Behörde; HbdUV. 2 595. Mündliche Vollmacht genügt, wenn die Partei mit der Vertretung im Verfahren stillschweigend einverstanden gewesen ist; EuM. **15** 230.

3. Die Vollmacht kann nur physischen Personen erteilt werden, keiner juristischen Person, auch nicht einem Personenkreis; AN. **22** 433. S. weiter Anm. 1 zu § 15.

Wird die Vollmacht bemängelt, so hat das VA. über ihre Gültigkeit nach freiem Ermessen zu entscheiden. Gerichtliche oder notarielle Beglaubigung der Vollmacht ist regelmäßig nicht erforderlich; AN. **88** 280. Die Vollmacht berechtigt zur Erteilung von Vertretungsvollmacht; HbdUV. **2** 596, und grundsätzlich auch zum Abschluß von Vergleichen; AN. **88** 215. Ist Gesamtvollmacht erteilt, so kann Beibringung einer besonderen Vollmacht oder einer Abschrift der Gesamtvollmacht zu den Akten nicht verlangt werden; HbdUV. **2** 596.

4. Die Vorschrift bedeutet nur, daß die Erteilung einer Vollmacht an die genannten Personen vermutet wird. Für diese Vermutung ist aber kein Raum, wenn der Vertreter geschäftsunfähig ist und daher eine Vollmacht überhaupt nicht erteilen kann; EuM. **22** 127.

§ 19 schafft keine Vertretungsmacht, sondern überläßt es nur dem Ermessen des VA., bei nahen Angehörigen eines Antragstellers von dem Nachweis einer schriftlichen Vollmacht abzusehen. Die Verpflichtung, die Vertretungsmacht, sobald sie bestritten wird, zu prüfen und zu begründen, wird nicht berührt; EuM. 5 276, **9** 401, auch AN. **29** 44 (ABAB).

Die erfolgte Zulassung bewirkt aber, daß dem als Vertreter zugelassenen Angehörigen rechtswirksam für den Vertretenen zugestellt werden kann; EuM. **15** 232.

Andere Angehörige können ohne Vollmacht regelmäßig nicht zugelassen werden; AN. **86** 292.

Handelt es sich um Ansprüche einer Ehefrau, so ist die Zuziehung des Ehemannes nicht erforderlich; AN. **87** 351, **08** 560.

Keine Zulassung des Ehemanns auf Grund von § 19, wenn nach den Umständen anzunehmen ist, daß die Ehefrau mit der Vertretung durch den Ehemann nicht einverstanden ist; Breith. **1** 208, 293.

Die Vorschrift bezieht sich nicht auf Zustellungen; AN. **12** 892.

Beifügung von Abschriften

§ 20. In Streitsachen über Ansprüche, die das Versicherungsamt zu entscheiden hat, ist von den eingereichten Schriftstücken für jeden Gegner eine Abschrift beizufügen. Das Versicherungsamt kann jedoch die Einreichung von Abschriften der Schriftstücke erlassen. Wird eine Abschrift nicht eingereicht, so kann das Versicherungsamt die erforderlichen Abschriften anfertigen lassen und die Kosten dafür vom Antragsteller einziehen.

Mitteilung des Antrags an die Beteiligten

§ 21. In den im § 20 dieser Verordnung bezeichneten Streitsachen wird jedem Beteiligten[1] der Antrag[2] oder der wesentliche Inhalt des Antrags mit dem Anheimgeben mitgeteilt, binnen einer bestimmten Frist, die in der Regel nicht länger als zwei Wochen zu bemessen ist, eine Gegenerklärung abzugeben. Dabei ist darauf hinzuweisen, daß auch verhandelt und entschieden werden kann, wenn die Gegenerklärung nicht innerhalb der Frist abgegeben sei.

Die Frist zur Gegenerklärung kann auf Antrag verlängert werden.

1. Wer zu den Beteiligten gehört, bestimmt sich nach materiellem Rechte; AN. **14** 634, 639, **19** 288, 289. Im Spruchverfahren über Ersatzansprüche, die nach § 1531 RVO. gegen eine KrK. geltend gemacht werden, gehört der Versicherte zu den Beteiligten; AN. **19** 288, EuM. **12** 238 (Bay. LVAmt).

§ 21 findet auch bei Streitigkeiten nach § 1459 RVO. Anwendung; AN. **13** 483, EuM. **4** 313.

Bei Ersatzstreitigkeiten nach den § 1518 Abs. 2, § 1520 Abs. 2 RVO. gehört der Versicherte nicht zu den Beteiligten; AN. **14** 648.

2. Auch alle später eingehenden Parteischriftsätze sind mitzuteilen; AN. **99** 448, 449.

Akteneinforderung

§ 22. Wenn der Versicherungsträger oder der sonst Verpflichtete dem Versicherungsamte die Verhandlungen nicht gleichzeitig mit dem Antrag auf Entscheidung oder mit der Gegenerklärung eingereicht hat, so hat das Versicherungsamt sie unverzüglich einzufordern.

Die Vorverhandlungen umfassen die sämtlichen Schriftstücke über den Anspruch, die bei dem Versicherungsträger oder dessen Organen oder bei dem sonst Verpflichteten vorhanden sind, einschließlich derjenigen, die sich in Vorakten befinden oder etwa im Laufe des Verfahrens neu entstanden sind. Die neuen Schriftstücke sind auch ohne Auffordern unverzüglich nachzureichen.

Zuziehung Dritter

§ 23. Dritte[1], die an dem Ausgang des Verfahrens ein berechtigtes Interesse haben, können vom Versicherungsamt auf Antrag oder von Amts wegen zum Verfahren zugezogen[2] werden.

Solche Dritte sind auch ohne Zuziehung jederzeit berechtigt, dem Verfahren beizutreten[3], Ausführungen zu machen und Anträge zu stellen.

Sie sind im Falle der Zuziehung oder des Beitritts von dem Gange und dem Ausgang des Verfahrens in Kenntnis zu setzen.

1. Zu diesen Dritteln gehört im Streite zwischen dem angeblich Versicherten und der KrK. der Arbeitgeber; EuM. **8** 377 (Sächs. LVAmt).

In einem gegen mehrere KrKn. einheitlich durchgeführten Verfahren ist den beteiligten Kassen die Stellung als Partei einzuräumen, die Zuziehung der einen oder anderen Kasse als Beteiligte genügt nicht; EuM. 12 305.

2. Solche Dritte können auch von sich aus dem Verfahren beitreten; auch sind sie ferner bei der Zuziehung oder dem Beitritt von dem Gang und dem Ausgang des Verfahrens in Kenntnis zu setzen. Sie können Ausführungen machen und Anträge stellen. Dagegen sind sie nicht befugt, Rechtsmittel einzulegen, es sei denn, daß ihre Rechte durch den Ausgang der Sache unmittelbar berührt werden; AN. 20 284, 29 436.

Der Reichsfiskus kann nicht aus § 23 VAO., § 18 OVAO., sondern lediglich als streitgenössischer Nebenintervenient (§§ 66, 69 ZPO.) gegen ein auf Grund der §§ 8, 12, 15 RVG. gegen eine KrK. ergangenes Urteil Rechtsmittel einlegen; AN. 26 255. Der Beitritt als Nebenintervenient gilt nicht nur für die Instanz, zu der er erfolgt ist, sondern auch für die höheren Instanzen. Deshalb müssen dem Nebenintervenienten auch in der höheren Instanz die Schriftsätze der Parteien und Gutachten bekanntgegeben und das Urteil zugestellt werden; EuM. 27 297.

3. Dem zwischen einem Arbeitgeber oder Arbeitnehmer und einer KrK. anhängigen Verfahren über die Kassenzugehörigkeit des Arbeitnehmers kann eine andere KrK. mit dem Anspruch auf Feststellung ihrer Zuständigkeit nach Art eines Hauptintervenienten beitreten; AN. 30 211.

Klarstellung des Sachverhalts

§ 24. Für die Vorbereitung der Entscheidung und für die Klarstellung des Sachverhalts gilt § 1652 der Reichsversicherungsordnung auch in anderen als den dort vorgesehenen Fällen entsprechend.

§ 25 [1]. Sollen in oder außerhalb einer mündlichen Verhandlung Beweise erhoben, insbesondere Zeugen oder Sachverständige vernommen werden, so ist den Beteiligten eine Nachricht [2] über Zeit, Ort und Gegenstand der Beweisverhandlung mit dem Bemerken zuzustellen, daß ihnen die Anwesenheit bei der Vernehmung auf ihre Kosten freistehe.

Zwischen der Benachrichtigung und dem Tage der Beweisverhandlung soll in der Regel ein Zeitraum von mindestens drei Tagen liegen.

Die Beteiligten sind berechtigt, den Zeugen oder Sachverständigen oder einem anderen Beteiligten diejenigen Fragen vorlegen zu lassen, welche sie zur Aufklärung der Sache für dienlich halten. Der Vorsitzende kann ihnen gestatten, selbst Fragen zu stellen. Zweifel über die Zulässigkeit einer Frage entscheidet der Vorsitzende.

1. S. Anm. zu § 28.

2. Nichtbenachrichtigung der Beteiligten von einer Beweisaufnahme im Verfahren nach § 1459 Abs. 1 RVO. ist ein wesentlicher Mangel des Verfahrens; AN. 20 186.

§ 26. Der Vorsitzende kann das persönliche Erscheinen einer Partei zu einer Beweiserhebung [1] oder zum Zwecke einer solchen anordnen. In diesem Falle ist ihr zu eröffnen, daß ihr auf Verlangen dafür bare Auslagen [2] und Zeitverlust vergütet werden, und daß aus dem Nichterscheinen ungünstige Schlüsse für ihren Anspruch gezogen werden können [3].

1. Die eidliche Vernehmung einer Partei ist unzulässig; EuM. 24 225.

2. Auslagen, die ein VA. einer Partei für ihr ohne gesetzlichen Grund angeord-

netes persönliches Erscheinen erstattet, sind nicht erstattungspflichtige Barauslagen im Sinne des § 59 Abs. 2 RVO.; AN. **15** 387.

3. S. Anm. 1 zu § 42.

§ 27. Den Zeugen und Sachverständigen ist mit der Ladung der Gegenstand ihrer Vernehmung mitzuteilen. Aus besonderen Gründen, namentlich zur Herbeiführung einer unbeeinflußten, wahren Aussage, kann hiervon abgesehen werden. Die Gründe sind in den Akten zu vermerken.

§ 28. Über die Beweisaufnahme ist unter Zuziehung eines vereidigten oder durch Handschlag verpflichteten Schriftführers eine Niederschrift aufzunehmen.

Den Zeugen und Sachverständigen ist ihre niedergeschriebene Aussage unmittelbar nach der Vernehmung vorzulesen oder zur Durchsicht vorzulegen und Gelegenheit zur Berichtigung und Ergänzung zu geben. In der Niederschrift ist zu bemerken, daß sie vorgelesen oder vorgelegt und daß sie genehmigt ist oder welche Einwendungen erhoben sind.

§ 46 Abs. 2, § 47 Abs. 2 dieser Verordnung sind anzuwenden.

Über das Ergebnis eines Augenscheins außerhalb der mündlichen Verhandlung kann in einfacheren Fällen der Vorsitzende oder der von ihm beauftragte Versicherungsvertreter (§ 55 der Reichsversicherungsordnung) allein eine Feststellung zu den Akten bringen.

Abs. 1 bis 3 und § 25 gelten nicht für eine lediglich vorbereitende Befragung von Auskunftspersonen [1].

1. §§ 25—28 finden nur Anwendung, wenn der Vorsitzende des VA. eine förmliche Beweiserhebung für geboten erachtet; AN. **14** 703, 706. Zu vgl. auch § 32 OVAO. und die Anm. hierzu.

Unterbrechung des Verfahrens

§ 29 [1]. Die Vorschriften des § 239 Abs. 1, 2 und der §§ 241, 249 der Zivilprozeßordnung über die Unterbrechung des Verfahrens gelten entsprechend.

1. Vgl. § 21 OVAO. und die Anm. hierzu.

Mitteilung neuen Vorbringens und der Beweisergebnisse

§ 30. Vor der Entscheidung über zulässige und rechtzeitige Anträge soll den Beteiligten von erheblichem neuen tatsächlichen Vorbringen der Gegner und von Beweiserhebungen [1], die ohne ihre rechtzeitige (§ 25 Abs. 2 dieser Verordnung) Benachrichtigung in ihrer Abwesenheit stattgefunden haben, Kenntnis und Gelegenheit zur Äußerung binnen angemessener Frist gegeben werden.

1. Die versäumte Mitteilung des Ergebnisses einer Beweisaufnahme an einen Beteiligten in einem nach § 1459 Abs. 1 RVO. anhängigen Verfahren ist ein wesentlicher Mangel des Verfahrens; AN. **20** 186.

Entscheidung

§ 31. Das Versicherungsamt entscheidet innerhalb der erhobenen Ansprüche [1] nach freiem Ermessen [2].

1. Vor der Entscheidung muß festgestellt werden, welcher Anspruch erhoben ist; EuM. **7** 354 (Bay. LVAmt). Über den erhobenen Anspruch ist abschließend zu ent-

scheiden. Das über einen Anspruch ergehende Urteil muß in seinem entscheidenden Teile auf eine Verurteilung oder Abweisung lauten, darf aber die Entscheidung nicht von einer Bedingung abhängig machen; AN. (J. u. AV.) **91** 219, AN. **15** 558, EuM. **5** 392, ferner auch AN. **30** 44, 45 (AVAV.).

2. Die Entscheidung ist unter Berücksichtigung des gesamten Inhalts der Verhandlungen und des Ergebnisses einer etwaigen Beweisaufnahme nach freier Überzeugung zu treffen; EuM. **2** 115, 116 (Bay. LVAmt). In dem Urteile sind die Gründe anzugeben, welche für die richterliche Überzeugung leitend gewesen sind; EuM. **2** 116 (Bay. LVAmt); diese Gründe müssen solche sein, daß sich vernünftigerweise die richterliche Überzeugung darauf gründen kann; EuM. **15** 234. Bei der Auslegung klarer und eindeutiger Gesetzesvorschriften, mit denen keine andere Gesetzesvorschriften desselben Rechtsgebiets in Widerspruch stehen, ist ihr Wortlaut schlechthin maßgebend; AN. **28** 389. Eine an sich klare und eindeutige Gesetzesvorschrift, mit der aber andere Gesetzesvorschriften auf demselben Rechtsgebiet in Widerspruch stehen, ist nicht schlechthin nach ihrem Wortlaut, sondern nach ihrem, aus einer vergleichenden Betrachtung der verschiedenen Vorschriften zu entnehmenden Sinn und Zweck auszulegen; AN. **28** 390.

Parteibehauptungen können — allerdings mit besonderer Vorsicht — im Rahmen des Rechtes der freien Beweiswürdigung als Teile des Beweisergebnisses verwendet und zur Begründung der richterlichen Überzeugung verwertet werden; AN. **09** 473, EuM. **2** 305.

Das Recht der freien Beweiswürdigung gilt auch gegenüber den gesetzlichen Beweisregeln, die im Zivilprozesse hinsichtlich öffentlicher Urkunden anzuwenden sind; EuM. **14** 372 (Bay. LVAmt).

Im Verfahren über Ansprüche aus der Arbeiterversicherung gibt es keinen Grundsatz: in dubio pro reo oder in dubio mitius; EuM. **14** 378, **18** 185, **22** 215, oder in dubio pro aegroto; VG. **28** 109. Zu vgl. im übrigen § 1545 RVO. Anm. 2c.

Über freie Beweiswürdigung gegenüber ärztlichen Gutachten vgl. AN. **99** 449, **01** 404, **05** 413, **09** 494, 495, **10** 429, EuM. **2** 114, 267 (Bay. LVAmt), Breith. **17** 430, VG. **30** 13.

§ 32. In der Entscheidung werden die nach § 1802 der Reichsversicherungsordnung einem Beteiligten etwa auferlegten Kosten festgesetzt.

§ 33. Am Schlusse der Entscheidung, die über einen Anspruch ergeht — einschließlich der nach § 1657 der Reichsversicherungsordnung erlassenen Vorentscheidung —, ist darauf hinzuweisen, ob ein Rechtsmittel und zutreffendenfalls welches Rechtsmittel gegen sie gegeben und innerhalb welcher Frist und wo es einzulegen ist (§§ 128, 129, 1675, 1680, 1792, 1797 der Reichsversicherungsordnung)[1]. In Spruchsachen der Krankenversicherung ist ferner darauf hinzuweisen, daß das Oberversicherungsamt dem unterliegenden Teile eine Gebühr auflegt (§ 1803 der Reichsversicherungsordnung)[2].

1. Fehlen der Berufungsbelehrung in den Bescheiden der VersTr. oder der Beschwerdebelehrung in dem Bescheide des VA. gemäß § 1459 Abs. 1 RVO. setzt die Rechtsmittelfristen nicht in Lauf; AN. **04** 415, **20** 186.

2. Satz 2 ist durch die Aufhebung des früheren § 1803 (V. v. 15. III. 24, RGBl. I S. 280) gegenstandslos geworden.

§ 34. Entscheidungen, die durch ein Rechtsmittel anfechtbar sind, sind schriftlich niederzulegen und mit Gründen zu versehen; den Beteiligten sind sie mit den Gründen in Ausfertigung (§ 10 Abs. 2 dieser Verordnung) zuzustellen (§§ 135, 136 der Reichsversicherungsordnung).

§ 35. Für die Kostenentscheidung sowie für die Berichtigung und Ergänzung der Entscheidung sind die Vorschriften der Reichsversicherungsordnung (§§ 1670, 1673, 1674) auch außerhalb der darin vorgesehenen Fälle[1] entsprechend anzuwenden.

1. Die Erstattung außergerichtlicher Kosten kann auch im Beschlußverfahren zugebilligt werden; AN. **16** 726, **18** 445.

Akteneinsicht

§ 36. Die Beteiligten[1] können — vorbehaltlich der Vorschriften im § 1631 Abs. 2, § 1635 Abs. 2 der Reichsversicherungsordnung — Einsicht in die Akten nehmen und sich daraus gegen Erstattung der Kosten Ausfertigungen, Auszüge und Abschriften erteilen lassen. Der Vorsitzende[2] kann aus besonderen Gründen die Akteneinsicht versagen oder beschränken.

Dritten Personen kann der Vorsitzende des Versicherungsamts ohne Einwilligung der Parteien die Einsicht der Akten nur gestatten, wenn ein rechtliches Interesse glaubhaft gemacht wird.

Die Entwürfe zu Entscheidungen sowie Schriftstücke, die Abstimmungen betreffen, werden weder vorgelegt noch abschriftlich mitgeteilt.

V. v. 14. XII. 23 (RGBl. I S. 1199).

1. Ein Unternehmer oder eine Versicherungsgesellschaft, die dem Rentenstreitverfahren als Beteiligter beigetreten ist, hat Anspruch auf Akteneinsicht und Erteilung von Abschriften aus den Akten; AN. **13** 696.

Auch in dem Feststellungsverfahren vor den VersTr. sowie im Rekurs- und Revisionsverfahren darf den Beteiligten das Recht auf Akteneinsicht in dem durch § 36 VAO. und § 22 OVAO. geregelten Umfange nicht vorenthalten werden; AN. **20** 156.

Nach rechtskräftiger Erledigung des Streits besteht kein Anspruch mehr auf Akteneinsicht; HdbUV. **2** 593.

2. Der Vorsitzende entscheidet nach pflichtgemäßem Ermessen, ob, inwieweit und in welcher Weise den Beteiligten die Akteneinsicht zu gewähren ist; AN. **13** 550, EuM. **4** 340. Ein Anspruch auf Verabfolgung der Akten in die Wohnung oder in die Geschäftsräume oder auf Übersendung der Akten besteht für die Beteiligten und zwar auch für die VersTr. nicht; AN. **13** 550, EuM. **4** 340.

II. Besonderer Teil

I. Verfahren mit mündlicher Verhandlung

(§ 1618 Abs. 2, §§ 1626, 1660 bis 1674, 1771 bis 1775, 1781 Abs. 4 der RVO., § 61 dieser Verordnung.)

V. v. 14. XII. 23 (RGBl. I S. 1199).

1. Gemeinsame Vorschriften

Verhandlungsort

§ 37. Die mündliche Verhandlung findet in der Regel am Sitze des Versicherungsamts statt. Der Vorsitzende ist jedoch befugt, die Verhandlung an einem anderen Orte des Bezirkes des Versicherungsamts anzuberaumen; die oberste Verwaltungsbehörde kann näheres bestimmen.

Verhandlungszeit

§ 38. Von Ort und Zeit[1] der mündlichen Verhandlung sind die Parteien und die etwa zugezogenen oder einer Partei beigetretenen Beteiligten[2], soweit sie ein Recht zum Erscheinen haben, zu benachrichtigen[3], und zwar in der Regel durch eingeschriebenen Brief oder gegen Postzustellungsurkunde. Wird einer der Bezeichneten durch einen Bevollmächtigten vertreten, so wird dieser benachrichtigt; beide werden benachrichtigt, wenn das persönliche Erscheinen eines der Bezeichneten angeordnet ist. Sind mehrere Bevollmächtigte einer Partei vorhanden, so genügt die Zustellung an einen Bevollmächtigten. Ein Ausweis über die Zustellung soll zu den Akten gebracht werden.

1. Die Bezeichnung des Verhandlungstages darf nicht unklar sein; AN. **94** 331.

2. Die Versicherten, die als Beteiligte anzusehen sind, sind zuzuziehen; AN. **13** 482, **18** 446, EuM. **1** 364, **10** 322, **24** 154, 156; Nichtzuziehung kann von den Versicherten gerügt werden; EuM. **24** 154, 156. Von der Zuziehung der Berechtigten kann auch nicht abgesehen werden, wenn der Sachverhalt bereits geklärt ist und es sich nur um Rechtsfragen handelt; Breith. **17** 540 (ABAB.).

3. Es genügt, wenn aus den Akten irgendwie hervorgeht, daß die Partei die Benachrichtigung erhalten hat; Monatsschr. **13** 682. Die Benachrichtigung gilt auch dann als zugegangen, wenn die Annahme des eingeschriebenen Briefs, der die Benachrichtigung enthielt, vom Adressaten oder einem erwachsenen Familiengliede verweigert worden ist; EuM. **18** 191 (Sächs. LVAmt). Dagegen ist der Vorschrift nicht genügt, wenn der Brief als unbestellbar zurückgelangt ist; AN. **89** 189. Im Falle der Nichtermittlung des Aufenthalts des Adressaten s. § 136 Abs. 2 RVO.

In der Unterlassung der Benachrichtigung liegt ein wesentlicher Mangel des Verfahrens; AN. **13** 744, EuM. **5** 413 (Bay. LVAmt), **8** 385.

Vgl. auch § 24 OVAO.

§ 39. Zwischen der Mitteilung der Verhandlungszeit und dieser selbst soll regelmäßig im Spruchausschuß- und Beschlußausschußverfahren ein Zeitraum von mindestens einer Woche, im übrigen von mindestens drei Tagen liegen[1]. Die Gründe für eine Abweichung von der Regel sind aktenkundig zu machen.

1. Zwischen Empfang der Terminsbenachrichtigung durch die Parteien und dem Verhandlungstermine muß ein so ausreichender Zeitraum liegen, daß den Parteien die Möglichkeit zur Vorbereitung und Wahrnehmung des Termins gegeben ist. Unter Umständen reicht ein Zeitraum von 3 Tagen aus; EuM. **24** 131.

Das stillschweigende Übergehen eines mit Gründen versehenen Antrags auf Vertagung stellt einen wesentlichen Mangel des Verfahrens dar; AN. **11** 426.

§ 40. Die Parteien sind in der Mitteilung von der Verhandlungszeit darauf hinzuweisen, daß ihre Ansprüche von Amts wegen geprüft werden, daß ihr persönliches Erscheinen oder das Erscheinen eines Vertreters nicht erforderlich ist, und daß auch im Falle ihres Ausbleibens verhandelt und entschieden werden kann. In den Fällen der Begutachtung durch das Versicherungsamt (§ 1618 Abs. 2, § 1626 Abs. 1 der Reichsversicherungsordnung) ist darauf hinzuweisen, daß das Gutachten nach Lage der Akten werde erstattet werden. Bei der Anordnung des persönlichen Erscheinens einer Partei ist ihr zu eröffnen, daß ihr auf Verlangen bare Auslagen und Versäumnis vergütet werden (§ 1669 Abs. 1, § 1789 der Reichsversicherungsordnung), und daß aus dem Nichterscheinen ungünstige Schlüsse für ihren Anspruch gezogen werden können[1].

V. v. 14. XII. 23 (RGBl. I S. 1199).

1. Namentlich dahin, daß ein tatsächliches Verhältnis in einer bestimmten Richtung für festgestellt erachtet würde; AN. **87** 134. Die Annahme eines Rechtsbegriffs oder Rechtsverhältnisses darf nicht angedroht werden; AN. **87** 134, **92** (J. u. AV.) 53. Die Androhung ist nicht bindend; AN. **90** 486. Ein ungünstiger Schluß ist nur dann zulässig, wenn dies bei der Ladung ausdrücklich eröffnet worden ist; EuM. **12** 306 (Bay. LVAmt).

Das Ausbleiben der Partei rechtfertigt für sich allein noch nicht deren Abweisung; AN. **02** 512.

§ 41. Die Reihenfolge der Sachen, die zur mündlichen Verhandlung gelangen[1], wird durch den Vorsitzenden bestimmt und durch Aushang vor dem Sitzungszimmer bekanntgemacht; die Sachen werden nach Aufruf in der Regel in der Reihenfolge erledigt, wie sie der Aushang ergibt.

1. Über die Verbindung mehrerer Sachen zu gleichzeitiger Verhandlung und Entscheidung s. Anm. 1 zu § 28 OVAO.

Verhandlung

§ 42. Gegen Personen, die auf Grund des § 1664 der Reichsversicherungsordnung aus dem Sitzungszimmer entfernt worden sind, wird in gleicher Weise verfahren, wie wenn sie sich freiwillig entfernt hätten.

§ 43. Wird bei der Verhandlung ein Bevollmächtigter oder Beistand zurückgewiesen (§ 1622 Abs. 2, § 1663 der Reichsversicherungsordnung), ohne daß dies der Partei vorher rechtzeitig angedroht worden ist, so ist, falls die Partei nicht erschienen ist oder falls sie es beim Erscheinen auf Befragen beantragt, die Verhandlung auszusetzen und eine neue Verhandlungszeit anzuberaumen.

V. v. 14. XII. 23 (RGBl. I S. 1199).

§ 44. Die mündliche Verhandlung wird vom Vorsitzenden geleitet und beginnt mit der Darstellung des Sachverhalts durch ihn oder durch eine andere von ihm hierzu bestimmte, beim Versicherungsamte beschäftigte Person.

Demnächst sind die erschienenen Beteiligten zu hören. Der Vorsitzende hat das Sach- und Streitverhältnis mit ihnen zu erörtern und dahin zu wirken, daß sie über alle erheblichen Tatsachen sich vollständig erklären[1] sowie die angemessenen und sachdienlichen Anträge stellen.

Die Anträge können ergänzt, berichtigt oder geändert werden.

Der Vorsitzende hat den Versicherungsvertretern auf Verlangen zu gestatten, Fragen an die erschienenen Parteien, Parteivertreter, Beistände, Zeugen und Sachverständigen zu stellen. Zweifel über die Zulässigkeit der Fragen entscheidet der Vorsitzende.

Beschließt das Versicherungsamt eine Beweiserhebung, so soll die Aufnahme des Beweises, soweit dies tunlich ist, sofort erfolgen; insbesondere sollen Zeugen und Sachverständige, deren Vernehmung zweckdienlich erscheint, sofort vernommen werden, falls sie zur Stelle sind oder ihre unverzügliche Gestellung möglich ist.

1. Auch ein Irrtum im Beweggrund kann unter Umständen die Anfechtung einer prozessual erheblichen Parteierklärung (z. B. Klagerücknahme) gemäß § 119 BGB. begründen, dann nämlich, wenn der Beweggrund der Erklärung in erkennbarer Weise (z. B. nach Ausweis der Niederschrift) zum Gegenstand der Verhandlung gemacht worden ist und den Inhalt der Erklärung dergestalt beeinflußt hat, daß diese bei richtiger Erkenntnis der Dinge nicht abgegeben worden wäre; AN. **16** 457, **27** 20.

Niederschrift

§ 45. Über die mündliche Verhandlung ist auch außerhalb der im Gesetze vorgesehenen Fälle (§ 1622 Abs. 2, §§ 1626, 1672 der Reichsversicherungsordnung) durch einen vereidigten Schriftführer eine Niederschrift[1] aufzunehmen.

Sie enthält Ort und Tag der Verhandlung, die Bezeichnung der verhandelten Sache, gegebenenfalls die Bezeichnung des tagenden Spruch- oder Beschlußausschusses, ferner den Namen und Beruf des Vorsitzenden, des Vertreters der Arbeitgeber, des Vertreters der Versicherten und des Schriftführers sowie des etwa zugezogenen Dolmetschers unter Bezeichnung der Eigenschaft, in der sie mitwirken, schließlich die Namen der erschienenen Beteiligten, Vertreter und Beistände, sowie die Angabe, daß öffentlich verhandelt oder die Öffentlichkeit ausgeschlossen ist.

V. v. 14. XII. 23 (RGBl. I S. 1199).

1. Die Beobachtung der Förmlichkeiten wird durch die Niederschrift bewiesen; dazu gehört auch die Besetzung des Gerichts; Breith. **17** 418. Der die Beobachtung der Förmlichkeiten betreffende Inhalt der Niederschrift kann nur durch den Nachweis der Fälschung angefochten werden; AN. **94** 331. Nicht zu den Förmlichkeiten gehört die Protokollierung eines Vergleichs; hier Nachweis unrichtiger Protokollierung oder vorübergehender Geschäftsunfähigkeit zulässig; EuM. **2** 354, Breith. **2** 194.

Die Niederschrift erbringt Beweis dafür, was das Gericht gewollt hat; AN. **26** 277.

§ 46[1]. Die Niederschrift hat den Gang der Verhandlung im allgemeinen wiederzugeben. Insbesondere sind aufzunehmen

1. Erklärungen der Beteiligten, welche die Zurücknahme eines Antrags bezwecken, Anerkenntnisse, Verzichtleistungen und Vergleiche sowie andere Parteierklärungen, namentlich Geständnisse, deren Feststellung das Versicherungsamt beim Schlusse der mündlichen Verhandlung für angemessen erachtet,

2. solche Anträge und erhebliche Erklärungen der Beteiligten, die von dem Inhalt der Schriftsätze abweichen,

3. die Aussagen der Zeugen und Sachverständigen und die Feststellung, ob sie beeidigt sind oder nicht,

4. das Ergebnis eines Augenscheins,

5. die Entscheidungen des Versicherungsamts (Urteils- oder Beschlußformel, Inhalt der Verfügungen) und die Gutachten, die nach § 1618 Abs. 2, § 1626 Abs. 1 der Reichsversicherungsordnung zu erstatten sind,

6. die Verkündung der Entscheidungen, soweit dies vorgeschrieben ist (§ 1671 Abs. 1 der Reichsversicherungsordnung und § 51 dieser Verordnung).

Der Aufnahme in die Niederschrift steht die Aufnahme in eine Schrift gleich, die der Niederschrift als Anlage beigefügt, als solche vom Vorsitzenden und Schriftführer gekennzeichnet und in der Niederschrift aufgeführt ist.

V. v. 14. XII. 23 (RGBl. I S. 1199).

1. Vgl. § 30 OVAO. und die Anm. hierzu.

§ 47[1]. Die Niederschrift ist, soweit sie die Nummern 1 bis 3 des § 46 betrifft, den Beteiligten vorzulesen oder zur Durchsicht vorzulegen. In der Niederschrift ist zu bemerken, daß dies geschehen und die Genehmigung erfolgt ist oder welche Einwendungen erhoben sind.

Die Niederschrift ist von dem Vorsitzenden und dem Schriftführer zu unterzeichnen. Ist der Vorsitzende verhindert, so genügt die Unterschrift des Schriftführers. Die Tatsache der Verhinderung des Vorsitzenden ist in der Niederschrift zu vermerken.

1. Vgl. § 31 OVAO. und die Anm. hierzu.

2. Sonderbestimmungen für das Verfahren vor den Spruchausschüssen, vor dem Vorsitzenden im Falle des § 1661 der Reichsversicherungsordnung und vor dem Beschlußausschusse

a) Gemeinsames.

Verhandlung ohne vorausgegangenen Schriftwechsel

§ 48. In einfachen Fällen, namentlich dann, wenn das tatsächliche Verhältnis aus den Akten und Urkunden sich sofort feststellen läßt, kann alsbald Termin zur mündlichen Verhandlung anberaumt werden. Dem Gegner sind dann gleichzeitig mit der Terminsnachricht Abschriften des Antrags und der ihm noch nicht bekannten Beweisstücke mitzuteilen oder es ist ihm von dem wesentlichen Inhalt des Antrags und der Beweisstücke Kenntnis zu geben.

Mitwirkende an den Entscheidungen

§ 49. Bei den Entscheidungen dürfen nur Mitglieder mitwirken, vor denen die mündliche Verhandlung stattgefunden hat.

Beratung und Abstimmung

§ 50. Die Beratung und Beschlußfassung schließen sich unmittelbar an die mündliche Verhandlung an. Sie sind nicht öffentlich. Außer den zur Entscheidung Berufenen und dem Schriftführer dürfen nur die bei dem Versicherungsamte beschäftigten Personen zugegen sein, welchen der Vorsitzende des Versicherungsamts die Anwesenheit zu ihrer Ausbildung gestattet hat.

Bei der Abstimmung (§§ 1667, 1771, § 1790 Abs. 1 der Reichsversicherungsordnung) stimmen zunächst die Versicherungsvertreter, und zwar zuerst der dem Lebensalter nach jüngere. Die §§ 196, 197[1] des Gerichtsverfassungsgesetzes gelten entsprechend.

Die Abstimmung der einzelnen Mitglieder darf keinen schriftlichen Ausdruck finden.

über den Hergang bei der Beratung und über das Stimmenverhältnis ist zu schweigen.

1. Jetzt §§ 194, 195 nach der Bek. v. 22. II. 24 (RGBl. I S. 299).

Verkündung

§ 51. Die Entscheidungen (Urteile — § 1661, § 1671 Abs. 1 der Reichsversicherungsordnung —, Beschlüsse und Verfügungen), die auf Grund mündlicher Verhandlung ergehen, sind zu verkünden. Die Gründe werden verkündet, soweit dies für erforderlich gehalten wird.

§ 52. Die Verkündung der Entscheidung kann auf eine spätere Sitzung vertagt werden, die in der Regel sofort anzuberaumen ist und binnen einer Woche stattfinden soll.

Schriftliche Abfassung der Entscheidung

§ 53. Die Entscheidung wird schriftlich abgefaßt. Sie enthält eine gedrängte Darstellung des Sachverhalts unter Hervorhebung der Anträge (Tatbestand) und die Entscheidungsgründe (§ 34 dieser Verordnung); äußerlich davon zu sondern ist die Entscheidungsformel[1].

Im Eingang der Entscheidung sind die Beteiligten und ihre gesetzlichen Vertreter, das Versicherungsamt, der entscheidende Ausschuß, der Vorsitzende und — in der im § 45 Abs. 2 dieser Verordnung bezeichneten Reihenfolge — die Versicherungsvertreter, die an der Entscheidung teilgenommen haben, aufzuführen. Auch ist der Sitzungstag, an dem die Entscheidung ergangen ist, zu bezeichnen und anzugeben, ob mündlich verhandelt ist.

1. Diese Vorschrift, wonach die Entscheidungen eine von Tatbestand und Gründen getrennte Entscheidungsformel zu enthalten haben, ist zwingender Natur. Ihre Nichtbeachtung bildet einen wesentlichen Mangel des Verfahrens; AN. **15** 441.

§ 54. Die Urschrift der Entscheidung wird von dem Vorsitzenden, sofern er aber verhindert ist, für ihn von dem an Lebensjahren ältesten Beisitzer unterzeichnet[1].

1. Zu vgl. auch § 1671 Abs. 2 RVO. Die Vorschrift ist zwingend. Die Unterzeichnung muß mit vollem Namen geschehen; die Unterfertigung mit Handzeichen ist unzulässig und stellt einen wesentlichen Mangel des Verfahrens dar; EuM. **10** 375, auch AN. **21** 153, 154.

Erteilung von Ausfertigungen und Abschriften

§ 55. Die Ausfertigung der Entscheidung soll binnen zwei Wochen nach der Entscheidung den Beteiligten[1] oder ihren gesetzlichen Vertretern zugestellt werden.

Ist ein Beteiligter durch einen Bevollmächtigten vertreten, so ist diesem die Ausfertigung zuzustellen[2]. Sind mehrere Bevollmächtigte einer Partei vorhanden, so genügt die Zustellung an einen Bevollmächtigten.

1. Von diesen Beteiligten sind die zum Verfahren gemäß § 23 zugezogenen Dritten zu unterscheiden, letztere werden nur vom Ausgange des Verfahrens in Kenntnis gesetzt und können keine Rechtsmittel einlegen, es sei denn, daß ihre Rechte durch den Ausgang der Sache unmittelbar berührt werden; AN. **20** 284, **29** 436.

2. Hat eine Partei im Feststellungs- und Streitverfahren einen Prozeßbevollmächtigten bestellt, so müssen Zustellungen, die den Lauf von Verfahrensfristen bewirken, an den Bevollmächtigten erfolgen; AN. **19** 259. Vgl. auch Anm. 2 zu § 19.

b) Verhandlung vor den Spruchausschüssen und vor den Vorsitzenden im Falle des § 1661 der Reichsversicherungsordnung.

Verfahren beim Ausschlusse der Öffentlichkeit

§ 56. Das Verfahren beim Ausschlusse der Öffentlichkeit (§ 1660 Abs. 2, § 1671 Abs. 1 der Reichsversicherungsordnung) richtet sich nach den §§ 174[1] Abs. 2, 175[1] Abs. 1 des Gerichtsverfassungsgesetzes.

1. Jetzt §§ 173, 174 nach der Bek. v. 22. III. 24 (RGBl. I S. 299).

Verhandlungen außerhalb der Sitzung

§ 57. Verhandlungen außerhalb der Sitzung — insbesondere Beweisaufnahmen (§§ 25 bis 28 dieser Verordnung) — sind nicht öffentlich.

Form der Ausfertigungen der Urteile

§ 58. Die Ausfertigungen der Urteile (§ 55 dieser Verordnung) erhalten die Überschrift, die für die gerichtlichen Urteile vorgeschrieben (z. B. „Im Namen des Königs")[1] oder im Falle des § 36 Abs. 2 der Reichsversicherungsordnung von den beteiligten Landesregierungen vereinbart ist.

1. Jetzt „Im Namen des Volkes".

c) Verfahren in Sachen, die dem Beschlußausschusse überwiesen sind.

Entscheidungen des Vorsitzenden ohne die Versicherungsvertreter

§ 59. Verspätete und unzulässige Anträge können ohne Verhandlung des Beschlußausschusses durch eine mit Gründen versehene Verfügung des Vorsitzenden verworfen werden.

Der Antragsteller kann binnen einer Woche nach der Zustellung die Entscheidung des Beschlußausschusses anrufen. Die Verfügung muß darauf hinweisen.

§ 60. In anderen Fällen kann der Vorsitzende ohne Verhandlung des Beschlußausschusses eine Vorentscheidung[1] treffen. Die §§ 1657 und 1658 Reichsversicherungsordnung sind entsprechend anzuwenden.

1. Vgl. jedoch § 1781 Anm. 6.

Mündliche Verhandlung

§ 61. Soweit in einer Beschlußsache vor dem Beschlußausschusse zu verhandeln ist, kann der Vorsitzende mündliche Verhandlung anordnen[1].

1. Und zwar lediglich nach seinem freien Ermessen; AN. **19** 599.

Mitteilung an die Versicherungsvertreter

§ 62. Den Versicherungsvertretern, die an der Verhandlung mitwirken, ist, abgesehen von eiligen Fällen, mitzuteilen, welche Sachen verhandelt werden sollen.

II. Verfahren bei Entlassung eines der Dienstordnung unterstehenden Angestellten einer Krankenkasse oder eines Kassenverbandes (§ 358 Abs. 1 Satz 3, § 413 Abs. 2 Satz 1 der Reichsversicherungsordnung)

§ 63. Für das Verfahren bei Entlassung eines Angestellten einer Krankenkasse oder eines Kassenverbandes, welcher der Dienstordnung untersteht, gelten die Vorschriften über das Verfahren vor dem Beschlußausschusse sowie die §§ 13 bis 55, 59 bis 62 dieser Verordnung, soweit die §§ 64 bis 72 nichts anderes bestimmen.

Staatsanwaltschaft

§ 64. Nach Eingang des Antrags auf Entscheidung des Versicherungsamts (Beschlußausschusses) überreicht der Vorsitzende des Versicherungsamts die Akten der höheren Verwaltungsbehörde. Diese ernennt einen oder mehrere Beamte, die im Verfahren die Verrichtungen der Staatsanwaltschaft wahrzunehmen haben. Den Beamten der Staatsanwaltschaft sind die Akten, die auf das Verfahren Bezug haben, auf Verlangen jederzeit vorzulegen.

Vernehmung des Angestellten und Beweiserhebungen

§ 65. Der entlassene Angestellte ist unter Mitteilung der Anschuldigung vor den Vorsitzenden des Versicherungsamts zur Vernehmung vorzuladen und zu befragen, ob und zutreffendenfalls welche Beweiserhebungen (§§ 24 bis 28 dieser Verordnung) er vor der mündlichen Verhandlung beantragt.

Der Beamte der Staatsanwaltschaft und die Krankenkasse sind von den Zeiten der Vernehmung des Angestellten und der Beweiserhebungen zu benachrichtigen und befugt, ihnen beizuwohnen oder sich dabei vertreten zu lassen.

Die Zeugen sind auf Antrag des Beamten der Staatsanwaltschaft oder des Angestellten oder der Krankenkasse in der mündlichen Verhandlung zu vernehmen, wenn die Tatsachen, über die sie vernommen werden sollen, erheblich sind und das Versicherungsamt nicht die Überzeugung gewinnt, daß der Antrag nur auf Verschleppung der Sache abzielt. Der Antrag kann abgelehnt werden, wenn dem Erscheinen des Zeugen Krankheit, große Entfernung oder andere erhebliche Hindernisse entgegenstehen. Als große Entfernung im Sinne dieser Verordnung gilt es nicht, wenn der Zeuge sich im Bezirke des dem Versicherungsamt übergeordneten Oberversicherungsamts befindet.

Anschuldigungsschrift

§ 66. Der Beamte der Staatsanwaltschaft fertigt eine Anschuldigungsschrift an, sobald die Sache vorbereitet ist. Die Anschuldigungsschrift muß außer der Anschuldigung die ihr zugrunde liegenden Tatsachen und die Beweismittel enthalten. Der Beamte der Staatsanwaltschaft ist an die Auffassung der Krankenkasse und des Versicherungsamts nicht gebunden. Hält er die Anschuldigung nicht für begründet und wird die Entlassung nicht zurückgenommen (§ 70 Abs. 1 dieser Verordnung), so bringt er seine Auffassung in der Anschuldigungsschrift zum Ausdruck.

Mündliche Verhandlung

§ 67. Der Angestellte und die Krankenkasse werden unter Mitteilung einer Abschrift der Anschuldigungsschrift zur mündlichen Verhandlung in einer vom Vorsitzenden zu bestimmenden Sitzung des Versicherungsamts (Beschlußausschuß) geladen. Die Verhandlung ist nicht öffentlich (§ 1790 Abs. 1 der Reichsversicherungsordnung).

Der Beamte der Staatsanwaltschaft wird von der Sitzung benachrichtigt.

Auch in Abwesenheit der Beteiligten wird mündlich verhandelt.

§ 68. In der Ladung ist dem Angeschuldigten und der Krankenkasse mitzuteilen, daß und wie sie sich vertreten lassen können, und daß auch im Falle des Ausbleibens des Angestellten oder der Parteivertreter die Sache verhandelt und entschieden werde.

Ist nachgewiesen, daß ein Vertreter bestellt ist, so ist dieser in der gleichen Weise von der Sitzung zu benachrichtigen.

Ist das persönliche Erscheinen des Angeschuldigten angeordnet, so müssen die Ladung an ihn und die Nachricht an seinen Vertreter die Verwarnung enthalten, daß bei seinem Ausbleiben ein Vertreter zur Verteidigung nicht werde zugelassen werden.

§ 69. In der mündlichen Verhandlung wird der wesentliche Inhalt der Anschuldigung von Beamten der Staatsanwaltschaft mündlich vorgetragen.

Demnächst wird der Angeschuldigte vernommen.

Der Vorsitzende gibt, wenn dies nach den Erklärungen des Angeschuldigten noch erforderlich ist, auf Grund der Verhandlungen eine Darstellung der Beweisaufnahme, soweit sie sich auf die Anschuldigung bezieht.

Soweit der Beschlußausschuß es für erforderlich hält, werden sodann die anwesenden Zeugen und Sachverständigen vernommen.

Nach Abschluß der Beweisaufnahme werden der Beamte der Staatsanwaltschaft und der Vertreter der Krankenkasse mit ihren Anträgen, der Angeschuldigte und sein Vertreter mit der Verteidigung gehört.

Dem Angeschuldigten steht das letzte Wort zu.

Zurücknahme der Entlassung oder des Antrags

§ 70. Die Krankenkasse kann mit Genehmigung des Versicherungsamts sowie unter Zustimmung des Beamten der Staatsanwaltschaft und mit Einwilligung des Angeschuldigten die Entlassung jederzeit zurücknehmen.

Der entlassene Angestellte kann bis zur Verkündung der Entscheidung den Antrag auf Entscheidung über die gegen ihn verhängte Entlassung zurücknehmen.

Die Zurücknahme der Entlassung oder des Antrags hat die Einstellung des Verfahrens zur Folge. Dabei gilt § 1802 der Reichsversicherungsordnung.

Entscheidung

§ 71. Bei der Entscheidung hat das Versicherungsamt (Beschlußausschuß) nach seiner freien, aus dem Inbegriffe der Verhandlungen und Beweise geschöpften Überzeugung zu beurteilen, inwieweit die Anschuldigung für begründet zu erachten ist.

Ist die Anschuldigung nicht begründet, so hebt der Beschlußausschuß die Verfügung der Krankenkasse, welche die Entlassung ausspricht, auf und erklärt die Entlassung für unzulässig.

Ist die Anschuldigung begründet, so kann die Entscheidung auf Abweisung des Antrags oder unter Aufhebung der von der Krankenkasse ausgesprochenen Entlassung auf eine Ordnungsstrafe lauten, wie sie in der Dienstordnung vorgesehen ist.

Beschwerde

§ 72. Gegen die Entscheidung steht neben den Parteien auch dem Beamten der Staatsanwaltschaft das Rechtsmittel der Beschwerde zu; für die Berechnung der Beschwerdeschrift[1] gilt § 128 der Reichsversicherungsordnung.

1. Druckfehler im RGBl., richtig: „Beschwerdefrist".

III. Mitwirkung des Versicherungsamts im Verfahren der Invaliden- und Hinterbliebenenversicherung (§§ 1613 bis 1629 der Reichsversicherungsordnung)

Entgegennahme, Vorbereitung und Begutachtung der Anträge

§ 73. Den Anträgen auf die Leistungen der Invaliden- und Hinterbliebenenversicherung (§§ 1613, 1743[1], 1250ff. der Reichsversicherungsordnung)[2], die an das Versicherungsamt gerichtet werden[3], sind die zu ihrer Begründung dienenden Beweisstücke beizufügen, und zwar insbesondere die in den §§ 74 bis 80 dieser Verordnung bezeichneten Urkunden. Für die Gebühren- und Stempelfreiheit dieser Urkunden gelten die §§ 137, 138 der Reichsversicherungsordnung.

An Stelle der danach erforderlichen Sterbeurkunde[4] des Versicherten ist gegebenenfalls eine Erklärung der Gemeindebehörde über seine Verschollenheit beizubringen (§ 1265 der Reichsversicherungsordnung).

V. v. 14. XII. 23 (RGBl. I S. 1199).

1. § 1743 ist aufgehoben.
2. Handelt es sich um andere Leistungen der VersTr., wie das Heilverfahren nach § 1269 RVO. oder die Gewährung des Hausgeldes nach § 1271 RVO., so findet das Verfahren gemäß §§ 73ff. nicht statt; AN. **13** 477.
3. Im Rentenfeststellungsverfahren ist die vom Rentenbewerber behauptete Invalidität nicht von diesem zu beweisen, sondern von Amts wegen klarzustellen. Die Vorschriften über Beifügung der in den §§ 73, 74, 87 bezeichneten Bescheinigungen sind nur instruktioneller Natur, sie kommen in Betracht, wenn der Antragsteller schon im Besitze solcher Bescheinigungen ist oder sie sich ohne erhebliche Umstände und Kosten beschaffen kann; AN. **13** 739, 740. Dem mit seinem Rentenantrage durchdringenden Rentenbewerber sind die Kosten des von ihm beigebrachten ärztlichen Gutachtens von der LVAnst. zu erstatten; AN. **13** 557, EuM. **5** 252.
4. Der Nachweis des Todes von Kriegsteilnehmern kann auch auf andere Weise als durch standesamtliche Sterbeurkunde geführt werden; EuM. **4** 442.

§ 74. Beim Anspruch auf Invalidenrente sind vorzulegen die letzte Quittungskarte (bei Seeleuten das Seefahrtsbuch und etwa vorhandene Nachweisungen), die Bescheinigungen über Aufrechnung der früheren Quittungskarten, über Krankheitszeiten und militärische Dienstleistungen, soweit diese nicht in den Quittungskarten aufgerechnet sind, sowie zutreffendenfalls die Bescheinigungen über die vorgesetzliche Wartezeit (Art. 64, 66 des Einführungsgesetzes zur Reichsversicherungsordnung) und die Bescheinigungen der Sonderanstalten (§ 1370 der Reichsversicherungsordnung).

Beizufügen ist auch eine ärztliche, behördliche oder andere zuverlässige Bescheinigung über Ursache und Dauer der Invalidität[1].

Wird Erhöhung der Invalidenrente nach § 1291 der Reichsversicherungsordnung beantragt, so sind außerdem die Geburtsurkunden der Kinder vorzulegen.

Wenn der Antragsteller auch Beiträge zur Angestelltenversicherung entrichtet hat, sind auch die zum Nachweis dieser Beitragsleistung erforderlichen Urkunden (Versicherungskarten, Ersatzscheine gemäß § 172 des Versicherungsgesetzes für Angestellte in der Fassung des Gesetzes vom 10. November 1922[2], Bescheinigungen von Ersatzkassen) vorzulegen.

V. v. 14. XII. 23 (RGBl. I S. 1199).

1. Vgl. § 73 Anm. 3.
2. Jetzt § 170 AVG. in der Fassung der Bek. v. 28. V. 24 (RGBl. I S. 563).

§ 75. Beim Anspruch auf Altersrente[1] sind außer den im § 74 Abs. 1 dieser Verordnung bezeichneten Urkunden der Geburtsschein und gegebenenfalls die Bescheinigungen über die vorgesetzliche Wartezeit (Art. 65[2], 66 des Einführungsgesetzes zur Reichsversicherungsordnung) vorzulegen.

1. Jetzt Invalidenrente nach Vollendung des 65. Lebensjahres (§ 1255 Abs. 1 RVO.).
2. Art. 65 ist aufgehoben.

§ 76. Beim Anspruch auf Witwenrente sind, soweit der Verstorbene nicht bereits Invalidenrente bezogen hat, dessen letzte Quittungskarte und die im § 74 Abs. 1 dieser Verordnung bezeichneten Bescheinigungen sowie die Heirats- und Sterbeurkunde[1] vorzulegen.

§ 74 Abs. 2 gilt, abgesehen von dem Fall des § 1743 der Reichsversicherungsordnung[2], entsprechend.

1. Vgl. § 73 Anm. 4.
2. § 1743 RVO. ist aufgehoben.

§ 77. Beim Anspruch auf Witwerrente sind vorzulegen die letzte Quittungskarte sowie die Bescheinigungen über Aufrechnung der früheren Quittungskarten und über nicht schon aufgerechnete Krankheitszeiten der Verstorbenen, ferner die Heirats- und Sterbeurkunde[1], eine Bescheinigung der Gemeindebehörde über die Bedürftigkeit des Witwers, endlich auch eine Bescheinigung der Gemeindebehörde des letzten Wohnorts der Verstorbenen darüber, daß diese wegen Erwerbsunfähigkeit ihres Ehemanns die Ernährerin ihrer Familie gewesen ist.

1. Vgl. § 73 Anm. 4.

§ 78[1]. Beim Anspruch auf Witwengeld sind außer den im § 76 Abs. 1 dieser Verordnung bezeichneten Beweisstücken die letzte Quittungskarte der

Antragstellerin selbst sowie die Bescheinigungen über die Aufrechnung ihrer früheren Quittungskarten und über ihre Krankheitszeiten vorzulegen.

1. Wegen Beseitigung des Witwengeldes (§ 1250 RVO.) gegenstandslos geworden.

§ 79. Beim Anspruch auf Waisenrente sind vorzulegen die Geburtsurkunden der Waisen (§ 1259 der Reichsversicherungsordnung in der Fassung des Gesetzes vom 13. Juli 1923), die etwa vorhandenen Bestallungen der Pfleger oder Vormünder, ferner die zur Begründung des Anspruchs erforderlichen Heirats- und Sterbeurkunden[1], gegebenenfalls die zum Nachweis der Verwandtschaft, der Ehelichkeitserklärung, der Annahme an Kindes Statt und der Feststellung der Vaterschaft erforderlichen Urkunden, die letzte Quittungskarte des Verstorbenen und die im § 74 Abs. 1 dieser Verordnung bezeichneten, den Verstorbenen betreffenden Bescheinigungen.

Außerdem sind beizufügen[2]

1. bei einem Anspruch nach §§ 1260, 1262 der Reichsversicherungsordnung eine Bescheinigung der Gemeindebehörde über die Bedürftigkeit der Waisen sowie die am Schlusse des § 77 dieser Verordnung bezeichnete Bescheinigung der Gemeindebehörde,

2. bei einem Anspruch nach § 1261 Abs. 1 der Reichsversicherungsordnung eine Bescheinigung der Gemeindebehörde des Wohnorts der Verstorbenen darüber, daß, seit wann und aus welchem Grunde sich der Ehemann von der häuslichen Gemeinschaft ferngehalten und seiner väterlichen Unterhaltspflicht entzogen hat sowie eine Bescheinigung der Gemeindebehörde über die Bedürftigkeit der Waisen,

3. bei einem Anspruch nach § 1261 Abs. 2 der Reichsversicherungsordnung eine Bescheinigung der in Nr. 2 bezeichneten Gemeindebehörde darüber, daß und seit wann der Vater sich seiner Unterhaltspflicht entzogen hat sowie eine Bescheinigung der Gemeindebehörde über die Bedürftigkeit der Waisen.

V. v. 14. XII. 23 (RGBl. I S. 1199).

1. Vgl. § 73 Anm. 4.
2. Nrn. 1 bis 3 infolge Neufassung der §§ 1259 bis 1262 durch das G. v. 25. VI. 26 (RGBl. I S. 311) gegenstandslos geworden.

§ 80[1]. Beim Anspruch auf Waisenaussteuer sind die Geburtsurkunden der Waisen, etwa vorhandene Bestallungen der Pfleger oder Vormünder und die im § 78 dieser Verordnung bezeichneten Urkunden vorzulegen.

1. Wegen Beseitigung der Waisenhaussteuer (§ 1250 RVO.) gegenstandslos geworden.

§ 81. Das Versicherungsamt hat die Vollständigkeit der vorgelegten Beweisstücke zu prüfen und dahin zu wirken, daß fehlende Beweisstücke nachgeliefert werden[1]. Dabei sind die Vorschriften über Gebühren- und Stempelfreiheit (§§ 137, 138 der Reichsversicherungsordnung) zu beachten. Die nicht offensichtlich begründeten oder unbegründeten Anträge sind tunlichst in persönlicher Verhandlung mit dem Antragsteller zu erörtern.

Sodann sind die Verhandlungen unverzüglich an die Landesversicherungsanstalt zu senden.

Kommt jedoch nach den vorgelegten Beweisstücken im Falle der Wanderversicherung die Erfüllung der Wartezeit in der Angestelltenversicherung in Frage, so sind die Verhandlungen unmittelbar an die Reichsversicherungsanstalt für Angestellte zu senden.

V. v. 14. XII. 23 (RGBl. I S. 1199).

1. Vgl. § 73 Anm. 3. Die Unterlassung der Einholung eines ärztlichen Gutachtens über den Zustand des Rentenbewerbers durch das VA. ist ein wesentlicher Mangel des Verfahrens, der das OVA. zur Zurückverweisung der Sache an die LVAnst. berechtigt; AN. **13** 675.

Stillschweigen eines Rentenbewerbers auf die Aufforderung zur Einreichung von Unterlagen bedeutet noch keine Zurücknahme des Rentenantrags; AN. **27** 253 (AV.).

§ 81a. Wird die Sache von der Landesversicherungsanstalt an das Versicherungsamt zur Begutachtung abgegeben oder hat der Antragsteller die Begutachtung der Sache durch das Versicherungsamt verlangt (§ 1613 Abs. 4 der Reichsversicherungsordnung), so gelten die §§ 82 bis 91.

V. v. 14. XII. 23 (RGBl. I S. 1199).

§ 82. Das Versicherungsamt hat festzustellen, ob der Antragsteller bereits früher Anträge auf Gewährung von Leistungen der Unfall-, Invaliden- und Hinterbliebenenversicherung oder der Angestelltenversicherung gestellt hat und welche Bescheide ihm erteilt worden sind.

Das Versicherungsamt hat von den betreffenden Versicherungsträgern die Akten und Belege einzufordern (die Quittungskarten, die etwa vorhandenen Verhandlungen über Streit wegen der Versicherungspflicht, über Beitragsüberwachung, über Heilbehandlung, über frühere Invalidenrenten-, Altersrenten- und Hinterbliebenenansprüche sowie die etwa vorhandenen Unfall- und Krankenkassenakten usw.).

V. v. 14. XII. 23 (RGBl. I S. 1199).

§ 83. Die Aufklärung des Sachverhalts (§ 1617 der Reichsversicherungsordnung) hat sich bei Bedenken über die Versicherungspflicht insbesondere auf folgendes zu erstrecken,

1. ob und gegebenenfalls welche Familienbeziehungen zwischen dem Arbeitgeber und dem Versicherten bestehen oder bestanden haben,
2. ob der Versicherte erst im vorgeschrittenen Alter in die Versicherung eingetreten ist oder nur verhältnismäßig wenig Beiträge geleistet sind, aus welchen Gründen dies geschehen ist, und wie seine wirtschaftlichen Verhältnisse vor und während der Versicherungszeit gewesen sind. Hierbei ist zum Ausdruck zu bringen, ob die Feststellung über die wirtschaftlichen Verhältnisse auf den eigenen Angaben des Antragstellers, auf der Kenntnis und den Wahrnehmungen des Versicherungsamts oder auf welchen anderen Erhebungen beruht.

§ 84. Bei der Frage nach der Erwerbsunfähigkeit (§ 1255 Abs. 2, 3, § 1258 Abs. 2, 3 der Reichsversicherungsordnung) ist der Beginn der Erwerbsunfähigkeit tunlichst genau zu ermitteln, namentlich dann, wenn davon die Erfüllung der Wartezeit abhängt, oder wenn sich die Erwerbsunfähigkeit infolge von Alterserscheinungen oder schleppenden Krankheiten allmählich herausgebildet hat.

Dabei ist unter Berücksichtigung des Schlußsatzes im § 83 dieser Verordnung festzustellen, ob der Versicherte in den letzten Jahren die Arbeit wegen Krankheit hat aussetzen müssen, ob er das Arbeiten freiwillig aufgegeben oder ob der Arbeitgeber ihn wegen mangelnder Arbeitsfähigkeit entlassen hat, ob, unter welchen Verhältnissen und namentlich gegen welche Vergütung er etwa noch Arbeiten verrichtet.

§ 85[1]. Bei der Frage nach der Bedürftigkeit (§§ 1260 bis 1262, 1617 Abs. 2 der Reichsversicherungsordnung) ist unter Berücksichtigung des Schlußsatzes im § 83 dieser Verordnung festzustellen, wie die Lebens- und Wirtschafts-, die Erwerbs- und die sonstigen Einkommensverhältnisse des Rentenbewerbers sind, insbesondere, ob und zutreffendenfalls welche unterstützungspflichtigen Personen vorhanden sind und ihrer Unterstützungspflicht ausreichend nachkommen.

1. Kommt nurmehr für den Anspruch auf Witwerrente gemäß § 1261 in der neuen Fassung des G. v. 25. VI. 26 (RGBl. I S. 311) in Frage. Die §§ 1260 und 1262 (n. F.) scheiden hier aus.

§ 86. Bei Invaliden-, Witwen- und Witwerrentenansprüchen ist von einer ärztlichen Untersuchung und Begutachtung des Rentenbewerbers (§ 1617 Abs. 3, § 1619, § 1622 Abs. 2 der Reichsversicherungsordnung) dann abzusehen, wenn sich klar ergibt, daß

1. die Wartezeit nicht erfüllt oder die Anwartschaft erloschen ist,
2. weder eine Versicherungspflicht noch eine Versicherungsberechtigung vorgelegen hat,
3. ein Antrag auf Invaliden- oder Witwenrente ohne die nach § 1635 der Reichsversicherungsordnung erforderliche Bescheinigung wiederholt wird,
4. der Witwer nicht bedürftig ist (§ 1260 Abs. 1[1] der Reichsversicherungsordnung).

1. Jetzt § 1261 (n. F.), s. § 85 Anm. 1.

§ 87. Von einer ärztlichen Untersuchung und Begutachtung (§ 1617 Abs. 3, § 1619, § 1622 Abs. 2 der Reichsversicherungsordnung) kann in der Regel abgesehen werden, wenn

1. die Erwerbsunfähigkeit durch einen Unfall herbeigeführt ist und der Verletzte eine Unfallrente erhält (§ 1522[1] der Reichsversicherungsordnung),
2. ein Antrag auf Invalidenrente, der bei Anerkennung der Erwerbsunfähigkeit wegen Nichterfüllung der Wartezeit zurückgewiesen worden war, wiederholt wird, ohne daß ein Anhalt dafür vorliegt, daß der Rentenbewerber seit der letzten Ablehnung infolge Besserung seines Körperzustandes wieder erwerbsfähig gewesen ist,
3. der Antragsteller eine Altersrente[2] bezieht und schon auf andere Weise als durch ärztliche Begutachtung die Erwerbsunfähigkeit glaubhaft festgestellt ist,
4. augenscheinlich erkennbar oder in einem Heilverfahren oder in anderer Weise glaubhaft nachgewiesen ist, daß Erwerbsunfähigkeit nicht vorliegt, oder daß und seit wann dauernde Erwerbsunfähigkeit eingetreten ist.

1. Jetzt § 1311 RVO. § 1522 (a. F.) ist aufgehoben, § 1522 (n. F.) kommt hier nicht in Betracht.
2. Jetzt Invalidenrente nach Vollendung des 65. Lebensjahres (§ 1255 Abs. 1 RVO.).

§ 88. Außer den im § 1624 Abs. 1 der Reichsversicherungsordnung[1] und den im § 262 des Versicherungsgesetzes für Angestellte[2] bezeichneten Fällen findet eine mündliche Verhandlung nicht statt, wenn

1. es sich lediglich um den Beginn oder die Höhe der Rente (Invalidenrente, Witwenrente, Ruhegeld) handelt,
2. es sich um einen Anspruch auf Invalidenrente wegen Zurücklegung des 65. Lebensjahres handelt,
3. es sich um die Erfüllung der Wartezeit handelt, es sei denn, daß die Entscheidung von der Feststellung der Versicherungspflicht oder der Versicherungsberechtigung oder des Beginns der Invalidität oder der Berufsunfähigkeit abhängt[3].

V. v. 21. XII. 22 (RGBl. I S. 956).

1. Vgl. § 1624 und die Anm. dazu.
2. Jetzt § 244 des AVG. i. d. F. der Bek. v. 28. V. 24 (RGBl. I S. 563).
3. War nach § 88 Nr. 3 (§ 88 Nr. 2 a. F.) eine mündliche Verhandlung nicht erforderlich, so wird dadurch kein Mangel des Verfahrens begründet, daß in der Berufungsinstanz der Streit auf eine andere Grundlage gestellt wird und die Entscheidung über den Anspruch nunmehr lediglich von der Prüfung der Frage, ob Invalidität vorliegt, abhängig wird; AN. **13** 825. Es bedarf keiner mündlichen Verhandlung, wenn bei einem Anspruch auf Waisenrente die Entscheidung über Erfüllung der Wartezeit des verstorbenen Versicherten von der Feststellung des Beginns der Invalidität abhängt; AN. **16** 483.

§ 89 ist weggefallen.

V. v. 14. XII. 23 (RGBl. I S. 1199).

§ 90. Auf Antrag der Versicherungsanstalt ist zur mündlichen Verhandlung ihr Vertrauensarzt zuzuziehen und zu hören.

V. v. 14. XII. 23 (RGBl. I S. 1199).

§ 91. Die Akten und das Gutachten werden mit tunlicher Beschleunigung an den Versicherungsträger (§ 1625 der Reichsversicherungsordnung) übersendet.

V. v. 14. XII. 23 (RGBl. I S. 1199).

Begutachtung der Entziehung und Einstellung von Renten

§ 92. Das Versicherungsamt hat, sobald der Vorstand der Versicherungsanstalt ihm das Ersuchen um Abgabe eines Gutachtens über Entziehung oder Einstellung einer Rente (§ 1626 der Reichsversicherungsordnung) zugehen läßt, die etwa noch erforderlichen Erhebungen über die wirtschaftlichen Verhältnisse und über die körperliche Leistungsfähigkeit des Rentenempfängers anzustellen und sodann, sofern es sich nicht um eine Einstellung der Renten handelt (§ 1626 Abs. 3 der Reichsversicherungsordnung), tunlichst bald die mündliche Verhandlung zur Abgabe des Gutachtens anzuberaumen.

Die §§ 81, 83 Nr. 2 letzter Satz, §§ 84, 85, § 86 Nr. 4, § 87 Nr. 1, 4, §§ 90, 91 dieser Verordnung sind entsprechend anzuwenden.

§ 93. Eine mündliche Verhandlung findet außer den in den § 1624 und § 1626 Abs. 3 der Reichsversicherungsordnung bezeichneten Fällen nicht statt, wenn

1. der Rentenempfänger ausdrücklich erklärt hat, keinen Anspruch auf Weitergewährung der Rente zu haben, und der Akteninhalt diese Erklärung rechtfertigt,
2. lediglich der Zeitpunkt des Wegfalls der Rente in Frage steht,
3. die Rentenzahlung infolge des Nachweises eingestellt werden soll, daß ein Versicherter, der als verschollen galt, noch lebt (§ 1310 der Reichsversicherungsordnung).

§ 94. Soll wegen Gewährung einer Unfallrente die gewährte Invalidenrente ganz oder teilweise wegfallen, so sind § 1626 Abs. 1, 2 der Reichsversicherungsordnung sowie die §§ 92, 93 dieser Verordnung entsprechend anzuwenden.

§ 95. Wird die Einstellung einer Rentenzahlung deshalb erforderlich, weil der Berechtigte eine Freiheitsstrafe von mehr als einem Monat verbüßt oder in einem Arbeitshaus oder in einer Besserungsanstalt untergebracht ist (§ 1312 der Reichsversicherungsordnung), so ist durch Anfrage bei der Gemeindebehörde festzustellen, ob der Berechtigte im Inland Angehörige hat, die er ganz oder überwiegend aus seinem Arbeitsverdienst unterhalten hat.

C. Schlußbestimmungen

Erstattung der Barauslagen des Versicherungsamts

§ 96[1]. Die Versicherungsträger haben zur Bestreitung der von ihnen zu erstattenden Barauslagen[2] (§ 59 Abs. 2 der Reichsversicherungsordnung) dem Versicherungsamt auf dessen Erfordern Vorschüsse zu leisten. Die oberste Verwaltungsbehörde kann näheres bestimmen. Gegen die Vorschußforderung ist Beschwerde nach § 97 Abs. 2, 3 dieser Verordnung zulässig.

1. Vgl. § 97 Anm. 1.
2. Barauslagen s. Anm. 3 zu § 59.

§ 97[1]. Die vom Versicherungsamte gezahlten Barauslagen[2 3 4] werden zu Lasten des erstattungspflichtigen Versicherungsträgers gebucht und, falls nicht ein anderer Zeitpunkt vereinbart ist, am Schlusse eines jeden Geschäftsjahrs[5] unter Aufführung der Vorschüsse (§ 96 dieser Verordnung) für die einzelnen Versicherungsträger zusammengestellt. Das Versicherungsamt übersendet diese Zusammenstellung[6] nebst den Kassenbelegen[7] dem Verpflichteten mit dem Ersuchen, die noch ungedeckten Auslagen binnen einer bestimmten Frist an das Versicherungsamt postgeldfrei zu erstatten[8].

Die Zusammenstellung gilt als Festsetzung der zu erstattenden Auslagen, gegen die binnen einem Monat Beschwerde[9] an das Oberversicherungsamt zulässig ist; die Beschwerde ist beim Versicherungsamt einzulegen.

Das Versicherungsamt kann der Beschwerde abhelfen, wenn es sie für begründet erachtet. Andernfalls legt es die Beschwerde mit einer gutachtlichen

Äußerung dem Oberversicherungsamte vor. Dieses entscheidet[10] endgültig[11]. Die §§ 1794 bis 1796 der Reichsversicherungsordnung gelten entsprechend.

1. Die §§ 96, 97 gelten nur für das Spruchverfahren; AN. **14** 682, 683. Streitigkeiten über die Kosten einer vom VA. gewährten Rechtshilfe werden durch die Aufsichtsbehörde des VA. entschieden; AN. **14** 682, also auch Streitigkeiten über Briefkosten, die einem VA. durch ein Rechtshilfeersuchen einer LVAnst. erwachsen sind; AN. **19** 373.

2. Nur gesetzmäßig entstandene Barauslagen sind zu erstatten; AN. **14** 718, **15** 387. In der Zusammenstellung dürfen die einem Versicherten erstatteten Reisekosten nur gebucht werden, wenn die Zahlung zu Recht erfolgt ist; AN. **13** 747.

3. Über den Begriff „Barauslagen" vgl. § 59 und die Anm. 3 hierzu.

4. Die VAer. sind zwar berechtigt, die Erstattung der Barauslagen des Verfahrens in Spruchsachen auch da, wo die Sektionen zum Erlasse des Bescheids zuständig sind, nicht von diesen, sondern von der BG. zu verlangen, es ist aber zweckmäßig, wenn die VAer. sich unmittelbar an die Sektionen wenden; EuM. **4** 32.

5. Das ist das Kalenderjahr, § 164 RVO.

6. Die Vorschrift, wonach das VA. die Erstattung seiner Barauslagen in einer „Zusammenstellung" von den VersTr. zu fordern hat, ist zwingend und von Amts wegen zu berücksichtigen. Eine anderweitige Vereinbarung ist lediglich über den Zeitpunkt der Zusammenstellung gestattet. Nur eine gemäß § 97 ergangene periodische „Zusammenstellung" stellt eine beschwerdefähige Entscheidung dar; Einzelforderungen der VAer. und Ersuchen um unmittelbare Erstattung verpflichten die VersTr. weder zur Zahlung, noch können sie Gegenstand einer Beschwerde sein; AN. **14** 674. Auch nicht in der im Spruchverfahren ergehenden Entscheidung dürfen die zu erstattenden Barauslagen dem VersTr. auferlegt werden; AN. **17** 536.

7. Darunter sind die im Verkehr üblichen Kassenbelege zu verstehen. Soweit Kassenbelege nicht üblich sind, hat sich der VersTr. mit einer Rechnung zu begnügen, die sich ohne Schwierigkeiten nachprüfen läßt; AN. **17** 374.

8. Über die Berechnung der den LVAnsten. nach der RVO. zur Last fallenden Kosten vgl. die Verfügungen des Pr. Ministers für Handel und Gewerbe, des Innern und des Finanzministers v. 14. VI. 13, 6. und 26. XI. 13 (HMBl. 1913 S. 449, 578, MinBl. für die Pr. Innere Verwaltung 1913 S. 130, 184), abgedruckt in EuM. **1** 436 ff.

9. Das Verfahren bei Streitigkeiten über die Erstattung von Barauslagen des VA. durch die VersTr. ist im § 97 erschöpfend geregelt. Neben dem instanziellen Beschlußverfahren ist für ein Einschreiten der Aufsichtsbehörde des VersTr. kein Raum; EuM. **4** 421.

10. Für die Erstattungsfähigkeit der Barauslagen kommt auch in Frage, ob sie auf gesetzmäßiger Grundlage entstanden sind; es ist also insoweit die Frage der Zulässigkeit einer Maßnahme oder der Befugnis des Vorsitzenden des VA. nachzuprüfen. Dagegen sind Maßnahmen, deren Vornahme nur vom Standpunkte der Zweckmäßigkeit oder der richterlichen Beweiswürdigung zu beurteilen ist, einer Nachprüfung nicht zu unterziehen; AN. **15** 387, 388.

11. Die Entscheidung des OVA. ist endgültig; AN. **15** 571. Jedoch ist die Abgabe einer Beschwerde oder nur eines Teiles der Beschwerde durch das OVA. an das RVA. im Wege des § 1799 RVO. zulässig; AN. **13** 747, **14** 676.

Geschäftsbericht

§ 98. Der Vorsitzende des Versicherungsamts erstattet einen Geschäftsbericht[1]; das Nähere bestimmt der Bundesrat[2 3].

1. § 98 gibt keine Handhabe, die VersTr. zu besonderen Leistungen anzuhalten, um den VAern. Unterlagen für den Bericht zu liefern; EuM. **5** 389.

2. Jetzt die Reichsregierung (RAM.) mit Zustimmung des Reichsrats.

3. S. die V. des RAM. über Geschäftsberichte der VAer. und OVAer. v. 17. XI. 28 (RGBl. I S. 391; AN. 28 368) und die Zweite V. des RAM. hierüber v. 31. I. 30 (RGBl. I S. 26; AN. 30 70).

Inkrafttreten der Verordnung

§ 99. Diese Verordnung tritt für die Invaliden- und Hinterbliebenenversicherung am 1. Januar 1912, für die anderen Zweige der Reichsversicherung an den Tagen in Kraft, von denen an für diese die Vorschriften der Reichsversicherungsordnung über das Verfahren in Kraft gesetzt werden.

Anhang III

Verordnung über Geschäftsgang und Verfahren der Oberversicherungsämter

Vom 24. XII. 11 (RGBl. S. 1095, ausgegeben den 28. XII. 11).

I. Allgemeines

§ 1. Die Mitglieder des Oberversicherungsamts und ihre Stellvertreter werden, soweit sie nicht bereits einen Diensteid geleistet haben, durch einen Beauftragten der obersten Verwaltungsbehörde, in deren Bezirk es seinen Sitz hat, auf die gewissenhafte Erfüllung ihrer Amtspflichten eidlich verpflichtet.

Die Beisitzer werden spätestens in der ersten Verhandlung, in der sie zugezogen werden, von dem Vorsitzenden auf die gewissenhafte Erfüllung ihrer Amtspflichten eidlich verpflichtet (§ 76 in Verbindung mit § 53 Abs. 1 der Reichsversicherungsordnung). § 51 Abs. 5 des Gerichtsverfassungsgesetzes gilt entsprechend. Die Verpflichtung gilt für die Dauer der Wahlzeit. Im Falle der Wiederwahl genügt die Verweisung auf die frühere Verpflichtung.

Der Vorsitzende verpflichtet die Hilfskräfte des Oberversicherungsamts, soweit sie nicht bereits einen Diensteid geleistet haben, eidlich auf die gewissenhafte Erfüllung der Amtspflichten.

Über die Verpflichtung ist eine Niederschrift aufzunehmen.

§ 2. Der Vorsitzende leitet und beaufsichtigt die Geschäfte beim Oberversicherungsamte. Er zeichnet die Verfügungen und Entscheidungen[1] und vollzieht die Reinschriften, soweit nicht diese Verordnung etwas anderes bestimmt.

In den Sachen, die im Spruchverfahren oder durch die Beschlußkammern zu erledigen sind, zeichnet der Vorsitzende der Kammer die Verfügungen und Entscheidungen und vollzieht die Reinschriften. In den übrigen Sachen kann die oberste Verwaltungsbehörde neben dem Vorsitzenden des Oberversicherungsamts auch andere Mitglieder damit betrauen oder die Regelung dem Vorsitzenden überlassen. Sie kann auch die Geschäfte zwischen dem Vorsitzenden und diesen Mitgliedern verteilen, unbeschadet des Rechtes des Vorsitzenden, im einzelnen Falle die endgültige Zeichnung und Vollziehung für sich zu beanspruchen.

Die oberste Verwaltungsbehörde kann die Vollziehung der Reinschriften durch Beglaubigungsvermerk eines Bureau- oder Kanzleibeamten zulassen.

Der Vorsitzende des Oberversicherungsamts übt die unmittelbare Dienstaufsicht über die Hilfskräfte aus.

1. Eine nähere Bezeichnung der Dienststellung der Person, welche die Entscheidung des OVA. unterzeichnet, ist nicht erforderlich; EuM. 2 440.

§ 3. Der Vorsitzende des Oberversicherungsamts bildet die Spruch- und Beschlußkammern[1] und zieht die Beisitzer zu den Kammern zu.

1. S. §§ 77, 78 RVO.

§ 4. Die Beisitzer für die Beschlußkammern und ihre Stellvertreter werden schriftlich gewählt. Der Vorsitzende des Oberversicherungsamts leitet die Wahl, über deren Hergang unter Zuziehung eines vereidigten Schriftführers eine Niederschrift aufzunehmen ist. Bei Stimmengleichheit entscheidet das Los, bei Streit über die Wahl das Reichsversicherungsamt.

Die Beisitzer haben dem Vorsitzenden Tatsachen, die ihre Wählbarkeit ausschließen (§ 76 in Verbindung mit § 47 der Reichsversicherungsordnung[1]), anzuzeigen. Werden dem Vorsitzenden von einem Beisitzer Tatsachen bekannt, die seine Wählbarkeit ausschließen oder eine grobe Verletzung seiner Amtspflicht darstellen, so hat er ihn zu den Sitzungen einstweilen nicht zuzuziehen. Vor der Enthebung vom Amte ist dem Beisitzer Gelegenheit zur Äußerung zu geben.

1. Vgl. §§ 47, 52 RVO.

§ 5. Zu den Verhandlungen der Beschlußkammern in Sachen der Unfallversicherung kann[1] der Vorsitzende statt der Beisitzer Stellvertreter zuziehen, die in dem entsprechenden Bereiche der Unfallversicherung besondere Sachkunde besitzen.

1. Die aus dem entsprechenden Bereiche der UV. gewählten Arbeitgeber und Versicherten brauchen nicht zu diesen Verhandlungen zugezogen werden. Die Zuziehung besonderer Beisitzer liegt lediglich im Ermessen des Vorsitzenden; AN. **14** 483.

§ 6 ist weggefallen.

V. v. 14. XII. 23 (RGBl. I S. 1199).

§ 7. Die Beschlußsachen, die nicht durch die Beschlußkammer zu entscheiden sind, werden nach einer im voraus aufgestellten Geschäftsverteilung durch ein Mitglied des Oberversicherungsamts erledigt.

§ 8. Der Vorsitzende des Oberversicherungsamts erstattet einen Geschäftsbericht; das Nähere bestimmt der Bundesrat[1 2].

1. Jetzt die Reichsregierung (RAM.) mit Zustimmung des Reichsrats.

2. S. die V. des RAM. über Geschäftsberichte der VAer. und OVAer. v. 17. XI. 28 (RGBl. I S. 391; AN. **28** 398) und die Zweite V. des RAM. hierüber v. 31. I. 30 (RGBl. I S. 26; AN. **30** 70).

§ 9. Für die Geschäftssprache vor dem Oberversicherungsamte gelten die §§ 186 bis 193[1] des Gerichtsverfassungsgesetzes entsprechend. Schriftstücke, die nicht in deutscher Sprache abgefaßt sind, brauchen nicht berücksichtigt zu werden.

1. Jetzt §§ 184—191 nach der Bek. v. 22. III. 24 (RGBl. I S. 299).

§ 10. Die Vorschriften, die für die Spruch- und Beschlußkammern am Sitze des Oberversicherungsamts gelten, sind für Spruch- und Beschlußkammern entsprechend anzuwenden, welche die oberste Verwaltungsbehörde außerhalb dieses Sitzes für den Bezirk eines oder mehrerer Versicherungsämter bildet.

§ 11. Das Oberversicherungsamt führt ein Siegel, das die Bezeichnung des Oberversicherungsamts unter Angabe seines Sitzes zu enthalten hat und im übrigen durch die für den Sitz des Oberversicherungsamts zuständige oberste Verwaltungsbehörde bestimmt wird.

§ 12. Für Oberversicherungsämter, die an höhere Reichs- oder Staatsbehörden angegliedert sind[1], gelten die §§ 2, 7 dieser Verordnung nicht. Die oberste Verwaltungsbehörde bestimmt das Nähere.

V. v. 14. XII. 23 (RGBl. I S. 1199).

1. Vgl. §§ 64, 67 RVO.

II. Verfahren in Spruchsachen

§ 13. Die Berufung ist schriftlich einzulegen[1]. Sie kann auch zu Protokoll einer inländischen Behörde oder eines Organs der Versicherungsträger, in Streitsachen aus der See-Unfallversicherung auch eines deutschen Seemannsamts des Auslandes erklärt werden.

In der Berufung sollen die Parteien, der Gegenstand des Anspruchs, der Bescheid oder Endbescheid[2] des Versicherungsträgers oder das Urteil des Versicherungsamts, die angefochten werden, bezeichnet, ein bestimmter Antrag gestellt und die zur Begründung erforderlichen Tatsachen und Beweismittel angegeben werden.

Wird ein Schriftsatz eingereicht, so ist für jede Gegenpartei eine Abschrift beizufügen.

1. Vgl. § 128 RVO. Anm. 6, § 129 RVO. Anm. 6.

2. Nach dem Einspruchsverfahren (§§ 1592—1607 RVO.) beseitigt ist, gibt es keine Endbescheide mehr.

§ 14. Die Berufung muß entweder von dem Beteiligten[1] selbst oder von seinem gesetzlichen Vertreter[2] oder von einem Bevollmächtigten[3] unterzeichnet sein. Das gleiche gilt für die übrigen Schriftsätze.

Die Vollmacht[4] muß schriftlich erteilt werden. Ehegatten, Verwandte oder Verschwägerte der aufsteigenden Linie und volljährige Verwandte oder Verschwägerte der absteigenden Linie können auch ohne den Nachweis der Vollmacht zur Vertretung zugelassen werden[5]. Dasselbe gilt von den im § 1663 Abs. 2 der Reichsversicherungsordnung bezeichneten Personen; indessen ist diesen die Nachbringung einer schriftlichen Vollmacht aufzugeben. Die Partei muß die Prozeßführung gegen sich gelten lassen, wenn sie auch nur mündlich Vollmacht erteilt oder wenn sie die Prozeßführung ausdrücklich oder stillschweigend genehmigt hat.

Die Prozeßfähigkeit[6] einer Partei, die Vertretungsbefugnis eines gesetzlichen Vertreters und die Vollmachten sind von Amts wegen zu prüfen.

1. Vgl. § 21 VAO. Anm. 1. Partei in UV.-Sachen ist die BG., nicht etwa deren Sektion oder das Feststellungsorgan, bei Betrieben des Reichs oder der Länder der betr. Fiskus, nicht die Ausführungsbehörde; HbdUV. 2 595.

2. Die von einer prozeßunfähigen Partei vorgenommenen Prozeßhandlungen werden wirksam, wenn der Vertreter oder die Partei nach erlangter Prozeßfähigkeit sie genehmigt. Die Genehmigung der Berufung kann auch nach Ablauf der Berufungsfrist erfolgen, sogar noch in der Rekursinstanz; AN. **92** 328, **05** 407, HbdUV. **2** 597.

3. Die Vertretung der BG. vor dem OVA. richtet sich nach der Satzung; AN. **04** 643 (§ 20 des Rundschr. des RVA. v. 15. XI. 04). Eine Vollmacht zur Vertretung der BG. ist nicht rechtswirksam, wenn sie nicht von allen Personen bezeichnet ist, deren Unterschrift nach der Satzung für die die BG. verpflichtenden Urkunden vorgeschrieben ist; HbdUV. **2** 595. Die selbständige Vertretung der BG. durch die Sektion entfällt, wenn gleichzeitig der Genossenschaftsvorstand im Termin vertreten ist; bei Meinungsverschiedenheiten gibt dessen Vertreter den Ausschlag; AN. **10** 574; über die Berechtigung des Bevollmächtigten der BG., den Antrag gegebenenfalls zu erweitern s. AN. **10** 463.

4. Vgl. § 128 RVO. Anm. 6 Abs. 2, § 15 VAO. Anm.

Das polnische Generalkonsulat in Berlin ist ohne eine von der Partei auf dasselbe ausgestellte Prozeßvollmacht zur Vertretung der Partei nicht berechtigt; EuM. **17** 354.

5. Vgl. § 19 VAO. Anm. 4.

6. Vgl. § 17 VAO. Anm.

§ 15. Für nicht prozeßfähige Parteien ohne gesetzlichen Vertreter hat der Vorsitzende die Bestellung eines solchen (Vormundes oder Pflegers) zu veranlassen. Bis zu dessen Eintritt kann der Vorsitzende der Partei für das Verfahren einen besonderen Vertreter bestellen. Diesem stehen in dem Verfahren alle Parteirechte außer der Empfangnahme von Zahlungen zu.

Die Bestellung eines besonderen Vertreters ist auch zulässig, wenn der Aufenthaltsort der Partei oder ihres gesetzlichen Vertreters unbekannt oder vom Sitze des Oberversicherungsamts weit entfernt ist.

Die nicht prozeßfähige Partei ist auf ihr Verlangen selbst zu hören.

Die Kosten des besonderen Vertreters gelten als Parteikosten.

§ 16. Der Tag des Einganges der Berufung ist sofort auf der Urschrift und den Abschriften zu vermerken. Fehlen die Abschriften, so hat sie das Oberversicherungsamt anzufertigen und den Vermerk des Einganges auf sie zu übertragen. Die Kosten können von dem Antragsteller eingezogen werden.

Der Vorsitzende der Kammer teilt jeder Gegenpartei[1] eine Abschrift der Berufung mit dem Anheimgeben mit[2], binnen einer bestimmten Frist, die in der Regel nicht über zwei Wochen zu bemessen ist, eine Gegenschrift einzureichen. Dabei ist zu vermerken, daß auch verhandelt und entschieden werden kann, wenn die Gegenschrift innerhalb der Frist nicht eingeht[3]. Die Frist kann auf Antrag verlängert werden.

Der Gegenschrift und etwaigen weiteren Schriftsätzen sind für jede Gegenpartei die erforderlichen Abschriften beizufügen[4]. Ist eine Abschrift der Gegenschrift nicht eingereicht, so fordert sie das Oberversicherungsamt nachträglich ein oder fertigt sie selbst an. Das gleiche gilt von weiteren Schriftsätzen, falls sie neue und wesentliche Anführungen enthalten. Dabei ist Abs. 1 Satz 3 anzuwenden.

1. Vgl. § 21 und 23 BAO. und die Anm. hierzu.

Bei einem gegen mehrere KrKn. einheitlich durchgeführten Verfahren ist allen Kassen die Berufungsschrift mitzuteilen; EuM. **12** 305. Wenn es von dem Zeitpunkt des Eintritts der Invalidität abhängt, ob eine LVAnst. oder eine Sonderanstalt die Invalidenrente zu gewähren hat, so ist in einem Streitverfahren auch der nicht beklagte VersTr. als Partei beizuladen; EuM. **26** 389.

2. Die Nichtmitteilung der Berufungsschrift an die Gegenpartei ist ein wesentlicher Mangel des Verfahrens, der in der Revisionsinstanz nicht mehr geheilt werden kann; AN. **16** 369, ebenso die Nichtmitteilung der Gegenschrift; BG. **27** 119.

3. Die Vorschrift ist eine zur Verhütung von Verschleppungen gegebene Ordnungsvorschrift; AN. **88** 348. Mitteilung auch der nach Ablauf der Frist eingegangenen Gegenschrift an den Gegner, sofern dies noch vor dem Verhandlungstermin ausführbar ist. Daraus, daß die Gegenschrift verspätet eingegangen ist, darf nicht gefolgert werden, daß die verspätet vorgebrachten Ausführungen unberücksichtigt bleiben müßten; HbdUV. **2** 593.

4. Gutachten oder Zeugenaussagen, auf die in den Schriftsätzen Bezug genommen wird, sind der Gegenpartei ebenfalls regelmäßig abschriftlich mitzuteilen; die VersTr. haben die Abschriften in der Regel selbst zu fertigen; AN. **87** 165. Auch die Mitteilung der sonstigen dem OVA. eingereichten Urkunden und überhaupt von einer Partei beigebrachten Beweisstücke ist erforderlich. Über den Umfang der Mitteilung ärztlicher Zeugnisse an den Verletzten entscheidet der Vorsitzende; AN. **16** 319, **13** 771, **01** 629, **03** 304.

§ 17. Die Vorverhandlungen sind, soweit sie nicht von dem Versicherungsträger oder von dem Versicherungsamte gleichzeitig mit der Berufung eingereicht werden, unverzüglich einzufordern.

Sie umfassen die sämtlichen Schriftstücke über den Anspruch, die bei dem Versicherungsträger oder dessen Organen oder dem Versicherungsamte vorhanden[1] sind, einschließlich derjenigen, welche sich in Vorakten befinden oder etwa im Laufe des Verfahrens neu entstanden sind. Die neuen Schriftstücke sind auch ohne Auffordern unverzüglich nachzureichen.

Das Versicherungsamt hat auf Erfordern des Oberversicherungsamts eine Abschrift des angefochtenen Urteils einzureichen.

Der Vorsitzende der Kammer kann in geeigneten Fällen einen Beisitzer zum Berichterstatter ernennen.

1. Der am Streite beteiligte VersTr. hat lediglich die bei ihm vorhandenen Schriftstücke über den Anspruch dem OVA. einzureichen, er ist daher nicht verpflichtet, bei Zustellungen mittels eingeschriebenen Briefes auf Erfordern des OVA. den Tag der Zustellung in seinen Akten nachzuweisen; AN. **13** 521.

§ 18. Dritte[1], die an dem Ausgang des Verfahrens ein berechtigtes Interesse haben, können vom Oberversicherungsamt auf Antrag oder von Amts wegen zum Verfahren zugezogen werden.

Solche Dritte sind auch ohne Zuziehung jederzeit berechtigt, dem Verfahren beizutreten, Ausführungen zu machen und Anträge zu stellen.

Sie sind im Falle der Zuziehung oder des Beitritts von dem Gange und dem Ausgang des Verfahrens in Kenntnis zu setzen. Die §§ 13 bis 16 gelten entsprechend.

1. Vgl. § 23 BAO. Anm.

§ 19. Die Beteiligten sind berechtigt, den Zeugen und Sachverständigen diejenigen Fragen vorlegen zu lassen, welche sie zur Aufklärung der Sache oder der Verhältnisse des Befragten für dienlich halten. Der Vorsitzende kann ihnen die unmittelbare Fragestellung gestatten. Zweifel über die Zulässigkeit einer Frage entscheidet die Spruchkammer. Findet die Vernehmung nicht vor der Spruchkammer statt, so entscheidet vorläufig der Leiter der Verhandlung.

§ 20. Den Zeugen und Sachverständigen ist mit der Ladung der Gegenstand ihrer Vernehmung mitzuteilen. Aus besonderen Gründen, namentlich zur Herbeiführung einer unbeeinflußten, wahren Aussage, kann hiervon abgesehen werden. Die Gründe sind in den Akten zu vermerken.

§ 21. Die Vorschriften des § 239 Abs. 1, 2 und der §§ 241, 249 der Zivilprozeßordnung über die Unterbrechung des Verfahrens gelten entsprechend [1 2].

1. Durch den Tod des Klägers wird das Verfahren unterbrochen, und zwar auch, wenn er durch einen Prozeßbevollmächtigten vertreten war; AN. **08** 501. Die Vollmacht erlischt mit dem Tode des Vollmachtgebers; EuM. **8** 372 (Bay. LVAmt).

Die Aufnahme des Verfahrens kann durch die Erben des Klägers oder gegen sie durch den VersTr. geschehen; AN. **89** 379, AN. (J. u. AV.) **95** 238, AN. **98** 322. Eine Aufnahme des Verfahrens liegt vor, wenn der bisherige Bevollmächtigte des Klägers dessen Tod anzeigt und zum Rechtsstreite sich unter Beibringung der Vollmacht eines Erbberechtigten ausläßt; EuM. **6** 399 (Sächs. LVAmt).

Ein während der Unterbrechung des Spruchverfahrens ergangenes Urteil, das nach § 21 OVAO. in Verbindung mit § 249 ZPO. nicht hätte ergehen dürfen, ist nicht ohne weiteres nichtig, sondern nur mit den an sich gegebenen Rechtsmitteln anfechtbar. Zur Beseitigung seiner Wirkung bedarf es der Anfechtung und förmlichen Aufhebung; AN. **24** 138.

Über den Lauf der Rechtsmittelfristen bei Unterbrechung des Verfahrens s. Anm. 8 Abs. 1 zu § 128 RVO.

Erfolgt die Aufnahme nicht innerhalb Jahresfrist, so ist das Verfahren unter Rücksendung der Akten vorläufig einzustellen; AN. **87** 166. Die Rechtsnachfolger einer Partei können sich der Fortsetzung des schwebenden Verfahrens insoweit nicht entziehen, als für sie bereits Verbindlichkeiten entstanden sind, also namentlich wenn es sich um Rückzahlung bereits empfangener Beträge handelt; HbdUV. **2** 597.

2. Da der Prozeßbetrieb von Amts wegen erfolgt (AN. **88** 279), ist eine Vereinbarung der Parteien, daß ein Verfahren ruhen solle, unzulässig; AN. **88** 334. Ebensowenig kann dem einseitigen Antrag einer Partei, das Verfahren auszusetzen (etwa wegen neuer Ermittlungen), entsprochen werden; AN. **90** 601.

§ 22. Die Beteiligten [1] können — vorbehaltlich der Vorschriften im § 1631 Abs. 2, § 1653 Abs. 2 der Reichsversicherungsordnung — Einsicht in die Akten nehmen und sich daraus gegen Erstattung der Kosten [2] Ausfertigungen, Auszüge und Abschriften erteilen lassen. Der Vorsitzende [3] kann aus besonderen Gründen die Akteneinsicht versagen oder beschränken [4].

Dritten Personen kann der Vorsitzende ohne Einwilligung der Parteien die Einsicht der Akten nur gestatten, wenn ein rechtliches Interesse glaubhaft gemacht wird.

Die Entwürfe zu Entscheidungen sowie Schriftstücke, die Abstimmungen betreffen, werden weder vorgelegt noch abschriftlich mitgeteilt.

V. v. 14. XII. 23 (RGBl I S. 1199).

1. Vgl. § 36 VAO. und Anm. 1 hierzu.

2. Diese Vorschrift bezieht sich nicht auf Aktenteile, die, wie Beweisaufnahmeverhandlungen, den Beteiligten nach § 1653 RVO. kostenlos mitzuteilen sind und deren Kosten als Kosten des OVA. nach § 80 Abs. 1 RVO. von dem Lande zu tragen sind; AN. **14** 658.

3. Siehe Anm. 2 zu §§ 36 VAO.

4. Eine die Akteneinsicht versagende oder beschränkende Verfügung des Vorsitzenden einer Spruchkammer des OVA. kann nicht mit dem Rechtsmittel der Beschwerde angefochten werden, sie kann nur im ordentlichen Rechtsmittelverfahren als Mangel des Verfahrens gerügt werden; AN. **16** 414.

Ein erst kurz vor dem Verhandlungstermin gestellter Antrag auf Akteneinsicht kann vom Vorsitzenden zurückgewiesen werden, die Partei kann aber dann Vertagung des Termins verlangen; Breith. **3** 594.

§ 23. Die Sitzungen der Kammer finden, unbeschadet des § 10, in der Regel am Sitze des Oberversicherungsamts statt.

Der Vorsitzende der Kammer kann sie zu Sitzungen an andere Orte des Bezirkes berufen. Das Nähere bestimmt der Vorsitzende des Oberversicherungsamts, sofern die oberste Verwaltungsbehörde nicht anderes anordnet.

Die Sachen, die verhandelt werden sollen, werden durch Aushang vor dem Sitzungszimmer bekanntgemacht und in der Regel in der Reihenfolge erledigt, wie sie der Aushang ergibt.

§ 24[4]. Von Ort und Zeit der mündlichen Verhandlung sind die Beteiligten, ihre gesetzlichen Vertreter oder, falls sie Bevollmächtigte[1] bestellt haben, diese, und zwar in der Regel durch eingeschriebenen Brief oder gegen Postzustellungsurkunde zu benachrichtigen[2]. Außer dem Bevollmächtigten ist der Beteiligte selbst zu benachrichtigen, wenn sein persönliches Erscheinen angeordnet ist. Sind mehrere Bevollmächtigte einer Partei vorhanden, so genügt die Benachrichtigung eines Bevollmächtigten. Ein Ausweis über die Benachrichtigung soll zu den Akten gebracht werden.

Die Beteiligten sind darauf hinzuweisen, daß auch im Falle ihres Ausbleibens verhandelt und entschieden werden kann. Wird das persönliche Erscheinen des Antragstellers angeordnet, so ist ihm dabei zugleich zu eröffnen, daß aus seinem Nichterscheinen[3] ungünstige Schlüsse für seinen Anspruch gezogen werden können.

Das persönliche Erscheinen des Antragstellers kann auch angeordnet werden, wenn außerhalb der mündlichen Verhandlung Beweis erhoben wird. Dabei gilt Abs. 2 Satz 2.

1. Nichtzuziehung eines bevollmächtigten Vertreters einer Partei zum Verfahren oder dessen Nichtbenachrichtigung vom Verhandlungstermin bildet einen wesentlichen Mangel des Verfahrens; EuM. **5** 413 (Bay. LVAmt), auch wenn die Partei auf Anordnung des Gerichts im Termine persönlich erschienen war; EuM. **8** 385; ein solcher liegt auch dann vor, wenn die Partei statt ihres Bevollmächtigten benachrichtigt worden ist; AN. **13** 744. Dieser Mangel wird nicht ohne weiteres dadurch geheilt, daß die im Termine erschienene Partei verhandelt, ohne den Mangel zu rügen, hinzukommen muß, daß die Partei den Mangel kannte oder kennen mußte; AN. **18** 302.

2. Die Benachrichtigung gilt auch dann als zugegangen, wenn die Annahme des eingeschriebenen Briefs, der die Benachrichtigung enthält, vom Adressaten oder einem erwachsenen Familienmitgliede verweigert worden ist; EuM. **18** 191 (Sächs. LVAmt).

Kommt die Ladung zum Termin als unbestellbar zurück und verhandelt das OVA. trotzdem, so liegt ein wesentlicher Mangel des Verfahrens vor; VG. **19** 33.

3. Aus dem Nichterscheinen des Klägers in der mündlichen Verhandlung darf nur dann ein ungünstiger Schluß für seinen Anspruch gezogen werden, wenn ihm dies bei der Ladung ausdrücklich eröffnet worden ist; EuM. **12** 306 (Bay. LVAmt).

4. Vgl. im übrigen § 38 VAO., Anm. 1—3.

§ 25. Zwischen der Mitteilung der Verhandlungszeit und dieser selbst soll in der Regel ein Zeitraum von mindestens einer Woche liegen[1]. Die Gründe für eine Abweichung von der Regel sind aktenkundig zu machen.

Dies gilt auch für die Beweiserhebung außerhalb der mündlichen Verhandlung[2].

1. Die Benachrichtigung muß so rechtzeitig erfolgen, daß der Termin von der Partei selbst oder deren Vertreter wahrgenommen werden kann; auch muß es den Parteien möglich sein, rechtzeitig einen Schriftsatz an das OVA. gelangen zu lassen; AN. **95** 249, **01** 404. Unter Umständen genügen drei Tage; EuM. **24** 131. Die Festsetzung einer zu kurzen Frist ist ein wesentlicher Mangel des Verfahrens; VG. **15** 226.

Vgl. im übrigen § 39 VAO. und die Anm. dazu.

2. Die zwischen der Ladungszustellung an einen Zeugen oder Sachverständigen und dem Beweistermin liegende Frist ist so zu bemessen, daß den Betreffenden die Möglichkeit bleibt, vor dem Termin berechtigte Interessen wahrzunehmen oder Vertagungsantrag zu stellen; HbdUV. **2** 608.

§ 26. Wird bei der Verhandlung ein Bevollmächtigter oder Beistand zurückgewiesen, ohne daß dies dem Beteiligten vorher rechtzeitig angedroht worden ist, so ist, falls der Beteiligte nicht erschienen ist, oder falls er es beim Erscheinen auf Befragen beantragt, die Verhandlung auszusetzen und eine neue Verhandlungszeit anzuberaumen.

Gegen Personen, die auf Grund des § 1664 der Reichsversicherungsordnung aus dem Sitzungszimmer entfernt worden sind, wird in der gleichen Weise verfahren, wie wenn sie sich freiwillig entfernt hätten.

§ 27. Das Verfahren beim Ausschluß der Öffentlichkeit richtet sich nach § 174[1] Abs. 2, § 175[1] Abs. 1 des Gerichtsverfassungsgesetzes.

1. Jetzt § 173, § 174 nach der Bek. v. 22. III. 24 (RGBl. I S. 299).

§ 28. Die mündliche Verhandlung[1] wird vom Vorsitzenden geleitet und beginnt mit der Darstellung des Sachverhalts durch diesen oder den Berichterstatter.

Demnächst sind die erschienenen Beteiligten zu hören[2]. Der Vorsitzende hat das Sach- und Streitverhältnis mit ihnen zu erörtern und dahin zu wirken, daß sie über alle erheblichen Tatsachen sich vollständig erklären sowie die angemessenen und sachlichen Anträge stellen[3].

Die Anträge können ergänzt, berichtigt oder geändert werden.

Der Vorsitzende hat den Beisitzenden auf Verlangen zu gestatten, Fragen an die erschienenen Beteiligten, Bevollmächtigten, Beistände, Zeugen und

Sachverständigen zu stellen. Zweifel über die Zulässigkeit der Fragen entscheidet die Spruchkammer.

Beschließt die Spruchkammer eine Beweiserhebung[4], so soll der Beweis, soweit dies tunlich ist, sofort erhoben werden; insbesondere sollen Zeugen und Sachverständige sofort vernommen werden, falls sie zur Stelle sind oder ihre unverzügliche Gestellung möglich ist. Ist ein Beteiligter bei der Beweiserhebung nicht zugegen und nicht vertreten, so darf in diesem Termin ein ihm ungünstiges Urteil nicht erlassen werden[5].

1. Grundsätzlich ist in jeder Sache besonders zu verhandeln. Die Verbindung mehrerer Sachen zu gleichzeitiger Verhandlung und Entscheidung ist zulässig, wenn die ihren Gegenstand bildenden Ansprüche in Zusammenhang stehen; AN. **88** 276, 348, **91** 357. Der Zusammenhang kann in der Gleichheit der Parteien oder der Entschädigungsansprüche bestehen; AN. **91** 357. Jedoch ist die Verbindung einer Unfall- mit einer Invalidenrentensache unzulässig; AN. **02** 367. Die Verbindung kann wieder aufgehoben werden; AN. **88** 276, 348, **91** 357.

Unmöglichkeit infolge einer Verkehrssperre, einen Verhandlungstermin selbst oder durch einen Vertreter wahrzunehmen, begründet den Anspruch auf Vertagung; EuM. **11** 386. Antrag eine Sache zurückzustellen, damit Anwesenheit im Termin nicht durch Verspätung infolge Verkehrsverbindungen in Frage gestellt werde, ist als Vertagungsantrag anzusehen, sofern Zurückstellung am Verhandlungstage nicht mehr möglich; Monatsschr. **20** 76.

Die Ablehnung eines Mitgliedes der Spruchkammer des OVA. nach Einlassung in die mündliche Verhandlung ist unzulässig, wenn die Partei den Ablehnungsgrund schon vorher kannte; AN. **16** 414.

2. Wird einem Beteiligten kein rechtliches Gehör gewährt, so liegt ein wesentlicher Mangel des Verfahrens vor; EuM. **1** 418 (Bay. LVAmt), BG. **27** 119 (RVA.).

3. Die Unterlassung der Nachprüfung von Parteibehauptungen ist ein wesentlicher Mangel des Verfahrens; Komp. **14** 132.

4. Beweisbeschlüsse sind nicht selbständig, sondern nur mit der Endentscheidung anfechtbar; HbdUV. **2** 608. Andererseits ist es unzulässig, beim Erlaß eines Beweisbeschlusses zugleich für den Fall, daß der Beweis zugunsten des Klägers ausfallen sollte, eine Entscheidung in der Sache selbst zu treffen und nach Erhebung des Beweises ohne erneute mündliche Verhandlung das Urteil zu erlassen; AN. **90** 601, **91** 219, ebenso ist es unzulässig, durch Urteil auszusprechen, daß der Beweis einer Tatsache für die Endentscheidung erheblich und von einer Partei zu führen sei; AN. **91** 219.

Einem Sekretär des OVA. kann die kommissarische Vernehmung von Zeugen usw. nicht übertragen werden; AN. **10** 428.

Im allgemeinen ist es nicht Sache des VersTr., nach Abschluß des Verfahrens neue ärztliche Gutachten beizubringen. Doch können derartige Gutachten im Wege freier Beweiswürdigung vom OVA. wie andere Urkunden bewertet werden; EuM. **17** 181.

Jedenfalls kann aber der VersTr. nicht verlangen, daß das Berufungsverfahren ausgesetzt werde, bis er noch selbst Ermittlungen in der Sache angestellt hat. Höchstens kann die Frist zur Gegenerklärung verlängert werden; HbdUV. **2** 610. Es ist nicht zu billigen, wenn ein VersTr. während des Berufungsverfahrens die für dieses vorgeschlagenen oder noch vorzuschlagenden Zeugen im Wege der Rechtshilfe eidlich vernehmen läßt, oder zur Entkräftung eines im Spruchverfahren vom Gericht eingeholten Gutachtens seinerseits das Gutachten eines andern Arztes als Obergutachters beschafft; HbdUV. **1** 640. Andererseits besteht keine Verpflichtung des VersTr. nach Einleitung des Berufungsverfahrens auf Ersuchen des OVW. noch weitere

Ermittlungen vorzunehmen. Diese werden auch mit Rücksicht auf die Parteieigenschaft des VersTr. regelmäßig unmittelbar durch das OVA. ohne Vermittlung des VersTr. zu veranlassen sein; HbdUV. 2 610. Unzulässig ist es auch, die Ausführung eines vom OVA. beschlossenen Beweises dem VersTr. zu übertragen; AN. **00** 334.

5. Die Nichtbeachtung der Vorschrift in Abs. 5 Satz 2 stellt an sich einen wesentlichen Mangel des Verfahrens dar; AN. **13** 560. Jedoch steht diese Vorschrift dem Erlaß eines Urteils zuungunsten einer im Termine nicht erschienenen oder vertretenen Partei nicht entgegen, wenn die Partei von der bevorstehenden Beweisaufnahme ordnungsmäßig benachrichtigt worden war; AN. **14** 689. In dem Falle einer solchen ordnungsmäßigen Benachrichtigung darf eine der Partei nachteilige Entscheidung nur dann nicht ergehen, wenn sie sich auf neue, erst bei der Beweisaufnahme hervorgetretene und daher der Partei noch nicht bekannte Tatsachen gründet; EuM. **7** 315. Hat das OVA. das persönliche Erscheinen des Klägers zwecks ärztlicher Untersuchung angeordnet und ist dies in der Ladung an den VersTr. nicht erwähnt, so darf eine für diesen ungünstige Entscheidung in dem Termine nicht gefällt werden; Breith. **14** 347 (Bad. LVAmt).

Als Beweisaufnahme gilt auch Vorlegung einer Krankheitsbescheinigung und Kenntnisnahme davon durch das Gericht. Ist der VersTr. im Termin nicht vertreten, so darf eine auf diese Bescheinigung gestützte, ihm ungünstige Entscheidung nicht ergehen; Monatsschr. **16** 681.

§ 29. Zu den Sitzungen der Kammer ist ein vereidigter Schriftführer zuzuziehen.

Die Niederschrift[1] enthält Ort und Tag der Verhandlung, die Bezeichnung der tagenden Spruchkammer, Namen und Beruf des Vorsitzenden, der Beisitzer und des Schriftführers unter Bezeichnung der Eigenschaft, in der sie mitwirken, den Namen des etwa zugezogenen Dolmetschers, die Bezeichnung der Streitsache, die Namen der erschienenen Beteiligten, gesetzlichen Vertreter, Bevollmächtigten und Beistände sowie die Angabe, daß öffentlich verhandelt oder die Öffentlichkeit ausgeschlossen ist.

1. Vgl. § 45 VAO. Anm. 1.

§ 30. Der Gang der Verhandlung ist im allgemeinen anzugeben.

In die Niederschrift sind aufzunehmen

1. Erklärungen der Parteien, welche die Zurücknahme einer Berufung[1] bezwecken, Anerkenntnisse[2], Verzichtleistungen[3] und Vergleiche[4], sowie andere Parteierklärungen, namentlich Geständnisse, deren Feststellung beim Schlusse der mündlichen Verhandlung für angemessen erachtet wird,

2. solche Anträge und erheblichen Erklärungen der Beteiligten, die von dem Inhalt der Schriftsätze abweichen,

3. die Aussagen der Zeugen und Sachverständigen und die Feststellung, ob sie beeidigt sind oder nicht,

4. das Ergebnis eines Augenscheins,

5. Beschlüsse des Oberversicherungsamts, die Urteilsformel und deren Verkündung.

Der Aufnahme in die Niederschrift steht die Aufnahme in eine Schrift gleich, die der Niederschrift als Anlage beigefügt, als solche vom Vorsitzenden und Schriftführer gekennzeichnet und in der Niederschrift aufgeführt ist.

1. S. § 1675 RVO., Anm. 7 und 8.

2. Ein Anerkenntnis muß sich auf den geltend gemachten Anspruch, nicht auf dessen Unterlagen erstrecken; AN. **04** 408. Bei einem sachwidrig erscheinenden Anerkenntnis hat sich der Vorsitzende davon zu vergewissern, ob Irrtum oder Mißverständnis vorliegt; AN. **00** 722; s. a. Anm. 5j zu § 1583 RVO.

Das Anheimgeben der Entscheidung ist als Anerkenntnis nicht anzusehen; AN. **94** 332. Eine mündliche Anerkenntniserklärung ist nur dann als rechtsgültig anzusehen, wenn sie in der mündlichen Verhandlung vor den Spruchbehörden abgegeben ist. Eine mündliche Anerkenntniserklärung lediglich dem Vorsitzenden gegenüber bei einem Beweisaufnahmetermine reicht nicht aus; EuM. **21** 389. Durch die Erklärung des bevollmächtigten Vertreters eines VersTr. in der mündlichen Verhandlung vor dem OVA., daß er auf Grund des vorgetragenen Sachverhalts bereit sei, dem Verletzten eine Rente in bestimmter Höhe zu gewähren, ist der VersTr. an dieses Zugeständnis gebunden; EuM. **24** 124. Anfechtung eines Anerkenntnisses nach §§ 119, 123 BGB. möglich; EuM. **12** 276. Vgl. auch Anm. 4 zu § 1665 RVO

3. Verzicht auf festgestellte Renten grundsätzlich zulässig; AN. **14** 554, 555. Vgl. auch Anm. 6 zu § 1613 RVO.

4. Vergleich ist jeder Vertrag, durch den der Streit oder die Ungewißheit der Parteien über ein Rechtsverhältnis im Wege gegenseitigen Nachgebens beseitigt wird; Breith. **1** 134. Der Inhalt des Vergleichs braucht nicht in einer förmlichen Entscheidung zum Ausdruck gebracht zu werden; HbdUV. **2** 605, AN. (J. u. AV.) **94** 126, s. a. EuM. **11** 353 (Sächs. LVAmt).

Gegen einen Vergleich ist kein Rechtsmittel gegeben; AN. **88** 215, **92** 329, s. a. § 1666 RVO.

Ein Vergleich zwischen den Parteien kann wegen Irrtums nach Maßgabe des § 119 BGB. angefochten werden; AN. **05** 456, doch muß die Anfechtung dann sogleich erfolgen; AN. **10** 444. Dem Kläger steht auch der Nachweis offen, daß seine Erklärung bei Abschluß des Vergleichs in der Niederschrift unrichtig beurkundet sei. Ist die Erklärung im Zustand der Bewußtlosigkeit oder vorübergehender Störung der Geistestätigkeit abgegeben, so ist sie nichtig; AN. **97** 384, HbdUV., ErgBd. S. 68 Wenn ein vor dem OVA. geschlossener Vergleich wegen Irrtums angefochten wird, ist der Vorsitzende, der beim Abschluß des Vergleichs mitgewirkt hat, nicht von der Ausübung des Richteramts ausgeschlossen; Breith. **1** 134.

Vgl. im übrigen auch Anm. 2 Abs. 2 zu § 1630 RVO.

§ 31. Die Niederschrift ist, soweit sie die Nummern 1 bis 3 des § 30 Abs. 2 betrifft, den Beteiligten vorzulesen[1]. In der Niederschrift ist zu bemerken, daß dies geschehen und die Genehmigung erfolgt ist oder welche Einwendungen erhoben sind.

Die Niederschrift ist von dem Vorsitzenden und dem Schriftführer zu unterzeichnen. Ist der Vorsitzende verhindert, so genügt die Unterschrift des Schriftführers[2]. Die Tatsache der Verhinderung des Vorsitzenden ist in der Niederschrift zu vermerken.

1. Notwendigkeit eines Vermerkes über Vorlesung eines Verzichts in der Niederschrift; EuM. **2** 357.

Beurkundung eines Anerkenntnisses, das weder vorgelesen noch genehmigt worden ist, kann angefochten werden. Gegenbeweis in jeder Form zulässig; Monatsschr. **14** 762. Das Fehlen des Vermerks über Verlesung und Genehmigung eines Zugeständnisses in der Niederschrift ist ein Formmangel; er nimmt aber nicht der Niederschrift jede Beweiskraft, vielmehr ist es in einem solchen Falle der Beurteilung des Gerichts überlassen, welcher Beweiswert der mangelhaften Niederschrift beizumessen ist; EuM. **24** 124, 126.

Die Nichtverlesung der Niederschrift hat nicht die Nichtigkeit der in ihr bekundeten Parteierklärung zur Folge, sie führt nur dazu, daß die für die Feststellung der Parteierklärungen erforderlichen Unterlagen anderweit gewonnen werden müssen; AN. **00** 722, **04** 418, **09** 524.

Die Nichtverlesung von Zeugenaussagen ist kein wesentlicher Mangel des Verfahrens; AN. **05** 419.

2. Vgl. auch AN. **04** 540.

§ 32[1]. Auch über das Ergebnis von Beweisverhandlungen außerhalb der Sitzungen der Kammer ist unter Zuziehung eines vereidigten oder durch Handschlag verpflichteten Schriftführers eine Niederschrift aufzunehmen. § 29 Abs. 2, §§ 30, 31 gelten entsprechend. Jedoch kann in einfacheren Fällen der Vorsitzende allein über das Ergebnis eines Augenscheins außerhalb der mündlichen Verhandlung eine Feststellung zu den Akten bringen.

1. Die für Beweisverhandlungen außerhalb der Sitzung vorgeschriebenen Förmlichkeiten sind auch dann zu beobachten, wenn der Vorsitzende vor der mündlichen Verhandlung einen Amtsvorsteher um die Beweisaufnahme ersucht; EuM. **2** 363, zu vgl. auch AN. **95** 217, **96** 356. Die Nichtzuziehung eines Bevollmächtigten zur Beweisaufnahme außerhalb der mündlichen Verhandlung des OVA. kein wesentlicher Mangel des Verfahrens; AN. **27** 392.

§ 33. Das Oberversicherungsamt entscheidet innerhalb der erhobenen Ansprüche nach freiem Ermessen[1].

1. Eine Entscheidung innerhalb der erhobenen Ansprüche liegt auch dann vor, wenn das OVA. zwar die Behauptung des Klägers, er sei in einem höheren Grade in seiner Erwerbsfähigkeit beschränkt, zurückweist, gleichwohl aber die Rente wegen Annahme eines höheren JAV. ohne ausdrücklichen Antrag erhöht, sofern nur im zahlenmäßigen Ergebnis der beanspruchte Betrag nicht überschritten wird; AN. **90** 486, **92** 346. Nicht zulässig ist die Erhöhung einer Rente im Hundertsatz und JAV., wenn nur das erstere beantragt war; AN. **91** 356.

Das OVA. ist nicht berechtigt, über einen zweiten Unfall, aus dem Rentenansprüche weder bei der BG., noch bei ihm erhoben sind, mit zu entscheiden; EuM. **18** 278, Breith. **16** 92.

Das OVA. darf die Ausführungen des Klägers über ein erst in der Berufungsinstanz geltend gemachtes Leiden nicht deshalb unbeachtet lassen, weil der Kläger es schuldhaft unterlassen habe, das Leiden bereits im Feststellungsverfahren vor dem VersTr. geltend zu machen; Breith. **17** 132.

In Zweifelsfällen hat das OVA. festzustellen, in welchem Umfange der Kläger Ansprüche erheben will; Bay. LVAmt **16** 132.

Vgl. § 31 VAO. sowie § 31 RVAO. und die Anm. hierzu.

§ 34. Die Beratung und Beschlußfassung schließen sich unmittelbar[1] an die mündliche Verhandlung an. Sie sind nicht öffentlich. Außer den zur Entscheidung Berufenen und dem Schriftführer dürfen nur die beim Oberversicherungsamte beschäftigten Personen zugegen sein, welchen der Vorsitzende des Oberversicherungsamts die Anwesenheit zu ihrer Ausbildung gestattet hat.

Die Entscheidung darf nur von den Mitgliedern der Kammer getroffen werden, die an der Verhandlung der Sache teilgenommen haben.

Bei der Abstimmung stimmt der Berichterstatter (§ 17 Abs. 4) zuerst. Ist kein Berichterstatter ernannt, so stimmen die Beisitzer nach der Reihenfolge ihres Lebensalters, und zwar der jüngere zuerst. Der Vorsitzende stimmt in allen Fällen zuletzt[2]. Die §§ 196, 197[3] des Gerichtsverfassungsgesetzes gelten entsprechend.

Die Abstimmung der einzelnen Mitglieder der Kammer darf keinen schriftlichen Ausdruck finden[4].

Über den Hergang bei der Beratung[5] und über das Stimmenverhältnis, ist zu schweigen[6].

V. v. 14. XII. 23 (RGBl. I S. 1199).

1. Die gemeinsame Beratung aller in einer Sitzung verhandelten Sachen ist unzulässig; Breith. **13** 9.

2. Auch dann, wenn er die Darstellung des Sachverhalts übernommen hat; AN. **88** 235.

3. Jetzt §§ 194, 195 nach der Bek. v. 22. III. 24 (RGBl. I S. 299).

4. Unzulässigkeit der Bekanntgabe der der Entscheidung des OVA. zugrundeliegenden Abstimmung in der Niederschrift über die Verhandlung des OVA.; AN. **16** 370, oder im Urteil selbst; AN. **97** 328, s. auch HbdUV. **2** 617.

5. Die Beratung über eine vom Spruchgericht zu treffende Entscheidung setzt voraus, daß die Gerichtsmitglieder Gelegenheit zum freien Meinungsaustausch haben; EuM. **23** 468.

6. Unzulässigkeit der Beratung der Spruchkammer des OVA. in Gegenwart der Vertreter beider Parteien; EuM. **11** 387, **23** 468. Unzulässigkeit der Beratung und Beschlußfassung der Spruchkammer des OVA. im Sitzungssaal bei Anwesenheit der einen Partei, während die andere Partei abtreten mußte; AN. **22** 179. Ebenso unzulässig Beratung und Beschlußfassung in Gegenwart von Zeugen oder Sachverständigen; HbdUV. 2 617. Jedoch ist die Anwesenheit des Protokollführers, eines dem Gerichte vorgesetzten Beamten oder eines zur Ausbildung Beschäftigten zulässig; HbdUV. 2 617.

§ 35. Bei der Verkündung des Urteils[1] werden die Gründe mitgeteilt, soweit dies für erforderlich gehalten wird. Die Verkündung des Urteils[1] kann auf eine spätere Sitzung vertagt werden, die in der Regel sofort anzuberaumen ist und binnen einer Woche stattfinden soll.

1. Mit der Verkündung des Urteils ist das Verfahren vor dem OVA. abgeschlossen. Nach der Verkündung sind Beweiserhebungen und Verhandlungen der Parteien vor dem OVA. über den Gegenstand des Urteils unzulässig; EuM. **19** 230, Breith. **16** 155.

Maßgebend ist der verkündete Wortlaut der Entscheidung, nicht deren schriftliche Abfassung; spätere Berichtigung ist im allgemeinen ausgeschlossen; Komp. **14** 331. Aus den Akten muß sich ergeben, daß das Urteil in öffentlicher Sitzung verkündet ist; HbdUV. 2 622.

§ 36. Das Urteil enthält außer den Gründen[1] eine gedrängte Darstellung des Sach- und Streitstandes auf Grund der gesamten Verhandlungen unter Hervorhebung der in der Sache gestellten Anträge (Tatbestand[2]) und die hiervon und von den Gründen äußerlich zu sondernde Urteilsformel. Bei endgültigen Urteilen genügt neben der Urteilsformel die Angabe der Gründe.

Im Eingang des Urteils sind die Beteiligten und ihre gesetzlichen Vertreter, die Spruchkammer, welche die Entscheidung gefällt, und die Mitglieder der Kammer, die bei ihr mitgewirkt haben, die letzteren nach § 29 Abs. 2, aufzuführen[3]. Auch ist der Sitzungstag, an dem die Entscheidung ergangen ist, zu bezeichnen und anzugeben, daß mündlich verhandelt ist.

Im Falle der Verhinderung des Vorsitzenden unterzeichnet für ihn der an Lebensjahren älteste Beisitzer das Urteil.

Für die Vorentscheidung (§ 1679 Abs. 1 in Verbindung mit § 1657 der Reichsversicherungsordnung) gelten Abs. 1 bis 3 entsprechend[4].

1. Die Gründe der Entscheidung müssen bestimmt erkennen lassen, welche rechtlichen und tatsächlichen Voraussetzungen des Anspruchs als vorhanden oder als nicht vorhanden angesehen werden; AN. **06** 275, **12** 891.

Die Entscheidungsgründe gehen nicht in Rechtskraft über, es sei denn, daß der entscheidende Teil in ihnen mit enthalten oder der Sinn und die Tragweite der Entscheidung aus ihnen zu entnehmen ist. Ist z. B. die Höhe der Rente lediglich in den Gründen näher bezeichnet, so werden sie insoweit rechtskräftig; AN. **07** 550. Dagegen gewinnen Feststellungen, auf die sich die Entscheidung nicht stützt, keine Rechtskraft; AN. **88** 261, **05** 433, **93** (J. u. AV.) 175. Vgl. auch Anm. 5a, h, i zu § 1583.

Wenn in der Urteilsformel des OVA. neben der Verurteilung der BG. zum Ersatz der Heilverfahrenskosten das Vorliegen eines Betriebsunfalls ausgesprochen wird, so macht dieser Ausspruch das Leistungsurteil nicht gleichzeitig zu einem Feststellungsurteil. Der Ausspruch ist vielmehr lediglich ein unzweckmäßigerweise aus der Begründung in die Formel des Urteils hinübergenommener Teil der Gründe für die Verurteilung zu der festgesetzten Leistung; EuM. **18** 339.

Unzulässig ist die Begründung, das OVA. habe in seiner Mehrheit den Anspruch für gerechtfertigt anerkannt; HbdUV. **2** 623.

Als Begründung genügt die Verweisung auf eine Vorentscheidung, wenn diese ausreichend begründet war; AN. **98** 322. Die Anerkennung des Anspruchs durch den VersTr. macht die Angabe weiterer Gründe entbehrlich; AN. (J. u. AV.) **93** 115, AN. **94** 332. Ein bei der Verkündung des Urteils noch nicht vorliegendes Beweismittel darf bei der Begründung nicht berücksichtigt werden, sonst wesentlicher Verfahrensmangel; Monatsschr. **23** 60.

Unzulässigkeit der Entscheidung entgegen den vorliegenden ärztlichen Gutachten über medizinische Fragen ohne weitere Beweiserhebung und ohne Angabe der Gründe hierzu im Urteil; EuM. **15** 233. Die Abweichung des Gerichts von ärztlichen Gutachten bedarf eingehender Begründung und Rechtfertigung; Monatsschr. **28** 345.

Fehlen der Begründung wesentlicher Verfahrensmangel; Monatsschr. **17** 193, ebenso unzureichende Begründung; EuM. **22** 142.

2. Fehlen des Tatbestands bildet einen die Zurückverweisung rechtfertigenden Mangel des Verfahrens; AN. **10** 445.

3. In der Nichtaufführung aller Beteiligten und ihrer gesetzlichen Vertreter im Urteil des OVA. liegt ein wesentlicher Mangel des Verfahrens; EuM. **5** 47 (Bay. LVAmt), **7** 257 (Sächs. LVAmt). Zu den Beteiligten gehören auch die notwendigen Streitgenossen; VG. **27** 360.

4. Die vom Vorsitzenden der Spruchkammer des OVA. erlassene Vorentscheidung muß eine ausreichende Darstellung des Sach- und Streitstandes enthalten; AN. **16** 316.

§ 37. Eine Ausfertigung des Urteils soll spätestens binnen drei Wochen nach der Verkündung den Beteiligten oder ihren gesetzlichen Vertretern zugestellt[1] werden. Sind die Beteiligten durch Bevollmächtigte vertreten, so ist die Ausfertigung diesen zuzustellen[2]. Sind mehrere Bevollmächtigte einer Partei vorhanden, so genügt die Zustellung an einen Bevollmächtigten.

1. Nur damit wird die Rechtsmittelfrist in Lauf gesetzt; ohne Belang ist es, ob die Partei bei Verkündung der Entscheidung zugegen war oder nicht; EuM. **6** 402 (Bay. LVAmt). Im übrigen vgl. §§ 135, 136 RVO. und die Anm. hierzu.

2. Ist die Vollmacht nicht rechtswirksam, so kann die Zustellung nur an die Partei selbst erfolgen; Breith. **15** 176, ebenso wenn die Vollmacht nur auf Vertretung im Termin lautet; Breith. **15** 405. Bei fehlerhafter Zustellung nochmalige Zustellung möglich; BG. **29** 33.

§ 38. Ausfertigungen und Abschriften sind als solche zu bezeichnen.

Die Ausfertigung erhält die Überschrift, die für gerichtliche Urteile vorgeschrieben (z. B. „Im Namen des Königs“ [1]) oder im Falle des § 62 Abs. 3 der Reichsversicherungsordnung von den beteiligten Landesregierungen vereinbart ist.

Am Schlusse wird die Ausfertigung mit dem Siegel des Oberversicherungsamts versehen [2] und von dem Vorsitzenden der Kammer, im Falle seiner Verhinderung von seinem Stellvertreter unterzeichnet [3].

Hat die oberste Verwaltungsbehörde bestimmt, daß die Ausfertigungen von einem Bureau- oder Kanzleibeamten des Oberversicherungsamts unterzeichnet werden, so ist unter die einschließlich der Unterschrift gefertigte Abschrift zu setzen:

„Die Übereinstimmung dieser Ausfertigung mit der Urschrift wird hierdurch beglaubigt“.

Der Beamte unterschreibt diesen Zusatz unter Beifügung seiner Amtseigenschaft.

1. Jetzt „Im Namen des Volks“.

2. Erhält die Ausfertigung statt des Siegels nur das Zeichen „L. S.“, so ist die Zustellung nicht geeignet, den Lauf der Rechtsmittelfrist zu eröffnen; HbdUV. 2 623. Ebenso ist die Zustellung einer irrtümlich mit dem Siegel eines anderen OVA. versehenen Urteilsausfertigung ungültig; HbdUV. 2 624.

3. Die Urschrift eines Urteils oder einer Vorentscheidung ist von dem Vorsitzenden mit dem vollen Namen zu unterzeichnen, Unterfertigung mit einem Handzeichen genügt nicht als Unterschrift; EuM. **10** 375, HbdUV. 2 623. Urteilsabschrift ohne Unterschrift ist keine Ausfertigung und setzt Rechtsmittelfrist nicht in Lauf; Breith. **1** 361.

§ 39. Das Versicherungsamt, dessen Entscheidung angefochten war, erhält eine Abschrift des Urteils.

III. Verfahren in Beschlußsachen

§ 40 [1]. Für das Beschlußverfahren gelten die Bestimmungen über die Einleitung des Verfahrens und die Vertretung der Parteien (§§ 13 bis 16, § 17 Abs. 1 bis 3, § 18), über die Beweiserhebung, die Unterbrechung des Verfahrens und die Akteneinsicht (§§ 19 bis 22, § 24 Abs. 3, § 25 Abs. 2 [2], § 32) entsprechend [3].

Das Oberversicherungsamt kann jedoch die Einreichung von Abschriften der Schriftsätze erlassen und von der Anfertigung von solchen und ihrer Mitteilung an die übrigen Beteiligten absehen.

1. Vgl. hierzu § 1780 RVO. und die Anm. hierzu.

2. In der Unterlassung der rechtzeitigen Benachrichtigung der Parteien von einem Termine zur Beweisaufnahme vor dem OVA. im Beschlußverfahren liegt ein wesentlicher Mangel des Verfahrens; EuM. **16** 216.

3. § 33 gilt im Beschlußverfahren nicht, das OVA. ist hier an die Anträge der Parteien nicht gebunden; EuM. **4** 420 (Bay. LVAmt).

§ 41. Die §§ 1673, 1674 der Reichsversicherungsordnung gelten entsprechend.

§ 42. Für das Verfahren vor der Beschlußkammer gilt außerdem folgendes:

Der Vorsitzende kann in geeigneten Fällen Beisitzer zum Berichterstatter ernennen.

Soweit in einer Beschlußsache vor der Beschlußkammer zu verhandeln ist, kann der Vorsitzende der Beschlußkammer mündliche Verhandlung anordnen; dies muß geschehen, wenn es die Kammer beschließt oder wenn in den Fällen des § 24 Abs. 3[1], des § 51 Abs. 3, des § 52 Abs. 2 und des § 53 Abs. 3 der Reichsversicherungsordnung ein Beteiligter es beantragt[2]. Für die mündliche Verhandlung gelten die Bestimmungen über die Verhandlungszeit, die Vertagung bei Zurückweisung eines Bevollmächtigten oder Beistandes, den Gang der mündlichen Verhandlung und die Verkündung der Entscheidung (§ 24 Abs. 1, 2, § 25 Abs. 1, §§ 26, 35) entsprechend.

Im übrigen sind die Bestimmungen über Ort und Niederschrift der Verhandlung, über Beratung und Beschlußfassung sowie über die Urteile[3] und ihre Zustellung (§§ 23, 29 bis 31, 34, 36 bis 39) entsprechend anzuwenden, auch wenn nicht mündlich verhandelt wird.

V. v. 14. XII 23 (RGBl. I S. 1199).

1. Vgl. hierzu § 1799 RVO., Anm. 5 Abs. 1.
2. Nur in diesen Fällen kann er es beantragen; AN. **15** 779.
3. Entscheidungen der Beschlußkammer müssen ausreichend begründet werden und unterliegen der Aufhebung, wenn dies nicht geschehen ist; AN. **15** 385, BG. **24** 137.

§ 43. In dem Verfahren bei Entlassung eines Angestellten wegen Vergehens gegen die Dienstordnung oder im Falle des § 354 Abs. 6 der Reichsversicherungsordnung (§ 358 Abs. 1, § 413 Abs. 2 a. a. O.) sind die Beschwerdeschriften des Angeschuldigten und der Krankenkasse sowie deren spätere Schriftsätze dem Beamten der Staatsanwaltschaft (§ 64 der Verordnung über Geschäftsgang und Verfahren der Versicherungsämter) in Urschrift vorzulegen.

Neue Tatsachen, welche die Grundlage einer anderen Beschuldigung bilden, dürfen vor dem Oberversicherungsamte nicht vorgebracht werden.

Eine mündliche Verhandlung findet in jedem Falle statt.

Für die Vernehmung des Angestellten, die Beweisaufnahme, die mündliche Verhandlung, die Zurücknahme der Entlassung oder des Antrags und für die Entscheidung gelten § 65 Abs. 2, 3, §§ 67, 68, § 69 Abs. 4 bis 6, §§ 70, 71 der Verordnung über Geschäftsgang und Verfahren der Versicherungsämter entsprechend.

IV. Kosten des Verfahrens

§ 44[1]. Die Kosten des Verfahrens werden vorbehaltlich der Vorschrift des § 1679 in Verbindung mit § 1670 der Reichsversicherungsordnung durch Verfügung des Oberversicherungsamts festgesetzt, und zwar in Sachen, die von der Spruch- oder Beschlußkammer zu erledigen sind, durch Verfügung des Vorsitzenden der Kammer. Gegen die Verfügung kann binnen einer

Woche nach Zustellung[2] Beschwerde bei dem Oberversicherungsamt eingelegt werden. Hält der Vorsitzende die Beschwerde für begründet, so kann er ihr abhelfen. Anderenfalls ist die Beschwerde mit einer gutachtlichen Äußerung unter Beifügung der Verhandlungen dem Reichsversicherungsamte vorzulegen. An dessen Stelle tritt das Landesversicherungsamt, sofern es in der Sache selbst zuständig ist.

1. Es handelt sich hier um die Festsetzung der gerichtlichen Kosten des Verfahrens, z. B. um Festsetzung der Kosten, welche durch die vom OVA. zum Zweck der Beweisaufnahme angeordnete ärztliche Untersuchung dem Beschwerdeführer erwachsen sind; EuM. **21** 297. Der auf Anordnung des OVA. zur ärztlichen Beobachtung in einer Krankenanstalt untergebrachte Rentenbewerber hat zwar Anspruch auf angemessenen Ersatz der ihm dadurch entstandenen Erwerbsversäumnis, es ist ihm aber hierbei derjenige Betrag zu kürzen, den er infolge der freien Verpflegung im Krankenhaus an Aufwendungen für seinen Lebensunterhalt während dieser Zeit erspart hat; EuM. **26** 111.

§ 44 ist auf Beschwerden der VersTr. wegen Festsetzung des Pauschbetrags nach § 80 Abs. 2 nicht anzuwenden; AN. **15** 790. Denn er gilt nur für Streitigkeiten über Kosten des Verfahrens, nicht für Beschwerden über die Berechnung der Gerichtshaltungskosten; AN. **14** 676, 719.

§ 44 bezieht sich nicht auf die Fälle, in denen Erstattung außergerichtlicher Kosten, z. B. von Anwaltskosten; AN. **16** 526, oder von Kosten für nicht angeordnetes Erscheinen des Klägers vor dem OVA. in Frage kommt; EuM. **126** 111, Breith. **16** 202 (Bad. LVAmt).

Zuständigkeit des RVA. (LVAmt), nicht der Dienstaufsichtsbehörde, zur Entscheidung über Beschwerden gegen die Feststellung von Sachverständigengebühren durch das OVA.; EuM. **15** 410 (Bay. LVAmt).

Kein Anspruch auf Verzugszinsen bei Gebühren für ärztliche Gutachten, die zufolge der öffentlichrechtlichen Begutachtungspflicht dem OVA. erstattet sind; EuM. **25** 29.

Vgl. auch § 80 Abs. 1 RVO. und die Anm. hierzu.

2. Gegen die Festsetzung der Kosten des Verfahrens vor dem OVA. beginnt die Beschwerdefrist in allen Fällen erst von der Zustellung einer förmlichen Verfügung des OVA. ab zu laufen; AN. **15** 411.

§ 45. § 1670 der Reichsversicherungsordnung gilt entsprechend für das Beschlußverfahren[1].

In den Fällen des § 358 Abs. 1 (§ 413 Abs. 2) der Reichsversicherungsordnung gilt als Partei der Bundesstaat[2], wenn der Beamte der Staatsanwaltschaft (§ 43 Abs. 1 dieser Verordnung) Beschwerde eingelegt hat.

1. Vgl. Anm. 1 zu § 40 RVAO.
2. Jetzt das Land.

§ 46. Die gemäß § 1802 der Reichsversicherungsordnung einem Beteiligten auferlegten Kosten werden in der Entscheidung festgesetzt; sie werden wie Gemeindeabgaben beigetrieben.

§ 47[1]. In Spruchsachen der Krankenversicherung beträgt die dem unterliegenden Teile aufzuerlegende Gebühr (§ 1803 der Reichsversicherungsordnung) für je einhundert Mark des Streitgegenstandes zwei Mark bis zum Höchstbetrage von zwanzig Mark. Angefangene Wertbeträge werden voll gerechnet.

Vorstehende Sätze können auf die Hälfte ermäßigt werden, wenn die Sache durch Anerkenntnis, Vergleich oder Zurücknahme des Rechtsmittels erledigt wird. Sie können bis auf den doppelten Betrag, jedoch nicht über den Betrag von zwanzig Mark hinaus, erhöht werden, wenn eine Beweisaufnahme stattgefunden hat oder sonst umfangreichere Erhebungen oder Verhandlungen notwendig waren.

Der Wert wiederkehrender Leistungen, deren Dauer noch nicht feststeht, ist nach freiem Ermessen zu schätzen. Das gleiche gilt für solche Leistungen, die keine Geldleistungen sind.

1. Ist infolge der Aufhebung des früheren § 1803 RVO. (V. v. 19. VII 23, RGBl. I S. 686) gegenstandslos geworden.

§ 48. Diese Verordnung tritt für die Invaliden- und Hinterbliebenenversicherung am 1. Januar 1912, für die anderen Zweige der Reichsversicherung an den Tagen in Kraft, von denen an für diese die Vorschriften der Reichsversicherungsordnung über das Verfahren in Kraft gesetzt werden.

Mit denselben Tagen tritt für die einzelnen Zweige der Reichsversicherung die Verordnung, betreffend das Verfahren vor den Schiedsgerichten für Arbeiterversicherung vom 22. November 1900 (RGBl. S. 1017) außer Kraft.

Anhang IV

Verordnung über Geschäftsgang und Verfahren des Reichsversicherungsamts

Vom 24. XII 11 (RGBl. S. 1083, ausgegeben den 28. XII. 11).

I. Geschäftsgang (Diensteinteilung)

Dienststellung des Präsidenten

§ 1. Der Präsident leitet und beaufsichtigt den gesamten Dienst. Er ernennt die Beauftragten des Amtes.

§ 2. Der Präsident führt die innere Verwaltung des Amtes. Er verteilt insbesondere, vorbehaltlich der §§ 15, 16, des § 18 Abs. 3 und des § 19 Abs. 4, die Geschäfte unter die Mitglieder, richterlichen Beisitzer und Beamten, ordnet die Einrichtung der Bureaus, Akten und Geschäftsregister und hat die Verfügung in den Personalsachen sowie in den Angelegenheiten, die das Haushalts- und Kassenwesen, das Dienstgebäude und seine Einrichtung, die amtlichen Veröffentlichungen, die Bibliothek und ähnliche Gegenstände betreffen (Präsidialsachen).

Der Präsident bestimmt, abgesehen von den Sachen, die der Beschlußsenat entscheidet, diejenigen Beschluß- und Aufsichtssachen, welche er endgültig zeichnen will. Er führt, unbeschadet des § 19 Abs. 2, in dem Beschlußsenate sowie in dem Großen Senate den Vorsitz und kann auch in sonstigen Sitzungen, vorbehaltlich der §§ 15ff., den Vorsitz übernehmen.

Vertretung des Präsidenten

§ 3. Den Präsidenten vertritt bei Behinderung der vom Reichskanzler (Reichsamt des Innern)[1] zum ständigen Vertreter des Präsidenten bestellte Direktor und bei dessen Behinderung der andere Direktor. Ist auch dieser verhindert, so liegt, wenn der Reichskanzler (Reichsamt des Innern)[1] nichts anderes bestimmt, die Vertretung den übrigen ständigen Mitgliedern in der Reihenfolge ihres Dienstalters ob.

1. Jetzt — auch in den folgenden Paragraphen — der Reichsarbeitsminister.

Abteilungen

§ 4. Im Reichsversicherungsamte bestehen zwei Abteilungen[1]. In der einen Abteilung werden die Angelegenheiten der Unfallversicherung, in der anderen Abteilung die Angelegenheiten der Kranken-, Invaliden- und Angestelltenversicherung, der Sonderanstalt der See-Berufsgenossenschaft (§ 1375 der Reichsversicherungsordnung) sowie der Ersatzansprüche nach dem Fünften Buche der Reichsversicherungsordnung bearbeitet[2].

1. Seit 1. X. 29 bestehen drei Abteilungen im RVA. Der neuen Abteilung III ist die Bearbeitung der Angelegenheiten der Angestellten-, Knappschafts- und Arbeitslosenversicherung übertragen. Die Angelegenheiten der Kranken- und Invalidenversicherung werden wie bisher in der Abteilung II erledigt; AN. 29 387.

2. Verfahrensordnung der Senate für AV. v. 12. I 23 (RGBl. I S. 56, 1199). Die für die Ersatzansprüche aus den §§ 1509, 1503 Abs. 2 RVO. zuständige Abteilung des RVA. für Kr.-, J.- und AV. hat über Fragen der UV. nicht zu entscheiden. Die Feststellung der Unfallentschädigung hat im Spruchverfahren der UV. zu erfolgen, während das Revisionsverfahren auf die Fragen der Ersatzberechtigung beschränkt bleibt; AN. 14 549. Zur Entscheidung über Ersatzansprüche auf Grund des § 1738 RVO. ist, wenn die Sache gemäß § 1778 Abs. 1, § 1698 RVO. an das RVA. gelangt, nach § 4 der V. der Rekurssenat zuständig (obwohl an sich nur die Revision in Frage käme), weil es sich hier um einen Ersatzanspruch nicht nach dem V. Buche, sondern um einen im VI. Buche der RVO. geregelten Ersatzanspruch zwischen verschiedenen Trägern der UV. handelt; AN. 21, 153, 154.

Direktoren

§ 5. An der Spitze jeder Abteilung steht ein Direktor[1]. Der Präsident bestimmt mit Genehmigung des Reichskanzlers (Reichsamt des Innern), welcher Direktor die eine oder andere Abteilung leitet.

Der Direktor leitet die Geschäfte seiner Abteilung unter der Oberleitung des Präsidenten. Er vollzieht, unbeschadet des § 2 Abs. 2 Satz 1, die Entwürfe, Ausfertigungen und Reinschriften in denjenigen Sachen, welche die Abteilung betreffen.

Bei Behinderung vertreten den Direktor, vorbehaltlich des § 6 Abs. 1, die in der Abteilung beschäftigten ständigen Mitglieder in der Reihenfolge ihres Dienstalters.

1. S. § 86 RVO.

§ 6. Der Präsident kann für bestimmte Gruppen von Geschäften die ständige Vertretung des Direktors einem oder mehreren Senatspräsidenten übertragen. Diese vollziehen vorbehaltlich des § 2 Abs. 2 Satz 1 und unbeschadet der Befugnis des Direktors selbst zu zeichnen, die Entwürfe, Ausfertigungen und Reinschriften aus dem betreffenden Geschäftskreis. Ist ein mit der ständigen Vertretung des Direktors betrauter Senatspräsident verhindert, so liegt die Vertretung den übrigen ständigen Mitgliedern aus der betreffenden Gruppe in der Reihenfolge des Dienstalters ob.

Die nach Abs. 1 getroffenen Verfügungen sind dem Reichskanzler (Reichsamt des Innern) anzuzeigen.

Nichtständige Mitglieder

§ 7. Der Reichskanzler (Reichsamt des Innern) bestimmt, wieviel Stellvertreter für die als nichtständige Mitglieder des Reichsversicherungsamts gewählten Arbeitgeber und Versicherten zu wählen sind (§ 87 Abs. 2 der Reichsversicherungsordnung).

Richterliche Beisitzer

§ 8. Der Reichskanzler (Reichsamt des Innern) beruft[1] die richterlichen Beisitzer für die Dauer ihres Hauptamtes. Er kann sie bei vorübergehendem Bedürfnis auch auf Zeit berufen.

1. S. § 99 Abs. 2 RVO.

Gesamt- und Abteilungssitzungen

§ 9. Wichtige Angelegenheiten, insbesondere zweifelhafte Rechtsfragen, können in Gesamt- oder Abteilungssitzungen erörtert werden.

Gesamtsitzungen finden auf Anordnung des Präsidenten statt, Abteilungssitzungen auf Anordnung des Präsidenten oder des Direktors.

Den Vorsitz in den Gesamtsitzungen führt der Präsident, in den Abteilungssitzungen der Präsident oder der Direktor.

Werden in den Sitzungen Fragen verhandelt, die später in Spruch- oder Beschlußsenaten zu entscheiden sind, so bindet die Stellungnahme in der Sitzung nicht für die Abstimmung im Senate.

§ 10. Zur Teilnahme an den Gesamtsitzungen sind einzuladen

a) die ständigen Mitglieder und diejenigen Hilfsarbeiter, welche Geschäfte von Mitgliedern bearbeiten,

b) die vom Bundesrate[1] gewählten nichtständigen Mitglieder,

c) die als nichtständige Mitglieder gewählten Arbeitgeber und Versicherten, die in Berlin oder seiner näheren Umgebung wohnen oder am Sitzungstag in Berlin anwesend sein werden,

d) vier richterliche Beamte. Dies sind, soweit der Präsident nichts anderes bestimmt, die vier am längsten im Reichsversicherungsamte beschäftigten Richter.

Ist ein zur Sitzung eingeladener Arbeitgeber oder Versicherter an der Teilnahme verhindert und teilt er dies dem Präsidenten rechtzeitig mit, so ist ein stellvertretendes Mitglied der entsprechenden Art einzuladen, das in Berlin anwesend ist oder in Berlin oder seiner näheren Umgebung wohnt.

Der Vorsteher und die Mitglieder der Rechnungsstelle[2] sind nach Bedarf zuzuziehen.

Bei der Einladung ist die Tagesordnung mitzuteilen.

1. Jetzt der Reichsrat, auch in den folgenden Paragraphen.
2. Durch die Aufhebung des § 103 RVO. ist die Rechnungsstelle beseitigt und damit die Bestimmung im Abs. 3 hinfällig.

§ 11. Zur Teilnahme an den Abteilungssitzungen sind einzuladen

a) die in der Abteilung beschäftigten ständigen Mitglieder und Hilfsarbeiter, die Geschäfte von Mitgliedern bearbeiten,

b) die vom Bundesrate gewählten nichtständigen Mitglieder,

c) je ein Arbeitgeber und Versicherter. Der Präsident oder der Direktor kann bestimmen, daß noch je ein oder je zwei weitere Arbeitgeber und Versicherte zuzuziehen sind,

d) zwei richterliche Beisitzer, soweit es zur Erörterung von Rechtsfragen für erforderlich erachtet wird, nach näherer Bestimmung des Präsidenten.

Für die Zuziehung der Arbeitgeber und Versicherten gelten § 10 Abs. 1c, Abs. 2 entsprechend.

§ 10 Abs. 3[1] und 4 sind entsprechend anzuwenden.

1. S. § 10 Anm. 2.

§ 12. Stimmberechtigt sind die in der Sitzung anwesenden Mitglieder des Reichsversicherungsamts und ihre Stellvertreter sowie die zugezogenen richterlichen Beamten.

Die vom Bundesrate gewählten Mitglieder nehmen ihre Stelle zwischen dem Vorsitzenden und den übrigen Mitgliedern ein. Ihre Reihenfolge untereinander bestimmt sich nach der Reihenfolge im Bundesrate, soweit sie diesem angehören, sonst nach ihrem Dienstalter.

Die Sitzungen sind nicht öffentlich.

§ 13. Der Vorsitzende leitet die Verhandlungen und Beratungen; er stellt die Fragen und sammelt die Stimmen.

Für den mündlichen Vortrag in der Sitzung werden Berichterstatter ernannt.

Bei Abstimmungen entscheidet Stimmengleichheit. Bei Stimmengleichheit gibt der Vorsitzende den Ausschlag. Für die Reihenfolge der Abstimmung gilt § 32 entsprechend.

Durch Abstimmung wird auch entschieden, wenn Zweifel über den Gegenstand, die Fassung oder Reihenfolge der Fragen oder über das Ergebnis der Abstimmung entstehen.

Beschlußsachen

§ 14. Beschlußsachen, die nicht im Beschlußsenate zu entscheiden sind, werden von Mitgliedern als Berichterstatter bearbeitet und von dem Präsidenten, einem Direktor oder seinem für bestimmte Gruppen von Geschäften bestellten ständigen Vertreter (§ 6 Abs. 1) endgültig gezeichnet.

Spruchsenate

§ 15. Über den Vorsitz in den Spruchsenaten und die Verteilung der Spruchsachen auf die einzelnen Senate beschließen für je ein Geschäftsjahr[1] im voraus für jede Abteilung der Präsident, der Direktor und in der Abteilung für Unfallversicherung die sieben, in der Abteilung für Kranken-,

Invaliden- und Angestelltenversicherung die drei dienstältesten Senatspräsidenten nach Stimmenmehrheit. Gehört der Dienstälteste von den Senatspräsidenten der Senate für Angestelltenversicherung nicht zu den drei dienstältesten Senatspräsidenten der Abteilung, so tritt er an die Stelle des jüngsten dieser drei Senatspräsidenten. Bei Stimmengleichheit gibt die Stimme des Präsidenten den Ausschlag [2].

1. Ist das Kalenderjahr (§ 164 RVO.).

2. Verfahrensordnung der Senate für Angestelltenversicherung v. 12. I 23 (RGBl. I S. 56).

§ 16. Auf den im § 15 bezeichneten Wege wird für bestimmte Zeiträume, in der Regel für die Dauer eines Vierteljahrs im voraus bestimmt, in welchen Senaten und an welchen Tagen die einzelnen der Abteilung angehörenden ständigen Mitglieder sowie die nichtständigen Mitglieder und die richterlichen Beisitzer an den Spruchsitzungen teilnehmen.

Im übrigen verteilt der Vorsitzende die Geschäfte in den Senaten, er trifft auch die wegen des Fortganges des Verfahrens erforderlichen Verfügungen und zeichnet sie im Entwurf und in der Reinschrift.

§ 17. Der Präsident regelt im einzelnen Falle die Vertretung verhinderter Vorsitzender und Mitglieder der Senate.

V. v. 14. XII 23 (RGBl. I S. 1199).

Großer Senat

§ 18 [1]**.** Von den vom Bundesrate gewählten Mitgliedern sind je zwei zu den Sitzungen des Großen Senats in der im § 12 Abs. 2 Satz 2 bestimmten Reihenfolge zuzuziehen.

Das Landesversicherungsamt, das im Falle des § 1718 Abs. 2 der Reichsversicherungsordnung ein zweites Mitglied zu entsenden hat, wechselt für jede Sitzung, an der ein Landesversicherungsamt beteiligt ist. Wie oft die einzelnen Landesversicherungsämter ein zweites Mitglied zu entsenden haben, richtet sich nach der Zahl der Stimmen, die dem betreffenden Bundesstaat im Bundesrate zusteht. Ist nach der Reihenfolge das verweisende Landesversicherungsamt berufen, so entsendet das dann folgende das zweite Mitglied.

Die übrigen Mitglieder des Großen Senats, die Reihenfolge, in der sie an den Sitzungen teilnehmen, und ihre Stellvertreter werden vom Präsidenten, den Direktoren und den zehn im § 15 bezeichneten dienstältesten Senatspräsidenten mit Stimmenmehrheit für ein Geschäftsjahr im voraus bestimmt. Bei Stimmengleichheit gibt die Stimme des Präsidenten den Ausschlag. Dabei sind je zwei ständige Mitglieder und je zwei richterliche Beamte sowie ihre Stellvertreter besonders zu bezeichnen für Sachen der Krankenversicherung, der Unfallversicherung sowie der Invaliden- und Hinterbliebenenversicherung (§ 102 Abs. 2 der Reichsversicherungsordnung). Die Stellvertreter treten bei Behinderung der zunächst benannten Mitglieder in der Reihenfolge ihrer Bezeichnung ein.

Gehört das vom verweisenden Senate bezeichnete Mitglied (§ 1717 Abs. 2 Satz 1 der Reichsversicherungsordnung) nicht schon dem Großen Senat an, so tritt es in diesen als Mitglied ein. Alsdann scheidet das nach dem Dienstalter im Reichsversicherungsamte jüngere Mitglied der gleichen Gruppe des Großen Senats für die Entscheidung der Sache aus; die vom Bundesrate gewählten Mitglieder scheiden in der umgekehrten Reihenfolge aus, als sie im § 12 Abs. 2 Satz 2 festgesetzt ist.

1. Vgl. hierzu §§ 5, 6 Verfahrensordnung für die Senate der AV. v. 12. I 23 (RGBl. I S. 56).

Beschlußsenate

§ 19. Für jede Abteilung wird ein Beschlußsenat[1] errichtet. Nach Bedarf werden auf dem im Abs. 4 bezeichneten Wege weitere Beschlußsenate unter Bestimmung ihres Geschäftsbereichs gebildet. Der Präsident bestimmt in jedem einzelnen Falle den Beschlußsenat, der nach §§ 24, 95 der Reichsversicherungsordnung zu entscheiden hat.

Den Vorsitz im Beschlußsenate führt der Präsident, bei seiner Behinderung der Direktor der Abteilung. Ist auch dieser behindert, so treten die Senatspräsidenten der Abteilung in der Reihenfolge ihres Dienstalters als Vorsitzende ein. Soweit es sich um technische Angelegenheiten handelt (zu vergleichen § 864 Abs. 1, § 910 Abs. 2 usw. der Reichsversicherungsordnung), hat vor den übrigen Senatspräsidenten der technisch vorgebildete Senatspräsident den Vorsitz zu führen.

Die vom Bundesrate gewählten Mitglieder nehmen an den Sitzungen der Beschlußsenate entsprechend der im § 12 Abs. 2 Satz 2 bestimmten Reihenfolge teil. Sind die vom Bundesrate gewählten Mitglieder sämtlich verhindert, so werden statt ihrer durch Verfügung des Präsidenten ständige Mitglieder zugezogen.

Die sonst zur Besetzung der Beschlußsenate erforderlichen Mitglieder (§ 100 Abs. 2 Satz 1 der Reichsversicherungsordnung) und die Reihenfolge, in der sie an den Sitzungen teilnehmen, werden für jede Abteilung auf dem im § 15 bezeichneten Wege für ein Geschäftsjahr im voraus bestimmt. In gleicher Weise werden für jedes ständige Mitglied mindestens fünf Stellvertreter bestimmt, die in der Reihenfolge ihrer Bezeichnung eintreten. Der Präsident bestimmt in jedem einzelnen Falle über die Vertretung verhinderter nichtständiger Mitglieder aus den Kreisen der Arbeitgeber und der Versicherten. Kommen Versicherungsträger aus mehr als einem Bereiche der Unfallversicherung in Frage, so gilt § 17 Satz 2 entsprechend.

Sind die in der Sache bestellten Berichterstatter nicht schon Mitglieder des Beschlußsenats, so sind auch sie zu den Entscheidungen zuzuziehen. Stets zuzuziehen ist dasjenige Mitglied, welches nach § 1781 Abs. 2 der Reichsversicherungsordnung die Verhandlung im Beschlußsenate beantragt hat.

1. Vgl. § 100 RVO., ferner § 4 Verfahrensordnung der Senate für AV. v. 12. I 23 (RGBl. I S. 56).

Zuziehung nichtständiger Mitglieder

§ 20. Die nichtständigen Mitglieder sollen mindestens zwei Wochen vor der Sitzung einberufen werden. Die Einberufung darf nur aus zwingenden Gründen abgelehnt werden; diese sind auf Verlangen glaubhaft zu machen.

II. Verfahren

Spruchsachen

§ 21. Wird eine Spruchsache nach § 1717 Abs. 1 der Reichsversicherungsordnung an den Großen Senat verwiesen, so ist die zu entscheidende Rechtsfrage und die Entscheidung, von der abgewichen werden soll, zu bezeichnen[1].

1. Die Begründung der Verweisung lediglich damit, daß sich der verweisende Senat mit der von ihm beabsichtigten Entscheidung mit mehreren früheren Entscheidungen anderer Senate im Widerspruch gesetzt haben würde, genügt nicht; HdbUV. 2 637.

§ 22. Die Entscheidung des Reichsversicherungsamts in Spruchsachen ist, unbeschadet des § 129 Abs. 2 der Reichsversicherungsordnung, beim Reichsversicherungsamte schriftlich[1] zu beantragen.

Der Schriftsatz soll den Anspruch bezeichnen, einen bestimmten Antrag enthalten[2] und, wenn es sich um ein Rechtsmittel handelt, die Gründe für seine Einlegung angeben. Die Rekursschrift[3] soll auch etwa neu vorzubringende Tatsachen und Beweismittel anführen, die Revisionsschrift die Gesichtspunkte, aus denen sich die Nichtanwendung oder die unrichtige Anwendung des bestehenden Rechtes oder ein Verstoß wider den klaren Inhalt der Akten oder wesentliche Mängel des Verfahrens ergeben.

Von den Schriftsätzen ist für jeden Beteiligten eine Abschrift beizufügen.

Der Versicherungsträger, das Versicherungsamt und das Oberversicherungsamt haben dem Reichsversicherungsamte die Vorverhandlungen einzureichen. Sie umfassen die sämtlichen, auf den Anspruch sich beziehenden Schriftstücke einschließlich derjenigen, welche sich in Vorakten befinden oder im Laufe des Verfahrens neu entstehen[4]. Das Oberversicherungsamt hat, wenn eine vom ihm getroffene Entscheidung angefochten wird, auch eine Abschrift der Entscheidung bei Übersendung der Akten beizufügen.

1. Vgl. auch Anm. 6 zu § 128.

2. Die Vorschrift ist nur eine Sollvorschrift, die von den auf den Antrag bezüglichen zwingenden Vorschriften der ZPO. in bewußter Weise abweicht. Es besteht deshalb kein gesetzlicher Hinderungsgrund, es scheint vielmehr oft geboten, auf dem Gebiete der RVO. auch über solche Ansprüche zu entscheiden, die sich, ohne sich zu einem bestimmten Antrag verdichtet zu haben, aus dem gesamten Parteivorbringen, nötigenfalls unter Zuhilfenahme der Einlassung des Gegners, als Streitgegenstand herausstellen; AN. 23 190, 191.

3. Die unrichtige Bezeichnung des angefochtenen Urteils im Rekursantrage schadet nicht, wenn sonst klar ersichtlich ist, daß dieses Urteil angefochten werden soll; EuM. 8 396.

4. Im allgemeinen ist es nicht Sache der VersTr., nach Abschluß des Verfahrens vor dem OVA. neue ärztliche Gutachten einzuholen. Dies schließt aber freie Würdigung tatsächlich beigebrachter Gutachten durch das Rekursgericht nicht aus; EuM. 17 181.

§ 23. Das Reichsversicherungsamt teilt die Abschrift des Antrags dem Gegner zur Einreichung einer Gegenschrift binnen einer bestimmten Frist mit. In besonderen Fällen kann hiervon abgesehen werden. Der Gegner wird zugleich davon verständigt, daß auch verhandelt und entschieden werden kann, wenn die Gegenschrift nicht innerhalb der gesetzten Frist eingeht[1]. Die Frist kann auf Antrag verlängert werden. Die Gegenschrift sowie weitere Schriftsätze, falls sie neue und wesentliche Anführungen enthalten, stellt das Reichsversicherungsamt gleichfalls dem Gegner in Abschrift zu. Ist ein Versicherungsträger beigeladen, so werden die Schriftsätze auch diesem mitgeteilt und seine Erklärungen den Beteiligten übermittelt.

1. Vgl. Anm. 3 zu § 16 OVAO.

§ 24. Die Schriftsätze müssen von den Beteiligten selbst oder ihren gesetzlichen Vertretern oder ihren Bevollmächtigten unterzeichnet sein[1]. Die Vollmacht[2] muß schriftlich erteilt werden. Ehegatten, Verwandte oder Verschwägerte der aufsteigenden Linie und volljährige Verwandte oder Verschwägerte der absteigenden Linie können auch ohne den Nachweis einer Vollmacht zur Vertretung zugelassen werden.

1. Die Rekursschrift ist durch die nach der Satzung mit der Vertretung der BG. nach außen beauftragten Vorstandsmitglieder zu unterzeichnen; HdbUV. 2 642. Bei Gegenschriften, soweit sie nicht Anerkenntnisse oder Verzichte enthalten, genügt die Unterschrift des Vorsitzenden; HdbUV. 2 642.

Wegen der Rekurseinlegung durch den Geschäftsführer einer BG. s. Anm. 1 zu § 11 der Bestimmungen über Aufgaben der Geschäftsführer (Band III Anh. IX).

2. Vgl. §§ 15, 17, 19 VAO. und § 14 OVAO. sowie die Anm. hierzu.

§ 25. Von dem Termine zur mündlichen Verhandlung vor dem Spruchsenate werden die Beteiligten[1] durch eingeschriebenen Brief oder gegen Postzustellungsurkunde mit dem Bemerken in Kenntnis gesetzt, daß auch im Falle ihres Ausbleibens verhandelt und entschieden werden kann. Hält der Senat das persönliche Erscheinen eines Beteiligten für angezeigt, so ist diesem zu eröffnen, daß aus dem Nichterscheinen ungünstige Schlüsse gezogen werden können.

§ 13 Abs. 2 ist anzuwenden.

Vor dem Verhandlungstermine haben die Berichterstatter einen Bericht nebst Gutachten zu den Akten zu geben.

1. Vgl. § 38 VAO., auch § 24 OVAO. nebst Anm. hierzu. Beteiligter kann auch ein Dritter sein, für den eine dem Kläger vom OVA. zugesprochene Rente gepfändet und ihm zur Einziehung überwiesen ist; HdbUV. 2 643.

Unzulässig ist die Beiladung eines Dritten, welcher der BG. nach § 903 haftet; AN. **97** 404.

§ 26. Die zu verhandelnden Sachen werden in der Regel in der durch Aushang vor dem Sitzungszimmer bekannt zu machenden Reihenfolge erledigt.

§ 27. § 13 Abs. 1 gilt entsprechend.

Die Verhandlung beginnt nach dem Aufruf der Sache mit der Darstellung des Sachverhalts durch einen Berichterstatter. Die erschienenen Beteiligten[1] sind zu hören. Der Vorsitzende hat jedem Mitglied des Senats auf Verlangen zu gestatten, Fragen zu stellen.

1. Die Vertretung der BG. im Termin zur mündlichen Verhandlung wird vom Genossenschaftsvorstand, dem die Vertretung der BG. im Rekursverfahren obliegt, angeordnet; AN. **87** 11, **90** 130. Dieser ist im Rekursverfahren zur Abgabe eines die BG. verpflichtenden Anerkenntnisses selbst dann befugt, wenn die Rentenfeststellung einem anderen Organe obliegt; AN. **90** 163.

§ 28. Über die Verhandlung hat ein vereidigter Schriftführer eine Niederschrift aufzunehmen. Der Gang der Verhandlung ist nur im allgemeinen anzugeben. Aufzunehmen sind Anerkenntnisse, Verzichtleistungen und Vergleiche[1] sowie die Formel der Urteile; ferner sollen auch die Anträge und erheblichen Erklärungen der Beteiligten aufgenommen werden, soweit sie von den Anträgen und Erklärungen in den Schriftsätzen abweichen.

Die Niederschrift ist von dem Vorsitzenden und dem Schriftführer zu vollziehen, und wenn sie eine Urteilsformel enthält, auch von dem Berichterstatter.

1. Vgl. hierzu die Anm. 2, 3, 4 zu § 30 OVAO.

§ 29. Die von dem Senate wegen Ungebühr in öffentlicher Sitzung festgesetzten Ordnungsstrafen, die gegen Zeugen und Sachverständige festgesetzten Geldstrafen und die einem Beteiligten nach § 1802 der Reichsversicherungsordnung auferlegten besonderen Verfahrenskosten werden wie Gemeindeabgaben beigetrieben und fließen in die Reichskasse.

§ 30. Die Beratung und Beschlußfassung schließen sich unmittelbar an die mündliche Verhandlung an. Sie sind nicht öffentlich. Außer den zur Entscheidung Berufenen und dem Schriftführer dürfen nur die beim Reichsversicherungsamte beschäftigten Personen zugegen sein, denen der Präsident die Anwesenheit zu ihrer Ausbildung gestattet hat.

§ 31. Der Senat entscheidet innerhalb der erhobenen Ansprüche nach freiem Ermessen[1].

Bei Entscheidungen auf Grund einer Verhandlung dürfen nur Mitglieder mitwirken, die an der Verhandlung teilgenommen haben.

1. Vgl. § 31 VAO. und die Anm. hierzu.

Im allgemeinen ist es nicht Sache der VersTr., nach Abschluß des Verfahrens vor dem OVA. neue ärztliche Gutachten beizubringen. Vielmehr ist die Beweiserhebung im Spruchverfahren Sache des Gerichts. Dies schließt aber nicht aus, daß die von Parteien beigebrachten Gutachten im Wege freier Beweiswürdigung vom Gerichte wie andere Urkunden bewertet werden; EuM. **17** 181.

§ 32. Der Senat entscheidet nach Stimmenmehrheit. Die Stimmen werden in nachstehender Reigenfolge abgegeben

1. von den Berichterstattern,
2. von den Versicherten,
3. von den Arbeitgebern,
4. von den richterlichen Beamten,
5. von den ständigen Mitgliedern,
6. von den vom Bundesrate gewählten Mitgliedern,
7. von dem Vorsitzenden.

In der ersten Gruppe richtet sich die Reihenfolge der Abstimmung nach der Reihenfolge der Bestellung zum Berichterstatter, in der zweiten und dritten Gruppe nach dem Lebensalter, in der vierten und fünften nach dem Dienstalter im Reichsversicherungsamte, bei gleichem Dienstalter nach dem Lebensalter; der dem Dienst- oder Lebensalter nach jüngere stimmt zuerst. Die vom Bundesrate gewählten Mitglieder stimmen in der umgekehrten Reihenfolge, als sie im § 12 Abs. 2 Satz 2 festgesetzt ist.

Sind in den Großen Senat Mitglieder von Landesversicherungsämtern eingetreten, so geben sie ihre Stimme vor den ständigen Mitgliedern des Reichsversicherungsamts ab.

Die §§ 196, 197[1] des Gerichtsverfassungsgesetzes gelten entsprechend.

1. Jetzt §§ 194, 195 nach der Bek. v. 22. III 24 (RGBl. I S. 299).

§ 33. Die Entscheidung des Spruchsenats wird öffentlich verkündet, auch wenn die Öffentlichkeit der Verhandlung ausgeschlossen war.

Die Verkündung kann auf eine spätere Sitzung vertagt werden, die in der Regel binnen einer Woche stattfinden soll.

Wird die Verkündung der Gründe für angemessen gehalten, so geschieht sie durch Verlesen der Urteilsgründe oder durch mündliche Mitteilung ihres wesentlichen Inhalts.

§ 34. Die Urteile der Spruchsenate werden mit Gründen versehen und in der Urschrift von dem Vorsitzenden und dem Berichterstatter unterschrieben. Der Vorsitzende kann die Unterschrift noch weiterer Mitglieder des Senats einholen.

Ist der Vorsitzende oder der Berichterstatter verhindert, so hat für ihn ein anderes rechtskundiges Mitglied des Senats, das bei der Entscheidung mitgewirkt hat, zu unterschreiben.

V. v. 14. XII 23 (RGBl. I S. 1199).

§ 35. Im Eingang des Urteils sind der Tag der Entscheidung und die Mitglieder des Senats, die an ihr teilgenommen haben, anzugeben.

Die Ausfertigungen werden mit der Überschrift versehen:

„Im Namen des Reichs."

Sie enthalten neben dem Siegel des Reichsversicherungsamts die Schlußformel:

„Urkundlich unter Siegel und Unterschrift."
„Das Reichsversicherungsamt, Abteilung für Unfallversicherung"
(Abteilung für Kranken-, Invaliden- und Angestellten[1]versicherung).

„Der ... Rekurssenat."

(Der ... Revisionssenat [für Angestelltenversicherung]).

Die Ausfertigung vollzieht ein vom Präsidenten dazu bestimmter Beamter.

Verfahrensverordnung der Senate für Angestelltenversicherung v. 12. I 23 (RGBl. I S. 56), V. v. 15. III 24 (RGBl. I S. 280).

§ 36. Dem Oberversicherungsamte, dessen Entscheidung angefochten war, ist eine Urteilsabschrift zu erteilen.

Beschlußsachen

§ 37. Für die Eingaben in Beschlußsachen gelten § 22 Abs. 1, 3 und § 24 entsprechend.

§ 38. Ist der Vorsitzende des Senats mit dem Berichterstatter darüber einig, daß die Beschwerde unzulässig oder verspätet eingelegt ist, so kann er sie ohne Verhandlung im Senate verwerfen. Der Antragsteller kann binnen einer Woche nach Zustellung der Verfügung die Entscheidung des Beschlußsenats anrufen; die Verfügung muß darauf hinweisen.

§ 39. Soweit in einer Beschlußsache vor dem Beschlußsenate zu verhandeln ist, kann der Vorsitzende des Beschlußsenats die mündliche Verhandlung der Sache anordnen; dies muß geschehen, wenn der Senat es beschließt oder wenn in den Fällen des § 24 Abs. 3, der §§ 95, 705, 978, 1147 der Reichsversicherungsordnung ein Beteiligter es beantragt.

Im übrigen gelten für das Verfahren vor dem Beschlußsenate § 25 Abs. 1, §§ 27 bis 32, 34 bis 36 entsprechend.

Ergibt sich bei der Abstimmung des Beschlußsenats Stimmengleichheit, so gibt der Vorsitzende den Ausschlag.

§ 40. Wegen der außergerichtlichen Kosten der Beteiligten ist § 1670 der Reichsversicherungsordnung entsprechend anzuwenden[1].

1. Außergerichtliche Kosten können der obsiegenden Partei auch in solchen Beschlußsachen zugesprochen werden, welche nicht vor den Beschlußsenaten verhandelt werden; AN. **16** 726, **18** 445.

Der Ersatz der Fahrkosten eines Parteivertreters, der an einem Sitzungstage mehrere Sachen vor dem RVA. und (oder) RVGer. wahrgenommen hat, kann in jeder einzelnen Sache nur anteilig gefordert werden, gleichviel, ob die von ihm vertretenen Parteien in einer oder mehreren Sachen obsiegen oder unterliegen; AN. **23** 241.

§ 41. Die Ausfertigungen und Reinschriften ergehen unter der Unterschrift „Das Reichsversicherungsamt". Handelt es sich nicht um gemeinsame Angelegenheiten, so ist die in Betracht kommende Abteilung (für Unfallversicherung oder für Kranken-, Invaliden- und Hinterbliebenen[1]versicherung) und bei Angelegenheiten eines Beschlußsenats auch der Senat näher zu bezeichnen.

1. Es muß auch hier statt „Hinterbliebenen"- „Angestellten"- eingesetzt werden.

III. Schlußbestimmungen

§ 42. Für die Geschäftssprache vor dem Reichsversicherungsamte gelten die §§ 186 bis 193[1] des Gerichtsverfassungsgesetzes entsprechend. Schriftstücke, die nicht in deutscher Sprache abgefaßt sind, brauchen nicht berücksichtigt zu werden.

1. Jetzt §§ 184—191 nach der Bek. v. 22. III 24 (RGBl. I S. 299).

§ 43. Vorladungen und sonstige nur dem Geschäftsbetriebe dienende formularmäßige Schreiben werden durch die Unterschrift eines dazu bestimmten Beamten und unter Beifügung des Siegels des Reichsversicherungsamts beglaubigt.

Das Reichsversicherungsamt führt zwei Siegel:

1. ein großes, das dem Siegel des Reichsgerichts entspricht und nur bei förmlichen Ausfertigungen, insbesondere der Urteile und der abschließenden Entscheidungen der Beschlußsenate, gebraucht wird,

2. ein kleineres, das den bei den Gesandtschaften des Deutschen Reichs eingeführten Siegeln entspricht, mit der Umschrift „Reichsversicherungsamt".

§ 44. Am Schlusse eines jeden Jahres hat das Reichsversicherungsamt dem Reichskanzler (Reichsamt des Innern) einen Geschäftsbericht einzureichen.

§ 45. Diese Verordnung tritt für die Invaliden- und Hinterbliebenenversicherung am 1. Januar 1912, für die anderen Zweige der Reichsversicherung an den Tagen in Kraft, von denen an für diese die Vorschriften der Reichsversicherungsordnung über das Verfahren in Kraft gesetzt werden.

Mit denselben Tagen tritt für die einzelnen Zweige der Reichsversicherung die Verordnung, betreffend den Geschäftsgang und das Verfahren des Reichsversicherungsamts, vom 19. Oktober 1900 außer Kraft.

Anhang V.

Drittes Gesetz über Änderungen in der Unfallversicherung

Vom 20. XII 28 (RGBl. I S. 405; AN. 28 396).

Abschnitt B

Übergangsvorschriften

(Berufsgenossenschaftliche Schiedsstellen)

Art. 42. Vom 1. Januar 1929 an entscheiden bis auf weiteres an Stelle der Versicherungsbehörden berufsgenossenschaftliche Schiedsstellen [1], wenn es sich handelt um Streit zwischen Berufsgenossenschaften und Versicherungsgenossenschaften untereinander oder mit Unternehmern

1. bei Auseinandersetzung über das Vermögen (§§ 646, 673, 960, 969 der Reichsversicherungsordnung),
2. über die Zuweisung oder Zugehörigkeit eines Betriebs oder versicherter Tätigkeiten (§§ 660 bis 662, 667 bis 669, 967, 969 der Reichsversicherungsordnung),
3. darüber, welche Genossenschaft den Unfall zu entschädigen hat (§§ 1736, 1737 der Reichsversicherungsordnung) und
4. bei den Verteilungsverfahren (§§ 1740, 1741 der Reichsversicherungsordnung).

Das Reichsversicherungsamt schreibt das Nähere vor [2].

Mit dem 1. Januar 1929 gehen die bei den Oberversicherungsämtern anhängigen Verfahren über Streitigkeiten der im Abs. 1, 2 bezeichneten Art und die bei dem Reichsversicherungsamt oder einem Landesversicherungsamt anhängigen Verfahren über Streitigkeiten der im Abs. 1 Nr. 3, 4 bezeichneten Art auf die berufsgenossenschaftlichen Schiedsstellen über. Hat in einem Verfahren über Streitigkeiten der im Abs. 1 Nr. 1, 2 bezeichneten Art das Oberversicherungsamt vor dem 1. Januar 1929 entschieden, so richtet sich das weitere Verfahren nach den Vorschriften der Reichsversicherungsordnung.

Die Vorschriften der Abs. 1 bis 3 gelten nicht, wenn streitig ist, welchem Zweige der Unfallversicherung ein Betrieb oder eine Tätigkeit zugehört oder ob die Ansprüche des Berechtigten sich nach den Vorschriften der gewerblichen, der landwirtschaftlichen oder der See-Unfallversicherung berechnen.

Der Reichsarbeitsminister bestimmt den Zeitpunkt, an dem diese Vorschriften außer Kraft treten.

1. Zwei Schiedsstellen sind errichtet:
Die Schiedsstelle beim Verband der Deutschen Berufsgenossenschaften (Bek. des RVA. v. 12. IV 29; AN. S. 155), und
die Schiedsstelle beim Verband der Deutschen landwirtschaftlichen Berufsgenossenschaften (Bek. des RVA. v. 4. V 29; AN. 218).

Entscheidungen und Äußerungen der berufsgenossenschaftlichen Schiedsstelle über ihre Zuständigkeit:

Die Schiedsstelle ist gemäß Art. 42 Abs. 1 Nr. 2 bei Beschwerden eines Unternehmers gemäß § 660 gegen die Aufnahme seines Betriebes in das Betriebsverzeichnis einer BG. auch dann zuständig, wenn die Versicherungspflicht des Betriebes bestritten wird; EuM. 25 159, auch 25 281, 151, oder wenn es sich um die Frage handelt, ob nur ein Akkordunterverhältnis anzunehmen ist; EuM. 25 450, bei der Anfechtung eines Bescheids, in dem die Eintragung eines Unternehmers in das Betriebsverzeichnis abgelehnt wird; EuM. 25 296, ferner bei Beschwerden zwangsversicherter Unternehmer gegen ihre Eintragung in die Betriebsverzeichnisse der BGen., sofern sie darauf gestützt sind, daß der Betrieb nicht versicherungspflichtig sei. Beanspruchen aber die Unternehmer Befreiung von der Versicherungspflicht auf Grund des § 549, so sind die OVAer. zuständig, diese ferner dann, wenn die Beschwerde darauf gestützt wird, daß die Satzungsvoraussetzungen für die Zwangsversicherung nicht gegeben seien, oder daß die Veranlagung zur Beitragsleistung nicht zutreffe; EuM. 25 308 (auch RVA.). Die Zuständigkeit der Schiedsstelle ist auch bei Entscheidungen über die Löschung von Betrieben gegeben; EuM. 25 160, 26 355, ebenso über die Frage des Übergangs einer Unfallast von einer BG. auf eine andere; EuM. 27 41.

Zuständigkeit der Schiedsstelle für die Entscheidung über Beschwerden gegen die Umschreibung eines Betriebs im Betriebsverzeichnis einer BG. auf den Namen eines neuen Unternehmers, wenn dieser bestreitet, Unternehmer des Betriebs zu sein; AN. 30 215 (RVA.). Schiedsstelle zuständig, wenn streitig ist, ob ein Betrieb oder eine Tätigkeit auf Grund der neuen Vorschriften des Dritten G. über Änderungen in der UV. v. 20. XII. 28 der UV. angehört oder nunmehr einer anderen BG. zugehört; EuM. 27 244.

Unzuständigkeit der Schiedsstelle für die Entscheidung der Frage, ob und inwieweit der Teil des Personals, der bei dem kaufmännischen und verwaltenden Teil des Unternehmens beschäftigt ist, der UV. unterliegt; EuM. 27 5.

Über die etwaige Zuständigkeit der Schiedsstelle bei der Frage der Zugehörigkeit von Betrieben und Tätigkeiten im Sinne von § 507 Nr. 4b, 4c, § 538 Nr. 3a f. A IIb der V. über Träger der UV. v. 17. V. 29 (RGBl. I S. 104, abgedr. im Bd. III Anhang VII).

2. Siehe die nachstehenden

Bestimmungen des Reichsversicherungsamts über berufsgenossenschaftliche Schiedsstellen nach Artikel 42 des Dritten Gesetzes über Änderungen in der Unfallversicherung vom 20. Dez. 1928 (Reichsgesetzbl. I. S. 405)

Vom 29. I. 29. (AN. 29 S. 57) unter Berücksichtigung der Änderungen vom 28. XI. 29. (AN. 30 S. 8) *)

Auf Grund des Artikels 42 Abs. 2 des Dritten Gesetzes über Änderungen in der Unfallversicherung vom 20. Dezember 1928 wird bestimmt:

---

*) Die Änderungen sind im Text gesperrt gedruckt.

§ 1. Zur Entscheidung der im Artikel 42 des Dritten Gesetzes über Änderungen in der Unfallversicherung vom 20. Dezember 1928 (Reichsgesetzbl. I S. 405) bezeichneten Streitigkeiten errichten der Verband der Deutschen Berufsgenossenschaften E. V. in Berlin, Köthener Str. 37, und der Verband der deutschen landwirtschaftlichen Berufsgenossenschaften in Kassel, Hohenzollernstr. 44, je eine Schiedsstelle. Die erstere Schiedsstelle ist zuständig, soweit gewerbliche Berufsgenossenschaften, Versicherungsgenossenschaften und Unternehmer gewerblicher Betriebe oder versicherter Tätigkeiten in Frage kommen. Die Zuständigkeit der vom Verbande der deutschen landwirtschaftlichen Berufsgenossenschaften zu errichtenden Schiedsstelle ist für Streitigkeiten zwischen landwirtschaftlichen Berufsgenossenschaften oder mit Unternehmern landwirtschaftlicher Betriebe gegeben.

§ 2. Jeder der beiden Schiedsstellen besteht aus einem vom Verbande zu bestimmenden Vorsitzenden und 2 oder 4 Beisitzern, die der Vorsitzende für jede Streitsache aus der von dem Verbande aufzustellenden ständigen Liste auswählt. Er teilt auf Antrag Namen, Stand und Wohnort der Beisitzer den Parteien mit.

Für den Vorsitzenden ist mindestens ein Stellvertreter zu bestimmen.

§ 3. Für die Ausschließung und Ablehnung der Mitglieder der Schiedsstelle gelten die §§ 1641 bis 1645, 1648, 1789 der Reichsversicherungsordnung entsprechend.

Über die Ablehnung der Beisitzer entscheidet der Vorsitzende, über die Ablehnung des Vorsitzenden der stellvertretende Vorsitzende der Schiedsstelle und umgekehrt.

§ 4. Die Entscheidung des Versicherungsträgers soll in den Fällen, in denen nach bisherigem Rechte binnen einer bestimmten Frist eine Beschwerde gegeben war, darauf hinweisen, daß innerhalb dieser Frist die Entscheidung der Schiedsstelle angerufen werden kann.

§ 5. Die Schiedsstelle kann die Einleitung des Verfahrens von der Einzahlung eines angemessenen, vom Vorsitzenden festzusetzenden Vorschusses abhängig machen.

§ 6. Der Vorsitzende der Schiedsstelle bestimmt, ob eine mündliche Verhandlung stattfindet oder ob ohne mündliche Verhandlung entschieden wird. Im ersteren Falle sind die Parteien von Ort und Zeit der mündlichen Verhandlung zu benachrichtigen.

Im Einverständnis mit den Beisitzern der Schiedsstelle kann im schriftlichen Verfahren entschieden werden.

In jedem Falle ist den Parteien vor der Entscheidung Gelegenheit zur Äußerung zu geben.

§ 7. Die Schiedsstelle oder ein von ihr zu beauftragendes Mitglied kann Zeugen und Sachverständige, die freiwillig erscheinen, uneidlich vernehmen, auch den Augenschein einnehmen. § 1580 der Reichsversicherungsordnung gilt entsprechend.

§ 8. Die öffentlichen Behörden sind verpflichtet, den Schiedsstellen als Organen der Versicherungsträger gemäß den §§ 115 bis 117 der Reichsversicherungsordnung Rechtshilfe zu gewähren. Das gleiche gilt für die Versicherungsträger. Für die im Wege der Rechtshilfe erfolgende Vernehmung von Zeugen und Sachverständigen gelten die §§ 1571 bis 1579 der Reichsversicherungsordnung entsprechend.

§ 9. Die Entscheidung der Schiedsstelle ist endgültig. Sie ergeht mit einfacher Stimmenmehrheit. Sie ist zu begründen, zu unterschreiben und den Parteien zuzustellen. Die Unterschrift des Vorsitzenden genügt.

§ 10. In der Entscheidung ist der unterlegenen Partei eine Gebühr aufzuerlegen.

Außer dieser Gebühr hat die unterlegene Partei die im einzelnen Falle durch Beweiserhebung und dergleichen entstandenen besonderen Kosten zu erstatten. Diese Kosten werden, wenn sie nicht schon in der Entscheidung festgesetzt werden, durch den Vorsitzenden der Schiedsstelle festgesetzt.

Der durch die Gebühren und Kosten nach Abs. 1 und 2 nicht gedeckte Teil der gesamten durch die Schiedsstelle in einem Kalenderjahr entstandenen persönlichen und sachlichen Kosten kann nach Ablauf des Kalenderjahres von dem Verbande der Deutschen Berufsgenossenschaften und von dem Verbande der deutschen landwirtschaftlichen Berufsgenossenschaften je für seinen Geschäftsbereich auf die gebührenpflichtigen Berufsgenossenschaften nach einem von den Verbänden festzusetzenden Maßstabe ganz oder teilweise umgelegt werden.

§ 11. Die Schiedsstelle kann der unterlegenen Partei die Erstattung der dem Gegner erwachsenen, zur sachgemäßen Rechtsverfolgung notwendigen Kosten auferlegen.

§ 12. Die Gebühren und Kosten nach § 10 Abs. 1, 2 sowie die nach § 11 von der unterlegenen Partei dem Gegner zu erstattenden Kosten werden von der Schiedsstelle durch Vermittelung des Versicherungsamts wie Gemeindeabgaben beigetrieben.

Der Vorsitzende der Schiedsstelle ist berechtigt, die nach § 10 Abs. 1 und 2 auferlegten Gebühren und Kosten niederzuschlagen, wenn ihre Einziehung mit Kosten oder Weiterungen, die in keinem Verhältnis zu der Einnahme stehen, verknüpft ist, oder die Beitreibung eine besondere Härte bedeutet.

§ 13. Jede Schiedsstelle sammelt ihre Entscheidungen und erstattet dem Reichsversicherungsamt nach Schluß eines jeden Kalenderjahres einen Geschäftsbericht.

Das Reichsversicherungsamt,
Abteilung für Unfallversicherung.

Anhang VI.

Verordnung zur Regelung der sozialen Versicherung der bei Reparationsarbeiten im Ausland beschäftigten Arbeitnehmer

V. 10. VII 1929 (RGBl. I S. 136; AN. 29 295).

Auf Grund des Gesetzes zur Regelung der Sozialversicherung und der Erwerbslosenfürsorge der bei Reparationsarbeiten im Ausland beschäftigten Arbeitnehmer vom 24. Dezember 1926 (RGBl. I S. 531) in der Fassung des Gesetzes vom 22. Dezember 1927 (RGBl. I S. 508) wird nach Zustimmung des Reichsrats folgendes verordnet:

§ 1. Die von deutschen Arbeitgebern bei Reparationsarbeiten im Ausland beschäftigten deutschen Arbeitnehmer unterliegen den Vorschriften der deutschen sozialen Versicherung. Sie gelten insoweit als in Deutschland beschäftigt.

Die Vorschriften der Reichsversicherungsordnung, des Angestelltenversicherungsgesetzes und des Gesetzes über Arbeitsvermittlung und Arbeitslosenversicherung finden entsprechende Anwendung, soweit sich nicht aus den §§ 2 bis 6 Abweichendes ergibt.

§ 2. Der Arbeitgeber versichert seine versicherungspflichtigen Arbeitnehmer für den Fall der Krankheit bei einer Krankenkasse (§ 225 RVO.), einer Ersatzkasse (§ 503 RVO.) oder einer deutschen Versicherungsgesellschaft. Es sind mindestens die Regelleistungen des Zweiten Buches der Reichsversicherungsordnung zu gewähren. Der Vertrag zwischen dem Arbeitgeber und der Krankenkasse, Ersatzkasse oder Versicherungsgesellschaft bedarf der Zustimmung des Reichsversicherungsamts.

Eine deutsche Versicherungsgesellschaft, bei der versicherungspflichtige Arbeitnehmer gemäß Abs. 1 gegen Krankheit versichert sind, gilt insoweit als Krankenkasse im Sinne der Vorschriften des Dritten und Fünften Buches der Reichsversicherungsordnung sowie des Gesetzes über Arbeitsvermittlung und Arbeitslosenversicherung.

§ 3. Die Betriebe der deutschen Unternehmer sind bei der Tiefbau-Berufsgenossenschaft gegen Unfall versichert. Ist der Unternehmer des Betriebs Mitglied einer anderen Berufsgenossenschaft, so ist bei dieser Berufsgenossenschaft auch sein Betrieb zur Ausführung von Reparationsarbeiten versichert. Im Streitfall stellt das Reichsversicherungsamt fest, bei welcher Berufsgenossenschaft der Betrieb versichert ist.

§ 4. Zuständiger Träger der Invalidenversicherung ist die Landesversicherungsanstalt Rheinprovinz.

§ 5. Soweit die Arbeitnehmer nach dieser Verordnung der Pflicht zur Krankenversicherung oder Angestelltenversicherung unterliegen, gelten für die Beschäftigung auch die Rechtsfolgen, die das Gesetz über Arbeitsvermittlung und Arbeitslosenversicherung an eine kranken- oder angestelltenversicherungspflichtige Beschäftigung knüpft.

Werden die Arbeitnehmer bei einer Versicherungsgesellschaft gegen Krankheit versichert, so steht die Gesellschaft hinsichtlich der Vergütung, die sie für die Einziehung und Abführung der Beiträge zur Reichsanstalt für Arbeitsvermittlung und Arbeitslosenversicherung und für die Bearbeitung der Befreiungsanzeigen zu beanspruchen hat, einer Betriebskrankenkasse gleich.

§ 6. Solange der Berechtigte seinen Aufenthalt im Ausland hat, sind zur Entscheidung von Streitigkeiten örtlich zuständig das Versicherungsamt und das Oberversicherungsamt Köln.

Bei Streit über Leistungen aus der Krankenversicherung entscheidet auf Antrag ein Schiedsgericht. Das Schiedsgericht besteht aus einem Vorsitzenden und je einem Vertreter des Versicherungsträgers (§ 2 Abs. 1 Satz 1) und der Arbeitnehmer. Den Vertreter der Arbeitnehmer und seine Stellvertreter bestellt der Vorsitzende des Oberversicherungsamts Köln auf Vorschlag der am Abschluß des Gesamtarbeitsvertrags beteiligten wirtschaftlichen Vereinigungen der Arbeitnehmer. Die Vertreter des Versicherungsträgers und der Arbeitnehmer einigen sich über den Vorsitzenden. Kommt eine Einigung nicht zustande, so bestellt ihn der zuständige deutsche Konsul. Er kann sich selbst oder einen seiner Vertreter bestellen.

Die Entscheidungen des Schiedsgerichts stehen hinsichtlich der Rechtsmittel der Entscheidung eines Versicherungsamts gleich. Über Rechtsmittel entscheidet das Oberversicherungsamt Köln.

§ 7. Die Verordnung tritt, soweit sie die Versicherungspflicht bei einem Versicherungsträger der Invaliden-, Angestellten- oder Unfallversicherung begründet, mit Wirkung vom 1. Januar 1929, im übrigen mit Wirkung vom 1. Juni 1929 in Kraft.

Berlin, den 10. Juli 1929.

Der Reichsarbeitsminister.

Anhang VII.

Krankenkassenabkommen

v. 31. XII. 26 (AN. 27 216).

Zwischen dem Verbande der Deutschen Berufsgenossenschaften, E. V., und dem Verbande der deutschen landwirtschaftlichen Berufsgenossenschaften einerseits und den nachstehenden Krankenkassenverbänden:

1. Hauptverband deutscher Krankenkassen, E. V., Berlin,
2. Verband zur Wahrung der Interessen der deutschen Betriebskrankenkassen, Essen,
3. Gesamtverband der Krankenkassen Deutschlands, E. V., Sitz Essen, Berlin,
4. Hauptverband deutscher Innungskrankenkassen, Hannover,
5. Reichsverband der deutschen Landkrankenkassen, E. V., Berlin,

anderseits wird zur gemeinsamen Förderung der Heilfürsorge für die Unfallverletzten und zur Regelung der sonstigen Beziehungen zwischen Krankenkassen und Berufsgenossenschaften vereinbart, was folgt.

I. Allgemeine Bestimmungen

§ 1. Dieses Abkommen bezieht sich auf solche Erkrankungen unfallversicherter Personen, die nach Angabe des Erkrankten oder des Kassenarztes auf einen Unfall bei einem derjenigen Betriebe zurückzuführen sind, die einer der am Abkommen beteiligten Berufsgenossenschaften angehören. Es bezweckt, alle Verletzungsfälle zu ermitteln, in denen die Berufsgenossenschaft ein im Sinne rascherer und vollständigerer Wiederherstellung der Erwerbsfähigkeit wirksameres Heilverfahren zu gewähren imstande ist, und sie möglichst von Anfang an dem „berufsgenossenschaftlichen Heilverfahren" zuzuführen.

§ 2. Die Krankenkasse wird in die Krankenordnung eine Vorschrift aufnehmen, wonach jeder Erkrankte, der seine Krankheit auf einen Betriebsunfall zurückführt, ihr dies unverzüglich anzuzeigen hat. Sie wird auch eine entsprechende Aufforderung auf dem Krankenschein anbringen oder in anderer geeigneter Form auf die Notwendigkeit der sofortigen Meldung hinweisen und, soweit möglich, mit ihren Ärzten vereinbaren, daß diese jede Erkrankung, die auf einen Betriebsunfall zurückzuführen ist, der Kasse unverzüglich anzeigen[1].

Die Krankenkasse hat den Krankenscheinvordruck so einzurichten, daß der Arzt darauf die Ursache der Erkrankung, sowie die Betriebstätigkeit, der der Unfall zur Last gelegt wird, vermerken kann. Die Krankenkasse hat auch, soweit möglich, die Ärzte zur gewissenhaften Ausfüllung zu verpflichten.

1. Die berufsgenossenschaftliche Krankenbehandlung ist so schleunig einzuleiten, daß schon der erste, meist für den weiteren Verlauf entscheidende ärztliche Eingriff (Einrichtung, Amputation, Resektion usw.), durch den Facharzt (in der Regel in der Heilanstalt) erfolgt. Nur im Notfall ist er dem Nichtfacharzt, der die erste Hilfe leistet, zu überlassen.

§ 3. Die Krankenkasse übersendet den ersten Krankenschein[1], der einen Hinweis auf das Vorliegen eines Betriebsunfalls enthält, unverzüglich (ohne schuldhaftes Zögern) in Abschrift an die Berufsgenossenschaft unter Angabe des Tages, an dem sie mit Leistungen der Krankenpflege begonnen hat. Dies gilt als Anzeige nach § 1503 Abs. 1 RVO.

1. Vgl. auch § 3 der Best. des RVA., Anhang VIII.

II. Heilfürsorge für krankenversicherte Unfallverletzte im Auftrage der Berufsgenossenschaft

A. Allgemeines

§ 4. Die Berufsgenossenschaft kann unbeschadet ihrer Befugnis, in jedem Einzelfall die Krankenbehandlung selbst einzuleiten und durchzuführen, die Krankenkasse mit der Durchführung der berufsgenossenschaftlichen Krankenbehandlung und mit solchen Maßnahmen beauftragen, die der Vorbereitung oder Einleitung der Krankenbehandlung dienen (§ 1510 RVO. in Verbindung mit den Bestimmungen des RVA. vom 27. November 1925, AN. 1925, S. 351). Die Krankenkasse handelt dann als Beauftragte der Berufsgenossenschaft[1].

Der Auftrag kann entweder

a) allgemein (Abschnitt B), und zwar

1. zur Auswahl bestimmter Verletzungs*fälle* (§ 5, Durchgangsarzt) oder

2. für bestimmte Verletzungs*arten* (§ 6) oder

b) für den Einzelfall

erteilt werden.

Die verschiedenen Verfahren können auch nebeneinander angewendet werden.

1. Zu § 4 Abs. 1 letzter Satz wurde folgende protokollarische Erklärung abgegeben:

„Die beteiligten Verbände sind sich darüber einig, daß die Kosten des Heilverfahrens (ärztliche Behandlung, Arznei usw., in der Regel auch Heilanstaltpflege) unmittelbar durch die Berufsgenossenschaft ohne Vermittlung der KrK. an die Empfangsberechtigten gezahlt werden. Dies ist in dem Auftrage zum Ausdruck zu bringen."

B. Heilverfahren im Auftrage

§ 5. Auswahl bestimmter Verletzungsfälle (Durchgangsarzt). Auf Verlangen einer Berufsgenossenschaft hält die Krankenkasse sämtliche Unfallverletzte der Berufsgenossenschaft (auch die anscheinend geringfügig Verletzten), soweit sie in der Lage sind[1], den Arzt aufzusuchen, dazu an, sofort nach der Krankmeldung und möglichst noch vor der ersten Inanspruchnahme eines Kassenarztes einen von der Berufsgenossenschaft bezeichneten Konsultations-Facharzt (Durchgangsarzt) zu Rate zu ziehen. Dieser Arzt beurteilt, ob die Fürsorge der Krankenkasse ausreicht, oder ob besondere Heilmaßnahmen angezeigt sind. In letzterem Falle veranlaßt er, soweit er hierzu von der Berufsgenossenschaft ermächtigt ist, sofort die erforderlichen Maßnahmen.

Wird berufsgenossenschaftliche Krankenbehandlung eingeleitet, so erhält von deren Beginn die Krankenkasse durch die Berufsgenossenschaft oder den Durchgangsarzt schleunige Nachricht. Diese Nachricht steht der Anzeige nach § 559g Abs. 2 RVO. gleich.

Das etwaige Aufhören der Arbeitsunfähigkeit teilt die Berufsgenossenschaft der Krankenkasse unverzüglich mit.

1. Soweit das nicht der Fall: § 5 Abs. 1 Satz 2 der Best. des RVA., Anhang VIII.

§ 6. Auswahl bestimmter Verletzungsarten. Die beteiligten Berufsgenossenschaften haben der Krankenkasse eine einheitliche Erklärung darüber abzugeben, bei welchen Verletzungsarten stets berufsgenossenschaftliche Krankenbehandlung stattfinden und ob deren Einleitung von einem bestimmten Lebensalter des Verletzten abhängig gemacht werden soll.

Gleichzeitig mit dieser Erklärung werden der Krankenkasse die für die Behandlung von Unfallverletzten geeigneten Ärzte (Arzt) und Heilanstalten (Heilanstalt) bezeichnet.

Für berufsgenossenschaftliche Krankenbehandlung in der Form der Heilanstaltpflege kommen besonders folgende Verletzungsarten in Frage:

alle Oberschenkelbrüche,
im übrigen alle offenen Brüche,
die nicht offenen Brüche großer Röhrenknochen, wenn sie kompliziert sind
- a) durch starke Verschiebung, Verdrehung, Splitterung oder
- b) durch Mitverletzung großer Gelenke oder
- c) durch Sitz der Verletzung in der Nähe großer Gelenke (mit Ausnahme des einfachen, typischen Radiusbruchs und der Brüche des Schlüsselbeins, des Schafts des Wadenbeins und des inneren — nicht des äußeren — Knöchels),

alle Wirbelsäulen- und Beckenbrüche,
alle Ausrenkungen großer Gelenke,
alle nicht sofort wieder eingerenkten Ausrenkungen kleiner Gelenke,

alle schweren Gelenkquetschungen mit Ausnahme der Quetschungen von Finger- und Zehengelenken,
alle Verletzungen großer Nervenstämme an Armen und Beinen,
alle Verletzungen wichtiger Sehnen, besonders an den Fingern,
alle schweren eitrigen Entzündungen, besonders an Hand und Fingern,
alle ausgedehnten oder tiefgehenden Weichteilverletzungen, besonders auch Verbrennungen,
Augen- und Ohrverletzungen, die nach dem Urteil des Facharztes der stationären fachärztlichen Behandlung bedürfen.

Soweit die Berufsgenossenschaften in der Erklärung (Abs. 1) diese Verletzungsarten bezeichnet haben, überweist die Krankenkasse den Verletzten im Auftrage der zuständigen Berufsgenossenschaft unverzüglich einer hiernach in Betracht kommenden Heilanstalt. Soweit andere Verletzungsarten bezeichnet sind, bestimmen die Berufsgenossenschaften, wie das Heilverfahren durchzuführen ist.

Vom Beginn der berufsgenossenschaftlichen Krankenbehandlung macht die Krankenkasse der Berufsgenossenschaft sofort unter Benutzung eines Vordrucks nach Anlage 1 Mitteilung[1]. Diese ersetzt die Anzeige der Berufsgenossenschaft nach § 559g Abs. 2 RVO.

1. Hier nicht mit abgedruckt.

C. Gemeinsame Bestimmungen

§ 7. Die Krankenkasse wird bei Betriebsunfällen, für deren Folgen berufsgenossenschaftliche Krankenbehandlung eintritt, die Zulässigkeit dieses Heilverfahrens nicht bestreiten.

§ 8. Die Krankenkasse bringt der Berufsgenossenschaft auf deren Erfordern und, soweit es ihr selbst angezeigt erscheint, auch unaufgefordert die über den Stand oder die Dauer des Heilverfahrens eingezogenen oder ihr sonst zugehenden Mitteilungen oder Ärzte zur Kenntnis.

Stand der Verletzte vor Einleitung der berufsgenossenschaftlichen Krankenbehandlung schon in Behandlung eines Kassenarztes, so ist dieser, wenn die Berufsgenossenschaft nichts anderes bestimmt, von der Krankenkasse rechtzeitig (möglichst nicht später als der Verletzte) zu unterrichten.

§ 9. Von nachteiligen Zwischenfällen (vorzeitiges Verlassen der Heilanstalt, Widerstand des Verletzten u. dgl.) hat die Krankenkasse der Berufsgenossenschaft unverzüglich Mitteilung zu machen. Verweigert der Verletzte die von der Berufsgenossenschaft angeordnete Behandlung, bricht er sie eigenmächtig ab oder veranlaßt er durch sein Verhalten die vorzeitige Entlassung aus der Behandlung, so darf die Krankenkasse, wenn die Berufsgenossenschaft offene Krankenbehandlung gewährte, nicht Krankenpflege an Stelle der Krankenbehandlung gewähren (§ 559g Abs. 2 RVO.); hat die Berufsgenossenschaft Heilanstaltpflege gewährt, so darf die Krankenkasse überhaupt nichts leisten (§ 559i RVO.). Sie hat der Berufsgenossenschaft ungesäumt Nachricht zu geben. Die Berufsgenossenschaft bestimmt dann das Weitere.

§ 10. Sobald die Krankenkasse erfährt, daß der Verletzte nach Abschluß der berufsgenossenschaftlichen Krankenbehandlung erneut Krankenpflege wegen der Unfallfolgen beansprucht, benachrichtigt sie unverzüglich die Berufsgenossenschaft, die das Weitere bestimmt.

Diese Anzeige gilt als Anmeldung des Anspruchs auf Erhöhung oder Wiedergewährung der Rente im Sinne des § 611 RVO. vorbehaltlich späterer Glaubhaftmachung des Anspruchs.

D. Geldleistungen beim Heilverfahren

§ 11. Die Krankenkasse zahlt während der berufsgenossenschaftlichen Krankenbehandlung die dem Verletzten und seinen Angehörigen zustehenden wiederkehrenden Geldleistungen aus, und zwar

während der offenen Behandlung das satzungsmäßige Krankengeld, solange der Arzt, dem nach diesem Abkommen die Behandlung übertragen wurde, den Verletzten für arbeitsunfähig erklärt, oder nach Beginn der berufsgenossenschaftlichen Geldleistungen diese nach näherer Anweisung der Berufsgenossenschaft;

während der Heilanstaltpflege, bis die Berufsgenossenschaft anderes bestimmt, vorläufig als Vorschuß auf die Leistungen der Unfallversicherung die satzungsmäßigen Leistungen der Krankenversicherung (das Hausgeld, gegebenenfalls das Krankengeld nach § 194 Nr. 2), als wenn sie Krankenhauspflege gewährte, und weiterhin nach Anweisung der Berufsgenossenschaft die Leistungen der Unfallversicherung (Familiengeld, Tagegeld, gegebenenfalls eine besondere Unterstützung nach § 559e Abs. 3).

III. Ersatzansprüche

§ 12. Ist eine Krankheit die Folge eines Unfalls, für den die Berufsgenossenschaft zu entschädigen hat, so gelten für das Verhältnis zwischen der Krankenkasse und der Berufsgenossenschaft § 13 dieses Abkommens, die §§ 1506, 1507, 1509, 1510 RVO. und die §§ 14 bis 16 dieses Abkommens.

Hat die Berufsgenossenschaft in anderen Fällen Aufwendungen für das Heilverfahren oder für wiederkehrende Geldleistungen gemacht, so hat ihr die Krankenkasse diese zu ersetzen, soweit sie nicht über das hinausgehen, was die Krankenkasse auf Grund der Krankenversicherung zu leisten gehabt hätte.

Die der Krankenkasse aus dem Auftrag (§ 1510 RVO.) erwachsenen Kosten sind Aufwendungen der Berufsgenossenschaft.

§ 13. Die Aufwendungen für das Heilverfahren gehen vorbehaltlich des nächsten Absatzes zu Lasten der Berufsgenossenschaft.

Hat die durch den Unfall herbeigeführte Arbeitsunfähigkeit vor Beginn der 9. Woche nach dem Unfall zu bestehen aufgehört oder ist bis dahin Arbeitsunfähigkeit infolge des Unfalls überhaupt nicht entstanden, so gehen die Aufwendungen für das Heilverfahren bis zum Ablauf der 8. Woche nach dem Unfall zu Lasten der Krankenkasse, soweit sie nicht über das hinausgehen, was die Krankenkasse auf Grund der Krankenversicherung zu leisten hat. Dies gilt jedoch nicht,

1. wenn der Verletzte, dessen Arbeitsunfähigkeit bereits zu bestehen aufgehört hatte, vor Beginn der 9. Woche nach dem Unfall von neuem

infolge des Unfalls arbeitsunfähig wird und die erneute Arbeitsunfähigkeit nicht gleichfalls vor diesem Zeitpunkt ihr Ende erreicht;

2. wenn ein Verletzter, bei dem bis zum Ablauf der 8. Woche nach dem Unfall Arbeitsunfähigkeit infolge des Unfalls nicht vorgelegen oder die Arbeitsunfähigkeit vor Beginn der 9. Woche aufgehört hatte, nach diesem Zeitpunkt während desselben Krankheitsfalles[1] arbeitsunfähig oder wieder arbeitsunfähig wird,

3. wenn der Verletzte vor Beginn der 9. Woche nach dem Unfall infolge des Unfalls stirbt.

1. Vgl. Band II, Anm. 9 zu § 188.

§ 14. Von den tatsächlichen Kosten der Krankenhauspflege, Heilanstaltpflege oder Anstaltpflege (ohne Transportkosten)[1] wird die Hälfte für den Unterhalt (§ 1507 Nr. 1 RVO.) gerechnet.

1. Vgl. Anm. 1 zu § 15.

§ 15. Als Ersatz der Aufwendungen für das Heilverfahren gilt

1. bei offener Krankenbehandlung der Betrag von einer Reichsmark für jeden Kalendertag der Behandlungszeit[1];

2. bei geschlossener Behandlung

a) wenn sie von der Krankenkasse gewährt wird, die Transportkosten[2] und die Hälfte der übrigen tatsächlichen Kosten der Krankenhauspflege;

b) wenn sie von der Berufsgenossenschaft gewährt wird, der Betrag von einer Reichsmark für jeden Kalendertag der Behandlungszeit.

Die Berufsgenossenschaften werden für Krankenbehandlung, die sie einem Verletzten vor dem 14. Tage nach dem Unfall gewährt haben, Ersatz nicht verlangen, wenn bis zu diesem Zeitpunkt Arbeitsunfähigkeit infolge des Unfalls nicht eingetreten ist.

1. Wenn ärztliche Anordnungen oder Eingriffe nicht täglich stattfinden, so gilt die Zwischenzeit nur insoweit als Behandlungszeit, als eine einheitliche, fortgesetzte Behandlung vorliegt. Ob diese Voraussetzung zutrifft, kann nur im Einzelfall auf Grund ärztlichen Gutachtens entschieden werden; Schiedsspruch des gemäß § 21 gebildeten Schiedsgerichts v. 22. XI 28; AN. **29** 59.

2. Die Transportkosten umfassen alle nicht über den Rahmen der Notversorgung und der Vorbereitung oder Ermöglichung des Transports hinausgehenden Aufwendungen; Schiedsspruch des gemäß § 21 gebildeten Schiedsgerichts v. 22. XI. 28; AN. **29** 59.

§ 16. Ist in einem Falle der §§ 5, 6 durch Verschulden der Krankenkasse nicht nach diesen Bestimmungen verfahren worden, so kann die Berufsgenossenschaft eine angemessene Minderung des Ersatzanspruchs der Krankenkasse (§ 15) fordern."

Aus der Nichtbeachtung der Krankenordnung durch den Verletzten (§ 2 Abs. 1 Satz 1) darf der Krankenkasse ein Rechtsnachteil wegen ihrer Ersatzansprüche nicht erwachsen.

§ 17. Für ihre Mitwirkung bei Einleitung und Durchführung der berufsgenossenschaftlichen Krankenbehandlung nach den §§ 5, 6 erhält die Krankenkasse in jedem Falle des § 5 eine Reichsmark, in jedem Falle des § 6 zehn

Reichsmark. Dies gilt jedoch für die Fälle des § 6 nur, wenn durch die Mitwirkung der Krankenkasse die berufsgenossenschaftliche Krankenbehandlung rechtzeitig zustande kommt.

§ 18. Die Bestimmungen der §§ 12 bis 15 gelten entsprechend auch, wenn eine Krankheit nicht die Folge eines Unfalls ist, sondern sich als eine Berufskrankheit im Sinne der Verordnung über Ausdehnung der Unfallversicherung auf gewerbliche Berufskrankheiten vom 12. Mai 1925 (Reichsgesetzblatt I S. 69)[1] darstellt und auf Grund des § 3[2] dieser Verordnung unter die Zuständigkeit einer der am Abkommen beteiligten Berufsgenossenschaften fällt. Als der Zeitpunkt, nach dem sich die Fristen des § 13 berechnen, gilt in diesen Fällen an Stelle des Unfalltags der Tag des Beginns der Krankheit.

1. Jetzt: Zweite V. über Ausdehnung der Unfallversicherung auf Berufskrankheiten, v. 11. II. 29 (RGBl. I S. 27) — vgl. Band III, Anm. 1 II zu § 547.

2. Jetzt § 1 der neuen V.

§ 19. Über die Ersatzansprüche wird nach den in Anlage 2[1] beigefügten Mustern abgerechnet[2].

1. Hier nicht mit abgedruckt.

2. Zu § 19 war man sich darüber einig, daß versucht werden soll, das Muster A der Anlage 2 so zu gestalten, daß der Vordruck auch von den nicht dem Abkommen beigetretenen Krankenkassen verwandt werden kann. Ob sich dies ermöglichen läßt, muß noch geprüft werden.

IV. Heilfürsorge für nicht krankenversicherte Unfallverletzte im Auftrage der Berufsgenossenschaft

§ 20. Die Berufsgenossenschaft kann die Krankenkasse auch bei nichtkrankenversicherten Unfallverletzten nach Maßgabe dieses Abkommens mit der berufsgenossenschaftlichen Heilfürsorge beauftragen. Für die Regelung des Verfahrens und des Ersatzes bleiben Sondervereinbarungen vorbehalten.

V. Schlußbestimmungen

§ 21. Bei Streit über die Auslegung dieses Abkommens entscheidet auf Anrufen eines der vertragschließenden Verbände ein Schiedsgericht. Seine Entscheidungen werden Inhalt des Abkommens mit Wirkung für alle ihm beigetretenen (§§ 23 bis 25) Versicherungsträger, soweit nicht schon vor Erlaß des Schiedsspruchs im Einzelfall über den Ersatzanspruch eine endgültige Abrechnung erfolgt oder rechtskräftig entschieden ist. Das Schiedsgericht entscheidet auch darüber, ob es sich um einen Streit über die Auslegung des Abkommens handelt.

Das Schiedsgericht wird von dem Präsidenten des Reichsversicherungsamts oder seinem Stellvertreter gebildet. Es wird zusammengesetzt aus 2 Vertretern der berufsgenossenschaftlichen Verbände, 2 Vertretern der Krankenkassenverbände und 1 unparteiischen Vorsitzenden. Für jedes Mitglied des Schiedsgerichts sind 2 Stellvertreter zu bestellen. Die beiden berufsgenossenschaftlichen Vertreter und deren Stellvertreter werden von den beiden berufsgenossenschaftlichen Verbänden gemeinsam, die beiden Vertreter der Krankenkassen und deren Stellvertreter von den Krankenkassenverbänden gemeinsam bestimmt, den unparteiischen Vorsitzenden und seine Stellvertreter bestimmt der Präsident des Reichsversicherungsamts oder sein Stellvertreter aus dem Kreise der ständigen Mitglieder des Reichsversicherungsamts.

§ 22. Die vertragschließenden Verbände werden ihren Mitgliedern dringend empfehlen, dem Abkommen baldigst beizutreten.

Die Verbände der Berufsgenossenschaften werden dafür Sorge tragen, daß die beteiligten berufsgenossenschaftlichen Verwaltungen die Erklärungen nach § 5 bzw. § 6 abgeben sowie die von ihnen bestimmten Ärzte und Heilanstalten den Krankenkassen bezeichnen. Soweit örtliche Vereinigungen berufsgenossenschaftlicher Verwaltungen bestehen, sollen die Erklärungen durch deren Vermittlung erfolgen.

Unberührt bleibt das Recht der einzelnen Versicherungsträger, Sondervereinbarungen[1] zu treffen, bestehende Vereinbarungen fortzusetzen und durch Vereinbarung einzelne Bestimmungen dieses Abkommens von der Anwendung auszunehmen.

1. Für das Wirtschaftsgebiet Hamburg: Vereinbarung, abgedruckt: VolkstZ. **26** 167 (Nr. I Abs. 1 Satz 2; dieses Abk. ist inzwischen aufgehoben); ferner bestehen Sonderabkommen zwischen den landwirtschaftlichen BGen. und den LandKrKn. in Mecklenburg-Schwerin und Schlesien.

§ 23. Die Beitrittserklärungen und die Rücktrittserklärungen sind dem Verbande einzureichen, dem der Versicherungsträger angehört.

Die vertragschließenden Verbände werden einander[1] und dem Reichsversicherungsamt die Beitritts- und Rücktrittserklärungen unter Angabe des Eingangstages (§ 25 Abs. 1, Abs. 2 Satz 2) laufend mitteilen.

1. Zu § 23 Abs. 2 war man sich darüber einig, daß die Krankenkassenverbände die Beitritts- und Rücktrittserklärungen nur den berufsgenossenschaftlichen Verbänden und dem Reichsversicherungsamt laufend mitzuteilen haben, daß also ein entsprechender Austausch unter den verschiedenen Krankenkassenverbänden selbst nicht stattzufinden braucht.

§ 24. Träger der Krankenversicherung und Ersatzkassen, die keinem der vertragschließenden Krankenkassenverbände als Mitglied angehören, können dem Abkommen beitreten, ohne daß es noch der Zustimmung der berufsgenossenschaftlichen Verbände bedarf. Träger der Unfallversicherung, die keinem der beiden berufsgenossenschaftlichen Verbände als Mitglied angehören, können dem Abkommen beitreten, ohne daß es noch der Zustimmung der vertragschließenden Krankenkassenverbände bedarf[1].

Die Beitrittserklärungen und die Rücktrittserklärungen sind in diesem Falle beim RVA. einzureichen. Sie werden von diesem, wenn es sich um solche von Trägern der Krankenversicherung oder Ersatzkassen handelt, den beiden berufsgenossenschaftlichen Verbänden und, wenn es sich um solche von Trägern der Unfallversicherung handelt, den vertragschließenden Krankenkassenverbänden unter Angabe des Eingangstages (§ 25 Abs. 1, Abs. 2 Satz 3) laufend mitgeteilt.

1. Der RAM. hat durch Rundschr. v. 14. VI. 27 — II 2403/27 — (abgedr. „Die Reichsversicherung" **27** 318) den Reichs- und Landesministerien anheimgestellt, den zu ihrem Geschäftsbereiche gehörenden VersTr. und Ausführungsbehörden den Beitritt nahezulegen.

§ 25. Die Beitrittserklärung bindet den Versicherungsträger vom Tage ihres Eingangs bei seinem Verbande (§ 23 Abs. 1) oder beim RVA. (§ 24 Abs. 2 Satz 1).

Der Rücktritt kann nur für den Schluß eines Kalenderjahres unter Einhaltung einer dreimonatigen Kündigungsfrist erklärt werden. Bei Berechnung der Frist wird der Eingangstag nicht mitgerechnet. Für die Erledigung derjenigen Fälle, in denen bereits eine Ersatzpflicht für einen der beiden Teile entstanden war, bleibt das Abkommen maßgebend.

§ 26. Diese Vereinbarung tritt mit dem 1. Januar 1927 in Kraft und kann von jedem der vertragschließenden Verbände unter Einhaltung einer dreimonatigen Kündigungsfrist für den Schluß eines Kalenderjahres gekündigt werden. § 25 Abs. 2 Satz 3 gilt entsprechend. Das RVA. erhält von der erfolgten Kündigung unverzüglich Nachricht.

Eine Kündigung gemäß Abs. 1 wirkt, wenn sie von einem der vertragschließenden Krankenkassenverbände ausgeht, auch gegen die Träger der Unfallversicherung, die dem Abkommen nach § 24 Abs. 1 Satz 2 beigetreten sind, wenn sie von einem der beiden berufsgenossenschaftlichen Verbände ausgeht, auch gegen die Träger der Krankenversicherung und Ersatzkassen, die dem Abkommen nach § 24 Abs. 1 Satz 1 beigetreten sind.

§ 27. Über Änderungen dieses Abkommens beschließen die vertragschließenden Verbände. Die Änderungen gelten für alle dem Abkommen beigetretenen Versicherungsträger und Ersatzkassen, wenn nicht bis zu einem vom Reichsversicherungsamt bestimmten und in den Amtlichen Nachrichten mitgeteilten Tage der Rücktritt erklärt wird.

VI. Übergangsbestimmungen

§ 28. Dieses Abkommen tritt an die Stelle des Abkommens vom 12. III. 26. Die Beitrittserklärungen zu dem bisherigen Abkommen gelten als für das neue Abkommen abgegeben, wenn nicht bis zum 1. II. 27 der Rücktritt erklärt wird (§ 23 Abs. 1, § 24 Abs. 2).

Wird der Rücktritt erklärt, so gilt § 25 Abs. 2 Satz 2 des Abkommens vom 12. III. 26. Wird der Rücktritt nicht erklärt, so werden die Aufwendungen für die Zeit vor dem 1. I. 27 nach dem Abkommen vom 12. III. 26, die Aufwendungen für die Zeit nach dem 31. XII. 26 nach diesem Abkommen abgerechnet.

Anhang VIII

Bestimmungen des Reichsversicherungsamts über die Unterstützungspflicht der Krankenkassen und Unternehmer gegenüber den Trägern der Unfallversicherung

v. 12. X. 26, I 1. Nr. 4131; AN. 26 453.

Auf Grund der §§ 1501, 1513, 1543a und 1543c der Reichsversicherungsordnung und des § 1 der Verordnung zur Durchführung der Unfallversicherung vom 14. Juni 1926 (Reichsgesetzbl. I S. 272) wird hiermit bestimmt:

§ 1. Den Trägern der Unfallversicherung soll es ermöglicht werden, die berufsgenossenschaftliche Krankenbehandlung so schleunig einzuleiten, daß schon der erste, meist für den weiteren Verlauf entscheidende ärztliche Eingriff (Einrichtung, Amputation, Resektion usw.) durch den Facharzt (nötigenfalls in der Heilanstalt) erfolgt und nur im Notfall dem Nichtfacharzt, der die erste Hilfe leistet, überlassen bleibt. Es sollen alle Fälle, in denen die Berufsgenossenschaft ein im Sinne rascherer und vollständigerer Wiederherstellung der Erwerbsfähigkeit wirksameres Heilverfahren zu gewähren imstande ist, ermittelt und möglichst von Anfang an dem berufsgenossenschaftlichen Heilverfahren zugeführt werden.

§ 2. Die Krankenkasse hat durch geeignete Maßnahmen sicherzustellen, daß sie die Erkrankungsfälle, die auf einen Betriebsunfall zurückzuführen sind gleichviel ob Arbeitsunfähigkeit besteht oder nicht, alsbald erfährt.

Die Krankenkasse hat in die Krankenordnung eine Vorschrift aufzunehmen, wonach jeder Erkrankte, der seine Krankheit auf einen Betriebsunfall zurückführt, ihr dies unverzüglich anzuzeigen hat. Sie hat auch eine entsprechende Aufforderung auf dem Krankenschein anzubringen oder in anderer geeigneter Form auf die Notwendigkeit der sofortigen Meldung hinzuweisen und, soweit möglich, mit ihren Ärzten zu vereinbaren, daß diese jede Erkrankung, die auf einen Betriebsunfall zurückzuführen ist, der Kasse unverzüglich anzeigen.

Die Krankenkasse hat den Krankenscheinvordruck so einzurichten, daß der Arzt darauf die Ursache der Erkrankung, sowie die Betriebstätigkeit, der der Unfall zur Last gelegt wird, vermerken kann. Die Krankenkasse hat auch, soweit möglich, die Ärzte zur gewissenhaften Ausfüllung zu verpflichten.

Die Krankenkasse kann endlich den Arbeitgeber, soweit dieser den Krankenschein ausfüllt, verpflichten, auf einem besonderen Abschnitt des Krankenscheins zu vermerken, daß ein Betriebsunfall vorliegt, und diesen Abschnitt unter Angabe des behandelnden Arztes unverzüglich der Krankenkasse zuzusenden.

§ 3. Die Krankenkasse hat alle Erkrankungen unfallversicherter Personen, die nach Angabe des Erkrankten, seines Arbeitgebers oder des Kassenarztes oder nach sonstigen Anhaltspunkten auf einem Unfall bei einem der reichsgesetzlichen Unfallversicherung unterliegenden Betriebe zurückzuführen sind, unverzüglich der Berufsgenossenschaft unter Hinweis auf diese Tatsache durch Übersendung einer Abschrift[1] des Krankenscheins mitzuteilen und dabei den Tag anzugeben, an dem sie mit Leistung der Krankenpflege begonnen hat. Diese Mitteilung gilt als Anzeige nach § 1503 Abs. 1 der Reichsversicherungsordnung.

1. Die Abschrift des Krankenscheins wird nicht ersetzt durch die Ausfüllung eines von der KrK. benutzten Abdrucks mit Wiedergabe des *Inhalts* des Krankenscheins; Monatsschr. 28 439.

§ 4. Die Krankenkasse hat die Berufsgenossenschaft bei der Vorbereitung und Durchführung der berufsgenossenschaftlichen Krankenbehandlung zu unterstützen. Die Berufsgenossenschaft kann ihr auch einen allgemeinen Auftrag zur Durchführung der berufsgenossenschaftlichen Krankenbehandlung erteilen, und zwar

1. zur Auswahl bestimmter Verletzungsfälle (§ 5, Durchgangsarzt), oder
2. für bestimmte Verletzungsarten (§ 6).

Die Befugnis der Berufsgenossenschaft, im Einzelfall gemäß § 1510 der Reichsversicherungsordnung in Verbindung mit den Bestimmungen des Reichsversicherungsamts vom 27. November 1925 (Amtliche Nachrichten des Reichsversicherungsamts S. 351) die Krankenkasse mit der Durchführung der berufsgenossenschaftlichen Krankenbehandlung zu beauftragen oder selbst die Krankenbehandlung einzuleiten und durchzuführen, bleibt unberührt.

Die verschiedenen Verfahren können auch nebeneinander angewendet werden.

§ 5. Auswahl bestimmter Verletzungsfälle (Durchgangsarzt).

Auf Verlangen einer Berufsgenossenschaft hält die Krankenkasse sämtliche Unfallverletzte der Berufsgenossenschaft (auch die anscheinend geringfügig Verletzten) dazu an, sofort nach der Krankmeldung und möglichst noch vor der ersten Inanspruchnahme eines Kassenarztes einen von der Berufsgenossenschaft bezeichneten Konsultations-Facharzt (Durchgangsarzt) zu Rate zu ziehen. Ist ein Verletzter nicht in der Lage, den Durchgangsarzt aufzusuchen, so benachrichtigt die Krankenkasse diesen unverzüglich. Der Durchgangsarzt beurteilt, ob die Fürsorge der Krankenkasse ausreicht, oder ob besondere Heilmaßnahmen angezeigt sind. In letzterem Falle veranlaßt er, soweit er hierzu von der Berufsgenossenschaft ermächtigt ist, sofort die erforderlichen Maßnahmen.

Wird berufsgenossenschaftliche Krankenbehandlung eingeleitet, so erhält von deren Beginn die Krankenkasse durch die Berufsgenossenschaft oder den Durchgangsarzt unverzüglich Nachricht. Diese Nachricht steht der Anzeige nach § 559g Abs. 2 der Reichsversicherungsordnung gleich.

Die Wiederherstellung der Arbeitsfähigkeit teilt die Berufsgenossenschaft gegebenenfalls der Krankenkasse unverzüglich mit.

§ 6. Auswahl bestimmter Verletzungsarten.

Die Berufsgenossenschaften, deren Mitglieder im Bezirk der Krankenkasse gegen Unfall versicherte Personen beschäftigen, können der Krankenkasse eine Erklärung darüber abgeben, bei welchen Verletzungsarten stets berufsgenossenschaftliche Krankenbehandlung stattfinden und ob deren Einleitung von einem bestimmten Lebensalter des Verletzten abhängig gemacht werden soll. Die Erklärung muß für alle sich beteiligenden Berufsgenossenschaften eine einheitliche sein.

Gleichzeitig mit dieser Erklärung werden der Krankenkasse die für die Behandlung von Unfallverletzten geeigneten Ärzte (Arzt) und Heilanstalten (Heilanstalt) bezeichnet.

Für berufsgenossenschaftliche Krankenbehandlung in der Form der Heilanstaltpflege kommen besonders folgende Verletzungsarten in Frage:

alle Oberschenkelbrüche,

im übrigen alle offenen Brüche,

die nicht offenen Brüche großer Röhrenknochen, wenn sie kompliziert sind

a) durch starke Verschiebung, Verdrehung, Splitterung oder

b) durch Mitverletzung großer Gelenke oder

c) durch Sitz der Verletzung in der Nähe großer Gelenke (mit Ausnahme des einfachen, typischen Radiusbruchs und der Brüche des Schlüsselbeins, des Schafts des Wadenbeins und des inneren — nicht des äußeren Knöchels),

alle Wirbelsäulen- und Beckenbrüche,

alle Ausrenkungen großer Gelenke,

alle nicht sofort wiedereingerenkten Ausrenkungen kleiner Gelenke,

alle schweren Gelenkquetschungen mit Ausnahme der Quetschungen von Finger- und Zehengelenken,

alle Verletzungen großer Nervenstämme an Armen und Beinen,

alle Verletzungen wichtiger Sehnen, besonders an den Fingern,

alle schweren eitrigen Entzündungen, besonders an Hand und Fingern,

alle ausgedehnten oder tiefgehenden Weichteilverletzungen, besonders auch Verbrennungen,

Augen- und Ohrenverletzungen, die nach dem Urteil des Facharztes der stationären fachärztlichen Behandlung bedürfen.

Soweit die Berufsgenossenschaften diese Verletzungsarten bezeichnet haben, überweist die Krankenkasse den Verletzten im Auftrage der zuständigen Berufsgenossenschaft unverzüglich einer hiernach in Betracht kommenden Heilanstalt. Soweit andere Verletzungsarten bezeichnet sind, bestimmen die Berufsgenossenschaften gleichzeitig, wie das Heilverfahren durchzuführen ist.

Vom Beginn der berufsgenossenschaftlichen Krankenbehandlung macht die Krankenkasse der Berufsgenossenschaft sofort Mitteilung. Diese hat die Wirkung einer Anzeige der Berufsgenossenschaft nach § 559g Abs. 2 der Reichsversicherungsordnung.

§ 7. Die Krankenkasse bringt der Berufsgenossenschaft auf deren Erfordern und, soweit es ihr selbst angezeigt erscheint, auch unaufgefordert die über den Stand oder die Dauer des Heilverfahrens eingezogenen oder ihr sonst zugehenden Mitteilungen der Heilanstalten oder Ärzte zur Kenntnis.

Stand der Verletzte vor Einleitung der berufsgenossenschaftlichen Krankenbehandlung schon in Behandlung eines Kassenarztes, so ist dieser, wenn die Berufsgenossenschaft nichts anderes bestimmt, von der Krankenkasse rechtzeitig (möglichst nicht später als der Verletzte) zu unterrichten.

§ 8. Von nachteiligen Zwischenfällen (vorzeitiges Verlassen der Heilanstalt, Widerstand des Verletzten und dergleichen) hat die Krankenkasse der Berufsgenossenschaft unverzüglich Mitteilung zu machen. Verweigert der Verletzte die von der Berufsgenossenschaft angeordnete Behandlung, bricht er sie eigenmächtig ab, oder veranlaßt er durch sein Verhalten die vorzeitige Entlassung aus der Behandlung, so darf die Krankenkasse, wenn die Berufsgenossenschaft offene Krankenbehandlung gewährte, nicht Krankenpflege an Stelle der Krankenbehandlung gewähren (§ 559g Abs. 2 der Reichsversicherungsordnung); hat die Berufsgenossenschaft Heilanstaltpflege gewährt, so darf die Krankenkasse überhaupt nichts leisten (§ 559i der Reichsversicherungsordnung). Sie hat der Berufsgenossenschaft ungesäumt Nachricht zu geben. Die Berufsgenossenschaft bestimmt dann das Weitere.

§ 9. Sobald die Krankenkasse erfährt, daß der Verletzte nach Abschluß der berufsgenossenschaftlichen Krankenbehandlung erneut Krankenpflege wegen der Unfallfolgen beansprucht, benachrichtigt sie unverzüglich die Berufsgenossenschaft, die das Weitere bestimmt.

§ 10. Die Krankenkasse zahlt während der berufsgenossenschaftlichen Krankenbehandlung die dem Verletzten und seinen Angehörigen zustehenden wiederkehrenden Geldleistungen aus, und zwar

während der offenen Behandlung das satzungsmäßige Krankengeld, solange der Arzt, dem nach diesen Bestimmungen die Behandlung übertragen wurde, den Verletzten für arbeitsunfähig erklärt, oder nach Beginn der berufsgenossenschaftlichen Geldleistungen diese nach näherer Anweisung der Berufsgenossenschaft;

während der Heilanstaltpflege, bis die Berufsgenossenschaft anderes bestimmt, vorläufig als Vorschuß auf die Leistungen der Unfallversicherung die satzungsmäßigen Leistungen der Krankenversicherung (das Hausgeld, gegebenenfalls das Krankengeld nach § 194 Nr. 2), als wenn sie Krankenhauspflege gewährte, und weiterhin nach Anweisung der Berufsgenossenschaft die Leistungen der Unfallversicherung (Familiengeld, Tagegeld, gegebenenfalls eine besondere Unterstützung nach § 559e Abs. 3).

§ 11. Die der Krankenkasse aus einem Auftrag nach § 4 dieser Bestimmungen oder einem Auftrag im Einzelfall (§ 1510 der Reichsversicherungsordnung) erwachsenen Kosten sind Aufwendungen der Berufsgenossenschaft.

§ 12. Ist in einem Falle der §§ 5, 6 durch Verschulden der Krankenkasse nicht nach diesen Bestimmungen verfahren worden, so tritt eine angemessene Minderung des Anspruchs der Krankenkasse auf Ersatz ihrer Aufwendungen für das Heilverfahren (§§ 2, 3 der Bestimmungen des Reichsversicherungsamts vom 10. Juni 1926, Amtliche Nachrichten des RVA. 1926 S. 292[1]) ein.

Aus der Nichtbeachtung der Krankenordnung durch den Verletzten erwächst der Krankenkasse ein Rechtsnachteil wegen ihrer Ersatzansprüche nicht.

1. Jetzt: Best. v. 5. III. 27; AN. 27 220.

§ 13. Für ihre Mitwirkung bei Einleitung und Durchführung der berufsgenossenschaftlichen Krankenbehandlung nach den §§ 5 und 6 erhält die Krankenkasse, wenn sie an dem Krankenkassenabkommen vom 12. März 1926 (Amtliche Nachrichten des RVA. 1926 S. 286)[1] teilnimmt, von den an diesem Abkommen gleichfalls beteiligten Berufsgenossenschaften in jedem Falle des § 5 eine RM., in jedem Falle des § 6 zehn RM.; nimmt die Kasse nicht teil, so betragen diese Sätze 0,70 RM. und sieben RM. Für die Berufsgenossenschaften, die an dem Abkommen nicht teilnehmen, erhöhen sich in allen Fällen die Sätze um 50 v. H.

Ein Anspruch auf diese Sätze besteht in den Fällen des § 6 nicht, wenn durch Verschulden der Krankenkasse die berufsgenossenschaftliche Krankenbehandlung nicht rechtzeitig zustande kommt.

1. Jetzt: v. 31. XII. 26; AN. 27 216, s. Anhang VII.

§ 14. Diese Bestimmungen gelten entsprechend, wenn eine Krankheit nicht die Folge eines Betriebsunfalls ist, sondern sich als eine Berufskrankheit im

Sinne der Verordnung über Ausdehnung der Unfallversicherung auf gewerbliche Berufskrankheiten vom 12. Mai 1925 (Reichsgesetzblatt I S. 69)[1] darstellt. Jedoch kann im Falle des § 5 die Berufsgenossenschaft ihren Auftrag auf Unfallverletzte beschränken.

1. Jetzt: Zweite V. über Ausdehnung der UV. auf Berufskrankheiten, v. 11. II. 29 (RGBl. I S. 27); Band III, Anm. 1 II zu § 547.

§ 15. Hat die Berufsgenossenschaft bei einem nicht auf Grund der Reichsversicherung gegen Krankheit versicherten Unfallverletzten die Krankenkasse gemäß § 1510 der Reichsversicherungsordnung und den Bestimmungen des Reichsversicherungsamts vom 27. November 1925 (Amtliche Nachrichten des RVA. S. 351) mit der Durchführung der berufsgenossenschaftlichen Heilbehandlung beauftragt, so gelten die §§ 7 bis 9 und 11 entsprechend. Geldleistungen zahlt die Krankenkasse in diesem Falle nur auf besonderen Auftrag der Berufsgenossenschaft.

§ 16. Die Satzung der Genossenschaft kann Näheres bestimmen über die Verpflichtung der Unternehmer, die Genossenschaft bei der Durchführung der Unfallversicherung zu unterstützen und ihr über die Behandlung und den Zustand des Verletzten Auskunft zu erteilen.

§ 17. Im Sinne dieser Bestimmungen stehen den Krankenkassen (§ 225 der Reichsversicherungsordnung) die Reichsknappschaft und die Ersatzkassen (§ 503 der Reichsversicherungsordnung), den Berufsgenossenschaften (§ 623 der Reichsversicherungsordnung) die Träger der Eigenversicherung (§§ 624 bis 628 der Reichsversicherungsordnung) und die Versicherungsgenossenschaften (§ 629 Abs. 2 Satz 3 der Reichsversicherungsordnung) gleich.

§ 18. Diese Bestimmungen treten mit der Veröffentlichung[1] in Kraft. Das Krankenkassenabkommen vom 12. März 1926 (Amtliche Nachrichten des RVA. S. 286)[2] wird durch sie nicht berührt.

1. Am 15. X. 26 in Nr. 241 des Reichsanzeigers veröffentlicht.
2. Jetzt: v. 31. XII. 26; AN. 27 215, s. Anhang VII.

Anhang IX

Bekanntmachung über das Verfahren bei der Anzeige und Untersuchung von Berufskrankheiten in der See-Unfallversicherung

v. 1. X. 29 — I 1 Nr. 4570 — (Deutscher Reichsanzeiger Nr. 231; AN 29 388)

Auf Grund des § 6 Absatz 4 der Zweiten Verordnung über Ausdehnung der Unfallversicherung auf Berufskrankheiten vom 11. Februar 1929 (Reichsgesetzblatt I S. 27) wird bestimmt:

I. Für Berufskrankheiten, die bei einem auf einem deutschen Seefahrzeuge Beschäftigten während der Dauer des Dienstverhältnisses festgestellt werden, gilt folgendes:

1. Der Schiffsführer hat dem zuständigen Sektionsvorstande der See-Berufsgenossenschaft jede unter die Verordnung vom 11. Februar 1929

fallende Berufskrankheit anzuzeigen, an der der Erkrankte gestorben ist oder die ihn für mehr als drei Tage völlig oder teilweise arbeitsunfähig macht.

Die Anzeige ist, sobald es geschehen kann, zu erstatten.

2. Die Anzeige ist auf einem Vordruck nach dem beiliegenden[1] Muster zu erstatten. Das Muster ist nach Form, Farbe und Inhalt bindend. Die Größe beträgt 210 mal 297 mm; die Farbe ist hellgrün[2].
3. Der Schiffsführer hat den Erkrankten, wenn sich ein Arzt an Bord befindet, durch diesen untersuchen zu lassen und zu veranlassen, daß der Arzt das Ergebnis der Untersuchung schriftlich niederlegt. Dies kann unter Nr. 4 der Anzeige oder in einer der Anzeige beizufügenden Anlage geschehen.

   Ist kein Arzt an Bord, so hat der Schiffsführer bei Fortdauer der Krankheit eine ärztliche Untersuchung im nächsten Heim zu veranlassen. Er hat eine Äußerung dieses Arztes beizubringen und der Anzeige beizufügen.
4. Eine Abschrift der Anzeige ist dem Unfalltagebuch (zu vergleichen Nr. 1 und 2 der Bekanntmachung des Reichsversicherungsamts vom 19. Dezember 1912 — Amtliche Nachrichten des Reichsversicherungsamts Seite 1110) beizufügen.
5. Verletzt der Schiffsführer die ihn nach den vorstehenden Bestimmungen obliegenden Verpflichtungen, so ist § 1556 der Reichsversicherungsordnung entsprechend anzuwenden.
6. Die See-Berufsgenossenschaft hat für die Untersuchung zu sorgen; sie kann sich dabei der Mitwirkung des Versicherungsamts bedienen.

II. Für Berufskrankheiten, die festgestellt werden

   a) bei einem früher auf einem deutschen Seefahrzeuge Beschäftigten nach Beendigung des Dienstverhältnisses,
   b) in Kleinbetrieben der Seeschiffahrt sowie der See- und Küstenfischerei (§§ 1186, 1187 der Reichsversicherungsordnung),
   c) in inländischen Betrieben schwimmender Docks und ähnlicher Einrichtungen und in anderen Betrieben, die unter § 1046 Nr. 3 der Reichsversicherungsordnung fallen,

gilt folgendes:

1. Die Anzeige des Betriebsunternehmers ist an das Versicherungsamt zu richten, in dessen Bezirk der Betrieb seinen Sitz hat.
2. Das Versicherungsamt läßt jeden Erkrankten durch einen geeigneten Arzt auf Kosten der See-Berufsgenossenschaft untersuchen. Es befindet darüber, wieweit im übrigen eine Untersuchung stattfindet; es kann sie selbst vornehmen oder die Ortspolizeibehörde um die Vornahme ersuchen.
3. Das Versicherungsamt übersendet eine Abschrift der Anzeige über die Erkrankung oder einen Auszug daraus dem beamteten Arzte nach näherer Bestimmung der obersten Verwaltungsbehörde.
4. Ein Arzt, der bei einem Versicherten eine Berufskrankheit oder Krankheitserscheinungen feststellt, die den begründeten Verdacht einer

Berufskrankheit rechtfertigen, hat die Feststellung dem Versicherungsamt unverzüglich anzuzeigen.

§ 7 Absatz 2 bis 4 der Verordnung vom 11. Februar 1929 finden Anwendung.

5. Der Betriebsunternehmer und der zur Anzeige verpflichtete Arzt haben die Anzeige auf den für die Anzeige von Berufskrankheiten in der gewerblichen und landwirtschaftlichen Unfallversicherung vorgeschriebenen Vordrucken zu erstatten. § 1 Absatz 3, §§ 2 bis 4 der Bestimmungen des Reichsversicherungsamts vom 10. April 1929 (Amtliche Nachrichten für Reichsversicherung Seite IV 153) finden Anwendung.

6. Die §§ 1552, 1554, 1556 der Reichsversicherungsordnung finden entsprechende Anwendung.

III. Die Vorstände der vom Reich oder einem Lande verwalteten Betriebe der Seeschiffahrt erstatten die Anzeige über eine Berufskrankheit der vorgesetzten Dienstbehörde nach deren näherer Anweisung. Diese bestimmt auch das Nähere über die Untersuchung der Berufskrankheit.

1. Der Vordruck ist nicht mit abgedruckt.

2. Die Formblätter für die Anzeige können von der Direktion der Reichsdruckerei, Drucksachenverwaltung, in Berlin SW 68, Oranienstr. 91, bezogen werden.

Nachtrag

Durch die auf Grund des Art. 48 Abs. 2 der Reichsverfassung erlassene **Verordnung des Reichspräsidenten zur Behebung finanzieller, wirtschaftlicher und sozialer Notstände vom 26. Juli 1930** (RGBl. I S. 311, ausgegeben den 27. VII. 30), Abschn. IV, zweiter Titel, Art. 1, sind Vorschriften des Ersten und Sechsten Buches der Reichsversicherungsordnung teils geändert, teils aufgehoben worden. Die neuen Vorschriften sind „vorbehaltlich einer gesetzlichen Regelung bis auf weiteres anzuwenden" (Abschn. IV, zweiter Titel der V.). Sie sind mit dem 28. VII. 30 in Kraft getreten (vgl. § 2 des Ges. über die Verkündigung von Rechtsverordnungen v. 13. X. 23, RGBl. I S. 959).

Nachstehend sind die betreffenden Paragraphen in ihrer jetzt geltenden Fassung abgedruckt, wobei die durch die V. getroffenen Änderungen in fettem Druck hervorgehoben sind.

Erstes Buch.

§ 14. Wählbar als Vertreter der Versicherten ist, wer bei dem Versicherungsträger versichert ist, in der Krankenversicherung auch, wer auf Grund des § 178 ausgeschieden ist[1].

Bei der Kranken- und der Invalidenversicherung werden Versicherte für die Bildung der Organe den Arbeitgebern zugerechnet, wenn sie regelmäßig mehr als zwei Versicherungspflichtige beschäftigen. Bei der Unfallversicherung werden versicherte Mitglieder der Berufsgenossenschaften den Unternehmern zugerechnet, wenn sie regelmäßig mindestens einen Versicherungspflichtigen beschäftigen.

1. Neufassung des Abs. 1 durch Nr. 1 des Art. 1.

§ 25. Die Mittel der Versicherungsträger dürfen nur für die gesetzlich vorgeschriebenen oder zugelassenen Zwecke verwendet werden.

Die Einnahmen und Ausgaben sind gesondert zu verrechnen, die Bestände gesondert zu verwahren.

Die Versicherungsträger dürfen nur die Geschäfte übernehmen, die ihnen das Gesetz überträgt.

Der Reichsarbeitsminister bestimmt, inwieweit Mittel für den Besuch von Versammlungen, die den gesetzlichen Zwecken der Reichsversicherung dienen, verwendet werden dürfen[1].

1. Neuer Abs. 4 hinzugefügt durch Nr. 2a des Art. 1.

§ 27d[1]. Der Erwerb von Grundstücken über einen vom Reichsarbeitsminister festgesetzten Kaufpreis hinaus bedarf der Genehmigung des Reichsversicherungsamts[2].

1. Neufassung durch Nr. 3 des Art. 1.

2. Hierdurch wird die Zuständigkeit des RVA. auf das Gebiet der KV. ausgedehnt und so die Möglichkeit einer einheitlichen Handhabung der Vorschrift im ganzen Reiche gegeben; Begr. z. Entw. eines Ges. über Änderungen in der KV. (Reichstag, IV. Wahlperiode 1928, Drucksache Nr. 2221, S. 13).

§ 27e[1]. Die Errichtung oder Erweiterung von Gebäuden über einen vom Reichsarbeitsminister festgesetzten Kostenbetrag hinaus bedarf der Genehmigung[2] des Reichsversicherungsamts[3].

Das gleiche gilt für die Einrichtung von Zahnkliniken, Erholungs- und Genesungsheimen, Kranken- und sonstigen Anstalten.

1. Fassung durch Nr. 4 des Art. 1.

2. Genehmigung im Sinne des Ersten Buches der RVO. läßt nicht nur die Prüfung der Zulässigkeit, sondern auch der Zweckmäßigkeit zu; Begr. z. Entw. eines Ges. über Änderungen in der KV. (Reichstag, IV. Wahlperiode 1928, Drucksache Nr. 2221, S. 13).

3. S. Anm. 2 zu dem vorhergehenden § 27d.

§ 119. Die Ansprüche des Berechtigten können mit rechtlicher Wirkung übertragen, verpfändet und gepfändet werden nur wegen

1. eines Vorschusses, den der Berechtigte auf seine Ansprüche vor Anweisung der Leistungen vom Arbeitgeber oder von einem Organe des Versicherungsträgers oder einem seiner Mitglieder erhalten hat,

2. der im § 850 Abs. 4 der Zivilprozeßordnung bezeichneten Forderungen,

3. der Forderungen der nach § 1531 ersatzberechtigten Gemeinden und Träger der Armenfürsorge sowie Arbeitgeber und Kassen, die an ihre Stelle getreten sind; die Übertragung, Verpfändung und Pfändung ist nur in Höhe der gesetzlichen Ersatzansprüche zulässig,

5. der baren Leistungen, die im Falle des § 370 an Stelle der ärztlichen Behandlung gewährt werden[1].

Ausnahmsweise darf der Berechtigte auch in anderen Fällen den Anspruch mit Genehmigung des Versicherungsamts ganz oder zum Teil auf andere übertragen.

1. Neu eingefügt durch Nr. 5 des Art. 1.

Sechstes Buch.

§ 1676. Über die Berufung entscheidet in Sachen der Krankenversicherung das Oberversicherungsamt für den Bezirk desjenigen Versicherungsamts, welches das angefochtene Urteil oder dessen Vorsitzender die angefochtene Vorentscheidung erlassen hat. **Die Entscheidung des Oberversicherungsamts ist endgültig**[1 2].

1. Satz 2 hinzugefügt durch Nr. 71 des Art. 1.

2. Hierdurch und durch die Änderung des § 1694 (s. u.) ist die **Revision für Ansprüche auf Leistungen der KV.** — abgesehen von Erstattungs- und Ersatzansprüchen (§§ 1777, 1778, 1779) — **beseitigt.** Maßgebend für diese Beseitigung war der Umstand, daß es sich bei der KV. im allgemeinen um kurzfristige Leistungen handelt. Für grundsätzliche Entscheidungen bleibt aber das RVA. gemäß § 1693 zuständig; Begr. z. Entw. eines Ges. über Änderungen in der KV. (Reichstag, IV. Wahlperiode 1928, Drucksache Nr. 2221 S. 15).

§ 1692. Steht es fest, daß das Urteil mit der Revision oder dem Rekurse nicht angegriffen werden kann[1], so vermerkt der Vorsitzende der Spruchkammer unter Hinweis auf die gesetzlichen Vorschriften am Schlusse des Urteils, daß hiergegen kein Rechtsmittel mehr zulässig ist.

Wird eine Vorentscheidung erlassen (§ 1679 in Verbindung mit § 1657), so geht der Vermerk dahin, daß nur Antrag auf mündliche Verhandlung vor der Spruchkammer zulässig ist; die Frist hierfür ist zu bezeichnen.

1. Der bisher nach „kann" folgende Hinweis „(§§ 1695, 1696, 1700)" ist im Hinblick auf die Beseitigung der Revision für Ansprüche auf Leistungen der KV. (s. oben Anm. 2 zu § 1676) durch Nr. 72 des Art. 1 gestrichen.

§ 1693. Will das Oberversicherungsamt in einem Fall, in dem die Revision oder der Rekurs **unzulässig ist**[1], von einer amtlich veröffentlichten grundsätzlichen Entscheidung des Reichsversicherungsamts abweichen oder handelt es sich in einem solchen Falle um eine noch nicht festgestellte Auslegung gesetzlicher Vorschriften von grundsätzlicher Bedeutung, so hat es die Sache unter Begründung seiner Rechtsauffassung an das Reichsversicherungsamt abzugeben.

Will das Oberversicherungsamt in einem solchen Falle von einer amtlich veröffentlichten Entscheidung des ihm übergeordneten Landesversicherungsamts abweichen, so ist die Sache an dieses abzugeben.

Will das Oberversicherungsamt in derselben Sache von einer amtlich veröffentlichten grundsätzlichen Entscheidung des Reichsversicherungsamts und eines Landesversicherungsamts abweichen, so ist das Reichsversicherungsamt zur Entscheidung zuständig.

Von der Abgabe sind die Beteiligten zu benachrichtigen.

Das Reichsversicherungsamt (Landesversicherungsamt) entscheidet an Stelle des Oberversicherungsamts. Es kann sich auf die Entscheidung der grundsätzlichen Rechtsfrage beschränken.

1. Geändert im Hinblick auf die Beseitigung der Revision für Ansprüche auf die Leistungen der KV. (s. oben Anm. 2 zu § 1676) durch Nr. 73 des Art. 1.

III. Verfahren vor dem Reichsversicherungsamte (Landesversicherungsamt)

1. Invalidenversicherung[1]

§ 1694. Gegen die Urteile der Spruchkammern ist in Sachen der Invalidenversicherung[1] Revision zulässig.

1. In der Überschrift und im § 1694 sind die bisherigen Worte „Kranken- und" durch Nr. 74 des Art. 1 gestrichen zum Zweck der Beseitigung der Revision für Ansprüche auf Leistungen der KV. (s. oben Anm. 2 zu § 1676).

§ 1695 ist weggefallen[1].

1. Durch Nr. 75 des Art. 1, weil nunmehr infolge der allgemeinen Beseitigung der Revision für Ansprüche auf Leistungen der KV. (s. oben Anm. 2 zu § 1676) überflüssig geworden.

Die Anm. 1, 2 und 8 zu § 1695 a. F. (s. S. 303, 304 dieses Bandes) behalten aber weiter ihre Bedeutung für die JV. (§ 1696).

§ 1800. Wo ein Landesversicherungsamt besteht, entscheidet es in Beschlußsachen, wenn der Bezirk der beteiligten Versicherungsträger nicht über das Gebiet des Landes hinausreicht. **Sonst entscheidet das Reichsversicherungsamt; es entscheidet stets in den Fällen der §§ 27d, 27e und 370[1].**

Soweit ein Versicherungsträger mitbeteiligt ist, für den nach Abs. 1 das Reichsversicherungsamt oder ein anderes Landesversicherungsamt zuständig ist, entscheidet das Reichsversicherungsamt.

1. Satz 2 durch Nr. 76 des Art. 1 neugefaßt.

Nachtrag zu Anhang VI.

Durch Art. 6 des Abschn. IV, zweiten Titels der V. des Reichspräsidenten zur Behebung finanzieller, wirtschaftlicher und sozialer Notstände vom 26. VII. 1930 (RGBl. I S. 311) ist der Reichsarbeitsminister ermächtigt worden, die soziale Versicherung für die von deutschen Arbeitgebern bei Reparationsarbeiten im Ausland beschäftigten deutschen Arbeitnehmer abweichend von den allgemeinen Vorschriften zu regeln. Die Regelung kann auch auf die vor dem Inkrafttreten der V. (d. i. vor dem 28. VII. 30) liegende Zeit erstreckt werden.

Sachverzeichnis

A

Die Zahlen bezeichnen Seiten.

Die Zahlen bezeichnen Seiten.

Die Zahlen bezeichnen Seiten.

F.

Die Zahlen bezeichnen Seiten.

Die Zahlen bezeichnen Seiten.

Die Zahlen bezeichnen Seiten.

Die Zahlen bezeichnen Seiten.

M

N

P

Q

R

Die Zahlen bezeichnen Seiten.

Die Zahlen bezeichnen Seiten.

S

Die Zahlen bezeichnen Seiten.

GPSR Compliance

The European Union's (EU) General Product Safety Regulation (GPSR) is a set of rules that requires consumer products to be safe and our obligations to ensure this.

If you have any concerns about our products, you can contact us on ProductSafety@springernature.com

In case Publisher is established outside the EU, the EU authorized representative is:

Springer Nature Customer Service Center GmbH
Europaplatz 3
69115 Heidelberg, Germany

Batch number: 10844627

Printed by Printforce, the Netherlands